R. Schnell
4/88

Sozialwissenschaftliche Methoden

Lehr- und Handbuch
für Forschung und Praxis

Herausgegeben von
Prof. Dr. Erwin Roth
Universität Salzburg

unter Mitarbeit von
Dr. Klaus Heidenreich

2., unwesentlich veränderte Auflage

R. Oldenbourg Verlag München Wien

CIP-Kurztitelaufnahme der Deutschen Bibliothek

Sozialwissenschaftliche Methoden : Lehr- u.
Handbuch für Forschung u. Praxis / hrsg. von
Erwin Roth unter Mitarb. von Klaus Heidenreich. —
2., unwesentl. veränd. Aufl. — München ; Wien :
Oldenbourg, 1987.
    ISBN 3-486-20300-2 brosch.
    ISBN 3-486-20277-4 geb.

NE: Roth, Erwin [Hrsg.]

Gesamtherstellung: R. Oldenbourg Graphische Betriebe GmbH, München

ISBN 3-486-20300-2 brosch.
ISBN 3-486-20277-4 geb.

Kapitel- und Autorenübersicht

INHALTSVERZEICHNIS

Vorwort (zur zweiten Auflage)

Die freundliche Aufnahme, die das Methodenbuch bei seinen Lesern und Kritikern gefunden hat, macht es nach relativ kurzer Zeit erforderlich, eine zweite Auflage herauszubringen. Dies ist für Autoren und Herausgeber nicht nur des Erfolges wegen erfreulich, sondern vor allem der Tatsache wegen, daß dieser Erfolg ein Zeichen ist für ein trotz der wieder aufflammenden Methodendiskussion wach gebliebenes Interesse an sozialwissenschaftlichen Methoden in jener Strenge, wie sie in dem Buch vertreten und vorausgesetzt wird.

In der kurzen Zeit seit dem ersten Erscheinen des Buches haben sich keine Entwicklungen ergeben, die eine inhaltliche Modifikation erforderlich gemacht hätten. Die zweite Auflage kann daher unverändert erscheinen.

Dank gebührt allen, die Autoren oder Herausgebern Rückmeldung über die Brauchbarkeit bzw. über die erfolgreiche Anwendung der abgehandelten Methoden informiert und in ihrem Bemühen um präzise und effektive Methodik verstärkt haben. Erneut lade ich Leser zu kritischen Stellungnahmen ein. Vor allem aber wünsche ich allen Benützern Erfolg bei der Anwendung dieser Methoden als Mittel zur Problemlösung.

Der Herausgeber

Vorwort (zur ersten Auflage)

Dieses Buch fertigzustellen, hat sich als noch schwieriger erwiesen, als ich es ohnehin bei der Planung schon befürchtet hatte. Wenn ich das Wagnis mit so vielen und so vielbeschäftigten Autoren dennoch unternommen habe, dann aus der Hoffnung heraus, daß es dazu beitragen kann, bessere Vorstellungen von und positivere Einstellungen zu methodischem Denken als der Möglichkeit rationalen Problemlösens par excellence zu bewirken.

Wie es nun vorliegt, hätte es aber nicht gelingen können ohne die Mitarbeit so vieler, so daß es an dieser Stelle unmöglich ist, jedem persönlich ihm gebührenden Dank und verdiente Anerkennung zu bekunden. Aber auch mein pauschal ausgesprochener Dank ist nicht minder herzlich empfunden:

Er gilt zuerst all jenen, die zum Gelingen des Vorhabens beigetragen haben, im folgenden aber nicht genannt werden.

Er geht sodann an alle Autoren, nicht nur für ihre Beiträge und ihr einfühlsames Eingehen auf meine Vorschläge, sondern auch für die Geduld derer, die ihren Teil termingerecht fertiggestellt hatten und für das Verständnis jener, denen ich böse Briefe schrieb. Besonders gedankt sei den Autoren, die zu späteren Terminen für andere einsprangen.

Dank schulde ich auch allen, die in vielen Diskussionen das gesamte Konzept formen halfen, für dessen Schwächen ich freilich allein verantwortlich bleibe; ebenso auch all denen, die einzelne Teile lasen und wertvolle Hinweise zu ihrer Verbesserung gaben.

Bei einigen der Beteiligten kann ich nicht anders, als sie persönlich hervorzuheben, um ihren Beitrag gebührend zu würdigen. Zuvorderst ist dies Herr Dr. K. Heidenreich, dem nicht nur die formelle Koordination oblag, sondern der als unermüdlicher Mitstreiter und ständiger Antreiber wesentlich zum Gelingen des Projektes beitrug. Es ist weiterhin Herr Dr. G. Ottenbacher, der die mühselige Arbeit auf sich nahm, die Manuskripte, soweit dies möglich war, auf einen formal einheitlichen Stand zu bringen, und der die Gesamtliteraturliste sowie Autoren- und Sachwortverzeichnis erstellte. Und es ist nicht zuletzt Frau Hermine Mänzel, auf der die Hauptlast der Schreibarbeiten ruhte, die geduldig und verständig immer neue Veränderungen in das Manuskript einarbeitete.

Nicht nur formeller Dank gilt auch dem Oldenbourg Verlag.

Schließlich möchte ich schon jetzt all jenen Lesern und Benützern im voraus danken, die durch Anregung und Kritik – wozu ich hiermit einlade – das Buch und die mit ihm verfolgte Absicht fördern.

Einführung

von Erwin Roth

Methodisches Denken ist nicht nur unabdingbar für das Verstehen und Bewerten wissenschaftlicher Ergebnisse, sondern auch erste Voraussetzung für den Fortschritt wissenschaftlicher Erkenntnis und deren Anwendung auf das Lösen von Problemen aller Art.

Im Gegensatz dazu steht die Ansicht einer nicht geringen Zahl von Studenten, die ihre Ausbildung in Methodenlehre als formalen Akt mißverstehen und die Methodenlehrbücher nach Erwerb eines einschlägigen Scheines aufatmend – nicht selten für immer – beiseite legen. Entsprechend findet sich bei Praktikern aller sozialwissenschaftlichen Disziplinen viel zu häufig die Meinung, daß Wissenschaft als Theorie und Methode eine Sache, Praxis als das Lösen drängender Probleme aber eine andere Sache seien.

Zur Überwindung dieses Gegensatzes soll vorliegendes Buch beitragen. Grundlegung und kritische Diskussion allgemein sozialwissenschaftlicher Methoden dürften nicht Selbstzweck bleiben, sondern müßten als systematische Problemlösungsmöglichkeit abgehandelt und in einen entsprechend umfangreicheren Zusammenhang eingeordnet werden. Da Probleme sich häufig nicht innerhalb der Grenzen einer der herkömmlichen sozialwissenschaftlichen Disziplinen lokalisieren lassen, mußte ein multidisziplinärer Ansatz angestrebt werden.

Daraus ergab sich eine andere Konzeption des Buches, als sie üblicherweise Methoden-Lehr- bzw. -handbüchern zugrunde liegt: Das gesamte erste Kapitel ist dem Aufweis der Notwendigkeit und der Möglichkeiten methodischen Vorgehens in Forschung und Praxis gewidmet. In diesen „Grundlegungen" werden sozialwissenschaftliche Disziplinen als empirische Wissenschaften aufgefaßt. Dadurch werden mögliche andere Auffassungen oder normative Aspekte nicht ausgeschlossen, sondern es wird lediglich der Tatsache Rechnung getragen, daß es um Aussagen über Realität und die Lösung konkreter Probleme geht. Auch auf den schon öfters totgeglaubten, aber doch immer wieder neu und gerade auch jetzt wieder aufflammenden Streit über qualitative oder quantitative Methoden wird nicht eingegangen. Denn neue Aspekte könnte eine Diskussion kaum erbringen und das Vorurteil, daß es in quantifizierenden Verfahren nicht um Qualitäten gehe, scheint durch Argumentation nicht ausrottbar zu sein. Daß es sich dabei nicht um einen unreflektierten Zahlen- oder Symbolfetischismus handelt, wird in jedem Beitrag dieses Bandes deutlich.

Im folgenden Kapitel werden die wichtigsten systematischen Möglichkeiten der Datenerhebung dargestellt. Wichtiger als Vollständigkeit möglicher Techniken erschien dabei, Einsicht in grundsätzliche Zusammenhänge zu vermitteln: Die Abhängigkeit der Daten von der Erhebungsmethode und der untersuchten Stichprobe, ihre unterschiedliche Bedeutung, die sie im Lichte verschiedener Hypothesen bzw. Theorien gewinnen können, die Notwendigkeit, sie bezüglich einer Fragestellung gezielt und unter Berücksichtigung möglicher Fehlerquellen zu erheben u. ä.

Das dritte Kapitel ist unterschiedlichen Forschungsformen gewidmet. Dabei sollte deutlich werden, daß es nicht konkurrierende oder sich wechselseitig ausschließende Formen gibt, sondern daß die vielfach sich überschneidenden, aber auch sich ergänzenden Möglichkeiten je nach Fragestellung ausgewählt bzw. kombiniert werden müssen.

Das vierte Kapitel beinhaltet Voraussetzungen und Explikation der überall in Forschung und Anwendung üblichen Test- und Meßtechniken. Dabei wurde besonders auf Praktikabilität Wert gelegt. Deshalb mußten einfache Grundbegriffe eingeführt werden, deren Lektüre dem Anfänger gleich nach den „Grundlegungen" empfohlen sei.

Wegen ihrer besonderen Bedeutung wurde der Analyse ökonomischer Systeme ein eigenes Kapitel vorbehalten. Ich verspreche mir davon nicht nur Anregung der Sozialwissenschaften (im engeren Sinne) durch Berücksichtigung ökonomischer Aspekte, sondern auch die bessere Nutzbarmachung sozialwissenschaftlicher Methodik für die Wirtschaftswissenschaften und damit einen Anstoß für die Reintegration der Sozialwissenschaften (im weiteren Sinne) zum Zwecke der Lösung allgemeiner Probleme.

Den Abschluß bilden Überlegungen zum Problem der Anwendung empirischer Forschungsergebnisse, die für eine Methodik im hier verstandenen Sinne ebenso unerläßlich sind, wie die Klärung ihrer Voraussetzungen. Auch wenn das Buch in der Regel so verwendet wird, daß je nach Problemlage einzelne Kapitel zu Hilfe genommen werden, sollten diese Überlegungen zusammen mit den „Grundlegungen" immer mit eingeschlossen werden. Nicht alle erforderlichen Grundlagen konnten berücksichtigt werden.

Der dafür nötige Umfang und die damit verbundene Unhandlichkeit des Buches gestatteten nicht, alle Voraussetzungen aufzunehmen, die es auch dem Anfänger erlaubt hätten, allein mit Hilfe dieses Buches ohne Rückgriff auf weitere Literatur in jedem Falle methodisch angemessen zu verfahren. So mußte auf eine Einführung in die allgemeine Statistik verzichtet werden, die gleichwohl für die Bearbeitung vieler Probleme – insbesondere für Fragen der Datenanalyse und der Entscheidung über Hypothesen – vorausgesetzt werden muß. Dafür kann auf eine Reihe zahlreicher guter Lehrbücher verwiesen werden. Als Beispiele jüngeren Datums seien genannt Bamberg & Baur, (1982) sowie Hartung et al., (1982) aus dieser Reihe; Bortz (1977); speziell für nichtparametrische Auswertungsverfahren Lienert (1972); und für die immer etwas stiefmütterlich behandelte Bayes-Statistik Kleiter (1981).

Sollten für die Versuchsplanung ausführlichere Informationen erforderlich sein, als in einigen der Beiträge dieses Buches abgehandelt werden konnten, finden sich detaillierte Ausführungen darüber z. B. in Henning & Muthig (1979), McGuigan (1979), oder in Verbindung mit statistischen – speziell varianzanalytischen – Auswertungsverfahren in Kirk (1968) oder Winer (1971), die beiden zuletzt genannten allerdings in englischer Sprache.

Auch die so dringend erforderliche Diskussion über Fragen der Forschungsethik mußte unterbleiben. Dafür sei auf Irle (1979), Rosnow (1981), Schuler (1980) verwiesen. Bei Schuler sind im Anhang die ethischen Standards einer Reihe von nationalen psychologischen Gesellschaften abgedruckt. Darüber hinaus sei auf die vom Weltärztebund in Tokio modifizierte Fassung der Deklaration von Helsinki aufmerksam gemacht. Im übrigen ist in den einzelnen Beiträgen auf vorausgesetzte, ergänzende bzw. weiterführende Literatur Bezug genommen.

Es ist nicht ganz gelungen, Begriffs- und Symbolgebrauch bei allen Autoren einheitlich zu gestalten. Das liegt vor allem daran, daß Begriffe von verschiedenen Autoren in unterschiedlich theoretischen Zusammenhängen gebraucht werden. Sie sind in diesen Zusammenhängen aber jeweils erläutert, so daß für den aufmerksamen Leser keine Mißverständnisse entstehen können.

So bleibt mir nur noch der Wunsch, daß dieses Buch zur Lösung vieler Probleme beitragen möge.

1. Grundlegungen

1.1. Methoden als Problemlösungsmittel

von Theodor Herrmann

Vorbemerkung

Dieses Kapitel behandelt in allgemeiner Weise Methoden und die Rolle, die ihnen bei wissenschaftlichen und außerwissenschaftlichen Problemlösungen zukommt. Methoden werden als eine spezielle Art von Problemlösungsmitteln aufgefaßt, die den Problemlöser entlasten, seine Handlungs- und Situationskontrolle stärken und dazu noch eine relativ große Flexibilität besitzen. Die Methodenanwendung wird unter den Gesichtspunkten der Adaptation, der Regulation und der Reflexion diskutiert. Methoden als Problemlösungsmittel gewinnen bei verschiedenen Varianten des Problemlösens und damit auch in verschiedenen Typen von Forschungsprogrammen ihre unterschiedliche Funktion und Bedeutsamkeit. In diesem Zusammenhang werden als Klassen sozialwissenschaftlicher Tätigkeiten die i. e. S. (grundlagen-) wissenschaftliche, die technologische und die nicht-forschende Problemlösungspraxis unterschieden. Für den Erfolg sozialwissenschaftlicher Problemlösungstätigkeiten aller Art erscheint es neben dem fehlerfreien Anwenden einschlägiger Methoden erforderlich, Methoden primär als Mittel zur Erreichung spezifischer Ziele zu verstehen und sie entsprechend reflektiert und zielgerichtet einzusetzen.

Im **Teil 1** dieses Kapitels ist noch nicht von Methoden, sondern vom **Problemlösen** die Rede. Es wird erläutert, was überhaupt Problemlösungsprozesse sind, in welcher Weise man sich Wissenschaften als Netzwerke von Problemlösungsprozessen (Forschungsprogrammen) vorstellen kann und wie sich spezifische Arten von (sozial-) wissenschaftlichen Problemlösungsprozessen unterscheiden lassen.

Beim **Teil 2** handelt es sich um eine grundlegende Erörterung des erfahrungswissenschaftlichen **Methoden-Problems**. Nach einer kurzen Vorbemerkung wenden wir uns der recht schwierigen Frage zu, durch welche wesentlichen Merkmale Methoden bestimmt sind, und behandeln anschließend Grundsätzliches zum individuellen Anwenden von Methoden.

Die Teile 1 und 2 bereiten den **Teil 3** vor. Hier geht es um die methodologische **Beziehung** zwischen Methode und Problemlösungsprozeß. Zunächst wird allgemein die Bedeutung von Methoden für das Lösen von Problemen diskutiert, dann erörtern wir die unterschiedliche Funktion von Methoden bei verschiedenen Arten sozialwissenschaftlicher Problemlösungsprozesse. Das Kapitel endet mit der Betrachtung von speziellen Gefahren, die im Umgang mit Methoden als Problemlösungsmittel auftreten können.

1.1.1. Forschung als Problemlösen

1.1.1.1. Allgemeines über Problemlösungsprozesse

Anhand des folgenden **Alltagsbeispiels** sollen zunächst einige konstitutive Eigenschaften des Lösens von Problemen aufgewiesen und zugleich einige häufig zu seiner Beschreibung verwendete Ausdrücke eingeführt werden. (Vgl. auch Klix, 1971: 637ff.; Hacker, 1973: 65ff.; Dörner, 1976.)

Herr E. verfolgt das Ziel, seinen Party-Keller gemütlicher zu machen. In diesem Zusammenhang erinnert er sich an ein etwas gewagtes Poster, das er geschenkt bekommen hat. Er entschließt sich, dieses an der Stirnwand seines Party-Kellers aufzuhängen.

Diese Wand besteht aus sehr hartem Mauerwerk und ist rauh verputzt. Herr E. überlegt, auf welche Weise er das Plakat aufhängen kann: Für das Eindrücken von Heftzwecken ist die Wand zu hart und zu uneben. Das Poster anzukleben ist erfahrungsgemäß nicht günstig, weil sich andere angeklebte Plakate in seinem Keller nie lange an den rauh verputzten Wänden hielten. Mehrere Nägel mit sehr breiten Köpfen – sonst reißt das Poster aus – in die harte Wand zu schlagen (oder gar einzudübeln?), um das Plakat so zu befestigen, beschädigt den Putz mehr als erträglich. Am Ende denkt sich Herr E. das folgende Vorgehen aus und handelt danach: Er schneidet eine Holzlatte zurecht, befestigt mit Heftzwecken den oberen Rand des Posters an dieser Latte, schlägt einen einzigen Stahlnagel in die Wand und hängt das Plakat mit Hilfe eines an der Latte befestigten Nylonfadens an diesem Nagel auf. Zunächst hängt das Poster schief. Nach zweimaliger Änderung der Befestigung des Fadens an der Latte bekommt es dann die richtige Position.

Herr E. hat das **Problem**, ein Poster aufzuhängen. Dieses Poster aufzuhängen ist zugleich ein Mittel, ein übergeordnetes Problem zu bewältigen: den Party-Keller gemütlicher zu machen. Das Poster-Problem sieht wie folgt aus: Herr E. möchte, daß das Poster an der Wand hängt; es hängt aber nicht an der Wand. Die Überführung (Transformation) dieses unerwünschten **Ist-Zustandes** in den erstrebten **Soll-Zustand** (= **Ziel**) ist für ihn keine (unproblematische) Routinetätigkeit, die lediglich abzuarbeiten wäre. So hat er nicht nur eine (Routine-) **Aufgabe** auszuführen, sondern steht vor dem Erfordernis, ein **Problem** zu lösen. Die Situation, in der sich Herr E. befindet, ist **für ihn** problematisch. (Für einen Dekorateur wäre sie das vermutlich nicht.) Herr E. kann nicht sogleich etwas Unbezweifeltes tun, um den Ist- in den Soll-Zustand zu überführen bzw. sein Ziel zu erreichen, sondern er muß innehalten, um nachzudenken und zu planen.

Er muß angesichts der vorliegenden Verhältnisse (**Randbedingungen**) ein erfolgversprechendes **Mittel** (Problemlösungsmittel) finden, das die Erreichung seines Ziels verspricht, ohne unerwünschte **Nebenwirkungen** nach sich zu ziehen. Zu den Randbedingungen gehört die Härte der Wand, eine unerwünschte Nebenwirkung wäre die starke Beschädigung des Putzes. So erwägt Herr E., d. h. der **Problemlöser** (der Akteur, das Handlungssubjekt), mehrere potentielle Problemlösungsmittel bzw. mehrere potentielle Wege vom Ist- zum Zielzustand, von denen einige mehrere Varianten haben:

> mit Heftzwecken anheften,
> ankleben (evtl. mit verbessertem Klebematerial),
> annageln (evtl. eindübeln),
> mittels Latte und Faden an einem Nagel aufhängen.

Mit der Auffindung des von ihm gewählten Problemlösungsmittels (= mittels Latte und Faden an einem Nagel aufhängen) hat sich Herr E. für einen bestimmten **Plan** (Handlungsplan) zur Problemlösung entschieden. Diesen Plan führt er dann aus. Bei der **Erfolgskontrolle** (Handlungsbewertung) erkennt Herr E., daß das Poster schief hängt. Auch wenn er zuvor den Gesichtspunkt, Posters müßten gerade hängen, nicht explizit berücksichtigt hatte, so sieht er jetzt, daß sein Ziel das Geradehängen einbegreift. Er korrigiert sein Handlungsergebnis entsprechend, bis der Soll-Zustand, den er also nicht von vornherein mit allen seinen Merkmalen vor Augen hatte, erreicht ist. (Die Kriterien der Zielerreichung sind den Problemlösern nach allem nicht immer während des gesamten Problemlösungsprozesses vollständig bewußt bzw. bekannt.)

Während Herr E. ein adäquates Problemlösungsmittel fand, geschah etwas mit seinem Handlungsziel: Zunächst konnte Herr E. nur sagen, er wolle, daß das Poster an der Stirnwand seines Party-Kellers hängt. Jetzt hat sich sein Ziel im Wege der Auffindung eines geeigneten Mittels (Mittelfindung) **konkretisiert**: Jetzt will er, daß das Poster (in der skizzierten Weise) an einem Stahlnagel hängt. Mit der **Mittelfin-**

dung ändert sich die **Zieldefinition** (Zielbestimmung). Sein Problem ist nun nicht mehr nur, das Poster aufzuhängen, sondern es in bestimmter Weise aufzuhängen. Mit dieser Zielkonkretisierung entstehen spezielle **Unterziele** (Teilziele). So muß Herr E. zunächst eine Holzlatte zurechtschneiden, er muß den Oberrand des Posters an der Latte befestigen, usf. Diese Teil- bzw. Unterziele gäbe es für ihn nicht, wenn er sich beispielsweise zum Ankleben entschlossen hätte. Mittelwahl einerseits und Zieldefinition bzw. Problemstruktur andererseits sind nichts voneinander Unabhängiges. Die Mittelfindung ändert bzw. konkretisiert das Ziel und gibt dem Problem seine spezifische Struktur, so wie sich diese Struktur durch die Definition von Unterzielen und durch andere Sachverhalte darstellt. Andererseits steuert die Zieldefinition selbstverständlich die Suche nach geeigneten Problemlösungsmitteln.

Das Beispiel zeigt nach allem: Problemlösungen sind Transformationen von Ist-Zuständen in Soll-Zustände angesichts vorliegender Randbedingungen und eingedenk unerwünschter Nebenwirkungen, wobei die Transformation des Ist- in den Soll-Zustand für den Problemlöser nicht einfach eine Sache des Abarbeitens einer (Routine-) Aufgabe ist, sondern für die er geeignete Problemlösungsmittel erst finden muß: Mit der Produktion eines Handlungsplans oder auch der Auswahl eines Plans aus mehreren Plan-Alternativen entstehen Vorgaben für geordnete Handlungen, die zum Soll-Zustand führen sollen und die zugleich diesen Soll-Zustand im dargestellten Sinne konkretisieren. Freilich sind ein solches Problemlösungsmittel bzw. ein solcher Handlungsplan nicht immer zielführend; oft muß dieser Handlungsplan angesichts der erzeugten Handlungsergebnisse, beim Auftreten unerwarteter Nebenwirkungen oder aus anderen Gründen ersetzt oder modifiziert werden. Schlimmstenfalls erweist sich die Zielerreichung im Laufe des Problemlösungsprozesses als ganz unmöglich. Handlungspläne sind oft **hierarchisch**: Sie enthalten Teilpläne (Beispiel: Holzlatte zuschneiden), mit denen Teilziele (Teillösungen) erreicht werden sollen. Häufig muß nicht der ganze Plan, sondern es müssen nur Teilpläne revidiert werden. Problemlösungen können sich dadurch komplizieren, daß der Problemlöser im Laufe des Problemlösungsprozesses erkennt, daß er den erstrebten Soll-Zustand zunächst nicht hinreichend expliziert (definiert) hatte (Beispiel: das Poster hängt an der Wand, aber es hängt schief).

Wenn wir Probleme, Problemlösungen bzw. Problemlösungsprozesse beschreiben, so verhalten wir uns **selektiv** und **abstraktiv**: So kann man Herrn E.s Poster-Problem als Schritt auf dem Wege zur Lösung eines übergeordneten Problems auffassen: den Party-Keller zu verschönern. Aber auch dieses Ziel kann wiederum als Teilziel, als Mittel zum Zweck, o. dgl. verstanden werden, usf. Andererseits zeigte sich, daß das Poster-Problem angesichts des von Herrn E. gefundenen Lösungsplans eine Struktur aus Teilproblemen (nebst einigen Routine-Aufgaben) ist. Diese Teilprobleme lassen sich selbst wiederum bei Bedarf als aus Teilproblemen (nebst Aufgaben) bestehend beschreiben, usf. Die wissenschaftliche Beschreibung von Problemen bzw. Problemlösungsprozessen ist also das Ergebnis von Selektionen und Abstraktionen. (Die entsprechenden Selektions- bzw. Abstraktionsentscheidungen dürften sich in erster Linie nach Zweckmäßigkeits- bzw. Fruchtbarkeitsgesichtspunkten richten; man wird sie kaum einfach als richtig oder falsch erweisen können. Doch sollte jeder, der Problemlösungsprozesse beschreibt, begründen können, inwiefern er diesen Prozeß auf einem bestimmten Abstraktionsniveau oder in bestimmter Weise selektiv beschreibt.)

Vergleicht man Probleme, Probleme mit ihren Teilproblemen oder Teilprobleme untereinander, so zeigt sich, daß alle Probleme gemeinsame (konstitutive) Strukturkomponenten haben. Einige davon wurden am Beispiel des Poster-Problems erläutert. Doch kann das nicht darüber hinwegtäuschen, daß es unterschiedliche **Problemtypen** (und damit auch Problemlösungstypen) gibt, die nicht alle über einen Leisten geschlagen werden sollten. Unter Bezugnahme auf Dörner (1976) sollen hier wenigstens zwei Problemtypen unterschieden werden:

(α) Probleme mit Klarheit der Zielkriterien (mZ-Probleme)

Hier sind dem Problemlöser sowohl der Ist-Zustand als auch der Soll-Zustand weitreichend bekannt. Auch wenn sich, wie dargestellt, Zielzustände mit der Mittelfindung konkretisieren und wenn einzelne Kriterien der Zielerreichung erst im Laufe des Problemlösungsprozesses identifiziert werden können, so hat der Problemlöser hier doch von Beginn der Problemerkennung ab ein im wesentlichen klar bestimmtes Ziel. Sein Problem ist gelöst, wenn er für eben dieses Ziel den richtigen Weg findet: Er kombiniert zu diesem Zweck bestimmte, ihm vertraute Handlungen bzw. bringt sie in die richtige Reihenfolge oder er (er-) findet erst die richtigen Handlungen, statt sie nur zu kombinieren oder aufzureihen. Herrn E.s Poster-Problem ist von dieser Art: Der Soll-Zustand war ihm im wesentlichen klar: Das Poster soll an der Stirnwand des Party-Kellers hängen. Um dieses weitgehend klare Ziel zu erreichen, suchte Herr E. das beschriebene Problemlösungsmittel der Aufhängung mit Nagel, Latte und Faden.

(β) Probleme ohne Klarheit der Zielkriterien (oZ-Probleme)

Bei diesem Problemtyp ist dem Problemlöser zwar der unbefriedigende Ist-Zustand bekannt, doch hat er keine hinreichend klare Vorstellung davon, wie der Soll-Zustand (das Ziel) beschaffen ist. Der Soll-Zustand schwebt ihm nur vage vor und kann zunächst oft nur in der Art beschrieben werden, etwas solle beispielsweise schöner, weniger gefährlich, besser durchschaut sein o. dgl.; d. h. der Soll-Zustand kann nur vage, anhand von Komparativ-Kriterien (Dörner), umschrieben werden. Im Extremfall ist das Ziel hier erst klar erkannt, wenn es erreicht ist. Die hinreichende Zielbestimmung erfolgt so mit der Problemlösung. Ein Beispiel für diesen Problemtyp ist Herrn E.s (dem Poster-Problem übergeordnetes) Problem, seinen Party-Keller gemütlicher zu gestalten. Genau sagen zu können, was dabei „gemütlich" bedeuten soll, ist Teil der erfolgten Problemlösung. Herr E. macht gedankliche Entwürfe, ändert das eine und das andere, sieht, daß die eine Maßnahme zur anderen nicht paßt, versucht, solche Inkonsistenzen zu beseitigen, erzeugt mit diesem Versuch neue Unzulänglichkeiten, fängt mit seinen „Gestaltungsmaßnahmen" allenfalls noch einmal von vorn an, und endlich ist er zufrieden. Jetzt kann er sagen, was er unter einem gemütlichen Party-Keller versteht. Allgemein gesprochen (vgl. Dörner, 1976: 13), werden oZ-Probleme in der Regel dadurch angegangen, daß der Problemlöser **Entwürfe** für den Zielzustand erzeugt und diese auf Widersprüche überprüft und entsprechend ändert (oder ersetzt). Bei diesen Widersprüchen kann es sich um solche zwischen einzelnen Komponenten des Entwurfs (= interne Widersprüche) oder um Widersprüche zwischen dem Entwurf und dem sichtbaren Handlungsergebnis, den vorhandenen Randbedingungen o. dgl. (= externe Widersprüche) handeln.

Die wissenschaftliche Beschreibung (Rekonstruktion) von Problemen und Problemlösungsvorgängen ist, wie betont, selektiv und abstraktiv. Es muß auch beachtet werden, daß die Unterscheidung zwischen mZ- und oZ-Problemen eine gewisse Idealisierung darstellt. Man findet nicht selten Grenzfälle. Es zeigt sich auch, daß hierarchisch strukturierte Probleme oft insofern heterogen sind, als zum Beispiel das Gesamtproblem ein oZ-Problem ist, während einige seiner Unterprobleme den Charakter von mZ-Problemen haben. (Daneben enthalten Problemhierarchien wohl stets Strukturelemente, die keine Teilprobleme, sondern bloße Routine-Aufgaben sind.) Es sollte auch nicht vergessen werden, daß Probleme stets **Probleme-für-Problemlöser** sind; Herrn E.s Poster-Problem ist für einen Dekorateur vermutlich eine bloße Aufgabe.

Wir werden darauf zurückkommen, daß Problemlösungsprozcssc zwar — vom Ist-in Richtung auf den Soll-Zustand – einen recht dramatischen und unerwarteten Verlauf nehmen können. Soll es sich aber während dieser Zeit um die Lösung eben **dieses** Problems handeln, so muß der Problemlöser einen **Kern von Annahmen** strikt **beibehalten**, durch den sein Problem konstituiert ist. Dazu gehören bei Herrn E.s Poster-Problem zum Beispiel die Voraussetzungen, daß er überhaupt einen Party-Keller zur Verfügung hat, daß sein Poster dort noch nicht aufgehängt worden ist, usf. Behält Herr E. solche Kernannahmen nicht aufrecht, so hat er nicht mehr das beschriebene Problem. Probleme sind durch Kernannahmen konstituiert, die während des Lösungsversuchs **dieses** Problems invariant (nicht negierbar) sind.

1.1.1.2. Wissenschaft als Netzwerk institutionalisierter Problemlösungsprozesse (Forschungsprogramme)

Sieht man von der Vielzahl der bloßen (Routine-) Aufgaben ab, deren Abarbeitung einen beträchtlichen Teil der Zeit ausfüllt, die Wissenschaftler ihrem Beruf widmen, so kann die wissenschaftliche (Forschungs-) Tätigkeit als die **Beteiligung an Problemlösungsprozessen** aufgefaßt werden. Wissenschaft – wir denken dabei hier an im folgenden immer nur an Real- bzw. Erfahrungswissenschaften – ist im wesentlichen das Lösen von Problemen. Dieses Lösen von Problemen unterscheidet sich nicht grundsätzlich von den Problemlösungsprozessen, von denen zuvor die Rede war. Freilich ist einzuräumen, daß man den Begriff **Wissenschaft** auch ganz anders erläutern kann. Darüber, was Wissenschaft ist, sind seit jeher heftige Kontroversen geführt worden. (Vgl. dazu u.a. Kaufmann, 1936; Wohlgenannt, 1969; Diemer (Hrsg.), 1970.) Wir setzen hier voraus, daß man (Erfahrungs-) Wissenschaften und zumal die Sozialwissenschaften als **Netzwerke institutionalisierter Problemlösungsprozesse** beschreiben kann.

Versucht man, für Wissenschaften wie etwa die Soziologie, Psychologie oder die Wirtschaftswissenschaften das ihnen jeweils strikt Eigentümliche, das sie von allen anderen Wissenschaften Unterscheidende, aufzufinden, so gerät man schnell in Schwierigkeiten. Welches ist etwa das Ziel, das eine solche Wissenschaft immer und überall, bei allen ihren Unternehmungen, verfolgt – und das **nur** sie verfolgt? Welches ist derjenige „Gegenstand", welcher sie ausnahmslos, aber **nur** sie kennzeichnet? Wie steht es in dieser Weise mit ihrer spezifischen Methodik? Zwischen diversen Wissenschaften bestehen vielfältige Übergänge, Grenzbereiche, Grauzonen.

In dieser Situation erscheint es zweckmäßig, eine Wissenschaft als ein sich in steter Änderung befindliches Netzwerk einzelner wissenschaftlicher (Teil-) Unternehmungen zu interpretieren. Genauer: aus dem großen und unübersehbaren Netzwerk aller Forschungsunternehmungen wird abstraktiv ein bestimmter Netzwerkbereich herausgelöst und für sich betrachtet; in ihm erkennt man dann eine **Einzelwissenschaft**. In Wahrheit sind jedoch, wie soeben gezeigt, Wissenschaften in vielfältiger Weise verbunden, so daß die Grenzen des jeweils für sich betrachteten Netzwerkbereichs, der eine Einzelwissenschaft ausmachen soll, immer nur schlecht bestimmbar sein dürften. Netzwerkbereiche abstraktiv herauszuheben und separat zu betrachten, wird dadurch gerechtfertigt, daß bestimmte Forschungsunternehmungen mit einigen enger kooperieren und kommunizieren als mit anderen, daß sie gemeinsame historische Wurzeln haben und/oder daß sie konventionellerweise gemeinsam als eine bestimmte Wissenschaft aufgefaßt und auch entsprechend gleich benannt werden.

Das Netzwerk (der Netzwerkbereich) einer Einzelwissenschaft ist nichts Starres, Statisches: Komponenten eines Wissenschaftsnetzwerks entstehen, vergehen, entwickeln sich, spalten sich auf und vereinigen sich. Desgleichen ändert sich auch die Art der Beziehungen zwischen diesen selbständigen Komponenten einer Wissenschaft. Bei alledem sind indes die zu einer Einzelwissenschaft gehörenden Teilunternehmungen in oft nur schwach faßlicher Weise untereinander ähnlicher als in bezug auf die Unternehmungen anderer Wissenschaften. Es besteht zwischen ihnen so etwas wie die Ähnlichkeit zwischen Familienmitgliedern, und eine solche Familienähnlichkeit kann man ja in der Regel auch kaum auf strikt bestimmbare (klassenkonstitutive) Merkmalsinvarianten zurückführen.

Betrachten wir also **Sozialwissenschaften** als ein sich ständig änderndes Netzwerk aus einzelnen, miteinander historisch sowie kommunikativ/kooperativ verknüpften Einzelunternehmungen: Netzwerke bestehen aus Knoten und Verbindungen zwischen diesen Knoten. Bei Wissenschaftsnetzwerken bestehen diese **Knoten** aus einzelnen, identifizierbaren bzw. unterscheidbaren **Problemlösungsprozessen**. Ihre **Verbindungen** werden hier als **Austauschbeziehungen** interpretiert: Forschungsprogramme importieren und exportieren untereinander Begrifflichkeiten, Methoden, Theorien, Bewertungskriterien und anderes mehr.

Im Grundsatz ist auch das **wissenschaftliche Handeln** Problemlösen wie jedes andere. Wenn man etwa psychologische Gedächtnisforschung betreibt, wenn man eine neue psychotherapeutische Technik entwickelt und überprüft, wenn man eine neue Theorie der Anomie oder ein neues Modell der Eigentumsrechte generiert, so hat man jeweils ein Problem. In der Regel sind wissenschaftliche Probleme keine „Privatprobleme". Es handelt sich um „öffentliche", mitteilbare Probleme. Soweit sind wissenschaftliche Problemlösungsprozesse also **institutionalisierte** Problemlösungsprozesse; man kann sie auch als **Forschungsprogramme** bezeichnen (vgl. Herrmann, 1976).

Was gibt einem solchen Forschungsprogramm seine Identität; was macht es zu einem identifizierbaren Knoten im Netzwerk der jeweiligen Wissenschaft? Ein Forschungsprogramm wird über die Zeit durch das – für dieses Programm – **invariante Problem** zusammengehalten. So besteht jeweils ein unbefriedigender Ist-Zustand spezifischer Art, und der erstrebte Soll-Zustand (Ziel) kann wenigstens durch Komparativ-Kriterien umschrieben werden: So will man zum Beispiel besser als bisher wissen, tiefer durchschauen, präziser begreifen, warum Menschen unterschiedlich intelligent sind, oder wie die Änderung sozialer Einstellungen zustande kommt oder wie Konjunkturzyklen entstehen. Der Übergang vom Ist- zum Soll-Zustand ist hier nie ein bloßes Abarbeiten einer Aufgabe, sondern er erfordert immer auch die Findung und Erprobung von Problemlösungsmitteln und entsprechenden Handlungsplänen und oft deren wiederholte Ersetzung oder Modifikation. In dieser Hinsicht besteht also zwischen Herrn E.s Party-Keller-Problem und der psychologischen Angstforschung kein Unterschied.

Ein allgemeines und nur scheinbar triviales Merkmal aller Problemlösungsprozesse besteht darin, daß Probleme stets die Problematisierung von bestimmten **Sachver-**

halten sind, deren Existenz und allgemeine Beschaffenheit man schon **voraussetzt**, sobald man ein Problem hat. So muß Herr E. beispielsweise voraussetzen, daß es überhaupt Posters gibt, daß er über einen Party-Keller verfügt, daß Posters von der Art sind, aufgehängt werden zu können, daß das An-der-Wand-Hängen derselben erstrebenswert sein kann, daß sein Poster nicht schon aufgehängt worden ist, usf. Ohne solche Voraussetzungen könnte Herr E. nicht das Problem haben, sein Poster im Party-Keller aufzuhängen. Wenn Psychologen die Entstehung von Angst zu ihrem Forschungsproblem erheben (vgl. Krohne, 1976), so setzen sie notwendigerweise voraus, daß es überhaupt so etwas wie Angst gibt, daß das als Angst Verstandene irgendwie entsteht, daß man darüber zuwenig weiß und vieles andere mehr. Andernfalls bestünde für sie nicht das Problem der Angstentstehung.

So sind also Forschungsprogramme als institutionelle Problemlösungsprozesse (wie alle Problemlösungsprozesse) durch programmspezifisch **invariante Kernannahmen** (Annahmenkerne) konstituiert. Wer die jeweiligen Kernannahmen negiert, hat nicht das kernannahmenspezifische Problem; er mag dann ein anderes Problem haben. Freilich kann man Kernannahmen problematisieren bzw. kritisieren und allenfalls negieren. Doch kann man dies **nicht innerhalb** desjenigen Forschungsprogramms tun, das durch diese Kernannahmen konstituiert ist, ohne daß man eben dadurch sein „ursprüngliches" Problem verliert.

Die Auffindung bzw. Auswahl von speziellen **Problemlösungsmitteln** richtet sich selbstverständlich stets auch danach, wie sich dem Problemlöser sein Problem darstellt, d. h. welche Kernannahmen er hat. Im Schach- und im Dame-Spiel führen die Überlegungen der Spieler zu ganz unterschiedlichen Handlungsplänen und Handlungsausführungen. Die über Kernannahmen erfolgende Problemkonstitution (Problembestimmung) schließt von vornherein bestimmte Problemlösungsmittel aus. Setzt der Angstforscher voraus, daß die Entstehung von Angst **nicht** durch den Einfluß böser Geister zustande kommt, so verbieten sich für ihn als Problemlösungsmittel ekstatische Techniken der Geisterbeschwörung. (Vgl. auch 1.1.3.3.)

Forschungsprogramme stehen in vielfältigen **Austauschbeziehungen** zueinander. Problemlösungsmittel werden nicht stets innerhalb des jeweiligen Programms erfunden, sondern oft aus anderen Programmen importiert. Bearbeiten Angstforscher ihr Problem, die Entstehung von Angst besser zu durchschauen, so können sie dieses Problem dadurch zu lösen versuchen, daß sie die Angst als Ergebnis des operanten Konditionierens (vgl. Bredenkamp & Wippich, 1977: I/50 ff.) interpretieren. Die Theorie des operanten Konditionierens importieren sie aus einem anderen Forschungsprogramm: dem verstärkungstheoretischen Programm der Skinner-Schule. Mit dem Einsatz dieses importierten Problemlösungsmittels kommen sie ihrem Ziel vielleicht näher. Zugleich konkretisiert sich ihr Ziel: Aus dem Ziel, die Entstehung der Angst besser zu durchschauen, wird das Ziel, die Entstehung der Angst als Ergebnis operanten Konditionierens zu verstehen. Ihre Problemlage strukturiert sich jetzt in spezifischer Weise, indem nun bestimmte Unterprobleme (Teilprobleme) entstehen, beispielsweise das Problem, wie man das operante Konditionieren von Angst empirisch erfassen kann. Es geht den Angstforschern nicht anders als Herrn E., für den das (Teil-) Problem, eine Holzlatte zuzuschneiden, ja auch erst entstand, als er sich für den von ihm bevorzugten Lösungsweg entschied, sein Poster mittels Latte und Faden an einem Nagel aufzuhängen.

Wird in einem Forschungsprogramm ein vermutlich auch für viele andere Forschungsprogramme geeignetes Problemlösungsmittel entwickelt, so kann die Existenz eines solchen Mittels mit seiner hohen Exportfähigkeit dazu führen, daß viele andere Programme für eine gewisse Zeit eben dadurch gemeinsame Züge erhalten, daß sie dieses Mittel erproben und daß entsprechende mittelspezifische Zielkonkretisierungen stattfinden. So können übergreifende Theorie- oder Methodenmoden entstehen. In den Sozialwissenschaften scheint zur Zeit die Konzeption der Kausalattribution (vgl. u. a. Heckhausen, 1980: 441 ff.) ein solches dominierendes Problemlösungsmittel zu sein; in vielen sozialwissenschaftlichen Forschungsprogrammen erörtert oder erprobt man diese Konzeption als ein mögliches Mittel, das jeweilige Problemfeld besser zu durchschauen.

Wissenschaftliche Problemlösungsprozesse, aus denen sich der Netzwerkbereich von Einzelwissenschaften zusammensetzt, haben allesamt die bisher dargelegten Gemeinsamkeiten. Dennoch kann man spezielle **Typen** von (zumindest sozialwissenschaftlichen) Forschungsprogrammen unterscheiden.

1.1.1.3. Programm-Typen

Nach den bisherigen Erörterungen liegt es nahe, davon auszugehen, daß sich Typen von Forschungsprogrammen nach der Art des jeweils behandelten **Forschungsproblems** unterscheiden lassen. Mit welchen Problem-Typen haben es Sozialwissenschaftler zu tun? Betrachten wir zur Vorbereitung einer versuchten Antwort auf diese Frage eine Reihe von beispielhaft herausgegriffenen **Tätigkeiten**, die man bei Psychologen beobachten kann und die nur zum Teil Forschungstätigkeiten sind:

(1) Ein Psychologe führt bei einem Kind einen standardisierten Intelligenztest durch, um Informationen zu erhalten, die er für die Beratung der Eltern dieses Kindes im Zusammenhang mit einem Schulleistungsproblem benötigt.
(2) Ein als Psychologe ausgebildeter Werbefachmann entwirft einen Anzeigentext, wobei er erlernte werbepsychologische Gesichtspunkte berücksichtigt.
(3) Ein Psychologe entwickelt und überprüft als Mitglied einer Forschungsgruppe einen lernzielorientierten Leistungstest für das Wissensgebiet Geographie.
(4) Ein Psychologe entwickelt und überprüft als Mitglied einer Forschungsgruppe eine allgemeine kognitionspsychologische Theorie des Verstehens von Texten.

Zu (1): Der routinierte psychologische Erziehungsberater löst – im Sinne des zuvor eingeführten Sprachgebrauchs – gar kein Problem, wenn er einen standardisierten Intelligenztest durchführt, sondern er bearbeitet eine Aufgabe. Ein Problem mag für ihn unter anderem darin bestanden haben, ob er überhaupt einen Intelligenztest durchführen und welchen Test er auswählen soll. Dieses Problem ist jedoch ersichtlich kein Forschungsproblem. Seine Aufgabe löst dieser Psychologe, indem er eine (Test-) Technik (im Sinne normierter Handlungsanweisungen) anwendet. Diese wurde ihm durch vorangegangene **Forschungsarbeiten** (Testentwicklung) zur Verfügung gestellt.

Zu (2): Das Entwerfen eines Anzeigentextes wird für den Werbefachmann häufig nicht nur eine (Routine-) Aufgabe sein, sondern ein Problem. Auch hier handelt es sich jedoch nicht um ein Forschungsproblem. Zur Lösung seines Problems nutzt der Werbefachmann im gegenwärtigen Fall erlernte Erkenntnisresultate, die vorhergegangenen **Forschungsarbeiten** (Werbepsychologie) entstammen.

Zu (3) und (4): Diese Psychologen arbeiten an der Lösung von Forschungsproblemen.

Nur die Beispiele (3) und (4) exemplifizieren dasjenige, was wir hier **wissenschaftliche Problemlösungsprozesse** (= Forschung) nennen. Die Beispiele (1) und (2) stehen demgegenüber für psychologie-bezogene **nicht-forschende Tätigkeiten**, die freilich auch den Charakter von Problemlösungen haben können, soweit es sich nicht lediglich um die Abarbeitung von Aufgaben handelt. Es kann sich bei dieser nicht-forschenden Praxis um die Exekution von **Techniken** handeln (Beispiel 1), die das Ergebnis psychologischer Forschungsarbeit sind; es kann sich aber auch um die Nutzung von **operativem Hintergrundwissen** handeln (Beispiel 2), das ebenfalls durch psychologische Forschungsarbeit bereitgestellt wurde. Man darf aber nicht unterstellen, daß die berufliche Arbeit nicht-forschend tätiger Psychologen **nur** aus der Anwendung von Techniken oder der Nutzung von operativem Hintergrundwissen besteht, die das Ergebnis von Forschungsarbeiten sind. Es wäre eine Illusion zu glauben, nicht-forschende Praxis sei lediglich (oder oft auch nur zur Hauptsache) die Nutzung von Forschungsresultaten. Tradiertes Know-how, ganz persönliche Erfahrungen und vieles andere kommen hinzu.

Für die hier erörterte Unterscheidung von forschender und nicht-forschender Tätigkeit besteht die terminologische Schwierigkeit, daß im Bereich der Sozialwissenschaften nicht-forschende Tätigkeiten zuweilen die Bezeichnung „Forschung" (z.B. „Marktforschung") tragen. Wir berücksichtigen diesen Sprachgebrauch hier nicht und sprechen nur von Forschung, wenn es sich im weiter unten dargelegten Sinne um (grundlagen-) **wissenschaftliche** oder um **technologische** Tätigkeiten handelt. Dabei muß freilich beachtet werden, daß es durchaus eine Grauzone von Grenzfällen zwischen forschender und nicht-forschender Tätigkeit gibt.

Wie unterscheiden sich die Beispiele (3) und (4)? In beiden Fällen geht es um die Lösung von Forschungsproblemen. Doch können hier zwei **Problemtypen** wie folgt unterschieden werden: Die Entwicklung und Prüfung eines bestimmten lernzielorientierten Tests ist in der Regel durchaus mehr als eine bloße Aufgabe, die nach bewährten Regeln abzuarbeiten wäre. (Vgl. auch Klauer et al., 1972 sowie Kap. 4.1.2.4.). Zum Beispiel die Itemauswahl, die Anpassung allgemeiner, zum Teil noch umstrittener testtheoretischer Vorgaben an den speziellen Fall und viele andere Sachverhalte machen eine solche Testentwicklung zu einem Forschungs**problem.** Dieses Problem gehört vorwiegend zum Typ der oben dargestellten mZ-Probleme: Der Soll-Zustand (Ziel) ist ziemlich klar vorgegeben; er besteht in der Einsatzfähigkeit eines effizienten, verläßlichen und gut handhabbaren lernzielorientierten Leistungstests für eine definierte nicht-forschende Praxis (z.B. Leistungserfassung im Bereich der Geographie der gymnasialen Mittelstufe). Die Problemlösung dient hier – allgemein – der Verbesserung der Effizienz und der „Vernünftigkeit" (Rationalität) nicht-forschender Tätigkeiten. Es geht hier nicht darum, möglichst originelle, kühne und vielleicht riskante Einsichten in das „Funktionieren" des Menschen, in die „Natur" des gesellschaftlichen Zusammenlebens o. dgl. zu gewinnen, sondern es handelt sich um die Effizienz- und Rationalitätssteigerung einer bestimmten Klasse nicht-forschender Handlungen. Solche der Handlungsvorbereitung dienende Probleme nennt man **technologische Probleme.** Andere sozial- und verhaltenstechnologische Probleme sind zum Beispiel die Erforschung der Wirksamkeit von bestimmten Unfallverhütungsmaßnahmen, die Steigerung der Validität und Zuverlässigkeit demoskopischer Umfragen oder die Früherkennung bestimmter neurotischer Entwicklungen.

Die Entwicklung und Prüfung kognitionspsychologischer Theorien des Textverständnisses, zumindest so wie sie zur Zeit von Psychologen betrieben werden (vgl. Freedle [Ed.], 1979), repräsentieren einen ganz anderen Problemtyp: Die beteiligten Forscher haben hier nicht das Ziel, bestimmtes nicht-forschendes Handeln zu verbessern, sondern sie wollen besser als bisher durchschauen, wie das Verstehen von Texten funktioniert. Falls ihre erhofften Problemlösungen in der nicht-forschenden Praxis einsetzbar werden sollten, so wären die beteiligten Forscher zusätzlich froh, doch ist die Effizienzsteigerung der nicht-forschenden Praxis hier nicht das Ziel. In der Regel haben Probleme dieser Art den Charakter von oZ-Problemen: Was es zum Beispiel genau bedeutet, das Textverständnis von Menschen besser zu durchschauen, weiß man erst, wenn man dieses zunächst nur vage bestimmbare Ziel erreicht hat oder ihm doch ein ganzes Stück nähergekommen ist. Solche Probleme können – im Unterschied zu den technologischen Problemen – (i. e. S.) **wissenschaftliche oder auch grundlagenwissenschaftliche Probleme** genannt werden. Andere in diesem Sinne (grundlagen-) wissenschaftliche Probleme sind zum Beispiel die Entwicklung einer Theorie der Aggression, die Erprobung eines formalisierten wirtschaftswissenschaftlichen Modells in diversen Themenbereichen der Soziologie, die Entwicklung einer Theorie, mit der bisher als unterschiedlich aufgefaßte Lernarten auf ein einziges Lernprinzip zurückgeführt werden können, die theoretische Präzisierung des Erwartungs-Wert-Konzepts und die Suche nach neuen Problemfeldern, auf die es angewendet werden kann, oder der Aufbau einer integrativen Theorie des psychologischen Messens.

Es ist zu beachten, daß auch die Unterscheidung von i. e. S. wissenschaftlichen und technologischen Problemen und Forschungsprogrammen eine gewisse Idealisierung darstellt. Auch hier gibt es durchaus schlecht einzuordnende Grenzfälle. Doch kann unter diesem Vorbehalt allgemein wie folgt differenziert werden (vgl. dazu Bunge, 1967: 121 ff.; Herrmann, 1979: 128 ff.):

(1) Im engeren Sinne **wissenschaftliche** (grundlagenwissenschaftliche) Forschungsprogramme haben zum Ziel, das im jeweiligen Annahmenkern (s. oben) konstituierte Problem besser zu durchschauen (vgl. auch Shapere, 1977). Das heißt **erstens**, das Problemfeld unter Verwendung präziser Begriffe und Aussagen und bei Heranziehung aller für relevant gehaltenen Informationen **beschreibend zu rekonstruieren** (= zu explizieren), also eine „Was-Frage" zu beantworten. So mag man zum Beispiel die Frage danach, was Angstentstehung ist, verbessert dadurch beantworten wollen, daß man die Angstentstehung **als** einen komplizierten Prozeß operanten Konditionierens rekonstruiert und analysiert. – Das bessere Durchschauen eines Problems bedeutet **zweitens**, gesetzmäßige Zusammenhänge kausaler und anderer Art zwischen mehreren Komponenten des in bestimmter Weise rekonstruierten bzw. explizierten Problemfelds festzustellen und mit Hilfe dieses „Gesetzeswissens" (F. Kaufmann) das beobachtbare Auftreten problematisierter Ereignisse zu **erklären** (und **vorherzusagen**). Es geht hier also um die Beantwortung einer „Warum-Frage". So mögen Angstforscher gesetzmäßige Zusammenhänge zwischen der Ängstlichkeit von Kindern und dem Erziehungsstil ihrer Eltern feststellen und das vermehrte Auftreten des ängstlichen Verhaltens bei bestimmten Kindern aus dem elterlichen Erziehungsstil erklären und vorhersagen. – **Drittens** mag es sich beim besseren Durchschauen eines Problemfelds auch darum handeln, besser **begründen** zu können, inwiefern überhaupt die aufgefundenen gesetzartigen Zusammenhänge zwischen Problemfeldkomponenten bestehen. Dann geht es um die Beantwortung einer „Inwiefern-Frage". So könnten Angstforscher das Bestehen der genannten gesetzmäßigen Beziehungen zwischen Ängstlichkeit und elterlichem Erziehungsstil im Rahmen einer allgemeinen Sozialisationstheorie begründen wollen.

Das Durchschauen eines Problems bedeutet immer auch, von der vorwissenschaftlich gegebenen Fülle und Komplexität eines Problemgebiets abzusehen und die erfahrbare Wirklichkeit zu „dekomponieren" (H. Klages). Die Arbeit an grundlagenwissenschaftlichen Forschungsproblemen als Lösung von oZ-Problemen erfordert es, für die explizierende Rekonstruktion des Problems Entwürfe zu machen, die möglichst präzise und empirisch genau nachprüfbar sind. Gerade deshalb handelt es sich bei diesen Entwürfen aber immer auch um stark „verkürzte" Abbildungen (Modelle) des zum Forschungsthema gemachten „Realitätsausschnitts" (vgl. auch Stachowiak, 1973; Herrmann, 1979: 60 ff.). Wer etwa die Angstentstehung als einen Prozeß des operanten Konditionierens rekonstruiert, sieht mit der Wahl eben dieses „Modells der Angstentstehung" notwendigerweise von manchen Merkmalen der Angstentstehung ab, die auch zu unseren Erfahrungen mit der Angstentstehung gehören mögen. Oder wer besser durchschauen will, wie das menschliche Lernen funktioniert, wird allgemeine Lerntheorien entwerfen; diese können nur hinreichend präzise und empirisch prüfbar sein, wenn sie nicht alles und jedes berücksichtigen, was jemals in der Welt im Zusammenhang mit Lernvorgängen geschehen ist oder geschehen wird.

Wissenschaftliche Problemlösungen sollen nach dem Selbstverständnis von Wissenschaftlern u. a. präzise, logisch widerspruchsfrei, in der Begriffsbildung sparsam, aber auch originell, kühn, einfallsreich und zu neuen Fragestellungen anregend sein. Mißglückte Lösungen können für den Fortgang der Wissenschaft von außerordentlichem Wert sein. Wissenschaftsfortschritt ist in hohem Maße „Fortschritt durch Veränderung" (H. Spinner).

(2) **Technologische** Forschungsprogramme stehen unter dem dominanten Kriterium, die Effizienz der nicht-forschenden Praxis zu erhöhen, also operatives Hintergrundwissen und standardisierte Techniken (im Sinne normierter Handlungsanweisungen) bereitzustellen. Am Ende müssen hier Problemlösungen stehen, die „in der Praxis funktionieren", also auch verläßlich, nebenwirkungsfrei, routinisierbar und nicht zuletzt wirtschaftlich sind. So mag etwa die Entwicklung eines lernzielorientierten Tests eine bewundernswerte Originalität seiner Konstrukteure verraten, in ihn mögen die neuesten und raffiniertesten mathematisch-statistischen Erkenntnisse eingegangen sein, usf.; wenn dieser Test nicht zur Verbesserung der Erkennung bestimmter lernzielbezogener Leistungen beiträgt, wenn er zu schwierig anzuwenden oder wenn er zeitökonomisch untragbar ist, so stellt er eine mißglückte technologische Problemlösung dar.

Technologische Forschung ist stets auf die Bedürfnisse nicht-forschender Praxis bezogen. Sie kann ihre Probleme nur so formulieren, daß der nicht-forschend Tätige mit der Problemlösung etwas anfangen kann. Oft handelt es sich um stilreine mZ-Probleme. In der Regel verbietet es sich, bei der technologischen Problemstellung stark von der konkreten Beschaffenheit des jeweiligen „praktischen" Problems zu abstrahieren. So geht es hier zum Beispiel nicht um die „abstrakte Natur" des Lernens überhaupt, sondern etwa um das ganz konkrete Lernen von Schülern in bestimmten Sonderschulen. Fast immer sind es nicht die neuesten, originellsten, kühnsten und riskantesten Ideen, die für die nicht-forschende Praxis hilfreich sind. Bewährtheit, Nebenwirkungsfreiheit, Verläßlichkeit und ähnliche Merkmale sind hier von höherem Wert. Nicht selten sind technologische Lösungen zwar effizient, doch weiß man noch nicht hinreichend, warum das so ist. Entwickelt man eine Therapietechnik, die nachweisbar erfolgreich und nebenwirkungsfrei ist, so mag die Theorie, mit deren Hilfe man sie begründet, durchaus noch lückenhaft, vage oder gar in sich widersprüchlich sein. Ist die Therapie effizient und unbedenklich, so hat man ein technologisches Problem gelöst; man muß mit dem Einsatz dieser Therapie nicht warten, bis auch die sie begründende Theorie zufriedenstellt.

Man kann sowohl die (grundlagen-) wissenschaftlichen wie auch die technologischen Problemlösungsprozesse wie folgt nochmals unterteilen (vgl. Herrmann, 1976; 1979):

Wissenschaftliche Forschungsprogramme können (a) das jeweils invariante Problem haben, ein bestimmtes Problemfeld wie die Angst, das Tiefensehen, das Textverständnis oder die Eigentumsrechte besser zu durchschauen, d. h. vor allem: sie besser zu explizieren (= Was Frage) und zu erklären (= Warum-Frage). Die Problemlösungsversuche bestehen dann im Grundsatz darin, adäquate Mittel für die Explikation und Erklärung (Explanation) des jeweiligen Problemfelds zu finden. So mag man das Problemfeld der Angstentstehung, wie erwähnt, etwa mit Hilfe der Theorie des operanten Konditionierens und unter Heranziehung aller einschlägigen Information explizieren, und man mag mittels entsprechender lerntheoretischer Gesetzeshypothesen Angstereignisse entsprechend erklären und vorhersagen wollen. Entsprechende Begründungen für das Zutreffen solcher Gesetzeshypothesen mögen hinzukommen. Man **hat** in solchen Fällen programmspezifisch **invariante Explicanda** (= zu explizierende, deskriptiv zu rekonstruierende Sachverhalte) und **Explananda** (= zu erklärende Sachverhalte), und man **sucht** adäquate **Explikantien** (= Explikationsmittel) und **Explanantien** (= Erklärungsmittel). Wir nennen solche (grundlagen-) wissenschaftlichen Forschungsprogramme **Domain-Programme** (vgl. „domain" [engl.]: „Gebiet", „Bereich", „Sphäre").

Wissenschaftliche Forschungsprogramme können aber auch (b) das Problem haben, solche Konzeptionen, Ideen, Paradigmen u. dgl. besser zu durchschauen, **mit deren Hilfe** man etwas explizieren oder erklären kann: Das Problem besteht hier darin, aus dem vorwissenschaftlichen Wirklichkeitsverständnis oder aus einem anderen Forschungsprogramm entnommene oder sonstwie erworbene Explikations- oder Erklärungmittel wissenschaftlich auszuarbeiten und zu präzisieren und zu erproben, worauf sie angewendet werden können. So mag man etwa die zunächst nur vage und in Hinblick auf ihre Anwendbarkeit kaum durchschaute Idee, daß Lebewesen „am Erfolg lernen", daß also erfolgreiches Verhalten „häufiger" wird, durch entsprechende Entwürfe am Ende zu einer wissenschaftlich adäquaten Lerntheorie machen, und man mag immer mehr Sachverhalte suchen, die mit ihrer Hilfe explizierbar und erklärbar werden. Man **hat** hier programmspezifisch **invariante Explikantien** oder **Explanantien**, man **präzisiert** diese und **sucht** für sie adäquate **Explicanda** und **Explananda**. Wir nennen diese wissenschaftlichen Forschungsprogramme **Quasi-paradigmatische Programme.** Weitere Beispiele für solche Programme sind die Ganzheits- und Gestalttheorie, der Symbolische Interaktionismus, die Psychoanalytischen Schulen und das kulturhistorische Paradigma des Marxismus-Leninismus.

Technologische Forschungsprogramme können (a) in erster Linie des Ziel haben, standardisierte **Techniken** zu erarbeiten. Eine solche Technik anwenden heißt, vorgegebene Handlungsregeln befolgen. Im Bereich der Psychologie handelt es sich dabei vorwiegend um Bewertungstechniken (Tests usf.) und um Veränderungstechniken (Therapietechniken usf.).

Technologische Forschungsprogramme können (b) primär ein für die nicht-forschende Praxis unmittelbar nutzbares, **operatives Hintergrundwissen** erarbeiten, also die Tätigkeit des nicht-forschend Handelnden etwa dadurch effizienter zu machen versuchen, daß instrumentalisierbares Wissen über die Wirksamkeit von Werbetexten oder über die Lernmotivation in Grundkursen der gymnasialen Oberstufe oder über Bettnässen erarbeitet wird.

Es sei hinzugefügt, daß technologische Forschungsprogramme häufig sowohl die Bereitstellung von Techniken als auch von Hintergrundwissen zum Ziel haben. Oft ist die hier getroffene Unterscheidung also nur im Sinne einer Akzentuierung verwendbar. Soweit solche Programme jedoch auch Theorien entwickeln, kann man immerhin (mit Bunge, 1967) Theorien des technisch-praktischen **Handelns** (z. B. Theorien des lernzielorientierten Testens oder der nicht-direktiven Gesprächsführung) von Theorien technisch-praktischer **Handlungsobjekte** (z. B. Theorien des

Bettnässers, der Adressaten von Werbetexten) unterscheiden. Oft steht einer dieser beiden Theorietypen bei technologischen Forschungsprogrammen als Forschungsziel im Vordergrund.

Forschungsprogramme verschiedenen Typs sind, wie weiter oben dargelegt, „vernetzt". Sie können als Knoten in Netzwerkbereichen interpretiert werden. In grober Vereinfachung (vgl. Herrmann, 1976; 1979) kann man die folgenden **Beziehungen zwischen Forschungsprogrammen verschiedenen Typs** (und zwischen Forschungsprogrammen und nicht-forschender Praxis) unterscheiden:

(1) Wissenschaftliche **Domain-Programme** importieren in der Regel Beschreibungs- und Erklärungsmittel aus **Quasi-paradigmatischen Forschungsprogrammen.** (Daneben importieren sie solche Mittel auch aus anderen Domain-Programmen oder entwickeln sie bisweilen innerhalb des eigenen Programms.) Quasi-paradigmatische Forschungsprogramme importieren häufig aus Domain-Programmen Problemfeld-Konzeptualisierungen, die sie versuchsweise zum Anwendungsbereich ihrer programm-eigenen Problemlösungsmittel machen. (Seltener finden sie selbst neue Problemfelder, in denen sie ihre Explikantien oder Explanantien ausprobieren.) Wichtig ist bei alledem, daß Forscher in Domain-Programmen und in Quasi-paradigmatischen Programmen sozusagen unterschiedlich reagieren, wenn etwas Zu-Explizierendes oder Zu-Erklärendes nicht zum Explikationsmittel oder zum Erklärungsmittel paßt, d. h., wenn die versuchte Explikation oder Erklärung – und damit die Problemlösung – mißlingt. Mißlingt die Explikation des Problemfelds D durch das Explikationsmittel P, so ersetzt der Domain-Forscher das für ihn untaugliche Explikationsmittel P durch ein anderes. (Ersetzte er D durch ein anderes Problemfeld, so verlöre er sein Problem.) Mißlingt die Explikation von D mittels P, so gibt der Quasi-paradigmatische Forscher das für ihn untaugliche Problemfeld D auf und sucht sich allenfalls ein neues. (Ersetzte er P durch ein anderes Explikationsmittel, so verlöre er sein Problem.)

(2) Wie vermerkt, stehen bei technologischen Forschungsprogrammen die beiden Ziele, **Techniken** und **operatives Hintergrundwissen** bereitzustellen, in der Regel in enger Beziehung. (Eine genaue wissenschaftstheoretische Analyse dieser Sachlage steht noch aus.)

(3) Die (grundlagen-) wissenschaftlichen und die technologischen Forschungsprogramme stehen **nicht**, wie häufig unterstellt, zueinander in der einfachen Beziehung des Anwendens: Technologie ist nicht dasselbe wie Angewandte Wissenschaft. Vielmehr werden im Kontext technologischer Problemlösungsprozesse (grundlagen-) wissenschaftliche Problemlösungsresultate genutzt, indem man sie aus ihrem wissenschaftsimmanenten Zusammenhang löst, sie für den technologischen Zweck selegiert und entsprechend aufbereitet. Wissenschaftliche Forschungsprogramme sind – von der Technologie her betrachtet – so etwas wie Steinbrüche, aus denen der technologische Forscher etwas herausbricht, was er so zurichtet, daß es zusammen mit Materialien anderer Herkunft ein Gebilde ergibt, das er für seine technologische Problembewältigung zu benötigen meint. Dabei nutzt der technologische Forscher keineswegs nur grundlagenwissenschaftliche Erkenntnisresultate. Er nimmt, was er bekommt, und greift auch auf außerwissenschaftliches Wissen und Können zurück.

Eine technologische Theorie der Schülermotivation in der Schulklasse (= Theorie technisch-praktischer Handlungsobjekte) mag durchaus Komponenten aus einer bestimmten wissenschaftlichen Motivationstheorie enthalten. Sie muß aber notwendigerweise daneben theoretische Annahmen über Gruppenstrukturen und speziell über Schulklassen enthalten – und vieles andere mehr. Wahrscheinlich enthält sie auch Annahmen über Soll-Zustände von Schülermotivationen und zur Implementierung von speziellen Optimierungsmaßnahmen. Sie repräsentiert auch viel außerwissenschaftliches Know-how. Nur so kann diese technologische Theorie hinreichend effizient sein. Bedenkt man dies alles, so ist es falsch oder doch zumindest viel zu einfach, zu sagen, diese technologische Theorie sei als angewandte wissenschaftliche Motivationstheorie zu verstehen.

Problemlösungen, die in technologischen Forschungsprogrammen gewonnen wurden, sind immer wieder in i. e. S. wissenschaftliche Problemlösungsprozesse importiert worden, wobei sie verständlicherweise ihre Funktion als Mittel zur Verbesserung ganz bestimmter nicht-forschender Tätigkeiten verloren und stattdessen eine neue Funktion in Hinsicht auf das jeweilige i. e. S. wissenschaftliche Forschungsziel erhielten.

(4) Nur selten können nicht-forschend Tätige die Erkenntnisse i. e. S. wissenschaftlicher Forschungsprogramme ohne technologische Vermittlung – d. h. ohne technologische Selektion und Aufbereitung – so nutzen, wie diese Erkenntnisse in ihrer wissenschaftsimmanenten Systematik vorliegen. Wissenschaftliche Problemlösungsprozesse stellen dem „Praktiker" so gut wie nie unmittelbar anwendbare Techniken zur Verfügung; eher schon verbessern sie sein operatives Hintergrundwissen. So sind es, wie gezeigt, primär die **technologischen Forschungsprogramme**, aus denen der nicht-forschend Tätige sein operatives Hintergrundwissen und das Reservoir seiner Techniken bezieht. (Es wurde darauf hingewiesen, daß er seine Arbeit ohnedies **nicht allein** auf der Basis der Nutzung von Forschungsresultaten irgendwelcher Art erfolgreich zu verrichten vermag.) – Auch bei nüchterner Einschätzung darf behauptet werden, daß die technologischen Forschungsprogramme in hohem Maß „Erfahrungen aus der Praxis" verwenden; nur so auch können sie das für sie dominante Effizienz-Kriterium für ihre Problemlösungen sinnvoll anwenden. Aber auch die i. e. S. wissenschaftlichen Forschungsprogramme sind immer wieder einmal durch die Ergebnisse nicht-forschenden Berufshandelns von Psychologen und anderen Sozialwissenschaftlern befruchtet worden.

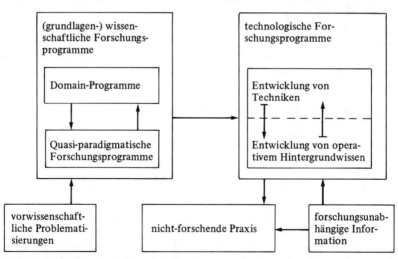

Abb. 1 **Vereinfachte Darstellung: Typen** von (sozialwissenschaftlichen) Forschungsprogrammen und (ausgewählte) Hauptrichtungen des **Informationsaustauschs** zwischen ihnen (und dem nicht-forschenden Berufshandeln). Näheres entnehme man dem Text.

In Abb. 1 werden die soeben unterschiedenen **Typen** von (sozialwissenschaftlichen) Forschungsprogrammen und die hier besprochenen **Hauptrichtungen des Informationsaustausches** zwischen ihnen (und dem nicht-forschenden Berufshandeln von Sozialwissenschaftlern) schematisch zusammengefaßt. Man beachte dabei, daß es sich um eine auf einige (im gegenwärtigen Zusammenhang) wesentliche Merkmale verkürzte Darstellung handelt. (Nicht berücksichtigt wird hier auch jede „empirische" Informationsaufnahme von der Art der Verhaltensbeobachtung, der Befragung oder der Auswertung von Dokumenten.)

1.1.2. Methoden

Vorbemerkung

Was macht die Wissenschaften „wissenschaftlich"? Diese Frage wird überwiegend so beantwortet: Die Wissenschaften zeichnen sich durch ihr spezifisch „methodisches" Vorgehen aus. Weniger die Objekte, Themen, Ergebnisse o. dgl. als vielmehr das „Wie" sollen das wissenschaftliche Handeln vom nicht- oder vorwissenschaftlichen Handeln abheben (vgl. u. a. Groeben & Westmeyer, 1975: 13 ff.). So schreibt etwa Diemer (1964: 31): „Moderne Wissenschaft begründet ihren Wissenschaftscharakter nicht durch ihre Resultate, sondern einzig und allein durch die wissenschaftliche Arbeit." Und diese ist durch die wissenschaftlichen **Methoden** bestimmt. Zum „Methodenproblem" in der Philosophie und in den Wissenschaften sind viele philosophische und speziell wissenschaftstheoretische Arbeiten publiziert und überaus erbitterte Kontroversen ausgefochten worden. (Vgl. dazu u.a. Poincaré, 1908; Herbertz, 1910; Kaufmann, 1936; Opp, 1976; Albert, 1980.)

Bei dieser Sachlage ist es erstaunlich, daß man in erhebliche Schwierigkeiten gerät, wenn man sich darüber informieren will, was denn eigentlich Methoden sind. Lexika geben hier fast stets nur dürftige Auskünfte. Bei der üblichen Darstellung einzelner Methoden werden diese abgehandelt und allenfalls verglichen, ohne daß erläutert wird, was genau alle Methoden zu Methoden macht. Selbst die allgemeinen (philosophischen usf.) Erörterungen zum „Methodenproblem" sind in Hinsicht auf die präzise Erklärung der Bedeutung von Wörtern wie „Methode" in der Regel nur wenig informativ; man setzt hier offensichtlich einfach voraus, daß der Leser bereits weiß, was Methoden sind.

In dieser Situation darf es nicht verwundern, daß auch im gegenwärtigen Zusammenhang keine auch nur einigermaßen erschöpfende Antwort auf die Frage gegeben werden kann: „Was sind Methoden?" Bestenfalls ergeben sich aus den folgenden Erörterungen einige Bestimmungsstücke für eine hinreichend genaue und umfassende Bestimmung dessen, was Methoden sind.

1.1.2.1. Was sind Methoden?

Das Wort „**Methode**" (von altgriechisch: „**methodos**", was etwa „Nachgehen" bedeutet) bezeichnet im alltäglichen Sprachgebrauch das planmäßige und systematische Vorgehen beim Versuch, Ziele zu erreichen (Aufgaben zu lösen usf.). Wenn man davon spricht, etwas geschehe „**methodisch**", so meint man, daß die betreffenden Handlung nicht sprunghaft und planlos, sondern zielgerichtet, systematisch, überlegt, geordnet erfolgen. „**Methodik**" ist ein Wort, dessen Verwendung nicht genau festgelegt ist. Es kann einfach die Lehre von den Methoden bedeuten. Man kann aber zum Beispiel auch sagen: „X verfolgt bei seinen Forschungsarbeiten eine konsequente Methodik." Eine „Methodik" zu haben, zu verfolgen usf., kann bedeuten, daß jemand überhaupt „methodisch" vorgeht oder daß er (bestimmte) Methoden anwendet. „Test-Methodik" bezeichnet so etwas wie den Inbegriff aller Test-Methoden. (Das Wort „Methodik" wird wegen seiner Mehrdeutigkeit im folgenden nicht verwendet.) Das Wort „**Methodologie**" ist die Bezeichnung für die Lehre, die Wissenschaft, von den Methoden (bzw. für die systematische gedankliche Reflexion auf Methoden).

Methoden sind keine beobachtbaren Ereignisse (z. B. keine beobachtbaren Vorgehensweisen von Menschen) und keine Sachen oder Waren. Bestimmte beobachtbare Vorgehensweisen bzw. Verwendungen von Sachen können vielmehr als die **Anwendung einer Methode** verstanden werden. Methoden sind (in erster Linie) **Systeme von Regeln**, nach denen in beobachtbarer Weise vorgegangen werden kann und nach denen auch bestimmte Werkzeuge, Requisiten u. dgl. verwendet werden können. Daraus, daß Methoden im wesentlichen aus **Systemen** von Handlungsregeln bestehen, folgt auch, daß die **Anwendung** einer Methode zumeist einen genau feststellbaren Beginn und ein genau feststellbares Ende hat.

Ein im Fachhandel befindlicher, aus diversem Testmaterial, einem Testmanual u. dgl. bestehender Intelligenz-Test **ist** nicht selbst eine Methode. Er besteht vielmehr einerseits aus dem materiellen Träger von Informationen (= Testmanual), die sich (u. a.) auf das System von Regeln beziehen, nach denen man methodenspezifisch vorzugehen hat. Andererseits besteht dieser Intelligenz-Test aus den Requisiten (= Testmaterial), die regelgeleitet (= methodengerecht) verwendet werden sollen. Nach den genannten Regeln (Anweisungen) vorzugehen bedeutet, eine Intelligenztest-Methode anzuwenden. (Wenn man beobachtet, daß jemand mit Testmaterial hantiert, so heißt das also noch nicht, daß er eine bestimmte Intelligenztest-Methode anwendet. Dies tut er nur, wenn er sich entsprechend **regelgerecht** verhält.)

Zwischen den Wörtern „Methode" und „**Verfahren**" besteht eine wenig geklärte begriffliche Beziehung. Nicht selten werden beide Ausdrücke einfach in gleicher Weise verwendet. Doch verweist der übliche Sprachgebrauch auch auf gewisse Bedeutungsunterschiede: Methoden und Verfahren können im Verhältnis des Allgemeinen zum Besonderen oder des Abstrakten zum Konkreten stehen. Verfahrensregeln sind so Spezifizierungen der allgemeinen Regeln einer Methode auf den besonderen Fall. Oder Verfahren sind Konkretisierungen oder Realisationen einer Methode. In diesem Sinne kann das bekannte IST-Verfahren von Amthauer als eine Konkretisierung oder auch als Realisation einer („klassischen", faktorenanalytischen) Intelligenztest-Methode aufgefaßt werden.

Man mag Verfahren als dasselbe wie Methoden oder als deren Spezifizierungen oder Realisationen auffassen: **Methoden** werden hier (in erster Linie, s. unten) als **Systeme von Handlungsregeln** verstanden. Aus diesen Regelsystemen können sich „in den Köpfen von Leuten" individuelle **Handlungspläne** bilden; d. h. methodenspezifische Systeme von Regeln können in individuellen Handlungsplänen repräsentiert sein. Wenn das beobachtbare Vorgehen eines Akteurs zielgerichtet und planmäßig erscheint, so kann das häufig so begründet werden, daß dieser Akteur einen individuellen Handlungsplan verfolgt, in dem ein bestimmtes Regelsystem repräsentiert ist. Dieses Regelsystem ist die von ihm angewendete Methode. Doch beruht nicht jedes zielgerichtet und planmäßig erscheinende Vorgehen auf der Anwendung einer Methode.

Wenn zumal niedere Tiere ein genetisch festgelegtes Verhaltensprogramm realisieren, so nennen wir das nicht die Anwendung einer Methode. Man betrachte aber auch das folgende Beispiel aus dem Humanbereich: Dem genialen Schachspieler Müller fällt zu Beginn einer Partie spontan eine Eröffnung ein, die noch nie gespielt wurde und die auf den Partner und andere kundige Beobachter den Eindruck der Zielgerichtetheit und Planmäßigkeit macht. Erst wenn Müller oder andere diese

faktische Zugfolge gedanklich reflektieren und wenn aus dieser Analyse ein **mitteilbares System von Regeln bzw. Handlungsanweisungen** entsteht, ist eine **Methode** geboren worden: die „Müller-Eröffnung". Diese Methode kann dann als ein neues Element der Klasse der (Methoden der) Schach-Eröffnungen subsumiert werden. Die „Müller-Eröffnung" kann dann grundsätzlich von jedem Schachspieler, der sie kennt, angewendet werden. Man kann bei dieser Eröffnung nachweisbar Fehler machen, usf.

Jemand mag durchaus seine „Geheimmethode" haben, die niemand außer ihm selbst kennt. Doch hat der Betreffende nur dann eine **Methode**, wenn es sich um ein mitteil**bares** System von Regeln handelt, die man im Zuge des Handelns befolgen oder übertreten kann, **falls** man sie kennt.

Es ergibt sich:

(1) Methoden bestehen – zur Hauptsache, vgl. (4) – aus **Regeln** bzw. **Systemen von Regeln**, nach denen zielgerichtet gehandelt werden kann. Diese Regeln bzw. Regelsysteme können von Akteuren als Pläne verwendet werden, die ihr Handeln steuern. Die **Anwendung** einer Methode hat zumeist einen genau feststellbaren Beginn und ein genau feststellbares Ende. Dies folgt aus der systematischen Verknüpfung der Regeln. (**Anmerkung:** Die Regeln müssen nicht als Regeln (d. h. beispielsweise in der Form von Imperativen) **formuliert** sein.)

(2) Methoden sind **mitteilbar**, kommunizierbar, lehrbar. Im allgemeinen handelt es sich um konventionelle, öffentlich zugängliche Sachverhalte.

(3) Methoden haben einen **normativen** und **präskriptiven** (vorschreibenden) Charakter: Sie sind von der Art, richtig oder falsch angewendet werden zu können. Die Regeln, welche eine Methode konstituieren, können befolgt oder übertreten (verletzt) werden. Verbindliche Entscheidungen über die Befolgung vs. Verletzung von Regeln sind dem Grundsatz nach möglich. Die Befolgung der Regeln wird erwartet, die Regelbefolgung ist sozial kontrolliert und die Regelverletzungen sind sozial sanktioniert.

(4) Methoden enthalten (neben dem sie primär konstituierenden System von Regeln) – in variablem Ausmaß – intersubjektive **Festlegungen** darüber, wie die Regeln und ihre begrifflichen Bestandteile verstanden werden sollen. (Diese Festlegungen können mehr oder minder systematisch bzw. theoretisch begründet sein.)

(5) Methoden können in einem **hierarchischen** Verhältnis zueinander stehen: Danach kann eine Methode als **Element** einer **Klasse** aufgefaßt werden, wobei diese Klasse selbst wiederum als Methode verstanden wird. Methoden können auch in einem Ganzes-Teil-Verhältnis zueinander stehen; **Gesamt**methoden können sich in **Teil**methoden gliedern.

Beispiel (a): Es gibt Methoden zur Planung von psychologischen Experimenten. Eine solche Planungsmethode PM enthält u. a. die Regel R: „Bilde eine Kontrollgruppe von Versuchspersonen, die ebenso groß ist wie die Experimentalgruppe und die derselben Population (Grundgesamtheit) entstammt wie diese!" (Diese Regel kann auch anders formuliert sein.) PM ist sprachlich darstellbar und kommunizierbar. Die Einhaltung der Regel R kann intersubjektiv kontrolliert werden. Wendet jemand PM an und verletzt er R, indem er zum Beispiel die Kontrollgruppe aus einer anderen Population rekrutiert als die Experimentalgruppe, so kann begründet gesagt werden, daß PM fehlerhaft angewendet wurde. Daraus kann zum Beispiel folgen, daß das betreffende Manuskript eines Autors von den Herausgebern einer Fachzeitschrift zurückgewiesen wird. Zu PM gehören auch intersubjektive Festlegungen darüber, was u. a. Kontrollgruppen sind. (PM kann so aufgefaßt werden, daß zu PM u. a. auch Begründungen für die Angemessenheit der Regel R gehören.) PM ist Element einer Klasse, die man als die „Methode der Versuchsplanung" bezeichnen kann. PM kann neben anderen Teilmethoden eine Teilmethode der Parallelisierung von Stichproben enthalten.

Beispiel (b): Es gibt Methoden des Anbringens von Postern. Eine solche Methode AM ist die Methode des Anklebens. AM enthält u.a. die Regel R: „Trage auf die Rückseite des Posters nur soviel Klebemittel auf, daß dieses Klebemittel beim Andrücken des Posters auf die Unterlage nicht seitlich herausquillt!" (Diese Regel kann auch anders formuliert werden.) AM ist – etwa in Anleitungen zum Do-it-yourself – darstellbar und kommunizierbar. Die Einhaltung der Regel R kann intersubjektiv kontrolliert werden. Wendet jemand AM an und verletzt er R, so daß zum Beispiel die Unterlage durch heraustretende Klebemasse verschmutzt wird, so kann begründet gesagt werden, daß AM fehlerhaft angewendet wurde. Daraus kann zum Beispiel folgen, daß ein Filmarchitekt seinen Mitarbeiter rügt. Zu AM gehören intersubjektive Festlegungen darüber, was u.a. unter dem seitlichen Herausquellen von Klebemitteln zu verstehen ist. (AM kann so aufgefaßt werden, daß zu AM auch Begründungen für die Angemessenheit der Regel R gehören.) AM ist Element einer Klasse, die man als die „Methode der Anbringung von Postern" bezeichnen kann. AM kann neben anderen Teilmethoden eine Teilmethode des Aufbringens von Klebemitteln enthalten.

Die Gegenüberstellung der Beispiele (a) und (b) konfrontiert uns mit der Frage, ob der Ausdruck „Methode" nur im Kontext **wissenschaftlicher** Tätigkeiten verwendet werden soll oder ob es zweckmäßig ist, auch dann von Methoden zu sprechen, wenn es sich nicht um „Wissenschaft" handelt. Die Beispiele (a) und (b) zeigen zumindest, daß es sich bei einer unzweifelhaft wissenschaftlichen Methode und demjenigen, was wir hier die Methode des Anklebens von Postern genannt haben, um weitgehend **strukturgleiche Sachverhalte** handelt. Zweifellos bezieht sich das Beispiel (a), verglichen mit Beispiel (b), auf eine nicht nur „kompliziertere", sondern auch auf eine strenger konzipierte und formulierte, eingehender analysierte und theoretisch ausgiebiger reflektierte Methode. Aber gibt es zwischen wissenschaftlichen und nicht-wissenschaftlichen Methoden (falls man letztere so bezeichnen will) strikte Grenzen; sind wissenschaftliche Methoden sozusagen etwas ganz Besonderes? Oder muß man mit einem **Methodenkontinuum** dergestalt rechnen, daß sich diejenigen Methoden, die wir als wissenschaftliche bezeichnen, lediglich im Durchschnitt mehr als die anderen dem Extrem größtmöglicher konzeptueller und sprachlicher Präzision, eingehendster Analyse und umfassendster Reflexion nähern? Es kann hier nicht entschieden werden, ob es Merkmale der wissenschaftlichen Methoden gibt, die deren fundamentale Sonderstellung begründen könnten. Da wir hier jedoch das wissenschaftliche Problemlösen als Teilmenge des Problemlösens überhaupt betrachtet haben und da wir im folgenden (unter 1.1.3.) Methoden im Kontext von **Problemlösungsprozessen** behandeln wollen, liegt es nahe, den Ausdruck „Methode" in der zuvor versuchten – weitgefaßten – Weise zu verwenden. Dies trotz (oder wegen) der Möglichkeit, daß man dann auch sinnvoll von nicht-wissenschaftlichen Methoden sprechen kann, die mit den wissenschaftlichen Methoden zumindest die genannten Bestimmungsstücke (1) bis (5) gemeinsam haben.

Danach sind - **zusammengefaßt** – **Methoden** mitteilbare Systeme von Regeln, die von Akteuren als Handlungspläne zielgerichtet verwendet werden können. Methoden enthalten in variablem Ausmaß intersubjektive Festlegungen darüber, wie diese Regeln und deren Bestandteile zu verstehen sind. (Diese Festlegungen können mehr oder minder systematisch begründet sein.) Methoden haben einen normativen und präskriptiven Charakter: Methoden-Regeln sind bei Anwendung der betreffenden Methode zu befolgen; ihre Nichtbefolgung ist intersubjektiv kontrollierbar und sanktionierbar. Mehrheiten von Methoden können Klassen-Teilklassen-Beziehungen sowie Ganzes-Teil-Beziehungen bilden.

1.1.2.2. Zum Anwenden von Methoden

Wie können Methoden, also die unter 1.1.2.1. dargestellten Systeme von Regeln, deren Bedeutung und deren Befolgung, wie ausgeführt, intersubjektiv relativ verbindlich sind, das individuelle Handeln von Akteuren steuern? Methoden werden für den einzelnen verhaltenswirksam, indem von ihm ein individueller **Handlungsplan** verfolgt wird, in dem das jeweilige methodenspezifische Regelsystem „subjektiv" repräsentiert ist. Dazu ist selbstverständlich erforderlich, daß der Akteur die betreffende Methode gelernt, d. h. begriffen und allenfalls geübt hat. Außerdem müssen selbstverständlich jeweils die „äußeren" und „inneren" (z. B. motivationalen) Bedingungen vorhanden sein, die erst die Vergegenwärtigung und die Realisierung des Handlungsplans überhaupt ermöglichen. Und es muß seitens des Akteurs eine **zielbezogene Entscheidung** vorliegen, die betreffende Methode anzuwenden. Diese Entscheidung kann unter Umständen das Ergebnis komplexer Problemlösungsvorgänge sein. Andererseits muß sich ein Akteur nicht für die Anwendung einer jeden Teilmethode entscheiden, wenn deren Anwendung sozusagen automatisch aus der Entscheidung für eine Gesamtmethode folgt.

Man darf sich das Anwenden von Methoden nicht so vorstellen, daß der methodenspezifische Handlungsplan lediglich so etwas wie eine starre Abfolge einzelner Befehle ist, die der Akteur im Wege der Ausführung der jeweils „befohlenen" Handlungselemente Schritt für Schritt befolgt. Dies schon deshalb nicht, weil Methoden **adaptiv, regulativ** und **reflexiv** sind:

Adaptation: Methoden sind in der Regel insofern adaptiv, als die regelgerechten Handlungsschritte in ihrer Auswahl und Folge partiell davon abhängen, (a) welche speziellen, vom Handeln des Akteurs unabhängigen Bedingungen vorliegen und (b) welche Ergebnisse bzw. Konsequenzen die Handlungsschritte des Akteurs erbringen. Danach haben Methoden-Regeln häufig die folgende Struktur:

(a) „Wenn die Bedingung X vorliegt, tue A; wenn die Bedingung Y vorliegt, tue B!"

(b) „Wenn der Handlungsschritt A das Ergebnis/Konsequenz R hat, tue C; wenn der Handlungsschritt A das Ergebnis/Konsequenz S hat, tue D!"

Regulation: Methoden sind in Bezug auf das Handeln regulativ. Methodenspezifische Handlungspläne bestehen nicht nur aus den methodenspezifischen Befehlen (Anweisungen), sondern auch aus Bewertungen. Die jeweils ausgeführten Handlungsschritte werden vom Akteur immer wieder daraufhin geprüft, ob sie regelgemäß verlaufen bzw. richtig oder erfolgreich sind. In Abhängigkeit von dieser Überprüfung werden die Handlungsschritte entweder (allenfalls mehrmals) wiederholt bzw. verbessert, oder aber man geht zum nächsten Schritt über. Diese Regulation kann sich auf einzelne (elementare) Handlungsschritte, auf Teilsequenzen der Methodenanwendung oder sogar auf die gesamte Methode beziehen. (Im letzteren Fall wiederholt der Akteur die Realisierung des ganzen methodenspezifischen Handlungsplans, nachdem er mit der Methodenanwendung insgesamt nicht zufrieden ist.) Methodenanwendung ist also ein kompliziertes und hierarchisches Wechselspiel von Tun und Bewerten.

Diese Handlungsregulation kann man sich (vgl. auch Hacker, 1973: 105) u. a. so vorstellen, daß immer wieder **Vergleiche** zwischen dem Ergebnis jeweils eines Handlungsschritts A_i mit dem in der jeweiligen Handlungsregel (Methoden-Regel) vorliegenden Sollwert S_i stattfinden und daß diese Vergleiche positiv (+) oder negativ

(−) ausfallen können. Beim positiven Vergleichsergebnis (+) geht man zum nächsten Schritt A_{i+1} über; beim negativen Ergebnis (−) **wiederholt bzw. verbessert** man den Schritt A_i allenfalls mehrfach. Dieser Sachverhalt läßt sich schematisch wie folgt darstellen:

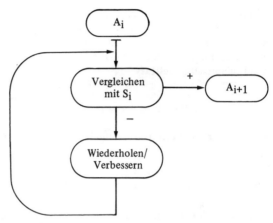

Reflexion: Methoden sind in der Regel in einer besonderen Weise reflexiv. Das soll hier bedeuten, daß der Akteur sein Handeln bei der Anwendung einer Methode nicht nur im dargestellten Sinne an spezifische Bedingungen anpaßt (Adaptation) und daß er seine Handlungsschritte nicht nur immer wieder bewertet (Regulation), sondern daß er auch darüber nachdenken kann, was die **methodenspezifischen Regeln**, die sein Handeln steuern, allgemein und was sie im vorliegenden Fall speziell **bedeuten**, ob und in welcher Weise sie **angemessen** bzw. **gerechtfertigt** sind, usf. Insofern steht die Methode während ihrer Anwendung selbst zur Disposition. Nicht nur das regelgerechte **Handeln**, sondern auch die **Handlungsregeln** (und ihr systematischer Zusammenhang) selbst sind also möglicher Gegenstand der Beurteilung und Kritik. Aus solchen Bewertungen der im Augenblick angewandten Methode kann im Extrem der Abbruch des Anwendungsvorgangs folgen. Oder es können sich etwa partielle Umdeutungen der Regeln und ihres systematischen Zusammenhangs ergeben. Hierbei mag es sich zum Beispiel um die Konkretisierung der Bedeutung handeln, die man einer Methoden-Regel im konkreten Anwendungskontext verleiht. Methodenanwendung bedeutet hier Nachdenken und Abwägen. Auch insofern sollten also Methoden nicht als starre Befehlsfolgen, denen blind zu gehorchen ist, interpretiert werden. Übrigens dürfte die bewertende Reflexion einer Methode während ihrer Anwendung oft damit zusammenhängen, wie ein Akteur die soziale Kontrolle auffaßt, unter der seine Methodenanwendung erfolgt. So mag ein Akteur, der sich nur wenig intersubjektiv kontrolliert fühlt, bei der Interpretation einer Methoden-Regel, die ihm den Sollwert für einen Handlungsschritt liefert, recht großzügig sein und so auf die mehrfache Verbesserung dieses Schritts verzichten.

Es ist nach allem festzuhalten, daß das Anwenden von Methoden die mehr oder minder intensive gedankliche Reflexion dieser Methode bzw. einiger ihrer Teile einbegreift. Man mag sogar geneigt sein, gerade diese Reflexion für einen der wesentlichsten Grundzüge des „methodischen" Handelns zu halten. Je allgemeiner methodenspezifische Regelsysteme konzipiert sind, je weniger sie also den Charakter standardisierter **Verfahren** haben, umso mehr dürften sie während ihrer Anwendung der gedanklichen Reflexion zugänglich und bedürftig sein. (Daß Methoden unabhängig davon als solche, d. h. als abstrakte, in Aussagen vorliegende Systeme von Regeln, der Reflexion fähig und bedürftig sind, bleibt von ihrer Reflexion **während des Anwendens** unberührt.)

Zusammenfassend bedeutet also **Methodenanwendung** die aufgrund einer (Anwendungs-) Entscheidung erfolgende **Steuerung des zielgerichteten Handelns** durch ein **Regelsystem**, das im jeweiligen **Handlungsplan** der Akteure repräsentiert und verfügbar ist. Diese methodenspezifische Handlungssteuerung ist **regulativ** und weitgehend **adaptiv** und **reflexiv**.

1.1.3. Über Methoden in der sozialwissenschaftlichen Forschung

1.1.3.1. Zur Funktion von Methoden beim Problemlösen

Wenn wir im folgenden Methoden im Zusammenhang mit wissenschaftlichen Problemlösungsprozessen erörtern, so stellt sich zunächst die Frage, welche allgemeine Funktion – welchen Nutzen, Sinn – Methoden im Rahmen von Problemlösungsvorgängen haben. Methoden sind für den Problemlöser, wie für jeden Akteur, erlernte und momentan verfügbare Systeme von Regeln, die sein Handeln steuern können. Das Handeln, das methodenspezifischen Regeln folgt, führt den Methodenanwender jeweils von einem Anfangs- zu einem Endzustand. Zum Beispiel mag bei einem psychologischen Experimentalverfahren der Anfangszustand vor der Auswahl von Versuchspersonen und der Endzustand nach dem Abschluß von Rechenarbeiten liegen; das Handeln des Experimentators zwischen beiden Zuständen ist methodenspezifisch gesteuert. Entspricht nun ein solcher Anfangszustand der Methodenanwendung einem problemspezifischen Ist-Zustand und kann auch der Endzustand als mit einem problemspezifischen Soll-Zustand (Ziel) äquivalent gelten, so kann der Problemlöser im Wege der Methodenanwendung den problemspezifischen Ist- in den erwünschten Soll-Zustand transformieren: d. h. er löst dieses Problem. (Dabei handelt es sich, wie noch zu erörtern sein wird, zumeist lediglich um die Lösung von **Teil**problemen.) Methodenspezifisch verfügbare Systeme von Regeln sind in diesem Sinne **Problemlösungsmittel**: Methoden legen fest, was man tun muß, um von Ist- zu Soll-Zuständen zu gelangen.

Methoden sind zum einen solche Problemlösungsmittel, die man schon kennt und über die man momentan verfügt, die man also nicht **ad hoc** (er-) finden muß. Zum anderen ist man **während** der Methodenanwendung in einem erheblichen Ausmaß von der Anstrengung befreit, Entscheidungen zu treffen, Lösungen zu finden, Fehler zu suchen, usf. Auch die reflexiven Anforderungen, die während der Methodenanwendung an den Problemlöser gestellt sind, bringen in der Regel weniger Aufwand mit sich als die Anforderungen, die sich aus dem erstmaligen Erproben von **ad hoc** gefundenen, mutmaßlichen Problemlösungsmitteln ergeben. Man kann also sagen: **Methoden entlasten den Problemlöser**.

Der Problemlöser als Anwender von Methoden ist nicht auf seine unplanbaren Geistesblitze angewiesen. Er muß auch nicht blind probieren. Auch ist er nicht dem freien Vagabundieren seiner Gedanken ausgesetzt (vgl. Dörner et al., 1980), sondern er steuert sein Handeln und kontrolliert die Situation, die es zu bewältigen gilt: **Methoden sind Mittel zur Handlungs- und Situationskontrolle**.

Das **Anwenden** – nicht die zielgerichtete Auswahl und Reihung – von Methoden nähert das Problemlösen dem bloßen Abarbeiten von (Routine-) Aufgaben an.

Darin liegt ihr entlastendes Moment. Methoden „entproblematisieren" die Situation. Doch stimmt das nur bis zu einem gewissen Grad: Methoden sind eben nicht nur adaptiv und regulativ, sondern auch mehr oder minder **reflexiv**; sie werden nicht „automatisch durchgeführt", sondern stehen während der Anwendung im dargelegten Sinne in variablem Ausmaß zur gedanklichen Disposition: **Methoden sind relativ flexible Problemlösungsmittel.**

Sind Methoden so durch die Merkmale der Entlastung und Kontrolle wie auch der Flexibilität charakterisierbar, so muß doch betont werden, daß nicht alle Methoden, wie schon vermerkt, während der Anwendung in gleichem Ausmaß zur gedanklichen Disposition stehen: Realisiert sich eine Methode in einem hochstandardisierten Verfahren, so ist für gedankliche Reflexionen in der Regel nicht viel Raum, während andererseits sehr allgemeine und nicht in Standardverfahren realisierte Methoden während ihrer Anwendung zu mannigfachen Teilproblemen des Konkretisierens, des notwendigen Umdeutens u. dgl. führen können. Die zuletzt genannten Methoden entlasten den Problemlöser bei weitem weniger als die in der verfestigten Form von Verfahren vorliegenden Methoden. Es sieht so aus, als ob Methoden sozusagen dasjenige an Entlastung und Kontrolle bieten, was sie an Flexibilität verlieren – und umgekehrt. Vielleicht sind „gute" Methoden solche Methoden, bei denen die Entlastung und die Handlungs- und Situationskontrolle einerseits und die adaptive, regulative und besonders die reflexive Flexibilität andererseits optimal ausbalanciert sind.

Mit den Methoden stehen dem Problemlöser Lösungswege zur Verfügung, die bereits von anderen Menschen erarbeitet worden sind; es sei denn, daß der Problemlöser in seltenen Fällen selbst der Methodenerfinder ist. Mit der Auswahl und dem Einsatz einer Methode ist der Problemlöser davon befreit, während seines Problemlösungsversuchs das betreffende Problemlösungsmittel erst erfinden zu müssen. Auch in der Anwendung von Methoden zeigt sich der gesellschaftliche Charakter individueller Problemlösungstätigkeit.

1.1.3.2. Methoden und Problemlösungstypen (Programmtypen)

Methoden lassen sich unter den verschiedensten Gesichtspunkten vergleichen und klassifizieren. Ganz allgemein betrachtet, unterscheiden sie sich nach ihrer **Art** (vgl. beispielsweise Methoden des Informationsgewinns und Methoden der Modifikation des menschlichen Verhaltens) und nach ihrer **Güte** (beispielsweise danach, wie adaptiv sie sind). Unabhängig von ihrer Art und Güte können Methoden beim Problemlösen eine unterschiedliche Rolle spielen; sie haben für Problemlösungen nicht stets die gleiche **Funktion** und **Bedeutsamkeit**. Dies wird deutlich, wenn man die folgenden drei Klassen von Problemen vergleicht:

(a) **mZ-Probleme mit einer Methode:** Probleme können von der Art sein, daß der Soll-Zustand (Ziel) klar vorgegeben ist (mZ-Probleme) und daß dieser Soll-Zustand genau dem Endzustand der Anwendung der **einzigen** Methode entspricht, die der Problemlöser in Hinblick auf die Zielerreichung kennt. Bei dieser Sachlage ist der Entschluß, das Problem zu lösen, mit dem Entschluß zur Anwendung dieser Methode in der Regel äquivalent. (Es sei denn, der Problemlöser setzt sich in den Kopf, **ad hoc** ein neues Problemlösungsmittel zu (er-) finden. Dieser Fall bleibt hier ausgeklammert.) Solche Probleme sind kaum mehr als abzuarbeitende Aufgaben; sie können von diesen ununterscheidbar sein. Allerdings können die Systeme von Handlungsregeln, aus denen die angewendete Methode besteht, auch so beschaffen sein, daß für den Problemlöser während der Methodenanwendung erhebliche reflexive Anforderungen entstehen, die ihrerseits den Charakter von Teilproblemen haben. So mag es darum gehen, allgemeine Methoden-Regeln auf den jeweiligen Fall zu spezifizieren bzw. sie entsprechend zu interpretieren. Ergeben sich so aus der Anwendung einer Methode zu lösende **Teilprobleme**, so unterscheidet sich eine solche Methodenanwendung schon so von der bloßen Abarbeitung einer Aufgabe.

(b) **mZ-Probleme mit mehreren Methoden:** Probleme können wiederum einen klar vorgegebenen Soll-Zustand haben (mZ-Probleme), doch kann der Problemlöser über **mehr** als eine Methode zur Zielerreichung verfügen. (Hcrrn E.s Poster-Problem ist ein Beispiel dafür.) Der Problemlöser muß hier abwägen, welche von diesen Methoden er anwenden soll (oder ob er ein neues Problemlösungsmittel (er-) finden soll). Schon dieses Erfordernis der Mittelauswahl kennzeichnet diese Sachlage als Problem. Nach der Auswahl einer der verfügbaren Methoden ergibt sich für den Problemlöser die unter (a) dargelegte Situation.

(c) **oZ-Probleme:** Probleme können komplex und ohne klare Zieldefinition sein (oZ-Probleme). Der Einsatz von Methoden kommt hier nur bei der Erreichung von einigen Teilzielen in Betracht. Der Problemlöser macht Lösungsentwürfe, in deren Rahmen Teilziele vom mZ-Typ sichtbar werden können. Mit diesen Teilzielen ergeben sich Situationen von der Art (a) oder (b). (Es zeigt sich hier, daß Methoden nur sinnvoll angewendet werden können, wenn bereits eine hinreichende (Teil-) Zielkonkretisierung vorliegt.)

Es zeigt sich also, daß Methoden bei verschiedenen Arten des Problemlösens eine unterschiedliche Funktion haben. Dies trifft auch auf die unterschiedlichen Arten des Problemlösens zu, mit denen es Sozialwissenschaftler zu tun haben. In (grundlagen-) wissenschaftlichen und in technologischen **Forschungsprogrammen** werden Methoden sowohl erfunden, ausgearbeitet und modifiziert, wie auch bereits vorhandene Methoden angewendet werden. Nicht-forschendes Berufshandeln von Sozialwissenschaftlern ist zu einem beträchtlichen Anteil durch das Anwenden von Methoden gekennzeichnet.

In (grundlagen-) wissenschaftlichen **Domain-Programmen** sind programmeigene Methoden-Entwicklungen wie auch der Import von Methoden aus anderen Programmen in der Regel Mittel zum Zweck: Innerhalb solcher Programme entwickelte Methoden erhalten ihre Funktion bei der versuchten Explikation von programmspezifisch invarianten Problemfeldern und bei entsprechenden Erklärungsversuchen. Methoden, die innerhalb eines solchen Programms erfunden wurden, können von anderen Programmen importiert werden, wie auch das Programm aus anderen Programmen Methoden importieren und diese wie die selbst entwickelten einsetzen kann.

Methoden haben in Domain-Programmen im wesentlichen die Funktion, die ihnen bei oZ-Problemen zukommt: Die Verwendung von bestimmten Methoden ist hier an den jeweiligen **Entwurf** gebunden, der für die explizierende Rekonstruktion des Problemfelds versuchsweise verwendet wird. Nur wenn man zum Beispiel die Angstentstehung im Modell einer Lerntheorie expliziert, wendet man entsprechende Methoden zur Erfassung von Lernvorgängen an. Wird ein solcher Entwurf hinfällig, so verlieren auch die mit ihm gegebenen Methoden ihre programmspezifische **Funktion**, mögen sie im übrigen so qualifiziert sein, wie sie wollen. Stellt sich beispielsweise heraus, daß ein bestimmtes lerntheoretisches Modell für die Explikation der Angstentstehung ungeeignet ist, so werden die an diese Modellanwendung gebundenen Methoden für das Programm zur Erforschung der Angstentstehung **ob-**

solet. (Wie sich in Domain-Programm Methoden „verselbständigen" können, wird kurz unter 1.1.3.3. behandelt werden.)

Es sei angemerkt, daß Bearbeiter von grundlagenwissenschaftlichen Programmen, die etwa das Messen oder das Testen zu ihrem Forschungsproblem haben, kaum nur die Entwicklung von Methoden des Messens oder Testens anstreben; ihnen geht es in erster Linie um Meß- und Testtheorien.

Quasi-paradigmatische Programme haben das Problem, aus allgemeinen Deutungs- oder Erklärungsideen präzise Konzeptionen zu entwickeln und deren Anwendung auf möglichst viele Problemfelder zu versuchen. Entsprechende Problemlösungen bestehen in der Regel auch darin, eine Methode oder eine Klasse von Methoden zur Verfügung zu haben, mit deren Hilfe erst empirische Prüfungen und entsprechende Anwendbarkeitsnachweise der jeweiligen explizierenden oder erklärenden Konzeption möglich werden. Solche Methoden stellen oft geradezu die Form dar, in der sich eine Quasi-paradigmatische Deutungs- oder Erklärungskonzeption realisiert; methodenspezifische Systeme von Handlungsregeln sind dann die Konkretion oder Realisation allgemeiner explikativer oder explanativer Ideen. Faßt man etwa die psychoanalytische Gesamtkonzeption als ein quasi-paradigmatisches Deutungs- mittel für heterogene Problemfelder auf, so mag man sagen, dieses allgemeine Ex- plikationsmittel konkretisiere sich in der psychoanalytischen **Methode.** Methoden in Quasi-paradigmatischen Forschungsprogrammen sind insofern von der jeweili- gen programmspezifisch invarianten Konzeption „imprägniert", als es eben diese Konzeption ist, die durch die Methoden in möglichst vielfältiger Weise anwendbar gemacht werden soll. So spiegeln sich in der Art der Messung von Lernerfolgen, wie sie innerhalb von Skinners Programm einer verstärkungstheoretischen Verhaltens- konzeption entwickelt wurde, genau die Grundannahmen dieses Quasi-paradigma- tischen Programms wider. (Vgl. dazu u. a. Westmeyer, 1973.)

Quasi-paradigmatische Forschungsprogramme können sogleich mit einer dominie- renden „methodischen Idee" beginnen, die über ein solches Programm hinweg bei- behalten wird und in der sich so die Explikations- oder Erklärungskonzeption, die das Problem des Programms darstellt, kontinuierlich realisiert. Eine solche „me- thodische Idee" und die aus ihr folgende Methode ist dann programmspezifisch indisponibel; disponibel bleiben die Problembereiche, die auf die Anwendbarkeit dieser Methode hin untersucht werden. (Bestehen bleiben dann auch die Teilproble- me der Anpassung einer solchen Methode an diverse Problemgebiete.) In anderen Fällen stehen Methoden jedoch auch in Quasi-paradigmatischen Programmen zur Disposition. Erweisen sie sich als ungeeignet, programmspezifisch invariante Expli- kations- oder Erklärungsideen prüfbar und anwendbar zu machen, so können sie durchaus ersetzt oder zumindest durch tauglichere ergänzt werden (vgl. aber unter 1.1.3.3).

Unter 1.1.3.3 werden wir auf die Wechselwirkung von Mittelwahl und Zielbestimmung beim Problemlösen zurückkommen. Doch erscheint bereits an dieser Stelle der folgende Hinweis erforderlich: Man kann für eine Reihe von Forschungsprogrammen aufweisen, daß sogleich an ihrem Beginn die Erfindung einer Methode bzw. eines „Untersuchungsparadigmas" steht. Dies wurde soeben für Quasi-paradigmatische Programme erwähnt, doch gilt das auch für Domain-Programme. Die Problembereiche dieser Domain-Programme werden dann gera- dezu als dasjenige gedeutet, was mit der betreffenden Methode untersuchbar ist. So ist unser Verständnis des bedingten Reflexes bekanntlich eng an das Untersuchungsparadigma des Pawlowschen Hundes gebunden. So etwas kann Gefahren bergen (s. unten), doch kann eine solche **„Methodenzentriertheit"** von Domain-Programmen auch (für eine Weile) vorteilhaft sein: In der Voraussetzung, ein Problemfeld sei genau so zu rekonstruieren, daß es mit einer bestimmten Methode untersuchbar ist, kann eine originelle und innovative Idee stecken. Es kann auch günstig sein, einen derart methodenbezogenen Problemfeld-Entwurf in allen seinen Aspekten zu erproben und damit auch die Methode selbst allseitig auszutesten. Es dürfte indes einsichtig sein, daß solche „methodenzentrierten" Domain-Programme auch leicht erstarren oder sich aber in Quasi-paradigmatische Programme verwandeln können; die Methode und die in ihr realisierte Explikations- oder Erklärungsidee werden dann in der geschilderten Weise selbst zum Problem. Es darf auch nicht verschwiegen werden, daß Forschungsunternehmungen, die ganz um eine singuläre Methode oder um ein Verfahren „herumgebaut" sind, bisweilen nur schwer eindeutig entweder den Domain- oder den Quasi-paradigmatischen Programmen zuzuordnen sind.

Auch in **technologischen** Forschungsprogrammen werden Methoden entwickelt und modifiziert bzw. adaptiert. Zumal die Entwicklung von **Techniken** erfordert die Neuentwicklung von Methoden und/oder den Import von vorhandenen Methoden, die an die jeweilige Zielsetzung angepaßt werden. Oft manifestiert sich in einer Technik die Zusammenfügung von Komponenten mehrerer bereits vorhandener Methoden, die entsprechend selegiert und aufbereitet werden. So kann etwa eine Therapietechnik die geglückte Synthese aus einer Mehrzahl vorliegender Methodenbausteine sein. In technologischen Forschungsprogrammen werden **importierte** Methoden in vielfältiger Weise **angewendet**. So überprüft man zum Beispiel die Effizienz eines im Programm selbst entwickelten Elterntrainingsverfahrens mittels importierter diagnostischer Verfahren und unter Verwendung importierter statistischer Planungs- und Auswertungsmethoden. (Dabei geht es in der Regel um die Lösung von „mZ-Problemen mit mehreren Methoden".)

Nicht-forschende Praxis besteht in einem erheblichen Ausmaß aus der Anwendung von Methoden. Es wäre aber falsch zu meinen, es handele sich hierbei im allgemeinen um mZ-Probleme mit einer oder mit mehreren Methoden. Es genügt also in der Regel für eine erfolgreiche nicht-forschende Praxis nicht, Methoden zu kennen, sie schlicht auszuwählen und sie allenfalls in die geeignete Reihenfolge zu bringen und sie dann einfach durchzuführen. Auch hier handelt es sich vielmehr häufig um **oZ-Probleme**, die erst mittels angemessener **Entwürfe** so konkretisiert werden müssen, daß eine zielführende Methodenanwendung überhaupt möglich wird. Die Methodenauswahl hängt dann von der explizierenden **Rekonstruktion** des Problemfelds ab. Schon etwa das Problem eines Klinischen Psychologen, einen Klienten klinisch-diagnostisch besser zu durchschauen, ist ein oZ-Problem, bei dessen Lösung die angewendeten Verfahren die oben unter (c) dargestellte Funktion haben: Die Methodenauswahl richtet sich auch hier nach dem spezifischen Deutungsentwurf, den man an den Klienten heranträgt; die Methodenauswahl wird bei einem Wechsel von Deutungsentwürfen zum **neuen** Teilproblem. Aus der hier skizzierten Sachlage ergibt sich übrigens die große Bedeutung **operativen Hintergrundwissens**, wie es dem nicht-forschend Handelnden (primär) von technologischen Forschungsprogrammen zur Verfügung gestellt wird.

Methoden haben in den hier geschilderten Fällen zumeist den Charakter **disponibler Problemlösungsmittel**. Ihre Anwendung dient ganz überwiegend der Erreichung von **Teilzielen**. Eher selten stellen Methoden selbst das Gesamtproblem (Gesamtziel) eines Problemlösungsprozesses dar. Als Ausnahmen davon erwiesen sich einige technologische Forschungsprogramme, soweit deren Problem eben in der Entwicklung einer Methode besteht (Beispiel: Entwicklung eines lernzielorientierten Leistungstests als Forschungsziel). Weitere Ausnahmen findet man in der nicht-forschenden Praxis, wenn einmal die Lösung eines Problems mit der Anwendung einer bestimmten Methode äquivalent ist, s. oben (a). Auf „methodenzentrierte" Forschungsunternehmungen wurde kurz hingewiesen.

Ganz überwiegend sind Methoden also **disponible Mittel**, mit denen **Teilziele** von Problemlösungsprozessen erreicht werden sollen. Methoden als solche Mittel können für die jeweilige Zielerreichung ungeeignet sein, auch wenn es sich **per se** um „gute" Methoden handelt und wenn diese Methoden fehlerfrei angewendet werden. Dies ist nicht trivial, wenn man zum Beispiel bedenkt, daß für manche Psychologen nur die experimentelle Psychologie eine akzeptable Psychologie ist. Solchen Postulaten gegenüber ist zu betonen, daß es grundsätzlich keineswegs gegen Problemstellungen spricht, wenn sie sich – zum Beispiel – als experimentell nicht bearbeitbar erweisen sollten. Die experimentelle Methode anzuwenden ist kein Selbstzweck.

1.1.3.3. Methoden als mögliche Barrieren für erfolgreiche Problembearbeitungen

Methoden können für die erfolgreiche Problemlösungstätigkeit in spezifischer Weise zur Gefahr werden. Diese Sachlage ergibt sich vor allem aus der eigenartigen **Wechselwirkung von Mittelfindung und Zielbestimmung**.

(a) Die **Kernannahmen**, die mit jedem Problem mitgegeben sind, schränken die möglichen Mittel, dieses Problem zu lösen, bereits ein. Wenn technologische Forscher das Problem haben, eine Technik des Trainings von Eltern aggressiver Kinder zu entwickeln, so können sie dieses Problem wohl kaum durch die Anwendung einer psycho-physiologischen Methode zur Erforschung von Kontrastphänomenen bei der Wahrnehmung bearbeiten. Oder wer das Tiefensehen zu seinem Problemfeld macht, wird keine Methode zur Analyse von Träumen anwenden. (Dies bleibt richtig, wenn man durchaus auch in Rechnung stellt, daß originelle Problemlösungen gerade daraus folgen können, daß man für ein Problemgebiet Methoden heranzieht, die bisher für dieses Gebiet als völlig ungeeignet galten.)

(b) Bei oZ-Problemen schränkt der jeweils versuchte **Entwurf** bzw. das eingesetzte **Modell**, mit dem ein Problemfeld expliziert wird, die Wahl von Lösungsmitteln und damit auch von Methoden weiter ein. Wer das menschliche Gedächtnis untersucht und es dabei als Speicher für Sinninhalte expliziert (vgl. Wender et al., 1980), wird kaum Methoden anwenden, die sich auf das Erlernen und Behalten völlig sinnfreien Lernmatrials beziehen. Oder wer die menschliche Aggression nur als das Ergebnis elementarer individueller Lernvorgänge rekonstruiert, wird kaum Methoden anwenden, mit denen die Abhängigkeit der Aggression von der Beschaffenheit großer sozialer Organisationen analysiert wird (vgl. dazu auch Werbik, 1974).

(c) Sind Methoden im Sinne von Teil-Ganzes-Beziehungen hierarchisch geordnet, so schränkt die **Wahl der Gesamtmethode** die Wahl der betreffenden Teilmethoden nochmals ein. Wer eine Methode der intellektuellen Leistungsmessung bei Erwachsenen anwendet, wird – als Teil dieser Methode – kein Experiment zur Erfassung moralischer Urteile bei Kindern durchführen.

Die Punkte (a) bis (c) zeigen, daß die Anwendbarkeit von Methoden durch die Beschaffenheit des jeweiligen Problems und die im Zuge des Problemlösungsprozesses auftauchenden Teilprobleme eingeschränkt sind. Anderseits aber bleibt die Anwendung von Methoden auf die **Zielbestimmung** und auf den weiteren **Ablauf des Problemlösungsprozesses** nicht ohne Einfluß:

(d) Hat man sich zum Zwecke der Erreichung eines Ziels (allenfalls zeitweilig) für ein Problemlösungsmittel entschieden, so ändert sich das zuvor gegebene Ziel zumindest insofern, als es nun in spezifischer Weise **konkreter** geworden ist. Wer sich bei der Untersuchung der menschlichen Intelligenz auf die lange üblich gewesene

Methode der mathematischen Faktorenanalyse festlegt (vgl. Herrmann, 1976[3]: 264 ff.), hat damit sein Ziel, die Intelligenz besser zu durchschauen, dergestalt **reduziert**, daß er nun nach Intelligenzfaktoren sucht. Mit der Anwendung der Faktorenanalyse wird das Intelligenzproblem zu einem spezifischen Klassifikationsproblem. Insoweit führen Methoden also zur **Problemreduktion**.

(e) Wer sich für die Anwendung einer Methode entschieden hat, handelt sich damit **spezifische Folgeprobleme** ein, die für ihn nicht bestünden, wenn er die betreffende Methode nicht anwendete. Methoden führen so zu spezifischen **Problemstrukturierungen**. Danach entstehen zum Beispiel besondere Probleme der Versuchsplanung, wenn man ein Forschungsproblem mit Hilfe des Einsatzes experimenteller Methoden bearbeiten will. Diese Probleme entstünden etwa bei der Anwendung einer ethnosoziologischen Fallstudien-Methode nicht.

Die Punkte (d) und (e) zeigen, daß die Methodenwahl auf die Zielbestimmung und auf die Problemstrukturierung nicht ohne Rückwirkung bleibt. Betrachtet man die Punkte (a) bis (e) gemeinsam, so wird die oft komplexe Wechselwirkung von Mittelwahl und Zielbestimmung deutlich. Zielbestimmungen steuern die Wahl von Problemlösungsmitteln, diese wirken auf die Zielbestimmung und Problemstrukturierung zurück, solche Änderungen der Problemlage machen die Wahl neuer Problemlösungsmittel erforderlich, usf. Dies sollte beachtet werden, wenn wir uns abschließend kurz einigen Aspekten des Problems fragwürdiger Methodenanwendungen zuwenden.

Betrachtet man die Entwicklung von Einzelwissenschaften, so findet man nicht selten, daß in einem bestimmten Zeitbereich eine Methode, die in einem Forschungsprogramm entwickelt wurde, über dieses Programm hinaus als außerordentlich aktuell, interessant und anwendungswürdig gilt. Dabei spielt ersichtlich auch das „Prestige der Neuheit" eine Rolle: Für denjenigen, der eine Methode beherrscht, die die meisten Fachkollegen noch nicht kennen, kann diese Methode geradezu zum Status-Symbol werden. Wer möchte diese Methode nicht auch beherrschen – und (irgendworauf) anwenden? Oder es handelt sich um einen Forscher, der bereits ein hohes Sozialprestige besitzt: wer möchte nicht die Methode anwenden, die dieser geschätzte Kollege anwendet? Wenn dann aber auch beinahe der letzte Wissenschaftler mit der Beherrschung dieser Methode aufwarten kann, pflegt sich das zuvor vorhandene allgemeine Interesse schnell zu legen. So entstehen und vergehen programmübergreifende **Methodenmoden**. Man war beispielsweise innerhalb fast der gesamten Psychologenschaft über längere Zeit darauf aus, wenn eben möglich die Methode der mathematischen Faktorenanalyse anzuwenden. Oder alle Welt begann, fast beliebige Forschungsthemen mittels des Verfahrens des semantischen Eindrucksdifferentials (Polaritätenprofils) zu bearbeiten. Heute sind beide Methoden in weiten Kreisen der Psychologie geradezu tabuisiert. Solche Tabuisierungen müssen nicht immer insofern die Reaktion auf zuvor übersteigerte Moden sein, als wissenschaftliche „Modemacher" nun das Nicht-Anwenden der Methoden zur **neuen** Mode erheben. Manche Methoden sind oft auch tabuisiert, weil sie epochalen Menschenbildvorstellungen oder programmübergreifenden konzeptuellen oder methodologischen Überzeugungen nicht entsprechen. (Heute sagt man gern: sie passen nicht in ein „Wissenschaftsparadigma".) So galt es im Zeitalter des psychologischen Behaviorismus nicht als angemessen, mit Versuchspersonen freie Gespräche zu führen und dadurch zweckdienliche Informationen zu gewinnen. Damals vorhandene Methoden der Gesprächsführung hatten so im Kontext psychologischer Forschung keine Chance, Anwendung zu finden.

Kommt eine Methode programmübergreifend aus der Mode oder wird sie gar strikt tabuisiert, so kann für die Bearbeiter eines Forschungsprogramms, in dem sich diese Methode durchaus bewährt, der Zwang entstehen, sie als Problemlösungsmittel aufzugeben. Heute ist so die Anwendung von klassischen Methoden zur Erforschung einfacher Lernvorgänge im Bereich der sprachpsychologischen Forschungsprogramme nicht deshalb diskreditiert, weil sie sich überall als ungeeignet erwiesen hätten; vielmehr verfallen sie dem allgemeinen Verdikt, „behavioristisch" zu sein. Eine ähnliche Tabuisierung (mit anderer Begründung) erleiden in weiten Bereichen der Psychologie alle Fragebogenverfahren – auch dort, wo sie zielführend einsetzbar sind. – Die Nichtbeteiligung an Moden oder der Bruch von Tabuisierungen pflegen auch im Wissenschaftsbetrieb empfindlich **sanktioniert** zu werden. Der so entstehende Zwang, bestimmte Methoden anzuwenden oder gerade nicht anzuwenden, wirkt sich auch auf die Flexibilität bei der Produktion erfolgversprechender Entwürfe für Problem-Rekonstruktionen nicht eben günstig aus.

Innerhalb einzelner Forschungsprogramme können sich Methoden sozusagen **verselbständigen**: Die Anwendung einer Methode, die zunächst als ein disponibles **Mittel** zum Zweck von Zielerreichungen entwickelt oder importiert worden war, wird nun zum unverzichtbaren **Selbstzweck**. So denaturierte die Intelligenzforschung zeitweilig zum bloßen Anwendungsfeld der Faktorenanalyse. Das spezielle Experimentalverfahren des sog. „Gefangenen-Dilemmas" beherrschte für eine beträchtliche Zeit die sozialpsychologische Konfliktforschung: Das wissenschaftliche Problem des zwischenmenschlichen Konflikts wurde fast ganz auf dasjenigen verkürzt, was sich mittels eben dieses Verfahrens untersuchen läßt. Oder Aggression war das, was mit der „Aggressionsmaschine" von Buss untersuchbar war (vgl. Heckhausen, 1980: 361). In solchen Fällen erfolgt eine Ziel-Mittel-Verkehrung: Nun orientiert sich die Zielbestimmung von Forschung in übertriebenem Maße an der Einsetzbarkeit einer Methode, die selbst nicht mehr zur Disposition steht. oZ-Probleme bleiben dann auf genau diejenigen Problemfeld-Explikationen festgelegt, in deren Rahmen man die fragliche Methode einsetzen kann; **alternative Entwürfe** zur Rekonstruktion des Problemfelds – und damit allenfalls sogar bei weitem bessere Wege zur Problemlösung – haben so keine Chance, **ausprobiert** zu werden. Es leuchtet ein, daß eine solche Sachlage zu einer völligen Erstarrung von Forschungsprogrammen führen kann.

Vergleichbare Tatbestände lassen sich auch leicht für das nicht-forschende Handeln von Sozialwissenschaftlern aufweisen. Auch hier können Methoden zu Barrieren für die Lösung von Problemen werden. Wer zum Beispiel als Klinischer Psychologe nur eine einzige Klasse psychotherapeutischer Verfahrensweisen (z. B. nur verhaltenstherapeutische Techniken) zur Verfügung hat, steht in der Gefahr, jedes klinisch-psychologische Therapieproblem so zu deuten und allenfalls umzudeuten, daß es den Anschein erweckt, mit eben diesen Verfahrensweisen gelöst werden zu können. Oder wer in seiner nicht-forschenden Praxis Informationen über Leute sucht und dabei immer nur Fragebogen einsetzt und sonst nichts, wird sein jeweiliges Problem der Informationssuche nur selten so explizieren wollen, daß Fragebogen-Methoden unabwendbar sind. Dies alles ist ersichtlich für eine qualifizierte nicht-forschende Praxis unzuträglich, soweit es sich um Qualität im Sinne wissenschaftlicher Rationalität und wissenschaftsethischer Verantwortbarkeit handelt.

Um zu vermeiden, daß Methoden zu Barrieren werden, die die erfolgreiche Lösung von Problemen erschweren oder verhindern, ist zunächst die Erkenntnis notwendig, daß es nicht **genügt**, Methoden bzw. Verfahren regelgerecht anzuwenden. Auch der **Entschluß zur Anwendung oder Nichtanwendung** einer Methode ist **begründungs-pflichtig**. Sowohl die Methodologie der Sozialwissenschaften als auch ihre forschen-de und nicht-forschende Praxis sind Fragen wie den folgenden konfrontiert: Ist diese Methode die bestmögliche in Hinblick auf dieses Ziel? Ist es angesichts der verfügbaren Methoden vorzuziehen, eine neue Methode zu entwickeln und damit die Planung der Problemlösungstätigkeit entsprechend zu ändern? Läßt sich die Anwendung einer nicht-optimalen Methode unter ökonomischen Gesichtspunkten (z. B. Zeitökonomie) rechtfertigen? Welche Rückwirkungen hat die Anwendung einer Methode auf die ursprüngliche Zielbestimmung? Verschiebt diese durchaus hochqualifizierte Methode die Zielbestimmung in unzulässiger Weise? Usf.

Gerade **weil** Methoden entlastende, die Handlungs- und Situationskontrolle stär-kende und dazu noch relativ flexible Problemlösungsmittel sind (vgl. 1.1.3.1.), be-steht stets die Versuchung, sich damit zufrieden zu geben, bei der Anwendung einer Methode keinen Felder gemacht zu haben. Der Problemlöser scheut allzu oft die ihn ganz und gar **nicht** entlastende Überlegung, ob der Entschluß zur Anwendung dieser Methode unter dem Gesichtspunkt optimaler Problemlösungstätigkeit zu rechtfertigen ist.

Wie unter 1.1.2.1. dargelegt, wird Wissenschaftlichkeit häufig mit dem Verfügen über und der Anwendung von wissenschaftlichen Methoden gleichgesetzt. Man beachte jedoch nach allem, daß der Umgang mit Methoden auch Gefahren mit sich bringt. Eine der größten Gefahren scheint darin zu liegen, daß Problemlöser mit dem routinierten Anwenden von Methoden ihre Sensibilität für die Probleme ver-lieren, zu deren Lösung Methoden disponible Mittel sein sollten. Freilich sind hier nicht die Methoden schuld, sondern die Akteure, die kein angemessenes Verhältnis zum Anwenden von Methoden gefunden haben. Methoden bleiben denn auch un-verzichtbare Hilfen bei der Lösung wissenschaftlicher und außerwissenschaftlicher Probleme. Man muß sie kennen, fehlerfrei anwenden können, und man muß sie in ihrer Funktion als **Hilfsmittel** durchschauen.

1.2. Wissenschaftstheoretische Grundlagen der empirischen Sozialforschung

von Karl-Dieter Opp

Vorbemerkung

Beim Studium einer empirisch orientierten Sozialwissenschaft steht u. a. die Vermittlung der Methoden der empirischen Sozialforschung im Lehrprogramm. Der Student lernt z. B., wie man ein Interview durchführt, wie ein Beobachtungsleitfaden erstellt wird oder welche Vor- und Nachteile die eine im Vergleich zur anderen Methode hat. Wissenschaftstheoretische Fragen werden kaum oder überhaupt nicht behandelt. D. h., auf eine kurze Formel gebracht, eine kritische Analyse der Vorgehensweise des Sozialforschers fehlt weitgehend.

Viele – wenn nicht die meisten – Sozialwissenschaftler betrachten wissenschaftstheoretische Analysen als nicht sehr brauchbar für ihre konkrete Arbeit. Entsprechend werden viele Sozialforscher fragen, ob man seine Zeit und andere Ressourcen nicht besser für die Verbesserung der Methoden selbst verwenden sollte, anstatt für esoterische wissenschaftstheoretische Analysen, deren Gewinn fragwürdig ist. Wozu ist also eine Wissenschaftstheorie (oder Methodologie – beide Ausdrücke werden hier synonym verwendet) der empirischen Sozialforschung von Nutzen? Mit dieser Frage werden wir uns im folgenden zuerst befassen. Dabei werden wir auch genauer charakterisieren, mit welchen Problemen sich eine wissenschaftstheoretische Analyse der empirischen Sozialforschung befaßt.

Analysiert man Schriften zur empirischen Sozialforschung, dann stellt man fest, daß hier **Regeln** über die Vorgehensweise aufgestellt werden, daß aber auch **empirische Behauptungen** geäußert werden. Welcher Art ist das Aussagensystem, aus dem die empirische Sozialforschung besteht? Diese Frage ist Gegenstand von Kap. 1.2.2. Wir werden u. a. sehen, daß die logische Analyse der Struktur der Methoden der empirischen Sozialforschung ein brauchbarer Ansatzpunkt für die Kritik und Weiterentwicklung der empirischen Sozialforschung ist.

In Kap. 1.2.3. werden wir uns mit einigen Problemen befassen, die bei der „Operationalisierung" von Begriffen entstehen. Der Gegenstand von Kap. 1.2.4. ist eine Vorgehensweise, die als „Interpretation" von Daten bezeichnet wird. Was genau tun Sozialforscher, die Daten „interpretieren"?

Die empirische Sozialforschung wird oft kritisiert, weil sie sich nicht intensiv genug mit der **Gewinnung** von generellen Aussagen (Theorien) befaßt, sondern weil sie sich meist darauf beschränkt, im vorhinein formulierte Hypothesen zu testen. Wie sind die Versuche, aus Daten Theorien zu gewinnen, zu beurteilen? Diese Frage steht im Mittelpunkt von Kap. 1.2.5. In Kap. 1.2.6. werden wir zwei weitere Fragen diskutieren, die das Verhältnis von Theorie und empirischer Forschung betreffen. In der Sozialforschung gibt es verschiedene Schulen. In Kap. 1.2.7. werden einige Thesen darüber formuliert, in welcher Hinsicht sich diese Schulen voneinander unterscheiden.

Der vorliegende Artikel ist nicht eine Zusammenfassung des Standes der Forschung. Wir haben vielmehr einige wissenschaftstheoretische Fragen herausgegriffen und versucht, diese in verständlicher Weise zu diskutieren. Wissenschaftstheoretische Kenntnisse werden nicht vorausgesetzt, allerdings elementare Kenntnisse der Methoden der empirischen Sozialforschung und der Vorgehensweise bei der Durchführung einer empirischen Untersuchung.

1.2.1. Der Gegenstand einer Methodologie der empirischen Sozialforschung und ihre Bedeutung für deren Weiterentwicklung

Man kann sich mit den Methoden der empirischen Sozialforschung in verschiedener Weise befassen. Gehen wir aus von einem Soziologen, der an der Lösung bestimmter inhaltlicher Fragen seiner Disziplin interessiert ist, z. B.: Hängt die Rate

der Arbeitslosigkeit mit der Kriminalitätsrate zusammen? Führt die Unzufriedenheit mit den wirtschaftlichen Verhältnissen zu einer positiven Einstellung gegenüber
relativ weit rechts oder links stehenden Parteien? Ein Sozialwissenschaftler, der sich
mit derartigen Fragen befaßt, **wendet das vorliegende methodische Instrumentarium
an**, um seine Probleme einer Lösung näherzubringen.

Eine andere Gruppe von Sozialwissenschaftlern hat die Methoden selbst als ihren
Forschungsgegenstand gewählt: Sie sind an der **Weiterentwicklung der Methoden**
interessiert. Auch diese Forscher führen empirische Untersuchungen durch. So
wird geprüft, welchen Einfluß bestimmte Eigenschaften von Interviewern (z. B. ihre
soziale Schichtzugehörigkeit oder ihr Alter) auf bestimmte Verhaltensweisen der
Befragten haben. Wenn z. B. die Interviewer relativ jung sind (z. B. jünger als 25
Jahre) und wenn in einem Interview Fragen über die Intelligenz der Jugend gestellt
werden: Hat das geringe Alter der Interviewer die Wirkung, daß die Befragten
häufiger die Intelligenz der Jugendlichen hoch einschätzen, d. h. daß ihre Antwort
relativ häufig nicht ihrer wirklichen Meinung entspricht?

Es gibt noch eine dritte Möglichkeit, sich mit den Methoden der empirischen Sozialforschung zu befassen. Es geht dabei nicht um die Anwendung oder Weiterentwicklung der Methoden, sondern um deren Beschreibung und ggfs. um ihre **rationale
Rekonstruktion**, oder, wie man auch sagt, um deren **Explikation**. Dies ist die (oder
eine) Aufgabe einer **wissenschaftstheoretischen Analyse**. Was bedeutet eine „rationale Rekonstruktion"? Gemeint ist der Versuch, die Tätigkeit (und damit auch die
Argumentation) des Sozialwissenschaftlers, soweit er empirische Untersuchungen
plant, durchführt und auswertet, zu beschreiben. Falls unklar ist, was genau Sozialwissenschaftler tun, wird eine Präzisierung vorgeschlagen.

Die Art, wie der Wissenschaftstheoretiker an die empirische Sozialforschung herangeht, kann man so beschreiben: Er betrachtet die Aktivitäten des Sozialforschers
sozusagen aus der Vogelperspektive und fragt, was genau geschieht, wenn Sozialwissenschaftler Untersuchungen planen, durchführen und auswerten. Wenn dies
unklar ist, überlegt der Wissenschaftstheoretiker, wie man das, was geschieht, genauer fassen könnte.

Illustrieren wir die Vorgehensweise des Wissenschaftstheoretikers an einem Beispiel. Wenn ein Soziologe eine bestimmte Hypothese empirisch überprüfen will,
dann pflegt er zunächst die Begriffe der Hypothese zu „operationalisieren". Was
genau tut der Soziologe? Um diese Frage zu beantworten, kann man Lehrbücher
der empirischen Sozialforschung heranziehen, in denen der Prozeß der Operationalisierung beschrieben wird. Man kann konkrete empirische Untersuchungen als
Material verwenden, in denen meist im einzelnen dargestellt wird, wie ein Forscher
die Begriffe „operationalisiert". Schließlich könnte man empirische Sozialforscher
befragen.

Selbstverständlich wird der Wissenschaftstheoretiker nicht die Darstellung in Lehrbüchern wiederholen. Er wird vielmehr bestimmte Fragen stellen, z. B.: Handelt es
sich bei der Operationalisierung lediglich um eine Transformation der Bedeutung
der Begriffe einer Hypothese in Forschungsoperationen oder werden – vielleicht
implizit – empirische Hypothesen angewendet? Wird für einen bestimmten Begriff
immer nur genau eine Operationalisierung oder werden mehrere Operationalisierungen vorgeschlagen? Falls letzteres geschieht: Werden alle Operationalisierungen
eines Begriffs als gleich brauchbar beurteilt oder werden ihre Vor- und Nachteile
diskutiert? Falls eine der genannten (und weiterer) Fragen aufgrund des vorliegenden Materials nicht klar beantwortet werden kann, wird der Wissenschaftstheoreti-

ker die Vorgehensweise explizieren. Es wäre z. B. möglich, daß aus dem vorliegenden Material nicht deutlich wird, ob bei der Operationalisierung zusätzliche empirische Hypothesen angewendet werden oder nicht. Der Wissenschaftstheoretiker könnte dann z. B. anhand konkreter empirischer Untersuchungen zeigen, daß die Forscher implizit, d. h. ohne daß ihnen dies bewußt ist, eine Vielzahl von zusätzlichen Hypothesen heranziehen. Eine wissenschaftstheoretische Analyse des Operationalisierungsprozesses hätte also dazu geführt, daß die Vorgehensweise des Sozialforschers nun klarer ist als vorher.

Viele Wissenschaftstheoretiker betrachten die rationale Rekonstruktion als ihre einzige Aufgabe. Nach ihrer Ansicht hat also die Wissenschaftstheorie eine **deskriptive** Aufgabe: Die Darstellung dessen, was ist. Andere Wissenschaftstheoretiker meinen, ihre Disziplin habe auch eine **normative** Aufgabe: Sie solle sich kritisch mit den von ihr rekonstruierten Verfahren auseinandersetzen.

Es ist hier nicht der Ort, generell die Aufgaben der Wissenschaftstheorie zu diskutieren (vgl. insbesondere Stegmüller, 1973: 1-104; für die Sozialwissenschaften vgl. Opp, 1976: Kap. I). Es muß genügen, unseren eigenen Standpunkt kurz darzustellen. Der Sozialwissenschaftler ist daran interessiert, seine Methoden weiterzuentwickeln. Dieses Ziel wird in höherem Maße realisiert, wenn Wissenschaftstheoretiker sich nicht lediglich mit der Beschreibung und Präzisierung der Aktivitäten von Sozialforschern begnügen, sondern wenn sie auch versuchen, Mängel dieser Vorgehensweise herauszuarbeiten. Wir meinen also, daß eine Methodologie der empirischen Sozialforschung sich nicht mit der rationalen Rekonstruktion der Sozialforschung begnügen sollte, sondern diese einer kritischen Analyse unterziehen sollte.

Wenn wir sagten, daß Wissenschaftstheoretiker die Methoden der Sozialforschung nicht weiterentwickeln, dann bedeutet dies keineswegs, daß ihre (deskriptiven und normativen) Analysen für den Sozialforscher irrelevant sind. Wenn es Wissenschaftstheoretikern gelingt, die methodischen Aktivitäten von Sozialwissenschaftlern präziser als bisher herauszuarbeiten und Mängel zu entdecken, dann geben sie damit wichtige Hinweise darauf, wo Sozialforscher ansetzen könnten, um ihre Methoden zu verbessern. Wenn sich z. B. zeigt, daß bei der Operationalisierung implizit häufig empirische Hypothesen angewendet werden, dann kann ein Sozialforscher dieses Ergebnis für seine Arbeit in folgender Weise nutzen: Er kann seine Aufmerksamkeit unter anderem darauf richten, diese Hypothesen explizit zu formulieren und damit einer Kritik zugänglich zu machen. Vielleicht bemerkt er dabei, daß er Hypothesen anwendet, die durch die Forschung widerlegt wurden. Dieses Beispiel demonstriert, daß methodologische Analysen der empirischen Sozialforschung keineswegs ein esoterisches Unternehmen einiger Philosophen oder philosophisch interessierter Sozialwissenschaftler sind.

1.2.2. Die empirische Sozialforschung als Regelungssystem

Die Vorgehensweise bei der Ermittlung sozialer Sachverhalte, also die Methoden der empirischen Sozialforschung, werden durch Sätze beschrieben, z. B. in den Lehrbüchern der empirischen Sozialforschung. Diese These wird wohl von niemandem bestritten. Interessanter als die Tatsache, **daß** die empirische Sozialforschung durch Sätze beschrieben wird, ist die Frage, **welcher Art** denn diese Sätze sind.

Wenn wir einmal willkürlich einige Beiträge zur Methode der Befragung herausgreifen, findet man Sätze verschiedener Art. So berichtet Phillips (1971: 111) über Untersuchungsergebnisse, nach denen Personen mit sehr hohem und mit sehr niedrigem Einkommen häufiger Fragen nach ihrem Einkommen falsch beantworten als Personen mit mittlerem Einkommen. Wir wollen eine solche Aussage als **theoretische Aussage** oder **Theorie** bezeichnen. Wir wollen den Begriff der Theorie hier in einem sehr weiten Sinne verstehen: Wir verstehen darunter Aussagen mit mindestens einer unabhängigen und einer abhängigen Variablen, sofern sich die Aussage nicht lediglich auf einzelne Fälle bezieht. Ein gewisses Maß an Allgemeinheit muß also vorliegen.

In Schriften zu den Methoden der empirischen Sozialforschung findet man jedoch auch **normative Aussagen**, z. B.: „Einer der wichtigsten Grundsätze ist, daß eine Frage so einfach formuliert sein soll, wie noch eben mit dem sachlichen Zweck der Fragestellung vereinbar ist." (Scheuch, 1973: 78). Hier wird also postuliert, daß sich ein Sozialforscher, der die Methode der Befragung anwendet, in bestimmter Weise verhalten **soll**.

Es zeigt sich also, daß in Schriften zur empirischen Sozialforschung Aussagen verschiedener Art enthalten sind. Den Wissenschaftstheoretiker interessiert nicht nur die Art dieser Aussagen, sondern auch die Frage, ob bzw. **wie diese Aussagen zusammenhängen**. Handelt es sich bei den Methoden der empirischen Sozialforschung um ein in bestimmter Weise strukturiertes Aussagensystem? Im folgenden werden wir dieses Aussagensystem explizieren. Zur Illustration verwenden wir die Methode des Interviews. Unsere Überlegungen gelten jedoch auch für andere Methoden, was aber aus Raumgründen hier nicht gezeigt werden kann. Abschließend werden wir zeigen, wie unsere Analyse für die Kritik und Weiterentwicklung der empirischen Sozialforschung fruchtbar gemacht werden kann.

1.2.2.1. Die Methode des Interviews als Theorie

Wir deuteten bereits an, daß das Interview unter anderem aus theoretischen Aussagen besteht. Versuchen wir, einige dieser Aussagen zu explizieren. Der Leser, der prüfen möchte, inwieweit unsere Explikationen mit den gängigen Darstellungen der Interview-Methode vereinbar sind, möge ein beliebiges Lehrbuch oder einen Handbucharticle heranziehen, z. B. – mit weiteren Literaturhinweisen – Friedrichs (1981), Holm (1975), Scheuch (1973). Weiter sei verwiesen auf die Studien von Kreutz (1972) und Esser (1975), die insbesondere für die Entwicklung einer Theorie des Interviews von Bedeutung sind (vgl. auch 1.2.2.2.).

Gehen wir von einem Problem aus, das in allen Interviews auftritt: Gibt der Befragte auf die ihm gestellten Fragen auch zutreffende Antworten? Die Antworten auf die in einem Interview gestellten Fragen sollen also **gültig** sein.

Wovon hängt es ab, ob ein Befragter eine zutreffende Antwort gibt? In der Literatur wird eine Vielzahl von Variablen (oder Klassen von Variablen) genannt. Die wichtigsten wollen wir im folgenden zusammenfassen. Von Bedeutung ist zunächst **die Form des Interviews**. Hiermit ist z. B. der Grad der Standardisierung oder die Anzahl der Befragten, die gleichzeitig befragt werden (Einzel- und Gruppeninterview), gemeint. Auch die **Formulierung der Frage** beeinflußt die Antwortgültigkeit: Eine „suggestive" Frageformulierung erhöht z. B. die Wahrscheinlichkeit, daß unrichtige Antworten in der suggerierten Richtung gegeben werden.

Fragen können aus der Sicht des Befragten relativ „harmlos" sein, aber auch Bereiche ansprechen, über die der Befragte ungern Auskunft gibt (Sexualität). Ungültige Antworten können also auch durch den **Inhalt von Fragen** bewirkt werden. Dies gilt auch für die **Fragefolge** im Fragebogen. Wenn z. B. relativ unangenehme Fragen zu

Beginn des Interviews gestellt werden, dann werden diese Fragen eher nicht wahrheitsgemäß beantwortet, als wenn diese Fragen zum Schluß eines Interviews gestellt werden.

Eine wichtige Rolle für die Antwortgültigkeit spielt das **Verhalten des Interviewers**. Wenn er z. B. zu erkennen gibt, welche Antworten er erwartet, dann wird dies manche Interviewten dazu veranlassen, entsprechend den Erwartungen zu antworten. In welchem Maße sich der Befragte von dem Verhalten des Interviewers oder generell von der **Befragungssituation** (z. B. Anwesenheit Dritter) beeinflussen läßt, hängt auch von **Merkmalen des Befragten** ab, z. B. von seinen Bedürfnissen und Wertvorstellungen.

Diese Gruppen von Variablen – wir wollen im folgenden von **Faktoren** sprechen – beeinflussen das Ausmaß der Antwortgültigkeit. Im Rahmen des Interviews will man jedoch nicht nur eine möglichst hohe Antwortgültigkeit erreichen. Ein Forscher beabsichtigt z. B. auch, daß ein **Interviewter das Interview nicht abbricht, daß der Interviewte die gestellten Fragen versteht** oder auch daß **der Interviewer versteht, was der Befragte ihm antwortet.** Der „Bedeutungstransfer" sprachlicher Äußerungen könnte beeinträchtigt werden, wenn z. B. Befragte einer Gruppe angehören, die zwar dieselben Wörter wie der Forscher verwendet, diesen aber zum Teil eine andere Bedeutung zumißt.

Die genannten Faktoren bewirken, daß die erwähnten Ziele in mehr oder minder hohem Maße erreicht werden. So hat der Inhalt der Fragen sicherlich einen Einfluß darauf, ob ein Interviewter das Interview abbricht oder nicht. Die Formulierung der Frage beeinflußt den Bedeutungstransfer vom Interviewer zum Interviewten usw.

Fassen wir zusammen. Wie sahen, daß in Befragungen eine Reihe von Zielen erreicht werden sollen. Wir hatten eine Reihe von Faktoren (Klassen von Variablen) genannt, die zur Erreichung dieser Ziele von Bedeutung sind.

Wenn wir sagen, daß im Rahmen eines Interviews bestimmte Ziele erreicht werden sollen, dann bedeutet dies, daß bestimmte Variablen bestimmte Werte haben sollen. Die Ziele „Antwortgültigkeit", „Abbruch des Interviews" usw. sind ja Variablen, die zumindest zwei Ausprägungen bzw. Werte (z. B. ja – nein) annehmen können. Entsprechend wollen wir die Ziele als **„Zielvariablen"** bezeichnen. Es handelt sich also um Variablen, bei denen bestimmte Werte (oder Wertebereiche) als mehr oder weniger wünschenswert betrachtet werden.

Aus unseren vorangegangenen Überlegungen ergibt sich nun folgendes: In der empirischen Sozialforschung werden theoretische Aussagen behauptet, die angeben, unter welchen Bedingungen die Zielvariablen bestimmte (erwünschte) Werte erreichen.

Wir haben bisher stillschweigend angenommen, daß die Faktoren nicht miteinander in Beziehung stehen. Diese Annahme ist jedoch nicht zutreffend. So dürfte die Befragungssituation einen Einfluß auf das Verhalten des Interviewers haben. Auch zumindest einige der Zielvariablen stehen vermutlich in einer kausalen Beziehung. So dürfte das Verständnis der Fragen einen Einfluß auf den Abbruch des Interviews haben.

Fassen wir unsere Überlegungen in Form einer **These** zusammen: **Die Methode des Interviews besteht unter anderem aus theoretischen Aussagen, die den Einfluß einer Reihe von Faktoren auf eine Reihe von Zielvariablen zum Inhalt haben und die weiter-**

hin Behauptungen jeweils über die Beziehungen der Faktoren und Zielvariablen untereinander enthalten. Die Methode des Interviews ist also u. a. ein komplexes Kausalmodell, wie Abb. 1 demonstriert. Der gerade Pfeil symbolisiert kausale Beziehungen zwischen Faktoren und Zielvariablen. Die Schleifen sollen andeuten, daß die Faktoren und Zielvariablen auch untereinander nicht unabhängig sind.

Es soll hier nur erwähnt werden, daß die genannte These auch für die anderen Methoden der empirischen Sozialforschung gilt, insbesondere für die Beobachtung. Hier werden z. B. – implizit oder explizit – Wahrnehmungstheorien angewendet (vgl. hierzu auch unsere Überlegungen am Schluß von 1.2.5. und Kap. 2.1.).

1.2.2.2. Die Methode des Interviews als System von Normen

Wir haben im vorangegangenen Abschnitt betont, daß die Methode des Interviews **unter anderem** aus theoretischen Aussagen besteht. Aus unseren Überlegungen ging jedoch auch hervor, daß die Methode des Interviews normative Aussagen enthält. Wir sahen, daß bestimmte Ziele erreicht werden **sollen**, d. h. daß bestimmte Variablen bestimmte Werte annehmen sollen.

Abb. 1   Kausaldiagramm über die Methode des Interviews (Erläuterung im Text)

In Schriften über das Interview findet man jedoch noch weitere normative Aussagen. Betrachten wir ein Beispiel: „Fragen sollten kurz, einfach und auf den Bezugsrahmen des Befragten bezogen sein. Doppelte Negationen, unklare Wörter, verzerrte Formulierungen sind zu vermeiden, um eine neutrale und gültige Antwort zu erhalten." (Friedrichs, 1981: 205). Im ersten Satz dieses Zitats und im ersten Teil des zweiten Satzes wird eindeutig eine **Regel**, d. h. eine Norm, formuliert. Sodann wird diese Regel **begründet**: Fragen sollen in bestimmter Weise formuliert werden, „um eine neutrale und gültige Antwort zu erhalten". Betrachten wir diese Begründung etwas genauer: Zunächst wird offensichtlich behauptet, **daß** eine bestimmte Frageformulierung zu neutralen und gültigen Antworten führt. Es wird also eine theoretische Aussage formuliert. Zweitens wird eine neutrale und gültige Antwort offensichtlich als wünschenswert angesehen, denn wenn man Fragen formuliert, **um** neutrale und gültige Antworten zu erreichen, dann bedeutet dies, daß solche Antworten erwünscht sind. Bisher können wir das Zitat also so explizieren, daß erstens eine Beziehung zwischen bestimmten Variablen (Arten der Frageformulierung bzw. einem Faktor und einer Zielvariablen) behauptet wird. Daß die Methode des Interviews aus solchen Behauptungen besteht, sahen wir im vorigen Abschnitt. Neu ist jedoch, daß hier zweitens anscheinend eine Norm der Art geäußert wird, daß auch die Faktoren bestimmte Werte haben sollen (die Variablen „Kürze einer Frage", „Einfachheit einer Frage" usw. sollen relativ hohe Werte haben). Es liegt also nahe, generell zu vermuten: **Die Methode des Interviews besteht unter anderem aus normativen Aussagen, die fordern, daß die Faktoren in bestimmter Weise ausgeprägt sind.**

Daß solche Normen akzeptiert werden, dürfte kaum zu bezweifeln sein. Bestimmte Handlungen wird man als moralisch unzulässig betrachten, selbst wenn sie dazu führen, daß die Zielvariablen die gewünschten Werte erreichen. Wenn man z. B. durch die Androhung von Gewalt bei einem Befragten eine extrem hohe Antwortgültigkeit erreicht, wird man dies nicht befürworten. Die Variable „Androhung von

Gewalt" (die zu dem im vorigen Abschnitt erwähnten Faktor „Verhalten des Interviewers" gehört) soll also den Wert null haben.

Wenn auch ohne Zweifel Normen bestehen, die den Einsatz der Mittel regulieren, die zur Erreichung der Ziele eines Interviews eingesetzt werden dürfen, so ist es doch fraglich, ob das vorangegangene Zitat und viele andere „Regeln" wirklich als streng normative Aussagen gemeint sind. Ist es wirklich moralisch geboten, im Interview klare, einfache etc. Fragen zu formulieren? Angenommen, ein Sozialforscher würde von dieser „Regel" abweichen. Würde man ihm den Vorwurf machen, daß er unmoralisch gehandelt hat? Sicherlich nicht. Die Formulierung einer kurzen oder langen Frage ist kein moralisches Problem. Was könnte es bedeuten, wenn eine „Regel" lautet, man „solle" kurze Fragen formulieren? Es könnte gemeint sein, daß die Formulierung einer kurzen (und nicht einer langen) Frage ein **wirksames Mittel** zur Erreichung bestimmter Ziele ist. Es handelt sich also um eine Empfehlung darüber, was man tun könnte, um bestimmte Ziele zu erreichen. Derartige „technologische" Aussagen werden sprachlich oft in die Form von Regeln gekleidet. In Wirklichkeit handelt es sich aber um theoretische Aussagen, wie wir sie im vorangegangenen Abschnitt kennengelernt haben. Wenn z. B. jemand eine Tür aufschließen will und wenn er mehrmals versucht hat, dieses Ziel zu erreichen, indem er den Schlüssel rechtsherum gedreht hat, dann wird ein Beobachter äußern: „Sie müssen den Schlüssel linksherum drehen." Dies ist kein moralisches Gebot wie „man muß einem Menschen, der in Not ist, helfen". Es handelt sich vielmehr um eine Aussage der Art, daß man ein Ziel erreicht, wenn man bestimmte Handlungen ausführt. Man könnte solche Aussagen als **Effektivitätsaussagen** bezeichnen. (Hans Albert spricht von „quasi-normativen" Sätzen, vgl. 1961: 495). Sie sind sprachlich andere Formulierungen der früher behandelten theoretischen Aussagen.

Von der **Formulierung** her läßt sich, wie unsere Beispiele zeigen, nicht erkennen, ob echte Normen oder Effektivitätsaussagen behauptet werden. In beiden Fällen wird meist ein normatives Vokabular verwendet. Wir vermuten, daß in Schriften zur **Ethik der Sozialforschung** über „echte" Normen gesprochen wird, während die Schriften, in denen die Methoden der empirischen Sozialforschung dargestellt werden, Effektivitätsaussagen zum Gegenstand haben. Die Effektivitätsaussagen sind moralisch neutral, d. h. sie bewegen sich im Rahmen der Handlungen, die zulässig sind. Die wirklichen Normen legen diesen Rahmen fest.

Fassen wir unsere Überlegungen zusammen. Wir sahen, daß die Methode des Interviews erstens aus Normen besteht, die festlegen, welche Ziele zu erreichen sind. Zweitens werden Normen über zulässige Werte der Faktoren formuliert. Drittens besteht das Interview aus theoretischen Aussagen, über Beziehungen zwischen Zielvariablen und Faktoren. Solche Aussagen werden oft als Effektivitätsaussagen formuliert. Schließlich besteht die Methode des Interviews aus solchen theoretischen Aussagen, die jeweils Beziehungen zwischen den Faktoren und zwischen den Zielvariablen beschreiben. Abb. 2 faßt unsere Überlegungen zur logischen Struktur der Methode des Interviews zusammen.

1.2.2.3. Einige Folgerungen für die Kritik und Weiterentwicklung der Methoden der empirischen Sozialforschung

Wenn die Methoden der empirischen Sozialforschung aus theoretischen und normativen Aussagen bestehen, dann können diese Aussagen genau so wie andere empirische und normative Aussagen einer Kritik unterzogen und weiterentwickelt

werden. Wir wollen dies auf der Grundlage unserer Ausführungen in den vorangegangenen beiden Abschnitten andeuten.

Eine Voraussetzung für eine Kritik der Methoden ist, daß die theoretischen und
normativen Aussagen, aus denen die Methoden bestehen, zunächst einmal klar
formuliert werden. D. h. es müßte möglichst präzise herausgearbeitet werden, welche Ziele erreicht werden sollen und welche „Mittel" hierzu zulässig sind. Darüber
hinaus müßten die empirischen Beziehungen zwischen den Variablen spezifiziert
sein, d. h. ein komplexes Kausalmodell müßte ausformuliert sein. Ein Blick in die
Literatur zu den Methoden der empirischen Sozialforschung zeigt, daß eine präzise
Darstellung der Methoden noch nicht in jeder Hinsicht geleistet wurde.

Soweit das Regelungssystem der einzelnen Methoden so klar ist, daß es diskutiert
werden kann, könnten die empirischen Aussagen z. B. bezüglich ihres Gehalts diskutiert werden und bezüglich ihrer empirischen Gültigkeit. Der normative Teil der
Methoden könnte in der Weise diskutiert werden, daß die Argumente für und gegen
bestimmte Ziele analysiert werden.

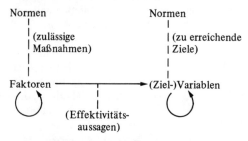

Abb. 2 Die logische Struktur der Methode des Interviews und anderer Methoden der empirischen Sozialforschung

Faktisch werden die Methoden der empirischen Sozialforschung auch genau in
dieser Weise diskutiert. Demonstrieren wir dies an zwei Beispielen. Wenn z. B. kritisiert wird, daß wir immer noch nicht wissen, welche Frageformulierungen genau
welche Wirkungen haben oder unter welchen Bedingungen genau Befragte die Un-
wahrheit sagen, dann bedeutet dies, daß die Gültigkeit des „empirischen Teils" der
Methode des Interviews in Zweifel gezogen wird, d. h. es wird behauptet, daß die
Beziehungen zwischen den Faktoren und den Zielvariablen noch nicht genau bekannt sind. Eine derartige „empirische Kritik" des Interviews findet man z. B. bei
Phillips (1971: Kap. II). Wir werden später sehen, daß bestimmte „Schulen" in der
Sozialforschung vermutlich u. a. unterschiedliche empirische Hypothesen vertreten
(vgl. 1.2.7.).

Strittig ist aber auch das normative Aussagensystem, aus dem die Methoden bestehen. So wird normalerweise postuliert, daß im Rahmen des Interviews die Meinungen des Befragten ermittelt und nicht beeinflußt werden sollen. Es gibt jedoch Autoren, die dies ablehnen. Sie fordern, daß das Interview benutzt werden soll, um den
Befragten in Richtung auf die Ziele, die der Forscher für erstrebenswert hält, zu
beeinflussen (vgl. z. B. Fuchs, 1970/71).

In diesem Abschnitt sollten nur die **Möglichkeiten** angedeutet werden, die Methoden der empirischen Sozialforschung einer Kritik zu unterziehen und weiterzuentwickeln. Auf ein Problem soll jedoch abschließend noch hingewiesen werden. Angenommen, ein Kausalmodell sei spezifiziert, in dem die Beziehungen zwischen Fak-

toren und Zielvariablen zutreffend angegeben sind. Wenn nun ein Interview durchgeführt wird, dann müßten die Randbedingungen (d. h. die konkreten Werte der
Variablen) ermittelt werden. Wenn z. B. für die Erreichung eines Ziels das Ausmaß
des Autoritarismus der Befragten von Bedeutung ist, dann müßte, um die Erreichung des Ziels ermitteln zu können, der Autoritarismus des Befragten erhoben
werden. Es wäre nun **denkbar**, daß mit der Erhebung der Randbedingungen ein so
hoher Aufwand verbunden ist, daß die Anwendung einer zutreffenden Theorie des
Interviews **unpraktikabel oder nicht realisierbar** ist. Wenn eine Theorie des Interviews relativ komplex ist und wenn es keine Verfahren gibt, um die Randbedingungen mit wenig Aufwand zu ermitteln, dann hieße dies, daß wir prinzipiell mit Meßfehlern rechnen müssen – wie zutreffend die „theoretische Basis" der Methoden
auch immer sein mag.

1.2.3. Der Prozeß der Operationalisierung

Einer der wichtigsten Schritte bei der Planung vieler Untersuchungen ist die Operationalisierung. Angenommen, ein Sozialforscher will eine empirische Untersuchung durchführen, um u. a. zu ermitteln, ob die soziale Schicht und das politische
Interesse einen Einfluß darauf ausüben, ob jemand sich an einer politischen Wahl
beteiligt oder nicht. Um diese Hypothese testen zu können, wird man bei einer
Stichprobe von Personen bei jeder Person ermitteln, welcher Schicht die Person
angehört, in welchem Maße sie politisch interessiert ist und ob sie sich bei (zumindest) einer Wahl beteiligt hat oder nicht. Hat man diese Informationen für jede
Person der Stichprobe erhoben, dann kann man mittels statistischer Verfahren
herausfinden, ob eine Beziehung zwischen den genannten Variablen besteht. So
könnte sich ergeben: Je höher die soziale Schicht und je größer das politische Interesse einer Person ist, desto größer ist die Wahrscheinlichkeit, daß jemand bei einer
Wahl seine Stimme abgibt.

In diesem Zusammenhang ist allein folgende Frage von Interesse: **Auf welche Weise**
stellt man fest, welcher Schicht jemand angehört, wie stark er politisch interessiert
ist und ob er bei einer Wahl seine Stimme abgibt (oder abgegeben hat)? Wir gehen
also zunächst davon aus, daß bestimmte Begriffe vorliegen, nämlich „soziale
Schicht", „politisches Interesse" und „Beteiligung an einer Wahl". Zweitens nehmen wir an, daß ermittelt werden soll, inwieweit das, was die Begriffe bezeichnen,
bei einzelnen Personen vorliegt.

Man könnte zunächst überlegen, ob man die soziale Schicht durch Beobachtung,
durch Befragung oder mittels einer anderen Methode (z. B. durch die Analyse von
Dokumenten) herausfinden kann. Nehmen wir einmal der Einfachheit halber an,
aus irgendwelchen Gründen wolle man die soziale Schicht usw. mittels Interview
ermitteln. Hat man sich hierfür entschieden, dann besteht ein weiteres Problem
darin, wie man vorgehen könnte, um das, was man ermitteln will, herauszufinden.
Diesen Prozeß bezeichnet man als **Operationalisierung**. „Die Begriffe werden, wie
man häufig sagt, in Forschungsoperationen ‚übersetzt' oder ‚operationalisiert'."
(Friedrichs 1981: 77). Eine „Operationalisierung" der Begriffe „soziale Schicht"
etc. im Rahmen einer Befragung würde also bedeuten, daß man sich Fragen überlegt, die das messen oder ermitteln, was der Begriff „soziale Schicht" bedeutet.

Betrachtet man nun Untersuchungen, in denen die Operationalisierung einer Vielzahl von Begriffen vorgenommen wird, und Schriften von Sozialforschern über
Operationalisierung, stößt man auf eine Reihe von Problemen. Im folgenden kön-

nen nur einige dieser Probleme besprochen werden (vgl. im einzelnen Opp, 1976: 217–225, 237–245, 410–414; Opp, 1976a; vgl. auch Besozzi & Zehnpfennig, 1976 und Nowak, 1964).

(1) Wenn man sagt, eine Operationalisierung sei eine „Übersetzung" eines Begriffs in Forschungsoperationen, dann scheint es so, als ob die Formulierung des Forschungsinstruments, z. B. der einzelnen Fragen, unproblematisch ist. Dies ist aber allein deshalb schon nicht der Fall, weil viele Begriffe, die operationalisiert werden, unklar sind oder in verschiedener Bedeutung verwendet werden. Betrachten wir das Wort „politisch" in der Variablen „politisches Interesse": Gehört zum „politischen" Interesse z. B. auch das Interesse an den Aktivitäten von Sportverbänden oder von anderen Interessengruppen oder gehört hierzu nur das Interesse an Aktivitäten von Parlamentariern? Derartige Probleme bestehen bei einer Vielzahl oder sogar bei den meisten sozialwissenschaftlichen Begriffen, die man operationalisieren will, z. B.: Anomie, Integration, Kohäsion, Diskriminierung, abweichendes Verhalten, Organisation. Wenn man also bei einem konkreten Begriff damit beginnt, die Forschungsoperationen zu spezifizieren, die das, was der Begriff bezeichnet, ermitteln, dann gerät man in Schwierigkeiten, weil die zu operationalisierenden Begriffe oft unklar oder mehrdeutig sind. Anders ausgedrückt: Die Ermittlung des „Universums der Indikatoren" (Lazarsfeld, 1956: 48), z. B. der einzelnen Fragen, die einen Begriff operationalisieren, ist nicht eindeutig möglich.

Wie könnte man in einer solchen Situation vorgehen? Wenn der zu operationalisierende Begriff unklar ist, bedeutet dies, daß eine Zuordnung einer Reihe von Fragen zu dem Begriff nicht richtig oder falsch, sondern nur mehr oder weniger zweckmäßig sein kann. Wenn z. B. der Begriff des politischen Interesses in der Hinsicht unklar ist, daß wir nicht wissen, ob das Interesse an den Aktivitäten von Interessengruppen „politisch" ist, dann ist eine Entscheidung, dieses Interesse als „politisch" zu bezeichnen, nicht richtig oder falsch. Eine solche Entscheidung kann nur mehr oder weniger **zweckmäßig** sein.

Welche Zwecke könnten bei einer solchen Entscheidung von Bedeutung sein? Ein Zweck (oder Ziel) könnte sein, eine zutreffende Hypothese zu formulieren. In unserem Beispiel würde man entsprechend diesem Zweck den Begriff „politisches Interesse" so operationalisieren, daß sich eine möglichst enge Beziehung zur Variablen „Beteiligung an einer Wahl" ergibt. (Man sagt auch, daß in diesem Falle das Kriterium „Voraussagegültigkeit" – „predictive validity" – angewendet wird.) Ein anderer Zweck könnte sein, daß man mit einer Untersuchung kein theoretisches, sondern nur ein deskriptives Interesse verfolgt, z. B. für einen Auftraggeber interessante Daten zu erheben. In einem solchen Falle wäre die Realisierung des Interesses des Auftraggebers ein Kriterium, nach dem bestimmte mögliche Operationalisierungen ausgewählt werden.

Wichtig in diesem Zusammenhang ist, daß die Ziele, die erreicht werden sollen, explizit genannt werden sollten, so daß der Forscher selbst und andere Forscher prüfen können, ob die Ziele der Operationalisierung erreicht wurden.
Ein weiterer Punkt ist von Bedeutung. Es wäre denkbar, daß man zwar von einem Begriff wie „politisches Interesse" ausgeht, daß sich aber im Verlauf der Operationalisierung zeigt, daß der Begriff Sachverhalte bezeichnet, die aus irgendwelchen Gründen nicht von Interesse sind. In diesem Falle ist es selbstverständlich möglich, den betreffenden Begriff in seiner Bedeutung zu verändern, d. h. umzudefinieren.

Wir haben uns bisher lediglich mit der Phase befaßt, in der ein Begriff in Forschungsoperationen „umgesetzt" wird. Wenn man nun eine Reihe von „Indikatoren", z. B. Fragen, formuliert hat, die mit dem, was der Begriff bezeichnet, vereinbar sind, entsteht das nächste Problem, wie diese Fragen „kombiniert" werden sollen. Das nächste Problem besteht also in der Konstruktion eines Index oder einer Skala. Wir wollen uns mit diesen Problemen hier nicht befassen. Der Leser sei verwiesen auf Besozzi und Zehnpfennig (1976); s. a. Kap. 4.4.).

(2) Wir erwähnten, daß üblicherweise gesagt wird, bei einer Operationalisierung werde ein Begriff in Forschungsoperationen „übersetzt". Entsprechend müßten sich z. B. die Fragen eines Interviews auf das beziehen, was die Begriffe bezeichnen. Wenn wir z. B. jemanden fragen, ob er bei der letzten Bundestagswahl seine Stimme abgegeben hat, dann mißt diese Frage die Variable „Wahlbeteiligung". Es ist zwar richtig, daß Meßfehler auftreten können, da vielleicht die Theorien, die angewendet werden, fehlerhaft sind (vgl. 1.2.2.). In jedem Falle beinhaltet aber die Frage das, was der Begriff bezeichnet.

Wenn man jedoch die Literatur daraufhin durchsieht, welcher Art die Beziehungen zwischen den Begriffen, die operationalisiert werden, und den Forschungsoperationen sind, dann stellt man fest, daß oft die Forschungsoperationen nicht das messen, was die Variable bedeutet. Nehmen wir an, es solle ermittelt werden, in wievielen Ehen schwere Konflikte bestehen. Die Untersuchung soll sich auf eine bestimmte Stadt beschränken. Der Forscher gehe so vor, daß er aufgrund von Gerichtsakten die Anzahl der geschiedenen Ehen ermittelt. Wie ist diese Vorgehensweise zu beurteilen?

Wenn man von Konflikten in einer Ehe spricht, dann sind damit entweder gegensätzliche Interessen oder relativ häufige und intensive Streitigkeiten gemeint, also bestimmte Arten von Interaktionen. Eine Scheidung bedeutet eine nach bestimmten Regeln vorgenommene Auflösung einer Ehe. Die Forschungsoperation ermittelt also nicht diejenigen Sachverhalte, die durch den zu operationalisierenden Begriff bezeichnet werden.

Ist damit die „Operationalisierung" von Ehekonflikten durch die Scheidungshäufigkeit unsinnig? Man kann Ehekonflikte mittels der Scheidungshäufigkeit messen, wenn man davon ausgeht, daß die folgende **empirische Aussage** gilt: Bei relativ intensiven Konflikten lassen sich Ehepartner scheiden. Diese Hypothese braucht jedoch keineswegs zuzutreffen. Wenn z. B. in einem Land Ehescheidungen verboten sind, oder wenn Ehescheidungen mit relativ hohen finanziellen Kosten oder sozialen Diskriminierungen verbunden sind, besteht eine Beziehung zwischen Ehekonflikten und Scheidungshäufigkeit nicht. Man würde dann evtl. den falschen Schluß ziehen, daß in einem Land, in dem Ehescheidungen selten sind, Ehen relativ konfliktfrei verlaufen.

Wir können also zwei Arten von Operationalisierungen unterscheiden. Im einen Falle kann man von **logischen (oder analytischen) Operationalisierungen** sprechen. Hier messen die Forschungsoperationen das, was ein Begriff bezeichnet. Im anderen Falle könnte man von **empirischen Operationalisierungen** sprechen. Hier wird davon ausgegangen, daß eine empirische Aussage zutrifft, in der eine Beziehung behauptet wird zwischen den Sachverhalten, die ein Begriff bezeichnet, und den Sachverhalten, die ermittelt werden.

Warum ist diese Unterscheidung von Bedeutung? Unser vorangegangenes Beispiel demonstriert, daß bei einer empirischen Operationalisierung eine zusätzliche Fehlerquelle auftritt: Weitere empirische Hypothesen werden angewendet, die falsch sein können. Aus diesem Grunde ist es sinnvoll, daß in der Forschung erstens deutlich gemacht wird, welche Art der Operationalisierung verwendet wird. Falls eine empirische Operationalisierung gewählt wird, sind die angewendeten Hypothesen explizit zu formulieren. Zweitens wäre zu diskutieren, inwieweit man davon ausgehen kann, daß diese Hypothesen zutreffen. In der praktischen Forschung geschieht beides selten. Man hat oft den Eindruck, daß die Forscher sich nicht einmal dessen bewußt sind, wenn sie bei einer Operationslisierung empirische Hypothesen anwenden.

Es ist oft schwierig zu entscheiden, ob eine analytische oder empirische Operationalisierung vorliegt. Sog. **nichtreaktive Messungen** dürften normalerweise empirische Operationalisierungen sein. Dies ist eindeutig, wenn man z. B. die Beliebtheit von Bildern, die in bestimmten Räumen ausgestellt werden, durch die Abnutzung der Fliesen „mißt" (vgl. Webb u. a., 1968: 2). Bei Begriffen, die sich in der Alltagssprache auf psychische Dispositionen beziehen, weiß man oft nicht, wie der Forscher sie verwendet. Angenommen, wir operationalisieren „politisches Interesse" durch Fragen nach der Parteimitgliedschaft, der Häufigkeit von Gesprächen über Politik und der Informiertheit über politische Ereignisse (vgl. das Beispiel bei Friedrichs, 1981: 77). Wenn man „politisches Interesse" als eine psychische Disposition bezeichnet, dann handelt es sich um eine empirische Operationalisierung. D. h. es wird angenommen, daß ein Interesse **dazu führt**, daß man sich in bestimmter Weise verhält (man ist in eine Partei eingetreten, spricht über Politik und informiert sich darüber). Daß hier eine empirische Aussage angenommen wird, läßt sich dadurch zeigen, daß Personen politisch interessiert sein könnten, ohne daß sie die genannten Handlungen ausführen. Es wäre aber auch denkbar, daß der Forscher mit dem Begriff „politisches Interesse" die genannten Aktivitäten **bezeichnet**, d. h. er versteht unter „politischem Interesse" Mitgliedschaft in einer Partei etc. In diesem Falle wird keine empirische Hypothese angewendet, es handelt sich um eine analytische Operationalisierung.

Um Verwechslungen und Mißverständnisse zu vermeiden, wollen wir einige Unterscheidungen explizit machen, die wir bisher stillschweigend getroffen haben. Wir sind zunächst immer ausgegangen von einer Aussage, die überprüft werden soll, z. B. die Hypothese, daß politisches Interesse einen Einfluß auf die Wahlbeteiligung hat. Wir können derartige Aussagen als **Haupthypothesen** bezeichnen, da diese in empirischen Untersuchungen zur Diskussion stehen. Weiter haben wir in Abschnitt 1.2.2 empirische Annahmen kennengelernt, die im Rahmen des Interviews angewendet werden. Solche Hypothesen könnte man generell als **Beobachtungshypothesen** bezeichnen: Es handelt sich um die früher besprochenen Effektivitätsaussagen, die behaupten, unter welchen Bedingungen man im Rahmen der Methoden der empirischen Sozialforschung bestimmt Ziele (z. B. richtige Antworten) erreicht. Eine weitere Gruppe von Hypothesen könnte man **Korrespondenzhypothesen** nennen: Es handelt sich um Hypothesen, die im Rahmen empirischer Operationalisierungen angewendet werden und die die zu messenden Sachverhalte mit den Forschungsoperationen verknüpfen, die also eine empirische Korrespondenz zwischen zwei Gruppen von Sachverhalten herstellen. Der Vollständigkeits halber sei noch eine dritte Gruppe von Aussagen genannt, die wir **Protokollsätze** nennen wollen. Es handelt sich hier um die Ergebnisse von Untersuchungen. Beispiele sind: „Die Korrelation zwischen sozialer Schicht und Kriminalität betrug $-0,65$", „60% der Befragten haben sich an der letzten Bundestagswahl beteiligt" oder „die erklärten Varianzen aller geprüften Hypothesen bewegten sich zwischen 20 und 30%". Es kommt hier nicht auf die Wörter an, die wir zur Bezeichnung der unterschiedlichen Arten von Hypothesen gewählt haben. Es kommt vielmehr darauf an, daß im Rahmen einer empirischen Untersuchung verschiedene Arten von Hypothesen behauptet werden. Dies zu wissen ist wichtig, um mögliche Fehlerquellen lokalisieren zu können.

(3) Wir haben bisher stillschweigend angenommen, daß es in jedem Falle sinnvoll ist, die Begriffe, die man verwendet, „direkt" zu messen, d. h. analytisch zu operationalisieren. Würde man hierauf generell verzichten, dann bestünde keine Möglichkeit, die empirischen Korrespondenzhypothesen empirisch zu testen. Wenn man z. B. der Meinung ist, es sei nicht erforderlich, die Konflikthäufigkeit in einer Ehe analytisch zu operationalisieren, sondern man könne sich darauf beschränken, die Scheidungsrate zu ermitteln, dann besteht keine Möglichkeit, die Richtigkeit der empirischen Hypothese, daß Konflikthäufigkeit und Scheidung zusammenhängen, zu testen.

Entgegen dieser Überlegung wird in einflußreichen Schriften (vgl. insbesondere Schriften von Blalock, z. B. 1968, 1971, oder Costner, 1969; vgl. zusammenfassend und einführend Sullivan & Feldman 1979; vgl. zur Kritik Opp, 1976a) vorgeschlagen, Hypothesen (genauer: Kausalmodelle) zu formulieren, die zum einen aus ungemessenen Variablen bestehen. Es handelt sich hier – in unserer Terminologie – um die zu operationalisierenden Begriffe. Zum anderen werden empirische Beziehungen zwischen den ungemessenen und zu messenden Variablen behauptet. Bei den letzteren handelt es sich um zu erhebende Sachverhalte. In unserem vorangegangenen Beispiel wäre die Konflikthäufigkeit eine ungemessene, die Scheidungsrate eine gemessene Variable. Es könnte nun postuliert werden, daß die Konflikthäufigkeit einem empirischen Effekt auf die Scheidungsrate hat. Nach der Meinung der genannten Autoren ist es nicht erforderlich, die ungemessenen Variablen analytisch zu operationalisieren. Man kann vielmehr – so die Autoren – durch statistische Operationen erschließen, ob Hypothesen, die aus ungemessenen Variablen bestehen und die durch empirische Korrespondenzhypothesen sozusagen mit der Realität verbunden sind, zutreffen oder nicht. Es ist aus Raumgründen hier nicht möglich zu diskutieren, inwieweit dieses Verfahren haltbar ist. Wir müssen den Leser auf die genannte Literatur verweisen.

1.2.4. Die Interpretation sozialwissenschaftlicher Daten

Sozialwissenschaftler, die eine empirische Untersuchung durchgeführt haben, geben sich meist nicht damit zufrieden, die Ergebnisse darzustellen und evtl. zu diskutieren, inwieweit diese mit den formulierten Hypothesen übereinstimmen. Oft werden die Daten **„interpretiert"**. Was genau tun Sozialwissenschaftler, wenn sie Interpretationen für bestimmte Untersuchungsergebnisse vorschlagen? Wie ist die Vorgehensweise der „Interpretation" zu beurteilen? Mit diesen Fragen wollen wir uns im folgenden befassen.

Beginnen wir mit einem Beispiel. W. Kaupen (1969) berichtet über die Ergebnisse einer Untersuchung von G. Kunz. Danach wohnten von den Jurastudenten der Universität Köln im Wintersemester 1963/64 61% bei den Eltern oder bei nahen Verwandten. Von den Studenten der Wirtschafts- und Sozialwissenschaftlichen Fakultät (Wisostudenten) dagegen wohnten nur 34% bei den Eltern oder bei nahen Verwandten. Kaupen schlägt nun eine „Interpretation" dieser Daten vor: „Dieses Ergebnis... deutet auf eine ziemlich starke emotionale Abhängigkeit der Juristen von ihrem Elternhaus und damit auf eine Persönlichkeitsstruktur hin, die in der stabilen Beziehungsstruktur der Familie, das heißt in einer homogenen (nicht viele unterschiedliche Alternativen bietenden) Lernsituation geprägt wurde." (Kaupen, 1969: 69).

Was könnte der Autor meinen, wenn er von einer „Interpretation" der Daten spricht? Er befaßt sich mit **Bedingungen** dafür, daß Wisostudenten häufiger selbständig (d. h. nicht bei Eltern oder sonstigen Verwandten) wohnen als Jurastudenten. D. h. er will diesen Sachverhalt **erklären**. Dies wird deutlich, wenn er an der gleichen Stelle diskutiert, ob für das Wohnen am Hochschulort nicht hauptsächlich finanzielle Erwägungen eine Rolle spielen könnten. Kaupen fragt also, **warum** mehr Wisostudenten als Jurastudenten selbständig wohnen.

Da der Autor eine Erklärung vorschlägt, kann man prüfen, inwieweit seine Argumentation der bei einer Erklärung üblichen Vorgehensweise entspricht (vgl. einführend mit weiteren Literaturhinweisen Opp, 1976: Kap. III). Der Ausgangspunkt einer Erklärung ist das **Explanandum**, d. h. der zu erklärende Sachverhalt:

> **Explanandum:** Von den Wisostudenten in Köln im Wintersemester 1963/64 lebte ein größerer Prozentsatz selbständig als von den Jurastudenten.

Zu einer Erklärung gehören zweitens die **Randbedingungen**. Es handelt sich hier um andere singuläre Sachverhalte (d. h. um Sachverhalte, die an einem bestimmten Ort und Zeitpunkt bzw. Zeitraum auftreten), nämlich um die Bedingungen oder „Ursachen" für die zu erklärenden Phänomene. Auch Kaupen erwähnt solche singulären Sachverhalte: Bei den Jurastudenten sei die „emotionale Abhängigkeit vom Elternhaus" relativ hoch und dies habe zu einer bestimmten Persönlichkeitsstruktur geführt, die wiederum durch eine relativ stabile Familiensituation geprägt worden sei. Es ist unklar, ob **für die Wohnsituation** die emotionale Abhängigkeit oder die (nicht näher beschriebene) Persönlichkeitsstruktur oder beides von Bedeutung ist. Der Einfachheit gehen wir davon aus, daß die Randbedingung lautet:

> **Randbedingung:** Bei den Wisostudenten war die emotionale Abhängigkeit vom Elternhaus geringer als bei den Jurastudenten.

Ein zentraler Bestandteil einer Erklärung ist (mindestens) eine **theoretische Aussage**. Der Grund hierfür ist folgender: Wenn wir davon ausgehen, daß die Randbedingung tatsächlich gegeben ist, könnte man fragen: Was spricht eigentlich dafür, daß die emotionale Abhängigkeit eine Ursache für die Wohnsituation ist? Wieso sind nicht andere Eigenschaften von Bedeutung, z. B. unterschiedliche biologische Merkmale (die untersuchten Jurastudenten mögen z. B. häufiger blond sein)? Diese Frage kann man nur so beantworten, daß man eine generelle Aussage heranzieht, die sich relativ gut bewährt hat, und die **generell** behauptet, daß bestimmte Bedingungen eine bestimmte Wirkung haben. Wenn es z. B. ein Gesetz der Art gäbe, daß eine relativ hohe emotionale Abhängigkeit dazu führt, daß die abhängige Person bei der Bezugsperson wohnt, dann könnte Kaupen darauf verweisen, daß die von ihm behauptete Randbedingung wirklich eine Ursache ist. Der Grund ist, daß die genannte generelle Aussage sich bisher bewährt hat und daß gemäß dieser Aussage die genannte Randbedingung von Bedeutung ist. Kaupen nennt jedoch kein Gesetz, das bestätigt, daß die genannte Randbedingung tatsächlich von Bedeutung ist. **Es fehlt also sozusagen ein Argument dafür, daß die erwähnte Randbedingung wirklich für die Erklärung des Explanandums von Bedeutung ist.**

Kaupens „Interpretation" hat einen weiteren zentralen Mangel. Man wird eine Erklärung nur dann akzeptieren, wenn man davon ausgehen kann, daß die Randbedingungen auch tatsächlich vorliegen. Andernfalls kann man ja nicht davon sprechen, daß diese die Ursachen sind. Kaupen präsentiert jedoch keinerlei Daten, die dafür sprechen, daß tatsächlich die Jurastudenten eine höhere emotionale Bindung an das Elternhaus haben. Er schreibt lediglich, die unterschiedliche Wohnsituation von Jura- und Wisostudenten „deute darauf hin", daß die betreffenden Randbedingungen vorliegen. Man kann in diesem Falle wohl kaum das Vorliegen eines Explanandums als Bestätigung für das Vorliegen der Randbedingungen anführen.

Fassen wir unsere Überlegungen zusammen. Es hat sich gezeigt, daß bei dem analysierten Beispiel mit „Interpretation" dasselbe wie „Erklärung" gemeint ist. Ein Vergleich der Interpretation mit der Vorgehensweise, die man sinnvollerweise bei einer Erklärung anwendet, zeigte, daß die Erklärung in mehrerer Hinsicht unvollkommen war.

Betrachtet man andere Arbeiten, in denen Daten „interpretiert" werden, dann zeigt sich folgendes (vgl. im einzelnen Opp, 1976: 148–157): Es werden ausnahmslos Erklärungen vorgeschlagen. Diese Erklärungen sind meist in verschiedener Hinsicht unvollkommen, d. h. sie erfüllen nicht die Anforderungen, die man an eine adäquate Erklärung stellt. Die „Interpretation" von Daten ist also kein neues Verfahren, das spezifisch für die Sozialwissenschafen ist.

1.2.5. Daten als Quellen von Theorien

Es ist ein altes Problem in der Philosophie, ob man von Sätzen, die konkrete Beobachtungen beschreiben, d. h. von **singulären** Sätzen, auf **generelle** Sätze schließen kann. Bezogen auf sozialwissenschaftliche Forschungen könnte man diese Frage generell so formulieren: **Ist es möglich, aus Untersuchungsergebnissen Theorien zu gewinnen?** Falls dies möglich sein sollte, so könnte man weiter fragen: Wie geht man dabei vor?

Viele Sozialforscher scheinen der Meinung zu sein, daß die erste Frage zu bejahen ist, d. h. **daß** man aus Daten Theorien gewinnen kann. Man spricht oft von einem „**induktiven**" Vorgehen, d. h. daß man auf der Grundlage von Untersuchungsergebnissen Theorien formuliert. Es wird auch postuliert, möglichst **voraussetzungslos** an Daten heranzugehen, um nicht ein „vorgefaßtes Raster" den Daten „aufzuzwingen". Es werden explorative Untersuchungen durchgeführt, um Hypothesen zu finden. Schließlich wird von dem sog. „**grounded theory approach**" propagiert, Theorien auf der Grundlage von Daten zu formulieren und nicht mit „vorgefaßten" Theorien an die Daten heranzugehen. Dies wird auch von interaktionistisch orientierten Soziologen gefordert. Schließlich wird unterschieden zwischen hypothesen-**testenden** und hypothesen**erzeugenden** Untersuchungen.

Bevor man im einzelnen die Vorgehensweisen analysiert, die angeblich zur Gewinnung von Theorien aus Daten führen, könnte man sozusagen einen **Erfolgstest** durchführen. Wenn es nämlich Verfahren gibt, mit denen man aus Untersuchungsergebnissen zutreffende Theorien gewinnen kann, dann müßte es eine Vielzahl von unwiderlegten Theorien geben. Diejenigen, die Verfahren der Theoriengewinnung aus Daten vorschlagen oder darstellen, wären sicherlich die ersten, die zutreffende Theorien formulieren würden – ähnlich wie ein Lottospieler, der sicherlich selbst die Hauptgewinne einstreichen würde, wenn er ein „System" gefunden hätte. Es ist jedoch bisher nicht bekannt geworden, daß diejenigen, die Strategien der Gewinnung von Theorien aus Daten propagieren, diese erfolgreich angewendet haben. Man muß also bereits aufgrund eines „Erfolgstestes" skeptisch sein bezüglich der Brauchbarkeit von Verfahren, die angeblich zur Theoriengewinnung taugen sollen.

Kann man aus Untersuchungsergebnissen Theorien gewinnen? Es wäre zunächst denkbar, aus Daten Theorien in folgendem Sinne zu gewinnen: Man könnte aus den singulären Sätzen, die die Untersuchungsergebnisse beschreiben, Theorien **logisch ableiten**. Betrachten wir ein Beispiel. In einer Untersuchung sei folgendes herausgefunden worden:

S: In den untersuchten Betrieben hat sich gezeigt, daß bei einer relativ stark ausgeprägten Hierarchie die Unzufriedenheit der Mitarbeiter mit ihrer Arbeit relativ groß ist (d.h. es besteht eine hohe positive Korrelation zwischen Hierarchie und Unzufriedenheit).

Kann man aus diesem Satz eine Theorie logisch erschließen? Kann man z. B. folgern, daß S nicht nur für die untersuchten, sondern für **alle** Betriebe gilt?

T: Für alle Betriebe gilt: Je stärker die Hierarchie ist, desto größer ist die Unzufriedenheit mit der Arbeit.

Gemäß den Regeln der Logik ist ein solcher Schluß **nicht** möglich. Der Grund ist, daß T einen größeren Gehalt als S hat, d. h., intuitiv gesprochen, daß T uns mehr Informationen gibt (nämlich über **alle** Betriebe) als S. Solche **gehaltserweiternden Schlüsse** sind nicht zulässig (vgl. z. B. Carnap, 1960: 21; Stegmüller, 1971).

Es ist jedoch möglich, derartige Schlußregeln zu formulieren. Vergleichen wir z. B. S und T. Der einzige Unterschied zwischen beiden Sätzen ist, daß sich S auf eine kleinere Menge von Einheiten (Betrieben) bezieht als T. Entsprechend könnten wir folgende Schlußregel formulieren:

R: Aus einem Satz, der sich auf eine Menge M von Elementen bezieht, kann ein Satz gefolgert werden, der sich auf eine andere Menge M' bezieht, die die Menge M als echte Teilmenge einschließt.

Gemäß dieser Regel ist T aus S ableitbar. Es ist also möglich, Schlußregeln zu formulieren, die gehaltserweiternde Schlüsse zulassen. Damit ist jedoch das Problem, aus Untersuchungsergebnissen Theorien abzuleiten, nicht gelöst. Der Grund ist, daß man nicht lediglich **irgendwelche** Theorien ableiten will, sondern **zutreffende** Theorien. Genauer formuliert: Wir wollen nicht nur gehaltserweiternde Schlüsse ziehen, sondern solche gehaltserweiternden Schlüsse, die **wahrheitskonservierend** sind. D. h. wir sind nicht daran interessiert, aus Untersuchungsergebnissen, die die Realität richtig wiedergeben, **irgendwelche** Theorien, sondern **zutreffende** Theorien abzuleiten. Solche Regeln existieren nicht und es ist auch nicht vorstellbar, daß solche Regeln gefunden werden. Dies hat die Diskussion über das Induktionsproblem ergeben. Um dies an unserem Beispiel zu illustrieren: Selbst wenn S wahr ist, kann T falsch sein: In den untersuchten Betrieben könnten z. B. bestimmte Bedingungen, die die Unzufriedenheit beeinflussen, mit der Hierarchisierung korrelieren, ohne die Unzufriedenheit direkt zu beeinflussen.

Es wäre nun denkbar, daß viele Sozialwissenschaftler nicht behaupten, sie wären in der Lage, aus Daten Theorien in dem Sinne zu gewinnen, daß sie Theorien aus Daten logisch ableiten. Vielmehr könnte behauptet werden, daß bestimmte Vorgehensweisen **empirisch** zur Entdeckung neuer Theorien führen. Es handelte sich hier also nicht um logische, sondern um **heuristische Regeln**. (Der Ausdruck „Regel" wird hier wieder im Sinne einer Effektivitätsaussage verstanden.) Eine solche Regel könnte z. B. lauten:

R' Wenn sich ein bestimmter zutreffender singulärer Satz auf eine Menge M bezieht, und wenn man einen generellen Satz formuliert, der sich auf eine Menge bezieht, in der die Menge M echte Teilmenge ist, dann ist die Wahrscheinlichkeit relativ groß, daß sich der generelle Satz bewährt.

Diese „Regel" soll bedeuten, daß die „Erfolgswahrscheinlichkeit" einer Entdeckung von Theorien, die sich bei späteren Untersuchungen bewähren, durch „Generalisierung" größer ist als bei Nichtanwendung dieser Regel. Ob dies zutrifft, wäre empirisch zu untersuchen bei Wissenschaftlern, die diese Regel angewendet haben und bei solchen, die sie nicht angewendet haben.

Versuchen nun diejenigen, die sich mit der Entdeckung von Theorien auf der Grundlage von Daten befassen, heuristische oder logische Regeln zu formulieren? Eine Durchsicht der relevanten Schriften zeigt, daß die Autoren vermutlich heuristische Regeln vorschlagen wollen. Dies läßt sich z. B. Formulierungen von Glaser und Strauss (1965, 1967) entnehmen, deren „grounded theory approach" von vielen interaktionistisch orientierten Soziologen hoch geschätzt wird. Die Autoren schreiben z. B., daß sie die Entdeckung von Theorien „erleichtern" wollen. Wenn sie auch zuweilen von „induktivem" Vorgehen sprechen, so zeigt doch ihre Argumentation, daß sie nicht **logische** Verfahren zur Hypothesengewinnung behandeln. So lassen sich auch Arbeiten über **explorative Datenanalyse** verstehen (vgl. zusammenfassend Hartwig & Dearing, 1979). Auch in älteren Arbeiten, z. B. über die Analyse abweichender Fälle (Kendall & Wolf, 1955) oder über die Entdeckung unerwarteter Zusammenhänge (Merton, 1957: 103–108, vgl. insbesondere auch Barton & Lazarsfeld, 1955), werden **Möglichkeiten** dargelegt, wie man sozusagen neue Ideen bekommen kann.

Die sozialwissenschaftlichen Schriften über die Entdeckung von Theorien auf der Grundlage von Daten sind also nicht mit dem Induktionsproblem behaftet. Sie sind **jedoch deshalb keineswegs unproblematisch.** Ein erster Mangel ist, daß sie oft **wenig informativ** sind. D. h. sie geben keine detaillierten Informationen darüber, was man denn genau tun kann, um zu zutreffenden Hypothesen zu gelangen.

Demonstrieren wir diesen Mangel an einem Beispiel. Es wird empfohlen, unterschiedliche Gruppen zu untersuchen (Glaser & Strauß, 1965). Dies könne dazu führen, daß z. B. Bedingungen gefunden werden, unter denen bestimmte Hypothesen gelten. D. h. es können neue Hypothesen gefunden werden. Diese Regel läßt offen, in welcher Hinsicht die zu untersuchenden Gruppen unterschiedlich sein sollten. Falls diese Frage gelöst ist, erfährt man nicht, wie man denn die relevanten Bedingungen findet. Auch Regeln der Art, daß man bei Beziehungen zwischen zwei Variablen die Residuen oder „Ausreißer" analysieren soll, informieren nicht darüber, wie man denn nun verbesserte Hypothesen finden kann (vgl. etwa Hartwig & Dearing, 1979). Derartige Regeln geben bestenfalls den ersten Schritt an (analysiere Residuen und Fälle, die mit einer Hypothese nicht übereinstimmen). Wie man aber von dort zur Entdeckung gelangt, bleibt offen.

Es wäre jedoch denkbar, daß es gar nicht erforderlich ist, die Regeln informativer zu formulieren. Es könnte ausreichen, den ersten Schritt zu tun (z. B. ein Streudiagramm bei einer bivariaten Beziehung anzufertigen). Dies könnte empirisch zur Entdeckung führen, ohne daß man weitere Schritte spezifiziert. Dies scheint aber nicht der Fall zu sein. Uns sind jedenfalls keine Daten hierzu bekannt. Eine Überprüfung des Erfolges solcher Regeln dürfte auch äußerst schwierig sein.

Ein weiterer Kritikpunkt an vorliegenden Regeln der Hypothesenfindung ist, daß sie zum Teil **nicht realisierbar** sind. Dies gilt z. B. für die Regel, man solle **voraussetzungslos** an die Realität (oder an vorliegende Daten) herangehen. Ein solches Prinzip, nämlich „**Verzicht auf Hypothesenbildung ex ante**" (vgl. z. B. Hoffmann-Riem, 1980: 345), wird von der sog. interpretativen Sozialforschung vertreten. Inwieweit ist dieses Prinzip realisierbar?

Man kann diese Frage auf zweierlei Weise diskutieren. Erstens könnte man den Prozeß der Planung, Durchführung und Auswertung empirischer Untersuchungen daraufhin analysieren, inwieweit der Forscher faktisch Hypothesen anwendet, selbst wenn ihm dies vielleicht nicht bewußt ist. Besonders zweifelhaft erscheint dies bei **explorativen Studien.** Es handelt sich hier um Untersuchungen, in denen Befragung, Beobachtung und andere Methoden relativ unstrukturiert sind. So werden Interviewern keine detaillierten Fragen und Antwortkategorien und Beobachtern keine detaillierten Beobachtungskategorien vorgegeben. Sie erhalten lediglich Hinweise darauf, was erfragt oder beobachtet werden soll. Eine in extremer Weise unstrukturierte Befragung könnte z. B. so angelegt sein, daß die Interviewer lediglich angewiesen werden, diejenigen, deren Verhalten erklärt werden soll, nach den Ursachen für dieses Verhalten zu fragen. So könnte man in einem Stadtviertel mit hoher Delinquenz die delinquenten Jugendlichen selbst, aber auch z. B. Richter oder Sozialarbeiter, nach den Ursachen der Jugendkriminalität fragen. In diesem Falle wendet der Forscher in der Tat keine eigenen Hypothesen an. Er ermittelt vielmehr Hypothesen der Befragten. Es besteht also hier nur ein „Verzicht auf Hypothesenbildung ex ante" in dem Sinne, daß der Forscher explizit lediglich eine Frage formuliert hat. Allerdings wird die Anwendung von Hypothesen auf die zu untersuchenden Personen verlagert, denn deren Hypothesen werden erhoben.

Die Befragung von Experten oder Betroffenen nach den Ursachen für das Auftreten bestimmter sozialer Phänomene dürfte auch die einzige Art explorativer Studien sein, in der der Forscher selbst keine Hypothesen anwendet, **die er prüfen will.** (Auch hier wird er allerdings, wie wir in Abschnitt 1.2.2.2. sahen, Beobachtungstheorien anwenden.) **In allen anderen Fällen sucht der Forscher nach bestimmten Sachverhalten und wendet damit, ohne daß ihm das bewußt sein mag, implizit Hypothesen an.** Die implizite Anwendung von Hypothesen im Forschungsprozeß sei an einem Beispiel illustriert.

Angenommen, ein Forscherteam wolle einen Fragebogen formulieren, in dem Bedingungen für Jugendkriminalität ermittelt werden sollen. Forscher, die es ablehnen, explizit Hypothesen zu formulieren, gehen so vor, daß sie Sachverhalte, die sie als relevant für die Entstehung von Jugendkriminalität ansehen, in Interviewfragen „umsetzen". So könnte ein Forscher vorschlagen zu ermitteln, wie zufrieden die Jugendlichen mit ihrem Einkommen und ihrer Wohnsituation sind. Ein anderer Forscher mag sich für die Schulleistungen oder für „Auffälligkeiten" in der Schule interessieren. Wenden diese Forscher Hypothesen an? Nehmen wir an, wir würden die Forscher fragen, warum sie nicht nach der Schuhgröße oder nach der Haarfarbe fragen. Die Antwort würde sein, daß diese Faktoren vermutlich keinen Einfluß auf die Jugendkriminalität haben. Damit ist zugegeben, daß implizit eine empirische Annahme überprüft wird, daß nämlich kein Zusammenhang z. B. zwischen Haarfarbe und Kriminalität, daß jedoch vermutlich z. B. die Wohnsituation und die Schulleistungen einen Einfluß auf die Jugendkriminalität haben könnten. Diese Hypothese mag nicht explizit formuliert worden sein, sie mag auch relativ vage oder uninformativ sein. In jedem Falle wird aber eine Hypothese angewendet.

Diese Überlegungen demonstrieren, daß bei der Erhebung von Daten – außer im Falle von Fragen nach den Ursachen von bestimmten Phänomenen – Hypothesen angewendet werden, die überprüft werden sollen. Dies ergibt nicht nur eine Analyse des Forschungsprozesses. Auch **Ergebnisse der Sozialpsychologie** sind hiermit vereinbar. Sie haben bestätigt, daß die „Kübeltheorie der Wahrnehmung" (Popper, 1972: 43) unzutreffend ist: Der menschliche Organismus ist keine tabula rasa, die Informationen auf sich einströmen läßt und aus diesen generelle Aussagen generiert. Wahrnehmung ist vielmehr selektiv: D. h. es bestehen immer Erwartungen

(d. h. Hypothesen), mit denen man an die Realität herangeht. Dies besagt z. B. die sog. Hypothesentheorie der Wahrnehmung (vgl. z. B. Irle, 1975: Kap. 2.8.). Der Leser sei auch auf die interessanten sozialpsychologischen Experimente verwiesen, über die Bohnen (1972) berichtet. Es zeigt sich hier sehr eindrucksvoll, welche entscheidende Rolle Erwartungen in der Wahrnehmung spielen.

Fassen wir zusammen: Wir haben eine heuristische Regel diskutiert, nach der man ohne „vorgefaßte" Hypothesen an die Realität herangehen soll. Ein solches Prinzip wird z. B. von interpretativen Soziologen vertreten. Wir sahen, daß es sich hier um eine Regel handelt, die nicht realisierbar ist. Man kann denjenigen, die ein solches Prinzip heute immer noch vertreten, den Vorwurf nicht ersparen, sowohl in unzureichender Weise analysiert zu haben, was Sozialforscher faktisch tun, als auch sozialpsychologische Forschungsergebnisse zu ignorieren.

Betrachtet man die vorliegende Literatur über die Entdeckung sozialwissenschaftlicher Hypothesen, so kann man sagen, daß diese Literatur mehr Probleme aufwirft als löst. Dies soll nicht bedeuten, daß wir diese Literatur für gänzlich unbrauchbar halten. Vielleicht sind Regeln, die die genannten Probleme aufweisen, besser als überhaupt keine Regeln. Positiveres kann man wohl im Augenblick nicht sagen.

1.2.6. Zum Verhältnis von Theorie und empirischer Forschung

Wir haben uns bisher bereits mehrfach mit Beziehungen befaßt, die zwischen theoretischen Aussagen einerseits und Ergebnissen empirischer Untersuchungen andererseits bestehen: 1. Wir sahen, daß Theorien (d. h. Beobachtungstheorien) bei der Erhebung von Daten angewendet werden (Abschnitt 1.2.2.). 2. Wir haben uns mit der Frage befaßt, wie Theorien die Erhebung von Daten „steuern", d. h. wie die Begriffe von Theorien in Forschungsoperationen umgesetzt werden (Abschnitt 1.2.3.). 3. Wir sahen, daß Daten häufig „interpretiert" werden, d. h. daß Theorien zu ihrer Erklärung angewendet werden (Abschnitt 1.2.4.). 4. Schließlich haben wir uns mit der Frage befaßt, inwieweit aus Daten Theorien gewonnen werden können (Abschnitt 1.2.5.). Im folgenden wollen wir uns mit einigen weiteren Fragen befassen, die das Verhältnis von Theorien und empirischen Forschungsergebnissen betreffen.

(1) Es wird zuweilen behauptet, daß die **Widerlegung empirischer Theorien aus folgendem Grunde überhaupt nicht möglich sei: Das, was empirisch erhoben wird, wird durch die zu „prüfende" Theorie bestimmt. Da die Theorie unsere Wahrnehmung, d. h. die Selektion der Daten, steuert, wird nur das erhoben, was die Theorie behauptet. Eine Überprüfung ist also gar nicht möglich.**

Wenn dieses Argument zutrifft, wäre zu erwarten, daß alle – auch widersprüchliche – theoretische Aussagen hervorragend bestätigt sind, und zwar zumindest dann, wenn man annehmen kann, daß nur geringe oder keine Meßfehler vorliegen. Diese Folgerung ist jedoch ganz sicher mit den Tatsachen nicht vereinbar. Das genannte Argument kann also nicht richtig sein.

Fragen wir zunächst, ob Theorien die Selektion der Daten steuern. Diese Behauptung ist ohne Zweifel richtig. Wenn man z. B. überprüfen will, ob Personen mit relativ hoher politischer Deprivation relativ häufig in Bürgerinitiativen mitarbeiten, dann wird man bei einer Überprüfung dieser Hypothese das Ausmaß der politischen Deprivation ermitteln und man wird festzustellen versuchen, ob die untersuchten Personen bei Bürgerinitiativen mitarbeiten oder nicht. (Man wird noch weitere Variablen einbeziehen, von denen man annimmt, daß sie die Mitarbeit an einer Bürgerinitiative beeinflussen. Aber auch hier gilt, daß die Erhebung durch die Variablen, die als relevant betrachtet werden, gesteuert wird.) Ist es bei dieser Vorgehensweise nicht möglich, die genannte Theorie zu widerlegen? Es wäre denkbar, daß sich folgendes ergibt: Es besteht **keine** Beziehung zwischen politischer Deprivation und Mitarbeit in einer Bürgerinitiative. Dieses Beispiel demonstriert folgendes: Obwohl die Wahrnehmung, d. h. die Selektion bestimmter realer Sachverhalte, durch die Theorie gesteuert wird, kann die Theorie prinzipiell widerlegt werden.

Die auf den ersten Blick plausible Behauptung, Theorien steuern die Wahrnehmung und es werde somit nur das erhoben, was mit den Theorien übereinstimmt, ist aus folgendem Grunde unhaltbar: **Die Theorie „steuert" die Wahrnehmung bzw. die Erhebung von Daten in dem Sinne, daß sie die Art der Variablen determiniert, die erhoben werden.** Die Theorie determiniert aber keineswegs die Werte der Variablen, die ermittelt werden. Dies demonstriert unser Beispiel: Die genannte Hypothese wirkt in dem Sinne selektiv, als sich der Forscher nur für zwei Variablen interessiert, nämlich für das **Ausmaß** der politischen Deprivation und für die Variable „Mitarbeit" bzw. „keine Mitarbeit" bei einer Bürgerinitiative. Die zu überprüfende Theorie wirkt aber nicht selektiv in dem Sinne, daß nur bestimmte Werte der Variablen erhoben werden oder daß die Wahrnehmung in dieser Weise verzerrt wird. Dies geschieht jedenfalls dann nicht, wenn die Methoden den bestehenden Regeln gemäß angewendet werden.

(2) **Wenn eine Theorie mit erhobenen Daten nicht übereinstimmt, dann bedeutet dies nicht, daß die Theorie widerlegt ist. Da beim Prozeß der Überprüfung eine Vielzahl von empirischen Annahmen gemacht werden, könnten auch andere Annahmen falsch sein. Somit sind Theorien grundsätzlich nicht prüfbar.** Wie ist diese Behauptung zu beurteilen?

Dieses Argument ist – abgesehen von dem letzten Satz – zutreffend. Wir sahen in Abschnitt 1.2.2., daß bei der Anwendung der Methoden der empirischen Sozialforschung Fehler auftreten. Eine Konsequenz solcher fehlerhafter (Beobachtungs-) Theorien könnte z. B. sein, daß eine zutreffende (Haupt-)Theorie irrtümlicherweise als widerlegt (oder auch irrtümlicherweise als bestätigt) betrachtet wird. (Nebenbei gesagt: Wenn eine Beobachtungstheorie falsch ist, **braucht** dies keine Konsequenzen für die Überprüfung der Haupttheorie zu haben: Die Fehler könnten z. B. gering sein.) Sprechen diese Sachverhalte dafür, daß die Theorien nicht überprüft werden können?

Wenn man eine Untersuchung durchführt, in der eine Theorie (die Haupttheorie) überprüft werden soll, dann wird davon ausgegangen, daß die übrigen empirischen Aussagen **in dieser Untersuchung** vorläufig nicht in Zweifel gezogen werden. Allein die Haupttheorie steht also zur Disposition. Selbstverständlich ist es denkbar, daß die oder einige der übrigen Aussagen unzutreffend sind. Dies läßt sich aber niemals ausschließen. Würde man nur dann den Test einer Haupttheorie für zulässig erklären, wenn alle anderen als vorläufig richtig angenommenen empirischen Aussagen zweifelsfrei wahr sind, dann könnte es niemals eine Prüfung einer Theorie geben, weder in den Natur- noch in den Sozialwissenschaften. Selbstverständlich könnte man im Alltagsleben auch niemals sagen, daß bestimmte Vermutungen (Haupttheorien) durch bestimmte Ereignisse (Untersuchungsergebnisse) gestützt werden.

Wenn konkrete Untersuchungen durchgeführt werden, dann wird der Forscher seine Untersuchung so anlegen, daß die Ergebnisse als Test der Haupttheorie verwendet werden können. Andere Forscher werden möglicherweise herausfinden, daß die Daten (oder auch angewendete Auswertungsmethoden) fragwürdig sind. Es wird dann diskutiert, inwieweit die Daten trotzdem für den Test der Theorie verwendet werden können. Eine solche Vorgehensweise ist sinnvoll: Man wird auf der Grundlage unseres Wissens Untersuchungen so anlegen, daß die Daten als Prüfungsinstanz für die betreffende Theorie herangezogen werden können. Im konkreten Falle mag eine Diskussion ergeben, daß Fehler gemacht wurden. Weitere Untersuchungen müssen dann zeigen, ob sich andere Ergebnisse für die zu prüfende Theorie ergeben.

Bei dieser Vorgehensweise wird nicht sozusagen das Kind mit dem Bade ausgeschüttet. D. h. man behauptet nicht generell, daß die Methoden unzureichend sind und sieht von jeglicher Diskussion der Gültigkeit von Theorien ab. Man pflegt vielmehr im **konkreten Falle** die zugrundegelegten Annahmen einer kritischen Analyse zu unterziehen.

1.2.7. Alternative Sozialforschungen

Unsere vorangegangene Analyse mag den Eindruck erweckt haben, daß ein weitgehender Konsens darüber besteht, wie man bei der Planung, Durchführung und Auswertung von empirischen Untersuchungen vorgeht, daß jedoch noch bestimmte Probleme bestehen, an deren Lösung gearbeitet wird. Wenn ein solcher Konsens auch unter den **meisten** Sozialforschern bestehen dürfte, so gibt es doch mehr oder weniger ausgearbeitete und mehr oder weniger radikale **Alternativen** zu der „herrschenden" Sozialforschung. Im Extremfall wird die herrschende Sozialforschung für völlig unbrauchbar gehalten.

Eine radikale Kritik der Methoden der empirischen Sozialforschung wurde in den fünfziger Jahren von Th. W. Adorno geäußert (vgl. 1952; 1956a; 1956b; vgl. auch die Diskussion bei Eberlein, 1963), einem Hauptvertreter der sog. **Frankfurter Schule**. Diese Kritik wurde zum Teil im sog. Positivismusstreit weitergeführt. Eine zweite grundsätzliche Kritik stammt von Vertretern des **Marxismus** (vgl. z. B. die Darstellung bei Kiss, 1971; vgl. auch Koch, 1976). Die vor allem in der Bundesrepublik wachsende Anhängerschaft der **interpretativen Soziologie)** vertritt ebenfalls eine alternative Sozialforschung (vgl. z. B. Hoffmann-Riem, 1980; Hopf & Weingarten 1979; Gerdes 1979; Schwartz & Jacobs 1979). Auch die **Aktionsforschung** (vgl. einführend Friedrichs, 1981; 370–375, mit weiteren Literaturhinweisen; vgl. Lukesch & Zecha, 1978; zur Explikation und Kritik vgl. Eichner & Schmidt, 1974).

Wenn auch die genannten alternativen Sozialforschungen von einer relativ geringen Anzahl von Sozialwissenschaftlern vertreten werden, so besagt dies nichts darüber, wie treffend oder unhaltbar ihre Argumente und vorgeschlagenen Alternativen sind. Eine detaillierte Diskussion dieser Argumente und Vorschläge ist allerdings aus folgenden Gründen schwierig und oft unmöglich. Die Kritik an der herkömmlichen Sozialforschung und die vorgeschlagenen Alternativen sind oft so unklar, daß der Leser nicht weiß, was genau behauptet wird. So wird die „herkömmliche" Sozialforschung in der Form strukturierter Interviews, in denen Hypothesen getestet und quantitativ ausgewertet werden, kritisiert, da damit angeblich die „Realität der empirischen sozialen Welt" nicht zu „erfassen" sei bzw. da damit menschliches Verhalten nicht „verstanden" werden könne (vgl. Filstead in Gerdes, 1979: 30). Es ist hier unklar, ob man andere Ziele als diejenigen erreichen will, die kritisiert werden, oder ob man glaubt, daß dieselben Ziele wirkungsvoller mit nicht-strukturierten Methoden erreicht werden können. Falls man andere Ziele erreichen will: Welche Ziele sind dies? Um derartige Fragen beantworten zu können, müssen die Argumente erheblich präzisiert werden.

Die Diskussion mit Vertretern alternativer Sozialforschungen wird weiter erheblich durch Mißverständnisse erschwert. Eine besondere Rolle spielt dabei das **deduktive Erklärungsmodell**. Man kann sich des Eindrucks nicht erwehren, daß die Kritiker sich nicht hinreichend mit den betreffenden wissenschaftstheoretischen Schriften befaßt haben. Anders ist die völlig unhaltbare Kritik an diesem Modell, das offenbar als eine Art Weltformel angesehen wird, nicht zu verstehen. (Siehe z.B. die unsinnige Kritik von Wilson, 1973 und die Anmerkungen hierzu bei Lindner, 1979: 411–412. Die Kritik Wilsons scheint zum „Wissensbestand" interaktionistischer Soziologien geworden zu sein.) Mißverständnisse bestehen auch hinsichtlich der theoretischen Ansätze, die den herkömmlichen Sozialforschern zugeschrieben werden. Dies gilt etwa für die Behauptung, daß der Verhaltenstheoretische Ansatz die „Sinnstrukturierung des Handelns" ignoriere (vgl. etwa Hoffmann-Riem, 1980: 340, und die kritische Anmerkung bei Lindner, 1979: 411) oder daß die am methodologischen Individualismus orientierte Sozialwissenschaft angeblich nicht auf „kollektive Wissensbestände und Systembedingungen des Handelns" abziele (Hoffmann-Riem, 1980: 342).

Es ist in diesem Rahmen nicht möglich, im einzelnen die Argumente und Vorschläge alternativer Sozialforscher einer kritischen Analyse zu unterziehen. Der erste Schritt einer solchen Analyse müßte sein, zu explizieren, wo genau Dissens besteht. D.h. die Alternativen müßten präzise herausgearbeitet werden. Als nächstes wären die angeführten Argumente zu explizieren und einer Kritik zu unterziehen. Wir wollen im folgenden einige Thesen darüber formulieren, in welcher Hinsicht Dissens zu bestehen scheint.

1. Die verschiedenen Sozialforschungen unterscheiden sich in der Art der Aussagen, an deren Überprüfung sie interessiert sind.

Im Rahmen des Marxismus ist offensichtlich nur die Anwendung von Hypothesen des historischen Materialismus im Rahmen des Forschungsprozesses erlaubt. Es wird als eine „unabdingbare Forderung an jede soziologische Untersuchung" angesehen, „die Forschungen auf eine Theorie zu begründen, die die Gesamtgesellschaft in ihrer Struktur und Entwicklung nach objektiven Gesetzen zu erklären vermag. Diese Theorie ist der historische Materialismus" (Berger & Jetzschmann, 1973: 9; vgl. auch Kiss, 1971: 157; zur Kritik vgl. Opp, 1972). Dabei werden allerdings als wichtig erachtete Aussagen des historischen Materialismus nicht überprüft, sondern als wahr vorausgesetzt (vgl. z.B. Hahn, 1968 und zur Kritik Opp, 1972). Die zu prüfenden Aussagen sind also inhaltlich in bestimmter Weise abgegrenzt. In der interpretativen Soziologie scheint man vor allem daran interessiert zu sein, konkrete Lebenszusammenhänge zu **beschreiben** (vgl. z.B. Schwartz & Jacobs, 1979, insbes. Kap. 1). Theoretische Aussagen werden dabei nicht geprüft, sondern ad hoc angewendet. Diese Charakterisierung reicht jedoch nicht aus: Betrachtet man konkrete Studien interpretativer Soziologen, dann scheint es, daß sie deskriptive Studien in der Art, wie sie Anthropologen schreiben, bevorzugen. Deskriptive Studien in Form von Surveys werden abgelehnt. Diese präzisierungsbedürftige Charakterisierung muß hier genügen.

Man könnte meinen, daß die Art der Aussagen, die angestrebt werden, für die Kritik der Methoden irrelevant ist. Dies braucht jedoch nicht der Fall zu sein. Es wäre denkbar, daß die herkömmlichen Methoden für die Ermittlung bestimmter Arten von Daten, an denen bestimmte Soziologen hauptsächlich interessiert sind, **nicht** geeignet sind. Wenn z. B. von interpretativen Soziologen gesagt wird, mit strukturierten Interviews und der Befragung von Bevölkerungsstichproben könne die Realität nicht „erfaßt" werden, dann könnte dies heißen, daß die Aussagen, die man prüfen oder gewinnen möchte, nicht mittels der kritisierten Methoden gewonnen werden können. In diesem Falle besteht der Dissens lediglich in den wissenschaftlichen Zielen, die man erreichen will, nicht in der Brauchbarkeit der Methoden. So könnte ein Soziologe, der nicht Anhänger der interpretativen Soziologe ist, durchaus zugestehen, daß strukturierte Interviews nicht geeignet sind, die Daten zu erheben, an denen interpretative Soziologen interessiert sind. Ein Dissens könnte jedoch bezüglich der erstrebenswerten Aussagen bestehen. Diese Überlegung zeigt, wie wichtig es ist, die Argumente der Kritiker und Anhänger der herkömmlichen Sozialforschung und alternativer Sozialforschungen präzise herauszuarbeiten. Erst dann weiß man, wo Differenzen bestehen und erst dann können Probleme sinnvoll diskutiert werden.

2. Es bestehen unterschiedliche Vorstellungen über die Ziele, die im Rahmen einer Untersuchung erreicht werden sollen.

In der herkömmlichen Sozialforschung wird beabsichtigt, die Merkmale der Befragten möglichst unbeeinflußt von dem angewendeten Forschungsinstrument zu ermitteln. Wenn man z. B. Einstellungen erheben will, dann wird man darauf achten, daß z. B. nicht erst durch die Befragung Einstellungen entstehen, die dann erhoben werden. Wir wiesen bereits darauf hin, daß z. B. Fuchs (1970/71) gerade das Interview benutzen will, um die Befragten zu beeinflussen. Berger (1974: 31) fordert die „Preisgabe des Anspruchs objektiver Beobachtung". Auch im Rahmen der sog. Aktionsforschung scheinen Ziele, die man üblicherweise im Rahmen von Untersuchungen erreichen möchte, nicht akzeptiert zu werden (vgl. z. B. Eichner & Schmidt, 1974). Zuweilen versucht man auch, die traditionellen Ziele zugleich mit alternativen Zielen zu erreichen. Es fragt sich, ob hier nicht **Zielkonflikte** bestehen.

3. Alternative Sozialforschungen unterscheiden sich in moralischen Vorschriften über die Rolle, die dem zu Untersuchenden vom Forscher zugedacht wird.

Der herkömmlichen Sozialforschung wird z. B. vorgeworfen, sie behandle die zu Untersuchenden als „Objekte", sie würden „ausgefragt". Wünschenswert sei es dagegen, daß Forscher „Prinzipien egalitärer Kommunikation" (Hoffmann-Riem, 1980: 360) beachten. Derartige Ausführungen, die z. B. von interpretativen Soziologen und von Vertretern der Frankfurter Schule vertreten werden, sind sicherlich moralische Vorstellungen, d. h. Normen im echten Sinne über die Art der Beziehungen, die zwischen Forscher und den zu untersuchenden Personen bestehen sollten. Darüber hinaus scheint aber auch eine empirische Behauptung vorzuliegen, daß nämlich die skizzierte Art der Beziehung auch am ehesten dazu führe, daß die Befragten die gewünschten Informationen geben. Ob das, was als erwünscht betrachtet wird, auch zu den erwünschten Zielen führt, ist eine rein empirische und keine moralische Frage. Es ist nicht auszuschließen, daß die Forschungsmoral die Erreichung der angestrebten Ziele beeinträchtigt.

4. Alternative Sozialforschungen unterscheiden sich hinsichtlich der akzeptierten empirischen Hypothesen über Vorgehensweisen, die zur Realisierung bestimmter Ziele führen.

Dieser bereits angedeutete Unterschied wird besonders deutlich in dem zitierten Aufsatz von Hoffmann-Riem (1980). Sie geht von dem Ziel aus, „Zugang zu empirisch gültigen Daten zu gewinnen" (S. 357). Die von ihr dargestellte und vertretene Kritik an der herkömmlichen Sozialforschung besteht zu einem großen Teil darin, daß ihrer Meinung nach die von der interpretativen Soziologie vorgeschlagenen Vorgehensweisen (teilnehmende Beobachtung, unstrukturiertes Vorgehen etc.) eher zu der Realisierung bestimmter Ziele (z. B. die Gewinnung gültiger Daten), die auch von Vertretern der herrschenden Sozialforschung vertreten werden, führt. Hoeben (1978) hat eine Reihe der von interpretativen Soziologen vertretenen Hypothesen zu präzisieren versucht. Inwieweit die alternativen Hypothesensysteme zutreffen, ist bisher eine offene Frage. So spricht Hoffman-Riem selbst zutreffend lediglich von der „Plausibilität der Datengewinnungskonzeption in der interpretativen Sozialforschung".

Es ist sicherlich nicht einfach, die alternativen Beobachtungstheorien einer empirischen Prüfung zu unterziehen. Der Grund ist, daß ja bei der Durchführung entsprechender Untersuchungen wiederum bestimmte Untersuchungsmethoden angewendet werden müssen. Falls diese strittig sind, gibt es, so scheint es, keine Möglichkeit, die alternativen „Datengewinnungskonzeptionen" miteinander zu konfrontieren. Diese Möglichkeit ist jedoch nur dann ausgeschlossen, wenn **jede** Beobachtungshypothese kontrovers ist. Dies ist jedoch sicherlich unrichtig. So wird die Methode der teilnehmenden Beobachtung von den herkömmlichen Sozialforschern keineswegs abgelehnt. Es wäre also denkbar, daß man alternative Beobachtungshypothesen über die Wirkungen unterschiedlicher Vorgehensweisen bei einer Befragung mittels Beobachtung validiert.

Unsere vorangegangenen Überlegungen haben gezeigt, daß eine Reihe von Unterschieden zwischen alternativen Sozialforschungen Unterschiede in der Art der akzeptierten Beobachtungstheorien sind. In diesem Bereich lassen sich die Probleme prinzipiell lösen. Schwieriger ist die Lösung moralischer Fragen. Vielleicht könnte eine Präzisierung und detaillierte Analyse der vorgebrachten und möglichen Argumente ebenfalls zumindest hinsichtlich einiger Normen zu einer Übereinstimmung führen.

Eine solche **vergleichende kritische Diskussion alternativer Sozialforschungen** wird allerdings im Augenblick auch dadurch erschwert, daß manche Sozialforscher die von ihnen akzeptierte Sozialforschung zu einem „Paradigma" oder zu einer Weltanschauung erheben. Hierzu gehört, daß man mit pejorativen Ausdrücken arbeitet. So pflegt eine Reihe interpretativer Soziologen die von ihnen abgelehnte Sozialforschung als „positivistisch" zu bezeichnen (vgl. z. B. Hoffmann-Riem, 1980 oder Schwartz & Jacobs, 1979, z. B. Kap. 1). Vermutlich fehlen diesen Sozialforschern die philosophischen Kenntnisse darüber, welche Ideen mit diesem Ausdruck in der Geschichte der Philosophie bezeichnet werden. Zur Verteidigung einer Weltanschauung gehört wohl auch, daß zuweilen „Argumente" vorgebracht werden, die wohl nur „Parteigänger" überzeugen können. Dies sei an einem Beispiel demonstriert. Schwartz und Jacobs wollen die Unsinnigkeit „positivistischer" Sozialforschung am Beispiel der Messung von Berufsprestige aufzeigen (1979: 10–14). Sie beschreiben eine Reihe von Untersuchungen, in denen Befragte einzelne Berufe nach dem Prestige ordneten. Es ergab sich, daß die Prestigeordnung der Berufe im

Zeitablauf und bei verschiedenen Ländern überraschend stabil war. Weiterhin zeigte sich, daß der Prestigewert eines Berufs mittels einer Gleichung, die als unabhängige Variable Einkommen und Schulbildung enthielt, vorausgesagt werden konnte. Man ist gespannt auf die Kritik dieser Vorgehensweise und auf den alternativen Meßvorschlag der Autoren. Der erste Kritikpunkt lautet: „As the final blow, all of these stable response patterns allow us literally to eliminate the people." (S. 12) Die Autoren beziehen sich hier auf die genannte Gleichung. Zunächst ist die Behauptung, Personen würden eliminiert, falsch. Die Gleichung bezieht sich nämlich auf die Einschätzung von Berufen durch Personen. Die Autoren scheinen aber etwas anderes zu meinen: Sie scheinen zu bemängeln, daß man das Berufsprestige mittels der Gleichung voraussagen kann, ohne die Personen danach zu fragen (vgl. S. 12). Was ist dagegen einzuwenden? Hierzu äußern sich die Autoren nicht. Ein weiterer Kritikpunkt ist, daß man nicht aus den Untersuchungen erfährt, warum denn nun die Einschätzungen des Berufsprestiges relativ stabil bleiben. Hierzu kann man sagen, daß dies zwar eine wichtige Frage ist, daß aber die Wissenschaftler, die diese Untersuchungen durchführten, offensichtlich zunächst nur an der **Beschreibung** des Berufsprestiges interessiert waren. Was ist dagegen einzuwenden? Die Autoren messen offensichtlich mit zweierlei Maß. Bei den von ihnen selbst vorgestellten Einzelfallstudien (vgl. S. 380 ff.) spielen Fragen der Erklärung ebenfalls keine Rolle oder es werden ad-hoc-Erklärungen vorgeschlagen. Dies wird aber nicht kritisiert.

Man sollte sich bei einer vergleichenden, kritischen Analyse alternativer Sozialforschungen nicht von solchen „Argumentationen" beeinflussen lassen. Man sollte vielmehr versuchen, die ernsthaften Argumente und Hypothesen zu rekonstruieren und einer Kritik zu unterziehen.

1.3. Die historische Relativität wissenschaftlicher Methoden – eine wissenschaftshistorische Kritik

von Wilhelm J. Revers

1.3.1. Methoden: Wege zum Gegenstand der Erkenntnis

Die wissenschaftliche Erkenntnis unterscheidet sich vom vorwissenschaftlichen Erkennen durch Logik und Methodik. Wissenschaftliche Erfahrungsbildung, empirisch-wissenschaftliche Erkenntnis versucht die „subjektivistischen" Irrtümer der Erfahrung auszuschließen durch die Anwendung von Methoden. Methoden sind festgelegte, geregelte Wege zum Gegenstand (Objekt, Problem). Sie gehen aus von der Frage, die das forschende Subjekt an einen Gegenstand stellt; an einen Gegenstand, von dem nicht bekannt ist, was er eigentlich – unabhängig von Forscherinteressen – ist, von dem aber doch seine fragwürdige Gegenständlichkeit aufdringlich genug ist, um in Form des Fragens das Interesse (und den Willen) der Suche nach seiner Wahrheit zu provozieren. Ausgangspunkt von Methoden sind also die Fragen nach der Wahrheit und Wirklichkeit von Objekten; die „geregelten Wege", auf denen wir uns dieser Wirklichkeit zu nähern versuchen, zielen ab auf das, was ein Gegenstand unabhängig von den Kompromissen der Subjektivität ist. Methoden dienen der Regelung des Vorgehens unserer forschenden Erfahrung, um diese kommunikabel, kontrollierbar, kritisch überprüfbar zu machen, m. a. W. um sie möglichst unabhängig zu machen von den beschränkenden Faktoren einer sonst stets tendenziös-selektiven Subjektivität.

Sehen wir nun einmal ab von speziellen Methoden, Taktiken und Techniken, und beschränken wir uns auf das, was Mario Bunge „the general method of science" nennt, ein Vorgehen, das auf den **gesamten** Kreis der Erforschung **jedes** Problems der Wissenschaft anzuwenden ist. Die Definition Bunges enthält die Forderung, der wir hier Folge leisten wollen. Er schreibt: „The problems of knowledge ... require the invention or the application of special procedures bearing on the **various** stages of problem handling, from the **very statement** of problems **all the way** down to **the control of the proposed solutions.**" (1967: 8 – Hervorheb. v. Verf.). Also bis zu „der Schwierigkeit, den ersten Schritt zu tun" (Cohen, 1959). Die Problematik der „proposed solutions", der Grundannahmen, die unserer Forschungssystematik zugrunde liegen, beruht auf der Voraussetzung, daß auch Logik und Methodik uns nicht instandsetzen, unsere Forschung ex nihilo oder ab ovo betreiben zu können. Es heißt bei Bunge: „Wenn die Untersuchung **sorgfältig** und **einfallsreich** gewesen ist, wird die Lösung, die an ein ursprüngliches Problem herangetragen wird, einen ‚cluster of new problems' hervorrufen" (1967: 9).

Das methodologische Grundproblem, um das es uns hier geht, ist dies: Wenn wir wissenschaftliche Methodik nur in vorausgesetzten Grundannahmen (also nicht voraussetzungslos) ansetzen können, dann kann eine darauf basierende Logik oder Methodik die Richtigkeit der Voraussetzungen nicht kontrollieren, nicht beweisen, einen Fehler in den Grundannahmen nicht eliminieren.

Wenden wir Bunges Forderung in der ganzen Radikalität in der kritischen Reflexion auf die Methodik selbst an, so zeigt sich die ganze Bedeutung des Erkenntnisvorgangs der Problemfindung und Fragestellung, mit dem die methodische Prozedur beginnt: die Grundannahmen beziehen sich auf die Wirklichkeit des Gegenstandes, die **außerhalb** der theoretischen Grenzen von Logik und Methodik liegt.

Wie häufig kann man feststellen, daß Forscher all ihr Vertrauen auf die Sicherheit der Exaktheit ihrer Forschung auf die Methoden selbst aufbauten, insbesondere wenn es möglich war, ihre Ergebnisse mathematisch zu formulieren. Viele glaubten und glauben, die Logik oder Mathematik könne uns aus dem Dilemma unserer zeitlichen Grenzen herausbringen und uns unabhängig machen von der Tatsache, daß wir alle – auch als wissenschaftlich Forschende – Kinder einer ganz bestimmten Zeit, m. a. W. stets historisch bedingt sind. Die Auffassung, Gott habe das Buch der Natur mathematisch abgefaßt, hat Generationen von Naturwissenschaftlern glauben gemacht, Mathematik sei Garantie für Exaktheit. Aber die Exaktheit scheint nicht eine Ausgeburt exakter Methoden zu sein, sondern ist – wie C. F. von Weizsäcker einmal sagte – abhängig von der Relation zwischen Frage und Gegenstand. Die **außer**theoretische Wirklichkeit des Gegenstandes kann sich – trotz vermeintlicher Exaktheit – methodologisch unbotmäßig und u. U. katastrophal anzeigen, so daß sie die Forscher zwingt, die historische Bedingtheit ihrer Wissenschaft selbst kritisch und historisch zu analysieren. Dabei leitet uns die Frage: Muß Wissenschaft so sein, wie sie sich in unserer Kultur bildete? Ist wissenschaftliche Erkenntnis nur möglich mit den Methoden, die im Namen der Naturwissenschaft, wie wir sie verstehen, als „wissenschaftlich" betrachtet werden?

1.3.2. Die historische Krise der Naturwissenschaft

In der Geschichte der Naturwissenschaften zeigt sich ein bemerkenswerter Unterschied zwischen dem 19. und 20. Jahrhundert. Der Fortschrittsglaube, der die Wissenschaft im vorigen Jahrhundert beflügelte, geriet ins Wanken. Das zunehmende Bedürfnis gerade der nachdenklichen Köpfe nach einer kritischen Reflexion der Grundannahmen – zuerst in der Physik und dann in der Biologie – ist die Folge der Enttäuschung darüber, daß das „naive" Vertrauen in die Sicherheit wissenschaftlicher Erkenntnis dem Zweifel verfiel. Die Reflexion der Grundlagen der Wissenschaft zeigt den Verlust der naiven Gewißheit, ein „gebrochenes wissenschaftliches Legitimitätsbewußtsein" (Hübner, 1979: 395) an. Eine längst der Kritik entzogene Ideologie mußte der kritischen Erkenntnis weichen, daß weder die Existenz physikalischer Gesetze noch die Wahrheit physikalischer Theorien eine Selbstverständlichkeit, sondern etwas Fragwürdiges sind, wie Hübner (1979: 20) ausführt (vgl. dazu Heisenberg, 1969).

Bereits David Hume kennzeichnete die grundlegende Einsicht in die Grenzen der wissenschaftlichen Erkenntnis, daß weder die Erfahrung – die ja immer schon vergangen ist – noch die reine Logik die Existenz von physikalischen Gesetzen, die für alle Zeiten gültig sind, beweisen können. Wir **finden** die Gesetze nicht in der Natur, sondern **tragen** sie an diese **heran**. Die Frage nach der Begründung beantwortet David Hume: der Gewohnheit gemäß.

Die Naturwissenschaft hatte geglaubt, nachdem sie die „vorwissenschaftlichen" und „mythologisch" gefährdeten Bezirke der Theologie und Philosophie hinter sich gelassen hatte, sei ihr der Durchbruch zur Realität gelungen und sie beschäftige sich ausschließlich mit Tatsachen. Und sie bestätigte ihren Glauben durch das Apriori, die Meßbarkeit sei das untrügliche und einzige Indiz der Wirklichkeit. Aber eben der Regreß von der Theorie zur Wirklichkeit erwies sich als unvollziehbar. Auch die Hilfe der Wissenschaftstheorie, die der Theorie zugrunde liegenden Tatsachen in Basissätzen zu fassen, erweist sich als aussichtslos, da die Basissätze die primäre Feststellung der „Tatsachen" durch Wahrnehmung und Erfahrung schon hinter sich gelassen, übersprungen und durch ein theoretisches Konstrukt ersetzt haben. „Der Basissatz drückt keine bloße Tatsache aus und ist niemals durch eine solche erzwungen; er kann nicht ein außertheoretisches Fundament einer Theorie sein, er ist selbst theoretisch, durch Deutungen bestimmt und entspringt gewissen Entscheidungen." (Hübner, 1979: 59). – Schon die Auswahl von Methoden ist ja nicht Sache der Erfahrung und der Wahrnehmung, sondern der Entscheidung, und diese ist eine nichtempirische Voraussetzung der Theorie. In der Wissenschaft können wir Tatsachen nicht anders sehen als im Lichte einer Theorie, die geradezu die Bedingung der Möglichkeit wissenschaftlicher Erfahrung ist. Das Denken ist unabtrennbar mit Wollen verbunden, mit der Einnahme einer bestimmten Position. Wir werden – wie Merleau-Ponty (1966) es eindrucksvoll aufwies – in unserem Wahrnehmen und Erkennen nie den Standpunkt loswerden, von dem aus wir erkennen. Auch in der Wissenschaft ist der Gegenstand nicht ein Gegenstand von nirgendwoher gesehen. Unser Erkennen ist aspektivisch – wie Rothacker (1947) es nannte –, darin eingeschlossen ist stets die Position, die wir sind – und die wir dann u. U. wie unsere Existenzsicherheit verteidigen in den als Methodenstreitigkeiten getarnten Wissenschaftskriegen. Ohne eine solche Position einzunehmen, kommen wir nicht einmal zu einem Basissatz. Aber wir können sehr wohl darauf achten, daß die von uns eingenommenen Standpunkte nicht zuerst zur Selbstverständlichkeit werden, dann eine gewisse Evidenz erhalten und schließlich – von jeder Fragwürdigkeit befreit – nicht einmal mehr gesehen werden (Hübner, 1979: 94). Wenn wir der Frage nachgehen, wie ein Forscher zur Einnahme seiner Grundposition kommt, stoßen wir stets auf ein historisches Phänomen, das uns unter dem Begriff „Zeitgeist" mehr oder weniger vertraut ist. Die Entscheidung über die Auswahl der Methoden, die in der Forschung angewendet werden, ist theorieabhängig; das Begründungsfundament der Theorie aber ist – auch wenn es eine vorausgesetzte scheinbare Selbstverständlichkeit ist – nie rein rational, sondern auch immer volitiv mitdeterminiert. Wenn z. B. Lashley vor dem Hixon Symposion 1948 (1951) einen gemeinsamen Glaubensartikel verkündete – one article of common faith – des Inhalts, daß alle Phänomene des Verhaltens und des Geistes letzten Endes einmal in den Begriffen der Mathematik und Physik beschrieben werden könnten und **müßten**, so ist dies kein wissenschaftlicher Befund, sondern ein den methodologisch-theoretischen Fortschritt der Psychologie bestimmender Glaube (vgl. Revers, 1962), der nicht nur den Glauben der Wissenschaft an die Objektivität enthält, sondern auch das metaphysische Axiom: „Sein" ist „gemessen werden", ähnlich Berkeleys These „esse est percipi". Die Begründer der Psychologie als empirischer Wissenschaft wollten sie als Naturwissenschaft etablieren. Lashleys Glaubensbekenntnis war also a priori programmiert, und E. Straus kommentiert: „Widerspruch ist nicht laut geworden. Das war auch nicht zu erwarten, auch dann nicht, wenn der Glaubensartikel vor einem großen Forum zur Abstimmung gebracht worden wäre." (1956: 113).

Um zu erfahren, welches die Gründe dafür sind, daß die wissenschaftlich-exakte Erkenntnis die Beziehung zur Realität ihres Gegenstandes verlor, zur Wirklichkeit der Natur und zur Wirklichkeit des Menschen, wollen wir uns der historischen Schwelle zuwenden, an der – mit der Galileischen Wendung – die empirische Naturwissenschaft begründet wurde (dazu ausführlich Wagner, 1975, passim).

1.3.3. Die Galileische Wendung: Begründung der modernen Naturwissenschaft

Bereits drei Jahrhunderte vor Galilei hatte der englische Franziskaner Roger Bacon die Säkularisierung der eschatologischen Denkformen der christlichen Philosophie eingeleitet und das Programm für das Unternehmen, auf dem Weg des Fortschritts durch das wissenschaftliche Experiment das Heil der Menschheit selbst zu schaffen, verkündet. Sein Programm lautet: Reduktion der Qualität auf die Quantität, Abstraktion und Isolation der Phänomene und Experiment und Messung. Er hatte die „utilitas" in den Rang einer geistigen Ordnung erhoben. Galilei verhalf dann diesem Prinzip einer neuen Naturwissenschaft durch Isolierung und Quantisierung der Phänomene und deren Messung und mathematische Formulierung zum allgültigen „Gesetz" zum Durchbruch und verband „exakte" Forschung mit der Anwendung der entdeckten Gesetze in der Technik zur Steigerung der Wohlfahrt der Menschheit.

Die neue Freiheit der Forschung im Namen des Fortschritts führte mit der Mathmatisierung bzw. (nicht zu verwechseln mit der Quantelung in der Quantentheorie) Quantisierung zum Panmensurismus und zur Ausschaltung der Natur und des Menschen als einer umgreifenden Einheit. Auf der Suche nach Fortschritt vereinigte sich der Forschungstrieb mit dem Machtwillen. Galileis Zeitgenosse Francis Bacon war der einflußreiche Inspirator der neuen Wissenschaftswelt. Seine Voraussetzung: die Verwerfung von Metaphysik, Kosmologie und Altertum; sein Ziel: Wohlfahrt und Komfort; das Instrument: die Zerstückelung der Natur (disseccare naturam); seine Parole: wisdom is power. Die „große Erneuerung" (Instauratio Magna) (Bacon zit. nach Wagner, 1975) durch die neue Wissenschaft sollte den Empirismus der Ursachenreihe begründen durch das Beobachtbare, das technisch anwendbar ist und den Fortschritt wachsenden Reichtums begründet. In der London Royal Society wurden Bacons Träume, mit Hilfe der Naturwissenschaft „eine neue Natur zu erzeugen und aufzusteigern" und die „Umwandlung der Elemente" zu erreichen – vielleicht eine frühe Vision der Kernumwandlung –, um dadurch eine Machtstellung gegenüber „Gottes" Natur zu erringen, zum Programm und Auftrag. Als Analogon zu Galileis neuer Methode und zu Bacons neuer Gesinnung begründete Descartes die der exakten Wissenschaft entsprechende Philosophie. Mit seiner Scheidung der quantisierbar-mechanischen Phänomene von den nichtquantisierbaren beginnt die philosophische Entwicklung der nichtquantisierbaren Wirklichkeit. Aus der „Reduktion der Natur auf die mathematischen Wirkungsbeziehungen ihrer Kräfte, also auf die physikalische Realität, und deren Seinsdeutung als einzige Wirklichkeit erwuchs die verhängnisvollste Selbsttäuschung unserer Zeit, die Verfügung über die **physikalische Realität** bedeute auch eine Beherrschung der Wirklichkeit selber (Wagner, 1975: 75). Aber René Descartes hat ja behauptet, vom „Engel der Wahrheit" selbst die Offenbarung empfangen zu haben, die Mathematik sei der Schlüssel zur Aufdeckung aller Naturgeheimnisse (Wagner, Anm. 28: 210):

Die Grundlagen der neuen Wissenschaftswelt sind gekennzeichnet durch die Verbindung des Fortschrittsglaubens mit utopischem Denken. Die Parole, die ihr Bacon gegeben hatte: et ipsa scientia potestas est.

1.3.4. Auswirkungen auf die wissenschaftliche Formung der Psychologie

Die geistige „Erbmasse", aus der schließlich auch die als Naturwissenschaft verstandene Psychologie erwuchs, enthält das determinierende Prinzip der Isolierung und Quantisierung. Die Konsequenz der „Zerstückelung der Natur" ist die „Zerstückelung der Seele" – das „disseccare animam" – und damit die Denaturierung der Natur des Menschen und seine Entwirklichung zum manipulierbaren Objekt. Die Imitation der Physik hatte für die Psychologie die zwangsläufige Folge, die

Realität der Psyche aus der wissenschaftlichen Diskussion auszuschließen. Mit dem Apriori der Gleichsetzung von Wirklichkeit und Meßbarkeit, die mit der Übernahme des methodologischen Grundkonzepts der Naturwissenschaft verbunden ist, konnte die Frage nach der Wirklichkeit des Gegenstandes der Psychologie gar nicht mehr gestellt werden. Sie ist sozusagen eine unverbalisierte Grundannahme a priori. Wo aber ist dann die Realität, mit der es die Psychologie zu tun hat? Die Antwort auf diese Frage als Ergebnis empirischer Forschung zu erwarten, ist völlig aussichtslos, denn kein Konzept und keine Methode kann uns sagen, nach was wir fragen wollen. – Auch hierin partizipiert die Psychologie am Schicksal der Physik. Kurt Hübner (1979) hat in seiner wissenschaftshistorischen Analyse klargelegt, daß die fundamentalen Grundannahmen von Galilei, Descartes, Kopernikus, Kepler, von Newton bis Einstein in philosophischen Axiomen bestehen, die freilich nicht in philosophischer Weise diskutiert wurden (vgl. dazu insbesondere Hübner, 1980: 223 ff.). „Die Wissenschaftsgeschichte von Aristoteles bis heute ist wesentlich eine Geschichte von Axiomen und ihren revolutionären Umwälzungen." (Hübner, 1980: 161.) Noch Einsteins tiefer Glaube an die Determination der Natur ist – eine Tradition der Renaissance – begründet in dem „Glauben, daß Gott die Welt unter dem Gesichtspunkt der Rationalität zweckmäßig konstruiert habe und daß eben deswegen das „Buch der Natur" in der Sprache der Mathematik geschrieben sei" (Hübner, 1980: 157). Daraus folgert er die Gleichberechtigung aller Bezugssysteme als Ausdruck der Harmonie der Welt. – Dies aber ist nicht Ergebnis physikalischer Forschung, sondern deren vortheoretische Ausgangsposition. Der unter Physikern weit verbreitete Zweifel an dem Versuch, ihre Axiome philosophisch zu rechtfertigen, ist verständlich, aber ihr Glaube, die Erfahrung könne ihnen die Grundlagen liefern, nach denen sie suchen, ist unbegründbar.

Wie sehen nun die fundamentalen Grundannahmen der Psychologie aus? Der Glaube an die Utopie der Voraussetzungslosigkeit ließ die Psychologen die Antwort auf diese Frage an die Philosophen verweisen. Dennoch hat es der Psychologe in seiner Forschung stets mit Menschen zu tun, seien sie nun Versuchspersonen, Beobachtungsobjekte oder Klienten der psychologischen Praxis. Ganz gleich, welche Auffassung die Psychologie vom Menschen hat und wie klar diese ausgesprochen wird, sie gewinnt determinierenden Einfluß auf die Forschung.

Mit den Methoden der Physik übernahm die „objektive" Psychologie auch den Grundsatz der Gleichsetzung von Wirklichkeit und Meßbarkeit – einen metaphysischen Grundsatz. Die psychologische Forschung wurde eingeschränkt auf das „objektiv" Beobachtbare und Meßbare. So sah sich die objektive Psychologie a priori der Aufgabe enthoben, „von der menschlichen Welt und dem Menschen in seiner Welt Notiz zu nehmen" (Straus, 1956: 118). Sie konnte daher auch die Versuchspersonen im Experiment durch Versuchstiere ersetzen in der festen Überzeugung, dadurch den Gegenstand der Forschung nicht zu verändern. Gegenstand der Forschung mußte dann freilich etwas „Beobachtbares und Meßbares" sein, das bei Hunden, Katzen und Ratten das gleiche wäre wie beim Menschen. Das anthropologische Grundkonzept, das Physikalismus und Reduktionismus zuließen, war für die sogenannte Bewußtseinspsychologie das gleiche wie für die Verhaltenspsychologie: das von Lashley oben zitierte Dogma, das in der Metaphysik Pawlows grundgelegt war. Pawlow trug die Überzeugung vor, mit der Vollendung der Physiologie der höchsten Nerventätigkeit müsse es auch gelingen, „die in uns selbst verlaufenden und für uns dunklen Erscheinungen unserer Innenwelt zu erklären" (1926: 6, zit. nach Straus, 1956). Die als „psychisch" bezeichneten Lebensäußerungen ließen sich auch bei objektiven Beobachtungen an Tieren von rein physiologichen Erscheinungen unterscheiden – wenn auch nur durch den Grad ihrer Kompliziertheit. Er hält es für belanglos, ob man sie zum Unterschied von den einfachen physiologischen Erscheinungen als „psychische" oder „kompliziert nervöse" bezeichnet (Pawlow, 1926: 22). Er hält die Psychologie für nicht fähig, zur Realität vorzudringen; das Psychische sei eine Welt des Scheins, die wir durch Physik erklären und beherrschen können.

In seiner Hoffnung, durch objektive Forschung auch das seelische Leben der Technik zu unterwerfen, lebt der Geist Bacons und der Royal Society auf mit dem Pathos der Wissenschaftsreligion: Die Wissenschaft wird die erhaltenen objektiven Forschungsergebnisse auch auf unsere subjektive Welt übertragen „und wird dadurch ganz plötzlich unsere in tiefes Dunkel gehüllte Natur ins hellste Licht stellen, sie wird den Mechanismus und den Lebenswert davon klarlegen, was den Menschen am meisten beschäftigt und fesselt, den Mechanismus seines Geisteslebens und seiner Geistesqualen" (Pawlow, 1926: 22). Und: „Nur die jüngste Wissenschaft, nur sie wird dem Menschen aus dem gegenwärtigen Dunkel heraushelfen, nur sie wird ihn von der jetzigen Schmach auf dem Gebiete der inhumanen Beziehungen befreien" (Pawlow, 1926: 24). Kann also der Mensch nur durch Mechanisierung glücklich werden? Ist er an sich nichts anderes als ein kompliziertes Gefüge von Mechanismen, ein Ding unter Dingen? Mit der Auslöschung der phänomenalen Welt wird der Mensch amputiert bis auf das, was an ihm Apparat oder wenigstens dressierbar ist. Pawlow berichtet über seine Versuchshunde, er beschreibt deren Invidualität anschaulich, nennt ihre Namen, aber es geht gar nicht um den Hund, der dies und jenes hört, sondern um Prozesse im Cortischen Organ; wenn von „Sehen" die Rede ist, geht es nicht um Sehen, sondern um Erregung der Netzhaut usw. usw.: und wenn vom Psychischen – das nur im Adjektiv bezeichnet wird – die Rede ist, geht es eigentlich nur um neurale Prozesse. Descartes Metaphysik hat sich bewährt: Nur das Quantisierbar-Mechanische ist wirklich, das Nicht-Quantisierbare ist nicht, ein noch nicht reduzierter Rest von etwas, was nur scheinbar nicht materiell ist; die „res cogitans" ist im Grunde auf die „res extensa" reduziert.

Durch die „Übersetzung" menschlicher, psychischer Phänomene in physikalische Gegenstände und in die Sprache der Physik ist das, was die Menschen und die bisherige Naturphilosophie als „Seele" bezeichneten, verschwunden. Um Naturwissenschaft werden zu können, wie sie es in der Form der Imitation der Physik werden wollte, mußte die Psychologie die Realität der Psyche aus dem Reiche wissenschaftlicher Wirklichkeit verweisen. Mit der Auslöschung der phänomenalen Welt verlor die materialistisch geleitete „objektive" Psychologie auch den Zugang zur Wirklichkeit des Menschen in seiner wirklichen Welt, in der er sich erkennend orientiert. Wissenschaftlich betrachtet gibt es zwei Arten von Menschen, den Forscher oder Wissenschaftler, der an der Art von Objekten, die er untersucht, keinen Anteil hat und der nicht zu den gewöhnlichen Menschen im Reservoir von Versuchspersonen und Versuchstieren gehört, und die andere Art eben dieser potentiellen Versuchspersonen, die Objekt-Apparate der Beobachtung, um deren technische Manipulation es schließlich geht. Gewiß ist gerade im Bereich der Umsetzung wissenschaftlicher Erkenntnis in Technik die Physik ein imposantes Vorbild. Heute aber weiß die Physik, daß die Umsetzung in Technik kein stringenter Beweis für die Wahrheit der angewandten Theorie ist und daß die geleugnete Wirklichkeit der nicht-meßbaren Natur die Götterdämmerung der scientistischen Demiurgen herbeigeführt hat. Conant (1953) hat vor der Grenze gewarnt, an der „die Welt verschwindet und sich uns entzieht, indem sie sinnlos wird". – Die Vernachlässigung des Nicht-Quantisierbaren führte dazu, daß die „objektive" Psychologie die Wirk-

lichkeit des Menschen verfehlte (vgl. dazu Görres, 1978). Das „Problem der Übersetzung" (Straus, 1956: 45) ist mit den Mitteln der Methodologie und Wissenschaftstheorie nicht zu lösen; um den „Übersetzungsfehler" in der Forschung und
Theoriebildung zu entdecken, bedarf es der Reflexion auf die Wirklichkeit, die nur
metatheoretisch zugänglich ist.

1.3.5. Die ideologische Basis des Methodologieproblems in der Psychologie: eine un-eingestandene psychologische Anthropologie

Die Psychologie, die sich auf den quantitativen Aspekt der Wirklichkeit beschränkte, verlor die andere Wirklichkeit der Einzigartigkeit der Person und der Subjektivität aus dem Auge. Folglich mußten psychische Phänomene, die der Subjektivität
entstammen, wissenschaftlich suspekt sein oder als nicht existent betrachtet werden. So sind z. B. Gefühle für verschworene Objektivisten wissenschaftlich bedeutungslose irrationale Epiphänomene von noch unentdeckten neurologisch-physio-
logischen Prozessen. Es gilt als wissenschaftlich seriöser, über hormonelle und neurale Auswirkungen von Funktionen des Thalamus, der Formatio reticularis und
des limbischen Systems zu reden als von Emotionen, Gefühlen und Affekten, die
uns durch alle Lebenslagen begleiten und die sogar bei wissenschaftlichen Diskussionen das gesteigerte Pathos bis zum ärgerlichen Unwillen dann bestimmen, wenn
der Diskussionsgegener die Barriere der heilig gehaltenen Ideologien und Dogmen
nicht respektiert. Es gilt als „wissenschaftlicher", von Kontakt und Kommunikation als von Liebe, von Erwartung statt von Hoffnung, von Furchtreatkion statt
von Angst usw. zu reden. Womit immer sich die Psychologie befaßt, mit Empfindung, Emotion, Wahrnehmung, Kognition, Bedürfnis, Einstellung, Verhaltensweise – all dies ist von Gefühlen durchtränkt, die sich nicht „zerstückeln" lassen und
stets die Ganzheit eines Subjektes repräsentieren, das messen zu wollen Vermessen-
heit wäre. Alle genannten Phänomene sind – abgetrennt von der Totalität des Füh-
lens – unwirklich, Abstraktionen zum Zweck bestimmter wissenschaftlicher Operationen. Dagegen zeigt uns die Psychopathologie im pathologischen Zustand des
Gefühlsausfalls, daß dem Apathischen mit dem Gefühl auch der unmittelbare Zugang zur Wirklichkeit verlorenging. Sie zeigt uns also – via negationis –, daß für uns
die Wirklichkeit, die wir erleben, in der Fühlbarkeit und nicht in der Meßbarkeit
besteht. Bei der „Übersetzung" in die Sprache der Physik aber sind die Gefühle der
Unwirklichkeit des Nicht-Quantisierbaren zugewiesen. Dem Menschen, wie ihn der
psychologische Physikalismus zuläßt, fehlen alle Züge, die uns als spezifisch
menschlich an ihm bekannt sind: Gefühl, Phantasie, Erinnerung, Liebe, Haß, Sympathie, Humor usw.: kurz alles, was seine Subjektivität und seine Historizität ausmacht.

Aber der einmal getätigte „Übersetzungsfehler" ist mit Methodologie und Mathematik nicht mehr eliminierbar: Wir dürfen nicht sehen und hören, was wir sehen
und hören, unsere Wahrnehmung und Erfahrung ist zu eliminieren, ehe wir fragen
können, was „wissenschaftlich" beantwortbar, was mathematisch formulierbar ist.
Wir dürfen nicht entscheiden, nach welchem Problem bzw. Objekt wir fragen, sondern das entscheiden nach vorausgesetzter metaphysischer Dogmatik „exakte Methoden". Wenn wir uns der menschlichen Wirklichkeit wieder nähern wollen, der
Wirklichkeit, in der die Menschen außerhalb der Wissenschaft existieren, müssen
wir – wie Physik und Biologie – die fundamentalen Positionen unserer Wissenschaft
kritisch reflektieren und dort nach den Fehlern in der Übersetzung der Wirklichkeit
in einen Gegenstand wissenschaftlicher Erkenntnis suchen und sie zu eliminieren

versuchen, um zu eruieren, ob es nicht andere Methoden gibt, mit denen wir den Menschen wissenschaftlich erkennen können, ohne ihn vorher seiner „Menschenhaftigkeit" zu berauben. Wir haben zu fragen: **Was** wurde **warum** vom Menschen verschwiegen in den wissenschaftlichen Aussagen über ihn?

Es scheint, daß insbesondere drei Positionen zu revidieren sind: der „Übersetzungsfehler", die Verdrängung der vorwissenschaftlichen Erfahrung und die Verdrängung der historischen Natur der Personalität.

1.3.6. Die szientistische Verdrängung der Probleme

Um ein Problem zum Gegenstand wissenschaftlicher Erkenntnis zu machen, ist es offensichtlich unvermeidlich, ihn und unsere Erkenntnisoperationen in das System einer Begriffssprache zu bringen, die sich auf die Wirklichkeit des Gegenstandes beziehen soll. Schon die Intersubjektivität und Objektivität (Orientierung der Erkenntnis am Objekt) verlangt eine „Übersetzung" der Wirklichkeit des Gegenstandes in ein Modell (oder Konstrukt). Das Modell der Erkenntnis **ist** nicht die Wirklichkeit des Gegenstandes, sondern das Erkenntnisgebilde, auf das sich unsere Begriffe beziehen können und an dem wir die beabsichtigten Operationen der wissenschaftlichen Erkenntnis vornehmen können. – Schon die kurze deskriptive Skizze des Vorgangs macht klar, daß hier Erkenntnis**möglichkeit** und Erkenntnis**absicht** miteinander verbunden sind. Unser wissenschaftliches Konstrukt ist u. a. auch ein Gegenstandsabbild nach unserem Plan und Willen. Wenn wir nun einsehen, daß vom „Gegebenen' zu den Aussagen einer wissenschaftlichen Theorie nur ein komplizierter Übersetzungsmechanismus führt, dann müssen wir uns auch darüber klar sein, daß dieser eine eindeutige Zuordnung zwischen beiden nicht gestattet. So kann z. B. auch ein Experiment niemals über eine isolierte Hypothese entscheiden, „denn was immer der Ausgang eines Experimentes sein mag, so wird er doch von einem ganzen System theoretischer Annahmen abhängen, die gar nicht einzeln überprüft werden können".[1]

Unser „Übersetzungsmechanismus" erlaubt uns nicht, jeden „Übersetzungsfehler" zu vermeiden, aber er zwingt uns auch nicht dazu, ihn dadurch unkorrigierbar zu machen, daß wir ihn vergessen. Das „Vergessen" der Tatsache, daß unser „Modell" **unser** Gebilde ist, führt dazu, daß wir die Wirklichkeit des Gegebenen durch das von uns „Festgestellte" ersetzen und so die mögliche Korrektur des „Übersetzungsfehlers" ausschließen. Dann aber ist an die Stelle der Wirklichkeit des Problems die Willkür des Wissenschaftlers getreten. Um uns wieder in das Vorfeld unserer Modellbildung zurückzufinden, ist es notwendig, die historischen Bedingungen der Ausbildung und Annahme unserer Theorien aufzusuchen. Die Wissenschaftstheorie kann hier kaum weiterhelfen. „Nur eine abstrakt, unhistorisch und deshalb unvollkommen vorgehende Wissenschaftstheorie vermittelt nämlich den Eindruck unbeschränkter Freiheit in der Wahl der Übersetzungsmechanismen" (Hübner, 1979: 77). Erst eine wissenschaftshistorische Analyse der Entwicklungsschritte, die zu unseren Konstrukten geführt haben, kann uns die Aspekte zeigen, unter denen – vom Standpunkt einer spezifischen historischen Situation aus – der Gegenstand gesehen wurde. Das „Bild der Natur" oder „das Bild des Menschen" entspringt

---

[1] Über den „Übersetzungsmechanismus" im physikalischen Experiment – in Auseinandersetzung mit P. Durhem: La Theorie Physique – Son Objet, Sa Structure. Paris 1914; s.a. K. Hübner: Kritik der wissenschaftlichen Vernunft, 1979: 75f.

einer geschichtlichen Auffassung und ändert sich mit der geschichtlichen Situation. Für die Physik hat Hübner diese historische Analyse vollzogen, für die Psychologie muß sie noch vollzogen werden, damit nicht ein fundamentaler „Übersetzungsfehler" die Psychologie zu einer Wissenschaft zementiert, die zu keinem anderen Zweck auftauchte als um zu beweisen, daß es ihren Gegenstand nicht gibt.

1.3.7. Was heißt das eigentlich „empirisch"?

Das Problem der Übersetzung impliziert, daß die Annahme oder Ablehnung einer Theorie auf nicht-empirischen Entscheidungen beruht (Hübner, 1979: 68). Aber was heißt eigentlich „empirisch"? Wenn wir nicht nur von der Erfahrung reden wollen, die wir wissenschaftlich geplant steuern zu können glauben, müssen wir eingestehen, daß es Erfahrung auch vor und außerhalb der Wissenschaft gibt, die Erfahrung, die wir im Lauf unseres Lebens gewinnen, die wir brauchen, um uns in der Welt orientieren zu können, die uns u. U. zu der Entscheidung veranlaßt, unser weiteres Leben der wissenschaftlichen Erkenntnis zu widmen. Ist sie aus der wissenschaftlichen Empirie nun wirklich strengstens auszuschließen? Der Mensch, der sich zur Wissenschaft entschließt, müßte aufhören, ein geschichtliches Wesen zu sein, um das zu können. Kaum stoßen wir auf das erste Problem unserer Forschung, da ist sie als Determinante der Modellbildung schon im Spiel: Wir können in der Wissenschaft nicht ab ovo beginnen. Wenn Hübner sagt, rein empirisch könnten nur metatheoretische Aussagen sein, ist damit die Erfahrung gemeint, die sich an der Wirklichkeit des Lebens und der Lebenssituationen gebildet hat. Wenn wir unsere Fragen stellen, vielleicht um sie dann mit den Methoden der empirischen Wissenschaft zu beantworten, so erwuchsen diese Fragen jedenfalls aus einer Erfahrung, die immer schon vor sich ging und vor sich geht, ehe wir wissenschaftlich zu untersuchen beginnen. Statt nun einfach so zu tun, als sei für den Wissenschaftler der Beginn der Erkenntnis eine „tabula rasa", scheint es mir vernünftiger zu sein, darauf zu reflektieren, was denn in unserer Erfahrung eigentlich vor sich ging, ehe in uns die Frage erwachte. Wenn wir die Menschen und Tiere außerhalb der Laboratorien betrachten und beobachten, finden wir keinen Anlaß anzunehmen, es gäbe vor der Wissenschaft keinerlei Verstand. Wir müssen uns von der Vorstellung lösen, es gäbe irgendwo in uns die „reine Ratio", und diese stünde zu Wahrnehmung, Erleben und Erfahrung im Verhältnis der reinen Vernunft zur reinen Unvernunft. Arne Trankell (o. J.: 20) hat in der Analyse des Realitätsgehalts von Zeugenaussagen aufgezeigt, daß die Wahrnehmung eines Geschehnisablaufs von einem „logischen Ergänzungsmechanismus" mitdeterminiert ist, der wiederum von persönlichkeitshistorischen und gruppenspezifischen Einstellungen fundiert ist, welche die Deutung der Sinnesempfindungen in die Richtung der von vornherein gehegten Erwartungen verschiebt. Auch die subjektive Erfahrung beginnt nicht ab ovo: Unsere Sinne photographieren nicht, die wahrgenommene Welt ist stets eine gedeutete Welt. Wenn wir dies nicht vertuschen, sondern für unsere Empire lernen wollen aus der lebendigen Erfahrung, so ist es nützlich, kritisch zu analysieren, was und wie wir eigentlich bereits erfahren und erkannt haben, ehe wir wissenschaftlich vorgingen. M. Merleau-Ponty hat 1966 eine solche Analyse vorgelegt, welche die Grundposition eines „aspektivischen Realismus" (E. Rothacker) oder eines „hypothetischen Realismus", wie ihn K. Lorenz (1973: 255 ff.) nennt, nahelegt. Die Zeit scheint reif zu sein, solche „Provokationen" der positivistischen Orthodoxie nicht mehr einfach zu vernachlässigen, sondern ernstzunehmen und einzugestehen, daß niemand von einem Nullpunkt anfangen kann, in der Wissenschaft nicht und auch in der

Lebensgeschichte nicht. In jede Erfahrung, die wir machen, gehen alle Erfahrungen ein, die wir haben: Unser ganzes Leben ist ein kontinuierlicher Prozeß der Erfahrensbildung, den Merleau-Ponty in einer historiogenetischen Gestaltkonzeption theoretisch zu fassen versucht. Wenn nun K. Lorenz das Leben überhaupt als erkenntnisgewinnenden Prozeß bezeichnet, so geht dies über die menschliche Lebensgeschichte noch hinaus und zielt darauf ab, daß die Natur des Lebens bereits von einer Ordnung geprägt ist, die als „ratiomorph" zu bezeichnen ist.

Es gibt bereits im vorrationalen Bewußtsein rationale Tendenzen, deren System E. Brunswik (1955: 108f.) als „ratiomorphen Apparat" bezeichnet, und R. Riedl (1979: 24) erinnert an den „Vorgang des Ordnungmachens" schon in den Vorstufen des Lebendigen, wie ihn M. Eigen zeigt (Eigen & Winkler, o.J.). R. Riedl ist es auch, dem wir die Untersuchung der Frage verdanken, unter welchen Entwicklungsbedingungen jene Mechanismen entstanden sind, von denen wir annehmen müssen, daß sie die funktionellen Vorbedingungen der Entstehung unserer Vernunft darstellen. Mit der Beschreibung der Evolution als erkenntnisgewinnender Prozeß führt Riedl die von Lorenz begründete „evolutionäre" Erkenntnistheorie weiter, dergemäß das Erkennen „als Funktion eines realen und auf natürlichem Weg entstandenen Systems, das mit einer ebenso realen Außenwelt in Wechselwirkung steht" (Lorenz, o.J.: 14), verstanden wird. Ganz gleich, ob uns Poppers kritische Mahnung an die Begründer der evolutionären Erkenntnistheorie, streng zu trennen zwischen genetischem und Begründungszusammenhang (zit. n. Kröcher, 1980), zur Vorsicht mahnt, so zeigt uns Riedls „biologische Erkenntnistheorie" doch klar, daß wir mit unserer Trennung zwischen „vernunftloser Erfahrung" und „erfahrungsloser Vernunft" an die Wirklichkeit des Menschen so wenig herankommen wie an die Wirklichkeit der Natur. Pascals Satz, daß es unterhalb der Logik der Vernunft eine Logik gibt, welche die Vernunft nicht kennt, scheint wahr zu sein.

1.3.8. Historischer Kontext der Fragen der Wissenschaft: das initiale Risiko der Erkenntnis

Schließlich bleibt, wenn wir für die empirische Wissenschaft neue, gangbare Wege zum Menschen suchen, auch das dritte von mir angeführte Problem anzugehen, das Problem, das darin besteht, daß der Forscher, der eine neue Theorie findet, nicht außerhalb der Geschichte steht, daß also seine Erkenntnisse, Entdeckungen und Interpretationen historisch vorgeprägt sind von der Epoche und der erkenntnisgeschichtlichen Situation, in der er sich befindet. Und für die Psychologie besteht überdies das Problem, daß der Mensch und die Menschen, wenn sie Objekte psychologischer Forschung werden, nicht aufhören, selbst historische Subjekte zu sein, die von ihrer Epoche historisch geprägt sind. Die Einsicht in das, was in der Erkenntnis geschichtlich bedingt ist, kann verhindern, daß wir das von uns Festgesetzte mit dem Gegebenen und Vorgefundenen verwechseln. Die historische Analyse der Axiome, wie sie uns Hübner in seiner „Kritik der wissenschaftlichen Vernunft" vorführt, zeigt uns, wieviel Metaphysik in den Fundamenten der empirisch-exakten Wissenschaften steckt. Sie ist durch das „Wegsehen" nicht aus der Welt zu schaffen. „Wenn wir also der Philosophie entrinnen wollen, indem wir uns der Erfahrung zuwenden oder indem wir uns nur methodologischer Mittel bedienen, so wird dies immer wieder damit enden, daß wir genau dort anlangen, wovor wir geflohen sind: bei der Philosophie." (Hübner, 1979: 163f.)

Die Verfolgung der „proposed solutions" und der fundierenden Grundannahmen erweist deren historische Bedingtheit. Sie führt damit auch zur Einsicht in die historische Relativität der auf diesen Grundannahmen aufgebauten Theorien und Methodologien. Die Einsicht in die historische Relativität der Methodik kann freilich nicht zu der Konsequenz führen, die bisher in der Wissenschaft angewendete Methodik zu verwerfen. Das erkenntnistheoretische Problem liegt vielmehr in dem unkontrollierten Einfluß unserer Voraussetzungen auf die Planung der Forschung und die Interpretation ihrer Ergebnisse. Gewiß verringert die Einsicht in die historische Relativität unserer bisher angewandten Methodik auch den Abstand zu bisher gering geschätzten oder verworfenen „unwissenschaftlichen" Methoden wie z. B. phänomenologische Deskription, Hermeneutik, Symbolexegese, Beobachtung durch „Mitleben" (L. F. Clauss) usw. – Die Verunsicherung des Forschungsbetriebes durch Ausweis der historischen Relativität korrigiert nur eine allzu große und naive Sicherheit, eine Sicherheit, die wir nicht haben können. Die fundamentale Konsequenz trifft im Grunde uns selbst als forschende Subjekte: die Disziplin der Selbstkritik und den systematischen Zweifel an vertrauten und oft geliebten „Annahmen". M. E. ist ohne radikale Selbstkritik die kritische Kontrolle unserer Grundannahmen, unserer unumgänglichen Voraussetzungen nicht zu erreichen. Die Suche nach zielführenden Methoden hängt ab von der kritischen Reflexion unserer Modelle, Theorien und Hypothesen. Methoden können uns nicht helfen, das initiale Risiko der Erkenntnis zu vermeiden. Die Einsicht in unsere unvermeidliche Unsicherheit aber drängt uns dazu, die Beziehung zur Wirklichkeit unserer Probleme nicht aus dem Auge zu verlieren, unsere Modelle immer zu korrigieren und ihre Relativität zu begreifen und nach Wegen zum Problem (Methoden) immer wieder zu suchen.

Die Bereitschaft zu solchen „Korrekturen" von Grundannahmen wird von der methodologisch verfehlten Realität – in der Geschichte der Wissenschaft – freilich auch immer wieder erzwungen. Alle in der neuzeitlichen Geschichte etablierten Disziplinen der empirischen Wissenschaft folgten zunächst dem Leitbild der Modellwissenschaft „Physik". Wie die Physik selbst waren sie zunächst gefangen von der „Faszination des Universalen" (Prigogine und Stengers, 1981), wie es in Newtons klassischer Dynamik erreicht zu sein schien. Als solche „klassische Wissenschaft" blieb sie auch noch wirkendes Leitbild, als in der Physik selbst die Erforschung der Natur die Grenzen der Universalität der dynamischen Gesetze deutlich aufgezeigt hatte. Die Naturgesetze der „klassischen Physik" sind zeitunabhängige Gesetze: „Sobald die Anfangsbedingungen gegeben sind, bestimmen diese ewigen Gesetze für alle Zeiten die Zukunft, so wie sie die Vergangenheit bestimmt haben" (Prigogine und Stengers, 1981: 11). Die Welt, wie sie hier gesehen wird, ist zwar für den menschlichen Geist intelligibel, aber sie ist ein Automat – ein Automat freilich von Ewigkeitsqualität, in Übereinstimmung mit der theologischen Lehre, daß Gott über das Universum herrscht. Eben dies Konstrukt der Natur begründete das Experiment als via regia empirischer Forschung: Alle Prozesse der Natur, die sich wissenschaftlich beobachten lassen, sind zeitlos, alles ist reversibel, kann sich nur ereignen gemäß den ewigen Gesetzen, die für die Begründung eine beliebige Umkehrbarkeit der Prozesse determinieren: Es muß sich gleichsam unter stets gleichen Bedingungen immer dasselbe wiederholen. Und diese Wiederholbarkeit ist die große Chance des Experiments.

Nun zeigte aber das Vordringen der Physik in die Thermodynamik, daß es Vergeudung, unersetzbaren Verlust, d. h. **irreversible** Prozesse gibt. Prigogine resümiert:

„Wir finden uns in einer Welt des Zufalls wieder, einer Welt, in der Reversibilität und Determinismus **nur** für **einfache Grenzfälle** gelten, während Irreversibilität und Unbestimmtheit **die Regel** sind."[2] Die Entwicklung der Physik zur Auseinandersetzung mit dem Problem der „Zeit als unzerstörbares Grundgewebe" ging an den anderen empirischen Wissenschaften wie Biologie und Psychologie, aber auch der Soziologie nicht spurlos vorüber. Dies soll am exemplarischen Fall der Psychologie illustriert werden.

1.3.9. Die Unumgänglichkeit des Zeitproblems und dessen Einfluß auf die Methodologie in der Psychologie

Wundt und die anderen Pioniere der Experimentalpsychologie erstrebten sozusagen eine neue Newton-Position für die empirische Psychologie. Aber auch diese neue Wissenschaft war von vornherein tief verstrickt in die epochalen Fragen und Aufgaben, die ihr „mit der Zeit" gestellt wurden. Das Wundtsche Konstrukt – um mit seinem Namen eine frühe psychologische Grundannahme zu charakterisieren – geriet von Anbeginn an in die Kontroverse z. B. mit W. James, der von der Individualität, vom zentralen „Self" der Bewußtseinsträger, glaubte nicht absehen zu können. Immer wieder wurde versucht, die Universalität (und Reversibilität) von Empfindungen, Gedächtnisleistungen, mentalen Prozessen zu finden und zu beweisen, und immer wieder tauchten die Provokationen von Konzepten der Typologie, Charakterologie, Persönlichkeitspsychologie, Motivationstheorie auf – von der Psychoanalyse und ihren Folgen ganz zu schweigen. Als in der Folge der Psychoanalyse und der psychosomatischen Medizin sich schließlich auch die Psychologie dem epochalen Engagement durch die Hilfsbedürftigkeit der einzelnen nicht mehr entziehen konnte, als es zur öffentlichen Nötigung der Etablierung einer Klinischen Psychologie kam, sah es danach aus, als würde die Psychologie einem Schisma erliegen zwischen „echter" empirischer Wissenschaft und einer mehr oder weniger „unwissenschaftlichen" Praxis. Und in der Tat brachte der Mensch als Einzelperson die „klinisch engagierte" Psychologie an die Grenze der Fragwürdigkeit einer möglichen wissenschaftlichen Bewährung.

Das Konstrukt einer universalen mentalen Struktur in jeder Versuchsperson, in jedem Einzelfall als „Fall von", erwies sich als untauglich für die Erkenntnis der psychologischen Probleme, welche die therapeutische Praxis stellte. In aller Schärfe wurde hier die Fragwürdigkeit deutlich, der auch schon die Absicht persönlichkeitstheoretischer Forschung unterlag, sobald sie die persönliche Wirklichkeit des einzelnen nicht mehr ausklammern konnte. Sollte sie „Wissenschaft" sein können, mußte sie ein Konzept der „Person in der Zeit", d. h. des **irreversiblen** Werdens der Persönlichkeit finden und Methoden entwickeln, die nicht ihren Grundvoraussetzungen gemäß eben dies Konzept verfehlen müssen. Ihre fundamentale Schwierigkeit liegt – zugespitzt – in dem Widerspruch zwischen der – ex definitione – gegebenen Einzigkeit und Unaustauschbarkeit der Person mit der Irreversibilität ihres Werdens einerseits und der wissenschaftlichen Forderung nach Generalität der Erkenntnis andererseits.[3] Schließt nicht die „Unvergleichlichkeit", die mit dem Person-Begriff[4] gegeben ist, jede Möglichkeit der Ermittlung genereller vergleichbarer Merkmale aus?

---

[2] Prigogine & Stengers, 1981: 18 (Hervorheb. v. Verf.)
[3] Zur vergleichbaren Problematik für die Physik s. Prigogine & Stengers, 1981: 201 ff.
[4] Revers: Der Begriff „Person" in der Psychologie. In B. Gerner (Hrsg.): Personale Erziehung. Wege der Forschung, Bd. 29.

Die Personen, die Gegenstand psychologischer Beobachtung sind, sind nicht so zeitlos wie die Person als Begriffsinhalt. Gewiß kommt ihnen letzten Endes alles das zu, was der Begriff enthält. Aber sie sind **lebende** Personen, Lebewesen, deren Existenz **in der Zeit verläuft**, für die ihre Zeit zugleich **Vergehen** und **Dauer** ist; sie sind als „Personen in der Zeit" auch „Personen im Leib", sie sind „materialisiert", und nur so können sie sich konkret entwickeln und existieren: als „**inkarnierte**" Personen in der Zeit. Und eben dadurch sind vergleichbare und generalisierbare Merkmale gegeben: im Körper, in dessen Konstitution, Lebens- und Wachstumsbedingungen, seiner Stabilität und Labilität, Gefährdung und Vergänglichkeit; der Aufbau des Organismus ist bei allen menschlichen Individuen vergleichbar, vergleichbar sogar mit dem Organismus von Säugetieren.

Generalisierbare Merkmale sind aber auch im sozialen und lebensgeschichtlichen Bereich gegeben, wie die Herkunft von Eltern, die Angewiesenheit auf die Familie, die Vorgegebenheit der Zugehörigkeit zu soziokulturellen Gemeinschaften und Kulturen, die Vorgegebenheit von Gewohnheiten, Ritualen, Sprache, Tradition, von Spielregeln des Lebensablaufs, von soziokulturellen Normen und von religiöser Weltanschauung. Vorgegeben sind aber nicht nur die jeweils geltenden Spielregeln des Lebensablaufs, sondern auch dessen Gezeiten, Phasen kontinuierlichen Wachsens einerseits und Schwellen der Entfaltung andererseits, in denen in einem neuen Zeitalter des Lebens jedem einzelnen neue Aufgaben des Werdens gestellt werden. Und vorgegeben ist dabei schließlich auch die Tatsache, daß keiner von allen einzelnen seinen lebensgeschichtlichen Werdegang erfüllen kann ohne Lernen, ohne Reifung, ohne eigene Entscheidung, daß das persönliche Werden sich nicht so „von selbst" vollzieht wie ein biologischer Wachstumsprozeß ohne das ständige Erfordernis, sich durch Entscheidungen selbst zu verwirklichen.

In den – unsystematisch – aufgezählten Merkmalen liegen die Chancen einer relativen Universalität, die den Vergleich persönlicher Entwicklungsprozesse ermöglicht: Was ist wann, in welcher physischen Verfassung und in welcher soziokulturellen Situation aus der Individualität geworden. Gefährdung und Mißlingen dieses Werdeprozesses sind ja die Probleme, die den einzelnen veranlassen, sich um Rat und Hilfe an den klinischen Psychologen zu wenden. Der Fokus dieses Problems ist und bleibt dieser einzelne, die vertrackte Universalität der Einzigkeit der Person, so daß jede Person eine Art für sich selbst ist, in der sich die Gesamtpopulation gleicher Art erschöpft: Jeder ist gleichsam der einzige „Fall von sich selbst". Dennoch eröffnen die erfaßbaren „Spielregeln" der individuellen Entwicklung uns Wege, die es erlauben, auch dem Problem dieser Einzelhaftigkeit näherzukommen, generelle Bedingungen des Werdegangs dieser Individualitäten zu beobachten und Werdeprozesse als typische Antworten auf diese Bedingungen zu verstehen. Eben dies Verstehen solch einzelner, zeitlich gegebener und begrenzter Prozesse in ihrer Bedeutung für das Gesamtprojekt des persönlichen Werdens ist das Ziel der biographischen Analyse. Angeregt von Erich Rothackers Vorstellung, wir könnten einen anderen Menschen dann optimal verstehen, wenn wir einen Lebensfilm dieses anderen hätten, der ihn in allen öffentlichen und privaten Situationen abbildet, wählte ja Hans Thomae[5] die Methode der Lebenslaufanalyse als via regia entwicklungspsychologischer Längsschnittuntersuchungen. Wo die Psychologie von vornherein „klinisch" orientiert war wie in der Psychoanalyse, war das Ordnungsschema und Bezugssystem der analytischen Hermeneutik stets die **biographische Zeitordnung**[6] der Patien-

---

[5]Vgl. Thomae, 1968.
[6]Vgl. meinen Artikel: Das Zeitproblem in Freuds Psychoanalyse. In Zeitschr. f. Klin. Psychol. u. Psychotherapie, 3 (23) 1975: 214ff.

ten – z. T. im eklatanten Gegensatz zur psychoanalytischen Theorie, deren mythologischer Grund vom „Zeitgeist" des Physikalismus bestimmt war.

Die Zeitlichkeit der Phänomene, die Zeitordnung der persönlichen Entwicklung und Reifung legt es nahe, in der biographischen Analyse zu eruieren, was in bestimmten Grundsituationen, wie sie jeder Mensch durchlebt, was insbesondere in den Krisensituationen (oder auch Schwellensituationen) des Übergangs von einer alten zu einer neuen Thematik der Lebensphase aus dem einzelnen wurde und was er aus sich gemacht hat.

Das Versagen in jeder Phase scheint ihre eigentümlichen Symptome zu haben, Symptome der Störung der Bewältigung des vorherrschenden Themas einer bestimmten Lebensphase: Themata wie z. B. der Ernährung und des Gedeihens, der Einordnung ins Ritual von Sauberkeit, der Auseinandersetzung des eigenen Wollens mit Regeln von Autoritäten, der Rollenfindung in Gruppen von Geschwistern und Gleichaltrigen, der Einordnung in die Institution „Schule" und der Motivation des Lernens, der Erweiterung des Aktivitätsbereiches und der „Nestflucht" – der emotionalen Überschreitung der Egozentrik, der Selbstdistanzierung, der Suche nach Vorbildern (Idolen) und der Entdeckung des Du im Eros usw.

Die Beobachtung und Beschreibung solcher – hier nur illustrierend aufgezählter – die Einzelperson übergreifender situationaler und zeitlicher Generalitäten ermöglicht eine wissenschaftlich fundierbare Einzelfallanalyse bzw. Kasuistik, freilich eine – wie sie Jüttemann bezeichnet – komparative Kasuistik als Methode des Zugangs zum Einzelmenschen als Zeitlichkeitskonstrukt oder m. a. W. des Modells einer Zeitordnung („ordo temporis") des menschlichen Werdens. Wo die Zeitlichkeit bzw. Historizität der psychischen Entwicklung zum Problem wird, verlangt sie ein Modell des zeitlich verfaßten Menschen und die Suche nach Wegen, (Methoden) die zum Problem hinführen.

1.4. Allgemeine Forschungsstrategien

von Erwin Roth

Methoden als Mittel zu Problemlösungen sind in ihrer Anwendung nicht auf wissenschaftliche Forschung beschränkt, sondern umfassen alle möglichen planmäßigen Verfahren zur Erreichung oder Herstellung eines erwünschten Zielzustandes in jedem Bereich menschlichen Handelns. Dennoch können die in den Wissenschaften zum Zwecke des Erkenntnisgewinns und darauf beruhender Handlungsmöglichkeiten begangenen Wege und die sowohl logische wie auch psychologische Reflexion darauf Leitlinien für effektive Strategien zur Lösung allgemeiner Probleme liefern. „Allgemeine Forschungsstrategie" in diesem Sinne ist also wohl an wissenschaftlichem Vorgehen, vor allem dessen Rationalität orientiert, beschränkt sich aber nicht auf Theorienbildung. Denn wissenschaftliche Forschung ist Problemlösen, und die Strategie der Forschung ist die wissenschaftliche Methode.

Rationale Strategien sind dort nötig, wo zur Lösung eines Problems nicht schon feste Handlungsanweisungen – Algorithmen – vorliegen und man sich andererseits nicht auf zufällige oder dogmatisch begründete Auswege verlassen will. Sie bestehen in der systematischen Planung aller Schritte, die zur Zielerreichung nötig sind. Allgemeine Möglichkeiten dazu werden im folgenden besprochen.

1.4.1. Heuristische Prinzipien

Probleme sind Schwierigkeiten, die der direkten Erreichung eines erwünschten Zieles, der Beantwortung einer offenen Frage im Wege stehen. Problemlösungen sind Wege von einem als unbefriedigend erlebten Ausgangszustand zu diesem Ziel.

In der Wissenschaftstheorie herrscht weitgehende Übereinstimmung darüber, wie idealerweise Forschungsprozesse ablaufen sollten. Sehr klar wird dieses Vorgehen von Bunge dargestellt (Abb. 1).

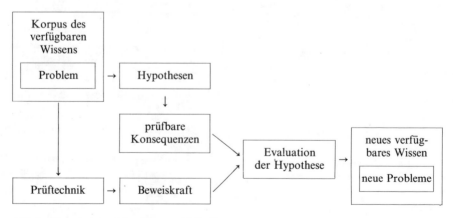

Abb. 1 Forschungszyklus (Bunge, 1967: 9)

Dies besagt, ebenfalls in der Formulierung von Bunge (1967: 9):

„(1) Gut formulierte, fruchtbare Fragen stellen.
(2) Gut begründete und prüfbare Hypothesen zur Beantwortung der Fragen aufstellen.
(3) Logische Konsequenzen aus den Annahmen ableiten.
(4) Techniken entwerfen, um die Annahmen zu prüfen.
(5) Die Techniken auf ihre Relevanz und Zuverlässigkeit prüfen.
(6) Prüfung durchführen und ihre Ergebnisse interpretieren.
(7) Bewertung des Wahrheitsanspruches der Annahmen und der Genauigkeit der Techniken.
(8) Die Bereiche bestimmen, in denen die Annahmen und die Techniken aufrechterhalten werden können und neue Probleme formulieren."

So einfach und klar dies auch klingen mag, so schwierig ist die Umsetzung in die Praxis. Natürlich liegen manche Fragestellungen offen zutage, aber häufig genug ist gerade die richtige Fragestellung das schwierigste Problem des gesamten Forschungsprozesses überhaupt.

Ebenso verhält es sich mit der Hypothesenbildung. Natürlich ist es gut, wenn aus dem verfügbaren Wissen zielführende Hypothesen begründet werden können, aber wie die Geschichte der Wissenschaften zeigt, werden manche, auch entscheidende Probleme nur durch kühne Spekulation lösbar. Zwar sind geeignete Prüfverfahren zur Sicherung des Wissens oder zur Verantwortbarkeit seiner Anwendung unerläßlich, aber welche Verfahren die geeigneten sind, ist auch beim gegenwärtigen Stand der Wissenschaftswissenschaft eine diskutable Frage. So konnte z. B. Hübner (1978) zeigen, daß unter Anlegung gegenwärtig üblicher Kriterien einige heute als wesentliche Fortschritte der Wissenschaft erachtete Ansätze damals hätten verworfen werden müssen.

Damit stellt das skizzierte Vorgehen wohl eine Art Sollmodell dar, das allgemein Forschungsarbeit leiten kann, das aber erst noch differenziert und konkretisiert werden muß.

Wie Problemlösungsprozesse konkret ablaufen, wird in der Denkpsychologie untersucht. Wiederum können wir dabei von weithin übereinstimmend vertretenen Annahmen ausgehen (z. B. Duncker, 1935; Dörner, 1976; Klix, 1971; Lüer, 1973; Simon, 1978).

Schematisch lassen sich diese Annahmen wie folgt zusammenfassen (Abb. 2):

Jeder Problemlösungsprozeß läßt sich darstellen als Interaktion zwischen einem Problemlöser und einer Problemsituation. Das bedeutet:

● Eine Problemsituation, wie sie objektiv gegeben ist, ist nicht identisch mit der Form, wie sie subjektiv in einem Problemlöser repräsentiert ist. Der erforderliche Übersetzungsvorgang kann je nach Vorwissen oder theoretischer Orientierung zu sehr verschiedenen Ergebnissen führen.
● Ist das Problem verstanden, muß es strukturiert werden. Das geschieht vorteilhaft in einer möglichst detaillierten und präzisen Beschreibung und Analyse sowohl der Problemsituation als auch des Zieles, sowie der Auflistung bzw. Suche nach geeigneten Operatoren und deren Verknüpfungen. Diese sind Handlungsmöglichkeiten bzw. Verhaltensprogramme, mittels deren der Ausgangszustand – evtl. über verschiedene Problemzustände – in den Zielzustand, also die Lösung, überführt werden kann.

Dies wird bezeichnet als die Konstruktion eines „Problemraumes", in dem zunächst Eigenarten der Merkmale und ihre Relationen erfaßt, sodann die Menge der

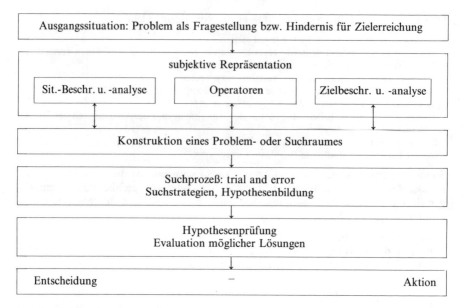

Abb. 2   Verlauf eines Problemlösungsprozesses

Problemzustände antizipiert werden, die durch mögliche Anwendung der Operatoren entstehen können.

Beides kann freilich selbst wiederum zum Problem werden, so z. B. wenn die Merkmale der Ausgangssituation nicht oder nicht vollständig bekannt sind (vgl. den folgenden Abschnitt über Problemarten), wenn deren Relationsmuster gesucht ist oder wenn ihre Anordnung einem Kriterium genügen muß, das Voraussetzung für die Zielerreichung ist. Letztere beiden Fälle sind neben der Suche nach geeigneten Operatoren bzw. Operatorsequenzen Hauptproblemtypen bei Greeno (1978: 241 f.): „Problems of inducing structure" und „problems of arrangement". Analoges gilt natürlich für die Operatoren und den Zielzustand.

Das folgende Beispiel kann illustrieren, wie stark die subjektive Repräsentation eines Problems die Lösungsfindung beeinflussen kann:

Aufgabenstellung: Zwei Radfahrer bewegen sich auf einer geraden Strecke aufeinander zu. Sie sind von zwei 30 km voneinander entfernten Orten zur gleichen Zeit gestartet, ihre Fahrtgeschwindigkeit beträgt konstant 15 km/h.

Gleichzeitig mit dem Start des einen Radfahrers bewegt sich eine Fliege mit 30 km/h auf den anderen Radfahrer zu und pendelt zwischen beiden solange hin und her, bis sich diese genau nach 15 km in der Mitte der Strecke getroffen haben. Frage: Wieviele Kilometer hat die Fliege bis dahin zurückgelegt? Wird bei der Lösungsfindung von der Wegstrecke ausgegangen, ist die Aufgabe relativ schwierig. Wird aber die Problemstellung nicht auf der Basis von Wegstrecken, sondern auf der Basis der Zeitangaben strukturiert bzw. repräsentiert, so ist die Lösungsfindung einfach: Beide Radfahrer treffen sich genau nach einer Stunde. Inzwischen war auch die Fliege genau eine Stunde unterwegs. Da für ihre Fortbewegungsgeschwindigkeit 30 km/h angenommen wurden, hat sie daher genau 30 km zurückgelegt. Der konstruierte Problemraum ist gleichzeitig der Suchraum für die Lösung.

Die Suche kann auf verschiedene Weise erfolgen, sie sollte nur nicht planlos oder nach dem Versuch-Irrtum-Prinzip geschehen. Ist der Suchraum vollständig beschrieben, gilt es nur, jene Operationen auszuwählen und zu kombinieren, die den Problemzustand – gegebenenfalls unter Berücksichtigung erforderlicher Kriterien wie Einfachheit, Wirtschaftlichkeit, Berücksichtigung von Nebeneffekten u. ä. – in den Zielzustand überführen.

Gelingt dies nicht, muß der Suchraum durch geeignete Strategien erweitert oder auch verengt werden. Die ersten heuristischen Prinzipien dazu beschrieb schon Duncker (1935: 10) als „Entwicklung des Problems" bzw. als „Entwicklung der Lösung" in noch heute gültiger Weise. Unter Problementwicklung verstand er dabei, daß ausgehend von der Situations- als Material- und Konfliktanalyse sowie der Zielexplikation, durch Elaborieren, Differenzieren, Umzentrieren, Umstrukturieren und Schlußfolgern die Lösung gesucht und gefunden wird. Die Lösungsentwicklung vom Ziel her erfolgt in der Art, daß rückschreitend alle Voraussetzungen gesucht werden, die für die Realisierung der Lösung erforderlich sind. Beides läßt sich in einem „Lösungsstammbaum" veranschaulichen, der gleichzeitig den Vorteil hat, daß man sich nicht zu früh auf eine Lösungsrichtung festlegt, sondern viele Lösungsmöglichkeiten generiert. Entsprechend beschreibt Mayer (1979: 164) einen „Zustand-Aktions-Baum" als das „Gesamt aller möglichen Problemzustände, die durch Anwendung der Operatoren in allen möglichen Reihenfolgen entstehen können".

Allerdings darf nicht übersehen werden, daß die Konstruktion eines Problemraumes keineswegs in allen Situationen möglich ist. Vor allem im Bereich sozialpsychologischer Untersuchungen scheint es in einer Reihe von Fällen weder sinnvoll noch möglich zu sein, im herkömmlichen Sinn von einem klar definierbaren Problemraum zu sprechen. Ein bekanntes Beispiel dafür sind die Untersuchungen von Sherif zum autokinetischen Phänomen (Sherif, 1935). Die Versuchspersonen stehen dabei vor der Aufgabe, das Ausmaß der Bewegung eines Lichtpunktes in einem völlig abgedunkelten Raum zu schätzen. Ihnen ist nicht bekannt, daß es sich bei den wahrgenommenen Ortsveränderungen des Lichtpunktes um eine Scheinbewegung handelt, die ausschließlich auf Bewegungen des Augapfels zurückzuführen ist. In einer Situation maximaler Unsicherheit müssen sie ein Urteil abgeben, ohne objektive Kriterien zu haben. Gerade in solchen Situationen spielen soziale Vergleichsprozesse eine entscheidende Rolle. Werden die Versuchspersonen in einer Gruppe untersucht und aufgefordert, ihre Schätzungen den anderen Gruppenmitgliedern mitzuteilen, so zeigt sich, daß sich die Schätzwerte deutlich angleichen und sich um einen Gruppenmittelwert einpendeln.

Bezüglich der klassischen Unterteilung in verschiedene Problemlösungsstadien zeigt sich, daß weder Ausgangszustand (das Ausmaß einer subjektiv wahrgenommenen Bewegung soll geschätzt werden) noch Zielzustand (das Erreichen eines möglichst genauen Schätzwertes) hinreichend genau definierbar sind. Problemsituationen dieser Art sind im sozialen Leben häufig zu beobachten (z. B. das Auffinden einer gemeinsamen Lösung in Gruppendiskussionen oder alle Varianten von Urteilsbildungen). Ein wichtiges Kennzeichen dieser „sozialen Problemsituation" ist es, daß objektive Kriterien für den Lösungsprozeß entweder nur teilweise vorhanden sind oder gänzlich fehlen. Gerade diese Beispiele zeigen, welch entscheidender Stellenwert der Erforschung jener kognitiven Prozesse zukommt, die der subjektiven Repräsentation einer Problemsituation zugrundeliegen.

Neuere Darstellungen empfehlen für eine Veränderung des Problemraumes zum Zwecke der Lösungsfindung alle jene grundlegenden kognitiven Prozesse, die Denken allgemein kennzeichnen. Denn es wäre „falsch, heuristische Strategien als Faktoren sui generis zu betrachten und den elementaren Prozessen der Informationsverarbeitung gegenüberzustellen. Vielmehr wachsen sie aus ihnen heraus, und zwar kraft der Wirkung elementarer Prozesse des Klassifizierens und der Hypothesenbildung" (Klix, 1971: 722). Die Darstellungen von Bunge (1967), Dörner (1976), Klix (1971), Lompscher (1972), Selz (1913) u. a. zusammenfassend, lassen sich ohne Anspruch auf Vollständigkeit und Unabhängigkeit folgende Grundprozesse, die in wechselnder Kombination zur sukzessiven Transformation von Problemzuständen in Richtung Ziel führen können, beschreiben:

(1) Zergliederung des Problems in seine Bestandteile, Klärung seiner Voraussetzungen.
(2) Erfassung der Merkmale dieser Bestandteile oder Objekte.
(3) Vergleich der Einzelobjekte und Bestimmen ihrer Unterschiede bzw. Gemeinsamkeiten.
(4) Ordnen der Gegenstände anhand ihrer Merkmale nach möglichst vielen Gesichtspunkten.
(5) Klassifizieren: Zusammenfassung von Objekten mit übereinstimmenden Merkmalen.
(6) Verknüpfung von Merkmalen im Sinne einer Komplex- bzw. Strukturbildung.
(7) Abstrahieren als Absehen vom Besonderen, Zufälligen der Anschauung mit dem Ziel der Erfassung des Allgemeinen und Notwendigen für einen bestimmten Zusammenhang, Verallgemeinern als Übergang zu höheren begrifflichen Ebenen.
(8) Konkretisieren als Umkehrung des Abstraktionsprozesses, Übergänge vom Allgemeinen zum Besonderen bilden.
(9) Analogiebildung als Übertragung des Problems auf ähnliche Situationen mit bekannter Lösung, einschließlich der Modellbildung.
(10) Schlußfolgern: Aus dem jeweiligen Problemzustand Konsequenzen ableiten in der Form logischen Schließens.
(11) Hypothesenbildung und -prüfung, nicht nur aber natürlich auch im streng wissenschaftstheoretischen Sinne.

Schwierigkeiten für die Transformation des Problemzustandes in Richtung Ziel ergeben sich – außer natürlich dadurch, daß ein Problem objektiv nicht lösbar ist bzw. die Voraussetzungen für seine Lösung nicht gegeben sind – vor allem durch folgende Einflüsse:

● Durch Vorerfahrungen werden Reaktionshierarchien oder Einstellungen erworben, die den Problemlöser auf eine entsprechende Lösungsart festlegen und ihn andere Möglichkeiten nicht sehen lassen („Betriebsblindheit"). Beispiel dafür sind die bekannten Umfüllversuche von Luchins (1942).

● Mögliche Problemlösungsmittel werden wegen ihrer andersartigen „Funktionalen Gebundenheit" – sie werden üblicherweise in anderen Zusammenhängen verwendet – als solche nicht erkannt. Z. B. verwendeten Dunckers Versuchspersonen in einer Serie einschlägiger Experimente nicht gebundene Gegenstände doppelt so häufig wie gebundene für die Lösung einfacher Probleme (Duncker, 1935: 104 f.).

● Von Umstrukturierungsdefekten spricht Duncker (1935: 134) dann, wenn das zu verarbeitende Wissen unelastisch und starr bzw. zu sehr an Anschauung gebunden ist.

● Folgerungen führen in die Irre, wenn sie nicht logischen Regeln, sondern „Wunsch-" oder „illegalem Denken" folgen (Dörner, 1976).

Als besonders interessante Problemlösungsmöglichkeit insbesondere zur Optimierung technischer Systeme wird in letzter Zeit ein „Evolutionsstrategie" genanntes Vorgehen diskutiert (vgl. Rechenberg, 1973).

Dabei werden die organismische Entwicklung des am besten Angepaßten und die technische Optimierung als analoge Prozesse betrachtet und die bekannten Evolutionsmechanismen der Mutation und Selektion für die Entwicklung technischer Systeme simuliert. An einem Modell werden zufällige Veränderungen angebracht, ihre Auswirkung auf den erwünschten Zielzustand geprüft, und die Varianten mit schlechteren Ergebnissen ausgeschieden. Es werden also Genotyp mit Konstruktionsunterlagen, Phänotyp mit technischem Objekt und die Lebensfähigkeit des Organismus mit der technischen Qualität analog gesetzt. Mutation und Selektion werden simuliert durch zufallsgesteuerte Veränderungen einzelner Merkmale und Verwerfung einer Veränderung bei verminderter Qualität bzw. ihrer Beibehaltung bei besseren Werten. Dadurch sind in technischen Entwicklungen erstaunliche Ergebnisse erzielt worden, die auf andere Weise zumindest nicht in der gleichen Zeit erreichbar gewesen wären. Eine Verbesserung gegenüber dem einfachen Mutation-Selektions-Modell läßt sich durch zusätzliche Berücksichtigung der Unterscheidung Gen- oder Chromosomenmutation und crossing-over sowie deren Simulation erreichen. Das Verfahren kann schließlich weiterentwickelt werden bis hin zur angestrebten Simulation einer Evolution der Evolution.

An dieser Strategie sind zwei Dinge besonders bemerkenswert: Einmal wird nämlich gezeigt, daß Problemlösungen nicht nur durch im strengen Sinne theoriegeleitetes Vorgehen, sondern auch durch systematisch geplanten Zufall möglich sind. Freilich steht dahinter wiederum eine Theorie der Evolution, und die erforderlichen Prüfungen können nur regelgeleitet durchgeführt werden, wenn das Verfahren erfolgreich bleiben soll.

Zum andern erscheint eine Übertragung dieses Verfahrens auf wirtschafts- und sozialwissenschaftliche Probleme trotz auf der Hand liegender Schwierigkeiten durchaus möglich und auch sinnvoll. Schreibt doch Manfred Eigen im Nachwort zu Rechenberg (1973: 155): „Wir fragen uns heute sogar, ob eine solche durch systeminhärente Optimierungskriterien gesteuerte Selektion nicht das grundlegende Prinzip jedes adaptiven Lern- oder Denkprozesses ist", und „sie (die Idee der Evolutionsstratgie) wird auch neue Probleme aufwerfen, mit denen wir uns auseinandersetzen müssen: wird der Mensch in einer unbegrenzten technischen Evolution das Steuer in der Hand behalten können? Oder wird er einmal zur mehr oder weniger bedeutungslosen Zelle eines gigantischen, sich selbst fortpflanzenden und ständig optimierenden Automaten absinken?"

1.4.2. Problemarten

Welche Heuristik am ehesten zum Ziel führt, hängt natürlich von der Eigenart des Problems ab. Mögliche Unterschiede müssen also im nächsten Schritt besprochen werden.

Als wesentliche Bestandteile eines Problems waren unterschieden worden (und werden von allen einschlägigen Autoren in analoger Weise beschrieben):

– der Ausgangszustand A (die Schwierigkeit, die Fragestellung);
– der Zielzustand Z (die Überwindung der Schwierigkeit, die Lösung);
– mögliche oder zulässige Operationen O (Algorithmen, Programme, Handlungen, die geeignet sind, den Ausgangszustand in den Zielzustand zu überführen).

Problemtypen (Ist Bestandteil bekannt?)								
Problembestandteile	1	2	3	4	5	6	7	8
A (Ausgangszustand)	ja	ja	ja	ja	nein	nein	nein	nein
O (Operationen)	ja	ja	nein	nein	ja	ja	nein	nein
Z (Zielzustand)	ja	nein	ja	nein	ja	nein	ja	nein

Abb. 3   Problemarten nach der Bekanntheit der Problembestandteile

Die einfachste Form der Klassifikation von Problemsituationen ergibt sich daraus, daß die genannten Größen A, Z und O bekannt oder nicht bekannt sein können. Rein kombinatorisch ergeben sich folgende acht Möglichkeiten (vgl. Abb. 3).

Die Möglichkeit 1 ist eine Routineaufgabe und definitionsgemäß in unserem Sinne kein Problem. Zu beachten ist nur, daß routinierte Abläufe unter sich ändernden Bedingungen nicht optimal sein müssen und deswegen auch im gegebenen Falle problematisiert werden sollten. Von den weiteren Möglichkeiten werden üblicherweise nur 2, 3 und 5 als Problemtypen abgehandelt. Dennoch sind die anderen nicht uninteressant: Möglichkeit 4, in der wohl der Ausgangszustand, aber weder ein Ziel noch mögliche Transformationen bekannt sind, kennzeichnet eine Situation, in der durch Rearrangieren und Strukturieren der eigenen Situation Entdeckungen möglich werden, neue Ziele und damit Probleme auftreten können. Möglichkeit 6, in der wohl Operationen zur Verfügung stehen aber Ausgangs- und Zielzustand nicht bekannt sind, ist typisch für Orientierungsverhalten. Als Lernen durch Spiel erlangt diese Situation in der Erziehung Bedeutung. Möglichkeit 7 mit lediglich bekanntem Ziel ist die Lage von Utopisten. Dieser Problemtyp wäre der Idealfall für eine Lösungsentwicklung vom Ziel her. Die Möglichkeit 8 schließlich ist gekennzeichnet von einer durchgehenden Unsicherheit. Als Problemlosigkeit wäre sie in unserem Zusammenhang ohne Belang. Insofern sie aber auch allgemeine Situationen beschreiben kann (wie z. B. – mit Einschränkungen – die Entwicklung der Menschheit oder der Wissenschaft) wird sie dennoch zum Problem.

Die am häufigsten auftretenden und praktisch bedeutsamsten Problemklassen sind aber wohl die folgenden:

Möglichkeit 2: Ausgangszustand und mögliche bzw. zulässige Operationen sind bekannt, gesucht ist der Zielzustand (z. B. beim Problem, einen Gegner im Schachspiel matt zu setzen). Möglichkeit 3: Ausgangs- und Zielzustand sind bekannt, gesucht sind die Operationen, ersteren in letzteren zu transformieren (z. B. das Problem, aus Kohle Benzin herzustellen; im weitesten Sinne alle Syntheseprobleme). Möglichkeit 5: Operationen und Zielzustand sind bekannt und der Anfangszustand wird gesucht (z. B. das Problem, die chemische Zusammensetzung eines Meteoriten zu ermitteln, im weiteren Sinne alle Analyseprobleme).

Um der Vereinfachung, die in der Dichotomie „bekannt" oder „nicht bekannt", auch als „gut definiert" und „schlecht definiert" gebräuchlich, zu entgehen, schlägt Dörner eine Dimension mit den Polen „geschlossen" und „offen" vor, auf der dann Grade unterschieden werden können.

In ähnlicher Weise unterscheidet Simon (1978: 272) Probleme nach dem Grad der Eindeutigkeit ihrer Struktur und dem Ausmaß der Information, das zur Lösung erforderlich ist. Dörner (1976: 11 f.) klassifiziert Probleme anhand der je besonderen Schwierigkeit (von ihm „Barrieretypen" genannt) die ihrer Lösung im Wege stehen (Abb. 4).

| | | Klarheit der Zielkriterien | |
		hoch	gering
Bekanntheitsgrad der Mittel	hoch	Interpolationsbarriere	dialektische Barriere
	gering	Synthese-Barriere	dialektische Barriere und Synthese-Barriere

Abb. 4 Klassifikation von Barrieretypen in Problemen nach den Dimensionen „Bekanntheitsgrad der Mittel" und „Klarheit der Zielsituation" (nach Dörner, 1976: 14)

Dabei entspricht hoher bzw. geringer Bekanntheitsgrad der Mittel der Geschlossenheit bzw. Offenheit des Operatorinventars und hohe bzw. geringe Klarheit der Zielkriterien der Geschlossenheit bzw. Offenheit der Zielsituation.

Durch „Interpolationsbarrieren" sind Probleme gekennzeichnet, bei denen es darum geht, „die richtige Kombination oder Folge aus einer Reihe bekannter Operationen zu bilden".

„Synthesebarrieren" sind solche, bei denen es darum geht, einen Satz brauchbarer Operationen für die Transformation eines bekannten Anfangszustandes in einen ebenfalls bekannten Endzustand zu finden. (Dieser Fall ist identisch mit der oben besprochenen Möglichkeit 3.)

„Dialektische Barrieren" schließlich kennzeichnen solche Probleme, in denen die Lösung darin gesucht wird, daß „ein Vorschlag oder Entwurf für den Zielzustand auf äußere Widersprüche... oder innere Widersprüche... überprüft und entsprechend verändert wird". (Beispiel: ein teilweise unleserliches Dokument zu rekonstruieren.)

Natürlich könnte eine Vielzahl von Problemklassen über unterschiedliche inhaltliche Bereiche gebildet werden, doch ist dies weder auch nur annähernd vollständig möglich noch ist es nötig. Denn auch wenn heuristische Strategien der Eigenart des Problems angepaßt sein sollen, müssen sie doch logischen, also formalen Prinzipien folgen. Es ist nun nicht möglich, für jeden Problemtypus die eine, sicher zum Ziele führende Strategie aufzulisten. Auch sind die praktisch auftretenden Probleme oft Mischformen bzw. aus mehreren Typen zusammengesetzt (vgl. das Problem von Herrmann, einen Partykeller einzurichten; s. Kap. 1.1.1.). Auch kann die gleiche objektive Problemsituation für verschiedene Problemlöser einen je unterschiedlichen Problemtypus darstellen. Die hier vorgetragenen Überlegungen helfen jedoch, eine Problemsituation zu klären und erleichtern damit die Suche nach geeigneten Operationen für die Erreichung des Zieles. Dem gleichen Zweck ist auch der nächste Abschnitt gewidmet.

1.4.3. Ansätze zu einer Theorie des Problemlösens

Auseinandersetzungen um Fragen des Denkens haben in Philosophie und Psychologie eine lange Tradition. In der Philosophie allgemein als die Frage nach der

Möglichkeit des Denkens von Wahrheit, in Logik und Erkenntnistheorie speziell als Suche nach Gesetzen und Regeln richtigen, d. h. zu gültigen Ergebnissen führenden Denkens und in der Psychologie als der Analyse konkret ablaufender Denk- sowie insbesondere Problemlösungsprozesse. Auch durch Vertreter von Einzelwissenschaften sind herausragende Beiträge geleistet worden (vgl. z. B. Prigogine & Stengers: Dialog mit der Natur, 1981).

Natürlich können im Rahmen methodologischer Reflexionen zum Problemlösen weder deren historische Entwicklung nachgezeichnet noch eine Systematik ihrer bisherigen Ergebnisse versucht werden. Andererseits können Denkgesetze und Problemlösungstheorien gerade in der Methodik nicht unberücksichtigt bleiben, wurden doch schon die logischen Schriften des Aristoteles unter dem Titel „Organon", als „Werkzeug" zusammengefaßt. Merkwürdigerweise ist nie eine Zusammenführung der unterschiedlichen Denktraditionen versucht worden. Eine einfache Einführung, die von Assozianismus bis zu Computersimulation reicht und Aspekte formaler Logik und logischer Fehler einschließt, bietet Mayer (1979). Sein Buch wendet sich nicht nur an Psychologen, sondern an alle, für die Problemlösen wichtig ist, etwa in Unterricht, Wirtschaft oder Mathematik. Reflexionen auf die Grundlagen psychologischen Forschens, die ohne weiteres auf Sozialwissenschaften allgemein übertragbar sind, bieten Groeben und Westmeyer (1975) an.

Die folgende Zusammenfassung berücksichtigt nicht logische und erkenntniskritische Prinzipien, sondern lediglich die theoretische Darstellung praktischer Problemlösungsprozesse. Newell und Simon (1972: 89) geben ein einfaches Schema, das in Abb. 5 wiedergegeben wird.

Obwohl als Grundschema für die Simulation von Problemlösen auf Computern konzipiert, kann es allgemein als System auch für menschliches Problemlösen gelten. (So entsprechen z. B. das intern gespeicherte Wissen bei Dörner der „epistemischen Struktur" und die gespeicherten Methoden der „heuristischen Struktur" einer individuellen kognitiven Struktur; die heuristische Struktur wird aktiv, wenn Probleme vorliegen.)

Das System arbeitet nach Wahl und Anwendung einer Methode mit interner und externer Kontrolle und iterativ. Ist das Ziel nach dem ersten Durchgang entsprechend dem Evaluationsergebnis nicht erreicht, hat der Problemlöser drei Möglichkeiten:

„(1) eine andere Methode zu versuchen,
 (2) eine andere interne Repräsentation zu wählen und das Problem zu reformulieren,
 (3) den Lösungsversuch aufzugeben"
(Newell & Simon, 1972: 88).

Während der Bearbeitung können neue Probleme – z. B. in der Notwendigkeit des Erreichens notwendiger Zwischenziele – entstehen. Sie können in der Form wiederholter Schleifen (Zielwahl → Methodenwahl; Ergebnisevaluation → neue Zielwahl) in das System eingebaut werden.

In einem anderen Zusammenhang schlägt Simon (in Estes, 1978: 272 f.) vier „Gesetze der qualitativen Struktur menschlichen Problemlösens" vor. Sie lauten:

„(1) Einige und nur einige allgemeine Charakteristika des menschlichen Informationsverarbeitungssystems sind über Aufgabe und Problemlöser invariant. Das Informationsverarbeitungssystem ist ein adaptives System, fähig, sein

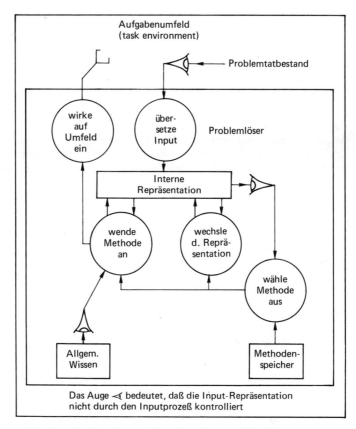

Abb. 5   Allgemeiner Ablauf des Problemlösens (Newell & Simon, 1972: 89)

Verhalten innerhalb weiter Grenzen an die Anforderungen der Aufgabe anzupassen und fähig, sein Verhalten in der Zeit durch Lernen wesentlich zu verändern. Deshalb setzen die grundlegenden psychologischen Charakteristika des
menschlichen Informationssystems wohl weite Grenzen für mögliches Verhalten, determinieren es aber nicht im einzelnen.

(2) Die invarianten Charakteristika dieses Informationsverarbeitungssystems
sind jedoch zureichend um zu gewährleisten, daß es das Aufgabenumfeld als
einen Problemraum repräsentiert und daß Problemlösen in einem Problemraum stattfindet.

(3) Die Struktur des Aufgabenumfeldes determiniert die möglichen Strukturen
des Problemraumes.

(4) Die Struktur des Problemraumes determiniert die möglichen Programme
(Strategien), die für die Problemlösung verwendet werden können."

Simon erweitert diese Theorie, vor allem in Hinblick auf die Bearbeitung weniger
gut strukturierter Probleme durch Einbezug von Strategien zur Informations-
sammlung, durch Berücksichtigung der Interaktion zwischen Wahrnehmungs- und
kognitiven Prozessen, sowie in Hinblick auf die Generierung von Problemrepräsen-
tierungen.

Diese Ansätze sind soweit expliziert und formalisiert, daß sie auf Computern simuliert werden können (vgl. Kap. 3.8.). Bereits laufende Programme führen zu brauchbaren Lösungen unterschiedlicher Probleme. Bekanntestes Beispiel ist im Rahmen der Künstlichen Intelligenzforschung der „General Problem Solver" (GPS). Beschreibung und Anwendungsbeispiele finden sich bei Ernst und Newell (1969).

Natürlich führen diese und andere Problemlösetheorien über viele praktische Schwierigkeiten wie Komplexität der Aufgabenstruktur, Nichtüberschaubarkeit der Folgen konkreter Operationen oder den Umgang mit Zielkonflikten nicht hinweg. Immerhin verbessern sie schon jetzt nicht nur unser allgemeines Verständnis des Problemlösens, sondern auch die Analyse konkreter Problemsituationen und den Umgang mit ihnen. Der Forschungsprozeß zur Verbesserung dieser Theorien ist im vollen Gange.

1.4.4. Die Beschreibung

Bisher war häufig davon die Rede, daß Voraussetzungen für das Auftreten von Problemen und Bedingung für die Möglichkeit ihrer Lösung immer schon bewertetes Wissen ist. Dieses Wissen muß aber, um es verfügbar zu machen, explizit deskriptiv gefaßt sein. Möglichkeiten und Schwierigkeiten adäquater Beschreibung müssen deshalb im nächsten Schritt diskutiert werden.

Zuerst gilt es, das verfügbare Wissen, das sehr verschiedener Natur sein kann, näher zu spezifizieren. Bunge (1967: 36f.) unterscheidet von der wissenschaftlichen Kenntnis und vom Alltagswissen, von denen noch die Rede sein wird, folgende Arten:

(a) Technisches Wissen, als die spezialisierte Kenntnis, die Kunst und Gewerbe charakterisieren.
(b) Protowissenschaft, wie sie zum Beispiel die Ergebnisse zwar sorgfältigen aber ungezielten Beobachtens und Experimentierens darstellen und
(c) Pseudowissenschaft, als einen Satz von Überzeugungen und Praktiken, die, obwohl wissenschaftlicher Kontrolle nicht unterzogen oder nicht zugänglich, als Wissenschaft ausgegeben bzw. dafür gehalten werden.

Die Beziehungen zwischen diesen Wissensformen stellt Bunge entsprechend Abb. 6 folgendermaßen dar:

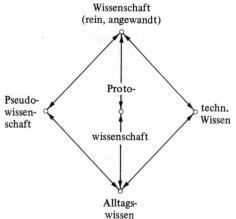

Abb. 6 Unterschiedliche Wissensformen und ihre Beziehungen

Aus der Abbildung geht hervor, daß alle Übergänge und Wechselwirkungen zwischen den verschiedenen Wissensarten möglich sind, deren Diskussion hier aber nicht erforderlich ist. Wichtig ist vor allem, sie zu unterscheiden und nicht zu vermischen. Denn wenn wir eine Problemsituation zum Zwecke ihrer Lösung beschreiben wollen, und unter „Beschreibung" die explizite Darlegung der Merkmale von Gegenständen, Sachverhalten oder Ereignissen und ihren Relationen verstehen, dann hängt die Güte oder die Brauchbarkeit dieser Beschreibung davon ab, welches Wissen in welcher begrifflichen Form gefaßt ihr zugrunde liegt. Ein Vergleich zwischen Alltagswissen und wissenschaftlicher Kenntnis kann dies veranschaulichen: Alltagswissen kann in erster Annäherung charakterisiert werden als Repräsentation relevanter Ausschnitte von Welt in je individuellen kognitiven Strukturen, abhängig von subjektiven Befürfnissen und Erfahrungen, gefaßt in umgangssprachlichen Termini. Wissenschaftliche Kenntnis kann entsprechend aufgefaßt werden als System von Sätzen und Gesetzen in allgemeinen Theorien, gewonnen duch kontrollierte Anwendung rationaler Methoden und kritischer Prüfung, gefaßt in definierten Begriffen. Die Beschreibungen einer identischen Situation, die von beiden Wissensarten ausgehen, werden nicht nur unterschiedliche Formen annehmen, sondern sich auch bezüglich ihrer Zuverlässigkeit und Gültigkeit der Darstellung unterscheiden. Auch wenn Zuverlässigkeit und Gültigkeit von Beschreibungen nicht allgemein bestimmbar, sondern von mehreren Variablen abhängig sind (vgl. die Diskussion dieser Termini in Kap. 4.1.2.1. und 4.3.1.2), kann kaum ein Zweifel daran bestehen, daß nach üblichen wissenschaftlchen Kriterien gewonnene Aussagen bessere Voraussetzungen für das Lösen von Problemen bieten als andere. Dies zu bedenken, erscheint gerade in den Sozialwissenschaften besonders dringlich, wo Vorschläge zur Lösung allgemeiner Probleme allzu häufig auf individuelles Dafürhalten und persönliches Engagement gegründet sowie umgangssprachlich formuliert sind. Zumindest sollte man sich der eigenen Grundlagen immer bewußt bleiben.

Neben der Berücksichtigung unterschiedlicher Wissensarten gilt es für die Beschreibung von Problemsituationen Konsequenzen aus der Tatsache zu ziehen, daß jedwedes Wissen nicht nur sprachlich gefaßt ist (z. B. in Umgangssprache oder in Wissenschaftssprachen), sondern daß spezifisches Wissen immer auch sprachlich determiniert ist. Denn Beschreibung – als möglichst zuverlässige und gültige Darstellung der Merkmale von Objekten, Sachverhalten und Ereignissen – erfolgt mittels Repräsentation dieser Gegebenheiten durch sprachliche Symbole.

Die mit diesen Fragen verbundenen Probleme sind vielfältig und schwerwiegend, und die Diskussion darüber ist keineswegs abgeschlossen. Selbstverständlich kann ihr Stand hier nicht referiert, sondern nur auf die einschlägige Literatur verwiesen werden (z. B. Carnap, 1968; Chomsky, 1977; Korzybsky, 1950; Leinfellner & Leinfellner 1978; Odgen & Richards, 1974; Schaff, 1964; Vygotskij, 1977; Whorf, 1976; Leinfellner et al., 1978).

Hier sollen lediglich jene Aspekte angesprochen werden, die für eine adäquate Beschreibung wichtig erscheinen. Dabei auftretende Schwierigkeiten werden schon daraus deutlich, daß die verwendete Terminologie noch vielfältiger und verwirrender ist, als es ohnehin in den Sozialwissenschaften nicht selten der Fall ist. So werden z. B. die Einheiten, aus denen individuelle kognitive Strukturen aufgebaut und die mit Sprachzeichen verbunden sind, als „Begriffe", „Konzepte", „Schemata" oder „Skripts" u. ä. bezeichnet. Sie sind zu unterscheiden von den logischen Größen, aus denen Sätze und Urteile zusammengesetzt sind, die aber ebenfalls

Begriffe und Konzepte genannt werden, aber auch Konstrukte oder Terme, die mit verbalen Symbolen belegt sind. Abgesehen vom Überschneidungsbereich zwischen beiden Komplexen überlappen sich die einzelnen Begriffsinhalte so stark, daß sie nur schwer voneinander unterscheidbar sind, ohne freilich identisch zu sein, zumal sie jeweils in verschiedenen theoretischen Zusammenhängen gebraucht werden. Die Bildung von Begriffen in ersterem Sinne (Conceptformation) wird hauptsächlich in der Tradition von Piaget untersucht. Arten und Möglichkeiten der Definitionen von Begriffen im zweiten Sinne sind Gegenstand der Logik und Erkenntnistheorie. (Für Sozialwissenschaftler zusammengefaßt in Groeben und Westmeyer, 1975.)

Die Brauchbarkeit einer Beschreibung, d. h. wie gut die intendierten Objekt-, Tatbestands- oder Ereignismerkmale in ihr repräsentiert sind, hängt aber vom verwendeten begrifflichen Inventar ab.

Begriffe im psychologischen Sinne (Konzepte) mit umgangssprachlichen Wortmarken belegt und Alltagswissen repräsentierend, sind in der Regel – sofern sie nicht Namen sind – vage und mehrdeutig. Ja, sie müssen es sogar sein, um Starrheit individueller kognitiver Strukturen zu vermeiden. Dadurch wird aber nicht nur eindeutige Kommunikation erschwert, sondern nicht selten wandeln sich von der gleichen Wortmarke belegte Begriffsinhalte bei einem Autor im Verlaufe seiner Gedankenführung und damit natürlich der Problemraum. Begriffe im philosophisch-wissenschaftstheoretischen Sinne (Konstrukte), durch wissenschaftssprachliche Symbole gekennzeichnet und als Elemente von Theorien gebraucht, sollten zum Zwecke „objektiver" Beschreibung und eindeutiger Kommunikation idealerweise scharf definiert sein, sowohl in bezug zu beobachtbaren Sachverhalten als auch hinsichtlich der Relationen zu anderen Begriffen. Aber in der Realität vorfindbare Begriffe genügen – außer den streng formalen – diesen Forderungen häufig nicht.

Tradierte Definitionsmöglichkeiten (vgl. Groeben und Westmeyer, 1975: 50f) sind in konkreten Problemlösungssituationen nur begrenzt praktizierbar. Wie in der Wissenschaft allgemein, geht es auch in spezifischen Problemlöseprozessen darum, ein adäquates begriffliches Inventar auszuwählen, es zu differenzieren und zu präzisieren, und vor allem, sich seiner möglichen Unzulänglichkeiten bewußt zu bleiben.

Auch wenn als Ziel beibehalten wird, ein System formaler Symbole zu entwickeln, womit Tatbestände einer Problemsituation und die Merkmale der in ihr enthaltenen Sachverhalte deskriptiv gefaßt werden können, werden wir weiter mit unscharfen Begriffen operieren müssen. Aber auch sie müssen kontrolliert verwendet, ja sie können sogar formalisiert werden, wie es z. B. in der Theorie der „fuzzy sets" geschieht (vgl. zur Einführung Wagner, 1980, für eine zusammenfassende Darstellung möglicher Aspekte: Zadek, Fu, Tanaka & Shimura, 1975, innerhalb der Sozialwissenschaften Gottinger, in Leinfellner & Köhler, 1974). Ihre Anwendung ist in sozialwissenschaftlicher Theoriebildung oder praktischer Problemlösung über erste Ansätze noch nicht hinausgekommen, obschon sie vielversprechend wäre. (Vgl. z. B. ihre Ähnlichkeit mit „Bezugssystemen", wie sie im Anschluß an Witte, 1956, erforscht werden, Lauterbach & Sarris, 1980.)

Bisher ist gezeigt worden, daß Beschreibungen von Objekten, Sachverhalten oder Ereignissen, und damit natürlich auch von Problemsituationen, abhängig sind von dem zur Verfügung stehenden Wissen sowie dem zu seiner Erfassung verfügbaren begrifflichen Inventar. Dennoch sollten jene Beschreibungen, die das Prädikat „wissenschaftlich" für sich beanspruchen bzw. die zureichende Voraussetzungen für erfolgversprechende Problemlösungen bilden wollen, der Forderung genügen, im Rahmen des Möglichen objektiv, zuverlässig und gültig zu sein. Neben dieser Forderung, daß nämlich die in der Beschreibung dargestellten Gegenstands-, Sachverhalts- oder Ereignismerkmale sowie ihre Relationen untereinander, die intendierten realen Gegebenheiten möglichst unabhängig von dem beschreibenden Forscher oder Problemlöser zutreffend repräsentieren sollten, war häufiger von der „Adäquatheit" von Beschreibungen die Rede. Was darunter zu verstehen sei, muß noch erörtert werden.

Vollständige Beschreibungen sind weder möglich noch nötig. Denn zu jeder gegebenen Beschreibung eines Sachverhaltes wären sowohl weitere Differenzierungen als auch der Bezug auf umfassendere Zusammenhänge denkbar. Andererseits wäre z.B. für das Problem, die Entstehung sozialer Beziehungen zu erklären, eine Beschreibung von Lernprozessen auf der Ebene molekularer Prozesse eher hinderlich. Genau wie Landkarten zu verschiedenen Zwecken in unterschiedlichen Maßstäben hergestellt werden, müssen verbalen Beschreibungen entsprechend der Komplexität der zu beschreibenden Sachverhalte auf einem entsprechenden Abstraktionsniveau erfolgen. Die optimale Wahl dieses Niveaus – bei Dörner (1979: 15f.) im Rahmen der Unterscheidung von Problemen nach verschiedenen Realitätsbereichen als „Auflösungsgrad" behandelt – ist abhängig von der Eigenart des Problems, dem verfügbaren Wissen, den vorhandenen Operatoren, angestrebten Lösungen und Situationsbedingungen, wie möglicher Aufwand u.a.
Die eindeutige Zuordnung des für die Lösung optimalen Auflösungsgrades der Beschreibung zu einer gegebenen Problemsituation ist natürlich nicht möglich. Empfehlenswert ist, mit dem der Situation noch angemessenen allgemeinsten Niveau zu beginnen und Differenzierungen dort vorzunehmen, wo sie sich im Verlaufe der Bearbeitung des Problems als nötig erweisen. Dies und die anderen aufgestellten Forderungen an eine zureichende Beschreibung sind am besten in der mathematischen Systemtheorie realisiert (vgl. Kap. 1.5.).

1.4.5. Die Analyse von Zusammenhängen

Wie die Möglichkeit von Wissenschaft überhaupt ist auch die Lösung konkreter Probleme an die Voraussetzung gebunden, daß (nach Kant) alles reale Geschehen etwas voraussetzt, worauf es nach Regeln folgt. Erkenntnis überhaupt, natürlich auch die Möglichkeit von Gesetzesaussagen, sind an das Vorhandensein eines gewissen Ausmaßes von Ordnung gebunden. Hofstätter (1966: 243) unterscheidet daher zwei Arten von „Dummheit": jene „erster Art", die Ordnung dort annimmt, wo keine herrscht, wie im Aberglauben; und jene „zweiter Art", die gegebene Regelhaftigkeit nicht erkennt.

Ordnung drückt sich aus in Zusammenhängen. Zusammenhänge traten allgemein in unseren bisherigen Überlegungen in dreifacher Form auf:

(1) Als Abhängigkeiten zwischen verschiedenen Sachverhalten in der Realität.
(2) In der Beschreibung dieser Realität als Zuordnung von Symbolen zu realen Objekten, Sachverhalten oder Ereignissen bzw. deren Merkmalen.
(3) Als Relationen zwischen Begriffen in Urteilen und Schlüssen, in denen Realität begrifflich gefaßt werden soll.

Konkret zeigt sich die Notwendigkeit der Berücksichtigung von Zusammenhängen etwa in der Definition von Systemen, die sich nicht auf die Menge der zusammengeschlossenen Elemente beschränken kann, sondern die Relationen zwischen ihnen aufnehmen muß; oder in der Beschreibung von Problemsituationen, die nicht nur durch ihre Komponenten, sondern auch durch das Gefüge der Beziehungen zwischen ihnen, häufig „Struktur" genannt (vgl. Klix und Krause, 1969), gekennzeichnet ist.

Zwar wäre für die zureichende Beschreibung einer Problemsituation auch die Kenntnis der Zusammenhänge zwischen ihren Bestandteilen erforderlich, da sie aber oft nicht als gegeben angenommen werden kann, müssen ihrer Klärung die nächsten Überlegungen gewidmet werden.

Dabei sei nur auf die oben unter (1) genannten Zusammenhänge von Merkmalen – und dies unter vorläufiger Ausklammerung kausaler Bezüge – eingegangen. (Fragen der Zusammenhänge zwischen Zeichen und Bezeichnetem werden wissenschaftstheoretisch bei der Besprechung von Definition und Operationalisierung abgehandelt; Fragen nach den Beziehungen zwischen Begriffen sind Gegenstand der Relationslogik bzw. der Logistik. Für die statistischen Analysetechniken der Abhängigkeit mehrerer variabler Merkmale voneinander kann nur auf die Stichworte Kontingenz, Regression, Kovariation und Korrelation in einem der zahlreichen guten Statistiklehrbücher verwiesen werden.)

Funktionale Abhängigkeiten einfachster Art in der Form $Y = f(X)$, die besagen, daß jedem Wert der „unabhängig" genannten Variablen X ein bestimmter Wert der „abhängigen" Variablen Y entspricht, haben in der sozialwissenschaftlichen Forschung über ihre direkte, deskriptive Bedeutung hinaus eine große Rolle gespielt, insofern sie zu den Grundlagen methodischen Denkens überhaupt geworden sind. Da solche eindeutigen funktionalen Abhängigkeiten im Bereich der Sozialwissenschaften aber praktisch nie auftreten, arbeitet man unter Berücksichtigung von Zufallseinflüssen bzw. zu definierenden Wahrscheinlichkeiten mit „stochastisch" genannten Zusammenhängen. Ein Maß für die Enge des Zusammenhanges ist dann der Korrelationskoeffizient.

Einfache lineare Modelle genügen aber häufig bei praktischen Problemlöseprozessen weder zur adäquaten Beschreibung einer gegebenen Situation noch als zureichende Annahme über die Eigenart der ihnen zugrunde liegenden Gegebenheiten und Prozesse. Es müssen daher nicht-lineare Zusammenhänge einerseits und multivariate Analysetechniken andererseits in die Überlegungen einbezogen werden (auch darüber informieren einschlägige Statistiklehrbücher). Doch ist eine wesentliche Frage dabei noch offen: Die Modelle, die den meisten praktisch verwendeten statistischen Analysetechniken zugrunde liegen, setzen als Annahmen immer Unabhängigkeit der wirkenden Bedingungen und deren Additivität bzw. ihre lineare Kombination voraus. Systemanalysen dagegen gehen von allseitigen Relationen zwischen den das System konstituierenden Elementen aus. Auch die Berücksichtigung von „Interaktionen" in statistischen Modellen, z. B. in der Varianzanalyse, führt über die grundsätzliche Schwierigkeit nicht hinaus. Vorerst kann man deshalb neben der Berücksichtigung nicht-linearer Abhängigkeiten nebst ihren Konsequenzen für die Anwendung statistischer Techniken und dem Einbezug multivariater Verfahren nur der verschiedenen Bedeutungen bewußt bleiben, die funktionale Abhängigkeiten annehmen können: wenn zwei Variablen x und y als voneinander abhängig erwiesen sind, kann das heißen

(1) x bedingt y
     (z. B. Intelligenzhöhe ist eine Funktion der Bildungsdauer).
(2) y bedingt x
     (z. B. Bildungsdauer ist eine Funktion der Intelligenzhöhe).

(3) x und y sind beide abhängig von einer dritten Größe z
(z. B. alle „Scheinkorrelationen" wie die zwischen Intelligenzalter und Länge der großen Zehe, die beide abhängig sind vom Lebensalter).
(4) x und y beeinflussen sich wechselseitig
(Interdependenzen wie z. B. Lernfähigkeit und Intelligenz).
(5) Natürlich können alle diese verschiedenen Abhängigkeiten beliebig komplex gestaltet werden, solange sie handhabbar bleiben. Z. B. kann Studienerfolg als abhängig gesehen werden von Intelligenz und Leistungsmotivation und sozialer Schicht und x, y, z, wobei ihrerseits etwa Intelligenz und Leistungs-motivation in einer bestimmten Abhängigkeit voneinander stehen können usw.

Längerfristig können wir nur systemtheoretische Ansätze für unsere Zwecke diffe-renzieren und präzisieren (vgl. Miller, 1978) oder andere Modelle entwickeln, wie es in folgendem Zitat zum Ausdruck kommt: „Kognitive und soziale Systeme sind komplex, und gegenwärtige konventionelle, einfache lineare Prozeßmodelle haben ihre heuristische Nützlichkeit als Beschreibung dieser komplexen Systeme verloren. In aktuellen kognitiven und sozialen Systemen sind Effekte das Ergebnis vielfältiger Ursachen, die oft in komplexen Interaktionen stehen; darüber hinaus ist es eher die Regel als die Ausnahme, daß die Effekte auf die kausalen Variablen zurückwirken." (McGuire, 1973: 452.)

1.4.6. Erklärung

Hauptziel aller Wissenschaft ist neben adäquater Beschreibung die zureichende Erklärung bestehender Sachverhalte. Den rationalen Möglichkeiten der Beantwor-tung von Warum-Fragen auf der Grundlage der Beschreibung müssen wir uns deshalb nun zuwenden.

Von den vielen umgangssprachlichen Bedeutungen des Wortes „erklären" kann dabei nur jene berücksichtigt werden, welche beinhaltet, daß zur Frage stehende Sachverhalte und Ereignisse unter Gesetzmäßigkeiten gestellt werden und d. h., sie als Folge ihrer Bedingungen aufzuzeigen. Denn erst die Kenntnis dieser Bedingun-gen erlaubt uns, nicht nur Sachverhalte zu „verstehen", sondern ermöglicht uns allererst, planmäßig in den Ablauf von Ereignissen einzugreifen oder sie zu kontrol-lieren. Dies auch in dem Sinne, daß wir einen unbefriedigenden Problemzustand durch geeignete Operationen in einen erwünschten Zielzustand überführen.

Die allgemeinste Möglichkeit rationaler Erklärung bietet das sog. „Hempel-Op-penheim-Schema" (Hempel und Oppenheim, 1948). Dabei werden – quasi in Um-kehrung eines logischen Schlusses und analog zur traditionellen Führung eines Beweises jene Voraussetzungen gesucht, aus denen sich das zu Erklärende als Folge ergibt. Wie im Schluß ein Urteil aus Prämissen logisch abgeleitet wird, oder im Beweis das als gültig zu Erweisende auf als gültig Anerkanntes zurückgeführt wird, soll in der Erklärung das zu Erklärende (das Explanandum) auf ein Erklärendes (das Explanans) zurückgeführt werden. Die einfachste und allgemeinste Form die-ses Vorgehens läßt sich an folgendem Beispiel erläutern: In der Polizeidirektion einer Großstadt wird bei der Analyse von Straftaten festgestellt, daß die Häufigkeit von Delikten, bezogen auf die Anzahl der Einwohner, von inneren nach äußeren Stadtbezirken hin abnimmt. Auf der Suche nach einer Erklärung für diesen Sach-verhalt stößt man auf die für relevant erachtete Beziehung, daß Kriminalität eine Funktion der Bevölkerungsdichte der Art sei, daß je größer die Bevölkerungsdichte

(Einwohnerzahl pro Flächeneinheit) desto größer die Kriminalitätsrate (Delikte pro Einwohner) sei. Man prüft deshalb, ob im gegebenen Fall die Bevölkerungsdichte in den verschiedenen Stadtbezirken unterschiedlich ist und stellt fest, daß sie vom Zentrum zu den Randbereichen hin abnimmt. Damit ist eine mögliche Erklärung gegeben, die formal folgende Form hat:

Explanans	Gesetz, Quasigesetz, Regel, bestätige generalisierte Aussage (G)
	Beschreibung der singulären Ausgangs-(Antezedenz-)bedingung (A)
Explanandum	Aussage über einen Sachverhalt oder ein Ereignis (E)

Bezogen auf das Beispiel lautet die Erklärung:

G Je größer die Bevölkerungsdichte, desto höher die Kriminalitätsrate
A Im Zentrum von Großstädten ist die Bevölkerungsdichte höher als in ihren Randgebieten

E Im Zentrum von Großstädten ist die Kriminalitätsrate höher als in Randgebieten

Sie kann auch so formuliert werden:
Wenn G und A dann E.

Zulässig, richtig oder gültig ist eine solche Erklärung unter folgenden Voraussetzungen – zumeist Adäquatheitsbedingungen genannt:

(1) Die allgemeine Gesetzesaussage muß wahr, zumindest gut bestätigt sein, empirischen Gehalt haben und darf das Explanandum nicht enthalten.
(2) Die Beschreibung der Ausgangsbedingungen muß zutreffen, also geprüft sein.
(3) Die Ableitung des Explanandums aus dem Explanans muß logisch korrekt erfolgen.

Differenzierungen dieses Schemas nach theoretischen oder empirischen, nach Kausal- oder Wahrscheinlichkeits-, nach subsumtiven und interpretativen Erklärungen und ähnlichen Unterscheidungen sowie nach deduktiven oder induktiven Vorgehen dabei finden sich außer in der schon genannten wissenschaftstheoretischen Literatur (Bunge, 1967; Groeben & Westmeyer, 1975) z. B. bei Albert (1964) oder Hempel (1965); im sozialwissenschaftlichen Zusammenhang bei Opp (1970).

In unserem Zusammenhang soll mehr die Bedeutung dieses Schemas für praktische Problemlösungsprozesse weiter untersucht werden. Denn für jeden zu erklärenden Sachverhalt sind beliebig viele Erklärungen möglich, die zwar alle den geforderten Kriterien genügen können, in konkreten Problemsituationen aber unterschiedlich nützlich sind. So mag z. B. die oben angeführte Erklärung noch zureichend für das Problem sein, den Polizeieinsatz mit dem Ziel effektiver Verbrechensbekämpfung innerhalb des Einsatzbereiches unterschiedlich zu gestalten. Für Probleme dagegen, wie gesellschaftspolitische Maßnahmen mit dem Ziel der Verminderung der Kriminalität zu entwerfen oder die Rückfallhäufigkeit aus der Haft entlassener jugendlicher Straftäter zu vermindern sei, ist sie sicher ungenügend. Dazu müssen andere Erklärungen gefunden werden.

Zuerst ist es naheliegend, nach solchen Bedingungen zu suchen, auf die im Verlaufe des Problemlösungsprozesses auch Einfluß genommen werden kann. Während dies in bezug auf die Bevölkerungsdichte im Beispiel zumindest kurzfristig kaum möglich sein dürfte, würde eine andere Beziehung mehr Möglichkeiten eröffnen:

G1 Je größer die Bevölkerungsdichte, desto stärker die soziale Isolation.

G2 Je stärker die soziale Isolation, desto höher die Kriminalitätsrate.

Im Zentrum von Großstädten sind Bevölkerungsdichte und soziale Isolation höher als in Randgebieten.

Im Zentrum von Großstädten ist die Kriminalität höher als in Randgebieten.

Damit wird auch schon der zweite Gesichtspunkt deutlich: Der Erklärungsabstand, d. h. die Differenz zwischen einem Satz von Bedingungen und den im Verlauf einer Ereignisreihe daraus sich ergebende Folgen sollten so gering wie möglich sein. Im Idealfall sollte „eine Gesamtheit gleichzeitig bestehender Tatsachen ... als gegenseitig voneinander abhängig begriffen werden" (Einstein, zit. nach Lewin, 1963: 273). Im Beispiel müßten etwa individuelle Einstellungsstrukturen, die sich in sozialer Isolation ergeben, sowie situative Momente, die zu normabweichendem Verhalten führen, in die Erklärung einbezogen werden.

So gering der Abstand zwischen dem zu erklärenden Ereignis sein sollte, so „tief" sollte andererseits die Erklärungsreihe sein (vgl. Bunge, 1967: 29f.). D.h., Erklärungen sollten nicht global sein und an der Oberfläche bleiben, sondern sollten die Komplexität der Ereignisse ins Kalkül ziehen, ihre Determinantenreihen und deren Interaktionen soweit wie möglich zurückverfolgen, Sachverhalte unter immer umfassendere Theorien stellen.

Besondere Bedeutung kommt nach wie vor der Kausalerklärung zu. In ihr werden die bislang nur im logischen Sinne abgehandelten Bedingung-Folge-Relationen als Ursache-Wirkungs-Gefüge spezifiziert. Ohne auf die gerade in den letzten Jahrzehnten wieder besonders intensiv geführte Diskussion über das Kausalprinzip (vgl. Heyde, 1957) eingehen zu können, müssen doch einige Aspekte im Sinne des vorliegenden Zusammenhanges erörtert werden.

Für ein grundsätzliches Verständnis kann noch immer auf Formulierungen von Kant zurückgegriffen werden. Sein „Satz der Causalität" lautet: „Alle Veränderungen geschehen nach dem Gesetze der Verknüpfung der Ursache und Wirkung" (Kant, o.J.: 165). In der Begründung dazu führt er aus: „Diese (die objektive Folge der Erscheinungen, Vf.) also wird in der Ordnung des Mannigfaltigen der Erscheinung bestehen, nach welcher die Apprehension des einen (was geschieht) auf die des andern (das vorhergeht) nach einer Regel folgt." (Kant, o.J.: 169.) Er fährt fort: „Nach einer solchen Regel also muß in dem, was überhaupt vor einer Begebenheit hergeht, die Bedingung zu einer Regel liegen, nach welcher jederzeit und notwendigerweise diese Begebenheit folgt."

In dieser Formulierung wird einerseits an der Durchgängigkeit des Kausalprinzips festgehalten, andererseits – da Kausalität als Erkenntnis- und nicht als Realitätsprinzip gefaßt wird – keine spezielle Form regelhafter Zusammenhänge ausgeschlossen, seien sie deterministisch oder probabilistisch. (Die vollständige Akausalität läßt sich auch für indeterministische mikrophysikalische Systeme nicht durchhalten, wie Hübner (1978: 34f.) zeigt.)

Da das allgemeine Kausalprinzip empirisch weder bestätigt noch widerlegt werden kann, schlägt Hübner (1978: 51) vor, es als praktisch-methodisches Postulat zu setzen: „Man kann es auch so deuten, daß das Kausalprinzip – wie auch immer es formuliert werden mag – überhaupt keine theoretische Aussage darstellt: es beansprucht dann weder eine empirische Tatsache, noch eine a priori notwendige Verfassung der Natur oder des erkennenden Wesens auszudrücken; es ist dann weder wahr noch falsch, sondern bedeutet nur die Aufforderung, das zu jedem X existierende Y vorauszusetzen und zu suchen." Damit wird das Kausalprinzip zu einer Regel, die rationales Vorgehen in der Wissenschaft und natürlich beim Problemlösen leiten kann. Selbstverständlich soll hier nicht der Standpunkt eines mechanistischen Determinismus oder eines naiven Monokausalismus vertreten werden, aber die Kenntnis der unmittelbaren Bedingungen des zu erklärenden Sachverhaltes bietet die beste Voraussetzung für seine gezielte Veränderung. Dabei mag helfen, die erklärenden Prämissen nicht in der klassifikatorischen Form „Alle A's sind B's", und auch nicht in der hypothetischen, konditionalen Form „wenn x ein A ist, dann ist es auch ein B" zu formulieren, sondern konditional-genetisch in die Wenn-Komponente die notwendigen und zureichenden Bedingungen aufzunehmen, die das in der Dann-Komponente enthaltene Ereignis unmittelbar bewirken.

Für die Suche nach solchen Bedingungen steht schon ein beachtlicher Methodenapparat zur Verfügung (Blalock, 1971), aber kausale Modelle werden in den Sozialwissenschaften noch immer zu wenig angewandt. Gelungene Erklärungen sind nicht nur die besten Voraussetzungen für das Lösen von Problemen, sondern sie ermöglichen unter bestimmten Bedingungen auch Vorhersagen, deren Möglichkeiten von Kleiter (vgl. Kap. 4.11.) abgehandelt werden.

1.5. Mathematische Systemtheorie

von Peter Zinterhof

Systemtheorie ist sicher wesentlich älter als ihr Name. Das griechisch-lateinische Wort „System" bedeutet so etwas wie „Zusammenstellung", wobei allerdings gedacht ist, daß das Ganze, das als System bezeichnet wird, wesentlich mehr ist als die Summe der Teile, daß also die Teile **und** die Relationen, die zwischen ihnen bestehen, das System ausmachen. Jeder kann spontan aus den verschiedensten Gebieten Systeme aufzählen: Demokratische Systeme, Wettsysteme beim Glücksspiel, das Weltwirtschaftssystem, das Linnesche System, Computersysteme, das Zwölftonsystem der Musik, das Periodensystem der chemischen Elemente, Rückkoppelungssysteme, philosophische, ideologische, offene, abgeschlossene, thermodynamische Systeme, etc. Man treibt nun mathematische Systemtheorie vorwiegend aus drei Gründen, einem analytischen, einem synthetischen und einem pragmatischen Grund. Es hat sich die Bezeichnung **„Mathematische Systemtheorie"** eingebürgert, wenngleich das Wort „formale Systemtheorie" vielleicht noch besser paßte, da ja diese Art von Systemtheorie nicht nur auf Mathematik beruht, sondern auch auf formaler Logik, Programmierung, formalen Sprachen und anderen formalisierten und formalisierbaren Gebieten.

Der analytische Aspekt der MST (= Mathematische Systemtheorie) ist offenbar der, daß durch die Abstraktion durch Formalisierung die Theorie hinreichend unabhängig wird von den speziellen Theorien und Wissenschaften aus denen das jeweilige System ursprünglich kam, so daß verschiedenste Systeme unter einem einheitlichen Gesichtspunkt mit einheitlicher Methode analysiert und klassifiziert werden können. Die formalwissenschaftliche Methode gibt auch Möglichkeiten, Systeme, die aus den verschiedensten Bereichen stammen, zu vergleichen, aufeinander zu projizieren und Ähnlichkeiten zwischen ihnen festzustellen und diese Ähnlichkeiten eventuell sogar zu quantifizieren. Beispiele dafür sind etwa die einheitliche Betrachtungsweise von Rückkoppelungssystemen oder etwa von Input-Output-Systemen. Es läßt sich auch ganz klar ersehen, daß die MST durch ihre eigene Terminologie eine Bereicherung darstellt und oft erst die Möglichkeit für interdisziplinäre Arbeit auf einer gemeinsamen Gesprächsbasis liefert.

Ein synthetischer Aspekt ist sicher der, daß man mit den oft weit entwickelten Hilfsmitteln der Formalwissenschaften, insbesondere der Logik und Mathematik, Systeme mit den vielfältigsten Eigenschaften und für die verschiedensten Zwecke konstruieren kann, man denke etwa an das relativ einfache Konzept von Leontieff und Kantorowitsch in der ökonomischen Input-Output-Analyse und seine vielfachen Anwendungsmöglichkeiten.

Der praktisch wohl wichtigste pragmatische Aspekt ist der operationale: Durch einen hohen Formalisierungsgrad ist es möglich, Systeme und Systemsimulationen zu implementieren, d. h. Programme für den Rechner zu schreiben, so daß der Rechner komplizierte Berechnungen über Systeme durchführen kann, die ihrerseits zu grundsätzlich nachprüfbaren Aussagen über reale Systeme führen. Die „grundsätzliche" Wiederholbarkeit und Nachprüfbarkeit von Rechnerergebnissen ist allerdings in manchen Fällen nicht mehr als eine nützliche Fiktion. Denn wer kann schon Programmpakete, für deren Herstellung oft viele Jahre verwendet wurden, auf ihre Richtigkeit (syntaktische, logische) hin überprüfen, ganz abgesehen von den wissenschaftstheoretischen Problemen der Verifizierbarkeit. Der Wiederholbarkeit von sehr langen Berechnungen sind oft zeitliche und finanzielle Grenzen gesetzt.

Es ist üblich, die Mathematik auf der Grundlage der Mengenlehre aufzubauen, demgemäß ist es mathematisch zweckmäßig, dies auch für die MST zu tun, die einfachsten Tatsachen aus der sogenannten naiven Mengenlehre sind hier als bekannt vorausgesetzt. Rasch informieren kann man sich etwa in Behnke et al. (1964) im Kapitel „Mengen, Abbildungen, Strukturen". Wir werden hier bloß einige wichtige Dinge an Beispielen skizzieren.

Die Menge aller geordneten n-Tupel $(a_1, a_2, a_3, \ldots, a_{n-1}, a_n)$, wobei die a_i vorgegebenen Mengen A_i entstammen, heißt das kartesische Produkt A der Mengen $A_1, \ldots, A_n$

(1)
$$A = A_1 \times A_2 \times A_3 \times \ldots \times A_n = \prod_{i=1}^{n} A_i =$$
$$= \{(a_1, \ldots, a_n), a_i \in A_i\}.$$

Diese einfache Definition ist historisch klar: Wenn wir für A_1 und A_2 die Menge $\mathbb{R}$ der reellen Zahlen wählen, erhalten wir für $A_1 \times A_2$ gerade die Ebene $\mathbb{R}^2$ in kartesischen Koordinaten. Jede Teilmenge $\mathbb{R}$ eines n-fachen kartesischen Produktes heißt eine n-stellige Relation (über $A_1, \ldots, A_n$):

(2) $\mathbb{R} \subset A_1 \times A_2 \times \ldots \times A_n$.

Einfachste Beispiele für 2stellige Relationen sind die Gleichheitsrelation R_{id} etwa über $\mathbb{R}^2$ und die $\leq$-Relation über R^2. Die Gleichheitsrelation heißt aus einleuchtenden Gründen oft auch Diagonale (in diesem Beispiel in $\mathbb{R}^2$). Relationen kann man häufig graphisch gut darstellen. In Abb. 1 ist die Gleichheitsrelation und die $\leq$-Relation dargestellt.

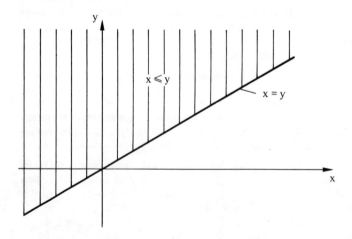

Abb. 1

Ein weiteres wichtiges Beispiel für 2stellige Relationen stellen die Funktionen dar. Eine Relation $R_f \subseteq A_1 \times A_2$ heißt eine Funktion f von A_1 nach A_2, wenn sie noch „eindeutig" oder „funktional" ist, d. h. wenn es zu jedem $a_1 \in A_1$ genau ein $a_2 \in A_2$ gibt, so daß das Paar $(a_1, a_2) \in R$ ist. Funktionen lassen sich häufig graphisch darstellen. Abb. 2 zeigt die Relation (Funktion) $\{(x, x^2)\}$ in $\mathbb{R}^2$.

Offensichtlich (Abb. 1) ist die Gleichheitsrelation funktional, die $\leq$-Relation aber nicht. Die gegebenen Definitionen sind leicht, die Beispiele dazu fast trivial. Dies

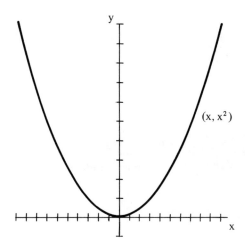

(x, x^2)

Abb. 2

sollte nicht darüber hinwegtäuschen, daß allgemeine und wichtige Begriffe wie die des Operators und des Morphismus bereits in diesem bescheidenen Rahmen definierbar sind. Es lassen sich aber auch algebraische Strukturen leicht in der Sprache der Relationen beschreiben: Betrachten wir als Beispiel die Addition von reellen Zahlen. Zu je zwei reellen Zahlen x, y gibt es eine eindeutig bestimmte reelle Zahl z $= x + y$. Sämtliche Eigenschaften der additiven Verknüpfung reeller Zahlen lassen sich durch die Eigenschaften der dreistelligen Relation $R_+ \leq \mathbb{R} \times \mathbb{R} \times \mathbb{R} = \mathbb{R}^3$, $R_+ = \{(x, y, z) : z = x + y\}$ beschreiben, wie etwa die Kommutativität $x + y = y + x$, die Existenz der 0, $x + 0 = x$, usw. Ebenso kann man allgemeinere algebraische Strukturen, wie Gruppen, Ringe, Körper, Verbände etc., einheitlich beschreiben. Wir wollen noch kurz den Begriff eines Verbandes betrachten: Sei $(A, \leq)$ eine geordnete Menge, d. h. es gilt stets $a \leq b$, aus $a \leq b$ und $b \leq a$ folgt stets $a = b$, und aus $a \leq b$ und $b \leq c$ folgt stets $a \leq c$ (Ordnungsaxiome). In geordneten Mengen müssen nicht zwei beliebige Elemente gemäß der Relation $\leq$ vergleichbar sein, es können also durchaus unvergleichbare Elemente vorhanden sein. Falls jedoch je zwei Elemente vergleichbar sind, heißt die entsprechende Ordnungsrelation $\leq$ eine Totalordnung. Die reellen Zahlen bilden eine Totalordnung mit dem üblichen Größenvergleich von Zahlen. Man überlegt leicht, daß die Enthaltenseinrelation „$\subseteq$" für die Teilmengen einer Menge eine Ordnungsrelation ist, daß diese Ordnungsrelation aber keine Totalordnung ist, sobald die Grundmenge mehr als einen Punkt enthält. Ein Element a der geordneten Menge $(A, \leq)$ heißt untere (obere) Schranke der Teilmenge $M \subseteq A$, wenn für alle Elemente $m \in A$ $a \leq m$ bzw. $m \leq a$ gilt. Diese Begriffe werden durch die wissenschaftliche Praxis motiviert: Man hat oft eine Menge von irgendwelchen Objekten (z. B. Wirtschaftstheorien) und dazu ein ordnendes Vergleichskriterium, wobei allerdings nicht notwendigerweise je zwei dieser Objekte (hier z. B. Wirtschaftstheorien) vergleichbar sein müssen. Es stellt sich dann oft die Frage, ob es ein Objekt dieser Art (hier WT) gibt, das kleiner bzw. größer als alle die vorgegebenen Objekte ist. Beim Vergleich von Theorien wird man statt „größer" oft auch „umfassender" sagen, oder auch gänzlich andere Vergleichskriterien verwenden, jedenfalls müssen die obigen Axiome einer Ordnung erfüllt sein. In den meisten praktisch auftretenden Fällen von Vergleichen von Objekten genügt es nicht, **ein** „umfassendes", d. h. in Hinblick auf eine $\leq$-Relation größtes oder **ein** Objekt, das jedem der vorgegebenen „untergeordnet", d. h. kleiner

ist, anzugeben. Vielmehr ist es meistens wünschenswert, aus den eventuell vorhandenen oberen Schranken einer Menge eine kleinste anzugeben oder unter allen
unteren Schranken eine größte anzugeben. Die kleinsten oberen Schranken (eine
solche heißt auch Supremum) oder größten unteren Schranken (eine solche heißt
auch Infimum) von Mengen von Objekten müssen nicht existieren. Wenn man aber
die Teilmengen einer gegebenen (nicht leeren) Menge A durch die Enthaltenseinrelation $\subseteq$ ordnet, ist das Infimum einer beliebigen Klasse $\mathscr{K}$ von solchen Teilmengen
gerade der Durchschnitt $\bigcap$ aller dieser Mengen $M \in \mathscr{K}$

(3) $\displaystyle\inf_{M \in \mathscr{K}} = \bigcap_{M \in \mathscr{K}}$

und das Supremum ist gerade die mengentheoretische Vereinigung $\bigcup$ dieser Mengen $M \in \mathscr{K}$

(4) $\displaystyle\sup_{M \in \mathscr{K}} = \bigcup_{M \in \mathscr{K}}$

In beliebigen geordneten Mengen bezeichnet man Infimum und Supremum von
Teilmengen (falls diese existieren) in typographischer Analogie mit $\wedge$, $\vee$

(5) $\displaystyle\bigwedge_{m \in K} := \inf\{m \in K\} =: \inf K$

(6) $\displaystyle\bigvee_{m \in K} := \sup\{m \in K\} =: \operatorname{sum} K$

Eine geordnete Menge A heißt ein Verband, wenn zu je **endlich** vielen Elementen
dieser geordneten Menge das Infimum und das Supremum existiert. Diese Endlich-
keitsbedingung ist praktisch und theoretisch nützlich. Ein praktisches Beispiel für
einen Verband: Betrachten wir alle Datenbestände einer Großstadt zu einem festen
Zeitpunkt, es sind endlich viele mit endlich vielen Daten. Jede Anzahl davon läßt
sich zu einer neuen Datenbank vereinigen, so daß kein Datum verloren geht (Supremum), auch kann man den gemeinsamen Datenbestand (Infimum) feststellen.

Falls in einem Verband **beliebige** Durchschnitte und Vereinigungen existieren, heißt
der Verband vollständig. Der Verband aller Teilmengen einer Menge ist vollständig.
Die Klasse aller endlichen Teilmengen einer unendlichen Menge ist ein Verband,
aber kein vollständiger Verband, da die Vereinigung von unendlich vielen endlichen
Mengen ja nicht notwendigerweise endlich ist.

Überaus bedeutsame Beispiele für Verbandstrukturen liefert die formale Logik
(Aussagenlogik), wo man $\wedge$ als „und", $\vee$ als „oder" liest. Statt $\leq$ schreibt man oft
$\mapsto$ und sagt „folgt".

Die bisherigen Begriffe hatten lange Zeit vorwiegend Bedeutung für die reine Mathematik, durch die Automatentheorie, die Theorie der formalen Sprachen und die
Systemtheorie jedoch wurden diese Begriffe auch für die Anwendungen wichtig.
Neuere Entwicklungen bei den Programmiersprachen („PASCAL") erlauben es,
viele dieser Dinge rasch zu implementieren und dann mit relational aufgebauten
Strukturen zu arbeiten (soferne der Rechner schnell und groß ist ...). Falls nun in
einem Verband ein kleinstes Element existiert, bezeichnet man es mit 0, ein eventuell
vorhandenes größtes Element mit 1. Für viele Zwecke ist es nützlich, die Vorstellung
von Elementarbausteinen ordnungstheoretisch zu präzisieren: Ein Element a eines
Verbandes mit 0 heißt Atom, wenn es keine Elemente b gibt mit $0 < a < b$. Im
Verband aller Teilmengen einer gegebenen Grundmenge $M \neq \emptyset$ sind die einpunkti-
gen Mengen offenbar die Atome. Ein Verband heißt distributiv, wenn die Relationen

(7) $\qquad a \vee (b \wedge c) = (a \vee b) \wedge (b \vee c)$

(8) $\qquad a \wedge (b \vee c) = (a \wedge b) \vee (a \wedge c)$

gelten. Viele praktisch auftretende Verbände sind distributiv. Die distributiven und komplementären (Booleschen) Verbände haben eine sehr interessante Eigenschaft: Jeder Boolesche Verband ist isomorph zu einem Mengenverband. Dies bedeutet, daß man abstrakt die Booleschen Verbände von Mengenverbänden nicht unterscheiden kann. Dieses Resultat gilt als tiefliegend. Es ist nun überraschend, daß diese Aussage selbst mit dem einfach formulierbaren Auswahlaxiom äquivalent ist. Dieses Auswahlaxiom sagt, daß man aus jeder Menge einer beliebigen Familie von nicht leeren Mengen jeweils ein Element auswählen kann. Kurz: Kartesische Produkte beliebiger nichtleerer Mengen sind nicht leer. Dieses Auswahlaxiom erschien wohl jedem auf den ersten Blick trivial und selbstverständlich, aber schon seine logische Äquivalenz mit dem offensichtlich nichttrivialen Isomorphiesatz für Boolesche Verbände beleuchtet die Bedeutung des Auswahlaxioms.

Die wenigsten Leute interessieren sich für das Innenleben von Zigarettenautomaten, es sei denn, ihr Lebensunterhalt hängt damit zusammen. Jedenfalls akzeptiert der Automat wohldefinierte Münzarten als Input und hat als Output gewisse Sorten von Zigaretten, und vielleicht Zündhölzer und auch Retourgeld. Zu gewissen Inputs (Geld) x gehören gewisse Outputs y (Waren, Retourgeld). Der Zigarettenspender wird also beschrieben durch seine Inputmenge X, das ist eine Menge von n-Tupeln von Münzen, $n = 1, 2, 3, \ldots$, die Outputmenge Y, das ist hier eine Menge von Zigarettenmarken, Zündern und n-Tupeln von Münzen als Retourgeld und durch eine 2stellige Relation $S \subseteq X \times Y$, die beschreibt, welche Inputs zu welchen Outputs führen. S ist also eine Menge von Paaren (x, y), wo x ein Input (Geld) und y ein Output (Ware + eventuell Retourgeld) ist. Man versteht nun in der MST unter einem Input-Output-System ein Tripel (X, Y, S), wo X Inputmenge und Y Outputmenge heißen und $S \subset X \times Y$ als Input-Output-Relation bezeichnet wird. Dieses einfache Konzept eines Systems kann als eine Grundlage einer MST bezeichnet werden. Die Relation S kann viele Qualitäten besitzen und reiche Strukturen tragen. S kann z. B. funktional sein, d. h. die Paarmenge S ist eine Funktion. Dies etwa bedeutet für das System, daß zu jedem möglichen Input ein eindeutiger Output gehört. Dies ist offenbar in unserem Beispiel des Zigarettenautomaten im allgemeinen nicht der Fall, da man ja gewöhnlich zu einem Preis verschiedene Sorten erhalten kann. Man kann nun Systeme auf mancherlei Art der Größe nach vergleichen. Ein oft nützlicher Ordnungsbegriff für Systeme ist der folgende. Ein System (X_1, Y_1, S_1) ist kleiner oder gleich ($\leq$) einem System (X_2, Y_2, S_2), wenn $X_1 \subseteq X_2$, $Y_1 \subseteq Y_2$ und $S_1 \subseteq S_2$. Ein solcher Größenvergleich von Systemen erlaubt es nun offensichtlich, verbandstheoretische Überlegungen in die Systemtheorie einzubringen. Dies ist z. B. nützlich, wenn man Familien von Systemen zu betrachten hat. Das Infimum einer Familie von Systemen ist dann das größte System, das in jedem der vorgegebenen Systeme der Familie enthalten ist. Das Supremum ist dann das kleinste System in dem alle vorgegebenen Systeme enthalten sind. Wenn man Verbände von Systemen betrachtet, ist natürlich die Frage nach den elementaren Bausteinen des betrachteten Systemverbandes wichtig, das Konzept des Atoms und des atomaren Verbandes ist hier sehr nützlich. Man kann mit Hilfe der Verbandstheorie wichtige Strukturaussagen über Familien von Systemen machen.

Betrachten wir nun eine Leihbücherei. Benutzer x kommt und leiht das Buch y aus. Wichtig für die Organisation der Bibliothek ist die Dokumentation der Vorgänge: Dies läuft sinngemäß wohl so ab: Die Gesamtheit der gerade aktuellen Ausleihun-

gen wird durch die Menge von Paaren S = {(x, y) Benutzer × lieh Buch y} beschrieben, wo X die Menge der Benutzer und Y der Bestand der Bibliothek ist. Die
Dokumentation der Ausleihungen verläuft dann sinngemäß so: Die Adreßkarte
$\alpha(x) = x'$ des Benützers x wird zur Karteikarte y' des Buches $\beta(y') = y$ gelegt, so daß
die Dokumentation der Ausleihvorgänge durch eine Paarmenge S'
$= \{(x', y')\} \subseteq X' \times Y', (X' = $ Menge von Adreßkarten, $Y' = $ Bücherkartei) erfolgt.
Dies ist aber genau das, was man in der MST als Simulation des Systems (X, Y, S)
durch das System (X', Y', S') bezeichnet. Genauer: Seien (X, Y, S) und (X', Y', S')
allgemeine Systeme, α eine Abbildung von X nach X' und β eine Abbildung von Y'
nach Y. Das Paar von Abbildungen (α, β) heißt eine Simulationszuordnung von
(X, Y, S) zu (X', Y', S'), wenn es zu jedem Input $x \in X$ und jedem Output $y \in Y$ mit
$(x, y) \in S$ einen Output $Y' \in Y$ gibt, so daß gilt $(\alpha(x), y') \in S'$ und $\beta(y') = y$. Formal
schreibt sich diese Bedingung kurz

$$(9) \qquad \underset{x \in X}{\wedge} \underset{y \in Y}{\wedge} x S y \Rightarrow \underset{y' \in Y'}{\vee} \alpha(x) S' y' \wedge \beta(y') = y$$

Die Umstellung des Zettelkastens der Bibliothek auf ein Datenverarbeitungssystem
ist offenbar (wie eigentlich jede andere Anwendung der Datenverarbeitung) eine
weitere Simulationszuordnung. Die oben angeschnittene verbandstheoretische
Frage nach dem Infimum bzw. Supremum einer Familie von Systemen tritt hier
konkret wieder auf: Welches ist das kleinste Simulationssystem (X', Y', S') welches
jedes System (X, Y, S) aus einer vorgegebenen Familie simuliert. Da die zu simulie-
renden Systeme (X, Y, S) auch untereinander in komplizierten Relationen stehen
können, ist diese Frage allgemein schwierig zu behandeln. In nichttrivialen konkreten Beispielen sind oft explizite oder vernünftige Näherungen möglich, wie die
praktische Datenverarbeitung zeigt, wo ja auf **einem** Rechner die verschiedensten
Programme, d. h. Simulationen, implementiert sind.

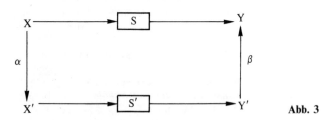

Abb. 3

Das Prinzip der Systemsimulation wird durch Abb. 3 erläutert. Das Diagramm in
Abb. 3 ist für Simulationsabbildungen (α, β) „kommutativ", d. h. man erhält dasselbe Resultat unabhängig von der Wahl des Weges längs der Pfeilrichtungen von X
nach Y. Der Sachverhalt wird aber genauso gut durch die Formel (9) beschrieben.

In den Ingenieur- und Organisationswissenschaften werden seit langer Zeit Systeme
aus einfacheren Systemen als Bausteine aufgebaut. Jeder Schaltplan eines Gerätes
der Unterhaltungselektronik oder jeder Ablaufplan aus der industriellen Fertigung
oder der Verwaltung gibt ein Beispiel dafür. Einige der wichtigsten Schaltungen
sollen angeführt werden, wobei wir nicht so sehr auf die formale Beschreibung Wert
legen. Diese kann sehr gut von Pichler (1975) bezogen werden.

(1) Ein Lehrer unterrichtet Schüler (Input) und kontrolliert den Erfolg (Output).
Jeder Schüler wird als System betrachtet. Das sogenannte kartesische Produkt von

Systemen ist geeignet, die Situation einer Schulklasse systemtheoretisch zu beschreiben. Sind (X_1, Y_1, S_1) und (X_2, Y_2, S_2) Systeme, so ist das kartesische (direkte) Produkt

(10) $(X, Y, S) = (X_1, Y_1, S_1) \oplus (X_2, Y_2, S_2)$

definiert als das System mit Inputmenge $X = X_1 \times X_2$, Outputmenge $Y = Y_1 \times Y_2$ und der Relation $S = \{(x_1, x_2), (y_1, y_2)) : (x_1, y_1) \in S_1, (x_2, y_2) \in S_2\}$. Als Input des direkten Produktes können also alle möglichen Inputkombinationen der Faktorsysteme in Betracht, als Output die möglichen Outputkombinationen.

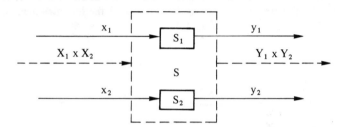

Abb. 4

Das kartesische Produkt von Systemen wird in Fällen, wo parallel ablaufende Vorgänge beschrieben werden sollen, eine gute formale Basis für die Untersuchung abgeben. Weitere Beispiele sind die Parallelabfertigung von Kunden in der Bedienungstheorie, die Parallelverarbeitung im Computer etc.

(2) Ein Übersetzer übersetzt Texte vom Chinesischen ins Englische, die Inputmenge X_1 ist also Chinesisch, der Output Y_1 Englisch, die Systemrelation S_1 beschreibt die Übersetzung. Ein weiterer Übersetzer übersetzt vom Englischen ins Deutsche, die Inputmenge X_2 ist also Englisch, die Outputmenge Y_2 ist Deutsch, die Übersetzung wird durch die Relation $S_2 \subseteq X_2 \times Y_2$ beschrieben. Man kann nun die beiden Übersetzer für eine Übersetzung vom Chinesischen ins Deutsche hintereinander verwenden. Man erhält also durch Hintereinanderschalten das System (X, Y, S) mit $X = X_1$, $Y = Y_2$ und $S = \{(x_1, y_2):$ es existiert ein $y_1 = x_2$, so daß $(x_1, x_2) \in S_1$ und $(y_1, y_2 \in S_2\}$. Diese Verknüpfung von Relationen heißt oft auch Verkettung, man schreibt auch $S = S_1 \langle S_2$. Die bei der Definition der Verkettung S der beiden Relationen S_1 und S_2, $S = S_1 \langle S_2$, auftretenden Bedingung der Existenz eines $y_1 = x_2$, auftretende Bedingung der Existenz eines $y_1 = x_2$ bedeutet in unserem Beispiel ja nichts anderes, als daß das Englisch des zweiten Übersetzers nicht enger sein darf als das des ersten. Allgemein darf bei Verkettung von Relationen bzw. Serienschaltung von Systemen der Output eines Systems der Serienschaltung nicht über den Input des nachfolgenden Systems hinausgehen.

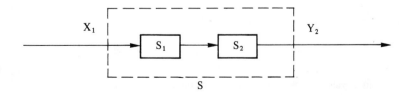

Abb. 5

Diese bereits aus der elementaren Elektrizitätslehre bekannte Serienschaltung ist allgegenwärtig. Beispiele treten auf in der (formalen) Linguistik, der ökonomischen Input-Output-Theorie, der Fertigungstechnik, der Chemie, Medizin usw. Viele biochemischen Reaktionsketten im Organismus sind tatsächlich als seriell verkettete Einzelreaktionen verstehbar und systemtheoretisch modellierbar.

Die letzte Grundschaltung, die wir besprechen wollen, ist eine Rückkoppelungsschaltung. Vorher erläutern wir noch den Begriff des Output-Durchschnitt-Systems von Systemen: zwei Gutachter begutachten ein Kind in bezug auf die Schulreife. Die Gutachter betrachten vielleicht die Situation von verschiedenen Standpunkten. Ein Urteil kommt jedoch nur zustande, wenn die Gutachter trotz möglicherweise verschiedener Input x_1, x_2 einig sind, d.h. den gleichen Output y haben. Die Situation wird durch folgendes Diagramm beschrieben:

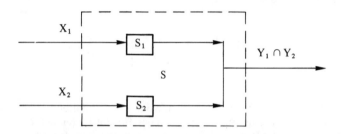

Abb. 6

Wenn wir das Beispiel ein wenig weiterspinnen, ist die Situation denkbar, daß ein Gutachter sein Urteil stets auf das des anderen abstimmt, aus welchen Gründen auch immer. Er verwendet also einen „Regler" und eine Rückkoppelungsschaltung etwa wie in Abb. 7.

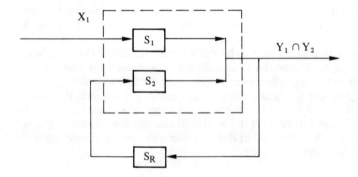

Abb. 7

Die Inputmenge ist $X = X_1$, die Outputmenge ist $Y = Y_1 \cap Y_2$, die Systemrelation S schreibt sich als

$$S = \{(x, y) : (x, y) \in S_1 \quad \text{und} \quad (y, y) \in S_R \circ S_1\},$$

wo S_R die Systemrelation des Reglers ist. Die allgemeine Bedeutung von Rückkoppelungssystemen braucht nicht eigens hervorgehoben zu werden. Es gibt eine Reihe weiterer Grundschaltungen von Systemen, die hier aber nicht angeführt werden sollen. Mit dem zur Verfügung stehenden Arsenal von Schaltungen lassen sich große Systeme übersichtlich analysieren bzw. synthetisieren. Da die Begründung der Systemtheorie eine algebraische ist, stehen die mächtigen Hilfsmittel der modernen Algebra zur Verfügung, die jedoch weit über den gesteckten Rahmen hinausgehen. Es sei auch erwähnt, daß eine so begründete Systemtheorie ausgezeichnete Anknüpfungspunkte für die Automatentheorie und die formalen Sprachen bietet. Der Entwicklungsstand der Reentechnik läßt heute schon die Implementierung relativ komplexer Systeme zu. Bei der Behandlung konkreter Systeme wird sich oft herausstellen, daß die Inputmenge X, die Outputmenge Y und die Systemrelation S spezielle topologische oder stochastische Strukturen trägt, die man vorteilhaft nutzen kann. Man denke nur an das Beispiel der Warteschlangentheorie, wo die Zugänge etwa zu deN Kassen eines Supermarktes als stochastisch zu betrachten sind. Auch läßt sich etwa die Verbreitung eines Gerüchtes in einer Population durch ein System mit stochastischen Eigenschaften recht schön beschreiben.

Wir wollen nun an Hand eines energiewirtschaftlich interessanten Beispieles zeigen, wie man die Komplexität eines Systems bewerten kann. Dazu betrachten wir ein System von Kraftwerken, das zur Deckung eines schwankenden Bedarfs an elektrischer Energie vorgesehen ist. Die N Kraftwerke des Systems mögen Nennleistungen $P_1, \ldots, P_N$ besitzen. Kraftwerke sind als technische Systeme nicht absolut zuverlässig, sie sind nur mit einer gewissen Wahrscheinlichkeit intakt (betriebsbereit, leistungsfähig). Diese Verfügbarkeiten $q_1, \ldots, q_N$ liegen zwischen 0 und 1. Wenn z. B. $q = 0,9$ ist kann man rechnen, daß das Kraftwerk 90% des Jahres verfügbar ist, ohne allerdings i. A. angeben zu können, **wann** es nicht verfügbar ist. Das praktische Problem ist es nun, durch planmäßiges Abschalten und Zuschalten von Kraftwerken aus einem größeren System von Kraftwerken, die Leistung des in Betrieb befindlichen Kraftwerkparkes möglichst genau an die gerade vorhandene Nachfrage anzupassen, wobei je nach Modellvorstellung, auch die nicht absolute Verfügbarkeit ($q < 1$!) der Kraftwerke berücksichtigt werden sollte. Das heißt etwas heuristisch, die aktuell nachgefragte Leistung soll möglichst genau durch die Leistung des Systems „beschrieben" werden. In diesem Sinne kann diese Fragestellung auch als Problem der Informationstheorie und der Codierungstheorie betrachtet werden. Nehmen wir z. B. an, es soll ein Kraftwerkssystem konfiguriert werden, das Lasten (Leistungsnachfragen) zwischen 0 und 10 Megawatt (MW) abdecken soll. Dies kann mit einem einzigen Kraftwerk mit 10 MW Leistung geschehen. Dann hat man aber wenig Wahlfreiheit, denn das System hat nur zwei Zustände und man kann nur zwei Leistungen, nämlich 0 und 10 MW treffen. Wenn man aber statt dessen etwa 10 Kraftwerke mit je 1 MW Leistung konfiguriert, kann man schon sehr viel mehr verschiedene Lastsituationen in zweckmäßiger Weise abdecken und dies i. a. auf mannigfache Weise. Das,was man also hier zu bewerten hätte, wäre so etwas, was man mit Anpassungsfähigkeit oder Homogenität des Kraftwerksystems beschreiben könnte. Wir denken uns nun jedem Kraftwerk (Element) des Systems auf irgendeine Weise ein Gewicht q^* zugeordnet, $0 \leq q^* \leq 1$, so daß die Summe aller Gewichte $q_1^* + q_2^* + \ldots + q_N^* = 1$ ergibt. Sei $Q^* = (q_1^*, \ldots, q_N^*)$. Wir suchen dann eine Maßzahl $H(q_1^*, \ldots, q_N^*)$ für die Homogenität des Systems, die einige naheliegende Forderungen erfüllt:

A 1) $H(q_1^*, \ldots, q_N^*)$ hängt nur von der Verteilung (Massenbelegung, Gewichtung $q_1^*, \ldots, q_N^*$ ab und ist symmetrisch in $q_1^*, \ldots, q_N^*$. Dies soll bedeuten, daß die Größe H nicht von der Reihenfolge der Aufzählung der Elemente des Systems, sondern nur von der Gewichtung der Elemente selbst abhängt.

A 2) $H(q^*, 1 - q^*)$ ist stetig in q^*. Diese Forderung ist sehr nützlich, da dann hinreichend kleine Änderungen von q^* vorgeschrieben kleine Änderungen von H bewirken.

A 3) $H\left(\dfrac{1}{2}, \dfrac{1}{2}\right) = 1$. Dies ist eine Normierungsbedingung.

A 4) $H(q_1^*, \ldots, q_N^*) = H(q_1^* + q_2^*, q_3^*, \ldots, q_N^*) + (q_1^* + q_2^*) \cdot$

$$\cdot H\left(\frac{q_1^*}{q_1^* + q_2^*}, \frac{q_2^*}{q_1^* + q_2^*}\right)$$

Das Axiom in A 4) besagt: Vereinigt man die beiden Kraftwerke (Elemente) mit den Gewichten q_1^* und q_2^* zu einem einzigen Kraftwerk (Element), dessen beide Bestandteile gleichzeitig den selben Zustand haben, d. h. hier leisten oder nicht leisten, so verliert man gerade die Anpassungsfähigkeit $H(q_1^*/(q_1^* + q_2^*), q_2^*/(q_1^* + q_2^*))$ des Teilsystems, das aus den beiden Elementen besteht, multipliziert mit dem Gesamtgewicht $q_1^* + q_2^*$ dieses zweielementigen Teilsystems.

Es ist sehr gut bekannt, daß die einzige Funktion $H(q_1^*, \ldots, q_N^*)$, die die Axiome A 1) bis A 4) erfüllt, die Entropie ist (vgl. Rényi, 1973).

$$H(q_1^*, \ldots, q_N^*) = \sum_{k = 1}^{N} q_k^* \operatorname{ld} \frac{1}{q_k^*}.$$

ld bezeichnet den Logarithmus zur Basis 2, die Einheit der Entropie ist ein bit. Je größer die Entropie H einer diskreten Verteilung $Q^* = (q_1^*, \ldots, q_N^*)$ ist, desto homogener ist das System in seiner Gewichtung der Elemente. Man zeigt sehr leicht, daß $H(q_1^*, \ldots, q_N^*)$ das Maximum ld N genau im Falle der Gleichverteilung $q_i^* = 1/N$, i = 1, \ldots, N, erreicht. Die Entropie gibt ersichtlich die nötige Länge der Wörter in binärer Darstellung zur Beschreibung der Systemsituationen an, ist also ein vernünftiges Maß für die Komplexität des Systems. Auffallend und wichtig ist dabei, daß die Gewichtung der Elemente des Systems durch die q_i^* starken Einfluß auf die Maßzahl der Komplexität hat. Dies ist jedoch natürlich und meist sehr erwünscht, denn die Wahl einer Gewichtung der Elemente eines Systems ist ja nichts anderes als eine Unterscheidung von Wichtigem und Unwichtigem. Wenn alle Elemente als gleich wichtig betrachtet werden, ist das Maximum der Komplexität erreicht. Man sagt ja auch in der Umgangssprache, daß eine Situation (ein System) kompliziert sei, wenn zur Beschreibung in der gewählten Sprache (etwa in der Umgangssprache) ein langer Text erforderlich ist. Die Komplexität eines Objektes hängt also ganz wesentlich von der verwendeten Sprache ab und ist somit relativ. Es ist in der praktischen Datenverarbeitung wohl bekannt, daß zur Programmierung selbst einfacher wirtschaftlicher Abläufe der betrieblichen Praxis sehr lange Fortran-Codes nötig sind, die Cobol-Codes aber oft relativ kurz sind. Die Frage, ob es Algorithmen zur Auffindung eines kürzesten Codes für allgemeine Systemklassen bzw. Automaten gibt, führt in schwierige Probleme der Grundlagen der Mathematik und Logik und ist i. a. nicht zu bejahen.

Als konkretes Beispiel für eine Massenbelegung (Gewichtung) von Systemkomponenten betrachten wir in unserem Kraftwerkssystem die Verteilung $\tilde{Q}$ = $(\tilde{q}_1, \tilde{q}_2, \ldots, \tilde{q}_N)$, wo dem i-ten Kraftwerk das Gewicht

$$\tilde{q}_i = P_i q_i / \sum_{k = 1}^{N} P_k$$

zugeordnet wird. $P_i q_i$ ist also der Erwartungswert der Leistung des i-ten Kraftwerkes. Das Gewicht $\tilde{q}_i$ gibt also an, welchen Anteil an der Maximalen Leistung $\sum P_k$ des Systems das i-te Kraftwerk im (langzeitlichen) Durchschnitt hat. Diese Verteilung ist eine unvollständige, d. h. $\sum \tilde{q}_i < 1$, falls mindestens ein Kraftwerk eine positive Ausfallswahrscheinlichkeit hat. Die Entropie von $\tilde{Q}$

$$H(\tilde{Q}) = \sum_{k=1}^{N} \tilde{q}_k \, ld \, \frac{1}{\tilde{q}_k}$$

ist genau dann maximal (und dann $= ld\,N$), wenn alle Kraftwerke gleiche Leistung haben und absolut zuverlässig sind. Letztere Bedingung ist praktisch nicht realisierbar. Für ein praktisch vorhandenes System von 42 Kraftwerken wurde $H(\tilde{Q})$ mit etwa 3,7 bit errechnet. Ein System von nur 13 Kraftwerken gleicher und absolut sicherer Leistungsaufbringung hat die gleiche Entropie von 3,7 bit und damit die gleiche Anpassungsfähigkeit im Sinne unserer Definition. Dies läßt Rückschlüsse auf energiewirtschaftlich und ökonomisch bedeutsame Eigenschaften realer Kraftwerkssysteme und anderer Versorgungssysteme zu. Schlüsse solcher Art wollen wir jedoch hier nicht ziehen.

Wir haben bisher die Systeme von einem sehr algebraischen Standpunkt aus betrachtet. Viele praktisch vorkommenden Systeme sind jedoch dadurch ausgezeichnet, daß sie einen zeitabhängigen Input und damit auch einen zeitabhängigen Output haben. Diese spezielle Eigenschaft von Systemen läßt sich recht abstrakt algebraisch beschreiben. Eine solche Algebraisierung des Zeitbegriffes hat eine Reihe von interessanten wissenschaftstheoretischen Aspekten, die wir hier jedoch nicht verfolgen wollen. Wir wollen vielmehr eine klassische Methode der angewandten Mathematik zur Analyse und Synthese von Systemen mit kontinuierlicher Zeit betrachten, nämlich die Methode der Funktionaltransformation. Bekannte Beispiele für Systeme mit kontinuierlicher Zeit sind der menschliche Organismus in Hinblick auf sein Elektrokardiogramm, Elektroenzephalogramm, seine biochemischen Prozesse usw. Aus der Wirtschaftstheorie sind die Wirtschaftszyklen (z. B., der bekannte Schweinezyklus) bekannt, die unter gewissen Annahmen durch Differenzen- oder Differentialgleichungen etwa zweiter Ordnung beschrieben werden können. Der Ingenieur wird als Beispiele sofort elektrische oder mechanische Schwingkreise aller Art nennen. Aus dem Bereich der Unternehmensforschung sind die Theorie der Warteschlangen un Zuverlässigkeitstheorie von Systemen zu nennen. Da die Zeit als kontinuierliche Größe betrachtet werden soll, wird als Hilfsmittel die Differentialrechnung und die Integralrechnung in natürlicher Weise eingehen, viele zeitabhängige Prozesse werden ja durch Differential- oder Integralgleichungen beschrieben. Die Differentiationen und Integrationen von Funktionen stellen jedoch mathematisch transzendente Operationen dar und sind darüber hinaus in numerischer, d. h. rechentechnischer Hinsicht oft äußerst heikel.

Es ist ein legitimer und erfreulicherweise auch erfüllbarer Wunsch, Systeme, die durch Differential- oder Integralgleichungen regiert werden, im Sinne unserer eingangs gegebenen Definition der Simulation von Systemen durch solche Systeme zu simulieren, in denen die transzendenten Prozesse der Differentiation und der Integration durch elementare Operationen mit Funktionen wie $+$, $-$, $\cdot$, $\div$ simuliert werden. Solche Simulationen sind auf verschiedene Weise möglich. Wir wollen eine dieser Möglichkeiten, nämlich die Methode der Laplace-Transformation, in ihren Grundkonzepten vorführen, weil sie wahrscheinlich die berühmteste und wahrscheinlich auch die freundlichste ihrer Familie ist. Wir wollen uns dabei allerdings nicht sehr ausführlich mit dem dazugehörigen analytischen Apparat (also der „strengen" Mathematik dazu) beschäftigen, sondern mehr auf das operationale der Methode eingehen.

Sei nun f(t) eine zeitabhängige Funktion, $t \geq 0$. f(t) kann etwa ein Einkommen zur Zeit t, eine elektrische Spannung zur Zeit t (EEG, ECG) oder die Wahrscheinlichkeit sein, daß in der auf t folgenden Minute ein Kunde an die Kasse tritt. Wir ordnen nun Funktionen f(t) auf folgende Weise Funktionen F(s) zu

$$(11) \qquad f(t) \rightarrow F(s) = \int\limits_{0}^{\infty} e^{-st} f(t) dt$$

Die Funktion F(s) des Arguments s heißt dann Laplace-Transformierte von f(t) und man schreibt oft $F(s) = L\{f(t)\}$. Die Laplace-Transformation führt Summen und Differenzen in Summen und Differenzen über, da das Integral (11) dies tut. Es zeigt sich nun, daß die Ableitung f'(t) und das Integral $\int\limits_{0}^{t} f(\tau) d\tau$ der Funktion f(t) im Laplace-Bereich, d. h. nach Anwendung der Laplace-Transformation (11), sehr einfach beschrieben werden:

$$(12) \qquad L\{f'(t)\} = s \cdot F(s) - f(+0)$$

$$(13) \qquad L\left\{\int\limits_{0}^{t} f(\tau) d\tau\right\} = \frac{F(s)}{s}$$

Hier ist $f(+0)$ der rechtsseitige Grenzwert der Funktion f(t) an der Stelle 0. Falls er nicht existiert, ist die Formel (12) natürlich falsch. Man sieht aus den Formeln (12) und (13), daß die komplizierten Prozesse der Differentiation und der Integration in der „Sprache" der Laplacetransformation durch Multiplikationen und Divisionen beschrieben werden. In vielen Bereichen der angewandten Mathematik ergibt sich in natürlicher Weise die Operation der Faltung (convolution) von Funktionen:

$$(14) \qquad f_1(t) * f_2(t) = \int\limits_{0}^{t} f_1(\tau) \cdot f_2(t-\tau) d\tau$$

Diese Faltungsoperation tritt auf, wenn man die Verteilungsfunktion von Summen unabhängiger zufälliger Größen berechnet, also immer dann, wenn sich unabhängige Effekte überlagern. Die nicht unkomplizierte Operation (14) der Faltung von Funktionen ist im Laplacebereich überaus einfach darzustellen:

$$(15) \qquad L\{f_1 * f_2\} = F_1(s) \cdot F_2(s)$$

Das heißt, die Laplacetransformierte eines Faltungsproduktes (14) ist gleich dem algebraischen (arithmetischen) Produkt der Laplacetransformierten. Da sich die wichtigen Operationen, Differentiationen, Integrationen und Faltung von Funktionen im Laplacebereich so einfach darstellen, ist es bei vielen systemtheoretischen Betrachtungen überaus lohnend alle Überlegungen nicht im Original- d. h. hier Zeit-Bereich, sondern im Bereich der Laplacetransformierten anzustellen. Es gibt ausführliche Tabellen, in denen die Zuordnungen Funktion ⇔ Laplacetransformierte für die meisten praktisch vorkommenden Funktionen aufgelistet sind (vgl. Oberhettinger & Badii, 1973). Diese Tabellen haben in der Anwendung die Funktion von Wörterbüchern. Die Formeln (11), (12), (13), (14), (15) geben an, wie sich „grammatikalische" Regeln im Zeitbereich in „grammatikalische" Regeln der „Laplace-Sprache" transformieren (vgl. Doetsch, 1967).

Es ist oft sehr nützlich, ein systemtheoretisches Problem ausschließlich im Laplacebereich zu formulieren und zu lösen. Wir zeigen dies an Hand eines Beispieles:

In einer ökonomischen Theorie wird die Größe $y(t)$ des Nationaleinkommens zur Zeit t durch eine Differentialgleichung

(16) $y''(t) + a_1 y'(t) + a_2 y(t) = f(t)$

beschrieben. Für diese Differentialgleichungen zweiter Ordnung sind Lösungsverfahren der verschiedensten Art gut bekannt. Wir wollen jedoch die Laplacetransformation auf die Gleichung (16) anwenden und erhalten nach zweimaliger Verwendung von (12) im Laplacebereich die algebraische Gleichung

(17) $Y(s) \cdot \gamma(s) = F(s)$

wo $\gamma(s) = s^2 + b_1 s + b_2$ ein Polynom zweiten Grades in s, dessen Koeffizienten sich gemäß (12) leicht aus den Anfangsbedingungen des Polynoms und a_1 und a_2 berechnen lassen. Es gilt also

(18) $Y(s) = F(s) \cdot \dfrac{1}{\gamma(s)}$

Mit einer Tabelle der Laplacetransformierten, dem „Wörterbuch", kann man oft leicht (leider manchmal auch nicht leicht!) die Lösungsfunktion $y(t)$ ermitteln. Die rechte Seite $f(t)$ in (16) heißt Störungsfunktion $y(t)$ ermitteln. Die rechte Seite $f(t)$ in (16) heißt Störungsfunktion der Differentialgleichung. In dem hier unterstellten ökonomischen Modell können dies die Staatsausgaben sein. $f(t)$ spielt also hier die Rolle eines zeitabhängigen Inputs. Der Output ist (das Nationaleinkommen) $Y(t)$. Wenn wir in (18) die Funktion $1/\gamma(s) = G(s)$ bezeichnen, erhalten wir

(19) $Y(s) = G(s) \cdot F(s)$

oder im Zeitbereich

(20) $y(t) = g(t) * f(t)$

Man sieht, daß sich diese Dinge im Laplacebereich wesentlich angenehmer, weil rein algebraisch, darstellen lassen. Man nennt die Funktion $G(s)$ Übertragungsfunktion („transfer function") oder Systemfunktion. Die Formel (20) stellt sich bildlich dar als:

Das System kann also als Input-Output-System gesehen werden.

Bei der Hintereinanderschaltung von solchen zeitabhängigen Input-Output-Systemen

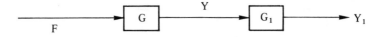

erhält man im Laplace-Bereich: $Y = GF$, $Y_1 = G_1 Y$, also $Y_1 = GG_1 F$. Daher kann man diese seriell geschalteten Systeme durch ein einziges darstellen:

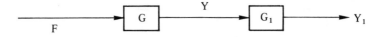

Wir wollen die anfangs rein relationentheoretisch formulierte Rückkoppelungsschaltung von Systemen auch in diesem Licht betrachten:

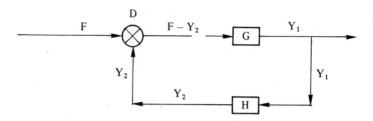

G hat den Output Y_1, der wieder Input für H ist. Der Output von H ist Y_2. Das Element D habe in diesem Beispiel die Eigenschaft der Differenzenbildung, es führt also das Inputpaar (Y_2, F), wo F die Störfunktion ist, in $F - Y_2$ über. Wir erhalten die beiden Gleichungen

(21) $Y_1 = G(F - Y_2)$

(22) $Y_2 = H Y_1$.

Daraus errechnet man unmittelbar den Output Y_1 der Rückkoppelungsschaltung:

(23) $Y_1 = \dfrac{G}{1 + HG} \cdot F$

Die Funktionsweise einer solchen Schaltung läßt sich also im Laplacebereich sehr einfach darstellen. Durch Rücktransformation (Benutzung des Wörterbuches, d. h. der Tabellen der Laplacetransformation) läßt sich die Lösung $y_1(t)$ im Originalbereich in der Regel ermitteln. Die letzte Gleichung (23) bedeutet aber auch, daß sich die Rückkoppelungsschaltung durch ein einziges Element mit der Systemfunktion $G/(1 + HG)$ darstellen läßt:

$$F \longrightarrow \boxed{G/(1 + HG)} \longrightarrow Y_1$$

Dieses Element nennt man oft auch Ersatzblock für das entsprechende Rückkoppelungssystem. In der Wirtschaftstheorie ist seit Leontiefs grundlegenden Überlegungen zur Input-Output-Analyse der folgende Ansatz geläufig:

Das System S zerfalle in M Teilsysteme $S_1, \ldots, S_M$. Diese Teilsysteme werden in der Wirtschaftstheorie meist als Sektoren interpretiert. Das System S_i hat einen Output x_{ij} (an Vorleistungsgütern der Art i) an das System S_j, für welches x_{ij} also ein Input ist.

$$\boxed{S_i} \quad \xrightarrow{\ \ x_{ij}\ \ } \quad \boxed{S_j}$$

Man erhält auf diese Weise eine Input-Output-Tabelle, die man zweckmäßigerweise in Matrizenform schreibt:

$$\begin{pmatrix} x_{11} & \cdots & x_{1M} \\ x_{21} & \cdots & x_{2M} \\ \vdots & & \\ x_{M1} & \cdots & x_{MM} \end{pmatrix} = I0$$

Solche Statistiken sind in der Wirtschaftswissenschaft seit langem geläufig. Die große heutige Bedeutung erhielten diese Input-Output-Tabellen durch die wirtschaftstheoretische Analyse der Zahlen (Funktionen) x_{ij} und durch die breite Anwendung des Matrizenkalküls und der linearen Optimierung durch Leontief, Kantorowitsch, Dantzig u. a.

Wenn man mit $X = (X_1, \ldots, X_M)$ den Vektor der Bruttoproduktionswerte, mit $N = N_1, \ldots, N_M)$ den Vektor der Endnachfrage und mit $A = (a_{ij})$ die Matrix der Inputkoeffizienten bezeichnet, erhält man den klassischen Ansatz, wie er in Hujers Beitrag im Kontext der Prozeß- und Strukturanalyse ausführlich dargestellt ist:

(24) $X = AX + N$

Wenn 1 nicht Eigenwert von A ist, ist $I - A$ invertierbar und es gilt

(25) $X = (I - A)^{-1} N$

Dieser lineare Ansatz hat den Vorzug der Übersichtlichkeit, auch liefert die mathematische Statistik eine Reihe von Methoden zur Schätzung der auftretenden Parameter und es gibt eine Vielzahl von schnellen Programmen für die in der Praxis auftretenden hochdimensionalen Matrizenoperationen. Die Wirtschaft verläuft jedoch dynamisch und die relevanten Parameter sind i. a. nicht deterministisch, so daß es nützlich ist, die Überlegungen in die Theorie der stochastischen Prozesse einzubetten. Eine solche Einbettung wollen wir hier skizzieren: Der Nachfragevektor N wird in diesem Fall als stochastischer Prozeß N(t) mit Werten im M-dimensionalen Raum betrachtet, die Zeit t mag diskret oder kontinuierlich sein. Ebenso tritt an die Stelle des Vektors X der Bruttoproduktionswerte ein M-dimensionaler stochastischer Prozeß X(t). Die Leontief-Inverse $(I - A)^{-1}$ aus (25) wird in einem solchen Modell ebenfalls durch einen matrizenwertigen stochastischen Prozeß Op(t) zu ersetzen sein und die klassische Relation (25) geht über in

(26) $X(t) = Op(t) N(t)$

Durch einen Ansatz dieser Art kann die heute sehr gut ausgebaute Theorie der stochastischen Prozesse für die Zwecke einer dynamischen Input-Output-Analyse herangezogen werden. In sehr vielen Anwendungen wird angenommen, daß die auftretenden Prozesse die Eigenschaft haben, Markoffsche zu sein. Dies bedeutet etwa für das Verhalten des Nachfragevektors N(t), daß seine Entwicklung vom Zeitpunkt t_0 an nur von $N(t_0)$ abhängt und nicht von den Werten, die er vor t_0 angenommen hat. Diese Annahme ist offensichtlich sehr einschneidend. Markoffsche Prozesse sind sehr gut untersucht und es gibt eine Reihe von Grenzwertsätzen, die das Verhalten eines solchen Prozesses nach langer Zeit beschreiben. In Cox & Miller (1965) wird eine Einführung in die Theorie der Zufallsprozesse gegeben. Schumann (1968) gibt eine ausgezeichnete Einführung in die statische und dynamische Input-Output-Analyse.

Die Input-Output-Analyse ist nicht auf wirtschaftliche Fragestellungen beschränkt, sondern ist ein wirksames Hilfsmittel der allgemeinen Systemtheorie. Sie gestattet es, manche Wechselwirkungen zwischen Systemen oder Systemteilen allgemeiner Art quantitativ zu beschreiben und einer Implementierung zugänglich zu machen.

Falls diese Abhängigkeiten qualitativer Art sind, bieten sich als sehr nützlich die Booleschen Modelle an, wobei die Abhängigkeiten zwischen den Komponenten eines komplexen Systems zweckmäßigerweise durch Boolesche Variable beschrieben werden. Da diese Booleschen Modelle Anwendungen in den verschiedensten Bereichen gestatten, sollen sie näher erläutert werden:

In einem Betrieb etwa sollen immer wieder Entscheidungen ähnlicher Art getroffen werden, die sich jeweils aus vielen Einzelentscheidungen zusammensetzen, die jeweils eindeutig richtig oder falsch sind. Es wird nun gefragt, wie die Richtigkeit der Gesamtentscheidung von der Richtigkeit der Einzelentscheidungen abhängt. Es mag ja durchaus bei komplexen Entscheidungsprozessen sein, daß einzelne Entscheidungsträger falsche Entscheidungen treffen, im gesamten jedoch eine richtige Entscheidung herauskommt, nicht etwa, weil zwei falsche Entscheidungen eine richtige Entscheidung ergeben, sondern weil das System Kontrollen, Rückkoppelungen und Redundanzen an den richtigen Stellen enthält. Ähnliche Fragestellungen treten auf in der Zuverlässigkeitstheorie komplexer Systeme, wo es um die Funktionstüchtigkeit komplexer Systeme geht.

Wir nehmen nun an, daß unser System aus N Komponenten besteht, deren jede genau einen der beiden Booleschen Werte 0 oder 1 trägt (0 für falsch, nicht in Ordnung 1, für richtig, funktionsfähig). Das System besteht also aus N Booleschen Variablen $x_1, \ldots, x_N$. Jeder Realisierung des Vektors $(x_1, \ldots, x_N)$ entspricht ein Boolscher Wert $S(x_1, \ldots, x_N)$ des gesamten Systems, je nachdem, ob die Realisierung des Vektors $(x_1, \ldots, x_N)$ zu einer falschen Entscheidung (oder Malfunktion) und $S(x_1, \ldots, x_N) = 0$ oder einer richtigen Entscheidung (dem richtigen Funktionieren) und $S(x_1, \ldots, x_N) = 1$ führt. Weiters soll gelten

$$S(1, \ldots, 1) = 1 \qquad\qquad\qquad (A\,1)$$

$$S(0, \ldots, 0) = 0 \qquad\qquad\qquad (A\,2)$$

$$S(x_1, \ldots, x_N) \leq S(y_1, \ldots, y_N)$$

$$\text{falls } x_i \leq y_i, \ i = 1, \ldots, N \qquad (A\,3)$$

(A 1) und (A 2) sind plausibel: Wenn alle Komponenten wahr (falsch) sind, soll das Resultat wahr (falsch) sein. (A 3) bedeutet, daß eine Verbesserung von Komponenten keine Verschlechterung des Resultates bewirken kann. Diese Monotonieeigenschaft der Systemfunktion $S(x_1, \ldots, x_N)$ verhindert auch, daß eine zusätzliche falsche Teilentscheidung aus einer falschen Gesamtentscheidung eine richtige macht. Die i-te Komponente des Systems ist unwesentlich, wenn

$$S(x_1, \ldots, x_{i-1}, 0, x_i, \ldots, x_N) = S(x_1, \ldots, x_{i-1}, 1, x_i, \ldots, x_N)$$

für alle Realisierungen von $x_1, \ldots, x_i, x_{i-1}, x_{i+1}, \ldots, x_N$. Eine unwesentliche Komponente in diesem Sinne ist bei manchen Geschäftsordnungen das Vetorecht einzelner Entscheidungsträger, wenn es durch ein Beharren der anderen Entscheidungsträger aufgehoben wird.

Man sagt, ein System sei seriell, wenn $S(x_1, \ldots, x_N) = \min(x_1, \ldots, x_N)$. In einem seriellen System hat die Systemfunktion $S(x_1, \ldots, x_N)$ nur dann den Wert 1, wenn alle Komponenten den Wert 1 haben

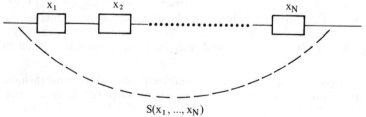

$$S(x_1, \ldots, x_N)$$ **Abb. 8**

Der Begriff serielles System (Abb. 8) stammt aus der Elektronik, wo ein solches System funktioniert, wenn alle Komponenten intakt sind. Serielle Systeme sind nicht auf technische Fragestellungen beschränkt. Viele Prozesse mit Booleschem Output laufen im Sinne einer seriellen Ersatzschaltung ab. Beispiele sind Verwaltungsabläufe, die nur dann erledigt sind, wenn alle zuständigen Stellen die Sache positiv erledigt haben. Im Sinne der Booleschen Ersatzschaltung serieller Prozesse können jedoch in einem anderen Sinn, etwa im Sinne des zeitlichen Ablaufes, durchaus parallel ablaufen.

Ein System heißt Parallelsystem, wenn $S(x_1, \ldots, x_N) = \max(x_1, \ldots, x_N)$. D. h. $S(x_1, \ldots, x_N) = 1$, wenn mindestens ein $x_i = 1$. Auktionen sind in diesem Sinne Parallelsysteme: Ein Verkauf kommt zustande, wenn mindestens ein Bieter (zulässig) bietet.

Es gibt bereits relativ einfache Systeme, die weder parallel noch seriell sind (Brückenschaltungen). Die Systemfunktionen von seriellen und parallelen Systemen sind einfach gebaut:

$$S(x_1, \ldots, x_N) = x_1 \cdot x_2 \cdot \ldots \cdot x_N \qquad \text{(seriell)}$$

$$S(x_1, \ldots, x_N) = 1 - \prod_{i=1}^{N} (1 - x_i) \qquad \text{(parallel)}$$

Man erkennt, daß diese Systemfunktionen als Polynome in den Variablen $x_1, \ldots, x_N$ darstellbar sind. Dies gilt allgemein für beliebige Systemfunktionen. So lassen sich Systemfunktionen leicht am Rechner realisieren. In der Praxis tauchen allerdings oft recht lange Ausdrücke, die naturgemäß speicherplatzaufwendig sind, auf.

In vielen praktischen Problemstellungen stehen auch Informationen zur Verfügung, mit welchen Wahrscheinlichkeiten $p_1, \ldots, p_N$ die Entscheidungen richtig getroffen werden oder die Komponenten des Systems funktionieren usw. Es seien also $x_1, \ldots, x_N$ Boolesche Zufallsveränderliche, die wir der Einfachheit halber als vollständig unabhängig ansehen. Es gelte

$$\text{Prob}(X_i = 1) = p_i.$$

Für eine geeignete reell algebraische Darstellung von $S(x_1, \ldots, x_N)$ gilt dann die bemerkenswerte Tatsache, daß

$$(27) \qquad \text{Prob}(S(x_1, \ldots, x_N) = 1) = S(p_1, \ldots, p_N).$$

Man berechnet also in diesem Fall die Wahrscheinlichkeit, daß die Systemfunktion den Wert 1 annimmt, indem man in die Systemfunktion die Wahrscheinlichkeiten $p_1, \ldots, p_N$ einsetzt. Durch Verändern der Wahrscheinlichkeiten $p_1, \ldots, p_N$ wird sich $S(p_1, \ldots, p_N)$ verschieden ändern. Durch zusätzliche Betrachtung der partiellen Ableitungen $\partial S / \partial p_i$, $i = 1, \ldots, N$, kann man Schwachstellen des Systems finden und versuchen, diese durch Systemänderungen oder Erweiterungen (durch lokale Parallelkomponenten etwa) zu verbessern. Dies führt auf den Begriff der Importanz von Systemkomponenten, der in Koslow & Uschakow (1979) im Hinblick auf technische Systeme dargestellt ist. Diese Einschränkung, daß die Komponenten des Systems unabhängig sind. Für die Gültigkeit der Formel (27) ist es ausreichend, wenn die Komponenten unkorreliert sind. Falls dies nicht erfüllt ist, ist diese Formel nicht richtig. Sie muß dann unter Verwendung multidimensionaler Momente der gemeinsamen Verteilung der Zufallsvariablen $x_1, \ldots, x_N$ aufwendig modifiziert werden. Die Booleschen Systeme eignen sich besonders gut zur Simulation am Digitalrechner, da ja bekanntlich die Digitalrechner selbst Boolesche Systeme sind.

2. Gewinnung von Daten

2.1. Beobachtung

von Oswald Huber

2.1.1. Wissenschaftliche Beobachtung vs. Alltagsbeobachtung

Die Alltagsbeobachtung (unsystematische, naive Beobachtung) spielt im Bereich der Hypothesenbildung eine nicht zu unterschätzende Rolle, im Erklärungs- und Begründungszusammenhang dagegen ist sie unbrauchbar.

Unter „**wissenschaftlicher Beobachtung**" wird in Anlehnung an Bunge (1967) und ähnliche Definitionen bei anderen Autoren die zielgerichtete und methodisch kontrollierte Wahrnehmung von konkreten Systemen, Ereignissen (zeitliche Änderungen in konkreten Systemen) oder Prozessen (Sequenzen von Ereignissen) verstanden.

Im folgenden werden die wesentlichen Unterschiede zwischen Alltags- und wissenschaftlicher Beobachtung kurz diskutiert.

2.1.1.1. Zielgerichtetheit

Aufgrund der beschränkten Informationsverarbeitungskapazität des Beobachters kann stets nur ein kleiner Ausschnitt eines Systems, Ereignisses oder Prozesses beobachtet werden. Da das, was bei der Alltagsbeobachtung auffällt, nicht notwendigerweise auch im wissenschaftlichen Kontext von Bedeutung ist, ist der wissenschaftliche Beobachter gezwungen, eine Entscheidung darüber zu fällen, welche Aspekte des Beobachteten in seinem wissenschaftlichen Kontext relevant sind und welche nicht. Damit er diese Entscheidung treffen kann, benötigt er eine – unter Umständen sehr einfache – implizite oder explizite Theorie über den Beobachtungsgegenstand.

2.1.1.2. Methodische Kontrolle

Hier werden die Kenntnisse aus verschiedensten Bereichen der psychologischen Forschung zur Vermeidung von Fehlern angewendet.

(1) Störvariablen, die sich durch die spezielle Beobachtungssituation ergeben, müssen kontrolliert werden. So kann z. B. die Störvariable, die ein menschlicher Beobachter in einer Mövenkolonie darstellt, durch geeignete Tarnung eliminiert werden.

(2) Die Ergebnisse der Wahrnehmungsforschung zeigen, daß Wahrnehmen keine passive Analyse von Daten ist, sondern ein höchst aktiver Prozeß der Selektion, Datenreduktion, Interpretation, Hypothesenbildung, etc. So spielt z. B. die subjektive Wahrscheinlichkeit, mit der ein menschlicher Beobachter das Auftreten eines schwachen Signals erwartet, für die Entdeckung dieses Signals eine wichtige Rolle. Die Kenntnis derartiger Phänomene ermöglicht ihre Kontrolle. Ein interessantes Beispiel aus der Physik ist die Erforschung der N-Strahlen (Klotz, 1980).

(3) Damit das Ergebnis der Beobachtung verfügbar bleibt, muß es irgendwie gespeichert werden. Bei der Alltagsbeobachtung wird dies nicht vorausgeplant, was häufig zu Problemen führt, vgl. dazu die Psychologie der Zeugenaussagen. Bei der wissenschaftlichen Beobachtung genügt es nicht, die Speichermöglichkeit einzuplanen, es muß auch eine Sprache (Kategoriensystem) entwickelt werden, die eine möglichst exakte Speicherung erlaubt.

2.1.2. Wissenschaftliche Beobachtung als grundlegende Methode der Datengewinnung in den Erfahrungswissenschaften

Die wissenschaftliche Beobachtung ist in allen Erfahrungswissenschaften letztlich die grundlegende Methode der Datengewinnung. So z. B. geschieht die Feststellung des Druckes in einem Dampfkessel über die Beobachtung der Zeigerstellung an einem Meßgerät. Die Feststellung, welche der Antwortmöglichkeiten eine Vp bei einer Frage mit Mehrfachantworten gewählt hat, geschieht über die Beobachtung von Bleistift-, Tinten- oder anderen Spuren auf dem Antwortblatt, etc.

Ergebnis der wissenschaftlichen Beobachtung ist ein Satz, in dem ausgesagt wird, daß dem beobachteten System, Ereignis oder Prozeß (zur Zeit t am Ort o) eine oder mehrere beliebig komplexe Eigenschaften zukommen.

In der Regel dienen derartige Beobachtungssätze dazu, den Wahrheitsgehalt von Basissätzen zu bestimmen, indem sie die in den Basissätzen vorkommenden theoretischen Begriffe operationalisieren. Z. B. dient das Beobachtungsergebnis „der Zeiger des Manometers (Zeit t, Ort o) steht über der Marke 12.4" als Indikator für: „Der Druck im Kessel beträgt zwischen 12 und 15 atü"; das Beobachtungsergebnis „das Kind A spuckt auf seinen Spielkameraden" als ein Indikator für „das Kind A verhält sich aggressiv".

Bunge (1967) unterscheidet beim Beobachtungsprozeß fünf Aspekte:

(1) Das Objekt der Beobachtung,
(2) das Subjekt der Beobachtung,
(3) die Umstände der Beobachtung,
(4) die Mittel der Beobachtung (Sinnesorgane, Geräte, Prozeduren),
(5) das implizite oder explizite theoretische Wissen, mit dessen Hilfe die Aspekte (1)-(4) aufeinander bezogen werden.

Diese fünf Aspekte spielen nicht nur bei der wissenschaftlichen Beobachtung allgemein eine Rolle, sondern auch bei den für die Sozialwissenschaften speziellen wissenschaftlichen Beobachtungsmethoden: Selbstbeobachtung und Verhaltensbeobachtung.

In den folgenden Abschnitten wird unter „Beobachtung" stets „wissenschaftliche Beobachtung" verstanden.

2.1.3 Beobachtungen in den Sozialwissenschaften[1]: Verhaltensbeobachtung – Selbstbeobachtung

Bei der wissenschaftlichen Selbstbeobachtung (Erlebnisbeobachtung, Introspektion) beobachtet der Wissenschaftler sein eigenes Erleben, d. h. technisch gesprochen: Das Subjekt der Beobachtung ist identisch mit dem konkreten System, das beobachtet wird, bzw. an dem Ereignisse oder Prozesse beobachtet werden. Da es sich um eine wissenschaftliche Beobachtung handelt, ist sie zielgerichtet, der Beob-

---

[1] Einen ausführlichen Überblick über die Methoden der Beobachtung in den Sozialwissenschaften findet man u.a. bei Atteslander (1971), Cranach & Frenz (1969), Friedrichs & Lüdtke (1973), Medley & Mitzel (1963) Mees & Selg (1977), Koeck & Strube (1977), Traxel (1974).

achter konzentriert sich also nur auf eine Untermenge aller möglichen Variablen. Die methodische Kontrolle gelingt jedoch in wesentlichen Punkten nicht. Eine ausführliche Diskussion findet man bei Traxel (1974).

(1) Da der Beobachter die zu beobachtenden Variablen selbst produziert, ist deren vorherige Kenntnis ein Störfaktor, der die beobachteten Phänomene qualitativ und quantitativ verändern kann.

(2) Die bekannten Beschränkungen der Informationsverarbeitungskapazität lassen es fragwürdig erscheinen, daß ein Informationsverarbeitungsprozeß (z. B. das Lösen eines Problems) gleichzeitig durchgeführt und beobachtet werden kann, ohne daß er verändert wird.

(3) Durch die gleichzeitige Beobachtung wird die Situation des Beobachters so verändert, daß die beobachteten Variablen modifiziert werden können (z. B.: Abschwächung von Emotionen, wenn man sich gleichzeitig selbst beobachtet).

(4) Probleme, die sich aus der Gleichzeitigkeit ergeben, lassen sich nicht dadurch lösen, daß man das zu beobachtende Phänomen im Nachhinein aus dem Gedächtnis rekonstruiert und in der Retrospektive „beobachtet" (retrospektive Selbstbeobachtung), da durch die (sich nebenbei ereignende oder auch geplante) Kodierung und Speicherung Verzerrungen zu erwarten sind.

(5) Bestimmte Phänomene können nicht selbst beobachtet werden, weil sie nicht bewußt ablaufen (z. B. automatisierte Wahrnehmungsprozesse), oder weil der Zustand des Systems die Beobachtertätigkeit ausschließt (z. B. Schlaf). Dieser Aspekte ist aber kein prinzipieller Einwand gegen die Selbstbeobachtung, er schränkt nur das Anwendungsgebiet ein.

(6) Das Hauptproblem der Selbstbeobachtung ist die fehlende inter- und meist auch intra-subjektive Nachprüfbarkeit und Korrigierbarkeit.

Die Einwände gegen die Selbstbeobachtung haben dazu geführt, daß sie im Kontext der Hypothesenprüfung praktisch nicht mehr angewendet wird. Wie die Alltagsbeobachtung spielt sie eine nicht zu unterschätzende Rolle bei der Hypothesenbildung.

Gelegentlich wird die Methode des Lauten Denkens, die im Bereich der Denkpsychologie mit zunehmender Häufigkeit angewendet wird, als Selbstbeobachtung klassifiziert (z. B. Bartenwerfer & Raatz, 1979). Dies ist bei entsprechender Durchführung der Methode des Lauten Denkens nicht gerechtfertigt, wie in Abschnitt 2.1.4.1. dargelegt wird.

Die **Verhaltensbeobachtung (Fremdbeobachtung)** ist die Form der wissenschaftlichen Beobachtung, die auf das Verhalten von menschlichen oder tierischen Individuen oder Gruppen von Individuen gerichtet ist.

Wie die allgemeine wissenschaftliche Beobachtung dient auch die Verhaltensbeobachtung der Datengewinnung unabhängig von der speziellen Forschungsmethode. So kann die Verhaltensbeobachtung in Experimenten oder Quasiexperimenten zur Operationalisierung der Abhängigen Variablen verwendet werden, die mit ihrer Hilfe gewonnenen Ergebnisse können aber auch als Indikatoren für die relevanten Variablen bei Zustandsbeschreibungen fungieren oder bei Untersuchungen über Zusammenhänge zwischen Variablen.

In den folgenden Abschnitten werden „Vl" und „Beobachter" synonym verwendet, soweit dies keine Unklarheiten bringt. Ebenso „Vpn" und „konkretes System, dessen Verhalten beobachtet wird", dabei umfaßt der Begriff „Vpn" im Interesse der Einfachheit auch tierische Individuen.

2.1.4. Arten der Verhaltensbeobachtung

2.1.4.1. Beobachtung in natürlichen vs. künstlichen Situationen

Diese Unterscheidung hat in der Beobachtungsliteratur eine lange Tradition, es haben sich aber verschiedene Aspekte der Natürlichkeit bzw. Künstlichkeit herauskristallisiert, die getrennt behandelt werden müssen. Tunnell (1977) zeigt auf, daß sich Kriterien für die Künstlichkeit einer Beobachtungssituation beziehen können (1) auf die Manipulation von unabhängigen Variablen, (2) auf den Ort der Untersuchung (natürliches Feld oder Labor) oder (3) darauf, ob das Verhalten instruiert werden muß oder nicht. Ein weiterer Gesichtspunkt, der dieser Gliederung angefügt werden muß, ist (4) die Notwendigkeit einer Manipulation am beobachteten System. Schließlich trägt auch (5) das Wissen oder Nichtwissen der Vp um die Beobachtung zur Künstlichkeit der Situation bei. Eine konkrete Beobachtungssituation kann nach jedem dieser fünf Gesichtspunkte unabhängig von den anderen künstlich sein oder nicht.

Manipulation vs. keine Manipulation von Variablen: Diese Unterscheidung bezieht sich darauf, ob der Vl eine oder mehrere unabhängige Variablen systematisch variiert (Experiment) bzw. eine natürliche derartige Variation ausnützt (Quasiexperiment) oder nicht. Dieser Aspekt betrifft nicht die Methoden der Datengewinnung, sondern die Forschungsmethoden (vgl. Kap. 3.1. und 3.2.).

Labor- vs. Feldforschung: Dieser Aspekt betrifft die Umgebung, in der die Untersuchung stattfindet: (künstliches) Labor oder natürliche Umwelt (Feld). Das Feld kann immer nur relativ zu den konkret untersuchten Vpn definiert werden: So kann ein Laborraum eines Psychologischen Institutes für die Studenten dieses Institutes durchaus zur natürlichen Umwelt gehören. Eine ausführliche Analyse verschiedener Gesichtspunkte bei der Feldforschung findet man bei Patry (1979).

Die Laborforschung hat einige Vorteile:

(1) Leichtere Manipulierbarkeit der unabhängigen Variablen,
(2) bessere Kontrolle von Störvariablen,
(3) Schaffung von optimalen Bedingungen für die Beobachtung (Adaption von Räumen, etc.).

Dem stehen einige Nachteile gegenüber:

(1) Die Frage, inwieweit die ungewohnte Umgebung das Verhalten verändert bzw. ob in der ungewohnten Umgebung das interessierende Verhalten überhaupt stattfindet. Eine Kontrollmöglichkeit für diese Störvariable ist eine ausreichend lange Gewöhnungsphase (Warming-up).

(2) Bei vielen, jedoch nicht notwendigerweise bei allen Laboruntersuchungen weiß die Vp, daß sie beobachtet wird.

(3) Das Problem der Generalisierbarkeit auf Situationen außerhalb des Labors. Ob dies ein gravierendes Problem ist, hängt vom Untersuchungsgegenstand ab: Während z. B. das Langzeitgedächtnis oder der Wahrnehmungsapparat vermutlich im Labor nicht anders funktioniert als im Feld, mag sich z. B. das „öffentliche" elterliche Erziehungsverhalten im Labor vom privaten Erziehungsverhalten im eigenen Heim sehr wohl unterscheiden (vgl. Ischi, 1978).

Die Vorteile der Feldforschung:

(1) Das Verhalten wird nicht von der künstlichen Umgebung beeinflußt.
(2) Die Untersuchung kann auf das „private" Verhalten abzielen, das im Laboratorium nicht produziert wird.
(3) Die Generalisierbarkeit vom beobachteten auf das alltägliche Verhalten ist problemloser.
(4) Es kann u. U. beobachtet werden, ohne daß die Vp von der Beobachtung weiß. Dabei treten allerdings moralische Probleme auf, die vorher geklärt werden müssen.

Aber auch bei der Feldforschung gibt es Nachteile:

(1) Störvariablen können nicht so leicht kontrolliert werden.
(2) Die Manipulierbarkeit der unabhängigen Variablen ist schwieriger als im Labor. Häufig ist eine Manipulation durch den Vl nicht möglich, dieser nützt natürliche Variationen aus. Dabei kann der Vl aber nicht ausschließen, daß Störvariablen mit den natürlichen Variationen der unabhängigen Variablen konfundiert sind. Eine ausführliche Diskussion von Versuchsplänen für derartige quasiexperimentelle Situationen findet man bei Campbell & Stanley (1963) (vgl. Kap. 3.1.).
(3) Das zu beobachtende „private" Verhalten ist u. U. schwer zugänglich (z. B.: Verhalten in der eigenen Wohnung).
(4) Manche Verhaltensweisen sind in natürlichen Situationen einer Beobachtung nicht zugänglich (z. B.: Problemlösen).
(5) Die Bedingungen für den Beobachter sind u. U. nicht optimal.

Die Liste der Vor- und Nachteile der Labor- und der Feldforschung zeigt, daß keine der beiden Methoden der anderen in allen Punkten überlegen ist, sondern daß die Frage, welche von beiden besser geeignet ist, von der konkreten Forschungssituation abhängt.

Beobachtung mit vs. ohne Instruktion: Bei der Beobachtung mit Instruktion wird die Vp aufgefordert, etwas Bestimmtes zu tun. Eine Mutter wird z. B. instruiert: „Machen Sie bitte mit ihrem Kind jetzt die Hausaufgabe, so wie sie es gewohnt sind!"

In der Regel – jedoch nicht notwendigerweise – geschieht die Beobachtung mit Instruktion im Rahmen einer Laboruntersuchung.

Das Hauptproblem ist, ob das **mit** Instruktion produzierte Verhalten in den interessierenden Variablen gleich ist dem Verhalten **ohne** Instruktion. Eine Klärung dieser Frage ist letztlich nur durch eine empirische Prüfung möglich.

Obwohl es methodisch unbedenklicher wäre, **keine** Instruktion zu geben, kann man doch nicht immer auf sie verzichten:

(1) Man müßte sehr lange warten, bis das relevante Verhalten ohne Instruktion (zufällig) auftritt (z. B.: die Lösung eines sozialen Dilemmas durch Kommunikation);
(2) u. U. tritt das Verhalten ohne Instruktion überhaupt nicht auf (z. B.: Lautes Denken beim Schachspielen).

Die Methode des Lauten Denkens als Spezialfall von Beobachtung mit Instruktion: Dieser speziellen Methode wird hier deswegen unverhältnismäßig viel Raum eingeräumt, weil sie einerseits im Bereich der Psychologie des Denkens und Problemlösens mit zunehmender Häufigkeit eingesetzt wird, sie aber andererseits (noch) nicht zu den etablierten Methoden der Psychologie gehört.

Ericson & Simon (1980) diskutieren sehr ausführlich die verschiedenen Methoden des Lauten Denkens. Sie entwickeln ein einfaches Modell, das expliziert, wie die im Kurzzeitgedächtnis gespeicherte Information verbalisiert wird, und unter welchen Umständen diese Verbalisation die kognitiven Prozesse beeinflußt.

Die Methode des Gleichzeitigen Lauten Denkens (GLD) ist die wichtigste der Methoden des Lauten Denkens. Die Vp erhält die Instruktion, alles laut auszusprechen, was ihr während der Aufgabe durch den Kopf geht. Wichtig ist, daß die Vp durch die Instruktion nicht zur Produktion bestimmter verbaler Äußerungen verführt wird (z. B. durch Beispiele), und daß klargemacht wird, daß die Bewältigung der Aufgabe Priorität hat (Simon, 1979).

Unter diesen Umständen verbalisiert die Vp eine Untermenge der Information, die im Kurzzeitgedächtnis gespeichert ist, vorausgesetzt, diese Information ist in einem verbalen Kode verfaßt oder leicht in einen solchen überführbar (Ericson & Simon, 1980). Ein wichtiger Aspekt der Methode des GLD ist der, daß der Vl keine direkten oder indirekten Sondierungsfragen stellt, sondern nur die spontanen Äußerungen der Vp als Daten verwendet. Ein Problem der Methode des GLD besteht in der möglichen Unvollständigkeit der verbalen Äußerungen. Ericson & Simon (1980) führen zwei Hauptgründe dafür an:

(1) Bei verschiedenen Prozessen (z. B. bei automatisierten Erkennungsleistungen) wird das Kurzzeitgedächtnis nicht benötigt, es kann daher keine Information aus dem Kurzzeitgedächtnis verbalisiert werden.
(2) Wenn die Vp unter hoher kognitiver Belastung steht, können die Bewältigung der Aufgabe und die Verbalisierung interferieren.
(3) Ein dritter Grund scheint zu sein, daß manche Vpn Äußerungen unterlassen, die sie für uninteressant halten. Hier kann nur ein entsprechender Hinweis in der Instruktion helfen.

Auswirkung der Instruktion zum GLD: Da die für die Anwendung der Methode des GLD entscheidende Frage, ob das GLD das Verhalten verändert, nur durch empirische Prüfung beantwortet werden kann, sind die experimentellen Untersuchungen zu diesem Thema besonders relevant. Diese sind in zwei Arbeiten zusammengefaßt: Nisbett & Wilson (1977) und Ericson & Simon (1980), wobei Ericson & Simon auch die Einwände von Nisbett & Wilson ausführlich diskutieren.

Wichtigstes Ergebnis ist, daß bei der Methode des GLD, wie sie im vorigen Abschnitt dargestellt wurde, das Verbalisieren die ablaufenden Prozesse nicht verändert. Wenn die Stimuli nonverbal sind, aber leicht verbal rekodierbar, wird die Verarbeitungsgeschwindigkeit verändert.

Es scheint daher aufgrund der empirischen Ergebnisse gerechtfertigt, die Methode des GLD anzuwenden, wenn die von der Vp zu verarbeitende Information bereits verbal kodiert ist oder leicht entsprechend rekodierbar ist.

Ein Vergleich der kritischen Einwände gegen die Selbstbeobachtung mit dem methodischen Vorgehen beim GLD offenbart, daß GLD und Introspektion in den wesentlichen Punkten verschieden sind, und daß die Methode des GLD daher nicht als Introspektionsmethode betrachtet werden kann.

(1) Beim GLD hat die Vp **nicht** die Aufgabe, sich selbst zu beobachten.
(2) Die Vp weiß nicht, welche Variablen relevant sind.

(3) Die Methode des GLD ist intersubjektiv kontrollierbar. Es ist empirisch über-
    prüfbar (und von einer Theorie vorhersagbar) unter welchen Umständen das
    GLD die zu beobachtenden Prozesse nicht verändert.

Beobachtung mit vs. ohne Manipulation am beobachteten System: Gelegentlich ist es
notwendig, am beobachteten System bestimmte Manipulationen vorzunehmen.
Z. B. müssen Tiere in einem Rudel markiert werden, damit sie individuell identifizierbar sind; bei älteren Untersuchungen mit Blickbewegungsregistrierung erhielt
die Vp nicht nur eine Art Brille aufgesetzt, die den Fixationspunkt zu registrieren
erlaubte, sondern die Vp mußte in ein Brett beißen, damit Kopfbewegungen ausgeschaltet waren (vgl. Aschenbrenner, 1979).

Derartige Manipulationen können für die Vp selbst ungewohnt und daher störend
sein. Es ist auch möglich, daß das Individuum die an ihm vorgenommene Manipulation selbst gar nicht bemerkt, wohl aber seine soziale Umwelt, wodurch z. B. ein
Individuum in einer Gruppe zum Außenseiter gestempelt wird.

Wie die Beispiele mit Tieren als Vpn zeigen, bedeutet Manipulation am beobachteten System nicht notwendigerweise, daß dieses „weiß", daß es beobachtet wird.

Auch bei dieser Art der Beobachtung ist es prinzipiell eine empirisch zu klärende
Frage, ob die Manipulation am System dessen Verhalten in den interessierenden
Variablen auch **nach** einer Gewöhnungsphase verändert oder nicht.

Wissentliche (offene) vs. unwissentliche (verdeckte) Beobachtung: Diese Unterscheidung bezieht sich darauf, ob die Vp weiß, daß sie beobachtet wird, oder nicht.

Die unwissentliche Beobachtung hat den Vorteil, daß kein Wissen um die Beobachtung das Verhalten beeinflussen kann. Allerdings ergeben sich ethische Probleme:
der Forscher muß entscheiden, ob das Forschungsziel die Verletzung der Privatsphäre der Vp moralisch rechtfertigt. Eine ausführliche Diskussion ethischer Probleme in der Forschung bringt Schuler (1980).

Hauptproblem der wissentlichen Beobachtung sind die reaktiven Effekte, die sich
daraus ergeben können, daß das beobachtete Individuum von der Beobachtung
weiß. Dieses Wissen mag z. B. dazu führen, sozial unerwünschte Verhaltensweisen
zu meiden.

Im folgenden werden die wichtigsten Methoden zur Abschwächung reaktiver Effekte kurz dargestellt, ausführliche Diskussionen findet man z. B. bei Ischi (1978),
Mees (1977 b) und Weick (1968).

(1) Eine Gewöhnungsphase führt allgemein zu einer Abschwächung von reaktiven
    Effekten, allerdings ist auch eine lange Gewöhnungsphase keine Garantie für
    deren völlige Elimination (vgl. dazu auch Cranach & Frenz, 1969).
(2) Täuschung der Vpn über die interessierenden Variablen des Verhaltens. Es soll
    z. B. das Erziehungsverhalten der Eltern beobachtet werden. Den Eltern wird
    aber erklärt, man sei hauptsächlich am Verhalten des Kindes interessiert.
(3) Einsatz von Aufzeichnungsgeräten (Tonband, Videorecorder) anstelle des
    menschlichen Beobachters. Dabei geht man davon aus, daß sich Vpn leichter an
    ein Gerät als an einen menschlichen Beobachter gewöhnen. Vorteilhaft ist es,
    die Aufzeichnungsgeräte technisch so einzurichten, daß die Vpn nicht feststel-
    len können, ob das Gerät in Betrieb ist oder nicht. Unter diesen Umständen
    kann mit den Vpn vereinbart werden, daß ihnen zur Vermeidung reaktiver
    Effekte nicht mitgeteilt wird, wann genau und für wie lange das Gerät in Betrieb
    ist (vgl. Ischi, 1978).

Eine ausführliche Diskussion von reaktiven Effekten, die sich aus dem Wissen um die Beobachtung im Rahmen von Experimenten ergeben, findet man z.B. bei Timaeus (1974) und Gniech (1976).

2.1.4.2. Teilnehmende vs. nicht-teilnehmende Beobachtung

Bei der teilnehmenden Beobachtung interagieren der Beobachter und die beobachtete(n) Vp(n) **während** des Beobachtungszeitraumes, bei der nicht-teilnehmenden Beobachtung findet keine derartige Interaktion statt.

Bei der teilnehmenden Beobachtung ist der Beobachter Mitglied des Systems, das er beobachtet, z.B. tritt er als Mitglied in eine religiöse Sekte ein, lebt als (scheinbarer) Mithäftling in einer Strafanstalt, schließt sich einer Jugendlichenbande an, arbeitet in dem Betrieb, den er beobachtet, etc.

Je nach der Rolle, die der Beobachter in der Gruppe spielt, handelt es sich um (mehr oder weniger) aktive oder passive teilnehmende Beobachtung. Bei der aktiven teilnehmenden Beobachtung ist der Beobachter ein aktives Gruppenmitglied, er beeinflußt die Gruppenaktivitäten in hohem Maß und nimmt eine bedeutende Position in der Gruppe ein. Bei der passiven teilnehmenden Beobachtung beeinflußt der Beobachter das Gruppengeschehen möglichst wenig, er verhält sich möglichst unauffällig. Dies ist umso leichter, je größer die beobachtete Gruppe oder Organisation ist.

Die teilnehmende Beobachtung findet in der Anthropologie, Ethnologie und Soziologie Anwendung, seltener in der Sozialpsychologie. Eine umfassende Einführung in diese Methode bieten z.B. Friedrichs & Lüdtke (1977).

Die sich bei der teilnehmenden Beobachtung ergebenden Schwierigkeiten lassen sich zu zwei Problemkreisen zusammenfassen:

(1) Der Beobachter als Gruppenmitglied. Wenn der Beobachter Mitglied einer fremden Gruppe werden soll, muß er sich einem Sozialisationsprozeß unterziehen, der um so langwieriger ist, je „fremder" die Gruppe für ihn ist (Wax, 1968). Der Beobachter muß z.B. die Sprache der Gruppe lernen, sich die Gruppenwerte und -normen aneignen, etc. Besonders bei der aktiven teilnehmenden Beobachtung in kleinen Gruppen ist die Frage meist unbeantwortbar, inwieweit das Verhalten des Beobachters das Verhalten des beobachteten Systems ändert.
(2) Erschwerung der Beobachtertätigkeit. Der Beobachter muß seine kognitive Kapazität auf zwei Bereiche aufteilen: er muß einerseits die Beobachtung durchführen und soll andererseits in Übereinstimmung mit dem Forschungsziel als Gruppenmitglied handeln. Aus der Situation in der Gruppe ergibt sich in der Regel die Notwendigkeit, das Beobachtete erst **nach Abschluß** des Geschehens zu protokollieren. Unter diesen erschwerten Bedingungen ist es meist auch für erfahrene Beobachter nicht möglich, die erforderliche methodische Kontrolle aufrechtzuerhalten.

Diese Probleme sind nicht so schwerwiegend, wenn die teilnehmende Beobachtung als erster Einstieg in ein neues Untersuchungsfeld dient. Ob sie jedoch den Anforderungen genügt, die bei der Hypothesenprüfung an eine Methode zur Datengewinnung gestellt werden müssen, kann nur von Fall zu Fall entschieden werden.

2.1.4.3. Direkte vs. indirekte Beobachtung (Verhaltensspuren)

Während die direkte Beobachtung auf das unmittelbare Verhalten zielt, richtet sich die indirekte Beobachtung auf Verhaltensspuren wie z.B. Fraßspuren, Spuren im

Schnee, Zeichnungen, etc. Aus den Spuren wird versucht, das Verhalten zu erschließen, das diese Spuren hervorgebracht hat.

Für die Psychologie besonders relevant sind die Verhaltensspuren, die in Form von Dokumenten vorgefunden werden

2.1.4.4. Vermittelte vs. unvermittelte Beobachtung

Bei der vermittelten Beobachtung wird dem Beobachter ein Aufzeichnungsgerät (Tonband, Videorecorder, etc.) vorgeschaltet. Dies hat den Vorteil der unbegrenzten Speicherung und beliebigen Abrufbarkeit des beobachteten Geschehens. Damit ergeben sich nicht zu überschätzende Vorteile für die weitere Verarbeitung des Rohmaterials, da ein- und dasselbe Geschehen von beliebig vielen Beobachtern beliebig oft analysiert werden kann. Gelegentlich kann das Material technisch weiter aufbereitet werden (z. B.: Zeitlupe, -raffer, Frequenzfilter, etc.). Wird das gespeicherte Material archiviert, kann es jederzeit unter neuen theoretischen Gesichtspunkten analysiert werden. Eine wichtige Aufgabe erfüllt das gespeicherte Material beim Training von Beobachtern.

Der Nachteil der vermittelten Beobachtung ergibt sich aus den Eigenschaften des Aufzeichnungsgerätes. Jedes Gerät kann nur eine Untermenge der vorhandenen Variablen aufzeichnen: Ein Tonbandgerät speichert eben nur die Schallereignisse, alles andere geht verloren, ein Videogerät zeichnet optische Ereignisse aus einem ganz bestimmten Bildwinkel auf, während es z. B. olfaktorische Ereignisse (die z. B. vermutlich für das Sozialverhalten wichtig sind) nicht registriert. Die Entscheidung für ein bestimmtes Aufzeichnungsgerät ist daher auch stets eine Entscheidung darüber, welche Variablen registriert und welche vernachlässigt werden, und ist daher von der expliziten oder impliziten Theorie über den Beobachtungsgegenstand abhängig (vgl. 2.1.1.1.).

Die häufigste Form der unvermittelten Beobachtung dürfte die Simultanbeobachtung sein, d. h. die gleichzeitige Beobachtung und Protokollierung der Beobachtungsergebnisse. Dieses Vorgehen stellt an den Beobachter hohe Leistungsanforderungen. Eine Kontrolle der Beobachterqualität ist letztlich nicht möglich, da man ja nicht auf das originale Geschehen zurückgreifen kann.

Bei der teilnehmenden Beobachtung kann eine nachträgliche Protokollierung notwendig sein, was jedoch zu methodischen Problemen führt (vgl. 2.1.4.2.).

2.1.5. Das System der Beobachtungskategorien

Das System der Beobachtungskategorien ist eine Sprache, die es erlaubt, das Beobachtungsergebnis zu speichern. Das beobachtete Verhalten wird in Beobachtungseinheiten zerlegt, der Zustand der interessierenden Variablen in jeder Beobachtungseinheit wird mit Hilfe der Beobachtungskategorien kodiert und gespeichert.

Ob auch die Zeitdimension des Verhaltens (Zeitpunkte oder wenigstens Reihenfolge des Auftretens der Verhaltensweisen, Dauer des Verhaltens, Verhaltensstrom) relevant ist oder nicht, muß vom Ziel der Beobachtung her entschieden werden. Die Zeitdimension betrifft nicht so sehr das Kategoriensystem, sondern die Registrierung der Beobachtungsergebnisse.

Wenn ein- und dasselbe Geschehen in verschiedenen theoretischen Zusammenhängen analysiert wird, müssen u. U. völlig verschiedene Kategoriensysteme zur An-

wendung kommen. Betrachten wir z. B. eine Familie, die einen Urlaubsort auswählt. Wenn sich das Forschungsinteresse auf die sozialen Beziehungen zwischen
den Familienmitgliedern bezieht, muß das Verhalten mit Hilfe eines anderen Systems kategorisiert werden (z. B.: Wer äußert seine Meinung als erster? Wer stimmt
wem zu?), als wenn es um die Prüfung entscheidungstheoretischer Hypothesen geht
(z. B.: Werden die Entscheidungsdimensionen gewichtet? Werden Akzeptanzkrite-
rien definiert?).

Das System der Beobachtungskategorien ist determiniert vom theoretischen bzw.
anwendungsorientierten Ziel der Beobachtung, und dient der Operationalisierung
der für den Forscher relevanten theoretischen Begriffe.

Je nachdem, ob bereits ein differenziertes und erprobtes Kategoriensystem zur Verfügung steht oder nicht, spricht man von (mehr oder weniger) strukturierter (standardisierter) oder unstrukturierter Beobachtung (vgl. z. B. Atteslander, 1971). Eine
strukturierte Beobachtung setzt einen guten Überblick über den Gegenstand der
Beobachtung voraus, während die unstrukturierte Beobachtung ein notwendiger
Schritt bei der Entwicklung eines Systems von Beobachtungskategorien ist.

Für die Entwicklung eines Kategoriensystems gibt es kein Rezept. Wenn die Beobachtung im Kontext einer bereits ausformulierten Theorie geschieht, geht es „lediglich" darum, jedes beobachtete Verhalten einem der theoretischen Begriffe zuzuordnen. Schwieriger ist es, wenn noch keine oder nur eine sehr allgemeine Theorie
vorhanden ist. Dann muß man nämlich ein Kategoriensystem erarbeiten, das es
einerseits ermöglicht, die Beobachtungsergebnisse so vollständig und sparsam wie
möglich zu speichern, andererseits sollen die verwendeten Kategorien aber auch die
Theorienbildung nicht determinieren.

In der Regel ist die Entwicklung eines solchen Kategoriensystems ein langwieriger
Rückkoppelungsprozeß, bei dem ein vorläufiges Kategoriensystem immer wieder
durch Beobachtungen korrigiert wird.[2]

2.1.5.1. Die Beobachtungskategorien

Eine Beobachtungskategorie K_j ist ein Kode, der einer Beobachtungseinheit E_i
zugeordnet wird, wenn in der Beobachtungseinheit E_i das die Kategorie K_j definierende Verhalten aufgetreten ist.

In der *Definition von Beobachtungskategorien* muß festgelegt werden, welche **beobachtbaren** Sachverhalte auftreten müssen, damit der Beobachtungseinheit E_i die
Kategorie K_j zugeordnet wird. Bei der Anführung von Beispielen ist einerseits auf
Repräsentativität zu achten, andererseits sollten auch schwer einzuordnende Fälle
durch Beispiele abgedeckt werden.

Vollständigkeit der Beobachtungskategorien: Jeder Beobachtungseinheit E_i muß
mindestens eine der k Beobachtungskategorien $K_1, \ldots, K_k$ zugeordnet werden können, d. h. jedes auftretende Verhalten muß klassifizierbar sein. Das macht häufig die
(gelegentlich auch implizite) Einführung einer Restkategorie K_R notwendig, die
einer Beobachtungseinheit E_i dann zugeordnet wird, wenn keine der anderen Kate-

---

[2] Eine detaillierte Besprechung verschiedener Aspekte von Kategoriensystemen findet man
u. a. bei Fieguth (1977a), Medley & Mitzel (1963), Friedrichs & Lüdtke (1973), Cranach &
Frenz (1969), Koeck & Strube (1977).

gorien $K_1, \ldots, K_{k-1}$ paßt. Das gesamte Kategoriensystem besteht dann aus den (eigentlich interessierenden) Kategorien $K_1, \ldots, K_{k-1}$ **und** der Restkategorie K_R. Dies ist auch dann der Fall, wenn das Verhalten, das in die Restkategorie K_R fällt, gar nicht protokolliert wird; ein derartiges System von Beobachtungskategorien wird auch „Zeichensystem" genannt (Medley & Mitzel, 1963).

In verschiedenen Situationen ergibt sich die Notwendigkeit, daß einer Beobachtungseinheit gleichzeitig zwei (oder mehrere) Kategorien zugeordnet werden müssen. So muß z.B. bei der Protokollierung des Gesichtsausdruckes jeweils die Form der Augenbrauen, die Stellung der Augen und Augenlider, die Form des Mundes, etc. registriert werden.

Für dieses Problem gibt es zwei Lösungen; welche der beiden besser ist, muß für den konkreten Fall entschieden werden.

(1) Mehrfachkodierungen. In diesem Fall ordnet der Beobachter einer Beobachtungseinheit wenn nötig auch mehrere Kategorien zu. Der Vorteil dabei ist, daß die Zahl der Beobachtungskategorien unverändert bleibt. Ein Nachteil ist die mögliche Überlastung des Beobachters. Dieser Nachteil fällt bei der vermittelten Beobachtung aber kaum ins Gewicht.

(2) Kombination mehrerer Kategorien zu neuen Kategorien. So wird z.B. die Kombination: gehobene Augenbrauen, weit geöffnete Augen, Mundwinkel leicht angehoben, zur Beobachtungskategorie K_a zusammengefaßt, während die Kombination: gehobene Augenbrauen, weit geöffnete Augen, waagrechter Mund, als Kategorie K_b bezeichnet wird. Der Vorteil ist, daß nun jeder Beobachtungseinheit **genau eine** Kategorie zugeordnet werden muß. Ein Nachteil ist die u.U. drastische Erhöhung der Zahl der Kategorien.

Die *Zahl der Beobachtungskategorien* hängt einmal von den theoretischen Notwendigkeiten ab, zum anderen ist aber aus pragmatischen Gründen meist eine eher geringe Zahl von Kategorien erwünscht. Während es bei der vermittelten Beobachtung kaum Probleme gibt, muß bei der Simultanbeobachtung die Leistungsfähigkeit des Beobachters unbedingt berücksichtigt werden, will man nicht Beobachtungsfehler provozieren. Fieguth (1977a) hält ungefähr 30 Beobachtungskategorien für die obere Grenze der Belastbarkeit eines Simultanbeobachters.

Läßt sich die Zahl der Kategorien aus theoretischen Gründen nicht verringern, und ist es außerdem nicht möglich, von der Simultanbeobachtung auf die vermittelte Beobachtung umzusteigen, kann man mehrere Simultanbeobachter einsetzen, von denen jeder nur einen Teil des Kategoriensystems bearbeitet.

Bei der *Ja/Nein-Kategorisierung* hat jede Kategorie nur zwei Ausprägungsgrade: das definierte Verhalten war vorhanden oder nicht. Man kann aber auch jede Kategorie in S *Intensitätsstufen* unterteilen. Das hat den Vorteil, daß eben auch die Intensität des Verhaltens registriert werden kann, z.B. die Intensität, mit der Person A der Person B zustimmt. Schwierigkeiten ergeben sich bei der exakten Definition der S Intensitätsstufen und bei der reliablen Zuordnung der Intensitätsstufen durch die Beobachter.

Die Unterscheidung von S Intensitätsstufen bei beobachtbaren Variablen ist aber methodisch streng zu trennen von der Einschätzung nicht direkt beobachtbarer Variablen, wie z.B. der Beurteilung der Intelligenz eines Schülers durch den Lehrer.

Ein Beispiel für ein Kategoriensystem ist auf dem in Abb. 1 abgebildeten Beobachtungsbogen aus Fieguth (1977a) zu finden.

Kodierungsbogen

Datum:

Zeit von: _____ bis: _____ Kindergarten: _____

Gruppe: _____

Beobachter:

Erzieherin:

Zielkind:

(Alter und Geschlecht)

Kodierungsbogen Nr.:

Kategorien:

AF	Auftrag	IN−	Sachliche Verneinung	NG+	Aufgabe lösen
AF−	Negativer Auftrag	KN	Kränken, beschimpfen	NG−	Aufgabe nicht
AR	Ärgern, necken	KR	Keine Reaktion		lösen
AU	Aufmerksamkeit	LA	Lachen	NK	Negativer
BS	Beschädigen	LN	Lärmen		Körperkontakt
DV	Demonstratives Verh.	LN$_b$	Herumlaufen	PK	Positiver
EI	Einwilligen	LO	Lob		Körperkontakt
IF	Informationsfrage	MI	Mißbilligung	SL	Selbstlob
IG	Ignorieren	NA	Normentsprechendes	SS	Selbststimulation
IN	Information geben		Verhalten allein	UG	Unterstützung
IN+	Sachliche Zustimmung	NB	Negativer Befehl		geben
		NE	Nicht-Einwilligen	WE	Weinen
		NG	Normentsprechendes		
			Verhalten in der Gruppe		

Situation:

1					
2					
3					
4					
5					
6					
7					
8					
9					
10					

Abb. 1 Beobachtungsbogen (aus Fieguth, 1977a)

Die dort aufgelisteten Beobachtungskategorien bedürfen keiner weiteren Erläuterung. Eine Vielzahl weiterer Beispiele findet man in der am Anfang dieses Abschnittes zitierten Literatur.

2.1.5.2. Die Beobachtungseinheit

Damit das beobachtete Verhalten kodiert und gespeichert werden kann, muß der Verhaltensstrom in Abschnitte zerlegt werden. Die Länge dieser Abschnitte ist eng gekoppelt mit den Beobachtungskategorien: jeder Abschnitt muß mindestens so lang sein, daß er in eine der Kategorien eingeordnet werden kann. Ein derartiger kleinster Verhaltensabschnitt – bezogen auf das verwendete Kategoriensystem – ist eine **Beobachtungseinheit** (vgl. Cranach & Frenz, 1969).

Die obere Grenze der Länge einer Beobachtungseinheit wählt man für die meisten Zwecke wohl am günstigsten so, daß keine unnötigen Mehrfachkodierungen vorkommen, daß also zwei Kategorien, die eindeutig hintereinander auftreten, nicht als gleichzeitig kodiert werden müssen.

In manchen Situationen ist es besser, die Beobachtungseinheit nicht als fixe Zeitstrecke zu definieren, sondern „natürliche" Kriterien heranzuziehen. Wenn z.B. verbale Protokolle inhaltlich analysiert werden sollen, werden die sprachlichen Äußerungen in einzelne Sätze bzw. satzartige Gebilde zerlegt. Auch ein bestimmtes Ereignis (Lehrer stellt eine Frage) kann den Beginn definieren.

Die Definition der Beobachtungseinheit ist unabhängig davon, ob das gesamte Verhalten in einem bestimmten Zeitraum beobachtet wird, oder ob in diesem Zeitraum lediglich eine oder mehrere Verhaltensstichproben (Zeitstichprobe) entnommen werden (vgl. 2.1.6.). Die entnommene Verhaltensstichprobe darf allerdings nicht kürzer sein als die Beobachtungseinheit.

2.1.5.3. Die Aufzeichnung der Beobachtungsergebnisse

Damit die Beobachtungsergebnisse weiter analysiert werden können, müssen sie auf irgendeine Art und Weise gespeichert werden.

Gängigstes Hilfsmittel ist die schriftliche Fixierung auf **Beobachtungsbögen**, ein Beispiel findet sich in Abb. 1. Besonders die Simultanbeobachtung stellt an den Beobachter hohe Anforderungen, so daß es sich empfiehlt, die Beobachtungsbögen möglichst übersichtlich zu gestalten.

Beobachtungsbögen sind nicht optimal, wenn bei der Simultanbeobachtung auch Zeitpunkte mitprotokolliert werden sollen. Hier wird der Beobachter sehr rasch überfordert. Wenn es die Situation erlaubt, bietet in diesem Fall ein auf Tonband gesprochenes Protokoll eine einfache Lösung, da die zeitliche Analyse ohne Belastung des Simultanbeobachters **im Nachhinein** erfolgen kann.

Immer mehr Bedeutung für die simultane Protokollierung gewinnen Verhaltensschreiber (Ereignisschreiber, event-recorder). Solche Geräte haben (derzeit) etwa die Größe eines tragbaren Kassettenrekorders. Jeder Beobachtungskategorie ist eine Taste zugeordnet. Solange das die Kategorie definierende Verhalten andauert, kann die entsprechende Taste gedrückt bleiben. So sind die Dauer verschiedener Verhaltensweisen und – wegen der weitgehend problemlosen Mehrfachkodierbarkeit – auch einander überlappende Verhaltenskategorien ohne Schwierigkeiten protokollierbar. Wenn notwendig, kann fortlaufend eine Zeitmarkierung automatisch mitprotokolliert werden, so daß letztlich der gesamte Verhaltensstrom – reduziert auf die interessierenden Beobachtungskategorien – vollständig zur Verfügung steht. Die Aufzeichnung erfolgt auf Tonbandkassetten. Die Auswertung kann direkt von dieser Kassette geschehen, wenn ein kompatibler Computer mit geeignetem Programm zur Hand ist.

2.1.6. Der Beobachter

Zusätzlich zu den Problemen der Forschungsmethode, in deren Kontext die Verhaltensbeobachtung als Methode der Datengewinnung eingesetzt wird, ergeben sich für die Verhaltensbeobachtung zwei zusätzliche Fehlerquellen (vgl. dazu z. B. Atteslander, 1971; Cranach & Frenz, 1969; Mees, 1977b):

(1) Störvariablen, die sich aus der spezifischen Beobachtungssituation ergeben können, z. B. reaktive Effekte der wissentlichen Beobachtung.
(2) Fehler des Beobachters. Diese Fehler, die Möglichkeiten für ihre Reduzierung und die Reliabilitätskontrolle werden in den folgenden Abschnitten kurz besprochen.

2.1.6.1. Beobachterfehler

Im folgenden sind die wesentlichen Ursachen zusammengefaßt, die zu Beobachterfehlern führen können.

(1) Grenzen der Leistungsfähigkeit und/oder Leistungswilligkeit. Hierzu gehören nicht nur Ermüdung, Langeweile, Aufmerksamkeitsschwankungen, mangelnde Sorgfalt etc., die Überlastung des Beobachters kann eine Folge der speziellen Situation sein. So mag z. B. eine sehr komplexe Situation für einen einzelnen Simultanbeobachter in der zur Verfügung stehenden Zeit einfach nicht mehr analysierbar sein, oder das Kategoriensystem ist für einen Simultanbeobachter zu kompliziert. Bei den Grenzen der Leistungsfähigkeit sollten auch die Erkenntnisse der Psychologie über den Wahrnehmungsprozeß berücksichtigt werden.
(2) Unklarheit über das Ziel der Beobachtung. Wenn (noch) nicht geklärt ist, welche Aspekte eines Systems, Ereignisses oder Prozesses für die Beobachtung relevant sind, muß der Beobachter u. U. selbst eine Auswahl treffen. Die Selektivität ist von seinen impliziten oder expliziten Theorien über den Beobachtungsgegenstand beeinflußt.
(3) Unzureichend definierte Kategorien. Diese zwingen den Beobachter zur individuellen Präzisierung und können ihn zur zu frühen Abstraktion, zur Interpretation des beobachteten Verhaltens und zur Wertung anstelle einer sachlichen Beschreibung verführen. Besonders gefährlich sind dabei Situationen, in denen sich der Beobachter mit beobachteten Personen identifiziert, Sympathien und Antipathien entwickelt u.s.w. Fehlerquellen sind auch Kategoriensysteme, bei denen sich die Kategorien nicht auf das konkret beobachtbare Verhalten beziehen, sondern z. B. auf zugrunde liegende Persönlichkeitseigenschaften. Dabei können z. B. unzulässige Generalisierungen auf noch nicht beobachtete Eigenschaften vorkommen (Halo-Effekt), auch die Erwartung des Beobachters – z. B. aufgrund seiner subjektiven Persönlichkeitstheorie (Logikfehler) – kann Fehler verursachen.

(4) Erwartungen über Häufigkeiten bzw. Konsequenzen von Kategorisierungen. Dieser Fehler tritt besonders bei Kategorien auf, bei denen nicht nur zwei Ausprägungsgrade unterschieden werden, sondern mehrere Intensitätsstufen. Ein Beobachter mag z. B. davon ausgehen, daß mittlere Intensitätsstufen häufiger auftreten als extreme, und entsprechend dieser (subjektiven) theoretischen Verteilung kategorisieren (Zentral-Effekt). Es ist aber auch möglich, daß der Beobachter systematisch deswegen verzerrt kategorisiert, weil er z. B. von einem zu extremen Beobachtungsresultat unangenehme Konsequenzen für sich oder die beobachtete Person befürchtet (Milde-Effekt).

(5) Mangelnde Beherrschung des Kategoriensystems.

(6) Mangelnde Beherrschung der Aufzeichnungswerkzeuge.

(7) Ungenügende Sozialisation des Beobachers in die zu beobachtende Gruppe. Der Beobachter registriert z. B. eine Normverletzung deswegen nicht, weil er die Norm (noch) nicht kennt.

Stehen Beobachter und Vpn in Interaktion, ist das Verhalten des Beobachters ebenfalls eine mögliche Fehlerquelle:

(8) Vl-Erwartungseffekt. Der Beobachter beeinflußt unbeabsichtigt durch sein verbales oder nonverbales Verhalten die Vpn im Sinne seiner Erwartungen.

(9) Das Verhalten des Beobachters weicht von dem geplanten und für das Beobachtungsziel als notwendig erachteten Verhalten ab. Z. B. der teilnehmende Beobachter greift aktiv in das Gruppengeschehen ein, anstatt passiv ein unauffälliges Gruppenmitglied zu sein.

2.1.6.2. Beobachtertraining und -supervision

Durch ein geeignetes Training sollen die Beobachter in die Lage versetzt werden, die im vorigen Abschnitt besprochenen Fehler zu vermeiden.

Aus der Gruppierung der Fehlerursachen ergeben sich zwei Trainingsziele:

(1) Der Beobachter muß so geschult werden, daß er das Kategoriensystem beherrscht und jedes beobachtete Verhalten möglichst fehlerlos einordnen kann. Damit ist die Beherrschung der Aufzeichnungswerkzeuge (Beobachtungsbogen, Aufzeichnungsgeräte) verbunden.

(2) Der Beobachter muß geschult werden, sich so zu verhalten, daß er Vl-Effekte vermeidet. Bei der teilnehmenden Beobachtung muß er in die Gruppe sozialisiert sein, sein Verhalten in der Gruppe muß den Forschungszielen entsprechen.

Wichtige Hilfsmittel beim Training sind Tonband- oder Videoaufzeichnungen und das Rollenspiel. Ausführlich wird das Beobachtertraining von Fieguth (1977b) behandelt, speziell für die teilnehmende Beobachtung von Friedrichs & Lüdtke (1977).

Bei allen Beobachtungsaufgaben ist es notwendig, daß der durch das Training erzielte (hoffentlich hohe) Standard des Beobachters über den Untersuchungszeitraum hinweg stabil bleibt. Besonders schwierig ist das bei der teilnehmenden Beobachtung, die ja oft sehr langfristig angelegt ist, und bei der der Beobachter sehr selbständig arbeiten muß. Dazu stellt seine Doppelrolle als Beobachter und Gruppenmitglied besonders hohe Anforderungen an ihn. Daraus ergibt sich die Notwendigkeit der Supervision des Beobachters während der gesamten Untersuchungsphase.

Friedrich & Lüdtke (1977) gehen sehr ausführlich auf die Probleme der Supervision bei der teilnehmenden Beobachtung ein, sie heben die folgenden vier Aufgaben hervor:

(1) Kontrolle mit dem Ziel, Abweichungen und Störfaktoren sofort zu beseitigen;
(2) Praxisberatung und Überprüfung der Beobachter im Feld;
(3) Beratung und Unterstützung der Beobachter im Hinblick auf persönliche Probleme (z. B.: Rollenkonflikte);
(4) Verbesserung des Untersuchungsplanes, soweit das aufgrund der Erfahrung der Beobachter notwendig ist.

2.1.6.3. Die Messung der Beobachterreliabilität

Der Beobachter **und** das Kategoriensystem **zusammen** bilden ein Meßinstrument, das möglichst zuverlässig arbeiten soll. Wenn mehrere Beobachter das gleiche Geschehen (die gleichen Beobachtungseinheiten, z. B. auf Videoband aufgezeichnet) nach dem gleichen Kategoriensystem kodieren, so ist die Übereinstimmung der Protokolle dieser Beobachter ein wichtiger Indikator **nicht nur** für die Qualität der Beobachter, sondern auch für die des Kategoriensystems. Stillschweigend wird dabei angenommen, daß bei hoher Reliabilität die Kodierungen korrekt entsprechend den Definitionen der Kategorien vorgenommen wurden, obwohl eine hohe Übereinstimmung auch dadurch zustande kommen kann, daß gleich fehlerhaft kodiert wird.

Zur Bestimmung der Beobachterübereinstimmung stehen eine Reihe von Reliabilitätsmaßen zur Verfügung, einen systematischen Überblick geben Asendorpf & Wallbott (1979), vgl. auch Mees (1977a).

Ein sehr brauchbares Maß für die Beobachterübereinstimmung bei Kategorisierung auf *Nominalskalenniveau* (Ja/Nein-Kategorien) ist der Kappa-Koeffizient κ, der von Cohen (1960) für die Berechnung der Übereinstimmung zweier Beobachter entwickelt wurde. Die Erweiterung von Fleiss (1971) auf beliebig viele Beobachter sei hier kurz dargestellt. Gegeben seien:

N Beobachtungseinheiten $E_1, \ldots, E_i, \ldots, E_N$,
k Kategorien $K_1, \ldots, K_j, \ldots, K_k$, und
B Beobachter.

Jeder Beobachter hat jede der Beobachtungseinheiten E_i in genau eine der Kategorien $K_1, \ldots, K_k$ einzuordnen.

Tabelle 1 gibt im linken Teil das allgemeine Schema an, im rechten ein Zahlenbeispiel.

n_{ij} ist die Zahl der Beobachter, welche der Beobachtungseinheit E_i die Kategorie K_j zugeordnet haben.

Dabei ist $0 \leq n_{ij} \leq B$, und $\sum\limits_{j=1}^{k} n_{ij} = B$.

So wurde im Zahlenbeispiel der Beobachtungseinheit E_2 von allen 5 Beobachtern die Kategorie K_3 zugeordnet ($n_{21} = 0, n_{22} = 5, n_{23} = 0, n_{24} = 0$), während E_4 von 2 Beobachtern K_3 zugeordnet erhielt, und von 3 Beobachtern K_4.

Allgemeines Schema:

Beobachtungseinheit	K_1	...	K_j	...	K_k	Zeilensumme
E_1	n_{11}	...	n_{1j}	...	n_{1k}	$n_{1\cdot} = B$
$\vdots$	$\vdots$		$\vdots$		$\vdots$	$\vdots$
E_i	n_{i1}	...	n_{ij}	...	n_{ik}	$n_{i\cdot} = B$
$\vdots$	$\vdots$		$\vdots$		$\vdots$	$\vdots$
E_N	n_{N1}	...	n_{Nj}	...	n_{Nk}	$n_{N\cdot} = B$
Spaltensumme	$n_{\cdot 1}$	...	$n_{\cdot j}$	...	$n_{\cdot k}$	
p_j	$\dfrac{n_{\cdot 1}}{N \cdot B}$	...	$\dfrac{n_{\cdot j}}{N \cdot B}$	...	$\dfrac{n_{\cdot k}}{N \cdot B}$	

Zahlenbeispiel:

Beobachtungseinheit	K_1	K_2	K_3	K_4	Zeilensumme
E_1	1	1	2	1	5
E_2	0	5	0	0	5
E_3	0	3	1	1	5
E_4	0	0	2	3	5
E_5	0	0	5	0	5
E_6	1	0	0	4	5
Spaltensumme	2	9	10	9	
p_j	0.07	0.3	0.33	0.3	

Allgemeines Schema:
k   Kategorien
N   Beobachtungseinheiten
B   Beobachter

Zahlenbeispiel:
4   Kategorien
6   Beobachtungseinheiten
5   Beobachter

Tabelle 1   Schema zur Datenorganisation zur Berechnung von κ

Das Maß der Übereinstimmung über die B Beurteiler für die Beobachtungseinheit E_i ist der Anteil der übereinstimmenden Paare aus allen möglichen Paaren:

$$(1) \qquad P_i = \frac{1}{B \cdot (B-1)} \left(\sum_{j=1}^{k} n_{ij}^2 - B \right)$$

Die mittlere Übereinstimmung über alle Beobachtungseinheiten ergibt sich dann als:

$$(2) \qquad P = \frac{1}{N} \sum_{i=1}^{N} P_i = \frac{1}{N \cdot B \cdot (B-1)} \left(\sum_{i=1}^{N} \sum_{j=1}^{k} n_{ij}^2 - N \cdot B \right).$$

P_e ist der Grad der zufälligen Übereinstimmung:

$$P_e = \sum_{j=1}^{k} p_j^2,$$

p_j ist dabei der Anteil der Zuordnungen von Kategorie K_j:

$$p_j = \frac{1}{N \cdot B} \sum_{i=1}^{N} n_{ij}.$$

Der Koeffizient κ der Beobachterreliabilität ist dann

$$\kappa = \frac{P - P_e}{1 - P_e},$$

dabei ist $P - P_e$ der Grad der überzufälligen Übereinstimmung, und $1 - P_e$ der Grad der Übereinstimmung, der über den Zufall hinaus erreicht werden kann.

Im Zahlenbeispiel ist:

$$P = \frac{1}{6 \cdot 5 \cdot 4} (98 - 6 \cdot 5) = 0{,}567 ,$$

$$P_e = 0{,}07^2 + 0{,}3^2 + 0{,}33^2 + 0{,}3^2 = 0{,}2938 ,$$

$$= \frac{0{,}567 - 0{.}2938}{1 - 0{,}2938} = 0{,}387 .$$

κ ist ein wesentlich besseres Reliabilitätsmaß als z. B. lediglich die Angabe der prozentuellen Übereinstimmung, da es die zufällig zu erwartenden Übereinstimmungen berücksichtigt. Für spezielle Anwendungszwecke wurden verschiedene Erweiterungen von κ erarbeitet (vgl. Cohen, 1968; Light, 1971).

Wenn eine Kategorie aus S *Intensitätsstufen* besteht, kommt es auf das Skalenniveau an, das die S Stufen erreichen. Bilden diese S Intensitätsstufen eine Intervallskala, können für diese Kategorie varianzanalytische Reliabilitätsmaße berechnet werden. Auf diese varianzanalytischen Maße der Beobachterübereinstimmung kann hier aus Platzgründen nicht eingegangen werden, der Leser sei verwiesen auf Werner (1976) und Asendorpf & Wallbott (1979). Die Berechnung der Produkt-Moment-Korrelation würde die Reliabilität überschätzen. Erfüllen die S Intensitätsstufen nicht die Voraussetzungen einer Intervallskala, können die Beurteilungen aller N Beobachtungseinheiten in eine Rangreihe gebracht werden. Die Übereinstimmung der Rangordnungen mehrerer Beobachter kann mit Hilfe der bekannten Rangkorrelationsmaße (z.B. Kendalls Konkordanzkoeffizient W) berechnet werden. Die Reliabilitätsmaße der verschiedenen Kategorien müssen dann noch zu einem Gesamtmaß (Mittelwert) zusammengefaßt werden.

2.1.7. Zusammenfassung der wichtigsten Entscheidungen, die bei der Planung einer Beobachtung zu treffen sind

In den vorangegangenen Abschnitten wurde davon ausgegangen, daß eine wissenschaftliche Untersuchung mit einer der in Kap. 3 dargestellten Forschungsmethoden (z. B.: Zustandsbeschreibung, Experiment) durchgeführt wird, in deren Rahmen die Beobachtung als Methode der Datengewinnung eingesetzt wird.

Durch die Wahl der Forschungsmethode und das konkrete Ziel der Untersuchung sind auch in der Regel einige der Entscheidungen bereits gefallen, die die Planung der Beobachtung betreffen. Z. B. steht fest, ob unabhängige Variablen manipuliert werden, ob die Untersuchung im Labor oder im Feld stattfindet, die Vpn-Stichprobe vorgegeben ist, etc.

Trotzdem muß bei der Planung der konkreten Beobachtung eine Reihe von Entscheidungen getroffen werden. Die wichtigsten seien kurz zusammengefaßt:

(1) Welche Variablen des Verhaltens sollen beobachtet werden?
(2) Müssen spezielle Hilfsmittel eingesetzt werden, damit diese Variablen beobachtbar sind (z. B. Infrarotkamera zur Messung der Hauttemperatur)?
(3) Entscheidung über die Art der Verhaltensbeobachtung, soweit diese nicht bereits durch die Untersuchung determiniert ist.

(4) Mit welchen Kontrolltechniken können die Störvariablen kontrolliert werden, die von der spezifischen Art der Beobachtung herrühren?
(5) Soll das Geschehen aufgezeichnet werden? Wenn ja, müssen die Geräte in Übereinstimmung mit (1) und (2) ausgewählt und eingesetzt werden.
(6) Wenn der Beobachter und die Vpn interagieren: Welches Verhalten muß der Beobachter an den Tag legen?
(7) In Übereinstimmung mit dem Ziel der Untersuchung müssen die Beobachtungsperioden festgelegt werden. Wird in einem Zeitraum nicht kontinuierlich beobachtet, muß eine Methode bestimmt werden, mit der die Zeitstichprobe ausgewählt wird (Zufall, etc.).
(8) Das Kategoriensystem und die Beobachtungseinheit müssen entsprechend dem Ziel der Untersuchung unter Berücksichtigung der Leistungsfähigkeit der Beobachter definiert werden.
(9) Ist es notwendig, Zeitangaben mitzuprotokollieren?
(10) Welches Werkzeug (in Abhängigkeit von (8) und (9) ist zur Protokollierung notwendig (Beobachtungsbogen, Verhaltensschreiber, etc.)?
(11) Wieviele Beobachter werden gebraucht?
(12) Welches Training müssen die Beobachter erhalten?
(13) Muß eine Supervision eingeplant werden?
(14) Wie wird die Reliabilität der Beobachter bestimmt? Will man eine untere Reliabilitätsgrenze festlegen?
(15) In Abhängigkeit vom Ziel der Untersuchung muß entschieden werden, ob und wie die Beobachtungsergebnisse weiter zusammengefaßt werden (Bestimmung relativer Häufigkeiten von Verhaltenskategorien, Auflistung der zeitlichen Reihenfolge bestimmter Kategorien, etc.).

2.1.8. Beobachtung vs. Experiment?

In der Psychologie haben Diskussionen eine lange Tradition, in denen Beobachtung und Experiment – speziell Feldbeobachtung und Laborexperiment – einander gegenübergestellt werden (vgl. dazu z. B. Mees & Selg, 1977). Diese Gegenüberstellung schafft einen Gegensatz, der m. E. in dieser Form nicht existiert.

Zunächst muß deutlich unterschieden werden – wie dies auch bei der Gliederung des vorliegenden Bandes geschehen ist (vgl. Kapitel 2 und 3) – zwischen Forschungsstrategien (zur Prüfung von Hypothesen) und Methoden der Datengewinnung. Das Experiment ist ein Repräsentant aus der Gruppe der Forschungsstrategien, während die Verhaltensbeobachtung eine der Methoden der Datengewinnung ist. Es ist sinnvoll, die Vor- und Nachteile verschiedener Forschungsstrategien zu diskutieren und so z. B. das Experiment und die Beschreibung von Systemen, Ereignissen und Prozessen als spezielle Forschungsstrategien einander gegenüberzustellen. Ebenso sinnvoll ist der Vergleich von Methoden der Datengewinnung wie z. B. der Verhaltensbeobachtung und der Befragung als spezielle Operationalisierungsmethoden. Hingegen halte ich es nicht für sinnvoll, einen Gegensatz zwischen einer bestimmten Forschungsstrategie (wie eben dem Experiment) und einer bestimmten Methode der Datengewinnung (z. B. Verhaltensbeobachtung) herzustellen, weil prinzipiell Forschungsstrategien und Methoden der Datengewinnung beliebig miteinander kombinierbar sind. Um beim konkreten Problem zu bleiben: Die Verhaltensbeobachtung als Methode der Datengewinnung wird keineswegs nur bei der Forschungsstrategie **Beschreibung von Systemen, Ereignissen und Prozessen** eingesetzt, sondern sehr wohl auch beim Experiment, z. B. in der Psychologie des Problemlösens, in der Verhaltensforschung, etc.

Außerdem ist es nicht gerechtfertigt, die Verhaltensbeobachtung ausschließlich der Feldforschung zuzuordnen, da sie auch ihren festen Platz in Laboratoriumsuntersuchungen hat. Als Beispiele können wieder die Psychologie des Problemlösens und Untersuchungen zur Tierpsychologie und Verhaltensforschung dienen.

Der Vollständigkeit halber sei abschließend noch betont, daß der Verhaltensbeobachtung als Operationalisierungsmethode zur Datengewinnung nicht nur bei der Hypothesen**prüfung** Bedeutung zukommt, sondern auch bei der Hypothesen**bildung** und ebenso im Bereich der Angewandten Psychologie.

2.2. Befragung*

von Peter Atteslander & Manfred Kopp

2.2.1. Alltägliche Befragung – wissenschaftliche Befragung

2.2.1.1. Die alltägliche Kommunikation

Im allgemeinen wird unter Befragung die verbale Kommunikation verstanden, d. h. zwei oder mehrere Menschen treten miteinander in Beziehung und beginnen ein Gespräch über alltägliche Begebenheiten in ihrer Umwelt, wie das Wetter, die Fußballergebnisse oder den Arbeitsplatz u. a. m. Befragungen dieser Art gehören zum Alltag und dienen der zwischenmenschlichen Verständigung. Sie laufen über das Medium Sprache und befördern Informationen zwischen den Gesprächsteilnehmern. Inhalt der sozialen Beziehung Befragung ist also Austausch von Informationen. In der Soziologie sprechen wir in diesem Zusammenhang auch von der **Funktion der Befragung**.

Neben verbalen Aspekten der Kommunikation beeinflussen jedoch oft auch die nichtverbalen Eigenschaften, wie äußere Erscheinung oder Mimik des Gesprächspartners, das Verhalten der Menschen, so daß auch diesen Bestandteilen des Informationsaustausches Beachtung geschenkt werden muß.

Neben allgemeinen wechselseitigen Kommunikationsbeziehungen finden wir im Alltag sehr oft auch die einseitige Befragung.[1] Diese tritt immer dann auf, wenn eine Person X ein Problem hat oder ein Ziel erreichen möchte und nicht weiß, wie sie dieses Problem oder Ziel am besten lösen oder verwirklichen kann. Die Person X tritt in einem solchen Fall für gewöhnlich an eine Person Y, die eine Einzelperson oder auch ein Vertreter einer Behörde oder Institution sein kann, heran, um sich die nötigen Kenntnisse zu verschaffen, die zur Problemlösung oder Zielerreichung eingesetzt werden sollen. Dieser Fall des einseitigen Informationsflusses mag zunächst ungewöhnlich erscheinen, ist es aber keineswegs, wenn man bedenkt, daß in unserer Gesellschaft die Anzahl der Experten für jegliche Art von Angelegenheiten ständig zunimmt.

Verfolgen wir unser Beispiel noch etwas weiter und vergegenwärtigen uns, was passiert, wenn die Person X mit ihrem Problem oder Ziel einen Experten aufsucht. Zunächst wird die Person X ihr relativ unspezifisches Problem oder Ziel vorbringen und den Experten Y um Hilfe bitten. Der Experte seinerseits steht nun vor dem Problem, daß sich aufgrund seines relativ differenzierten Wissens mehrere Problemlösungs- oder Zielerreichungsmöglichkeiten anbieten. Er muß also versuchen, durch eine Befragung der Person X deren Anliegen zu spezifizieren. Der Informationsfluß, der durch diese Befragung in Gang gesetzt wird, entscheidet dann letztlich darüber, welchen Problemlösungs- oder Zielerreichungsvorschlag der Experte der Person X unterbreiten wird. Die Person X muß dann ihrerseits wiederum eine Bewertung dieses Vorschlags vornehmen und darüber entscheiden, ob sie ihr Problem oder Ziel auf die vorgeschlagene Art und Weise zu lösen bzw. zu realisieren versucht. Dieser letzte Teil unseres Beispiels ist jedoch für unser Anliegen eher von sekundärer Bedeutung.

---

* Für die Diskussion des Manuskriptes danken wir Herrn Ludwig Ecker.
[1] Natürlich ist diese einseitige Befragung immer in einen allgemeinen Gesprächsrahmen, wie den Austausch von Begrüßungen u. ä. eingebunden.

Uns interessieren hier vor allem jene Bedingungen, die den Informationsfluß zwischen Person X und Person Y beeinflussen und damit letztlich dafür verantwortlich sind, welcher Problemlösungs- bzw. Zielerreichungsvorschlag sich aus der Befragung ergibt. Welches sind diese Bedingungen?

(1) Befragung ist ein **sozialer Vorgang**, d. h. zwei oder mehr Personen stehen miteinander in Beziehung. Wichtig dabei ist die Erfassung von Wechselwirkungen der beteiligten Personen in ihrem Verhalten aufeinander.

(2) In jeder Befragung manifestiert sich ein Interesse. Befragungen sind dementsprechend **zielgerichtet**: Der aktiv Fragestellende wünscht Informationen und zwar solcherart, daß ein Bezug zwischen Frage und Antwort erkennbar ist. Der Befragte seinerseits wird versuchen, einem Bedürfnis zu entsprechen, ohne daß er damit seine persönliche Lage gefährden möchte.

(3) Eine objektive Erfassung der Befragung ist nur unter Einschluß des Kontextes möglich, in dem Befragung stattfindet. Zu dieser **Situation, in der Befragung durchgeführt wird**, gehören die verwendeten Mittel und die Bedingungen der unmittelbaren räumlichen Umwelt. Als Mittel der Befragung fungiert dabei die Sprache, die auf einen ganz bestimmten kulturellen Hintergrund verweist, so daß die soziale Situation Befragung durch ganz bestimmte kulturelle Muster (oder Normen) geprägt wird. Die Bedingungen der unmittelbaren räumlichen Umwelt sind die nicht beeinflußbaren Elemente der Situation Befragung, wie Wohnverhältnisse, andere anwesende Personen, Zeitdruck u. a. m.

(4) Befragung ist ein Mittel **normativer Orientierung**, d. h. in solchen Beziehungen werden Verhaltenserwartungen ausgebildet. Sie entsprechen einem menschlichen Grundbedürfnis und werden je nach kultureller Eigenheit von den Menschen auch unterschiedlich befriedigt.

Worin liegen nun im Gegensatz zu dieser alltäglichen Befragung die Besonderheiten der wissenschaftlichen Befragung? Welches ist das Kriterium für Wissenschaftlichkeit?

2.2.1.2. Kriterien der Wissenschaftlichkeit

Eine erste mögliche Antwort: Wissenschaftlichkeit ist durch den Grad der **systematischen Vorbereitung und Führung** gegeben. Eine solche Antwort bleibt jedoch unbefriedigend, da eine gewisse Systematik auch in vielen alltäglichen Befragungen vorkommt. So wird etwa der Richter, der einen Angeklagten verhört, darauf bestehen, daß seinem Tun eine ganz bestimmte Systematik eigen sei. Der Arzt befragt seinen Patienten systematisch nach Befindlichkeitsstörungen.

Wie steht es mit der **Zielrichtung** als Kriterium für Wissenschaftlichkeit? Allgemein anerkanntes Ziel der Wissenschaft ist es, etwas über die Realität zu erfahren, um mit Hilfe solcher Erkenntnis Prognosen über das Verhalten bestimmter Objekte (dies können natürlich auch Menschen sein) in ganz bestimmten Situationen ableiten zu können, die wiederum der Lösung ganz bestimmter Probleme dienen sollen. Ein solches Ziel dürfen wir jedoch auch dem Richter und dem Arzt unterstellen. Richter wie Arzt fragen in bestimmten Kontexten. Der Richter sucht innerhalb der Normen gesatzten Rechtes das abweichende Verhalten zu beurteilen, demgemäß der Angeklagte möglicherweise zu verurteilen ist. Der Arzt setzt im Rahmen der Ätiologie (Lehre von den Krankheiten) einzelne Befunde so miteinander in Beziehung, daß eine Diagnose schließlich Grundlage für eine Therapie abgibt. Beide unterstellen also die gesammelten Informationen dem Ziel, Handlungsweisen ableiten zu können; in dem einen Fall Freispruch oder Verurteilung, im anderen Fall beispielsweise Operation oder Medikation (vgl. dazu auch Bureau of Applied Social Research, 1972).

Wir sehen also, daß Systematik und Zielgerichtetheit als Kriterien nicht ausreichen, um die alltägliche von der wissenschaftlichen Befragung abzugrenzen. Im Gegenteil, wir konnten gerade mit Hilfe unseres Beispiels eine Menge gemeinsamer Eigenschaften konstatieren, die für die wissenschaftliche Verwendbarkeit des Instrumentes Befragung eminente Vorteile, aber auch gefährliche Nachteile mit sich bringen. So sind die unmittelbare Nähe zum alltäglichen Gespräch und damit ihre relativ unkomplizierte und schnelle Handhabbarkeit sowie die gut kalkulierbaren Kosten Merkmale, die der Befragung als Erhebungsinstrument von sozialen Daten eine überragende Stellung einräumen. Der Nachteil liegt in der weitverbreiteten Überschätzung der Befragung als Instrument und führt sowohl zu Anwendungen, wo sie im Grunde wenig tauglich sind, wie auch zu unkritischer Übernahme von aggregierten Befragungsdaten, deren Verläßlichkeit näheren Überprüfungen nicht standhält.

Die Bewertung und Einschätzung der Ergebnisse einer wissenschaftlichen Befragung bedarf daher eines einheitlichen Kriteriums, das es erlaubt, die Bedingungen offenzulegen, unter denen diese Ergebnisse zustandegekommen sind.

Die wissenschaftliche Befragung unterscheidet sich von der alltäglichen durch die Kontrolliertheit jeder einzelnen Befragungsphase. Die Kontrolle jedes einzelnen Schrittes der Befragung hat zwei Aufgaben zu erfüllen: Einmal soll sie den angemessenen Einsatz der Befragung als wissenschaftliches Meßinstrument gewährleisten, und zum anderen kann nur über die Kontrolle der einzelnen Schritte festgestellt werden, inwieweit die Ergebnisse, d. h. die erhobenen Daten von den Bedingungen, unter denen die Befragung stattgefunden hat, beeinflußt worden sind.

Befragung als wissenschaftliches Meßinstrument

Das Beispiel der alltäglichen Befragung zeigt, daß jede Befragung durch das Vorhandensein eines Problemes oder Zieles ausgelöst wird. Dies gilt auch für die wissenschaftliche Befragung; beide Situationen sind durch einen Mangel an Informationen gekennzeichnet. Während jedoch im alltäglichen Fall das fehlende Wissen partikularer Natur ist, ist es im wissenschaftlichen von allgemeiner Art. D. h. eine wissenschaftliche Befragung kümmert sich **nicht** um die Frage, wie eine Person X eine bestimmte Handlung in einer bestimmten Situation ausführen kann, soll oder muß, um ein bestimmtes Problem oder Ziel zu lösen bzw. zu realisieren, sondern um die **Überprüfung allgemeiner theoretischer Zusammenhänge.**

Grundsätzliche Aufgabe wissenschaftlicher Tätigkeit ist es, Theorien über Zusammenhänge und Veränderungen der Realität zu formulieren. Die Analyse kann dabei einmal deskriptiver und zum anderen dynamischer Natur sein. Die deskriptive Analyse benennt die relevanten Variablen und beschreibt die Beziehungen zwischen den Variablen. Die dynamische Analyse[2] untersucht dagegen, aufgrund welcher Prozesse die Variablen ihre Werte oder Ausprägungen stabil halten oder verändern.

Im ersten Fall sind also die Variablen der Theorie sowie ihre Beziehungen und im zweiten Fall die Ausprägungen problematisch. Falls die Befragung als Meßinstrument eingesetzt wird, kann eine deskriptive Analyse nur adäquat mit einer unstruk-

---

[2] Dynamische Analyse meint hier nicht einfache zeitliche Abläufe, sondern funktionale Beziehungen zwischen Variablen (vgl. dazu Parsons & Shils, 1962).

turierten oder offenen Befragung, die dynamische Analyse dagegen nur mit einer standardisierten Befragung angemessen durchgeführt werden. Insofern ist schon bei der Gestaltung des Meßinstrumentes Befragung eine Kontrolle vonnöten, um nicht bereits in dieser ersten Phase die theoretische Fragestellung zu verfehlen.

Der Allgemeinheitscharakter wissenschaftlicher Tätigkeit hat jedoch für die Befragung als Meßinstrument noch eine weitere Implikation. Da das Ziel nicht partikularer Natur ist, wird man sich nicht mit der Befragung einer einzigen Auskunftsperson zufriedengeben können, selbst wenn es sich um einen Experten handeln sollte, wie dies in unserem Beispiel zwischen Person X und Person Y der Fall war. Es geht vielmehr darum, das Auftreten von Variablen oder deren Ausprägungen in ihren Häufigkeitsverteilungen zu erfassen. Zu diesem Zweck muß natürlich immer eine ganze Gruppe von Personen oder ein repräsentativer Querschnitt dieser Gruppe befragt werden.

Bei der Gestaltung des Meßinstrumentes Befragung ist daher nicht nur die theoretische Fragestellung zu berücksichtigen, sondern es sind auch die Eigenschaften der zu befragenden Personen, wie Alter, Geschlecht, Bildungsstand, Schichtzugehörigkeit, Herkunft, ethnische Zugehörigkeit u. a. m. in Betracht zu ziehen. Je nachdem, wie sich dann die jeweilige Befragtengruppe, nach diesen Merkmalen geordnet, zusammensetzt, wird beispielsweise die Komplexität des sprachlichen Ausdrucks bei der Frageformulierung oder die systematische Anordnung der Fragenabfolge unterschiedlich ausfallen. Die wissenschaftliche Befragung muß also den Merkmalen der Gruppe der zu befragenden Personen angemessen sein. Dieser Umstand ist von enormer Bedeutung und darf in seinen Auswirkungen auf die Ergebnisse einer Befragung keinesfalls unterschätzt werden. Dies zeigen die wenigen zu diesem Problem bisher vorgenommenen Untersuchungen (vgl. dazu auch Atteslander, 1980; Blinkert, 1978; Cantril & Rugg, 1972; Schuman & Presser, 1979). So wirkte beispielsweise oftmals gerade der einfachste Weg, nämlich eine einfache Frageformulierung mit vorgegebenen Antwortalternativen, verzerrend auf die Antworten, wenn die befragten Personen durchwegs ein hohes Bildungsniveau hatten. Das Instrument war in diesem Fall viel zu grob konstruiert, um die meist sehr differenziert vorgetragenen Antworten überhaupt registrieren zu können.

Die Notwendigkeit der Anpassung von Meßinstrumenten an die Eigenarten von Personen oder Bezugsobjekten besteht auch in den Naturwissenschaften. Allerdings scheinen dort die Zusammenhänge wesentlich besser erforscht und bereits für die praktische Anwendung nutzbar gemacht worden zu sein. Denn es käme wohl niemand auf die Idee, die Lufttemperatur mit einem Fieberthermometer messen zu wollen, da die Skalenwerte auf die Eigenarten unterschiedlicher Bezugsobjekte abgestimmt sind.

Zusammenfassend: Wenn die Befragung als wissenschaftliches Meßinstrument eingesetzt wird, bedarf es der systematischen Kontrolle jeder einzelnen Befragungsphase. Nur so kann die Gültigkeit und Verläßlichkeit von Ergebnissen gewährleistet werden. In einem ersten Schritt heißt das, daß bei der Konstruktion des Instrumentes sowohl theoretische Fragestellung als auch Eigenarten der Befragtengruppe adäquat berücksichtigt werden müssen.

Befragung als Interaktion

Die zweite Aufgabe der systematischen Kontrolle jedes einzelnen Befragungsschrittes besteht in der Erfassung der Bedingungen, unter denen die eigentliche Informationsübermittlung stattfindet, um deren Einfluß auf die Antworten bestimmen zu können.

An einem einfachen Beispiel aus den Naturwissenschaften sei dieser Sachverhalt erläutert:

Angenommen, der Astronom K beobachtet den Lauf der Sterne am nächtlichen Himmel, um die Bewegungsgesetze dieser Himmelskörper einer empirischen Prüfung zu unterziehen. Zu diesem Zweck steht ihm ein bestens funktionierendes Fernrohr zur Verfügung, so daß eine hohe Genauigkeit seiner Beobachtungen zu erwarten ist. Dennoch muß unser Astronom K feststellen, daß seine Beobachtungsdaten mit den aus den Bewegungsgesetzen prognostizierten Positionen der Planeten nicht übereinstimmen. Woran liegt es?, wird er sich fragen. Sind die Bewegungsgesetzte falsch? Arbeitet das Fernrohr fehlerhaft? Oder sind die Beobachtungsdaten fehlerhaft? Nach langem Suchen wird er feststellen, daß der Fehler in seinen Beobachtungsdaten liegt, denn er hat einen wichtigen Umstand außer acht gelassen. Da die Erde, von der aus unser Astronom K seine Beobachtungen vorgenommen hat, auch ein Himmelskörper ist, unterliegt diese ebenfalls den Bewegungsgesetzen der Planeten und verändert daher dauernd ihre Position. Der Standort des Beobachters ist also kein Fixpunkt, sondern verändert sich laufend. Unser Astronom K muß daher die Veränderung seines eigenen Standortes zu seinen Beobachtungdaten in Relation setzen. D.h. er muß in seinen Ergebnissen die Bedingungen, unter denen seine Erhebung stattgefunden hat, berücksichtigen. Erst dann werden seine Daten valide sein.

Kehren wir zur wissenschaftlichen Befragung zurück. Wie wir bereits gesehen haben, ist es das Ziel einer wissenschaftlichen Befragung, für bestimmte theoretische Zusammenhänge die relevanten Variablen oder die Ausprägungen von Variablen zu ermitteln. Diese Variablen müssen Bezugsobjekten bzw. in unserem Fall einer Untersuchungsgruppe zugeordnet werden, so daß sich schließlich Häufigkeitsverteilungen ergeben. Jeder Person der Untersuchungsgruppe müssen daher dieselben Fragen zur Beantwortung vorgelegt werden. Dies geschieht mit Hilfe eines Fragebogens, der sowohl auf das theoretische Problem als auch auf die Eigenarten der Untersuchungsgruppe angemessen abgestimmt sein muß.[3] Erst danach beginnt die eigentliche Erhebungs- oder Feldphase. Eine oder meistens mehrere Personen, die vom Forschungsleiter oder vom Forschungsinstitut als Interviewer angestellt worden sind, müssen, mit dem Fragebogen ausgerüstet, mit den zu befragenden Personen Kontakt aufnehmen und die Antworten einholen.[4]

Die eigentliche Informationsübermittlung findet also als Interaktionsbeziehung zwischen zwei Personen statt und diese ist wiederum an einen ganz bestimmten situativen Kontext gebunden. Die Bedingungen, die diesen Kontext kennzeichnen, sind dieselben wie bei der alltäglichen Befragung:

(1) Soziale Beziehung zwischen Personen,
(2) Zielgerichtetheit der Befragung,

---

[3] Neben dem Fragebogen gibt es auch noch andere Möglichkeiten des Interviewens; vgl. 2.2.2.1. Die Formen des Interviews.
[4] In dieser Form gilt diese Aussage natürlich nur für die mündliche Befragung. Zu den anderen Formen siehe Kap. 2.2.4.

(3) die Situation, in der die Befragung durchgeführt wird mit (a) den Mitteln der Befragung (z. B. Fragebogen) und (b) den Bedingungen der unmittelbaren räumlichen Umwelt, und

(4) normative Orientierung in der Befragung.

Alle diese Bedingungen[5] werden je nach ihrer Beschaffenheit die Antworten des Befragten beeinflussen und sich somit in den Ergebnissen niederschlagen, so daß wir in diesem Falle eine Parallelität zwischen Naturwissenschaften und Sozialwissenschaften feststellen können. Der Forschungsleiter bzw. das Forschungsinstitut muß genauso wie der Astronom K in unserem Beispiel die Bedingungen der Erhebungssituation systematisch erfassen und diese zu seinen Daten in Relation setzen. Erst dann läßt sich nämlich der Einfluß der Erhebungsbedingungen auf die Daten kontrollieren und ermitteln. **Diese Kontrolle der Bedingungen, unter denen die Daten erhoben werden, ist also das zweite grundlegende Charakteristikum für eine wissenschaftliche Befragung.**

Hierzu noch folgende kurze Anmerkung: Es ist sicherlich verfehlt, anzunehmen, eine solche Kontrolle würde überflüssig, wenn man die Bedingungen der Erhebungssituation für jede einzelne Befragung nach demselben Muster künstlich herstellt, also quasi eine Laborsituation schafft. Denn (1) wird sich auch diese künstliche Situation in den Antworten niederschlagen und zwar bei jeder Befragung unterschiedlich; und (2) ist mit der räumlichen Umwelt nur eine Teilbedingung von insgesamt vier erfaßt. Darum nochmals: Kontrolle meint in diesem Zusammenhang die systematische Erfassung der Erhebungssituation für jede einzelne Befragung.

Von Wichtigkeit sind dabei die vier angeführten Bedingungen in ihrer jeweiligen Ausprägung.

Zusammenfassung: Ähnlich dem Informationsbedürfnis einzelner Menschen in der alltäglichen Befragung ist ein steigendes Bedürfnis gesellschaftlicher Institutionen nach Befragungsdaten der Bevölkerung festzustellen. Die Befragung ist zweifellos das weitverbreitetste „Instrument" der empirischen Sozialforschung, wobei aber der instrumentelle Charakter der Befragung gegenüber den streng wissenschaftlichen bei weitem überwiegt. Es überwiegen dementsprechend Umfragedaten mit geringem Grade an Kontrolliertheit gegenüber solchen, die wissenschaftlichen Kriterien zu genügen vermögen.

---

[5] Die vier genannten Bedingungen sind nicht willkürlich. Sie sind aus Parsons (1968) „The Structure of Social Action" übernommen. Diese vier Bedingungen konstituieren bei Parsons den „Unit-Act", d. h. die Bedingungen, unter denen Personen handeln. Der „Unit-Act" ist ein Grundbaustein der Parsonsschen Handlungstheorie. Wir müssen diese Anleihe machen, da die Befragung als spezifischer Unterfall einer Interaktionsbeziehung ebenso wie jede andere Interaktion nur im Rahmen einer allgemeinen Handlungstheorie gesehen werden kann. Wir haben es hier mit einem Phänomen der Reflexivität zu tun, das ebenfalls seine Parallele in den Naturwissenschaften hat. Der Astronom K aus unserem Beispiel mußte die Bewegungsgesetze der Planeten, die er eigentlich überprüfen wollte, bereits voraussetzen, um seine Beobachtungsdaten zu relativieren. Dasselbe passiert in den Sozialwissenschaften. Wenn wir die Handlungen von Personen erforschen wollen, müssen wir die Grundlagen einer Handlungstheorie bereits voraussetzen, da wir selbst während der Erforschung diesen Bedingungen unterliegen. D. h., mit dem Interview als Meßinstrument können wir eine allgemeine Handlungstheorie **nicht** überprüfen, wohl aber Theorien mittlerer Reichweite, wie z. B. eine Sozialisationstheorie, eine Schichtungstheorie u. a. m. Für die Überprüfung der allgemeinen Handlungstheorie bedarf es eines zusätzlichen **unabhängigen** Kriteriums (möglicherweise einer Theorie aus einem anderen Bereich, z. B. der Biologie).

Die Gültigkeit und Verläßlichkeit von Umfragedaten aber hängt unmittelbar von dem Grad der Kontrolliertheit, mithin der Wissenschaftlichkeit ab. Je geringer die Kontrolle in einem der angezeigten Bereiche, desto fraglicher die sogenannten Ergebnisse. Gültigkeit und Verläßlichkeit werden durch Kontrolle im gesamten Forschungsprozeß geprägt. Weder eine exakte Auswertung übermittelter Befragungsdaten noch ein ausgeklügelter Fragebogen sind dabei ausreichend. Über den Grad der Wissenschaftlichkeit entscheidet das Ausmaß, in dem die Befragung unter systematischer Kontrolle steht. Im Unterschied zur alltäglichen Befragung wird forthin der Begriff **Interview** für mehr oder minder wissenschaftliche Arten der Befragung verwendet.

2.2.2. Interview als Meßinstrument

Über die angemessene Verwendungsweise des Interviews als Meßinstrument werden nun schon fast vierzig Jahre heftige Diskussionen geführt (vgl. dazu Lazarsfeld, 1944), so daß sich eine Fülle von Material angesammelt hat. Versucht man die Vielzahl der Argumente zu systematisieren, so ergeben sich drei Problemkomplexe:

(1) Die Formen des Interviews,
(2) die Aufgaben des Interviews und
(3) die Vergleichbarkeit der Daten.

Bevor wir jedoch auf die drei Bereiche im einzelnen eingehen, wollen wir nochmals die Zusammenhänge kurz rekapitulieren.

Als Kriterium für die Wissenschaftlichkeit wurde im vorhergehenden Kapitel die Kontrolliertheit jeder einzelnen Befragungsphase beschrieben. Diese soll sowohl die angemessene Verwendungsweise des Interviews als wissenschaftliches Meßinstrument gewährleisten als auch den Grad der Abhängigkeit der Daten von den Bedingungen ihrer Erhebung klarlegen. Adäquat kann das Interview als Meßinstrument nur angewendet werden, wenn bei der Konstruktion die jeweilige theoretische Fragestellung und die jeweiligen Eigenarten der Befragtengruppe entsprechend berücksichtigt werden. Es ist daher zu zeigen, daß die Wahl der Form des Interviews abhängig ist von der Art der theoretischen Analyse und von den relevanten Merkmalen der Befragtengruppe. Kontrolle heißt dann, die Formen der Befragung mit ihren Anwendungsbedingungen systematisch in Beziehung zu setzen.

2.2.2.1. Die Formen des Interviews

Unterscheiden lassen sich die Formen des Interviews nach dem Grad an Strukturiertheit, den sie jeweils aufweisen. **Strukturiertes und unstrukturiertes Interview, geschlossene und offene Befragung, standardisiertes und nicht-standardisiertes Interview** sind Begriffe, die die extremen Ausprägungen bestimmter Aspekte des gesamten Interviewprozesses bezeichnen sollen.

Mit der Form des Interviews bestimmt der Forschungsleiter die Struktur der Interaktion zwischen dem Interviewer und dem Befragten und damit den Spielraum bzw. den Freiheitsgrad, der beiden Akteuren während des Interviews bleibt. Diese Entscheidung bezüglich des **Grades** der Strukturierung, die vom Forschungsleiter vorab, also noch während der Planungsphase, zu treffen ist, kann sich wiederum auf ganz bestimmte Aspekte des Interviewprozesses beziehen, so daß nicht alle Aspekte denselben Grad an Strukturierung aufweisen müssen.

Unter diesen Aspekten oder Elementen des Interviewprozesses verstehen wir

(1) den Fragebogen, der den Inhalt, die Anzahl und die Reihenfolge der Fragen festlegt;
(2) die sprachliche Formulierung jeder einzelnen Frage; und
(3) die Verwendungsweise von Antwortkategorien.

Diese Elemente sind die spezifizierten Mittel der Kommunikation zwischen Interviewer und Befragtem. Je nach dem Grad ihrer Strukturierung wird festgelegt, auf welche Weise die einzelnen Phasen des Interviews kontrolliert werden.

Strukturiertes – unstrukturiertes Interview

Die Unterscheidung **strukturiertes – unstrukturiertes Interview** bringt zum Ausdruck, ob für die Befragung ein Fragebogen verwendet wird oder nicht. Dementsprechend wollen wir von einem strukturierten Interview sprechen, wenn das Interview mit Hilfe eines Fragebogens durchgeführt wird, und von einem unstrukturierten Interview, wenn dem Interviewer kein Fragebogen zur Verfügung steht.

Für das **strukturierte** Interview muß, bevor die eigentliche Feldarbeit beginnen kann, ein Fragebogen konstruiert werden. Eine exakte und sorgfältige Vorgehensweise ist hierbei besonders wichtig, da der Fragebogen die Freiheitsspielräume des Interviewers und des Befragten stark einschränkt. Fehler, die in den Fragebogen eingebaut sind, lassen sich somit während der Erhebungsphase kaum noch korrigieren, denn im strukturierten Interview sind Sondierungsfragen, mit denen beispielsweise Verständnisprobleme ausgeräumt werden könnten, in der Regel nicht mehr zulässig.

Der **Fragebogen** legt
(1) den Inhalt,
(2) die Anzahl und
(3) die Reihenfolge der Fragen fest.

Darüber hinaus wird bereits bei der Fragebogenkonstruktion über die sprachliche Formulierung der Fragen und die Verwendungsweise von Antwortkategorien entschieden.

Inhalt und Anzahl der Fragen: Der Inhalt und die Anzahl der Fragen muß natürlich in der Hauptsache durch die theoretische Fragestellung bestimmt sein, so daß bezüglich des Untersuchungsproblems eine möglichst vollständige Information erhoben wird. Dabei ist jedoch zu berücksichtigen, daß der Dauer eines Interviews durch die nachlassende Aufnahmefähigkeit des Befragten sowie dessen Bereitschaft, überhaupt auf Fragen zu antworten, natürliche Grenzen gesetzt sind. In der Regel dürfte eine Gesamtdauer von 30-60 Minuten zumutbar sein. Die Anzahl der Fragen, die innerhalb dieser Zeit gestellt werden kann, wird dann je nach Schwierigkeitsgrad der Fragen und Interesse der Befragten variieren. Jedenfalls sollte der Forschungsleiter bei der Fragebogenkonstruktion darauf achten, daß der Fragebogen nicht unnötig aufgebläht wird (vgl. dazu auch Mayntz et al. 1969).

Reihenfolge der Fragen: Die Anordnung der Fragen muß sich ebenfalls sowohl an inhaltlichen Erfordernissen der Problemstellung als auch an psychologischen Kriterien, die die individuellen Dispositionen der Befragten berücksichtigen, orientieren. Der Inhalt einer ganz bestimmten Frage kann nicht isoliert betrachtet werden, sondern die Frage wird immer in einen größeren Kontext eingebettet bleiben. Insofern ist anzunehmen, daß der Befragte zur Beantwortung bestimmter Fragenkomplexe ganz bestimmte Bezugssysteme zur Verfügung hat.

Ob die Abfolge der Fragen logisch konsistent erfolgen soll oder ob der Befragte zu Gedankensprüngen veranlaßt und damit in seinen Antworten verunsichert werden soll, wird dann von der jeweiligen Themenstellung abhängig sein. Die psychologischen Anforderungen an die Reihenfolge der Fragen fassen Richardson et al. (1965: 43) wie folgt zusammen: „Fragen, welche das Interesse des Befragten am ehesten zu wecken vermögen, werden zu Beginn gestellt. Wenn sein Interesse geweckt ist, und er sich am Interview zu beteiligen beginnt, wird er eher bereit sein, auf Fragen welche ihn weniger interessieren, oder welche mehr Überlegungen und Anstrengungen verlangen, zu antworten. Die mehr herausfordernden oder heiklen Fragen werden gegen das Ende der Untersuchung gestellt, damit (a) während des Ablaufs des Interviews der Befragte in seinem Glauben oder Zutrauen zum Interviewer bestärkt wird und daher eher geneigt ist, auf heikle Fragen einzugehen, und damit (b), wenn der Befragte bei heiklen Fragen stutzig und in seinen Antworten zurückhaltend wird oder das Interview beendet, dann der Interviewer wenigstens Antworten auf die früheren unproblematischen Fragen erhalten hat."

Beim **unstrukturierten** Interview wird die gesamte Last der Kontrolle auf den Interviewer übertragen. Der Interviewer arbeitet ohne Fragebogen oder nur mit einem Gesprächsleitfaden, so daß er einen hohen Freiheitsspielraum hat, d.h. er kann die Anordnung oder Formulierung seiner Fragen dem Befragten jeweils individuell anpassen, wenn es ihm ratsam erscheint, beispielsweise ein Problem zu vertiefen oder auf bestimmte, mit Vorurteilen besetzte Begriffe zu verzichten. Er kann auch Sondierungsfragen stellen, wenn er merkt, daß der Befragte die Frage in ihrer ganzen Tragweite nicht erfaßt oder mißverstanden hat.

All diese Möglichkeiten sich der spezifischen Interaktionssituation anzupassen, bleiben in einem strukturierten Interview weitgehend ausgeschlossen. Andererseits erfordern diese Freiheitsspielräume vom Interviewer auch eine erhöhte Selbstdisziplin sowie eine eingehende Ausbildung in den Interviewtechniken, denn er soll ja in einer gewissen Zeit Informationen zu einem ihm vorgegebenen Forschungsproblem erfragen und die Antworten so aufzeichnen, daß sie für eine spätere Auswertung brauchbar sind. Des weiteren muß der Interviewer darauf achten, daß der Befragte auch tatsächlich Gelegenheit hat, seine Auffassung klar zum Ausdruck zu bringen, d.h. der Interviewer muß sich auf kurze Fragen beschränken, damit der Befragte in seinem Erzählfluß nicht allzusehr gestört oder beeinflußt wird.

Das explorative Befragen erfordert ein langes Training, so daß das unstrukturierte Interview nur von gut geschulten und geübten Interviewern erfolgreich durchgeführt werden kann. In der Praxis wird es nur vom Forschungsleiter selber oder seinen engeren Mitarbeitern angewendet.

Geschlossene – offene Befragung

Die Unterscheidung **geschlossene – offene Befragung** bezieht sich auf die Form der einzelnen Fragen, die im Fragebogen enthalten sind bzw. vom Interviewer gestellt werden.

Die geschlossene Frage ist so formuliert, daß dem Befragten mit der Frage gleichzeitig eine Reihe von Antwortmöglichkeiten vorgelegt werden, aus denen er die für ihn zutreffende Alternative auswählen muß.

Beispiel

Frage:
„Würden Sie bitte auf diese Karte schauen und mir sagen, was Sie an einem Job am meisten schätzen würden?"

Antwortangaben:
(1) Hohes Einkommen (2) Sicherung des Arbeitsplatzes (3) Kurze Arbeitszeit, viel Freizeit (4) Chancen zum bruflichen Vorankommen (5) Interessante Arbeit, die ein Gefühl der Selbstverwirklichung vermittelt (Schuman/Presser, 1979: 696).

Bei der offenen Frage wird der Befragte dagegen lediglich mit der Frage konfrontiert. Er muß dann die Frage nicht nur inhaltlich beantworten, sondern seine Antwort auch selbständig sprachlich formulieren. Der Interviewer hat beides so gut wie möglich aufzuzeichnen.

Beispiel
Frage:
„Die Leute suchen nach den unterschiedlichsten Dingen in einem Job. Was würden Sie am meisten an einem Job schätzen?" (Schuman/Presser, 1976: 696).
Keine Antwortvorgabe.

Die geschlossene Frageform legt den Befragten auf die angebotenen Antwortalternativen fest. Nur unter diesen kann er wählen. Dies wird sich nachteilig auf die erhobenen Daten auswirken, wenn wichtige Antwortalternativen vergessen worden sind oder wenn die Antwortalternativen zu ungenau bzw. undifferenziert formuliert sind. Wie einige Untersuchungen gezeigt haben, kann dieser Fall vor allem bei sogenannten Meinungsfragen auftreten. Bei diesen Fragen werden mehrere typisierte Meinungen zu einem Thema aufgeführt, der Befragte soll sich einer dieser Meinungen anschließen.

Beispiel
Frage:
„Hier unterhalten sich drei über den Kommunismus. Welcher von den dreien sagt am ehesten das, was auch Du denkst?"
Antwortvorgaben:
Aussage A: „Ich halte den Kommunismus schon von der Idee her für verfehlt. Und die bestehenden kommunistischen Staaten, die dieser Idee folgen, sind in meinen Augen ein abschreckendes Beispiel."
Aussage B: „Von der Idee her halte ich den Kommunismus für gut. Nur wie die bestehenden kommunistischen Staaten den Kommunismus praktizieren, gefällt mir nicht."
Aussage C: „Die Idee des Kommunismus halte ich für gut, und die Staaten, die danach ein Gesellschaftssystem aufgebaut haben, sind den kapitalistischen Staaten mit Sicherheit überlegen." (Noelle-Neumann, 1978).

In der Regel wird sich der Befragte der Antwort anschließen, die seiner Meinung am nächsten kommt. Die Gefahr besteht dann darin, daß sich die Befragten auf Pauschalisierungen einlassen müssen, die ihnen dann auch bei der Interpretation der Daten voll zugeschrieben werden, obwohl ihre tatsächliche Meinung wesentlich differenzierter ist (vgl. dazu Atteslander, 1980).

Ein weiterer gewichtiger Nachteil der geschlossenen Frageform ist, daß sich die Befragten fast in allen Fällen für eine der angebotenen Antwortalternativen entscheiden und zwar auch dann, wenn sie über das Problem noch nicht nachgedacht haben oder bisher einfach noch keine Meinung entwickelt haben. Eine hohe Anzahl von ad-hoc Antworten, die von anderen Antworten nicht unterschieden werden können, birgt aber die Gefahr, daß die erhobenen Daten nicht besonders aussagekräftig sind, da solche ad-hoc-Antworten relativ instabil sind, d. h. daß der Befragte seine Meinung unter konkreten Umständen schnell ändert (vgl. Katz, 1972).

Der größte Vorteil der geschlossenen Frageform besteht darin, daß der Befragte „seine Antwort" nur **wiedererkennen** muß, ihm also nicht allzu große geistige Leistungen abverlangt werden. Des weiteren sind die Antworten leicht aufzuzeichnen. Der Interviewer muß lediglich die entsprechende Antwort ankreuzen (vgl. Maccoby & Maccoby, 1972).

Bei der offenen Frage ist der Befragte völlig frei in seinem Antwortverhalten. Er kann gemäß seinem Wissen und seiner Fähigkeit zur sprachlichen Ausdrucksweise antworten. Dadurch ergibt sich jedoch der Nachteil, daß mit steigender Komplexität und Differenziertheit der Antworten es immer schwieriger wird, diese auch adäquat aufzuzeichnen. Des weiteren verlangt die offene Frage vom Befragten, daß er sich an einen Tatbestand **erinnern** bzw. seine Meinung sprachlich zum Ausdruck bringen muß. Die geistigen Anforderungen sind in diesem Falle wesentlich höher als bei der geschlossenen Frageform. Dies hat zur Folge, daß viel öfter mit „Weiß nicht" oder überhaupt nicht geantwortet wird (vgl. Maccoby & Maccoby, 1972; Schuman & Presser, 1979).

Faßt man die Vor- und Nachteile von geschlossener und offener Frageform zusammen, so wird deutlich, daß sich die Vor- und Nachteile durch die Relation zwischen der Frageform und dem jeweiligen Wissensstand bzw. der Fähigkeit des sprachlichen Ausdrucks bei den Befragten bestimmen.

Standardisiertes – nicht standardisiertes Interview

Die Unterscheidung **standardisiertes – nicht standardisiertes Interview** bezieht sich auf die Verwendungsweise von Antwortkategorien. Als standardisiert soll ein Interview bezeichnet werden, wenn die Antworten in Kategorien zusammengefaßt werden, um ihre Vergleichbarkeit herzustellen. Beim nicht standardisierten wird dagegen auf die Kategorisierung der Antworten verzichtet.

Beim **standardisierten** Interview geht es darum, die individuell verschiedenen Antworten nach Kategorien zu ordnen, so daß sich für die befragte Gruppe gewisse Häufigkeitsverteilungen ergeben. Die Antworten werden vergleichbar und können mit anderen Variablen korreliert werden.

Die Kategorisierung der Antworten kann sowohl vor der Durchführung des Interviews oder auch danach erfolgen. Werden die Antwortkategorien vorher festgelegt, so können sie, wie im Falle der geschlossenen Frage, dem Befragten mit der Frage gleichzeitig vorgelegt werden, oder sie können dem Interviewer lediglich zur Erleichterung der Aufzeichnungsarbeit mitgegeben werden.

Soll die Verteilung der Meinungen zu einem bestimmten Problem erhoben werden, dann stellt sich die Frage, ob die einfache Ja-Nein-Dichotomie angemessener ist, oder ob mehrere Kategorien das Meinungsspektrum besser wiedergeben. Für die Ja-Nein-Alternative spricht, daß die Befragten zu einer klaren und eindeutigen Stellungnahme gezwungen werden, während mehrere Alternativen die Möglichkeit des Ausweichens eröffnen und dadurch eine starke Häufung bei den gemäßigten Positionen auftritt.[6] Demgegenüber besteht bei der Ja-Nein-Alternative die Gefahr der vorschnellen Pauschalisierung (vgl. Rugg & Cantril, 1972).

---

[6] Stehen bei einer Meinungsfrage mehrere Antwortalternativen zur Auswahl, wird in der Literatur oft auch von „Mehrfachauswahl-Frage" oder „Cafeteria-Frage" gesprochen. Dieser Vergleich mit Selbstbedienungsrestaurants resultiert daraus, daß dort alle Gerichte vor dem Gast gleichzeitig ausgestellt sind.

Um eine **Suggestiv-Wirkung** zu verhindern, sollte bei der Ja-Nein-Dichotomie darauf geachtet werden, daß beide Alternativen bereits in der Frage enthalten sind (Beispiel: „Fahren Sie dieses Jahr in die Ferien, oder bleiben sie zu Hause?"). Bei der Verwendung von mehreren Alternativen sollten inhaltliche Überschneidungen vermieden werden, und vor allem sollte auf ein Gleichgewicht zwischen positiven und negativen Antwortkategorien geachtet werden (Beispiel: „Besuchen Sie die Vereinsversammlungen immer – häufig – gelegentlich – selten – nie?") (vgl. Atteslander, 1971).

Beim **nicht-standardisierten** Interview wird auf die Kategorisierung der Antworten verzichtet. Dieser Fall kommt in der Praxis allerdings sehr selten vor. Er tritt praktisch nur auf, wenn auf Häufigkeitsverteilungen und damit auf die Vergleichbarkeit der Antworten verzichtet werden kann oder wenn Häufigkeitsverteilungen nicht möglich sind.

Dies wäre z. B. denkbar, wenn die Kanäle chronologisch zurückverfolgt werden sollen, über die ein bestimmtes Gerücht weitergegeben wurde, oder wenn beispielsweise die Organisationsstruktur eines Betriebes mit Hilfe von Interviews ermittelt werden sollte. In beiden Fällen wäre das einzelne Interview mit einem bestimmten Befragten abhängig von dem, was in den bisher geführten Interviews an Informationen zutage gefördert wurde (vgl. Gorden, 1977).

Zusammenfassung: Die in der Literatur oftmals synonym gebrauchten Begriffspaare **strukturiertes – unstrukturiertes Interview, geschlossene – offene Befragung, standardisiertes – nicht standardisiertes Interview** bezeichnen die extremen Ausprägungen unterschiedlicher Aspekte des Interviewprozesses. Jeder dieser Aspekte mag einen anderen Grad an Strukturierung aufweisen, so daß Mischformen auftreten können. So sind in einem Interview mit Fragebogen (strukturierte Form) durchaus auch offene Fragen zu verwenden; ober bei einem unstrukturierten Interview kann der Interviewer bereits während des Interviews die Antworten des Befragten bestimmten, bereits feststehenden Antwortkategorien zuordnen (standardisierte Form). Welche Form der Forscher jeweils wählen sollte, hängt von der Art der theoretischen Analyse und von den relevanten Merkmalen der Befragtengruppe ab, wie dies in den folgenden Kapiteln behandelt wird.

2.2.2.2. Die Aufgaben des Interviews

Es lassen sich drei grundlegende Aufgaben des Interviews unterscheiden: **Entdeckung, Messung sowie Interpretation und Verfeinerung statistischer Beziehungen.** Im ersten Fall geht es um das Auffinden der relevanten Variablen, die entweder zur Herstellung der theoretischen Zusammenhänge benötigt werden oder die eine Abgrenzung der relevanten Befragtengruppe erlauben. Im Falle der Messung geht es um die Ausprägung der Variablen. Die Frage lautet dann: Mit welchen Häufigkeiten sind bestimmte Variablen in einer bestimmten Population verteilt; oder mit anderen Worten: Wie stark sind bestimmte Variablen ausgeprägt. Bei der Interpretation und Verfeinerung statistischer Beziehungen geht es um die Deutung unerwarteter Korrelationen oder sogenannter „Ausreißer-Fälle".

Die Aufgabe der Entdeckung

Für die Aufgabe der Entdeckung ist die unstrukturierte Interviewform das geeignetere Verfahren, da es hier darum geht, gewisse qualitative Aspekte des Problems neu zu beleuchten (vgl. dazu auch Bureau of Applied Social Research, 1972). Gorden (1977) spezifiziert diese Aufgabe der Entdeckung in sieben Unterpunkten:

(1) **Abgrenzung des Problems:** Oftmals ist es notwendig, daß in der explorativen Phase der Forschungsarbeit das Problem noch genauer abgegrenzt werden muß, bevor die eigentliche Erhebung durchgeführt wird. Gorden führt als Beispiel eine Studie über intergenerationelle Konflikte an. Hierbei konnte mit unstrukturierten Interviews festgestellt werden, daß ein erheblicher Anteil der Generationskonflikte, von denen Erwachsene oder Kinder berichteten, in der eigenen Familie ausgetragen wurden. Das Forschungsproblem wurde daher auf die Konflikte zwischen Eltern und Kindern eingegrenzt. Des weiteren konnte in Interviews mit College-Studenten festgestellt werden, daß sich die Konflikte mit dem Verlassen des Elternhauses sehr stark verringerten, so daß als Befragtengruppe nur jene in Frage kommen, die noch bei den Eltern wohnten. Außerdem zeigten unstrukturierte Interviews, daß es schwierig war, genaue Informationen über Konflikte zu erhalten, die länger als ein Jahr zurücklagen, da entweder die Erinnerung daran kaum noch vorhanden war oder sie von den Beteiligten einfach als „Kinder-Kram" bezeichnet wurden.

(2) **Abfolge der Fragen:** Zu Beginn des Interviews muß darauf geachtet werden, daß der Befragte meistens einige Fragen als Anlaufphase benötigt, um sich in den Interviewablauf einzugewöhnen; oder auch bei der Behandlung neuer Themenbereiche, um sich adäquat erinnern zu können. Daher sollte die entscheidende Frage nicht gleich zu Anfang gestellt, sondern zunächst mit einigen Fragen eingeleitet werden. Solche Einleitungsfragen können außerdem einen allgemeinen Bezugskontakt herstellen, mit dessen Hilfe der Befragte die Fragen besser einordnen und damit auch leichter beantworten kann. Die für diese Zwecke beste Reihenfolge läßt sich durch unstrukturiertes Interviewen feststellen und zwar am ehesten, wenn der Befragte in der Behandlung der Themenbereiche nicht zu sehr festgelegt wird.

(3) **Relevante Antwortkategorien:** Oft sind bei der Konzipierung einer Studie zwar Vorstellungen darüber vorhanden, welche Fragen zur Bearbeitung des Untersuchungsproblems erforderlich sind, andererseits ist aber völlig unklar, ob die zur Verfügung stehenden Antwortkategorien auch das gesamte Spektrum abdecken. In unstrukturierten Interviews, in denen so wenig Themenkontrolle wie möglich ausgeübt wird, kann die Vollständigkeit und Klarheit der angenommenen Antwortkategorien überprüft und, wenn notwendig, modifiziert werden.

(4) **Reichweite der Antwortkategorien:** Die Reichweite bezieht sich auf den quantitativen Aspekt der Antwortkategorien. Gorden führt als Beispiel eine Studie in einer unterentwickelten Region an. Hier bestanden auf seiten der Forscher, die alle Amerikaner waren, keinerlei Vorstellungen darüber, in welcher Bandbreite das Jahreseinkommen einer Familie variieren kann.

(5) **Auffinden der richtigen Information:** Bei manchen Studien besteht das größte Problem darin, diejenigen Personen ausfindig zu machen, die über die relevanten Informationen verfügen. In einer Reihe von unstrukturierten Interviews wird man daher zunächst die Gruppe der Befragten abgrenzen müssen.

(6) **Sprachliche Besonderheiten:** Die meisten sozialen Gruppen entwickeln sprachliche Besonderheiten, die es Außenstehenden oftmals schwer machen, mit solchen Gruppen ins Gespräch zu kommen. Nicht selten dienen eben gerade solche Codes der Abgrenzung und Abschottung gegenüber anderen Gruppen. Solche Phänomene treten auf in Berufsgruppen, in unterschiedlichen sozialen Schich-

ten, in Jugendgruppen und in geographischen Regionen. Für die Durchführung einer Studie ist es oftmals unerläßlich, zunächst solche Codes zu entschlüsseln, um die Fragen entsprechend formulieren und um dann natürlich auch die Antworten besser verstehen zu können.

(7) **Hemmschwellen der Kommunikation:** Oftmals werden Fragen nicht oder bewußt falsch beantwortet, weil bei den Befragten individuelle oder soziale Hemmschwellen bestehen. Gordon führt das Beispiel einer Sozialarbeiterin an, die Puertorikaner in New York interviewte, um die Notwendigkeit von Hilfsmaßnahmen für Kinder zu ermitteln. Die Wohlfahrtsbehörde benötigte Informationen darüber, ob die Mutter verheiratet war, wieviel Kinder sie hat und wie alt diese sind. Diese Reihenfolge hielt auch die Sozialarbeiterin bei ihrer Befragung für sinnvoll. Es stellte sich jedoch bald heraus, daß viele Paare mit Kindern im Gewohnheitsrecht lebten, d.h. nicht legal verheiratet waren. Je länger diese Paare nun schon in den Vereinigten Staaten lebten, desto eher waren sie geneigt, falsche Angaben über ihren Ehestand zu machen. Die Sozialarbeiterin entschloß sich daher, ihr kulturelles Vorverständnis zu revidieren und erst nach dem Alter der Kinder und dann nach dem Ehestand zu fragen.

Die Aufgabe der Messung

Wissenschaftliche Tätigkeit befaßt sich mit der Überprüfung allgemeiner theoretischer Zusammenhänge. Eine deskriptive Analyse von sozialen Beziehungen ist daher in den meisten Fällen nicht ausreichend. Die Bestimmung bzw. Entdeckung der relevanten Variablen kann dem Forschungsproblem möglicherweise zwar neue qualitative Aspekte verleihen, aber das Niveau der Erklärung wird erst durch die Quantifizierung, d.h. durch die Zuordnung von Häufigkeitsverteilungen erreicht.

Lazarsfeld (1944) verweist auf diesen Zusammenhang. Das unstrukturierte Interview ist die bessere Technik, wenn es darum geht, detailliertes Wissen über ein bestimmtes Forschungsproblem bzw. die öffentliche Meinung zu erheben. Des weiteren wird das unstrukturierte Interview eine Menge an Informationen über die Einstellung jedes einzelnen Befragten liefern. Lazarsfeld (1944) stimmt auch der Kritik an der gängigen Praxis der sogenannten Umfrageforschung zu, die allzu oft mit übervereinfachenden Techniken arbeitet, aber nur in den seltensten Fällen auf die beschränkte Aussagefähigkeit ihrer Daren hinweist. Dennoch ist für die Aufgabe der Messung **das strukturierte Interview** das bessere Verfahren, da das unstrukturierte Interview hier eklatante Schwächen aufweist:

– Die statistische Auswertung der Antworten ist problematisch, da sie eine Vielzahl von Einzelinformationen enthalten, die mit anderen Antworten kaum verglichen werden können.
– Das unstrukturierte Interview ist eine teure und langwierige Prozedur, so daß die Studien jeweils nur auf einer kleinen Anzahl von Fällen basieren.

Lazarsfeld (1944) sieht in diesem zweiten Punkt die größte Problematik des unstrukturierten Interviews. Er kommt zu dem Schluß: „..., the OI (open-ended Interview, A. d. V.) technique, even if it were perfect in itself, places us in a dilemma. By laying all the stress on the detailed description of the single respondent's attitude, it forces us into relatively small numbers of interviews. This in turn handicaps another important progress in public opinion research: the progress which consists of comparing carefully the distribution of opinions in different sub-groups of the population and relating a given opinion to the personal characteristics and to other attitudes of the respondent."(50)

Hier sei noch angemerkt, daß in der Literatur oftmals das Argument vertreten wird, daß unstrukturierte Verfahren geeigneter seien für die „vorwissenschaftliche" Phase der Exploration, während die strukturierten Techniken der Hypothesenprüfung vorbehalten bleiben. Von kritischen Stimmen wird dann angemerkt, daß in der Forschungspraxis diese explorative Phase regelmäßig zu kurz kommt oder ganz unter den Tisch fällt (vgl. zuletzt Kohli, 1978; Schuman & Presser, 1979). Diese Argumentation ist sicherlich nicht ganz unbegründet. Dennoch scheint hier u. E. ein Mißverständnis zu liegen, denn die Wahl einer bestimmten Interviewform sollte weder eine Frage der zeitlichen Abfolge (erst unstrukturiert, danach strukturiert) sein, noch müssen zur Durchführung jeder einzelnen Studie beide Verfahren angewendet werden (explorative Phase - unstrukturiert, Hypothesenprüfung – strukturiert). Die Entscheidung für die unstrukturierte bzw. strukturierte Interviewform sollte vielmehr davon abhängen, ob eine durchzuführende Studie auf qualitative oder aber auf quantitative Ergebnisse abzielt.

Die Aufgabe der Interpretation und Verfeinerung statistischer Beziehungen

Bei der Auswertung der Daten kommt es des öfteren vor, daß unerwartete statistische Beziehungen auftreten, die mit Hilfe der zur Verfügung stehenden Hypothesen nicht erklärt werden können; oder es treten einzelne Fälle auf, die statistisch total aus der Reihe fallen. Zur Klärung solcher Abweichungen oder „Ausreißer" kann das **unstrukturierte Interview** erfolgreich eingesetzt werden (vgl. dazu auch Merton & Rossi, 1968).

Lazarsfeld (1944) führt eine Studie als Beispiel an (Cantril, Herzog & Gaudet, 1939), die in Amerika durchgeführt wurde, um die allgemeine Panik zu erforschen, die unter der Bevölkerung nach einem Hörspiel von Orson Wells entstanden war, das eine Invasion vom Mars täuschend echt simulierte. Bei dieser Studie stellte sich heraus, daß die meisten Leute mit niedrigem Bildungsstand tatsächlich an das Bevorstehen einer großen Katastrophe glaubten. Einige Leute mit niedrigem Bildungsstand fürchteten sich jedoch nicht. Diese abweichenden Fälle wurden dann in unstrukturierten Interviews näher untersucht. Dabei stellte sich heraus, daß diese Leute mit mechanischen Dingen in ihrem Beruf oder durch ihr Hobby zu tun hatten und sich so ein Wissen angeeignet hatten, das bei anderen Leuten erst aufgrund ihres relativ hohen Bildungsniveaus zustande gekommen war.

Zusammenfassung: Die drei wesentlichen Aufgaben des Interviews sind: Entdeckung, Messung sowie Interpretation und Verfeinerung von statistischen Beziehungen. Die Art und Form des Einsatzes von Interviews sollte weder von einer zeitlichen Abfolge abhängen noch müssen in einer Studie alle Formen vertreten sein. Vielmehr sollte die Interviewform durch die Art der Aufgabe bestimmt sein, d. h. bei qualitativer Aufgabenstellung (Entdeckung, Interpretation und Verfeinerung von statistischen Beziehungen) ist das unstrukturierte Interview und bei quantitativer Aufgabenstellung (Messung) ist das strukturierte das geeignetere Verfahren.

2.2.2.3. Die Vergleichbarkeit der Daten

In der Diskussion um die angemessene Interviewform läßt sich in der Fachliteratur neben den Problemen der Aufgabenstellung noch eine weitere Argumentationslinie verfolgen: die Vergleichbarkeit der Daten. Worin besteht das Problem?

Wissenschaftliche Tätigkeit kann sich mit einer einzelnen Auskunft zu einem bestimmten Problem nicht begnügen, da sie die Formulierung allgemeiner Aussagen anstrebt. Es geht darum, das Auftreten bestimmter Variablen oder deren Ausprägungen in bezug auf bestimmte soziale Gruppen zu untersuchen. Zu diesem Zwecke müssen Häufigkeitsverteilungen (vgl. dazu Merton, 1968 b; Kopp & Schmid, 1981) erstellt werden, d. h. es ist eine Gruppe von Personen zu befragen, und somit eine Vielzahl von Interviews durchzuführen. Das Problem besteht nun darin, wie am besten gewährleistet werden kann, daß **alle** zu befragenden Personen auch tatsächlich auf die jeweils zu untersuchenden Variablen (die in entsprechende Fragen gekleidet sind) antworten.

Mit anderen Worten: Wie kann die Vergleichbarkeit der Einzeldaten so garantiert werden, daß sie tatsächlich als Häufigkeiten bestimmten Variablen eindeutig zuzuordnen sind?

Zur Vergleichbarkeit haben sich mehrere Positionen ausgebildet, die wichtigsten werden in den folgenden Abschnitten skizziert.

Vereinheitlichung der Reize

Vertreter, die im Interview eine Vereinheitlichung der Reize anstreben, arbeiten mit einem einfachen psychologischen Verhaltensmodell: dem Reiz-Reaktions-Schema (R-O-S). Das Interview wird dabei als Verhaltenssituation aufgefaßt, in der der Interviewer den Befragten mit einer Reihe von Fragen (die die zu untersuchenden Variablen enthalten) konfrontiert. Der Befragte sieht sich bestimmten Reizen ausgesetzt, auf die er in Form seiner Antworten reagiert. Die Antworten können dann als die individuellen Reaktionen auf denselben Reiz angesehen werden, so daß sie zu Häufigkeiten zusammengefaßt werden und der entsprechenden Variablen zugeornet werden können.

Das Gelingen dieser Prozedur bzw. die Vergleichbarkeit der Daten ist dann abhängig von der Vereinheitlichung der Reize. Es kommt daher darauf an, daß die Reize klar und eindeutig präsentiert werden und daß jeder Befragte ein und demselben Reiz ausgesetzt wird. Diese Auffassung, die in Deutschland vor allem von Noelle-Neumann vertreten wird (vgl. Noelle-Neumann, 1963; 1978), favorisiert das strukturierte Interview mit geschlossener Frageform. Ein sorgfältig konstruierter Fragebogen sowie die Verwendung von Fragen mit vorgegebenen Antwortalternativen sollen nicht nur garantieren, daß die Einheitlichkeit der Reize in allen Einzelinterviews aufrechterhalten wird, sondern sie sollen auch Interviewer und Befragten direkt auf den entsprechenden Reiz festlegen. Andere Einflüsse oder ein Ausweichen sollen damit ausgeschlossen werden.

Verzerrungen im Interview

Atteslander & Kneubühler (1975) arbeiten mit einem komplexeren theoretischen Modell, da sie das Reiz-Reaktions-Schema für allzu einfach halten. Ihre Kritik richtet sich vor allem gegen die Annahme, daß das Interview als einfache Reiz-Reaktions-Beziehung angesehen werden könne, bei der sich die Antwort quasi automatisch einstellt, wenn nur die entsprechende Frage „sauber" vorgetragen wird. Atteslander & Kneubühler (1975) halten dies unter Bezugnahme auf neuere theoretische Überlegungen für verfehlt (vgl. zur Kritik am Reiz-Reaktions-Modell exemplarisch Mead, 1975) und verweisen darauf, daß eine solche Frage-Antwort-Beziehung während des Interviews immer wieder durch andere Einflüsse „gestört" wird, so daß im Antwortverhalten des Befragten gewisse Verzerrungen auftreten können. Für Atteslander & Kneubühler (1975) sind daher nicht so sehr die Fragen das entscheidende Element des Interviews, wenn es um das Problem der Vergleichbarkeit der Daten geht, sondern die Antworten. Nur wenn es in einem ersten theoretischen Anlauf gelingt, zu erklären, wie die Antworten zustande kommen und dann in einer zweiten praktischen Stufe diese Einflußfaktoren bei der Durchführung des Interviews zu **kontrollieren**, können Aussagen über die Vergleichbarkeit der Daten gemacht werden.

Atteslander & Kneubühler (1975) schlagen folgendes theoretisches Modell vor: Der Befragte wird während des Interviews mit Fragen konfrontiert. Diese Fragen wirken als Stimuli. Des weiteren ist der Befragte gleichzeitig einer Reihe von Reizen ausgesetzt, die zur räumlichen Umgebung, in der das Interview stattfindet, gehören oder durch die Person des Interviewers (z. B. Auftreten, Kleidung, Aussehen u. a. m.) ausgelöst werden. Diese Stimuli und Reize werden vom Befragten mit Hilfe seines Wahrnehmungsapparates aufgenommen und dann geistig verarbeitet.[7] Problematisch an diesem geistigen Verarbeitungsprozeß ist nun, daß der Befragte die Stimuli und Reize mit sozialen Erwartungen (auch Normen genannt), die er in seinem adaptiven Gedächtnis gespeichert hat, in Beziehung setzt, so daß die Antworten nicht nur die individuellen Interessen oder Meinungen des Befragten spiegeln, sondern als „verzerrenden Einfluß" auch soziale bzw. gesellschaftliche Verhaltensanforderungen enthalten.

Atteslander & Kneubühler (1975) glauben daher nicht, daß die Vergleichbarkeit der Daten über die Vereinheitlichung der Reize hergestellt werden kann. Das strukturierte Interview mit geschlossener Frageform garantiert nicht, daß die zu Häufigkeiten zusammengefaßten Antworten sich auch tatsächlich auf ein und dieselbe Variable beziehen. Nach ihrer Meinung ist es vielmehr notwendig, auch die Reize, die von der Umgebung bzw. dem Interviewer ausgelöst werden sowie die normativen Einflüsse zu erfassen, um diese mit den Antworten in Beziehung setzen zu können. Erst dann lassen sich Aussagen über die Vergleichbarkeit der Daten machen. Atteslander & Kneubühler (1975) schlagen daher die Kombination mehrerer Methoden vor, also beispielsweise das Interview durch Beobachtungsverfahren zu ergänzen. Unbeantwortet bleibt allerdings bei einem solch allgemeinen Vorschlag die Frage, wann welche Interview- oder Beobachtungsform angemessen ist.

Äquivalenz der Bedeutungen

Eine andere Position, die die ausschließliche Verwendung des strukturierten Interviews mit geschlossener Frageform ablehnt, knüpft an die Tatsache an, daß das Interview der sprachlichen Verständigung bedarf. Gerade aber die Besonderheiten der menschlichen Sprache stellen die theoretischen Annahmen des Reiz-Reaktions-Schemas in Frage (vgl. dazu Mead, 1975). Sprache besteht aus einer syntaktischen und einer semantischen Dimension, d. h. die Begriffe sind einmal reine Zeichen, und zum anderen haben sie eine Bedeutung. Mit Hilfe solcher Bedeutungen gelingt es, bestimmte Zusammenhänge herzustellen; oder mit anderen Worten: zu verstehen, was jemand meint, wenn dieser etwas sagt. Solche Bedeutungen gehören zu einem Code, in dem die einzelnen Bedeutungen zu einem Sinnzusammenhang verknüpft sind. Die moderne Sprachforschung hat nun nachgewiesen, daß innerhalb eines Zeichensystems bzw. einer bestimmten Sprache nicht nur ein einziger solcher Code existiert, sondern mehrere, die sich nach Gruppenmerkmalen, wie Geschlecht, Al-

---

[7] Wahrnehmung erfolgt grundsätzlich selektiv, so daß nicht alle Stimuli oder Reize gleichzeitig aufgenommen werden können.

ter, Schicht, Rasse, Bildung usw. unterscheiden können (vgl. Bernstein, 1970). Die Frage, die sich für das Interview daher stellt, lautet: Wie kann die Vergleichbarkeit der Daten gewährleistet werden, wenn die Bedeutungen für die einzelnen Befragten nicht äquivalent sind?

Die Antwort der Vertreter dieses Ansatzes ist einfach: durch das unstrukturierte Interview und durch offene Fragen. Die Standardisierung der Antworten soll erst im nachhinein erfolgen. Kinsey (et al., 1948) war einer der ersten Vertreter dieser Position, nach der es nicht auf die Einheitlichkeit der Fragen, sondern auf die Äquivalenz der Bedeutungen ankommt. Die im Interview verwendeten Wörter und die Reihenfolge der Fragen spielen nur eine untergeordnete Rolle. Es ist vielmehr sicherzustellen, daß die Fragen dem jeweiligen Code des einzelnen Befragten angemessen sind, so daß der Prozeß des Verstehens erfolgreich abläuft. Nur auf diese Weise kann sichergestellt werden, daß sich die zu Häufigkeiten zusammengefaßten Antworten auf ein und dieselbe Variable beziehen (vgl. zu dieser Position auch Cicourel, 1970; Arbeitsgruppe Bielefelder Soziologen, 1973; Kohli, 1978; Mühlfeld et al., 1981).

Die Schwierigkeit dieser Position besteht einmal darin, daß sich Bedeutungen kaum je zweifelsfrei klären lassen und zum anderen, daß das unstrukturierte Interview eine äußerst schwerfällige Prozedur ist, die für größere Samples ungeeignet ist.

Fakten oder Artefakte

Das Problem der Vergleichbarkeit der Daten wurde jedoch nicht nur in methodologischen Diskussionen erörtert, sondern es war auch bereits relativ früh Gegenstand eigenständiger empirischer Untersuchungen.

Rugg & Cantril konnten bereits 1944 nachweisen, daß die Häufigkeitsverteilungen der Antworten variieren, wenn die Formulierung der Fragen verändert wird. In ihren Studien legten sie zwei vergleichbaren Untersuchungsgruppen Fragen vor, die in der Formulierung oder den vorgegebenen Antwortalternativen geringfügig abgeändert wurden.[8] Die Häufigkeitsverteilungen der Antworten beider Gruppen wichen jedoch teilweise stark voneinander ab. Die Gründe für diese Abweichungen sehen Cantril & Rugg (1972: 112) in den geistigen Dispositionen der Befragten: „Das Ausmaß, in dem die Formulierung der Fragen die Antworten beeinflußt, hängt fast vollständig vom Grad an Strukturierung des geistigen Zusammenhangs beim Befragten ab." Hier wird also eine Beziehung hergestellt zwischen der Formulierung von Fragen sowie der Frageform (geschlossen – offen) auf der einen Seite und Eigenschaften der Befragten auf der anderen. In neueren Untersuchungen ist dieser Zusammenhang spezifiziert worden.

In Deutschland führten Blinkert (1978) und in Amerika Schuman (Schuman & Converse, 1971; Hatchett & Schuman, 1975–76; Schuman & Presser, 1979; Schuman, 1980) unabhängig voneinander ähnliche Studien durch. Beide untersuchten, inwieweit die Antworten durch das Forschungsinstrument Interview induziert sind. Ihre Fragestellung lautete: Entsprechen die erhobenen Daten den normalen, alltäglichen Verhaltensweisen und Einstellungen der Befragten, geben sie also Fakten wieder, oder sind die Daten in dieser Form erst durch die Anwendung bestimmter Forschungsmethoden zustande gekommen, d. h. spiegeln sie lediglich Artefakte?

---

[8] Diese Vorgehensweise wird in der Literatur auch als Splitballot-Verfahren bezeichnet.

Die angewandte Methode entspricht dem Verfahren von Cantril & Rugg (1972): Bei zwei vergleichbaren Untersuchungsgruppen werden die Interviewtexte verändert.

Blinkert (1978) fragte nach politischen Einstellungen, der beruflichen Situation und aktuellen wirtschafts- und gesellschaftspolitischen Problemen in der Bundesrepublik. Die Interviewtexte variierte er nach (1) offenen vs. geschlossenen Fragen, (2) Änderung der Reihenfolge von Antwortkategorien und (3) Änderung des Fragenkontextes, d.h. Veränderung des einer bestimmten Frage vorausgehenden Interviewtextes. Während im ersten Fall signifikante Unterschiede in den Antwortverteilungen auftraten, konnten im 2. und 3. Fall keine nennenswerten Abweichungen festgestellt werden. Zusätzlich korrelierte Blinkert (1978) diese Ergebnisse mit dem Bildungsabschluß der Befragten. Dabei stellte sich heraus, daß sich die Veränderung der Frageform wesentlich stärker in den Antwortverteilungen der Befragten mit niedrigem Bildungsabschluß niederschlägt.

Schuman und Presser (1979) kommen in ihren Untersuchungen im wesentlichen zu denselben Ergebnissen, so daß sowohl Blinkert (1978) als auch Schuman & Presser (1979) die These formulieren: Die Interviewform bzw. Frageform beeinflußt die Antworten bei Befragten mit hohem Bildungsniveau nur gering und bei Befragten mit niedrigem Bildungsniveau sehr stark.

Diese These wird durch eine Untersuchung von Atteslander (1980), die ebenfalls die Instrumentabhängigkeit von Antworten zum Gegenstand hatte, **nicht** bestätigt. Im Gegenteil, hier konnte eine starke Instrumentabhängigkeit der Antworten bei einer Befragtengruppe mit durchweg hohem Bildungsniveau (Studenten) nachgewiesen werden. Atteslander (1980) hatte in einer Anschlußuntersuchung zu einer Studie des Institutes für Demoskopie, Allensbach (vgl. Noelle-Neumann, 1978), die sich mit der politischen Einstellung deutscher Studenten beschäftigte, nachzuweisen versucht, daß die Interviewfragen im Allensbacher Fall viel zu grob konstruiert waren, um differenzierte Einstellungen, wie sie bei Personen mit hohem Bildungsniveau zu erwarten sind, registrieren zu können. Diese These bestätigte sich durch signifikant voneinander abweichende Antwortverteilungen in zwei vergleichbaren Gruppen, denen einmal die Allensbacher Fragen und zum anderen Fragen ohne Antwortvorgaben (offene Frageform) vorgelegt wurden. Welche Folgerungen ergeben sich daraus für das Problem der Vergleichbarkeit der Daten?

Zunächst können wir festhalten, daß Blinkert (1978) sowie Schuman & Presser (1979) mit einem sehr differenziert ausgearbeiteten Fragebogen interviewt haben. Wenn mit der geschlossenen Frageform gearbeitet wurde, waren die vorgegebenen Antwortalternativen so umfangreich, daß fast das gesamte Meinungsspektrum abgedeckt werden konnte. In diesem Fall wurde eine stärkere Instrumentabhängigkeit bei Befragten mit niedrigem Bildungsniveau festgestellt: Während sich die Antworten bei der offenen Frage auf nur wenige Kategorien konzentrierten, war die Häufung bei der geschlossenen Frageform auf wesentlich mehr Kategorien verteilt. Dies entspricht der These, daß Personen mit niedrigem Bildungsstand leichter bestimmte Sachverhalte **wiedererkennen**, aber größere Schwierigkeiten haben, wenn sie sich **erinnern** und die Antworten selbständig formulieren müssen.

In der Untersuchung von Atteslander (1980) war die Ausgangslage genau umgekehrt. Hier wurde bei den geschlossenen Fragen mit sehr einfachen Antwortalternativen gearbeitet, so daß hier die Personen mit hohem Bildungsniveau Schwierigkeiten hatten, ihre differenzierte Meinung überhaupt zum Ausdruck zu bringen.

In beiden Fällen wurde also eine Beziehung zwischen Interviewform bzw. noch spezieller zwischen Frageform und dem Bildungsstand der Befragten festgestellt, wobei die Antworten immer dann vom Instrument unabhängig blieben, wenn die Interviewform der Bildung der Befragtengruppe angemessen war. Wie Schuman (1980) bemerkt, ist Bildung jedoch nur eine „Hintergrundsvariable". Daneben gibt es noch eine Reihe anderer, wie Geschlecht, Alter, Schicht, Rasse u. a. m., die wir als die charakteristischen Merkmale der zu befragenden Personen bzw. der sozialen Gruppe bezeichnen wollen. **Diesen Merkmalen muß die Interviewform bzw. die Frageform angemessen sein.**

Zu beantworten bleibt dann noch die Frage, welches Merkmal denn im Einzelfall, d. h. bei der praktischen Durchführung einer Untersuchung, das entscheidende ist, denn es ist kaum anzunehmen, daß alle in jedem einzelnen Fall gleich relevant sein werden, oder daß alle Merkmale gleichzeitig berücksichtigt werden können. Eine allgemeingültige Antwort auf diese Frage kann nicht gegeben werden. Der entsprechende Hinweis ist in der Theorie zu finden, die man zur Lösung des Problems bzw. zur Erklärung bemüht. Die Theorie gibt uns an, nach welchem Gesichtspunkt wir Personen als soziale Gruppe behandeln, also z. B. ob wir Arbeiter, Hausfrauen, Rentner, Angestellte, Farbige, Studenten, Ärzte u. a. m. interviewen. Dieses Merkmal sollte dann bei der Wahl der Interviewform bzw. Frageform eine entscheidende Rolle spielen. Denn nur, wenn diese kennzeichnenden Merkmale der Befragtengruppe angemessen berücksichtigt werden, können Instrumenteffekte vermieden werden. D. h. nur dann sind die einzelnen Antworten miteinander vergleichbar, so daß sie problemlos zu Häufigkeiten zusammengefaßt werden können. Die Verteilung der Antworten gibt dann auch die tatsächlichen Unterschiede in der Gruppe der Befragten wieder und nicht nur künstliche, die erst durch das Instrument induziert worden sind (vgl. zu den allgemeinen theoretischen Zusammenhängen auch Schmid, 1981; 1982).

2.2.3. Interview als soziale Situation

Mit der Form des Interviews wird das Muster festgelegt, das den Informationsaustausch zwischen Interviewer und Befragten regelt, d. h. der Interviewer und der Befragte haben mehr oder weniger Spielraum, die Fragen in einer bestimmten Weise zu stellen bzw. in einer bestimmten Weise zu beantworten. Für das strukturierte Interview heißt das beispielsweise, daß der Interviewer eine Frage vom Fragebogen abliest, der Befragte antwortet und der Interviewer die Antwort in den Fragebogen einträgt. Dieses Muster wiederholt sich solange, bis das Interview beendet ist. Es gilt außerdem für alle im Rahmen derselben Befragung durchzuführenden Einzelinterviews.

Um die Relevanz, Validität und Reliabilität der Daten zu gewährleisten, muß dieses mit der Interviewform festgelegte Muster der Aufgabenstellung des Interviews und den wesentlichen Merkmalen der Befragtengruppe angemessen sein. Mit der Interviewform ist jedoch nur eine Phase des Interviews beschrieben, die es zu kontrollieren gilt. Hinzu kommen noch die Bedingungen der sozialen Situation, unter denen die Interviews jeweils durchgeführt werden. Anders formuliert: die Bedingungen, unter denen Interviewer und Befragter Informationen austauschen.

Versucht man sich den Unterschied dieser beiden Phasen zu verdeutlichen, so kann man sagen, daß mit der Interviewform entschieden wird, über welchen Kanal der Informationsaustausch abgewickelt werden soll. Die Bedingungen der sozialen Situation beeinflussen dagegen den Informationsfluß zwischen den Interaktionsteilnehmern. Beide Phasen können zwar unabhängig voneinander betrachtet werden, ihre Bedeutung für die Relevanz, Validität und Reliabilität der Daten ist aber gleichermaßen wichtig. Dies wird in der Praxis der empirischen Sozialforschung leider nicht immer entsprechend beachtet. So werden die Ergebnisse der empirischen Forschung in der Öffentlichkeit oftmals – und nicht ganz zu unrecht – als Datensalat ohne Bezugsproblem oder als sowieso bereits bekannte Platitüden kritisiert. In beiden Fällen kann von einer mangelhaften Kontrolle der ersten Interviewphase gesprochen werden. Die typischen Fehler der zweiten Phase äußern sich in einem nur schleppenden Informationsfluß, also in einer hohen Zahl von Antwortverweigerungen oder in einem ausgesprochen hohen Anteil an ausweichenden Antworten (z. B. „Weiß nicht", „Unentschieden", usw.). Gegenstand dieser zweiten Interviewphase ist es deshalb, die Bedingungen der sozialen Situation so zu kontrollieren, daß ein Maximum an Informationsfluß zwischen Interviewer und Befragten erreicht wird. Gorden (1977) behandelt diese zweite Interviewphase im Rahmen eines Modells, das den Zusammenhang zwischen sozialer Situation und einem größeren Kontext, wie Gemeinschaft, Gesellschaft und Kultur herstellt. Er unterscheidet zwischen internen Faktoren der sozialen Situation Interview und externen Faktoren.

Es gibt drei interne Faktoren: den Interviewer, den Befragten und die Fragen, die gestellt werden. Diese drei Faktoren sind im Interview über einen Kommunikationsprozeß miteinander verbunden. Die Art dieser Beziehung wird durch die Interviewform festgelegt. Sie organisiert den Informationsaustausch. Ob jedoch auch tatsächlich Informationen ausgetauscht werden, hängt von der Bereitschaft der Interaktionsteilnehmer ab, dies zu tun. Dies wiederum wird dadurch bestimmt, wie Interviewer und Befragter die Bedingungen ihrer Interaktionssituation wahrnehmen bzw. definieren. Im allgemeinen stehen diese Bedingungen bereits fest, bevor die Interaktion zwischen Interviewer und Befragtem beginnt. Sie umfassen die Zuordnung von bestimmten Interviewern zu bestimmten Befragten, die Zeit und den Ort des Interviews, den Auftraggeber der Untersuchung, die Fähigkeit des Befragten den Zweck der Untersuchung zu verstehen und die Möglichkeit die Anonymität des Befragten zu wahren. Es kommt daher bereits in der Planungsphase des Interviews darauf an, eine Strategie zu entwickeln, die unter Einsatz bestimmter Techniken und taktischer Vorgehensweisen in Rechnung stellt, wie sich die spezifischen Situationsbedingungn auf die Wahrnehmung des Befragten auswirken, um bereits vor Beginn des Interviews die Situationsbedingungen so zu kontrollieren, daß mögliche Vorbehalte des Befragten abgebaut und günstige Einflüsse auf seine Bereitschaft zu antworten gefördert werden.

Solche Faktoren, die Kommunikation zwischen Interviewer und Befragten erschweren oder erleichtern, behandelt Gorden (1977) als die externen Faktoren seines Modells. Die Interaktionsteilnehmer sind mit einem größeren Kontext, wie Gemeinschaft, Gesellschaft und Kultur, über Rollenbeziehungen verbunden. Diese Rollen konfrontieren Interviewer und Befragten mit bestimmten Verhaltenserwartungen, die sich im Interview als erschwerend oder erleichternd auf den Informationsaustausch auswirken können. Die Verbindung zwischen diesen externen Faktoren und den internen Bedingungen der sozialen Situation Interview ergibt sich daraus, daß die spezifische Einbindung von Interviewer und Befragten in diesen größeren Kontext über ihre jeweils unterschiedlichen Rollen Aufschlüsse darüber geben, wie die Interaktionsteilnehmer die konkreten Bedingungen der sozialen Situation wahrnehmen und ihre Kommunikationsbereitschaft daran orientieren werden.[9] „We are not concerned, for example, with generally inhibited personalities

---

[9] Dieser Sachverhalt entspricht unserer Bedingung (4) von S. 149 normative Orientierung.

but in how a person is either unable or unwilling to give some particular type of information, to a certain type of interviewer, at a particular time and location for the interview which is defined by the respondent in a certain way. Thus, we see that the triadic relationship (involving the type of information sought, the type of respondent having the information, and the type of interviewer asking for the information) is brought into play within the interview situation which has certain characteristics because of its relationship to the larger society, community, or culture." (Gorden, 1977: 105).

Die Aufgabe des Interviewers besteht darin, im Interview die vorher entwickelten Strategien, Techniken und taktischen Vorgehensweisen anzuwenden, um Kommunikationsbarrieren abzubauen und solche Faktoren, die den Befragten stärker zu einer befriedigenden Antwort motivieren, zu verstärken. Gorden (1977) weist jedoch darauf hin, daß man Strategien, Techniken und taktische Vorgehensweisen zwar erlernen kann, die Interviewpraxis aber vom Interviewer mehr abverlangt. Er muß nämlich unter den konkreten Bedingungen im Interview entscheiden, welche Faktoren gerade wirksam sind, um sein Verhalten daran ausrichten zu können. „The interviewer must be constantly alert and ready to modify his own behavior in a way that will maximize the flow of relevant and valid information. To do this he must clearly understand the objectives of the interview, observe the behavior of the respondent, and be aware of his own behavior as it influences the respondent." (Gorden, 1977: 92). Diese Fähigkeiten kann sich der Interviewer zwar zum größten Teil durch intensives Training aneignen, eine erfolgreiche Anwendung der vor Beginn des Interviews ausgearbeiteten Strategien, Techniken und taktischen Vorgehensweisen kann jedoch bisweilen immer noch als „die Kunst des Interviewens" gelten.

Die Kontrolle der sozialen Situation Interview ist also nicht nur von sorgfältig ausgearbeiteten Strategien, Techniken und taktischen Vorgehensweisen abhängig, sondern auch von den Fähigkeiten des bzw. der Interviewer. Während die Fähigkeiten des Interviewers nur durch praktische Übungen verbessert werden können, können die Strategien, Techniken und taktischen Vorgehensweisen durch eine Analyse der Situationsbedingungen geplant werden. Was ist unter diesen Strategien, Techniken und taktischen Vorgehensweisen zu verstehen?

Nach Gorden (1977) werden mit der **Strategie** (1) das Ziel des Interviews, (2) die Zuordnung Interviewer-Befragter, (3) Ort und Zeitpunkt des Interviews und (4) die Definition der Situation, wie sie vom Interviewer einleitend dargestellt werden soll, festgelegt. Die anzuwendende **Technik** wird durch den Fragebogen bzw. den Interviewleitfaden bestimmt, der durch seine spezifische Ausgestaltung auch die **taktischen Vorgehensweisen** beinhaltet.[10]

Idealtypisch werden die Entscheidungen über die zu verfolgende Strategie in der angegebenen Reihenfolge vorgenommen. In der Praxis wird die Entscheidungsfrei-

---

[10] Wie deutlich zu erkennen ist, geht es hier um die Kontrolle der Situationsbedingungen, wie wir sie bereits angeführt haben: (1) soziale Beziehung zwischen Personen, (2) Zielgerichtetheit der Befragung, (3) die Situation, in der die Befragung durchgeführt wird mit (a) den Mitteln der Befragung und (b) den Bedingungen der unmittelbaren räumlichen Umwelt und (4) normative Orientierung.

heit des Forschers jedoch in fast allen Fällen dadurch eingeengt, daß ihm ein Teil der Situationsbedingungen vorgegeben ist. So werden es beispielsweise Wünsche des Auftraggebers, das zu untersuchende theoretische Problem oder methodologische Mängel, die sich aus der besonderen Beschaffenheit des Feldes ergeben, notwendig machen, daß die vom Forscher beeinflußbaren Faktoren auf jene vorgegebenen Bedingungen abgestimmt werden, so daß ein Maximum an Informationsfluß zustande kommt.

Die Ausarbeitung der Interviewstrategie beginnt mit der genauen Bestimmung der Art von Information, die erhoben werden soll. Wie Schuman & Converse (1971) in einem Experiment zeigen konnten, wird hiervon die Kombination der anderen Bedingungen wesentlich beeinflußt. Beide untersuchten in Amerika nach den Rassenunruhen von 1967, wie sich die Hautfarbe des Interviewers auf die Antwortbereitschaft einer schwarzen Untersuchungsgruppe auswirkte. Gegenstand der Interviews waren Fragen der Rassendiskriminierung. Die Antwortbereitschaft variierte dabei deutlich mit der Themenstellung. Während die Antwortbereitschaft bei Fragen zur Person sowie bei Fragen über die Lebensbedingungen der schwarzen Bevölkerung keine großen Unterschiede aufwies, konnten z. B. Informationen über den militanten schwarzen Protest oder das feindschaftliche Verhältnis zwischen schwarzer und weißer Bevölkerung von den Interviewern mit schwarzer Hautfarbe besser erhoben werden. Die Interviewer mit weißer Hautfarbe stießen hier bei den Befragten, die durchweg schwarzer Hautfarbe waren, auf starke Vorbehalte.

Dieses Experiment von Schuman & Converse (1971) macht deutlich, wie das kulturelle Milieu die Wahrnehmung des Befragten und damit seine Definition der Situation beeinflußt. Die Art der verlangten Information (Rassendiskriminierung) veranlaßte die Befragten, ihr Antwortverhalten an der Hautfarbe des Interviewers zu orientieren. Insofern lassen sich durch die nähere Bestimmung der Art der zu erhebenden Information Anhaltspunkte dafür finden, an welchen Bedingungen der Situation der Befragte, der zu einem bestimmten kulturellen Milieu gehört bzw. in bestimmte soziale Strukturen eingebunden ist, seine Antwortbereitschaft ausrichten wird. Die anderen Situationsbedingungen können dann dementsprechend ausgestaltet werden.

Wenn die Art der zu erhebenden Information spezifiziert worden ist, kann die Zuordnung der Interaktionspartner erfolgen. Für die Auswahl der Befragten werden folgende Fragen abzuklären sein: Welche Personen verfügen über die benötigten Informationen? Welche Personen werden am ehesten bereit sein, die Fragen zu beantworten? Welcher Personenkreis kommt aus Kosten- oder Effizienzgründen für die Interviews in Frage?

Die Minimalanforderungen, die ein Interviewer erfüllen sollte, sind gute Kenntnisse des Interviewgegenstandes sowie allgemeine Kontaktfreudigkeit, um einmal ein Maximum an Informationen erfragen zu können und zum anderen, um eine optimale Beziehung zum Befragten herstellen zu können. Des weiteren werden bei der Auswahl der Interviewer vor allem Merkmale eine Rolle spielen, die der Beobachtung durch den Befragten zugänglich sind, wie Geschlecht, Alter, ethnische Zugehörigkeit, Sprache, Kleidung, körperliche Behinderung u. a. m.

Nach der Zuordnung der Interaktionspartner muß ein geeigneter Ort und ein geeigneter Zeitpunkt für das Interview gefunden werden. Daß Ort und Zeit des Interviews die Antwortbereitschaft des Befragten wesentlich beeinflussen können, ist in einigen Untersuchungen nachgewiesen worden (vgl. Richardson et al., 1965). So sollten beispielsweise Überschneidungen mit anderen Terminen des Befragten vermieden werden, damit dieser nicht unter Zeitdruck antworten muß. Des weiteren sollte das Ereignis nicht zu weit zurückliegen, um das Erinnerungsvermögen des Befragten nicht über Gebühr zu strapazieren. Außerdem sollte der normale Tagesablauf des Befragten nicht gestört werden. Der Ort des Interviews sollte so gewählt werden, daß der Befragte nicht einem Meinungsdruck durch unmittelbar oder auch nur symbolisch anwesende andere Personen (z. B. am Arbeitsplatz) ausgesetzt ist.

Die Definition der Situation durch den Interviewer zu Beginn des Interviews zielt vor allem darauf ab, dem Befragten einen positiven Eindruck zu vermitteln und seine Motivation zur Beantwortung der Fragen zu erhöhen. Hierbei gilt es zu überlegen, in welcher Weise sich der Interviewer dem Befragten vorstellen soll, wie er den Gegenstand und Auftraggeber der Untersuchung erläutern soll, und warum gerade der Befragte zur Untersuchungsgruppe gehört.

Mit der **Technik**, die der Interviewer anwenden soll, ist sein verbales und nicht-verbales Verhalten im Interview gemeint. Die **taktische Vorgehensweise** bezieht sich dagegen auf die Festlegung von Fragesequenzen, um den Verlauf des Interviews zu beeinflussen. In aller Regel werden Technik und taktische Vorgehensweise durch einen Fragebogen bzw. einen Interviewleitfaden vorgegeben.

Beim verbalen Verhalten sollte darauf geachtet werden, daß die Fragen für den Befragten verständlich formuliert sind, daß die Fragen den Befragten zur Antwort motivieren, daß die verwendeten Begriffe angemessen ausgewählt werden und daß die inhaltliche Reichweite der Fragen sinnvoll begrenzt wird.

Das nicht-verbale Verhalten des Interviewers, das in Gesten, Mimik u. a. m. zum Audruck kommt, bezieht sich vor allem auf die Einstellungen des Interviewers. So sollte er keinerlei Vorurteile gegenüber der Person des Befragten oder dessen Verhalten aufweisen, sondern vielmehr Interesse an den Antworten sowie der Person des Befragten zeigen und die Bemühungen des Befragten bezüglich seiner Antwortbereitschaft würdigen. Dies bedeutet nicht, daß der Interviewer seine Wertorientierungen und Auffassungen jeweils von Interview zu Interview ändern muß, sondern nur, daß er zwischen seiner Rolle als Interviewer, die es ihm zur Aufgabe macht, die Realität aus der Perspektive des Befragten zu sehen, und seiner Rolle als Mitglied einer Gemeinschaft bzw. Gesellschaft unterscheiden muß.

Zum nicht-verbalen Verhalten des Interviewers gehört auch das Schweigen, das mitunter eine sehr wirkungsvolle Technik sein kann. So sollte der Interviewer vor allem in der Lage sein, dem Befragten zuzuhören, d. h. diesen weder bei seiner Antwort zu unterbrechen noch ihm durch irgendwelche Gesten Ungeduld anzuzeigen.

Die **taktische Vorgehensweise** betrifft die Anordnung der einzelnen Themenkomplexe im Interview sowie die Sequenz der Fragen. Hierbei ist vor allem zu klären, ob Trichterfragen, Kontrollfragen und Suggestivfragen angewendet werden sollen und wie bei Ausweichmanövern des Befragten zu verfahren ist (wenn dieser z. B. mit „Weiß nicht", „Ich kann mich nicht erinnern", „Ich bin jetzt zu beschäftigt" u. a. m. antwortet).

Zusammenfassung: Darüber, daß es sich beim Interview um einen sozialen Vorgang handelt, herrscht Übereinkunft. Trotzdem ist es erstaunlich, daß zunächst in den Lehrbüchern kaum von der gesamten Situation gesprochen wird, sondern daß sehr rasch Instrumente und Personen in den Vordergrund gestellt werden. So wird von der Lehre der Frage gesprochen, dann wird eine Lehre vom Fragebogen entworfen, gefolgt von Lehren des Interviewens, wobei eine solche von Befragten nicht fehlen darf. Daß Wechselwirkungen bestehen, daß Zusammenhänge nicht ohne Bedeutung für Gültigkeit und Verläßlichkeit der erhobenen Daten sind, liegt auf der Hand. Trotzdem kann man füglich noch nicht von einer Theorie des Interviews sprechen. Zuviel an handwerklichen Regeln, vermischt mit klassisch gewordenen Befunden täuscht über die Tatsache hinweg, daß die Interviewsituation bisher keineswegs systematisch kontrolliert werden kann. Unser Versuch, die Vielzahl der Einzelergebnisse und handwerklichen Regeln zu systematisieren, sollte ein erster Schritt in diese Richtung sein. Weitere Bemühungen werden folgen müssen, um Fortschritt in der wissenschaftlichen Erkenntnis zu gewährleisten.

2.2.4. Besondere Erhebungsverfahren

2.2.4.1. Die schriftliche Befragung

Bei der schriftlichen Befragung soll der Befragte ohne Einwirkung des Interviewers einen Fragebogen ausfüllen. In den überwiegenden Fällen wird dieser Fragebogen per Post zugeschickt, und es wird erwartet, daß die Antwort in vorbereiteten Rückantwort-Umschlägen an den Untersuchungsleiter zurückgeschickt wird. Über Vor- und Nachteile schriftlicher Befragungen sind in den letzten Jahrzehnten umfangreiche Untersuchungen durchgeführt worden. Unter bestimmten, sorgfältig zu beachtenden Bedingungen kann das schriftliche Interview als kostensparendes Instrument mit annehmbarer Zuverlässigkeit eingesetzt werden.

Insgesamt ist die Kontrolle der „Interviewsituation" gering. Interne Kontrollmöglichkeiten im strukturierten Fragebogen entfallen weitgehend: Der Befragte braucht die Fragen nicht in der Reihenfolge zu bearbeiten, er kann sich theoretisch sehr lange Zeit nehmen, um sich mit bestimmten Items auseinanderzusetzen, wobei man nie ganz sicher sein kann, wer einen schriftlichen Fragebogen ausgefüllt hat, in welcher Umgebung, bei welcher Beeinflussung durch Dritte. Andererseits sind offensichtliche Mißverständnisse, die der Beantwortung vorausgehen, durch den Interviewer nicht zu klären.

Schriftliche Befragungen wurden zunächst in den Massenmedien verwendet. So wurden in den Anfängen der Wahlforschung in einem amerikanischen Massenblatt die Leser aufgefordert, auf vorbereiteten Antwortkarten ihren Präsidentschaftsfavoriten anzugeben. Die tatsächliche Wahl fiel total anders aus. Weder hatte man berücksichtigt, welche Schicht das Massenblatt las, noch hatte man versucht, den Prozentsatz der Antwortenden und Nicht-Antwortenden zu untersuchen. Die Umfrage war also keinesfalls repräsentativ und somit im Grunde wertlos. Die Tatsache aber, daß man mit relativ geringen Mitteln eine große Zahl von Menschen erreichen konnte, führte rasch zur Entwicklung eines kontrollierteren Einsatzes der schriftlichen Befragung.

Als bis heute ungelöstes Problem besteht die sogenannte Rücklaufquote. Kann eine Umfrage ausgewertet werden, wenn nur 10% der Angeschriebenen geantwortet haben? Wann ist ein Rücklauf bis zu 100% zu erwarten – und auch notwendig? Es kann hier nicht auf die Verfahren der repräsentativen Auswahl eingegangen werden. Obwohl in einschlägigen Lehrbüchern sehr detaillierte Angaben über technische Raffinesse beim Planen und Durchführen von schriftlichen Befragungen zu finden sind, kann mit Eindeutigkeit festgestellt werden, daß das Instrument schriftlicher Fragebogen allein keinesfalls über die Höhe der Rücklaufquote und damit die Auswertbarkeit entscheidet. So hat Richter (1970) mit demselben Fragebogen je nach Adressatenkreis 10 bis 90% Rücklauf erreicht. Auch die Länge von schriftlichen Fragebogen ergab keine besonderes signifikanten Unterschiede. So hat Sletto (1940) eine Abweichung zwischen einem Fragebogen mit 10 Seiten und einem mit 35 Seiten von nur knapp 5% festgestellt.

An sich kann über jeden Gegenstand schriftlich befragt werden. Dabei werden vor allem Faktenfragen möglicherweise besonders verläßlich beantwortet. Es ist durchaus möglich, durch schriftliche Befragungen größere Genauigkeiten zu erhalten, so etwa, wenn es dem Befragten möglich ist, bestimmte Dokumente und Tatsachen vor der Antwort nachzusehen und zu überprüfen. Klassisch ist in diesem Zusammenhang die Befragung von Nuckols (1964), der in einer schriftlichen Befragung genaue Angaben über (1) Art und Umfang der Versicherungen und (2) Höhe der Versicherungspolicen erhob.

Hinweise auf mögliche Verzerrungen ergeben in allen Fällen bei höherem Anteil von Nicht-Antwortenden die Untersuchung der Rest-Stichprobe. So ist dann die Höhe der Verzerrung bei einer bestimmten Untersuchung in direkte Abhängigkeit zur Rücksendequote zu bringen. Erfahrungsgemäß können auch Rückschlüsse über den Verlauf der Rücksendungen gezogen werden: Im großen und ganzen sind die später Antwortenden unzuverlässiger, unabhängig davon, in welcher Art und Weise sie nachträglich zum ersten, zweiten oder dritten Mal gebeten wurden, doch den Fragebogen einzusenden. In der Regel ist bei allgemeinen schriftlichen Umfragen der Ausfall in den Randgruppen der Gesellschaft besonders groß. Obwohl es vielleicht untunlich ist, diesen Begriff zu verwenden, heißt dies aber, daß schriftliche Befragungen sich gerade dann nicht anbieten, wenn es um die Erfassung sozialer Tatbestände in sog. Problemgruppen geht. Dies hat selbstverständlich dazu geführt, daß man im Rücklauf besonders demographische Verzerrungen analysierte. Dies ist jedoch ein Indiz für ein viel schwerwiegenderes Problem. Es ist weitgehend empirisch nicht untersucht worden, wie sich Verzerrungen in bezug auf den Untersuchungsgegenstand ausgewirkt haben. Dies ist nur möglich durch den Einsatz anderer Forschungsinstrumente wie z. B. dem nachfolgenden mündlichen Interview oder der Beobachtung. Solange der Faktor „Generelle Bereitschaft zur Mitarbeit" nicht kontrolliert werden kann beim schriftlichen Interview, muß insgesamt mit möglichen und kaum je erfaßten Verzerrungen gerechnet werden.

Es kann kein Zweifel daran bestehen, daß der Befragte auch in der schriftlichen Befragung ganz bestimmte Vorstellungen über die Erwartungen des Untersuchungsleiters hegt. Die Situation Interview ist also keinesfalls frei von unkontrollierbaren möglichen Einflüssen. Eine Reihe von Hinweisen lassen den Schluß zu, daß bestimmte Normen bewußt oder unbewußt wirksam sind. Es macht z. B. einen Unterschied, ob der Rückantwort-Umschlag mit einer Briefmarke (möglichst einer postalischen Spezialmarke) versehen ist, oder mit einem amtlichen Auftrag „Gebühr wird vom Empfänger bezahlt". Robinson & Agisim (1950/51) haben bei der Freistempelung 66,3% Rücklauf gehabt, bei einer Frankierung mit einer Briefmarke aber 73,8%.

Auch die Art und Weise wie dieser Fragebogen als Instrument eingeführt wird, hat einen Einfluß auf die Bereitschaft zur Mitarbeit. So haben Untersuchungen (Waisanen, 1954; Stafford, 1966 und Ford, 1976) ergeben, daß Rückläufe ohne Kontakt durch schriftlichen Kontakt verdoppelt, durch telefonischen Kontakt sogar mehr als verdreifacht wurden. Aus diesem Grunde werden schriftliche Befragungen größeren Umfanges nunmehr nicht nur mit Begleitschreiben versehen, sondern auch mit Telefonankündigung, Telefoninterviews und Telefonhilfe bei Antwortschwierigkeiten kombiniert durchgeführt. Freilich geht damit der Vorteil der Kostengünstigkeit zum Teil verloren. Andererseits ist die Kombination schriftliche Befragung mit Telefonunterstützung in jenen Befragungsgebieten praktisch zur Notwendigkeit geworden, wo die Tür-zu-Tür-Befragung wegen steigender Kriminalität praktisch ausgeschlossen werden muß. Gerade diese Kombinationen versuchen eine echte Interviewsituation zu simulieren.

Eine weitere Art schriftlichter Befragung, die meist mit einem hohen Grad vom Homogenität der Befragten einhergeht, sind sog. Gruppenbefragungen. So werden z. B. schriftliche Fragebögen in Schulklassen, oder auch in einem Sportverein verteilt und mehr oder weniger individuell unter Beisein eines Forschers ausgefüllt und von diesem auch eingesammelt (Atteslander & Kneubühler, 1975). Auch in diesen semi-kontrollierten Situationen ist die Variable „Interviewsituation" nur sehr unvollständig erfaßbar.

Schriftliche Befragungen sind also nur dann wissenschaftlich zu vertreten, wenn die Bedingungen, unter denen sie durchgeführt werden, so systematisch wie möglich erfaßt, die wesentlichen, oben erwähnten Faktoren kontrolliert werden.

2.2.4.2. Die telefonische Befragung

Die Verwendung der telefonischen Befragung nimmt insbesondere in der kommerziellen Meinungsforschung zu. Zwar wird nach einem Frageschema ein persönliches Gespräch geführt, allerdings ohne realen Kontakt. Daraus ergeben sich einerseits ähnliche Nachteile wie bei der schriftlichen Befragung: Man ist sich nie ganz sicher, wer am anderen Ende antwortet. Rangfolgen und Bewertungen sind telefonisch schwer zuverlässig erfragbar. Die Tendenz etwa, aus einer Auswahl von sechs bis sieben Möglichkeiten eine unter den letztgenannten auszuwählen, ist groß und gut belegt. Der Zugang zum Befragten ist in der telefonischen Befragung zwar relativ einfach, dem Befragten fällt es jedoch auch leichter, die Antwort zu verweigern.

Die Meinungen gehen auseinander, wie lange eine telefonische Befragung dauern sollte. Auch hier gilt, daß „Bereitschaft zur Mitarbeit" wichtiger ist als Länge und Gegenstand der Befragung.

Telefonische Befragungen eignen sich darüber hinaus nur in solchen Ländern und Gebieten, die mit einem sehr hohen Anteil der Telefonanschlußbesitzer in der Bevölkerung ausgezeichnet sind. Auch hier gilt, daß Problemgruppen schlecht erreichbar sind. Wichtig sind u. a.: Zeitpunkt des Gespräches: Während der üblichen Arbeits- und Schulzeit können kaum Jugendliche und Arbeitnehmer befragt werden; Jahreszeit: Einstellung etwa zu Urlaubsplänen dürften andere Ergebnisse zeitigen, je nachdem, ob vor, während oder nach der Haupturlaubszeit befragt wird. Es gibt viele Beispiele dafür, daß diese naheliegenden und selbstverständlich scheinenden Aspekte gerade in Befragungen über die Einstellung zu Massenmedien sträflich verletzt wurden, was allerdings niemanden daran hinderte, die so erhobenen Daten als gültig zu werten und in die Programmpolitik einfließen zu lassen.

Ähnlich wie die schriftliche Befragung kann die telefonische sehr rasch eingesetzt werden. Sie wird voraussichtlich dort ihre Bedeutung behalten oder sogar noch vergrößern, wo es darum geht, zu besonderen Stichdaten sehr rasch Einstellungen zu wenigen, einfachen und allgemeinen Fragen zu erheben. Die von Scheuch (1967) verlangte Skepsis einer Überbewertung der Möglichkeiten telefonischer Befragungen sind bis jetzt keineswegs völlig aus der Welt geschafft.

2.2.4.3. Die Panel-Befragung

Die weitaus häufigste Verwendung der Befragung geschieht in repräsentativen Querschnittsuntersuchungen. Die Panel-Befragung hat dagegen eindeutig zum Ziel, Längsschnitte zu ermöglichen. Eine repräsentativ ausgewählte Gruppe wird wiederholt zum gleichen Thema befragt. Es werden, mit anderen Worten, stets die gleichen Variablen untersucht (das Instrument Fragebogen wird stabil gehalten) bei denselben Personen (die Population wird stabil gehalten). Diese Art der Befragung eignet sich vor allem für das Erfassen von **Veränderungen** der Einstellungen und wird daher insbesondere im Bereich der Konsum- und politischen Meinungsforschung verwendet.

Davon zu unterscheiden sind Trenduntersuchungen, die zwar ebenfalls wiederholte Anwendung derselben Fragen beinhalten, sich jedoch nicht auf einen identischen Befragtenkreis beziehen. Nehnevajsa (1967) war noch vor wenigen Jahren so optimistisch in bezug auf die Verwendung der Panel-Befragung, daß er glaubte, damit nunmehr die wichtigsten Aspekte des sozialen Wandels erfassen zu können.

In der Tat wären die Möglichkeiten der Panel-Befragungen groß. Da sie zunächst aus Kostengründen nur relativ selten umfangreich angewendet werden können, hat sich gerade diese Zielsetzung nicht verwirklichen lassen und nur eine Art „Basic-Panel" durchgesetzt, dem allerdings die systematischen Fehler besonders deutlich anhaften: Es ist außerordentlich schwierig, die befragte Population stabil zu halten. Ein Teil der Befragten wird immer ausscheiden und muß ersetzt werden. Durch die wiederholte Befragung zu den gleichen Inhalten ergeben sich überdies unerwünschte Lerneffekte: Die Befragten werden in einem höheren Maße sensibilisiert als Menschen, die nicht dem wiederholten Stimulus einer Panel-Befragung unterworfen werden. Insbesondere wenn es darum geht, Konsumverhalten resp. Einstellung zu Konsumgütern im Panel zu erfassen, dürfte die Problematik offensichtlich sein: Kann man bei denselben Personen, die über Jahre hinweg Waschmittel „testeten", noch eine Panel-Befragung über „Selbstmedikation", d.h. die Einstellung zu verordneter und nicht-verordneter Medizin erheben?

Des weiteren: Wenn etwa in der Einstellung zu Krieg oder Frieden in einem Panel das Instrument stabil gehalten wird, bei gleichzeitig relativ hoher Stabilität der befragten Population, welches sind dann die Variablen, die maßgeblich zu einer Veränderung oder zu einem Festhalten in der Einstellung führen?

Zweifellos scheint es sich bei der Panel-Befragung um einen relativ hoch kontrollierten Forschungsvorgang zu handeln. Bei näherer Betrachtung aber ergibt sich ein höchst unterschiedlicher Grad von Kontrolle: Wichtig ist die Dauer eines Panels. Je länger befragt wird, desto mehr Befragte müssen ersetzt werden. Die Auswahl der Befragten muß bereits die Bereitschaft zu langfristiger Zusammenarbeit beinhalten. Damit ist möglicherweise eine Verzerrung in bezug auf besonders ausgeprägte „Bereitschaft zur Mitarbeit" gegeben. Schließlich werden die meisten Panel-Befragungen schriftlich durchgeführt, wobei auf die bereits angedeuteten Schwierigkeiten nicht mehr näher einzugehen ist.

Schlußbemerkung: Die Wissenschaftlichkeit der Befragung, so wurde verschiedentlich betont, liegt in der Systematik der Kontrolle dieses sozialen Vorganges. In aller Regel können jedoch gerade diejenigen, die das Instrument Fragebogen kontrollieren, nur eine relativ geringe Kontrolle der Interviewsituation nachweisen. In diese Gruppe fällt die weitaus größte Zahl von Umfragen.

Andererseits weisen etwa die Interaktionisten mit ihrem Anspruch auf quasi totale Kontrolle der Interviewsituation meist eine sehr tiefe Kontrolle über den Stimulus der Fragen auf. Unseres Erachtens wird aus verschiedenen Gründen und trotz finanzieller Restriktionen stärkere kontextuelle Einbettung der instrumentellen Kontrolle notwendig sein. Lieber weniger Umfragen, dafür aber theoretisch einwandfrei konzipierte.

Ähnlich wie beim statistischen Auswahlverfahren Kriterien der Gruppenbildung immer neu überdacht werden müssen, wird das Problem der Erreichbarkeit von Menschen, die befragt werden sollen, immer größer. Auch statistische Gewichtungen können nur zum Teil die immer größer werdenden Ausfälle aus einem Grundsample wettmachen. Andererseits ist eingedenk der Tatsache, daß bestimmte Fragen in unterschiedlichen Kontexten zu unterschiedlichen Antworten führen, notwendig, daß auch innerhalb hochstrukturierter Befragungen vermehrt experimentelle Variationen sowohl in der Zusammenstellung wie in der Formulierung der Fragen vorgenommen werden. Schulung etwa der Interviewer, bislang fast ausschließlich auf Struktur und Text des Fragebogens sowie auf Auswahlkriterien gerichtet, ist in stärkerem Maße auf die Miterhebung situativer Elemente auszurichten.

Jede Befragung strukturiert die soziale Wirklichkeit, in der Menschen befragt werden. Ihr Verhalten, ihre Antworten sind Reaktionen auf die Art und Weise, wie sie die Struktur empfinden. Diese können konfligierende Strukturen oder konvergierende ergeben, niemals aber kongruente. So erhobene Daten sind in jedem Fall Konstrukte der sozialen Wirklichkeit. Nicht die Tatsache, daß damit über die soziale Wirklichkeit, die untersucht werden soll, abstrahiert wird, sondern die Art und Weise der Erfassung dieser Vorgänge, ihre Nachvollziehbarkeit, die theoretische Argumentation, unterscheidet die alltägliche Befragung vom wissenschaftlichen Interview. Weder ist die soziale Wirklichkeit mit simplen Fragen zu erfassen, noch sind erhobene Antworten als simple Daten zu werten.

2.3. Inhaltsanalyse

von Elisabeth Ardelt & Rudolf Ardelt

2.3.1. Allgemeine Probleme der Inhaltsanalyse

2.3.1.1. Zur Definition des Begriffes

Eines der wesentlichen Probleme der „Inhaltsanalyse" stellt die Definition des Begriffes selbst dar. Geprägt durch die Tradition der Untersuchung von „Inhalten" von einzelnen Zeitungsnummern oder Radiosendungen erweist sich der Begriff als inadäquat für den Bereich der heutigen Anwendungsgebiete, die sämtliche Merkmaldimensionen eines Kommunikationsaktes betreffen (Krippendorf, 1969: 3; 1980: 22 f.). Versuche einer Begriffsänderung (vgl. Bessler, 1972; Maletzke, 1963; Atteslander, 1975) erweisen sich letztlich als nicht geglückt. Im Grunde stellt der Begriff heute einen Eigennamen für all jene Verfahren dar, die sich zum Zwecke der sozialwissenschaftlichen Datengewinnung allen Formen menschlicher Kommunikation bzw. Zeichenverwendung zuwenden, die in relativ stabilen Medien gespeichert ist bzw. gespeichert werden kann (Lisch & Kriz, 1978: 43).

Dies verleiht der Inhaltsanalyse ihre spezifische Charakteristik gegenüber anderen Methoden der sozialwissenschaftlichen Datengewinnung: Die Inhaltsanalyse befaßt sich mit einem gegenständlichen, vorgefundenen Objekt, das durch den Vorgang der Analyse nicht verändert oder in seiner Charakteristik irgendwie beeinflußt werden kann, das zu unterschiedlichen Zeiten wiederholt und von verschiedenen, voneinander unabhängigen Bearbeitern untersucht werden kann (Krippendorf, 1980: 29). Dies unterscheidet daher die Inhaltsanalyse wesentlich von der Beobachtung (vgl. Kap. 2.1.).

Damit eröffnet sich den Sozialwissenschaften die Möglichkeit, sich z. B. „alltäglichen" sozialen Interaktionssituationen ebenso wie beispielsweise Kommunikationsvorgängen im sozialen Makrobereich zuzuwenden (Smith et al., 1946: 74 ff.).

Gegenüber Problemstellungen etwa der Literaturwissenschaften hebt sich aber die Aufgabenstellung der Inhaltsanalyse ebenfalls in charakteristischer Weise ab: Nicht das einzelne Kommunikationsereignis steht im Fokus des Interesses, sondern es soll aus den nach expliziten Regeln und in systematischer, intersubjektiv überprüfbarer Weise festgestellten Merkmalen von Kommunikationsakten auf charakteristische Merkmale etwa des Kommunikators, des Adressaten usf. zurückgeschlossen werden (vgl. Krippendorf, 1969: 7; 1980: 21 ff.; Holsti, 1968: 597 u. 627 ff.; Osgood 1959: 35; Mayntz et al., 1978: 151). Daher werden jeweils bestimmte Mengen von Kommunikationsakten bzw. -einheiten auf die Häufigkeit des Auftretens von relevanten Merkmalen hin untersucht, wozu statistische Verfahren Verwendung finden (Berelson, 1952: 17 f.).

Zusammenfassend kann Inhaltsanalyse daher als Verfahren der Bestimmung von Merkmalen von Kommunikationsakten sowie deren statistischer Auswertung im Kontext sozialwissenschaftlicher Problemstellungen bezeichnet werden.

Damit sind auch die zwei wesentlichen Ebenen der Probleme des Vorgehens in der Inhaltsanalyse schon genannt:

(1) Die Analyse der jeweils einzelnen Kommunikationseinheit, d. h. die Klassifizierung ihrer Merkmale mittels eines Systems von Kategorien und unter Umständen die Frage der Bestimmung der „Richtung" und der „Intensität" dieser Merkmale. In diesem Zusammenhang stellen sich besondere Probleme der Reliabilität, d. h. der Zuverlässigkeit, der hier benötigten Operationen, die die Inhaltsanalyse mittels auch sonst in den anderen sozialwissenschaftlichen Verfahren üblichen Reliabilitätstests zu überprüfen sucht.

(2) Die statistische Auswertung der auf dem beschriebenen Wege gewonnenen Daten über die einzelnen Kommunikationseinheiten.

2.3.1.2. Das Kommunikationsmodell der Inhaltsanalyse

Den Ausgangspunkt jeglicher Inhaltsanalyse stellt ein Grundmodell der Kommunikation dar, das vereinfacht folgendermaßen graphisch strukturiert werden kann (Holsti, 1968: 603):

Die grundlegende Annahme ist hierbei, daß die „Encodierung", d. h. die Gestaltung einer Kommunikationseinheit durch den Sender, einen Auswahlakt unter verschiedenen Alternativen – etwa syntaktischen Konstruktionen, Themen, Stilmitteln usw. – darstellt (Osgood, 1959: 34). Der Sender nimmt gleichsam bestimmte Elemente eines Zeichenrepertoires und kombiniert sie zu einer „message". Aufgabe der Inhaltsanalyse ist es daher, die Charakteristik des Wahlverhaltens in den Kommunikationsakten eines Senders festzustellen. Dies ermöglicht dann Rückschlüsse auf Determinanten dieses Wahlverhaltens (Osgood, 1959: 34 f.).

Gegen dieses Modell erheben sich allerdings auch Einwände, da ein Kommunikationsakt nicht nur die Produktion einer Summe von Zeichen darstellt bzw. Verknüpfungsstrukturen elementarer Art, sondern etwa im sprachlichen Bereich der Systemcharakter jedes Kommunikationsaktes ebenfalls Relevanz besitzt (vgl. Rapoport, 1969; Krippendorf, 1969: 72 ff., sowie andere Beiträge in Gerbner et al., 1969).

Was jeweils als „Element" eines Kommunikationsaktes definiert wird, kann nicht a priori gesagt werden. Dies kann von „Themen", die ein Romanautor gewählt hat, über stilistische und grammatische Elemente bis hin zu graphischen Elementen reichen. (Krippendorf, 1980: 57 ff., spricht vom „unitizing" als besonderem Operationsbereich innerhalb der Durchführung einer Inhaltsanalyse.)

2.3.1.3. Das Problem der Kategorienbildung

Es ist das Problem der Klassifikation von Merkmalen von Kommunikationsakten, dem sich die Inhaltsanalytiker mit besonderer Sorgfalt zugewandt haben, stellte es doch den klassischen Bereich „hermeneutischer Interpretation" dar, sofern der semantische Gehalt etwa eines Textes untersucht wurde (vgl. dazu Kracauer, 1952; George, 1959; Thaller, 1982). Ebenso wie bei der Beobachtung stellt sich die Frage, inwieweit die Feststellung, daß ein Merkmal A bei dem Kommunikationsakt K auftritt, ein subjektives Interpretament der Wirklichkeit ist (Friedrichs, 1981: 321; vgl. Kap. 2.1.5.1.). Verschärft wurde dies durch die Problematik, ob eine „Botschaft" eines beliebigen Kommunikators in der Inhaltsanalyse überhaupt anders als auf der Basis des subjektiven „Verstehens" in ihrer Bedeutung beschrieben werden könnte. (Vgl. dazu Krippendorf, 1980, der diese Problematik bis heute als ungelöst und unlösbar betrachtet: 155 ff.; Mayntz et al., 1978: 153.)

Als Lösung betrachtete man die Einhaltung systematischer Vorgangsweisen sowie die Vornahme der Klassifizierung durch mehrere Bearbeiter („Coder"), deren Übereinstimmungsgrad jeweils ein Maß für die Zuverlässigkeit des Instrumentariums und der operationalen Anweisungen darstellt. (Vgl. zur Problematik der Reliabilität Holsti, 1968: 657 ff.; Ritsert, 1972: 60 ff.; Bessler, 1972: 43 ff.; Lisch & Kriz, 1978: 84 ff.; Krippendorf, 1980: 129 ff.) Zusätzlich versuchte man sich auf relativ eindeutig identifizierbare Merkmale von Kommunikationsakten zu beschränken – so etwa auf Texte mit hoher Standardisierung und Eindeutigkeit der sprachlichen Bedeutung (Berelson, 1952). Diese Selbstbeschränkung schließt jedoch weite Bereiche der gesellschaftlichen Kommunikation, für die gerade die relative Uneindeutigkeit kommunikativen Verhaltens charakteristisch ist, aus und wird daher heute nicht mehr als Grundsatz der Inhaltsanalyse akzeptiert (Krippendorf, 1980: 146 ff.).

Die allgemeinen Anforderungen an die Kategorienbildung der Inhaltsanalyse unterscheiden sich nicht von jener bei anderen Verfahren (siehe Kap. 2.1; vgl. Lisch & Kriz, 1978: 69 ff.). Hier sollen vor allem die verschiedenen „Elemente" genannt werden, denen Kategorien zugeordnet werden:

In der klassischen Inhaltsanalyse der Berichterstattung von Zeitungen und Rundfunk spielt die Entwicklung von Kategorienschemata eine wesentliche Rolle, die es erlauben, den Referenzbereich einer Aussage oder eines ganzen Textes etwa nach unterschiedlichen Bereichen des sozialen Lebens getrennt zu klassifizieren (Bessler, 1972: 68). Dieses Verfahren wird vor allem zur Beschreibung der Berichterstattung der Massenmedien verwendet. Die Problematik dieser Kategorisierung liegt darin, daß das Kategorienschema geeignet sein müßte, alle Wahlmöglichkeiten etwa der Berichterstattung über Teile des gesellschaftlichen, des politischen oder wirtschaftlichen usf. Lebens zu unterscheiden. Denn nur so können z. B. systematische Auslassungen von Wirklichkeitsbereichen erfaßt werden.

Eine etwas komplexere Form der Analyse ist dann gegeben, wenn „Aussagen", dahingehend analysiert werden, auf welche Referenzobjekte – z. B. Personen, Ereignisse, Institutionen, usf. – sie sich beziehen und welche Eigenschaften diesen Referenzobjekten zugeschrieben werden, wie z. B. in dem Satz: „Herbert (= Referenzobjekt des ganzen Satzes) ist gescheit" (vgl. Bessler, 1972: 73 ff.).

D. h. die „Aussage" wird in der Form einer logischen „Subjekt-Prädikat"-Beziehung ungeachtet ihrer sprachlichen Formulierung in zwei Teile geteilt, und auf jeden dieser beiden Teile wird je ein Kategorienschema angewandt (vgl. Jaritz, 1982, der eine Inhaltsanalyse von mittelalterlichen Tafelbildern vorgelegt hat, zur Erschließung non-verbaler Strukturen.) Von besonderem Interesse ist diese Ebene der Inhaltsanalyse dort, wo „Werturteile" als besondere Form eines logischen Prädikats im Mittelpunkt des Interesses stehen (Krippendorf, 1980: 62). Dies führte zur Klassifikation des sprachlichen Gebildes „Werturteil" mit Hilfe der drei Kategorien „positiv"-„neutral"-„negativ", womit zwar die Richtung von Werturteilen, aber noch nicht die Intensität der Zustimmung oder Ablehnung zum Ausdruck kommt, die sie ausdrücken.

Dies ermöglicht ein nächster Schritt, indem die Kategorien „negativ"-„positiv" auf einer bipolaren Rangskala abgebildet werden, und die Aufgabe des Bearbeiters dahingehend definiert wird, seine Einschätzung der „Intensität" der Wertung, die mit Hilfe sprachlicher Mittel zum Ausdruck gebracht wird, darauf einzutragen.

In der Regel beschränkt sich also die Beschreibung einer Kommunikationseinheit darauf, festzustellen, welche „Elemente" welcher der Kategorien eines vorgegebenen Klassifikationssystems zuzuordnen sind, und nur in dem recht eingeschränkten letztgenannten Fall wird eine Rangskala – und damit eine „Messung" über das Nominalskalenniveau hinaus – eingeführt.

Nicht darf damit jene „Messung" verwechselt werden, die etwa bei der räumlichen oder zeitlichen Ausmessung von „Meldungen" angewandt wird, wird hier doch der Raum oder das Zeitspatium im Medium, das von den Signalen als physikalischen Objekten oder Ereignissen eingenommen wird, gemessen.

Dies zeigt, daß die Inhaltsanalyse sich keineswegs auf die Aussagen eines Textes, ja nicht einmal auf „Texte" als schriftsprachliche Gebilde zu beschränken hat (vgl. Bessler, 1972; Silbermann, 1974: 257 ff.). Die Identifikation von bestimmten Kategorien von Elementen der Kommunikation kann vielmehr auf folgenden drei Ebenen erfolgen:

(a) Als physikalisches Faktum, wie etwa bei den oben genannten Zeitmessungen. Es können aber auch Gestaltelemente wie Schrifttyp, Lay-out, Farbgebung usw. analysiert werden (Krippendorf, 1980: 61).

(b) Als „sprachliches" Faktum, d. h. als Anwendung eines bestimmten Zeichenrepertoires und bestimmter – etwa grammatischer – Codes. In diesem Falle lassen sich etwa bestimmte linguistische Charakteristika klassifizieren, wie der Wortschatz, Wortarten (Verben, Adjektiva usw.), stilistische oder rhetorische Elemente, Rechtsschreibungsspezifika usf.

(c) als „Aussage", wobei hier zwischen semantischen Elementen und Elementen der logischen Syntax zu unterscheiden ist. (Dazu ausführlich Bessler, 1972).

Welche Kategoriensysteme hierbei gewählt werden, d. h. auf welche Merkmalsdimensionen sich das Augenmerk der Inhaltsanalyse richtet, hängt von der jeweiligen Problemstellung ab, weshalb auch die Verwendung bestehender Kategoriensysteme jeweils nur nach kritischer Prüfung ratsam ist. Eben hier zeigt sich aber sehr deutlich, daß Inhaltsanalyse nicht einfach ein passives Herangehen an Kommunikationsakte darstellt, deren Eigenschaften es als gleichsam „objektiv" gegebene nur festzuhalten gilt.

2.3.1.4. Das Problem der „Quantifizierung"

Die Frage, ob die Inhaltsanalyse sich streng auf „quantitative" Verfahrensweisen der Datengewinnung beschränke, stellt heute keinen Streitpunkt mehr dar (vgl. Lisch & Kriz, 1978: 47 ff.; Krippendorf, 1980: 22). Trotzdem entstehen immer wieder Mißverständnisse darüber, auf welchen Ebenen welche – dabei recht unterschiedlichen – Verfahren eingesetzt werden. So lassen sich folgende Ebenen unterscheiden:

Erstens die der Beschreibung der Merkmale jedes einzelnen Kommunikationsaktes mittels bestimmter Kategorien. Die auf dieser Ebene möglichen Meßoperationen – Einschätzung der Intensität eines Werturteils in positiver oder negativer Richtung oder etwa in der physikalischen Dimension Flächenmaß, das eine Signalsequenz einnimmt – wurden schon erwähnt.

Zweitens läßt sich die Ebene der Prüfung der Übereinstimmung von verschiedenen Bearbeitern hinsichtlich der Kategorienzuordnung, gedacht als Test für die Reliabilität, unterscheiden (siehe Kap. 2.1.).

Drittens muß die Anwendung statistischer Verfahren zur Analyse einer bestimmten Menge von Kommunikationsakten genannt werden, wobei einerseits Probleme der Ziehung einer Stichprobe zu lösen sind, andererseits aber die hinsichtlich der einzelnen Kommunikationsakte gewonnenen Daten statistisch bearbeitet werden sollen. (Holsti, 1968: 599 ff.; Lisch & Kriz, 1978, geben umfangreiche Darstellungen.)

Werden diese unterschiedlichen Verfahren genau voneinander geschieden, so dürfte es kaum zu Mißverständnissen kommen.

Wie schon erwähnt wurde, erweist sich überhaupt erst durch die letztgenannten statistischen Bearbeitungsverfahren der Daten der einzelnen Kommunikationsakte die Inhaltsanalyse als sinnvoll einsetzbares Instrument der Sozialwissenschaften. Ebenso wie bei der Verhaltensbeobachtung muß aber darauf verwiesen werden, daß die Annahme einer strengen „Wenn-dann"-Beziehung etwa zwischen mentalen Strukturmerkmalen und der spezifischen Verwendung bestimmter Kommunikationselemente nur unter bestimmten Bedingungen möglich ist. Geht doch das zugrunde gelegte Kommunikationsmodell der Inhaltsanalyse von einem nicht bloß reflexhaften Auswahlverhalten aus. Vielmehr ist anzunehmen, daß einmal etwa soziale Regeln eingehalten werden, daß aber auch „Regelabweichungen" eine Funktion haben – etwa wenn in bestimmten Fällen Regelverletzungen gegenüber sozial normierten oder biographisch strukturierten Codes vorkommen. Aber auch hier erweist sich der Wert der statistischen Auswertung der Daten, da erst dadurch Abweichungen von Verhaltensroutinen „sichtbar" werden, die nicht vernachlässigt werden dürfen.

Nicht übersehen darf jedoch werden, daß damit zwar die Kommunikationsakte präzise beschrieben werden können, das Problem der Rückschlüsse etwa auf Eigenschaften des Kommunikators jedoch nur durch besondere Tests, wie sie etwa Osgood (1959) hinsichtlich der Kontingenzanalyse vorgenommen hat, lösbar ist.

2.3.2. Spezielle Verfahren der Inhaltsanalyse

Eine Gliederung der Inhaltsanalyse in spezielle Verfahren erweist sich vor allem dann als schwierig, wenn man von einem relativ breiten Begriff ausgeht und sich nicht allein auf die klassischen Verfahren der Analyse der Massenmedien wie Frequenz-, Valenz-, Kontingenz- oder bestenfalls noch die Werturteilsanalyse Osgoods beschränkt.

Im folgenden sollen vor allem zwei große Gruppen unterschieden werden: Einmal Inhaltsanalysen, die sich auf Häufigkeitsverteilungen als entscheidende Indices stützen, und Inhaltsanalysen, die zusätzlich eine Bewertung oder Messung der Elemente von Kommunikationsakten benutzen.

Einen guten Überblick über die zahllosen Untersuchungen auf inhaltsanalytischem Gebiet geben vor allem Holsti (1968), Silbermann (1974), Lisch & Kriz (1978), Krippendorf (1980) sowie die Bibliographien bei Barcus (1959), Stone, Dunphy et al., (1966), Wersig (1968), Gerbner (1969), Mochmann (1980).

2.3.2.1. Analysen von Häufigkeitsverteilungen

Einfache Häufigkeitsanalysen

Die statistische Vorgangsweise auf der einfachsten Ebene stellt die Feststellung dar, ob pro Kommunikationseinheit ein Element der Kategorie N vorkommt oder nicht („ + ", „ – "), worauf die Häufigkeit des Auftretens eines Elementes der Kategorie N in der Grundgesamtheit festgestellt wird. (Summe der Kommunikationseinheiten, in denen das Element der Kategorie N auftritt: Gesamtsumme der Kommunikationseinheiten.) (Bessler, 1972: 76f.) Dieses Verfahren hat den Vorteil relativ einfacher Handhabbarkeit, weshalb es vor allem zur Bewältigung großer Textmengen wie etwa der Schlagzeilen von Zeitungen über längere Zeiträume hinweg benutzt wird.

Es lassen sich auf diese Weise das Auftreten einzelner Wörter wie in Wortschatzuntersuchungen, das Auftreten von „key symbols" (Schlüsselsymbole etwa politischer Systeme, Parteien) (s. beispielsweise die klassischen Arbeiten von Laswell, Berelson, Lazarsfeld u. a.), „Themen" usf. erfassen. So etwa in der Untersuchung der Umfanges des Wortschatzes als Index für den Therapieerfolg bei Schizophrenen

(Gottschalk, 1961), in informationsästhetischen Arbeiten in der Literaturwissenschaft (Bense, 1962), bei Untersuchungen über die Berichterstattung von Massenmedien über bestimmte Ereignisse (Parker & Greenberg, 1965; Silbermann, 1966), in den zahlreichen Propaganda-Analysen (vgl. Silbermann, 1974: 178 ff.). Es ist dies wohl der an Arbeiten reichhaltigste Bereich der Inhaltsanalyse, wenngleich nicht unbedingt der relevanteste. Untersuchungen werden hierbei bei allen Massenmedien vorgenommen, von den ältesten wie den Zeitungen, über den Rundfunk (vgl. die Arbeiten von Lazarsfeld) hin zum Fernsehen (Magnus, 1966; Renckstorf et al., 1980) und Film (Albrecht, 1969).

Das Verfahren läßt sich in einem nächsten Schritt ausweiten zur Auszählung der Elemente einer Kategorie „N" pro Kommunikationseinheit. Es wird in der Regel als „Frequenzanalyse" bezeichnet. Osgood meinte in Anschluß an die klassischen Studien von Laswell (Laswell, Leites et al., 1949), daß damit ein Indikator für das Interesse, die Aufmerksamkeit und Beachtung eines Senders für ein bestimmtes Objekt gegeben sei:

„The underlying assumption is that the greater the source's interest in a given topic, the greater will be the relative frequency with which lexical items associated with this topic are produced." (Osgood, 1959: 37.)

Die Rohdaten werden in beiden Verfahren jeweils in einer Matrix festgehalten, deren Zeilen die Kommunikationseinheiten und deren Spalten die Kategorien enthalten:

	A	B	C	D
KE 1				
KE 2				
KE 3				

In den jeweiligen Feldern wird das Auftreten des Elementes einer Kategorie dann entweder mit „ + "/„ – " oder – entsprechend seiner „Frequenz" – mit einem Zahlenwert eingetragen.

Wird bei der Kodierung von Kommunikationseinheiten nach „Themen" beispielsweise immer nur eine Kategorie zugeordnet, so zeichnen sich alle komplexeren Verfahren dadurch aus, daß vor allem das gleichzeitige Auftreten der Elemente mehrerer Kategorien von Interesse ist. Es stellt sich damit die Frage, ob das Auftreten von Elementen der Kategorie „A" etwa in einem signifikanten Zusammenhang mit dem Auftreten der Elemente der Kategorie „B" steht.

Ein klassisches Verfahren in dieser Hinsicht stellt die „Kontingenzanalyse" Osgoods dar (Osgood & Anderson, 1957; Osgood, 1959; ausführliche Darstellungen bei Lisch & Kriz, 1978: 165 ff.; Bessler, 1972: 78 ff., Mayntz et al., 1978: 164 f.). In exemplarischer Weise versuchte Osgood mit ihrer Hilfe zu demonstrieren, daß mentale Strukturen wie „Assoziationsstrukturen" auf sprachlicher Ebene Entsprechungen besitzen. Der Grundgedanke war, daß man beim Auftreten der Elemente zweier verschiedener Kategorien in einer Grundgesamtheit von Kommunikationsakten einerseits die theoretische Wahrscheinlichkeit ihres Zusammentreffens in einem einzelnen Kommunikationsakt berechnen und andererseits diesen Wert mit der empirisch beobachtbaren Rate des tatsächlichen Zusammentreffens in Beziehung setzen könne. Wenn also etwa das Element der Kategorie „A" in 17% der Kommunikationsakte, das Element der Kategorie „B" in 25% auftritt, ergibt dies aus der Multiplikation der relativen Häufigkeiten beider Kategorien einen Wert für das theoretisch zu erwartende gemeinsame Auftreten von $0{,}17 \times 0{,}25 = 0{,}04$, also in 4% aller Kommunikationsakte. Wenn nun aber das empirisch beobachtete gemeinsame Auftreten signifikant über diesen 4% oder darunter liegt, deutet dies nach Osgood auf eine „Assoziation" bzw. im zweiten Falle auf eine „Dissoziation" hin. Er selbst nannte das Beispiel der beiden Begriffe „Mutter" und „Sex", die bei Patienten in der Psychotherapie zwar oft genannt werden, aber in signifikanter Weise kaum innerhalb jeweils einer einzelnen Kommunikationseinheit gemeinsam auftreten (Osgood, 1959: 55).

Allerdings sind die Methoden der Testung der Signifikanz nicht unumstritten (Lisch & Kriz, 1978: 168 ff.). Eine ebenfalls nicht unumstrittene Ausweitung des Osgood-schen Verfahrens stellte dann die „Bedeutungsfeldanalyse" von Weymann (1973) dar (vgl. dazu Lisch & Kriz, 1978: 171 f.), der gegenüber Osgood auch die Frequenz jeder Kategorie pro Kommunikationseinheit berücksichtigte und einen sogenannten „Übereinstimmungsquotienten" entwickelte.

Überhaupt ist mit der Häufigkeitsanalyse in zahlreichen Fällen die Berechnung eines Quotienten als Maßzahl gebräuchlich (Holsti, 1968: 631 ff.; Herkner, 1974: 179 f.): z. B. der TTR-Wert (Type-Token-Ratio), bei dem die Anzahl verschiedener Wörter zur Gesamtzahl der Wörter ins Verhältnis gesetzt wird (Johnson, 1944), was als Maß für die Flexibilität der Wortwahl verwendet wird, die mit der Intelligenz korrelieren soll und als Indikator für den Therapieerfolg Verwendung fand (Roshal, 1953). Weiteres ist der DRQ-Wert (Discomfort-Relief-Quotient, Zahl der Wörter, welche unangenehme Gefühle ausdrücken/Zahl aller Wörter über Gefühle) (Dollard & Mowrer, 1947) zu nennen. Schließlich führt Kriz (Lisch & Kriz, 1978: 121) noch das D-Maß von Ertel (1972) an, welches dahin zielt, den „Dogmatismus" von Texten abzubilden. Busemann (1948) hat das Verhältnis von Zeitwörtern zu Eigenschaftswörtern pro Kommunikationseinheit als „Aktionsquotienten" bezeichnet und damit das Verhältnis von Sprachelementen, die nach grammatischen und damit linguistischen Gesichtspunkten klassifiziert werden, als relevanten Indikator zu verwenden gesucht, der jedoch mit Vorsicht zu gebrauchen ist, wenn damit – theoretisch nicht hinreichend abgesicherte – Rückschlüsse auf Persönlichkeitsstrukturen gezogen werden sollen, wie dies der Begriff „Aktionsquotient" schon andeutet. Ein solcher „Adjective-Verb-Quotient", kombiniert mit einem Quotienten für die Diversifikation und Kategorisierung von Themenbereichen, wird beispielsweise bei der Unterscheidung von echten und simulierten Abschiedsbriefen von Personen mit Selbstmordabsicht als trennscharfes Instrument eingesetzt (Gottschalk & Gleser, 1960; dazu Kuttner, 1981: 81).

Besondere Vorsicht ist bei diesen Verfahren neben der genauen Überlegung der Probleme der Signifikanzprüfung aber schon beim Ausgangspunkt, der Wahl der Kategorien, anzuwenden. So kann etwa die Aufteilung des Themenbereichs „Politik" in „Politik" und „Ideologie" das Bild eines Zeitungsvergleiches völlig verändern (Lisch & Kriz, 1978: 126 f.), weshalb an die Bestimmung relativer Häufigkeiten als aussagekräftigem Wert mit großer Vorsicht herangegangen weden muß. Daß etwa auch nicht aufscheinende Kategorien eines Inhalts von Bedeutung sein können, hat die Untersuchung von Glotz & Langenbucher (1969) gezeigt.

Anwendung von elektronischer Datenverarbeitung in der Inhaltsanalyse

Daß die elektronische Datenverarbeitung sich gerade für die Inhaltsanalyse eignen würde, bot sich allein schon aus der Tatsache des Vermögens der Speicherung großer Datenmengen und elementarer Verknüpfungsoperationen sowie der Möglichkeit des Einsatzes statistischer Rechenprogramme an (vgl. dazu Lisch & Kriz, 1978: 105). Vor allem erweist es sich aber als Vorteil, daß die Anwendung der EDV ein präzises und systematisches Operationsprogramm als Grundlage erfordert, das auch die Grenzen des Einsatzes deutlich macht. (Zum Einsatz der EDV s. Stone, 1966; Gerbner et al., 1969; Mochmann, 1974; Krippendorf, 1980: 119 ff.)

Drei Bereiche der Anwendung von EDV lassen sich unterscheiden:

Erstens läßt sich die Zuordnung von Kategorien zu Elementen von Kommunikationsakten in einer Datenbank speichern, was als Voraussetzung die genaue Entwicklung eines Klassifikationsschemas von – im Zusammenhang der Problemstellung relevanten – Merkmalen der Kommunikationsakte erfordert. Obwohl die Klassifizierung weiterhin mit Hilfe von Bearbeitern erfolgen muß, liegt der Vorteil in der Vorgabe eines Klassifikationsschemas, das ein möglichst systematisches Vorgehen im Dialogverfahren mittels eines Terminals quasi erzwingt. Eine spezielle Entwicklung im Bereich der Software stellt beispielsweise das Programm DESCRIPTOR von Thaller dar, das zur Klassifizierung von Merkmalen mittelalterlicher Tafelbilder entwickelt wurde (Jaritz, 1982).

Eine zweite Einsatzmöglichkeit liegt in der Anwendung statistischer Programmpakete, die die Auswertung der jeweiligen Daten ermöglichen. Ebenso können die Reliabilitätstests mit solchen Programmen durchgeführt werden. Ein komplexes Verfahren stellt beispielsweise die EDV-gesteuerte Cluster-Analyse dar, die die Berechnung von statistischen Indices zur Bestimmung des Grads der „Klumpung" von Elementen verschiedener Kategorien erlaubt (vgl. dazu Krippendorf, 1980: 115 f.; Thaller, 1982).

Die dritte Möglichkeit liegt in der Entwicklung des information retrieval, d. h. in der durch die EDV gegebenen Zugriffsmöglichkeit auf abgespeicherte Information, indem mittels EDV bestimmte linguistische Einheiten identifiziert werden können. Im Prinzip sind es Ketten von Signalen – z. B. „character strings", also Schriftzeichenketten –, die so aufgefunden werden können. Mittels sogenannter „Wörterbücher" können diese character strings bestimmten „Kategorien" zugeordnet werden nach dem Schema, „wenn die Schriftzeichenkette ‚xyz' auftritt, ist sie mit der Informationseinheit ‚AB' zu verknüpfen." Diese Möglichkeit, die Zuordnung von Kategorien durch die maschinelle Datenverarbeitung leisten zu lassen, darf allerdings in ihrer Begrenztheit nicht überschätzt werden (Holsti, 1968: 663 ff.; Bessler, 1972: 105 ff.; Mochmann, 1974: 194 ff.).

Vorbild für den Einsatz der EDV wurde der von Stone et al. (1966) entworfene „General Inquirer", der sich aus einer Reihe von Programmen zur Inhaltsanalyse zusammensetzt (Bessler, 1972: 99 ff.). Er stellt eine Erweiterung des „information" oder „data retrieval" dar, da beispielsweise Sätze, in denen bestimmte Wörter oder Wortkombinationen enthalten sind, identifiziert und gezählt werden können, „key-word-in-context-" und „key-word-out-of-context"-Listen erstellt werden können. Kernstück stellt ein Wörterbuch dar, welches – so Lisch & Kriz (1978: 108) – ermöglicht, „wesentliche Begriffe in Texten automatisch in ein komplexes Kategoriensystem einzuordnen". Eine deutsche Variante eines solchen Wörterbuchs stellt das „Hamburger kommunikationssoziologische Wörterbuch" (HKW) von Deichsel (1973, 1975) und Tiemann (1973) dar.

Grundsätzlich handelt es sich hierbei um die Zuordnung von Wörtern eines Textes zu Referenzkategorien – also Begriffen, die den „Themenbereich" bezeichnen. Die Grundlage dieses Zuordnungsschemas bildet eine vorausgegangene Analyse von Texten, im Falle des HKW die Analyse von ca. 3000 Zeitungsschlagzeilen (Lisch & Kriz, 1978: 109). Es enthält 5200 Wörter – „Lexeme" – inklusive den einzelnen Flexionen, die 86 Kategorien zugeordnet sind (eine Liste davon siehe auch bei Lisch & Kriz, 1978: 112 f.), die durch Mehrfachzuordnungsmöglichkeiten auf rund 11 000 erhöht werden. Das heißt nicht, daß damit die Möglichkeiten der Klassifizierung der herangezogenen Texte erschöpft gewesen wären, sondern nur, daß diese Kategorien im Rahmen einer bestimmten, relativ breit definierten Problemstellung als relevant erachtet wurden. Aber auch die Sorten von Texten, die die Grundlage bildeten, schränken die Anwendungsmöglichkeiten hinsichtlich anderer, von Zeitungsschlagzeilen stark abweichenden Textsorten wesentlich ein. Kriz hat darauf hingewiesen, daß in solchen Fällen sich die Aufarbeitung der sogenannten „Restkategorie" zu zusätzlichen Kategorien als möglich erweist (Lisch & Kriz, 1978: 115). Deichsel selbst hat betont, daß kontextspezifische Probleme der Zuordnung von Kategorien weiterhin bestehen bleiben (Deichsel, 1975: 40). Daher gehen die Bemühungen auf die Entwicklung einer „Syntaktisch gebundenen-Einwort-Analyse" (Lisch & Kriz, 1978: 116). Ja selbst im engeren Bereich der Kontextspezifik eines solchen Wörterbuchs sind Fehler in der Kodierung nicht auszuschließen, da die Zuordnung ja auf einem Wahrscheinlichkeitskalkül, nicht aber auf dem Faktum der Eindeutigkeit beruht. Fortschritte werden hier vor allem von der Weiterentwicklung der Übersetzungsprogramme erwartet (Stone, 1966).

Neben dem „General Inquirer" und dem HKW sind vor allem noch zu nennen: das „Harvard Third Psychosociological Dictionary" (3500 Eintragungen/83 Kategorien), das „Stanford Political Dictionary" (3500 Eintragungen/9 Kategorien), das „Harvard Need-Achievement Dictionary" (zur Analyse des TAT sowie zur Feststellung von Leistungsmotivationen mit ca. 850 Eintragungen/14 Kategorien), das „Santa Fe Third Anthropological Dictionary". (Weitere Wörterbücher sind bei Holsti, 1968: 666 f., zu finden.) Im deutschen Sprachraum sind zu nennen das POLITDIC (Parteiimage-Wörterbuch, zur Erfassung der Überzeugungen und Eigenschaften deutscher politischer Parteien, in Mannheim entwickelt), das ULMLAFFAL-Wörterbuch zur Erfassung von Angstphänomenen in der Psychotherapie und das ZAR-Wörterbuch (Zentralarchiv Aufbereitungs- und Rückgewinnungssystem, im Kölner Zentralarchiv für empirische Sozialforschung zur Verwendung für „information retrieval" entwickelt). Weiter nennt Kriz (Lisch & Kriz, 1978: 120) das FUKA-Wb. (Fremdgruppen- und Konflikt-Analyse-Wörterbuch von Tiemann), das STEREOWOEB von Holzscheck zur Analyse von Stereotypen, das Ulmer TRAUMWOEB (Traumanalyse in der Psychoanalyse) und das ebenfalls in Ulm entwickelte MINI-HARV (Kurzausgabe des Harvard Third Psychosociological Dictionary), sowie das PASSAT (entwickelt von Siemens zur Selektion von Stichworten aus Texten).

2.3.2.2. Verfahren der Bewertung und Messung von Textelementen

Mehrdimensionale Klassifikations- und Meßverfahren

Die einfachen Häufigkeitsanalysen zeichnen sich alle dadurch aus, daß auf Elemente von Kommunikationseinheiten Kategorien **einer** Dimension zugeordnet werden,

z. B. „Wortarten", „Themenbereiche" usf. Einen höheren Grad an Komplexität erhalten aber Inhaltsanalysen dann, wenn zwei oder mehr Merkmalsdimensionen einbezogen werden. Beispielsweise wenn die Kodierung der Kommunikationseinheiten in der Dimension „Themenbereiche" durch Messung der Fläche in der Dimension „physikalische Ausdehnung" ergänzt wird (Holsti, 1968: 614f. u. 649f.), oder wenn bestimmte Referenzobjekte – Personen, Gruppen, Institutionen etwa – kodiert werden und zugleich die Dimension „Werturteile" im Kommunikationsakt erfaßt wird (z. B. White, 1947). Ein Beispiel auf der linguistischen Ebene ist etwa das von Mittenecker (1951) entwickelte Maß für Perseveration, das einerseits die Häufigkeit der Wiederholung von Wörtern und Stammsilben in Form einer Frequenzanalyse erfaßt, diese aber in Beziehung setzt zu der Länge der „Intervalle" zwischen den Wiederholungen.

Besonders ausgebaut wurde die Problematik der Analyse von Werturteilen erstmals in der „symbol analysis" (Laswell et al., 1952; vgl. dazu Bessler, 1972: 84ff.; Lisch & Kriz, 1978: 127ff.), in der Stereotypen- und Vorurteilsforschung (Dröge, 1967; vgl. auch Silbermann, 1974: 273ff.). Weiters werden mehrdimensionale Strukturen von Texten etwa bei der Analyse des TAT untersucht (Smith & Feld, 1958), Interaktionen ganz allgemein wurden z. B. von Bales (1950) analysiert.

Mehrdimensionale Klassifikationsoperationen finden sich aber auch vor allem in Medien wie Film, Fernsehen und Video bzw. bei Bildern (Foto, Comics usf.). Zu beachten ist bei all diesen Beispielen, welche Dimension des Kommunikationsaktes jeweils kodiert bzw. gemessen wird.

Die Bewertungsanalyse

Eines der komplexesten Verfahren der Inhaltsanalyse hat wiederum Osgood vorgelegt, die sogenannte „evaluative assertion analysis", die auf der Annahme basiert, daß Einstellungen – Osgood verwendet den Terminus „attitudes" – als mentale Strukturen sprachlich durch eine bestimmte syntaktische Struktur auf der Bedeutungsebene eines Textes repräsentiert werden, nämlich „Werturteile" (Osgood, 1959: 42ff., Osgood, Saporta & Nunnally, 1956). Diese Aussagen stellen gleichsam dreidimensionale Gebilde dar: Sie beziehen sich in einer Dimension auf „attitude objects" (Einstellungsobjekte), dann auf sogenannte „common-meaning terms" (Bewertungen) sowie „dissociative" oder „associative assertions". Mit dem Terminus „attitude objects" werden jeweilige Referenzobjekte einer sprachlichen Aussage oder eines Aussagenkomplexes bezeichnet, mit dem Terminus „common-meaning term" werden Urteile über Eigenschaften der Referenzobjekte und mit dem Terminus der „dissociative" oder „associative assertions" wird ein linguistisches Strukturelement bezeichnet, mit dessen Hilfe Assoziationen oder Dissoziationen zwischen zwei verschiedenen Einstellungsobjekten oder einem Einstellungsobjekt und einer Bewertung sprachlich zum Ausdruck gebracht werden. (Ausführliche Darstellungen bieten Bessler, 1972: 89ff. und Lisch & Kriz, 1978: 165ff.).

Das Wesentliche an der „evaluative assertion analysis" stellt aber die Zuordnung einer bipolaren Rangskala zu allen drei Dimensionen dar, die bei Osgood von „ + 3" bis „ − 3" reichte. Auf dieser Rangskala sollen Richtung und Intensität eines durch „attitude object" sowie „common-meaning term" – hier aufgefaßt als sprachliche Gebilde – jeweils konnotierten oder denotierten „Wertes" abgebildet werden, ebenso die Intensität, mit der diese beiden genannten Dimensionen jeweils miteinander assoziativ oder dissoziativ in Verbindung gebracht werden. Letzteres erfolgt nach Osgood durch das sprachliche Element eines „connectors" – etwa ein Hilfsverb oder Verb.

Voraussetzung des Gelingens der Analyse ist die Transformierung aller Sätze eines

Textes in Sätze, die nur mehr die oben genannte Aussagenstruktur aufweisen. Dies ergibt zwei formale Strukturmodelle:

(a) / AO_1 / c / cm / wie z. B.: „Die SPD (= AO_1) erringt (= connector) einen Wahlsieg (= common-meaning term)"

(b) / AO_1 / c / AO_2 / wie z. B.: „Die SPD (= AO_1) koaliert (= connector) mit der FDP (= AO_2)" (Lisch & Kriz, 1978: 143).

Alle Transformationen des zweitgenannten Typs werden außerdem in ihre reziproke Form gebracht, d. h. als / AO_2 / c / AO_1 / dargestellt.

Der erste Schritt der Analyse besteht also in einer Identifizierung aller „attitude objects", „common-meaning terms" und „connectors", die jeweils zusammengehören, und ihrer Auflistung. Eine ausführliche Darstellung der komplexen Transformationsregeln, die spezifische Problemlösungen normieren, bieten Lisch & Kriz (1978: 144 ff.) und Bessler (1972: 92 ff.).

Das wesentliche Moment der Bewertungsanalyse liegt nun darin, daß nach dieser Transformierung des Textes in eine Reihe von Einheiten der oben genannten Struktur das Referenzobjekt jeder Aussage maskiert, d. h. durch ein neutrales Symbol wie „nonsense letter pairs" ersetzt wird (Osgood, 1959: 48), und daß speziell dafür eingesetzte Bearbeiter, die mit der bisherigen Texttransformation nichts zu tun hatten, sowohl die connectors, common-meaning terms bzw. die mit dem am Zeilenanfang stehenden Einstellungsobjekt in Beziehung gesetzten anderen „attitude objects" auf der genannten bipolaren Rangskala beurteilen (Osgood, 1959: 42 f.; eine ausführliche Darstellung findet sich bei Lisch & Kriz, 1978: 142 ff., und Mayntz et al., 1978: 162 ff.)

Trotz des anspruchsvollen Vorsatzes hat die Bewertungsanalyse eine Reihe schwieriger Probleme nicht auszuschalten vermocht, die sich aus der Einstufung der einzelnen Aussagenelemente ergeben (Bessler, 1972: 90 ff.). So ist es schwer, zu unterscheiden zwischen den Wertungskonnotationen, die ein Bearbeiter mit einem sprachlichen Zeichen oder etwa einem Einstellungsobjekt verbindet (z. B. in einer Aussage wie „Eichmann war ein Untergebener Himmlers") bzw. die seitens des Kommunikators damit verbunden wurden. In dem genannten Beispiel wird die Beziehung zu „Himmler" als Einstellungsobjekt in einem zeitgenössischen Akt anders zu beurteilen sein als in einem Dokument aus der Zeit nach 1945.

Hinzu kommen noch Probleme der statistischen Bearbeitung der Rohdaten (Lisch & Kriz, 1978: 149) sowie Probleme der praktischen Durchführung, stellt doch die „evaluative assertion analysis" eines der arbeits- ebenso wie personalaufwendigsten Verfahren dar. So finden sich nur wenige Arbeiten, in denen Osgoods Verfahren angewandt wurde (Weymann, 1973). Deetjen (1977) versuchte, Kategorien der linguistischen Theorien des Zeichengebrauches in die Bewertungsanalyse einzubauen und Osgoods Kategorien, die oft schwer mit der neueren Linguistik in Einklang zu bringen sind, abzulösen (Lisch & Kriz, 1978: 150; Deetjen, 1977).

Trotzdem muß Osgoods Bewertungsanalyse als Ausgangspunkt der Weiterentwicklung jener Verfahren betrachtet werden, die sich um eine präzise Beschreibung und Grundlegung statistischer Bearbeitungsmöglichkeiten bei komplexeren sprachlichen Elementen bemühen, besonders wenn man die Probleme der Analyse von „Einstellungen" als spezifischen mentalen Strukturen im Auge hat (vgl. Bessler, 1972; Roth et al., 1978).

2.4. Soziogramm

von Elisabeth Ardelt

2.4.1. Definition

Eine Begriffsbestimmung des Soziogramms ist schwerlich ohne historischen Hintergrund zu leisten: Gruppendynamische soziometrische Ansätze waren in Deutschland bereits vor Moreno vorhanden (Bernfeld, 1922; Lochner, 1927). Die Entwicklung der Befragung und die graphische Veranschaulichung (= das Soziogramm) aber erfolgte erstmalig in dem Buch „Who shall survive" von Jacob Moreno (1934), der mehr die „kreative Spontaneität" (v. Wiese, in: Moreno, 1974: XVI) als die Exaktheit der empirischen Sozialforschung vertrat. Ein damals und heute nicht geklärter Begriffsumfang legt daher nahe, pragmatisch vorzugehen und die Rezeption in weiten Bereichen der Soziologie und Sozialpsychologie zu untersuchen, wie dies in den Systematisierungsversuchen und Häufigkeitsauszählungen von Bjerstedt (1958) und Dollase (1976) vorliegt.

Danach handelt es sich – zusammengefaßt – bei der **Soziometrie** um ein Verfahren, das sich mit jeder Art menschlicher oder tierischer Beziehung mit einem Schwerpunkt auf der Messung von menschlichen Präferenzbeziehungen (Anziehung und Ablehnung) befaßt. Den Begriff der „soziometrischen Techniken" verwendet Dollase (1976), um die Erhebungs-, Darstellungs- und Auswertungsverfahren zu kennzeichnen.

2.4.2. Erhebungstechniken

Wie bereits aus dieser Kennzeichnung hervorgeht, sind die bis heute beibehaltenen Grundsätze die der „freien Wahl oder Ablehnung von Gruppenmitgliedern unter einem ganz bestimmten Aspekt sozialen Kontakts" (Höhn & Seidel, 1969: 377). Entscheidend für die am Testkriterium der Gültigkeit gemessene Qualität des Soziogramms ist die Instruktion, die – Moreno folgend – in der „hot sociometry" für die Wahlen Handlungskonsequenzen ankündigt, während sie sich in der sog. „cold sociometry" auf vorgestellte Stituationen bezieht, die abgegebenen Wahlen also keine Veränderung der sozialen Struktur (z. B. Zusammenarbeit in einer Abteilung, Sitzordnung in einer Klasse...) nach sich ziehen.

2.4.2.1. Soziometrische Befragung

Die klassische Methode ist die der Befragung, die in folgende Dimensionen untergliedert werden kann:

Sympathie/Antipathie:	Mit wem würden Sie am liebsten ...?	
	Mit wem möchten Sie nicht gerne ...?	
Kriterium:	Arbeit, Reise, Wohnen ...	
Einstellung/Verhalten:	Mit wem **möchten** Sie arbeiten, ...?	
	Mit wem **haben** Sie gearbeitet, ...?	
Wahrnehmung:	Wer meinen Sie, wird Sie wählen/ablehnen?	
Art der Wahlen:		
Anzahl	festgelegt	offen
	eine/maximal/alle	unbeschränkt
Rangfolge	am liebsten/gerne...	

(Vgl. Friedrichs, 1973: 258)

Die vielfach diskutierte Frage der negativen Wahl kann nicht generell beantwortet werden, sie verlangt speziell bei der „hot sociometry" eine Entscheidung hinsichtlich der Belastbarkeit der Befragten. Vom methodischen Standpunkt her betrachtet weist einiges darauf hin, daß sie besser differenziert, speziell bei jüngeren Kindern (Friedrichs, 1973). Die Dimension „Einstellung/Verhalten" und die Wahl des Kriteriums wird noch unter dem Abschnitt „Gütekriterien" angeschnitten; jenes der Wahrnehmung ist vor allem für die praktische Anwendung als Test – für Selbstbilduntersuchungen etwa – von Bedeutung. Hinsichtlich der Art der Wahlen ist folgendes zu sagen: Da die Fähigkeit des einzelnen, mehrere oder alle Mitglieder der Gruppe zu wählen bzw. differenziert einzustufen, von vielen Faktoren wie etwa Gruppengröße, Alter, Bekanntheitsgrad etc. abhängt, ist eine gute Kenntnis dieser sozialpsychologischen Faktoren nötig. Eine falsche Entscheidung zugunsten zu differenzierter Wahlen kann ebenso das Bild verfälschen wie die Beschränkung auf eine Wahlmöglichkeit. Im Falle nur einer Wahlmöglichkeit können Personen beispielsweise als isoliert, abgelehnt etc. erscheinen, weil sich in der Gruppe Personen befinden, die die **ersten** Wahlen aus irgendwelchen Gründen (Status im Betrieb, der Organisation, der Klasse oder Leistungen auf einem wichtigen Gebiet – Sportler u. ä.) auf sich ziehen. Die „Nicht-Gewählten" würden aber vielleicht viele zweite oder dritte Wahlen bekommen. Friedrichs plädiert generell für eine Einschränkung auf fünf Wahlen als „sinnvolle Begrenzung" (Friedrichs, 1973: 258).

Neben dem Interview – für das die üblichen Kriterien der empirischen Sozialforschung gelten sollen – finden aber auch noch andere Verfahren Anwendung: Lindzey betrachtet z. B. das Soziogramm, den „soziometrischen Test", als eine Art von Rating-Skala (Lindzey & Byrne, 1969: 453). Daneben werden als weitere Techniken der Datengewinnung vor allem der Paarvergleich, die Bildung von Rangordnungen und die soziale Distanzskala verwendet, letztere in für den jeweiligen Untersuchungszweck adaptierten Varianten (vgl. u. a. Bastin, 1967; Höhn & Seidel, 1969; Lindner, 1970; Dollase, 1976; s. a. Kap. 4.4.).

2.4.2.2. Soziometrische Beobachtung

Beobachtung – zumeist in strukturierten Situationen – wird als weitere Technik zur Gewinnung von Ausgangsdaten verwendet. Sie wird von Moreno als unvereinbar mit der soziometrischen Methode angesehen, sie führe zu einer „Oberflächenbeurteilung" (Moreno, 1974: 35).

Das Problem der Wertung von beobachtbarem Kontaktverhalten vs. geäußerte Wahlen wird in der Literatur unterschiedlich behandelt (vgl. u. a. Kerlinger, 1979), in vielen Einführungswerken auch gar nicht erwähnt. Es liegen aber sicherlich nicht ausreichend variierte Untersuchungen vor, um die Antwort im Sinne Mertns zu formulieren, daß Beobachtungen und Wahlen hinreichend positiv miteinander korreliert seien (Mertn, 1960: 635). Ein möglicher Kompromiß kann aus der Feststellung Nehnevajsas resultieren, der zwischen „soziometrischen" und „Verhaltenskriterien" unterscheidet und meint, daß beide Techniken zwar verschiedene Dimensionen betreffen, aber eben deshalb komplementär angewendet werden sollten (Nehnevajsa, 1973: 265). Wesentlich erscheint, daß dieser Kompromiß nicht als Faktum bestehen bleibt, sondern lediglich Anlaß zu methodisch exakter Forschung gibt, die eine Analogie zu dem in der Einstellungsforschung unter dem Stichwort kognitive/affektive vs. Verhaltenskomponente bekannten Untersuchungen haben könnte; ob es dazu nötig ist, die Soziometrie als einen „Spezialfall der Einstellungsmessung" aufzufassen, wie dies Hofstätter (1973) tut, sei allerdings dahingestellt.

Die Problematik zeigt sich exemplarisch an den Arbeiten von Bales bzw. an der Entwicklung dieses Autors: Bales entwarf auf der theoretischen Grundlage der

Parsonsschen Handlungstheorie ein Beobachtungsinstrumentarium, das ein Beispiel für die enge Verflechtung umfangreicher theoretischer wie empirischer Arbeit ist. Mit Hilfe von ursprünglich 85 Kategorien, die er auf die bekannten 12 reduzierte (z. B. zeigt Solidarität, äußert Meinung, erbittet Vorschläge etc.), wird der Interaktionsprozeß in Gruppen aufgezeichnet und dient dabei nicht nur soziometrischen Fragestellungen, obwohl es gelingt, Forderungen wie denen von Friedrich zu entsprechen und neben der strukturellen auch die inhaltliche Seite stärker zu gewichten (Friedrich, 1975: 58f.), sondern vor allem der Erforschung von Gruppenprozessen und Handlungsabläufen (Bellebaum, 1972: 172; vgl. auch Becker, 1977). Bales' Annahme, daß das „Kategoriensystem nicht nur geschlossen, vollständig und widerspruchsfrei ist, sondern, daß die in ihm existierende Ordnung bereits sozialpsychologische Gesetzmäßigkeiten berücksichtigt" und damit auch weitgehend generalisierbar für die meisten Fragestellungen zu verwenden sei, ist nicht unwidersprochen geblieben (Lansky & Scharmann, 1976). Es ist aber zu vermuten, daß dieser Anspruch bewirkte, daß die IPA[1] relativ kritiklos in den meisten einführenden Handbüchern übernommen wurde und viele andere mindestens ebenso brauchbare Verfahren überflügelte (vgl. u.a. die Zusammenfassung bei Merkens & Seiler, 1978). Problematisch sind aber nicht nur diese theoretischen Postulate, sondern vor allem die einfache praktische Anwendung. Auch bei Verwendung eines sog. „Aufnahmegerätes", bei dem durch Drücken einer entsprechenden Kategorientaste auf einem Papierbogen „jede Handlung nach drei Kategorien – qualitatives Einordnen in Kategorien, Vermerk des Handelnden und der Zielperson, zeitlicher Ablauf des Bogens – verschlüsselt werden kann" (Bales, 1970: 266) bestehen Zweifel, ob die Interraterreliabilität so befriedigend ist, wie es von Bales behauptet wird (Krause, 1970). Scharmann und seine Mitarbeiter, und das dürfte der entscheidende Unterschied zu den Autoren so vieler Einführungswerke sein, haben mit dem Instrument ausführliche Erfahrungen gesammelt und mußten die IPA aufgrund der vielen Fehlerquellen auf vier Kategorien reduzieren (Lansky & Scharmann, 1976: 55f.). Die zweite Entwicklung eines Instrumentes der empirischen Sozialforschung durch Bales – eine 26 Items enthaltende Ratingskala, mit Hilfe derer jedes Gruppenmitglied jedes andere einstuft, hat einen heftigen wissenschaftlichen Disput ausgelöst, der sich in zahlreichen Beiträgen amerikanischer Fachzeitschriften niederschlägt (American Sociological Review, American Journal of Sociology). Man sieht Bales nun auf der Seite derer, die „die meisten psychometrischen Konventionen der Skalierung ignorieren" (Morgan, 1975: 429). Andererseits schafft die „Skala" mit Iteminhalten wie „persönliche Wärme", „Dominanz" etc. (Bales, 1970) etwa für Selbsterfahrungsgruppen, klinische Gruppen etc. die Grundlage eines äußerst differenzierten Soziogramms (vgl. u.a. Sbandi & Vogl, 1973). Morgan versucht eine Brücke zu schlagen zwischen dem theoretischen Hintergrund der IPA und jenem der Ratingskala, der seine Wurzeln in der Attribuierungstheorie Heiders hat (Morgan, 1975), die wiederum wesentliche Grundlage zur Fundierung von soziometrischen Verfahren bzw. deren Interpretation sein könnte. Morgans Ansatz ist ebenso wie der oben zitierte Kompromiß Nehnevajsas von Bedeutung zu einer Zeit, in der sich der Methodenstreit zwischen „exakten", „sturen" … „Scientisten" und „ungenauen", „kreativen" … „Praktikern" – oder wie die gegenseitigen Attribute bzw. die

---

[1] IPA = Interaktions-Prozeß-Analyse (Bales, 1950). Die Weiterentwicklung des IPA-Ansatzes besteht in der Verknüpfung der 12 Kategorien mit drei faktorenanalytisch gewonnenen Beurteilungsdimensionen (Bales, 1970) und der Berücksichtigung inhaltlicher Mitteilungen (SYMLOG-System von Bales & Cohen, 1982).

Selbsteinschätzungen auch immer lauten mögen – in einer Phase befindet, in der weder die eigenen Schwächen noch die Stärken des anderen wahrgenommen werden können (vgl. u. a. Mertens & Fuchs, 1978). Was bleibt, ist ein weites Arbeitsfeld, das sowohl die Fragen der Entwicklung von exakten Methoden für kleine, überschaubare, zur Mitarbeit bereite Gruppen betrifft, wie auch solche für große differenzierte Systeme in Feldern, die allen psychologischen Untersuchungen mit Mißtrauen begegnen.

2.4.3. Darstellungstechniken

Die gewonnenen Daten werden üblicherweise in Matrizen, Tabellen oder graphisch in der Form des Soziogramms dargestellt. Wegen des Namens „Soziogramm" wird auch häufig von Soziographie anstatt von Soziometrie gesprochen (Lenz, 1981: 5), obwohl unter Soziographie zumeist ein der Soziologie zuzuordnendes Verfahren zu verstehen ist (de Vries Reilingh, 1973).

2.4.3.1. Matrixdarstellungen

Da das Soziogramm selbst für eine nicht allzu große Gruppe recht komplex und schwer handhabbar wird, ist für den Gesamtüberblick die Verwendung einer Soziomatrix zu empfehlen. Sie ist – als sog. Urliste – zumeist auch Ausgangspunkt für die graphische Darstellung. Durch Summierung der in Reihen und Spalten eingetragenen Wahlen werden die nachfolgenden Rechenoperationen erleichtert, ja ein erster Überblick zur deskriptiven Auswertung findet häufig schon hier statt (vgl. Nehnevajsa, 1973; Höhn & Seidel, 1976).

Abb. 1   Soziomatrix der Arbeitsgruppe G

Gewählte → Summe d. abgegebenen Stimmen

Wähler ↓

V_p	A	B	C	D	E	F	G	positiv	negativ	
A		+				−		1	1	
B	+					−		1	1	
C				+				1	0	
D			+		−			1	1	
E		+				−		1	1	
F		+	−					1	1	
G		+						1	0	
pos.	1	4	1	1	0	0	0			Summe
neg.	0	0	1	0	1	3	0			
total	1	4	2	1	1	3	0			

Summe d. erhaltenen Stimmen

Summe

In Abb. 1 findet sich ein Beispiel für eine Soziomatrix. Die Daten dafür – wie für alle folgenden Darstellungen – wurden gewonnen über Befragung einer Arbeitsgruppe hinsichtlich des Kriteriums „Mit wem würden Sie gerne die Mittagspause verbringen?", mit der Begrenzung auf eine positive und eine negative Wahl.

Nicht sehr übersichtlich, aber als Urliste wertvoll, ist die Form der „multikriterialen Soziomatrix" nach Massarik et al. (1953). Darin werden die Ergebnisse zu allen soziometrischen Fragen in einem Datenquader dargestellt, dessen Achsen Wähler, Gewählte und Kriterien sind (vgl. Dollase, 1976: 124f.).

2.4.3.2. Tabellarische Aufzeichnung

Sie dient – ebenfalls in verschiedenen Formen – vor allem der Aufzeichnung für die elektronische Datenverarbeitung, sie stellt, wie das unten angeführte Beispiel demonstriert, eine „ökonomische Erstaufzeichnung soziometrischer Wahlen dar" (Dollase, 1976: 126).

Häufigkeit des Wahlerhaltes (/) des Ablehnungserhaltes (X)	Code	Name	abg. Wahlen	erh. Wahlen
|	a	Alfons	b	
||||	b	Bernhard	a	f
|X	c	Christian	d	
|	d	David	c	c
|	e	Elisabeth	b	f
XXX	f	Frieda	b	c
	g	Gerda	b	

Abb. 2: Tabellarische Darstellung der Wahlen der Arbeitsgruppe G

Für die tabellarische Aufzeichnung gilt wie für alle anderen Verfahren, daß ihr wichtigster Aspekt die Übersichtlichkeit ist, es sich aber im übrigen lediglich um verschiedene Möglichkeiten der Veranschaulichung ein und derselben Informationsmenge handelt (Höhn & Seidel, 1976: 9f.).

2.4.3.3. Graphische Darstellung

Die ursprüngliche Form der Darstellung ist das Netzsoziogramm nach Moreno, wobei folgende Zeichen häufig Verwendung finden:

△ = männliche Versuchsperson,   ○ = weibliche Versuchsperson,
⟶ = einfache Wahl,   ⟷ = gegenseitige Wahl.

Einfache positive Wahlen werden häufig durch eine durchgezogene, einfache negative Wahlen durch eine strichlierte Linie symbolisiert, gegenseitige Wahlen durch eine doppelte, dickere Strichführung mit Pfeilen auf die sich gegenseitig wählenden Individuen dargestellt.

Das größte Problem stellt in der Praxis die Minimierung sich überkreuzender Linien dar, besonders bei der Darstellung von großen Gruppen, Mehrfachwahlen u. a. Durch Verwendung von verschiedenen Farben – Morenos Werk ist allerdings eines der wenigen sozialwissenschaftlichen Werke, die im Mehrfarbendruck erschienen sind –, von Folien, die übereinandergelegt werden, kann im privaten Gebrauch oder für Unterrichtszwecke die Übersichtlichkeit erhöht werden.

Ein Beispiel für zwei verschiedene Varianten eines solchen Soziogramms wird in Abb. 3 angeführt.

Variante 1

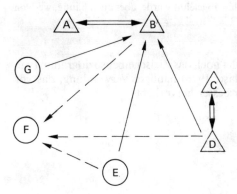

Variante 2

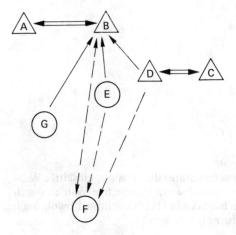

Abb. 3: Soziogramme der Arbeitsgruppe G (erstellt aus Abb. 1)

Zur Illustration wurden beliebig zwei verschiedene Darstellungsarten gewählt: einmal der „Beliebteste" der Gruppe als Mittelpunkt, der „Abgelehnte" als der am weitesten Entfernte, ein anderes Mal beide, B und F, graphisch gleichberechtigt in einem Kreis angeordnet. Diese Variation mag als Beispiel dienen, wie sehr die unterschiedlichen Darstellungsarten die Übersicht und im weiteren die Interpretation – speziell durch Laien – beeinflussen können.

Zur weiteren Veranschaulichung sei hinzugefügt, daß Soziogramme häufig mit Hilfe einiger oft vorkommender Konfigurationen interpretiert werden. Dies sind vor allem:

Stern: Wer mindestens fünfmal gewählt wurde.
Paar: Zwei Individuen, die sich gegenseitig wählen.
Kette: Mehrere Wahlen in Kettenform.
Igel (Isolierter, Außenseiter, Abgelehnter etc.):
  Wer tatsächlich auf die direkte Wahlfrage hin abgelehnt wurde, aber auch häufig, wer von
  niemanden gewählt wurde.
Einzelgänger: Wer niemanden wählte.
(Oswald, 1977; Krüger, 1976)

Neben dem „Moreno-Soziogramm" findet noch das Zielscheibensoziogramm (vgl. Abb. 4) nach Northway (zit. nach Dollase, 1976) häufiger Verwendung, das vor allem den Rang der Gruppenmitglieder besser hervorhebt.

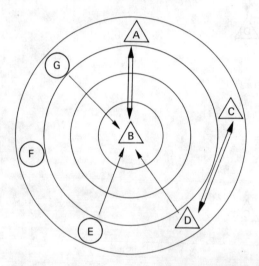

Abb. 4:   Kreissoziogramm der Arbeitsgruppe G

Die Kreise stellen Quartile des soziometrischen Status dar. Positive einseitige Wahlen sind durch einfache gerichtete Pfeile symbolisiert, gegenseitige Wahlen durch doppelte Linien; negative Wahlen werden hierbei nicht berücksichtigt, obwohl auch eine solche Darstellung denkbar und übersichtlich wäre.

Unter Verwendung von vier konzentrischen Kreisen werden im innersten Kreis Personen mit den meisten Stimmen, in den nächsten das Viertel mit den nächsthöheren soziometrischen Rängen etc. eingezeichnet. Andere strukturelle Merkmale des Soziogramms (Cliquen etc.) werden dabei allerdings optisch verzerrt (Höhn & Seidel, 1976: 30).

Bei jenen Modifikationen der ursprünglichen Darstellung, die mit Hilfe eines Koordinatensystems arbeiten, werden auf der Abszisse beispielsweise die Anzahl der erhaltenen Wahlen, auf der Ordinate die der erhaltenen Ablehnungen eingetragen, was besonders vorhandene hierarchische Strukturen von Gruppen sichtbar werden läßt. Eine Variante hiervon stellt das „Schachbrettsoziogramm von Bjerstedt" dar (Dollase, 1976: 115 ff.).

2.4.4. Auswertungstechniken

Der gigantische Aufwand, mit dem Soziometrie betrieben wird, schlägt sich auch in den Auswertungsversuchen nieder. Anhand der Auszählungen von Bonjean et al. (1965), die zeigen, daß von 986 verschiedenen Indices nur 1,6% innerhalb einer Fünfjahresperiode mehr als fünfmal zitiert werden, verweist Dollase den begreiflichen Wunsch, „Indices und Auswertungstechniken zusammenzufassen, Sinnloses von Sinnvollem zu scheiden, in den Bereich der Utopie" (Dollase, 1976: 132). Ein weiteres Problem in der Praxis ergibt sich daraus, daß „Auswertung" nicht nur Berechnung von Indices bedeutet, sondern auch Interpretation einer der oben genannten graphischen Darstellungen, deren Vor- und Nachteile dem oft ungeübten Auswerter nicht immer bewußt sind. Die Indices, die durch verschiedene Berechnungsarten gewonnen werden, sind außerdem unter dem von Höhn & Seidel erwähnten kritischen Gesichtspunkt zu betrachten, daß „nicht nur ihre sozialpsychologische Bedeutung im Dunkeln liegt, sondern oft auch ihre statistisch-mathematische" (Höhn & Seidel, 1976: 377).

Stellen manche der in einführenden Methodenbüchern zu findenden Werte, wie etwa

$$\text{Wahlstatus der Person X} = \frac{\text{Anzahl der Personen, die X wählen}}{N - 1}$$

$$\text{Zurückweisungsstatus der Person X} = \frac{\text{Anz. d. Pers. d. X zurückweisen}}{N - 1}$$

oder

$$\text{Expansion der Person X} = \frac{\text{Zahl der von X abgegebenen Wahlen}}{N - 1}$$

noch relativ einsichtige Operationslisierungen dar (Hofstätter, 1973; Friedrichs, 1973), so führen Höhn & Seidel bereits vier verschiedene Möglichkeiten zur Berechnung des „inneren Zusammenhaltes" einer Gruppe an, unter „denen der Forscher auswählen kann" (Höhn & Seidel, 1969: 388) und die mehr oder minder hohe inhaltliche Übereinstimmung aufweisen:

$$(1) \text{ Kohäsionsindex} = \frac{\text{Anzahl der erwiderten Wahlen}}{\text{Anzahl der möglichen Wahlen}}$$

$$(2) \text{ Gruppenintegration} = \frac{1}{\text{Anzahl der isolierten Personen}}$$

$$(3) \text{ Kohärenzindex} = \frac{\text{Anzahl der erwiderten Wahlen}}{\text{Anzahl der abgegebenen Stimmen}}$$

(4) Kohärenzindex nach Criswell =

$$= \frac{\text{Verhältnis der erwiderten zu den unerwiderten Wahlen}}{\text{Verhältnis des Erwartungswertes der erwiderten zum Erwartungswert der unerwiderten Wahlen}}$$

Sicherlich stimmen die Termini für die Indices nicht immer mit der in der übrigen Gruppenliteratur zu findenden Extension dieser Begriffe überein, was selbstverständlich auch mit der in der Gruppendynamik (verstanden als Wissenschaft vom

Geschehen in Gruppen) herrschenden Begriffsverwirrung zu tun hat (vgl. hierzu u. a. Sader, 1976).

Neben den oben angeführten, direkt berechenbaren Kennwerten gibt es eine andere Gruppe von Indices, mit deren Hilfe Abweichungen von der Wahrscheinlichkeit berechnet werden. Es kann aber – so faßt Nehnevajsa die Darstellung dieser Formeln zusammen – „nicht zufriedenstellend sein, den Grad zu messen, in dem empirische Verteilungen vom Grad der Zufälligkeit abweichen… Es könnte aber die Soziometrie als Hilfsmittel Verwendung finden, um Strukturparameter in die Zufallsmodelle einzuführen und so bestimmte Theorien zu überprüfen" (Nehnevajsa, 1973: 276 ff.).

Eine vor allem der Anschaulichkeit der Darstellung dienende Auswertungsmethode erfolgt mit Hilfe der Graphentheorie. Hierbei werden Personen als Punkte und die Beziehungen zwischen Personen als Linien oder „Kanten" repräsentiert. Die gesamte Struktur aus Punkten und Linien bezeichnet man als Graph. Formal gesehen besteht ein Graph aus einer Menge von Relationen, die zwischen geordneten Paaren dieser Elemente existieren. Je nachdem, welches Auswertungsziel verfolgt wird, können die Relationen zwischen den Elementen als symmetrisch (ungerichteter Graph) oder als nicht symmetrisch (gerichteter Graph) interpretiert werden. Beispiele für häufig vorkommende Graphen können untenstehender Abbildung entnommen werden:

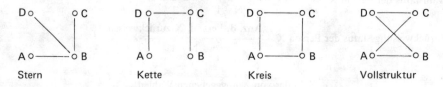

Stern   Kette   Kreis   Vollstruktur

Abb. 5

Die psychologische Interpretation graphentheoretischer Begriffe ist aber nicht unumstritten. So bezweifeln Höhn & Seidel (1969: 389), daß der graphentheoretische Begriff eines Pfades eine Entsprechung in sozialpsychologischen Begriffen wie emotionale Zuneigung/Ablehnung haben. Die genannten Autoren versuchen dieses Problem insofern zu umgehen, als sie einräumen, daß ein Pfad von A nach B als Kommunikationskanal gedeutet werden kann, in dem Sinne, daß Nachrichten von A nach B gelangen können. Unter dieser Einschränkung arbeitet auch Hoeth (1975: 349), der seinen Aufsatz nicht unter einen dezidiert soziometrisch geprägten Titel stellt, sondern von graphentheoretischen Konzepten als „Hilfsmittel bei der Analyse von Gruppenstrukturen und Kommunikationsprozessen" spricht.

Für die Auswertung von Soziogrammen aber ergeben sich auf alle Fälle aus der Hinzuziehung graphentheoretischer Überlegungen interessante Perspektiven. Für die Berechnung des Status einer Person ergibt sich nicht nur der bereits erwähnte Index, der die „Zahl der erhaltenen Wahlen" auf die Gesamtgruppe bezieht, sondern neben den direkten Wahlen werden auch die indirekten Pfade, die auf eine Person zulaufen, berücksichtigt (Katz in Höhn & Seidel, 1969: 389). Ruft man sich die Aussagen der Gleichgewichtstheorie in Erinnerung, so ist folgendes Beispiel in mehrfacher Hinsicht interessant:

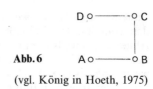

Abb. 6

(vgl. König in Hoeth, 1975)

A erhält in einer Kleingruppe, bestehend aus A, B, C, D nur eine direkte Wahl, B wird aber von C, C wiederum von D geschätzt und gewählt. So bedeutet das sowohl nach den oben erwähnten Überlegungen der Graphentheorie wie im Sinne Festingers, daß D auch A positiv gegenübersteht (Festinger, 1957; Heider, 1967; Hallinan, 1975), die Auswertung also andere Werte erbringt als beim herkömmlichen Soziogramm. Darüber hinaus sind aber auch noch quantifizierende Angaben möglich; so kann etwa der „Grad" jeder Position eines Graphen berechnet werden, der sich ergibt aus der „Anzahl der Verbindungen, die zu dem betreffenden Punkt hinführen bzw. von ihm ausgehen". Es kann die Distanz (= Anzahl der Kanäle, die auf kürzestem Weg durchlaufen werden müssen) und auf der Basis der Distanzwerte der sog. Zentralitätsindex berechnet werden (vgl. Freeman, 1977). In der Anwendung geht die Darstellung mit Hilfe graphentheoretischer Überlegungen vor allem bei betrieblichen Organisationsstrukturen über die traditionelle soziometrische Vorgangsweise hinaus bzw. setzt andere Gewichtungen (Fischer, 1962). Sie wird häufig auch zur besseren Klarlegung von Strukturen etwa zwischen Vorgesetzten und Untergebenen in Erwachsenenbildungsveranstaltungen verwendet, wobei davon ausgegangen wird, daß eine Person, die über eine größere Menge von „Pfaden" (Kanälen) verfügt, eine gewichtigere und kompetenzreichere Position hat.

Weiterentwicklungen der Analyse eines Soziogramms durch die Anwendung der Matrizenrechnung und entsprechende Computerprogramme (Kemeny et al., 1966), oder durch die von Cube & Gunzenhäuser entwickelten Maße für „Gruppenentropie", mit deren Hilfe sich das Ausmaß der Ordnung einer sozialen Struktur bestimmen läßt (Cube & Gunzenhäuser, 1963); erscheinen aber nur sinnvoll, wenn in der Gewinnung des Ausgangsmaterials ebenso exakten Kriterien gefolgt wurde, wie in der Auswertung, was – wie oben erwähnt – häufig nicht der Fall ist (vgl. u.a. Rapoport, 1980).

2.4.5. Gütekriterien

Die Fragen, die die traditionellen Gütekriterien Objektivität, Reliabilität und Validität betreffen, führen wieder zum Ausgangspunkt der Betrachtungen zurück. Wird auch versucht, in manchen Definitionen den Begriff der Gruppe zu umgehen, so wird das Soziogramm tatsächlich am effektivsten dort angewendet, wo es sich um relativ eng umschriebene Gruppen handelt. Ein Meßverfahren, mit dem man Zugang zu Gruppenvariablen sucht, kann – wie bereits oben ausgeführt – nicht unabhängig von der Gruppendynamik gesehen werden. So bestreitet u. a. Pepinsky (in Dollase, 1976), daß die Begriffe der Validität und Reliabilität in der Soziometrie in gleicher Weise wie sonst in der Psychologie Verwendung finden können, „eine Variation in der Beantwortung soziometrischer Fragen" bedeutet somit „echten Wandel im Wahlverhalten der Gruppe". „Die Reliabilität gibt keine Informationen über die Güte des Tests, sondern stellt eine wichtige Information über den zu messenden Gegenstand dar." (S. 266f.)

Validität, so führt Boguslaw in Morenos Tradition stehend aus, habe die gleichen Wurzeln wie „Value", was so viel bedeute, daß das Arbeitsinstrument Soziogramm sinnvoll einsetzbar sei, wertvoll sei (Boguslaw et al., 1975: 152). Hinzuzufügen wäre dem vom Standpunkt meßtheoretischer Kritik aus, daß sich die geäußerte Zu- und Abneigung jeweils nur auf die gestellte Frage, das Kriterium, beziehen kann, nicht notwendig auf andere Dimensionen der Beziehung. Das gleiche gilt für Strukturwerte; kohäsiv ist z. B. eine Gruppe nur auf ein bestimmtes Kriterium hin, was in der Praxis der Interpretation aber nicht immer beachtet wird.

All den kritischen Einwänden gegenüber postulieren Höhn & Seidel, daß die Soziometrie keine Sonderstellung hätte, daß sie „nicht allein mit all ihren Problemen innerhalb der sozialwissenschaftlichen Forschung stünde" und etwa in der Panelforschung ganz ähnliche „Instabilitäten auftreten", wofür aber „Verfahren entwickelt worden seien, die Auskunft über die Qualität der Messung geben". Es solle vielmehr untersucht werden, „in welchem Umfang eine Stichprobe aus der Menge möglicher soziometrischer Kriteriumsfragen deren Gesamtheit repräsentieren kann" (Höhn & Seidel, 1969: 384).

Angesichts der gegensätzlichen Standpunkte erscheint es sinnvoll, davon auszugehen, daß es nicht **das** Soziogramm gibt, sondern daß ein Soziogramm eine therapeutisch, pädagogisch etc. hilfreiche Methode, ein „Arbeitsinstrument", wie etwa die so definierte Variante des Autosoziogramms von Rössner (1968), und ein Meßinstrument im klassischen Sinn sein kann, daß für beide aber durchaus nicht die gleichen Überlegungen und Kriterien gelten müssen. Es erscheint unsinnig, in einer Therapiegruppe, in der der Leiter Mittelpunkt gegenseitiger intensiver Beziehungen sein kann, von einer Auswerterobjektivität zu sprechen, um einer besseren Validität willen möglichst viele Wahlkriterien ins Spiel zu bringen, wenn auch die Ergebnisse (die ja veröffentlicht werden) verletzend sind, oder das Soziogramm in einem gruppendynamischen Hypothesen entsprechenden und hohe Reliabilität versprechenden Zeitpunkt zu wiederholen.

Andererseits ist für die empirische Sozialforschung die Präzisierung der Begriffe, die Sammlung weitgehend geprüfter Hypothesen hinsichtlich Stabilität von Individuums- oder Gruppenmerkmalen (Status... Kohäsion etc.) Voraussetzung, um eine Trennung zwischen Variabilität der Merkmale und Variabilität des Instruments vollziehen zu können. Die Ergebnisse aus anderen Bereichen der Methodik könnten sicherlich auch mehr Eingang in die Überlegungen zur Prüfung der nach Testkriterien günstigsten Erhebungsinstrumente finden; so hat sich etwa die Reliabilität des Paarvergleichs gegenüber einer Rangordnungsskala auch in anderen Fragestellungen als höher herausgestellt (Witrjol & Thompson, 1953). In vielen Publikationen, die das Soziogramm betreffen, hat man den Eindruck, es würde am Punkt Null angefangen.

Ob tatsächlich der von Höhn & Seidel vorgeschlagene Weg der Prüfung der Korrelationen der verschiedenen Verfahren untereinander und letztlich die Entwicklung von Testbatterien, validiert an der Interaktionsanalyse, der zielführendste ist, wäre sehr genau zu prüfen (vgl. Höhn & Seidel, 1969: 384).

2.4.6. Anwendung

Unabhängig vom Anwendungsbereich wird das Soziogramm als reines Ermittlungsinstrument zur Erforschung sozialpsychologischer Gesetzmäßigkeiten eingesetzt. Beispielsweise werden Zusammenhänge zwischen Wahlhäufigkeit und Variablen wie sozioökonomische Herkunft, Intelligenzquotient, Persönlichkeitsmerkmale, Alter etc. geprüft (Larsen, 1971). Auch entwicklungspsychologische Fragestellungen sind möglich, wurden allerdings nach einigen Untersuchungen in Kindergärten, Elementar- und Internatsschulen von Moreno selbst nicht weiterverfolgt und haben auch keine besondere Tradition erfahren (Höhn & Seidel, 1969: 389).

Aufgrund der allen Empirikern bekannten Schwierigkeiten bei der Auffindung und Motivation mitarbeitswilliger Versuchspersonen werden hier natürlich die klassischen Reservoirs Universität und Schule vorzüglich ausgeschöpft. Dollase verweist allerdings in seinem 1979 erschienenen Artikel mit der Frage: „Was kann der Sport für die Soziometrie leisten?" darauf hin, daß in Deutschland, durch „kultusministerielle Erlässe und Verordnungen der klassischen Schulklassen-Soziometrie der Garaus gemacht worden ist" und bietet die – auch für die Betroffenen sinnvolle Alternative –, den Sport als „kommendes Betätigungsfeld für soziometrische Untersuchungen stärker heranzuziehen" (Dollase, 1979: 21 f.).

Ganz allgemein sind soziometrische Forschungen seltener, oder sie werden seltener berichtet als in den fünfziger Jahren. Als „Bestandteile in einer Vielzahl von Studien…, die sich mit Wählerverhalten, Entscheidungsprozessen, sozialem Einfluß im allgemeinen, Problemen des Rollenkonfliktes totaler Institutionen oder totaler Organisationen beschäftigen", dürften sie aber häufiger Verwendung finden (Nehnevajsa, 1973: 292).

Als Rückmeldungsinstrument, als Interventionsmethode zur Verbesserung von sozialen Beziehungen fand und findet es in der Schule (vgl. u. a. Pfabigan, 1968; Elbing, 1975; Dollase, 1976; Petillon, 1980; Krüger, 1976), dem Heer (vgl. u. a. McGrath, 1962; Dollase, 1976) sowie in allen Arten von klinisch-therapeutischen Gruppen, Selbsterfahrungsgruppen u. ä. (vgl. u. a. Myers, 1970; Nigsch, 1976) Anwendung.

Aber auch alle möglichen Varianten von Erwachsenenbildungsveranstaltungen, die gruppendynamisch orientiert sind oder diesen Boom nützen und sich der Effekte, die durch Anwendung und Bekanntgabe der Ergebnisse entstehen können, nicht immer klar bewußt sind, bedienen sich dieser Technik. Die Anwendung der Soziometrie im Industriebetrieb oder der Verwaltung – generalisiert: in allen Institutionen, in denen Bedenken der potentiellen Versuchspersonen vor Mißbrauch des Materials bestehen – verweist Dollase, auch wenn er den Ausdruck nicht direkt gebraucht, in den Bereich der „hot sociometry". Den referierten Untersuchungen gemeinsam ist eine sehr vorsichtige Fragetechnik („kurze persönliche Unterhaltungen", „Schätzskalen", „Weglassen von Ablehnungen"…) und die Möglichkeit der Beobachtung der tatsächlichen im Gegensatz zu den sonst abgefragten gewünschten Beziehungen (Dollase, 1976: 138 f.; vgl. auch Monge, 1980).

Ausgangspunkt für ein neueres Feld, nämlich die Gemeindesoziologie, sind die vorne erwähnten klassischen Interventionen Morenos, der Sympathiewahlen als Grundlage der „psychosozial geplanten Gemeinschaft" der „Verteilung nach bürokratischen Gesichtspunkten" gegenüberstellte (Moreno, 1967).

Die Probleme der „Siedlungssoziometrie", die sich Moreno noch nicht boten, da er aufgrund der Bekanntheit in dem Lager, in dem er als Arzt arbeitete, auf Grund einer schon vorhandenen Gruppenstruktur wählen lassen konnte, was bei einer neu zu beziehenden Siedlung eher unwahrscheinlich ist, ebenso wie jene der Zielbildung – „welches Beziehungsgeflecht ist günstig" (Dollase, 1976) – sind ebenso ungelöst, wie viele praktische Möglichkeiten der Forschung noch ungenützt sind. Ein solches noch offenes Feld wäre etwa die Befragung und/oder Beobachtung von Müttern (Väter treten zumeist einzeln auf) und Kindern auf Spielplätzen von relativ geschlossenen Siedlungen, Wohnbezirken etc.

Sinn und Grenzen der Soziometrie scheinen in der Anwendung ebenso in der Diskussion zu sein wie in der Entwicklung der Instrumente.

2.5. Stichproben[1]

von Helmut Hartmann

Vorbemerkung

Aussagen über statistische Massen sind nicht nur aufgrund einer Vollerhebung, d. h. durch Befragung sämtlicher Elemente, möglich. Bekanntlich werden von statistischen Ämtern und anderen Institutionen Teilerhebungen durchgeführt, die dem gleichen Zweck dienen. Diese Vorgangsweise ist im Alltagsleben allgemein üblich, wenngleich sie in vielen Fällen nicht bewußt erlebt wird. Man denke etwa daran, daß
– man eine Suppe nicht ganz auslöffeln muß, um zu wissen, ob sie heiß ist,

– man ein Buch mitunter schon nach wenigen Seiten weglegt, obwohl es in der Folge vielleicht gefallen hätte,
– Prüfungsfragen stets nur einen kleinen Teil des Lernstoffes abdecken, trotzdem aber ein Urteil über den gesamten Wissensstand des Prüflings gefällt wird.

In allen Fällen wird von einem Teil oder Ausschnitt auf das Ganze geschlossen. Die Beispiele stellen natürlich keinen Beweis für die Berechtigung oder die Zweckmäßigkeit der Stichprobenmethode dar. Sie sollen bloß zeigen, daß diese Schlußweise keine Erfindung der Wissenschaft ist; die mathematische Statistik hat sie lediglich kultiviert, indem sie die Voraussetzungen für ihre objektive Anwendung klarlegt.

Von entscheidender Bedeutung ist offensichtlich, wie zuverlässig die Verallgemeinerung von den befragten Elementen auf die zugrunde liegende Gesamtheit ist – anders ausgedrückt, wie vertrauenswürdig die so gewonnenen Ergebnisse sind. Wir werden im folgenden sehen, daß sich bei Stichproben, deren Elemente zufällig ausgewählt worden sind, der Fehler beliebig klein halten läßt[2]. Stichproben, die auf andere Weise zusammengestellt worden sind, mögen zwar dann und wann gute, im Einzelfall sogar bessere Ergebnisse liefern, sind aber entwertet durch die Tatsache, daß keine Fehlergrenzen angegeben werden können. Aus diesem Grunde haben vor allem Stichproben mit zufallsgesteuerter Auswahl der Elemente – die sogenannten Zufallsstichproben – Bedeutung erlangt. Sie allein sind Gegenstand der folgenden Ausführungen.

2.5.1. Zur Zweckmäßigkeit von Stichprobenerhebungen

In der Erhebungstechnik gibt es keine grundsätzlichen Unterschiede zwischen Total- und Stichprobenerhebungen; einige Eigentümlichkeiten von Stichprobenerhebungen seien aber doch kurz erwähnt.

Zunächst ist die Erhebungsgesamtheit wesentlich kleiner als bei der entsprechenden Totalerhebung. Daraus folgt eine beträchtliche Einsparung bei den variablen Kosten bzw. werden aufwendigere Erhebungstechniken überhaupt erst möglich. So ist der Einsatz von besonders qualifiziertem Personal praktisch nur in Stichprobenerhebungen finanzierbar; ebenso kommen ein kompliziertes Frageprogramm oder Rückfragen zwecks Korrektur der Angaben nur bei Stichprobenerhebungen in Betracht.. Selbst wenn die Beschränktheit der Mittel nicht spürbar wird, drängt sich eine Stichprobenerhebung bzw. eine stichprobenweise Vorwegaufbereitung einer Vollzählung mitunter auf, weil – bedingt durch den geringeren Umfang der Aufbereitungsarbeiten – die Ergebnisse schneller zur Verfügung stehen. Die Aktualität

---

[1] Vgl. auch Hartung et al. (1982) sowie Bamberg & Baur (1982).
[2] Das gilt nur für den Stichprobenfehler; Aufarbeitungs- und Erhebungsfehler betreffen Voll- wie Stichprobenerhebungen und bleiben außer Betracht.

von Statistiken ist aber ein nicht zu unterschätzendes Qualitätsmerkmal – auch die exaktesten Ergebnisse nützen nichts, wenn sie zu spät kommen.

Stichprobenerhebungen sind schließlich überall dort das einzige Mittel, wo sich eine Vollerhebung verbietet, weil die Untersuchung zur Zerstörung oder Veränderung der Einheiten führt. In der Sozialstatistik tritt dieser Umstand kaum auf, er ist aber von prinzipiellem Interesse.

Die Nachteile von Stichprobenerhebungen im Vergleich zu Totalerhebungen sind:

– Der erhöhte Planungs- und Programmieraufwand. Stichprobenauswahl, Hoch- und Fehlerrechnung fallen bei Totalerhebungen natürlich weg.

– Die Unschärfe der Ergebnisse. Eine Stichprobenerhebung wird im allgemeinen nicht das gleiche Ergebnis bringen wie eine an ihrer Stelle abgehaltene Vollerhe- bung. Für Globalzahlen sind diese Abweichungen vernachlässigbar, nicht aber für Teilergebnisse, die sich auf feinere Untergliederungen beziehen. Z. B. läßt sich durch die Viehzählungsstichprobe der Rinderbestand für die einzelnen Bundes- länder noch recht genau ermitteln, nicht mehr aber für Gemeinden. Wünscht man regional oder sonstwie tiefgegliederte Ergebnisse, ist die Stichprobenmetho- de überfordert.

2.5.2. Grundbegriffe und Bezeichnungsweise

Wo immer Stichproben gezogen werden, gibt es eine statistische Masse, aus der man sie entnimmt, die sogenannte **Grundgesamtheit.** Für die amtliche Statistik interes- sant sind Grundgesamtheiten wie die Wohnbevölkerung, der Nutztierbestand, Be- triebe aller Art (Handels-, Industrie-, Gewerbe-, landwirtschaftliche und Bauunter- nehmen), die Haushalte, die Wohnungen, die Häuser, der Kraftfahrzeugbestand, die Krankenhauspatienten. Die Anzahl der Elemente der Grundgesamtheit heißt der **Umfang der Grundgesamtheit** und wird mit N bezeichnet. Aus der Gesamtheit wird nun ein Teil herausgegriffen, die sogenannte Stichprobe. Ihre Elemente sind naturgemäß von derselben Art wie die Grundgesamtheit, nur sind es eben weniger. Der **Umfang der Stichprobe** wird mit n bezeichnet und es gilt selbstverständlich

$$n < N$$

In der Praxis – damit das Stichprobenziehen einen Sinn hat – gilt $n \ll N$

(1) $f = \dfrac{n}{N}$

heißt **Auswahlsatz.** Logischerweise ist er nie größer als 1.

Damit eine Stichprobe gezogen werden kann, muß man auf die Elemente der Grundgesamtheit zugreifen können. Praktisch geschieht das dadurch, daß eine Li- ste angefertigt wird (es kann auch ein Magnetband sein), auf dem die Elemente der Grundgesamtheit einzeln aufgeführt sind. Diese Auflistung wird **Auswahlrahmen** genannt. Im Idealfall enthält sie tatsächlich sämtliche Elemente der Grundgesamt- heit und nur diese, in der Praxis gibt es immer wieder kleine Abweichungen. Die Grundgesamtheiten sind – wie fast alle Massen der Sozialstatistik – veränderlich, sie „leben", und daher enthält der Auswahlrahmen oft nicht den aktuellen Stand, sondern einen leicht veralteten. Wir wollen in der Folge darüber hinwegsehen.

2.5.3. Auswahlverfahren

Um eine Zufallsauswahl – und nur diese interessiert uns – zu realisieren, gibt es mehrere Möglichkeiten:

(a) Die Lotterieziehung

Man könnte für jedes statistische Element der Grundgesamtheit ein Kärtchen (Röllchen) anfertigen, dieses in eine Urne geben, gut durchmischen und die benötigte Anzahl herausziehen. Damit wird die Zufallsauswahl in ihrer reinsten Form verwirklicht. In der Sozial- und Wirtschaftsstatistik kommt dieses Verfahren allerdings nicht in Frage, weil der Ausdruck der Kärtchen und die manuelle Entnahme für größere Massen zu aufwendig ist. Man bevorzugt Ersatzverfahren, vornehmlich solche, die die Möglichkeit der modernen EDV-Anlagen ausnützen.

(b) Die Ziehung mittels Zufallszahlen

Im allgemeinen liegt der Auswahlrahmen auf Magnetband vor, sodaß sich die Elemente leicht durchnumerieren lassen. Es ist dem Rechner ein leichtes, Zufallszahlen zu generieren und die entsprechenden Elemente auszudrucken, womit diese als in die Stichprobe gezogen gelten.

Im Prinzip erfordert das Verfahren keine EDVA. Man könnte – ausgehend von einer numerierten Liste als Auswahlrahmen – die Zufallszahlen auch aus einer sogenannten Zufallszahlentabelle ablesen. Bei umfangreicheren Stichproben ist dies aber zu mühsam.

(c) Die systematische Auswahl

Hierbei wird nur ein Element, der sogenannte Startpunkt, zufällig ausgewählt (etwa durch Ziehen einer Zufallszahl, die in diesem Fall Startzahl genannt wird), die restlichen Stichprobenelemente ergeben sich daraus, daß man den Auswahlrahmen mit einer gewissen Schrittzahl (auch Auswahlabstand) durchschreitet und die sogenannten Haltepunkte festhält; jedes solchermaßen „getroffene" Element gilt als ausgewählt. Zum Beispiel bedeutet die Schrittzahl 8, daß jedes 8. Element zu ziehen ist, insgesamt also ein Achtel oder 12,5% der Grundgesamtheit.

Dieses Verfahren wird wegen seiner Einfachheit in der amtlichen Statistik am weitaus häufigsten verwendet. Es ist lediglich auf allfällige, im Auswahlrahmen versteckte Periodizitäten zu achten. Sind nämlich die Elemente, die im Auswahlabstand voneinander entfernt liegen, einander ähnlich, so erhält man eine verzerrte Stichprobe. Wie dies zu verstehen ist, soll das folgende einfache und krasse Beispiel zeigen. Die Grundgesamtheit bestehe aus den Begrenzungssteinen einer Landstraße. Die Stichprobe käme dadurch zustande, daß jeder 10. Stein herausgegriffen werde – also durch systematische Auswahl mit der Schrittzahl 10. Sind nun die neun zwischen den Kilometersteinen liegenden Hundertmeter-Steine klein, während die Kilometersteine selber groß sind, so ist die Stichprobe jedenfalls unbrauchbar: Je nach Standpunkt enthält sie entweder lauter Kilometersteine oder lauter Hundermetersteine. Man kommt zu falschen Folgerungen, was die Zusammensetzung der Grundgesamtheit anlangt.

(d) Das Schlußziffernverfahren

Hierbei gelten von den (durchnumerierten) Elementen des Auswahlrahmens jene als gezogen, die eine gewisse Schlußziffer oder Schlußziffernkombination aufweisen. Es handelt sich also im Grunde um eine Abart der vorhin besprochenen systematischen Auswahl.[3]

---

[3] Zieht man alle Elemente mit der Schlußziffer 7, so entspricht dies einer systematischen Auswahl mit der Startzahl 7 und dem Auswahlabstand 10.

Dieses Verfahren ist vorteilhaft überall dort anwendbar, wo eine maschinelle Auswahl nicht in Frage kommt, z. B. bei der Lohnsteuerstichprobe: Die Belege werden (mit einer Paginiermaschine) durchnumeriert, wonach die Stichprobenelemente festliegen und entnommen werden können.

(e) Andere Auswahlverfahren

Personenstichproben lassen sich mitunter in der Weise ziehen, daß man alle Personen, deren Namen mit einem bestimmten Anfangsbuchstaben beginnt, herausgreift. Es geschieht dies etwa in der sogenannten Anstaltsstichprobe des österreichischen Mikrozensus.[4] Diese Auswahlmethode wirkt elegant, hat aber ihre Tücken: Wählte man etwa nach dem Buchstaben V aus, erhielte man eine Stichprobe mit einem übermäßigen Anteil an Personen tschechischer Herkunft (und damit auch zuviele Wiener). Es ist daher darauf zu achten, daß Namen mit dem gewählten Anfangsbuchstaben in allen Bundesländern und Bevölkerungsschichten gleichermaßen vorkommen.

In ähnlicher Weise lassen sich Personenstichproben nach dem sogenannten Geburtstagsverfahren ziehen. Personen, die an einem festgesetzten Kalendertag, z. B. dem 1. 11., geboren sind, gelangen in die Stichprobe.

Systematische Auswahl, Schlußziffern-, Anfangsbuchstaben- und Geburtstagsverfahren sind durchaus taugliche Ersatzverfahren für die reine Zufallsauswahl, vorausgesetzt, daß kein Zusammenhang zwischen dem Auswahlkriterium (Auswahlabstand, Schlußziffer, Anfangsbuchstabe oder Geburtstag) und den Erhebungsmerkmalen besteht. Andernfalls ist die Stichprobe bzw. sind die Ergebnisse verzerrt.

2.5.4. Die Hochrechnung

2.5.4.1. Begriff

Die Stichprobenerhebung sei gelaufen, die Daten jedes Stichprobenelements somit erfaßt. Nun will man von der Stichprobe auf die Grundgesamtheit zurückschließen, denn die Grundgesamtheit ist es ja, die letztlich interessiert. Dieser Schluß, der seiner Natur nach induktiv ist, wird statistische Inferenz genannt. Je nachdem, auf welche Weise die durch die Stichprobe gewonnenen Daten Verwendung finden, unterscheidet man zwei grundsätzliche Möglichkeiten des Rückschlusses:

– Es sind Maß- oder Kennzahlen der Grundgesamtheit, sogenannte Parameter, zu bestimmen. Dieser Vorgang heißt **Parameterschätzung.**

– Es werden Annahmen (Hypothesen) über die Grundgesamtheit aufgestellt, die an Hand der Stichprobe zu prüfen sind. In diesem Fall spricht man von **Hypothesenprüfung.**

In diesem Abschnitt wollen wir uns ausschließlich mit dem ersten Teil befassen. Betrachtet man die Stichprobe als verkleinertes Abbild der Grundgesamtheit, so besteht die Aufgabe darin, dieses Bild „auf Lebensgröße" zu bringen. Es muß also die Verkleinerungsprozedur, die durch die Auswahl bewirkt worden ist (nämlich von N auf n Elementen) gewissermaßen rückgängig gemacht werden. Da hierbei von den n Stichprobenelementen auf die N Elemente der Grundgesamtheit „hochgerechnet" wird, nennt man diesen Rechenvorgang Hochrechnung. Hochrechnung ist somit gleichbedeutend mit Schätzung der unbekannten Parameter der Grundge-

---

[4] Von den Anstaltsinsassen werden jene befragt, deren Familienname mit N beginnt, das sind rund 1,7 %.

samtheit mit Hilfe der Daten, die die Stichprobe geliefert hat.[5] Wir sagen ausdrücklich „mit Hilfe" und nicht „aus", denn es sind zwei wesentliche Möglichkeiten zu unterscheiden:

– die sogenannte freie Hochrechnung, die sich ausschließlich auf die Stichprobendaten stützt und
– die sogenannte gebundene Hochrechnung, die daneben noch externe, nicht aus der Stichprobenerhebung stammende Informationen benützt.

2.5.4.2. Die gebräuchlichsten Schätzfunktionen

Zur Hochrechnung benötigen wir eine Rechenanweisung, die angibt, was mit den erhobenen Stichprobendaten zu tun ist, um zum gesuchten Schätzwert zu gelangen. Diese Anweisung oder Rechenvorschrift nennt man Schätzfunktion.[6] Naturgemäß gibt es eine Vielfalt von solchen Schätzfunktionen, je nachdem, welche Größe geschätzt werden soll.

Betrachten wir zunächst den Fall, daß ein qualitatives Merkmal erfragt worden ist. Dann läßt sich jedes Element einer Ausprägung zuordnen, und es interessiert vornehmlich der Anteil der Elemente, die einer Ausprägung A angehören bzw. ihre Anzahl. Besteht die Grundgesamtheit aus N Elementen, von denen N_A der Ausprägung A angehören, so läßt sich ihr Anteil schreiben als

$$(2) \qquad P_A = \frac{N_A}{N}$$

Haben wir in der Stichprobe n_A Elemente dieser Ausprägung gefunden, so ergibt das einen Anteil in der Stichprobe von

$$(3) \qquad p_A = \frac{n_A}{n}$$

Dieser Anteil in der Stichprobenmasse dient uns als Schätzwert für den unbekannten Anteil in der Grundgesamtheit, was man folgendermaßen ausdrückt

$$(4) \qquad \hat{P}_A = p_A$$

Die zu schätzende Größe ist P_A. Das Dach $(\hat{\ })$ symbolisiert den Schätzwert.[7] Somit ist (4) die – sehr einfache – Schätzfunktion für den Anteilwert P_A. Die Rechenanweisung lautet in Worten ausgedrückt: „Ermittle den Anteil in der Stichprobe (n_A/n) und verwende den so erhaltenen Quotienten als Schätzwert für den unbekannten Parameter P_A".

Ist erst der Anteil einer gewissen Ausprägung geschätzt, so fällt die Schätzung der zugehörigen Anzahl leicht. Offensichtlich gilt

$$(5) \qquad \hat{N}_A = \hat{P}_A \cdot N$$

und mit Hilfe von (4) bzw. (3) wird daraus

---

[5] Hochrechnung und Parameterschätzung meinen also dasselbe; der Terminus „Hochrechnung" hat sich speziell in der amtlichen Statistik eingebürgert.
[6] Funktion deshalb, weil eine abhängige Variable (der Schätzwert) einer Reihe von unabhängigen Variablen (den Stichprobendaten) zugeordnet wird.
[7] Die Gleichung $P_A = p_A$ würde etwas ganz anderes bedeuten. Sie stellt fest, daß der wahre Anteilwert P_A mit dem Stichprobenwert p_A übereinstimmt – was im Einzelfall zutreffen mag, aber durchaus nicht muß. Eine Schätzung bzw. Schätzfunktion läge nicht vor.

(6) $\hat{N}_A = p_A \cdot N = \dfrac{n_A}{n} \cdot N$

Wir schreiben diese Formel etwas um

(6a) $\hat{N}_A = \dfrac{N}{n} \cdot n_A$

und erkennen, daß diese Schätzfunktion nicht mehr ganz so trivial ist wie (4). Der Schätzwert $\hat{N}_A$ ist nicht einfach die entsprechende Stichprobenkennzahl n_A, sondern diese ist mit einem Faktor N/n zu multiplizieren, den wir als den Kehrwert des Auswahlsatzes erkennen und **Hochrechnungsfaktor** nennen. Hier tritt erstmals der Fall auf, daß die Stichprobenkennzahl wirklich „hochgerechnet" wird.

Beispiel 1: Aus einer Grundgesamtheit von $N = 50\,000$ Beschäftigten wurde eine Stichprobe vom Umfang $n = 2000$ gezogen, mit der die Anzahl der Arbeiter in der Grundgesamtheit zu schätzen ist. Die Auszählung der Stichprobe ergab $n_A = 698$ Arbeiter.

Der Anteil der Arbeiter in der Stichprobe folgt aus (3) zu

$$p_A = \frac{698}{2000} = 0{,}349$$

und das ist nach (4) auch zugleich der geschätzte Anteil in der Grundgesamtheit. Die Anzahl wird nach (5)

$$\hat{N}_A = 0{,}349 \cdot 50\,000 = 17\,450$$

Dasselbe Ergebnis erhält man naturgemäß bei Verwendung der Schätzfunktion (6a)

$$\hat{N}_A = \frac{50\,000}{2000} \cdot 698 = 17\,450$$

Gehen wir nun zu den quantitativen Merkmalen über. Jedes Element weist einen Merkmalswert auf, und es interessiert in erster Linie der Durchschnitt bzw. die Summe dieser Merkmalswerte. Bezeichnen wir den Merkmalswert des Elements i der Grundgesamtheit mit x_i (sodaß also i von 1 bis N läuft oder anders ausgedrückt, N solcher x_i existieren), so läßt sich das Mittel der Grundgesamtheit schreiben als[8]

(7) $M = \dfrac{1}{N} \sum\limits_{i=1}^{N} x_i$

Das Stichprobenmittel ist analog

(8) $\bar{x} = \dfrac{1}{n} \sum\limits_{i=1}^{n} x_i$

Diese Schreibweise ist insofern etwas schlampig, als die Stichprobe ja nicht aus den ersten n Elementen der Grundgesamtheit bestehen muß. Man wählt aus und numeriert die gezogenen Elemente neu durch, wobei jedes Stichprobenelement ein neues i zugewiesen enthält. Um dies hervorzuheben, müßte man in (7) und (8) zwei verschiedene Summationsindizes (etwa i und j) verwenden. Da wir es in der Folge nur mit Stichprobenelementen zu tun haben werden, wollen wir diesen Schönheitsfehler nicht beheben.

Als Schätzwert für das unbekannte Mittel der Grundgesamtheit zieht man das Stichprobenmittel heran. Die Schätzfunktion lautet demnach

(9) $\hat{M} = \bar{x}$

---

[8] Wir können den Mittelwert nicht $\bar{x}$ nennen, denn $\bar{x}$ ist für das Stichprobenmittel reserviert. Statt M käme allerdings $\bar{X}$ in Betracht.

Der Totalwert in der Grundgesamtheit ist definiert durch

(10) $T = \sum\limits_{i=1}^{N} x_i$

was sich mit Hilfe des Mittels schreiben läßt als

(11) $T = N \cdot M$

Ist erst das Mittel geschätzt, so ergibt sich der Schätzwert für den Totalwert von selbst. Die Schätzfunktion muß offensichtlich lauten

(12) $\hat{T} = N \cdot \hat{M}$

oder nach Einsetzen von (9) bzw. (8)

(12a) $\hat{T} = N \cdot \bar{x} = \dfrac{N}{n} \sum\limits_{i=1}^{n} x_i$

Wir erkennen wiederum den Hochrechnungsfaktor N/n, mit dem die Summe der Merkmalswerte in der Stichprobe (Summe aller x_i) auf die Grundgesamtheit hochgerechnet wird.

Beispiel 2: Grundgesamtheit und Stichprobe seien die gleichen wie in Beispiel 1, jedoch sei nunmehr das durchschnittliche sowie das totale Einkommen zu schätzen. Zur kompletten Durchrechnung benötigte man natürlich die 2000 x_i's der Stichprobe. Um den Schreib- und Rechenaufwand in Grenzen zu halten, sei die Summe der Stichprobenwerte vorgegeben und zwar mit

$$\sum\limits_{i=1}^{n} x_i = 6\,091\,600{,}20 \text{ S}$$

Das Stichprobenmittel ist dann nach (8)

$$\bar{x} = \frac{6\,091\,600{,}20}{2000} = 3045{,}80 \text{ S}$$

und dies ist nach (9) auch schon der Schätzwert für das mittlere Einkommen in der Grundgesamtheit. Der Totalwert ist zu schätzen nach (12)

$$\hat{T} = 50\,000 \cdot 3045{,}80 = 152\,290\,000 \text{ S}$$

oder nach (12a)

$$\hat{T} = \frac{50\,000}{2000} \cdot 6\,091\,600{,}20 = 152\,290\,000 \text{ S}$$

selbstverständlich mit dem gleichen Ergebnis.

Wir haben nun die vier wichtigsten Schätzfunktionen kennengelernt. Die Erkenntnisse bzw. Ergebnisse mögen wenig eindrucksvoll erscheinen, sind doch die Formeln (4) oder (9) so primitiv, daß man gar nicht geneigt ist, darin eine Schätz-„Funktion" zu sehen und auch (6a) oder (12a) beruhen nicht auf sonderlich tiefschürfenden Überlegungen. Die Folgerung, daß an der Hochrechnung bzw. Parameterschätzung nicht viel dran sei, wäre aber voreilig und zwar aus folgenden Gründen:

– Die betrachteten Schätzfunktionen sind tatsächlich einfach gebaut. Dies liegt aber an den zu schätzenden Parametern; wollten wir Schätzfunktionen etwa für den Median oder die Spannweite finden, lägen die Dinge nicht mehr so einfach.
– Die Schätzfunktionen wurden ohne Beweis angegeben. Auch wenn sie noch so plausibel erscheinen, ist damit nicht bewiesen, daß sie tauglich sind bzw. daß es

nicht noch bessere gibt, wie überhaupt das Problem der Güte einer Schätzfunktion nicht angerissen wurde.

- Die Hochrechnung ist nur ein Teil der Parameterschätzung. Der zweite besteht in der Berechnung der Genauigkeit der Ergebnisse, d. h. in der Schätzung des Stichprobenfehlers. Darüber wird in 2.5.5. noch einiges gesagt werden.
- Die vorgeführten Schätzfunktionen machen nur Gebrauch von den Daten, die aus der Stichprobe selbst gewonnen wurden. Stehen daneben noch andere Informationen über die Grundgesamtheit zur Verfügung, wird man diese in die Rechnung einfließen lassen, wodurch die Schätzfunktionen ein anderes, etwas komplizierteres Aussehen erhalten. Damit befaßt sich der folgende Abschnitt.

2.5.4.3. Zur gebundenen Hochrechnung

Die Schätzung läßt sich verbessern, wenn bei der Hochrechnung externe, also nicht aus der Stichprobe stammende Informationen mitberücksichtigt werden. Grundsätzlich geht man so vor, daß neben dem eigentlich interessierenden Merkmal, dem sogenannten **Untersuchungsmerkmal**, ein zweites, das sogenannte **Basismerkmal**, erhoben wird. Entscheidend für die Wahl des Basismerkmals ist, daß

- der Totalwert oder der Durchschnitt des Basismerkmals – der sogenannte Basiswert – bekannt ist (darin besteht die erwähnte externe Information) und
- das Basismerkmal mit dem Untersuchungsmerkmal verbunden ist, d. h. ein Zusammenhang zwischen den beiden vorliegt, der den Rückschluß von einem Merkmal auf das andere wenigstens näherungsweise gestattet.

Sind diese beiden Bedingungen erfüllt, so kann man folgendermaßen hochrechnen: Man schätzt aus den Stichprobendaten das Verhältnis oder die Differenz von Untersuchungsmerkmal und Basismerkmal. Dies geschieht, indem man jedes Merkmal für sich in bekannter Weise hochrechnet und das Verhältnis bzw. die Differenz der Schätzwerte bildet. Multipliziert man nun das so gewonnenen Verhältnis mit dem Basiswert bzw. addiert die Differenz zu demselben, so erhält man einen besseren Schätzwert für das Untersuchungsmerkmal als mit Hilfe der in 2.5.4.2. gegebenen Schätzfunktionen. Da hierbei die Schätzung des Untersuchungsmerkmals an das Basismerkmal gleichsam angebunden oder angehängt wird, spricht man von gebundener Hochrechnung oder Anhängeverfahren; die Bezeichnungsweise freie Hochrechnung für die in 2.5.4.2. dargestellte Schätzmethode ist damit verständlich.

Ein Beispiel soll diese Hochrechnungsart illustrieren und plausibel machen. Zu schätzen sei die Anbaufläche von Kartoffeln. Aus der Grundgesamtheit (N landwirtschaftliche Betriebe) wurde eine Stichprobe vom Umfang n gezogen, wodurch die n betriebsspezifischen Kartoffelanbauflächen x_i (i = 1, 2, ... n) angefallen sind. Die freie Hochrechnung liefert nach (12a) für das Untersuchungsmerkmal „Kartoffelanbaufläche" zum Zeitpunkt der Erhebung den geschätzten Totalwert[9]

$$\hat{T}_x = \frac{N}{n} \sum_{i=1}^{n} x_i$$

Wir wollen nun annehmen, daß im Jahr davor eine Vollerhebung der Anbaufläche stattgefunden hat. Dann ist die Vorjahres-Anbaufläche jedes Betriebes bekannt und

---

[9] Das Subskript x ist nötig, um diesen Totalwert von dem des Basismerkmals (siehe unten) zu unterscheiden.

aus den Vorjahreswerten y_i der Stichprobenbetriebe läßt sich die Gesamtanbaufläche des Vorjahres genauso wie eben die aktuelle schätzen:

$$\hat{T}_y = \frac{N}{n} \sum_{i=1}^{n} y_i$$

Voraussetzungsgemäß war die Erhebung des Vorjahres eine Vollerhebung, sodaß der wahre Totalwert T_Y bekannt ist. Wir stellen fest, daß der Schätzwert vom wahren Wert etwas abweicht, also

$$\hat{T}_Y \neq T_Y$$

Dies erklärt sich durch die Zufallsauswahl: Wenn in die Stichprobe zuviele große (kleine) Betriebe geraten sind, wird der Schätzwert etwas zu groß (klein) ausfallen.

Die Vermutung liegt nahe, daß sich der Auswahlfehler bei der Schätzung der aktuellen Anbaufläche in gleicher Weise auswirken wird. Zwei Möglichkeiten zur Ausgleichung oder wenigstens Verringerung des Schätzfehlers drängen sich auf:

(a) Man unterstellt, daß das Verhältnis zwischen aktueller und Vorjahres-Anbaufläche für alle landwirtschaftlichen Betriebe annähernd das gleiche ist. Der Quotient der Schätzwerte $\hat{T}_X/\hat{T}_Y$ wird dann für alle Stichproben fast der gleiche sein und sehr nahe am wahren Verhältnis T_X/T_Y liegen. Wir können dann schreiben

$$(13) \quad \frac{T_X}{T_Y} \approx \frac{\hat{T}_X}{\hat{T}_Y}$$

und diese Proportion erlaubt uns, T_x zu schätzen, da die restlichen Größen bekannt sind. Die Schätzfunktion lautet demnach

$$(14) \quad \hat{\hat{T}}_X = T_Y \cdot \frac{\hat{T}_X}{\hat{T}_Y}$$

wobei das doppelte Dach ($\approx$) darauf hinweist, daß der Schätzwert durch gebundene Hochrechnung zustande gekommen ist. Hierbei war das Basismerkmal die Kartoffelanbaufläche im Vorjahr und der Basiswert der durch die Vollerhebung ermittelte Totalwert T_Y. Dieses Schätzverfahren wird Verhältnisschätzung genannt.

(b) Man unterstellt, daß die Differenz zwischen aktueller und Vorjahres-Anbaufläche für alle landwirtschaftlichen Betriebe annähernd die gleiche ist. Dann wird die Differenz der Schätzwerte $\hat{T}_X - \hat{T}_Y$ für alle Stichproben fast die gleiche sein und sehr nahe an der wahren Differenz $T_X - T_Y$ liegen. Wir können dann schreiben

$$(15) \quad T_X - T_Y \approx \hat{T}_X - \hat{T}_Y$$

und kommen damit zu folgender Schätzfunktion für T_X

$$(16) \quad T_X = \hat{\hat{T}}_Y + (\hat{T}_X - \hat{T}_Y)$$

Diese Abart der gebundenen Hochrechnung heißt Differenzenschätzung. Basismerkmal und Basiswert sind die gleichen wie zuvor.

Welche der beiden Methoden für ein konkretes Schätzproblem geeigneter ist, hängt von der Art des Zusammenhanges zwischen Untersuchungs- und Basismerkmal ab. Die beiden Schätzverfahren lassen sich auch kombinieren, was zur sogenannten Regressionsschätzung führt. Wir wollen darauf aber nicht näher eingehen.

2.5.5. Die Fehlerrechnung

2.5.5.1. Vorbemerkung

Das vorangegangene Kapitel hat gezeigt, wie man zu Schätzwerten gelangt. Offen blieb die Frage, welches Vertrauen man in diese Schätzwerte setzen darf. Wie wir sehen werden, läßt sich zu jedem Schätzwert angeben, um wieviel er höchstens vom wahren Wert abweicht. Aussagen dieser Art sind nur möglich, was den Zufallsfehler anlangt; Fehler, die mit der Auswahl der Stichprobenelemente nichts zu tun haben,[10] bleiben im folgenden außer Betracht.

Es soll schon an dieser Stelle betont werden, daß die Bezeichnung „Zufallsfehler" unglücklich gewählt ist und zwar aus zwei Gründen:

- Fehler **begeht** man irrtümlich und unwissentlich; insofern ist es gerechtfertigt, von Signier-, Abloch- oder Rechenfehlern zu sprechen. Der Zufallsfehler hingegen kommt nicht aufgrund eines Irrtums zustande, sondern ist in der Natur der Dinge begründet.
- Fehler wird häufig als Abweichung vom richtigen Wert verstanden. Der Zufalls- oder Stichprobenfehler kann diese Differenz natürlich nicht angeben.[11] Er macht lediglich eine Aussage darüber, in welchem Intervall um den Schätzwert herum der wahre Wert erwartet werden darf. Aus diesen Gründen wäre die Bezeichnungsweise Zufallsschwankung oder Unschärfe passender.

2.5.5.2. Die Zufallsschwankung des Schätzwerts

Um zu sehen, wie sich die Zufälligkeit bei der Auswahl der Stichprobenelemente auf die Schätzwerte auswirkt, wollen wir ein Experiment beschreiben, das leicht nachvollziehbar ist. Aus einer Urne mit $N = 50$ Kugeln werden $n = 10$ zufällig gezogen, von denen sich $n_w = 6$ als weiß erweisen mögen.[12] Da hier ganz eindeutig eine Stichprobe vorliegt, sind wir berechtigt, auf die Grundgesamtheit (hier den Urneninhalt) zurückzuschließen. Nach (4) ist der geschätzte Anteil der weißen Kugeln in der Urne

$$\hat{P}_w = p_w = \frac{n_w}{n} = \frac{6}{10} = 0{,}6$$

und ihre Anzahl nach (6)

$$\hat{N}_w = p_w \cdot N = 0{,}6 \cdot 50 = 30$$

Wie gut ist nun dieser Schätzwert?

Um diese Frage beantworten zu können, müssen wir sie erst einmal richtig stellen. Die naheliegende Formulierung: „Wie stark weicht der Schätzwert vom wahren Wert ab?" bringt uns nicht weiter, denn der wahre Wert ist unbekannt und wenn es gelänge, ihn in Erfahrung zu bringen,[13] dann bestünde kein Interesse mehr an einem Schätzwert bzw. dessen Genauigkeit.

---

[10] Etwa falsche oder unvollständige Angaben der Respondenten, Aufarbeitungsfehler etc.
[11] Könnte man die tatsächliche Differenz zwischen Schätzwert und wahren Wert in Erfahrung bringen, wäre es müßig, von Schätzwerten zu sprechen; man würde einfach die wahren Werte ausweisen.
[12] Für jede Zahl ungleich 6 gelten die nachfolgenden Überlegungen gleichermaßen.
[13] Durch eine Vollerhebung, in unserem Fall durch Auszählen der Urne.

Wir wollen das Problem der Treffgenauigkeit[14] zunächst zurückstellen und wenden und der sogenannten Wiederholungsgenauigkeit zu, d. h. der Frage „Wie stark unterscheiden sich die Ergebnisse verschiedener Stichprobenziehungen voneinander?" oder kürzer „Wie stark streuen die Schätzwerte?"

Daß diese Fragestellung ihren guten Sinn hat, dürfte intuitiv klar sein: Schätzwerte, die durch wiederholte Ziehungen bestätigt werden, erscheinen vertrauenswürdig. Liefert dagegen jede Stichprobe ein anderes Ergebnis, taugt das Schätzverfahren offenbar nicht viel.

Wir entnehmen also eine Zehnerstichprobe nach der anderen[15] und halten die Ergebnisse n_w fest. Über eine Strichliste gelangen wir so zu einer Häufigkeitsverteilung, die uns angibt, wie oft jeder mögliche Ausgang ($n_w = 0, 1, 2 \dots 10$) realisiert wurde. Zögen wir sämtliche möglichen Stichproben, so ergäbe sich dabei die Verteilung, die durch Abb. 1 illustriert ist. Sie gibt an, wieviel Prozent der Stichproben welches Ergebnis bringen und heißt Stichprobenverteilung. Ihr Modus entspricht stets dem wahren Wert des zu schätzenden Parameters. Wenn unsere Stichprobenverteilung also die angegebene Form hat, läßt das darauf schließen, daß tatsächlich 60% der Kugeln in der Urne (oder 30 Stück) weiß sind.

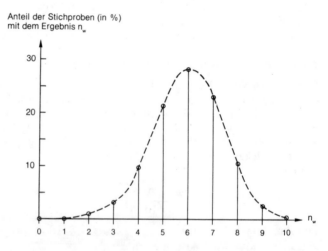

Abb. 1   Stichprobenverteilung für 10 aus 50

Die bisherigen Untersuchungen sind aufschlußreich, scheinen aber wenig ermutigend. Wir haben zwar die Anzahl (bzw. den Anteil) der weißen Kugeln richtig geschätzt, müssen dies aber einem glücklichen Zufall zuschreiben, denn – wie die Stichprobenverteilung zeigt – liefern nur 28% aller Stichproben diesen Schätzwert, der Rest, also die Mehrheit, einen anderen, somit falschen. Mit der Leistungsfähigkeit des Stichprobenverfahrens scheint es also nicht weit her zu sein.

Die Sache gewinnt ein anderes Gesicht, wenn man es mit größeren Grundgesamtheiten und damit auch mit größeren Stichproben zu tun hat. Angenommen die

---

[14] Da es sich darum handelt, wie gut der Schätzwert den wahren Wert trifft.
[15] Natürlich legen wir nach jeder Entnahme zurück, so daß jede Stichprobe aus derselben Grundgesamtheit stammt.

Urne enthielte 7 Millionen Kugeln, von denen 7000 gezogen werden.[16] Der Anteil der weißen Kugeln sei der gleiche wie vorhin, also 60%, das sind nunmehr 4,2 Millionen.

Wiederum denken wir uns alle oder jedenfalls sehr viele Stichproben gezogen und von jedem Ziehungsergebnis n_w notiert, wie es oft auftritt. Die Stichprobenverteilung wäre dann die in Abb. 2 dargestellte.[17]

Man überlegt leicht, daß die Situation wesentlich günstiger ist als vorhin. Die schlanke, fast nadelförmige Form der Stichprobenverteilung begünstigt die Schätzung insofern, als praktisch nur gute Schätzwerte zustande kommen. So liefern 95% aller Stichproben einen Anteil an weißen Kugeln zwischen 58,9% und 61,1%, also einen Schätzwert, der nahe genug beim wahren Wert liegt, um als brauchbar gelten zu dürfen.

Diese Erkenntnis ist von größter Bedeutung. In der Praxis zieht man ja nur eine einzige Stichprobe und alle Schlußfolgerungen gründen sich auf dieselbe. Dürften wir nicht darauf vertrauen, eine „gute" Stichprobe gezogen zu haben, wäre das ganze Verfahren in Frage gestellt.

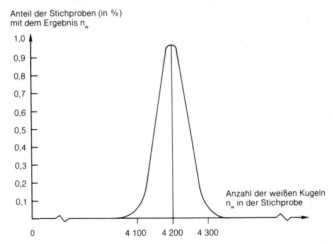

Abb. 2 Stichprobenverteilung für 7000 aus 7 Mio

Zusammenfassend kann man sagen, daß sich das Spiel des Zufalls zwar bemerkbar macht (insofern als wir nicht mit Sicherheit das richtige Ergebnis erwarten dürfen), aber doch nicht so dominiert, daß der Ausgang reine Glücksache wäre (etwa in dem Sinne, wie beim Würfeln jede Augenzahl mit gleicher Wahrscheinlichkeit auftreten kann). In diesem eingeschränkten Sinn ist auch die Bezeichnung „Zufallsvariable" für Stichprobenkenngrößen bzw. Schätzwerte zu verstehen.[18]

---

[16] Diese Modellvorstellung entspricht einer 1-Promille-Stichprobe der österreichischen Bevölkerung.

[17] Die Verteilung wurde vereinfacht als glatte Kurve dargestellt, was genau genommen nicht stimmt, weil nur die diskreten Werte n_w = 0, 1, 2, ... 7000 realisiert werden können. Angesichts der Dichte dieser Punktfolge ist die Darstellung in Kurvenform aber gerechtfertigt.

[18] Zufallsvariable gibt es nicht nur in der Stichprobentheorie. Streng genommen ist jeder Meßwert als solcher zu betrachten. Dem wahren Wert überlagert sich ein unvermeidlicher, zufälliger Meßfehler.

2.5.5.3. Die Abschätzung des Vertrauensbereichs

Die Erörterungen des vorigen Abschnitts weisen einen brauchbaren Weg zur Angabe des Zufallsfehlers. Wenn es gelingt, das Intervall abzugrenzen, in welches 95 % der Schätzwerte fallen, haben wir eine Aussage über die Unschärfe und damit über die Vertrauenswürdigkeit der Schätzung.[19]

Daraus ergeben sich sofort zwei weitere Fragen und zwar:

– Wie gelangt man zur Stichprobenverteilung in der Praxis, wo doch die empirische Methode, d.h. die Ziehung einer großen Anzahl von Stichproben ausscheidet?
– Wenn es doch irgendwie gelingt, die Stichprobenverteilung zu bestimmen, ist es unnötig, Schätzwerte zu ermitteln, denn der Modus der Stichprobenverteilung gibt, wie schon erwähnt, den gesuchten Parameter ohnehin genau an.

Wir werden die beiden Fragen gemeinsam beantworten.

Zunächst ist festzustellen, daß es keinen Weg gibt, die Stichprobenverteilung des gesuchten Parameters exakt abzuleiten, es sei denn der Parameter wäre bekannt.

Da diese Voraussetzung in der Praxis nicht erfüllt ist, behelfen wir uns so, daß wir den nach 2.5.4.2. ermittelten Schätzwert statt des wahren Werts verwenden und die zugehörige Stichprobenverteilung rechnen. Natürlich erhalten wir auf diese Weise nicht die wahre Stichprobenverteilung.[20] Die folgende Abb. 3 zeigt die Situation für die schon betrachtete Stichprobe vom Umfang 7000, wenn der gewonnene Schätzwert $\hat{P}_W = 0,59$ war, der wahre Wert aber $P_W = 0,60$ beträgt.

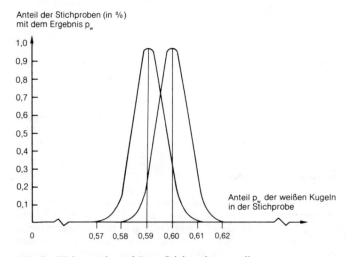

Abb. 3   Wahre und geschätzte Stichprobenverteilung

---

[19] Man beachte jedoch, daß nichts über die Güte des konkret gewonnenen Schätzwerts ausgesagt wird, sondern nur über die des Schätzverfahrens.
[20] Es sei denn, der Schätzwert fällt mit dem wahren Wert zusammen.

Beide Stichprobenverteilungen sind eingezeichnet. Die echte ist schon in Abb. 2 dargestellt worden. Sie hat ihr Maximum (ihren Modus) an der Stelle 0,6. Die ersatzweise berechnete[21] liegt etwas links davon (ihr Modus ist logischerweise 0,59), hat aber die gleiche Gestalt.

Wir suchen nun den 95%-Schwankungsbereich. Da wir in der Praxis die wahre Stichprobenverteilung nicht kennen, halten wir uns an die aus der Stichprobe gewonnene. Wir finden das Intervall (4049,4211) oder 4130 ± 81.

Damit können wir sagen, daß der gesuchte Parameter mit einer Wahrscheinlichkeit von 95% in diesem Intervall, dem sogenannten Vertrauensbereich, liegt.

Wir wollen diese Feststellung, die den Kern dieses Kapitels bildet, auf ihre Berechtigung hin untersuchen. Zunächst erkennt man, daß der wahre Wert (0,60) tatsächlich in dieses Intervall fällt. Das beweist zugegebenermaßen wenig, weil das Beispiel ja konstruiert ist. Wir könnten uns aber durch Ziehung weiterer Stichproben davon überzeugen, daß das auch sonst gilt. Unabhängig vom jeweiligen Schätzwert erhalten wir nämlich immer ein Intervall der Breite 1,15 Prozentpunkte. Die Feststellung, daß der wahre Wert im Intervall $P_W \pm 1,15$ Prozentpunkte liegt, ist also sicher richtig, sofern P_W zwischen 58,85 und 61,15% gefallen ist. Was auf den ersten Blick als triviale Feststellung aussieht, entpuppt sich als wertvolle Erkenntnis: Da 95% aller Stichproben – wie wir von früher wissen – Schätzwerte zwischen eben diesen Grenzen liefern, ist die eingangs aufgestellte Behauptung offensichtlich richtig.

Betrachten wir nun den Fall einer schlechten Stichprobe. Angenommen, es hätte sich ein Anteil p_W und damit ein Schätzwert P_W von 55% ergeben. Der Vertrauensbereich erstreckt sich in diesem Fall[22] von 53,83 bis 56,17 und enthält somit den wahren Wert nicht. Stellt dies das Verfahren in Frage? Durchaus nicht – wir haben einfach eine von den schlechten 5% der Stichproben gezogen und diese Möglichkeit berücksichtigt unsere Fehlerabschätzung sehr wohl: Sie gaukelt ja keineswegs 100%ige Gewißheit vor. Ausdrücklich wird gesagt, daß der wahre Wert nur mit einer gewissen Wahrscheinlichkeit in den Vertrauensbereich fällt. Die gewählte Wahrscheinlichkeit (hier 95%) heißt statistische Sicherheit.[23] Sie gibt also an, wie stark man darauf vertrauen darf, daß der errechnete Vertrauensbereich den wahren Wert tatsächlich enthält.

2.5.5.4. Die praktische Berechnung

Die bisherigen Ausführungen haben die wesentlichen Begriffe der sogenannten Fehlerrechnung erklärt und zeigten auch den Weg zur Ermittlung des Vertrauensbereichs auf der Grundlage der aus der Stichprobe selber abgeleiteten Stichprobenverteilung. Der logisch nächste Schritt bestünde in eben dieser Ableitung. Die Überlegungen dazu sprengen jedoch Ausführungen.

Wie wir ohne Beweis angeben, ist die Stichprobenverteilung bei allen größeren Stichproben ($n \geq 56$) eine sogenannte **Normalverteilung**. Die enorme Bedeutung dieser Verteilung würde es rechtfertigen, näher auf sie einzugehen. Da wir jedoch

---

[21] Nach der gleichen Methode, nur eben unter der Annahme, daß der Anteil in der Grundgesamtheit 0,59 ist. Es ist also nicht die Stichprobenverteilung der vorgelegten Grundgesamtheit, sondern die einer geringfügig verschiedenen ($P_W = 0,59$ statt 0,60).

[22] Er ist – da mit $P_W = 55\%$ statt 60% gerechnet werden muß – um eine Spur breiter ($2 \cdot 1,17$ statt $2 \cdot 1,15$), was aber für den dargelegten Gedankengang keine Bedeutung hat.

[23] Wenn die Irrtumswahrscheinlichkeit von 5% zu hoch erscheint, läßt sich auf die gleiche Weise ein 99%-Vertrauensbereich errechnen.

mit möglichst wenig Mathematik auskommen wollen, begnügen wir uns mit der Zusammenstellung jener Eigenschaften, die für unser Problem – die Ermittlung des Vertrauensbereichs unseres Schätzwertes – von Bedeutung sind und zwar:

(a) Die Normalverteilung zeigt einen glockenförmigen Verlauf. Das entspricht den bisher skizzierten Stichprobenverteilungen (s. Abb. 1–3) und macht ihre Verwendung wenigstens plausibel.

(b) Sie ist gekennzeichnet (d. h. eindeutig bestimmt) durch zwei Parameter,[24] die aus sofort ersichtlichen Gründen üblicherweise mit μ und σ bezeichnet werden. μ ist der Modus (zugleich auch Median der Verteilung), gibt also die Lage des Gipfels der Verteilung an, σ ist die Standardabweichung der Verteilung[25] und gibt – einfach ausgedrückt – die Dicke der Glocke an.[26]

(c) Die Fläche unter der Kurve zwischen zwei Abszissenwerten z_1 und z_2 ist ein Maß für die Wahrscheinlichkeit, daß eine normalverteilte Größe einen Wert zwischen z_1 und z_2 annimmt. Die Wahrscheinlichkeit für einen Wert kleiner als der Modus ist also 1/2 oder 50%, da die Kurve symmetrisch ist und über μ ebenso viele Werte liegen müssen wie darunter. Ohne Verwendung des Wahrscheinlichkeitsbegriffs läßt sich dieser Sachverhalt so ausdrücken: Wenn man aus einer normalverteilten Grundgesamtheit (z. B. ist die Körpergröße von Rekruten eine solche) Elemente zufällig entnimmt, so entspricht der Anteil jener, die eine Größe zwischen z_1 und z_2 aufweisen, der Fläche unter der Glockenkurve zwischen z_1 und z_2.

(d) Für jede Normalverteilung – ungeachtet der Größe von μ und σ – gilt:

Tabelle 1

| Auf (in) das Intervall | | entfällt (fallen) ... % |
von	bis	der Fläche (Werte)
$\mu - \sigma$	$\mu + \sigma$	68,27
$\mu - 1{,}64\sigma$	$\mu + 1{,}64\sigma$	90,00
$\mu - 1{,}96\sigma$	$\mu + 1{,}96\sigma$	95,00
$\mu - 2\sigma$	$\mu + 2\sigma$	95,45
$\mu - 2{,}58\sigma$	$\mu + 2{,}58\mathrm{p}$	99,00
$\mu - 3\sigma$	$\mu + 3\sigma$	99,73
$\mu - 3{,}29\sigma$	$\mu + 3{,}29\sigma$	99,90

Der in den ersten beiden Spalten vor dem σ stehende Koeffizient wird meist mit z bezeichnet und normierte oder standardisierte Abweichung[27] genannt; dies deshalb, weil er den Abstand vom Modus, ausgedrückt in Vielfachen der Standardabweichung, angibt. Jedem z-Wert entspricht genau ein Flächenanteil unter der Kurve bzw. eine Wahrscheinlichkeit. Tab. 1 zeigt nur die wichtigsten davon; entsprechende Feststellungen ließen sich natürlich für andere Intervalle treffen.

---

[24] Nicht zu verwechseln mit den Parametern der Grundgesamtheit. Hier handelt es sich um Größen, die für Gestalt der Verteilung maßgeblich sind.

[25] Nicht nur Häufigkeitsverteilungen haben eine Standardabweichung, auch formelmäßig definierte Verteilungen (Wahrscheinlichkeitsverteilungen) haben eine solche.

[26] Da sie den Stichprobenfehler im wesentlichen bestimmt (s. u.), wird σ auch Standardfehler der Schätzung genannt.

[27] Diese Bezeichnung ist leider nicht allgemein gebräuchlich; in manchen Werken wird diese Größe gar nicht eigens benannt bzw. nur als z-Wert bezeichnet. Auch findet man mitunter u statt z.

(e) Im Falle der Anteilsschätzung nimmt man als Stichprobenverteilung eine Normalverteilung mit

(17) $\mu = p$

und

(18) $\sigma = \sqrt{\dfrac{p \cdot (1 - p)}{n}} \sqrt{\dfrac{N - n}{N}}$

Dabei ist p der in der Stichprobe gefundene Anteil (bisher mit p_W bezeichnet). Der Bruch unter der zweiten Wurzel von (18) heißt Endlichkeitsfaktor; für Auswahlsätze unter 5 % ist er vernachlässigbar, d.h. gleich 1 zu setzen.

Ist ein Mittelwert zu schätzen, so ist als Stichprobenverteilung eine Normalverteilung mit den Parametern

(19) $\mu = \bar{x}$

und

(20) $\sigma = \dfrac{s}{\sqrt{n}} \sqrt{\dfrac{N - n}{N}}$

heranzuziehen.

Dabei ist $\bar{x}$ der aus der Stichprobe erhaltene Mittelwert und s die Standardabweichung des untersuchten Merkmals in der Stichprobe. Der Parameter σ wird Standardfehler der Schätzung genannt.

Demnach läuft die Fehlerrechnung in folgenden Schritten ab:

(a) Bestimmung der Parameter μ und σ nach (17) und (18) bzw. (19) und (20).
(b) Wahl der statistischen Sicherheit. Üblich sind 95 %.
(c) Bestimmung der normierten Abweichung z an Hand von Tab. 1.
(d) Errechnung des Stichprobenfehlers nach

(21) $e = z \cdot \sigma$

(e) Errechnung der Grenzen des Vertrauensbereichs

(22) $\mu - e$ (Untergrenze)

   $\mu + e$ (Obergrenze)

Zur Illustration des Rechengangs sollen die Vertrauensbereiche zu den in den Beispielen 1 und 2 errechneten Schätzwerten ermittelt werden.

Beispiel 3: Die Stichprobe wies einen Anteil an Arbeitern von $p_A = 0{,}349$ auf, der uns als Schätzwert $\hat{P}_A$ für den wahren Anteil P_A diente und Ausgangspunkt für die Fehlerrechnung ist. Die gesuchte Normalverteilung hat nach (17) das Mittel

   $\mu = 0{,}349$

und nach (18) die Standardabweichung

   $\sigma = \sqrt{\dfrac{0{,}349\,(1 - 0{,}349)}{2000}} \cdot \sqrt{\dfrac{50\,000 - 2000}{50\,000}} = 0{,}0107 \cdot 0{,}979 = 0{,}010$

Wir sehen, daß der Endlichkeitsfaktor hier kaum eine Auswirkung auf das Resultat hat.

Wir wählen die statistische Sicherheit zu 95 % und entnehmen der Tab. 1 die zugehörige normierte Abweichung z = 1,96. Der Stichprobenfehler für den Schätzwert $\hat{P}_A$ ist dann nach (21)

   $e = 1{,}96 \cdot 0{,}010 = 0{,}020$

oder 2 Prozentpunkte, womit sich als Vertrauensbereich nach (22) das Intervall

(32,9 %/36,9 %)

ergibt. Die entsprechenden Größen für die Schätzung der Anzahl der Arbeiter N_A werden einfach durch Multiplikation mit N gewonnen.

Der Stichprobenfehler für $\hat{N}_A$ ist also[28]

e = 0,020 · 50000 = 1000

und der zugehörige Vertrauensbereich

(17450 − 1000/17450 + 1000)

oder

(16450/18450)

Nun zum quantitativen Merkmal „Einkommen". Sein Mittelwert wurde geschätzt zu $\hat{M}$ = 3045,8 Schilling und dieser Wert ist nach (19) auch gleich dem Parameter μ der gesuchten Normalverteilung. σ läßt sich nach (20) nur errechnen, wenn die Standardabweichung der Einzelwerte in der Stichprobe ermittelt worden ist. Wir geben sie mit s = 980,26 vor, so daß

$$\sigma = \frac{980,26}{\sqrt{2000}} \sqrt{0,96} = 21,919 \cdot 0,979 = 21,48$$

Bei der gleichen statistischen Sicherheit von 95 % ist wiederum z = 1,96 zu nehmen und der Stichprobenfehler von $\hat{M}$ wird nach (21)

e = 1,96 · 21,48 = 42,10

Der Vertrauensbereich folgt daraus zu

(3003,7/3087,7)

Für den geschätzten Totalwert $\hat{T}$ = 152290000 Schilling ist der Stichprobenfehler dann

e = 42,10 · 50000 = 2105000 Schilling

und der Vertauensbereich

(150185000/154395000)

2.5.5.5. Genauigkeit und Stichprobenumfang

Wie der vorige Abschnitt – insbesondere (18) bzw. (20) im Verein mit (21) – gezeigt hat, ist der Stichprobenfehler abhängig von:

(a) der Variabilität des untersuchten Merkmals[29]
(b) dem Umfang der Grundgesamtheit
(c) der statistischen Sicherheit (die über Tab. 1 den z-Wert festlegt) und
(d) dem Stichprobenumfang.

Die ersten beiden Größen sind durch die Grundgesamtheit vorgegeben, sind also einfach hinzunehmen. Die statistische Sicherheit ist zwar grundsätzlich wählbar, wird aber üblicherweise mit 95 % angenommen, sodaß der z-Wert mit 1,96 praktisch ebenfalls festlegt. Es verbleibt somit als wesentliche funktionale Beziehung

---

[28] Zur Vermeidung von Unklarheiten kann man e mit einem Subskript versehen, das angibt, auf welchen Schätzwert sich der Fehler bezieht, also e_{N_A} oder e_{P_A} schreiben.
[29] Für quantitative Merkmale ist sie durch s charakterisiert, für qualtitative Merkmale durch den Faktor p (1 − p), der im verallgemeinerten Sinn als Standardabweichung eines qualitativen Merkmals angesehen werden darf.

die zwischen Stichprobenfehler und Stichprobenumfang. Sie soll kurz beleuchtet werden.

Zunächst geht aus (18) bzw. (20) hervor, daß σ und damit der Stichprobenfehler mit steigendem Stichprobenumfang kleiner wird. Das ist – ganz ohne Mathematik – plausibel. Je größer die Stichprobe, desto genauer wird das Ergebnis sein. Allerdings ist der Stichprobenfehler nicht verkehrt proportional zum Stichprobenumfang, sondern nur zu dessen Wurzel, d. h., um den Stichprobenfehler zu halbieren, müssen wir die Stichprobe viermal so groß machen.

Weniger plausibel ist die Tatsache, daß praktisch nur die absolute Größe der Stichprobe, nicht aber der Auswahlsatz für den Stichprobenfehler maßgeblich ist. Gefühlsmäßig würde man meinen, daß eine Stichprobe umso bessere ($=$ genauere) Ergebnisse liefert, je höher der Prozentsatz der untersuchten Elemente der Grundgesamtheit ist. Wir wollen dazu ein kleines Beispiel rechnen. Eine Stichprobe vom Umfang 5000, werde aus einer Grundgesamtheit von 100 000 Elementen und zum Vergleich aus einer Grundgesamtheit von 10 000 000 Elementen gezogen. (20) liefert für den ersten Fall

$$\sigma_1 = s \cdot \sqrt{\frac{10^5 - 5 \cdot 10^3}{5 \cdot 10^3 \cdot 10^5}} = s \cdot \sqrt{1,9 \cdot 10^4} = 0,0138 \cdot s$$

und im zweiten Fall

$$\sigma_2 = s \cdot \sqrt{\frac{10^7 - 5 \cdot 10^3}{5 \cdot 10^3 \cdot 10^7}} = s \cdot \sqrt{1,999 \cdot 10^4} = 0,0141 \cdot s$$

Obwohl sich die Auswahlsätze beträchtlich unterscheiden, (5 % gegenüber 0,05 %), ist der Standardfehler und damit der Stichprobenfehler fast der gleiche.

Weiter entnehmen wir aus (18) bzw. (20), daß der Endlichkeitsfaktor verschwindet, wenn n = N wird – wie es auch sein muß, denn eine Vollerhebung kann nicht mit einem Stichprobenfehler behaftet sein.

Wir wollen nunmehr die Betrachtungsweise umkehren. Wir stellen nicht die Frage: „Welchen Stichprobenfehler liefert eine Stichprobe vom Umfang n?" sondern statt dessen „Wie groß muß die Stichprobe sein, damit ein vorgegebener Stichprobenfehler nicht überschritten wird?". Diese zweite Frage ist von enormer praktischer Bedeutung für die Stichprobenplanung.

Die Antwort darauf geben uns die Formeln (18) bzw. (20), wenn man sie nur ein wenig umformt. Bringt man n nach links und die anderen Größen nach rechts, so wird aus (20)

$$(23) \qquad n = \frac{1}{\dfrac{\sigma^2}{s^2} + \dfrac{1}{N}}$$

und unter Verwendung von (19) wird daraus

$$(24) \qquad n = \frac{1}{\dfrac{e^2}{z^2 s^2} + \dfrac{1}{N}}$$

Das eröffnet die Möglichkeit, den Stichprobenumfang so zu bestimmen, daß der Stichprobenfehler gerade e beträgt, wenn z, s und N bekannt sind. N und z bilden kein Problem – den Umfang der Grundgesamtheit kennt man und z ist nach Wahl der statistischen Sicherheit aus Tab. 1 abzulesen. Gewisse Schwierigkeiten kann hingegen s^2 bereiten. Es fällt zwar bei der Stichprobenerhebung an, aber da nützt es für die Stichprobenplanung, d. h. für die Entscheidung, wie viele Stichprobenelemente zu ziehen sind, nichts mehr. Man muß also s^2 im voraus abschätzen. Hilfreich dabei sind frühere Erhebungen bzw. Erfahrungswerte für ähnliche Merkmale, wobei es genügt, eine obere Grenze für s in (24) eingehen zu lassen. Erweist sich später – nach der Erhebung – daß die Varianz tatsächlich geringer ist als angesetzt, so fällt der Stichprobenfehler kleiner aus als erwartet – was ja kein Nachteil ist.

Der Stichprobenfehler e schließlich wird im allgemeinen vom Auftraggeber bzw. von fachkundigen Konsumenten der Statistik vorgegeben. Allerdings geschieht dies häufig in relativer Form, d. h. bezogen auf den Schätzwert. So ist der **relative** Stichprobenfehler für einen Mittelwert definiert als

$$(25) \qquad \varepsilon = \frac{e}{\hat{M}} \cdot 100$$

und die Genauigkeitsanforderung würde dann lauten, daß sich der wahre Wert um nicht mehr als $\varepsilon\%$ vom Schätzwert unterscheiden darf. Wir berücksichtigen diese Art der Fehlervorgabe, indem wir in (24) mittels (25) den relativen Stichprobenfehler einführen

$$(26) \qquad n = \frac{1}{\left(\dfrac{\varepsilon \cdot \hat{M}}{z \cdot 100 \cdot s}\right)^2 + \dfrac{1}{N}}$$

womit wir die Möglichkeit haben, den Stichprobenumfang in Abhängigkeit von der geforderten relativen Genauigkeit zu bestimmen.[30]

Betrachten wir noch kurz das Problem der Ermittlung des nötigen Stichprobenumfangs im Falle von Anteilsschätzungen. Die Überlegungen und Umformungen sind prinzipiell dieselben, nur haben wir von (18) statt von (20) auszugehen. Man erhält auf die gleiche Weise

$$(27) \qquad n = \frac{1}{\dfrac{e^2}{z^2 \cdot p \cdot (1-p)} + \dfrac{1}{N}}$$

oder unter Verwendung des relativen Stichprobenfehlers

$$(28) \qquad n = \frac{1}{\dfrac{\varepsilon^2 \cdot p}{z^2 \cdot 100^2 \cdot (1-p)} + \dfrac{1}{N}}$$

Für den Fall, daß der absolute Fehler vorgegeben ist – und das ist bei Anteilsschätzungen nicht ungewöhnlich – liegen die Dinge noch günstiger als zuvor. Auch ohne Vorausschätzung des Anteils p ist die Berechnung des Stichprobenumfangs möglich; das Produkt $p \cdot (1-p)$ nimmt nämlich für $p = 0,5$ seinen maximalen Wert an,

---

[30] Ein kleiner Unterschied zu (6) besteht noch darin, daß nunmehr – statt der Varianz – der Variationskoeffizient des untersuchten Merkmals vorauszuschätzen ist. ($s/\hat{M}$ ist nichts anderes als der Variationskoeffizient in der Stichprobe.)

so daß man – wenn gar kein Anhaltspunkt für die Größe von p da ist – mit p = 0,5 rechnen kann und damit auf der sicheren Seite bleibt. Dazu das folgende Beispiel.

Beispiel 4: Durch eine Stichprobe soll festgestellt werden, wieviel Prozent der Österreicher im letzten Jahr ins Ausland gereist sind. Der Stichprobenumfang ist so zu bemessen, daß der Stichprobenfehler bei 90 % statistischer Sicherheit nicht größer als 5 Prozentpunkte ist.

Es ist N = 7 · 10⁶, z = 1,64 (s. Tab. 1), e = 0,05 und für p werde in Ermangelung zuverlässiger Erfahrungswerte 0,5 gesetzt. Man erhält dann aus (27)

$$n = \cfrac{1}{\cfrac{0,05^2}{1,64^2 \cdot 0,5 \cdot 0,5} + \cfrac{1}{7 \cdot 10^6}} = \frac{1}{3,7 \cdot 10^3 + 1,4 \cdot 10^7} = 269$$

Es wären also nur 269 Personen zu befragen.[31] Ist der durch die Stichprobe ermittelte Anteil tatsächlich 50 %, so beträgt der Stichprobenfehler wie zugrunde gelegt 5 Prozentpunkte (der Vertrauensbereich reicht von 45 % bis 55 %). Ergibt sich aber ein wesentlich anderer Anteil, etwa p = 0,25, so liefert die Fehlerformel (56) die Standardabweichung[32]

$$\sigma = \sqrt{\frac{0,25 \cdot 0,75}{269}} = \sqrt{6,97 \cdot 10^4} = 2,6 \cdot 10^2 = 0,026$$

und den Stichprobenfehler nach (21)

$$e = 1,64 \cdot 0,026 = 0,043 = 4,3 \text{ Prozentpunkte}$$

so daß der Vertrauensbereich von (25 − 4,3) bis (25 + 4,3) % reicht, also schmäler ist als die geforderten 2 · 5 = 10 Prozentpunkte.

2.5.6. Der Begriff der geschichteten Stichprobe

Die Grundgesamtheiten, mit denen es die amtliche Statistik zu tun hat, zerfallen auf natürliche Weise in Teilmassen, für die gesondert Ergebnisse auszuweisen sind. Z. B. lassen sich Betriebe nach Branche und Beschäftigungszahl unterscheiden, Lohnsteuerpflichtige verschiedenen Steuergruppen zuordnen und regionale Untergliederungen sind fast immer erwünscht. Es ist daher zweckmäßig, die Zufallsauswahl so zu steuern, daß jede der erwähnten Teilmassen ausreichend repräsentiert ist. Man erreicht dies, indem aus jeder dieser Teilmassen – sie werden dann Schichten genannt – eine eigene Stichprobe gezogen wird. Auf unser Urnenmodell übertragen bedeutet das, daß die Grundgesamtheit nicht in einer einzigen Urne enthalten ist, sondern in mehreren – nämlich so vielen als es Schichten gibt – und aus jeder Urne eine eigene Stichprobe zu entnehmen ist. Solchermaßen entstehende „zusammengesetzte" Stichproben nennt man geschichtete Zufallsstichproben. Im Gegensatz dazu heißen jene Stichproben, die keine Schichten kennen und bei denen nur ein Ziehungsvorgang erfolgt, einfache Zufallsstichproben.

Die Überlegungen und Formeln der vorangegangenen Abschnitte lassen sich ohne Schwierigkeiten weiter verwenden, wenn man jede Schicht als selbständige Grundgesamtheit ansieht.[33] Sind L Schichten vorhanden, so ist die Hoch- und Fehlerrech-

---

[31] Dieser geringe Stichprobenumfang ergibt sich, weil wir die statistische Sicherheit niedrig angesetzt und einen eher hohen Stichprobenfehler zugelassen haben.

[32] Der Endlichkeitsfaktor ist vernachlässigt; er betrüge hier 0,9998, wäre also praktisch gleich 1.

[33] Da die Stichprobenauswahlen in den einzelnen Schichten unabhängig voneinander erfolgen, ist das berechtigt.

nung eben L Mal durchzuführen; die gewonnenen Schätzwerte bzw. Stichproben-fehler werden zweckmäßigerweise mit der Schichtnummer h (h = 1, 2, ... L) indi-ziert, um klarzustellen, auf welche Schicht sie sich beziehen. Die Berechnung von Schätzwerten für die Grundgesamtheit (d. h. über alle Schichten hinweg) ist danach keine Hexerei.[34] Auf die Ermittlung des Gesamtstichprobenfehlers – die mit den angegebenen Formeln jedoch nicht möglich ist – wollen wir nicht eingehen.

Es wäre nun falsch, zu meinen, die Schichten ergäben sich aus dem Tabellenpro-gramm ganz von selbst. Die Gliederungsmerkmale geben lediglich einen Anhalts-punkt für die Schichtung. Welche von ihnen als sogenannte Schichtungsmerkmale heranzuziehen bzw. wie die Schichten voneinander abzugrenzen sind, entscheidet der Stichprobenplaner. Seine Richtschnur dabei bildet das Bestreben, möglichst gleichartige Elemente in einer Schicht zu vereinigen. Daß das sinnvoll ist, erkennt man am Idealfall vollständig homogener[35] Schichten. Es genügt dann offensicht-lich, jeder Schicht ein einziges Element zu entnehmen, um ein ganaues Bild der Grundgesamtheit zu erhalten. Eine solche Schichtung wird – jedenfalls in sozial-statistisch bedeutsamen Grundgesamtheiten – nicht zu erreichen sein; es ist aber schon viel gewonnen, wenn es gelingt, **ähnliche** Elemente zusammenzufassen. Da der Stichprobenfehler jeder Schicht von der Streuung der in ihr enthaltenen Merk-malswerte x_i abhängt, liefern homogene Schichten kleine s_h und damit auch kleine Standardfehler σ_h.

Wir wollen die Zweckmäßigkeit der Schichtung noch durch eine andere Überle-gung dartun. Besteht eine Grundgesamtheit aus vielen „kleinen" und „mittleren" und einigen wenigen „großen" Elementen (man denke an die Umsätze von Indu-strie- oder Gewerbebetrieben), so ist es schon deshalb klug, die Schichten danach einzurichten, weil man die „Riesen" in der sogenannten obersten Schicht voll erhe-ben kann und dadurch den größten Beitrag zum Zufallsfehler eliminiert.[36] Die Möglichkeit, den Auswahlsatz von Schicht zu Schicht zu variieren, erlaubt es, die Erhebungsarbeit auf besonders bedeutsame Untersuchungsbereiche zu konzentrie-ren – was ganz offensichtlich ökonomischer ist als die Gleichverteilung des Aufwan-des.

2.5.7. Der Begriff der Klumpenstichprobe

Nicht immer sind die Auswahleinheiten mit den Erhebungs- oder Untersuchungs-einheiten identisch. Ein Beispiel dafür bietet die Personenstichprobe des österreichi-schen Mikrozensus. Es werden Wohnungen (Wohnadressen) ausgewählt, dann aber personenbezogene Merkmale erfragt; die Wohnung ist also nicht primäres Ziel der Erhebung,[37] sie dient nur dazu, an die Untersuchungseinheit „Person" heranzu-kommen.

Die zu einer Auswahleinheit gehörigen Untersuchungseinheiten bilden einen soge-nannten Klumpen. In der Personenstichprobe des Mikrozensus umfaßt er somit

---

[34] Anzahlen (N) und Totalwerte (T) ergeben sich als Summe der schichtspezifischen Schätz-werte (N_h bzw. T_h), Anteile und Mittelwerte folgen daraus.

[35] Alle Elemente der Schicht haben denselben Merkmalswert.

[36] Welche Elemente (Unternehmen) in den unteren Schichten ausgewählt werden, spielt wenig Rolle; ob aber Siemens in der Stichprobe ist oder nicht, ist für den Schätzwert von solcher Bedeutung, daß man es nicht dem Zufall überlassen darf.

[37] Soweit Wohnungsmerkmale erhoben werden, ist sie dies schon. Wir wollen in diesem Ab-schnitt aber nur die Personenstichprobe betrachten.

alle in einer Wohnung lebenden Personen; eine Stichprobe dieser Art wird Klumpenstichprobe genannt. Ein anderes Beispiel aus der amtlichen Praxis wäre die
Milchleistungserhebung. Ausgewählt wird der landwirtschaftliche Betrieb; sein
Milchkuhbestand bildet den Klumpen. Weitere Anwendungsgebiete lassen sich
leicht finden. Wollte man etwa eine Stichprobe aus der Grundgesamtheit der Krankenhauspatienten, der Schüler, der Altersheiminsassen oder der Bergleute ziehen,
so könnte man eine Zufallsauswahl aus den Spitälern, Schulen, Heimen bzw. Berg-
unternehmen treffen, wodurch die zu untersuchenden Elemente (eben die Personen)
bestimmt sind. Eine solche Stichprobe umfaßt nur Personen der ausgewählten Anstalten, von diesen aber alle. Im Gegensatz dazu enthielte eine einfache Zufallsstichprobe – bei der die Untersuchungseinheiten direkt gezogen werden – Personen aller
Anstalten, von jeder aber nur einige.

Das Urnenmodell läßt sich auch für diese Auswahlmethode adaptieren. Die
Grundgesamtheit (bestehend aus den Untersuchungseinheiten) ist auf eine Vielzahl
von Urnen (entsprechend den Spitälern, Anstalten etc.) verteilt. Einige dieser Urnen werden zufällig ausgewählt und ihr Inhalt vollständig ausgezählt. Die statistische Inferenz geht vom Inhalt der ausgezählten auf den Inhalt sämtlicher Urnen.
Vergleichen wir nun dieses Auswahlverfahren mit einer einfachen Zufallsauswahl,
so springen zwei Vorzüge sofort ins Auge:

(1) Wo kein brauchbarer Auswahlrahmen für die Grundgesamtheit selber zur Ver-
    fügung steht, ist die direkte Auswahl der Stichprobenelemente nicht möglich.
    Hier kann die Klumpenstichprobe helfen. Ein auf dem letzten Stand befindli-
    ches Verzeichnis der Wohnungen ist offensichtlich leichter herzustellen als ein
    solches von Personen und das gleiche gilt für die vorhin genannten Anwen-
    dungsbeispiele.

(2) Selbst wenn die technischen Voraussetzungen für die direkte Auswahl der Stich-
    probenelemente gegeben sind, kann sie unökonomisch sein. Die Stichproben-
    elemente sind ja regional verstreut und ihre Befragung durch Interviewer verur-
    sacht Reisekosten. Die Klumpenstichprobe ermöglicht es, mehrere bis viele
    Befragungen an ein und demselben Ort (der Wohnung, der Anstalt, dem Be-
    trieb) durchzuführen, wodurch die Kosten je Interview stark sinken. Man kann
    also bei vorgegebenem Budget wesentlich mehr Elemente befragen.

Der Nachteil der Klumpenstichprobe ist weniger offensichtlich, wird aber bewußt,
wenn man sich vor Augen hält, daß die Elemente eines Klumpens einander ähnlich
sind. Zum Beispiel gehören die Personen einer Wohnung demselben sozialen Milieu
an, ein Bergbaubetrieb mag eine bestimmte Berufskrankheit begünstigen, Schulen
und Spitäler haben einen gewissen Einzugsbereich, aus dem die Schüler bzw. Patienten stammen usf. Man kann daher sagen, daß die k Elemente eines Klumpens
die Vielfältigkeit der Grundgesamtheit nicht so gut zu repräsentieren vermögen wie
k direkt gezogene Elemente. Daraus resultiert ein – im Vergleich zu einer einfachen
Zufallsstichprobe gleichen Umfangs – vergrößerter Stichprobenfehler. Man nennt
dies den Klumpeneffekt. Da er, wie gesagt, auf der Ähnlichkeit der im Klumpen
vereinten Elemente beruht, kann er nicht auftreten, wo eine solche nicht gegeben ist.
So ist bei korrekter Anwendung der Geburtstags- oder Anfangsbuchstabenauswahl
(s. 2.5.3.) kein Klumpeneffekt zu erwarten; zwei Personen, die am 1. 11. Geburtstag
haben, werden einander nicht ähnlicher sein als zwei beliebig herausgegriffene, und
so verhält es sich stets, wenn das Kriterium, nach dem die Klumpen gebildet sind,
mit den Erhebungsmerkmalen nichts zu tun hat.

3. Forschungsformen

3.1. Experiment

von Ingeborg Stelzl

3.1.1. Grundbegriffe des Experimentierens: Unabhängige Variable, abhängige Variable, Störvariable

Ziel einer empirisch arbeitenden Sozialwissenschaft kann es nicht sein, nur Daten zu sammeln und zu ordnen, sondern sie will darüber hinaus zu Erklärungen und zum Erkennen von Kausalzusammenhängen gelangen. Denn nur so ist es möglich, über bloße Trendextrapolationen hinausgehende, fundierte Prognosen abzugeben und Möglichkeiten für handelndes Eingreifen aufzuzeigen. Gerade aber wenn es darum geht, gerichtete Zusammenhänge zu erkennen, kommt dem Experiment eine besondere Rolle im Forschungsprozeß zu. Auch wenn bei der Definition des Experiments die Akzente bisweilen unterschiedlich gesetzt werden (näheres dazu s. Kap. 3.2. in diesem Band), so besteht doch allgemein Einigkeit darin, daß die aktive Manipulation der Bedingungen durch den Experimentator und damit die Möglichkeit, Ursache und Wirkung zu unterscheiden, das Wesentliche am Experiment ausmacht.

Wollte man z. B. im Rahmen einer Feldstudie die Wirkung des Koffeins auf die Konzentrationsleistung dadurch untersuchen, daß man viele Personen nach den in den letzten Stunden genossenen Getränken befragt und anschließend ihre Konzentrationsfähigkeit testet, so wären die Ergebnisse kaum interpretierbar: Die Neigung zum Kaffeegenuß ist vermutlich mit zahlreichen Merkmalen der Person (Alter, Geschlecht) und der Zeitpunkt des letzten Kaffeegenusses mit vielen Bedingungen der Situation (Tageszeit, vorangegangene und derzeitige Tätigkeit) verbunden, so daß Unterschiede in der Konzentrationsfähigkeit auf zahlreiche Ursachen zurückgehen können.

In einem Experiment dagegen würde man die Vpn auf zwei Gruppen aufteilen und der einen Koffein verabreichen, der anderen nicht. Man würde sorgfältig darauf achten (s. unten: Techniken zur Ausschaltung von Störvariablen), daß sich die beiden Gruppen nur bezüglich des genossenen Koffeins unterscheiden und nicht auch in anderen, für die Konzentrationsleistung wichtigen Variablen. Wird dann zwischen den Gruppen ein Unterschied gefunden, so kann er eindeutig auf die Wirkung des Koffeins zurückgeführt werden.

Wie schon an diesem einfachen Beispiel ersichtlich, spielen in jedem Experiment drei Arten von Variablen eine Rolle:

(1) **Unabhängige Variable:** Ihr Einfluß soll untersucht werden. Dazu werden sie vom Versuchsleiter planmäßig variiert. Im vorliegenden Beispiel ist „Koffeingenuß" unabhängige Variable (UV).
(2) **Abhängige Variable:** Die Variable, deren Abhängigkeit von der unabhängigen Variablen Gegenstand der Untersuchung ist. Im vorliegenden Beispiel ist „Konzentrationsleistung" abhängige Variable (AV).
(3) **Störvariable:** Alle Variablen, die sonst noch (d. h. außer den planmäßig variierten unabhängigen Variablen) einen Einfluß auf die abhängige Variable haben. Sie müssen kontrolliert werden, da sie sonst die Eindeutigkeit der Interpretation (interne Validität im Sinne von Campbell & Stanley, 1963) gefährden.

Zur Kontrolle von Störvariablen gibt es eine Reihe von experimentellen Techniken wie Konstanthalten, Parallelisieren, Randomisieren, Balancieren (vgl. Kap. 3.2.4.). Sie alle dienen dazu, sicherzustellen, daß die experimentellen Bedingungen (hier:

Gruppe mit Koffein, Gruppe ohne Koffein) sich nicht auch in anderer Hinsicht unterscheiden. Eine besondere Rolle spielt dabei die Technik des Randomisierens (= Zufallsaufteilung). Randomisierungs-Techniken werden so häufig angewendet, daß man sie als für sozialwissenschaftliche Experimente charakteristisch bezeichnen kann. Durch Zufallsaufteilung ist es nämlich möglich, eine Vielzahl von Störvariablen, die inhaltlich nicht einmal bekannt zu sein brauchen, auf einmal unter Kontrolle zu bekommen. Wenn man im vorliegenden Beispiel (Wirkung des Koffeins auf die Konzentrationsleistung) die Vpn nach dem Zufall auf die Gruppen verteilt, so ist damit gewährleistet, daß sich die beiden Gruppen vor dem Experiment in allen (!) Variablen, also unter anderem auch in der Konzentrationsfähigkeit, höchstens zufällig unterscheiden. Da aber, je nach Stichprobenumfang, größere oder kleinere Unterschiede auch durch Zufallseinflüsse zustande kommen, müssen die Ergebnisse des Experiments einer zufallskritischen Prüfung mittels Signifikanztest unterzogen werden, bevor man sie als Effekte der unabhängigen Variablen interpretiert.

Ob die Ausschaltung von Störvariablen vollständig gelingt, und damit die unabhängige Variable wirklich isoliert variiert werden kann, hängt weitgehend davon ab, ob die unabhängige Variable vom Versuchsleiter aktiv manipuliert werden kann. In jedem Experiment wird zumindest eine unabhängige Variable durch den Versuchsleiter manipuliert, sonst kann nicht von einem „Experiment" gesprochen werden. Gut manipulierbare Variablen sind z. B. die Koffeindosis in einem pharmakologischen Experiment, das Intervall zwischen Lernen und Reproduktion in einem Lernexperiment, die Teilnahme an einer von mehreren Therapiearten in einem klinisch-psychologischen Versuch. In all diesen Fällen hat der Versuchsleiter die Möglichkeit, die Vpn nach dem Zufall oder einem anderen von ihm gewählten Plan (z. B. Parallelisierung nach einem oder mehreren Merkmalen) auf die Versuchsbedingungen zu verteilen, und damit alle Störvariablen, die mit interindividuellen Unterschieden der Versuchspersonen zusammenhängen, unter Kontrolle zu bringen.

Es gibt aber auch viele Variablen, an deren Wirkung der Versuchsleiter interessiert ist, die er aber nicht aktiv manipulieren kann: Alter, Geschlecht, Religionszugehörigkeit, Intelligenz usw. sind Merkmale, die die Vpn für den Versuchsleiter unveränderbar in den Versuch mitbringen, und es gibt offensichtlich keine Möglichkeit, nach dem Zufall aufgeteilte Versuchspersonengruppen willkürlich den Bedingungen „männlich" oder „weiblich" zuzuweisen. Damit entfällt aber auch die Randomisierung als wirkungsvollste Kontrollmöglichkeit für Störvariablen, weshalb eine isolierende Variation nicht manipulierbar Variablen nur schwer und oft nicht vollständig zu bewerkstelligen ist. Ist man an der Auswirkung des biologischen Alters als unabhängiger Variable interessiert, so steht man vor dem Problem, daß das Alter mit einer Fülle von weiteren Variablen (Beruf, Bildung, Interessen, Wohnsituation usw.) zusammenhängt. Je nach Fragestellung wird man die wichtigsten davon zu kontrollieren suchen, indem man darauf achtet, daß z. B. die verschiedenen Altersgruppen hinsichtlich Beruf und Bildung gleich zusammengesetzt sind. Dabei ist einerseits die Zahl der Störvariablen, die auf diese Art kontrolliert werden kann, begrenzt, zum anderen ist die Kontrolle auch nur insoweit möglich, als für die entsprechende Störvariable geeignete Meßinstrumente zur Verfügung stehen (näheres siehe Stelzl, 1982: Kap. 6.3). Daher ist bei nicht manipulierbaren Variablen die Eindeutigkeit der Interpretation nie ganz sicherzustellen.

Neben Variablen, die leicht manipulierbar sind, wie die oben als Beispiel genannten Variablen Medikamentendosis, Lern-, Reproduktions-Intervall usw., und nicht manipulierbaren Variablen wie Alter und Geschlecht, gibt es eine große Zahl von Variablen, bei der es wesentlich vom Einfallsreichtum des Experimentators abhängt, ob er eine Versuchsanordnung findet, mit der er die Variable manipulieren kann, so beispielsweise, wenn es um Motivationslage, Erregtheit, Vorkenntnisse, Vermutungen über Partner usw., geht.

Häufig werden in einem Experiment außer der manipulierten unabhängigen Variablen auch nicht manipulierbare miteinbezogen. Das ist besonders dann sinnvoll, wenn Wechselwirkungen mit diesen Variablen erwartet werden. Wenn allerdings in einer Untersuchung keine Bedingungsmanipulation vorkommt, sondern alle Variablen nur erhoben werden, so ist diese Untersuchung nicht mehr als „Experiment" im engeren Sinn zu bezeichnen. Gelegentlich wird die Bezeichnung „**Quasi-Experiment**" (Campbell & Stanley, 1963) gewählt. Zutreffender erscheint es, einfach nur von **nichtexperimentellen empirischen Untersuchungen** zu sprechen. Wie schwierig es ist, mit nichtexperimentellen Methoden Kausalforschung zu betreiben, wurde bereits vielfach betont (näheres dazu s. Hummel & Ziegler, 1976; Kenny, 1979).

3.1.2. Grundzüge experimenteller Versuchsplanung

3.1.2.1. Versuchssituation und Versuchsplanung im engeren Sinn

Bei experimenteller Forschung ist die Planungsphase die eigentlich entscheidende Phase. Durchführung und Auswertung sind dann weitgehend festgelegt. Letztere machen allerdings den Hauptanteil an Zeit- und Arbeitsaufwand aus. Die Planung eines Experiments erfordert, daß der Experimentator zunächst eine Versuchssituation findet, in der die unabhängige Variable manipulierbar ist, und für die abhängige Variable ein geeignetes Maß definiert werden kann. Wenn es gelingt, eine neue, in obigem Sinn ergiebige Versuchssituation zu finden, so ist das eine kreative Leistung, von der eine erhebliche anregende Wirkung auf die weitere Forschung auszugehen pflegt. In der Psychologie gibt es in jedem Teilbereich einige „klassische" Experimente, die immer wieder abgewandelt für eine Vielzahl von Untersuchungen Pate gestanden haben. Man denke etwa an die Experimente von Asch zur Untersuchung der Konformität, an das Prisoner's dilemma zur Untersuchung von kooperativem/nicht-kooperativem Verhalten, oder die wenigen Versuchsanordnungen, die immer wieder zur Untersuchung von Hilfsbereitschaft verwendet werden.

Ob der Versuchsleiter die unabhängige Variable in zwei oder in mehr Stufen variiert, hängt von der Fragestellung und von den experimentellen Möglichkeiten ab. Wenn es darum geht, die Wirkung von leichten Schuldgefühlen auf die Hilfsbereitschaft zu untersuchen, wird man froh sein, wenn man überhaupt eine Versuchsanordnung findet, in der man die Vpn dazu bringt, leichte Schuldgefühle zu empfinden. Untersucht man dagegen den Einfluß des Lärms auf die Konzentrationsleistung, so liegt es nahe, den Lärm in mehr als zwei Stufen zu variieren, um hinterher etwa Näheres über die Art der Wirkung (linearer oder nicht-linearer Kurvenverlauf) sagen zu können.

Ebenso wichtig wie eine geeignete Manipulation der unabhängigen Variablen ist es, ein geeignetes Maß für die abhängige Variable zu finden. Im folgenden werden einige häufig verwendete Arten von abhängigen Variablen aufgezählt, ohne daß damit der Versuch einer systematischen Klassifikation gemacht werden soll (systematische Klassifikationen findet man bei Cattell, 1980 oder Coombs, 1964).

(a) **Verbale Stellungnahmen der Versuchsperson.** Dazu gehören Selbstauskünfte (z. B. Angaben über die Erfolgserwartung für den nächsten Versuchsdurchgang, oder auch längere Befindlichkeitsskalen, Selbsteinschätzungs- und Persönlichkeitsfragebogen), aber auch Urteile über den Versuchspartner und die Situation (Sympathie, Zufriedenheit mit der Zusammenarbeit, Schwierigkeit der Aufgabe) oder Beurteilungen von vorgelegtem Material (z. B. Schuldzuweisung in einer vorgelegten Mißerfolgs-Geschichte).

Verbale Stellungnahmen haben den Vorteil, daß sie leicht zu erheben sind. Dabei wird vielfach auch gleich das Problem der Quantifizierung auf die Vp abgewälzt. Besonders beliebt sind Fragebogen, bei denen die Vp auf jede Frage nur mit „ja" oder „nein" zu antworten hat, und sog. „Rating-Skalen", bei denen die Vp ihr Urteil auf einer vorgegebenen quantitativen Skala mit meist 5 bis 7 Stufen angibt.[1]

Dem Vorteil der leichten Erhebbarkeit von verbalen Stellungnahmen steht als Nachteil gegenüber, daß durch die Befragung selbst ein kognitiver Verarbeitungsprozeß ausgelöst wird, der die Antwort mitbestimmt (näheres über reaktive vs. nicht- reaktive Messung siehe Kap. 4.5. in diesem Band). Darüber hinaus kann die Vp durch die Befragung auch leicht überfordert werden, sei es durch den Inhalt der Frage (z. B. Angaben über eigene Motive), sei es durch die Form (z. B. bei Urteilen, die quantitative Vergleiche erfordern).

Weil sie leicht zu erheben sind, wird mit verbalen Stellungnahmen in praktisch allen Sozialwissenschaften gearbeitet, sowohl bei experimenteller als auch bei nicht experimenteller empirischer Forschung. Da gewöhnlich nicht die verbale Reaktion als solche Gegenstand der Untersuchung ist, sondern das, was von der Vp erfragt wird, sind verbale Stellungnahmen als indirekte Indikatoren zu betrachten.

(b) **Leistungen der Versuchsperson.** Die Vp hat Probleme zu lösen, Wissen zu reproduzieren, Wortlisten zu lernen, auf ein Signal möglichst schnell zu reagieren usw. Ausgewertet wird meist die Menge (Zahl der gelösten Aufgaben, richtig reproduzierten Wörter usw.), die benötigte Zeit und die Fehler.

Leistungsmaße werden nicht nur eingesetzt, um die Leistung als solche zu untersuchen, sondern werden auch als indirekte Indikatoren für nicht beobachtbare Verarbeitungsprozesse oder kognitive Strukturen verwendet. Ihr Hauptanwendungsbereich ist die Psychologie in praktisch allen Teilgebieten und die Pädagogik.

(c) **Nicht instruiertes Verhalten der Versuchsperson.** Verbale Stellungnahmen und Leistungen der Vp erfolgen gewöhnlich auf ausdrückliche Aufforderung des Versuchsleiters in der Absicht, dieser Aufforderung zu entsprechen. Wenn dagegen z. B. in einem Feldexperiment untersucht wird, unter welchen Bedingungen Autofahrer, die einen Unfall sehen, anhalten (abhängige Variable: hält an/fährt weiter), so sind sich die Vpn ihrer Teilnahme am Experiment nicht bewußt. Es handelt sich also um in diesem Sinn „spontanes" Verhalten. In anderen Fällen weiß die Vp zwar um ihre Teilnahme an einem Experiment, kennt aber den Gesichtspunkt nicht, unter dem ihr Verhalten beobachtet wird. So z. B. wenn untersucht wird, ob die Vp bei einem scheinbar versehentlichen Mißgeschick des Versuchsleiters hilft, ob sie für den Versuchsablauf scheinbar irrelevantes aggressives Verhalten einer anderen Vp nachahmt, usw.

---

[1] Näheres zur Rating-Skala s. Langer et al., 1974, sowie Kap. 4.4.2.1. dieses Buches; zur Befragung vgl. Kap. 2.2., zu testtheoretischen Gesichtspunkten vgl. Kap. 4.1.

Ein Vorteil von nicht-instruiertem Verhalten als abhängiger Variablen ist, daß das untersuchte Verhalten als solches oft unmittelbar praxisrelevant ist. Wenn die Vp den Gesichtspunkt, unter dem beobachtet wird, nicht kennt, kommt es auch nicht so sehr zu Reaktionen auf die Messung selbst, wie etwa bei verbalen Stellungnahmen. Nachteil ist, daß meistens nur eine sehr grobe Quantifizierung möglich ist, was zur Folge hat, daß ein sehr großer Stichprobenumfang nötig ist, um statistische Verfahren mit hinreichender Teststärke durchführen zu können (näheres s. Cohen, 1977, Stelzl, 1982).

Die Beobachtung nicht instruierten Verhaltens kommt in allen Bereichen der Sozialwissenschaften, insbesondere auch in Feldexperimenten und nicht-experimentellen Feldstudien vor.

(d) **Physiologische Maße.** Physiologische Maße wie die Messung von Hautwiderstand, Pulsfrequenz, EEG usw. haben den Vorteil, der willentlichen Kontrolle der Versuchsperson entzogen zu sein. Sie haben den Nachteil, daß der damit verbundene technische Aufwand die Versuchssituation als solche stark mitbestimmt. Unter inhaltlichen Gesichtspunkten kommen sie nur für einen beschränkten Bereich z. B. für Fragestellungen aus dem Bereich Belastung, Ermüdung, Erregung, Emotion und Motivation in Betracht und werden gewöhnlich als indirekte Indikatoren verwendet.

Die hier gegebene Aufzählung von abhängigen Variablen ist keineswegs erschöpfend. In vielen Experimenten werden mehrere Maße für die abhängige Variable verwendet, z. B. physiologische Maße zusammen mit einem Rating oder einer Verhaltensbeobachtung zusammen mit einer Befragung am Ende des Versuchs. Die Auswertung kann dann entweder univariat erfolgen, das heißt jedes Maß wird getrennt für sich allein ausgewertet. Das hat den Nachteil, daß bisweilen sehr viele abhängige Signifikanztests durchgeführt werden, wodurch die Wahrscheinlichkeit steigt, auch durch Zufall ein „signifikantes" Ergebnis zu erhalten (näheres dazu s. Stelzl, 1982: Kap. 4). Oder sie kann multivariat erfolgen, z. B. über multivariate Varianzanalyse. Multivariate Verfahren sind Globaltests, die von sich aus nicht angeben, in welchen Variablen sich Effekte gezeigt haben. Es sind also nachfolgend univariate Analysen angebracht, was wieder zu dem Problem der vielen Signifikanztests führen kann. Schließlich kann man auch mehrere beobachtete Variablen als Indikatoren für dieselbe latente Dimension auffassen und die Auswertung mit einem entsprechenden Meßmodell für multiple Indikatoren vornehmen. Das ist z. B. mit Auswertungsprogrammen wie LISREL (Jöreskog & Sörbom, 1981) möglich. Zum Vergleich klassischer multivariater Verfahren für manifeste Variable (z. B. MANOVA) mit multivariaten Verfahren für latente Variable mit multiplen Indikatoren (LISREL) liegen noch kaum Erfahrungen vor.

Wenn eine geeignete Versuchsanordnung gefunden ist, muß als nächstes der Versuchsplan im engeren Sinn (Experimental Design, Versuchsgruppen-Plan) festgelegt werden. Dabei wird entschieden, welche experimentellen Bedingungen einbezogen werden (d. h.: welche unabhängigen Variablen in wieviel Stufen variiert werden), und wie die Vpn den experimentellen Bedingungen zugeordnet werden.

1. Versuchspläne mit nur einer unabhängigen Variablen

(a) **Unabhängige Gruppen.** Die einfachsten Versuchspläne enthalten nur eine unabhängige Variable. Zwei oder mehr Bedingungen, z. B. zwei Therapievarianten und eine unbehandelte Kontrollgruppe, sollen in ihren Mittelwerten, z. B. der vegetativen Labilität am Ende der Behandlungsperiode, verglichen werden.

Das kann geschehen, wenn man die Vpn nach dem Zufall auf die drei Bedingungen verteilt, den Versuch durchführt und die Daten mit Verfahren für den Mittelwertsvergleich bei unabhängigen Gruppen (einfache Varianzanalyse, H-Test, multivariate Varianzanalyse usw., s. Bortz, 1979) auswertet. Ist die unabhängige Variable eine quantitative Variable, die in mehr als zwei Stufen variiert wurde (z. B. das Ausmaß des Lärms gemessen in Phon in einem Experiment über die Wirkung des Lärms auf die Fehlerrate bei einer Vigilanzaufgabe, so kann die Art der Beziehung zwischen unabhängiger Variablen und abhängiger Variablen (z. B. linearer Anstieg/Abfall, U-förmiger Kurvenverlauf ect.) näher untersucht werden. Mittels Trendtests kann geprüft werden, ob der gefundene Kurvenverlauf einem vorher als Hypothese festgelegten Kurvenverlauf entspricht (Bortz, 1979: Kap. 7.4.). Eine solche Auswertung, bei der ein spezieller Kurvenverlauf als Hypothese getestet wird, kann wesentlich effizienter sein als ein globaler Mittelwertsvergleich.

Darüber hinaus stehen für weitere Arten von Hypothesen (Vergleich aller möglichen Mittelwertspaare, Vergleiche der Druchschnitte mehrerer zusammengefaßter Gruppen, Vergleich einer Kontrollgruppe gegen jede Versuchsgruppe) spezielle statistische Verfahren zur Verfügung (Bortz, 1979: Kap. 7.3; Kirk, 1968: Kap. 3).

Die Hauptvorteile eines Designs mit nur einer unabhängigen Variablen und abhängigen Gruppen sind:

- Der Versuchsplan ist einfach und robust.
- Die Zahl der Vpn in den Zellen muß nicht gleich groß sein (auch wenn das für die varianzanalytische Auswertung günstig ist, vgl. Bortz, 1979: Kap. 7.5.; Kirk, 1968: Kap. 2.6.).
- Gehen zufällig einzelne Meßwerte verloren, so können die übrigen ohne Schaden verwertet werden.
- Für die Auswertung stehen flexible statistische Instrumente zur Verfügung. Bei Nichterfüllung der Voraussetzungen für eine Varianzanalyse kann mit nur geringem Teststärkeverlust (Siegel 1976) auf nicht-parametrische Verfahren gewechselt werden.

Der Nachteil eines Versuchsplan mit unabhängigen Gruppen, verglichen mit einem Versuchsplan mit parallelisierten Gruppen oder Meßwiederholung an denselben Vpn, besteht darin, daß der erforderliche Stichprobenumfang recht groß werden kann. Das gilt besonders dann, wenn keine gerichteten Hypothesen bestehen, die Varianz innerhalb der Gruppen groß und die Effektstärke mittel oder klein ist.

(b) **Mehrere parallelisierte Gruppen.** Bei einer Zufallsaufteilung der Vpn auf die Bedingungen ist gewährleistet, daß sich die Gruppen vor dem Experiment in allen möglichen Variablen nicht mehr als zufällig unterscheiden. Unterschiede im Rahmen des Zufalls sind möglich und die werden um so größer sein, je kleiner der Stichprobenumfang ist (Genaueres s. Bortz, 1979: Kap. 3). Umgekehrt bedeutet das, daß bei kleineren und mittleren Effekten ein entsprechend großer Stichprobenumfang nötig ist, damit die Effekte gegen die Zufallsvarianz abgesichert werden können. Der erforderliche Stichprobenumfang kann jedoch reduziert werden, wenn man die Vpn nicht nach dem Zufall aufteilt, sondern parallelisiert. Durch die Parallelisierung wird erreicht, daß die Gruppen einander in einem oder mehreren relevanten Merkmalen genau entsprechen. In dem oben genannten Beispiel des Vergleichs von drei Therapiebedingungen (zwei Therapiearten, eine Kontrollgruppe) wäre es z. B. sinnvoll, die Gruppen nach der Ausgangslage (gemessen z. B. mit verschiedenen Fragebögen) zu parallelisieren. Bei einem Lernexperiment zum Vergleich von Unterrichtsmethoden könnte man Vorkenntnisse, Intelligenz, aber auch Motivationsvariable zur Parallelisierung heranziehen. Kurzum: Alles, was mit der abhängigen Variablen (Therapieerfolg, Lernerfolg) korreliert, kann eine sinnvolle Parallelisierungsvariable sein.

Die Parallelisierung wird durchgeführt, indem man zunächst von allen Vpn die Variable erhebt, nach der parallelisiert werden soll. Das erfordert in der Regel eine eigene Vortest-Sitzung. Für K (= Anzahl) experimentelle Bedingungen benötigt man K parallelisierte Gruppen. Man sucht nun aus dem Datenmaterial jeweils K Vpn mit gleichen Vortestwerten heraus, sogenannte „Blöcke" aus K Vpn. Die Vpn eines jeden „Blocks" werden dann nach dem Zufall auf die experimentellen Bedingungen verteilt. Danach wird der eigentliche Versuch (Therapie, Unterricht) durchgeführt. Die Auswertung der Daten erfolgt dann mit statistischen Verfahren für abhängige Gruppen (varianzanalytische Verfahren s. Bortz, 1979: Kap. 9.1.; Kirk, 1968: Kap. 5., nichtparametrische Verfahren s. Kirk, 1968: Kap. 13.; Siegel, 1976; Lienert, 1978). Diese sind effizienter als Verfahren für unabhängige Gruppen, und zwar ist der Teststärkegewinn um so größer, je enger der Zusammenhang zwischen Parallelisierungsvariable und der im Hauptversuch verwendeten abhängigen Variablen ist.

Der Hauptvorteil der Verwendung von parallelisierten Gruppen besteht also darin, daß für dieselbe statistische Teststärke weniger Vpn erforderlich sind.

Dem stehen folgende Nachteile gegenüber: Vor Beginn des eigentlichen Versuchs müssen von allen Vpn Werte für die Parallelisierungsvariablen erhoben und ausgewertet sein. Das erfordert in der Regel nicht nur eine eigene Vortest-Sitzung, sondern führt bei zeitlich lang erstreckter Vpn-Anwerbung leicht zu organisatorischen Problemen.

Sind die Versuchsgruppen gebildet, so macht sich ein Ausfall einzelner Werte sehr störend bemerkbar (Schätzung einzelner fehlender Werte bei varianzanalytischer Auswertung s. Kirk, 1968: Kap. 5.6.). Ein nachträgliches Hinzufügen weiterer Gruppen ist kaum möglich. Insgesamt ist ein Versuchsplan mit parallelisierten Gruppen eher störanfällig als ein Versuchsplan mit unabhängigen Gruppen.

(c) **Meßwiederholung an denselben Versuchspersonen.** Vpn zu beschaffen ist meist schwierig. Daher liegt es nahe, eine Vp für mehr als eine experimentelle Bedingung heranzuziehen, zumal wenn der zeitliche Aufwand des einzelnen Versuchs für die Vpn nicht sehr groß ist. Wird z. B. der Einfluß der Rückmeldungsart (richtig/falsch/keine Rückmeldung) auf das Erlernen von Listen von Wortpaaren untersucht, so könnte man daran denken, jede Vp drei Listen, je eine unter jeder der drei Rückmeldungsbedingungen lernen zu lassen. Von jeder Vp liegen dann drei Lernscores vor, und der Mittelwertsvergleich der drei Rückmeldungsbedingungen kann wieder mit statistischen Verfahren für abhängige Gruppen erfolgen.

Die Vorteile liegen auf der Hand: Es werden wesentlich weniger Vpn benötigt als bei unabhängigen Gruppen oder parallelisierten Gruppen. Es wird keine zusätzliche Sitzung benötigt (wie bei parallelisierten Gruppen), und es können doch die meist sehr viel effizienteren statistischen Verfahren für abhängige Gruppen verwendet werden.

Der Meßwiederholung an denselben Vpn stehen jedoch oft inhaltliche Gründe entgegen. Im Laufe einer länger dauernden Versuchssitzung verändern sich die Vpn: Sie gewöhnen sich an die Situation, an die Aufgabe, zeigen Übungsfortschritte, Ermüdungserscheinungen usw. Im Versuchsplan ist dafür zu sorgen, daß diese

Effekte nicht mit den experimentellen Bedingungen konfundiert werden. Eine Konfundierung wäre z. B. mit Sicherheit gegeben, wenn man alle Vpn den experimentellen Bedingungen immer in derselben Reihenfolge unterzieht (z. B. erst Rückmeldung der Richtigen, dann der Fehler, dann keine Rückmeldung). Man wird zumindest die Reihenfolge von Vp zu Vp systematisch variieren müssen. Damit hat man einfache Positionseffekte kontrolliert, da jede Bedingung gleich oft an 1., 2. und 3. Stelle steht. In der Auswertung wird man sich aber überzeugen müssen, ob nicht außer einfachen Positionseffekten kompliziertere Wechselwirkungen zwischen den Bedingungen im Spiel sind. Im vorliegenden Beispiel etwa wäre es plausibel, anzunehmen, daß die Rückmeldungsart „keine Rückmeldung" von der Vp anders aufgefaßt wird, je nachdem, ob sie an erster Stelle steht, oder ob die Vp vorher positive bzw. negative Rückmeldung erhalten hat. Falls die entsprechenden statistischen Voraussetzungen gegeben sind, kann man bei systematisch variierter Reihenfolge eine Auswertung als lateinisches Quadrat mit abhängigen Gruppen vornehmen (Näheres dazu s. Kirk, 1968: 9.11.; Bortz, 1979: Kap. 11.4.) und hoffen, daß die Auswertung keine Hinweise auf kompliziertere Wechselwirkungen zutage fördert. Eine ausführliche Diskussion der Frage Meßwiederholung ja/nein findet sich bei Greenwald (1976). Beispiele dafür, wie die Reaktion der Vp auf die Meßwiederholung als solche die Ergebnisse verändern kann, geben Schulz & Lessing, 1976, zit. nach Schulz et al., 1981, und Bierhoff, 1981.

Der Hauptvorteil eines Versuchsplans mit Meßwiederholung an denselben Vpn besteht in seiner besonderen Ökonomie; der Hauptnachteil darin, daß die erste Messung Folgewirkungen hat, die leicht mit den experimentellen Effekten konfundiert werden können.

2. Versuchspläne mit mehreren unabhängigen Variablen

Für einfache Fragestellungen genügen Versuchspläne mit nur einer unabhänigen Variablen. Bei komplexen Fragestellungen ist man jedoch häufig an der Wirkung mehrerer Variablen und insbesondere auch an der Wirkung der Kombination bestimmter Bedingungen interessiert. Man benötigt dann einen Versuchsplan, der eine systematische Variation mehrerer unabhängiger Variablen zugleich vorsieht. Wohl am häufigsten verwendet werden vollständige faktorielle Versuchspläne, zumal sie besonders geeignet sind, auch Wechselwirkungen zwischen den unabhängigen Variablen zu untersuchen.

(a) **Vollständig faktorielle Versuchspläne.** In einem vollständig faktoriellen Versuchsplan wird jede Stufe der einen unabhängigen Varibalen mit jeder Stufe der anderen unabhängigen Variablen kombiniert. Ein Experimentator könnte z. B. daran interessiert sein:

- Wie sich das Zeitintervall zwischen Erlernen und Reproduktion auf die Menge des Reproduzierten auswirkt (Vergessenskurve). Das Zeitintervall soll in fünf Stufen 1, 2, 3, 4, 5 Tage variiert werden (Variable A).
- Wie sich die Lernmethode (massiertes vs. verteiltes Lernen), nach der gelernt wurde, auf das Vergessen auswirkt (Variable B).

Wenn man jede Stufe der Variablen „Zeitintervall" mit jeder der beiden Stufen der Variablen Lernmethode kombiniert, ergibt sich ein vollständig faktorieller Versuchsplan mit insgesamt $5 \times 2 = 10$ Bedingungskombinationen, wie in Versuchsplanskizze 1, Abb. 1, dargestellt.

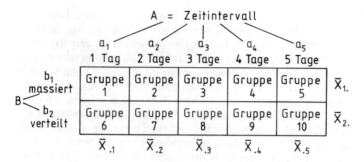

Abb. 1 Vollständig faktorieller 5×2-Versuchsplan mit den unabhängigen Variablen A (= Zeitintervall) und B (= Lernmethode).

Teilt man z. B. n = 200 Versuchspersonen nach dem Zufall auf die 10 Bedingungskombinationen (oft auch „Zellen" genannt) auf, so erhält man einen Versuchsplan mit 10 unabhängigen Gruppen zu je 20 Vpn.

Ein solcher Versuchsplan wird gewöhnlich varianzanalytisch ausgewertet (Näheres siehe Bortz, 1979: Kap. 8.1.; Kirk, 1968: Kap. 7.), wobei folgende Fragestellungen untersucht werden:

– Haupteffekt A: Wirkt sich das Zeitintervall auf die Menge des Reproduzierten aus? Zur Beantwortung dieser Frage werden die Vpn nur nach der Variablen A (Länge des Zeitintervalls) gruppiert und für jede Gruppe der Mittelwert der Reproduktionsleistung errechnet (hier: fünf Spalten-Mittelwerte $\overline{X}._1, \overline{X}._2, \overline{X}._3, \overline{X}._4,$ $\overline{X}._5$ basierend auf je 40 Vpn, wovon jeweils 20 massiert und 20 verteilt gelernt haben). Es wird gefragt, ob sich diese 5 Mittelwerte signifikant voneinander unterscheiden.

– Haupteffekt B: Wirkt sich die Methode, nach der gelernt wurde, auf die Menge des Reproduzierten aus? Dabei werden die Vpn nur nach Variable B (Lernmethode) gruppiert und für jede Gruppe der Mittelwert der Reproduktionsleistung berechnet (hier: zwei Mittelwerte $\overline{X}_1., \overline{X}_2.$), jeder basierend auf $5 \times 20 = 100$ Vpn. Es wird gefragt, ob sich die beiden Mittelwerte signifikant voneinander unterscheiden.

– Wechselwirkung AB: Hängt die Wirkung der Variablen A (Zeitintervall) von Variable B (Lernart) ab? Ist die Verlaufsform der Vergessenskurve unterschiedlich, jenachdem ob massiert oder verteilt gelernt wurde?

Näheres zur mathematischen Definition von Haupteffekten und Wechselwirkung siehe Bortz (1979: Kap. 8.1.) oder andere Lehrbücher der Varianzanalyse.

Im vorliegenden Beispiel wurde angenommen, daß in jeder Zelle gleich viel Vpn sind. Das ist einmal aus technisch-statistischen Gründen günstig (die Varianzanalyse ist gegen Verletzungen ihrer Voraussetzungen relativ robust, wenn die Versuchspersonenzahl in jeder Zelle gleich ist), hat aber auch inhaltliche Gründe. Signifikante Unterschiede zwischen den fünf Spaltenmittelwerten sind nur dann als Haupteffekt A (Wirkung des Zeitintervalls) interpretierbar, wenn die fünf Gruppen hinsichtlich der Variablen B (Lernart) gleich zusammengesetzt sind. Hätten dagegen z. B. die Vpn, die nach einem Tag abgefragt werden, überwiegend massiert gelernt, die Vpn, die nach zwei Tagen abgefragt werden, überwiegend verteilt, so wären die beiden unabhängigen Variablen konfundiert und ein Unterschied zwischen den

Spaltenmittelwerten $\bar{X}_{\cdot 1}$, $\bar{X}_{\cdot 2}$ könnte sowohl durch das unterschiedliche Zeitintervall als auch der unterschiedlichen Lernart bedingt sein.

Versuchspläne, bei denen jede A-Gruppe bezüglich B gleich zusammengesetzt ist (das muß nicht, wie im vorliegenden Beispiel, 50% b_1 und 50% b_2 sein, sondern könnte auch 70% b_1 und 30% b_2 sein, das Mischungsverhältnis muß aber bei allen A-Bedingungen gleich sein) heißen „orthogonal", und zeichnen sich durch besondere Klarheit in der Interpretation der varianzanalytischen Effekte aus. Die Auswertung nichtorthogonaler Versuchspläne wurde in der Literatur lang und kontrovers diskutiert (Kirk, 1968: Kap. 7.9.; Overall et al., 1975; Cramer et al., 1980; Overall et al., 1981). Sie ist diffizil, da die inhaltliche Bedeutung und die Signifikanz der Effekte im allgemeinen von der Reihenfolge abhängt, in der die Effekte extrahiert werden. Es ist also nicht damit getan, daß man ein Programm auftreibt, das Varianzanalysen mit ungleicher Zellbesetzung rechnen kann. Wenn man die Möglichkeit hat, mit orthogonalen Versuchsplänen zu arbeiten, besteht im allgemeinen kein Anlaß, sich auf die Probleme mit nichtorthogonalen Auswertungen einzulassen. Man kann das ruhig den Feldforschern überlassen.

Auch wenn vollständig faktorielle Versuchspläne routinemäßig varianzanalytisch nach Haupteffekten und Wechselwirkungen ausgewertet werden, so lohnt es sich doch, im Einzelfall darüber nachzudenken, ob nicht speziellere Hypothesen aufgestellt werden können. Das könnten spezielle Hypothesen über die Art der Haupteffekte sein (im vorliegenden Beispiel wäre es naheliegend, anzunehmen, daß die Reproduktionsleistung mit längerem Zeitintervall immer mehr abnimmt) oder auch speziellere Hypothesen über die Art der Wechselwirkung (im vorliegenden Beispiel etwa die Hypothese, daß die Steilheit des Leistungsabfalls durch Vergessen je nach vorausgegangener Lernmethode verschieden ist). Wenn man solche spezielleren Hypothesen begründet vor dem Experiment aufstellt, so kann man die statistische Teststärke des Experiments durch eine gezielte Prüfung dieser spezielleren Hypothesen gegenüber der varianzanalytischen Routineauswertung wesentlich verbessern (zum rechnerischen Vorgehen s. Kirk, 1968: Kap. 7.6. und 7.7.).

Schließlich kann es auch vorkommen, daß die statistischen Hypothesen über Haupteffekte und Wechselwirkung überhaupt nicht recht zu den inhaltlichen Hypothesen passen: Dann z.B., wenn vorhergesagt wird, daß nur eine spezielle Bedingungskombination in ihrer Wirkung von allen anderen abweicht. In einer varianzanalytischen Routineauswirkung würde dieser Effekt auf beide Haupteffekte und die Wechselwirkung zerrissen, wobei am Ende alles, oder wegen zu geringer Teststärke gar nichts signifikant würde. In einem solchen Fall wäre es angemessener, bei der Auswertung von der faktoriellen Struktur des Versuchsplans abzusehen und wie bei einem Versuchsplan mit nur einer unabhängigen Variablen (die nun so viele Stufen hat wie es Bedingungskombinationen gibt) die eine Zelle gegen den Durchschnitt aller anderen zu testen (z.B. nach der Methode der vorher geplanten Kontraste oder mit einem Scheffé-Test, s. Kirk, 1968: Kap. 3). Ein bestimmter Versuchsplan legt zwar eine bestimmte Auswertung nahe, die in der Regel auch angemessen ist. Das schließt aber im Einzelfall die Suche nach besseren Alternativen nicht aus.

Eine varianzanalytische Auswertung setzt voraus, das die abhängige Variable auf Intervallskalenniveau gemessen wird, das heißt, die Abstände zwischen den Skaleneinheiten müssen auf der ganzen Skala gleich groß sein. Nun ist man zumindest in der Psychologie gewohnt, mit dieser Forderung sehr großzügig umzugehen und auch mehr oder minder willkürlich definierte Skalen (z.B. Punktwerte aus irgendwelchen ad hoc konstruierten Fragebogen oder Tests) wie Intervallskalen zu behandeln. Das ist nicht allzu gravierend, solange es um die Interpretation der Haupteffekte geht. Man kann im allgemeinen davon ausgehen, daß eine monotone Skalentransformation (= eine solche, die die Rangreihe der Werte gleichläßt) die Ergebnisse nicht wesentlich beeinflußt – Gegenbeispiele lassen sich natürlich konstruieren. Für das Auftreten/Nichtauftreten einer Wechselwirkung hingegen kann die Art der Skalierung entscheidend sein. Eine nähere Erörterung des Problems mit Beispielen mit Wechselwirkungen, die gegenüber monotonen Skalentransformationen robust sind, und solchen, die es nicht sind, findet man bei Stelzl (1982: Kap. 7.1.).

In faktoriellen Versuchsplänen können auch drei oder mehr unabhängige Variablen vollständig kombiniert werden: Z. B. könnte man den oben genannten Versuch mit sinnvollem und sinnlosem Material durchführen und erhielte dann einen $5 \times 2 \times 2$-Versuchsplan wie in Abb. 2 dargestellt.

Ein solcher Versuchsplan ermöglicht dann:

Die Untersuchung der drei Haupteffekte:
A   Zeitintervall: 1 Tag bis 5 Tage (fünf Mittelwerte)
B   Lernmethode: massiert/verteilt (zwei Mittelwerte)
C   Material: sinnvoll/sinnlos (zwei Mittelwerte)

	$c_1 =$ sinnvolles Material					$c_2 =$ sinnloses Material				
	a_1 1	a_2 2	a_3 3	a_4 4	a_5 5 Tage	a_1 1	a_2 2	a_3 3	a_4 4	a_5 5 Tage
b_1 massiert	Gr. 1	Gr. 2	Gr. 3	Gr. 4	Gr. 5	Gr. 11	Gr. 12	Gr. 13	Gr. 14	Gr. 15
b_2 verteilt	Gr. 6	Gr. 7	Gr. 8	Gr. 9	Gr. 10	Gr. 16	Gr. 17	Gr. 18	Gr. 19	Gr. 20

Abb. 2   Vollständig faktorieller $5 \times 2 \times 2$-Versuchsplan mit den unabhängigen Variablen A (= Zeitintervall), B (= Lernmethode) und C (= Material). Gr. = Gruppe

Die Untersuchung der drei zweifachen Wechselwirkungen AB, AC, BC. Hier wird jeweils gefragt, ob die Wirkung der einen Variablen von der anderen abhängt, also z. B. bei AC, ob die Wirkung des Zeitintervalls (Vergessensverlauf) bei sinnvollem und sinnlosem Material verschieden ist.

Bei der Untersuchung der dreifachen Wechselwirkung ABC wird gefragt, ob die zweifachen Wechselwirkungen von der dritten Variablen abhängen. Das wäre z. B. der Fall, wenn bei sinnlosem Material (c_1) der Vergessensverlauf von der Lernmethode abhinge (eine Wechselwirkung AB vorhanden wäre), nicht aber bei sinnvollem Material (c_2). In obigem Beispiel wurde angenommen, daß die Vpn auf die Zellen des Versuchsplans zufällig aufgeteilt werden. Das ist bei einem Experiment zum Vergessensverlauf auch angezeigt, da bei wiederholter Abfrage nach verschiedenen Zeitintervallen die Abfrage zugleich als Wiederholung der bis dahin behaltenen wirken würde, man also keine reine Vergessenskurve erhalten würde.

Von der Technik der Auswertung her gesehen bereitet es keine Schwierigkeiten, wenn statt unabhängigen Gruppen abhängige verwendet werden. Man kann wie bei Versuchsplänen mit nur einer unabhängigen Variable durch eine Parallelisierung die Teststärke des Experiments verbessern. Auch faktorielle Versuchspläne mit Meßwiederholung an denselben Vpn sind möglich. Die Meßwiederholung kann, wie z. B. bei Experimenten, in denen ein Zeitverlauf untersucht werden soll, vom Inhalt der Fragestellung her nahegelegt werden, oder einfach nur aus ökonomischen Gründen erfolgen, um mit weniger Vpn auszukommen. Abb. 3 zeigt einen zweifaktoriellen Versuchsplan mit Meßwiederholung auf einem, Abb. 4 mit Meßwiederholung auf beiden Faktoren.

		A				
		a_1	a_2	a_3	a_4	a_5
B	b_1	Gruppe 1	Gruppe 1	Gruppe 1	Gruppe 1	Gruppe 1
	b_2	Gruppe 2	Gruppe 2	Gruppe 2	Gruppe 2	Gruppe 2

Abb. 3 Vollständig faktorieller 5×2-Versuchsplan mit Meßwiederholung auf Faktor A.

		A				
		a_1	a_2	a_3	a_4	a_5
B	b_1	Gruppe 1	Gruppe 1	Gruppe 1	Gruppe 1	Gruppe 1
	b_2	Gruppe 1	Gruppe 1	Gruppe 1	Gruppe 1	Gruppe 1

Abb. 4 Vollständig faktorieller 5×2-Versuchsplan mit Meßwiederholung auf beiden Faktoren.

Näheres zur Auswertung solcher Versuchspläne s. Kirk (1968: Kap. 8), Bortz (1979: Kap. 9), zur Diskussion der Voraussetzungen der Auswertung Stelzl (1982: Kap. 2.3.).

Ein Versuchsplan, in dem dieselben Vpn alle Bedingungskombinationen durchlaufen wie in Abb. 4 skizziert, ist von der Zahl der zu beschaffenden Vpn her gesehen sicher am ökonomischsten. Vielfach ist das aber aus verschiedenen Gründen (zeitliche Beanspruchung der Vpn, Erinnerungseinflüsse und sonstige Störeinflüsse der Bedingungen untereinander) nicht möglich. Man kann dann einen faktoriellen Versuchsplan mit Meßwiederholung auf nur einem von mehreren Faktoren wählen wie in Abb. 3 dargestellt, man kann aber auch die Auswahl der Bedingungen, die einer Vp vorgelegt werden, von Vp zu Vp nach bestimmten Schemata systematisch variieren. Näheres dazu findet man bei Kirk (1968: Kap. 5, 9, 10, 11).

Vollständig faktorielle Versuchspläne haben folgende Vorteile:
– Dieselben Vpn können für mehrere Fragestellungen herangezogen werden.
– Es können Wechselwirkungen zwischen den UV untersucht werden.

Aufgrund dieser Vorteile gehören vollständig faktorielle Versuchspläne zu den beliebtesten experimentellen Designs. Bezüglich der Frage unabhängige Gruppen/parallelisierte Gruppen/Meßwiederholung gilt dasselbe, was bereits bei Versuchsplänen mit nur einer unabhängigen Variablen ausgeführt wurde.

(b) **Hierarchische Versuchspläne.** Hierarchische Versuchspläne sind eine spezielle Art unvollständiger Kombination, die eingesetzt werden kann, wenn vollständige Kombinationen aus praktischen Gründen nicht möglich sind. Angenommen, es sollten zwei Therapiearten verglichen werden und für den Versuch stünden 8 Therapeuten zur Verfügung, von denen jeder 4 Patienten zu übernehmen bereit ist. Nun ist anzunehmen,daß der Therapieerfolg nicht nur von der Therapieart, sondern auch von der Person des Therapeuten abhängt. Da ein Therapeut mehrere Patienten behandelt, muß der „Therapeut" als unabhängige Variable in den Versuchsplan einbezogen werden. Bei einem vollständig faktoriellen Versuchsplan müßte jeder Therapeut je 2 Patienten nach der einen, 2 Patienten nach der anderen Methode behandeln, wie in Abb. 5 skizziert.

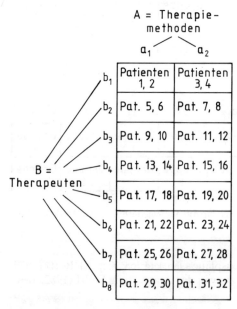

Abb. 5 Faktorieller 8 × 2-Versuchsplan mit den unabhängigen Variablen A (= Therapiemethoden) und B (= Therapeuten) und 2 Vpn pro Zelle. Jeder Therapeut arbeitet mit beiden Methoden.

Das würde voraussetzen, das jeder Therapeut sich in beide Therapiearten einarbeitet, und sie abwechselnd anwendet. In einem hierarchischen Versuchsplan dagegen werden die Therapeuten nach dem Zufall auf die beiden Therapiearten verteilt und jeder Therapeut behandelt alle die ihm zugewiesenen Patienten mit derselben Methode (Abb. 6).

Diese Versuchsanordnung hat den Vorteil, daß jeder Therapeut nur eine Therapieart anwenden braucht. Sie hat den Nachteil, daß eine Wechselwirkung zwischen

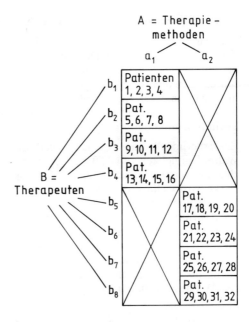

Abb. 6 Hierarchischer Versuchsplan. Jeder Therapeut arbeitet mit nur einer von beiden
Methoden.

Therapiemethoden und Person des Therapeuten nicht untersucht werden kann. Sie
hat außerdem den Nachteil, daß die statistische Teststärke für den Haupteffekt
„Therapiearten" geringer ist als bei einem faktoriellen Versuchsplan. Hierarchische
Versuchspläne werden gewöhnlich als Kompromiß mit den praktischen Durchfüh-
rungsmöglichkeiten gewählt.

Obiges Beispiel stellt den einfachsten Fall eines hierarchischen Versuchsplans dar.
Ein hierarchischer Versuchsplan kann auch mehrfach gestuft sein, wenn z. B. beim
Vergleich von Unterrichtsmethoden jeder Methode nach dem Zufall mehrere Lehrer, jedem Lehrer mehrere Klassen und jeder Klasse mehrere Schüler zugeordnet
werden. Ein Versuchsplan kann auch bezüglich einer Variablen hierarchisch aufgebaut, bezüglich anderer vollständig faktoriell kombiniert sein. Das wäre der Fall,
wenn in obigem Beispiel in jeder Klasse Buben und Mädchen wären und das Geschlecht als unabhängige Variable in der Auswertung aufgenommen würde. Die
Variable „Geschlecht" ist dann mit den übrigen (Klasse, Lehrer, Unterrichtsmethoden) vollständig kombiniert. Dazu könnte auch noch Meßwiederholung kommen,
wenn der Unterrichtserfolg bei jedem Schüler zu mehreren Zeitpunkten erhoben
wird. Eine allgemeine Anleitung zur Auswertung beliebig gemischt faktorieller-
hierarchischer Versuchspläne mit oder ohne Meßwiederholung findet man bei Kirk,
1968: Kap. 7.10.

Die statistische Theorie zur Auswertung komplexerer Versuchspläne ist im wesentlichen die Varianzanalyse, wobei die entsprechenden Voraussetzungen erfüllt sein
müssen. Nichtparametrische Alternativen findet man bei Lienert (1978), für die
Auswertung qualitativer Daten sei auf log-lineare Modelle (Gokhale & Kullback,
1978; Langeheine, 1982) verwiesen.

3.1.2.2. Die Schätzung der Teststärke des Experiments

Die Durchführung eines Experiments ist nur dann sinnvoll, wenn seine statistische Teststärke ausreichend ist. Die statistische Teststärke ist die Wahrscheinlichkeit, mit der vorhandene experimentelle Effekte zu einem statistisch signifikanten Ergebnis führen (Genaueres s. Bortz, 1979: Kap. 4). Die Teststärke eines Experiments hängt in erster Linie vom Stichprobenumfang ab. Die Frage, ob die Teststärke eines Experiments ausreicht, fällt deshalb praktisch mit der Frage zusammen, ob der Stichprobenumfang groß genug ist.

Ein Experiment, das z. B. einen mittelgroßen experimentellen Effekt nur mit einer Wahrscheinlichkeit von 0,50 oder gar noch weniger „entdeckt" (als statistisch gesichert ausweist), ist falsch geplant. Als Richtwert für die minimal erforderliche Teststärke wird vielfach der Wert 0,80 angesehen (Cohen, 1977; Stelzl, 1982). Dieser Wert ist immer noch relativ niedrig, wenn man bedenkt, daß damit das Risiko, einen vorhandenen Effekt nicht aufzuzeigen, z. B. in einem Replikationsexperiment einen gesicherten Befund nicht zu replizieren, immer noch 0,20 ist, also die Chancen für ein Gelingen oder Mißlingen der Replikation eines realen Effekts nur 4:1 stehen. Eine ausführliche Anleitung zur Schätzung der Teststärke bzw. des erforderlichen Stichprobenumfangs mit entsprechendem Tabellenwerk findet man bei Cohen (1977), Faustregeln zur Groborientierung bei Stelzl (1982).

Eine Verbesserung der Teststärke eines Experiments kann außer am Stichprobenumfang auch an verschiedenen anderen Stellen des Versuchsplans ansetzen. Man kann

(a) die unabhängige Variable drastischer manipulieren und damit den experimentellen Effekt vergrößern.
(b) Die Störvariablen besser kontrollieren. Dazu kann man z. B. mit homogeneren Versuchspersonen arbeiten (z. B. nur Studenten nehmen, was einer Reduktion der potentiellen Störvariablen „Bildungsunterschiede" entspricht), oder eine oder mehrere Vormessungen durchführen und sie zu einer Parallelisierung oder für eine Kovarianzanalyse heranziehen. Die Parallelisierung ist in der experimentellen Durchführung aufwendiger als eine Kovarianzanalyse, dafür spart man die zusätzlichen statistischen Voraussetzungen, die man für eine Kovarianzanalyse eingehen muß (Kirk, 1968: Kap. 12.4.; Bortz, 1979: Kap. 10.2.) und von denen man vor Durchführung des Experiments noch nichts wissen kann, ob sie erfüllt sein werden (Näheres zum Vergleich Parallelisierung, Kovarianzanalyse s. Kirk, 1968: Kap. 12.10.; Cox, 1957).
(c) Verbesserte Messung der abhängigen Variablen und Wahl eines effizienteren statistischen Verfahrens: Wenn die abhängige Variable nur sehr grob erfaßt wird (z. B. nur in zwei Kategorien „gebessert/nicht gebessert" in einem Experiment zum Therapievergleich) und zur Auswertung nur Häufigkeitsstatistik (z. B. Chi-Quadrat) gemacht werden kann, so wird die Teststärke relativ gering sein (genauer gesagt: für eine angemessene Teststärke sind sehr große Versuchspersonenzahlen und/oder massive Effekte nötig). Die Teststärke kann wesentlich verbessert werden, wenn es gelingt, den Therapieerfolg zu quantifizieren und parametrische statistische Verfahren anzuwenden.

3.1.3 Die Durchführung des Experiments

Wenn die Planung des Experiments soweit abgeschlossen ist, daß Versuchsanordnung und experimentelles Design feststehen, beginnt die organisatorische Arbeit:

Versuchspersonen und Versuchsleiter müssen gefunden und den entsprechenden Bedingungen zugeordnet, geeignete Räumlichkeiten beschafft werden, usw. Die zunehmenden Schwierigkeiten, Vpn zu gewinnen, sind bei Wottawa (1977) realistisch geschildert. Vermutlich durch in in den letzten Jahren gewachsene Zahl an Studenten, die für ihre Examensarbeiten Vpn benötigen, trifft man an vielen Organisationen (Schulen, Kindergärten, Betrieben) insbesondere in Universitätsnähe auf starke Zurückhaltung, wenn es darum geht, Vpn zur Verfügung zu stellen. Durch das Datenschutzgesetz sind Adressenlisten kaum mehr zu erhalten. Dazu kommt, daß der Versuchsleiter der Vp meist keinen finanziellen Anreiz bieten kann, am Experiment teilzunehmen, sondern auf Teilnahme aus Gefälligkeit angewiesen ist. Diese praktischen Schwierigkeiten und nicht etwa mangelnde Einsicht in die Tatsache, daß Studenten eine besondere, in vieler Hinsicht nicht repräsentative Gruppe sind, ist der Grund, weshalb ein großer Teil psychologischer Forschung mit Studenten, insbesondere Psychologiestudenten auf halb freiwilliger Basis (eine bestimmte Zahl von Pflichtstunden als Vp muß abgeleistet werden) durchgeführt wird.

Für den Versuchsleiter ist es am einfachsten, wenn er eine größere Zahl von Vpn zugleich bestellen und den Versuch dann als Gruppenversuch durchführen kann. Ein solches Vorgehen führt aber mit einiger Wahrscheinlichkeit zu Gruppeneffekten. Auch wenn die Vpn nicht direkt miteinander Kontakt aufnehmen, so kann doch die Atmosphäre, in der der Versuch stattfindet, von Gruppe zu Gruppe recht verschieden sein. Dem ist in der Auswertung Rechnung zu tragen, z. B. indem man „Gruppenzugehörigkeit" als unabhängige Variable mit aufnimmt. Die Teststärke eines solchen Versuchsplans wird im allgemeinen geringer sein, als bei gleicher Versuchspersonenzahl in Einzelversuchen. Eine Vernachlässigung der Variable „Gruppenzugehörigkeit" würde jedoch einen Auswertungsfehler darstellen, der leicht zu Fehlinterpretationen führen kann (Wolins, 1982; Stelzl, 1982: Kap. 2.2.). Das gilt besonders auch dann, wenn Mitglieder natürlicher Gruppen (z. B. Schulklassen) nicht auf die experimentellen Bedingungen aufgeteilt wurden, sondern als ganze Gruppen den experimentellen Bedingungen zugeordnet wurden. Der Einzelversuch ist zwar zeitraubender, wenn aber die Zahl der insgesamt verfügbaren Versuchspersonen beschränkt ist, zweckmäßiger.

Weiters ist bei der Versuchsdurchführung darauf zu achten, daß in eine als Zufallsaufteilung geplante Gruppenaufteilung nicht doch systematische Verzerrungen eingehen. Die Durchführung der Zufallsaufteilung ist unproblematisch, wenn die Vpn auf einmal zur Verfügung stehen und per Los, nach dem Alphabet oder dergleichen den experimentellen Bedingungen zugeordnet werden können. Wenn sich hingegen die Anwerbung der Vpn und die Versuchsdurchführung über einen längeren Zeitraum erstreckt, ist damit zu rechnen, daß die zuletzt durchgeführten Versuche unter etwas anderen Bedingungen stattfinden als die ersten (andere Zusammensetzung der erreichbaren Vpn durch jahreszeitlich bedingte Einflüsse und spezielle Termine, unbeabsichtigte Änderungen im Versuchsleiterverhalten durch zunehmende Rollensicherheit, Routine, Langeweile usw.). Deshalb wäre es ein Fehler, die experimentellen Bedingungen nacheinander mit Vpn aufzufüllen, das heißt die zuerst eintreffenden Vpn alle der ersten Versuchsbedingung zuzuweisen, die danach kommenden alle der zweiten usw. Vielmehr sollte die Durchführung aller Versuchsbedingungen zugleich erfolgen. Wenn mehrere Versuchsleiter an der Abwicklung der Versuche beteiligt sind, ist auf Versuchsleitereffekte zu achten, damit diese nicht unbeabsichtigt mit den experimentellen Effekten konfundiert werden. Das wäre z. B. der Fall, wenn jeder Versuchsleiter die Durchführung einer experimentellen

Bedingung allein übernimmt. Wenn dagegen jeder Versuchsleiter an allen experimentellen Bedingungen gleichmäßig beteiligt ist, können Versuchsleitereffekte kontrolliert werden.

Außer Gruppeneffekten, systematischen Tendenzen bei der Versuchspersonenaufteilung und Versuchsleitereffekten könnte man noch eine Reihe weiterer Störvariablen nennen, die mit der Versuchsdurchführung zusammenhängen und einer Kontrolle bedürfen. Ihre Kontrolle ist zum Teil Routine (z. B. das Konstanthalten der äußeren Versuchssituation, der räumlichen Bedingungen, des Versuchsmaterials und der Instruktion, soweit sie nicht planmäßig variiert werden), zum Teil auch nur für bestimmte Fragestellungen relevant (z. B. die strikte Ausschaltung von Straßenlärm und anderen gewohnten Umweltgeräuschen bei akustischen Versuchen). Zur Kontrolle von Störvariablen, die mit der sozialen Interaktion zwischen Versuchsleiter und Versuchsperson sowie Erwartungshaltungen von seiten des Versuchsleiters und/oder der Versuchsperson zu tun haben (s. Kap. 3.2. in diesem Band).

3.1.4. Die Ergebnisse und ihre Einordnung

Der Auswertungsplan für ein Experiment sollte feststehen, bevor die Daten erhoben werden, so daß die Auswertung selbst dann nur noch Durchführungsarbeit ist.

Im günstigen Fall können die erwarteten experimentellen Effekte statistisch gesichert werden, und die Hypothesen, unter denen das Experiment durchgeführt wurde, werden bestätigt. Die weitere Forschung kann dann in verschiedene Richtungen gehen: Man kann zunächst versuchen, das Ergebnis mit anderen Vpn und mit anderen Methoden zu replizieren und so den Geltungsbereich zu erkunden. Wie wichtig es ist, die Methodeninvarianz der Ergebnisse nachzuweisen, hat Bredenkamp (1980) betont, wobei er dafür den Begriff „Konzeptuelle Replikation" (Bredenkamp, 1980: 34) verwendet. Kriz (1981) zeigt an Literaturbeispielen, wie eng Ergebnisse empirischer Forschung an die Verwendung eines bestimmten Materials und eine bestimmte Auswertungsmethode gebunden sein und über die spezielle Auswahl von Material und Auswertungsart manipulierbar (manipuliert) sein können.

Wenn man einen experimentellen Effekt gesichert hat, kann man darauf aufbauend versuchen, durch subtilere Kontrollgruppen die Kausalanalyse des Zustandekommens des Effekts weiter voranzutreiben. Angenommen, jemand habe zunächst die Wirksamkeit einer Therapie nachgewiesen, indem er eine Therapiegruppe mit einer unbehandelten Kontrollgruppe verglichen hat. Er kann nun weiter fragen, ob eher die kognitive oder eher die suggestive Komponente der Therapie oder nur die Kombination wirksam war. Diese nähere Analyse des Behandlungserfolgs erfordert dann mehrere sorgfältig auf die Isolation der einzelnen Wirkungskomponenten abgestimmte Kontrollgruppen. Ein solches Experiment zu planen und durchzuführen könnte dann der nächste Schritt in der Forschung sein.

Im ungünstigen Fall endet ein Experiment damit, daß die erwarteten Effekte nicht aufgetreten sind. Auch dieses Ergebnis bedarf einer Interpretation. Es könnte sein, daß der Effekt zwar vorhanden, aber durch Zufallseinflüsse überlagert war und dadurch im vorliegenden Experiment nicht statistisch nachgewiesen werden konnte. Es würde sich dann um einen Beta-Fehler handeln. Um die Plausibilität dieser Erklärung abschätzen zu können, sollte schon im Planungsstadium des Experiments die Teststärke und damit das Beta-Risiko geschätzt worden sein.

Wenn die Erklärung als Beta-Fehler nicht zutrifft, also der experimentelle Effekt in diesem Versuch tatsächlich nicht aufgetreten ist, so braucht deshalb die Hypothese, zu deren Untersuchung das Experiment entworfen wurde, doch nicht völlig falsch sein. Die spezielle Auswahl der Vpn, die Art der Manipulation der unabhängigen Variablen, das Maß für die abhängige Variable – jede dieser bei der Planung des Versuchs getroffenen Entscheidungen kann für das Ausbleiben des Effekts verantwortlich sein. Viele dieser Entscheidungen ergeben sich nicht zwingend aus der getesteten Hypothese, sondern werden ad hoc getroffen. Ob es lohnend erscheint, das Experiment mit bestimmten Modifikationen zu wiederholen und an welchen Stellen die Modifikationen angebracht werden sollen, kann nur im Einzelfall entschieden werden. Eine Wiederholung des Experiments sollte dabei nach Möglichkeit kein bloßes Noch-mal-Probieren sein, sondern es sollte versucht werden, das bereits vorliegende negative Ergebnis zu erklären, die Hypothese zu modifizieren (die Modifikation kann in einer spezifischen Einschränkung des Geltungsbereichs bestehen) und die modifizierte Hypothese neu in ein Experiment umzusetzen. Erreicht werden soll eine Differenzierung und Weiterentwicklung des Problemstandes und nicht eine Anhäufung einander widersprechender empirischer Befunde.

Nicht selten kommt es auch vor, daß die Erwartungen des Versuchsleiters in einigen Punkten bestätigt werden, in anderen nicht (in zwei von fünf abhängigen Variablen sind die Effekte signifikant, in den anderen nicht), oder daß nicht erwartete Nebenergebnisse auftreten.

Wenn sehr viele Signifikanztests durchgeführt werden und nur einige wenige Signifikanzen aufgetreten sind, oder nicht geplante Signifikanztests erst angesichts der Daten durchgeführt wurden, ist an die Möglichkeit von Alpha-Fehlern (Zufallsergebnisse, näheres s. Bortz, 1979: Kap. 4; Stelzl, 1982: Kap. 4) zu denken. Solche Ergebnisse bedürfen einer zusätzlichen statistischen Sicherung durch eine Kreuzvalidierung (s. Stelzl, 1982: Kap. 4.2.), das ist eine Replikation an unabhängigen Daten. Sind die Ergebnisse statistisch gesichert, legen sie eine Modifikation der Hypothese und daraus abgeleitet neue Experimente nahe.

Man kann also sagen: Geglückte Experimente, die die erwarteten Effekte statistisch gesichert ausweisen, stellen keine Fragen, sondern geben Antworten. Teilweise geglückte Experimente oder solche mit unerwarteten Ergebnissen regen zum Nachdenken an – wobei man vielleicht manches, worüber man hinterher nachdenkt, auch vorher hätte bedenken können. Aber besser man lernt hinterher als nie. Und wenn man auf einer höheren Reflexionsebene schon vorher bedenkt, daß man nicht alles vorher bedenken kann, plant man am besten gleich eine Folge von Experimenten und lernt aus den (Teil-) Erfolgen.

3.2. Laboruntersuchungen

von Kurt H. Stapf

Vorbemerkung

Der nachfolgende Beitrag behandelt mit den wissenschaftlichen Untersuchungen im Laboratorium eine Forschungsform, welche im Vergleich zu den Naturwissenschaften für die Sozialwissenschaften nicht gerade typisch ist. Nichtsdestoweniger hat diese Forschungsform, beginnend etwa im 17. Jahrhundert in den klassischen Naturwissenschaften, schon im 19. Jahrhundert die Fachgrenzen von Physik und Chemie überschritten, und heute ist in allen sozialwissenschaftlichen Disziplinen (Ökonomie, Psychologie, Soziologie, Politologie) die Laborforschung anzutreffen.[1] Freilich nahm und nimmt in dieser methodischen Entwicklung innerhalb der modernen Sozialwissenschaften die Psychologie gegenstandsbedingt die führende Position ein. Man kann sogar die Auffassung vertreten, daß die relativ frühe Hinwendung zur Laborforschung – etwa ab der Mitte des 19. Jahrhunderts – zum Durchbruch der Psychologie als eigenständiger Wissenschaft entscheidend beigetragen hat. Einen historischen Meilenstein bildet das Jahr 1879, in welchem Wundt in Leipzig das erste psychologische Laboratorium eröffnete.

3.2.1. Zum Begriff der Laboruntersuchung

Diese Bezeichnung für eine bestimmte Art des wissenschaftlichen Vorgehens leitet sich von der besonderen Beschaffenheit des Ortes bzw. der Umgebung her, in der die Untersuchung stattfindet. Unter einem Laboratorium (von lat. laborare = sich abmühen, arbeiten) versteht man allgemein eine Arbeits- und Forschungsstätte für wissenschaftlich-experimentelle oder technische Untersuchungen mit den dazu erforderlichen (z.B. apparativen) Einrichtungen. Da die Begriffe „Laboratorium" und „Experiment" in der Vergangenheit von Gegnern der experimentellen Methode in den Sozialwissenschaften nicht selten konfundiert wurden, empfehlen Fromkin und Streufert (1976: 417), in der sozialwissenschaftlichen Methodendiskussion eine terminologische Trennung von „Forschungsumgebung" (research setting) und „Forschungsstrategie" (research strategy) vorzunehmen. Den begrifflichen Gegensatz zur Laborforschung (Laborbeobachtung, Laborexperiment) bildet (in den Sozialwissenschaften) die Feldforschung (Feldbeobachtung, Feldexperiment).

Daneben werden in den Sozialwissenschaften noch die folgenden Forschungsformen unterschieden: Aktionsforschung, Einzelfallstudien, Panel-Untersuchungen, Sekundär-Analysen, Längs- und Querschnittsverfahren, Simulation und Systemanalyse (vgl. hierzu die einzelnen Beiträge in Kap. 3).

Die Feldforschung findet, einerlei mit welcher Forschungsstrategie bzw. mit welcher Methode der Datengewinnung, in der natürlichen Umgebung, dem alltäglichen sozialen Milieu eines zu untersuchenden Individuums bzw. einer Gruppe, statt, während die Laborforschung in einem speziell für die Zwecke der Untersuchung, also einem künstlich geschaffenen Milieu, durchgeführt wird. Diese vom Forscher planmäßig hergestellte Labor-Umwelt erlaubt ihm eine Standardisierung und weitgehende Konstanthaltung und Kontrolle der Untersuchungsbedingungen; hinzu treten vielfältige technische Registriermöglichkeiten mit Hilfe der Laborapparaturen.

---

[1] Über laborexperimentelle Ausrüstungen und ihren Einsatz in den verschiedenen Teilbereichen der modernen experimentellen Psychologie unterrichtet sehr gut der Sammelband von Sidowski (1966).

Die Vorteile der künstlich geschaffenen Untersuchungsbedingungen faßte Festinger (1953: 139) folgendermaßen kurz zusammen: „In the laboratory, however, we can find out exactly how a certain variable affects behavior or attitudes under special, or ‚pure‘, conditions."

Im gleichen Sammelband wies French (1953: 100) allerdings auch auf mögliche Nachteile der artifiziellen Laborsituation hin: „The relevant distinction here seems to be between studying real and studying artificial social phenomena. One meaning of ‚artificial‘ as applied to the behavior of people in the laboratory seems to be that their behavior is determined by their role of being a subject, that they would not act the same way if they were not in this role."

Bereits diese kurzen Zitate lassen erkennen, daß in der Psychologie, ähnlich wie in den anderen Sozialwissenschaften, seit langem das Für und Wider von Laboruntersuchungen heftig diskutiert wird; ich komme weiter unten darauf zurück. Die Mehrzahl der empirisch orientierten Sozialwissenschaftler wird jedoch heute dem Resümee von Timaeus (1975: 198) zustimmen, „daß alle Untersuchungen in Laboratorien das Wesentliche empirischer Sozialforschung, nämlich die Beobachtung und Registrierung von Verhaltensweisen, entweder erleichtern oder gar erst ermöglichen." Als gebräuchliche sozialwissenschaftliche Untersuchungsmethoden im Laboratorium lassen sich unterscheiden: (1) die (systematische) Beobachtung (vgl. hierzu Kap. 2.1.), (2) die Simulation (s. a. Kap. 3.8.) und (3) das Experiment (s. a. Kap. 3.1.).

3.2.2. Das Laborexperiment

In sozialwissenschaftlichen Texten begegnet man gelegentlich der Kurzbeschreibung, der Begriff des Experimentes beziehe sich auf eine systematische Beobachtung unter kontrollierten Bedingungen, so z. B. bei Chapin (1975: 221). Eine solch knappe begriffliche Charakterisierung ist für die methodologische Erörterung der experimentellen Methode wenig brauchbar, da sie zu wenig explizit ist, wie sich zeigen wird.

Das Experiment wurde gern mit der Metapher einer Frage an die Natur belegt (vgl. Dingler, 1928). Die unterschiedlichen Rollen beispielsweise des Beobachters und des Experimentators treten in diesem Sinne schon recht anschaulich in einer Formulierung des französischen Naturforschers Cuvier (1769–1832) hervor: „L'observateur écoute la nature; l'expérimentateur l'interroge et la force à se devoilier."

Viel später haben z. B. Mach (1906) und Wundt (1913) in ähnlicher Weise zwischen Beobachtung und Experiment unterschieden, als sie diesen Vorgehensweisen zur Anerkennung als psychologische Forschungsmethoden verhalfen (vgl. unten die Definition von Wundt). Eine gründliche und auch heute noch bedeutungsvolle Abhandlung über das Wesen des Laborexperiments hat Dingler (1928) vorgelegt und insbesondere dessen aktiven, planmäßig-manipulativen Charakter herausgestellt sowie die Forderung nach prinzipieller Wiederholbarkeit betont.

Gerade wegen dieser Merkmale der laborexperimentellen Methode, die ihre Herkunft von den Naturwissenschaften nicht verbergen konnte, wurde sie – anders als in der empirischen Psychologie – in der soziologiehistorischen Tradition schon früh einer ablehnenden Kritik unterzogen. Bei Pagès (1974: 282–289) findet man eine gute Darstellung der doktrinär geführten Diskussion um die Einführung des Experimentes in die Soziologie.

Beispielsweise war für Comte, den Erfinder des Wortes „Soziologie" und den Begründer des Positivismus, als Grundhaltung eine Art Metaphysik des Komplexen charakteristisch, die ihn bezüglich der Bio- und Humanwissenschaften eine konsequent antiexperimentelle Haltung einnehmen ließ: „Da die künstliche Störung irgendeines sozialen Elements notwendig alsbald auf alle anderen zurückwirken muß, sei es aufgrund der Gesetze der Harmonie oder der Aufeinanderfolge, fehlt dem Experiment, abgesehen davon, daß seine Einführung eine Chimäre ist, jeder ernsthafte wissenschaftliche Wert, und zwar infolge der einwandfreien Unmöglichkeit, irgendeine Bedingung oder irgendein Resultat des Phänomens zu isolieren." (Zit. nach Pagès, a. a. O.: 285).

Eine ähnliche Position vertrat John Stuart Mill (1846), der sich ausgiebig mit der Logik des Experiments befaßt hat. Er betrachtete seine „Induktionsregeln" allein für die Naturwissenschaften als brauchbar; wegen der Historizität sowohl der psychischen als auch der sozialen Phänomene, der Komplexität und dem unaufhörlichen Wandel der sozialen Realität, erschien ihm der Einsatz der experimentellen Methode völlig unangemessen.

Diese antiexperimentellen Standpunkte seiner Vorgänger blieben im wesentlichen auch bei dem einflußreichen Soziologen Durkheim (1895) erhalten und wirkten der Ausbreitung der experimentellen Methode in der Soziologie erfolgreich entgegen. Statt dessen favorisierte Durkheim als allein für die Soziologie geeignet die deskriptiv vergleichende Methode.

Die von einem romantisch evolutionären Naturalismus und den sozusagen geisteswissenschaftlichen Strömungen des Historismus, Holismus, Essentialismus sowie der Verstehens-Methodologie hartnäckig propagierte These von der Unmöglichkeit des Experimentierens in den Sozialwissenschaften kann heute methodologisch und faktisch als widerlegt betrachtet werden (zur Kritik vgl. Popper, 1965, 1966; Albert, 1967); denn in den Sozialwissenschaften wird längst mit Erfolg experimentiert. Selbst das Laborexperiment hat neben dem Feldexperiment in der Ökonomie sowie in der modernen Organisationswissenschaft Fuß gefaßt (vgl. u. a. Siegel & Fouraker, 1960; Weik, 1965; Sauermann & Selten, 1967; Hoggatt, 1972), und seit einigen Jahren keimt sogar eine experimentelle Rechtswissenschaft (s. Beutel, 1975). Das bedeutet jedoch nicht, daß nicht in gewissen zeitlichen Abständen antiexperimentelle Positionen erneut aufleben (vgl. Chapanis, 1967), teilweise sogar mit bereits überwunden geglaubten Argumenten. Eine solche „methodenkritische" Welle breitete sich beispielsweise in der Sozialpsychologie in den siebziger Jahren – ausgelöst im anglo-amerikanischen Sprachraum –aus und hält noch heute an (vgl. z. B. Harré & Secord, 1972; Gergen, 1973; Forward et at., 1976). Im Bereich der Methodendiskussion in der ökologischen Psychologie haben sich die Wogen – zunächst ausgehend von einem dezidiert naturalistischen Standpunkt (z. B. Willems & Raush, 1969) – zwischenzeitlich geglättet, und ein methodischer Pluralismus scheint rundum Platz zu nehmen (vgl. Willems, 1973; Stapf, 1976; Bronfenbrenner, 1977; Patry, 1981).

3.2.2.1. Definitionsbeispiele des Experiments

Bei Durchsicht der einschlägigen Literatur fällt auf, daß sich offensichtlich gewisse Traditionen im Zitieren bestimmter Definitionen des Experiments herausgebildet haben. So berufen sich in der Psychologie deutschsprachige Autoren mit Vorliebe auf Wundt (1913), gelegentlich auch auf Lindworsky (1931) oder Pauli (1927). In der englischsprachigen sozialpsychologischen Literatur dominiert die Definition von Festinger (1953), neuerdings wird auch auf Wiggins (1971) Bezug genommen. Demgegenüber spielt in der soziologischen Literatur eindeutig der Definitionsvorschlag von Greenwood (1945, deutsch 1956) die führende Rolle. Der Übersichtlichkeit wegen seien die erwähnten Definitionen des Experiments en bloc aufgeführt.

Wundt (1913: 25): „Das Experiment besteht in einer Beobachtung, die sich mit der willkürlichen Einwirkung des Beobachters auf die Entstehung und den Verlauf der zu beobachtenden Erscheinungen verbindet."

Und Wundt fährt an gleicher Stelle fort: „Die Beobachtung im engeren Sinne untersucht die Erscheinungen ohne derartige Einwirkungen, so wie sie sich in dem Zusammenhang der Erfahrung von selbst dem Beobachter darbieten. Wo überhaupt eine experimentelle Einwirkung möglich ist, da pflegt man diese in der Naturwissenschaft stets anzuwenden, weil es unter allen Umständen, auch wenn die Erscheinungen an und für sich schon einer zureichend exakten Beobachtung zugänglich sind, von Vorteil ist, Eintritt und Verlauf derselben willkürlich bestimmen oder auch einzelne Teile einer zusammengesetzten Erscheinung willkürlich isolieren zu können."

Lindworsky (1931: 10): „Das Wesen des Experiments besteht nun in der willkürlichen Herbeiführung eines Vorganges zum Zwecke der wissenschaftlichen Beobachtung."

Pauli (1927: 18). „Der Versuch ist eine Beobachtung, deren Gegenstand nicht ein natürliches, sondern ein zweckmäßig gestaltetes Geschehen ist. Mit Fixsternen lassen sich keine Experimente machen, weil ihre Bewegungen sich jedem menschlichen Eingriff entziehen. Man hat auch von Willkür bzw. willkürlicher Herstellung gesprochen, um das Experiment im Gegensatz zur natürlichen Beobachtung zu kennzeichnen."

Woodworth (1938: 2): „An experimenter is said to **control the conditions** in which an event occurs. He has several advantages over an observer who simply follows the course of events without exercising any control.
(1) The experimenter makes the event happen at a certain time and place and so is fully **prepared** to make an accurate observation.
(2) Controlled conditions being **known** conditions, the experimenter can set up his experiment a second time and repeat the observation; and, what is very important in view of the social nature of scientific investigation, he can report his conditions so that another experimenter can duplicate them and check the data.
(3) The experimenter can systematically **vary** the conditions and note the concomitant variation in the results. If he follows the old standard „rule of one variable" he holds all the conditions constant except for one factor which is his „experimental factor" or his „independent variable". The observed effect is the „dependent variable" which in a psychological experiment is some characteristic of behavior or reported experience."

Festinger (1953: 137): „A laboratory experiment may be defined as one in which the investigator creates a situation with the exact conditions he wants to have and in which he controls some, and manipulates other, variables. He is then able to observe and measure the effect of the manipulation of the independent variables in a situation in which the operation of other relevant factors is held to a minimum."

Wiggins (1971: 392): „The experimental method involves the experimenter's manipulation of the variation in one ore more independent variables and the randomization of other independent variables, followed by the measurement of the variation in one ore more dependent variables."

Greenwood (1945: 28): „An experiment is the proof of a hypothesis which seeks to hoock up two factors into a causal relationship through the study of contrasting situations which have been controlled on all factors except the one of interest, the latter being either the hypothetical cause of the hypothetical effect."

Von Wundt stammt die Forderung nach der klassischen Merkmals-Trias des psychologischen Experiments, nämlich der **Willkürlichkeit, Wiederholbarkeit** und **Variierbarkeit** der Bedingungen. Aus dem in der Definition genannten Merkmal der Willkürlichkeit geht das zweite, die Wiederholbarkeit, direkt hervor, denn kann ein Vorgang einmal absichtlich herbeigeführt und ausgelöst werden, so sollte er (in der Regel) auch wiederholt werden können. Aus der Wiederholbarkeit wiederum folgt das dritte Merkmal des Experiments, die Variierbarkeit. Soll nämlich ein Vorgang wiederholt werden, so müssen die Eintrittsbedingungen und alle übrigen Umstände dem ersten Versuchsdurchgang entsprechen, da sonst keine Gewähr gegeben ist, daß es sich in beiden Fällen um den gleichen Vorgang handelt.

Bei genauerem Hinsehen wirft allerdings die Frage der Wiederholbarkeit des Experiments in den Sozialwissenschaften im Gegensatz zu den Naturwissenschaften einige Probleme auf. Die Wiederholung setzt voraus, daß es streng vergleichbare Untersuchungsobjekte/Situationen gibt und daß die gleiche experimentelle Technik bei zwei Untersuchungsobjekten/Situationen zum gleichen Resultat führt. Diese Voraussetzungen sind in der Soziologie bestenfalls in grober Näherung gegeben. Im Falle der (Sozial-) Psychologie handelt es sich bei den Untersuchungsobjekten um menschliche Individuen bzw. Gruppen. Eine erneute experimentelle Applikation scheidet oftmals deshalb aus, weil durch die erste Darbietung bei den Vpn bestimmte Veränderungen, z. B. Lerneffekte, ausgelöst wurden. Bei einer Wiederholung des Experiments an einer neuen Stichprobe von Vpn muß diese der ursprünglichen Stichprobe in allen wesentlichen Merkmalen entsprechen. Diese Voraussetzungen sind ebenfalls nur approximativ erfüllbar, weshalb allgemein beim Experiment in den Sozialwissenschaften nur von einer **eingeschränkten Wiederholbarkeit** gesprochen werden kann.

Bei umfassender Kontrolle des Bedingungsgefüges kann sodann eine bestimmte Bedingung **isoliert** variiert werden. Im Anschluß daran wird registriert, welche Veränderungen im beobachteten Geschehen auftreten. Würde man hingegen mehr als nur eine Bedingung zugleich verändern, so ließe sich nicht mehr feststellen, auf welche Variation der experimentellen Bedingungen dann welche Variation im beobachteten Geschehen zurückzuführen ist. Daher wird diese experimentaltechnische Vorgehensweise auch als „Prinzip der isolierenden Bedingungsvariation" bezeichnet. Schreitet man nach diesem Prinzip unter Konstanthaltung aller übrigen Bedingungen, also mit jeweils einer neuen Versuchsreihe fort, so erhält man mehr und mehr Aufklärung über die komplexe Bedingungsstruktur des untersuchten Geschehens (vgl. auch Traxel, 1964: 90 f.).

Die Definitionen von Woodworth, Festinger und Wiggins sind eher auf den heutigen Sprachgebrauch in der experimentellen Psychologie zugeschnitten, indem sie davon sprechen, daß in einem Experiment der Versuchsleiter eine oder mehrere **unabhängige Variable(n)** manipuliert oder variiert, während er andere Variablen (z.B. Störvariablen) kontrolliert, um schließlich eine oder mehrere **abhängige Variable(n)** zu beobachten bzw. zu messen.

Die Definition von Greenwood beinhaltet drei wesentliche Elemente: (1) eine Kausalhypothese, (2) die Überprüfung eines in dieser Kausalhypothese formulierten Faktors in verschiedenen Situationen, (3) die Kontrolle aller übrigen Faktoren der verschiedenen Situationen. Bei dieser Definition kommt dem dritten Definitionselement insofern eine entscheidende Bedeutung zu, als sich nach dem Ausmaß der Kontrolle verschiedene Typen von Experimenten bilden lassen. Da die Kontrollmöglichkeiten im Laboratorium weit größer sind als in der natürlichen Feldsituation, spricht Greenwood auch beim Laborexperiment vom „reinen" Experiment, dem das „natürliche" Experiment kontrastiert. Zwischen beiden Polen ist das sogenannte Ex-post-facto-Experiment nach Chapin (1932/33) anzusiedeln, welches auf vorgegebene, nicht vom Experimentator geplante Vorgänge anzuwenden ist und dennoch ein hohes Maß an Kontrolle bieten soll.

Die aufgeführten Definitionen lassen nun auch den Unterschied zwischen der Beobachtung und dem Experiment vollends deutlich werden: Zwar spricht man durchaus noch von Beobachtung, wenn diese nicht in einer natürlichen Umgebung, sondern in einer künstlichen, d. h. hergestellten Laborsituation stattfindet, jedoch der **manipulative Eingriff** mit dem Ziel der isolierenden Bedingungsvariation kommt nur dem Experiment zu.

Gewisse Vorbehalte gegenüber der strengen, am Vorbild der Naturwissenschaften orientierten Auffassung vom Experiment, wie sie in der Psychologie durchaus verbreitet ist, mögen den Soziologen König zu der Äußerung veranlaßt haben, „daß letztlich die Beobachtung immer dem Experiment überlegen bleibt." (1975: 47). König behauptet, allerdings ohne zahlenmäßigen Beleg, daß selbst in den Naturwissenschaften vom Experiment im strengen Sinne selten Gebrauch gemacht werde, hingegen die Beobachtung einen viel größeren Raum einnähme, und daraus schließt König (a. a. O.), „daß die Beobachtung zweifellos das übergeordnete Mittel der Forschung darstellt."

Ganz offensichtlich liegt dieser Einschätzung der schwerwiegende Irrtum zugrunde, der Wert einer Forschungsmethode bestimme sich nach der Häufigkeit ihres Einsatzes und nicht nach methodologischen Gütekriterien. Es hängt vermutlich mit den unterschiedlichen Gegenständen und Fragestellungen zusammen, daß in der Soziologie im Vergleich zur Psychologie mehr beobachtet als experimentiert wird. Doch sollten keine isolierten Bewertungen der Methoden erfolgen, vielmehr Bewertungen der wissenschaftlichen und technologischen Leistungsfähigkeit der mit den verschiedenen Methoden bearbeiteten Theorien.

3.2.2.2. Abgrenzung des Laborexperiments gegenüber dem Test

In der psychologischen Methodenlehre werden üblicherweise experimentelle und differentielle Methoden unterschieden (so z. B. Andrews, 1948). Die differentiellen Methoden dienen zur Beobachtung und Messung individueller Differenzen zwischen Individuen bzw. individuellen Ausprägungen von Personvariablen. Den Prototyp differentieller Methoden bilden die psychodiagnostischen Tests. Aus Gründen der Vergleichbarkeit der Testresultate muß ein Testverfahren allen zu untersuchenden Personen in gleicher, standardisierter Weise appliziert werden. D. h., jegliche Variationen der Situations-Variablen sind untersagt, da ja das Testergebnis allein von der individuellen Merkmalsstruktur der Testperson und keinesfalls von fördernden oder hemmenden Bedingungen der Untersuchungssituation abhängen soll.

Wenn man so will, liegt hier statt einer manipulativ erzeugten eine gegebene, sozusagen natürliche Variation der Testpersonen vor, deren Differenzen diagnostiziert bzw. gemessen werden. Insofern in einem (psychodiagnostischen) Laboratorium die geforderte Bedingungskonstanz der Situations-Variablen (z. B. Beleuchtungs-, Lärm- u. Temperaturverhältnisse, Testinstruktion und Testleiterverhalten, soziales Klima von Einzel- vs. Gruppenversuch) am ehesten realisierbar ist, kann man bei Testdurchführungen im Labor von Laboruntersuchungen in Abhebung vom reinen Laborexperiment sprechen.

Auf diesen Unterschied hatte bereits Pauli (1927: 23, Abb. modifiziert) mit seinem nachfolgenden Schema hingewiesen.

Nach der Leseart von Pauli handelt es sich somit bei Tests um **unvollständige Experimente**.

3.2.2.3. Abgrenzung des Laborexperiments gegenüber der Simulation

Der Versuch einer Abgrenzung des Laborexperiments von der Simulation erscheint insofern angebracht zu sein, als in der sozialwissenschaftlichen Diskussion dieser Methodenformen eine gewisse begriffliche Verwirrung besteht. Die Tatsache, daß

Schema der wissenschaftlichen Beobachtungsformen
(in Richtung wachsender Vervollkommnung):

→

I. Reine Beobachtung		II. Experimentelle Beobachtung:	
1. Natürliche, zufällige Beobachtung: ohne besondere Hilfsmittel.	**2. Vervollkommnete Beobachtung:** mit absichtlicher Herbeiführung und planmäßiger Wiederholung der Beobachtungstätigkeit, Verwendung von Hilfsmitteln (Mikroskop usw.) passender Vorbereitung und Einstellung des Beobachters.	**3. Unvollständiges Experiment:** entsprechend der vervollkommneten Beobachtung, dazu absichtliche Herbeiführung der betreffenden Erscheinung.	**4. Vollständiges Experiment:** entsprechend dem unvollständigen Experiment unter Hinzunahme der isolierenden Variation, wenn möglich in quantitativer Form
Beispiel: Sternschnuppen.	Beispiel: Beobachtung von Mikroorganismen unter der Lupe.	Beispiel: Erzeugung von Elektrizität durch Reibung.	Beispiel: Pendelversuche.

sowohl Experimente als auch Simulationen in künstlich gestalteten Laborsituationen vorgenommen werden, sollte einige wesentliche Unterschiede zwischen beiden Vorgehensweisen nicht verwischen (wie etwa bei Schulz, 1970: 73 u. 135–141).

Was versteht man unter Simulation und wozu dient sie? Allgemein kann die Simulationsmethode wie folgt charakterisiert werden: Man versucht, ein gegebenes physisches System (Original) durch ein Modell derart nachzubilden, daß zwischen Original und Modell eindeutige (homomorphe) bzw. umgekehrt eindeutige (isomorphe) Analogiebeziehungen bestehen. Sodann studiert man – stellvertretend für das zu untersuchende System – die Eigenschaften des Modells beispielsweise durch Variation seiner Parameter (Stapf, 1978: 263). Mit Hilfe der Simulationsmethode wird also eine „Ersatzrealität" geschaffen. Sie ist besonders dann angebracht, wenn dadurch in einfacher, zeitsparender Weise das Verhalten von Objekten erfaßt wird, deren Untersuchung in vivo zu kompliziert (insbesondere bei Mitwirken von Zufallsgrößen), zu teuer und zu riskant wäre.

Mit der Bezeichnung Simulation werden in der Literatur eine Vielzahl durchaus unterschiedlicher Verfahrensweisen belegt: Sie reichen von der Computersimulation über die experimentelle Simulation bis zum Plan- und Rollenspiel. Dieser Vielfalt trägt die bewußt weit gefaßte Definition von Abelson (1968: 275) Rechnung: „Simulation is the exercise of a flexible imitation of processes and outcomes for the purpose of clarifying or explaining the underlying mechanism involved."

Als eine Möglichkeit, die verschiedenen Simulationstechniken zu ordnen, bietet sich der Grad der Abstraktion des bei der Simulation verwendeten Modells an. Den höchsten Abstraktionsgrad weisen die in der Computersimulation eingesetzten formalen Modelle auf, die aus mathematischen Gleichungssystemen bestehen. Damit wird auch sofort der grundsätzliche Unterschied zum Laborexperiment auffällig.[2]

Ähnlich einfach ist die Abgrenzung des Laborexperiments von der sog. freien Simulation, womit Fromkin & Streufert (1976: 423 f.) die verschiedenen Techniken der Verhandlungs-, Plan- und Rollenspiele zusammenfassen (s. hierzu besonders Guetzkow, 1962). Bei diesen in einer möglichst realitätsgerechten Situation (= Modell mit geringer Abstraktion) ablaufenden Simulationsarten interagieren Personen bzw. Gruppen nach bestimmten Spielregeln unter Beachtung der von der Versuchsleitung vorgegebenen Aufgabenstellung sowie weiterer, von Zeit zu Zeit in den Simulationsprozeß eingespeister Informationen. Die Vpn beabsichtigen, ein gestelltes Problem zu lösen bzw. eine Situation zu bewältigen, indem sie u. a. auch versuchen, deren entscheidende Merkmale (Umweltmerkmale, Verhaltensweisen der anderen Versuchsteilnehmer) zu verändern (vgl. Näheres bei Robinson et al., 1969; Guetzkow et al., 1972).

Die experimentelle Simulation unterscheidet sich nach Crano & Brewer (1975) durch die höhere Anzahl und Dimensionalität der unabhängigen Variablen, deren simultaner Variation sowie nicht eleminierter potentieller Wechselwirkungseffekte vom Laborexperiment. Die Autoren illustrieren den Unterschied wie folgt (a. a. O.: 123): „Wenn komplexe, gleichzeitige Variationen mehrerer Faktoren quasi-natürliche Bedingungen schaffen, so hat dies entscheidende Vorteile für eine Generalisierung der Ergebnisse. Dieser Effekt kann sich nicht durch eine einfache Kombination von Ergebnissen einzelner Experimente ergeben, da potentielle Interaktionseffekte eine Zusammenfassung von Informationen aus einer Reihe von Experimenten mit getrennt untersuchten Variablen bedenklich erscheinen lassen. Diese Eigenschaften der Simulationstechniken lassen vermuten, daß sie sich besonders für die Forschung auf Zwischenstufen des Prozesses der Theorienprüfung eignen. Das kontrollierte Laborexperiment eignet sich hingegen am besten für eine sorgfältige Operationalisierung der unabhängigen Variablen. Sobald die wesentlichen Beziehungen zwischen den untersuchten Variablen einmal unter solchen Bedingungen erkannt worden sind, stellt die Simulation eine Möglichkeit dar, die Stabilität der Befunde in quasi-natürlichen Situationen zu überprüfen. Hinzu kommt, daß die Simulation eine wichtige Aufgabe in den früheren Stadien der Theorieentwicklung übernehmen kann."

Einen interessanten methodischen Vorschlag haben Streufert und seine Mitarbeiter (1965) unterbreitet, in welchem sie die positiven Eigenschaften des Laborexperiments mit den Vorzügen der Simulationstechnik kombiniert haben. Für viele sozialwissenschaftliche Problemstellungen erscheint den Autoren eine derartige methodische Vorgehensweise angemessener und wissenschaftlich fruchtbarer als das reine Laborexperiment oder die freie Simulation. Gemäß diesem Vorschlag läßt sich in knapper Weise zusammenfassend die experimentelle Simulation zwischen Laborexperiment und Feldforschungsmethoden einordnen.

---

[2] Über die Einsatzmöglichkeiten der Computersimulation in den Sozialwissenschaften informiert z. B. Harbordt, 1974; s. a. Kap, 3.8.

3.2.2.4. Die wissenschaftliche Funktion des Experiments

(a) Experimente dienen der Prüfung von Kausalhypothesen, die eine Ursache-Wirkung-Beziehung formulieren. Solche Kausalhypothesen folgen nicht einfach aus Beobachtungen, sondern sie werden aus Theorien abgeleitet und danach durch strenge wissenschaftliche Beobachtung (d. h. durch Experimente) überprüft. Cook & Campbell (1976: 225) beispielsweise führen drei Voraussetzungen auf, die erfüllt sein müssen, damit mit einiger Sicherheit angenommen werden kann, daß eine Kausalbeziehung zwischen zwei Variablen A und B besteht, und daß die Kausalität von A nach B gerichtet ist:

(1) Eine angenommene Ursache A muß einer Wirkung B zeitlich vorausgehen,
(2) mit einer Veränderung von A kovariiert eine Veränderung von B und
(3) außer A darf es keine alternativen Erklärungsmöglichkeiten der Verursachung von B, etwa durch eine kovariierende Dritt-Variable C, geben.

Ein sehr bekannt gewordenes Beispiel für die Beeinflussung einer augenscheinlichen Kausalbeziehung von A nach B, die in Wirklichkeit Dritt-Variablen zuzuschreiben waren, stellen die berühmten Hawthorne-Studien dar (Roethlisberger & Dickson, 1939). An einer ausgewählten Gruppe von Arbeiterinnen sollte u. a. geprüft werden, welchen Einfluß die Intensität der Beleuchtung auf die Arbeitsleistung ausübt. Nach den Ergebnissen ließ sich die Variation der Arbeitsleistung plausibler auf das durch die Untersuchungen entstandene Gefühl für Gruppenzugehörigkeit bei den Arbeiterinnen, auf das plötzlich wahrgenommene Interesse der Betriebsleitung an der Arbeitsgruppe und ihrer Tätigkeit und auf eine gestiegene Arbeitsmotivation zurückführen als auf Veränderungen der Beleuchtungsverhältnisse.

Mit dem Hawthorne-Experiment liegt ein Beispiel für ein Feldexperiment vor. Die Strenge der Prüfung einer Hypothese kann in Zusammenhang mit der sogenannten internen Validität der Untersuchungsergebnisse gesehen werden (vgl. Gadenne, 1976); beides ist beim Laborexperiment größer als beim Feldexperiment, welches gewöhnlich eine höhere externe Validität besitzt. Im nächsten Abschnitt wird das Problem der externen und internen Validität experimenteller Befunde ausführlicher besprochen.

(b) Aus wissenschaftstheoretischer Perspektive betrachtet, besitzt das Experiment nach Spinner (1969: 1006) in erster Linie eine **kritische** Funktion; das Experiment ist danach „eine Methode der Anwendung von Theorien zur kritischen Prüfung anderer Theorien an der Erfahrung durch Verschaffung der Gelegenheit zu maximal kontrollierbarer, aktiv regulierbarer und deshalb besonders informativer und zuverlässiger Beobachtung." Aus dieser Grundfunktion leitet sich seine **heuristische** Funktion her, demgemäß das Experiment als methodisches Instrument zur Entdeckung neuer Tatsachen, zur Erforschung der Detailstruktur bereits bekannter Tatsachen sowie als Stimulans zur Erfindung neuer Theorien dienen kann.

In vergleichbarer Sichtweise formuliert Bunge (1967: 251): „Scientific experiment, when performed methodically, designed on the basis of theory, interpreted with its help and aimed at testing ideas, is said to be conducted according to the experimental method. And the experimental method is in turn often regarded as distinctive of modern factual science."

Das Experiment stellt also eine wichtige Instanz der wissenschaftlichen Kritik dar; allerdings garantiert bloßes Experimentieren allein noch nicht Wissenschaftlichkeit, wie das historische Beispiel der Alchemie zeigt. Experimente ohne Theorien sind wissenschaftlich wertlos, ihre Resultate irrelevant. Spinner (1969: a. a. O.) hat die Funktion auf eine prägnante Formel gebracht: „Wissenschaftliche Experimente sind immer im Lichte und im Dienste von Theorien geplante, realisierte, interpretierte, kontrollierte und korrigierte Forschungsaktivitäten."

So selbstverständlich und griffig diese Aussage klingen mag, man gewinnt nicht unbedingt den Eindruck, daß ihr methodologischer Inhalt bisher die Verbreitung in den Sozialwissenschaften gefunden hat, die wünschenswert ist.

3.2.3. Interne und externe Validität experimenteller Untersuchungen

Campbell (1957) und Campbell & Stanley (1963) haben zwei Gütekriterien psychologischer bzw. sozialwissenschaftlicher Experimente vorgeschlagen, nach denen sowohl Labor- als auch Felduntersuchungen beurteilt werden können: ihre **interne** und **externe Gültigkeit** oder **Validität**. Ein Experiment besitzt dann interne Validität, wenn die Variation der abhängigen Variablen (AV) eindeutig auf die (manipulative) Variation der unabhängigen Variablen (UV) zurückgeführt werden kann. Das Gütekriterium der externen Validität gilt der Beantwortung der Frage, in welchem Maße die aus einem Experiment gezogenen Schlußfolgerungen auf andere Stichproben von Versuchspersonen (Vpn), situative und örtliche Gegebenheiten bzw. Randbedingungen sowie auf experimentelle Manipulationen und Meßverfahren generalisiert werden können.

Zum Verhältnis von interner und externer Validität betonen Campbell & Stanley (1963: 175), daß beide Kriterien wichtig sind, wenn sie auch häufig nicht miteinander vereinbart werden können, denn Merkmale, die die eine Validität verbessern, können die andere gefährden. Allerdings räumen die Autoren der internen Validität von Experimenten Priorität ein: „While internal validity is the sine qua non, and while the question of external validity, like the question of inductive inference, is never completely answerable, the selection of designs strong in both types of validity is obviously our ideal." (a.a.O.)

Aus der Tatsache, daß die interne Validität eine notwendige, aber nicht hinreichende Bedingung für die externe Validität darstellt, läßt sich u.U. verstehen, warum sich viele Forscher in der Psychologie forschungsstrategisch primär für die besser kontrollierbare Laboruntersuchung entscheiden und sich sekundär schrittweise um eine zunehmende Repräsentativität der Versuchspersonen-Stichprobe und der Untersuchungssituation bemühen.

Die theoretische Konzeption der internen und externen Validität wurde durch Cook & Campbell (1976, 1979) spezifiziert. Für sie bildet nun die **Validität statistischer Schlußfolgerungen** einen Sonderfall der internen Validität. Denn die geforderte kausale Rückführung der abhängigen auf die unabhängige Variable kann nicht nur durch störende Bedingungen gefährdet werden. Hiervon ist nämlich noch die Gefährdung zu unterscheiden, welche durch die mangelnde Adäquatheit derjenigen statistischen Verfahren bedingt sein kann, die zur Prüfung der Kovariation von unabhängiger und abhängiger Variable herangezogen werden.

Von der externen Validität heben Cook & Campbell (1976, 1979) ausdrücklich die **Konstruktvalidität** ab. Alle Gesichtspunkte, die sich auf die Verallgemeinerung auf andere Personen, Situationen und Zeitpunkte beziehen, bleiben der externen Validität vorbehalten, während Konstruktvalidität die Interpretation der Operationalisierung von unabhängiger und abhängiger Variable betrifft.

In den Arbeiten von Campbell (1957) und Campbell & Stanley (1963: 175f.) sind die

12 wichtigsten störenden Bedingungen (Störvariablen) zusammengestellt, die in einem Experiment auftreten können und dann seine interne und externe Validität gefährden. Wenn die im folgenden aufgeführten Faktoren in einem Experiment nicht kontrolliert werden, können sie die Variationen der AV bestimmen oder Auswirkungen verursachen, welche mit der Wirkung der UV auf die AV konfundiert sind. Für die Verursachung der Variation der AV bestehen dann mehrere Erklärungshypothesen, die interne Validität des Experiments ist erheblich eingeschränkt, wenn nicht völlig ausgeschlossen:

(1) **Zeiteinflüsse:** Zwischen die zeitlich (mehr oder weniger lange) auseinanderliegenden Messungen der Wirkung der UV auf die AV bei einem Vor- und Nachtest (Pre-Post-Test) können zusätzlich zur UV weitere unbeabsichtigte Einflüsse auf die AV einwirken. Die Wahrscheinlichkeit des Auftretens störender Einflüsse steigt mit der Länge des zwischen den beiden Messungen liegenden Zeitintervalls.

(2) **Reifungsprozesse:** Hiermit sind spezielle biologisch-psychologische Veränderungen der Versuchspersonen (Vpn) gemeint, die zwischen Vor- und Nachtest als Funktion der Zeit auftreten können; z.B. können die Vpn älter, klüger, stärker, aber auch hungriger, müder, schwächer werden.

(3) **Testeffekte:** Durch den experimentellen Vortest können die Vpn Erfahrungen erwerben, welche sich auf den Nachtest in unerwünschter Weise auswirken.

(4) **Veränderungen der experimentellen Hilfsmittel:** Bei den Meßinstrumenten und apparativen Registriereinrichtungen, aber auch beim Versuchsleiter und Auswerter, können zwischen Vor- und Nachtest bestimmte Veränderungen (z.B. Sensibilisierung oder Verschleiß) eintreten, welche die Variation der AV bedingen.

(5) **Statistische Regression:** Bei extremen, nicht hoch reliablen Meßwerten der AV im Vortest ist es statistisch wahrscheinlich, daß sie im Nachtest weniger extrem ausfallen, d.h. zu einer Regression „auf den Mittelwert" tendieren.

(6) **Selektionseffekte:** Vor der Auswahl der Vpn für verschiedene experimentelle Gruppen muß sichergestellt sein, daß sie sich nicht im Hinblick auf die für das Experiment relevanten Merkmalsstruktur unterscheiden, weil sonst die Variation der AV nicht auf die Wirkung der UV, sondern auf die vorexperimentellen Unterschiede zurückgeführt werden kann.

(7) **Experimentelle Einbußen:** Wenn Vpn in den einzelnen experimentellen Gruppen bei einer Meßwiederholung in unterschiedlichem Maße nicht mehr zur Verfügung stehen, kann von diesem möglicherweise selektiven Versuchspersonen-„Ausfall" eine systematische Fehlerwirkung auf die Variation der AV ausgehen.

(8) **Wechselwirkung zwischen Auswahl und Reifung:** Wenn die Auswahl der Vpn für verschiedene experimentelle Versuchsgruppen bzw. für die Experimental- und Kontrollgruppe nicht gleichartig erfolgt, sondern in der Experimentalgruppe sich beispielsweise reifere (ältere, erfahrenere) Vpn als in der Kontrollgruppe befinden, so wird ein möglicher Unterschied zwischen beiden Versuchsgruppen fälschlicherweise der Wirkung der UV in der Experimentalgruppe zugeschrieben, obwohl hierfür nur die störende Wechselwirkung zwischen der Auswahl der Vpn und deren (unterschiedlichem) Reifezustand verantwortlich ist. Die Faktoren, die die externe Validität gefährden, kommen durch Wechselwirkung (Interaktion) zwischen der UV und einer Störvariablen zustande. D.h., eine Wirkung einer UV läßt sich nur dann feststellen, wenn in dem Experiment eine bestimmte Störvariable enthalten ist. Folglich ist das

Untersuchungsergebnis nicht auf Situationen generalisierbar, in denen die besagte Interaktion als Einflußgröße nicht wirksam ist.

(9) **Interaktion von Vortest und unabhängiger Variable:** Durch den Vortest kann die Empfänglichkeit oder die Antwortbereitschaft der Vpn gegenüber der UV gesteigert oder verringert werden. Die an einer Stichprobe voruntersuchter Vpn gewonnenen Resultate sind dann hinsichtlich der Wirkweise der UV nicht mehr repräsentativ für die nicht voruntersuchte Population, aus der die für das Experiment ausgewählten Vpn stammen.

(10) **Interaktion von Selektion und unabhängiger Variable:** Wenn die Untersuchungsergebnisse an einer systematisch ausgelesenen, also nicht repräsentativen Stichprobe von Vpn gewonnen wurden – z. B. nur an Freiwilligen oder nur an Psychologiestudenten –, ist eine Verallgemeinerung der Resultate auf andere Individuen nicht möglich.

(11) **Reaktive Effekte der Untersuchungssituation:** Die Interaktion zwischen der Spezifität der Untersuchungssituation und der UV kann einen bedeutsamen Einflußfaktor auf die Resultate abgeben. So kann beispielsweise das Wissen um die Teilnahme an einem wissenschaftlichen Experiment oder Reaktionen der Vpn auf die Laborumwelt zu einem bestimmten Verhalten seitens der Vpn führen, welches sich von ihrem Verhalten in Alltagssituationen mehr oder minder deutlich unterscheidet.

(12) **Überlagerungseffekte mehrerer experimenteller Einwirkungen:** Wenn dieselben Vpn in einer Untersuchung nacheinander mehreren experimentellen Prozeduren unterzogen werden, z. B. mehreren Intensitätsstufen der UV, und von den in jeder dieser Variationsstufen erhaltenen Ergebnissen auf andere Personen verallgemeinert werden soll, können schwerwiegende Fehlschlüsse resultieren. In der Regel kumulieren bzw. überlagern sich die Wirkungen der UV mit zunehmender Zahl der Variationsstufen bei derselben Vp, so daß z. B. die Ergebnisse von Vpn nach der zweiten experimentellen Prozedur nicht mit denjenigen von Vpn nach lediglich einem Durchgang bzw. mit Vpn des vorexperimentellen Zustandes vergleichbar sind.

Bevor nun im nächsten Abschnitt einige Techniken zur Kontrolle störender Bedingungen sowie experimenteller Versuchspläne skizziert werden, möchte ich noch eine begriffliche Variante der externen Validität erwähnen, die heutzutage in der Psychologie lebhaft diskutiert wird: die **ökologische Validität**. Den Anhängern der strengen Laborforschung wurde und wird häufig pauschal vorgeworfen, ihre experimentellen Methoden und Befunde besäßen praktisch keine externe Validität und folglich keine Relevanz über die Laborsituation hinaus. In der begrifflichen Fassung als **ökologische Repräsentativität** (Brunswik, 1947), **mundane realism** (Aronson & Carlsmith, 1968), phenomenon legitimacy (Proshansky, 1972), am häufigsten jedoch als **ökologische Validität** (z. B. Neisser, 1976; Pawlik, 1976, 1978; Bronfenbrenner, 1981), werden Aspekte der externen Validität zum Dreh- und Angelpunkt einer teilweise normativ geführten Diskussion über Labor- und Feldforschung. Durch die in den siebziger Jahren aufkommende Umweltpsychologie bzw. ökologische Psychologie gewann diese Diskussion und damit der Begriff der ökologischen Validität an Verbreitung. (Vgl. hierzu die Sammelbände von Kaminski (1976) und Graumann (1978).)

Sehr früh bereits hatte Brunswik (1947) am Beispiel der experimentellen Wahrnehmungspsychologie die Repräsentativität der spezifischen Untersuchungssituation gefordert, damit vom Verhalten der Vpn im Laborexperiment auf das Verhalten in Alltagssituationen geschlossen werden kann. Mit seinem „representative design" hat er einen ersten Lösungsvorschlag für den Zuwachs an ökologischer Validität unterbreitet. Eine zeitgenössische Definition der ökologischen Validität stammt von Bronfenbrenner (1981: 46): „Ökologische Validität oder Gültigkeit bezeichnet das Ausmaß, in dem die von den Versuchspersonen einer wissenschaftlichen Untersuchung erlebte Umwelt die Eigenschaften hat, die der Forscher voraussetzt."

3.2.4. Techniken der experimentellen Kontrolle und Versuchsplanung

Bei der Planung von Experimenten verfolgt der Experimentator eine Strategie, welche nach Kerlinger (1973: 307 u. 454) als Max-kon-Min-Regel charakterisiert werden kann:

(1) die Wirkung der UV auf die AV zu **max**imieren,
(2) die Einflüsse der unerwünschten systematischen (Stör-) Variablen auf die AV zu **kon**trollieren und
(3) die Effekte von unsystematischen (Zufalls-) Variablen zu **min**imieren.

Die Störvariablen können vom Experimentator jedoch nur dann kontrolliert werden, wenn er sie als solche identifiziert hat. Allerdings kann man bei vielen Experimenten sozusagen routinemäßig mit dem Auftreten von bestimmten störenden Bedingungen rechnen; im vorherigen Abschnitt war der Katalog der erfahrungsgemäß häufigsten Störvariablen zusammengestellt worden.

Die nachfolgend zu skizzierenden **Kontrolltechniken** gehören zum methodischen Standard der experimentellen Versuchsplanung in der Psychologie:

(a) **Elimination:** Falls eine bestimmte Variable in einem Experiment als Störgröße auftritt, ist es naheliegend, daß man versucht, sie einfach auszuschalten. Einer der Gründe, warum psychologische Untersuchungen häufig im Laboratorium anstatt in der Alltagsumgebung durchgeführt werden, liegt in der Tatsache begründet, daß in speziell hergerichteten Versuchsräumen eine Vielzahl von Störvariablen eliminiert werden können. So können beispielsweise bei einem Lernexperiment störende Außengeräusche durch lärmdämmende Vorrichtungen im Versuchsraum ausgeschaltet werden.

(b) **Konstanthaltung:** Gelingt es nicht, eine Störvariable zu eliminieren (etwa die Art der Schulbildung der Vpn), oder tritt die Störvariable versuchsbedingt auf (z. B. das Aufkleben von Elektroden), so muß man bestrebt sein, diese Einflußgröße konstant zu halten: Nach einer vorexperimentellen Befragung werden nur Vpn mit gleicher Schulbildung zum Versuch zugelassen bzw. die Elektroden werden auch den Vpn der Kontrollgruppe aufgeklebt, obwohl hier keine Messung erfolgt. Dadurch, daß man die Störvariablen zwar nicht eliminiert, aber doch konstant gehalten hat, wird angenommen, daß sie in allen Versuchsgruppen die Meßwerte nur um denselben (konstanten) Betrag verändern und folglich die Vergleichbarkeit hergestellt ist.

(c) **Parallelisierung:** Diese Kontrolltechnik dient wie die Elimination und Konstanthaltung der Herstellung vergleichbarer Versuchsgruppen bezüglich einer oder mehrerer Störvariablen. Wenn beispielsweise Vpn mit sehr unterschiedlicher Schulbildung an einem Problemlösungsexperiment teilnehmen und es sich als unökonomisch erweist, alle Volksschüler auszuschalten, so behilft man sich, indem man in allen Versuchsgruppen dieselbe Verteilung der Vpn nach den vorexperimentell erhobenen Schulabschlüssen sicherstellt.

(d) **Umwandlung von Störvariablen in unabhängige Variablen:** Wenn man bestimmte Störvariablen hinsichtlich ihrer Wirksamkeit identifiziert hat, kann man sie auch als UV in einen experimentellen Versuchsplan einbauen. So kann man beispielsweise die störende Wirkung von Lärm auf das Lernen selbst zum Untersuchungsthema machen, indem man die Vpn unterschiedlich starken Lärmbedingungen aussetzt und ihnen Lernaufgaben stellt. Eine in der Psychologie gut bekannte und daher in psychologischen Experimenten routinemäßig zur UV deklarierte Störvariable stellt z. B. das Geschlecht der Vpn dar.

(e) **Zufallszuweisung:** Diese auch als Randomisierung bezeichnete Technik gilt als das wirksamste methodische Hilfsmittel zur Kontrolle störender Bedingungen. Hierbei werden die Vpn nach einem Zufallsprinzip den verschiedenen Versuchsgruppen bzw. -bedingungen zugeordnet und man unterstellt dabei, daß sich die verschiedenen vorexperimentellen Störvariablen ebenfalls zufällig hinsichtlich ihrer Wirkung auf die Versuchsbedingungen verteilen, folglich keine systematischen Unterschiede zwischen den Versuchsgruppen bestehen. Da die Störvariablen nicht eliminiert werden können, ist man zumindest bestrebt, die durch sie verursachten systematischen Fehler in unsystematische Fehler zu verwandeln. Die Bedeutsamkeit dieser Kontrolltechnik für sozialwissenschaftliche Experimente mit in der Regel nicht bekannter Art und Zahl von Störvariablen mag man daran ersehen, daß Cook & Campbell (1976: 298 ff.) sowie Kerlinger (1973: 341) die Zufallszuweisung immerhin als ein diskriminierendes Merkmal zwischen echter experimenteller und quasi-experimenteller Vorgehensweise ansehen.

Mit dem Einsatz einer oder mehrerer Kontrolltechniken erschöpft sich nun keineswegs die experimentelle Versuchsplanung. Im Gegenteil, über die Vielfältigkeit und das methodisch-statistische Raffinement moderner experimenteller Versuchsplanung wird der interessierte Leser sehr gut z. B. durch Winer (1962), Campbell & Stanley (1963), Kirk (1968) u. v. a. unterrichtet.

An dieser Stelle soll noch abschließend der sehr traditionsreiche und daher gelegentlich auch als „klassisch" bezeichnete **Vier-Gruppen-Versuchsplan** von Solomon (1949) erwähnt werden. Schematisch läßt sich dieser Versuchsplan wie folgt darstellen (vgl. Campbell & Stanley, 1963: 194f.):

	Vortest		Nachtest	
I	R	0_1	X	0_2	Kontrollgruppen-Versuchsplan
II	R	0_3		0_4	mit Vortest
III	R		X	0_5	Kontrollgruppen-Versuchsplan
IV	R			0_6	ohne Vortest

Die Symbole haben folgende Bedeutung: R weist darauf hin, daß die vier Versuchsgruppen I–IV per Randomisierung gebildet wurden, O bezeichnet einen Beobachtungs- bzw. Meßvorgang und X symbolisiert, daß eine Gruppe einer experimentellen Variablen (UV) ausgesetzt wurde, deren Auswirkungen gemessen werden sollen.

Der Vier-Gruppen-Versuchsplan stellt eine Kombination zweier Kontrollgruppen-Versuchspläne mit und ohne Vortest dar. Bereits der Kontrollgruppen-Versuchsplan mit Vortest (Vorher-Nachher-Messung) gestattet, die im vorherigen Abschnitt aufgeführten Störvariablen Nr. 1 bis Nr. 8 zu kontrollieren, welche die interne Validität beeinträchtigen. Die Störvariable Nr. 9, Interaktion von Vortest und UV, läßt sich zwar mit diesem Versuchsplan nicht kontrollieren, jedoch durch Wegfall des Vortests vermeiden. Danach läge der zweite Teilplan, der Kontrollgruppen-Versuchsplan ohne Vortest, vor.

Wendet man aber den Vier-Gruppen-Versuchsplan an, so läßt sich auch der genannte Interaktionseffekt von Vortest und UV abschätzen und damit eine wichtige Störbedingung kontrollieren, welche die externe Validität gefährdet.

3.2.5. Zur Sozialpsychologie der laborexperimentellen Situation

Wollte man ein ideales psychologisches Laborexperiment durchführen und versuchen, alle Störvariablen zu kontrollieren, so darf man mit den Kontrollbemühungen nicht vor dem Versuchsleiter und der Versuchsperson Halt machen, sondern muß das Verhalten beider extrem normieren (vgl. Bredenkamp, 1969: 335 f.). Das ideale Experiment findet demgemäß nach Friedman (1967) in einer nicht-sozialen Situation statt. Selbst das bloße Zusammentreffen von Versuchsleiter (Vl) und Versuchsperson (Vp) und die damit gegebene **soziale Interaktion** läßt sich als mögliche Störquelle vermeiden: Der Vp kann die Instruktion und alle für das Experiment notwendigen Anweisungen in standardisierter Form per Tonband dargeboten werden. Oder man geht in der Automatisierung noch einen Schritt weiter und „ersetzt" den menschlichen Vl durch einen Computer (Prozeßrechner), der das gesamte Experiment (z. B. im Sinne einer sog. On-line-Prozedur) steuert und überwacht.

Das Bestreben nach versuchstechnisch objektivierender Automatisierung wird vielleicht verständlich, wenn man sich einige Einsichten der Sozialpsychologie der experimentellen Situation vor Augen führt. Die sozialpsychologische Dynamik, die durch die Interaktionen zwischen Vl, Vp und experimenteller Aufgabenstellung gegeben ist, darf als möglicher Störfaktor bei der Versuchsplanung nicht ignoriert werden, wie man der einschlägigen Literatur entnehmen kann (vgl. hierzu die ausführlichen Darstellungen bei Rosenthal & Rosnow, 1969; Timaeus, 1974; Gniech, 1976). Im folgenden sollen die wichtigsten und empirisch gut belegten Einflußgrößen dieser Art kurz behandelt werden.

3.2.5.1. Versuchsleiter-Erwartungen

Daß der Vl bestimmte Erwartungen über den Ausgang des von ihm geleiteten Experiments hegt, diese in der Regel mit seinen experimentellen Hypothesen übereinstimmen und dann den Charakter von sich selbst erfüllenden Prophetien (selffullfilling prophecy) annehmen können, haben Rosenthal und seine Mitarbeiter an einer Vielzahl von Beispielen zu demonstrieren versucht (vgl. zusammenfassend bei Rosenthal, 1964, 1966). Dieser Vl-Erwartungseffekt (experimenter expectancy effect) wird daher auch als **Rosenthal-Effekt** bezeichnet.

Auf die ergebnisbestimmende Rolle des Vl und seiner Erwartungen wurde man u. a. in dem viel zitierten historischen Beispiel des „klugen Hans" aus dem Jahre 1904 aufmerksam, eines Pferdes, dem sein Lehrer, Herr von Osten, in jahrelangem Unterricht Rechnen, Lesen, Farben benennen und vieles mehr beigebracht haben wollte. Dem Berliner Psychologen Pfungst (1907) gelang jedoch durch eine Reihe gut geplanter Experimente der Nachweis, daß „Hans" nur dann richtige Angaben durch Klopfen mit dem rechten Vorderfuß machte, wenn der Vl die Lösung der Aufgabe kannte und „Hans" den Vl auch sehen konnte. Das Geheimnis der erstaunlichen Leistungen des Pferdes lag in einer unbeabsichtigt und unbemerkt vollzogenen operanten Konditionierung des Tieres begründet: Durch bewußtes Vorbeugen des Oberkörpers gab der Vl für „Hans" das Startsignal zum Klopfen, ein jedoch vom Vl unwissentlich und unbeabsichtigt ausgeführter Kopfruck nach oben bei Erreichen der richtigen Zahl – zu verstehen als muskuläre Entspannungsreaktion aus der vorgebeugten Haltung – beendete das Klopfen.

Im humanexperimentellen Bereich ist zu beachten, daß der Vl durch die planvolle Herstellung einer bestimmten (sozialen) Versuchssituation über zahlreiche Möglichkeiten der Auslösung psychischer Prozesse bei der Vp verfügt. Der Vl kann eine bestimmte Mimik und Gestik zeigen, sich insbesondere aber der Sprache bedienen und auf diese Weise über gezielte Versuchsanweisungen und Kommentare die „gewünschten" Wahrnehmungen, Einstellungen und Arbeitsweisen seiner Vpn erzeugen. Daß damit die Gefahr der Entstehung von **Artefakten** gegeben ist, liegt wohl auf der Hand.

Der durchschlagende Einfluß der Versuchsleiter-Erwartungen auf die Versuchsergebnisse wurde von Rosenthal und seinen Mitarbeitern in einem weithin bekannt gewordenen Experiment zur Personenwahrnehmung demonstriert. Als Versuchsmaterial dienten 10 Photographien von Gesichtern, die in einem Vortest aus 57 Photos danach ausgewählt worden waren, daß sie weder großen Erfolg (= Skalenwert + 10) noch großen Mißerfolg (= Skalenwert − 10) der abgebildeten Personen widerspiegelten. Diese 10 Null-Photos wurden zwei Gruppen von je fünf studentischen Vl mit der Bitte ausgehändigt, ein vielfach bestätigtes Personenwahrnehmungsexperiment zur Einschätzung des beruflichen Erfolges anhand von Photos mit einer Gruppe von Vpn zu replizieren. Fünf der Vl erhielten die Zusatzinformation, daß nach den bisherigen Forschungsergebnissen der durchschnittliche Schätzwert der Vpn + 5 betragen müsse, da es sich um Photos erfolgreicher Personen handle, während den anderen fünf Vl gesagt wurde, es sei erfahrungsgemäß bei den wenig erfolgreichen ausgebildeten Personen mit einem durchschnittlichen Schätzwert von − 5 zu rechnen. Die Vl erhielten für ihre Tätigkeit einen Stundenlohn von einem Dollar und bekamen einen weiteren Dollar pro Stunde gewissermaßen für gute Daten in Aussicht gestellt, falls nämlich die Ergebnisse ihrer Versuchsgruppe den nach der einschlägigen Literatur zu erwartenden Befunden entsprächen. Die unterschiedlichen induzierten Erwartungen bei den Vl schlugen sich deutlich in den Schätzergebnissen ihrer Vpn nieder, denn die erste Vpn-Gruppe stufte die Personen anhand der Photos signifikant erfolgreicher ein als die zweite Vpn-Gruppe.

Die Abhängigkeit der Ergebnisse von den Versuchsleiter-Erwartungen wurde mit dieser Personenwahrnehmungsaufgabe und ähnlichen Versuchsanordnungen vielfach bestätigt, so daß Rosenthal (1966) sehr generelle Schlußfolgerungen über die Verbreitung solcher Versuchsleiter-Effekte und folglich des Auftretens von Artefakten in psychologischen Experimenten zog. Allerdings boten die von Rosenthal und seinen Mitarbeitern durchgeführten Experimente auch Anhaltspunkte für Kritik, z. B. bezüglich der Stichprobengröße, der statistischen Auswertung oder der mangelhaften Kontrolle der Vl, worauf etwa Barber & Silver (1968) hingewiesen haben. Die Existenz und Wirkweise des Rosenthal-Effekts bleibt jedoch unbestritten, und man begegnet dieser Störvariable in psychologischen Experimenten wohl am besten dadurch, daß weder der Vl noch die Vp die experimentellen Hypothesen kennen (sog. Doppel-Blindversuch).

3.2.5.2. Zum Aufforderungscharakter der Experimentalsituation

Für die typische Vp ist die Teilnahme an einem psychologischen Experiment Anlaß für eine Vielzahl von Mutmaßungen über den Sinn und Zweck des Experiments, die Bedeutungen der Instruktion, der Apparate und der weiteren Versuchsumstände, das Verhalten des Vl einschließlich seiner Erwartungen und Bewertungen bezüglich des Vp-Verhaltens usw. Nach einem Vorschlag von Orne (1962, 1969) bezeichnet man die Gesamtheit der Hinweise und Situationsvariablen, die Mutmaßungen seitens der Vp in Richtung des Untersuchungszweckes auslösen können, als **Aufforderungscharakter der experimentellen Situation** (demand characteristics of the experimental situation). Dieser Demand-Charakteristik von Experimenten kommt in dem Maße Bedeutung zu, als sie zusätzlich zu der eigentlichen experimentellen Bedingung (UV) die Resultate mitbestimmen und somit als Störvariable wirken kann. Überzeugte Gegner des Laborexperiments behaupten in diesem Zusammenhang, die augenfällige Künstlichkeit der Experimentalsituation bestimme die Reaktionsweisen der Vpn derart, daß den erzielten Versuchsergebnissen außerhalb des Labors so gut wie keine Gültigkeit zukomme.

Verschiedene Sozialpsychologen haben sich recht unterschiedlich darüber geäußert, in welcher Weise Vpn den Aufforderungscharakter der experimentellen Situation deuten und verarbeiten bzw. welche **Motive** sie besitzen. So unterstellt Orne (1962, 1969) bei seiner „guten Versuchsperson" (good subject) eine Motivation, die Untersuchung möglichst im Sinne der experimentellen Hypothese zu absolvieren, um damit dem Vl oder gar dem Fortschritt der Wissenschaft dienlich zu sein. In ähnlicher Weise ist die Motivation der „getreuen Versuchsperson" (faithful subject) von Fillenbaum (1966) darauf gerichtet, möglichst gewissenhaft den Instruktionen des Vl zu folgen und keinen Impulsen des Zweifels nachzugeben (vgl. auch die berühmten Konformitätsexperimente von Asch, 1956). Für Rieken (1962) sind die von ihm so benannten Deutero-Verfahren seitens der Vp beim Experimentieren relevant, die er wie folgt aufzählt: (1) Belohnung in Form von Geld, Versuchsteilnahme aus Neugier; (2) Entdeckung der wirklichen Ziele des Vl; (3) Erzielen eines möglichst günstigen Eindrucks beim Vl.

Diese letztgenannte Motivationsvariable gelangt im Konzept der generellen „Bewertungs-Angst" (evaluation apprehension) von Rosenberg (1965, 1969) zentrale Bedeutung. Danach bemühen sich die Vpn generell um einen guten Eindruck beim Vl, weil sie befürchten, ihre Leistungsfähigkeit, ihre Intelligenz, ihre psychische Verfassung hinsichtlich Normalität usf. würde bewertet. Sie reagieren in der Untersuchungssituation dann in der Weise, wie sie glauben, daß eine „normale" Vp reagieren würde und produzieren somit u. U. erhebliche Versuchsartefakte.

Im Gegensatz zu den obigen positiven Vp-Motivationen bei Orne und Fillenbaum konzipieren Masling (1966) und Cook et al. (1970) die typische Versuchsperson als eher „negativistisch" (negativistic subject), die sich bemüht, der experimentellen Hypothese des Vl entgegenzuwirken und damit das Experiment zu sabotieren. Eine solche Motivationsrichtung wird u. a. bei Psychologiestudenten angenommen, wenn sie im Zusammenhang mit ihrer Ausbildung häufig und unentgeltlich als Vpn fungieren müssen.

Im Lager der experimentellen Sozialpsychologie wurde u. a. zur Abwehr bzw. Kontrolle störender Vp-Motivationen das Instrument der Täuschung hinsichtlich des Untersuchungszieles entwickelt (vgl. z. B. Irle, 1979). Allerdings berührt die Täuschung von Vpn den Problemkreis ethischer Prinzipien des Humanexperiments (vgl. die diesbezüglichen zehn Gebote der American Psychological Association, 1973, für den deutschsprachigen Bereich die Erörterungen im von Kruse & Kumpf 1981 herausgegebenen Sammelband). Die Diskussion ethischer Richtlinien im Hinblick auf die Fragen der Täuschung (deception) bei der laborexperimentellen Forschung in Sozialwissenschaften ist zur Zeit noch in vollem Gange.

3.3. Feldforschung

von Helmut Gachowetz

Vorbemerkung

Wie zu vielen anderen Bereichen, so gibt es auch zum Thema Feldforschung eine umfangreiche, teilweise recht heterogene Literatur (Junker, 1960; Willems, 1967; Willems & Raush, 1969; Diesing, 1971; Evan, 1971; Bickman & Henchy, 1972; Brandt, 1972; McGuire, 1973; Swingle, 1973; Riecken & Boruch, 1974; Michelson, 1975; Nowotny & Knorr, 1975; Bouchard, 1976; Cook & Campbell, 1976; Douglas, 1976; Foster et al., 1979; Gerdes, 1979; Orlik, 1979; Srinivas, Shah & Ramaswanny, 1979; Patry, 1982). Diese Heterogenität bezieht sich keineswegs nur auf methodologisch unterschiedliche Standpunkte, sondern auch auf die unterschiedlichsten Bereiche der Sozialwissenschaften. Ein Ziel dieses Beitrages ist es daher auch, bisher eher selten vereint dargestellte Sichtweisen gegenüberzustellen.

Wie sich zeigen wird, sind einheitliche Definitionen kaum zu erzielen. Dies bezieht sich auch auf den Begriff **„Feld"**: „Das ‚Feld'... umfaßt ein Ensemble von Bedingungen, das sich nicht nur aus kontrollierten und systematisch variierbaren Variablen zusammensetzt, sondern aus einer schwer überschaubaren Vielzahl von Randbedingungen, deren Einflüsse auf spezielle abhängige Variablen zunächst nicht bekannt sind." (Perrez & Patry, 1982: 50.) Demgegenüber: „By field we understand any setting which respondents do not perceive to have been set up for the primary purpose of conducting research." (Cook & Campbell, 1976: 224.) Und schließlich: „... the field is where the generality, applicability, and utility of psychological knowledge are put to the test." (Bouchard, 1976: 363.) Perrez & Patry (1982) meinen zunächst mit Feld etwas anderes als das Labor, Patry (1982) macht das noch deutlicher, wenn er die Aufgabe der Feldforschung darin sieht, „Aussagen darüber zu machen, wie sich der Mensch in seiner sozialen und materiellen Umwelt verhält, auch wenn er nicht Gegenstand einer Untersuchung ist, was er tut, wenn kein Versuchsleiter ihn direkt oder indirekt beeinflußt, und was ihn veranlaßt, es zu tun." (S. 17) Cook und Campbell (1976) fordern lediglich, daß die Personen nichts merken. Und Bouchard (1976) meint offensichtlich am uneingeschränktesten mit „Feld" das, was schlicht Alltagswelt genannt wird, worauf letztlich alles Erkenntnisinteresse der Sozialwissenschaftler gerichtet sein soll. Auf jeden Fall scheint uns die Charakterisierung des Feldbegriffes hinreichend, wenn die in den drei genannten Beschreibungen hervorstechenden Aspekte für die weitere Diskussion im Auge behalten werden können.

3.3.1. Feldforschung – Versuch einer Charakterisierung

Die Überschrift zu diesem Abschnitt wurde mit Absicht so vage formuliert, da, wie sich im folgenden zeigen wird, eine Definition von „Feldforschung" im engeren Sinn des Wortes kaum möglich ist. Es findet sich demnach auch in der Literatur eine Menge zum Teil einander widersprechender, zum Teil auf ziemlich unterschiedliche Aspekte abhebender Definitionsversuche. So setzen manche Autoren Feldforschung mit einer bestimmten Datenerhebungsmethode nahezu gleich (oft mit teilnehmender Beobachtung, nichtreaktiven Meßverfahren etc., vgl. z. B. Bogdan & Taylor, 1975; Bungard & Bay, 1982; Sieber, 1973; Freilich, 1977; Friedrichs & Lüdtke, 1977; Wax, 1979). Für andere Autoren ist dagegen der **Ort** der Datenerhebung ausschlaggebend dafür, ob sie von Feldforschung sprechen oder nicht (z. B. Bredenkamp, 1969; Zimmermann, 1972; Weidmann, 1975). Frey & Frenz (1982) oder auch Oser (1982) wiederum stellen die einer Untersuchung zugrunde liegende Theorie und die darin explizit enthaltenen (oder eben nicht enthaltenen) Feldbeziehungen als das wesentliche Kriterium dar. Für die folgenden Erörterungen halten wir es daher für zweckmäßig, aus der Vielfalt der Gesichtspunkte einige übergeordnete hervorzuheben und damit zu versuchen, das, was mit Feldforschung gemeint werden kann, zu charakterisieren.

Zunächst sei jedoch vorausgeschickt, daß wir unter Feldforschung nicht eine bestimmte Datenerhebungsmethode verstehen wollen und auch nicht ein bestimmtes
Untersuchungsdesign im technischen Sinn (z. B. Einzelfallstudie, Experiment, Pa-
neluntersuchung etc.). Obwohl es sicherlich Datenerhebungsmethoden gibt, die der
Feldforschung gewissermaßen näherstehen als andere (Bungard & Lück, 1982, beispielsweise meinen, nichtreaktive Meßverfahren seien überhaupt nur im Feld möglich; eine Meinung, der wir hier nur kurz, aber entschieden das Experiment von
Schachter & Singer, 1962, entgegenhalten wollen), ist „a field study not a single
method gathering a single kind of information" (Zelditch, 1962: 567). Wir halten
daher eine a priori Verbindung der Feldforschung mit bestimmten Erhebungsmethoden für eine unnötige Einschränkung und plädieren dafür, daß die Wahl der
Datenerhebungsmethode (Beobachtung, Befragung, reaktiv oder nichtreaktiv) von
der Untersuchungsanlage unterschieden werden soll.

3.3.2. Grundlegende (allgemeine) Orientierungen

3.3.2.1. Theorie- bzw. erkenntnisinteressenbezogene Orientierung

In letzter Zeit nimmt die Zahl der Autoren, welche die Frage, ob es sich bei einer
bestimmten Forschungsaktivität um Feldforschung handelt oder nicht, immer
mehr auch von außermethodischen Aspekten abhängig machen, ständig zu (vgl.
z. B. Douglas, 1976; Patry, 1979; 1982a; Bungard & Bay, 1982; Oser, 1982; Perrez &
Patry, 1982; Westmeyer, 1982). So müsse, um von Feldforschung sprechen zu können, der „Feldstatus" einer Theorie, d. h. das „Ausmaß, in dem die feldspezifischen
Aspekte in der Theorie eingebaut sind", berücksichtigt werden (Patry, 1979: 317).
Unter Hinweis auf die Argumentation von Cook & Campbell (1976) beklagt Westmeyer (1982) die kontextunspezifische, d. h. theorie- bzw. hypothesenunabhängige
Diskussion des Themas in der Literatur. „Feldforschung muß andere Ziele haben
als die Verlegung einer experimentellen Fragestellung ins Feld", fordert Oser (1982:
137), die bloße „Flucht ins Feld" (Bungard & Bay, 1981: 187) ist nicht das einzige
(wahrscheinlich nicht einmal das primäre) Kriterium, um eine Untersuchung als
Feldforschung zu bezeichnen. Oser (1982) macht den Begriff Feldforschung vom
zugrundeliegenden Erkenntnisinteresse des Forschers abhängig: Wird in einer Untersuchung nach allgemeinen Zusammenhängen gefragt, so handelt es sich selbst
dann noch nicht um Feldforschung, wenn die Untersuchung im Feld durchgeführt
wird. Werden jedoch Rahmenbedingungen thematisiert, indem z. B. allgemeine Zusammenhänge unter ganz spezifischen Bedingungen untersucht werden, so handelt
es sich um Feldforschung, selbst wenn die Untersuchung im Labor stattfindet.
Letzteres unterstellt, daß eine Realisierung entsprechender spezifischer Rahmenbedingungen im Labor prinzipiell möglich ist.

So können wir zunächst feststellen, daß der „Feldstatus" der Theorie bzw. das
zugrunde liegende Erkenntnisinteresse für die Beurteilung, ob es sich bei einer bestimmten Forschungsaktivität um Feldforschung handelt oder nicht, von großer
Bedeutung sind. Dies auch deshalb, um nicht jede Untersuchung, bei der die Datenerhebung nicht im Labor (sehr oft das Arbeitszimmer des Forschers) durchgeführt
wird, als Feldforschung bezeichnen zu müssen.

3.3.2.2. Forschungsstrategische Orientierung

Wir wollen an dieser Stelle unter Forschungsstrategie schlicht die unterschiedlichen, jedoch aufeinander bezogenen und auf ein Ziel gerichteten Aktivitäten in

verschiedenen Stadien des Forschungsprozesses verstehen. Für unsere Absicht ist vor allem interessant, in welchen dieser Stadien ein feldartiges Untersuchungsdesign für zweckmäßig gehalten wird.

Wir werden nicht allzuviel Widerspruch erregen, wenn wir den Forschungsprozeß folgendermaßen beschreiben: Auftauchen bzw. Entdecken eines Problems – Formulieren von Annahmen, Hypothesen und/oder Theorien – Entwicklung von bzw. Suche nach Methoden (Untersuchungsanordnungen, Datenerhebungstechniken, Auswertungsverfahren) zur Überprüfung dieser Hypothesen bzw. Theorien – Überprüfen der Hypothesen bzw. Theorien. Die bisher skizzierten Phasen sollen die Gewinnung von Erklärungen für bzw. Erkenntnis von Phänomenen der realen Welt ermöglichen. Bei allem Respekt vor dem Streben nach Erkenntnis an sich möchten wir auf den reflexiven Charakter der Beziehung zwischen Forschung und zu erforschender Realität hinweisen, weshalb wir in Ergänzung zu dem oben Gesagten die Anwendung der gewonnenen Erkenntnis auf die Realität, also unter anderem die Entwicklung von technologischem Wissen (vgl. Perrez & Patry, 1982) hinzufügen. Forschung ist somit nicht (nur) Selbstzweck, sondern selbst Teil der Realität, die sie zu erklären versucht.

Frey & Frenz (1982) kritisieren, daß gegenwärtig fast ausschließlich das Problem der Hypothesenprüfung bzw. des Nachweises von Kausalzusammenhängen im Vordergrund der Methodendiskussion steht, während alle anderen Phasen des Forschungsprozesses nicht gebührend thematisiert werden. Ganz ähnliche Argumente finden sich auch bei Dalton (1964), Glaser & Strauß (1979) oder Gerdes (1979): „Die – weithin anerkannte – Strategie des Hypothesentestens wurde zur Forschungsstrategie überhaupt. Dies führt dazu, daß die Gewinnung von Hypothesen in den Hintergrund gedrängt oder als für den wissenschaftlichen Erkenntnisvorgang irrelevant (Atteslander, 1969) bezeichnet wird." Dies wiederum bewirkte, daß sich die Sozialwissenschaften immer mehr „aus der sozialen Welt zurückzogen und eine „soziologische Welt' ausbauten, deren Bezug zur real existierenden sozialen Welt so offenkundig fragwürdig ist." (Gerdes, 1979: 4.)

Die Konsequenzen eines mangelnden Realitätsbezuges wissenschaftlicher Forschung werden von Gerdes (1979) drastisch formuliert: „Die vorherrschende Methodologie geht implizit davon aus, die Forscher hätten in genügendem Maße inhaltsreiche Vorstellungen über die untersuchten Wirklichkeitsbereiche zur Verfügung. ... Sachverhalte, über die der Forscher keine Vorstellungen hat, weil er den betreffenden Wirklichkeitsbereich nicht umfassend kennt, können natürlich in seinen Hypothesen nicht auftauchen, werden also auch nicht getestet und fehlen folglich im wissenschaftlichen Bild dieses Wirklichkeitsbereiches. Sind solche Sachverhalte konstitutiv für den untersuchten Bereich, bleibt die wissenschaftliche Darstellung ohne ausreichenden Bezug zur Wirklichkeit – und zwar selbst dann, wenn sie sich ausschließlich auf empirisch bestätigte Hypothesen stützen könnte." (S. 5)

Feldbezogene Forschungsmethoden werden deshalb auch von einer Reihe weiterer Autoren für die der Hypothesenprüfung vorgelagerten Forschungsphasen empfohlen, wenn nicht sogar als die einzig sinnvollen betrachtet. Fehlen entsprechende Erklärungsansätze (Orlik, 1979), handelt es sich um relativ komplexe Phänomene (Schuler, 1980) bzw. ist die Hypothesenbildung und Deskription noch nicht weit genug fortgeschritten (Kaminski & Bellows, 1982; Scott, 1965), so seien Felduntersuchungen besser geeignet, den Forschungsprozeß voranzutreiben, als beispielsweise Laborexperimente. Letztere fordern nämlich eine Kenntnis der Struktur der zu untersuchenden Probleme, um eine geeignete Transposition (Lewin, 1951) dieser

Strukturen in Laborsituationen durchführen zu können. (Vgl. dazu auch Weick, 1965; Aronson & Carlsmith, 1968; Douglas, 1976.)

Konnten auf die in aller Kürze beschriebene Weise realitätsbezogene Hypothesen und darüber hinaus relevante Variablen gefunden werden, so plädieren manche Autoren (z. B. Zimmermann, 1972; Oser, 1982; Bungard, 1977) dafür, mit Hilfe von Laboruntersuchungen zunächst die allgemeinen, von anderen Einflüssen isolierten Beziehungen im Detail zu untersuchen. Die Ergebnisse derartiger Untersuchungen können dann eine „Basis für die Formulierung sinnvoller Arbeitshypothesen im Rahmen geplanter Feldexperimente" liefern (Bungard, 1977: 181). Dadurch kann der relative Stellenwert der in Laboruntersuchungen gewonnenen Erkenntnisse überprüft werden, ebenso können entsprechende Strukturvergleiche zwischen Forschungs- und Anwendungssituation (Bungard, 1979) angestellt werden. Es sei jedoch darauf hingewiesen, daß auch Argumente vorgebracht werden, die dafür plädieren, grundsätzlich mit der Forschung im Labor zu beginnen und erst dann, wenn aufgrund von Laboruntersuchungen gut bewährte Theorien vorliegen, ins Feld zu gehen. Brehmer (1976) erläutert diesen Standpunkt am Beispiel seiner Strategie zur Untersuchung sozialer Konflikte: „It is clearly not possible to simulate interpersonal conflict with full fidelity in the psychological laboratory. Indeed, it is not even desirable to do so at the present stage, for little could be learned from such full-scale simulations before the investigator knew what to look for. Instead, it is necessary to simplify the situation so that the effects of various factors emerge clearly. This is, of course, best done in laboratory experiments, and even if the experiments do not simulate interpersonal conflict in all its aspects, they may nevertheless be used to establish a number of principles that may then guide the investigator in his analysis of real world conflicts." (S. 988.)

3.3.2.3. Pragmatisch-technologische Orientierung

Die pragmatisch-technologische Orientierung bezieht sich auf die Art der Durchführung, also die Realisierung einer Untersuchung und ist das am häufigsten zur Charakterisierung von Feldforschung herangezogene Kriterium. Im Anschluß an Tunnell (1977) hat Patry (1979, 1982a) das bisher wohl elaborierteste System zur Darstellung der Feldcharakteristik einer Untersuchung aus dieser Sicht entwickelt. Er unterscheidet dabei folgende Dimensionen: Unabhängige Variable bzw. treatment (natürlich oder künstlich); abhängige Variable bzw. das Verhalten der untersuchten Personen (natürlich oder künstlich); das Umfeld (Setting), in dem die Untersuchung stattfindet (natürlich oder künstlich); ob die Tatsache, daß eine Untersuchung durchgeführt wird, den Vpn bekannt ist oder nicht; und schließlich ob das Ziel oder die Hypothesen der Untersuchung den Vpn bekannt sind oder nicht. Eine Felduntersuchung reinsten Wassers liegt dann vor, wenn dabei ausschließlich natürliche Treatments in ihrer Auswirkung auf natürliches Verhalten in einem natürlichen Setting untersucht werden, wobei die Vpn nichts von der Tatsache der Untersuchung wissen, geschweige denn die Hypothesen oder das Ziel der Untersuchung kennen. Das andere Extrem läge dann vor, wenn alle Dimensionen im gegenteiligen Sinn ausgeprägt wären.

Dieses System zeigt, daß auch diese Charakterisierung von mehreren Dimensionen abhängig ist, und daß der Übergang von Feldforschung zu Laborforschung ein kontinuierlicher ist. Patry (1982a) neigt sogar dazu, jede Untersuchungsanlage, die in einer der oben genannten Hinsichten nicht künstlich ist, als Felduntersuchung zu bezeichnen. Ein wenig absurd wird das Ganze jedoch, wenn man, wie z.B. Tunnell

(1977), die Vorführung verschiedener Filme (UV) im Labor für die Realisierung der Kombination „natürliches Treatment – künstliches Setting" hält, nur weil Menschen sich auch im „realen" Leben hin und wieder Filme anschauen. Derartige Versuche, Untersuchungen quasi gewaltsam einen Hauch von Feld zu verschaffen, sind den eigentlichen Anliegen der Feldforschung sicher nicht förderlich.

Im allgemeinen wird einer Untersuchung um so mehr Feldcharakter zugesprochen, je weniger durch sie bzw. die damit verbundenen Aktivitäten das Feld im oben beschriebenen Sinn verändert wird; je mehr also ausgeschlossen werden kann, daß die Variation der interessierenden Variablen durch die Tatsache des Forschens mitbedingt wird. Besonderes Augenmerk wird dabei auch dem Prozeß der Datenerhebung geschenkt, wobei vor allem die Reaktivitätsfrage im Vordergrund steht. Gerade hier spielt die Informiertheit der untersuchten Personen eine wesentliche Rolle (Bredenkamp, 1969), da jeder Meßvorgang, bei dem die Vp bewußt ist, daß eine Untersuchung durchgeführt wird, als reaktiv angesehen werden kann (Campbell, 1957). Es gibt jedoch auch den konträren Standpunkt: Kaminski & Bellows (1982) beispielsweise sind der Meinung, daß eine partizipative Mitwirkung der Akteure am Datenentstehungsprozeß ein naturalistisches Moment in die Datenerhebung bringt, wobei sie allerdings gleichzeitig fordern, daß die technischen Verfahren der Datenerhebung den natürlichen, alltagsgemäßen Ablauf des Datenentstehungsprozesses möglichst nicht stören sollen. Einen Weg, diese beiden Standpunkte zu vereinen, zeigen sie jedoch nicht. Weick (1965) bezweifelt andererseits die Bedeutsamkeit der Natürlichkeit des Setting, wenn er die Teilnahme an einem Laborexperiment mit der Teilnahme am Geschehen in einer Organisation vergleicht und insofern nichts Unnatürliches dabei sieht. Ähnliches könnte man von der Natürlichkeit des Treatment sagen, wenn man sich darauf einigt, daß es nicht so sehr darauf ankommt, ob die Treatment-Variation von der Natur oder vom Forscher willkürlich herbeigeführt wird, sondern vielmehr darauf, in welchem Maße es von den Vpn als natürlich oder künstlich wahrgenommen wird (Cook & Campbell, 1976).

3.3.3. Untersuchungsformen im Feld

Scott (1965) unterscheidet bei seiner Darstellung von Felduntersuchungen zwischen explorativen, deskriptiven und hypothesentestenden Untersuchungsformen. Nowotny & Knorr (1975) unterscheiden „harte" und „weiche" Untersuchungsanlagen, was etwa der Unterscheidung zwischen „survey method" und „field work" von Bogdan & Taylor (1975) entspricht: Der erste Typ von Untersuchungsanlagen liefert quantitative, der zweite qualitative Daten. Orlik (1979) gliedert Felduntersuchungen in Feldstudien, Feldexperimente und Aktionsforschung. In Feldstudien verhält sich der Forscher weitgehend passiv-registrierend, während die beiden anderen Formen durch einen Eingriff des Forschers in den Ablauf des Geschehens gekennzeichnet sind, wobei bei der Aktionsforschung noch eine mehr oder minder große aktive Beteiligung der untersuchten Personen an der Steuerung des Forschungsgeschehens hinzukommt. Ein wichtiges Kriterium zur Unterscheidung zwischen verschiedenen Untersuchungsformen ist auch, ob Hypothesen geprüft werden sollen oder nicht. Vor allem geht es immer wieder um die Frage, inwieweit Untersuchungsanlagen in der Lage sind, die Prüfung von Kausalhypothesen zu ermöglichen (Cook & Campbell, 1976). Dabei wird der Tatsache, ob der Forscher aktiv in das Geschehen eingreift bzw. Variablen manipuliert, besondere Bedeutung beigemessen. Einer der vehementesten Verfechter dieses Standpunktes, nämlich Campbell, formuliert dies so: „Social scientists and educators often end up in the role of passive journalists, recorders of what is going on. This role is quite different from that of the scientist in the successful (!) sciences, who never tries to describe all aspects of a real situation but rather intrudes experimentally in a setting where effects can be noted. In undertaking the goal of exhaustive description, the social scientist and the educational researcher have taken quite a different role of the successful scientist whose basic approach is to intrude and interrupt, to make a change and see what happens. ... There is excellent reason to believe that unless we, as social scientists, do get into experimenting, we are never going to have a science." (Campbell, 1967: 258.)

Obwohl dieser Meinung Campbells sicher nicht von allen Sozialwissenschaftlern zugestimmt wird, charakterisiert sie doch den Grad des Eingreifens des Forschers in das Feld als eine wesentliche Dimension, weshalb wir im folgenden zwischen nicht-experimentellen und experimentellen Untersuchungsformen unterscheiden wollen.

3.3.3.1. Nicht-experimentelle Untersuchungsformen

Die nicht-experimentellen Untersuchungsformen gelten häufig als die eigentliche Domäne der Feldforschung, nicht zuletzt deshalb, weil sie in Labors kaum realisiert bzw. angestrebt werden. Nowotny & Knorr (1975), Bogdan & Taylor (1975), Sieber (1973) und viele andere unterscheiden dabei qualitative und quantitative Untersuchungsformen. Ebenso findet sich eine Differenzierung nach den Untersuchungs-objekten, nämlich dahingehend, ob es sich um die Untersuchung von Aggregaten von Individuen handelt oder um die Untersuchung von ganzheitlichen sozialen Phänomenen wie z. B. bestimmte Gruppen, Interaktionsstrukturen oder auch Organisationen (Scott, 1965). Häufig, jedoch nicht immer, treten ganz bestimmte Kombinationen dieser beiden Dimensionen auf. Ein Beispiel für qualitative, ganz-heitliche Untersuchungsformen sind die sogenannten Einzelfallstudien, während der Sample Survey als Beispiel für eine quantitative Analyse gelten kann, in der zumeist Aggregate von Individuen ohne Rücksicht auf strukturale Beziehungen miteinander verglichen werden. Einzelfallstudien, die in bestimmten Bereichen der Sozialwissenschaften wie z. B. der Anthropologie, Ethnologie, aber auch in der Soziologie große Bedeutung haben (vgl. dazu Foster et al., 1979; Pelto, 1970; Die-sing, 1971; Freilich, 1977), fordern vom Forscher zumeist relativ lange Feldaufent-thalte: „Da so viele Bestandteile des sozialen Lebens untereinander verbunden sind, versucht der Forscher gewöhnlich, mit oder nahe bei den untersuchten Leuten während des gesamten Kreislaufs ihrer täglichen Aktivität zu leben; und es ist dieser Prozeß von ‚leben mit' einer fremden Gemeinschaft, den wir ‚Feldforschung' nen-nen." (Wax, 1979: 68.) Sie sind zumeist auch gekennzeichnet durch ein langsames Sichherantasten an den Gegenstand, wobei der Forscher kaum klare Hypothesen besitzt, sondern diese vielmehr erst im Laufe des Aufenthaltes im Feld entwickelt und auch mehrfach reformuliert (vgl. dazu Liebow, 1979).

Quantitative Untersuchungsformen wie z. B. der Sample Survey sind dagegen ge-kennzeichnet durch relativ kurze Feldaufenthalte und möglichslt klar formulierte Hypothesen, die eine entsprechende Vorselektion der zumeist mit Interviewtechni-ken erhobenen Daten bewirken.

Als letzte nicht-experimentelle Untersuchungsform nennen wir die Ex-post-facto-Studien, die als Brücke zu den eigentlichen experimentellen Untersuchungsformen gelten können. Zimmermann (1972) spricht sich jedoch deutlich gegen die Bezeich-nung „Ex-post-facto-Experiment" aus, da eben der Untersucher dabei nicht aktiv die unabhängigen Variablen manipuliert, sondern lediglich bereits vorgefundene

Ausprägungen einander gegenübergestellt. Manche Autoren behandeln derartige Variablen als (natürliche) treatments (z. B. Patry, 1982 a: 21), andere sind jedoch gegenteiliger Meinung (z. B. Tunnell, 1977). Es handelt sich dabei um Variablen wie z. B. Vererbung, Persönlichkeit, Intelligenz, Sozialisationsbedingungen usw., deren Auswirkung auf abhängige Variablen wie z. B. Leistung, Führungsqualifikation etc. untersucht werden sollen, und die nicht durch einen Versuchsleiter manipuliert werden können. Als weiteres Problem wird die Schwierigkeit gesehen, mit Hilfe von Ex-post-facto-Studien Kausalbeziehungen zu analysieren, da oft nicht entscheidbar ist, welche der untersuchten Variablen die bedingenden und welche die bedingten sind, und somit bestenfalls korrelative Beziehungen festgestellt werden können. Abgesehen davon, daß dies zunächst überwiegend eine Frage der zugrunde liegenden Theorie und der Plausibilität der darin gemachten Annahmen ist, gibt es multivariate Verfahren, die eine Analyse von Kausalbeziehungen auch bei derartigen Untersuchungsformen ermöglichen (vgl. z. B. Hummel & Ziegler, 1976). Wir glauben nicht zu übertreiben, wenn wir behaupten, daß Ex-post-facto-Untersuchungen trotz der angedeuteten Probleme für die Sozialwissenschaften von überragender Bedeutung sind und daß ein Großteil des erreichten Wissensstandes auf derartigen Untersuchungen beruht.

3.3.3.2. Experimentelle Untersuchungsformen

Allgemein gesehen handelt es sich bei experimentellen Untersuchungsformen um solche, bei denen ein Eingriff in den üblichen Ablauf der Dinge erfolgt und in seinen Auswirkungen auf interessierende Variablen systematisch untersucht wird. Obwohl häufig die Meinung geäußert wird, daß dieser Eingriff willkürlich vom Forscher herbeizuführen sei (z. B. Zimmermann, 1972), verstehen Cook & Campbell (1976) unter „Experiment" „any experimenter controlled or naturally occuring event (a ‚treatment') which intervenes in the lives of respondents and whose probable consequences can be empirically assessed." (S. 224)

Eine besonders „feldtypische" Form des Experiments ist das Naturexperiment. Es handelt sich dabei um Situationen, bei denen natürliche, d. h. nicht eigens zum Zweck der Untersuchung auftretende Ereignisse in ihrer Auswirkung untersucht werden. Der wesentliche Unterschied zur Ex-post-facto-Situation, bei der ja auch die „Natur" manipuliert, liegt darin, daß beim Naturexperiment eine klare Zeitabfolge festgestellt werden kann, eine notwendige, wenn auch nicht hinreichende Bedingung zur Analyse von Kausalbeziehungen (Cook & Campbell, 1976). Da derartige Situationen – beispielsweise plötzliche Stromausfälle oder klimatische Veränderungen (z. B. Baron & Ransberger, 1978) – relativ selten und vor allem meist unvorhersehbar auftreten, sind echte Naturexperimente selten und daher eher eine willkommene Bereicherung des Wissensstandes denn eine Möglichkeit, die Forschung systematisch voranzutreiben.

Wesentlich bedeutsamer für unsere Zwecke ist die Unterscheidung zwischen echten Experimenten und Quasi-Experimenten im Feld (Campbell & Stanley, 1963; Cook & Campbell, 1976, 1979). Der Unterschied zwischen beiden Formen besteht darin, daß beim echten Experiment eine Randomisierung der Versuchsgruppen erfolgt, beim Quasi-Experiment hingegen nicht. Da jedoch in vielen Feldsituationen eine Randomisierung von Versuchsgruppen nicht möglich ist, wurde eine Reihe von speziellen Versuchsplänen entwickelt, um die Nachteile des Quasi-Experiments aufzufangen (vgl. dazu Cook & Campbell, 1976). Eine ausgezeichnete Diskussion dieser Problematik findet sich bei Frey & Frenz (1982), wobei die Autoren darauf hinweisen, daß aufgrund einer aus der Fischerschen Tradition stammenden Testphilosophie diese Frage – insbesondere in bezug auf andere Probleme im Forschungsprozeß – über ihre eigentliche Bedeutung hinaus thematisiert wurde.

Während Quasi-Experimente in der Feldforschung – beispielsweise in der Organisationspsychologie (vgl. z. B. Evan, 1971) oder auch in der Ökopsychologie (vgl. Kaminski & Bellows, 1982) – immer mehr an Bedeutung gewinnen, sind echte Experimente relativ selten. Dies müßte jedoch nicht so sein, meint Campbell (1967), und läge vor allem daran, daß Sozialwissenschaftler nicht die Macht haben, echte experimentelle Situationen im Feld herbeizuführen. Er empfiehlt deshalb ein Bündnis der Sozialwissenschaftler mit jenen, die tagtäglich im Feld experimentieren, nämlich den Administratoren und Managern. Auf diese Weise könnten die ständig ablaufenden „Experimente" systematisch der Forschung nutzbar gemacht werden.

Eine weitere Art experimenteller Feldforschung sind die „social experiments" (Ferber & Hirsch, 1978; Riecken & Boruch, 1974; Kershaw, 1975) oder, wie Schuler (1980) treffender formuliert, Untersuchungsformen der experimentellen Interventionsforschung. Bei derartigen Untersuchungen geht es weniger darum, Theorien zu überprüfen, als beispeilsweise festzustellen, welche Auswirkungen Sozialprogramme auf das Verhalten der Bevölkerung haben (Ferber & Hirsch, 1978). Es handelt sich dabei manchmal um groß angelegte, mit beträchtlichem finanziellen und auch administrativen Aufwand durchgeführte Untersuchungen, die sich zum Teil auf Zeiträume bis über 20 Jahre erstrecken. Eines der bekanntesten Beispiele dafür sind die „New Jersey Negative Income Tax Experiments", in denen unter anderem die Auswirkung eines garantierten Mindesteinkommens knapp an der Armutsgrenze auf das Arbeitsverhalten untersucht wurden (eine nähere Charakterisierung findet sich bei Ferber & Hirsch, 1978, und den dort angegebenen Quellen). Ergebnisse derartiger Untersuchungen sind jedoch nicht nur Informationen über die Auswirkungen der in Frage stehenden Interventionen, sondern auch die Erfahrungen, die für die administrative Bewältigung derartiger sozialer Programme gewonnen werden. Im Bereich der Erforschung des Konsumentenverhaltens werden bei im Prinzip gleichem Erkenntnisinteresse ähnliche Experimente mit Hilfe von Testmärkten durchgeführt.

3.3.4. Laborforschung vs. Feldforschung

Ging es eben um die Charakterisierung von Feldforschung, so geht es hier mehr um Fragen der Eignung. Nach unseren bisherigen Überlegungen scheint es eigentlich wenig sinnvoll, eine strikte Trennung zwischen Feld- und Laborforschung zu sehen, da der Übergang zwischen beiden Forschungsformen ein kontinuierlicher ist (vgl. dazu auch Patry, 1982 a). Feldforschung, so meint Schuler (1980), stellt sich vielmehr als eine „Bewegung dar denn als homogene methodologische Alternative zum Laborexperiment" (S. 139), und Westmeyer (1982) fällt nach Durchsicht der Literatur „der Legitimationszwang, unter den sich die Anhänger (sic!) der Feldforschung offenbar schon durch die bloße Existenz der Laborforschung gestellt sehen", auf (S. 67). Nichtsdestoweniger wird die Frage, welche von beiden Forschungsformen geeigneter sei, sozialwissenschaftliche Fragestellungen zu untersuchen, meist anhand von Extrembeispielen eifrig diskutiert, wobei man selten soviele ungeprüfte Annahmen und ungerechtfertigte Verallgemeinerungen feststellen kann wie bei dieser Auseinandersetzung.

3.3.4.1. Zur Frage der Validität

Bei dem Ausmaß, in dem die Frage nach der Möglichkeit der Überprüfung von
(Kausal-)Hypothesen im Vordergrund wissenschaftstheoretischer und forschungs-
strategischer Überlegungen steht (vgl. oben), ist es nicht weiter verwunderlich, daß
methodologische Diskussionen bezüglich der Brauchbarkeit von Feld- bzw. Laboruntersuchungen überwiegend Fragen der Validität von Untersuchungsanordnungen betreffen (inwieweit auch praktische Konsequenzen aus dieser Diskussion gezogen werden, wollen wir hier einmal als Frage offenlassen!). Es herrscht dabei die
weitverbreitete Meinung vor, daß Laboruntersuchungen eine höhere interne Validität besitzen, Felduntersuchungen hingegen eine höhere externe Validität.

Intern valide ist eine Untersuchung dann, wenn die Variation der abhängigen Variablen ausschließlich auf die Variation der unabhängigen Variablen zurückgeführt
werden kann, wenn also plausible alternative Erklärungen für die Variation der
abhängigen Variablen ausgeschlossen werden können. Theoretisch interpretierbar
sind die Untersuchungsergebnisse aber erst, wenn auch die Validität der Meßtechniken – verstanden als „eine Relation zwischen einem Indikator und einem Begriff"
(Zelditch, 1962: 569) – gewährleistet ist. Mit Recht weisen Frey & Frenz (1982)
darauf hin, daß der letztere Aspekt in der Validitätsdiskussion weitgehend vernachlässigt und daß überwiegend so getan wird, als lägen valide, theoretisch interpetier-
bare Daten vor. Dies gilt sowohl für Feld- als auch Laboruntersuchungen.

Eine höhere interne Validität wird Laboruntersuchungen deshalb zugesprochen,
weil es in derartigen Situationen leichter möglich sein soll, die Untersuchungsbedingungen zu kontrollieren und mögliche Störvariablen auszuschalten (Zelditch &
Hopkins, 1961). Nun gibt es mittlerweile eine umfangreiche Literatur (vgl. z. B.
Brown & Ghiselly, 1955; Orne, 1962; Orne & Evans, 1965; Rosenberg, 1969; Rosenthal & Rosnow, 1969; Miller, 1972; Weber & Cook, 1972; Bungard & Lück, 1974;
Timaeus, 1974; Mertens, 1975; Gadenne, 1976; Gniech, 1976; Lück & Bungard,
1978; Bungard, 1980) der Artefaktforschung, aus der hervorgeht, daß der Glaube
an die Möglichkeit einer rigorosen Kontrolle der interessierenden Variablen auch
im Labor eine Fiktion ist. Es mag zwar stimmen, daß der Versuchsleiter im Labor
weitgehend kontrollieren kann, welchen Stimuli die Versuchsperson ausgesetzt
wird. Welche Wirkungen bei den Vpn dadurch jedoch hervorgerufen werden, entzieht sich weitgehend dieser Kontrolle. Das gilt auch für die Manipulation der
unabhängigen Variablen: Wenn, wie z. B. bei der Untersuchung von Kosslyn et al.
(1976), die Vpn aufgefordert werden, sich Informationsmaterial entweder möglichst nur verbal oder nur bildhaft einzuprägen, ist damit noch lange nicht gesagt,
daß dies die Vpn auch tun bzw. überhaupt dazu in der Lage sind. Eine generelle
Überlegenheit der Laboruntersuchungen in bezug auf die interne Validität kann
also nicht als gegeben betrachtet werden, und die in Laborsituationen gefundenen
Effekte (Aufforderungscharakteristik, Versuchsleitererwartungen, Versuchsperso-
nenerwartungen, sozial erwünschtes Reagieren der Vpn usw.) haben auch zu einem
guten Teil den Ruf nach verstärktem Einsatz von Felduntersuchungen bewirkt
(Bungard & Bay, 1982).

Extern valide ist eine Untersuchung dann, wenn es möglich ist, ihre Ergebnisse auf
andere Situationen, Personen, Verhaltensweisen und Treatments zu generalisieren.
Viele Autoren halten Felduntersuchungen allgemein für extern valider als Laboruntersuchungen (vgl. z. B. Lück & Schuch, 1982; Gniech, 1982; Lück & Bungard,
1978; Willems & Raush, 1969; Dipboye & Flanagan, 1979). Die mangelnde externe
Validität von Laboruntersuchungen wird dabei zumeist aus einer Diskrepanz zwi-

schen den Ergebnissen dieser Untersuchungen und Felduntersuchungen abgeleitet (Bungard & Lück, 1982), wobei offensichtlich den letzteren mehr Vertrauen geschenkt wird. Diese Meinung findet allerdings nicht ungeteilte Zustimmung: Abgesehen davon, daß der Begriff der externen Validität „immer verschwommen geblieben ist" (Westmeyer, 1982: 75), hält Westmeyer (1982) „die übliche Annahme, Feldexperimenten komme eine höhere externe Validität zu als Laborexperimenten, ... in ihrer allgemeinen Form... (für) sicher falsch." Die weitere Generalisierbarkeit von Ergebnissen von Feldforschungen wird auch von Schuler (1980) bezweifelt: „Das Generalisierungsproblem ist vielmehr nur verschoben: Gerade wenn die spezifische beobachtete Situation gekennzeichnet ist durch ein komplexes Geflecht von Wechselwirkungen (was den Vorteil der Feldforschung entscheidend begründen soll), so ist Generalisierung nur insoweit möglich, als dieses Geflecht in seinen relevanten Größen und Zusammenhängen durchschaubar ist." (S. 153) Spezielle Nebenbedingungen in Feldkontexten können daher enge raumzeitliche Eingrenzungen enthalten, die in Laborsituationen derartig nicht gegeben sind. Resultate der Feldforschung lassen sich daher nur auf ähnliche Felder generalisieren, „sie sind interessant für eine ganz bestimmte Gruppe von Leuten, nicht aber unbedingt für die (z. B.; Anm. v. uns) Entwicklungspsychologie im allgemeinen." (Oser, 1982: 137.)

Bei der intensiven Auseinandersetzung um die Frage der Validität von Feld- und Laboruntersuchungen sollte man meinen, daß eine entsprechende Fülle von vergleichenden Studien vorliegt. Das ist jedoch nicht der Fall. Stellvertretend für die wenigen Untersuchungen erwähnen wir hier die Arbeiten von Ebbesen & Konecni (1980) für den Bereich des Entscheidungsverhaltens und die Studie von Downey et al. (1975) im Bereich der Attributionsforschung. Brehmer (1976) berichtet im Rahmen seiner Überblicksdarstellung zur Analyse interpersoneller Konflikte von entsprechenden Labor-Feldvergleichen (vgl. dazu auch Adelman, Stewart & Hammond, 1975; Blake, Hammond & Meyer, 1973), Lück & Schuch (1982) erwähnten differierende Ergebnisse von Labor- bzw. Feldstudien im Rahmen der Untersuchung prosozialen Verhaltens. Huber (1982) erwähnt übereinstimmende Laborbefunde mit den Ergebnissen der Felduntersuchung von Gallhofer & Sarris (1979) bei der Untersuchung kognitiver Strategien in Entscheidungssituationen, ebenso konnte Katz (1977) bei der Untersuchung der Beziehung zwischen Gruppenkonflikt und effektivem Führungsverhalten übereinstimmende Befunde von Labor- und Feldexperimenten feststellen. Eine Entscheidung bezüglich der gegenständlichen Problematik (sofern sie überhaupt entscheidbar ist) lassen die Ergebnisse dieser Studien jedoch nicht zu, da sie zumeist nicht gezielt auf diese Frage angelegt sind. Die bloße Diskrepanz der Ergebnisse bei manchen Vergleichen reicht jedoch unseres Erachtens nicht aus, den Felduntersuchungen eine höhere externe Validität oder den Laboruntersuchungen eine höhere interne Validität zuzusprechen. Ein wichtiges Kriterium für die Validität einer Untersuchungsform wäre, festzustellen, inwieweit es gelingt, damit stabile Phänomene zu erzeugen (Hacking, 1981). Die daraus sich ergebende Schlußfolgerung, entsprechende Replikationsstudien durchzuführen, wird begleitet durch einen entsprechenden Mangel an derartigen Arbeiten (Brandt, 1972; Timaeus, 1974), der von Campbell (1967) heftig kritisiert wird: „If we look again at the successful sciences, we find that there truths are buttressed by hundreds of thousands of replications. ... In the social sciences and in education, we have the notion that one experiment will do it. We invest large sums in a single experiment which after all tests one thing, in one setting, once." (S. 263).

3.3.4.2. Störeffekte in sozialwissenschaftlichen Untersuchungen

In der oben zitierten Literatur zur Artefaktforschung wird eine große Zahl von Störfaktoren dargestellt, wobei häufig der Hoffnung Ausdruck verliehen wird, daß man dieselben durch eine Verlegung der Untersuchung ins Feld vermeiden könne.

Im allgemeinen wird die Untersuchungssituation im Labor als restriktiv bezeichnet (vgl. z. B. Kaminski & Bellows, 1982), was vor allem an der ungewohnten Umgebung und an den eingeschränkten Reaktionsmöglichkeiten der Vpn liegen soll. In letzter Zeit hat Munzert (1980) versucht, ein neues experimentelles Paradigma zu entwickeln, um derartige Restriktionen zu vermeiden. So soll vor der Untersuchung den Vpn versichert werden, daß „dies kein Leistungs- oder Intelligenztest sei, daß keine Beurteilung durch den Versuchsleiter erfolgen werde, daß sein (ihr) Name nirgends genannt werde, daß er zu nichts gezwungen werde und jederzeit den Versuch abbrechen könne, wenn er dies aus irgendeinem Grund möchte." (S. 5.) Diese etwas sozialromantische Vorstellung, durch Gewährung völliger „Narrenfreiheit" im Labor dessen restriktiven Charakter abzubauen und den Vpn Angst zu nehmen, wirft ein erhellendes Licht auf die Restriktivitätsfrage und führt zu einer noch stärkeren Denaturierung der Laborsituation: In der „Realität" ist nämlich nichts unverbindlich, wird man sehr oft zu etwas gezwungen und ist ein Aussteigen mit erheblichen Konsequenzen verbunden: Kurz, die Realität ist restriktiver als jedes Labor. Man kann sich weder die „Treatments" aussuchen, denen man ausgesetzt wird, noch immer reagieren, wie man möchte.

Aus der Laborsituation erwachsen ganz bestimmte Aufforderungscharakteristiken (demand characteristics, Orne, 1962, 1969), die für die Vpn die Notwendigkeit einer Situationsdefinition (Deuteroprobleme, Riecken, 1962) nach sich ziehen. Dies führt dazu, daß die Vpn Hypothesen über Zweck und Ziel der Untersuchung entwickeln, sich im Sinne oder entgegen diese Hypothesen zu verhalten versuchen, sozial erwünscht reagieren oder andere Reaktionstendenzen entwickeln, die die wahre Beziehung zwischen UV und AV verschleiern. Die Aufdeckung derartiger Phänomene ist sehr bedeutsam für die Durchführung von Untersuchungen, und zwar gleichgültig, ob sie im Feld oder im Labor stattfinden: Rosen (1970) stellte demand characteristics auch im Feld fest, Tendenzen für sozial erwünschte Antworten im Feld fanden Phillips & Clancy (1970, 1972), andere Reaktionstendenzen im Feld berichten beispielsweise Sudman & Bradburn (1974), Rosenberg (1969) oder Berger & Sullivan (1970); auf die bekannten Effekte in Interviewsituationen sei an dieser Stelle nur hingewiesen (z. B. Tendenz, mit „Ja" zu antworten, Vermeiden von Extremurteilen, Versuch, logisch zu antworten etc.) Wenn derartige Störeffekte auch nicht immer gefunden werden (vgl. z. B. Gove & Geerken, 1977) – wie sie übrigens auch nicht in allen Laborexperimenten auftreten – so kann doch nicht die allgemeine Aussage Tunnells (1977) gelten, demand characteristics seien im Feld weniger störend als im Labor. Gerade weil im Feld die Reaktionen der Untersuchten meist Konsequenzen auch über die Untersuchung hinaus haben, zudem sehr oft die unterschiedlichsten Vermutungen über Zweck und Ziel einer Untersuchung kursieren, ist mit einem verstärkten Auftreten derartiger Phänomene zu rechnen.

Eine weitere wichtige Störquelle ist das Verhalten des Versuchsleiters oder Untersuchers selbst. Neben der unterschiedlichen Betonung von Wörtern in der Instruktion, unvermutetem Lächeln, seinem äußeren Erscheinungsbild, seinem Geschlecht, seinen Erwartungen bezüglich der Hypothesen wurden eine Vielzahl weiterer Merkmale festgestellt, die alle einen Einfluß auf die Ergebnisse haben können. Auch diese Effekte sind im Feld mitunter sogar noch stärker zu erwarten: Oft stammt der Versuchsleiter aus ganz anderen sozialen Bezügen, steigt über ganz bestimmte Kanäle (Regierung, Management, Lehrer) in das Feld ein und ist demnach mit Merkmalen behaftet, die für die Reaktionen der Vpn sicherlich nicht unbedeutend sind. Nicht zuletzt wird auch immer gefordert, daß im Feld verstärkt verdeckte Datenerhebungsverfahren eingesetzt werden sollen oder der Versuchsleiter sich irgendwie tarnen soll. Die besonderen Probleme, die damit verbunden sind, werden wir im nächsten Abschnitt behandeln.

Es zeigt sich somit, daß die in der Artefaktforschung gefundenen Effekte auch im Feld zu erwarten sind, möglicherweise mit noch stärkerer Intensität. Diese Effekte sind kein Fehlverhalten der Vpn, sondern völlig normale Reaktionen (Bungard & Bay, 1982). Manche, mittlerweile zur Berühmtheit avancierte Effekte wie der Hawthorne-Effekt sind überhaupt erst im Feld entdeckt worden (Roethlisberger & Dickson, 1939). Der Wert der Ergebnisse der Artefaktforschung kommt jedoch erst dann zum Tragen, wenn als Reaktion darauf nicht einfach – möglicherweise mangelhafte – experimentelle Laboruntersuchungen ins Feld verlegt werden, sondern wenn diese Ergebnisse einerseits bei der Planung von Laboruntersuchungen und andererseits auch bei der Planung von Felduntersuchungen systematischer als bisher berücksichtigt werden.

3.3.4.3. Einige Argumente für Felduntersuchungen

Nicht zuletzt aufgrund der allgemein nicht zu entscheidenden Frage, ob Labor- oder Feldforschungsmethoden besser geeignet sind, sozialwissenschaftliche Fragestellungen zu untersuchen, wird von einigen Autoren ein entsprechender Methodenpluralismus gefordert (z. B. Bouchard, 1976; Bierhoff, 1980). Dem Thema unseres Beitrages folgend wollen wir jedoch nun einige Argumente anführen, die eher für die Anwendung von Felduntersuchungen sprechen.

Einen allgemeinen Grundsatz formuliert Campbell (1967) wenn er meint, daß die Problematik der Gewinnung allgemeiner Gesetzesaussagen um so geringer wird, je näher wir bei der Untersuchung der Gesetze an den Bereich herangehen, über den die Aussagen gemacht werden: „... at any given moment the laws of science are imperfect simplifications, but their imperfection is greater the farther we extrapolate them. The greater the difference between the area in which a scientific law was developed and the area in which we are trying to apply it, the less confidently we can extrapolate and generalize. ... If, for instance, we have laws of group formation and ego involvement which are based upon one hour of face to face interaction among college sophormores meeting a laboratory requirement, and are trying to generalize from these laws of group formation and ego involvement in a 40 – hour week, month after month, we can see that our conditions of similarity are relatively low, that the extrapolation is relatively distant, and that the plausibility of extrapolating is tenuous. If we are doing experiments with samples of an administrative principle, we are thus providing a basis of experimentation that is close to home, where the extrapolation is small, and where the likelihood of valid extrapolation is great." (S. 260f.)

Ein weiteres Argument für Felduntersuchungen bezieht sich auf die unabhängigen Variablen, und zwar sowohl auf die Intensität der Manipulation (Bouchard, 1976), auf ihre „Echtheit" (Konstruktvalidität) (Ellsworth, 1977; zit. nach Schuler, 1980), auf die Dauer der Applikation (Campbell, 1967) sowie auf die zeitliche Distanz zwischen Auftreten und Auswirkung (Ferber & Hirsch, 1978; Baum & Valins, 1977; Bouchard, 1976). Was die Intensität betrifft, so ist – abgesehen von einer etwa vorliegenden prinzipiellen Unmöglichkeit – oft aus moralischen oder ethischen Gründen eine entsprechende Applikation im Labor nicht möglich: Konflikte müssen in ihrer Intensität weit unter der Realitätsgrenze bleiben, Angst-, Selbstwertgefühls- oder physische Manipulation müssen auch schon wegen möglicher Dauerwirkungen im Labor sehr eingeschränkt werden. Auch was die Spannweite der Manipulation der UV betrifft, ist die Feldsituation einer Laborsituation überlegen: So können im Labor Variablen wie Kontrollspanne, Zentralisationsgrad oder auch Gruppengrößen in Organisationen bei weitem nicht jene Variationsspannweite erreichen, wie sie in der Realität vorkommen (z. B. gibt es Organisationen mit „Gruppen" von bis zu 100 Personen mit nur einem Vorgesetzten ohne weitere formale Differenzierung).

Ähnliches gilt für die zeitliche Spannweite der Applikation einer UV, wo das Labor quasi naturgemäß unterlegen ist: Es mag zwar stimmen, daß Vpn im Labor gegenüber einem ekelhaften „Vorgesetzten" mit Opposition in Form von Leistungsverminderung reagieren. Ganz anders stellen sich die Dinge dar, wenn man derartigen „Treatments" über lange Zeit und womöglich ohne Ausweichmöglichkeit, dafür mit entsprechenden Konsequenzen bedroht, ausgesetzt ist, abgesehen von möglichen Wechselwirkungen und davon, daß sich die Treatment-Wirkung durch Gewöhnungs- und/oder Abnützungseffekte verändern kann. Dasselbe trifft für die zeitliche Dimension der Auswirkung der unabhängigen Variablen auf die abhängigen zu, was insbesondere für die Langzeitwirkung von Therapien, aber auch von Organisationsveränderungen von großer Bedeutsamkeit ist und ebenfalls nicht im Rahmen von Labor-Settings untersuchbar ist.

Weitere günstige Situationscharakteristika, insbesondere auch für die Durchführung von Feldexperimenten, nennen Cook & Campbell (1976): Wegen der Bedingung der Randomisierung von Versuchsgruppen (die übrigens eine unnötig strenge Forderung darstellt, da lediglich die Austauschbarkeit der Vpn gefordert wird, (vgl. dazu Kleiter, 1981) sind alle jene Situationen geeignet, wo üblicherweise Lotterien erwartet werden, wie etwa bei der Aufteilung von Zöglingen in Schlafsäle, der Zusammenstellung von Rekruten zu Kompanien, der Zuweisung von Neulingen zu bestimmten Arbeitsgruppen etc. Kann die Applikation eines Treatments bei anderen Neid erwecken, so ist eine günstige Situation jene, in der knappe Ressourcen vorhanden sind und eine Einschränkung als natürlich akzeptiert wird. Eine experimentelle Situation im Feld ist auch dann gegeben, wenn Innovationen nur abteilungsweise eingeführt werden können (eine Variation der Bedingungen wird dort leichter akzeptiert), und wo Änderungen gefordert werden und Lösungen nicht bekannt sind. Die Reaktivitätsproblematik schließlich ist dort gering, wo ohnehin oft getestet wird (z. B. in Schulen, Universitäten, vgl. dazu auch Zimmermann, 1972) bzw. wo häufig, wie in Organisationen, Aufzeichnungen und Datenerhebungen stattfinden (Campbell, 1967).

3.3.5. Spezielle Probleme in Feldsituationen

Wir wollen an dieser Stelle nicht auf allgemeine Probleme eingehen, wie z. B. die kausale Ambiguität oder den oftmals fallstudienartigen Charakter von Felduntersuchungen (Bouchard, 1976), die wir zum Teil schon angesprochen haben und auch nicht unbedingt nur bei Felduntersuchungen für gegeben erachten. Es geht uns hier vielmehr um Besonderheiten der Situation und die daraus erwachsenden Bedingungen für das Verhalten des Forschers bzw. die Durchführung einer Untersuchung überhaupt. Hinweise dazu finden sich verstreut in der Literatur (vgl. z. B. Bogdan & Taylor, 1975; Scott, 1965; Bredenkamp, 1969; Bungard & Lück, 1974; Dean, Eichhorn & Dean, 1969). Zusammengefaßte Darstellungen sind selten (z. B. Gerdes, 1979; McCall & Simmons, 1969), in manchen – auch umfangreichen – Publikationen zur Feldforschung fehlen sie fast völlig (z. B. Patry, 1982). Deshalb halten wir es für nützlich, im folgenden eine überblicksartige und keineswegs Anspruch auf Vollständigkeit erhebende Darstellung dieser Aspekte zu geben.

3.3.5.1. Situationale Besonderheiten des Feldes

Ein grundlegendes Charakteristikum der Feldsituation ist, daß der Forscher relativ wenig Macht besitzt, um seine Absichten zu realisieren, sondern weitgehend auf das Gewährenlassen und auf die Kooperation derer angewiesen ist, die dort das Sagen haben (Campbell, 1967). Dies betrifft nicht nur die Frage des prinzipiellen Zugangs, sondern vor allem auch die Möglichkeit der Variation von Versuchsbedingungen. Feldexperimente scheitern daher häufig an der Rigidität (aus einem anderen Blickwinkel könnte man auch sagen: an dem Verantwortungsbewußtsein) der Führungskräfte von Organisationen (Bungard & Lück, 1974). Bredenkamp (1969) sieht die Mitarbeit von Organisationen besonders dann gefährdet, wenn es nicht um die Lösung praktischer Probleme, sondern „nur" um die Prüfung von Hypothesen und Theorien geht. Daraus kann sich auch eine paradoxe Situation entwickeln: Sind in einer Organisation zu wenig praktische Probleme, erscheint Forschung als unnütz, sind es zuviele, erscheint Forschung als Luxus (Bredenkamp, 1969).

Eine weitere Besonderheit im Feld ist die Tatsache, daß es sich bei vielen Untersuchungen (z. B. in Organisationen) um eine Situation handelt, die durch eine Vielfalt von Beziehungen zwischen den zugehörigen Personen gekenntzeichnet ist (Scott, 1965). Dies hat mehrere Implikationen:

Erstens findet die Tatsache, daß eine Untersuchung stattfindet, je nach Kommunikationskanälen eine unterschiedlich rasche Verbreitung, wobei sich natürlich auch die Inhalte der Information recht schnell verschieben können. Es kann innerhalb kürzester Zeit passieren, daß der Forscher von Leuten, die nicht einmal der entsprechenden Organisation angehören, auf sein Vorhaben hin angesprochen wird, während möglicherweise wichtige Personen innerhalb der Organisation noch gar nichts davon wissen.

Zweitens kann diese soziale Verflochtenheit der „Versuchspersonen" zur Folge haben, daß einige wenige Opponenten das Projekt zu Fall bringen können, besonders dann, wenn sie auf mögliche Nachteile für die Untersuchten hinweisen können, auf die der Forscher bei der Formulierung oft auch nur des Namens des Projektes nicht gedacht hat.

Drittens ist bei derartigen Untersuchungen die Anonymität der Untersuchten oft nur schwer zu gewährleisten oder selbst nur glaubhaft zu machen. Dies spielt nicht nur für die Bereitschaft zur Teilnahme an einer Untersuchung eine Rolle, sondern auch für das interessierende Verhalten: So konnten beispielsweise Manniche & Hayes (1957) zeigen, daß sich anonym fühlende Personen eher bereit sind, auch sozial unerwünscht zu reagieren als Personen, die die Anonymität nicht gewährleistet sehen. Dazu kommt, daß gerade bei derartigen Untersuchungen wesentliche Fragen nur durch die Möglichkeit der Identifikation der Untersuchten und entsprechender Zuordnungen beantwortet werden können, wobei der einzige Ausweg häufig nur darin besteht, mit gezinkten Erhebungsinstrumenten zu arbeiten (vgl. z. B. Schmidt-Brasse & Neuberger, 1973).

Und schließlich wollen wir noch einen vierten Aspekt erwähnen, der von diesem Charakteristikum der Feldsituation betroffen ist: Die Selektion von Untersuchten oder die Festlegung der Stichprobe. Da es auch bei der Untersuchung von Organisationen häufig nicht möglich oder auch nur notwendig ist, alle Mitglieder in die Untersuchung mit einzubeziehen oder einer Versuchsbedingung zuzuordnen (Kontrollgruppen!) besteht die Gefahr, daß sich, je nachdem ob die Teilnahme als erstrebenswert angesehen wird oder nicht, manche Personen oder auch Gruppen weigern, an der Erhebung teilzunehmen oder sich darüber aufregen, daß sie nicht teilnehmen sollen. Dies führt möglicherweise zu systematischen Verzerrungen der Stichprobe (vgl. dazu Cook & Campbell, 1976; Gniech, 1982; Ferber & Hirsch, 1978).

Einige weitere Besonderheiten der Feldsituation wollen wir hier nur noch kurz erwähnen: Wegen des konzentrierten Interesses der Sozialwissenschaftler an ganz bestimmten Problemen (z. B. deviante Gruppen, Behinderte, Führungskräfte etc.) ist damit zu rechnen, daß die entsprechenden Personen, die in bestimmten regionalen Bereichen meist eine relativ kleine Zahl darstellen, schon öfter Objekte sozialwissenschaftlichen Interesses waren und sich dadurch gewissermaßen ein professionelles „Versuchspersonenverhalten" zugelegt haben. Auch für inhaltliche Schwerpunkte, die schwerpunktmäßig die Aufmerksamkeit der Sozialwissenschaften erregen (Fragen der Erziehung, Frauenfragen, Umweltverhalten etc.), sind wegen einer entsprechenden Verbreitung durch die Medien manchmal schwer Personen aufzutreiben, die noch unbeeinflußt reagieren können; und diese stellen dann wiederum eine sehr atypische Stichprobe dar. Und schließlich steht der Feldforscher mit einer Reihe von Institutionen und Einrichtungen – vom Staat bis zu den Meinungsforschungsinstituten – in Konkurrenz, die immer zudringlicher und mit immer schwieriger nachvollziehbaren oder gar prüfbaren Zielen das Leben der Bevölkerung zu durchleuchten versuchen, so daß mit einem wachsenden Mißtrauen und zunehmender Zurückhaltung zu rechnen ist.

3.3.5.2. Einstieg ins bzw. Verhalten im Feld

Aufgrund unserer bisherigen Überlegungen ist klar, daß dem Einstieg und dem Verhalten des Forschers für das Gelingen einer Felduntersuchung überragende Bedeutung zukommen. Manche bereits angeschnittenen oder noch zu erwähnenden Probleme ließen sich sicherlich durch eine Anwendung von verdeckten Erhebungstechniken umgehen. Aber auch dann muß der Forscher zumindest sein Auftauchen bzw. seine Anwesenheit erklären, sieht man von den ganz seltenen Fällen ab, in denen es Forschern gelingt, die völlige Zugehörigkeit (z. B. als Arbeiter, Soldat, Rauschgiftsüchtiger etc.) zu den interessierenden Gruppen zu erwerben (was übrigens das Problem der Überidentifikation bzw. des „going native" mit sich bringen kann).

Der Einstieg ins Feld

Für die folgende Diskussion wollen wir uns als Hintergrund das Ziel vorstellen, daß es sich um die Durchführung einer Untersuchung in einer Organisation handelt, da sich hier zusätzlich zu informellen Strukturen (wie z. B. bei devianten Gruppen und anderen nichtformalen sozialen Gebilden) auch formale Strukturen hinzugesellen, die es zu beachten gilt:

Vor jeder Kontaktaufnahme sollte sich der Forscher zunächst einmal die Frage stellen, warum irgendeine Organisation ihm überhaupt Zutritt gewähren sollte, und zwar aus deren Sicht (Schatzmann & Strauß, 1979). Dazu gehört, daß er sich Informationen verschafft über Geschichte, Ziele und Ideologie einer Organisation ebenso wie über Identität und Machtgruppierungen der wichtigsten Personen. Die Erwartungen beim Gastgeber können sich von der Freude über das gezeigte Interesse, Hoffnung auf kostenlose Information und Problemlösung über allgemeines Desinteresse bis hin zu Furcht vor Enthüllungen erstrecken. Weiters sollte der Forscher die oft sehr heterogenen und meist nicht differenzierten Vorstellungen über die Sozialwissenschaften überhaupt mit berücksichtigen, wobei eine allenfalls vorhandene Unwissenheit über diesen Wissenschaftsbereich insofern problematisch werden kann, als daß der Gastgeber nicht in der Lage ist, gezielte Fragen zu stellen und von da her eine peinliche Situation entstehen kann.

Von diesen Überlegungen her ist sehr zu empfehlen, daß der Forscher ein schriftliches Dokument erstellt, das überdies auch für die eigene Problemklärung nützlich ist. Ein derartiges Dokument hilft den Hauptverantwortlichen, die Ziele und Absichten des Forschers auch anderen darzustellen und gewährleistet somit eine einheitliche Information: „Der Forscher darf nicht von den Routinekanälen institutioneller Kommunikation abhängen, um Klarheit, Konsistenz der Kommunikation und Zugang zu den untergeordneten Bereichen zu sichern." (Schatzmann & Strauß, 1979: 84.) Inhaltlich sollte in einer klaren und verständlichen Sprache das Ziel der Forschung dargestellt werden, wobei die Zusicherung von Vertraulichkeit und die Abgrenzung von jeder Machtquelle innerhalb der Organisation wichtig sind. Weiters soll auf die voraussichtliche Dauer, den erwarteten Arbeitsaufwand bzw. die Belastung der Organisationsmitglieder, eine mögliche Nützlichkeit der Ergebnisse für die Organisation und vor allem auf die Gewährleistung der Anonymität der Organisation bei Publikationen hingewiesen werden. Dabei soll sich der Forscher nicht als Experte aufspielen für Dinge, wo der Gastgeber Experte ist, sondern wo immer möglich seine Rolle als Lernender durchblicken lassen (Bogdan & Taylor, 1975). Ein derartiges Dokument verhindert das Auftreten von Mißverständnissen und bietet auch später den Verantwortlichen in der Regel eine gute Rechtfertigung dafür, sich auf das Vorhaben eingelassen zu haben (Schatzmann & Strauß, 1979).

Für die Verhandlungen ist der allgemeine Grundsatz nützlich, so ehrlich, jedoch auch so vage wie möglich zu agieren (Douglas, 1976), um mögliche Einschränkungen zu vermeiden. Es sollten deshalb auch alle Restriktionen, die der Forscher zunächst akzeptieren muß, von ihm als prinzipiell zu einem späteren Zeitpunkt neuerlich verhandlungsfähig betrachtet werden. Es ist ja möglich, daß der Gastgeber zunächst eine Periode des Testens wünscht, um sicher zu sein, daß das Vorhaben des Forschers tatsächlich nicht die eigenen Ziele stört. Auf jeden Fall ist es besser, zunächst nur eingeschränkt agieren zu können als überhaupt nicht. Im übrigen kann eine teilweise Aufnahme von Themen, die von der Organisation vorgeschlagen werden, nicht nur gute Möglichkeiten zeigen, an interessierende Daten heranzukommen, sondern auch bedeutende Problemstellungen hervorbringen, auf die der Forscher sonst nicht gekommen wäre.

Vom Inhalt seiner Absichten her ist es daher wichtig, daß sich der Forscher einen grundsätzlichen Kern überlegt, ohne sich hinsichtlich der Details oder auch der Methoden allzusehr festzulegen. Nur wenn dieser inhaltliche Kern durch den Verlauf der Verhandlungen gefährdet ist, sollte man sich die Frage stellen, das Vorhaben aufzugeben. Diese ganz andere Art der Vorbereitung und Planung einer Untersuchung, in der vieles nicht vom Forscher gesteuert oder auch nur vorhergesehen werden kann, erfordert nicht nur eine ausgezeichnete Kenntnis seines Faches und der Methoden, sondern auch oft sehr schnelles Reagieren und Entscheiden.

Verhalten im Feld

Grundsätzlich sollte dem Forscher klar sein, daß er fast immer die Position des Außenseiters innehat und daß seine Wahrnehmungen nicht nur durch die allgemeinen Vorstellungen, die jeder Mensch über einen bestimmten Bereich des sozialen Lebens entwickelt, sondern auch zusätzlich durch seine Sozialisation als Wissenschaftler – z. B. durch übernommene Theorien und Methoden – geprägt ist (Blumer, 1979). In Anlehnung an Bogdan & Taylor (1975), Berk & Adams (1979), Wax (1979) und Dean, Eichhorn & Dean (1969) wollen wir einige Aspekte schildern, deren Berücksichtigung sich als nützlich erweisen.

Für die Herstellung des notwendigen Vertrauens bei den Untersuchten ist es notwendig, daß der Forscher zeigt, daß es ihm ernsthaft um die Erhebung von Daten geht. Ein derartiges Engagement bewirkt, daß bei den Betreffenden die Notwendigkeit, andere, möglicherweise bedrohliche Erklärungen für seine Anwesenheit zu suchen, abnimmt. Wichtig dafür ist, daß der Forscher nicht versucht, ein anderer sein zu wollen, als er ist. Abgesehen von grundsätzlichen ethischen Argumenten spricht dafür auch die Tatsache, daß kaum ein Mensch in der Lage ist, eine einmal gewählte Tarnung auch durchzuhalten. Ein weiterer Indikator für den Ernst und das Engagement ist für viele Menschen, daß sie sehen, daß dem Forscher seine Anwesenheit auch etwas kostet – etwa den Verlust von Freizeit durch Anwesenheit über die Arbeitszeit hinaus oder an Wochenenden etc. Auch das Einhalten von Versprechungen oder Terminen gehört dazu.

Bei Auseinandersetzungen zwischen Personen oder Gruppen im Feld soll er möglichst neutral bleiben und sich nicht in die Rolle des Schiedsrichters drängen lassen oder gar Expertisen abgeben: In dem Maß, in dem er zeigt, daß er sich „auskennt", sinkt die Unbefangenheit des Verhaltens der Untersuchten. Er soll auch nicht versuchen, nach Ansehen oder Status in den formalen oder informellen Hierarchien zu streben, so verführerisch das auch manchmal sein mag. Er soll weiter vermeiden, im Gruppen-Slang zu sprechen versuchen, denn dies endet sehr häufig damit, daß er sich lächerlich macht und die Sammlung relevanter Daten verhindert wird.

Es kommt auch immer wieder vor, daß bestimmte Leute ein besonderes Interesse für den Forscher zeigen, den Kontakt mit ihm suchen und manchmal seine Zeit und seine Aufmerksamkeit über Gebühr in Anspruch nehmen. So hilfreich derartige Personen auch für die Kontaktaufnahme mit den Untersuchten sein können, so können sie auch den Kontakt mit anderen Personen verhindern, was manchmal auch die Absicht sein kann. Obwohl man in der Anfangsphase oft recht froh ist, wenn man überhaupt zur Kenntnis genommen wird, so sollte man sich gerade wegen einer derartigen Bedürfnislage gut kontrollieren.

Auch die für die Untersuchung eigentlich interessanten Personen erwarten Erklärungen über die Absichten des Forschers und haben ein Recht darauf. Viele Gruppen reagieren häufig empfindlich auf die Gründe der Untersuchung, weil diese oft „Probleme" (z. B. Absentismus, Leistungsabfall, Konflikt etc.) darstellen. Gerade in diesem Zusammenhang ist es wichtig, die Gründe positiv zu formulieren, ebenso die Tatsache, warum gerade diese Gruppe untersucht wird, wobei auch zu berücksichtigen ist, daß sich die Menschen nicht als bloße statistische Nummern fühlen. Weitere Hilfen, das Vertrauen der Untersuchten zu gewinnen, sind z. B., sich anbietende Gemeinsamkeiten zu betonen, jedoch auch offensichtliche Unterschiede zwischen dem Forscher und den Untersuchten nicht zu verschleiern: Menschen, die in hierarchisch stark differenzierten Organisationen leben und arbeiten, finden an derartigen Differenzen meist weniger als ein Forscher, der an eine vergleichsweise hierarchiefreie und wenig formalisierte Arbeitswelt gewöhnt ist. Aus diesen Gründen bedeutet das Eindringen ins und der Aufenthalt im Feld für viele Sozialwissenschaftler, die niemals in anderen Arbeitsbereichen tätig waren, gewissermaßen eine Phase der zweiten Sozialiation (Wax, 1979), und wer aus welchen Gründen auch immer nicht in der Lage ist, dies zu leisten, sollte besser auf Feldarbeit im engeren Sinn verzichten (Berk & Adams, 1979).

Mit den bisherigen Erörterungen wollten wir die Aufmerksamkeit auf ein Teil der Feldforschung lenken, der bisher etwas stiefmütterlich behandelt worden ist. Es war dabei nicht unsere Absicht, Richtlinien für das Verhalten im Feld zu erstellen, sondern Anregung zu geben, sich vor jeder Felduntersuchung mit diesen Fragen auseinanderzusetzen.

3.3.6. Ethische Probleme

Die Frage der Forschungsethik und womöglich damit in Zusammenhang stehende Rechtsprobleme finden in den Sozialwissenschaften zunehmend Beachtung (vgl. dazu Becker, 1964; Rivlin & Timpane, 1975; Eser & Schumann, 1976; Irle, 1979; Schuler, 1980, 1982). Sind es bei Laboruntersuchungen vor allem Probleme in Zusammenhang mit der Täuschung von Vpn oder der Manipulation von Versuchsbedingungen, so sind auch wegen des realistischeren Charakters die Probleme bei Felduntersuchungen oft anders gelagert und auch weittragender in ihren möglichen Konsequenzen. Auch hier wird eine Vermeidung von Problemen oft durch das Verlegen der Untersuchung ins Feld erwartet, da es „vor allem der nichtmanipulative Charakter der meisten Felduntersuchungen (sei), was sie aus ethischer Sicht attraktiv macht" (Schuler, 1980: 138).

Ein eher allgemeines Postulat in dieser Hinsicht formuliert Hughes (1960), wenn er meint, daß die Untersuchungen nützlich für die Sozialwissenschaften und nicht schädlich für die Untersuchten sein sollen. Vorausgesetzt, man hält diese Forderung für zufriedenstellend, erhebt sich die Frage, ob sie auch durch Feldforschungsmethoden eingehalten werden kann.

Ein wesentlicher Vorteil von Felduntersuchungen ist, daß die Vpn gar nichts von der Tatsache der Untersuchung wissen, meint beispielsweise Bredenkamp (1969). Dadurch soll ein anderes Problem der Laborforschung, nämlich das der Reaktivität, vermieden werden. Die Probleme der Täuschung finden wir jedoch vergleichsweise lächerlich gegenüber der Tatsache, daß Personen, die unwissentlich an einer Untersuchung teilnehmen, selten weder um ihre Erlaubnis gefragt noch im nachhinein „ent-täuscht" (Irle, 1979) werden (Schuler, 1982). Ein gewisser Trost scheint darin zu bestehen, daß insbesondere bei nichtmanipulativen Untersuchungen die Verantwortung für „Treatment-Folgen" nicht beim Forscher liegt. Sogleich erhebt sich jedoch die Frage, ob man wirklich von jeder Verantwortung entbunden ist, wenn man beispielsweise während einer Untersuchung aufgrund bestimmter, auch nicht durch den Forscher herbeigeführter Bedingungen schädliche Folgen für die beobachtete Person vorhersehen kann und dennoch nicht eingreift.

Obwohl weitgehend die Überzeugung vorherrscht, daß eine „unerlaubte" Erhebung von Daten des Privatbereiches (wobei die Entscheidung, was privat und was öffentlich ist, beim Forscher liegt!) ethisch kaum vertretbar erscheint, lassen sich auch gegen die Erhebung öffentlicher Verhaltensweisen ohne Zustimmung der Person Bedenken anführen: Es ist ja keineswegs gesagt, daß die Verwertung öffentlich gezeigten Verhaltens zu ganz bestimmten Zwecken die ungeteilte Zustimmung der Personen finden würde. Aber selbst bei Untersuchungen, wo die Durchführung den beobachteten Personen bekannt ist, sieht Schuler (1982) Probleme ethischer Art: Auch bei bestgemeinten Projekten werden immer einige Personen überredet und manipuliert, in Organisationen werden Beschlüsse über die Durchführung von einigen Wenigen stellvertretend für Viele gefaßt, und bestimmte Veränderungsprogramme begünstigen ganz bestimmte Werte und Ziele auf Kosten anderer: So bringt eine vermehrte Partizipation auf der einen Seite möglicherweise Vorteile für bestimmte Personen, bedeutet aber auch oft einen Verlust von Status und Prestige für andere Personen. Im übrigen bleibt auch die Täuschung im Rahmen von Felduntersuchungen ein ethisches Problem, da nicht selten auch hier der wahre Zweck der Untersuchung verborgen bleibt, und sei es auch nur, um die Untersuchung überhaupt durchführen zu können.

Auch im Feld bringt die Manipulation von Einflußgrößen (Treatments) ethische Probleme: Ist es beispielsweise gerechtfertigt, eine Bedingung, von der man sich Vorteile in bezug auf das Verhalten und die Personen verspricht, nur zu Zwecken der Kontrolle einer anderen (Kontroll)gruppe vorzuenthalten? Besonders drastische Beispiele finden sich hierzu in der medizinischen, aber auch psychotherapeutischen Forschung. Oder noch krasser: Ist es gerechtfertigt, eine für schädlich oder nachteilig gehaltene Wirkung einer Bedingung weiter aufrechtzuerhalten oder gar neu einzuführen, um den Unterschied zu einer besseren nachzuweisen? Eine Zustimmung der untersuchten Personen wird man dafür jedenfalls kaum erhalten können.

Weitere unerwartete Probleme stellten sich in diesem Zusammenhang auch bei den experimentellen Interventionsstudien, über die Ferber & Hirsch (1978) berichten. So zeigte sich, daß Personen, die ein garantiertes Mindesteinkommen für eine bestimmte Zeit bekamen, nicht nur plötzlich erhöhte Heiratschancen hatten, sondern auch trotz des Hinweises auf die Befristung z. B. teure Wohnungen bezogen oder überhaupt in teure Bezirke abwanderten. Auch mußte man beispielsweise mit Preiserhöhungen in den Geschäften rechnen, nachdem sich die Tatsache der Einkommenserhöhung herumgesprochen hatte, was insbesondere für jene Familien Schwierigkeiten erwarten ließ, die der Untersuchung als Kontrollgruppe angehörten und nichts bekamen. Es handelt sich hier um Beispiele für Auswirkungen von Untersuchungen, deren Formen nicht vorhergesehen werden konnten, die sich jedoch zum Teil erheblich auf das Leben der Menschen auswirkten. Zudem kamen noch Probleme mit den Steuerbehörden hinzu, die sich Zugriff zu den Daten verschaffen wollten, um etwaige Steuersünder aufzuspüren und nur mit äußersten Anstrengungen abgewehrt werden konnten. Damit kommen Fragen des Datenschutzes ins Spiel, die für Felduntersuchungen besonders wichtig sind, handelt es sich doch oft um Daten, an denen andere Institutionen (Behörden, Vermittlungsbüros, Werbeagenturen) höchstes Interesse hätten. Jeder Forscher muß sich selbst die Frage stellen, ob er den Schutz derartiger heißer Daten tatsächlich auch garantieren kann.

Wie wir schon in anderen Zusammenhängen gesehen haben, sind Feldforschungsmethoden auch hier nicht automatisch die Garantie dafür, daß die in Laborsituationen auftretenden Probleme vermieden oder gelöst werden, ganz im Gegenteil: Die Frage der Forschungsethik stellt sich im Feld, um einige Facetten angereichert, nur um so brisanter. Um so mehr ist der Forscher aufgefordert, sich als Sachwalter der Interessen der Untersuchten zu verstehen (Schuler, 1982), wobei diese Interessen nicht selten in Konflikt mit seinen eigenen treten. Daß er sich dann für die Untersuchten entscheidet, kann man nur hoffen.

3.3.7. Abschließende Bemerkungen

Im Laufe der bisherigen Darlegungen habe ich versucht, das Thema möglichst „deskriptiv" zu behandeln und Wertungen– sieht man einmal ab von den grundsätzlichen Implikationen, die durch Auswahl und Schwerpunktbildungen bedingt sind – möglichst zu vermeiden. Wegen der ohnehin sehr gerafften Darstellung möchte ich auf eine Zusammenfassung verzichten und statt dessen lieber ein wenig über einen Aspekt räsonieren, der mir gerade im Zusammenhang mit Feldforschung sehr passend erscheint: Über das Feld, in dem Sozialwissenschaftler überwiegend agieren und das einen beträchtlichen Einfluß auf die Entwicklung der Sozialwissenschaften hat.

Je nach Einbettung des engeren Arbeitsfeldes von Sozialwissenschaftlern in entsprechende gesellschaftliche Systeme ist es üblich, wissenschaftlichen Arbeiten gewisse Vorbemerkungen voranzustellen, und niemand stößt sich daran, daß dieselben mit der eigentlichen Arbeit nichts zu tun haben. Weit verbreitet ist auch die Sitte, in Publikationen den allgemeinen Mangel an übergreifenden Theoriesystemen zu beklagen, und neuerdings wird auch als Folge von entsprechenden Zählungen in Zeitschriften (z. B. Bickman & Henchy, 1972; Fried, Gumpper & Allen, 1973; Muchinsky, 1979; sämtliche zit. nach Patry, 1982) diese Klage auf den Mangel an Feldforschung erweitert. Merkwürdig daran ist lediglich, daß man sich über letzteres Phänomen ständig wundert, über das eingangs erwähnte jedoch nicht. Ich ziehe daraus den Schluß, daß man die spezifischen Randbedingungen (also das Feld) im ersten Fall zu kennen glaubt, im anderen Fall zumindest wenig darüber nachdenkt.

Welche spezifischen Randbedingungen kann ich nun – quasi als teilnehmender Beobachter – entdecken?

Zunächst scheint es mir, daß unter den unterschiedlichen Zielen, die Sozialwissenschaftler haben, das Ziel der Erkenntnis der sozialen Realität nur eines von vielen ist, wobei es mir manchmal schwerfällt, an dem Glauben festzuhalten, daß es wenigstens das wichtigste ist. Abgesehen von den unterschiedlichsten Mechanismen, die den Eintritt eines Menschen in die Gemeinde der Sozialwissenschaftler bewirken, stellt sich nämlich zunächst einmal die Aufgabe, in dieser Gemeinde zu überleben, das heißt auf Dauer Fuß zu fassen. Nach den derzeitigen Bedingungen bedeutet das vor allem, möglichst rasch möglichst viel zu publizieren.

Hingegen: Feldforschung kostet Zeit, die Datensammlung ist meist mühsam, das Risiko entsprechend groß, daß „nichts herauskommt". Und die ebenfalls häufig geforderten Replikationen bringen schon gar nichts ein, es sei denn, man kann damit einem anderen Ansatz eins auswischen. Wesentlich einfacher ist es unter diesem Aspekt, sich hinzusetzen und Systeme auszutüfteln, nach denen ursprünglich als Laboruntersuchungen geplante Arbeiten nachträglich noch als Feldforschung bezeichnet werden können.

Steckt ein Mensch nun einmal in diesem Feld drin, so hat er zudem kaum eine andere Möglichkeit, sich zu profilieren und zu qualifizieren, da die einzige Laufbahnvorstellung die ist, reine Wissenschaftler zu produzieren: Nicht zufällig erscheint mir, daß immer wieder – zum Teil mit Stolz – darauf hingewiesen wird, es handle sich hier nicht um eine Berufs**ausbildung**, sondern bestenfalls um eine Berufs**vorbildung**. Im Gegensatz jedoch zu den meisten „successful sciences" fehlt bei den Sozialwissenschaften vielfach die notwenige Konsequenz, nämlich eine entsprechend institutionalisierte und den Universitäten angegliederte postgraduierte Ausbildung. Dies hätte zumindest zwei Auswirkungen: Akademiker, die sich doch stärker zur Praxis hingezogen fühlen, hätten eine entsprechend attraktive Wahlmöglichkeit, und Wissenschaftler, die in diese Ausbildung einbezogen wären, hätten den entsprechenden Kontakt zur Praxis.

Bezeichnend für die Situation ist auch das Bild der Sozialwissenschaften in der Öffentlichkeit. Vergleicht man sie wiederum mit den „successful sciences", so kann man feststellen, daß sie überwiegend Eingang finden in die Spalten der Beratungstanten und -onkel der diversen Magazine, während die besten Plätze in den Journalen der Medizin, der Biologie oder der Raumfahrt vorbehalten sind. Wie gut sich diese Wissenschaften in der Öffentlichen Meinung eingenistet haben, zeigt auch das Niveau, das in Journalen für den wissenschaftlich interessierten Laien (z. B. Bild der Wissenschaft, Scientific American usw.) dem Leser im Vergleich zu den überdies relativ seltenen Beiträgen aus den Sozialwissenschaften zugemutet wird. Diese Unterrepräsentation der Sozialwissenschaften im Vergleich zu den „successful sciences" im Wissenschaftsbild des „Mannes auf der Straße" macht es auch so schwer, diesem die Funktion des Sozialwissenschaftlers zu erklären.

Die Folge all dieser und noch einiger anderer Faktoren ist, daß auch die Anforderungen der Gesellschaft an die Sozialwissenschaften sich in sehr bescheidenen Grenzen halten: Die Sozialwissenschaftler bleiben unter sich. Sie publizieren für ihre eigenen Kreise, holen sich ihr Selbstwertgefühl aus ihren eigenen Gruppen und klagen über mangelnde Feldbezogenheit ihrer Forschung, wenn das gerade modern ist.

Ein Beispiel stellvertretend für viele: Die Attributionsforschung geht seit einem Vierteljahrhundert von der Annahme aus, daß Menschen versuchen, für die Ergebnisse ihres Verhaltens Ursachenerklärungen zu suchen (Ursachenzuschreibung = Kausalattribuierung). Noch 1980 kann Heckhausen in seinem Buch über Motivation bemerken, daß diese Grundsatzannahme bisher kaum überprüft, geschweige denn geklärt ist. Mir ist das, seit ich mich ein wenig mit diesen Fragen beschäftigt habe, auch aufgefallen, nur attribuierte ich dies zunächst auf meine Unerfahrenheit in diesem Bereich. Ich glaube, daß die sofortige Verwicklung dieser Fragestellung innerhalb des Wissenschaftsfeldes in immer weiterführende Hypothesen und Theorien eine Ursache dafür ist, daß die Basisannahme völlig aus den Augen verloren worden ist. Ist der Prozeß einmal so weit fortgeschritten, so scheint offenbar eine gehörige wissenschaftliche Reputation nötig zu sein, um auf derartige, auch durch Hausverstand – pardon: commonsense – erkennbare Probleme hinweisen zu können. Selbstverständlich gibt es eine blühende Literatur, in der auch der interessante Hinweis zu entdecken ist, daß für solche Untersuchungen Studenten besonders gut geeignet sind, da sie gewohnt sind, zu attribuieren und nicht eigens darauf aufmerksam gemacht werden müssen (Kun & Weiner, 1973).

Ich bin mir darüber im klaren, daß ich in mancher Hinsicht übertrieben habe. Vielleicht habe ich auch Wichtiges vergessen. Keinesfalls möchte ich die Notwendigkeit der Grundlagenforschung, der Theorieentwicklung, der Entwicklung und Analyse von Methoden und der wissenschaftlichen Diskussion bestreiten. Aber auch das braucht Zeit, wenn es gut sein soll. Auch soll keineswegs einem naiven Aktionismus das Wort geredet werden, wobei ich überhaupt den Eindruck habe, daß die sogenannte Aktionsforschung eher eine Überreaktion von durch ihr eigenes

Feld frustrierten Sozialwissenschaftlern ist denn eine erfolgversprechende Alternative zu rational begründbaren Forschungsstrategien (vgl. Zecha & Lukesch, 1982). Auch weigere ich mich, anzunehmen, daß es bereits „Feyerabend" ist für unsere Disziplin:

Was ich zu zeigen versuchte ist, daß die Sozialwissenschaften ins Feld geworfen gehören und stärker als bisher dem Zwang ausgesetzt werden müssen, sich dort zu bewähren. Daß dies ein Prüfstein ist, auf dessen systematische Verwendung bisher vielfach verzichtet wurde, der jedoch einer Fortentwicklung ebenso förderlich sein kann wie z. B. wissenschaftstheoretische Überlegungen, zeigt die Entwicklung der Demoskopie. Es ist dies eine sozialwissenschaftliche Disziplin, für die gerade die ständige „Aussetzung" in der Öffentlichkeit nicht nur äußerst furchtbar, sondern auch in bezug auf die Entwicklung von Theorie und Methodik keineswegs von Nachteil war. Ganz das Gegenteil ist der Fall.

Und ferner wollte ich meiner Meinung Ausdruck verleihen, daß eine vermehrte **Anwendung** von Feldforschungsmethoden eher durch eine derartige Aussetzung bewirkt wird als durch das Abzählen von Zeitschriftenartikeln oder das Schreiben von Beiträgen wie diesem.

3.4. Einzelfallanalyse

von Hans Reinecker

3.4.1. Begriffsklärung und historischer Abriß

Unter dem Begriff Einzelfallstudie wird in der Wirtschafts- und Sozialforschung jener Bereich verstanden, der ein einzelnes Element („Untersuchungseinheit") zum Gegenstand der Analyse macht. Recht klar läßt sich diese Intention in Abhebung zu Studien zeigen, die von spezifischen Charakteristika eines einzelnes Elementes absehen, weil nicht diese spezifischen Parameter, sondern Eigenschaften von mehreren Individuen interessieren. Ausgangspunkt einer Einzelfallstudie bildet somit jeweils eine **Untersuchungseinheit**, wobei folgende Bereiche als „Einheit" angesehen werden können:

(a) Personen,
(b) Gruppen, Kulturen,
(c) Settings, Organisationsstrukturen,
(d) Treatments, Realisierungen von Interventionen (s. Alemann & Ortlieb, 1975; Petermann & Hehl, 1979).

Im Folgenden wird jeweils von einer Person als „Einheit" ausgegangen, da sich die Überlegungen ohne weiteres auf die anderen Fälle übertragen lassen.

Einzelfallstudien haben eine lange Tradition: Shapiro (1961, 1966), einer der Proponenten einer einzelfallanalytischen Betrachtungsweise, beruft sich des öfteren auf den französischen Arzt C. Bernard (1865), der darauf hingewiesen hatte, daß zur Untersuchung spezieller Erscheinungen die Einzelfallanalyse den adäquaten Weg darstelle; für sein hypothesengeleitetes Forschen schlug er die Realisierung folgender Schritte vor:

(1) Exakte Beobachtung eines bestimmten Ereignisses,
(2) Hypothesenbildung, Versuche einer ersten und vorläufigen Interpretation der Beobachtung,
(3) Herstellen von experimentellen Bedingungen, die eine Prüfung der vorläufigen Hypothese gestatten und
(4) Registrieren der Ergebnisse.

Dieser von Bernard (engl. 1957) vorgeschlagene methodologische Weg erlebte vor allem im Rahmen des operanten Ansatzes in der Psychologie eine neue Blüte (vgl. Shapiro, 1966; Skinner, 1953; Yates, 1975; Honig & Staddon, 1977).

In der psychologischen Grundlagenforschung wurden Einzelfallstudien speziell durch Ebbinghaus (1885) in der Erforschung des Gedächtnisses verwendet; W. Stern (1921) betonte ihre Nützlichkeit in der Differentiellen Psychologie, und W. Crozier (ein Schüler von J. Loeb) übte nach der Beurteilung von Kazdin (1978) auf die methodologische Position von Skinner und damit der Verhaltenstheorie entscheidenden Einfluß aus.

Ein pseudomethodologischer Streit entbrannte zu Beginn des 20. Jahrhunderts, als Windelband (in der Tradition Diltheyscher Ideen) eine Trennung in **nomothetische** und **idiographische Forschung** vorschlug: Nomothetische Forschung sei demnach charakteristisch für die Naturwissenschaften, die nach allgemeinen Gesetzmäßigkeiten suchten, während in der idiographischen Forschung (Geschichte, Kunst) die Erforschung individueller Besonderheiten dominiere. Wenn auch die Unterscheidung noch lange durch die Lehrbücher geisterte und die heute gängige, allerdings eher problematische, Trennung in Geistes- und Naturwissenschaften begünstigte, muß sie heute aus inhaltlichen und methodologischen Gründen als überholt angesehen werden (s. Marceil, 1977). Aus diesem Grunde ist die Zuordnung von Einzelfallstudien zum Bereich der idiographischen Forschung (im Sinne von Windelband) unzutreffend.

3.4.2. Argumente für Einzelfallstudien

Die Entscheidung für oder gegen den Einsatz von Einzelfallstudien sollte erst erfolgen, wenn klar ist, auf welche Arten von Hypothesen eine Untersuchung bezogen ist (s. Bunge, 1967). Interessanterweise greift man gerade in jüngster Zeit vermehrt auf Einzelfallstudien zurück; nach Westmeyer (1979) ist ein Grund für die lange Vernachlässigung von Einzelfallstudien in den Sozialwissenschaften in der übertriebenen Methodenorientierung zu suchen, wobei die Gegenstandsorientierung aus dem Blickfeld verschwand. In der neueren Argumentation für Einzelfallstudien (Dukes, 1965; Edgington, 1967, 1972; Chassan, 1969; Leitenberg, 1973; Shapiro, 1966, 1969; Barlow & Hersen, 1973; Hersen & Barlow, 1976; Gottman, 1973; Glass, Willson & Gottman, 1975; Petermann, 1977, 1978, 1979, 1980, 1981; Westmeyer, 1979; Huber, 1973, 1977, 1978) lassen sich negative (im Sinne einer Kritik an Gruppenstudien und statistischen Auswertungsverfahren) und positive Argumente anführen.

3.4.2.1. Negative Argumente

Die negative Argumentation zugunsten von Einzelfallstudien hängt eng mit einer gewissen Unzufriedenheit an der experimentellen Gruppen-Methodologie und gruppenstatistischen Auswertungsverfahren zusammen. Dabei hatte R. A. Fisher (1935), auf den ein Großteil der heutigen klassischen Statistik zurückgeht, seine statistischen Arbeiten als Versuch einer Entscheidungshilfe im Einzelfall konzipiert.

Die allgemeine Kritik an **inferenzstatistischen Verfahren** betrifft Gruppen- und Einzelfallstudien zwar gleichermaßen, dennoch müssen nach Kratochwill & Brody (1978) Einzelfallstudien den Gruppenstudien deshalb vorgezogen werden, weil bei Gruppenstudien ein Schritt der Inferenz unumgänglich ist (außer in der deskriptiven Statistik). Die hier nur anzudeutende Problematik wurde in den Sozialwissenschaften als „Krise der Signifikanztests" bezeichnet und ausführlich diskutiert (Bredenkamp, 1969, 1972; Kleiter, 1969; Glaser, 1979).

Die Übertragung von Eigenschaften von Mittelwerten mehrerer Individuen auf ein einzelnes Individuum kann statistisch nicht legitimiert werden (s. Sidman, 1960; Bakan, 1954, 1966). Charakteristika von Aggregaten (Gruppen etc.) lassen sich nicht auf Einzelindividuen übertragen. Gruppenstudien liefern somit kaum Entscheidungshilfen für den Umgang mit Einzelfällen . So kann in Gruppenstudien zwischen „positiven" und „negativen" Fällen prinzipiell nicht mehr unterschieden werden (vgl. Chassan, 1969; Yates, 1976; Tunner, 1978).

Die in Gruppenstudien notwendige Mittelwerts- oder Varianzbildung muß von individuellen Charakteristika absehen; in faktoriellen Designs kann man zwar versuchen, immer mehr Eigenschaften zu berücksichtigen, man stößt jedoch aus prinzipiellen und praktischen Gründen bald an eine Grenze (s. Yates, 1976). Treibt man die Faktorisierung in einem Design auf die Spitze, so kann dieses sogar als Menge von Einzelfallstudien angesehen werden.

Wenn die Voraussetzungen einer Zufallsstichprobe nicht gegeben sind, so scheint es eine optimale Strategie, auf Einzelfallanalysen auszuweichen (Huber, 1978). Eine andere Möglichkeit in diesem Zusammenhang wäre auch, die Logik des Designs zu senken, z. B. auf ein quasi- oder vor-experimentelles Design (Campbell & Stanley, 1966) zurückzugreifen, eine Strategie, die jedoch auf Kosten der internen und externen Validität geht.

In Gruppenstudien ist – vor allem im sozialen Bereich – die für eine korrekte statistische Auswertung geforderte Unabhängigkeit der Beobachtungswerte (speziell bei wiederholten Messungen) nicht gegeben. Meist liegt eine Meßwertabhängigkeit vor, d. h., der Wert x_i hängt vom Wert x_{i-1} ab. Aus der ungerechtfertigten Annahme der Unabhängigkeit ergeben sich Probleme, auf die Chassan (1961) oder Kratochwill et al. (1974) hingewiesen haben. Die in Einzelfallstudien meist ebenso vorliegende serielle Abhängigkeit der Beobachtungswerte kann durch spezielle Verfahren (z. B. Autokorrelationen mit verschiedenem time-lag) bestimmt und berücksichtigt werden. Einzelfallanalysen vermeiden auch die problematischen Annahmen des klassischen Reliabilitätskonzepts: Ein gewisser Teil der Unreliabilität bei Gruppenstudien geht meist auf die Variabilität der Problematik (z. B. Verhaltensstörung; soziales Phänomen) zurück. In Gruppenstudien scheinen solche Schwankungen immer nur als Unrealibilitäten auf, während eine probabilistische Betrachtung des Einzelfalles genau diesen Aspekt erfassen kann (s. Chassan, 1969; Hehl & Petermann, 1979).

3.4.2.2. Positive Argumente

Allgemein gesehen stellen Einzelfallanalysen immer dann eine adäquate Untersuchungsform dar, wenn in einer zu testenden Hypothese Aussagen über Individuen bzw. Individuenparameter gemacht werden. Westmeyer (1979) hat gezeigt, daß Einzelfallstudien somit für die Stützung bzw. Erschütterung **aller** Arten von Hypothesen (von singulären bis hin zu unbeschränkt universellen) indiziert sind; ausgenommen sind nur die Aggregat-Hypothesen (Bunge, 1967), in denen Aussagen nicht für einzelne Elemente einer Klasse, sondern für die Klasse selbst (Aggregat, Kollektiv) getroffen werden (z. B. Korrelationen).

Will man tendenziös zugunsten der Anwendung von Einzelfallstudien argumentieren, so könnte man sagen, daß nicht die Anwendung von Einzelfallstudien, sondern die von Gruppenstudien legitimiert werden müßte; ob eine Einzelfall- oder eine Gruppenstudie angewendet wird, sollte zumindest am Erkenntnisziel orientiert entschieden werden. Für die Durchführung von Einzelfallstudien lassen sich folgende inhaltliche Argumente anführen (s. Huber, 1978):

Die oft vorläufige Beschreibung einzelner Individuen (im weitesten Sinne von Untersuchungseinheiten) dient als Instrument zur Generierung von Hypothesen; in diesem von Reichenbach (1938) als „context of discovery" bezeichneten Bereich wissenschaftlicher Forschung spielten Einzelfallstudien schon immer eine wichtige Rolle. Häufig erachtete man Einzelfallstudien als auf diesen Bereich beschränkt, eine Auffassung, die sich im Lichte der modernen Einzelfallforschung nicht mehr aufrechterhalten läßt.

Für die diagnostische Untersuchungen stellen die in der Einzelfallmethodologie erarbeiteten Prinzipien optimale Richtlinien dar; unter differentiellem Gesichtspunkt interessieren nämlich spezielle Ausprägungen individueller Parameter. Dabei spielt es keine Rolle, ob man ein klassisch-normorientiertes (Allport, 1937), ein kriteriumsorientiertes (Rollett, 1976, 1979) oder ein interaktionistisches (Mischel, 1973; Endler & Magnusson, 1976) diagnostisches Modell zugrunde legt.

Gerade in entscheidungstheoretisch orientierten diagnostischen Systemen (Cronbach & Gleser, 1965; Wiggins, 1973) ist es unabdingbar, individuelle Parameter exakt zu erfassen, um Voraussagen treffen, bewerten und optimieren zu können. Einen Spezialfall stellt der Ansatz der operanten Diagnostik dar (man könnte ihn auch als Sonderform des experimentellen Vorgehens nach Shapiro 1961; 1966 betrachten): Operante Diagnostik ist der Versuch einer laufenden Aufstellung und Prüfung von idiographischen Hypothesen (s. Weiss, 1974).

Eine spezielle Anwendung von Einzelfallanalysen stellt die Erfassung individueller Verläufe dar (Prozesse der Reifung, der Ätiologie- und Wirkungsforschung; s. a. Kap. 3.7.). Hierbei handelt es sich um den Versuch einer Aufklärung von Varianzen aus Gruppenstudien, etwa wenn individuelle Verläufe „verwischt" wurden (s. Chassan, 1969). Durch die Entwicklung spezieller Designs und Auswertungsverfahren sind solche individuellen Verlaufsstudien zu einem Modellfall von Einzelfallstudien geworden. Verlaufsstudien an einzelnen Individuen (bzw. einzelnen Wirkfaktoren) sind bei Langzeitstudien vor allem dann angezeigt, wenn die Untersuchung mehrerer Fälle aus praktischen Gründen unmöglich oder sehr schwierig wäre.

Handelt es sich um sehr seltene Phänomene, dann ist die Untersuchung dieses einzelnen Falles die Methode der Wahl; solche seltenen Phänomene sind dadurch charakterisiert, daß sie zeitlich und räumlich beschränkt sind. In diesen Bereich gehören seltene soziale Phänomene, kritische wirtschaftliche Prozesse und Phasen ebenso wie psychopathologisch außergewöhnliche Fälle. Man könnte argumentieren, daß eine genaue Beschreibung solcher Ereignisse auch durch eine phänomenologische Analyse („Kasuistik") gewährleistet sei; dem ist entgegenzuhalten, daß durch eine Einzelfallstudie, nämlich eine exakte Beobachtung (s. Kap. 2.1.), Beschreibung und systematische Bedingungsvariation ein entscheidender Erkenntniszuwachs gegeben ist.

Als wichtiges Argument für die Durchführung von Einzelfallstudien in der Wirtschafts- und Sozialforschung müssen ethische Bedenken und Restriktionen angeführt werden; diese kommen speziell dann zum Tragen, wenn eine Methode zum ersten Mal praktisch appliziert wird (z. B. Arzneimittel, Therapieverfahren, wirtschaftliche oder soziale Innovationen). Auch wenn man ähnliche Treatments aus theoretischen und Modellüberlegungen bereits kennt, stellt der konkrete Einsatz eines neuen Verfahrens immer ein Wagnis dar, dessen Parameter und Nebeneffekte optimalerweise in einer Einzelfallstudie erfaßt werden können.

3.4.2. Versuchsplanung bei Einzelfallstudien

Zur Testung von Hypothesen mit individuellen Parametern können unterschiedliche Designs realisiert werden; die Liste solcher möglicher Versuchspläne läßt sich keinesfalls vollständig anführen, weil für jede spezifische Fragestellung ein von **inhaltlichen** Gesichtspunkten determinierter Plan erstellt werden kann (s. Tack, 1980). Es scheint allerdings für den Leser hilfreich, die grundlegenden Typen solcher Designs darzustellen; diese können dann ohne größere Schwierigkeiten für die eigenen Zwecke adaptiert werden.

Einzelfallanalysen erfüllen prinzipiell nicht die Kriterien echter experimenteller Designs (Campbell & Stanley, 1966; Cook & Campbell, 1976); der Grund ist, daß in Einzelfallstudien üblicherweise keine Zufallszuordnung von Treatments (Interventionen) erfolgt. Auf Probleme der Verletzung der verschiedenen Arten der Validität in quasi-experimentellen Designs (Campbell & Stanley, 1966) gehen u. a. Gadenne (1976) Petermann (1977) und Kratochwill (1978) näher ein (s. auch den Beitrag von Stapf in diesem Lehrbuch).

Auch das Vorliegen einer Kausalrelation (s. auch Kap. 3.2.) läßt sich streng genommen in Einzelfallstudien nie beweisen (Stegmüller, 1974). Man kann allerdings auch ein Einzelfalldesign so planen, daß plausible Alternativhypothesen eliminiert werden können (s. Gottman & Markman, 1978). Damit hat man zwar noch nicht bewiesen, daß eine evtl. übrig bleibende Hypothese richtig ist, weil prinzipiell laufend Alternativhypothesen generiert werden können, mit der Anzahl von mißlungenen Falsifikationsversuchen (Popper, 1969) steigt allerdings die Plausibilität (nicht jedoch die Wahrscheinlichkeit, s. Carnap, 1976) der Hypothese, somit ihre Chance, als brauchbare Entscheidungshilfe verwendet zu werden.

Im folgenden werden die Haupttypen experimenteller Einzelfalldesigns vorgestellt, sowie ihre Vorzüge und Nachteile charakterisiert; die Gliederung hält sich teilweise an Kratochwill (1978), auch Überlegungen zur Wahl des jeweiligen Designs sind in dem genannten Werk zu finden.

3.4.3.1. Typen von Versuchsplänen

(a) Fallstudie: Sie ist charakterisiert durch eine Ein-Punkt-Messung bzw. Beschreibung, ihr Wert liegt rein im heuristischen Bereich (s. Lazarus & Davison, 1971), z. B. bei der Begünstigung praktischer oder wissenschaftlicher Innovationen. Als Hauptproblem muß die Tatsache angeführt werden, daß Fallstudien praktisch **allen** Verletzungsmöglichkeiten der internen und damit auch der externen Validität ausgesetzt sind (Campbell & Stanley, 1966; Hartig, 1975).

(b) A-B-Design als Grundtyp von Zeitreihenstudien: Mit A werden üblicherweise die Ausgangslage (Baseline, Grundrate), mit B und den folgenden Buchstaben des Alphabets verschiedene Interventionen gekennzeichnet. Durch die Messung der Abhängigen Variable (AV) und der Unabhängigen Variable (UV) zu mehreren Zeitpunkten können einige Störquellen der internen Validität kontrolliert werden. Nicht auszuschalten ist allerdings die zeitliche Konfundierung mit nicht kontrollierten Variablen. Besondere Interpretationsprobleme ergeben sich auch, wenn in der Baseline-Phase ein **Trend** in den Daten vorliegt. Das Design findet allerdings in der Interventionsforschung sehr breite Anwendung.

(c) A-B-A-Zeitreihe: Hier wird **nach** der Realisierung der UV wieder eine Baseline-Phase eingeführt; bei einem positiven Ergebnis kann die Hypothese, daß die Intervention für die Veränderung der AV verantwortlich war, als erhärtet gelten (Kratochwill, 1978). Als Problem ist anzuführen, daß man von der Voraussetzung der Absetzbarkeit bzw. Umkehrbarkeit jeder Intervention ausgehen muß.

(d) Multiples Interventions-Design: Der Logik des Designs nach wird hier ein einzelnes Individuum mehreren verschiedenen Interventionen ausgesetzt (z. B. A-B-C-Design). Als Vorteile des Designs können eine gewisse Ökonomisierung des Aufwandes, sowie die sukzessive Planungsmöglichkeit einer Intervention angeführt werden. Eine Grenze des Designs ergibt sich aus der Problematik, daß Konfundierungen durch multiple Interventionseffekte (auch Stellungseffekte) weder ausgeschaltet, noch kontrolliert werden können.

(e) A-B-A-B- oder operantes Designs: Dieser manchmal auch als **Replikations-Design** bezeichnete Typ ist speziell im Rahmen der operanten Technologie entwickelt worden (Sidman, 1960; Baer, Wolf & Risley, 1968). Nach Leitenberg können drei Variationsmöglichkeiten beim Wechsel der Bedingungen angeführt werden:

- Reversionsverfahren, d. h. Umkehr der UV, Anwendung der Intervention auf eine andere AV;
- Ausblendungsverfahren, d. h. ein bloßes Absetzen der Intervention durch Rückkehr zu den Baselinebedingungen;
- Veränderung der Kontingenz zwischen der UV und der AV.

Eine Sonderform des Designs ergibt sich, wenn nicht mit einer Baseline-Phase, sondern mit der Intervention begonnen wird, d. h. das Design hat dann die Form B-A-B (z. B. Ayllon & Azrin, 1965). Als großer Vorteil operanter Designs kann angeführt werden, daß hier eine bereits minimale Gefahr historischer Konfundierung besteht.

(f) Interaktions-Design: Hier wird versucht, die Interaktion mehrerer Variabler (UVs) mit der AV zu prüfen (vgl. Glass, Willson & Gottman, 1975). Wichtig ist dabei, daß beim Übergang der Phasen nur jeweils **eine** Variable verändert wird (Hersen & Barlow, 1976), um die entsprechenden Effekte isolieren zu können. Beim Vorliegen mehrerer Komponenten einzelner Interventionen ergeben sich allerdings so viele Kombinationsmöglichkeiten, daß der Effekt einer einzelnen oder einer spezifischen Kombination von UVs kaum noch beurteilt werden kann.

(g) Multiple–Baseline-Designs: Dem Prinzip des Designs nach ist eine Veränderung der AV zeitlich mit einer Veränderung oder Applikation der UV verknüpft (s. Baer, Wolf & Risley, 1968). Nach Hersen & Barlow (1976) können folgende Möglichkeiten Multipler-Baseline-Designs unterschieden werden:

– Multiple-Baseline-Designs über AVs, z. B. Verhaltensweisen einer Person;
– Multiple-Baseline über Situationen oder Settings;
– Multiple-Baseline über verschiedene Personen (d. h. Einbezug mehrerer Personen unter Konstanthaltung der Intervention).

Anwendungsmöglichkeiten des Designs ergeben sich vor allem unter natürlichen Bedingungen, wo evtl. mehrere AVs berücksichtigt werden müssen. Außerdem braucht hier nach der Einführung einer Intervention keine Absetzung derselben erfolgen.

(h) Multiple-Schedule-Designs: Hier hat das unter Treatments-Bedingungen stehende Individuum zu lernen, welche Intervention mit welchen Stimulusbedingungen kovariiert; das Design ist somit auf effizientes Reiz-Diskriminationslernen angelegt (Leitenberg, 1973).

Als Variante ergibt sich das von Ulman & Sulzer-Azaroff (1975) vorgeschlagene Multi-Element Baseline-Design, bei dem die Abfolge der Stimulusbedingungen variabel ist; als Vorteil des Multi-Element Baseline-Designs kann angeführt werden, daß eine Absetzung der UV nicht geplant werden muß, man kann die Intervention vielmehr beim Erreichen eines bestimmten Kriteriums abbrechen.

Eine weitere Variante bildet das von Edgington (1967, 1972) vorgeschlagene Randomisations-Design, bei dem die Treatments in relativ rascher Aufeinanderfolge variiert werden.

Da diese drei genannten Design-Typen gewisse Überschneidungen aufweisen können und sich hier bereits eine heillose Verwirrung eingeschlichen hat, schlugen Barlow & Hayes (1979) vor, die verschiedenen Typen insgesamt als **Alternating Treatment-Design** (ATD) zu bezeichnen. Die Autoren weisen auch auf einige feine Unterschiede zum Simultaneous Treatment-Design (STD) hin (s. nächster Punkt). Sie sind auch der Auffassung, daß die meisten in der Literatur als STDs bezeichneten Typen besser als ATDs angesehen werden sollten, da es praktisch kaum möglich sein dürfte, Treatments **simultan** darzubieten, weil das betreffende Individuum jeweils zwischen mehreren gleichzeitig dargebotenen Treatments auswählt, sodaß man nicht von einer **simultanen**, sondern von einer **alternierenden** Darbietung sprechen sollte.

(i) Concurrent-Schedule-Design: In diesem Design-Typ wird das Individuum gleichzeitig mehreren (verschiedenen) Stimulus-Bedingungen ausgesetzt (Hersen & Barlow, 1976); für das Design wird synonym der Begriff **Simultaneous Treatments-Design** verwendet, was nach Barlow & Hayes (1979) eine ungenaue Charakterisierung darstellt (s. Browning, 1967; Browning & Stover, 1971).

(j) Changing-Criterion-Design: Das Design verlangt eine laufende Beobachtung der AV; dabei werden die Kriterien – je nach vorliegender Baseline – stufenweise verändert, sodaß eine vorherige Interventionsstufe praktisch als Ausgangsstufe (Baseline) für die nächste Interventionsstufe dient. Eine Anwendung des Designs liegt dann nahe, wenn man eine laufende Verbesserung der AV intendiert; es eignet sich auch optimal zur Erfassung von beschleunigten (nichtlinearen) Veränderungsprozessen. Eine Schwierigkeit bildet die Tatsache, daß man bei großer Datenvariabilität recht lange Baseline- und Interventionsphasen benötigt, um eine Beurteilung des jeweiligen Niveaus zu erreichen.

3.4.3.2. Voraussetzungen von Einzelfallstudien

Einzelfallstudien sind in die empirische Forschungsmethodologie eingebettet und in ihrer prinzipiellen Zielsetzung von Gruppenstudien nicht zu trennen. Im Bereich der **Datenerhebung** (s. auch Kap. 2) ist die serielle Abhängigkeit ein nicht wegzudiskutierendes Charakteristikum der Daten aus Einzelfallexperimenten. Petermann (1978) schlägt eine möglichst exakte Standardisierung der Datenerhebung vor, damit nicht bereits auf dieser Stufe Verzerrungen anfallen, die in späteren Stadien der Datenverarbeitung nicht mehr eliminiert werden können.

An inhaltlichen Voraussetzungen von Einzelfallstudien werden üblicherweise die bereits klassischen **Axiome von Zubin** (1950) angeführt; dise Axiome lauten (in der Übersetzung von Huber, 1978: 1160–1161):

„(1) Jedes Individuum stellt eine eigene Population dar. Erst wenn die Parameter dieser Population bekannt sind, ist es möglich, Gruppen von ähnlich strukturierten Grundgesamtheiten zu bilden. Solange aber derartige Informationen nicht vorliegen, ist es unzulässig, einzelne Individuen zu Klassen zusammenzufassen, selbst wenn sie identische Testwerte erzielt haben sollten.

(2) Jedes Individuum besitzt ein charakteristisches Leistungsniveau; ein beobachteter Testwert wird als eine zufällige Stichprobe dieses Leistungsniveaus betrachtet.

(3) Jedes Individuum besitzt ferner eine charakteristische Leistungsvariabilität. Sowohl das Leistungsniveau als auch die Leistungsstreuung um dieses Niveau können von Individuum zu Individuum variieren.

(4) Veränderungen in den endogenen oder exogenen Bedingungen, welchen ein Individuum ausgesetzt ist, können zu Niveau- und Variabilitätsänderungen führen."

(Zubin, 1950: 3–4.)

Auf meßtheoretische Überlegungen wird nicht gesondert eingegangen (s. Kap. 4.1.); Voraussetzungen der Messung bei Einzelfallstudien werden von Sorgatz (1979), Hehl & Petermann (1979) sowie Glass, Willson & Gottman (1975) behandelt.

3.4.4. Auswertungsmöglichkeiten von Einzelfallstudien

Experimentelle Analyse und statistische Auswertung der gewonnenen Daten gelten seit R. A. Fisher (1935) als die zentalen Bestandteile des empirisch-wissenschaftlichen Vorgehens. Auch zur Auswertung von Einzelfallstudien werden statistische Analyseverfahren verwendet, wobei nicht Meßwerte verschiedener Personen, sondern Meßwertreihen bei einer einzelnen Person in verschiedenen Zeitabschnitten (experimentellen Bedingungen) analysiert werden.

Gegen die Anwendung statistischer Verfahren zur Auswertung von Daten aus Einzelfallstudien wurden eine Reihe von Argumenten vorgebracht; diese lassen sich etwa folgendermaßen charakterisieren:

(1) Man hält die Wahl statistischer Verfahren nicht für notwendig, denn klare Effekte sollten sich auch klar zeigen; wenn statistische Verfahren zu ihrer Aufdeckung notwendig sind, so handelt es sich evtl. um Artefakte (s. Michael, 1974). Campbell (1963) meint, daß es für die Praxis der Sozialwissenschaften typisch sei, daß hier statistische Verfahren und Signifikanztests häufig verwendet werden, um selbst kleinste Effekte noch nachweisen zu können (s. auch Glaser, 1979; Bakan, 1966, 1967).

Das Argument trifft sicherlich einen wichtigen Punkt der Einzelfallforschung: Nach Baer (1977) ist in der Einzelfallforschung der Fehlertyp I (Entdeckung von real nicht existierenden Gesetzmäßigkeiten) recht selten. Baer (1977) weist auch darauf hin, daß die ohne statistische Verfahren entdeckten Effekte deutlicher und klarer sind und somit einer angewandten Verhaltenstechnologie sehr entgegenkommen. Diese Suche nach drastischen Effekten zieht allerdings das Problem großer Fehler vom Typ II (Übersehen realer Gesetzmäßigkeiten) nach sich, ein Umstand, der einer innovationsorientierten Forschung nicht gerade entgegenkommt.

Eine gemäßigte Haltung nehmen z. B. Thoresen & Elashoff (1974) ein, indem sie zeigen, wie statistische Verfahren als Ergänzung einer visuellen Analyse dienen können.

(2) Ein anderer Kritikpunkt ist, daß die Anwendung statistischer Verfahren bei N = 1 nicht den sachlichen Kriterien der jeweiligen Realität (im sozialen oder wirtschaftlichen Bereich) genüge. Dieses Argument, das sich gegen die Anwendung statistischer Verfahren in sozialen und wirtschaftlichen Problembereichen richtet und eine prinzipielle Skepsis gegenüber dem praktischen Wert von Inferenzverfahren beinhaltet, postuliert u. a. die Existenz von zwei Kriterien empirischer Forschung:

(a) Statistisches Signifikanzkriterium, das zwar klar angegeben werden kann, dessen Grenze aber willkürlich ist (z. B. 0,05 oder 0,01 etc.).
(b) Sachliches oder reales Signifikanzkriterium; dieses Kriterium sollte man besser als Relevanzkriterium bezeichnen. Mit der Erfüllung des statistischen Signifikanzniveaus ist dieses Kriterium klarerweise noch nicht erfüllt (Kazdin & Wilson, 1978).

Man erkennt heute die Notwendigkeit der Beurteilung von Ergebnissen nach verschiedenen Kriterien zwar an, ist sich aber auch des Zusammenhangs des Problems der Kriterien mit der Frage der internen und externen Validität (Campbell & Stanley, 1966; Cook & Campbell, 1976; Gadenne, 1976) bewußt.

Neben solch kritischen Stellungnahmen zur Verwendung statistischer Verfahren lassen sich sehr wohl Argumente **für** die Anwendung statistischer Verfahren zur Auswertung von Einzelfallexperimenten anführen:

(1) Es ist häufig schwierig, zu einer stabilen Ausgangsrate der Abhängigen Variable zu gelangen; hier sind statistische Verfahren u. a. geeignet, einen Trend zu identifizieren.

(2) Wenn Interventionen nur statistisch signifikant, allerdings von der Sache her noch nicht relevant sind, so können diese Signifikanzen wertvolle Hinweise für die zukünftige Forschungsrichtung abgeben (s. Kazdin, 1976, S. 271).

(3) Wenn die erwartete Intra-Subjekt-Variabilität sehr hoch ist (z. B. durch große und unkontrollierbare Variabilität in der UV, etwa in Feldstudien), so sind deutliche Effekte gar nicht zu erwarten und sollten durch statistische Verfahren ermittelt werden.

Im folgenden werden die verschiedenen Auswertungsmöglichkeiten von Einzelfalldesigns kurz dargestellt; dabei können nur die Grundzüge der gängigsten Verfahren besprochen werden. Für Details muß auf weiterführende Spezialliteratur verwiesen werden (Box & Jenkins, 1970; Glass, Willson & Gottman, 1975; Kazdin, 1976; Kratochwill, 1978; Petermann & Hehl, 1979).

3.4.4.1. Graphische Analyse

Die graphische Datenanalyse hat weitgehend deskriptive und Kommunikationsfunktion (s. Parsonson & Baer, 1978); ein großer Vorzug der graphischen Analyse besteht allerdings darin, daß sie begleitend zur Datenerhebung geschieht, somit noch direkt Einfluß auf den Interventionsprozeß genommen werden kann.

Ein gewisses Problem der graphischen Analyse bildet die Frage einer adäquaten Darstellung, die evtl. suggestiven Charakter bekommt (s. Sidman, 1960). Visuelle graphische Analyse kann auch sehr subjektiv sein, wie ein Experiment zu diesem Problem von Gottman & Glass (1978) deutlich zeigt. Das Hauptproblem aber ist wohl, daß die serielle Abhängigkeit der Daten in der graphischen Analyse nicht berücksichtigt wird (s. Glass, Willson & Gottman, 1975; Jones, Vaught & Weinrott, 1975, 1977).

3.4.4.2. Varianzanalyse

Shine & Bower (1971) sowie Gentile, Roden & Klein (1972) versuchten eine Adaptation des für Gruppenexperimente entworfenen Verfahrens zur Auswertung von Einzelfallstudien, indem sie (a) von einem einzelnen Individuum sehr viele Meßdaten erhoben und (b) die verschiedenen Phasen eines Experimentes ähnlich behandelten wie verschiedene Gruppen bei N > 1 (vgl. Petermann, 1978).

Dieses Vorgehen wurde bald sehr heftig kritisiert; Hartmann (1974) hält die Varianzanalyse in der Modifikation von Gentile, Roden & Klein (1972) für völlig unbrauchbar: „... forcing square pegs into round holes..." (S. 637). Mit der Problematik der Anwendung der Varianzanalyse zur Auswertung von Einzelfallstudien befassen sich auch Thoresen & Elashoff (1974), Kratochwill et al. (1974), Michael, (1974), Keselmann & Leventhal (1974), Kazdin (1976), Gottmann & Glass (1978) und Revenstorf (1979) sehr kritisch.

3.4.4.3. Faktorenanalytische Auswertungsmöglichkeiten

Die O-Technik intendiert die Untersuchung mehrerer Zeitpunkte an einer Person hinsichtlich verschiedener Merkmale (s. Petermann, 1978); die erfaßten Faktoren kennzeichnen eine Merkmalsfluktuation auf der Zeitdimension.

Mittels der P-Technik besitzt man die Möglichkeit der Analyse einer Meßwertreihe auf ihre faktorielle Struktur; auch dies ist meßtheoretisch nicht unproblematisch, da auch Cattell (1966) die Unabhängigkeit der Meßwerte voraussetzen muß. Zu Details der P-Technik, die in der Auswertung von Einzelfallstudien ungleich häufiger angewendet wird als die O-Technik, s. Cattell (1966), Überla (1971) sowie neuere Entwicklungen bei Cattell (1977), Petermann (1978) und Revenstorf (1980).

3.4.4.4. Zeitreihenanalytische Modelle

In Zeitreihenanalysen läßt sich die serielle Abhängigkeit der Daten aus Einzelfallstudien durch Modelle der **Autoregression** und ein evtl. Trend in den Daten durch Modelle der **Mittelwertsschwankung** erfassen. Liegen in einer Meßwertreihe **beide** Komponenten vor, so läßt sich dies durch eine Kombination von Autoregression und Mittelwertsschwankung (sog. ARIMA-Modelle, d.h. **A**uto-**R**egressive-**I**ntegrated-**M**oving-**A**verage) abbilden (s. dazu Petermann, 1978; Box & Jenkins, 1970; Glass, Willson & Gottman, 1975; Anderson, 1976; Hartmann et al., 1980; Revenstorf, 1979, 1980).

Die Erstellung und Prüfung eines adäquaten Zeitreihenmodells beinhaltet folgende Stufen (s. Hartmann et al., 1980):

(1) Vorläufige Bestimmung des ARIMA-Modell-Typs aufgrund der Autokorrelations- und partiellen Autokorrelationsfunktion; die allgemeine Form eines Modells lautet: ARIMA (p, d, q); p beschreibt den Typ der Autoregression, d die Anzahl der notwendigen Transformationen bis zur Stationarität der Meßwertreihe und q die Ordnung der Schwankungen des Mittelwertes.
(2) Schätzung der Autoregressions- (ϕ) und Mittelwertsschwankungs (Θ) Parameter für das gewählte stochastische Modell.
(3) Prüfung der Adäquatheit des gewählten Modells:
    – ϕ und Θ-Werte müssen zwischen $\pm$ 1,0 liegen;
    – ϕ und Θ müssen signifikant von Null verschieden sein;
    – Nach der Mittelwertsschwankungs- und Autokorrelations-Bereinigung müssen die Residualwerte seriell unabhängig sein.
(4) Prüfung von Interventionseffekten: Die Interventionskomponenten (Transferfunktionen nach Box & Jenkins, 1970; Anderson, 1976) – „level", „slope" bzw. beides – müssen mit den bekannten statistischen Verfahren (z.B. Randomisierungstests) bestimmt werden.

Die Auswertung von Einzelfallanalysen mittels ARIMA-Modellen erfordert eine relativ große Anzahl von Meßwerten und damit Beobachtungszeitpunkten; Glass, Willson & Gottman (1975) geben 50 Meßwerte als Minimum an, Box & Jenkins (1970) ebenfalls 50, sie meinen aber, eine Anzahl um 100 sei günstiger, während Jones, Vaught & Reid (1975) 10 Meßpunkte pro Interventionsphase als grobes Maß vorschlagen. Liegen weniger Meßwerte vor, so beeinträchtigt dies klarerweise die Reliabilität (s. Kazdin, 1976). Für kurze Meßreihen hat allerdings Dahme (1979) einige Auswertungsmöglichkeiten vorgeschlagen.

3.4.4.5. Split-middle-Methode

Das Verfahren stellt eine Kombination eines graphischen und eines mathematischen Verfahrens dar und kann zur Schätzung von Trends herangezogen werden (White, 1972, 1974, zit. nach Kazdin, 1976). Ähnlich wie in der linearen Regressionsanalyse wird dabei versucht, Trendschätzungen bei Daten eines einzelnen Individuums vorzunehmen. Ein Vergleich von Interventionsphasen kann durch Extrapolation der Trendlinie und Prüfung ihrer Adäquatheit für die empirischen Daten erfolgen (s. Kazdin, 1976). Rein praktisch muß in der ersten Phase die Beschreibung des Datenmusters einer Phase durch eine lineare Regression erfolgen; in einer zweiten Phase erfolgt eine statistische Analyse einer evtl. Trendänderung, z. B. durch den Binomial-Test.

3.4.4.6. Nonparametrische Randomisierungstests

Probleme der Anwendung der Varianzanalyse haben neben Vorschlägen aus dem Bereich der Zeitreihenanalyse zu Anwendungen nonparametrischer Randomisierungstests bei $N = 1$ geführt (vgl. Edgington, 1967, 1969, 1975; Michael, 1974; Kazdin, 1976). Randomisierungstests setzen keine Zufallsverteilung der Meßwerte voraus, sondern versuchen die Frage zu beantworten, wie groß die Wahrscheinlichkeit ist, daß gerade eine bestimmte Menge von Meßwerten (z. B. Differenzen zwischen Baseline- und Interventionsphasen) zustandegekommen ist (s. Levin, Marascuillo & Hubert, 1978: 175).

Entscheidend ist in nonparametrischen Randomisierungstests die Frage, mit welcher Wahrscheinlichkeit die beobachtete Stichprobe von Meßwerten aus der theoretischen Kombination möglicher Stichproben gezogen werden konnte. Als Voraussetzung für die korrekte Anwendung von Randomisierungstests müssen die Treatments (UVs) im zeitlichen Verlauf zufällig angeordnet sein (s. Edgington, 1972). In vielen Fällen, z. B. bei A-B-A-B-Designs, liegt diese Zufallsabfolge nicht vor, sondern die einzelnen Phasen sind systematisch angeordnet. In diesem Falle stellen Randomisierungstests eine mit gewissen Fehlern behaftete Approximation dar (Levin et al., 1978). Als andere brauchbare Approximationen an Randomisierungstests werden häufig der u-Test (Mann-Whitney), der t-Test für abhängige Stichproben oder der Wilcoxon-Test als Prüfung erhaltener Werte gegen eine Zufallsverteilung verwendet.

Da Randomisierungstests bei vielen Treatment-Einheiten sehr aufwendig werden (wegen der theoretisch möglichen Kombinationen), zeigten Hubert & Levin (1977), daß bereits eine Zufallsauswahl aus den Permutationen genügt, um die aktuelle Verteilung gegen alle theoretisch möglichen Kombinationen zu prüfen.

3.4.4.7. Trend-Tests

Hier erfolgt eine Prüfung von deterministischen, abrupten oder verzögerten Niveau-Veränderungen durch nonparametrische Zeitreihen-Trend-Tests (Lienert, 1973; Lienert & Limbourg, 1977; Kendall, 1962; Mann, 1945). Lienert & Limbourg (1977) verstehen ihre Vorschläge zu den Trend-Tests als eher grobe und vorläufige Beurteilung von Interventionseffekten.

3.4.4.8. R_n-Statistik

Dieses von Revusky (1967) entwickelte Verfahren ist eine optimale Auswertungsmöglichkeit für Multiple-Baseline-Designs (über Personen, Verhaltensweisen oder Situationen). Dabei werden die Daten von Personen, die unter Treatment-Bedingungen stehen, mit den Daten derjenigen Person(en) verglichen, bei der (denen) das Treatment noch nicht appliziert wurde (dies gilt für den Fall $N > 1$; für $N = 1$ dienen alternative Verhaltensweisen oder Situationen als Kontrolle).

Als Voraussetzung für die Anwendung seines Verfahrens führt Revusky (1967) an, daß eine Zufallszuordnung der Treatments für Personen, Verhaltensweisen oder Situationen vorliegen muß. Für den Fall N > 1 kann Revusky (1967) außerdem zeigen, daß er durch die optimale Ausnutzung der Information aus Treatment- und Kontroll-Bedingungen mit 30% bis 50% weniger Vpn dieselbe statistisch relevante Information (im Vergleich zum u-Test) erhalten kann. Ein großer Vorteil der R_n-Statistik gegenüber Randomisierungstests liegt darin, daß hier eine Prüfung von Effekten von Interventionen im Einzelfall erfolgen kann, auch wenn sich eine Irreversibilität der Treatments herausstellen sollte (s. Kazdin, 1976; Hubert, 1978).

3.4.4.9. Markoff-Analysen

Markoff-Analysen sind ein Verfahren zur Beschreibung der seriellen Abhängigkeit von Zeitreihen-Daten und somit als Spezialfall von Zeitreihen-Modellen anzusehen (s. a. Kap. 3.7.). Entscheidend ist dabei die Bestimmung der Übergangswahrscheinlichkeit von Zeitpunkt t−1 zum Zeitpunkt t (Markoff-Prozeß 1. Ordnung). In diesem Fall würde der Zustand des Systems zum Zeitpunkt t als allein vom Zeitpunkt t−1 abhängig betrachtet werden. Es ist für Markoff-Prozesse charakteristisch, daß die sequentielle Abhängigkeit zwischen benachbarten Werten maximal ist und mit der Entfernung von zwei Werten gegen Null geht (s. Leistikow, 1977). Eine Möglichkeit zur Identifikation des Markoff-Modells besteht durch die Berechnung der partiellen serialen Autokorrelation (s. Holtzmann, 1977).

Zum Zwecke einer Vorhersage von Ereignissen (s. Kap. 4.2.) ist es nicht nur wichtig zu wissen, ob t von t−1 abhängt, sondern auch, wie häufig bestimmte Ereignisse nach t folgen; t ließe sich in diesem Falle als fördernde oder hindernde Bedingung für t + 1 interpretieren (z. B. Veränderung sozialer oder wirtschaftlicher Prozesse). Zu Beispielen für eine sequentielle Analyse von Interaktionen s. Gottman, Markman & Notarius (1977). Hinweise zur Benutzung von Markoff-Analysen geben Revenstorf & Vogel (1979), Gottman & Notarius (1978), Holtzmann (1977) und Petermann (1978).

3.4.5. Offene Probleme von Einzelfallstudien

3.4.5.1. Replikation

Mit der Durchführung einer Einzelfallstudie intendiert man üblicherweise nicht nur Aussagen über dieses eine Individuum (außer bei diagnostischen Einzelfalluntersuchungen), sondern eine Verallgemeinerung der entdeckten Gesetzmäßigkeiten. Die Grundlage für eine Generalisierung der idiographischen Gesetze stellen Replikationsversuche von Einzelfallstudien dar. Sidman (1960) unterscheidet dabei zwischen direkter und systematischer Replikation, Hersen & Barlow (1976) sehen die klinische Replikation noch als mögliche Zwischenstufe an, während Lykken (1968) eine Einteilung in direkte, operationale und konstruktive Replikation vorschlug. Im Folgenden soll die Klassifikation von Sidman (1960) kurz besprochen werden.

Direkte Replikation: Sie wird von Sidman (1960) als „die Wiederholung eines bestimmten Experimentes durch denselben Experimentator" (S. 73) charakterisiert. Direkte Replikation stellt insoferne die Grundlage für Schlußfolgerungen aus Einzelfallstudien dar, als hier die Minimalbedingung der Reliabilität der Effekte und Gesetzmäßigkeiten zu erhärten versucht wird. Durch das Konstanthalten der Setting-, Treatment- und Versuchsleitervariable, also nur die Variation der **Zeit**- und der **Personenvariable** (s. Paul, 1969; Kirchner et al., 1977) bleiben vor allem Fragen der externen Validität weitgehend unbeantwortet.

Als Problem der direkten Replikation muß angeführt werden, daß die Interpretation von „gemischten" Ergebnissen sehr schwierig ist, weil der Experimentator üblicherweise nicht weiß, worauf er Schwankungen oder Veränderungen der AV zurückführen soll, wenn die UV konstant geblieben ist.

Auf die Frage, wann die direkte Replikation genügend sichere Resultate erbracht habe, um das Vorgehen abzubrechen und zur systematischen Replikation überzugehen, geben Hersen & Barlow (1976) als pragmatische Richtlinie an, daß **ein** erfolgreiches Experiment und **drei** erfolgreiche Replikationen üblicherweise als hinreichend anzusehen sind.

Systematische Replikation kann auch als systematische Bedingungsvariation angesehen werden, wie sie aus der experimentellen Literatur bekannt ist; das Vorgehen sollte eine möglichst große Sicherung der internen, externen, Konstrukt- und statistischen Validität erbringen (s. Cook & Campbell, 1976). Stellt die direkte Replikation die Vorstufe eines echt experimentellen Vorgehens dar, so versucht man in der Systematischen Replikation eine Wiederholung der Ergebnisse (AVs) über verschiedene Kombinationen von Setting-, Zeit-, Versuchspersonen-, Versuchsleiter- und Störvariable hinweg (s. Hersen & Barlow, 1976).

Die Systematische Replikation baut auf der direkten Replikation auf; es stellt sich allerdings die Frage, welche Variablen konstant gehalten und welche variiert werden sollten, da man kaum alle Kombinationsmöglichkeiten aller Variablen empirisch prüfen kann (s. Kiesler, 1966, 1971). Nach Sidman (1960) stellt dies eine Art Spiel (,,gambling") dar: Man wird eben nicht blind eine beliebige Variable variieren, sondern sich von theoretischen Überlegungen leiten lassen. Systematische Replikation kann auch als Suche nach Ausnahmen von einer Regel bezeichnet werden (Popper, 1969; Gadenne, 1976). Damit ist auch klar, daß eine Systematische Replikationsserie niemals abgeschlossen ist (s. Sidman, 1960): Forscher werden immer versuchen, Ausnahmen zu finden, auch wenn diese (und dies gilt für Einzelfall- und Gruppenstudien in gleicher Weise) kaum publiziert werden.

3.4.5.2. Aggregation von Einzelergebnissen

Die Zusammenfassung von Einzelergebnissen zu einer Gesamtaussage (manchmal auch als ,,Agglutination" bezeichnet) ist ein noch offenes Problem, zu dessen Lösung erst einige unverbindliche Lösungsvorschläge vorgebracht wurden (s. Revenstorf, 1979: 148ff; Baumann, 1981). Eine besonders brauchbare Idee (speziell beim Vorliegen von sehr vielen Einzelfallanalysen) scheint mir dabei zu sein, eine varianzanalytische Verrechnung vorzunehmen, wenn die Zeitreihenwerte in z-Werte einer t-Verteilung umgewandelt werden.

Eine andere Möglichkeit besteht darin, Randomisierungstests durchzuführen, wenn die Voraussetzung einer Zufallsauswahl von Personen und Ereignissen (Daten) gewährleistet ist.

3.4.5.3. Generalisierung

Eine Übertragung von Ergebnissen aus Einzelfallstudien auf nicht untersuchte Elemente ist dann möglich, wenn die in den Einzelfallexperimenten realisierten Bedingungen die Voraussetzungen einer Zufallsstichprobe von Ereignissen erfüllen

(Chassan, 1969; Westmeyer, 1979). „Es ist gewiß ein Truismus, wenn man feststellt, daß sich eine wissenschaftliche Hypothese im allgemeinen nicht durch die Untersuchung eines einzigen Falles bestätigen läßt; es reichen aber Stichproben von 10, 100 oder 1000 Fällen auch nicht aus, wenn sich die Gültigkeit einer Hypothese auf eine abzählbare Population von unendlich vielen Individuen erstrecken soll. Auf der anderen Seite genügt **ein** Fall, um eine Hypothese zu widerlegen." (Huber, 1978: 1195.) Huber gibt hier der Problematik der Generalisierung von Befunden aus Einzelfallstudien Ausdruck; Westmeyer bescheinigt ihm allerdings, einen „naiven Falsifikationismus" (1979: 23) zu vertreten und zwar deshalb, weil das relevante Hintergrundwissen nicht berücksichtigt wird.

Der Vorwurf der Naivität mag praktisch gesehen gerechtfertigt sein, denn es gibt kaum Fälle, in denen strikt universelle Hypothesen formuliert worden wären (zumindest in den Wirtschafts- und Sozialwissenschaften); kritisierende Instanzen versucht man meist durch Exhaustion zu bewältigen. Rein formal gesehen, also im **normativen** Sinn der Forschungslogik stellen strenge Prüfungen (d. h. experimentelle Einzelfallanalysen der Form Fa . ¬ Ga) sehr wohl Widerlegungsinstanzen einer strikt universellen Hypothese der Form (x) (Fx → Gx) dar, genauso wie eine singuläre Hypothese der Form (Ex) Fx durch den Aufweis eines einziges Falles (Fa) hinreichend belegt ist. Die von Westmeyer (1979) kritisierte Naivität des Modells kann sich nur auf das konkrete Verhalten der Forscher, nicht jedoch auf das normative Modell beziehen. Das Modell der Falsifikation als „naiv" zu bezeichnen, scheint mir den falschen Punkt zu treffen, denn in diesem Falle muß die Forschungspraxis, nicht die Forschungsmethodologie kritisiert werden.

Der besondere Wert von Einzelfallstudien liegt (s. Chassan, 1969) darin, daß sie Bestätigungs- oder Widerlegungsinstanzen für Sätze mit Individuen-Parametern liefern. Ohne eine Berücksichtigung des Hintergrundwissens bleibt eine Interpretation jedoch problematisch (s. Westmeyer, 1979):

(a) Eine statistisch nachgewiesene Veränderung im Einzelfall beseitigt noch nicht alle möglichen und plausiblen Alternativhypothesen zur Erklärung der Veränderung außerhalb der UV (vgl. auch Zubin, 1950). Eine Veränderung in der AV kann somit nicht automatisch auf die Variation der UV zurückgeführt werden. Dies ist ein spezieller Aspekt der Kausalitätsproblematik (s. auch Kap. 3.2.).

(b) Da die Realisierung im konkreten Experiment einen relativ willkürlichen Ausschnitt aus den möglichen Aspekten darstellt, kann man nicht mit Sicherheit sagen, daß die konkret erfaßten Aspekte für die Veränderung maßgeblich sind.

(c) Daraus folgt, daß ein Einzelfallexperiment nur unter kaum mehr zu realisierenden identischen Bedingungen dieselben Resultate bringt (s. auch Kap. 3.3.). Eine Veränderung auch trivial erscheinender Aspekte kann eine Replikation der Ergebnisse verhindern.

(d) Kennt man die für das Eintreten eines bestimmten Resultates relevanten Merkmale nicht, so ist eine auch vorsichtige induktive Generalisierung sehr problematisch, da man nicht weiß, welche Variablen zum Vergleich herangezogen werden müssen.

Wie wichtig die Kenntnis der **relevanten** Charakteristika eines Einzelfalles ist, betont auch Edgington (1967): Von einer Studie mit N = 1 kann man klarerweise nicht auf andere Personen schließen. Dies gilt aber auch für Gruppenstudien, falls die Voraussetzung einer Zufallsstichprobe nicht erfüllt war. Bei N = 1 ist diese Zufallsauswahl dann nicht notwendig, wenn man die relevanten zu testenden Charakteristika benennen kann und sie so in das Experiment einbezieht. Die Folgerung aus diesen Überlegungen wäre, daß Generalisierungen auf die Population mit ähnlichen (natürlich nur den relevanten) Charakteristika möglich ist (Homogenitätsvoraussetzung). Eine logische Rechtfertigung für Inferenzschlüsse gibt es nicht, wohl aber statistische Hilfen für Entscheidungen im Einzelfall (s. Edgington, 1972; Stegmüller, 1971).

Nach Chassan (1969) sprechen globale Argumente gegen Generalisierungsmöglichkeiten aus Einzelfallstudien gleichermaßen gegen induktive Generalisierungen aus Gruppenstudien, da sich Gruppenstudien aus Einzelfällen zusammensetzen, bei denen üblicherweise von spezifischen Charakteristika abgesehen werden muß. In Gruppenstudien ist es somit oft schwierig, eine Erklärung für die Varianz zu finden (z. B. Verschlechterung eines Patienten nach der Anwendung eines Treatments, s. Bakan, 1954, 1967; Sidman, 1960; Shapiro, 1966; Yates, 1976): In extensiven Designs scheinen solche Fluktuationen der AV, die man auch einem probabilistischen Aspekt des Zustandes einer Person zuattribuieren kann, als Unreliabilitäten auf. In intensiven Designs könnte diese Varianz aufgeschlüsselt werden; deshalb sind Gruppen- und Einzelfallstudien als sich ergänzende Forschungsansätze mit unterschiedlichen Intentionen anzusehen.

Das Problem der Generalisierung von Einzelfällen ist u. a. wegen der offenen Fragen, die mit den verschiedenen Formen der internen, externen, Konstrukt- und statistischen Validität (Cook & Campbell, 1976) verbunden sind, kaum endgültig lösbar; eine solche Lösung würde auch eine Klärung des Problems der induktiven Schlüsse verlangen (s. Essler, 1973; Stegmüller, 1974). Man beginnt allerdings in der Wissenschaftstheorie, diese Fragen zugunsten des Versuchs einer rationalen Rechtfertigung unseres Handelns hintanzustellen (s. Carnap & Stegmüller, 1971; Stegmüller, 1971; Westmeyer, 1979).

Im Rahmen einer solchen relativen rationalen Rechtfertigung unseres Handelns können Einzelfallstudien und verschiedene Formen ihrer Auswertung sehr wohl hilfreich sein:

(a) Durch die visuelle Analyse (Parsonson & Baer, 1978) im Sinne einer laufenden Korrektur des eigenen Vorgehens.

(b) Durch eine Verwendung von Bayes-Verfahren zur Treatment-Auswahl, wenn eine Schätzung von A-priori-Wahrscheinlichkeiten des erwarteten Ergebnisses erfolgt (s. Rüppell, 1977; Slovic & Lichtenstein, 1971; Phillips, 1973; Scholz, 1979; Kleiter, 1981).

(c) Durch Verlaufs- und Zustandsbeschreibungen bzw. ihre Veränderungen durch Zeitreihen-Modelle, Markoff-Analysen, Randomisierungstests und quantitative Strukturanalysen (s. Henning & Petermann, 1980).

Die Hoffnung auf die Entdeckung **kausaler** Zusammenhänge sollte man jedoch auch mit der Durchführung von Einzelfallstudien nicht verbinden: „**Kausale** Zusammenhänge können niemals direkt nachgewiesen werden; wir versuchen allerdings, Alternativhypothesen sukzessiv zu eliminieren, die evtl. gegen einen kausalen Zusammenhang sprechen" (Gottman, 1973; 99). Bloße Sukzessionsgesetze, wie sie für Einzelfallstudien in der Ökologie, etwa bei der Prüfung der Wirkung von Umweltvariablen auf Lebensveränderungen typisch sind, rechtfertigen zwar die Behauptung eines kausalen Zusammenhangs nicht; bei der vorsichtigen Interpretation von Ergebnissen aus Einzelfallstudien in der Wirtschafts- und Sozialforschung befindet man sich jedoch in guter Gesellschaft mit der Forschungspraxis der empirischen Wissenschaften.

3.5. Panel-Untersuchungen

von Paul W. Meyer & Arnold Hermanns

Vorbemerkung

Die Etymologie des Begriffes Panel bietet Anhaltspunkte zur Erklärung der Forschungsform Panel-Untersuchung. Im anglo-amerikanischen Sprachgebrauch wird der Begriff „Panel" für diejenigen Dokumente gebraucht, die die Namen von Geschworenen für eine Gerichtsverhandlung enthalten (Geschworenenliste) bzw. die die Namen von solchen Abgeordneten eines Parlaments aufführen, die für die Bildung eines Parlamentsausschusses vorgesehen sind. Im niederländischen und auch deutschem Sprachgebrauch hingegen werden die wiederkehrenden vertieften Flächen einer holzgetäfelten Wand als „Paneele" bezeichnet (Lazarsfeld et al., 1969: 253; Hüttner, 1974: Sp. 797). Interpretiert man die Begriffsbedeutungen im Sinne dessen, was heute übereinstimmend unter einer Panel-Untersuchung verstanden wird, so ist einerseits das Prinzip des Gleichbleibens (der Kreis der Geschworenen und die Ausschußmitglieder sollen im Zeitablauf für den jeweiligen Zweck gleichbleiben bzw. die Verwendung von gleichen vertieften Flächen) und andererseits das Prinzip der Wiederholung (wiederholte Befragung und Beratung von Geschworenen und Ausschußmitgliedern bzw. die wiederholte Verwendung von gleichen vertieften Flächen) anzuführen.

Die Forschungsform bzw. das Erhebungsverfahren der Panel-Untersuchung stellt eine bestimmte Spezies von zeitlichen Längsschnitt- bzw. Zeitreihen- bzw. Longitudinaluntersuchungen dar: In bestimmten zeitlichen Abständen (mindestens zwei) werden bei denselben Untersuchungseinheiten dieselben Merkmale bzw. Variablen erhoben; es werden also bei gleichbleibenden Untersuchungseinheiten in bestimmten zeitlichen Abständen das Vorhandensein und die Ausprägung bestimmter Merkmale gemessen (Nehnevajsa, 1967: 197 ff.; Levenson, 1968: 371 ff.; Lazarsfeld et al., 1969: 253 ff.; Mayntz et al., 1970: 134 ff.; Meyer, 1974: 433 ff.).

Während das Prinzip der Panel-Untersuchung im Bereich von medizinischen Untersuchungen schon sehr früh seine Anwendung fand, wurde es für die Wirtschafts- und Sozialwissenschaften erst in den zwanziger Jahren in den USA entdeckt. Erste Hinweise auf die „neue" Forschungsform finden sich bei einer Veröffentlichung von S. A. Rice aus dem Jahre 1928, eine erste methodische Auseinandersetzung erfolgte 1938.

Als eine Alternative zu den vorgenommenen Strohabstimmungen (straw-vote procedures) wurde die Panel-Technik diskutiert: „Instead of taking a new sample for each poll, repeated interviews with the same group of people have been tried. The experiences met with and the problems involved in such a panel technique will be discussed here" (Lazarsfeld & Fiske, 1938: 596).

Die Panel-Untersuchung als Forschungsform fand auch in der Bundesrepublik ihre Entwicklung. Maßgeblichen Anteil daran hatten die Marktforschungsinstitute, von denen die Gesellschaft für Konsumforschung e. V. (GfK) in Nürnberg erstmals 1950 eine nicht publizierte Panel-Untersuchung in Form einer Haushaltsbuch-Untersuchung anlegte (Meyer, 1960: 378); es folgten die Gesellschaft für Marktforschung (GFM) in Hamburg (Sittenfeld, 1955) und das Attwood-Institut in Wetzlar.

3.5.1. Ziele und Leistung von Panel-Untersuchungen

Generelles Ziel der Panel-Untersuchung als eine bestimmte Form von Longitudinaluntersuchungen „ist die Erforschung von bestimmten **Wandlungsvorgängen**, wie z. B. die Veränderung von Parteipräferenzen in einer Gruppe, der politische Einstellungswandel von Studenten im Laufe des Studiums, die Veränderung von Konsumgewohnheiten usw." (Mayntz et al., 1970: 134). Methodische Grundlage der

Erforschung derartiger Wandlungsprozesse ist bei der Panel-Untersuchung die Erhebung von denselben Merkmalen an gleichbleibenden Untersuchungseinheiten in bestimmten zeitlichen Abständen. In dieser methodischen Grundlage liegt auch der Unterschied zu einer weiteren Möglichkeit von Langzeituntersuchungen begründet, der Trend- bzw. Folgenanalyse.

Die **Trendanalyse** mißt an zwei oder mehreren aufeinanderfolgenden Zeitpunkten die gleichen Merkmale von vergleichbaren Untersuchungseinheiten, d. h., daß diese Untersuchungseinheiten jeweils mit Hilfe einer erneuten Auswahl aus der gleichen Grundgesamtheit ermittelt werden (wiederholte Repräsentativerhebung). Die Trendanalyse ist somit in der Lage, einen Wandel im Ganzen festzustellen. Hierzu ein konstruiertes Beispiel: Bei jeweils 1000 repräsentativ ausgewählten Wählern wird die Wahlbereitschaft im Juli und August mit den folgenden Ergebnissen gemessen:

	Juli	August
gehe zur Wahl	870	900
gehe nicht zur Wahl	130	100
Summe	1 000	1 000

Aus dem Vergleich der beiden Messungen läßt sich die Veränderung der Häufigkeitsverteilung ablesen, die **Nettoveränderung** oder auch **net change** genannt wird, sie beträgt 30. Die Nettoveränderung bei der Trendanalyse ist eine aggregierte Größe, die sich aus zwei Samples ergibt (Änderung im Ganzen); wie diese Veränderung zustande kommt, welcher Wandel also bei der einzelnen Untersuchungseinheit stattgefunden hat, darauf kann die Trendanalyse keine Antwort geben, wohl aber die Panel-Untersuchung. Die Panel-Untersuchung – um im Beispiel zu bleiben – klassifiziert jeden Wähler nach „Gehe im Juli zur Wahl oder nicht zur Wahl" und „Gehe im August zur Wahl oder nicht zur Wahl" wie folgt:

		August		Summe Juli
		gehe zur Wahl	gehe nicht zur Wahl	
Juli	gehe zur Wahl	850	(20)	870
	gehe nicht zur Wahl	(50)	80	130

Diese Kreuzklassifikation zeigt in der Summenspalte und -zeile die Information der Trendanalyse, aus der die Nettoveränderung ersichtlich wird. Wie diese Nettoveränderung zwischen Juli und August zustande gekommen ist, zeigen die vier Innenfelder der Kreuztabellierung, wobei die eingeklammerten Zahlen die Wechselfelder darstellen: „... hier findet man jene Personen, die zwischen der ersten und zweiten Messung von einer Merkmalskategorie in die andere hinübergewechselt sind."

(Mayntz et al., 1970: 135.) Man spricht in diesem Zusammenhang auch von der **internen Fluktuation** (turnover), dessen Ausmaß sich aus der Addition der Zahlen aus den Wechselfeldern ergibt. Das Ausmaß der Fluktuation im Beispiel beträgt 70 (bei einer Nettoveränderung von 30), dies bedeutet, daß bis zur zweiten Messung im August 20 Wähler, die im Juli noch wählen wollten, nicht mehr wählen wollen und 50 Wähler, die im Juli nicht wählen wollten, nun doch wählen wollen.

Die Erforschung von Wandlungsprozessen als generelles Ziel von Panel-Untersuchungen betrifft nicht nur die **deskriptive Analyse** derartiger Prozesse, sondern auch deren **Explikation**. Dabei geht es stets um die Erklärung des Wechsels von Merkmalen einzelner Untersuchungseinheiten, nicht um die Erklärung der Nettoveränderung. Es ist ersichtlich, daß zur Erreichung des Explikationszieles zusätzliche Merkmale bzw. Variablen in die Analyse mit einbezogen werden müssen.

Alle Merkmale bzw. Variablen, die für eine derartige Erklärung relevant sein können, werden **Einflußfaktoren** genannt; klassifikatorisch lassen sich dabei konstante, intermittierende und kovariierende Einflußfaktoren differenzieren (Nehnevajsa, 1967: 201). Unter **konstanten Einflußfaktoren** versteht man alle diejenigen Merkmale, die sich im Zeitraum der Panel-Untersuchung nicht ändern oder nicht ändern können. Dies sind häufig sozio-demografische Merkmale wie Religionszugehörigkeit, Haushaltsgröße, Geschlecht, Bildungsgrad u. ä. m., die sich zwar z. T. auch ändern können, im Fall einer Änderung jedoch einerseits die Repräsentanz des Panels verändern und andererseits zu intermittierenden Einflußfaktoren werden. Als **intermittierende Einflußfaktoren** werden Ereignisse angesehen, die sich im Panelzeitraum zwischen den Messungen ereignen. Von solchen Ereignissen können Wirkungen ausgehen, die eine Wandlung bei einzelnen Untersuchungseinheiten induzieren. Panel-Untersuchungen, bei denen bewußt intermittierende Variablen eingesetzt werden (bei Berücksichtigung einer Kontrollgruppe, die diesen Variablen nicht ausgesetzt sind), stellen Experimente dar. Wirken sich hingegen nicht geplante, intermittierende Variablen auf die Untersuchungseinheiten aus, so läßt sich allenfalls von einer experimentähnlichen Situation sprechen, man findet hierfür auch den Begriff des Ex-post-facto-Experiments. **Kovariierende Einflußfaktoren** schließlich bedingen sich gegenseitig, man hat es in Bezug auf den Wandel von Merkmalen bzw. Untersuchungseinheiten mit einer Interaktion von Variablen zu tun; so kann z. B. die Einstellung zu einem Rentensystem mit der Parteipräferenz kovariieren: Entweder bestimmt die Parteipräferenz die Einstellung zu einem Rentensystem oder die Einstellung zu einem Rentensystem führt zu einer Parteipräferenz. Kovarianzen können sich natürlich auch auf mehr als zwei Merkmale bzw. Variablen beziehen.

Bei der **Explikationsanalyse** kommt es darauf an, diejenigen Einflußfaktoren zu bestimmen, die auch tatsächlich die Veränderung bei den Untersuchungseinheiten hervorgerufen haben. Dies bedeutet, daß über einen potentiellen Wandlungsprozeß Hypothesen zu dessen Erklärung mit den entsprechenden Einflußfaktoren (unabhängige Variablen) aufgestellt werden müssen, damit die relevanten Einflußfaktoren bei den Erhebungen mit berücksichtigt werden können.

Paneluntersuchungen ermöglichen es somit, dynamische Modelle der Wirtschafts- und Sozialforschung (stochastische Modelle und Kausal-Modelle mit Zeit-Effekten) zu überprüfen (Friedrich, 1973: 368).

Bei der Heranziehung von **konstanten Einflußfaktoren** geht man so vor, daß für die verschiedenen Untergruppen des Panels z. B. verheiratet – unverheiratet oder weiblich – männlich, getrennte Fluktuationstabellen erstellt werden, aus denen die Fluktuation nach Größe und Richtung ersichtlich wird. Dabei ist es wichtig zu wissen, daß konstante Merkmale zwar einen Wandel auf ein nach der ersten Messung eintretendes und alle Untersuchungseinheiten betreffendes Ereignis bedingen, z. B. die Adaptionen eines neuen Produktes durch unterschiedliche Mitglieder eines Haushaltspanels, aber der Wandel selbst dadurch nicht erklärt wird, den „... ein Merkmal, das sich nicht wandelt, kann Wandel nicht erklären" (Nehnevajsa, 1967: 203).

Werden **intermittierende Einflußfaktoren** zur Erklärung herangezogen, so geht dies nur bei Ereignissen, von denen lediglich ein Teil der Untersuchungseinheiten betroffen ist; wären nämlich alle betroffen, so könnte dies nur zur Erklärung der Nettoveränderung dienen, die Analyse der einzelnen Untersuchungseinheit müßte entfallen. Um den Einfluß der intermittierenden Variablen überhaupt feststellen zu können, ist es unerläßlich, ihn bei der zweiten bzw. n-ten Messung zu erheben. So könnte z. b. ein Film über die Gefahren des Rauchens in der Lage sein, die Einstellung gegenüber dem Rauchen oder sogar das Verhalten selbst (Aufgabe des Rauchens) zu verändern. Bei einem Panel, das die Einstellung gegenüber der Gesundheit und das gesundheitsorientierte Verhalten zu erfassen versucht, müssen relevante intermittierende Variablen wie Filme, Krankheitsfälle in der Familie u. ä. bei den jeweiligen Messungen mit berücksichtigt werden. Bei der Verwendung von **kovariierenden Einflußfaktoren** müssen bei jeder Messung die relevanten Variablen erhoben werden. Da mindestens zwei kovariierende Variablen (häufig zudem mit dichotomer Ausprägung) für mindestens zwei Messungen in die Explikationsanalyse eingehen, ergeben sich komplizierte Paneltabellen mit relativ vielen Analysemöglichkeiten (ein gutes Beispiel findet sich bei Mayntz et al., 1970: 145ff.).

3.5.2. Arten von Panel-Untersuchungen

Panel-Untersuchungen können sich grundsätzlich aller drei Methoden der Datenerhebung entweder einzeln oder in Kombination untereinander bedienen; so lassen sich prinzipiell ein Beobachtungs-Panel, ein Befragungs-Panel und ein Experimental-Panel differenzieren (Meyer, 1974: 435ff.).

Das **Beobachtungs-Panel** beruht auf der wiederholten Wahrnehmung von Untersuchungseinheiten und der Registrierung des Wahrgenommenen, wobei der Mensch als Beobachter (Wahrnehmender und Registrierender) durch Hilfsmittel mechanischer und elektronischer Art (Fernsehkameras, Sensoren, Zählwerke etc.) teilweise oder ganz substituierbar ist.

Eine Einschränkung in der Anwendung von reinen Beobachtungs-Panels liegt darin begründet, daß diese nur in der Lage sind, deskriptive Ergebnisse zu erfassen (Nettoveränderung und interne Fluktuation). Diese, der Datenerhebungsmethode der Beobachtung inhärente Begrenzung, läßt sich in bezug auf eine Erklärungsabsicht nur durch Methodenkombination aufheben, entweder mit Hilfe der Befragung oder mit Hilfe des Experiments. Als Beispiel hierfür können die in der Bundesrepublik üblichen Haushaltspanels herangezogen werden. Unter Anwendung der Selbstbeobachtung berichtet ein repräsentativ ausgewählter Kreis von Haushalten wöchentlich über ausgewählte, haushaltsrelevante Einkäufe. Neben der Nettoveränderung können im Zeitablauf die internen Fluktuationen (z. B. Markenwechsel) berechnet werden.

Als konstante Einflußfaktoren gehen dabei sozio-demografische Merkmale in die Analyse ein. Erklären kann jedoch das Haushaltspanel die Markenkonstanz bzw.

den Markenwechsel nicht, hierzu wäre eine zusätzliche Befragung oder die Anlage eines Experiments notwendig. Häufig sind bei einem Beobachtungspanel die variablen Einflußfaktoren nicht bekannt, sie können nur mit Hilfe der Befragung erhoben werden. Das **Befragungs-Panel**, das auf der wiederholten mündlichen oder schriftlichen Befragung derselben Panel-Teilnehmer zum selben Untersuchungsgegenstand beruht, ist im besonderen Maße der Gültigkeitsproblematik unterworfen. Geht man davon aus, daß als Untersuchungsgegenstände regelmäßig Wissen, Meinungen, Erwartungen oder Einstellungen herangezogen werden, ist diese Problematik evident. Wird wiederholt Wissen abgefragt, z. B. Politiker- oder Markenkenntnis, so löst dies zwangsläufig bei den Befragten Lernprozesse aus: das Wissen wird von den Panel-Teilnehmern im Verlauf der Untersuchung immer besser reproduziert (Meyer, 1974: 438; Schätzle & Grabicke, 1979: 300). Bei der Panelabfrage von Meinungen, Erwartungen und Einstellungen können zwei Effekte die Gültigkeit beeinträchtigen, die durch die Erhebung selbst hervorgerufen werden: „Durch die erste Befragung kann einerseits Wandel, besonders Meinungs- und Einstellungswandel, verhindert werden. Die einmal bewußt gewordene und verbalisierte Meinung kann als solche erinnert und dadurch festgehalten werden. Das Bestreben, Beständigkeit oder Überzeugungsstärke zu demonstrieren, wirkt in die gleiche Richtung. Andererseits kann durch die erste Befragung ein Wandel hervorgerufen werden, der sonst nicht eingetreten wäre. Durch die Anregung zum Nachdenken können sich bewußt gewordene Meinungen ändern…" (Mayntz et al., 1970: 149). Der durch die Erhebung ausgelöste Validitätseffekt ist nur mit Hilfe von Kontrollgruppen zu erfassen, was jedoch mit weiteren methodischen Problemen insbesondere dann verbunden ist, wenn mehr als zwei Erhebungswellen vorgesehen sind: „Im Idealfall müßte man bei einer späteren Befragungswelle eine weitere Kontrollgruppe gemeinsam mit der gewöhnlichen Kontrollgruppe und dem eigentlichen Panel interviewen. So könnten alle Wirkungen des wiederholten Interviewens ausgeschaltet werden, ohne die statistische Genauigkeit zu opfern. Leider gestatten die hohen Kosten ein solches Verfahren nur in seltenen Fällen" (Lazarsfeld et al., 1969: 262).

Das **Experimental-Panel** ist dadurch gekennzeichnet, daß jeweils zwischen den Erhebungen eine intermittierende Variable (Stimulus, Versuchsreiz) eingeführt wird, von der man annimmt, daß sie einen nach Richtung und Ausmaß bestimmbaren Wandel bei den Panelmitgliedern induziert. Bei Experimental-Panels mit mehr als zwei Erhebungswellen ist die Frage nach dem jeweils einzusetzenden Stimulus zu beantworten. Möglich ist der wiederholte Einsatz unterschiedlicher Stimuli, die jedoch die gleiche Intention verfolgen, etwa mehrere Propagandafilme, die eine gemeinsame Zielsetzung aufweisen.

Eine alternative Versuchsanordnung ist darin zu sehen, zunächst mit Hilfe entsprechender Stimuli einen Wandel in eine bestimmte Richtung zu erzielen, um dann mit konträren Stimuli zu versuchen, einen Wandel in entgegengesetzter Richtung auszulösen.

Analog zum Experiment gilt auch für das Experimental-Panel die Forderung nach der internen und externen Gültigkeit (Hermanns, 1979: 56); sowohl interne als auch externe Validität lassen sich ausschließlich nur über die Bildung von Kontrollgruppen erzielen, so daß methodisch die gleichen Probleme zu lösen sind, die bereits beim Befragungspanel angeführt wurden.

Wenn es beim Experiment das Ziel ist, eine Kausalitätsbeziehung sowie deren quantitatives Ausmaß zwischen einer unabhängigen und einer abhängigen Variablen zu überprüfen, was letztlich eine Feststellung der Nettoveränderung bedeutet, so geht es dem Experimental-Panel erweiternd darum, die Fluktuation der einzelnen Teilnehmer festzustellen und zu erklären.

3.5.3. Methodische Problembereiche von Panel-Untersuchungen

Die bisherigen Ausführungen haben bereits erkennen lassen, daß Panel-Untersuchungen mit einer Reihe von spezifisch methodischen Problemen verbunden sind, die sich auf die Reliabilität und die Validität des Verfahrens auswirken können. Zu nennen sind dabei in erster Linie die Stichprobenproblematik, die Panel-Mortalität und die Lerneffekte (Panel-Effekte).

Panel-Untersuchungen eignen sich sowohl für Voll- als auch für Teilerhebungen. Die Ziehung von **Stichproben** für Teilerhebungen ist deshalb relativ aufwendig und häufig problembeladen, weil von den Panelteilnehmern eine Mitarbeit über einen längeren Zeitraum hinweg erwartet wird. In diesem Zusammenhang und im Hinblick auf die Aufrechterhaltung der Repräsentanz der Untersuchungseinheiten ist zu fragen, welches Auswahlverfahren – Wahrscheinlichkeitsauswahl oder Quotenauswahl – am besten geeignet ist, den Anforderungen der Panel-Untersuchung gerecht zu werden. Unabhängig von den Vor- und Nachteilen der Auswahlverfahren in methodisch-statistischer Sicht bietet das Quotenverfahren gegenüber der Wahrscheinlichkeitsauswahl panelspezifische Vorteile (Mayntz et al., 1970: 147f. sowie Schätzle & Grabicke, 1979: 297f.). Das Quotenverfahren ist besser in der Lage, die Struktur einer einmal gezogenen Stichprobe dann beizubehalten, wenn im Zeitablauf Panel-Teilnehmer ausscheiden. In diesem Fall werden die ausscheidenden durch neue Panel-Teilnehmer mit genau denselben Quotenmerkmalen ersetzt. Bei der Wahrscheinlichkeitsauswahl müßten zufällig bestimmte neue Teilnehmer die Stichprobe ausfüllen, eine Strukturäquivalenz zwischen ursprünglicher und neuer Stichprobe ist dabei unwahrscheinlich, die Zufallsstichprobe verliert demnach mit fortschreitender Untersuchungsdauer an Repräsentanz. Darüber hinaus sind im allgemeinen mit dem Quotenauswahlverfahren geringere Forschungskosten verbunden. Mit der Realisierung der Stichprobe, also der Anwerbung der Panel-Teilnehmer, ist das Problem der **Anfangsverweigerer** verbunden. Die Verweigererquote liegt bei Panel-Untersuchungen (mehr als 20%) über der von repräsentativen Querschnittsuntersuchungen (bis zu 10%). Sie wird beeinflußt durch die Art und Weise, wie die Aufgabe an die Teilnehmer herangetragen wird und durch Quantität und Qualität der gewünschten Mitarbeit.

Durch die Verweigerungsquote ergibt sich die Gefahr einer positiven Auswahl unter den Panel-Teilnehmern, d.h., nur diejenigen werden zu Untersuchungseinheiten, die sich bereit erklären, mitzumachen. Die Art und Weise der Anwerbung von Panel-Teilnehmern ist entscheidend für die Höhe der Verweigerungsquote und damit für den Effekt der positiven Auswahl: „So hängt es unter anderem vom Auftreten und der Überzeugungskraft des Anwerbers, von der Lösung der Entgeltfrage der Teilnehmer, vom Untersuchungsgegenstand selbst sowie von der von den Teilnehmern geforderten Leistung ab, ob, wenn ja, für wie lange sich die Untersuchungseinheiten für ein Panel zur Verfügung stellen" (Schätzle & Grabicke, 1979: 299).

Eng mit der Stichprobenproblematik verbunden ist das Problem der **Panel-Mortalität**. Unter Panel-Mortalität bezeichnet man den Ausfall von Untersuchungseinheiten im Verlauf des Panel. Angaben über den Umfang derartiger Ausfälle, man spricht von der sogenannten Ausfallquote, schwanken zwischen 30 und 60% (nach

Dierkes, 1977: 129, und Schätzle & Grabicke, 1979: 298). Gründe für die Ausfälle sind Tod, Krankheit, Mobilität, abnehmendes Interesse oder einfach Untersuchungsmüdigkeit. Durch Ausfälle wird natürlich die **Repräsentativität** der Panel-Untersuchung beeinträchtigt, so daß die Forderung nach einem Ersatz der ausgefallenen Panel-Mitglieder evident wird. Methodisch stehen hierfür einige Möglichkeiten zur Verfügung. So läßt sich die ursprüngliche Stichprobe so hoch ansetzen, daß gegen Ende des Panels noch soviele Untersuchungseinheiten beteiligt sind, wie es vorgesehen war; gegen dieses Vorgehen spricht jedoch eindeutig der Effekt der positiven Selbstauswahl.

Weiterhin ist ein Ersatz der ausgefallenen Untersuchungseinheiten durch neu Anzuwerbende möglich, wobei jedoch das ebenfalls genannte Prinzip der Strukturäquivalenz realisiert werden muß, eine Quotenauswahl ist unter dieser Bedingung einer Wahrscheinlichkeitsauswahl vorzuziehen. Eine dritte Alternative besteht in der Anwendung eines sogenannten **rotierenden Panels**, bei dem nur ein bestimmter Anteil der Untersuchungseinheiten jeder Erhebungswelle in die Auswertung gelangt, während ein entsprechender Anteil jeweils neu in die Panel-Untersuchung einbezogen wird. Gewahrt werden muß bei dieser Methode besonders das Prinzip der Strukturäquivalenz. Eine Gefahr bei der Anwendung besteht in der Möglichkeit, daß hinzugekommene Panel-Teilnehmer bereits nach kurzer Zeit und vor der nächsten Erhebungswelle wieder ausscheiden.

Die Möglichkeiten zur Vermeidung der **Panel-Mortalität** aus Interesse- und Untersuchungsmüdigkeit sind relativ begrent. Der Panel-Durchführende kann ein gewisses Maß an Betreuung bzw. Pflege der Panel-Teilnehmer realisieren. Dazu gehören einerseits der persönliche Kontakt, der der Information und Motivation dient und andererseits die Installation von Belohnungssystemen für eine erfolgreiche Mitarbeit (Bezahlung, Punktesystem mit Produktauswahlmöglichkeiten, Verlosungen u.a.m.).

Als Stichproben und Repräsentanzproblem gleichermaßen ist der Fall anzusehen, bei dem sich im Verlauf eines Panels bei der Grundgesamtheit Veränderungen ergeben, d.h., wenn sich konstante Faktoren, wie z.B. sozio-demographische Variablen, ändern, was häufig bei Langzeit-Panels der Fall ist. Die Konsequenzen, die der Panel-Forscher zu ziehen hat, hängen sicherlich von dem Grad bzw. der Bedeutung der Veränderung ab.

Grundsätzlich gilt, daß eine bedeutende Veränderung der Grundgesamtheit eine entsprechende Veränderung der Stichprobe impliziert; was die Ergebnisse anbelangt, so ist ebenfalls mit einer Veränderung der Fluktuation (nach Richtung und Ausmaß) und deren Erklärungsgrundlagen zu rechnen.

Als besonders problematisch gelten bei Panel-Untersuchungen die **Lerneffekte** bei den Erhebungseinheiten bzw. bei den Panel-Teilnehmern (sogen. Panel-Effekte), die eng verbunden sind mit der Anzahl der Panel-Erhebungen (Panel-Wellen) und den zeitlichen Abständen zwischen den einzelnen Erhebungen. Bei relativ vielen Erhebungen in relativ kurzen zeitlichen Abständen wächst die Gefahr einer Verzerrung der Untersuchungsergebnisse durch Lerneffekte in bezug auf den Untersuchungsgegenstand (Re-Interviewing Bias). Als typische Lerneffekte gelten Verhaltens- und Wissensänderungen sowie Änderungen von Meinungen, Einstellungen und Erwartungen. Aus der ökonomischen Panel-Forschung weiß man, daß Panel-Effekte bei solchen Untersuchungsgegenständen nicht auftreten, über die Daten erhoben werden, die der Panel-Teilnehmer ohnehin schon kennt und die er zudem für unwesentlich hält (Meyer, 1974: 439). Die Lerneffekte treten in unterschiedlichen Erscheinungsformen auf (Dierkes, 1977: 130).

So können z. B. **einfache Lernprozesse** induziert werden, die sich sowohl auf den Inhalt der Untersuchung wie auch auf die Art und Weise der Erhebung beziehen können. Dies gilt z. B. für die Ermittlung der Veränderung von Bekanntheitsgraden, für projektive Tests oder für Intelligenztests, die wiederholt in kürzeren Abständen durchgeführt werden.

Weitere Effekte, die häufig von der soziodemographischen Struktur der Panel-Teilnehmer determiniert werden, sind die **konsistente Reaktion** (freezing effect) und die **Veränderungsmotivation**. Konsistente Reaktionen führen in der Tendenz zu gleichbleibenden Ergebnissen (geringe oder gleichbleibende Wandlungsrate), während eine Veränderungsmotivation bei den Panel-Teilnehmern zu häufigen und hohen Veränderungen führt, die nicht der Realität entsprechen (Overreporting, hohe Wandlungsrate). Letztlich ist ein Panel-Effekt anzuführen, der insbesondere bei Langzeit-Panels mit kurzen Erhebungsintervallen, z. B. bei Haushalts-Panels oder medizin-soziologischen Panels, festzustellen ist. Der Effekt besteht darin, daß über eine erhöhte Aufmerksamkeit gegenüber dem Untersuchungsgegenstand eine Bewußtseinsänderung in Verbindung mit einer Verhaltensänderung eintritt, so können z. B. Panel-Haushalte mengen-, preis- oder einkaufsstättenbewußter werden und entsprechend einkaufen bzw. können Teilnehmer an einem medizin-soziologischen Panel gesundheitsbewußter werden und sich entsprechend gesundheitsorientiert verhalten. Lerneffekte, die durch wiederholte Erhebungen entstehen, meßbedingte Effekte also, lassen sich mit Hilfe von Kontoll-Panels erfassen. Untersuchungsbedingte Effekte, die besonders bei Langzeit-Panels auftreten, sind in erster Linie mit Hilfe der bereits oben beschriebenen Panel-Rotation zu vermeiden bzw. zu mindern. Der Weg über eine Verlängerung der Erhebungsabstände ist nur dann sinnvoll, wenn die zu erfassenden Wandlungsprozesse langfristig verlaufen, bei kurzfristigen Veränderungen ist die Möglichkeit nicht gegeben. Ein methodisch wichtiger Zusammenhang besteht zwischen den Erhebungsgegenständen und den Teilnehmern. Ein spezielles Media-Panel z. B. bringt mit Sicherheit Verhaltensänderungen zustande. Wird die Mediennutzung dagegen im Rahmen einer erweiterten Erfassung anderer Gegenstände mit abgefragt, verschwindet dieser Einfluß nahezu völlig. Immer dann, wenn bei Panel-Untersuchungen keine Anstrengungen unternommen werden, Panel-Effekte entweder zu kontrollieren oder zu vermeiden, muß die Interpretation von Panelergebnissen zurückhaltend erfolgen: „Es ist nur schwer zu ermitteln, ob lediglich die Zeit, bzw. ein extern eingeführter Stimulus die festgestellten Veränderungen hervorgerufen haben kann und nicht auch die Beeinflussung der Panelteilnehmer durch die Untersuchung selbst." (Schätzle & Grabicke, 1979: 300).

Reliabilität und Validität von Panel-Untersuchungen hängen natürlich auch ab von den Fehlern, die durch die gewählte Erhebungsmethode entstehen. Während sich derartige Fehler wie Einfluß der Erhebungssituation, Interview-Einfluß, Kodier- und Zählirrtümer bei Einzeluntersuchungen in der Wirkung häufig wechselseitig neutralisieren, kann die Fehlervarianz bei Panel-Untersuchungen zur Veränderungsinterpretation verleiten. Reliabilitätskontrollen in bezug auf die angewendeten Erhebungsmethoden einschließlich der Aufbereitung der Ergebnisse sind deshalb unumgänglich.

3.5.4. Forschungsorganisatorische Aspekte von Panel-Untersuchungen

Aus dem Ziel und der Aufgabenstellung einer Panel-Untersuchung einerseits und der spezifischen Forschungsform des Panels andererseits ergeben sich für den Panel-Forscher spezielle Entscheidungstatbestände, z. B. die Anzahl der Erhebungen, die zeitlichen Intervalle zwischen den Erhebungswellen, das Auswahlverfahren, Art der Pflege der Panel-Teilnehmer u. ä. m. (Lazarsfeld et al., 1969: 263). Die damit zusammenhängenden Probleme wurden bereits diskutiert. Darüber hinaus können mit einer Panel-Untersuchung nicht unerhebliche forschungsorganisatorische Aufgaben verbunden sein, die der Panel-Forscher zu bewältigen hat. Der Umfang derartiger Aufgaben hängt zweifellos von der zeitlichen Dauer sowie von der Größe und der Struktur der Grundgesamtheit ab. Kleinere Panels mit relativ wenigen Teilnehmern und wenigen Erhebungswellen, wie sie häufig für sozialwissenschaftliche oder psychologische Fragestellungen mit Studentengruppen realisiert werden, sind für einen Forscher besser zu bewältigen als z. B. Langzeit-Panels mit relativ vielen Erhebungswellen und einer relativ großen Stichprobe, wie das z. B. bei den ökonomischen Haushalts-Panels der Fall ist. Panel-Untersuchungen mit Großforschungscharakter sind daher nur von Forschungsinstitutionen zu bewältigen, die über ausreichende finanzielle und personelle Mittel sowie über entsprechende Datenverarbeitungskapazitäten verfügen.

Im folgenden werden einige ausgewählte forschungsorganisatorische Probleme aufgezeigt, die sich im wesentlichen bei Langzeit-Panels ergeben (Schwenzner, 1974: 441 ff.), aber auch für kleinere Panel-Untersuchungen Relevanz besitzen. Als ein erster Problemkreis ist der **Aufbau eines Panels** zu nennen. Für die Anwerbung der Panel-Teilnehmer sind die Stichprobenunterlagen bereitzustellen, (Quoten, Random-Route, Anschriften), für die Anwerbung selbst sind die Panel-Anwerber auszuwählen und für den speziellen Einsatz vorzubereiten bzw. zu schulen. Nach der Anwerbung ist die Struktur der Panel-Teilnehmer in bezug auf die Stichprobe zu kontrollieren und die Struktur der Panel-Verweigerer zu analysieren, zusätzlich notwendig werdende Anwerbungen zur Ausschöpfung der Stichprobe sind durchzuführen.

Bei Panel-Untersuchungen, deren Teilnehmer die **Erhebungsunterlagen** selbst ausfüllen müssen (schriftliche Befragung, Selbstbeobachtung), ist für eine rechtzeitige Übersendung der Unterlagen zu sorgen. Die Verwendung von Codenummern erleichtert die Rücklaufkontrolle; bei nicht zurückgesendeten Unterlagen muß gemahnt und evtl. persönlich Kontakt aufgenommen werden. Mit der Rücklaufkontrolle muß eine Inhaltskontrolle verbunden sein, die die Vollständigkeit der geforderten Angaben überprüft, bei nicht vollständigen Angaben ergibt sich die Notwendigkeit einer schriftlichen oder mündlichen Rückfrage.

Einen besonders wichtigen Problemkreis stellt die **laufende Strukturkontrolle** der Panel-Teilnehmer dar. Bei jeder Erhebungswelle ist die Struktur der Panel-Teilnehmer und die Struktur der ausgeschiedenen Panel-Teilnehmer festzustellen. Merkmalsveränderungen bei Panel-Teilnehmern sowie ausscheidende Teilnehmer einerseits und Merkmalsveränderungen in der Grundgesamthit andererseits führen zu einer partiellen Veränderung bzw. Erneuerung der Stichprobe. Sowohl bei der Rotation von Panel-Teilnehmern als auch bei Ersatzmitgliedern als Möglichkeiten der Aufrechterhaltung oder Angleichung der Stichprobe sind jeweils Anwerbungen neuer Panel-Mitglieder notwendig.

Bei der **Betreuung** der Panel-Teilnehmer muß neben den Möglichkeiten zur Installierung von Anreizsystemen für die Teilnahme besonders auf die Schaffung einer Vertrauensbasis zwischen Teilnehmern und Forschungsinstitution geachtet werden. Die Gewißheit der vertraulichen Behandlung individueller Angaben spielt dabei eine besondere Rolle. Die schriftliche und mündliche Betreuung soll dergestalt erfolgen, daß die Ausfälle minimiert werden. Gerade bei kleinen Spezial-Panels etwa medizinischen Untersuchungen bei Patienten mit seltenen Krankheiten oder ökonomischen Untersuchungen bei industriellen Anbietern von Spezialprodukten, gilt es, Ausfälle zu verhindern, da sonst die entstehende Verzerrung die gesamte Panel-Untersuchung in Frage stellen würde. Die Verhinderung von Ausfällen gelingt um so besser, je genauer die Ausfallgründe bekannt sind und analysiert werden, um ihnen so bei der Betreuung entgegen wirken zu können.

Bei Panel-Untersuchungen mit Großforschungscharakter fallen je Erhebungswelle eine große Menge von zu bearbeitenden Daten an, z. B. bei Haushalts-Panels mit einem Stichprobenumfang von 5000 Haushalten, die wöchentlich über ausgewählte Einkäufe berichten. Hier kommt es bei der **Datenaufbereitung** auf Genauigkeit, insbesondere bei der Übertragung auf Datenträger, sowie auf Schnelligkeit an, um den Zeitraum zwischen Erhebung und Berichterstattung möglichst gering zu halten. Genauigkeit und Schnelligkeit sind um so besser zu erreichen, wenn es gelingt, für die zu erhebenden Daten einen möglichst vollständigen Datencode vorzugeben. Zur Einhaltung der Genauigkeit müssen laufend Kontrollen bei der Datenübertragung vorgenommen werden.

3.5.5. Anwendungsbereiche von Panel-Untersuchungen

Panel-Untersuchungen lassen sich überall dort sinnvoll anwenden, wo es um die Analyse des Zusammenhangs von Variablen und der Veränderung derartiger Zusammenhänge im Zeitablauf geht (deskriptive und explikative Analyse von Wandlungsprozessen). Die Anwendungsmöglichkeiten beschränken sich somit prinzipiell nicht auf den Bereich der Wirtschafts- und Sozialwissenschaften – der Hinweis auf medizinische Panel-Untersuchungen wurde bereits gegeben –, wohl aber sind hier die Anwendungen besonders häufig, so daß im folgenden kurz die wesentlichen Beispiele angeführt werden.

Im **ökonomischen Bereich** finden Panel-Untersuchungen z. B. ihre Anwendung auf der Verbraucherebene (Haushalts-Panel, Individual-Panel), auf der Handelsebene (verschiedene Handels-Panels, meist nach Branchen gegliedert), bei Dienstleistern (z. B. Krankenhaus-Panel, Panels bei Installateuren und Werkstätten) und im Feld der Konjunkturforschung (z. B. das Konjunktur-Verfahren des Ifo-Instituts). Zu den Verbraucher-, Handels- und Dienstleistungs-Panels ist anzumerken, daß diese im Zeitablauf die Nettoveränderung (net change) und die Fluktuation (turnover) erheben, eine Erklärung der Veränderungsphänomene wird nicht eruiert. So werden z. B. beim größten deutschen Haushalts-Panel wöchentlich für eine Vielzahl von Warengruppen repräsentativ für die privaten Haushalte die folgenden Daten mit Hilfe der Selbstbeobachtung erhoben: gekauftes Produkt, Marke, (Hersteller), Einkaufsdatum, Packung nach Art, Größe und Anzahl, Preis, Einkaufsstätte, Einkaufsort sowie Sonderangaben. Nimmt man als konstante Einflußfaktoren die soziodemographischen Merkmale der Haushalte an, so wird ersichtlich, daß bei einem derartigen Panel neben Nettoveränderungen bei den Haushalten (z. B. gekaufte Menge im Vergleich zu den Vorperioden) weiterhin bestimmte Fluktuationen (z. B. Erst- und Wiederkäufer, Kaufwechsel pro Periode oder Käuferwanderungen über mehrere Perioden nach Marken, Wechsel der Einkaufsstätte u. ä. m.) bestimmt werden können.

Das genannte Konjunkturtestverfahren, ein Panel auf der Grundlage der schriftlichen Befragung, kombiniert die Abfrage zählbarer Daten mit Erwartungen: „Auf schriftlichem Wege werden angeworbene Unternehmungen der verschiedensten Branchen über ihre Einstellung zu konjunkturbeeinflussenden Faktoren und über die zukünftigen Erwartungen befragt. Dieses Verfahren funktioniert offenbar deswegen, weil einerseits nach Veränderung meßbarer Daten (z. B. Lagerbestandsänderungen), zum anderen nach von Zeitpunkt zu Zeitpunkt wechselnden Erwartungen gegenüber konjunkturellen Entwicklungen (z. B. Preisänderungen) gefragt wird." (Meyer, 1974: 437).

Im Gegensatz zur Anwendung im Bereich der Ökonomie sind **soziologische, sozialpsychologische und psychologische Panel-Untersuchungen** zumeist bemüht, Veränderungen nicht nur festzustellen, sondern auch zu erklären. Bevorzugte Variablen sind dabei Einstellungen und Meinungen. Es kann sich aber auch um Verhalten, mentale Größen wie z. B. das Befinden, Statusbesitzgrößen oder Kontextmerkmale wie z. B. Rollenzugehörigkeit handeln. Weiterhin ist es denkbar, daß nicht nur Personen, sondern auch Gruppen (Betriebe, Gemeinden etc.) Gegenstände von Panel-Untersuchungen bilden (Mayntz et al., 1970: 134). Sozusagen als klassische Untersuchungsbereiche für Panel-Studien gelten in diesem Zusammenhang Wahluntersuchungen, Studien zur Persönlichkeitsentwicklung sowie Kommunikations- und Mobilitätsuntersuchungen (Dierkes, 1977: 128, für die genannten Untersuchungsbereiche sind dort die wichtigen historischen Literaturquellen genannt).

Zusammenfassend läßt sich sagen, daß Panel-Untersuchungen überwiegend zur Erfassung des sozialen einschließlich des psychologischen und des ökonomischen Wandels eingesetzt werden. Die spezifischen Vorteile dieser Forschungsform lassen es ratsam erscheinen, überall dort Panel-Untersuchungen vorzuschlagen und durchzuführen, wo die deskriptive und explikative Erfassung von zeitlich bedingten Wandlungsprozessen gleichsam im öffentlichen Interesse stehen, z. B. in den Bereichen Bildung bzw. Bildungspolitik (etwa die Zusammenhänge zwischen Ausbildung, Beruf und Zufriedenheit im Beruf) oder Gesundheit bzw. Gesundheitspolitik (etwa die Zusammenhänge zwischen gesundheitspolitischen Aktivitäten, Einstellungen zur Gesundheit und gesundheitsorientiertem Verhalten).

3.5.6. Zusammenfassung

Die Forschungsform der Panel-Untersuchung ist wie keine andere dazu geeignet, Wandlungsprozesse zu beschreiben und zu erklären. „Uns ist kein anderes und sicherlich kein besseres Verfahren bekannt, mit dem die empirische Analyse des sozialen Wandels weiter vorangetrieben werden kann." (Nehnevajsa, 1967: 207.) Allerdings lassen sich nicht alle Wandlungsprozesse mit Hilfe eines Panels erfassen, z. B. solche Wandlungsprozesse, die unmittelbar mit einer Veränderung in der personellen Zusammensetzung einer Grundgesamtheit zusammenhängen oder jene, die durch das Auftreten von qualitativ neuen Eigenschaften evident werden, „da die zweite (und jede weitere) Messung immer auf der gleichen Merkmalsdimension vorgenommen wird wie die erste" (Mayntz et al., 1970: 136). Panel-Untersuchungen sind forschungs- und kostenintensiv; dies mag – in Verbindung mit den speziellen methodischen Problemen – dazu geführt haben, daß es im Vergleich zu sonstigen Forschungsformen relativ wenige Untersuchungen gibt. Aufgrund der aufgezeigten Vorteile ist es wünschenswert, daß einerseits mehr Panel-Untersuchungen durchgeführt werden, und daß andererseits mehr methodische Grundlagenforschung für Panel-Untersuchungen betrieben wird. Beide Forderungen bedingen sich gegenseitig.

3.6. Die Sekundäranalyse[1]

von Werner Beutelmeyer & Gabriele Kaplitza

3.6.1. Die Stellung der Sekundäranalyse in der Marktforschung

Informationsgewinnung und Informationsauswertung sind die Kernaufgaben der Absatzforschung. Die Informationsbeschaffung besteht aus Primär- und Sekundärforschung, die Informationsauswertung aus dem Datenhandling: dem Auswerten, Ordnen, Skalieren und statistischen Aufbereiten der gesammelten bzw. erhobenen Informationen. Deckt die **Primärforschung** den Informationsbedarf durch **eigene** Markterhebungen, so hat die **Sekundärforschung** (Desk Research) die Beschaffung, Zusammenstellung und Auswertung bereits vorhandenen Materials zum Gegenstand. Definiert man Desk Research genauer, ist sie eine Auswertung statistischen Materials, das nicht für den speziellen Zweck dieser Auswertung erhoben wurde, sondern aus verschiedenen Quellen zusammengetragen und unter neuen Gesichtspunkten analysiert wird.

Erst in jüngster Zeit besinnt man sich auf die vorhandenen Informationskapazitäten und arbeitet verstärkt mit Sekundärdaten. Typische Anwendungssituationen, verbunden mit ganz bestimmten Eigenschaften, machen die Desk Research nicht nur für den Wirtschafts- und Marktforscher interessant, sondern auch für den Marketingstrategen in der Unternehmung. Exportmarktforschung, zwischenbetriebliche Vergleiche, innerbetriebliche Analysen, Marktpotential und Nachfragebestimmung, Absatzprognosen und vor allem die Beschaffung von Erstinformationen für eine anschließende Markterhebung sind die Hauptaufgaben der Sekundäranalyse.

Neben diesen Aufgabengebieten machen folgende Eigenschaften die Quellenforschung attraktiv:

(1) Sekundärforschung ist eine billige Informationsmethode,da sie sich auf bereits vorhandenes Material stützt.
(2) In der Regel sind Sekundärinformationen relativ schnell verfügbar.
(3) Sehr oft stellen Sekundärquellen die einzigen zur Verfügung stehenden Informationsmöglichkeiten dar.
(4) Moderne DV-Systeme mit Daten- und Methodenbanken schaffen neue Möglichkeiten des Zugriffs auf umfangreiche Sekundärdaten.
(5) Marketingfachleute in den Unternehmungen können selbständig, vom Schreibtisch aus, Sekundärforschungen durchführen.
(6) Sekundärforschungen lassen sich nachkontrollieren.

Es darf jedoch nicht übersehen werden, daß das sekundärstatistische Material in bezug auf seinen Informationsgehalt auch gewisse Grenzen hat.

(1) Das Kernproblem ist die Informationssuche; findet der Marktforscher Quellen, so ist nicht in jedem Fall die freie Benützbarkeit gegeben.
(2) Quellendaten sind oftmals nicht auf dem letzten Stand und können deshalb das Untersuchungsergebnis verzerren.
(3) Die Repräsentanz mancher Statistiken ist nicht gewährleistet.

---

[1] Die Sekundäranalyse (Desk Research) wird am Beispiel der Marktforschung abgehandelt; ihre Grundsätze sind jedoch ohne Schwierigkeiten in andere sozialwissenschaftliche Problemsituationen übertragbar.

(4) Bei internationalen Desk Researches hängt die Qualität der Quellen vom jeweiligen Marktforschungs-, Wirtschafts- und Sozialstatistikniveau ab.
(5) Die Vergleichbarkeit von Daten (speziell von internationalen) ist teilweise nicht gegeben. Statistische Daten sind manchmal in Einheiten ausgewiesen, die für den Marktforscher nicht sinnvoll verwertbar sind.
(6) Sekundärstatistiken sind oft so stark aggregiert, daß sie für spezielle Informationsprobleme keinen Aussagewert besitzen.

3.6.2. Der Ablauf einer Sekundäranalyse

Der Ausgangspunkt einer jeden Quellenforschung ist eine marktwirtschaftliche Problemstellung bzw. ein Informationsziel. Welche Informationen benötigt werden, hängt vom Marktproblem ab. Mögliche Marktprobleme können sein: der Grad der Marktversorgung, die Feststellung der Auslandsaktivität der inländischen Anbieter, Bedarfsbeurteilungen, Produktverbesserungen, Beurteilung der Branchenkonjunktur usw. Die Kardinalfrage jeder Desk Research ist, ob die nötigen Daten sekundärstatistisch verfügbar sind oder ob man sie primärstatistisch erheben lassen muß.

Sind Quellendaten verfügbar, so sollten zur Erreichung des Informationszieles einige Grundsätze der Datenbeschaffung beachtet werden:

– Eine umfassende Kenntnis der in Betracht kommenden Quellen ist Voraussetzung einer erfolgreichen Arbeit. Hierin liegt oft das Kernproblem; dies bedarf nicht des faktischen Wissens vorhandener Daten, sondern benötigt Phantasie über denkbare Quellen.
– Die Heranziehung und Ausnutzung **aller** verfügbaren Quellen ist essentiell, um nicht gewisse Aspekte zu übersehen und zu einseitigen Schlüssen zu kommen.
– Jede sekundäre Quelle sollte sorgfältig auf ihre Brauchbarkeit hin geprüft werden.
– Die Daten sind in der Weise zu sammeln und zu archivieren, daß spätere Auswertungen nach allen Gesichtspunkten möglich sind, auch wenn sie nicht sofort relevant erscheinen.

Sobald die Informationsbeschaffung abgeschlossen ist, beginnt das Datenhandling und die Informationsauswertung. Aus dem Datenpool, der ersten, noch unstrukturierten Datensammlung, werden die brauchbaren Quellen ausgewählt und geordnet, um ihre Überschaubarkeit zu erreichen. In dieser Phase wird man immer wieder unbrauchbare Quellen ausscheiden müssen. Der Prozeß der Informationsauswertung, der an sich beim Auswählen und Ordnen der Daten beginnt, findet seine methodisch anspruchsvollste Phase in der Verdichtung und Datenanalyse. Verdichten bedeutet, Daten unterschiedlicher Quellen vergleichbar zu machen, und vor allem den Umfang der Daten zu reduzieren; man bedient sich dabei der üblichen Skalierungsmethoden (z. B. der ordinalen Skalierung) oder berechnet Kennzahlen. Mit Hilfe der statistischen Datenanalyse wird versucht, über Korrelationen, Regressions-, bzw. Clusteranalysen eventuelle Datenzusammenhänge und Abhängigkeiten darzustellen.

Die Interpretation der analysierten Daten und die Darstellung des Untersuchungsergebnisses bilden den Abschluß der Sekundärforschung. Für Kontrollzwecke bzw. für mögliche spätere Verwendung sollte man die unverdichteten und verdichteten Daten archivieren.

3.6.3. Mögliche Quellen einer Sekundärforschung

Bei der Quellenforschung kann man grundsätzlich zwei Arten von Quellen unterscheiden, nämlich die innerbetrieblichen und die außerbetrieblichen Daten.

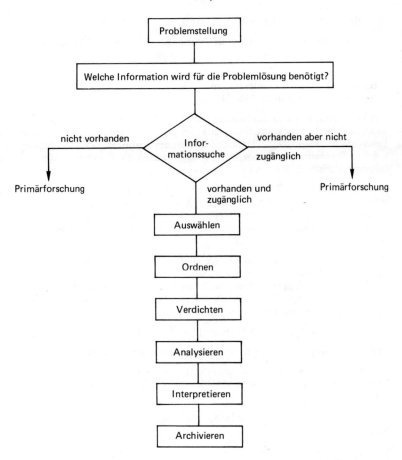

Abb. 1 Ablaufskizze einer Sekundäranalyse

(a) Betriebsdaten

Innerbetriebliche Daten als Quellen für Marktuntersuchungen werden häufig nur am Rande genannt. Ihre Bedeutung besteht vor allem in der Kombination mit externen Daten. Den Unternehmensbereichen entsprechend gibt es folgende Statistiken: Rechnungswesen, Beschaffung, Absatz, Produktion, Finanzen, Personal- und Sozialwesen. Grundsätzlich bieten sich vor allem Daten aus dem Marketingbereich und der Kostenrechnung an. Für Sekundäranalysen interessant sind:

Angaben über die Höhe der Marketingkosten für bestimmte Produktgruppen, Kundengruppen, Auftragsgrößen, Verkaufsgebiete und Distributionsmethoden, Anfragen- und Angebotsstatistik, Auftragseingang- und Umsatzstatistiken, Statistik der Außendiensttätigkeit, Reklamationsstatistiken, Auswertungen von Karteien (wie Kundenkartei, Interessentenkartei, Vertreterkartei etc.).

(b) Außerbetriebliche Quellen

Die große Anzahl der sekundärstatistischen Quellen kann in vier bis fünf Gruppen zusammengefaßt werden.

(1) Die allgemeinen amtlichen Statistiken

In Österreich und der Bundesrepublik Deutschland werden amtliche Statistiken auf drei Ebenen erhoben:

- beim Österreichischen Statistischen Zentralamt bzw. Statistischen Bundesamt, Wiesbaden,
- bei den statistischen Landesämtern,
- bei kommunalen statistischen Ämtern.

Die Arbeitsschwerpunkte des Statistischen Zentralamtes sind: das Bevölkerungs- und Sozialwesen, die Preisentwicklung und Wertsicherung, das Wohnungswesen, Kultur und Schule, Land- und Forstwirtschaft, Handel, Gewerbe und Industrie, der Verkehr, der Fremdenverkehr, der Außenhandel (Import-, Export-Statistiken), die Finanzen und Steuern, die Kraftfahrzeug-Statistik.

Das Datenbanksystem ISIS des Österreichischen Statistischen Zentralamtes (integriertes statistisches Informationssystem) gestattet, Daten im Direktzugriff zu erhalten. Mit Hilfe von Systemcodes kann der Benutzer die gewünschten Materien über Bildschirm oder durch Auflistung abrufen; ebenso kann von der rechnerischen Möglichkeit des Systems Gebrauch gemacht werden.

Die wichtigsten periodisch erscheinenden Publikationen des Statistischen Bundesamtes Wiesbaden sind: das jährlich erscheinende „Statistische Jahrbuch der Bundesrepublik"; das Statistische Taschenbuch der Bundesrepublik wird alle drei Jahre herausgegeben; der „Statistische Wochendienst" bringt aktuelle Ergebnisse in der Form von Entwicklungsreihen. Außerdem werden eine Reihe von Fachserien angeboten.

(2) Sonstige amtliche und halbamtliche Quellen

Viele Behörden geben eigene, für den Sekundärforscher oft recht wertvolle Schriften heraus.

Außerdem gibt es noch vielfältigste Statistiken von Kreditinstitutionen, der Notenbank, von Institutionen der Länderplanung, der Finanz- und Zollverwaltung und verschiedenen anderen Stellen.

(3) Amtliche und halbamtliche Quellen der ausländischen bzw. internationalen Statistik

Die einzelnen westeuropäischen Länder geben ebenfalls statistische Jahrbücher und Fachschriften heraus. Für die Exportmarktforschung sind vor allem Veröffentlichungen der inter- oder supranationalen Organisationen, wie z. B. der EWG, UNO, OECD und Weltbank interessant. Diese Publikationen haben den Vorteil, daß die Angaben der Länder untereinander vergleichbar sind, was allerdings den Nachteil starker Aggregierung mit sich bringt.

(4) Verbandsstatistiken

Verbände haben sehr oft umfangreiche Datensammlungen, die aber teilweise nur den Mitgliedern zugänglich sind. Bei Verbandsstatistiken muß auf alle Fälle die Repräsentativität des Materials geprüft werden; sind z. B. nur ein Teil der Hersteller im Verband vertreten, so können diese Daten für die gesamte Branche falsche Relationen widerspiegeln. Folgende Verbände werden unterschieden: landwirtschaftliche Verbände, Industrieverbände, Handelsverbände, Verbraucherorganisationen, Berufsverbände.

(5) Diverses

Neben diesen vier Hauptquellen existieren noch eine Reihe von weiteren Informationsmöglichkeiten.

(a) Handbücher und Nachschlagewerke: Branchenverzeichnisse, Marktforschungsberichte, Datenhandbücher (z. B. die „Österreichische Verbraucheranalyse (ÖVA)" oder die „Allensbacher Werbeträger-Analyse" aus Deutschland etc.);
(b) Firmenveröffentlichungen: Preislisten, Sortimentprospekte, Geschäftsberichte, PR-Veröffentlichungen;

(c) Verlagsuntersuchungen: Medienanalysen, Branchenstudien (die von allen großen deutschen Verlagen weitgehend kostenlos zur Verfügung gestellt werden);

(d) Informationsdienste: Auskunfteien, Adressenverlage, Werbebeobachtungsinstitute, Verbraucherinformationsdienste.

(6) Problematische Informationen

Oftmals muß der Forscher eigene Ideen entwickeln über mögliche Informationsquellen und sich die Daten teilweise selber beschaffen.

Beispiel: Eine Standort-Analyse für ein Kaufhaus kann weitgehend auf sekundärstatistischem Weg erstellt werden. Dazu gehören jedoch eine Reihe von Daten, die nicht in den gängigen Statistiken aufliegen, sondern die hausspezifischer Natur sind. Auch die können oftmals durch Eigenforschung des Betriebes festgestellt werden:

– Besucherfrequenz pro Wochentag (Zählaktion)
– Die Eingangs-Benutzung (wieviele Kunden kommen durch welche Eingänge? – ebenfalls Zählaktion)
– Etagen-Frequenz (wieviele Leute gehen in die oberen Stockwerke, über welche Treppen? – Zählaktion)
– Zahl und Art der Parkplätze in der Umgebung
– Bei eigenen Parkplätzen: Zählungen der Autonummern mit Rückschluß, wo die Kunden herkommen (getrennt nach Wochentagen, Uhrzeiten etc.)
– Umsatzvergleiche der Abteilungen: umgelegt auf das Verkaufspersonal, auf die Quadratmeter Verkaufsfläche, auf die Quadratmeter Lagerfläche dazu etc.
– Flächenvergleiche des Angebots: Wieviel Quadratmeter Verkaufsfläche bietet das eigene Haus pro Warengruppe?
– Wieviel Quadratmeter Verkaufsfläche (in wievielen Geschäften) bietet die Konkurrenz in den Warengruppen? (Wird z. B. durch Abschreiten der Geschäfte und Abteilungen in fremden Häusern geschätzt)
– Bevölkerungsentwicklungen für die nächsten 3–5–10 Jahre
– Planungsvorhaben von Konkurrenten (von der Baubehörde, Stadtplanung, Gemeindeamt etc. zu erfahren).

3.6.4. Praktische Beispiele für die Verwendbarkeit der öffentlichen Statistik

(a) Zwischenbetrieblicher Kostenvergleich bei großgewerblichem Tischler

Eine großgewerbliche Tischlerei interessiert die Frage, inwieweit sich ihre Kostenstruktur in den Jahren 1974 und 1975 von der Kostenstruktur aller österreichischen großgewerblichen Tischlereien unterscheidet. Die Problemlösung ist aus der folgenden Tabelle ersichtlich, deren Zahlen aus der Gewerbestatistik 1974 und 1975 stammen.

Der Kostenvergleich zeigt für das Jahr 1974 bei einigen Hauptpositionen – z. B. Roh-, Hilfsstoffe und Halbfabrikate (vor allem Schnittholz), energieungünstigere Kostenverhältnisse als in den vergleichbaren Betrieben. Die Abschreibungen liegen, durch Neuanschaffungen von Maschinen und Kraftfahrzeugen sowie Ausscheiden von gebrauchten Anlagen bedingt, vergleichsweise sehr hoch.

Der Vergleich 1975 bzw. über den Gesamtzeitraum zeigt ein ähnliches Bild (z. B. Energie: obwohl Fremdstrom eingespart werden konnte, liegt der Gesamtverbrauch über dem Österreichniveau). Der Personalaufwand, obgleich relativ günstiger gelegen, nimmt im Zeitablauf prozentuell rascher zu als bei den vergleichbaren Betrieben.

| Kostenstruktur (in Mio S) | 1974 | | | | 1975 | | | |
| | zu unter- suchender Betrieb | | Branche | | zu unter- suchender Betrieb | | Branche | |
	absolut	Anteil in %	absolut	Anteil in %	absolut	Anteil in %	absolut	Anteil in %
Roh-, Hilfsstoffe und Halbfabrikate, davon	85,01	40,1	1551	32,9	92,36	39,3	1573	30,1
Schnittholz	23,80	28,0	349	22,5	26,88	29,1	569	36,2
Holzfaserplatten	0,77	0,9	30	1,9	0,37	0,4	32	2,0
Leim + Chemikalien	2,38	2,8	32	2,0	2,31	2,5	28	1,8
Büromaterial	0,85	1,0	7	0,5	1,11	1,2	10	0,6
Energie, davon	5,30	2,5	81	1,7	7,05	3,0	99	1,9
Benzin	0,81	15,2	17	21,0	1,15	16,3	18	18,2
Fremdstrom	2,23	42,0	35	43,0	2,82	40,0	37	37,4
Vergebene Lohnarbeit	1,70	0,8	84	1,8	–	–	114	2,2
Sonstige Betriebsausgaben	32,22	15,2	971	20,6	36,90	15,7	1093	20,9
Personalaufwand, davon	47,28	22,3	1259	26,70	61,10	26,0	1528	29,2
Angestellte	10,87	23,0	254	20,17	15,76	25,8	335	21,9
Arbeiter	27,99	59,2	815	64,70	35,43	58,0	934	61,1
Abschreibungen	20,99	19,9	237	5,0	12,92	5,5	212	4,1
normal:	9,45	45,0	145	61,2	8,72	67,5	148	69,8
Gebäude	2,10	10,0	31	13,1	2,49	19,3	30	14,2
Maschinen, Kfz	6,62	31,5	99	41,8	5,17	40,0	104	49,0
geringw. Wi-Güter	0,73	3,5	15	6,3	1,06	8,2	14	6,6
vorzeitige:	11,54	55,0	92	38,8	4,20	32,5	64	30,1
Gebäude	–	–	17	7,2	1,94	15,0	5	2,3
Maschinen, Kfz	11,54	55,0	75	31,6	2,26	17,5	59	27,8
Betriebsüberschuß	19,50	9,2	528	11,2	24,67	10,5	615	11,8
Summe	212,00	100,0	4711	100,0	235,00	100,0	5234	100,0

(b) Zwischenbetrieblicher Vergleich der Handelsspannen

Ein Möbeleinzelhandelsbetrieb mit 14 Beschäftigten registrierte für die letzten Jahre eine kontinuierlich sinkende Handelsspanne. Um Anhaltspunkte für entsprechende unternehmenspolitische Maßnahmen zu erhalten, möchte er feststellen, wie sich die Handelsspanne sowie die wichtigsten Aufwandspositionen in seiner Branche entwickelt haben. Dazu konnte er auf entsprechende Aufstellungen des Instituts für Handelsforschung an der Wirtschaftsuniversität Wien zurückgreifen.

Wie die nachfolgende Tabelle zeigt, hat sich auch bei den vom Institut für Handelsforschung erhobenen Betrieben dieser Branche und Größenklassen ein Rückgang der Handelsspannen ergeben, der aber weit geringer ist als beim Vergleichsbetrieb. Überdies liegt die Handelsspanne des Vergleichsbetriebes in allen untersuchten Jahren unter dem Durchschnitt. Im Jahr 1976 war die Handelsspanne im Branchenschnitt mit 1,6 Prozentpunkten am höchsten über der des Vergleichsbetriebes. Sehr ungünstig hat sich auch der wichtigste Kostenfaktor, die Fremdpersonalkosten, entwickelt, wobei deren überdurchschnittliche Zunahme auch auf eine Personalausweitung zurückgeführt werden könnte. Die Verkaufsleistung pro Beschäftigtem hat sich zwar positiv entwickelt, liegt jedoch noch immer unter dem Branchenniveau. Noch gravierender ist dieser Unterschied bei der Verkaufsleistung pro Verkaufsperson. Diese Kennzahl könnte ein Hinweis für die geringe Auslastung bzw. den zu hohen Personalstand bei den für den Verkauf beschäftigten Personen sein.

Das ungünstige Bild der Kostenlage setzt sich auch bei den Aufwendungen für Fremdkapitalzinsen, sowie Fuhrpark und Transport fort. Äußerst zurückhaltend hat sich der Vergleichsbetrieb hingegen bei den Werbeausgaben gezeigt: Während für den Branchendurchschnitt in den untersuchten Jahren eine Verdreifachung des entsprechenden Prozentanteils festzustellen ist, hat sich dieser Kostenanteil beim Vergleichsbetrieb nicht einmal verdoppelt. Schließlich sei auf die überdurchschnittlich hohe Lagerhaltung (pro Person des Vergleichsbetriebes) hingewiesen.

Kosten- und Ertragslage 1974–1976 (alle Angaben ohne Mehrwertsteuer)

	Einzelhandel mit Möbeln und Waren der Raumausstattung, bis 20 Beschäftigte			Vergleichsbetrieb		
	1974	1975	1976	1974	1975	1976
Handelsspanne (in %)	37,1	37,5	36,8	36,7	36,1	35,2
Wichtige Kostenpositionen in % des Absatzes:						
Fremdpersonalkosten	16,0	16,9	17,4	15,8	17,2	18,1
Miete u. Mietäquivalent	2,9	3,3	4,2	3,1	3,2	3,5
Raumkosten	1,4	1,2	1,4	1,5	1,5	1,6
Büro und Verwaltung	1,4	1,7	1,4	1,8	1,7	1,9
Werbung u. ½ Reisekosten	1,5	2,6	4,6	1,3	1,8	2,3
Fremdkapitalzinsen	1,0	2,4	2,4	1,5	2,1	2,9
Fuhrpark u. Transport	1,3	1,5	1,6	1,7	1,9	2,1
Normalabschreibung o. Gebäude	1,2	1,2	1,0	1,2	1,3	1,2
Absatz pro Person Tsd S	653,1	677,5	727,7	532,2	607,3	628,5
Absatz pro Verkaufspers. Tsd S	1476,3	1685,9	2139,9	1224,2	1413,5	1673,9
Lager pro Person Tsd S	122,3	167,8	190,4	248,3	227,7	242,5

Quelle: Kosten- und Ertragslage im österreichischen Einzelhandel. Lfde. Jge. Institut für Handelsforschung an der Wirtschaftsuniversität Wien.

(c) Absatzprognose von Kinderschultaschen

Ein Unternehmer, der unter anderem Schultaschen erzeugt, will, um für bevorste-
hende Erweiterungsinvestitionen eine Entscheidungshilfe zu haben, eine Absatzprognose erstellen. Er will wissen, wieviele Kinderschultaschen jährlich bis zum
Jahr 1985 abgesetzt werden könnten.

Dazu geht er von folgenden Annahmen aus: Die durchschnittliche Lebensdauer
einer Kinderschultasche beträgt 2 Jahre. Beim Eintritt in eine weiterführende Schule (Haupt-, Mittelschule ...) bekommt jedes Kind noch eine neue Schultasche. Ab
diesem Lebensjahr werden keine *Kinder*schultaschen mehr nachgefragt.

Das heißt, daß ein Kind mit 6 Jahren bei Schulbeginn, mit 8 Jahren (wenn die erste
Tasche verbraucht ist) und mit 10 Jahren beim Wechsel in die höhere Schule eine
neue Schultasche bekommt.

Zur Erstellung der Absatzprognose werden daher die Bevölkerungsentwicklungen
in diesen Jahrgängen betrachtet, wie sie das Statistische Zentralamt prognostiziert.

Bevölkerungsprognose								
Jahr Alter	1978	1979	1980	1981	1982	1983	1984	1985
0	84,242	84,464	84,826	85,271	85,731	86,131	87,294	88,308
1	85,533	83,750	83,972	84,332	84,774	85,230	85,628	87,785
2	89,319	85,443	83,663	83,884	84,244	84,686	85,141	85,538
3	93,794	89,261	85,388	83,609	83,830	84,189	84,631	85,086
4	95,615	93,750	89,220	85,348	83,570	83,791	84,150	84,592
5	98,663	95,578	93,710	89,182	85,311	83,535	83,756	84,115
⑥	103,525	98,623	95,538	93,672	89,145	85,276	83,500	83,721
7	107,326	103,485	98,585	95,501	93,635	89,111	85,243	83,468
⑧	113,371	107,290	103,451	. 98,552	95,469	93,604	89,081	85,215
9	120,432	113,337	107,258	103,420	98,523	95,440	93,576	89,055
⑩	123,700	120,397	113,305	107,227	103,390	98,494	95,412	93,549
11	124,750	123,663	120,360	113,271	107,195	103,358	98,464	95,383

Quelle: Österreich 1977–2011. ÖStZ, I·r 1978.

Absetzbare Schultaschen		
Jahr	in 1 000 Stück	Veränderung in %
1979	326	− 4,4
1980	312	− 4,3
1981	299	− 4,2
1982	288	− 3,7
1983	277	− 3,8
1984	268	− 3,3
1985	262	− 2,2
Durchschnitt 290		− 3,7

Addiert man die Zahl der 6-, 8- und 10jährigen Kinder pro Jahr, so erhält man die Menge der absetzbaren Schultaschen.

In den Jahren zwischen 1979 und 1985 können voraussichtlich jährlich 290 000 Schultaschen in Österreich abgesetzt werden. Der Absatz nimmt mit einer durchschnittlichen Rate von 3,7 Prozent von 326 000 Schultaschen im Jahr 1979 auf 262 000 Schultaschen im Jahr 1985 ab. Es kann angenommen werden, daß sich der Absatz in den Jahren nach 1985 auf ein bestimmtes Maß einpendeln wird. Kann der Marktanteil des Unternehmens nicht gesteigert werden, so ist von Erweiterungsinvestitionen abzuraten.

3.6.5. Kennzahlen und Verdichtungen

(a) Einfache Kennzahlen

Einfache Kennzahlen werden mit Hilfe von – meist ordinalen – Skalierungen vom Forscher selber erstellt. Dies erfolgt dadurch, daß er bestimmten Befunden eine Zahl zuordnet (z. B. 5 für „sehr", 1 für „wenig").

Beispiel: Zur Erforschung der Chancen von Windenergie müssen Windgeschwindigkeiten pro Region vergleichbar und bewertbar gemacht werden, um die einzelnen Regionen besser, d. h. direkter miteinander vergleichen zu können. Man würde festlegen:

bis 4 m/s = Kategorie 1
5 bis 8 m/s = Kategorie 2
über 8 m/s = Kategorie 3

Der Sinn der Übersetzung verschiedener Daten in Kennzahlen liegt darin, daß man für jedes Bewertungskriterium eine Kennzahl besitzt, die man addieren und zu einem Overall-Wert gelangen kann, der einen raschen Vergleich mit anderen Regionen, Betrieben, Produkten etc. zuläßt. Hingegen könnte man die Grunddaten oft schwer vergleichen, weil sie vielleicht zwischen Schillingwerten, Tonnagen, Prozentanteilen etc. variieren, die sich nicht einfach addieren lassen. In der Regel fließen die so erstellten Kennzahlen in eine höhere Analyse ein, z. B. die Nutzwert- oder Risiko-Analyse, auf die noch eingegangen wird.

b) Kaufkraft-Ziffern

Kaufkraftziffern zeigen regionale Wohlstandsunterschiede. Die Berechnungsbasis dieser Ziffern sind die Einkommen der Wohnbevölkerung eines Gebietes. Die Kaufkraft wird nach folgender Formel berechnet:

$$K_i = \frac{1000 \left(\dfrac{Li}{I_i} + \dfrac{Ei}{ei} + Wi + Si \right)}{\Sigma \left(\dfrac{Li}{I_i} + \dfrac{Ei}{ei} + Wi + Si \right)}$$

dabei sind:

K_i Kaufkraft des Kreises i in Prozent vom Bundesgebiet
L   Lohnsteueraufkommen
E   Einkommensteueraufkommen
I   durchschnittlicher Besteuerungssatz bei Lohnsteuer
e   durchschnittlicher Besteuerungssatz bei Einkommenssteuer

W   infolge der Steuerbegünstigung der Landwirtschaft durch die Steuerstatistik nicht zu
     erfassendes landwirtschaftliches Einkommen
S   Soäialfürsorge und Renteneinkommen

Neben diesen allgemeinen Kaufkraftkennzahlen existieren noch spezielle Kennzahlen, die zwar ihren Ursprung in den Kaufkraftzahlen haben, darüber hinaus jedoch
produktspezifischen Besonderheiten Rechnung tragen.

Beispiel: Kennzahlen für die Absatzchancen von Kraftfahrzeugsreifen können gewichtete
Kaufkraftzahlen sein, wobei in diesem speziellen Fall der PKW-Bestand, Fahrleistungen
und durchschnittliche Witterungsverhältnisse Gewichtsfaktoren sein können. Die Gewichte
verschiedener Bestimmungsfaktoren können mit Hilfe der multiplen Regressionsanalyse errechnet werden.

c) Die Nutzwertanalyse

Die Nutzwertanalyse stellt eine Bewertung der Marktalternativen auf der Basis der
quantitativen und qualitativen Zielkriterien dar. In anderen Worten: Sie ist eine
tabellarische Zusammenstellung aller (mit Kennzahlen bewerteter) Kriterien, die
gesammelt und als wichtig erkannt wurden.

Beispiel: Wo gibt es regionale Marktlücken für Produkt x?

Kriterien / Regionen	bisherige Verbreitung des Produktes	Overflow deutscher Waren	Anzahl der Konkurrenz-artikel	Kauf-kraft	Distri-butions-dichte
Wien	26 000 St.	kaum	4	135	sehr gut
Niederösterr. Burgenland	14 000 St.	kaum	3	98	befriedigend
Steiermark	19 000 St.	kaum	2	102	befriedigend
Kärnten	31 000 St.	kaum	2	100	befriedigend
Oberösterr.	9 000 St.	etwas	5	120	gut
Salzburg, Tirol, Vorarlberg	20 500 St.	viel	5	121	befriedigend

In der Folge müssen die obigen Werte vergleichbar gemacht werden; dies kann man bei diesem
stark vereinfachten Beispiel durch eine ordinale Skalierung erreichen. Je nach Bedeutung
müssen die skalierten Werte gewichtet werden, die Zeilensummen ergeben dann die Durch-
schnittsnote pro Region.

d) Die ordinale Skalierung

Hohe Notenwerte signalisieren günstige Voraussetzungen für Marktchancen, niedrige Noten hingegen zeigen eher schlechte Marktmöglichkeiten.

Beim Kriterium „Verbreitung des Produktes" wird z. B. angenommen, daß eine
relativ hohe Verbreitung des eigenen Produktes in einem noch lange nicht gesättig-
ten Markt positiv ist. In diesem Fall kann man mit Marktakzeptanz bzw. mit einer
gewissen Markteingeführtheit rechnen. Bei geringerer Produktverbreitung sind
eher Marktwiderstände vorhanden, resultierend aus einem gewissen Informations-
und Erfahrungsmangel der Kunden. Die anderen Kriterien dieses Beispiels werden
ebenso skaliert.

Bisherige Verbreitung des Produktes

    0–10 000 Stück = 1
10 000–20 000 Stück = 2
20 000–30 000 Stück = 3
30 000–40 000 Stück = 4
über 40000 Stück 5

Kaufkraft

unter 100 = 1
100–120 = 2
über 120 = 3

Overflow deutscher Waren

kaum = 3
etwas = 2
viel = 1

Distributionsdichte oder
Dichte des Verkaufsnetzes

sehr gut   = 5
gut   = 4
befriedigend = 3
genügend   = 2
ungenügend = 1

Anzahl der Konkurrenzartikel

bis zu 2 = 5
3–4   = 4
5–6   = 3
7–8   = 2
9 u. mehr = 1

e) Die Gewichtung

Mit Hilfe der Gewichtungsfaktoren legt man die Bedeutung der Kriterien fest, die Größe der Gewichte wird aufgrund von Erfahrungswerten oder mittels mathematischer Verfahren bestimmt. Anschließend bildet man die Zeilensummen für die Regionen; die Regionen mit den höchsten Zeilensummen sind die gesuchten Marktlücken.

Gewichtung	1	1	1,5	0,8	1
2. Stufe Regionen	bisherige Verbreitung des Produktes	Overflow	Konkurrenzartikel	Kaufkraft	Distributionsdichte
Wien	3	3	4	3	5
Niederösterreich, Burgenland	2	3	4	1	3
Steiermark	2	3	5	2	3
Kärnten	4	3	5	2	3
Oberösterreich	1	2	3	2	4
Salzburg, Tirol Vorarlberg	3	1	3	3	3

3. Stufe Regionen					Bewertung
Wien	3	3	6	2,4	5	19,4
Niederösterreich, Burgenland	2	3	6	0,8	3	14,8
Steiermark	2	3	7,5	1,6	3	17,1
Kärnten	4	3	7,5	1,6	3	19,1
Oberösterreich	1	2	4,5	1,6	4	13,1
Salzburg, Tirol, Vorarlberg	3	1	4,5	2,4	3	13,9

Am Ende der Tabellen entsteht eine Durchschnittsbewertung pro Region, die in diesem Beispiel zeigt, daß Wien und Kärnten bessere Marktlücken bieten als die an sich mit dem Produkt schwach penetrierten Gegenden Westösterreichs.

3.6.6. Die Exportmarktforschung

(a) Methodik

Wie eingangs schon erwähnt, stützt sich die Exportmarktforschung vor allem auf sekundärstatistische Daten, da diese oft die einzige Informationsmöglichkeit bieten und zudem meist schnell und billig zu beschaffen sind. Die Informationsgewinnung im Ausland ist meist wegen der geringen Markttransparenz schwieriger und daher teurer. Eine Vielzahl entscheidungsrelevanter Informationen ist trotz intensiver Marktuntersuchungen mit großer Marktunsicherheit verbunden bzw. ist trotz aller Anstrengungen nicht zu eruieren. Ein weiteres Problem ist die korrekte Interpretation des Datenmaterials, auch hier schränkt die für den Betrachter mangelnde Markttransparenz oder Hintergrundwissen die Informationsgewinnung ein.

Beispiel: Der niedrige Waschmaschinenbestand in der Schweiz verheißt einen großen potentiellen Markt. Praktisch sieht die Situation umgekehrt aus: Durch die hohe Verbreitung von Gemeinschaftsanlagen ist der Markt gesättigt.

Die folgende Matrix der Exportmarktforschung zeigt die betriebswirtschaftlichen Probleme und die dafür entsprechenden Informationsquellen.

Methoden der Exportmarktforschung: Die Absatzchancen eines Auslandsmarktes können durch volkswirtschaftliche Rahmendaten wie BNP (Brutto-National-Produkt), Inflationsrate, Energieverbrauch, Beschäftigte in der Landwirtschaft, Lebenserwartung, Fernsehgerätebesitz, Kilometer Eisenbahnnetz usw. ermittelt werden.

Aus diesen können Kennzahlen gebildet werden, die man entsprechend der jeweiligen Problemstellung modifiziert und ergänzt.

Übliche mathematische Verfahren zur Marktauswahl sind: die Nutzwertanalyse, die quantitative Risikoanalyse (nach der Kapitalwertmethode wird ein Auslandsprojekt beurteilt), die Clusteranalyse (Länder bzw. Märkte werden in homogene Gruppen aufgeteilt).

(b) Risikoanalyse

Die Risikoanalyse wird vor allem in der Exportmarktforschung angewandt. Das Kriterium für die Bewertung der Auslandsprojekte ist der Kapitalwert. Nach der Kapitalwertmethode ist eine Investition vorteilhaft, wenn ihr Kapitalwert gleich Null oder positiv ist.

Seidl (1977: 144 ff.) geht vom Kapitalwert nach Steuern aus, berücksichtigt die Inflationsfaktoren und läßt das Enteignungsrisiko in das Modell einfließen. Das Resultat ist ein sehr komplexes Kapitalwertmodell:

$$C_0 = -A_0 + \sum_{t=1}^{n} \left\{ \frac{[E_t \cdot \prod_{\tau=1}^{t} (1 + e \cdot J_\tau) - A_t \cdot \prod_{\tau=1}^{t} (1 + a \cdot J_\tau)](1 - s) + s \cdot D_t}{(1 + k)^t} \cdot w_t + \right.$$

$$\left. + \frac{L_n \cdot \prod_{\tau=1}^{n} (1 + e \cdot J_\tau)}{(1 + k)^n} \cdot w_n \right\} \cdot (1 - u_t) + \frac{u_T \cdot \alpha \cdot V_T}{(1 + k)^T}$$

wobei:

C_0 Kapitalwert nach Steuern
A_0 Finanzmittelbedarf des Projektes bezogen auf den Zeitpunkt 0
E_t Einzahlung im Jahre t
A_t Auszahlung im Jahre t
D_t Abschreibungsbetrag im Jahre t
L_n Liquidationserlös am Ende des Planungszeitraums
s Steuersatz
k Kalkulationszinssatz
n Planungszeitraum
t Laufindex für die Jahre
s Steuerbelastungskoeffizient für das Projekt
w_t Wechselkurs zum Zeitpunkt t
u_t Steuergröße zur Berücksichtigung des Enteignungsrisikos
α Entschädigungssatz
V_T Buchwert des Projektes zum Zeitpunkt T
T Zeitpunkt der Enteignung bzw. des zwangsweisen Joint Venture

(c) Clusteranalyse

Sie gruppiert Märkte- meistens Länder. Aufgrund von vorgegebenen Kriterien werden die zur Auswahl stehenden Länder in relativ homogene Gruppen aufgeteilt, die sich andererseits wieder möglichst stark von Ländergruppen mit anderen Merkmalskombinationen unterscheiden. Es werden also Ländertypen gebildet (vgl. z. B. Berekoven, 1978: 131 ff.).

3.6.7. Expertengespräche

Zu einer Desk Research kann unter Umständen auch eine kleine Feldarbeit gehören, nämlich das Experteninterview. Darunter versteht man, daß der Forscher eine kleine Anzahl wirklich gut informierter Fachleute auf dem Problemgebiet befragt, sei es schriftlich, sei es mündlich. In den Rahmen der Desk Research passen Experten-Interviews, weil sie keinen Interviewerstab benötigen, sondern die Gespräche, nachdem es in der Regel nur 10 oder 15 sind, vom Forscher selber geführt werden können. Solche Expertenbefragungen setzen voraus, daß man wirkliche Fachleute erreicht, die zum Thema eine fundierte und verläßliche Meinung besitzen (z. B.

Informationsbeschaffung durch Sekundärforschung im Auslandsgeschäft

Informationsquellen / Marktforschungsprobleme im Auslandsgeschäft	Betriebsinterne Informationsquellen										Betriebsexterne Informationsquellen — Amtliche Statistiken im In- und Ausland								
	Absatzmittlerkartei	Absatzstatistik	Auftragsstatistik	Ergebnisstatistik	Importeurkartei	Konkurrenzkartei	Kostenrechnung	Kundendienstberichte	Kundenkartei	Vertreterberichte	Außenhandelsstatistik	Beschäftigtenstatistik	Betriebsstatistik	Bevölkerungsstatistik	Branchenstatistik	Erwerbstätigkeitsstatistik	Finanz- u. Steuerstatistik	Groß- u. Einzelhandelsstatistik	Industrie- u. Handwerksstatistik
1. Ermittlung des Auslandspotentials	×	×	×				×	×		×									
2. Absatzplanung – Ausland	×	×	×	×	×	×	×	×	×	×	×		×	×			×	×	×
3. Umfeldanalyse – Inland											×		×				×		×
4. Umfeldanalyse – Ausland										×	×	×	×	×			×		×
Politische Dimension										×							×		
Rechtsordnung – Ausland										×									
Ökonomische Struktur										×	×	×	×				×	×	
– Allgemeine Wirtschaftslage	×	×	×								×						×	×	
– Branchenentwicklung	×	×	×							×	×	×	×		×		×	×	×
– Einkommensverteilung														×			×	×	
– Exporte											×				×				
– Importe											×				×				
– Industrielle Produktion												×	×		×	×	×		×
– Investitionen												×			×		×		×
– Leistungsbilanz											×								
– Preisentwicklung											×								
– Sozialprodukt																	×		×
– Verbrauch											×		×	×	×	×	×		×
– Währungsreserven											×						×		
– Zahlungsbilanz											×						×		
5. Distributionssystem	×	×	×			×				×					×		×	×	×
6. Wettbewerbsstruktur											×				×	×	×	×	×
7. Kulturell-soziales Umfeld												×		×		×			
8. Technologisches Niveau													×	×	×				
9. Geographisches Umfeld														×		×			
– Bevölkerungsstand und -entwicklung														×		×			
– Infrastruktur																			×
– Klima																			×
10. Importbedingungen																	×		
Einfuhrbeschränkungen																	×		
Zölle																	×		
11. Absatzbedingungen		×														×		×	×
12. Angebots- u. Konkurrenzsituation im Ausland		×				×	×	×	×	×	×		×			×	×	×	×
13. Bedarfs- u. Nachfragesituation im Ausland							×	×	×	×	×	×	×		×	×	×	×	×
14. Einsatz des Marketing-Instrumentariums	×	×	×	×	×	×	×	×	×	×			×	×	×	×	×	×	×

Vgl. Stahr, G.: Auslandsmarketing, Band I – Marktanalyse. Stuttgart 1979: 98 f.

| Betriebsexterne Informationsquellen | | | | | | | | | | | | | | | | | | | | | | | | | | | | | |
| Amtliche Statistiken im In- und Ausland | | | | | | | Statistiken und Publikationen von Verbänden und anderen Organisationen im In- und Ausland | | | | | | | | | | | | | | | Supranationale Organisationen und Institutionen | | | | | | | |
Input-Output-Rechnung	Investitionsstatistik	Land- u. Forstwirtschaftsstatistik	Lohn- u. Gehaltsstatistik	Preisstatistik	Umsatzstatistik	Volkswirtschaftl. Gesamtrechnung	Adreßbücher	Adressenbüros	Auslandshandelskammern	Außenhandels- u. Handelsministerium	Botschaften, Konsulate u. a.	Bundesstelle für Außenhandelsinformation	Fachzeitschriften	Fluggesellschaften	Geschäftsberichte	Industrie- u. Handelskammer	Marktforschungsinstitute	Prospekte, Kataloge u. a. der Konkurrenz	Speditionen	Wirtschaftsministerien	Zollbehörden	EFTA	EWG	FAO	GATT	RGW	OECD	UNO	Weltbank u. a.
	×	×	×	×	×	×	×	×							×	×		×		×		×	×	×	×	×	×	×	×
		×	×	×	×	×			×	×	×	×	×		×	×		×		×			×						
	×	×	×	×	×	×			×	×	×	×	×		×	×		×		×		×	×	×	×	×	×	×	×
	×								×	×	×	×			×					×		×	×	×	×	×	×	×	×
									×	×	×	×	×		×					×		×	×	×	×	×	×	×	×
	×	×	×	×	×	×			×	×	×	×			×					×		×	×	×	×	×	×	×	×
	×	×	×	×	×	×			×	×	×	×			×					×		×	×	×	×	×	×	×	×
×	×	×	×	×	×	×			×	×	×	×			×	×	×	×		×		×	×	×	×	×	×	×	×
			×						×	×	×	×			×					×		×	×	×	×	×	×	×	×
×					×	×			×	×	×	×			×					×		×	×	×	×	×	×	×	×
×					×	×			×	×	×	×			×					×		×	×	×	×	×	×	×	×
×	×				×	×			×	×	×	×			×					×		×	×	×	×	×	×	×	×
×	×				×	×			×	×	×	×			×					×		×	×	×	×	×	×	×	×
×						×			×	×	×	×			×					×		×	×	×	×	×	×	×	×
			×			×			×	×	×	×			×					×		×	×	×	×	×	×	×	×
×				×		×			×	×	×	×			×					×		×	×	×	×	×	×	×	×
×						×			×	×	×	×			×	×				×		×	×	×	×	×	×	×	×
						×			×	×	×	×			×					×		×	×	×	×	×	×	×	×
						×			×	×	×	×			×					×		×	×	×	×	×	×	×	×
						×	×	×	×	×	×	×			×	×	×			×		×	×	×		×	×	×	×
	×	×	×	×	×	×	×	×	×	×	×	×			×	×	×	×	×	×		×	×	×	×	×	×	×	×
		×	×						×	×	×	×			×	×				×		×	×	×		×	×	×	×
	×	×	×						×	×	×	×			×	×	×	×		×		×	×	×		×	×	×	×
									×	×	×	×			×					×		×	×	×		×	×	×	×
									×	×	×	×			×					×		×	×	×		×	×	×	×
	×					×			×	×	×	×			×					×		×	×	×		×	×	×	×
							×	×	×	×	×				×							×	×	×		×	×	×	×
							×	×	×	×	×				×	×			×	×	×	×	×	×		×	×	×	×
							×	×	×	×	×				×	×			×	×	×	×	×	×		×	×	×	×
							×	×	×	×	×				×	×			×	×	×	×	×	×		×	×	×	×
		×	×	×	×		×	×	×	×	×	×			×	×	×	×	×	×	×	×	×	×		×	×	×	×
×	×	×	×	×	×	×	×	×	×	×	×	×			×	×	×	×		×		×	×	×		×	×	×	×
×	×	×	×	×	×	×	×	×	×	×	×	×			×	×	×	×		×		×	×	×		×	×	×	×
	×	×	×	×	×	×	×	×	×	×	×	×	×	×	×	×	×	×	×	×		×	×	×	×	×	×	×	×

Experten in Ministerien, Universitäten oder anderen Forschungs-Instituten, Militär, Ingenieure in Unternehmen, ggf. auch Händler oder Großhändler etc.)

Die Experten können einem in dreierlei Hinsicht helfen:

(1) Sie können oftmals Datenmaterial und Datenquellen nennen, auf die man zurückgreifen sollte; sie können die Verläßlichkeit der Datenquellen oftmals besser beurteilen als der Forscher.
(2) Sie können die bisherigen Forschungsergebnisse bewerten, kommentieren, interpretieren, bestätigen oder neue Denkanstöße liefern, neue Aspekte aufzeigen, die noch nicht bedacht wurden.
(3) Sie können oftmals prognostische Ansichten mit relativ guter Genauigkeit äußern, weil sie ihren Markt besonders gut kennen

Experten und Fachleute findet man meist, indem man sich „durchfragt", von Institution zu Institution, von Fachmann zu Fachmann. Dieses Schneeballsystem kann zwar zur Folge haben, daß sich später der eine oder andere eingangs Interviewte als weniger kompetent erweist und seine Aussagen unberücksichtigt bleiben, dafür ist das Endresultat um so verläßlicher.

3.7. Querschnitt- und Längsschnittmethoden

von Karl Daumenlang

Vorbemerkung

Kaum ein anderes Beispiel belegt den Einfluß der Methode auf das Forschungsergebnis, wie die Befunde, die über den Verlauf der intellektuellen Entwicklung berichtet worden sind. Die graphische Darstellung der Daten der Standardisierungsstichprobe der Wechsler-Adult-Intelligence-Scale (Wechsler, 1939) in den USA ergab die bekannte Wachstumskurve der Intelligenz. Nach dieser steigt die intellektuelle Leistungsfähigkeit rasch an, erreicht ein Maximum bei ca. 25 Jahren und fällt anschließend unaufhaltsam ab. Durch diesen Altersabbau entspricht die intellektuelle Leistungsfähigkeit des älteren Erwachsenen der eines 13- bis 14jährigen Kindes. Obwohl es wenige andere, den normalen Erwachsenen so abqualifizierende Ergebnisse gibt, blieben Proteste aus.

Erst allmählich wurden gegenteilige Befunde bekannt. Beobachtet man die Genese der Intelligenz bei den gleichen Personen über einen längeren Zeitraum hinweg, so ist über das 25. Lebensjahr hinaus nicht ein Abfall, sondern eine Steigerung der intellektuellen Leistungsfähigkeit festzustellen, die bis in das fünfte Lebensjahrzehnt hinein anhalten kann – vorausgesetzt, die intellektuellen Funktionen liegen nicht brach (vgl. die Übersicht bei Roth et al. 1980). Die für die gleiche Fragestellung gegensätzlichen Befunde haben ihre Begründung darin, daß sie mit unterschiedlichen Methoden erzielt worden sind. Die Standardisierung des WAIS erfolgte im querschnittlichen Verfahren, während längsschnittliche Verfahren die Zunahme der Intelligenz belegen.

Diese Methoden werden im folgenden dargestellt. Mit jeder von ihnen sind jedoch eine Reihe von erheblichen Einschränkungen verbunden, was zur Entwicklung neuer und komplexer Versuchspläne, den sogenannten Sequenzplänen, geführt hat.

3.7.1. Die konventionellen Versuchspläne

3.7.1.1. Die Querschnittmethode

(1) Definition: Trautner (1978) gibt an, daß ca. 90% aller entwicklungspsychologischen Untersuchungen sich dieser Methode bedienen würden. Sie ist dadurch definiert, daß zu einem bestimmten Zeitpunkt T_0 mehrere Stichproben von Individuen (S_1 bis S_n) aus verschiedenen Altersgruppen (A_1 bis A_n) mit demselben oder einem vergleichbaren Meßinstrument X jeweils einmal untersucht werden (vgl. Baltes, 1967; 11).

(2) Vorteile: Die Gründe für die weite Verbreitung der Querschnittmethode sind darin zu sehen, daß durch die nur einmalige Erhebung der Daten einer Stichprobe – zu einem bestimmten Zeitpunkt oder innerhalb einer sehr begrenzten Zeitspanne – die Durchführung der Untersuchung kurz ist und relativ geringen Personalaufwand erfordert. Durch die einmalige Testung ändert sich auch der Umfang der Stichprobe im Verlauf der Untersuchung nicht, wie es bei mehrmaligen Erhebungen der Fall ist, die sich über einen längeren Zeitraum erstrecken. – Die angeführten Gründe sind jedoch rein praktischer Natur. Sie bieten keine methodischen Vorteile, die sich z. B. auf die Gültigkeit der mit dieser Methode erhaltenen Befunde beziehen.

(3) Nachteile: Der Praktikabilität in der Durchführung stehen eine Reihe schwerwiegender methodischer Einwände gegenüber.
(a) Für Differenzen in den Befunden unterschiedlich alter Stichproben können keine eindeutigen Bedingungen angegeben werden. Einerseits liegt es nahe, sie auf Altersveränderungen zurückzuführen. Andererseits kann mit gleichem

Recht angeführt werden, daß sie dadurch bedingt sein können, daß die Versuchspersonen in den Stichproben zu unterschiedlichen Zeitpunkten geboren worden sind. Sie gehören damit anderen Generationen an, die sich aufgrund bestimmter soziokultureller Bedingungen von vornherein unterscheiden. Alters- und Generationenunterschiede sind somit bei Querschnittuntersuchungen konfundiert.

(b) Die untersuchten Stichproben setzen sich jeweils aus anderen Versuchspersonen zusammen, d. h. sie sind unabhängig. Aus der Untersuchung unabhängiger Stichproben sind jedoch keine Angaben über intraindividuelle Veränderungen zu erhalten.

(c) Zudem stehen für unabhängige Stichproben nur weniger effiziente statistische Verfahren zur Verfügung.

(d) Generalisierung der Befunde über den Zeitpunkt der Untersuchung hinaus kann in strengem Sinne nicht erfolgen, denn Querschnittmethoden sehen keine Kontrollen vor, ob z. B. die 20jährigen von 1950 mit den 20jährigen von 1980 vergleichbar sind.

(e) Es sind selektive Populationsveränderungen zu erwarten, die u. a. darin liegen, daß in den Stichproben der Älteren durch Krankheit und Tod gleichsam eine Auslese der Lebensfähigsten erfolgte, während die Stichproben der Jüngeren auch die Personen mit geringerer Lebenserwartung umfassen.

(f) Ein ganz wesentlicher Gesichtspunkt ist die Vergleichbarkeit der Meßinstrumente (Eckensberger, 1973), besonders dann, wenn die untersuchte Altersspanne sehr groß ist (Wohlwill, 1970: 153).

Zur Beurteilung dieser Methode ist festzuhalten, daß die angeführten Einwände ihre volle Berechtigung dann haben, wenn es um die Untersuchung langfristig ablaufender Prozesse geht, wie z. B. in der Entwicklungspsychologie. Für andere wissenschaftliche Disziplinen hängt es von deren Fragestellung ab, ob die angeführten Einschränkungen Gültigkeit beanspruchen können. Nimmt man als Beispiel Fragestellungen der Politik- und Wirtschaftswissenschaften, bei denen es um die Einstellung verschieden alter Personen zu bestimmten, aktuellen Fragen geht, sind die angeführten Einschränkungen gegenstandslos. Vielmehr ist die Methode der Querschnittuntersuchung die einzige Methode, mit der die anstehenden Fragen zu beantworten sind.

3.7.1.2. Die Längsschnittmethode

(1) Definition: Die Definition der Längsschnittmethode folgt Baltes (1967: 11): Die gleiche Stichprobe von Individuen (S_1) wird mehrmals zu verschiedenen Zeitpunkten (T_1 bis T_n) mit demselben oder einem vergleichbaren Meßinstrument X untersucht. Bei diesem experimentellen Design wird das Lebensalter als unabhängige Variable gewertet und die mit dem Meßinstrument erhobenen Befunde stellen die abhängige Variable dar.

(2) Vorteile:

(a) Der bedeutendste Vorteil gegenüber der Querschnittmethode liegt darin, daß die Unterschiede in den Meßwerten der Stichproben als intraindividuelle Veränderungen interpretiert werden können und die Unterschiede innerhalb der Stichprobe Rückschlüsse auf interindividuelle Differenzen zulassen. Dieses Design scheint damit für die Untersuchung langfristig ablaufender Prozesse geeignet zu sein, in der es um die Erfassung intraindividueller Veränderungen und interindividueller Differenzen geht, wie es z. B. die Fragestellungen der Entwicklungspsychologie auszeichnet.

(b) Zu den Vorteilen der direkten Erfassung von Veränderungen und der unmittelbaren Vergleichbarkeit der Altersgruppen kommt hinzu, daß für die Auswertung der Daten von abhängigen Stichproben statistisch effizientere Verfahren als bei unabhängigen Stichproben zur Verfügung stehen. Aufgrund dieser Bedingungen sprach man den mit Längsschnittmethoden erhobenen Befunden von vornherein größeres Gewicht zu als den Befunden von Querschnittmethoden.

(3) Nachteile: Trotz dieser erheblichen methodischen Vorteile gegenüber der Querschnittmethode bringt die Längsschnittmethode eine Reihe von spezifischen Problemen mit sich (vgl. Campbell & Stanley, 1963).

(a) Versuchspläne, welche die wiederholte Testung der gleichen Personen vorsehen, sind der Gefahr sogenannter Serialeffekte ausgesetzt (Baltes, 1967: 32). Die Befunde können einerseits durch Re-Test-Effekte verfälscht werden. So werden Befunde besonders älterer Untersuchungen dadurch relativiert, daß die gleichen Versuchspersonen wiederholt mit demselben Testverfahren untersucht worden sind, ohne die Wirkung der Testwiederholung experimentell zu kontrollieren. – Andererseits können sich während der langen Zeitspanne der Untersuchung veränderte sozio- und biokulturelle Bedingungen auf das Verhalten der Versuchspersonen und damit auf das Testergebnis auswirken (sogenannte Effekte des Meßzeitpunktes).

(b) Damit ist aber nicht mehr klar entscheidbar, ob die beobachtete Verhaltensänderung auf das Alter oder geänderte Umweltbedingungen zurückzuführen ist (sogenannte Konfundierung).

(c) Durch die oft sehr lange Zeitdauer der begleitenden Untersuchung ist mit selektiven Populationsveränderungen zu rechnen: Neben Ausfällen durch Umzug, Kankheit oder Tod nicht nur bei den Versuchspersonen, sondern auch beim wissenschaftlichen Personal, läßt die sogenannte experimentelle Mortalität vorwiegend solche Personen in den Stichproben verbleiben, die interessiert und von höherer Intelligenz sind.

(d) Der zu erwartende Schwund muß bereits bei der Wahl der Ausgangsstichprobe berücksichtigt werden. Für die Größenordnung dieser Veränderungen seien zwei Beispiele genannt: In der Berkeley Growth Study (nach Hoppe et al., 1977: 136) verringerte sich in 18 Jahren der Umfang der Stichprobe von 61 auf 40 Personen. Die Ausgangsstichprobe der Harvard Growth Study nahm innerhalb von 11 Jahren um 75% ab.

(e) Längsschnittuntersuchungen beschränken ihre Erhebungen in der Regel auf eine Stichprobe. Damit sind aber Verallgemeinerungen der Befunde auf andere Stichproben, die zu einem anderen Zeitpunkt geboren worden sind, eingeschränkt bzw. nicht statthaft.

(f) Wie bei der Querschnittmethode ist auch bei der Längsschnittmethode die Frage der Anwendbarkeit des gleichen Meßinstruments auf verschiedene Altersgruppen zu diskutieren (Eckensberger, 1973).

(g) Die Bindung an das einmal gewählte Untersuchungsverfahren läßt es zudem nicht zu, neue Methoden und Erkenntnisse zu berücksichtigen, ohne die Untersuchung insgesamt zu gefährden.

Zusätzlich zu diesen bei Trautner (1978) und Hoppe et al. (1977) ausführlich dargestellten Problemen nennen Campbell & Stanley (1963) weiterhin die Probleme der Reifung und der statistischen Regression zum Mittelwert. Goldstein (1979) macht Vorschläge, wie diesen experimentellen Fehlerquellen begegnet werden kann.

3.7.1.3. Die Zeitwandelmethode

(1) Definition: Stichproben von Individuen (S_1 bis S_n) jeweils der gleichen Altersgruppe (A_0) werden zu verschiedenen Zeitpunkten (T_1 bis T_n) mit demselben oder einem vergleichbaren Meßinstrument X jeweils einmal untersucht (vgl. Baltes, 1967: 60). Zur Erläuterung: 20jährige, die 1940 geboren worden sind, wurden 1960 untersucht. Diese Ergebnisse werden mit den Befunden bei 20jährigen verglichen, die 1950 geboren und 1970 untersucht worden sind. Diese Methode kennzeichnet u. a. sogenannte Replikationsstudien.

(2) Vorteile: Die Zeitwandelmethode (time-lag method) soll den Einfluß sich wandelnder bio- und soziokultureller Bedingungen auf das Verhalten erfassen. Nachdem diese Methode von der Variation der Rahmenbedingungen ausgeht, das Alter aber konstant hält, wird sie nicht bei den konventionellen Methoden der Entwicklungspsychologie aufgeführt (vgl. Trautner, 1978). Vielmehr ist sie im Methodenrepertoire der wissenschaftlichen Disziplinen zu finden, welche die oben angeführte Fragestellung untersuchen (z. B. Soziologie, Politologie). Ihr Wert liegt nicht in Vorteilen gegenüber den Quer- und Längsschnittmethoden, sondern darin, daß sie die Untersuchung der spezifischen Problemstellungen ermöglicht.

(3) Nachteile: Die Zeitwandelmethode vereinigt Aspekte der Quer- und Längsschnittmethode in sich. Dadurch werden jedoch die mit den jeweiligen Methoden spezifischen Schwächen nicht überwunden, sondern beibehalten.

(a) Die Differenzen in den Befunden gleichaltriger Stichproben können zwar, wie beabsichtigt, auf unterschiedliche Erhebungszeitpunkte zurückgeführt werden. Gleichzeitig sind aber Generationeneffekte nicht ausgeschlossen: Bei der Zeitwandelmethode sind Testzeiteffekte und Generationeneffekte konfundiert.

(b) Nachdem mit unabhängigen Stichproben gearbeitet wird, lassen sich keine Rückschlüsse auf intraindividuelle Veränderungen ziehen, doch ist dies kein zentraler Aspekt der Fragestellung.

(c) Die statistischen Verfahren sind für unabhängige Stichproben weniger effizient.

(d) Die Generalisierung der Befunde für ältere oder jüngere Individuen ist, wenn oder weil nicht kontrolliert, unzulässig.

(e) Der Einwand gegenüber der Vergleichbarkeit der Meßinstrumente bleibt bestehen, insbesondere gegenüber Testverfahren, die ihre Normen nicht korrigieren, obwohl sich die Kennwerte der Population geändert haben.

(f) Die Zeitdauer, die in Einzelfällen über die Spanne der Lebenserwartung hinausgehen kann, bedingt selektive Populationsveränderungen beim wissenschaftlichen Personal.

(g) Die Einschränkungen, welche die Bindung an ein einmal gewähltes Untersuchungsverfahren mit sich bringen, gelten auch für die Zeitwandelmethode.

Die angeführten Nachteile und Einschränkungen der drei Methoden sind seit längerem bekannt und diskutiert worden. Aber erst durch die „Life-span"-Gruppe (Baltes, Nesselroade, Reese, Schaie), welche die Entwicklung über die gesamte Lebensspanne hin untersuchte, wurden neue und komplexe Versuchspläne entwickelt.

3.7.2. Sequentielle Versuchspläne

Die konventionellen Methoden der Querschnitt- und Längsschnittverfahren besitzen den gravierenden Nachteil, daß die beobachteten Verhaltensunterschiede nicht eindeutig auf bestimmte Bedingungen zurückgeführt werden können. Werden bei der Querschnittmethode Unterschiede zwischen Altersgruppen festgestellt, so können diese bedingt sein entweder durch die mit zunehmendem Alter hervorgerufenen Veränderungen (Alterseffekte) und/oder aber auch dadurch, daß die Versuchspersonen unterschiedlichen Alters verschiedenen Generationen angehören, die sich von vornherein prinzipiell unterscheiden (Generationeneffekt). Bei Längsschnittuntersuchungen ist nicht eindeutig zu entscheiden, ob die nachgewiesenen Unterschiede auf Alterseffekten beruhen und/oder durch bio- und soziokulturelle Veränderungen hervorgerufen worden sind. Die Zeitwandelmethode (time-lag method) schließlich erfaßt zwar kulturelle Veränderungen, doch können diese auf Testzeiteffekte und/oder Generationeneffekte zurückgeführt werden.

Lösungsversuche für diese Konfundierungen wurden vorgeschlagen von Miles (1934), Bell (1953, 1954), Kuhlen (1940, 1963) und Welford (1961). Aber erst durch den theoretischen Bezugsrahmen eines allgemeinen Entwicklungsmodells gelang Schaie (1965) die Formulierung erfolgversprechender Designs.

3.7.2.1. Schaies Entwicklungsmodell und Sequenzpläne

Schaies Modell (1965) beschreibt die Beziehungen zwischen den Komponenten Alter, Generation und Erhebungszeitpunkt und präzisiert damit den Begriff Lebensalter. Nach Schaies Auffassung ist es eine unzulässige Vereinfachung, z. B. von dem 14jährigen schlechthin zu sprechen, wie es die ältere Entwicklungspsychologie getan hat. Vielmehr ist zusätzlich zum Alter sowohl der Geburtsjahrgang, die sogenannte Generation, als auch der Zeitpunkt, zu dem die Untersuchung durchgeführt wird, zu berücksichtigen. Auf diese Weise weitete Schaie ursprünglich unifaktorielle Design $V = f(A)$, das beobachtete Veränderungen (ungerechtfertigt) ausschließlich auf die Variation des Alters zurückführt, zu einem dreifaktoriellen Design aus: $V = f(A, G, T)$.

Das Entwicklungsmodell

Tab. 1 stellt die drei Komponenten Alter, Generation und Testzeitpunkt im allgemeinen Entwicklungsmodell dar. In der Abbildung sind die Generationen der Geburtsjahrgänge von 1880 bis 1980 mit einem Abstand von jeweils 20 Jahren aufgenommen worden. Die Zeitpunkte der Erhebung erstrecken sich von 1900 bis 2020. Entsprechend variiert das Lebensalter zwischen 20 bis maximal 100 Jahren. Diese

Tab. 1 Das dreifaktorielle Entwicklungsmodell von Schaie für die Geburtsjahrgänge von 1880 bis 1980 (nach Schaie, 1965: 93) und die konventionellen Methoden: Querschnittverfahren (Q), Längsschnittverfahren (L) und Zeitwandelmethode (ZW)

Generation	Alter						
1880	20	40	60	80	100	L –	Q –
1900	–	20	40	60	80	100	–
1920	–	–	20	40	60	80	100
1940	–	–	–	20	40	60	80
1960	–	–	–	–	20	40	60
1980	–	–	–	–	–	20	40 – ZW
Meßzeitpunkt	1900	1920	1940	1960	1980	2000	2020

Darstellung ist exemplarisch zu verstehen. Für eine geplante Erhebung geht der konkrete Versuchsplan durch Modifikation der Ausprägung der drei Parameter hervor. So ist zwischen den Generationen nicht dieser große Altersabstand Bedingung, sondern die Altersabstände können beliebig festgelegt werden. Schaie (1972) berichtet von einem Beispiel, in welchem bei Kindern der Abstand zwischen den Generationen vier Monate betrug. Entsprechend variierte das Lebensalter. Weiterhin werden bei der konkreten Durchführung einer Untersuchung die Altersangaben in der Matrix durch Werte ersetzt, die in der Erhebung für die jeweilige Altersgruppe erzielt worden sind.

Die bisherigen konventionellen Stichprobenpläne der Querschnitt-, Längsschnitt- und Zeitwandelmethode lassen sich dem Modell als einfaktorielle Untersuchungspläne zuordnen: Die Zeilen entsprechen einzelnen Längsschnittuntersuchungen, die Spalten Querschnittuntersuchungen und die Diagonalen mit jeweils gleichen Alterswerten der Zeitwandelmethode.

In dem Modell scheinen sich Alterseffekte als Unterschiede in den Mittelwerten innerhalb der einzelnen Zeilen fassen zu lassen; Generationeneffekte als Mittelwertunterschiede zwischen zwei oder mehr Zeilen; Testzeiteffekte als Unterschiede zwischen Spalten, wozu die Werte entsprechender Altersgruppen verglichen werden.

Aus der Tabelle ist jedoch zu entnehmen, daß im Schaieschen Entwicklungsmodell zunächst mit den gleichen Konfundierungen zu rechnen ist, die den traditionellen Methoden vorgeworfen werden:

Bei Daten, die innerhalb einer Spalte aufgeführt sind (Querschnittdifferenzen Q_d), können Unterschiede bedingt sein durch

(a) Altersdifferenzen (A_d) oder durch
(b) Generationendifferenzen (G_d).

Diese beiden Möglichkeiten vereinigt Schaie (1970) in der Formel:

$$Q_d = A_d + G_d$$

In diese und die weiteren Formeln gehen die ungeprüften Modellannahmen ein, daß sich die Effekte der Parameter, wie hier die des Alters und der Generation, jeweils additiv zusammensetzen und stets in die gleiche Richtung weisen, also positiv sind.

Bei Daten innerhalb der Zeilen (Längsschnittdifferenzen L_d) können die aufgefundenen Unterschiede bedingt sein durch

(a) Altersdifferenzen (A_d) oder durch
(b) Testzeitdifferenzen (T_d).

In der Schaieschen Formelsprache:

$$L_d = A_d + T_d$$

Unterschiede in den Daten der Diagonalen (Zeitwandeldifferenzen ZW_d) können bedingt sein durch

(a) Generationendifferenzen (G_d) und
(b) Testzeitdifferenzen (T_d):

$$ZW_d = G_d + T_d$$

Die isolierte Darstellung der Effekte des Alters, der Generation und der Testzeit gelingt Schaie auf rechnerischer Basis durch Umformung und Substitution der drei

Formeln. Auf diese Weise ist, zumindest ansatzweise, die „reine" Erfassung der drei Komponenteneffekte zu erwarten:

$$A_d = \frac{Q_d + L_d - ZW_d}{2}$$

$$G_d = \frac{Q_d + ZW_d - L_d}{2}$$

$$T_d = \frac{L_d + ZW_d - Q_d}{2}$$

Überblickt man die drei Formeln, so sagen sie aus, daß die Effekte der drei Komponenten dadurch zu isolieren sind, indem man Daten in geeigneter Weise verknüpft, die mit den Methoden des Querschnittverfahrens, des Längsschnittverfahrens und der Zeitwandelmethode gewonnen worden sind. Die von Schaie entwickelten drei Sequenzmodelle, die Generationensequenz, die Testsequenz und die Quersequenz, beschreiben im Detail das Vorgehen für die entsprechenden Stichprobenselektionen zur Bestimmung dieser Effekte. Entgegen der Befürchtung, daß sich durch diese Kombinationen der Erhebungsaufwand unzulässig erhöht, zeigt Schaie, daß für die simultane Anwendung der drei Sequenzmodelle ein Minimalplan mit nur sechs Stichproben bei drei verschiedenen Testzeitpunkten genügt.

Tab. 2 Minimalplan für die simultane Anwendung der drei Sequenzpläne

Generation	Alter		
1968	12		
1969	11	12	
1970	10	11	12
Meßzeitpunkt	1980	1981	1982

Die drei Sequenzpläne von Schaie

Für die Bestimmung des Stellenwerts der drei Sequenzpläne durch den Leser sind vor ihrer Darstellung folgende Vorbemerkungen notwendig. Schaie verfolgte mit seinem allgemeinen Entwicklungsmodell zwei Ziele: Ein deskriptives und ein explikatives Ziel. Dem deskriptiven Ziel dienen die Sequenzpläne. Es sind Stichprobenpläne, welche die Art und Weise der Datensammlung angeben, um Variabilität oder Konstanz von Verhalten beschreiben zu können. Gleichzeitig verfolgt Schaie ein explikatives Ziel, indem er die beobachteten Effekte auf spezifische Bedingungen zurückführt. Seit Schaie sein allgemeines Entwicklungsmodell vorstellte, hat sich an dessen deskriptiver Funktion und den abgeleiteten Stichprobenplänen weniger Kritik entzündet als an dessen explikativem Anspruch (Schaie & Baltes, 1975). Infolgedessen werden die einzelnen Sequenzmethoden als Strategien der Datensammlung beschrieben, welche die Identifikation von Verhaltensänderungen auf deskriptiver Basis versuchen. Auf den explikativen Aspekt wird später einzugehen sein.

(1) Die Generationen-Sequenz-Methode. Nach Tab. 3 sind für die Generationen-Sequenz-Methode mindestens zwei Generationen auszuwählen. Von diesen sind Daten aus zwei oder mehr aufeinanderfolgenden Altersstufen so zu erheben, daß die erfaßte Altersspanne jeweils gleich ist. Im Prinzip handelt es sich also um

Tab. 3 Die drei Sequenzpläne von Schaie

Generation	Generationen-Sequenz-Methode			Testzeit-Sequenz-Methode			Quer-Sequenz-Methode		
1968	12			12			12		
1969	11	12		11	12		11	12	
1970	10	11	12	10	11	12	10	11	12
Meßzeitpunkt	1980	1981	1982	1980	1981	1982	1980	1981	1982

Längsschnittverfahren relativ kurzer Dauer, die auf mehr als eine Generation angewendet werden. Deshalb der Begriff der Sequenz.

Die Auswertung erfolgt auf zweierlei Weisen:

Die erste Möglichkeit besteht in einer zweifaktoriellen Varianzanalyse mit den beiden Faktoren Alter und Generation. Die dritte Variable, die Testzeit, stellt sich als Wechselwirkung zwischen den beiden ersten Faktoren dar. Folgerichtig dürfen deshalb die Befunde nur dann als Alterseffekte oder Generationeneffekte bezeichnet werden, wenn die Varianz der Wechselwirkung zwischen Alter und Generation gleich Null ist, d. h., wenn keine Testzeiteffekte festgestellt werden konnten. Diese Annahme ist zusätzlich dadurch zu überprüfen, indem eines der beiden anderen Sequenzmodelle eingesetzt wird, das den Testzeiteffekt in reiner Form erfaßt.

Die zweite Auswertungsmöglichkeit besteht in der Bestimmung der durchschnittlichen Altersdifferenz (A_d) für die ausgewählten Generationen bzw. der durchschnittlichen Generationendifferenz (G_d) für die untersuchten Altersstufen.

Die durchschnittliche Altersdifferenz (A_d) berechnet Schaie (1970) nach folgender Formel:

$$A_d = \frac{1}{N_G} \sum_{g=1}^{N_G} (A_n - A_m)$$

mit N_G als Anzahl der Generationen und A_n, A_m, die zu vergleichenden Altersstufen.

In Worten: Die Differenzen zwischen zwei Altersstufen sind über alle untersuchten Generationen zu summieren und durch die Zahl der Generationen zu dividieren.

Für die durchschnittliche Generationendifferenz (G_d) gilt folgende Bestimmungsgleichung:

$$G_d = \frac{1}{N_A} \sum_{a=1}^{N_A} (G_j - G_i)$$

N_A ist die Anzahl der Altersstufen, G_i, G_j die zu vergleichenden Generationen.

In Worten: Die Differenzen zwischen Generationen sind über alle erfaßten Altersstufen zu summieren und durch die Zahl der Altersstufen zu dividieren.

Schaie empfiehlt die Generationen-Sequenz-Methode, wenn Aussagen über Altersverläufe von verschiedenen Generationen beabsichtigt sind.

Zur Veranschaulichung sei ein Beispiel für die Bestimmung der durchschnittlichen Altersdifferenz gegeben. Die Berechnung wurde durch Schaie (1972) als Reanalyse von Daten aus der Harvard Growth Study von Shuttleworth (1939) vorgenommen. Das folgende Beispiel bezieht sich nur auf Jungen: Per Zufall wurden aus dem vorliegenden Datenmaterial sechs unabhängige Stichproben von je 10 Jungen gezogen. Der Generationenunterschied betrug jeweils vier Monate, der Abstand zwischen den Untersuchungen mit dem Stanford-Binet-Test ebenfalls jeweils vier Monate. Die mittleren Werte des Intelligenzalters (IA) und des Lebensalters (LA) der verschiedenen Stichproben zeigt Tab. 4.

Tab. 4 Intelligenzalter (IA) und Lebensalter (LA) von jeweils 10 Jungen der Harvard Growth Study

Generation			
Herbst/Winter 1929	IA 82,0 LA 6;10		
Winter/Frühjahr 1930	IA 72,8 LA 6;6	IA 91,5 LA 6;10	
Sommer 1930	IA 73,0 LA 6;2	IA 84,2 LA 6;6	IA 83,7 LA 6;10
Testzeit	Herbst 1936	Winter 1936/37	Frühjahr 1937

Berechnung:

$$A_d = \frac{(91,5 - 72,8) + (83,7 - 84,2)}{2} = \frac{18,2}{2} = 9,1$$

Für den Altersbereich zwischen 6;6 Jahren und 6;10 Jahren liegt demnach eine durchschnittliche Intelligenzaltersdifferenz bzw. Zuwachs von 9,1 Monaten vor. Dieser Wert übersteigt erheblich den aufgrund der Altersdifferenz zu erwartenden Wert von vier Monaten. Für weitere Erläuterungen siehe Schaie (1972).

(2) Die Testzeit-Sequenz-Methode. Für diese Methode sind mindestens zwei Testzeitpunkte festzulegen, an denen zwei oder mehr Altersstufen untersucht werden. Dieses Verfahren entspricht einem wiederholten Querschnittverfahren.

Die zweifaktorielle Varianzanalyse mit den beiden Faktoren Alter und Testzeit läßt Aussagen über die Bedeutsamkeit von Altersdifferenzen oder Testzeitdifferenzen zu. Vorausgesetzt wird, daß die dritte Variable, die Generation, keine Bedeutung besitzt und deshalb die Wechselwirkung Alter x Testzeit gleich Null ist. Diese Annahme ist zu prüfen, indem eines der beiden anderen Sequenzmodelle eingesetzt wird, das den Generationeneffekt in reiner Form erfaßt.

Die durchschnittliche Altersdifferenz (A_d) über die untersuchten Testzeiten berechnet sich nach

$$A_d = \frac{1}{N_T} \sum_{t=1}^{N_T} (A_n - A_m)$$

mit N_T als Zahl der Erhebungszeitpunkte.

In Worten: Die Differenzen zwischen Altersstufen sind über alle Erhebungszeitpunkte zu addieren und durch die Zahl der Erhebungen zu dividieren.

Die Testzeitdifferenz (T_d) wird nach folgender Beziehung geschätzt:

$$T_d = \frac{1}{N_A} \sum_{a=1}^{N_A} (T_l - T_k)$$

T_l und T_k sind die zu vergleichenden Erhebungszeitpunkte. In Worten: Die Differenzen zwischen zwei Erhebungszeitpunkten sind über alle Altersstufen zu addieren und durch die Altersstufen zu dividieren.

Schaie empfiehlt die Testzeit-Sequenz-Methode, wenn verallgemeinerungsfähige Aussagen über Altersverläufe zu verschiedenen Erhebungszeitpunkten geplant sind.

(3) Die Quer-Sequenz-Methode. Es sind mindestens zwei Generationen auszuwählen, die an mindestens zwei Erhebungszeitpunkten untersucht werden. Aus der Graphik sind die Unterschiede zu den beiden vorausgegangenen Methoden ersichtlich. Die Quersequenzmethode entspricht im Prinzip einer wiederholten Zeitwandelmethode.

Die zweifaktorielle Varianzanalyse gestattet Generationeneffekte oder Testzeiteffekte abzuschätzen. Vorausgesetzt ist wiederum, daß die Wirkung der dritten Variablen, des Alters, zu vernachlässigen ist. Diese Annahme ist durch den Einsatz eines der beiden anderen Sequenzmodelle zu prüfen.

Der Effekt der unterschiedlichen Generationen kann abgeschätzt werden nach

$$G_d = \frac{1}{N_T} \sum_{t=1}^{N_T} (G_j - G_i)$$

In Worten: Die Differenzen zwischen zwei Generationen sind über alle Erhebungszeitpunkte zu addieren und durch die Zahl der Erhebungszeitpunkte zu dividieren. Der Effekt des Erhebungszeitpunktes bestimmt sich nach folgender Formel:

$$T_d = \frac{1}{N_G} \sum_{g=1}^{N_G} (T_l - T_k)$$

In Worten: Die Differenzen zwischen zwei Erhebungszeitpunkten sind über alle Generationen zu addieren und durch die Zahl der Generationen zu dividieren. Nachdem ein Fehlen von Alterseffekten gerade bei Fragestellungen der Entwicklungspsychologie nicht zu erwarten ist, empfiehlt Schaie dieses Verfahren für Untersuchungen im Erwachsenenalter, wenn Generationenunterschiede zu verschiedenen Testzeitpunkten untersucht werden sollen.

Angesichts der Erwartung, Verhaltensänderungen auf Bedingungen des Alters, der Generation und/oder der Testzeit zurückführen zu können, bedeutet ein Minimalplan mit sechs Stichproben bei drei Erhebungszeitpunkten einen vertretbaren Mehraufwand im Vergleich zu den traditionellen Querschnittverfahren und eine erhebliche zeitliche Verkürzung gegenüber den Längsschnittmethoden. Dabei können nach Schaie auch längsschnittliche Sequenzmethoden die Vorteile unabhängiger Stichproben dadurch nutzen, daß aus einer gegebenen Generation zu bestimmten Erhebungszeitpunkten jeweils neue Stichproben gezogen werden.

Für die praktische Anwendung der Stichprobenpläne schläge Schaie jedoch vor, daß mindestens eine der beiden Komponenten über mehr als zwei Stufen variiert, weil sich auf diese Weise der Einfluß der dritten, nicht kontrollierten Variablen, verringert. Zudem ist die mehrmalige Erhebung Vorbedingung, um Entwicklungsfunktionen graphisch darstellen zu können. Berücksichtigt man, daß die Stichprobenpläne u. a. eine ökonomischere Forschung ermöglichen sollten, insbesondere im

Vergleich zu der traditionellen Längsschnittmethode, so ist die Generationen-Sequenz-Methode von den drei Stichprobenplänen am wenigsten geeignet, weil mit der Vermehrung der Erhebungszeitpunkte die Zeitspanne der Untersuchung ausgeweitet wird. Empfohlen sind deshalb die beiden Stichprobenpläne der Testzeit-Sequenz-Methode und der Quer-Sequenz-Methode mit jeweils den Bestimmungsgleichungen über die Testdifferenzen (T_d). Die übrigen Komponenten sollten dann aber zweckmäßigerweise nach folgender Beziehung bestimmt werden: Für den Alterseffekt bei einer Testzeit-Sequenz-Untersuchung:

$$A_d = L_d - T_d$$

In Worten: Die Netto-Altersdifferenz zwischen den untersuchten Altersstufen kann geschätzt werden, indem zunächst die Differenz der Mittelwerte für die Generation i zu den Erhebungszeitpunkten l und k gebildet (L_d) und davon der Wert von T_d subtrahiert wird.

Für den Generationeneffekt bei einer Quer-Sequenz-Untersuchung:

$$G_d = ZW_d - T_d$$

In Worten: Die Netto-Generationendifferenz zwischen den Generationen j und i kann geschätzt werden, indem zunächst die Differenz der Mittelwerte der Generationen i und j für die Altersstufe m gebidet und davon der Wert von T_d subtrahiert wird.

Trotz der anspruchsvollen Einbindung in Bestimmungsgleichungen darf aber nicht übersehen werden, daß diese Schätzungen keine punktgenauen Schätzungen sind. Für die berechneten Werte existiert noch keine Prüfstatistik (vgl. Rudinger, 1975). Es sei deshalb empfohlen,

(a) zum Zwecke der Datenerhebung die Stichproben in Anlehnung an die Schaieschen Sequenzpläne zu organisieren;
(b) die Bestimmungsgleichungen zur Ableitung von Fragestellungen bzw. Hypothesen einzusetzen;
(c) die Mittelwertdifferenzen in konventioneller Weise auf statistische Bedeutsamkeit hin zu prüfen.

Zu beachten ist, daß auf diese Weise Variabilität bzw. Stabilität von Verhalten im Zusammenhang mit Alter, Generation oder Testzeit identifiziert wird, daß damit jedoch noch keine Erklärung verbunden ist, weshalb sich z. B. verändertes Alter auf das untersuchte Verhalten auswirkt.

3.7.2.2. Das zweifaktorielle Modell von Baltes

Einer der heftigsten Kritiker des Sequenz-Modells von Schaie ist bzw. war Paul Baltes (1968a, b). Seine Kritik richtete sich u. a. dagegen, daß die drei Komponenten des Entwicklungsmodells von Schaie nicht unabhängig voneinander sind. Die dritte Komponente ist vielmehr durch die beiden anderen jeweils festgelegt. Dies verdeutlicht die folgende Gegenüberstellung:

Testzeit − Generation = Alter
Alter + Generation = Testzeit
Testzeit − Alter = Generation

Baltes zog daraus die Konsequenz und entwarf ein allgemeines Entwicklungsmodell, das nur durch die beiden Komponenten der Generation und des Alters bestimmt wird. Es sei nicht notwendig, zwischen Alter und Testzeit zu unterscheiden, denn beide sind bei gegebener Generation austauschbare Einheiten der Dimension der Zeit. Schaie (1972) gesteht zwar zu, daß für seine einzelnen Sequenzpläne jeweils zwei Komponenten relevant sind. Er beharrt jedoch auf der Notwendigkeit, drei Komponenten beizubehalten, weil die spezifische Fragestellung der jeweiligen Untersuchung es notwendig machen könne, zwei dieser drei Faktoren auszuwählen.

Das Entwicklungsmodell von Baltes

Tab. 5 stellt die beiden Komponenten Generation und Alter im allgemeinen Entwicklungsmodell von Baltes (1968 b) dar. Die Generationen erstrecken sich über die Geburtsjahrgänge von 1880 bis 2000 mit einem Abstand von jeweils 20 Jahren. Die konventionellen Stichprobenpläne der Querschnitt-, Längsschnitt- und Zeitwandelmethode können dem Modell zugeordnet werden.

Tab. 5 Das zweifaktorielle Entwicklungsmodell von Baltes (1968) mit den Methoden der Querschnitt- und Längsschnittsequenzen (nach Baltes et al., 1977: 134)

Generation						
1880	1880	1900	1920	1940	1960	
1900	1900	1920	1940	1960	1980	Q
1920	1920	1940	1960	1980	2000	
1940	1940	1960	1980	2000	2020	
1960	1960	1980	2000	2020	2040	
1980	1980	2000	2020	2040	2060	L
2000	2000	2020	2040	2060	2080	
Alter:	0	20	40	60	80	

Durch dieses zweifaktorielle Modell gelangt Baltes auch zu seiner anderen Bewertung der konventionellen Stichprobenpläne. Die Längsschnittmethode ist seiner Auffassung nach ein adäquater Einfaktorenplan, weil der Faktor des Alters variiert wird unter Konstanthaltung des Faktors der Generation. Sie ist geeignet, wenn die Entwicklung einer bestimmten Generation verfolgt werden soll, wie z. B. die Untersuchung der Nachkriegskinder durch Thomae (Hagen, u. a., 1962). In der Zeitwandelmethode wird der Faktor Alter konstantgehalten und der Faktor der Generation variiert. Die konventionelle Querschnittmethode konfundiert hingegen beide Faktoren und ist als Versuchsplan unbrauchbar, wenn intraindividuelle Veränderungen und interindividuelle Differenzen dieser Veränderungen erfaßt werden sollen.

Die beiden Sequenzpläne von Baltes

Wie Schaie gelangt auch Baltes durch Erweiterung der konventionellen Stichprobenpläne zu sequentiellen Versuchsplänen. Nachdem sein Entwicklungsmodell nur die beiden Parameter Alter und Generation umfaßt, kann er nur zwei Sequenzmodelle entwickeln: Längsschnittsequenz und Querschnittsequenz, wobei der Minimalplan sich über drei Generationen erstreckt.

Für die Methode der Längsschnittsequenz sind nach der Abbildung mindestens zwei Generationen auszuwählen. Von diesen sind dann Daten über mindestens zwei

Tab. 6 Die beiden Sequenzpläne von Baltes (in Anlehnung an Baltes, 1968)

Generation	Längsschnitt-Sequenz		Querschnitt-Sequenz	
1968	1978	1979	1978	1979
1969	1979	1980	1979	1980
1970	1980	1981	1980	1981
Alter	10	11	10	11

Altersstufen zu erheben. Dieses Vorgehen entspricht der Generationen-Sequenz-Methode von Schaie, mit dem Unterschied, daß Baltes seinen Versuchsplan ausschließlich deskriptiv verstanden wissen möchte und keine Erklärung der Bedingungen damit verbindet.

Für die zweite Methode, der Querschnitt-Sequenz-Methode, werden mindestens zwei Altersstufen festgelegt und drei oder mehr Generationen untersucht. Dieses Vorgehen ist mit der Testzeit-Sequenz-Methode von Schaie zu vergleichen.

Trautner (1978: 416) weist darauf hin, daß sich in das Entwicklungsmodell auch ein Zeitwandel-Sequenz-Plan einfügen lasse, welcher dem Querschnitt-Sequenz-Plan von Schaie entspreche: Mindestens zwei Altersstufen werden bei mindestens zwei Generationen erfaßt. Baltes würde allerdings diesen Effekt nicht als Testzeiteffekt, sondern als Generationeneffekt interpretieren.

Die statistische Auswertung der mit den Sequenzplänen erhobenen Daten erfolgt als zweifaktorielle Varianzanalyse und gestattet Rückschlüsse auf Alterseffekte oder Generationeneffekte. Eine mögliche Varianz der Wechselwirkung Alter x Generationen kann jedoch nicht, wie es das Modell Schaies ermöglicht, auf die Wirkung eines dritten Faktors zurückgeführt werden, sondern erlaubt nur die Feststellung, daß die Altersverläufe der verschiedenen Generationen nicht vergleichbar sind.

3.7.3. Intraindividuelle Veränderung und interindividuelle Differenzen in sequentiellen Versuchsplänen

Von den konventionellen Methoden schien für Fragestellungen der Entwicklungspsychologie die Längsschnittmethode die geeignetste Methode zu sein, da sie Informationen über intraindividuelle Veränderungen und interindividuelle Differenzen dieser Veränderungen zu liefern vermochte. Beschränkte diese Methode ihre Erhebungen jedoch nur auf eine einzige Generation, wie es üblich war, so ist die Gültigkeit der Befunde für andere Generationen nur bedingt gegeben. Denn es ist zu erwarten, daß sich die Mitglieder verschiedener Generationen verschieden entwikkeln und höchst unterschiedliche Bedingungen ihre Entwicklung beeinflussen. Deshalb beziehen die von Schaie und Baltes entwickelten Sequenz-Pläne jeweils mehrere Generationen sowohl in querschnittlichen wie längsschnittlichen Designs ein. Die Generationen-Sequenz-Methoden verfolgen das Ziel der Identifikation von intraindividuellen Veränderungen und interindividuellen Differenzen. Dazu sind nach Baltes u. a. (1979) nur zwei Spielarten interindividueller Differenzen aufzugreifen: Differenzen innerhalb von Generationen und Differenzen zwischen Generationen. Auf diese Weise werden Generationenunterschiede als Spezialfälle interindividueller Differenzen bei intraindividuellen Veränderungen betrachtet.

3.7.3.1. Das Buss-Modell: eine Taxonomie

Es wurde empfohlen, die Schaieschen Bestimmungsgleichungen weniger zur absoluten Schätzung sogenannter Netto-Gradienten einzusetzen, sondern sie in heuristischer Hinsicht zur Gewinnung von Hypothesen zu verwenden. Dem dreifaktoriellen Entwicklungsmodell ist jedoch nicht ohne weiteres anzusehen, welche Fülle von Hypothesen möglich sind. Eine Taxonomie versucht Buss (1974, 1979): Ausgehend von der dreidimensionalen „Person × Variable × Occasion"-Box Cattells (1966) systematisierte er die Beziehungen zwischen intraindividuellen Differenzen, interindividuellen Differenzen und intraindividuellen Veränderungen. In dem allgemeinen Entwicklungsmodell (vgl. Abb. 1) enthält jede Zelle das Ergebnis einer Person hinsichtlich einer Variablen zu einem bestimmten Erhebungszeitpunkt. Interindividuelle Differenzen ergeben sich durch Vergleich über Personen für jede Variable zu einem Erhebungszeitpunkt. Intraindividuelle Differenzen resultieren aus dem Vergleich über mehrere Variablen bei einer Person zu einem Erhebungszeitpunkt. Intraindividuelle Veränderungen lassen sich durch den Vergleich über verschiedene Erhebungszeitpunkte für jede Variable für eine Person nachweisen.

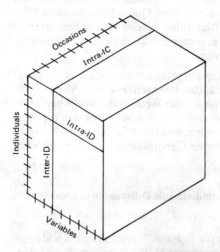

Abb. 1 Interindividuelle Differenzen (Inter-ID), intraindividuelle Differenzen (Intra-ID) und intraindividuelle Veränderungen (Intra-IC) im Buss-Modell (aus Buss, 1979)

Buss erweitert dieses einfache Modell dadurch, daß jeweils zwei Dimensionen variieren, während die dritte konstant bleibt (vgl. Abb. 2). Auf diese Weise ergeben sich sechs neue Strategien der Datenkollektion:

(1) Interindividuelle Differenzen bei intraindividuellen Differenzen: Personen werden verglichen, über verschiedene Variable, zu einem Meßzeitpunkt.
(2) „Intervariable Differenzen" bei interindividuellen Differenzen: Variablen werden verglichen, über verschiedene Personen, zu einem Meßzeitpunkt.

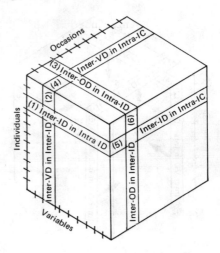

Abb. 2 Bei Variation von jeweils zwei Dimensionen entstehen sechs Strategien. ID = Individuelle Differenzen; IC = Individuelle Veränderungen, VD = Variablendifferenzen; OD = Unterschiede des Meßzeitpunktes

(3) Unterschiede zwischen Meßzeitpunkten (d. h. Veränderungen) bei intraindividuellen Differenzen: Meßzeitpunkte werden verglichen, über verschiedene Variable, für eine Person.

(4) „Intervariable Differenzen" (oder intraindividuelle Differenzen) bei intraindividuellen Veränderungen: Variable werden verglichen, über verschiedene Meßzeitpunkte, für eine Person.

(5) Interindividuelle Differenzen bei intraindividuellen Veränderungen: Personen werden verglichen, über verschiedene Meßzeitpunkte, bezüglich einer Variablen.

(6) Differenzen zwischen Meßzeitpunkten (d. h. Veränderungen) bei interindividuellen Differenzen: Meßzeitpunkte werden verglichen, über verschiedene Personen, hinsichtlich einer Variablen.

In den Erläuterungen gibt die erste Dimension jeweils an, was verglichen wird. Die zweite Dimension nennt die Stichprobe, deren Datenmaterial den Vergleich ermöglicht.

Für detailliertere Fragestellungen kann jede dieser Strategien weiter differenziert werden, indem die dritte Dimension ebenfalls variiert wird durch das Ziehen entsprechender Stichproben (vgl. Abb. 3).

Die sich daraus ergebenden sechs neuen Strategien sind in ihrer Beschreibung aber relativ kompliziert, so daß auf ihre Darstellung verzichtet werden soll. Wegen der begrifflichen und heuristischen Bedeutung ist eine Auseinandersetzung mit ihnen für den Forscher unumgänglich, der an der Interrelation der drei von Buss genannten grundlegenden Dimensionen interessiert ist. Das Modell unterliegt jedoch drei Einschränkungen:

(1) Es geht von der Annahme aus, daß die Bedeutung der Konstrukte, welche die Variablen erfassen, invariant bleibt.

(2) Es ist nicht auf die Analyse von Verhaltensänderungen ausgerichtet.

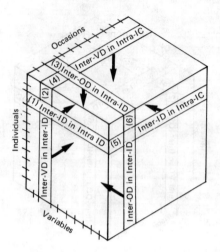

Abb. 3 Die Variation aller drei Dimensionen im Buss-Modell erzeugt sechs weitere Strategien. ID = Individuelle Differenzen; IC = Individuelle Veränderungen; VD = Variablendifferenzen; OD = Unterschiede des Meßzeitpunktes

(3) Die Gültigkeit hängt davon ab, wie die allgemeinen Aussagen umgesetzt und in der Forschung konkretisiert werden können.

3.7.3.2. Verhaltensbeschreibung und Sequenzpläne

In der Diskussion um die Forschungsstrategien hat es sich als sehr zweckmäßig erwiesen, zwischen den Methoden der Datensammlung und den Methoden der Datenanalyse zu unterscheiden. Erstere verfolgen den Zweck, auf deskriptiver Basis Veränderungen bzw. Stabilität bei vorzugsweise langfristig ablaufenden Prozessen zu identifizieren. Letztere haben die Aufgabe, den Einfluß gesetzter experimenteller Bedingungen statistisch abzuschätzen.

Bezüglich der deskriptiven Aufgabe besteht weitgehende Einigkeit darüber, daß die verschiedenen Sequenzpläne als Methoden der Datenkollektion brauchbar sind und einen erheblichen Fortschritt gegenüber den älteren unifaktoriellen Designs bedeuten. Die zweifaktorielle Datenmatrix, z. B. Alter × Generation, gestattet die „direkte und vollständige Erfassung intraindividueller Veränderungen sowohl innerhalb als auch zwischen den Generationen" (Baltes et al., 1979: 66). Welche Faktoren in den faktoriellen Versuchsplan aufzunehmen sind, hängt von der jeweiligen wissenschaftlichen Disziplin und der spezifischen Fragestellung der Untersuchung ab (vgl. das Modell von Buss). Hinsichtlich der Kontroverse von Schaie und Baltes über zwei oder drei Faktoren ist Riley (1976) der Auffassung, daß der Erhebungszeitpunkt als unabhängiger Faktor durchaus notwendig ist, um Fragestellungen der Soziologie beantworten zu können.

Bezeichneten Campbell und Stanley (1963) einfache Längsschnittuntersuchungen als präexperimentelle Designs, weil z. B. die interessierende Altersvariable nicht zu variieren ist, so bedeuten auch Sequenzpläne noch kein experimentelles Nonplusultra. Vielmehr gilt auch für sie, den strengen Anforderungen an experimentelle Designs zu genügen. Dazu gehören:

(1) Einführung von Kontrollgruppen, um Retest-Effekte und andere Einflüsse spe-
    zifischer Untersuchungsbedingungen abschätzen zu können;
(2) Einführung spezifischer Versuchsgruppen, die einem Treatment unterzogen
    werden;
(3) Erhöhung bzw. Optimierung der Zahl und des Abstandes der Beobachtungs-
    zeitpunkte, wozu jedoch eine gute Theorie des zu untersuchenden Prozesses
    notwendig ist;
(4) simultaner Einsatz von Quer- und Längsschnitt-Sequenz-Plänen (Baltes u. a.,
    1977);
(5) Aufgreifen von Reformen als experimentelle bzw. quasi-experimentelle Bedin-
    gungen (Campbell, 1969);
(6) Einsatz experimenteller Untergruppen (Labouvie 1978).

Für den Fall, daß keine vollständige Alter × Generationen-Datenmatrix erstellt
werden kann, gibt es verkürzte Versuchspläne, sogenannte „mixed-models", die
längsschnittliche und querschnittliche Designs verknüpfen: Bell (1953, 1954); Welford (1961); van't Hof et al. (1977).

3.7.3.3. Verhaltenserklärung und Sequenzpläne

Zur Frage, auf welche Weise eine explikative Datenanalyse vorzunehmen sei, besteht im Gegensatz zum deskriptiven Aspekt keine Einigkeit.

Schaie (1965) verband mit seinem allgemeinen Entwicklungsmodell eine explikative
Interpretation der beobachteten Effekte:

Alterseffekte führte er auf neurophysiologische Reifungsprozesse zurück, die in der
untersuchten Altersspanne aufgetreten sind. Generationeneffekte sind bedingt
durch genetische Unterschiede zwischen den Generationen und/oder durch unterschiedliche Umweltbedingungen, bevor die Untersuchung durchgeführt wurde.
Testzeiteffekte werden hervorgerufen durch Variabilität oder Konstanz von Umweltbedingungen, die für alle Personen gelten. Diese Erklärungsansätze von Schaie
werden in ihrem Anspruch, die Spannbreite möglicher Bedingungen zu erfassen,
zurückgewiesen und höchstens als eine unter zahlreichen anderen Erklärungsansät-
zen gewertet (Baltes, 1968) – die Tatsache, daß sich das Alter verändert habe, erklä-
re noch nichts. Deshalb bevorzugt Baltes das Simulationsexperiment, weil dieses
gestattet, die Bedingungen, auf welche die Verhaltensänderung zurückgeführt werden kann, direkt in den Griff zu bekommen. Baltes schildert ausführlich einige der
von ihm durchgeführten Simulationsexperimente (Baltes & Goulet, 1971; Baltes et
al., 1977: Kap. 19, sei dem Leser als Beispiel empfohlen).

Daneben fordert er, die in den Sequenzplänen erhobenen Daten mit allen zur Verfügung stehenden statistischen Auswertungsverfahren zu analysieren und den Einfluß
gesetzter experimenteller Bedingungen abzusichern oder zurückzuweisen. Kowalski & Guire (1974) und Guire & Kowalski (1979) geben eine Systematik der verfügbaren Analysetechniken. Beispiele aus anderen wissenschaftlichen Disziplinen geben Fienberg & Mason (1979), Jackson (1975), Mason u. a. (1973). Glenn (1976)
beurteilt jedoch die Datenanalyse auf rein statistischer Basis sehr skeptisch, denn es
fehle die von Cronbach (1957, 1975) geforderte Verknüpfung von korrelativen und
experimentellen Strategien. Als Forschungsperspektive sehen Baltes u. a. (1979),
daß sowohl die experimentelle Versuchsplanung als auch die explikative Analyse
von Daten in weit stärkerem Maße von vorgängigen theoretischen Überlegungen
über den zu untersuchenden Prozeß bestimmt sein werden. Damit ist eine stärker

hermeneutische Orientierung der gesamten Forschung gefordert. Daraus folgt
aber, daß es kein absolut bestes Design für die Untersuchung langfristig ablaufender Prozesse gibt, sondern jeder Versuchsplan sollte durch eine möglichst optimale
Verknüpfung von Theorie und Methode gekennzeichnet sein. Dies schließt ein, daß
es die Sachlage erfordern kann, nicht einen neuzeitlichen Sequenzplan zu verwenden, sondern es kann durchaus eine konventionelle Methode angebrachter sein.

3.8. Modellbildung und Simulation

von Dietrich Dörner

Vorbemerkung

Dieser Aufsatz betrifft die Verwendung von Modellen in den Sozialwissenschaften. Es geht um den Nutzen, den **dynamische** Modelle (= Simulationsmodelle) für den Gang der Theoriekonstruktion in den Sozialwissenschaften bringen können. Im Abschnitt 3.8.1. gehen wir zunächst auf den allgemeinen Begriff „Modell" ein, um uns sodann speziell dem systemtheoretischen Modellbegriff zuzuwenden. Abschnitt 3.8.2. betrifft die Vorteile der Verwendung von Modellen bei der Theoriekonstruktion. Im Abschnitt 3.8.3. schließlich werden methodische Fragen der Modellkonstruktion und der Validitätsprüfung erörtert.

Die Computersimulation von Informationsverarbeitungsprozessen hat besonders im Bereich der Psychologie große Aufmerksamkeit und sehr stark emotional gefärbte Diskussionen hervorgerufen. Diese Diskussionen rankten sich um die alte – für die einen hoffnungsfrohe, für die anderen teuflische – Devise von Julien de Mettrie „L'homme machine". Die Frage, ob der Mensch eine Maschine sei, wird in diesem Kapitel nicht beantwortet werden. Wir müßten dafür weiter ausholen und z. B. die Frage nach dem, was man unter einer „Maschine" zu verstehen hat. Sicherlich sind Lebewesen im allgemeinen und Menschen im speziellen nicht kommensurabel mit Staubsaugern oder Geschirrspülautomaten.

Andererseits ist die Frage bislang offen, ob menschliche psychische Prozesse nicht letzten Endes doch erklärbar sind als hervorgebracht durch ein rekursiv mehrstufig organisiertes deterministisches System, welches prinzipiell auch durch ein beliebiges anderes informationsverarbeitendes und motiviertes System simuliert werden kann. Von dieser Hoffnung oder dieser Furcht bekommen die Versuche der Simulation psychischer Prozesse ihren spezifischen „Hautgout" der enthusiastischen Befürwortung und der wütenden Negation. Wir sind durchaus der Meinung, daß sich menschliche psychische Prozesse als Informationsverarbeitungsprozesse darstellen lassen. Dieses „Glaubensbekenntnis", das aber u. E. noch nie ernsthaft widerlegt wurde, müssen wir dem Aufsatz wohl vorausschicken. Denn die Umsetzung sozialwissenschaftlicher Prozesse in Simulationsmodelle setzt genau dies voraus.

3.8.1. Modelle und Systeme

3.8.1.1. Der Begriff „Modell"

Der Ausdruck „Modell" wird in den Wissenschaften mit verschiedenen Bedeutungen verwendet. Man spricht von einem „Denkmodell", wenn man eine noch nicht ganz präzise und wenig überprüfte theoretische Vorstellung über einen Gegenstand meint. Besonders in der Psychologie spricht man von „mathematischen Modellen", wenn man sehr präzise, nämlich vollständig formale Theorien über einen Gegenstand meint, die meist einen nur geringen Umfang haben.

Wir möchten hier von Modellen so sprechen, wie es im Alltagssprachgebrauch üblich ist. Hier meint man mit Modell die Replikation eines Realitätsausschnitts, sein Abbild, welches meist in einem verkleinerten Maßstab vorliegt; als Modellflugzeug, Modelleisenbahn usw. Zwischen dem Modell und seinem Urbild besteht eine bestimmte Beziehung, die **Modellrelation**. Man kann von bestimmten Merkmalen des Modells auf bestimmte Merkmale des Urbildes schließen und umgekehrt. Bezüglich bestimmter, ausgewählter Merkmale herrscht zwischen Modell und Urbild eine **Isomorphierelation**, d.h. „eine umkehrbar eindeutige Abbildung, bei der alle Relationen erhalten bleiben" (van der Waerden, 1960: 33. ff., nach Tack, 1969: 234).

Jenseits der Merkmale, bezüglich derer eine Isomorphierelation zwischen Modell und Urbild existiert, gibt es sowohl beim Modell als auch beim Urbild Merkmale, die im Gegentyp keine direkte oder keine Entsprechung haben. Aus den Längen-, Breiten- und Höhenmaßen einer Modellokomotive lassen sich, kennt man den Maßstab, die entsprechenden Merkmale des Urbildes erschließen und umgekehrt. Dieser Schluß muß nicht bezüglich sämtlicher Merkmale einheitlich sein. Bei Kenntnis des Maßstabs kann man zwar bezüglich der Längenmaße durch Multiplikation bzw. Division vom Modell auf das Urbild schließen, bzgl. der Flächenmaße muß man aber quadrieren bzw. radizieren, und bezüglich der Raummaße muß man mit Dreier-Potenzen bzw. Kubikwurzeln umgehen. Dies bedeutet zugleich, daß die Verhältnisse bzgl. der Längenmaße **gleich** sind bei Modell und Urbild, keineswegs aber die Verhältnisse zwischen Längenmaßen und Flächen- oder Raummaßen. Ein im Maßstab 1:100 verkleinertes Modell eines Schiffes verhält sich bezüglich der Flächenmaße zum Urbild wie 1:10 000, bezüglich der Raummaße wie 1:1 000 000. In der Technik macht diese Dissonanz der verschiedenen Relationen durchaus Schwierigkeiten bei der Übertragung von Windkanal- oder Strömungskanalergebnissen.

Jenseits der Merkmale des Modells bzw. Urbildes, die jeweils aus dem Gegenstück erschließbar sind, gibt es gewöhnlich sowohl am Modell als auch am Urbild Merkmale, die **keine** Entsprechung am Gegenstück haben. Den Dampfkessel einer Lokomotive findet man in der elektrisch betriebenen Modellreplikation nicht wieder; genau so wenig wie den Schleifbügel des Stromabnehmers der Modelldampflokomotive im Urbild.

Es ist wichtig, sich die eben dargestellten Aspekte der Modellrelation vor Augen zu halten. Der Psychologe, der einen bestimmten psychischen Prozeß mit Hilfe eines Computers simuliert, behauptet damit keineswegs, daß „der Mensch (nur!) ein Computer sei" oder „wie ein Computer denke". Er benutzt vielmehr die formbare Informationsverarbeitungskapazität des Rechners als Medium, wobei die technische Grundcharakteristik des Rechners als serielle Informationsverarbeitungsmaschine für das Modell selbst ganz unwesentlich sein kann.

Abb. 1. zeigt noch einmal schematisch die Beziehungen zwischen Modell und Urbild. Beide „entsprechen" einander hinsichtlich bestimmter Merkmale in dem Sinne, daß man von den Merkmalen des einen auf die Merkmale des anderen schließen kann. Die Entsprechung betrifft aber nur Teile der beiden Realitätsausschnitte; hinsichtlich vieler Teile findet sich keine Entsprechung.

Realitätsausschnitt A   Realitätsausschnitt B

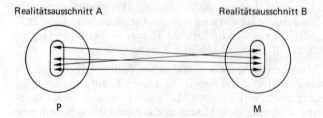

Abb. 1   Die Modellrelation als partieller Isomorphismus (vereinfacht nach Tack, 1969: 234)

Die Modellrelation ist symmetrisch, d. h. man kann A als Modell von B oder B als Modell von A betrachten; was Modell heißen soll, ist eine Frage des Blickpunktes oder eine Frage der Entstehung (man hat B nach dem Vorbild A gebaut, deshalb ist B das Modell).

3.8.1.2. Dynamische Modelle von Systemen

Modelle, die ihre Urbilder hinsichtlich von Flächen-, Längen- oder Raummaßen replizieren, interessieren in den Sozialwissenschaften weniger. Interessant sind hier meist **Prozesse**, also Veränderungen von Variablen in der Zeit. Von besonderem Interesse ist das **Verhalten**, also die Art und Weise, wie ein bestimmter Realitätsausschnitt (ein Mensch, ein Industriebetrieb, eine Nation) auf einen bestimmten Außeneinfluß (einen „Reiz") reagiert, wie sich diese Reaktionsformen in der Zeit ändern usw. Interessant sind das Verhalten und die inneren Prozesse, die zwischen Reiz und Reaktion vermitteln. (Auf den exakten Verhaltensbegriff, wie er in der Systemtheorie von Klir, 1969: 40 ff., verwendet wird, wollen wir hier nicht eingehen.)

Mit Gebilden, die „Verhalten" hervorbringen, befaßt sich die **Systemtheorie** (s. v. Bertalanffy, 1968; eine gute Einführung bietet Klix, 1969).

Das Konzept des Wirkungsgefüges bzw. des **Systems** im Sinne der Systemtheorie ist einfach. Ein System ist ein Gefüge von Variablen und **deterministischen** oder **stochastischen** Einflußbeziehungen zwischen den Variablen. Letztlich besteht ein System aus einer Menge von Beziehungen der Art „x bewirkt, daß y zum Zeitpunkt t + Δ t den Wert f.(x) annimmt". Dabei kann eine Größe auch von sich selbst abhängig sein: „Die Bevölkerungsgröße b (zum Zeitpunkt t) beeinflußt die Bevölkerungsgröße b (zum Zeitpunkt t + Δ t) so, daß b (zum Zeitpunkt t + Δ t) gleich b (zum Zeitpunkt t) + 5% von b (zum Zeitpunkt t) ist."

Eine stochastische Wirkbeziehung sieht beispielsweise folgendermaßen aus: „y nimmt (zum Zeitpunkt t + Δ t) mit der Wahrscheinlichkeit p den Wert f (x [zum Zeitpunkt t]) an, mit der Wahrscheinlichkeit 1–p den Wert g (x [zum Zeitpunkt t])." Eine stochastische Beziehung ordnet also einer wirkenden Variablen eine Wahrscheinlichkeitsverteilung über der beeinflußten Variablen zu.

Natürlich kann eine Variable auch mehrere andere beeinflussen oder von mehreren anderen beeinflußt werden. Ein System im Sinne der Systemtheorie ist also ein Netzwerk von einander beeinflussenden Größen, so wie wir es symbolich in Abb. 2 dargestellt haben.

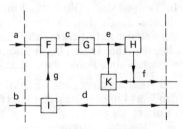

Abb. 2 Ein System als Netzwerk von Variablen (a, b, c, ...), die durch bestimmte Funktionen und Wahrscheinlichkeitsfunktionen (F, G, H, ...) miteinander gekoppelt sind

Wichtig ist noch die Beziehung eines Systems zu seiner **Umgebung**. Von dieser wird es beeinflußt dadurch, daß die Umgebung auf bestimmte Systemvariable des „Eingangsrandes" einwirkt und bestimmte Variablen des „Ausgangsrandes" ihrerseits auf die Umgebung wirken. Im Beispiel der Abb. 2 sind a und b Elemente des Eingangsrandes, f und d Elemente des Ausgangsrandes, c, e und g sind Variablen des Systemkerns.

Das Konzept des Systems, so einfach es ist, stellt doch eine wesentliche Bereicherung des wissenschaftlichen Begriffsinventars dar. Durch dieses Konzept wurde der „informationelle" Aspekt eines Realitätsausschnittes von seinem „materialqualitativen" (woraus besteht der Realitätsausschnitt?) und seinem „energetischen" (wieviel Energie setzt der Realitätsausschnitt um?) abgetrennt und einer isolierten Betrachtung zugänglich (s. Bischof, 1969).

Von dem System selbst ist seine **Beschreibung** abzutrennen. Ein System ist ein real existierendes System von Wirkbeziehungen, zwischen Einkommen, Freizeit und Geldausgaben, Werbung und Verkauf, empfundener Hilflosigkeit und Herzschlagrate, Umweltverschmutzung und Krebserkrankung usw.

Ziel des Theoretikers in einem bestimmten Bereich der Wissenschaften ist die Gewinnung der richtigen **Beschreibung** eines Systems, als **Theorie** des real existierenden Systems. (Eine Theorie im Sinne der Systemtheorie ist also eine Beschreibung eines realen Systems im Hinblick auf die in ihm enthaltenen Wirkbeziehungen. Wir wollen den Zusammenhang zwischen dem hier zugrunde gelegten Theoriebegriff und anderen Theoriebegriffen hier nicht diskutieren, sondern an dieser Stelle nur den besonderen Theoriebegriff der Systemtheorie hervorheben.)

Die Beschreibung eines Systems oder ein **abstraktes** System ist ein sprachliches Gebilde. Als Sprachsysteme der Systemtheorie zur Beschreibung von Systemen haben sich besonders **Block-** und **Flußdiagramme** eingebürgert, die beide ihre spezifischen Anwendungsbereiche haben.

In einem Blockdiagramm werden die Variablen und ihre funktionalen Verknüpfungen durch Blöcke und Pfeile dargestellt; ein Flußdiagramm repräsentiert die Aufeinanderfolge von einzelnen Informationsverarbeitungsprozessen. Abb. 3a zeigt ein System zur Produktion des „bedingten Reflexes" als Blockdiagramm, Abb. 3. b dasselbe System als Flußdiagramm. Es geht um ein erzeugendes System, welches das Verhalten eines Hundes darstellt, der nach einer gewissen Anzahl von gemeinsamen Darbietungen von „Futter" und „Glockenton" nicht nur auf das Futter, sondern auch allein schon auf die Glocke hin mit einer Aktivierung der Speicheldrüsen reagiert.

Im Beispiel sind „Glocke", „Futter" und „Speichelreaktion" **Boolesche** ($\emptyset$–1-) Variablen, desgleichen die Variablen a, b und c von Abb. 3a. r kann Werte aus dem Bereich der natürlichen Zahlen annehmen. Die mit „ $\wedge$ " gekennzeichneten Kästchen der Abb. 3a sind Boolesche „und"-Funktionen, die mit „V" gekennzeichneten Kästchen sind Boolesche „oder"-Funktionen.

Der Ausgang einer „und" Funktion hat nur dann den Wert 1, wenn beide Eingänge den Wert 1 haben, sonst den Wert $\emptyset$. a in Abb. 3a wird also nur dann 1, wenn sowohl „Futter" als auch „Glocke" = 1. Der Ausgang einer „oder"-Funktion hat den Wert 1, wenn wenigstens einer der Eingänge den Wert 1 hat.

Im Flußdiagramm der Abb. 3b bedeuten die Pfeile nicht die Variablen und ihre Einflußrichtungen wie in Abb. 3a, sondern den **zeitlichen** Ablauf des Prozesses (beginnend bei α). Der Leser wird sich, so hoffen wir, anhand dieser Erläuterungen selbst ein Bild des Systems „bedingter Reflex" machen können, welches hier in sehr stark vereinfachter Weise dargestellt werden sollte.

Flußdiagramme sind adäquate Methoden zur Beschreibung von „seriellen Systemen", Dies sind solche Systeme, in denen zu einem bestimmten Zeitpunkt jeweils nur ein einziger Prozeß stattfindet. Digitale Computer sind (im Gegensatz zu Ana-

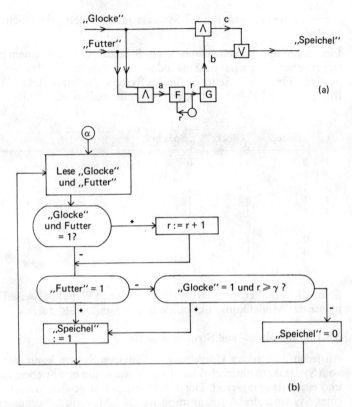

Abb. 3 Block- und Flußdiagrammdarstellung des „bedingten Reflexes" (stark vereinfacht). Die Funktion F ind 3a habe folgende Form: wenn a = 1 dann r: = r' + 1 sonst r: = r'. Die Funktion G habe die Form: wenn r ≥ γ dann b: = ∅. Der zwischen r und r' stehende Kreis in 3a ist ein „Verzögerungselement", welches den Wert von r mit einer gewissen Zeitverzögerung an r' weitergibt. Dadurch wird „Gedächtnis" dargestellt („Gedächtnis" = Zeitübertragung von Information).

logcomputern) serielle Systeme. Ihre Arbeitsweise besteht in der schnellen Aufeinanderfolge jeweils einzelner Prozesse der Informationsverarbeitung (Laden eines Registers auf dem Speicher, Umwandlung des Registerinhalts, Transport des Registerinhalts in den Speicher, usw.). Desgleichen scheint das menschliche bewußte Denken durch eine „serielle Maschine" zustande gebracht zu werden. Menschen können zu einem Zeitpunkt nur an eine Sache denken (s. Newell & Simon, 1972).

Die Darstellung eines Systems als Blockdiagramm ist dann am meisten angebracht, wenn es um ein System geht, in dem sich viele Prozesse zugleich ereignen, wenn es also um **Parallelsysteme** geht.

Die Unterscheidung der Indikationsbereiche der beiden wichtigsten Sprachsysteme der Systemtheorie ist insofern problematisch, als man beliebige Parallelsysteme durch serielle Systeme simulieren kann und umgekehrt. Wenn man ein System durch einen Computer simulieren lassen will, ist eine Darstellung als Flußdiagramm hilfreicher bei der Erstellung des Programms als eine Darstellung im Blockdiagramm. Man muß sich dabei sehr genau darüber im klaren sein, daß die Flußdiagrammbeschreibung eines Systems nicht seiner „eigentlichen" Struktur entspricht.

Eine bestimmte **Verhaltensweise** eines Systems ist die mit einem geeigneten Zeitraster erhobene Sequenz von Zuständen des Eingangs- und des Ausgangsrandes eines Systems. Eine solche Sequenz für das System „bedinger Reflex" der Abb. 3 könnte (für $\gamma = 4$, und $r' = \emptyset$ zu Beginn) folgendermaßen aussehen:

t	„Futter"	„Glocke"	„Speichel"
1	0	1	0
2	1	1	1
3	1	1	1
4	1	1	1
5	1	1	1
6	0	0	0
7	0	1	1
8	0	1	1

Solche in Verhaltensprotokollen niedergelegten Verhaltensweisen sind wichtige Elemente der Modellkonstruktion. Wir kommen darauf zurück.

3.8.1.3. Verhaltens- und Strukturmodelle

An jedem von seiner Umgebung abhängigen System kann man den **Systemrand** vom **Systemkern** unterscheiden. Es gibt, wie schon beschrieben, einen **Eingangsrand** und einen **Ausgangsrand**. Der Eingangsrand ist gewissermaßen das „Sensorium" eines Systems, der Ausgangsrand ist die „Motorik". Voraussetzung dafür, daß überhaupt von einem System als **Modell** eines anderen gesprochen werden kann, ist mindestens eine **Eingangs-Ausgangs-Zuordnung**, d.h. eine Abbildung der Menge der möglichen Zustände der Eingangsvariablen und der Ausgangsvariablen des Urbildes in die Menge der möglichen Zustände der Eingangsvariablen und der Ausgangsvariablen des Systems, welches Modell sein soll. Die Eingangs-Ausgangs-Zuordnung soll ein-eindeutig sein, damit man von **gleichen** Außenbedingungen („Reizen" in der Psychologie) und **gleichen** Reaktionen bei Modell und Urbild überhaupt sprechen kann. Die „Reize" und „Reaktionen" bei Modell und Urbild brauchen also nicht irgendeine Art physikalischer Ähnlichkeit aufweisen; es muß nur möglich sein, von einem Eingangs- oder Ausgangsereignis beim Urbild sicher auf das entsprechende Ereignis beim Modell zu schließen und umgekehrt. Man muß also z. B. sagen können: „Wenn der Computer „$\emptyset$" schreibt, so heißt dies, daß das Tier eine Speichelreaktion nicht aufweist, wenn er „1" schreibt, so bedeutet dies eine Speichelreaktion."

Existiert zwischen Modell und Urbild **nur** eine Eingangs-Ausgangs-Zuordnung, so ist das Modell (bestenfalls) ein **Verhaltensmodell**. Existiert darüber hinaus eine Zuordnung, die die **Kernvariablen** betrifft, also die Variablen, die von der Umgebung weder direkt abhängen noch die Umgebung direkt beeinflussen, so ist das Modell ein **Strukturmodell**.

Ein Verhaltensmodell ist seinem Urbild gleich (oder soll ihm gleich sein) im Hinblick auf die Art und Weise, wie es auf äußere Reize reagiert. Ein Strukturmodell ist seinem Urbild zusätzlich auch gleich (oder soll ihm gleich sein) hinsichtlich der internen Elemente, die zwischen Eingang und Ausgang vermitteln. Ein Struktur-modell ist also immer zugleich auch ein Verhaltensmodell, aber nicht umgekehrt.

Abstrakte Systeme sind Beschreibungen von dynamischen Gebilden, von Gebilden also, an denen sich Prozesse abspielen. Die Existenz eines abstrakten Modells er-möglicht prinzipiell auch immer die Konstruktion eines **Modells**, d. h. die Realisie-rung der Wirkbeziehungen in einem anderen geeigneten Medium, z. B. in einem Computer. Ein Systemmodell ist dann vor allem ein Gebilde, welches **Abläufe** simu-liert; im Gegensatz zum Modellhaus oder dem Windkanalmodell eines Flugzeugs, welches **Zustände** nachbildet (also zeitlich invariante Merkmale).

3.8.2. Modelle und Theorien

3.8.2.1. Der Nutzen von Modellen für die Theoriekonstruktion

Modelle werden in der Technik und der Architektur seit je verwendet. In den Sozial- und Wirtschaftswissenschaften finden sich Modelle bis in die neueste Zeit hinein kaum. Dies hat wohl seinen Grund darin, daß die Realitätsausschnitte, mit denen sich die Sozial- und Wirtschaftswissenschaften befassen, **dynamischer** Natur sind, d. h. ein **Zeitverhalten** zeigen, sich in der Zeit verändern, im Gegensatz zum Modell eines Hauses. Man kann allenfalls militärische und wirtschaftswissenschaftliche Planspiele als Versuche ansehen, dynamische Realitätsausschnitte im Modell dar-zustellen.

Modelle wurden und werden zu verschiedenen Zwecken erstellt. Modelle braucht man z. B., um sonst irreversible Entscheidungen reversibel üben zu können. Man denke an Flugtrainer oder Modellnachbildungen von Führerständen großer Ma-schinen. Das Üben in einem Flugtrainer ist auch billiger als richtiges Fliegen. Mo-delle können also auch der Aufwandsverminderung dienen. Tack (1969: 235 ff.) hat die verschiedenen Funktionen von Modellen in der Wissenschaft genauer beschrie-ben; wir wollen uns im weiteren der Funktion von Modellen bei der Theorieent-wicklung zuwenden. Unsere Kernthese lautet, daß die Konstruktion dynamischer Modelle, die „Simulation" von Systemen also, den Gang der Theoriebildung we-sentlich beschleunigt und erleichtert.

Der Gang der Theorie-Konstruktion kann grob als ein „dialektischer" Spiralpro-zeß beschrieben werden, wie er in Abb. 4 dargestellt ist. Man hat ein Problem, entwirft ein vorläufiges Erklärungsmodell und konfrontiert dieses mit der Realität. Tauchen nun Widersprüche auf zwischen den Prognosen der Theorie und den rea-len Daten, so wird die Theorie modifiziert oder erweitert. Es kommt zu einer neuen Konfrontation mit der Realität usw. In diesem Kreislauf entwickelt sich die Theorie immer weiter, wird vollständiger, differenzierter und zutreffender.

Dieser Prozeß kann aus verschiedenen Gründen „sterben". Gewöhnlich sind Theo-rien zunächst vage und enthalten „offene" Zusammenhangsaussagen wie „Erzie-hungsstil der Eltern und Selbstbewußtsein der Kinder hängen („irgendwie") zu-sammen". Die genaue Form dieses Zusammenhangs bleibt offen. Die Gefahr sol-cher Vagheiten liegt darin, daß sich jeder etwas (verschiedenes) dabei denken kann und sich u. U. mit einer solchen offenen Formulierung zufrieden gibt. Ein Compu-termodell läßt sich aber damit nicht erstellen. Ein unprogrammierter Computer ist

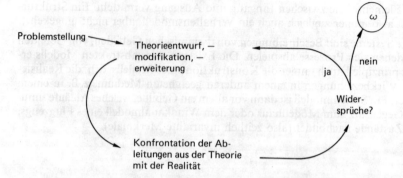

Abb. 4 „Dialektische" Spirale der Theorieentwicklung; Erklärung im Text

an Dummheit und Einsichtslosigkeit unübertrefflich. Er verlangt, daß man ihm ganz genau sagt, was er tun soll. Damit zwingt er zur Explizierung. Ein Computermodell eines dynamischen Wirkungsgefüges verlangt explizite Angaben über den Variationsbereich der Variablen und über die Form ihres Zusammenhanges. (Die Explizitheit der entsprechenden Angaben unterscheidet Computermodelle durchaus von der pseudosystemtheoretischen „Kästchenmalerei", die besonders in manchen Bereichen der Pädagogik und der Psychologie so sehr in Mode ist und die darin besteht, daß man unklare Begriffe in Kästchen setzt, diese durch Pfeile verbindet, von denen unklar ist, was sie bedeuten sollen. Der informierte Leser wird wissen, wovon die Rede ist; wir ersparen uns an dieser Stelle Beispiele. Dieser pseudokybernetische „Kastechismus" ist um nichts besser sondern eher schlimmer als umgangssprachliche Fassungen des entsprechenden Gedankensumpfes, da er durch sein formales Gewand Exaktheit vortäuscht.)

Eine weitere Gefahr von Vagheit in Theorien liegt darin, daß damit oft implizite Widersprüche konstruiert werden. Der gleiche Begriff wird in dem einen Kontext mit der einen Bedeutung, in einem anderen mit einer (leicht) anderen Bedeutung verwendet. (Man denke an die vielerlei Facetten des Libidobegriffs in der Psychoanalyse oder an die schillernde Bedeutung des Begriffs „Aggression".) Indem sich jeder das zu dem Begriff denkt, was ihm gerade richtig dünkt, kann man leicht die Theorie mit jedem beliebigen Datensatz in Einklang bringen („ex falso quod libet"). Dies ist für manche „Theoretiker" sehr erfreulich, ändert aber nichts an der Unbrauchbarkeit der Theorie. Der Zwang zur Explikation bei der Modellerstellung verhindert solche impliziten Widersprüche, aus denen dann alles ableitbar wird.

Ein weiterer Vorteil der Computersimulation liegt darin, daß er unerbittlich konzeptuelle Fehler aufdeckt. Ein Computer funktioniert eben so, wie man ihm das sagt und denkt sich nichts dabei.

Wenn in einem ökologischen Modell die Annahme getroffen wird, daß sich Tierart A primär von Beute B ernährt und erst wenn diese nicht mehr verfügbar ist, von Beute C, so kann es geschehen, daß das Simulationsäquivalent von A lange und mühsam Anstrengungen unternimmt, um sich B zu besorgen und dabei die leicht und schnell verfügbare Beute C links liegen läßt. Ein solches normalerweise unrealistisches Ergebnis einer Computersimulation macht den konzeptuellen Fehler direkt sichtbar und führt zur Einführung des Konzeptes einer Art „Kosten-Nutzenrechnung" bei der Tierart A, die den Zeit- und Müheaufwand der Jagd in Beziehung setzt zu dem erzielbaren Ergebnis.

Wenn man bei der Simulierung eines Produktionsprozesses annimmt, daß die Überstundenbereitschaft der Arbeiter abhängt von der Höhe des Überstundengeldes und dies entsprechend programmiert, so werden die simulierten „Arbeiter" u. U. 24 Stunden pro Tag arbeiten und dies auch, wenn sie das zusätzlich eingenommene Geld keineswegs in Ware umsetzen können.

Die Computersimulation ist insbesondere ein nützliches Mittel, um auf **Interaktionen** hinzuweisen, die in komplexen Systemen die Regel sind. Eeine Interaktion ist – allgemein gesprochen – eine Abhängigkeit von Abhängigkeiten. Eine einfache Interaktion würde darin bestehen, daß der **Zusammenhang** zwischen den Variablen a und b abhängig ist vom Zustand der Variablen c. Zwischen Überstundengeld und Überstundenbereitschaft dürfte z.B. gewöhnlich eine Beziehung bestehen, die ihrerseits abhängig ist von der wirtschaftlichen Bedürftigkeit und der unbedingt benötigten Zeit für Essen, Schlafen usw. Berücksichtigt man solche Interaktionen nicht, so produziert der Rechner unrealistische Ergebnisse. Die Computersimulation erzwingt also eine Vervollständigung der Theorie.

Modellkonstruktion erzwingt Explizitheit, Vollständigkeit und Widerspruchsfreiheit. Diese Vorteile der Modellmethode sind eng verbunden mit ihrem **interaktiven** Charakter. Man hat von einem realen, komplizierten Prozeß bestimmte empirische Ergebnisse und gewisse Prozeßparameter, z.B. Irrtumswahrscheinlichkeiten, charakteristische Fehler, Übergangswahrscheinlichkeiten zwischen verschiedenen Verhaltenselementen usw. Nun fängt man an mit bestimmten Annahmen über die Determinanten des Prozesses und läßt den Rechner, als Simulationsmedium, arbeiten. Der Rechner erzeugt bestimmte Verhaltensprotokolle, deren Ähnlichkeit oder Unähnlichkeit mit den „Urprotokollen" unmittelbar sinnfällig ist. Die Beseitigung der Abweichungen führt zu einer neuen Modellfassung, usw. Der immer mögliche direkte Vergleich zwischen den „Verhaltensprognosen" der Theorie (als Modellverhalten) und der Realität beschleunigt den „dialektischen" Gang des Theorieentwurfs. Man kann beim Modellentwurf ziemlich willkürlich mit irgendeiner Annahme beginnen; aus dem Vergleich von Modellverhalten und Realverhalten ergeben sich schnell Hinweise auf die Stellen, an denen das Modell modifiziert oder erweitert werden muß. Man nähert sich bei der Theorieentwicklung dem Endziel schneller durch Beschleunigung der sukzessiven Approximation an die Realität.

3.8.2.2. Modell und Mathematik

Ein Simulationsmodell basiert auf einer formalen Systembeschreibung und damit letzten Endes auf einem System von Gleichungen, meist wohl auf einem System von Differentialgleichungen. Im Hinblick auf diese Tatsache fragt es sich, wieso man eine Simulation braucht, um die Eigenschaften eines formalen Gebildes kennenzulernen. Genügt nicht das Studium und die genaue algebraische Analyse des formalen Systems? Ist nicht die Simulation nur der Ausweg der Bequemlichkeit, mit welchem man sich die exakte Analyse spart und durch eine notwendigerweise unvollständiger Kasuistik von Simulationen ersetzt?

Darauf läßt sich antworten, daß es auch dem kenntnisreichen und geübten Mathematiker schwerfallen wird, schnell fundierte Aussagen über die Charakteristik des Zeitverhaltens eines komplizierten Systems zu machen, welches aus vielen Zusammenhängen heterogener Art zwischen heterogenen Variablen besteht. Gewöhnlich kommen in Simulationssystemen nicht nur Variablen numerischer Art vor, sondern zusätzlich Variablen „Booleschen" Typs (0–1 Variablen), Variablen vom Typ „Menge von …" oder Variablen vom „Listentyp", die letzten Endes verzweigte Baumstrukturen als „Werte" enthalten.

Es ist charakteristisch für Simulationssysteme, daß sie nicht „reinrassig" sind. Dies ergibt sich aus ihrem Charakter, Abbild komplizierter Realität sein zu sollen. Zugleich erschwert diese Tatsache ihre Durchschaubarkeit. Eine allgemeine mathematische Analyse des Zeitverhaltens solcher Systeme ist mühselig, und in Anbetracht dieser Tatsache ist wohl meist die Simulation als Mittel vorzuziehen, schnell und leicht einen Überblick über die Charakteristika eines solchen Systems zu bekommen.

Darüber hinaus ist folgendes zu beachten: Die genannten Funktionen des Modellgebrauchs für die Theoriekonstruktion sind eng verbunden mit der Tatsache, daß ein Simulationsmodell den unmittelbar anschaulichen Kontakt mit der Realität wieder herstellt. Abstrakte und komplexe Theorien sind selbst in exakter formaler Fassung dem allgemeinen Verständnis selbst ihres Konstrukteurs oft nicht mehr zugänglich. Man weiß nicht mehr genau, was das Gebilde, welches man da zusammengebaut hat, eigentlich für Eigenschaften hat. Den meisten Menschen fällt der Übergang von einer abstrakten Formulierung zur konkreten Vorstellung schwer. Ein Simulationsmodell „verhält sich"; es ist etwas Konkretes und lenkt unmittelbar den Blick auf merkwürdige, falsche oder unvollständige Konzeptualisierungen.

3.8.3. Modellkonstruktion und -validierung

3.8..3.1. Wie konstruiert man Modelle

Wie macht man Modelle? Diese Frage ist generell genauso schwer zu beantworten wie die Frage: Wie macht man Theorien? Man kann darauf, will man nicht ein spezielles Beispiel beschreiben, nur sehr grob antworten.

Voraussetzung für die Modellkonstruktion ist die Verfügbarkeit über einen Rechner und die Fähigkeit, damit umgehen zu können, d.h. die Programmierfähigkeit. Es gibt nun durchaus Programmiersprachen, die auf bestimmte Simulationsbereiche zugeschnitten sind, z.B. Lisp für den Umgang mit Listenstrukturen; u.E. spielt die Charakteristik der Sprache nur eine geringe Rolle für die Modellkonstruktion. Bei genügendem Programmiergeschick kann man mit jeder Sprache alles machen. Gewisse Möglichkeiten zur nichtnumerischen Datenverarbeitung (Mengenoperationen, Textkettenoperationen („string-Operationen"), Listenoperationen) sind allerdings sehr hilfreich.

Eine weitere Voraussetzung ist die Verfügung über eine genügend große und charakteristische Stichprobe von Verhaltensprotokollen und eine gute Kenntnis der Parameter dieser Protokolle (relative Häufigkeiten von Einzelereignissen, also einzelnen Verhaltensweisen, Übergangswahrscheinlichkeiten).

Man beginnt die Konstruktion eines erzeugenden Systems am besten mit den einfachsten Annahmen. Das in Abb. 3 dargestellte System zum bedingten Reflex ist extrem einfach, Grundidee ist die Verknüpfung eines einfachen Koinzidenzzählers (F) mit einem Schwellenwertschalter (G). Man bemühe sich zu Beginn nicht um Vollständigkeit. Im Vergleich des Modellverhaltens mit realen Daten wird man schnell auf die Schwachpunkte des Modells stoßen. Das Modell der Abb. 3 „vergißt" beispielsweise nicht. Der hier simulierte „Hund" wird, wenn er einmal gelernt hat, auch nach 1000 Glockentondarbietungen ohne Futter noch seine Speichelreaktion zeigen. Dies ist falsch und im Widerspruch mit den Daten. Man muß eine Art „Vergessen" einbauen. Ist dies geschehen, wird man merken, daß das Modell eine „spontane Erholung" nicht aufweist, d. H. das plötzliche Wiederauftreten einer schon gelöschten Reaktion usw.

Modellkonstruktion im interaktiven Prozeß hat den Charakter eines konstruktiven Prozesses. Man baut das gesuchtes System sukzessiv, Baustein um Baustein langsam aus.

Es ist nicht wichtig, mit dem „richtigen" Modell zu beginnen, sondern mit irgendeinem. Das „richtige" findet sich durch sukzessive Approximation.

3.8.3.2. Die Validität von Modellen

Die Validität von Verhaltensmodellen: Wir haben oben von den **Voraussetzungen** dafür gesprochen, daß ein System als Modell eines anderen bezeichnet werden kann. Die Mindestvoraussetzung ist eine Eingangs-Ausgangs-Zuordnung. Wie überprüft man aber nun, ob ein System wirklich ein Modell eines anderen Systems **ist**. Mindestens sollten sich Modell und Urbild gleich **verhalten** und am besten wäre es, wenn das gleiche Verhalten auch noch durch gleichartige innere Prozesse hervorgebracht würde.

Wie überprüft man aber die Gleichartigkeit des Verhaltens? **Identität** des Verhaltens unter sonst gleichen Bedingungen bei Modell und Urbild wird meist eine zu starke Forderung sein. Meist gibt es in Systemen Wahrscheinlichkeitsfunktionen, die zu gewissen Zufallsschwankungen im Verhalten führen. Eine nicht ganz befriedigende Lösung des Validitätsproblems ist das sogenannte Turing-Kriterium (nach dem englischen Mathematiker A. M. Turing). Dieses Kriterium ist dann erfüllt, wenn ein kompetenter Beobachter nicht in der Lage ist, eine Verhaltenssequenz des Urbildes von der Verhaltenssequenz des Modells zu unterscheiden, wenn er also Verhaltenssequenzen aus diesen beiden verschiedenen Quellen miteinander verwechselt.

Das Turing-Kriterium ist in der Ursprungsform unbefriedigend, weil zu vage. Wer bestimmt die Kompetenz des Beobachters? Welche Beobachtungsdimensionen zieht der Beobachter für sein Urteil der Unterscheidbarkeit oder Nichtunterscheidbarkeit heran? Dies alles bleibt offen.

Statt nun die Intuition eines kompetenten Beobachters zu bemühen, kann man versuchen, Verhaltensprotokolle vom Modell und vom Urbild direkt miteinander zu vergleichen. Normalerweise wird man im Modell Wahrscheinlichkeitsfunktionen eingebaut haben. Dies bedeutet, daß das Modell **Stichproben** von Verhaltensprotokollen erzeugen kann. Die Parameter einer solchen Stichprobe können mit den üblichen statistischen Verfahren mit den Parametern einer Stichprobe „echter" Protokolle verglichen werden. Man kann also z. B. bei einem Modell für den bedingten Reflex die Verteilung von Lern- und Vergessenspunkten miteinander vergleichen. (Lernpunkt = Zeitpunkt, von dem an nur noch „richtige" Reaktionen erfolgen, Vergessenspunkt = Zeitpunkt, von dem an die bedingte Reaktion erloschen ist.)

Man kann, je nach Art des Prozesses, die relativen Häufigkeiten von Ereignissen, die Übergangswahrscheinlichkeiten, die Autokorrelationen und die Kreuzkorrelationen zwischen verschiedenen Ausgangsvariablen miteinander vergleichen. Die Parameter, die man verwenden kann, hängen von der Art des Prozesses ab.

Neben dem Vergleich hinsichtlich charakteristischer Parameter der Prozesse ist oft ein Vergleich hinsichtlich des Vorkommens bestimmter Einzelereignisse angebracht. Newell & Simon (1972) verglichen z. B. ein Modell menschlichen Denkens (den General Problem Solver, „GPS") mit Humanverhalten, indem sie überprüften, ob bestimmte Abfolgen von Informationsverarbeitungsschritten beim „Denken" des Modells in Protokollen des „lauten Denkens" von Versuchspersonen auch **auftraten**. Eine solche Prüfung der Existenz einer nichtleeren Schnittmenge zwischen der Menge der Verhaltensformen des Modells und der Menge der Verhaltensformen des Urbildes ist natürlich eine sehr schwache Form der Prüfung.

Bei dem statistischen Vergleich von Parametern von Prozeßstichproben muß man allerdings beachten, daß man bei der Validitätssicherung von Modellen nicht daran interessiert sein darf, die Wahrscheinlichkeit der Ablehnung der $\emptyset$ – Hypothese so gering wie möglich zu machen. Man ist ja an Übereinstimmung interessiert, und daher sollte man invers zur üblichen Form der statistischen Entscheidungstheorie arbeiten und Wahrscheinlichkeit zur **Beibehaltung** der $\emptyset$ – Hypothese möglichst gering ansetzen.

Die Validität von Strukturmodellen: Der mit den üblichen statistischen Methoden durchführbare Vergleich von Parametern der Verhaltenssequenzen von Urbild und Modell ist ein geeignetes Mittel, um zu klären, ob ein System ein **Verhaltensmodell** seines Urbildes ist. Die Aufklärung der Frage, ob es sich bei einem System um ein **Strukturmodell** handelt, ist erheblich schwerer zu beantworten. Wenn ein System Strukturmodell eines anderen sein soll, so bedeutet dies, daß es seinem Urbild im Hinblick auf die Kernvariablen und ihr Zeitverhalten gleich sein soll. Kernvariablen sind aber nun gewöhnlich beim Modell zugänglich, nicht aber beim Urbild. In der Psychologie z. B. ist zwar „Verhalten" beobachtbar, nicht aber all das an intrapsychischen Prozessen was dem Verhalten zugrunde liegt, das also, was die Alltagspsychologie mit Begriffen wie „Wille", „Gefühl", „Denken", „Erinnerung" beschreibt. Viele der anzunehmenden internen Prozesse sind auch dem Individuum in der Selbstbeobachtung nicht zugänglich, z. B. die Prozesse, die zu einem „plötzlichen Einfall" führen.

Produktion, Absatz und Umsatz eines Industriebetriebes sind gewöhnlich leicht feststellbare Zustände des Ausgangsrandes des Systems „Betrieb". Die dahinter stehenden Größen wie „Arbeitsmotivation", „Güte der innerbetrieblichen Organisation", „Informationsfluß" und ähnliche Größen, sind meist nicht direkt zugänglich.

Wie kann man entscheiden, ob ein Modell ein Strukturmodell ist? Natürlich liegen Ähnlichkeiten der Struktur nahe, wenn man den Nachweis führen kann, daß ein System ein Verhaltensmodell eines anderen ist. Da aber ein und dasselbe Verhalten(= Veränderung des Zustandes des Ausgangsrandes des Systems aufgrund einer Veränderung des Eingangsrandes des Systems und seines inneren Zustandes) prinzipiell auf unendlich viele Weisen hervorgebracht werden kann, ist der Nachweis der „Verhaltensmodellhaftigkeit" kein Nachweis für das Vorliegen eines Strukturmodells.

Die unendliche Anzahl der Möglichkeiten, eine bestimmte Transformation eines Einganges in einen Ausgang zu realisieren ist dadurch bedingt, daß man für jede Transformationsform immer eine kompliziertere angeben kann, die die gleiche Transformation vollbringt. Wenn man einen Automaten bauen will, der 0–1-Paare im Eingang in 0 oder 1 des Ausgangs umwandelt, und wenn dieser Automat nach der Regel funktionieren soll: immer, wenn im Eingang mindestens eine $\emptyset$, dann Ausgang = $\emptyset$, sonst Ausgang = 1, so kann man eine unendliche Zahl von strukturverschiedenen Automaten angeben, die diese Transformation vollbringen. Wenn man nur drei Grundelemente zur Umwandlung von 0–1-Größen (Boolesche Variablen), nämlich das logische „und" ($\wedge$), welches nur dann eine 1 im Ausgang produziert, wenn beide Eingänge 1 sind, das logische „oder" ($\vee$), welches immer dann eine 1 im Ausgang produziert, wenn mindestens ein Eingang eine 1 enthält, und die logische „Negation" ($-$), die aus einer 1 im Eingang eine $\emptyset$ im Ausgang macht und umgekehrt, dann gibt es für die Realisierung des logischen „und" die Möglichkeiten der Abb. 5 und noch unzählige andere.

Eine gewisse Möglichkeit, sicherer zu machen, daß ein bestimmtes System Strukturmodell eines anderen ist, ist die Suche nach der jeweils **einfachsten** Realisierung der gewünschten Transformation. Bei allen natürlichen Systemen, die durch Ent-

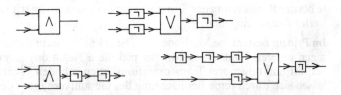

Abb. 5 Einige Möglichkeiten der Realisierung der gleichen Transformation (log. „und") durch strukturverschiedene Systeme

wicklung gewachsen sind, welche den Gesetzen der Selektion und Mutation gehorchen, sind die relativ einfachsten Systeme die wahrscheinlichsten, da die am wenigsten störanfälligen und somit selektionsresistentesten. Wenn man zusätzlich noch weiß oder zu wissen glaubt, die Grundelemente zu kennen, aus denen die „Urbilder" bestehen, kann man die Wahrscheinlichkeit, ein Strukturmodell zu konstruieren, noch weiter erhöhen. Wenn man z. B. annimmt, daß menschliches Denken hervorgebracht wird durch Prozesse in neuronalen Netzwerken, so empfiehlt es sich, als Grundelemente von Denkmodellen Verhaltensmodelle von Neuronen zu nehmen und damit in der einfachst möglichen Weise ein System zu konstruieren, welches die gewünschte Transformation vollbringt.

All dies schafft aber keine Beweise oder auch nur abschätzbare Wahrscheinlichkeitsaussagen für die Frage, ob ein Strukturmodell vorliegt oder nicht. Eine etwas direktere Form der Prüfung von Strukturähnlichkeiten von Systemen ist die Analyse der **Überschneidungen** von Transformationsketten. In Abb. 6 machen wir deutlich, was wir damit meinen.

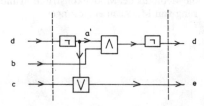

Abb. 6 Zur Analyse der Überschneidung von Transformationsketten; Erklärung im Text.

In dem Booleschen System sind zwei voneinander trennbare Transformationsketten vorhanden, nämlich die Kette von a und b nach d und die Kette von c und a nach e. Die Kette (a, b)→d realisiert die Funktion

a	b	d
0	0	1
0	1	0
1	0	1
1	1	1

Diese (auch ganz anders realisierbare) Funktion ist „wahrscheinlich" in der in Abb. 6 beschriebenen Weise realisiert, wenn e den Wert 1 immer dann bekommt, wenn $a = \emptyset$ und $c = \emptyset$. Man kann dann annehmen, daß die Negation von a tatsächlich geschieht. Wieviel mehr wahrscheinlich die innere Struktur der Abb. 6 im Vergleich mit anderen Strukturen ist, bleibt dabei immer noch offen. Diese Frage kann unter der Annahme zusätzlicher Bedingungen (Maximalzahl innerer Elemente bei der Realisierung des Systems) beantwortet werden; wir wollen aber hier nicht weiter darauf eingehen.

Im Prinzip besteht die Methode der Überschneidungsanalyse darin, daß man diejenigen inneren Funktionen (im Beispiel die a-Negation) heraussucht, die sich im Schnittpunkt mehrerer Transformationsketten befinden. Über diese Schnittpunkte lassen sich durch reine Beobachtung des Gesamtverhaltens des Systems Aussagen machen, **ohne** daß man die innere Struktur des Systems selbst beobachtet.

Konkret könnte im psychologischen Beispiel eine solche Überschneidungsanalyse so aussehen, daß man z. B. postuliert, daß eine bestimmte Situationsklasse eine bestimmte Emotion, z. B. Angst auslöst. Wenn nun im weiteren postuliert wird, daß Angst einerseits zu bestimmten, außen sichtbaren physiologischen Begleiterscheinungen führt (z. B. Senkung der hautgalvanischen Reaktion), andererseits zu bestimmten Veränderungen der Art der kognitiven Prozesse (z. B. Erhöhung des Ausmaßes der „Außensteuerung" des Verhaltens), dann kann man weiterhin annehmen, daß die hypothetisch postulierte „Angst" etwas ist, was Bedeutung hat.

Die Methode der Überschneidungsanalyse ist das einzige uns bekannte Verfahren, welches die Analyse nicht unmittelbar sichtbarer Sachverhalte gestattet.

Zusammenfassung

Wir haben versucht, in diesem Beitrag eine Methode der Theoriekonstruktion zu skizzieren, die sich der Konstruktion von (Computer-) Modellen bedient. Wir sind ausgegangen vom allgemeinen Begriff des Modells, haben sodann den Systembegriff der Systemtheorie diskutiert um uns dann dem systemtheoretischen Modellbegriff zuzuwenden. Wir haben den Nutzen der Modellkonstruktion für die Theorienbildung diskutiert und sind schließlich kurz auf die Methodik der Modellkonstruktion und etwas länger auf die Methoden der Validitätssicherung von Modellen eingegangen.

4. Testen und Messen

4.1. Grundbegriffe der Meß- und Testtheorie

von Klaus Heidenreich

4.1.1. Das Messen und seine Probleme

4.1.1.1. Begriffsklärung

Messen ist nicht nur ein fester Bestandteil unserer Alltagserfahrung, sondern auch eine der Grundlagen der Wissenschaft, denn ohne die Möglichkeit exakter Messung läßt sich die Entwicklung der empirischen Wissenschaften, insbesondere der Naturwissenschaften, nicht vorstellen. Mit der Durchführung von Messungen wird in den empirischen Wissenschaften allgemein die Grundlage zum Nachweis der Gültigkeit von Theorien geschaffen. Dabei geht Messung der Statistik voraus, Theorie ihrerseits geht der Messung voraus.

Die **Meßtheorie** erforscht die Grundlagen des Messens und untersucht die Bedingungen bzw. Voraussetzungen für die Meßbarkeit von Eigenschaften. Die Ergebnisse zeigen, daß sowohl physikalische Eigenschaften (z. B. Länge, Zeit, Gewicht) als auch psychische Eigenschaften (z. B. Intelligenz, Angst, Einstellungen) grundsätzlich meßbar sind. Darüber hinaus sind praktische Meßverfahren entwickelt worden, die neben die traditionellen Test- und Skalierungsverfahren treten (Orth, 1974: 9).

Unter **Messen**[1] – im weitesten Sinn - versteht Stevens die Zuordnung von Zahlen zu Objekten oder Ereignissen entsprechend einer Regel – irgendeiner Regel (Stevens, 1959: 19). Die Möglichkeit des Messens setzt damit einen Bereich von Zahlen und einen empirischen Bereich, d. h. Objekte (z. B. Gegenstände, Personen, Tiere, Testaufgaben) voraus, wobei jeweils die Ausprägungen von Eigenschaften der Objekte (also Länge, Gewicht, Temperatur, Zeit, Farbe, Intelligenz, Nutzen usw.) gemessen werden – und nicht etwa die Objekte selbst. Stevens möchte mit seiner „liberalen" Definition der Messung die Sozialwissenschaften aus den Zwängen des strengen Meßbegriffs der klassischen Physik befreien. Nach seiner Auffassung stellt bereits jede Klassifikation eine Messung dar, zumal Klassifikation immer merkmalsbezogen ist.

Bei der Eigenschaft „Geschlecht" existieren die Ausprägungen „männlich" oder „weiblich". Wenn zwei Objekte bezüglich eines Merkmals äquivalent (gleich) sind und damit derselben Äquivalenzklasse angehören, spricht man von Äquivalenzrelation (Gleichheitsbeziehung) oder Ununterscheidbarkeitsrelation. Für die Beurteilung eines Objektes genügt es, wenn man weiß, zu welcher der beiden Äquivalenzklassen (Teilmengen) es gehört. Führt man jetzt eine Messung durch, d. h. ordnet man den Objekten Zahlen zu, so erscheint es sinnvoll, allen Objekten einer Äquivalenzklasse denselben Meßwert zuzuordnen. Es könnten folglich alle männlichen Personen durch die Ziffer 1, alle weiblichen durch die Ziffer 2 symbolisiert werden. Zwischen den Personen besteht die Äquivalenzrelation (1 = 1) dann, wenn sie alle dem männlichen Geschlecht angehören. Eine solche Zusammenfassung von Objekten bzw. definierten Relationen zwischen den Objekten nennt man „Relativ". (Statt Relativ findet man in der Literatur auch die Begriffe: Struktur, Relationensystem, Relationenstruktur, relationales System.)

---

[1] Zur eingehenderen Beschäftigung des Meßbegriffs sei verwiesen auf: Allen & Yen, 1979; Gigerenzer, 1981; Gutjahr, 1971; Kerlinger, 1979; Krantz et al., 1971; Orth, 1974; Sydow & Petzold, 1982; Tack, 1977; van der Ven, 1980.

Wie im folgenden Beispiel veranschaulicht werden soll, unterscheidet man zwischen empirischem und numerischem Relativ: Gegenstand der Untersuchung sind eine Menge von Objekten (hier von Studenten: A, B, C, D) und die zwischen ihnen bestehende Relation „größer – kleiner", die man als Ordnungsrelation bezeichnet, wenn A < B < C < D ist. Da diese Relationen durch Nebeneinanderstellen empirisch emittelt werden, wird dieses System als **empirisches Relativ** bezeichnet. Demgegenüber bestehen **numerische Relative** aus einer Menge von numerischen Größen bzw. Zahlen und deren Relationen.

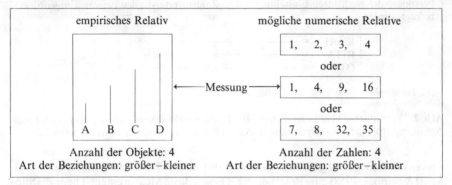

Abb. 1   Empirisches und numerisches Relativ

Zwischen empirischem und numerischem Relativ gibt es eine Übereinstimmung: die Anzahl der Objekte und Zahlen ist gleich; die Rangreihe der Zahlen entspricht der Rangreihe der Objekte. Messen besteht nun darin, daß dem empirischen Relativ ein numerisches Relativ zugeordnet wird; jedem Objekt wird eine Zahl zugeordnet. Diese Zuordnung oder Abbildung heißt Skala.

Die Abbildung des empirischen Relativs in das numerische Relativ kann isomorph oder homomorph sein. Eine isomorphe Abbildung besteht in einer sog. starken (bzw. totalen) Ordnung, in der keine zwei Objekte den gleichen Rang haben. Bei echten Rangreihen (ohne Mehrfachbesetzung von Rangplätzen) entspricht z. B. die Messung einem Isomorphismus. Entscheidend ist also die Nichtexistenz von Ranggleichen.

Man begnügt sich häufig mit der abgeschwächten Forderung nach einer homomorphen Abbildung, d. h. eine Zahl kann auch für mehrere Elemente im empirischen Relativ gelten. Damit wird (sinnvollerweise) z. B. bei Größenmessungen zwei gleich großen Personen dieselbe Zahl zugeordnet oder bei einer Intelligenzmessung zwei gleich intelligenten Personen derselbe Intelligenzquotient zugewiesen.

Um diesen Sachverhalt zu veranschaulichen, sei auf Abb. 2 (a) verwiesen: Im Rahmen der Messung von Einstellungen kann den vier Personen jeweils ein Zahlenwert eindeutig, in einer Richtung zugewiesen werden – aber nicht umgekehrt. Haben nun zwei Personen – wie z. B. Karl und Eva sowie Fritz und Otto – denselben Ausprägungsgrad der Einstellung, so wird ihnen derselbe Zahlenwert zugewiesen. Homomorphe Abbildung heißt, die Funktion ist zwar eine eindeutige, jedoch keine umkehrbar eindeutige Funktion. Liegt dagegen eine wechselseitige Korrespondenz vor und gibt es demzufolge eine umkehrbare eindeutige Funktion, so spricht man von einer isomorphen Abbildung (s. Abb. 2b).

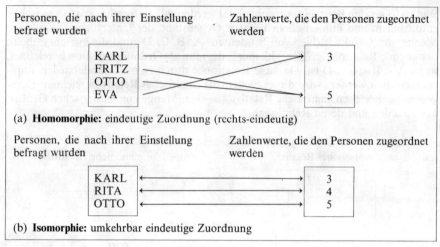

(a) **Homomorphie:** eindeutige Zuordnung (rechts-eindeutig)

(b) **Isomorphie:** umkehrbar eindeutige Zuordnung

Abb. 2 Vereinfachte Veranschaulichung der homomorphen Abbildung (a) und isomorphen Abbildung (b); stark modifiziert aus Ahrens, 1974: 61; zit. nach Petermann, 1980: 12

Stevens' relativ global gefaßter Ansatz erfährt durch die moderne Meßtheorie (vgl. Scott & Suppes, 1958) eine Präzisierung. Diese „Basic Measurement Theory" (Suppes & Zinnes, 1963) empfiehlt sich als Fundament für sozialwissenschaftliche Messung. Danach kann Messung folgendermaßen aufgefaßt werden: „Messen erfolgt durch die Zuordnung von numerischen Größen (Zahlen, Vektoren) zu Dingen, die Träger der zu messenden Eigenschaft sind. Messen beruht auf einer homomorphen Abbildung eines empirischen Relativs in ein numerisches Relativ bzw. auf einer Repräsentation eines empirischen Relativs durch ein numerisches Relativ." (Orth, 1974: 18.)

Die Forderung nach isomorpher Abbildung bei der Messung innerhalb der Sozialwissenschaften ist gemeinhin zu streng, man begnügt sich deshalb in der Praxis, von der weniger strengen Homomorphieforderung auszugehen, um „gleichen" Objekten gleiche Meßwerte zuordnen zu können. Aufgabe der Meßtheorie ist es, die Bedingungen an das empirische Relativ zu untersuchen, die die Existenz einer homomorphen Abbildung garantieren, sowie deren Eindeutigkeit zu charakterisieren.

4.1.1.2. Meßarten

Während für die klassische Meßtheorie (vgl. Campbell, 1928) lediglich die Unterscheidung zwischen fundamentaler und abgeleiteter Messung von Bedeutung ist, diskutiert u. a. Pfanzagl (1968) eine dritte, für die Sozialwissenschaften wichtige Art des Messens: Messen per fiat bzw. vereinbartes Messen. Die einzelnen Meßarten sind als Versuch einer Kennzeichnung der unterschiedlichen Nähe des Meßvorgangs zum empirischen Objekt anzusehen (Kreppner, 1975).

Fundamentales Messen[2] beinhaltet die direkte Zuweisung von Zahlen zu Objekten, z. B. Längen-, Winkel-, Zeitmessung, Volumen und Masse; ihre Meßbarkeit beruht

---

[2] Zur Unterscheidung von fundamentalem und funktionalem Messen vgl. Orth, 1974: 67 sowie Dawes, 1977: 166–177. Zur funktionalen Meßtheorie s. Anderson, 1970, 1971; s. a. Sarris, 1980; Sydow & Petzold, 1982.

nicht auf der anderer Eigenschaften. Die Abbildungsfunktion f für die unmittelbare Abbildung eines empirischen Relativs A in ein numerisches Relativ B zusammen mit der Beschreibung von A bezeichnet man als fundamentales Meßmodell. Die wissenschaftliche Erfahrung zeigt jedoch, daß Messungen meist nicht fundamental erfolgen. Häufig werden vielmehr Meßwerte anderer Quantitäten bestimmt; solche Messungen werden als **abgeleitete Messungen** bezeichnet. Beispiele abgeleitet meßbarer Eigenschaften sind: Dichte, definiert als das Verhältnis von Masse zu Volumen, Geschwindigkeit, definiert als das Verhältnis von Weg zur Zeit und relative Häufigkeit, definiert als das Verhältnis der Häufigkeit eines bestimmten experimentellen Resultates zur Frequenz aller Resultate. Die abgeleitete Messung nimmt also mathematische Funktionen oder empirisch-statistische Zusammenhänge zu Hilfe, um Beobachtungsdaten (die fundamental oder gleichfalls abgeleitet gemessen sind) in einer Maßzahl auszudrücken. Abgeleitete Messung setzt damit die Messung anderer Merkmale voraus.

Ein empirisches Relativ A wird also in ein numerisches Relativ B_1 und dieses seinerseits in ein weiteres numerisches Relativ B_2 abgebildet. Die Abbildungsfunktion d für die Abbildung von B_1 in B_2 einschließlich der Beschreibung von B_1 wird als abgeleitetes Meßmodell bezeichnet.

Grundsätzlich lassen sich zwei Arten von abgeleiteten Meßmodellen unterscheiden: **Datenmodelle** und **Parametermodelle**.

Bei Datenmodellen wird ein empirisches Relativ A in ein numerisches Relativ B_1 abgebildet und dieses seinerseits in ein numerisches Relativ B_2. So stellen deskriptive Statistiken (z. B. Prozentrang, Median, arithmetisches Mittel) Datenmodelle dar.

Probabilistische Meßmodelle sind gleichfalls Sonderfälle der abgeleiteten Messung, werden aber als Parametermodelle bezeichnet: Das numerische Relativ B_1 oder das numerische Relativ B_2 wird weiter abgebildet in das numerische Relativ B_n, wobei die Elemente von B_n latente Variablen repräsentieren, die aus den Elementen von B_1 bzw. B_2 geschätzt werden (vgl. Rasch-Modell; s. Kap. 4.1.2.3.). Das Rasch-Modell erfüllt in idealer Weise die Voraussetzungen, die nach Suppes und Zinnes (1963) erwartet werden: eine Aussage über den Eindeutigkeitssatz und den Repräsentationssatz eines Meßmodells. Bei diesem Parametermodell wird dem empirischem Relativ A (psychische Eigenschaftsausprägungen einer Reihe von Personen) ein numerisches Relativ B_1 zugeordnet, das die Werte (0/1) für die Itembeantwortungen der Personen enthält. Dieses Relativ B_1 wird nun weiter abgebildet in das numerische Relativ B_2, das die geschätzten Item- und Personenparameter enthält; diese Schätzung erfolgt aus den Elementen von B_1 (Itembeantwortungen) auf der Grundlage der Grundgleichung des Rasch-Modells. Bei dem einfachsten Modell dieser Klasse werden zwei Reaktionskategorien vorausgesetzt: beispielsweise, daß Personen Aufgaben lösen oder nicht lösen bzw. bestimmte Fragen bejahen oder verneinen können.

Unter **Messen per fiat** (in diesem Zusammenhang wird auch von Messung per Definition, willkürlicher Messung und pragmatischer Messung gesprochen) versteht man die Zuweisung von Zahlen nach bestimmten Regeln und Vereinbarungen; diese werden jedoch nicht direkt von empirischen Objekten und nicht logisch aus anderen Zahlensystemen abgeleitet, sondern willkürlich gesetzt. Bei Messen per fiat besteht zwischen Meßakt und gemessenem empirischen Objekt die größte Distanz. Man entwickelt einfach Meßinstrumente, ohne die grundlegenden Probleme des

Messens zu berücksichtigen. Diese weitverbreitete Variante, Zahlen intuitiv ohne explizite meßtheoretische Begründung zuzuordnen, beruht oft nur auf Plausibilitätsaspekten.

Messen per fiat ist in den Sozialwissenschaften relativ häufig anzutreffen, so z. B. bei Intelligenztests, Persönlichkeitsfragebogen, Einstellungsskalen; ebenso fällt die Verwendung von Indikatoren und Indizes unter diese Meßkategorie. Bei Tests geht man von der Annahme aus, daß die jeweilige Eigenschaft meßbar sei. Trotzdem kann man den Testwerten psychologischer und pädagogischer Tests nicht jegliche Berechtigung absprechen; ihre Rechtfertigung besteht in dem pragmatischen Anliegen, ein Kriterium aufgrund einer gemessenen Eigenschaft vorherzusagen. Per-Fiat-Messung impliziert an sich nichts Falsches oder logisch Unkorrektes, zumal die Aufdeckung stabiler Beziehungen zwischen per fiat gemessenen Variablen genau so wichtig sein kann wie zwischen Variablen, die auf andere Weise gemessen wurden (Torgerson, 1958: 23 f; s. a. Wottawa, 1977: 63 ff.).

Andere Autoren sehen dagegen Messen per fiat eher als ein solange notwendiges Übel an, als die Bedingungen für die Anwendung stringenter Meßoperationen nicht gegeben sind (Stevens, 1951; Allerbeck, 1978).

Der Nutzen von Messungen per fiat und von nicht meßtheoretisch begründeten Tests wird nach den sog. Gütekriterien beurteilt, wozu insbesondere die Reliabilität und die Validität zu zählen sind (vgl. Kap. 4.1.2.1.).

4.1.1.3. Meßprobleme und Skalentypen

Die moderne Meßtheorie untersucht die Verbindung von Zahlen mit Objekten oder empirischen Phänomenen; sie analysiert die Art und Weise, in der verschiedene Meßwerte zueinander in Beziehung stehen. Hieraus ergeben sich vier Grundprobleme: das Repräsentationsproblem, das Eindeutigkeitsproblem, das Bedeutsamkeitsproblem und das Skalierungsproblem.

Das Problem, zu beweisen, daß für ein empirisches Relativ eine zumindest homomorphe Abbildung oder Repräsentation existiert, bezeichnet man als das **Repräsentationsproblem**. Im Zusammenhang mit dem Repräsentationsproblem stellen sich u. a. folgende Fragen: Können alle Eigenschaften gemessen werden? Wenn nicht, unter welchen Bedingungen können Meßskalen eingeführt werden? Was sind beispielsweise die notwendigen oder hinreichenden Bedingungen für die Konstruktion einer Gewicht- oder Nutzenskala (Coombs et al., 1975)? Die meßtheoretische Lösung besteht in der Angabe eines Repräsentationstheorems; hierbei werden in Form von Axiomen diejenigen Eigenschaften angegeben, welche ein empirisches System zu erfüllen hat, damit es durch ein bestimmtes numerisches System repräsentiert werden kann.

Das zweite Grundproblem der Meßtheorie ist das der Eindeutigkeit der Repräsentation. Im Rahmen des **Eindeutigkeitsproblems** ist zu beurteilen, welche numerischen Relationen zwischen den Zahlen empirisch interpretiert werden dürfen und welche nicht. Dabei werden wesentliche Eigenschaften der durch eine Abbildung hergestellten Skala unter folgender Fragestellung untersucht: Wieviel Freiheit besteht für ein bestimmtes, gegebenes Meßverfahren in der Zuordnung von Zahlen zu Objekten? Sind die Zahlen durch den Meßvorgang eindeutig bestimmt oder sind sie willkürlich gewählt (Coombs et al., 1975)? Zur Beschreibung der Skala und somit der Eindeutigkeit der Abbildung sind drei Komponenten notwendig: das empiri-

Tab. 1 Die vier wichtigsten Skalentypen: Informationsgehalt, zulässige Transformationen und geeignete statistische Verfahren

Skalentyp:	nicht-metrische Skalen		metrische Skalen	
	Nominalskala	Ordinalskala (Rangskala)	Intervallskala	Verhältnisskala (Ratioskala)
empirische Operationen	Bestimmung von Gleichheit und Ungleichheit	zusätzlich: Best. einer Rangfolge, z. B. $x > y > z$	zusätzlich: Intervalle gleich (z. B. $10 - 7 \approx 7 - 4$); willkürlich festgelegter Nullpunkt	zusätzlich: Bestimmung gleicher Verhältnisse (z. B. $\frac{x}{y} \approx \frac{k}{l}$); absoluter Nullpunkt
zulässige Transformationen	Umbenennung Permutation	nur: monoton steigende Transformationen	nur: lineare Transformationen: $f'(x) = v + u \cdot f(x)$ (wobei $u > 0$)	nur: Ähnlichkeitstransformationen $f'(x) = u \cdot f(x)$ (wobei $u > 0$);
Statistische Maßzahlen (Beispiele)	Häufigkeiten, Modalwert	zusätzlich: Median, Quartile, Prozentrangwerte, Spannweite	zusätzlich: arithmetisches Mittel($\bar{x}$),Standardabweichung (s), Schiefe, Exzeß	zusätzlich: geometrisches Mittel, Variabilitätskoeffizient
Zusammenhangsmaße	Kontingenzkoeffizient (C), Vierfelderkoeffizient (Phi)	zusätzlich: Rangkorr.-Koeffizienten (Tau, Gamma, W, Rho bzw. r_s)[4]	zusätzlich: Produkt-Moment-Korrelation (r), Regressionskoeffizient	
Signifikanztests	Chi²-Test, Cochran: Q-Test, McNemar-Test	Vorzeichen-Test, Mann-Whitney-U-Test, Kolmogorow-Smirnow-Test, Rangvarianzanalysen: Friedman, Kruskal & Wallis	parametrische Verfahren: t-Test. F-Test	
Beispiele	Numerierung von Fußballspielern, Kontonummern, Quantifizierung von dichotomen Merkmalen (z. B. Geschlecht), Krankheitsklassifikationen	Schulnoten, Richtersche Erdbebenskala, Testrohwerte, Hunger (operational definiert durch Dauer des Nahrungsentzugs), Hubraumklassen, Windstärken	Temperatur (nach Celsius, Fahrenheit, Reaumur), Nutzen, Kalenderzeit	Länge, Masse, Zeit, Winkel, elektrischer Widerstand, Volumen, Temperatur (Kelvin, Rankine), Preise

---

[3] In der klassischen Testtheorie (s. Gulliksen, 1950; Lienert, 1969) wird Messen als „Zuordnung von Zahlen zu Objekten nach Regeln" bestimmt (vgl. Stevens, 1959) und damit die Gleichsetzung Testen = Messen = Skalierung akzeptiert. Demgegenüber schränkt Gutjahr (1971: 19–30) Messen auf die Anwendung metrischer Skalen ein.

[4] Vgl. aber Gigerenzer (1981: 215 ff.), der zwischen den „echten" Rangkorrelationen Tau und Gamma sowie den „unechten" Rangkorrelationen Rho und W unterscheidet. Insofern wären für ordinalskalierte Meßwerte Tau und Gamma vorzuziehen (s. a. Benninghaus, 1974: 183; Diehl & Schäfer, 1975: 173; Hofstätter & Wendt, 1974: 181; Lienert, 1962: 194).

sche Relativ (A), das numerische Relativ (B) und die Funktion (f), die A homomorph in B abbilden kann.

Die Genauigkeit einer Messung hängt von der Qualität der Skala ab. Stevens (1951) unterscheidet je nach Art der zulässigen (statistischen) Transformationen, d. h. je nach dem Grad der Eindeutigkeit einer homomorphen Abbildung bzw. einer Skala, vier **Skalentypen** (bzw. Skalenqualitäten oder Skalenniveaus): Nominalskala, Ordinalskala, Intervallskala und Verhältnisskala. Diese Skalentypen unterscheiden sich – analog zu ihrem Meßniveau – hinsichtlich ihrer mathematischen Eigenschaften und damit der statistischen Operationen, die man mit ihnen durchführen kann. Je weniger Arten von Transformationen zulässig sind, desto größer ist die Eindeutigkeit der Skala. So sind die zulässigen Transformationen der Längenskala (Multiplikation mit einer konstanten Zahl) beschränkter als die von Temperaturskalen nach Celsius oder Fahrenheit (Multiplikation und Addition mit je einer konstanten Zahl). Die Längenskalen sind also eindeutiger und damit von höherem Meßniveau als die o. a. Temperaturskalen (s. Orth, 1974: 24 f.).

In der Tab. 1 (vgl. Gutjahr, 1971; Stevens, 1959; Walter, 1978) sind die Skalentypen bzw. Skalenniveaus in aufsteigender Ordnung ersichtlich; wir beginnen mit dem am wenigsten eindeutigen Skalentyp bzw. der Skala mit dem geringsten Meßniveau: der **Nominalskala**. Das Kriterium ist „Gleichheit – Verschiedenheit"; die Zahlen werden hier lediglich als Namen den Dingen zugeordnet. Bei der Messung des Merkmals Geschlecht (männlich – weiblich) erhalten alle Objekte mit der gleichen Eigenschaftsausprägung denselben Meßwert (s. S. 352). Alle Umbenennungen, die eine gleichsinnige Unterscheidung bzw. Klassifikation der Objekte ermöglichen, sind zulässige Transformationen. Transformiert man also eine Nominalskala, so erhält man eine dazu äquivalente Skala. „Verfügt man nur über die Äquivalenzrelation, so bezeichnet man eine Skala als qualitativ. Ist zugleich gewährleistet, daß die innere Struktur des Merkmals kein anderes Niveau zuläßt, so bezeichnet man auch das Merkmal als qualitativ" (Sixtl, 1976: 17).

Verfügt man neben der Äquivalenzrelation auch noch über die Ordnungsrelation, so spricht man von **Rangskala** bzw. **Ordinalskala**. Dieser Skalentyp erlaubt eine Rangordnung der Daten, wie z. B. bei den Eigenschaftsausprägungen Schulleistung, Sozialstatus usw. Eine Ordinalskala läßt sich beliebig transformieren, sofern nur die Rangordnung der Skalenwerte erhalten bleibt (s. S. 353). Ordinale Skalen sind eindeutig bestimmt bis auf die Gruppe der streng monoton wachsenden Transformationen.

Meßwerte haben das Niveau einer **Intervallskala**, wenn zusätzlich zur Rangordnung ein empirischer Abstand erklärt ist und die Abstände zwischen den einzelnen Werten gleich groß ist. Das Kriterium ist die Gleichheit der Intervalle (Äquidistanz). Das hat zur Konsequenz, daß auf dieser Skala z. B. Mittelwerte von Einzelwerten erstmalig sinnvoll interpretiert werden können. Bei den üblichen Temperaturskalen von Celsius und Fahrenheit ist das in idealer Weise gewährleistet. Bei Intervallskalen sind lineare Transformationen zulässig.

Die eindeutigste Skala (nach Stevens) ist die **Verhältnisskala** bzw. **Ratioskala**. Hier sind die Verhältnisse von Meßwerten eindeutig bestimmt, d. h. sie bleiben unter zulässigen (Ähnlichkeits-) Transformationen invariant.

Metrische Skalen führen dann zu Ratioskalen, wenn ein natürlicher Nullpunkt bestimmbar und empirisch sinnvoll ist und allgemein vereinbart wird, daß diesem natürlichen Nullpunkt auch tatsächlich die Zahl 0 als Skalenwert zugeordnet wird.

So existiert für das Merkmal Temperatur ein natürlicher Nullpunkt nach der Kelvin-Skala.[5] Dies ist außerdem in typischer Weise bei den physikalischen Verhältnisskalen der Zeit-, Längen- und Gewichtsmessung der Fall.

Nominalskalen, Ordinalskalen, Intervallskalen und Verhältnisskalen bilden eine hierarchische Ordnung. Jeder Skalentyp besitzt neben den ihn auszeichnenden Eigenschaften ebenfalls alle Eigenschaften der ihm vorausgehenden Skalentypen. Mit der Einschränkung der zulässigen Transformation wachsen Eindeutigkeit, Aussagekraft und Informationsgehalt von Skalen; daraus folgt: Je höher das Skalenniveau, desto mehr und exaktere Rechenoperationen können sinnvoll durchgeführt werden. Jede höhere Skala schließt die niedrigere ein und läßt sich auf ein niedrigeres Niveau verringern. Die daraus ableitbaren Konsequenzen für die Planung empirischer Untersuchungen liegen auf der Hand, nämlich diejenige Skalenart mit dem höchsten Skalenniveau zu wählen; im Zweifelsfalle können die erhobenen Daten auch im nachhinein noch auf ein niedrigeres Skalenniveau transformiert werden. Eine nachträgliche Transformation auf ein höheres Skalenniveau ist hingegen nicht möglich (Bortz, 1977: 29).

Einige Autoren sprechen von Messung nur im Zusammenhang mit metrischen Skalen, bei nicht-metrischen Skalen hingegen von Skalierung (vgl. z.B. Gutjahr, 1971: 25). Gigerenzer zeigt jedoch, daß selbst die nominale Messung wesentliche und insbesondere für die Psychologie charakteristische Problemstellungen mit sich bringt und ein nominales Modell keineswegs eine triviale Verhaltenstheorie über die untersuchten Individuen impliziert (1981: 85, 131 ff.).

Da die Unterschiede zwischen den einzelnen Skalentypen erheblich sind, sollte anstelle von „Messen" stets von „Messen auf einem bestimmten Skalenniveau" gesprochen werden, wenn die Meßbarkeit einer Eigenschaft diskutiert wird (Orth, 1974: 26). Folglich sind Fragen nach der Meßbarkeit von Intelligenz, Leistungsmotivation, Angst, sozialen Einstellungen unangebracht bzw. überflüssig, zumal die genannten Variablen zumindest auf einer Nominalskala oder Ordinalskala meßbar sind. Die üblichen sozialwissenschaftlichen Messungen durch Tests, Fragebogen, Schätzskalen usw. dürften den Kriterien einer Intervallskala nicht genügen. Generell ist zu vermuten, daß selbst bei (traditionellen) Tests gerade in den Extrembereichen beispielsweise die für Intervallskalen geforderte Äquivalenz der Skaleneinheiten nicht mehr gewährleistet ist (Bortz, 1977: 30).

Das **Bedeutsamkeitsproblem** stellt sich bei der rechnerischen Weiterverarbeitung von Meßwerten, also erst nach der Durchführung einer Messung; es betrifft den richtigen Umgang mit den Meßwerten, wobei die jeweils zulässige Statistik vom Skalenniveau der Meßwerte abhängig gemacht wird. Folgende Frage wird angesprochen: Welche mathematischen Manipulationen innerhalb des numerischen Relativs sind zulässig, in das das empirische Relativ abgebildet wurde? Es dürfen folglich nur die statistischen Verfahren herangezogen werden, welche den Wahrheitswert der numerischen Aussage nicht verändern.

Es wäre z.B. empirisch sinnlos, aufgrund der Abb. 1 (S. 353) zu behaupten, der Rangunterschied zwischen den Personen C und D sei doppelt so groß wie der Rangunterschied zwischen A und B. Obwohl bei Schulnoten Mittelwertbildungen sehr beliebt sind, sind sie im Sinne der Meßtheorie sinnlos. Eine numerische Aussage (z.B. Mittelwert) ist nur dann sinnvoll, d.h. bedeutsam, wenn der Wahrheitswert der Aussage auch nach Anwendung aller zulässigen Transformationen gleichbleibt.

---

[5] Bei den Temperaturskalen von Celsius und Fahrenheit ist der Nullpunkt willkürlich gewählt und hat nicht den Skalenwert 0, daher können die beiden Skalen nicht als Ratioskalen betrachtet werden.

Das Bedeutsamkeitsproblem wird in der Praxis häufig mißachtet. So werden IQ-Werte als Intervallskalen konzipiert, um den Gebrauch von Mittelwerten usw. zu rechtfertigen, „Bei näherer Betrachtung des Problems zeigt sich, daß es keine Meß-theorie für Intelligenz gibt. Folglich können kein Repräsentationstheorem errichtet und keine Aussagen über das Eindeutigkeitsproblem gemacht werden. Hieraus folgt jedoch nicht, daß IQ-Werte nutzlos sind. Im Gegenteil, sie können ein sehr brauchbarer und hoch informativer Index sein." (Coombs et al., 1975: 31.)

Das **Skalierungsproblem** bezieht sich auf die Frage: Wie können konkrete Skalen errichtet bzw. wie können den Dingen als Träger der zu messenden Eigenschaft konstante Zahlen als Meßwerte zugeordnet werden (Orth, 1974: 40)?

Neben dem Problem der eigentlichen Skalenkonstruktion wird hier auch diskutiert, wie man mit Meßfehlern fertig wird, die z. B. durch die Ungenauigkeit des Meßin-strumentes oder die Inkonsistenz der Bevorzugungsurteile auftreten können (vgl. Coombs et al., 1975 sowie van der Ven, 1980).

Mit Hilfe moderner Meßinstrumente versucht man, nicht nur ein höheres Skalenni-veau zu gewinnen, sondern auch die Messungen enger an die Theorie zu binden, vorausgesetzt, daß die Wahl der Indikatoren aus bewährten Gesetzesaussagen ab-geleitet wird. Das Problem der Angemessenheit einer bestimmten Skalenart ist so-mit gleichzeitig ein Problem der Brauchbarkeit der Theorie. Beide, sowohl die Ska-lenart als auch die Theorie, die der zu messenden Eigenschaft zugrunde liegt, haben hypothetischen Charakter und können nur durch wiederholte Überprüfung in Wis-senschaft und Praxis auf ihre Angemessenheit hin überprüft werden (Bortz, 1977: 32).

Vergegenwärtigt man sich die Ziele des Messens, die im wesentlichen in der Diffe-renzierung und Präzisierung von Aussagen sowie in der Formalisierung von Theo-rien liegen, so ist daraus zu folgern, daß nicht das Messen, sondern insbesondere die Theoriebildung bzw. -überprüfung Hauptziel empirischer Wissenschaften ist. Die Theoriebildung ist allerdings in der Regel ein langer und komplexer Prozeß, der sich nur aufgrund einer fruchtbaren Wechselwirkung von empirischem und formalem Vorgehen entwickeln kann.

4.1.1.4. Die interaktive Konzeption „Messung als Modellbildung"

Der bisher dargestellte nicht-interaktive Ansatz der Meßtheorie geht von dem Grundkonzept einer einfachen Abbildung von Merkmalen eines als passiv unterstellten Meßobjektes aus. Es ergibt sich demzufolge die Grundeinheit

Objekt × Merkmal

als zweigliedriges Konzept. Es handelt sich also um ein Denkmodell, welches dichotom zwi-schen empirischen Objekten und Merkmalen (Relationen) unterscheidet; dabei wird aller-dings sowohl das forschende Subjekt als auch das als „Meßinstrument" untersuchte Individu-um unberücksichtigt gelassen.

Neuerdings hat man in der Psychologie eine systematische Konzeption der Mes-sung entwickelt, welche nicht nur einen Wechselprozeß zwischen Person und Meß-instrument (allgemeiner: zwischen Person und Meßsituation) herstellt, sondern ge-nerell die am Meßprozeß beteiligten Subjekte in eine Theorie der Messung mitein-bezieht und eine enge Korrespondenz zwischen Modellbildung und Messung her-stellt.

Gigerenzer (1981) versucht, Messung explizit als theorieerzeugenden, d. h. modell-bildenden Prozeß zu formulieren und fordert für die Psychologie eine eigenständige

Konzeption der Messung, welche gleichfalls relevant ist für alle, die sich mit der empirischen Analyse menschlicher Verhaltensmuster befassen.

Grundelement dieser Konzeption ist die Interaktion

Individuum × Objekt × Merkmal

mit welcher der Forscher seinerseits in Interaktion steht (Gigerenzer, 1981). Eine derartige Konzeption berücksichtigt also das forschende Subjekt und das untersuchte Individuum; damit werden charakteristische Eigenheiten und Probleme der Messung in der Psychologie ausdrücklich mit eingeschlossen.

Dieser interaktive Ansatz ist als fünfstellige Modellrelation angelegt:

- Ein empirisches System E
- wird zu einem Modell für einen Gegenstandsbereich Ψ (psi),
- indem es von einem Subjekt S
- in einer Zielsetzung Z verwendet wird
- wobei das numerische System N mit E interagiert.

Die Modellrelation M (S, Z, N, E, Ψ) im Kontext der Messung enthält zwei interaktive Komponenten:

- einmal die Interaktion zwischen E und Ψ, d. h. der Gegenstandsbereich gestaltet das Modell, das Modell gestaltet seinerseits den Gegenstandsbereich (damit ist das Original bzw. der Gegenstandsbereich keineswegs unabhängig vom Modell);
- zum anderen die Interaktion zwischen dem numerischen System N und einem empirischen System E.

Der Gegenstand der Messung wurde bisher pragmatisch definiert (vgl. z. B. Torgerson, 1958) und nicht theoretisch – im Rahmen einer psychologischen Theorie der Messung – bestimmt. Aus der modelltheoretischen Analyse der Messung[6] ergibt sich jedoch, daß in jeder empirischen Untersuchung stets zwei Definitionen des Gegenstandes der Messung unterschieden werden können:

- Bei Betrachtung von Messung in ihrer Werkzeugfunktion erfolgt die erste Definition pragmatisch durch das forschende Subjekt und dessen Zielsetzung.
- Im Rahmen der modellbildenden Funktion der Messung erfolgt die zweite Definition semantisch durch das numerische System (als semantisches Modell).

Die fünfstellige Modellrelation umfaßt somit die semantische Dimension wie auch die pragmatische Dimension.

Inwieweit beide Definitionen des Gegenstands der Messung, d. h. des Gegenstandsbereiches Ψ übereinstimmen, ist in starkem Maße von Einstellungen des forschenden Subjektes zur Funktion der Messung (in der Psychologie) abhängig. Das Problem besteht offensichtlich darin, daß beide divergieren können.

Die interaktive Konzeption der Messung als Modellbildung führt zur Revision fundamentaler Begriffe wie dem des Skalenniveaus. Die Zulässigkeit von Statistiken wurde bisher vom Skalenniveau der Meßwerte abhängig gemacht (vgl. z. B. Stevens, 1959), wobei das Skalniveau der Merkmale als eine Eigenschaft des Merkmals an sich (z. B. wahrgenommene Tonhöhe) angenommen wurde. Nach Gigerenzer (1981) ergibt sich ein Skalenniveau als ein dreigliedriges Konzept, als eine Eigenschaft der triadischen Grundeinheit (Individuum × Objekt × Merk-

---

[6] Im folgenden sind die Ausführungen von Gigerenzer (1981) zugrunde gelegt.

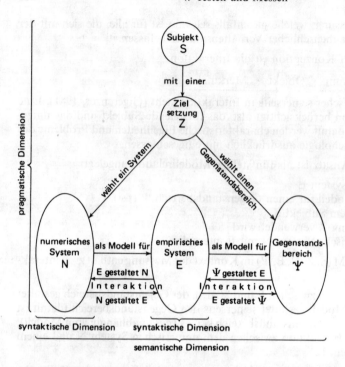

Abb. 3   Die modellbildende Funktion der Messung, dargestellt durch eine fünfstellige interaktive Modellrelation M (S, Z, N, E, Ψ) (Gigerenzer, 1981: 31)

mal). Folglich hat ein Merkmal ein Skalenniveau immer nur relativ zu einem bestimmten Individuum (das Skalenniveau des Merkmals „wahrgenommene Tonhöhe" ist abhängig von einem Hörer). Damit muß das Problem der Bedeutsamkeit
und der Zulässigkeit von Statistiken hinsichtlich psychologischer Merkmale relativ
zu Individuen bezogen werden. Die Frage nach dem Skalenniveau und die Frage
nach der Bedeutsamkeit empirischer Aussagen kann damit erst sinnvoll gestellt
werden, wenn die für eine Repräsentation durch ein numerisches System geforderten Gesetzmäßigkeiten bekannt sind.

Die fünfstellige Modellrelation ermöglicht die Formulierung und Analyse charakteristisch psychologischer Probleme, zu welchen die Repräsentationstheorie – basierend auf einer zweistelligen Modellrelation M (N, E) – weder etwas beitragen
noch sie begrifflich fassen kann (Gigerenzer, 1981).

Der interaktionistische Ansatz der Meßtheorie bedingt eine Erweiterung der Parameterzahl;
damit stellt sich allerdings auch die Frage nach seiner praktischen Relevanz: Verfügt man in
der Praxis immer über exakte Schätzungen für die Parameter? Ist das Modell noch effizient,
wenn genaue Schätzungen für einzelne Ausgangsgrößen fehlen? Gelangt man dann noch zu
verläßlichen Aussagen?

4.1.2. Testtheorien

Der Begriff „Test" wird häufig auf systematische, diagnostische Instrumente eingeschränkt, die
nach standardisierten Vorschriften eine Messung der relevanten Sachverhalte ermöglichen.

Solche psychometrischen Tests basieren (im Vergleich zu non-psychometrischen Tests) auf test- bzw. meßtheoretisch fundierten Regeln, nach denen den Informationsstichproben der Probanden Meßwerte zugeordnet werden können. Die Gütekriterien eines Tests sind ihrerseits ableitbar aus den Test- bzw. Meßtheorien (vgl. Fischer, 1974; Lord & Novick, 1968; Michel & Conrad, 1982).

4.1.2.1. Der Ansatz der klassischen Testtheorie

Grundaussagen

Ziel einer jeden Testtheorie ist es, die Entstehung eines Testergebnisses zu erklären und auf diesem Wege Kennwerte über die Meßobjekte und Meßvariablen abzuleiten. Die klassische Testtheorie[7] spezifiziert den Zusammenhang zwischen Meßobjekt und Meßvariabler durch bestimmte Axiome; sie ist im wesentlichen eine Meßfehlertheorie.

Die eigentliche Aufgabe einer Messung bzw. einer Testung ist es, Informationen über den wahren Wert einer Merkmalsausprägung bei einer Person zu gewinnen. Für jedes Meßobjekt existiert bei der Messung mit der Meßvariablen ein wahrer Meßwert; jedem Meßwert ist also ein wahrer Wert zuzuordnen, der die konstante, individuelle Merkmalsausprägung abbildet (Existenzaxiom). Der gemessene Wert (X) entspricht im Idealfall dem wahren Wert (T), d. h. X = T. Er setzt voraus: ein perfektes Meßinstrument, keine Meßfehlerkomponente. Da aber jede Messung einen Meßfehler (E) enthält, der bei der Messung zufällig entsteht (Fehleraxiom), setzt sich der beobachtete Wert (X) additiv aus dem wahren Wert (T) und der Fehlerkomponente (E) zusammen (Verknüpfungsaxiom).

(1) $X = T + E$

Die (als existent unterstellte) wahre Eigenschaftsausprägung der Person im jeweiligen Test unterscheidet sich demnach vom beobachteten Wert X durch den Meßfehler E. Daraus folgt: je kleiner der Meßfehler, desto genauer ist der Test.

Zudem wird verlangt, daß der sog. Erwartungswert des Meßfehlers Null ist. Dabei geht man von der Vorstellung aus: wenn man eine Person unendlich oft testet, wird der Mittelwert der Meßfehler gleich Null. Mit dieser Annahme fordert man, daß die Fehler, die eine Person macht, nicht systematisch, sondern nur zufällig bedingt sind.

(2) $M_E = 0$

(M_E = Mittelwert aller in den Erwartungswert eingehenden Fehler.)

Zwischen dem wahren Wert und der Fehlerkomponente besteht kein systematischer Zusammenhang: Kommen Fehler zufällig zustande und sind sie daher untereinander unkorreliert, müssen sie auch vom wahren Wert unabhängig sein.

(3) $r_{TE} = 0$

Die Korrelation zwischen dem wahren Wert T und der Fehlerkomponente E ist gleich Null: In unterschiedlich hohe Testwerte gehen demnach nicht zugleich systematisch unterschiedlich hohe Fehleranteile ein. Bei zwei Messungen mit Hilfe des

---

[7] Ausführliche Darstellungen der klassischen Testtheorie: Lord & Novick, 1968; Lienert, 1969; Magnusson, 1969; Fischer, 1974; Allen & Yen, 1979. Wir folgen den Darstellungen von Heller (1974) sowie Wieczerkowski & Schümann (1978).

gleichen Instrumentes muß die Korrelation zwischen den Meßfehlern zweier Tests gleich Null sein.

(4) $r_{E_1 \cdot E_2} = 0$

D. h. also, bei zwei Messungen hängen die Fehlervariablen nicht zusammen.

Die Axiome der klassischen Testtheorie können einprägsam zusammengefaßt werden: „Der durchschnittliche Meßfehler in jeder beliebigen Population oder Teilpopulation P ist Null, der Meßfehler ist mit dem wahren Meßwert unkorreliert, und auch die Meßfehler verschiedener Tests sind unkorreliert, soferne die Tests experimentell unabhängig vorgegeben werden." (Fischer, 1974: 31f.)

Abgesehen von der Differenz im Verständnis von „Messen" (vgl. Kap. 4.1.1.) werden die Methoden der Bestimmung der Gütekriterien von Tests, die die klassische Testtheorie erarbeitet hat (vgl. Lienert, 1969), heute noch weitgehend akzeptiert (vgl. Fischer, 1974; Gutjahr, 1971). Kernstück der klassischen Testtheorie ist die Berechnung der Reliabilität bzw. Zuverlässigkeit des Meßinstrumentes; es geht hierbei um die Meßgenauigkeit.

Gütekriterien

Die Qualität eines wissenschaftlich fundierten Meßverfahrens (z. B. eines Tests) hängt von Testgütekriterien[8] ab; sie stellen einmal empirische Merkmale von Tests dar, zum anderen sind sie Forderungen an Tests. Lienert (1969, 12ff.) unterscheidet drei Hauptgütekriterien: Objektivität, Reliabilität, Validität und vier Nebengütekriterien: Normiertheit, Vergleichbarkeit, Ökonomie, Nützlichkeit (vgl. Kap. 4.3.2.1.).

Eine allgemein anerkannte Definition bestimmt **Objektivität** als den Grad, in dem die Ergebnisse eines Tests unabhängig vom Testleiter sind (Lienert, 1969). Demnach bezieht sich der Terminus auf

– die Testdurchführung bzw. die Durchführungsobjektivität: das Ausmaß, in dem die Testergebnisse unabhängig von der Person des Testleiters und von der Testsituation sind;
– die Auswertung bzw. die Auswertungsobjektivität: das Ausmaß, in dem die Testergebnisse unabhängig vom Auswerter sind;
– die Interpretation bzw. die Interpretationsobjektivität: das Ausmaß, in dem die Interpretation der Testergebnisse unabhängig vom Interpretierenden ist.

Sind Durchführungs- und Auswertungsobjektivität eine notwendige Voraussetzung für die Reliabilität eines Tests, so ist die Interpretationsobjektivität eine notwendige Bedingung für die Validität eines Tests.

Objektivität muß jedoch nicht auf untersucherabhängige Verzerrungen beschränkt bleiben, sondern kann auch mögliche Verfälschungen der Testbefunde einschließen, die auf die untersuchten Probanden und situative Bedingungen zurückgehen. Eine derart erweiterte begriffliche Fassung der Objektivität umfaßt dann alle Variabilitätsquellen, die zu Lasten unvollkommener Standardisierungen der einzelnen Phasen des diagnostischen Prozesses gehen, einschließlich interaktionaler Prozesse, die zwischen Testleiter, Proband und situativen Randbedingungen ablaufen können (vgl. Michel & Conrad, 1982).

---

[8] Die Methoden der einzelnen Gütekriterien werden beschrieben bei: Lienert, 1969; Magnusson, 1969; Dieterich, 1973; Fricke, 1978; Kerlinger, 1979; Wottawa, 1980; s. a. Weiss & Davison, 1981.

Unter der **Reliabilität (Zuverlässigkeit)** eines Tests versteht man den Grad der Genauigkeit, mit dem er ein bestimmtes Persönlichkeits- oder Verhaltensmerkmal mißt, gleichgültig, ob er dieses Merkmal auch zu messen beansprucht (Lienert, 1969). Es geht um die formale Exaktheit der Merkmalserfassung. Allerdings existiert nicht **eine** Reliabilität eines Tests, sondern entsprechend verschiedener methodischer Zugänge sind inhaltlich verschiedene Maße zur Reliabilitätsbestimmung zu unterscheiden:

– zweimalige Testvorgabe (Retest- und Paralleltestmethode) und
– einmalige Testvorgabe (Testhalbierungsmethode und Verfahren zur Analyse der Interitem-Konsistenz bzw. Konsistenzzuverlässigkeit).

Bei der Wiederholungs- bzw. Retest-Reliabilität wird der gleiche Test denselben Probanden zu zwei verschiedenen Zeitpunkten vorgegeben; hierbei geht man davon aus, daß die zweite Testdurchführung als parallele Messung zur ersten Testdurchführung erfolgt. Die Ergebnisse der ersten und zweiten Messung werden korreliert, der Korrelationskoeffizient ergibt den Reliabilitätskoeffizienten. Diese Reliabilitätsart ist ein gebräuchliches Maß zur Bestimmung der zeitlichen Stabilität einer Messung. Durch Wiederholungseffekte (also Variablen wie Übung, Problemeinsicht, Sättigung, Vertrautheit mit der Testsituation, Erinnerung an Aufgaben und Antworten etc.) kann diese Reliabilität als Scheinreliabilität in Erscheinung treten. Die Retest-Methode ist folglich umso eher gerechtfertigt, je weniger die o. a. Tatbestände zutreffen und wenn zwischen Test und Retest ein größeres Zeitintervall vorliegt.

Bei der Paralleltest-Reliabilität werden – am besten nach einer Intervallzeit von mehreren Tagen – zwei streng äquivalente Formen eines Tests in derselben Probandengruppe nacheinander durchgeführt. Die Ergebnisse beider Testformen werden miteinander korreliert, der Korrelationskoeffizient ergibt den Reliabilitätskoeffizienten.

Im Rahmen der Testhalbierungsmethode (Split-half-Reliabilität) wird der gesamte Test den Probanden nur einmal vorgegeben. Danach wird er in zwei gleichwertige Hälften aufgeteilt, wobei jede Hälfte als quasi paralleler Teiltest zur anderen Hälfte aufgefaßt wird. Häufig wird die Halbierung durchgeführt, indem man die Teilung nach Testaufgaben mit geradzahliger und ungeradzahliger Ordnungsnummer verwendet und anschließend beide Testhälften korreliert; dies ergibt den Testhalbierungskoeffizienten. Da hier zwei Testhälften, nicht aber vollständige (Parallel-) Tests miteinander verglichen werden, muß er einer Korrektur unterzogen werden. Die gebräuchlichste Form der Aufwertung bzw. Korrektur des Koeffizienten erfolgt nach einem Verfahren von Spearman-Brown (vgl. Lienert, 1969).

Neben der oben beschriebenen „odd-even"-Technik sind noch andere Halbierungstechniken gebräuchlich:

– Halbierung nach dem Zufallsprinzip und
– Halbierung von Itempaaren ähnlicher Analysekennwerte (z. B. Schwierigkeits-, Trennschärfe- oder Gültigkeitsindizes).

Die Analyse der Interitem-Konsistenz setzt Homogenität des Tests (= Äquivalenz der Items) voraus; diese Technik stellt eine Verallgemeinerung der Halbierungsmethode dar. Der Test wird dabei in so viele Teile zerlegt wie er Testaufgaben hat, diese werden dann interkorreliert und nach einer spezifischen Formel auf ihre Konsistenz hin verglichen. Kuder und Richardson haben als erste eine derartige Methode der Reliabilitätskontrolle entwickelt; Hoyt hat diese Formel so umgestaltet, daß der

Konsistenzkoeffizient direkt aus den Rohwerten ermittelt werden kann (vgl. Lienert, 1969).

Als via regia der Reliabilitätsverbesserung gilt die Verlängerung des Tests – wobei Parallelität der beiden Testteile vorausgesetzt wird (vgl. Lord & Novick, 1968: 113). Die Testverlängerung ist – zumindest für homogene Tests – ein recht einfaches und sicheres Mittel der Reliabilitätsverbesserung. Trotzdem muß es das Ziel jeder Testentwicklung sein, bei möglichster Kürze des Tests eine möglichst hohe Zuverlässigkeit zu erreichen (Lienert, 1969: 245).

Die Reliabilität ist keinesfalls ein fixes Merkmal des jeweiligen Tests, sondern deren Höhe hängt im wesentlichen ab von:

– der Stichprobe (je heterogener die Stichprobe, desto größer die Reliabilität),
– der Beschaffenheit des Tests (je homogener der Test, desto größer seine Reliabilität),
– der Bestimmungsmethode (d. h. der empirischen Definition des Meßfehlers),
– der Höhe der Meßfehler (im Sinne der jeweiligen Fehlerdefinition).

Verschiedene Methoden der Reliabilitätsermittlung liefern prinzipiell unterschiedlich hohe Koeffizienten, da sie den Meßwert auf verschiedene Weise in wahre und Fehlerkomponente zerlegen. Durch die unterschiedliche empirische Fehlerdefinition fallen Split-half- und Konsistenzkoeffizienten i. d. R. höher aus als Wiederholungs- oder Paralleltestkoeffizienten. Außerdem nehmen Wiederholungs- und Paralleltestkoeffizienten normalerweise umso niedrigere Werte an, je länger der Zeitraum zwischen den beiden Messungen ist.

Darüber hinaus charakterisieren die einzelnen Zuverlässigkeitsmaße nicht die Genauigkeit eines Meßinstrumentes (Tests) an sich, sondern immer die Zuverlässigkeit in bezug auf eine bestimmte Stichprobe bzw. Population (Populationsabhängigkeit). Zur Umgehung der Populationsabhängigkeit des Reliabilitätskoeffizienten wird vorgeschlagen, die Zuverlässigkeit eines Tests anders zu definieren: Die Fehlervarianz soll nicht auf die beobachtete Varianz relativiert, sondern absolut betrachtet werden (vgl. Rasch, 1960; Carver, 1970; Cronbach et al., 1972; s. a. Fricke, 1978).

Die **Validität (Gültigkeit)** gibt den Grad der Genauigkeit an, mit dem ein Test dasjenige mißt, was er zu messen vorgibt (vgl. Lienert, 1969; Dieterich, 1973; Meili & Steingrüber, 1978). Unter Berücksichtigung entscheidungs- und nutzenorientierter Aspekte wird Validität jedoch auch weiter gefaßt, etwa als „die Effizienz, mit der ein Test die Aufgabe erfüllt, für die er eingesetzt wird" (vgl. Drenth, 1969; Cronbach, 1971; Nunnally & Durham, 1975; Guion, 1980). Folglich hat der Begriff Validität unterschiedliche Bedeutungen für unterschiedliche Testtypen, und für jeden Typ sind angemessene Validitätsbeweise erforderlich. Validität ist daher keine generelle Eigenschaft eines Tests, sondern sie kann immer nur auf die Anwendung eines Tests auf eine bestimmte Population und unter bestimmten Bedingungen bezogen werden; man kann daher nicht von „der" Validität eines Meßverfahrens sprechen.

In der Regel werden drei Validitätsarten unterschieden: Inhaltsvalidität, Kriteriumsvalidität, Konstruktvalidität; ihnen liegen jeweils unterschiedliche Strategien zur Validierung zugrunde.

Bei der Inhaltsvalidität wird die Gültigkeit eines Tests durch die inhaltliche Analyse der einzelnen Testaufgaben gewährleistet. Vor allem bei schulischen Leistungstests ist diese Validitätsart von großer Bedeutung. Hierbei ist u. a. zu prüfen, ob der Test auch das mißt, was gelehrt wurde (Schelten 1980):

– Gibt der Test die Lernziele des Unterrichts wieder?
– Besteht ein Gleichgewicht zwischen den Schwerpunkten in der Lernzielvorgabe und den Schwerpunkten im Test?
– Setzt der Test Fähigkeiten voraus, die mit dem, was geprüft werden soll, in keinem Zusammenhang stehen?

Bei den Schulleistungstests beurteilen Experten, ob die Testaufgaben die Lernziele erfassen, die im Lehrplan für die entsprechende Jahrgangsstufe gefordert werden. Als Maß für die Inhaltsvalidität kommt jedes Maß für die Übereinstimmung von Beurteilern in Betracht (vgl. Klauer, 1978a), insbesondere der Übereinstimmungskoeffizient Ü von Fricke (1974).

Der Begriff „face validity" (augenscheinliche Gültigkeit) dient zur Kennzeichnung der Tatsache, daß ein Test für einen Laien den Anschein erweckt, Validität zu besitzen. Augenschein-Validität ist **nicht** mit der inhaltlichen Gültigkeit identisch, sie stellt zudem kein wissenschaftliches Konzept dar.

Die kriterienbezogene Validitätsbestimmung (Validität als Korrelation mit einem Kriterium) verfährt empirisch. Hierbei wird der in einem Test gewonnene Testwert zu einem Kriteriumswert in Beziehung gesetzt, da man davon ausgeht, daß für das gemessene Merkmal andere brauchbare Messungen vorliegen.

Innere Validierung ist gegeben, wenn der zu überprüfende Test mit einem anderen, ähnliche Konstrukte oder Eigenschaften messenden Test korreliert wird. Bei äußerer Validierung hingegen wird ein Kriteriumswert außerhalb von Testwerten gewonnen (z. B. über ein konkretes Leistungsmaß bzw. über ein Schätzurteil). So korreliert man beispielsweise die Ergebnisse eines Tests zur Messung von Schulangst mit den Schätzurteilen der Eltern und Lehrer der betroffenen Kinder.

Erhebt man Test- und Kriteriumswerte gleichzeitig, spricht man von Übereinstimmungsvalidität („concurrent validity"; vgl. Abb. 4). Das Hauptproblem dieser Methode liegt im Auffinden geeigneter, einwandfreier (d. h. selbst reliabler und valider) Kriterien für den zu prüfenden Test.

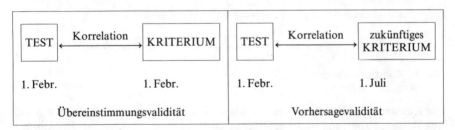

Abb. 4 Übereinstimmungsvalidität vs. Vorhersagevalidität

Die Vorhersagevalidität („predictive validity", vgl. Abb. 4) bildet die Grundlage für alle auf Tests beruhenden Prognosen von Leistungen, Ausbildungs-, Therapieerfolgen und Verhaltensmodifikationen. Soll z. B. aufgrund eines Intelligenztestes über die Zuweisung von Schülern zu den weiterführenden Schulen entschieden werden, so muß der einzusetzende Test Kriteriumswerte vorhersagen, also prognostische Validität besitzen, d. h. es muß ein Zusammenhang zwischen der Testleistung und dem späteren Schulerfolg bestehen.

Die Höhe der Kriteriumsvalidität ist abhängig von:

der Reliabilität des Tests, der Reliabilität des Kriteriums sowie dem Ausmaß, in dem Test und Kriterium etwas Gemeinsames erfassen.

Das kriteriumsbezogene Validitätskonzept wurde gelegentlich als „blinde empirische Validität" (Peak, 1953; zit. nach Fricke, 1974: 43) bezeichnet und kritisiert. Diese Kritik hat zur Entwicklung der Konstruktvalidität geführt, die von Cronbach & Meehl (1955; s.a. Cronbach, 1971; Westmeyer, 1972) zur Diskussion gestellt wurde. Mit Hilfe der Konstruktvalidierung untersucht man Konstrukte im Rahmen eines theoretischen Bezugssystems auf ihre Zusammenhänge mit dem zu prüfenden Test. Konstrukte sind hierbei definiert durch ihre empirischen Indikatoren (z.B. Fragebogendaten, physiologische Daten, Beobachtungsdaten) und ihre Position innerhalb wissenschaftlicher Theorien.

Die in einem Test zu erfassenden Konstrukte – wie Aggressivität oder Angst usw. – werden definiert durch Explikation der Regeln, nach denen sich aggressives oder ängstliches Verhalten vollzieht und derart in ein theoretisches Bezugssystem („nomologisches Netzwerk") eingebunden, daß exakt prüfbare Voraussagen über Beobachtbares möglich werden. In einem solchen Prozeß der schrittweisen Annäherung (von Theorie, Konstrukt und Test) kann es dann gelingen, den zu prüfenden Test immer fester in das theoretische Bezugssystem einzuordnen. Je dichter das nomologische Netzwerk geknüpft ist, desto größer ist die Evidenz, daß ein Test tatsächlich den Merkmalsbereich erfaßt, den er erfassen soll (Rauchfleisch, 1980).

Die Konstruktvalidierung vollzieht sich in mehreren Operationen (vgl. Abb. 5):

– Ableiten prüfbarer Hypothesen aus der das Konstrukt angesiedelten Theorie (über die hohe bzw. niedrige Ausprägung von Testwerten);
– Überprüfen der Hypothesen mit dem neuen Test in speziellen Untersuchungen;
– Ziehen von Schlußfolgerungen darüber, ob die Theorie die vorliegenden Daten erklären kann.

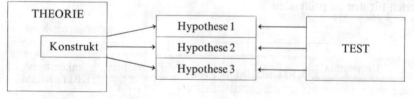

Abb. 5   Konstruktvalidität

Die Konstruktvalidität eines Tests ist als ein Programm zu interpretieren, das zur Bewährung, Erhärtung und Bestätigung einer Theorie dient; sie ist deshalb mit empirischem Forschen eng verbunden (s. Kerlinger, 1979; s.a. Hilke, 1980).

Campbell und Fiske (1959) haben eine spezielle Methode der Konstruktvalidierung entwickelt: die „Multi-trait-Multimethod-Matrix"; sie ist eine Form der Zusammenstellung korrelativer Zusammenhänge zwischen verschiedenen empirischen Indikatoren verschiedener Konstrukte. Seither bemüht man sich um verbesserte statistische Verfahren dieser Methode (vgl. Kalleberg & Kluegel, 1975; Avison, 1978; Schmitt, 1978; Schmitt et al., 1977).

Die Konstruktvalidierung ist ein recht komplexer Vorgang und bezieht alle möglichen Verfahren, Techniken sowie methodischen Gültigkeitsbestimmungen ein (vgl. Abb. 6; modifiziert aus Lewin, 1979).

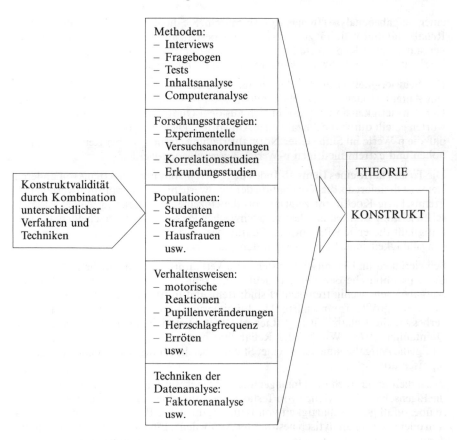

Abb. 6 Konstruktvalidierung

Zwischen den Hauptgütekriterien besteht das logische Verhältnis einer Implikation: Objektivität ist eine notwendige, aber nicht hinreichende Voraussetzung für die Reliabilität; diese ist eine notwendige, aber keine hinreichende Bedingung für die Validität eines Tests.

Die umgekehrte Beziehung zwischen den Gütekriterien gilt jedoch nicht ohne weiteres. So kann z. B. ein Test zwar ein exaktes Meßinstrument sein (hohe Reliabilität), ohne aber das Merkmal, das er erfassen möchte, tatsächlich zu erfassen (unzureichende Validität).

Hinsichtlich der Beziehung zwischen Reliabilität und Validität sei festgehalten: Die Validität eines Tests bezüglich irgendeines Kriteriums ist stets kleiner oder gleich seinem Reliabilitätsindex. Wenn der Reliabilitätsindex eines Tests nicht hinreichend hoch ist, kann die Validität für ein beliebiges Kriterium gleichfalls nicht hoch sein. Allerdings impliziert obige Feststellung, daß der Reliabilitätsindex nie kleiner als der Validitätskoeffizient eines Tests sein kann (Hilke, 1980).

Während bei den Hauptgütekriterien der Schwerpunkt auf dem wissenschaftlichen und theoretischen Aspekt des Tests liegt, geht es bei den Nebengütekriterien vor allem um Momente der praktischen Durchführung (vgl. hierzu Kap. 4.3.2.1.).

Damit die besprochenen Gütekriterien optimal erfüllt werden, muß ein Test über gute Aufgaben verfügen. Ob die einzelnen Items brauchbar sind, läßt sich mit Hilfe einer **Aufgabenanalyse (Itemanalyse)** ermitteln. Sie dient dem Ziel, die Testkriterien Reliabilität und Validität zu verbessern und besteht aus der Berechnung verschiedener statistischer Kennwerte für die einzelnen Items; u. a. gibt die Itemanalyse für jede Aufgabe den Schwierigkeitsgrad und die Trennschärfe an.

Der **Schwierigkeitsgrad** wird bestimmt durch die prozentuale Häufigkeit, mit der eine Aufgabe (oder ein Fragebogenitem) von Probanden gelöst (bzw. bejaht) wird. Der Schwierigkeitsindex p ergibt sich aus dem Quotienten: Anzahl richtiger Antworten geteilt durch die Anzahl aller Antworten. Die Itemauswahl ist so zu treffen, daß die p-Werte im Sinne einer Normalverteilung streuen, wobei Items mit extrem hohen und extrem niedrigen p-Werten ausgeschieden werden.

Die **Trennschärfe** eines Items als Index der Übereinstimmung des Items mit anderen Items ist definiert als die Korrelation der Itemwerte mit den Gesamttestwerten. Der Trennschärfe-Koeffizient zeigt an, ob die einzelne Testaufgabe geeignet ist, zwischen leistungsstarken und leistungsschwachen Personen zu unterscheiden. Gleichzeitig läßt dieser Koeffizient den Beitrag des einzelnen Items an der Differenzierungsfähigkeit innerhalb des gesamten Tests erkennen.

Schwierigkeit und Trennschärfe stehen im Verhältnis einer umgekehrten U-Kurve. Diese parabolische Beziehung bedeutet, daß sehr „schwierige" und sehr „leichte" Aufgaben sehr wenig trennscharf sind; Items mit mittlerer Schwierigkeit besitzen i. d. R. die größte Trennschärfe. Die Eliminierung von wenig trennscharfen Items verbessert die Reliabilität (vgl. Lienert, 1969; Dieterich, 1973; Wieczerkowski & Quintanilla, 1978). Wie bei der Reliabilitätsbestimmung und Validitätskontrolle erfolgt die Aufgabenanalyse an einer Stichprobe, die für die zu prüfende Population repräsentativ ist.

Zusätzlich kann noch die **Homogenität** errechnet werden. Darunter versteht man die Eigenschaft einer Menge von Testaufgaben, dieselbe Fähigkeit zu erfassen. Diese überzufällige Gleichartigkeit von Items ergibt sich z. B. aus hoher Interkorrelation oder faktorenanalytisch bestimmter Äquivalenz. Ein Homogenitätsindex hätte dann anzugeben, wieviel die betreffende Aufgabe zur Homogenität des ganzen Tests beiträgt bzw. inwieweit sie selbst homogen ist (vgl. Lienert, 1969).

Items sind die Elemente von Meßvorgängen mit Hilfe von Tests. Die auf der Itemebene gewonnenen Informationsmuster werden nach meßtheoretisch fundierten Regeln zu numerischen Testwerten i. w. S. kombiniert. D. h. im Rahmen der Testdurchführung (Messung) werden z. B. den psychischen Eigenschaften von Personen (empirische Sachverhalte) bestimmte Zahlen (Itemwerte, Testwerte) gemäß fester Regeln zugeordnet (z. B. richtige Itemlösung = 1; falsche Lösung = 0; Testwerte = einfache Summe aller Einsen). Die Testwerte wiederum werden im klassischen Modell als Indikatoren für die Beschaffenheit psychischer Merkmale herangezogen.

Mängel der klassischen Testtheorie

In der Literatur wird durchaus berechtigte Kritik an der klassischen Testtheorie geübt (vgl. Dieterich, 1973; Fischer, 1974; Lumsden, 1976; Hilke, 1980).

So ist der Fehleranteil in den beobachteten Meßwerten offenbar nicht unabhängig vom wahren Wert und kann daher mit diesem nicht unkorreliert sein. Bedingen unterschiedlich hohe Werte unterschiedliche Fehlerkomponenten, so ist die Reliabilität der Messung jeweils stichprobenabhängig: Ihr Koeffizient wird als Verhältnis von wahrer zur beobachteten Varianz bestimmt.

Alle wesentlichen Test- bzw. Itemparameter (Reliabilität, Validität, Schwierigkeitsindex, Trennschärfe) sind stichproben- bzw. populationsabhängig; sie können nicht unabhängig von der Zusammensetzung einer Stichprobe geschätzt werden. Die Übertragbarkeit von Testergebnissen aus einer Population in eine andere ist daher nicht möglich. Messungen sind damit grundsätzlich „normorientiert", also an der sozialen Bezugsnorm ausgerichtet (Vergleichswerte aus Eichstichproben). Der beobachtete Meßwert einer Person ist daher relativ zur durchschnittlichen Leistung (= Norm) einer Referenzgruppe zu sehen.

Das Konzept des wahren Wertes und des Fehlerwertes sowie das Konzept der äquivalenten Messung setzen voraus, daß ein und dasselbe Merkmal wiederholt gemessen wird, wobei jegliche Einflüsse der Meßwiederholung entfallen. Diese Forderung ist u. a. wegen der intraindividuellen Variation zwischen den Messungen kaum erfüllbar.

Aus der Grundgleichung mit drei Variablen ($X = T + E$) ist nur der Meßwert X ausreichend bestimmt. Dies hat zur Folge, daß der Meßwert prinzipiell willkürlich in wahren und Fehlerwert aufspaltbar ist, weil der wahre Wert dann nur durch den Fehlerwert und der Fehlerwert nur durch den wahren Wert definierbar ist; hieraus ergibt sich die Zirkularität der Definition von wahrem Wert und Meßfehler.

Ein grundsätzlicher Mangel der klassischen Testtheorie besteht darin, daß nicht erklärt werden kann, **wie** eigentlich Meßwerte zustande kommen, sondern davon ausgegangen wird, daß Meßwerte schon vorliegen (vgl. Fischer, 1974). Nach den Kriterien der Meßtheorie von Suppes & Zinnes (1963) liegt damit keine Repräsentationsmessung vor.

Ferner läßt die klassische Testtheorie empirisch begründete Aussagen über die Größe von Unterschieden zwischen Rohwerten (oder wahren Werten) nicht zu. Daher kann sie zur Messung von Veränderungen eines Persönlichkeitsmerkmals (durch eine Therapie oder ein Förderungsprogramm) keinen Beitrag leisten. Veränderungen in den wahren Werten, z. B. in den Rechtschreibfertigkeiten durch einen Förderkurs, werden nicht geklärt. Die Schwierigkeiten sind offenbar darin begründet, daß die Konstrukte (z. B. der wahre Wert) die Personen charakterisieren sollen, von den Aufgabenparametern (z. B. der Verteilung der Aufgabenschwierigkeiten) abhängen und umgekehrt (z. B. die Test- und Aufgabenreliabilität von der Verteilung der wahren Werte). Die klassische Testtheorie vermag also keineswegs die Unabhängigkeit von Item- und Personenparameter zu gewährleisten (Scheiblechner, 1980; s. a. Bereiter, 1962, 1963; Harris (Ed.), 1963; Renn, 1973; Petermann, 1978).

Ein weiterer Kritikpunkt bezieht sich auf das postulierte Skalenniveau der Messungen. Die Annahme einer Intervallskala[9] für die Testdaten erweist sich als recht problematisch, zumal man häufig unterstellt, daß Meßergebnisse, die normalverteilt sind, auf Intervallskalenniveau interpretierbar sein müssen; aus der Verteilungsform kann jedoch keinesfalls auf das Skalenniveau geschlossen werden. Die Intervalleigenschaft der Maßzahlen ist allerdings das Mindesterfordernis zur Anwendung der statistischen Operationen, deren sich die klassische Testtheorie bedient (Dieterich, 1973; Hilke, 1980). Das Vorhandensein eines psychologisch sinnvollen Unterschiedsbegriffs als Voraussetzung für die Konstruktion einer Intervallskala ist zudem bei psychologischen Variablen kaum operationalisierbar. Der Vergleich von Differenzen, der ja auf Intervallskalenniveau möglich sein soll, setzt ein derartiges Additivitätstheorem voraus, das kaum sinnvoll auf psychische Variable

---

[9] Schulman & Haden (1975) übertrugen das Modell der klassischen Testtheorie auf Ordinaldaten (s. a. Wolfrum, 1978).

angewendet werden kann. Bei Leistungsunterschieden ist dies eventuell noch realisierbar, nicht jedoch bei Übertragung auf andere Persönlichkeitsbereiche, wie z. B. auf Einstellungen (Dieterich, 1973).[10]

Schließlich ist noch auf das sog. „Attenuation Paradox" hinzuweisen: Die Erhöhung der Reliabilität eines Tests hat unter bestimmten Bedingungen eine zwangsläufige Verringerung der Validität zur Folge (Fischer, 1974: 145).

Darüber hinaus ergeben sich wissenschaftstheoretische fundierte Probleme: „Um ein psychisches Merkmal messen zu können, wird dieses unter Beachtung allgemeiner Prinzipien der Testkonstruktion durch die manifeste Variable „Test" operationalisiert. Das Zustandekommen dieser Variablen wird durch eine axiomatische Fehlertheorie erklärt, ohne jedoch die funktionalen Wechselbeziehungen zwischen psychometrischer Meßtheorie und psychologischer Theorienbildung aufzuzeigen und die beiden theoretischen Ebenen auf der Grundlage direkt überprüfbarer Modellkonzepte aufeinander abzustimmen." (Michel & Conrad, 1982: 25.)

Trotz dieser z. T. gravierenden Einwände – zumeist abgeleitet aus den Perspektiven des Rasch-Modells – ist festzuhalten, daß ein Vergleich der klassischen mit der probabilistischen Testtheorie wenig sinnvoll ist, zumal beide Testmodelle in ihrer Zielsetzung zu unterschiedlich sind. „Nimmt man ,deterministische' Prinzipien der Testtheorie noch hinzu, dann kann festgestellt werden, daß unter Bezug auf ein- und dieselbe Datenbasis mit verschiedenen Modellen eben verschiedene Informationen zu gewinnen sind." (Kanig, 1979: 320.)

Derzeit dominiert die klassische Testtheorie (vgl. Brickenkamp, 1981; Fricke, 1978; Kanig, 1981); zu viele Meßinstrumente, die auf der Grundlage dieses Modells entwickelt wurden, haben sich im Netzwerk empirischer Beziehungen bewährt, um ihnen die Tauglichkeit in Psychologie und Pädagogik abzusprechen (Klauer, 1978 a: 7). Die Praxis ist somit auf standardisierte und objektive Testverfahren der klassischen Testtheorie angewiesen. Eine Lösung des Problems scheint einmal darin zu liegen, daß die theoretischen Konstrukte, die einem Test als Meßinstrument zugrunde liegen, präziser definiert werden. Zum anderen muß der Anwendungsbereich und damit Gültigkeitsbereich genauer als bisher angegeben werden. Unter diesen Voraussetzungen erscheint die Konstruktion und Anwendung eines Tests auf der Grundlage der klassischen Testtheorie gerechtfertigt (Rey, 1977: 100); allerdings sollte er mit der angemessenen Zurückhaltung interpretiert werden.

Um eine Verbesserung der klassischen Testtheorie („„Weak-true-score"-Theorie) bemühen sich Lord & Novick (1968) in ihrer „Strong-true-score"-Theorie, in der die Axiome von Gulliksen (1950) durch ein neues Axiomensystem ersetzt und Annahmen über die Form der Meßfehlerverteilung aufgestellt werden.

4.1.2.2. Erweiterung der klassischen Testtheorie: Generalisierbarkeitstheorie

Die Einwände gegenüber der klassischen Testtheorie haben zur Weiterentwicklung dieses Modells geführt. Cronbach et al (1963) haben einen neuen Ansatz zur Definition der Reliabilität vorgestellt und die Theorie von problematischen Voraussetzungen – wie den Annahmen über den wahren Wert, Meßfehler und

---

[10] Moosbrugger & Müller (1980) wiesen nach, daß auf der Basis der klassischen Testtheorie „spezifische objektive" Aussagen über Personen und Items auf Intervallskalenniveau möglich sind, wenn man das Prinzip des additiv-verbundenen Messens (vgl. Luce & Tukey, 1964), welches auch dem Rasch-Modell zugrunde liegt (vgl. Brogden, 1977), nachträglich einarbeitet.

Äquivalenz (von Paralleltests oder Testitems) – befreit. Die Theorie der Generalisierbarkeit von Testergebnissen (theory of generalizability; vgl. Cronbach et al., 1972; s. a. Raatz, 1968; Fischer, 1974; Hilke, 1980) zielt auf eine Beantwortung der Frage ab, inwieweit man von einem Testwert, der unter speziellen Bedingungen beobachtet wurde, auf einen generellen Testwert schließen kann, welcher die definierte Universalmenge aller Untersuchungsbedingungen repräsentiert. Dieser alternative Ansatz geht von einer Fülle bzw. Vielzahl von Tests aus, z. B. der Gesamtheit aller Schulleistungstests für das Fach „Englisch" auf einer Schulstufe. Dabei nimmt man an, daß die in Frage kommenden Eigenschaften, Fähigkeiten, Leistungen usw. durch diese Gesamtheit von Tests, die Testfamilie sozusagen, definiert sind. Sinn und Zweck dieser Theorie ist die Reliabilitätsbestimmung für eine Gesamtheit von Tests (und nicht etwa nur für einen einzelnen Test – wie in der klassischen Testtheorie).

Ausgangspunkt ist das Denkschema einer Vielzahl von nominell parallelen Tests, d. h. inhaltlich gleichartiger Meßvariabler. Die eindeutige inhaltliche Festlegung dieser Vielzahl von Tests bzw. Aufgaben erfolgt nach psychologisch-inhaltlichen bzw. pädagogisch-inhaltlichen Gesichtspunkten.

Wurde aus einer bestimmten Gesamtheit von Tests (bzw. von Items) eine Zufallsstichprobe von Tests gezogen, so ist es mittels varianzanalytischer Methoden möglich, die Reliabilität hinsichtlich der Testfamilie zu bestimmen; der Koeffizient wird Generalisierbarkeitskoeffizient genannt (Cronbach et al., 1963). Er ist definiert als das Verhältnis von wahrer Varianz des „universe score" zu beobachteter Varianz und gibt Auskunft darüber, ob bzw. inwieweit anhand der Testergebnisse zuverlässig auf die Testgesamtheit bzw. Testfamilie generalisiert werden kann.

Im Rahmen dieses Ansatzes wird u. a. eine sog. G-Studie (Generalisierbarkeitsstudie) durchgeführt, eine experimentelle Studie, in der das Meßverfahren als solches unter dem Einfluß der verschiedenen Bedingungen untersucht wird. Ziel einer solchen G-Studie ist es, Aussagen über Erwartungswerte von Varianzkomponenten zu erhalten, wobei alle Aspekte (facets), die die Testgesamtheit determinieren, enthalten sein müssen. Das G-Modell liefert Schätzungen der Reliabilität des Tests bei der Generalisierung; es dient also der Überprüfung einer bestimmten Meßprozedur bzw. ist Teil der Instrumententwicklung. Bei zufriedenstellenden Ergebnissen kann dann das Instrument bzw. die Meßprozedur als Grundlage für sog. Entscheidungsstudien bzw. D-Studien (decision studies) verwendet werden. D-Studien werden von Testanwendern durchgeführt, die entweder auf die gesamte Testfamilie oder auf Teilmengen dieser Testfamilie generalisieren wollen. Sie liefern Daten für Entscheidungen über Individuen oder Gruppen (z. B. Klassifikationen, Diagnosen, Behandlungszuweisungen). Die Versuchspläne für eine G-Studie und eine (i. d. R, nachfolgende) D-Studie können gleich, aber auch verschieden sein.

Wenn z. B. der Einfluß des Lehrerverhaltens auf die Schüler untersucht werden soll, muß das Lehrerverhalten beobachtet werden. In einer G-Studie beobachten mehrere Beobachter, weil der Einfluß dieser Bedingungen untersucht werden soll, in der D-Studie nur einer.

Bei der Durchführung derartiger Studien unterscheiden Cronbach et al (1963) zwei mögliche Versuchspläne: ein „cross design" und ein „nested design", je nachdem, ob alle Probanden unter sämtlichen Bedingungen getestet werden, oder ob für jeden Probanden nur eine Bedingung zufällig ausgewählt wird. Für G-Studien werden dann „nested designs" durchgeführt, wenn man nicht für jede Kombination von Bedingungen aus verschiedenen Aspekten eine Testaufgabe finden kann.

Zwei Beispiele (nach Raatz, 1968) sollen das Verfahren kurz erläutern:

- „cross-design": 6 Lehrer beurteilen 10 Aufsätze in einer G-Studie. In der D-Studie beurteilt ein 7. Lehrer, der zufällig aus dem gleichen Kollektiv ausgesucht wurde, die Arbeiten.
- „nested design": 10 Kinder werden auf dem Spielplatz beobachtet, und zwar jedes Kind zu anderen, zufällig ausgewählten Zeiten. Das Spielverhalten wird auf beliebige Weise gemessen. In der G-Studie wird jedes Kind sechsmal beobachtet, in der D-Studie nur einmal.

Im Anschluß daran kann die Reliabilität jeweils abgeschätzt werden. In der Generalisierbarkeitstheorie wäre die Fehlervarianz die Varianz der Differenzwerte zwischen Testwert und Universumswert. Eine umfassende Darstellung der Reliabilitätsbestimmung auf der Grundlage varianzanalytischer Methoden findet sich bei Lord & Novick (1968) sowie bei Cronbach et al. (1972).

Um gemäß der Voraussetzung der Generalisierbarkeitstheorie zu einer Zufallsauswahl von Tests zu kommen, hat man zunächst die Items eines Tests per Zufall aus der Itempopulation ausgewählt („randomly parallel tests"). Später haben Rajaratnam et al. (1965) ein praxisnäheres Modell aufgestellt, die Theorie der geschichteten Itemauswahl („theory of stratified item-sampling"). Hierbei wird eine eindeutig festgelegte Gesamtpopulation von Items entsprechend den vorhandenen, unterscheidbaren Itemtypen in Strata bzw. Schichten von ähnlichen Items zerlegt. Aus jedem Stratum wird dann eine vorher festgelegte Anzahl von Items zufällig ausgewählt und somit ein Test erstellt („stratified-parallel tests").

Ein Test zur Überprüfung der Englischkenntnisse kann beispielsweise folgende Strata aufweisen (vgl. Raatz, 1968): (a) Vokabeln, (b) Aussprache, (c) Rechtschreibung.

Die Theorie der Generalisierbarkeit von Testergebnissen stellt eine wesentliche Verfeinerung und Verbesserung des klassischen Reliabilitätskonzeptes dar, sie ersetzt aber nicht gesonderte Erörterungen des Validitätsproblems (s. Mees, 1977). Sie wird durch Cronbach et al (1972) sowie durch andere (Wiggins, 1973; s. a. Fischer, 1974; Hilke, 1980) ausführlich beschrieben; Joe & Woodward (1976) haben einige Entwicklungen der multivariaten Generalisierbarkeitstheorie aufgezeigt (s. a. Weiss & Davison, 1981).

Die von Cronbach et al. (1963) begründete „Theorie der Verallgemeinerung von Messungen" nimmt eine Position zwischen den klassischen Vorstellungen und den modernen Ansätzen ein, die z. B. von dem „Additive-conjoint-measurement"-Modell von Luce & Tukey (1964; vgl. Fischer, 1974; Lord & Novick 1968; s. a. Falmagne, 1979), dem „Deterministischen Latenttrait"-Modell von Guttman (vgl. Kap. 4.4.2.2.), zu den probabilistischen „Latent-trait"-Modellen von Lazarsfeld (1950, 1959) und Rasch (1960) führen.

4.1.2.3. Stochastische Testtheorie: Das spezielle logistische Meßmodell von Rasch

Wie die klassische Testtheorie strebt das probabilistische Testmodell von Rasch (1960; s. a. Fischer, 1974) eine formalisierte Theorie und Begründung von Meßinstrumenten an. Im Unterschied zur klassischen Testtheorie wird allerdings die von Lazarsfeld (1950: 363 f.) vorgeschlagene Trennung von empirisch zugänglicher Beobachtungsebene und theoretisch angenommener Konstruktebene berücksichtigt und nicht der Testwert, sondern die Wahrscheinlichkeit für einen bestimmten Testwert mittels latenter Variablen vorhergesagt; d. h. die beobachtete Variable wird lediglich als Indikator einer latenten Variablen angesehen.

Ferner ist festzuhalten, daß die probabilistische Theorie schon vor der Messung einsetzt und sie erst begründet (s. Fischer, 1974: 19). Somit ist eine grundlegende Voraussetzung gegeben, um homomorphe Abbildungen der in Frage stehenden empirischen Relative in numerische Relative unter Beachtung von Repräsentations-, Eindeutigkeits- und Bedeutsamkeitskriterien zu ermöglichen (vgl. z. B. Orth, 1974; s. a. Kap. 4.1.1.3.).

Das Rasch-Modell[11] postuliert einen bestimmten funktionalen bzw. logistischen Zusammenhang zwischen den Variablen „Schwierigkeit (bzw. Leichtigkeit) einer Aufgabe" und „Fähigkeit (z. B. Intelligenz) einer Person" sowie der Wahrscheinlichkeit, mit der eine Person eine Aufgabe lösen wird. Es wird ausgeschlossen, daß ein Proband ein für ihn zu schwieriges Item löst bzw. ein für seine Fähigkeit leichtes Item nicht meistert.

Mit Hilfe dieses Modells soll eine Schätzung des Ausprägungsgrades einer latenten Eigenschaft („latent trait") erfolgen, wobei der Test aus Items besteht, welche nur zwei Antwortkategorien aufweisen, also dichotom sind. (Bei Intelligenztests werden die Kategorien meist mit „richtig/falsch" etikettiert, im Fall von Einstellungsitems gewöhnlich mit „ja/nein" oder „stimme zu/stimme nicht zu"; symbolisch + und −.)

Alle Items sprechen dieselbe Eigenschaft an; der Test wird in diesem Sinne als homogen vorausgesetzt. Das Lösungsverhalten einer Person hinsichtlich aller Items kann durch denselben Fähigkeitsparameter charakterisiert werden. Jedes Item i ist mit der latenten Eigenschaft T durch eine eindeutige, aber nicht notwendig umkehrbar eindeutige Funktion $f_i(T)$ verknüpft, so daß gilt $P(+|i, T) = f_i(T)$. Jede Person mit der Fähigkeit T hat dieselbe Chance $f_i(T)$, die Aufgabe i zu lösen. Die Funktion $f_i(T)$ heißt „Itemcharakteristik" (s. Fischer, 1974).

Die Modellrelation des Rasch-Modells trifft eine Aussage über den Zusammenhang zwischen einer Person j mit ihrer Fähigkeit T_j und der Wahrscheinlichkeit P, die Aufgabe i mit dem Schwierigkeitsgrad s_i zu lösen. Es ergibt sich damit zwingend eine bestimmte mathematische Beziehung zwischen den Personenparametern und Itemparametern einerseits und der Lösungswahrscheinlichkeit andererseits. Es gilt also: die Wahrscheinlichkeit, daß die Person j das Item i löst, ist gleich dem Produkt der Modellparameter, geteilt durch eins plus diesem Produkt; formal resultiert daraus die logistische Funktion:

$$P(+|j, i) = \frac{T_j \cdot s_i}{1 + T_j \cdot s_i}$$

Durch diese Festlegung erhält man die Itemcharakteristik-Kurven (ICC) in logistischer Form, die nach Lord & Novick (1968) als Regression der manifesten Itemscores auf die latente Variable definiert werden (vgl. Abb. 7).

Zur Lösung des Problems, die beiden Parameter T und s voneinander zu trennen, wird das Prinzip der lokalen stochastischen Unabhängigkeit eingeführt: Die Wahrscheinlichkeit, ein Item i zu lösen, ist allein abhängig von der Schwierigkeit der Aufgabe und dem Ausprägungsgrad der latenten Dimension, nicht jedoch von

---

[11] Zur weiteren Lektüre sei empfohlen: Fischer, 1974, 1978; Rost & Spada, 1978. – Zur praktischen Anwendung des Rasch-Modells vgl. Färber & Zimmer, 1980; Henning, 1974; Jansen, 1981a, 1981b; Sixtl, 1982; Stapf, 1970; Wakenhut, 1974, 1978; Wendeler, 1968; s. a. Denz, 1982 sowie Weiss & Davison 1981.

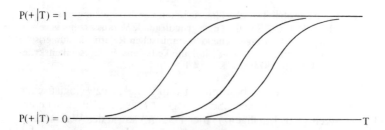

Abb. 7   Drei Itemcharakteristiken im speziellen logistischen Testmodell von Rasch. Die Kurven sind bis auf eine Translation deckungsgleich (gleiche Itemcharakteristiken). Aus Fischer, 1974: 199

positionsgebundenen oder situativen Randbedingungen und auch nicht davon, welche anderen Aufgaben die Person j bereits gelöst hat oder noch lösen wird.

Aus der Modellgleichung ist klar ersichtlich, wie sich die Lösungswahrscheinlichkeiten mit variierenden Parameterwerten ändert. Offensichtlich hängt sie nur von der Differenz der beiden Parameter ab (Fähigkeitsparameter der Person und Schwierigkeitsparameter der Aufgabe). Die Lösungswahrscheinlichkeit ist um so höher, je größer der Personenparameter angenommen wird, d. h. je fähiger der Proband ist; die Wahrscheinlichkeit nimmt hingegen ab, je schwieriger das Item wird.

Berechnet man für eine bestimmte Aufgabe anhand der Modellgleichung die Lösungswahrscheinlichkeiten für verschiedene Personenfähigkeiten und trägt diese in einem entsprechenden Koordinatensystem ein, so ergibt sich das Bild einer logistischen Itemcharakteristik mit konstanter Steigung (vgl. Abb. 7). Die konstante Steigung der ICC bedeutet, daß implizit Items mit homogener Diskriminationsleistung vorausgesetzt werden. Alle Itemcharakteristiken eines Tests laufen parallel, sie können einander niemals überschneiden (doppelte Monotonie und Holomorphie; vgl. Rasch, 1960); sie sind entsprechend der jeweiligen Schwierigkeit der Aufgabe entlang der Abszisse verschoben; mit wachsendem Schwierigkeitsgrad der Items verschiebt sich die ICC nach rechts, daraus folgt: Je weiter rechts die Kurve liegt, desto geringer ist die Wahrscheinlichkeit einer richtigen Lösung. Die Wahrscheinlichkeiten $P = 0$ bzw. $P = 1$ sind Grenzwerte, denen sich die ICC asymptotisch nähern. Aus der Abbildung ist auch zu ersehen, daß die Schwierigkeiten eines Items immer auf den Wendepunkt der ICC bei $P = 0.50$ bezogen ist, wenn Richtig- und Falsch-Antworten gleich wahrscheinlich sind.

Die Krümmung bzw. Steigung der ICC wird durch den Trennschärfeparameter bestimmt, dieser ist im Rasch-Modell für alle Items konstant ($a = 1$).

Die Summe der gelösten Aufgaben eines Tests enthält sämtliche Informationen, die zur Unterscheidung von Probanden im Test benötigt werden. Dabei geht man davon aus, daß die Zahl der gelösten Aufgaben eine erschöpfende Statistik für den Fähigkeitsparameter der Person darstellt. Es erübrigt sich also, die jeweiligen Antwortmuster zu interpretieren. Bei einem Test aus fünf Items werden folglich die Antworten „$+ - + + -$" und „$- + + - +$" als gleichwertig angesehen.

Beim Vergleich von Eigenschaften der Personen spielt die Anzahl und Art der verwendeten Aufgaben keine Rolle. Derartige Vergleiche, die nicht abhängig sind von speziellen Items bzw. der zufälligen Itemauswahl, heißen „spezifisch objektiv". Die

Separierbarkeit von Aufgaben- und Personenparametern und die darauf basierende spezifische Objektivität der Messung „bewirkt eine itemunabhängige Personenmessung und eine personenunabhängige Itemmessung" (Wakenhut, 1980: 144). Das Rasch-Modell ermöglicht also spezifisch objektive Vergleiche sowohl auf der Ebene der Personen als auch der Items. So hängt die Leichtigkeit einer Aufgabe nicht von der Personenstichprobe, der Parameterschätzwert einer Person nicht von der Itemstichprobe ab. Der Vergleich von zwei Personen oder der Vergleich von zwei Items sind also stichproben- bzw. populationsunabhängig.

Bei einem nach Rasch skalierten Test wird in der Regel Verhältnisskalenniveau der Meßwerte angenommen. Im Gegensatz zu den meisten Autoren zweifelt allerdings Wottawa daran, ob Aussagen über dem Niveau einer Rangskala möglich sind. Es dürfte seiner Meinung nach nämlich unmöglich sein, auf der Basis eines Tests allein hinsichtlich des zu erfassenden theoretischen Konstrukts etwas anderes als Aussagen über die Rangfolge von Personen abzuleiten (Wottawa, 1980: 207).

Rasch (1960: 31 ff.) hat vorgeschlagen, den Meßfehler, den man begeht, wenn man von einem beobachteten Testwert auf den unbekannten Fähigkeitsparameter schließt, als Zuverlässigkeit zu definieren. Die Varianz des geschätzten Fähigkeitsparameters ist damit als Reliabilitätsmaß anzusehen; allerdings ist ein derartiges Meßfehlerkonzept stichprobenabhängig (vgl. Fricke, 1974).

Zur Lösung des Validitätsproblems bietet das Rasch-Modell keine Ansätze. Fischer (1974: 214, 219, 298, 321, 323) hat die bei der Rasch-Validierung offen bleibenden Probleme aufgezeigt (s. a. Dieterich, 1973: 223; Wottawa, 1977: 83).

Ferner sagt Homogenität im Sinne der lokalen stochastischen Unabhängigkeit nichts über die Dimensionalität oder die faktorielle Struktur eines Tests aus (vgl. Dieterich, 1973;). Die strenge Forderung nach lokal stochastisch unabhängigen Items bereitet dann Probleme, wenn Randbedingungen wie Reaktionsstile oder Ratefaktoren wirksam werden. Auch muß mit systematischen Abhängigkeiten der Items vom Kontext der übrigen Testitems gerechnet werden (Michel & Conrad, 1982; 33).

Weitere kritische Einwände gegen das Rasch-Modell (vgl. Wottawa, 1979; Hilke, 1980) betreffen u. a. das Problem der Konstruktvalidität, das der Dimensionalität bzw. faktoriellen Struktur, die Frage nach der Reliabilität eines Tests sowie restriktive Annahmen des Modells (z. B. die Trennschärfe aller Items sei gleich). Auf der Basis des Rasch-Modells entwickelte psychometrische Tests wurden bislang nur in Ausnahmefällen verlegt und allgemein verfügbar gemacht (s. Michel & Conrad, 1982: 32).

Das dichotome logistische Modell von Rasch wurde in vielfältiger Hinsicht verallgemeinert. So erlaubt das polychotome logistische Modell die Analyse von Reaktionen, die nach mehr als zwei Kategorien klassifiziert werden (vgl. Fischer, 1974; Andersen, 1974). Das allgemeine logistische Modell von Birnbaum (1968) enthält neben Parametern der Personenfähigkeit und Itemschwierigkeit auch Parameter der Itemtrennschärfe (s. a. Färber & Zimmer, 1980). Die Gedanken der spezifischen Objektivität von zwei Objektmengen (Personen, Items) wurden auf mehrere (z. B. Personen, Items, Versuchsleiter, Situationen etc.) erweitert (Micko, 1970). Damit verwandt ist der Ansatz des „linear-logistischen Modells" (Fischer, 1974; Spada, 1976). Im „Dynamischen Testmodell" (Kempf, 1974) wird versucht, die Veränderung der Modellparameter der Personen durch das Verhalten während des Testablaufs zu erfassen. Der Verzicht auf die Annahme der lokalen stochastischen Unabhängigkeit der Items führt bei dieser Modellvariante zu einer wesentlichen Verallgemeinerung der probabilistischen Testtheorie. Weitere probabilistische Modellansätze ergeben sich durch die Anwendung des Binomialmodells, das als Spezialfall des Rasch-Modells aufgefaßt werden kann (s. Rost & Spada, 1978). Die o. a. Autoren gaben Anlaß zur Ausgestaltung eines inzwischen sehr detaillierten testtheoretischen und methodischen Instrumentariums (vgl. hierzu Kap. 4.7.).

4.1.2.4. Kriteriumsorientierte Messung (Lehrzielorientierte Leistungsmessung)

Für lehrziel- bzw. kriteriumsbezogene Tests existiert kein abgeschlossenes Regelsystem, das Standards zur Konstruktion, Anwendung, Auswertung und Analyse festlegt; in ihrer Summe begründen kriteriumsorientierte Tests bislang auch noch keine in sich geschlossene, neue Testtheorie (vgl. Fricke, 1974; Herbig, 1976; Klauer [Ed.], 1978); vielmehr stellt sich kriteriumsorientierte Messung – im Gegensatz zur klassischen Testtheorie und zu probabilistischen Meßmodellen – als ein Konglomerat der unterschiedlichsten Ansätze und Methoden dar. Zu nennen sind hier vor allem (vgl. Hilke, 1980):

– die Guttman-Skala (vgl. Kap. 4.4.2.2.),
– das logistische Testmodell von Rasch (vgl. Kap. 4.1.2.3.),
– das dynamische Testmodell von Kempf (1974; s. a. Kap. 4.7.),
– das Binomialmodell (vgl. Bibl & Lühmann, 1981 Fricke, 1974;),[12]
– der entscheidungstheoretische Ansatz von Hambleton & Novick (1973),
– sequentielle Testmodelle (vgl. Kap. 4.1.2.5.).

Einsatzmöglichkeiten kriteriumsbezogener Meßmethoden scheinen überall dort angebracht, wo eine Verhaltensänderung geplant und durchgeführt wird. In der pädagogischen Diagnostik lassen sich mit Hilfe kriteriumsorientierter Messung „absolute" Aussagen über Wissen, Fähigkeiten und Leistungen einer Person ermitteln. So kann man beispielsweise die Leistung eines Schülers in Relation zu einem vorher festgelegten Verhaltens- bzw. Aufgabenbereich feststellen und die Frage beantworten, ob und inwieweit ein bestimmtes Lehrziel erreicht ist. Kriteriumsbezogene Tests erfassen hingegen nicht – wie die normorientierten, stichprobenabhängigen Tests der klassischen Testtheorie – die Leistung eines Schülers in Relation zur Leistung anderer Schüler; letztere sind damit auch inhaltlich und pädagogisch kriteriumsfern.

So bieten sich kriteriumsorientierte Tests u. a. im Rahmen einer konsequent-permanenten Lernwegdifferenzierung an (vgl. Rüdiger, 1979). Des weiteren sind kriteriumsbezogene Tests curriculum- bzw. programm-spezifisch konstruiert und dienen u. a. der Feststellung des Lern- bzw. Lehrerfolgs, der Evaluation von Unterrichtsmodellen sowie der vergleichenden Effizienzforschung (vgl. Herbig, 1976; Klauer [Ed.], 1978; Hambleton et al., 1978; Popham, 1978; Grude, 1976).

Ein kriteriumsorientierter Test weist folgende Merkmale auf (vgl. Hilke, 1980: 80; Popham, 1978: 93):

– ein Verhaltens- bzw. Aufgabenbereich (Kriterium) wird eindeutig festgelegt;
– der Test stellt eine repräsentative Auswahl aus diesem Aufgabenbereich dar;

---

[12] Das einfache Binomialmodell von Klauer (1972; 1977; Eigler & Straka, 1978: 77ff) ist zugeschnitten auf dichotom kategorisierbare Items gleicher Schwierigkeit; die Wahrscheinlichkeit, daß eine Person j ein bestimmtes Testergebnis hat, wird als Funktion eines individuellen Personenparameters dargestellt. Der Personenparameter kann direkt durch die relative Häufigkeit der gelösten Aufgaben geschätzt werden. Das erweiterte Binomialmodell von Emrick (1971) ist umfassender, da es mehrere Variablen, die in der Entscheidungssituation eine Rolle spielen, kontrollieren kann.

– die Leistung eines Testabsolventen wird ausschließlich in Relation zu diesem Aufgabenbereich interpretiert.

Aber nicht nur Pädagogen, sondern auch Therapeuten (vgl. Schott, 1973a, 1973b) und Marktpsychologen (vgl. Grabicke et al., 1977) sind angesprochen, den Erfolg ihrer Bemühungen mittels Tests zu überprüfen. Nach Schott (1973a: 62) vollzieht sich eine geplante Verhaltensmodifikation in folgenden vier Schritten:

„1. die genaue Definition des Zieles,
  2. die Bestimmung des Ausgangszustandes beim Individuum,
  3. der kontrollierte Einsatz von Maßnahmen zur Änderung von Verhaltensweisen und
  4. die Überprüfung des Erfolges eines solchen Änderungsversuches."

Kriteriumsbezogene Meßmethoden kommen somit bei den Punkten 2. und 4. zum Einsatz.

Einen Beitrag zur Objektivierung kriteriumsbezogener Testkonstruktion leistet neben der Matrixmethode (vgl. Inhalts-Verhaltens-Matrizen, z.B. nach Tyler, 1950, 1973) die Methode der generativen Regeln (vgl. Fricke, 1974).

Für die Auswertung lehrzielorientierter Tests finden die Methode der klassischen Testtheorie, Zensierungsmodelle auf der Basis des Binomialmodells und Methoden der stochastischen Testtheorie Anwendung. Vor allem mittels probabilistischer Meßmodelle wurden Modelle zur rationalen Konstruktion von kritischen Punktwerten zur Selektion von Könnern und Nichtkönnern entwickelt (vgl. Fricke 1974).

Als Selektionskriterien für die Aufgabenanalyse werden u.a. Überprüfung der Homogenität (s. Merkens, 1973) bzw. Eindimensionalität, z.B. durch die Skalogrammanalyse von Guttman, vorgeschlagen. Fricke (1974; s.a. Lindner, 1980) hat den Übereinstimmungskoeffizienten Ü entwickelt, der sich zur Quantifizierung von Gütekriterien eignet, so auch zur Bestimmung der inhaltlichen Validität und Zuverlässigkeit einer Aufgabe (s. Herbig, 1978: 302ff.).

Während der Schwierigkeitsgrad p ebenso definiert ist wie bei normbezogenen Tests, ermöglicht der Ü-Koeffizient die Berechnung der Trennschärfe bei lehrzielorientierter Messung. Eine trennscharfe Aufgabe liefert eine gute Prognose für das Alternativmerkmal „Lehrziel erreicht oder nicht". Wenn die Entscheidung bei einer bestimmten Aufgabe über alle Personen genauso ausfällt wie das Endergebnis (Lehrzielerreichung), ist diese Aufgabe maximal trennscharf. Der Ü-Koeffizient ist definiert als Verhältnis der tatsächlichen Übereinstimmung zur maximal möglichen Übereinstimmung. Es wird die Zahl der Übereinstimmungen zwischen Zielerreichung und Lösung für jede einzelne Aufgabe ausgezählt (vgl. Fricke, 1974: 62f.; Schwarzer & Schwarzer, 1977). Andere Verfahren zur Trennschärfenbestimmung sind von Popham (1973) sowie von Cox & Vargas (1973) vorgeschlagen worden.

Bei der Testanalyse gilt hinsichtlich der Testgütekriterien, daß kriteriumsbezogene Tests primär inhaltsvalide sein müssen, d.h. das zu Messende direkt erfassen sollen. Die Inhaltsvalidität eines Tests wird durch den Ü-Koeffizienten ausgedrückt; die Testvalidität ergibt sich als Mittelwert der Aufgabenvalidität.

Neuerdings wird vermehrt die Forderung erhoben, daß alle pädagogischen Tests (einschließlich lehrzielorientierter Tests) neben der Inhaltsvalidität auch Konstruktvalidität aufweisen müssen (vgl. Cronbach, 1971; Klauer, 1972; Fricke, 1974; s.a. im Gegensatz dazu: Glaser & Nitko, 1971).

Die Validität eines Tests läßt sich auch durch eine Vortest-Nachtest-Validierung ermitteln. Man geht dabei davon aus, daß durch ein effektives, lehrzielbezogenes Unterrichtsexperiment das Fähigkeitskonstrukt, welches einem Lehrziel entspricht, verändert wird. Setzt man denselben Test vor und nach einem solchen Unterricht ein, so muß dieser die Konstruktänderung repräsentieren. Herbig (1975, 1976, 1978) hat Vorschläge für einen Vortest-Nachtest-Koeffizienten L unterbreitet, der die zu beiden Zeitpunkten gewonnenen Informationen in einem Index zusammenfaßt. Der L-Koeffizient gibt die Möglichkeit, den Einfluß des bereits im Vortest beherrschten Wissens (Vorwissens) rechnerisch auszuschließen.

Als Methoden zur Reliabilitätsbestimmung bei kriteriumsbezogenen Messungen bieten sich an: Testwiederholungsmethode, Paralleltestmethode, Methode der internen Konsistenz.

Da die Ergebnisse und die Kenngrößen in der klassischen Testtheorie wesentlich durch die Verteilungseigenschaften der untersuchten Population determiniert sind, werden – als Ersatz für das klassische Reliabilitätskonzept – andere Koeffizienten vorgeschlagen (vgl. Carver, 1970; Fricke, 1974; Herbig, 1976, 1978; Hambleton & Novick, 1973). Zudem wird für die Quantifizierung der Testzuverlässigkeit Frickes Ü-Koeffizient verwendet, der von der mangelnden Variation der Testwerte nicht beeinflußt wird und außerdem über die Chiquadrat-Verteilung zufallskritisch geprüft werden kann. Mit Hilfe von Ü läßt sich z.B. die Übereinstimmung zwischen zwei Messungen feststellen (Test und Retest bzw. Test und Paralleltest). Im Falle von 0/1-Kriteriumserreichungswerten (1 = Lehrziel erreicht; 0 = Lehrziel nicht erreicht) nimmt der Ü-Koeffizient folgende, einfache Form an:

$$\ddot{U} = \frac{a + d}{n} = \frac{\text{Summe übereinstimmender Wertezuweisungen}}{\text{Anzahl der Personen}}$$

	Retest	
	1	0
Test 1	a	b
Test 0	c	d

Abb. 8 Transformierte Datenmatrix zur Test-Retest-Zuverlässigkeitsbestimmung (aus Fricke, 1974: 49)

Ergeben sich z.B. neun Übereinstimmungen (a = 6; b = 1; c = 0; d = 3) zwischen Test und Retest bei einer Personenzahl von 10, so erhält man für Ü = 0.9.

Problematisch ist allerdings die Schwierigkeitsabhängigkeit des Ü-Koeffizienten bei der Zuverlässigkeitsbestimmung (vgl. Stelzl, 1976). So erscheint es angebracht, neben Ü auch einen Korrelationskoeffizienten – z.B. gamma nach Goodman & Kruskal – zur Quantifizierung heranzuziehen sowie den Reliabilitätskoeffizienten von Carver (vgl. Fricke, 1974; Herbig, 1976; zur Anwendung der Phi-Korrelation vgl. Herbig, 1976: 153 ff.).

Auch zur Bestimmung der Auswertungsobjektivität, d.h. zur Operationalisierung des Ausmaßes der Übereinstimmung der Ergebnisse verschiedener Auswerter hat Fricke den Ü-Koeffizienten vorgeschlagen (1974: 39 ff.).

Mit der Normierung lehrzielorientierter Tests erreicht man, daß Normen über die Zuordnung der Personen zu den postulierten Zuständen vorliegen. Häufig werden kriteriumsbezogene Tests mit dem Ziel einer „Mastery"/„non-mastery"-Entscheidung konzipiert, d. h. es soll mit möglichst großer Sicherheit festgestellt werden, ob ein Lernender ein Lehrziel erreicht hat oder nicht. Diese Zuweisung von Probanden zu den Klassen „Könner" bzw. „Nicht-Könner" (kriteriumsorientierte Klassifikation) ist oft unbefriedigend, zumal in der pädagogischen Praxis durch die Vergabe von Zensuren i. d. R. differenziertere Entscheidungen getroffen werden müssen und daher lehrzielorientierte Zensierungsmodelle erforderlich sind. Herbig (1974) hat das klassische Binomialmodell zu einem Zensierungsmodell erweitert; Lindner (1979) legt seinem Zensierungsmodell das zweiseitig orientierte Binomialmodell zugrunde (s. a. Klauer, 1982).

Innerhalb der pädagogischen Diagnostik wird die kriteriumsbezogene Messung in ihren programmatischen Aspekten durchaus akzeptiert, allerdings stößt deren Realisation auf nicht unerhebliche Schwierigkeiten; denn je nach Entscheidungs- und Kontrollfunktion bieten sich – im Rahmen der Prozeßdiagnostik (vgl. Kap. 4.3.1.2.) – auch normorientierte Tests an, insbesondere der Lern(fähigkeits)test (vgl. Guthke, 1977; Kormann, 1979; s. a. S.404ff.). Offen bleibt die Kernfrage, ob und inwieweit das Phänomen Lernen als „struktureller Prozeß mit qualitativen Sprüngen" angemessener erfaßt werden kann, als es die bisher bekannten Meß- und Testmodelle erlauben (Kormann, 1981: 393).

In radikaler Abkehr von der quantitativen Testtheorie schlägt Kempf eine qualitative (d. h. nicht „messende") Testtheorie vor. Kempf (zit. nach Hilke, 1980: 414ff.; Kempf, 1981) legt für den pädagogischen Bereich unter expliziter Bezugnahme auf die Lehrzieldiagnostik die Grundzüge einer qualitativen Testtheorie vor, die u. a. der curricularen Evaluation dient.

4.1.2.5. Antwortabhängige Testkonzepte

Konventionelle Tests sind antwortunabhängige Verfahren mit starrem Testverlauf, festgefügten Itemmengen und Testskores als Informationseinheit, wobei den Probanden ganze Tests, Untertests oder Testbatterien vorgelegt werden. Eine Beurteilung der Testleistung erfolgt damit erst nach der Bearbeitung des gesamten Tests.

Einen neuartigen Ansatz pädagogisch-psychologischen Testens stellen antwortabhängige Testverfahren dar, die sich durch folgende Merkmale und Zielvorstellungen charakterisieren lassen (vgl. Heinrich, 1980; Hornke, 1977): Bei dieser flexiblen Strategie der Informationserhebung wird die Auswahl der zu bearbeitenden Items jeweils den vorhergehenden Antworten angepaßt. Die Anzahl und/oder die Art der dem Testabsolventen angebotenen Testitems steht damit nicht von vornherein fest. Da man zum Itemskore als Informationseinheit übergeht, ergeben sich Entscheidungspunkte nach jedem getesteten Item. Dabei kann die Auswahl des jeweils geeigneten Items auf relativ komplexen Entscheidungsmodellen beruhen. Antwortabhängige Tests können zur Bestimmung des aktuellen Leistungsniveaus eines Probanden eingesetzt werden. Dazu sind weniger Items erforderlich als bei herkömmlicher Leistungsmessung. Antwortabhängiges Testen verringert somit den Testaufwand und die Belastung des Probanden.

Methodisch wie interpretativ lassen sich zwei große Klassen antwortabhängiger Testkonzepte unterscheiden: **sequentielle Tests** und **adaptive Tests.**

Grundgedanke sequentieller Verfahren ist es, daß nicht alle Probanden die gleiche Anzahl von Items bearbeiten müssen, um zu einer endgültigen Entscheidung zu gelangen. Ein leistungsstarker – wie ein leistungsschwacher – Proband wird u. U. schon nach wenigen Antworten entdeckt. Sequentielle Testmethoden haben das Ziel, den Umfang der Itemstichprobe (Testlänge), der zur Selektion bzw. Klassifikation eines Probanden nötig ist, zu minimalisieren (vgl. Übersicht bei Hornke, 1977, 1982).

Das bekannteste statistische Verfahren ist der „Sequential Probability Ratio Test" (SPR-Test) von Wald (1947; s. a. Hartung et al., 1982). Die sequentielle Testmethodik wurde ursprünglich für die industrielle Qualitätskontrolle konzipiert und läßt sich mit Erfolg im biologisch-medizinischen sowie psychologisch-pädagogischen Bereich einsetzen (vgl. Heinrich, 1980; Herbig, 1976; Herbig & Erven, 1975; Sixtl, 1978).

Das folgende Beispiel beschränkt sich auf die Anwendung in der Leistungsmessung und setzt die Gültigkeit des Binomialmodells voraus (s. Herbig, 1976: 226ff.).

Um sequentiell prüfen zu können, ist nach jedem Versuch (Bewertung einer Aufgabe) zwischen drei Möglichkeiten zu entscheiden: „Prüfung bestanden" (d. h. die Nullhypothese H_o wird akzeptiert), „Prüfung nicht bestanden" (Ablehnung von H_o) und „Fortsetzung der Prüfung". Der SPR-Test stützt sich auf die Annahme, daß der Prüfling entweder ein Könner mit $p \geq p_z$ oder ein Nichtkönner mit $p \leq p_a$ ist, wobei p_z als die zureichende Lösungswahrscheinlichkeit größer als p_a ist.

Die Länge eines sequentiellen Tests hängt von folgenden Größen ab: den vorangegangenen Antworten, von der Wahl der Kriteriumswerte (p_a; p_z) und der Irrtumswahrscheinlichkeiten (α, β). Mit Hilfe dieser Werte lassen sich zwei parallele Gera-

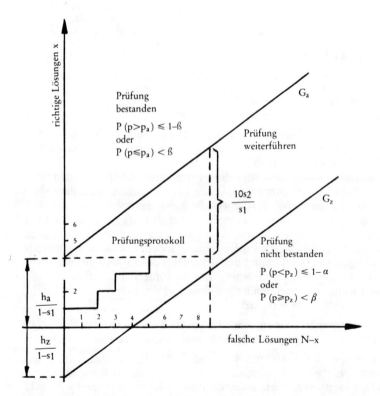

Abb. 9   Das Prinzip der sequentiellen Prüfung, dargestellt am Beispiel des SPR-Tests von Wald; aus Herbig, 1976: 228

dengleichungen formulieren, die sich in ein rechtwinkeliges Koordinatensystem als Grenzgeraden G_a und G_z einzeichnen lassen (s. Abb. 9; G_a und G_z haben denselben Steigungsfaktor s_2/s_1 und bleiben parallel).

Die „Bewegung" des Prüflings in dem Entscheidungsraum aufgrund seines Lösungsverhaltens kann man als treppenähnliche Kurve protokollieren: Für jede richtige Lösung geht man um eine Einheit senkrecht nach oben, für jede falsche Lösung waagrecht nach rechts. Sobald die Treppenkurve eine der Geraden G_a oder G_z erreicht bzw. überschreitet, ist die Prüfung beendet, weil das Ergebnis statistisch signifikant ist.

Steht das differenzierte Messen einer latenten Eigenschaft im Vordergrund diagnostischer Fragen, so sind adaptive Tests angebracht. Bei adaptiven Verfahren ist die Itemvorgabe auf den Probanden hin „maßgeschneidert"; jeder Proband wird nur mit Testaufgaben geprüft, die seinen Fähigkeiten entsprechen. Bei diesem Testkonzept basiert die Verzweigungsstrategie (Entscheidungskriterien) häufig auf den unterschiedlichen Schwierigkeitsgraden der Items (Itemklassen) mit verschiedenen Niveaustufen. Aufgrund der gegebenen Antworten wird jeweils zu einem leichteren oder schwierigeren Item verzweigt. Abbildung 10 gibt einen solchen verzweigten Testablauf und die pyramidale verzweigte Itemanordnung wieder.

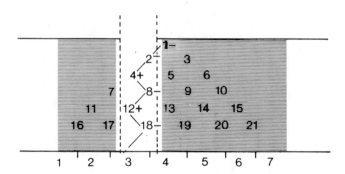

Abb. 10   Pyramidale Itemanordnung mit eingezeichnetem Probandenprotokoll; aus Hornke, 1977: 6

Das (Prüfungs-)Verfahren läuft dann wie folgt ab: Ausgehend von einem Item mittlerer Schwierigkeiten („1"; s. Abb. 10) wird der Proband bei falscher Lösung nach dem nächst leichteren, links unten stehenden Item „2" geleitet; bei einer weiteren falschen Beantwortung wiederum zum nächst leichteren Item „4". Auf diese Weise wird fortgefahren, bis der Proband nach nur sechs bearbeiteten Aufgaben (der insgesamt 21 vorhandenen Items) einen der Endzustände erreicht hat. Aufgrund dieser Verzweigungsstrategie muß beispielsweise der Schwierigkeitsgrad einer Itemklasse jeweils zunehmen (d. h. die relative Lösungshäufigkeit abnehmen), wenn man im Verzweigungsschema nach „rechts" geht.

Abgesehen von der höheren Präzision der Messung hat der oben gezeigte adaptive Test noch interpretative Vorteile. Während beim Summenskore konventioneller Tests nicht mehr erkennbar ist, welche Items ein Proband bearbeitet bzw. gelöst hat, ist beim pyramidalen Test eine entsprechende Aussage möglich. Der o.a. Proband „endet" hier in der Skoregruppe „3" (s. Hornke, 1977).

Im Gegensatz zum hier dargestellten pyramidalen Test mit fest verzweigter (fixierter) Anordnung ist auch eine – allerdings rechnerunterstützte – variabel verzweigte Anordnung möglich (vgl. Bürli, 1975).

Für den pädagogischen Bereich favorisiert Heinrich (1980, 1981) das Konzept des strukturellen Testens, eine Verzweigungsstrategie auf der Grundlage der sachstrukturellen Abhängigkeiten zwischen den Items. Die Beschreibung der strukturellen Abhängigkeiten kann mit Mitteln der Graphentheorie (Strukturgraph) und/oder der Matrizenalgebra erfolgen. Die Aufgaben eines strukturellen Testsystems werden daher nicht primär durch Itemschwierigkeiten charakterisiert, sondern durch ihre Position im Strukturgraphen, d. h. letztlich durch den inhaltlichen Kontext und die sachlogische Kohärenz des Lehrstoffs.[13]

Derartig individualisiertes Testen auf der Grundlage sequentieller oder adaptiver Techniken eröffnet neue diagnostische Möglichkeiten, aber es schafft Randbedingungen, die u. a. eine veränderte Testorganisation erfordern. Die zukünftigen Entwicklungen und Arbeiten mit antwortabhängigen Tests werden zeigen müssen, ob sich hier eine echte Konkurrenz zur gegenwärtigen Testpraxis anbietet (vgl. Hornke, 1977, 1982).

---

[13] Im Rahmen der schulischen Leistungsmessung und -diagnose werden – neben normorientierten Tests der klassischen Testtheorie, kriteriumsorientierten Verfahren und antwortabhängigen Testmodellen – zudem **fehlerorientierte Tests** eingesetzt (vgl. Küffner, 1981), Verfahren der fehlerorientierten Messung erfassen die Lernleistung eines Unterrichtsabschnitts und geben außerdem an, wo beim Schüler Stärken und Schwächen bzw. Lernschwierigkeiten zu finden sind. Dabei steht die Erfassung von typischen Fehlern im Vordergrund, die auch Basis für die Berechnung aller Punkt- und Analysewerte herangezogen werden.

4.2. Vorhersage, Test und Induktion[1]

von Gernot D. Kleiter

An den Beginn stelle ich sieben Thesen (nach de Groot, 1969: 89 ff.):

(1) Eine wissenschaftliche Vorhersage ist immer aus einer **Hypothese** abgeleitet.
(2) Der Gegenstand einer Vorhersage ist das Ergebnis einer genau angebbaren **Untersuchungs- oder Testbedingung.**
(3) Der Zeitpunkt des vorhergesagten Ereignisses kann in der Vergangenheit (z. B. in den Geschichtswissenschaften), in der **Gegenwart** oder in der **Zukunft** liegen.
(4) Das Prüfungsverfahren wird als **im Prinzip wiederholbar** betrachtet; damit wird eine gewisse Verallgemeinerbarkeit auch von individuellen Vorhersagen gefordert.
(5) Eine Vorhersage ist an bestimmte **Randbedingungen** gebunden und wird daher nie unbedingt oder uncingeschränkt getroffen.
(6) Eine wissenschaftliche Vorhersage unterscheidet sich von einer Alltagsvorhersage dadurch, daß sie relevante **Information über die Hypothese** liefert, aus der sie abgeleitet wurde.
(7) Eine Vorhersage muß **verifizierbar** sein.

Auf die wesentlichsten dieser Punkte wird in diesem Aufsatz eingegangen, allerdings von einem übergeordneten und systematischen Standpunkt aus.

4.2.1. Der Fehler der Repräsentativität

Es gibt keine speziellen Prinzipien der Vorhersage. Die Prinzipien und Modelle von Vorhersagen unterscheiden sich in nichts wesentlich von solchen, die nicht schon bei deduktiven Schlüssen, induktiven Tests oder statistischen Absicherungen verwendet werden. Selbst die statistische Analyse von Zeitreihen bleibt den bekanntesten Prinzipien und Modellen treu (Methode der kleinsten Quadrate, Maximum-Likelihood, Signifikanztests, Prädiktivwahrscheinlichkeit, lineare Modelle usw.). Es gibt insbesondere **keine präskriptiven Zuordnungsregeln** von verschiedenen Klassen von Gegenstandsbereichen und verschiedenen Klassen von „Vorhersagemethoden"; die Methodenlehre kann keine diesbezüglich verbindlichen Vorschriften machen.

Dazu ein Beispiel: Kosslyn (1980) untersucht die kognitiven Strukturen und Prozesse von Vorstellungsbildern. Er geht dabei häufig auf methodische Fragen der Psychologie ein und unterscheidet zwei Untersuchungsphasen. In der **Phase I** werden auf einem sehr allgemeinen Niveau akzeptable Kandidaten für Theorien gesucht; man versucht ganze Theorienklassen auszuwählen und einander gegenüberzustellen. Die Modelle, mit denen gearbeitet wird, sind wenig detailliert, es sind Protomo-

---

[1] Ursprünglich sollte dies ein Beitrag über allgemeine Aspekte von Vorhersagen werden (zum Unterschied von den detaillierten Ausführungen im Kapitel 4.11). Jedoch zeigte sich immer wieder, daß diese Aspekte von allen Seiten auf Begriffe wie Test, Bewährung, Theorienselektion usw. hinführen. Im wissenschaftlichen Alltag dienen Vorhersagen der Überprüfung von Theorien oder Teilen von Theorien. Das Thema Induktion ist unausweichlich. Besonders eine Auseinandersetzung mit Popper ist angebracht. Nun kann dies sicher nicht schaden, denn gerade Popper hat ja einen sehr großen Einfluß auf die Diskussion um Methodenfragen in den Sozialwissenschaften ausgeübt. Eine kurze Diskussion teleologischer Prinzipien ist als Ausgleich der sonst vorwiegend „nomologischen" Ausführungen angebracht.

delle, die typische Merkmale einer ganzen Modellklasse in sich vereinen. Es wird versucht, die Gruppe der prima facie plausiblen Theorien einzuengen. Zur Bewährung werden konvergierende Ergebnisse aus verschiedenen Arbeiten gesucht. Kosslyn bemüht sich, in der Phase I z. B. zu zeigen, daß Vorstellungsbilder nicht Epi-Phänomene sind, sondern einen funktional wohlunterschiedenen eigenständigen Bereichen darstellen.

Der Vorgang der Theorieauswahl ist nun hierarchisch und kann mit einem Entscheidungsbaum verglichen werden. Die obersten und wichtigsten Äste entscheiden über Theorieklassen, die unteren Äste betreffen speziellere Feinheiten. In der **Phase II** wird versucht, eine Theorie der engeren Wahl auszuarbeiten und empirisch zu untersuchen. Es treten detailliertere Fragen als in der Phase I auf. Als Modelle werden z. B. bereits konkrete Simulationsprogramme verwendet. Kosslyn meint, daß viele Untersuchungen zu schnell in die Phase II springen – ohne vorher geprüft zu haben, ob in der Phase I überhaupt der richtige Hauptast gewählt wurde.

Gibt es in beiden Phasen verschiedene präskriptive Vorhersagemethoden? Keineswegs! Gerade die Arbeit Kosslyns zeigt, daß er in beiden Phasen das übliche Handwerkszeug der Hypothesenprüfung verwendet.

Die implizite oder explizite Annahme verschiedener präskriptiver Prüfmethoden ist auf den psychologischen Denkfehler der „**Repräsentativität**" (Tversky & Kahneman, 1974; Nisbett & Ross, 1980) zurückzuführen: „Große" theoretische Entscheidungen erfordern globale, ganzheitliche und qualitative Vorhersagen und Tests, und „kleine" theoretische Entscheidungen erfordern feine, detaillierte und quantitative Tests. Man glaubt, daß die **Methode repräsentativ für die Theorieentscheidung** sein soll und daß es zum Entscheidungsbaum für Theorien einen **isomorphen Methodenbaum** gäbe.

Die Geschichte der Wissenschaften zeigt jedoch, daß oft kleine Unstimmigkeiten große theoretische Gebäude zum Einsturz brachten; Testmücken entscheiden über Theorieelefanten. Negative Instanzen für großartige Theorien brauchen nichts Großartiges an sich zu haben. Dies mit aller Deutlichkeit gezeigt zu haben, ist eines der großen Verdienste Poppers; er weist auf die illusionslose Unerbittlichkeit der negativen Instanzen.

4.2.2. Der Fehler der positiven Treffer

Es ist bekannt, daß unsere Urteile viel stärker durch erfolgreiche Vorhersagen als durch falsche Vorhersagen beeinflußt werden. Die positiven Treffer sind psychologisch ausschlaggebend, nicht die falschen Prophezeiungen. Angenommen, es soll die Güte einer Leistung vorhergesagt werden. Die Leistung kann gut($+$) oder schlecht ($-$) ausfallen; entsprechend kann meine Vorhersage „$+$" oder „$-$" lauten. Meine Vorhersage kann richtig ($++$ oder $--$) oder falsch sein ($+-$ oder $-+$). Abb. 1 zeigt die verschiedenen Möglichkeiten.

Wenn ich den Zusammenhang zwischen meinen Vorhersagen und der tatsächlichen Leistung beurteilen will, so benötige ich die Häufigkeiten aus allen vier Feldern. In einer Reihe von Untersuchungen wurde gefunden, daß unsere Urteile praktisch nur von den **positiven Treffen** abhängen und nicht von den Häufigkeiten der drei anderen Möglichkeiten. Eine ansprechende Zusammenstellung solcher psychologischer Urteilsfehler findet man bei Einhorn (1980); wesentlich ausführlicher sind Nisbett & Ross (1980) oder Kahnemann et al. (1982).

Wirklichkeit		
Ereignis tritt ein (+)	Fehlurteil (− +)	Positiver Treffer (+ +)
Ereignis tritt nicht ein (−)	Negativer Treffer (− −)	Fehlurteil (+ −)
	Ereignis wird nicht eintreten (−)	Ereignis wird eintreten (+) Vorhersage

Abb. 1 Die vier Möglichkeiten bei einer einfachen Vorhersage über das Eintreten oder Nicht-Eintreten eines Ereignisses; beim Fehler des positiven Treffers wird nur die Häufigkeit im Feld (+ +) beachtet

Es war Popper, der mit allem Nachdruck hervorhob, daß die positiven Instanzen in den Wissenschaften ungleich weniger Gewicht haben als die negativen. Die Urteilsbildung mit Hilfe der positiven Treffer taugt nicht für eine rationale Auslese von Hypothesen und Theorien in den Wissenschaften. Die Selektion von Theorien mit Hilfe von negativen Instanzen ist ein spätes Produkt in der Evolution wissenschaftlicher Methoden.

4.2.3. Antiinduktivismus

Popper ist nicht nur der Ansicht, daß es keine besonderen Zuordnungen von allgemeinen Merkmalen der Gegenstandsbereiche und allgemeinen Merkmalen von Vorhersagemethoden gibt, sondern daß es überhaupt keine eigenständigen induktiven Vorhersageregeln gibt.

Wissenschaftstheoretiker, die die Auffassung vertreten, es seien keine speziellen induktiven Regeln notwendig oder gar rational begründbar, werden als Antiinduktivisten bezeichnet. Der prominenteste Vertreter der Antiinduktivismus ist Popper. Er behauptet, das Induktionsproblem gelöst zu haben: „I think that I have solved a major philosophical problem: the problem of induction." (1971: 167) An einer anderen Stelle (1974: 1014) stellt er etwas bescheidener fest, er habe die zweite Hälfte des Induktionsproblems gelöst – nachdem die erste bereits von Hume gelöst worden sei. Poppers Lösung besteht im wesentlichen aus einer Reduktion der Induktion auf eine deduktive Regel und damit in einer Beseitigung eines eigenständigen Induktionsproblems. Seine Lösung ist eine durch und durch negative.

4.2.4. Das Abgrenzungskriterium: Falsifizierbarkeit

Popper erarbeitete seine Lösung des Induktionsproblems in sehr engem Zusammenhang mit seiner Lösung des Abgrenzungsproblems. Das Abgrenzungsproblem besteht für ihn darin, ein Kriterium zu finden, mit Hilfe dessen man klare Aussagen der Erfahrungswissenschaften von solchen der Nichterfahrungswissenschaften unterscheiden kann. „The ‚problem of demarcation' is what I call the problem of finding a criterion by which we can distinguish the statements of empirical science from non-empirical statements." (1971: 178) Zu den Nicht-Erfahrungswissenschaften zählt er Logik, Mathematik, Methaphysik und Pseudowissenschaften. Der Leser möge beachten, daß dies eine Aufzählung von vier Bereichen ist, die keineswegs irgendwelche Gleichsetzungen oder gar Wertungen ausdrücken soll; Popper verwahrt sich nachdrücklich dagegen, wenn man versucht, ihm eine Gleichsetzung von Metaphysik und Pseudowissenschaften in den Mund zu legen (1974: 955). Das Abgrenzungskriterium ist die Falsifizierbarkeit. In den empirischen Wissenschaften haben nur solche Aussagen etwas zu suchen, die überprüft und verworfen werden können. Poppers Abgrenzungskriterium der Falsifizierbarkeit ist nicht als ein Sinnkriterium zu verstehen. Es können selbstverständlich auch Aussagen der nicht-empirischen Wissenschaften sinnvoll sein, z. B. in den formalen Wissenschaften, in der Ästhetik, der Ethik, in der Methaphysik; „sinnvoll" ist nicht gleichzusetzen mit „empirisch". Daher ist Popper kein Positivist!

In seinen Beispielen bezieht sich Popper allerdings immer wieder auf die großen Theorien der Physik, etwa auf die von Kepler, Newton oder Einstein. Den entscheidenden Unterschied zwischen Erfahrungswissenschaften, wie sie durch diese Beispiele repräsentiert sind, und den anderen genannten Bereichen sieht er in der „boldness" (Kühnheit) und der Bereitschaft, die Theorien Prüfungen und Verwerfungsmöglichkeiten auszusetzen. „Thus my proposal is, that it is this... boldness, together with the readiness to look out for tests and refutations, which distinguishes ‚empirical' science from nonsciense, and especially from prescientific myths and metaphysis." (1974: 981) Dieses „Boldness-test-and-refutation"-Kriterium ist – so wie es hier von Popper formuliert wurde – eher die Kennzeichnung einer wissenschaftlichen Haltung oder eines wissenschaftlichen Ethos, dessen sich der Forscher befleißigen soll, als eine Abgrenzung im Hinblick auf die Aussagen, die zu einer empirischen Wissenschaft gehören.

Klarer bezieht sich folgende Feststellung auf die Unterscheidung von empirischen und nicht-empirischen Aussagen: „My solution is the principle that a statement is empirical if there are (finite) conjunctions of singular empirical statements (‚basic statements', or ‚test statements') which contradict it." (1971: 178) Es ist jedoch bei Popper nicht selten zu beobachten, daß er sehr schnell von der Kennzeichnung eines wissenschaftstheoretischen Prinzips zu Sollens-Aussagen übergeht, die als Metaregeln der Methodik das Verhalten und die Einstellungen des idealen Wissenschaftlers steuern sollten. In ihnen kommt nicht zuletzt Poppers Bewunderung für große Wissenschaftler und große Theorien zum Ausdruck – um den wissenschaftlichen Alltagstrott kümmert er sich viel weniger. Poppers Bild der Wissenschaft kann in mancher Hinsicht mit dem Mythos vom Sisyphus verglichen werden: Die empirische Wissenschaft hat ihre Theorien immer wieder den Berg der Prüfungen hinaufzuschaffen, bis sie von der Erfahrungsbasis widerlegt werden und man streng genommen wieder von vorn anfangen muß. Fortwährend muß man nach den steilsten Stellen, den strengsten Prüfungen Ausschau halten und versuchen, Theorien gerade dort hinüberzubringen. (Zur Kritik des Falsifizierbarkeitskriteriums vergleiche Kutschera, 1972: 283 ff.)

4.2.5. Hume: Die Unmöglichkeit der Extrapolation

Popper schließt an Humes Formulierung des Induktionsproblems an und charakaterisiert es zunächst in der Form von zwei Teilproblemen, einem logischen und einem ‚psychologischen'. Humes logischen Teil kennzeichnet Popper folgendermaßen: „Are we rationally justified in reasoning from repeated instances of which we have had experience to instances of which we have had no experience?" (1974: 1018) Induktion wird hier gleichgesetzt mit Induktion durch Wiederholung. Wichtig ist, daß von einer Klasse von Einzelfällen, die in der Vergangenheit beobachtet wurden, auf zukünftige Einzelfälle geschlossen wird. Wir wollen hier einen solchen Schluß eine **Extrapolation** nennen. Es ist ein Schluß von Daten auf Daten, in dem weder explizit noch implizit eine Hypothese, ein Gesetz oder eine Theorie vorkommen (Abb. 2).

Übrigens spielt die zeitliche Richtung von Vergangenheit und Zukunft eine völlig untergeordnete Rolle. Stegmüller (1971) weist darauf hin, daß grundsätzlich die gleichen Rechtfertigungsprobleme auftreten, wenn wir zeitlich nach rückwärts extrapolieren und aus den regelmäßigen Sonnenaufgängen der letzten x Jahre auf regelmäßige Sonnenaufgänge der davorliegenden y Jahre schließen.

Hume (und Popper und wohl alle Autoren, die sich zu dieser Frage geäußert haben) argumentieren, daß es **keine Rechtfertigung für Extrapolation** gibt. Dies gilt in dreifacher Hinsicht: es gibt keine Rechtfertigung dafür, daß der Schluß von bestimmten Daten auf bestimmte andere Daten gültig ist, noch daß er ungültig ist und auch nicht, daß er in irgendeinem Sinn mehr oder weniger wahrscheinlich gültig ist. Popper wendet sich gegen jegliche Form eines solchen Versuchs, auch in einer abgeschwächten „probabilistischen" Weise. „It is induction by repetition (and therefore probabilistic induction) which I combat at the centre of the myth." (1974: 1032) Wir vermuten, daß Popper hier offene Türen einrennt, falschen Alarm schlägt und daß „probabilistic induction" auch von Widersachern Poppers nicht in diesem Sinne verstanden wird. „Many philosophers have observed that Hume's requirement that induction should be demonstratively justified is a nonsense since definitionally it is not supposed to be deduction." (Bogdan, 1976: 218) Stegmüller (1971, 1974) nennt Schlüsse dieser Art „wahrheitskonservierende Erweiterungsschlüsse" und auf die Frage, ob es solche gibt, antwortet er klarerweise mit nein (1974: 77).

4.2.6. Poppers Version des logischen Induktionsproblems

Popper reformuliert Humes Induktionsproblem in der Weise, daß es sich dabei um einen Schluß von beobachteten Instanzen auf allgemeine Gesetze handelt: „Are we rationally justified in reasoning from instances or from counterinstances of which we have had experience to the truth or falsity of the corresponding laws, or to instances of which we have had no experience?" (1974: 1020) Hier kann man – in Abhebung von dem, was wir eben Extrapolation nannten – von logischer Induktion im engeren Sinne oder einfach vom logischen Induktionsproblem sprechen. Es lassen sich zunächst einmal drei Fälle unterscheiden: (1) Bei einem Schluß von ‚positiven' Instanzen auf ein Gesetz spricht man von **Verifikation**, (2) bei einem Schluß von ‚negativen' Instanzen auf die Falschheit eines Gesetztes spricht man von **Falsifikation** und schließlich gibt es (3) den **probabilistischen Zwischenweg.** Welche der drei Möglichkeiten sind zulässig?

Von diesem logischen Induktionsproblem sagt Popper, er habe es gelöst: Von negativen Instanzen kann auf die Falschheit eines Gesetzes oder einer Hypothese geschlossen werden; „…refutation or falsification is a logically valid way of argueing from a single counterinstance to – or, rather, against – the corresponding law." (1974: 1020) Der Schluß von negativen Instanzen auf die Falschheit universeller Gesetze ist gültig. In der Praxis wird man ein einziges Gegenbeispiel häufig nicht als

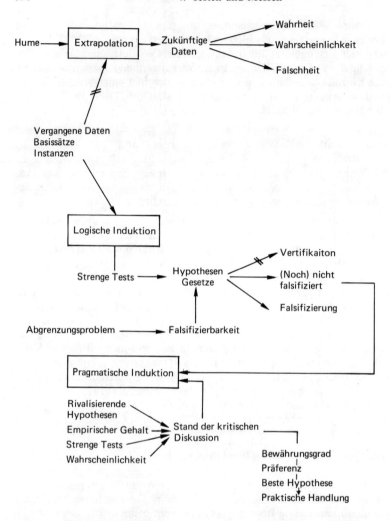

Abb. 2   Die wichtigsten Begriffe in Poppers System der Induktion; die mit Querstrichen mar-
kierten Verbindungen zeigen nicht gangbare Wege

zureichend für die Verwerfung eines Gesetzes ansehen. Hier geht es dann jedoch um
die Anerkennung des Gegenbeispiels, nicht um Zweifel an der Gültigkeit des Falsi-
fikationsprinzips; sobald das Gegenbeispiel anerkannt ist, wird man sich auch in
der Praxis an die Konsequenzen halten. Die Verifikation von Gesetzen durch (noch
so viele) positive Instanzen ist nicht möglich. Positive Instanzen sagen nach Popper
gar nichts und sind wertlos; nur negative Instanzen sind interessant.

4.2.7. Das Modus-Tollens-Schema

Nehmen wir an, wir haben eine unbeschränkte universelle Hypothese h

h: (x) (Fx → Gx)
(Für alle x gilt: wenn x die Eigenschaft F hat, dann hat x auch die Eigenschaft G).

Wir untersuchen individuelle Einzelfälle, z. B. a, b, usw. und halten fest, ob für sie FaGa (das Individuum a hat die Eigenschaft F und die Eigenschaft G) zutrifft. Solange wir nur positive Instanzen finden, können wir die Hypothese h scheinbar „beibehalten"; wenn wir hingegen eine negative Instanz – (FaGa) (das Individuum a besitzt nicht die Eigenschaft F und die Eigenschaft G) beobachten, so betrachten wir h als falsifiziert. Die Regel, die hier angewandt wird, ist der modus tollens, eine deduktive Schlußform. In ihre allgemeine Form

$$\frac{\begin{array}{c} p \rightarrow a \\ -a \end{array}}{-p}$$

wird eingesetzt

$$\frac{\begin{array}{c} (x)(Fx \rightarrow Gx) \rightarrow (FaGa) \\ -(FaGa) \end{array}}{-(x)(Fx \rightarrow Gx)}$$

Dies ist – in starker Vereinfachung – ein zentraler Grundgedanke in Poppers System (vgl. 1976: 45).

Dazu ist festzuhalten:

(1) Popper betrachtet primär **unbeschränkt universelle Hypothesen**. Selbstverständlich fallen nach seiner Auffassung nicht nur universelle Aussagen in den Bereich der Erfahrungswissenschaften, sondern alle falsifizierbaren Aussagen; also z. B. auch historische Einzelaussagen (vgl. die Stellungsnahme Poppers zu Kneale, 1974: 987). Bei den von Popper betrachteten Hypothesen spielen jedoch die unbeschränkt universellen Hypothesen eine ganz eindeutig dominierende Rolle. Es sei angemerkt, daß solche Hypothesen nicht in allen empirischen Wissenschaften von gleicher Wichtigkeit sind; in den weniger „fortgeschrittenen" Wissenschaften wird man sich häufig mit weniger allgemeinen Hypothesen auseinanderzusetzen haben. Stegmüller (1971, 1976) weist z. B. auf die Rolle von statistischen Hypothesen hin; einen Überblick enthält auch das Einleitungskapitel in Kleiter (1981). Es sollen nur solche Hypothesen betrachtet werden, die einen möglichst **hohen empirischen Gehalt** haben. Der empirische Gehalt einer Hypothese ist groß, wenn möglichst viele Basissätze durch sie ausgeschlossen werden. Eine Tautologie hat den empirischen Gehalt null, da sie keinen Basissatz ausschließt. Nur Hypothesen mit einem positiven empirischen Gehalt sind testbar. Es sind nur Hypothesen zugelassen, die prinzipiell falsifizierbar sind.

(2) Bei den Daten ist solchen der Vorzug zu geben, die aus möglichst **„strengen Prüfungen"** der Hypothesen stammen.

(3) Es sind nur **zuverlässige Daten** zulässig. Das ganze Modus-tollens-Verfahren gerät ins Wanken, wenn man fehlerhafte Daten miteinbezieht. Dann kann der modus tollens natürlich sofort zu falschen Falsifizierungen führen. Dies bereitet

dem Popperschen Ansatz Schwierigkeiten, da seine Basissätze auf dem Prinzip des Konventionalismus beruhen und dies keine Garantie für die Fehlerfreiheit der Basissätze bietet (Stegmüller, 1971: 23).

(4) Durch die Modus-tollens-Regel werden nur zwei Klassen von Hypothesen geschaffen: **falsifizierte und vorläufig nicht falsifizierte Hypothesen**. Eine weitere Differenzierung innerhalb der beiden Klassen kann auf Grund der Regel nicht vorgenommen werden. So ist nach Popper insbesondere die Zahl der untersuchten Instanzen irrelevant. Dennoch scheint Popper eine weitere Differenzierung unter den nicht falsifizierten Hypothesen wünschenswert. Sie ist jedoch nicht mehr mit dem logischen Induktionsproblem verbunden und führt zum pragmatischen Teilproblem der Induktion.

4.2.8. Das pragmatische Induktionsproblem

Theorien werden nicht entworfen und geprüft, um allmählich alt zu werden und in Büchern und Zeitschriften zu verstauben. Sie sind für die Praxis bestimmt. Gerade in den Sozialwissenschaften werden sie den Theoretikern oft früher aus der Hand gerissen, als es diesen lieb ist oder lieb sein sollte. Die Psychologie z. B. ist ein Gebiet, das dauernd überfordert wird; von vielen Hypothesen muß man sagen, daß sie in der Praxis angewandt werden und für Vorhersagen eingesetzt werden, ohne daß sie vorher mit aller Gründlichkeit strengen Prüfungen unterworfen wurden. Man wendet sie an, weil man nichts Besseres hat oder weil man davon ausgeht, daß sie besser sind als Vorhersagen, die nur vom sog. gesunden Menschenverstand getroffen wurden.

Für die Anwendung kommen nur solche Hypothesen in Betracht, die im Sinne Poppers bisher nicht falsifiziert wurden. Was ist, wenn unter den nicht falsifizierten Hypothesen zwei oder mehr miteinander rivalisieren – für welche entscheiden wir uns dann in der Praxis? Gibt es nicht gar unendlich viele vorläufig noch nicht falsifizierte Hypothesen? Wir wollen sagen, daß zwei Hypothesen rivalisieren, wenn sie über das gleiche Gebiet verschiedene Vorhersagen machen und damit in der Praxis zu unverträglichen Maßnahmen und Handlungen führen würden. Bisher haben wir kein Kriterium, das es uns erlaubt, vernünftigerweise eine nicht falsifizierte Hypothese einer anderen vorzuziehen. Vom rein logischen Standpunkt können wir in Poppers Ansatz für die Klasse der nicht falsifizierten Hypothesen keine Unterschiede – etwa im Sinne von mehr oder weniger großer Wahrscheinlichkeit für ihre Wahrheit – entdecken.

Hier sieht Popper das pragmatische Problem der Induktion. Er formuliert: „Which theory should we prefer for practical action, from a rational point of view?" (1971: 187.) Seine Antwort lautet, wir sollten einfach die am besten geprüfte Theorie vorziehen. Nun gut, aber wie wird entschieden, welche Theorie als am besten getestet gelten kann? Die Entscheidung ist in einer **kritischen Diskussion** vorzunehmen. In dieser werden der empirische Gehalt der rivalisierenden Hypothesen gegeneinander abgewogen und insbesondere die Strenge der Tests, die sie bisher überstanden, miteinander verglichen. Den Stand der kritischen Diskussion kann man in einem Maß festhalten. Es wird von Popper als **Grad der Bewährung** bezeichnet.

Auf die formalen Details dieses Maßes kann hier nicht eingegangen werden. Popper selbst scheint keinen übermäßigen Wert auf die formale Seite zu legen, sonst würde er wohl sicherlich auf die formale Präzisierung in seinen jüngeren Arbeiten ausführlicher eingehen. Es ist allerdings wichtig festzustellen, daß dieses Maß keine Wahrscheinlichkeit ist und Popper zu zeigen versucht, daß es auch gar keine Wahrscheinlichkeit sein kann. Allerdings ist auch sein Maß aus Wahrscheinlichkeiten abgeleitet – wie direkt oder indirekt alle anderen Maße der Bewährung, Stützung, Bestätigung etc., die mir bekannt sind. „I originally introduced the idea of corroboration, or ‚degree of corroboration‘, with the aim of showing clearly that every probabilistic theory of preference (and therefore every probabilistic theory of induction) is absurd." (1971: 184) Wenn von zwei Hypothesen eine wahrscheinlicher ist, so bedeutet das nicht, daß sie besser bewährt sei. Man könne nicht jeweils die wahrscheinlichere von zwei Hypothesen präferieren. Oft sei sogar das Gegenteil der Fall. Die wahrscheinlichere Hypothese habe dann den geringeren empirischen Gehalt und die wahrscheinlichsten Hypothesen wären Ad-hoc-Hypothesen.

Wir teilen diese Auffassung nicht – zumindest nicht dort, wo statistische Modelle die Grundlage der Einbettung eines Bewährungs- und Vorhersageproblemes geben. Wir kommen darauf ausführlich in Kapitel 4.11. zu sprechen.

Welche Rolle spielt die **zeitliche Relation zwischen Hypothese und Daten**? Sind echte Vorhersagen „wertvoller" als Ex-post-Vorhersagen? Es ist bekannt, daß wir rein psychologisch die gleichen Ereignisse ex post als wesentlich sicherer einschätzen als ex ante – hinterher hätten wir alles schon vorher gewußt (Fischhoff, 1975). Aber ist methodisch nicht doch ein Unterschied, ob wir die Daten wirklich vorhergesagt haben oder ob die Daten nur eine Vorhersage im Sinne einer logischen Konsequenz sind? Auch im wissenschaftlichen Alltag liegt (im Gegensatz zur Wissenschaftstheorie) meist keine Symmetrie zwischen „foresight" und „hindsight" vor (vgl. These 3 von de Groot).

Gegeben sei ein Hypothesen-Daten-Paar. Eine Hypothese wird als stärker gestützt angesehen, wenn sie vor der Beobachtung der Daten formuliert wurde, als wenn dies nachher geschah. Im ersten Fall handelt es sich um eine wirkliche Vorhersage, im zweiten um eine Ad-hoc-Hypothese. Simon (1955) spricht im ersten Fall von **externer Bewährung**, im zweiten Fall von **interner Bewährung**. Bei der externen Bewährung spielt die Zeitabfolge eine Rolle, bei der internen Bewährung nicht. In der Wissenschaftstheorie zählt praktisch nur die interne Bewährung.

4.2.9. Teleologie und Vorhersage

Zu Beginn wurde die Frage nach grundsätzlichen Unterschieden zwischen Vorhersagemethoden verneint. Die Frage bezog sich dort besonders auf frühe oder späte Phasen, auf eher allgemeine oder spezielle Vorhersagen bei der Erforschung eines Gegenstandsbereiches.

Gibt es jedoch nicht einen qualitativen Unterschied zwischen Vorhersagen im Bereich der unbelebten Natur und Vorhersagen im Bereich lebender Organismen, insbesondere jedoch beim Menschen? Werden die menschlichen Handlungen nicht durch Ziele bestimmt (Finalität) und sind nicht Ziele bereits selbst eine Projektion in die Zukunft? Hier findet ein doppelter Ausgriff in die Zukunft statt: Die Antizipation bei der Zielsetzung und die Vorhersage dieser Antizipation mit ihrer verhaltenssteuernden Funktion. Werden bei einer solchermaßen verschachtelten Zeitstruktur nicht ganz andere Vorhersageprinzipien benötigt?

Hofstadter & Dennet (1981: 197) unterscheiden mit Hilfe des nachfolgenden kleinen Schemas (Abb. 3) zwei „räumliche" und zwei zeitliche Richtungen bei Erklärungen und Vorhersagen.

Harte Wissenschaften	Weiche Wissenschaften
Reduktionismus (Kausalität von unten nach oben)	Holismus (Kausalität von oben nach unten)
+	+
Prädiktionismus (Kausalität nach vorn, A-tergo-Vorhersagen)	Teleologie (Kausalität nach rückwärts, A-fronte-Vorhersagen)
= Mechanistisch	= Finalistisch

Abb. 3 Markierungsbegriffe mechanistischer und finalistischer Wissenschaftsauffassungen (nach Hofstadter & Dennet, 1981; 197; ergänzt durch Stegmüller, 1976: 527)

Die „räumliche Dimension" betrifft die Mikro- und Makroebene. Einmal wird versucht Erklärungen bestimmter Phänomene dadurch zu erreichen, daß elementarere Phänomene herangezogen werden. Der Holismus hingegen geht ganzheitlich vor. Der Holismus beruht auf der Position „... that a part viewed in isolation cannot be unterstood as well, then when viewed (1) in its environmental setting and (2) under consideration of essential interdependences with other parts." (Mattessich, 1978: 323)

Der „Prädiktionismus" – eine Wortschöpfung von Hofstadter & Dennett – trifft Vorhersagen aufgrund vergangener Fakten. Der Prädiktionismus sieht die wichtigste Aufgabe der Wissenschaften darin, Vorhersagen zum Zweck der besseren Kontrolle der Natur zu machen. „It is sometimes said that the central, definitive function of factual knowledge is the specific prediciton of the future states of natural systems, so the **prediction** represents the ultimate aim of inquiry, or else **explanation** or **control over nature** are cast in this role." (Rescher, 1977: 20) Rescher hebt hervor, daß eine solche Auffassung natürlich viel zu einseitig ist.

Teleologische Prinzipien berücksichtigen explizit die Zielstrukturen des handelnden Menschen und erklären Handlungen daher „aus der Zukunft", gleichsam rückwärts; der „Pfeil der Zeit" ist umgekehrt. Vorhersagen werden einmal aufgrund von Wirkursachen (a tergo), zum anderen aufgrund von Endursachen (a fronte) getroffen.

Nun geht ja der Disput über elementaristische, holistische, teleologische und mechanistische Einstellungen bis in die Antike zurück. Bekanntlich ist Aristoteles der Vater der Teleologie. Die mit der Entstehung der neuzeitlichen Naturwissenschaften totgesagte Teleologie erlebt in einer eher groben Form im Vitalismus ihr „revival".

Wichtig scheinen mir zwei Fragen: (1) Haben teleologische Erklärungen und Vorhersagen einen **legitimen Platz** in den Wissenschaften? (2) Verlangen teleologische Erklärungen und Vorhersagen grundsätzlich **verschiedene Prinzipien** als mechanistische?

Die Frage nach dem legitimen Platz kann wohl kaum ernsthaft verneint werden. Die Wissenschaften können es sich nicht leisten, auf fruchtbare Konzeptionen zu verzichten, nur weil diese vielleicht eine Generation zuvor in einem festgefahrenen Ideologiestreit verwickelt waren. Die Automatentheorie, die Kybernetik und die Artificial Intelligence haben längst und mit beachtlicher Unbefangenheit von Zielstrukturen und ähnlichen Begriffen Gebrauch gemacht. So unterscheidet z. B. Ack-hoff (1962) vier System-Typen: (1) Zustandserhaltende Systeme, die nur reagieren, (2) zielorientierte Systeme, die Strategien auswählen, (3) multiple zielorientierte Systeme, die mehrere Ziele verfolgen können und (4) Systeme, die selbst ihre eige-nen Ziele auswählen.

Ziele spielen eine wesentliche Rolle in psychologischen Theorien (z. B. Schank & Abelson, 1977; oder Newell & Simons „means–ends analysis": Simon, Newell & Shaw, 1962, Newell & Simon, 1972; oder auch der bescheidene Beitrag von Öttl & Kleiter, 1979). Aber sicher hat sich mit dem Kontext, in dem diese Begriffe nun wieder auftauchen, auch einiges an ihrem Verständnis geändert.

Eine kompetente Diskussion des Fragenkomplexes „Teleologie, Funktionalanalyse und Selbstregulation" findet der Leser in Stegmüller (1976: VIII, 518–623; siehe auch die Zusammenfassung, 1980). Das folgende Einteilungsschema (Abb. 4) und die sich daran anschließenden Ausführungen halten sich sehr eng an die Darstel-lung Stegmüllers. Empfohlen sei auch das Kapitel III in v. Wright (1974).

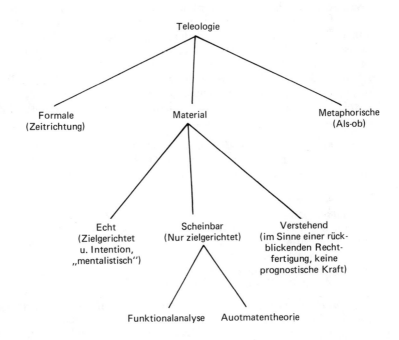

Abb. 4 Einteilung teleologischer Grundpositionen (in Anlehnung an Stegmüller, 1976)

(1.) *Formale Teleologie*: Die formale Teleologie reduziert den Fragenkomplex allein auf die zeitliche Relation zwischen Antecedens und Explanandum, zwischen gegebenem Datum und vorhergesagtem Ereignis. Von inhaltlichen Thesen über die notwendige Bestimmtheit des Gegenwärtigen durch Künftiges wird abgesehen; man beruft sich nicht auf einen Weltplan, den göttlichen Willen, den Endzweck in der Natur oder der Gesellschaft oder eine der Geschichte innewohnende immanen-te Notwendigkeit.

Braithwait (1953, 1968: 337) bemerkt, daß selbst bei den klassischen Naturgesetzen die rein formale Teleologie nichts Aufregendes an sich hat. Es spielt keine Rolle, ob der Laplacesche Dämon vorwärts oder rückwärts extrapoliert. „For many non-teleological laws of nature, e.g. Newton's laws of mechanics, are symmetrical with respect to the earlier and later times occuring in the laws: they state that the present is determined by the future just as much as it is determined by the past." (Vgl. dagegen moderne naturwissenschaftliche Auffassungen über die Asymmetrie der Zeit bei Prigogine, 1979; Prigogine und Stengers, 1980).

(2.) *Materiale Teleologie:* Hier werden „tiefere", substantielle und inhaltliche Beziehungen angenommen. Stegmüller gibt folgende Charakterisierung: „Teleologische Erklärungsversuche sind .... dadurch ausgezeichnet, daß als Antwort auf eine Warum-Frage nicht ein Weil–Satz, sondern ein Um-zu-Satz geliefert wird." (1976: 530) Es werden zwei Subformen unterschieden:

(2.1.) *Echte materiale Teleologie:* Sie bezieht sich vorwiegend auf menschliche Handlungen oder auf Aktivitäten von Gruppen oder Organisationen. Intentionen, Absichten und Willensakte steuern das Verhalten. Es wird angenommen, "…daß die menschlichen Handlungen zumindest vorwiegend bestimmt werden durch Gedanken, Wünsche und Entschlüsse, die auf die Zukunft gerichtet sind." (1976: 530) Nun ist natürlich klar, daß die Ziele **jetzt** gesetzt sind, die Motive **jetzt** wirksam sind usw., so daß es sich hier um eine verschleierte Form der kausalen Erklärung (Stegmüller) handelt. Stegmüller wendet sich zu Recht klar gegen die Auffassung, daß dort, wo zielgerichtetes Handeln im Spiel sei, die Stützung durch die sonst notwendigen Gesetzmäßigkeiten überflüssig sei, daß es genüge, auf Wünsche, Zielsetzungen und Motive Bezug zu nehmen.

(2.2.) *Scheinbare materiale Teleologie:* Eine scheinbare materiale Teleologie liegt vor, wenn ein Verhalten als zielgerichtet angesehen wird, aber keine besondere „Intention" postuliert wird. Es gibt zwei Unterfälle: Die Funktionalanalyse und den teleologischen Automatismus.

(2.2.1.) *Funktionalanalyse:* In der Psychoanalyse ist der Traum der Hüter des Schlafes, er hat die **Funktion** der Wunscherfüllung. Nach Freud dient die neurotische Symptomwahl der Aufrechterhaltung des gestörten psychischen Gleichgewichtes. Sie hat die **Funktion** der Stabilisierung des psychischen Apparates. Ähnliche funktionale Erklärungen findet man häufig in der Anthropologie oder in manchen Bereichen der Sozialpsychologie.

Die Funktionalanalyse betrachtet Systeme wie Organismen, Gruppen, politische oder wirtschaftliche Gebilde. „Man versucht, das Vorhandensein von Systemteilen oder das Vorkommen bestimmter Merkmale an einem solchen System (bzw. einem Teil von ihm) oder bestimmte Verhaltensweisen eines derartigen Gebildes (bzw. eines Gebildeteiles) dadurch verständlich zu machen, daß man die **Aufgaben** oder **Funktionen** dieser Gegenstände, Merkmale oder Verhaltensweisen für ein adäquates Funktionieren des Systems schildert." (Stegmüller, 1976: 558) Stegmüller weist darauf hin, daß die Funktionsanalyse nur dann prognostisch verwendbar ist, wenn man über eine empirisch bestätigte Hypothese verfügt, daß das System tatsächlich über einen sich selbst regulierenden Automatismus verfügt. Der Schlaf muß über einen sich selbst hütenden Automatismus verfügen, der psychische Apparat muß sich selbst stabilisieren etc. Häufig „… wird die Notwendigkeit, eine empirisch fundierte Hypothese über die Selbstregulation aufstellen zu müssen, überhaupt nicht gesehen." (1976: 580) Ein anderer Fehler bei der funktionalen Vorhersage besteht darin, daß die Klasse der Systeme, auf die sich die Vorhersagen beziehen, nicht sauber abgegrenzt wird.

(2.2.2.) *Teleologische Automatismen.* Hier geht es um die prinzipielle Einsicht in das Verhalten final gesteuerter Systeme, wie sie etwa in der Automatentheorie oder Kybernetik behandelt werden. Vorbelastende traditionelle Ansätze werden über Bord geworfen. Für den Psychologen sind hier besonders die „disziplinierten Spekulationen" im Bereich der Artificial Intelligence von Interesse.

(2.3.) *Verstehende Teleologie:* Sie versucht, durch Bezugnahme auf Motive und Ziele bereits vorliegende Handlungen zu interpretieren und zu verstehen. Mit der verstehenden Teleologie können keine Prognosen getroffen werden.

(3.) *Teleologie als Metapher:* Häufig werden teleologische Darstellungen nur aus didaktischen Gründen verwendet, als Redeweise, als einprägsame Metapher. Ein aktuelles Beispiel ist die Metapher vom Eigennutz der Gene. „Wie J. Z. Young dargelegt hat, haben die Gene eine Aufgabe zu erfüllen, die einer Prophezeiung gleichkommt. Wenn sich ein Embryo einer Überlebensmaschine im Bau befindet, so liegen die Gefahren und Probleme seines Lebens in der Zukunft. Wer kann wissen, welche Fleischfresser hinter welchen Büschen kauern und auf ihn warten oder welches schnellfüßige Opfer ihm über den Weg schnellt und seinen Pfad im Zickzacklauf kreuzt? Kein Prophet unter den Menschen und auch kein Gen. Dennoch lassen sich einige allgemeine Voraussagen machen. Eisbärgene können ohne großes Risiko voraussagen, daß die Zukunft ihrer ungeborenen Überlebensmaschine kalt sein wird." (Dawkins, 1978: 66) Aber gleich wird die lebendige Metapher in die wissenschaftliche Nüchternheit zurückgewendet! Dawkins setzt fort: „Sie halten dies nicht für eine Prophezeiung, sie denken überhaupt nicht: sie bauen einfach ein dichtes Haarkleid, denn das haben sie bei allen vorangehenden Körpern gemacht, und genau deswegen gibt es sie im Genpool noch." (S. 66)

Wenn man sich der mataphorischen Verwendung teleologischer Argumente nicht bewußt ist, kann leicht der **Fehler des „unterschobenen Zieles"** entstehen: Aus dem bisherigen Verhalten eines Organismus oder einer Organisation wird auf die von ihm scheinbar verfolgten Ziele geschlossen: aus diesen postulierten Zielen werden nun „Vorhersagen" über das zukünftige Verhalten abgeleitet. Häufig werden die Ziele auch als dispositionelle innere Eigenschaften einer Person, eines Gemeinwesens, einer Nation etc. angesehen.

In Anlehnung an den „Fundamental Attribution Error" könnte man hier von dem **fundamentalen Vorhersagefehler** sprechen. Beim fundamentalen Attribuierungsfehler (Ross, 1977; Nisbett & Ross, 1980) handelt es sich um die Neigung, Personen als kausale Agenten in einer Situation zu sehen, situationale kurzfristige Umwelteinflüsse zu übersehen und besonders überdauernde dispositionale Persönlichkeitseigenschaften zu erfinden oder zu übertreiben. Ein fundamentaler Vorhersagefehler liegt vor, wenn einer Person Motive, Ziele, Pläne oder Strategien unterstellt werden und aufgrund davon Vorhersagen über das Verhalten und die Handlungen dieser Personen getroffen werden. Solche Tendenzen machen sich besonders in sozialen Situationen bemerkbar. Scheinbar sind Absichten, Intentionen, Pläne etc. die besten Prädikatoren für das Verhalten anderer.

4.2.10. Die psychologische Dimension

Bei den in den letzten Jahren im großen Stile durchgeführten Vorhersagestudien ist die „psychologische Dimension" sehr stark vernachlässigt worden. Jahoda (1980: 64) weist darauf hin, daß an Meadows Grenzen des Wachstums zu Recht kritisiert wurde, daß die sozialpsychologischen Aspekte völlig ausgeklammert werden. Nicht anders ist es bei „Global 2000". Einen Schritt in die Richtung zur Behebung dieses Mankos versucht Peccei (1979). Eine interessante Dimension scheint die „Lebensqualität" zu sein.

Die Vorhersage von **Wertstrukturen** scheint mir eine sehr wesentliche Aufgabe zu sein. So gibt es z. B. eine interessante Längsschnittstudie über die Wertvorstellungen der Polen (Nowack, 1981) – allerdings ohne Vorhersagen. Seit dreißig Jahren versucht Katona mit Hilfe psychologischer Variablen wirtschaftliche Entwicklungen vorherzusagen. Er entwickelte 1952 einen Index der Konsumenteneinstellung (Index of Consumer Sentiment), mit dem seither regelmäßig Erhebungen durchgeführt werden. Katona glaubt, auf der Makroebene (gross national product) gute Vorhersagen treffen zu können (Katona, 1979). Andere Studien versuchen einen Vergleich der psychologischen Seite der Arbeitslosigkeit in den dreißiger und den siebziger Jahren (Jahoda, 1979).

Einen wichtigen Beitrag stellen meiner Auffassung nach auch die Untersuchungen und Analysen über gesellschaftliche und technologische Risiken dar (z. B. Slovic et al., 1977; Fischhoff et al., 1982; Renn, 1981).

Gesellschaftliche Vorhersagen gehören zu den wesentlichen Aufgaben der Sozialwissenschaften – die Betonung liegt auf „–wissenschaften". Halten sich die Sozialwissenschaftler für zu vornehm, um sich mit solchen Analysen zu befassen, so führt dies dazu, daß die Vorhersagen und die aus ihnen abgeleiteten gesellschaftspolitischen Maßnahmen dem Dilettantismus und dem Schwätzertum überlassen werden. Viele Entscheidungen, die heute durch vorwissenschaftliche, halbwissenschaftliche oder wissenschaftliche Vorhersagen vorbereitet werden, sind irreversibel und so weiträumig in ihren Konsequenzen, daß man sich kaum noch Fehler leisten kann.

4.3. Die Verwendung standardisierter Tests

von Klaus Heidenreich

4.3.1. Der Test als Meßinstrument für diagnostische Entscheidungen

4.3.1.1. Begriff und Klassifikation der Testverfahren

Ein **Test** ist ein systematisches Verfahren, das unter standardisierten Bedingungen zur Anwendung kommt. Testverfahren bestehen aus einer Reihe von Reizvorlagen (Aufgaben, Fragen, Bildern usw.), auf die der Proband zu reagieren hat; diese Reaktionen erlauben einen wissenschaftlich begründbaren Rückschluß auf die individuelle Ausprägung eines oder mehrerer Merkmale (vgl. Michel, 1964).

Die Erstellung der Testitems bzw. die Entwicklung von Tests kann sich einmal herleiten aus persönlichkeitstheoretischen Vorstellungen. Somit stellen (psychologische) Theorien den theoretisch-inhaltlichen Hintergrund von Tests dar. Einem solchen theoriegeleiteten Ansatz entsprechen z. B. die Eysencks'schen Fragebögen (Eysenck-Persönlichkeits-Inventar: E-P-I) und die F-Skala von Adorno und Mitarbeitern (vgl. Adorno et al., 1950; 1973). Hier geht Theorie der Messung voraus. Heute wird dieser Ablauf allgemein gefordert, und er begründet auch die enge Beziehung zwischen Persönlichkeitstheorie und Psychodiagnostik sowie zur angewandten Psychologie im weiteren Sinne.

Andererseits besteht die Möglichkeit, Tests ohne Zugrundelegung einer expliziten Persönlichkeitstheorie eher atheoretisch zu konstruieren; d. h. gut differenzierende Items zu verwenden, die empirisch exakt zwischen Extremgruppen (z. B. Schizophrenen versus „normalen" Probanden) unterscheiden, wie dies z. B. bei den Persönlichkeitstests MMPI (Minnesota Multiphasic Psychological Inventory von Hathaway & McKinley; deutsche Bearbeitung von O. Spreen) und FPI (Freiburger Persönlichkeitsinventar von Fahrenberg et al., 1978) erfolgte. Ein solcher Ansatz wird als pragmatisch-empirisch bezeichnet.[1]

Häufig unterscheidet man zwischen standardisierten (geeichten, formellen) und nichtstandardisierten (informellen) Tests. Standardisierte Tests müssen wissenschaftlich entwickelt, hinsichtlich der wichtigsten Gütekriterien untersucht, unter Standardbedingungen durchführbar und normiert sein; diese Informationen müssen in Testmanualen, -handbüchern usw. publiziert und verfügbar sein.

Analog zu den auf dem Markt befindlichen standardisierten Tests befaßt sich die Testdiagnostik vornehmlich mit der Ermittlung von Fähigkeiten, Persönlichkeitsmerkmalen und Einstellungen, die als relativ zeitstabil oder statisch betrachtet werden, zumindest für die Dauer der diagnostischen Urteilsbildung (vgl. „eigenschaftstheoretische" Statusdiagnostik). Neben diesen herkömmlichen Tests werden neuerdings auch situationsspezifische Testverfahren eingesetzt, die – wie z. B. der EAS, ein Verfahren zur situationsspezifischen Erfassung aggressiven Verhaltens bei Kindern – von tätigkeitsorientierten, fiktiven Handlungsvollzügen in Alltagssituationen und Bildvorlagen ausgehen (vgl. Petermann, 1981; Petermann & Petermann, 1980; s. a. Gösslbauer & Müller 1980).

---

[1] Natürlich erfolgt die Erstellung der Items nicht völlig atheoretisch. Die Testkonstrukteure haben zweifellos theoretisch begründete Vorstellungen über differenzierende Fragen sowie Hypothesen und Erwartungen (vgl. Leichner, 1979).

Ferner lassen sich Tests nach formalen Kriterien klassifizieren (vgl. Lienert, 1969):

- nach der Anzahl der Testabsolventen: Gruppen- und Individualtests;
- nach dem verwendeten Testmedium: Papier- und Bleistift-Tests sowie Manipulationstests und apparative Tests;
- nach der Zeitbemessung: Geschwindigkeits-Tests (speed-tests) und Niveau-Tests (power-tests);
- nach dem Interpretationsbezug (oder Testprinzip): psychometrische Tests und projektive Tests (vgl. hierzu Kap. 4.6.);[2]
- nach der Anzahl der zu erfassenden Persönlichkeitsmerkmale oder Leistungsaspekte: eindimensionale Tests und mehrdimensionale Tests;
- nach der Bezugsnormorientierung im Kontext objektivierter Leistungsmessung: normorientierte Tests (Erfassen individueller Unterschiede; die Testwerte von Personen werden auf Werte einer Vergleichspopulation bezogen) und kriteriumsorientierte Tests (individuelle Position relativ zu einem Verhaltenskriterium; vgl. Kap. 4.1.2.4.).

Die Vielfalt von Testverfahren (Brickenkamp, 1975, schätzt die Zahl auf 10 000 Tests) läßt sich grob in die zwei Sammelkategorien Leistungstests i. w. S. und Persönlichkeitstests einteilen (vgl. Brickenkamp, 1975; 1981; Cronbach, 1970; Drenth, 1969; Meili & Steingrüber, 1978; Michel & Conrad, 1982); vgl. das folgende nach inhaltlichen Gesichtspunkten gegliederte Klassifikationsmodell (s. Brickenkamp, 1977):

- Leistungstests: Entwicklungstests, Intelligenztests, Allgemeine Leistungstests, Schultests, Spezielle Funktionsprüfungs- und Eignungstests;
- Psychometrische Persönlichkeitstests: Persönlichkeits-Struktur-Tests, Einstellungs- und Interessententests, Klinische Tests;
- Persönlichkeits-Entfaltungsverfahren: Formdeuteverfahren, Verbalthematische Verfahren, Zeichnerische und Gestaltungsverfahren.

Die Art der Aufgabentypen (d. h. die vorgegebene Art der Aufgabenbeantwortung) erlaubt die Einteilung in Tests mit freier und in solche mit gebundener Beantwortung. Kann bei der freien Beantwortung der Proband selbst die Antwort ohne jegliche Einschränkung formulieren (z. B. Ergänzungsaufgaben, Aufsatztests, alle nicht objektiven Tests), so ist bei der gebundenen Beantwortung vom Testautor der Rahmen festgelegt (z. B. Mehrfachwahlaufgaben, Zuordnungsaufgaben); vgl. Abb. 1; s. a. Rütter (1973).

---

[2] Die häufig gebrauchte Klassifikation in psychometrische vs. projektive Verfahren berücksichtigt nicht, daß verschiedene Einteilungsgesichtspunkte Verwendung finden und sich diese beiden Möglichkeiten keinesfalls grundsätzlich ausschließen. Der erste Klassifikationsgesichtspunkt betrifft die Frage, ob ein Test der quantitativen Bestimmung individueller psychischer Differenzen dienen soll oder nicht; der zweite informiert darüber, ob für die Entstehung und die Interpretation des Testverhaltens ein tiefenpsychologischer Mechanismus, nämlich der der Projektion, in Anspruch genommen wird oder nicht (Michel & Conrad, 1982).

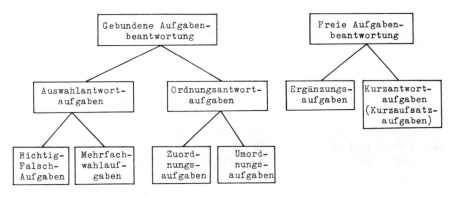

Abb. 1 Übersicht über die wichtigsten Aufgabentypen (Schelten 1980: 144)

4.3.1.2. Aspekte der (Test-)Diagnostik in den Sozialwissenschaften[3]

Allgemeine Probleme der Diagnostik

Die herkömmliche Statusdiagnostik bzw. „Diagnostik als Messung" (z. B. mittels Tests) basierte auf statischen Eigenschaftstheorien („trait-like") und zielte darauf ab, die für relativ konstant gehaltenen Persönlichkeitsmerkmale und Merkmalssyndrome zu analysieren.

Im Gegensatz dazu beruht die moderne Prozeßdiagnostik in einem übergreifenden Ansatz auf einem dynamischen, lern-, interaktions- und veränderungsorientierten Persönlichkeits- und Entwicklungsverständnis; sie wird als Sammelbegriff für ein Methodeninventar zur exakten Erfassung der verschiedensten Aspekte menschlichen Verhaltens verwendet. Allgemeines Ziel der Prozeßdiagnostik als solcher ist die Feststellung intern oder extern bedingter, entwicklungs- oder behandlungs-(treatment-) abhängiger Verhaltensabläufe und Merkmalsänderungen (vgl. Rüdiger, 1978; 1981). Das Betätigungsfeld prozeßbezogener Diagnostik umfaßt nicht nur abnorme Verhaltensmuster, sondern die gesamte Variationsbreite individuellen Verhaltens (vgl. Krapp, 1978; 1979; Klauer (Ed.), 1978). Prozeßdiagnostik, Veränderungsmessung und Verlaufsforschung sind in den letzten Jahren immer mehr in den Vordergrund getreten (vgl. z. B. Petermann, 1978; Baumann et al., 1980; s. a. Kap. 4.10.).

Dieser Wandel bewirkt einen dreifachen Akzentwechsel (vgl. Schwarzer, 1979: 11):

– von der Eigenschaftsdiagnostik (Erfassung relativ stabiler Persönlichkeitsmerkmale) zur Verhaltensdiagnostik (Situations- und Interaktionsabhängigkeit individuellen Handelns);
– von der Statusdiagnostik (Erhebung von Information zu einem bestimmten Zeitpunkt) zur Verlaufsdiagnostik (Erfassung von Merkmalsveränderungen und ihren Bedingungen über einen Zeitraum hinweg);

---

[3] Zur weiteren Beschäftigung mit Fragen der Diagnostik sei verwiesen auf: Anastasi, 1982; Drenth, 1969; Groffmann & Michel (Ed.), 1982; Grubitzsch & Rexilius, 1978; Klauer (Ed.), 1978; Leichner, 1979; Michel (Ed.), 1981; Meili & Steingrüber, 1978; Pawlik (Ed.), 1976; Pulver et al., 1978; Schwarzer, 1979; Sundberg, 1977; Wewetzer (Ed.), 1979.

– von der selektionsorientierten Diagnostik (Auslese von Personen unter bestimmten Gesichtspunkten) zur modifikations-orientierten Diagnostik (Veränderungen der Person oder der Bedingungen zur Optimierung individueller Fördermaßnahmen oder therapeutischer Behandlung).

Der diagnostische Prozeß als Entscheidungsprozeß

Aus pragmatischer Sichtweise ist Diagnostik als Teil eines Handlungsablaufs zu verstehen. Dieser kann aus diversen untergeordneten Teilprozessen bestehen, die eng miteinander verknüpft und oft mehrfach rückgekoppelt sind. Der diagnostische Prozeß umfaßt mehrere Aktivitäten, insbesondere informationssuchende Handlungen und zustandsverändernde Handlungen (Behandlungen):

– Planung und Organisation der Untersuchung,
– Datenerhebung bzw. Informationsbeschaffung (z. B. Testanwendung),
– Beschreibung der Merkmalsträger:
   (a) diagnostischer Schluß (z. B. Verhaltensstörung),
   (b) prognostischer Schluß (z. B. X wird Schwierigkeiten bei der Versetzung haben),
– Datenverarbeitung bzw. Datenintegration und diagnostische Urteilsbildung (zu Ergebnissen, Einsichten, Schlußfolgerungen),
– Entscheidungen (z. B. welche Maßnahmen eingeleitet werden sollen wie Psychotherapie, pädagogische Förderkurse usw.),
– Mitteilung der Ergebnisse (z. B. in Form eines schriftlichen Gutachtens).

Um ein derartiges diagnostisches Vorgehen praktikabel und ökonomisch zu gestalten, ist Diagnose im Sinne von Cronbach & Gleser (1965) als eine Sequenz von Entscheidungen aufzufassen, die so zu treffen sind, daß der Arbeitsaufwand in möglichst günstiger Relation zum zu erreichenden Ziel steht. Dazu ist es notwendig,

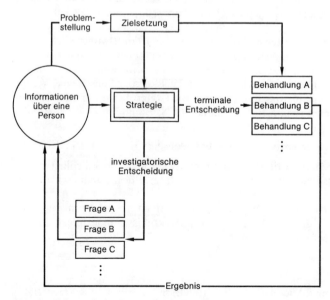

Abb. 2 Schematische Darstellung des diagnostischen Entscheidungsprozesses (aus: Tack, 1976: 105)

durch möglichst exakte Hypothesenbildung und schrittweise Falsifikation eine rasche Einengung auf die relevanten Problembereiche zu erzielen (vgl. Eisele et al., 1977).

Eine anschauliche Darstellung möglicher Entscheidungspunkte und Teilaspekte in einem diagnostischen Prozeß findet sich in Abb. 2.

Informationen über eine Person und damit verbundene Problemstellungen werden nach bestimmten Strategien verarbeitet, die eine Entscheidung herbeiführen. Die getroffene Entscheidung kann terminal (abschließend, auftragserfüllend) sein oder investigatorisch (untersuchungs-, durchführungsbezogen), und damit lediglich als Zwischenergebnis fungieren, das aufgrund einer neuen Informationserhebung präzisiert oder revidiert werden kann. Das Ergebnis einer investigatorischen Entscheidung ist eine neue Frage bzw. ein Satz von Fragen, das einer terminalen Entscheidung eine Behandlung. Das Resultat einer Behandlung wird als Quelle neuer diagnostischer Informationen aufgefaßt. Behandlung meint all das, was am Ende eines diagnostischen Prozesses auf die jeweils untersuchte Person als Konsequenz zukommen kann (z. B. eine bestimmte Therapie, ein Beratungsgespräch, eine Zuweisung zu einer Arbeitsstelle oder Ausbildungsrichtung usw.).

Unter Fragen sind alle Maßnahmen gemeint, die der Diagnostiker unternimmt, um Informationen über die jeweilige Person zu erhalten (z. B. Tests, Verhaltensbeobachtung usw.).

Zur Klassifikation von Entscheidungen geben Cronbach & Gleser (1965: 16) $2^6 = 64$ verschiedene Entscheidungsformen an, welche nach ihrer Ansicht die Testtheorie berücksichtigen müßte (vgl. hierzu Tab. 1).

Einteilungsgesichtspunkt	Alternativen	
	(a)	(b)
(1) Auftraggeber der Entscheidung	Institution	Individuum
(2) Aufnahmequoten	festgelegt	variabel
(3) Art der Behandlung	ein einfaches Treatment	ein komplexes bzw. mehrere Treatments
(4) Ablehnung von Bewerbern	ist vorgesehen	ist nicht vorgesehen (alle werden aufgenommen)
(5) Dimensionalität der diagnostischen Information	eindimensional	mehrdimensional
(6) Entscheidungsstrategie	einstufig	mehrstufig (sequentiell)

Tab. 1 Entscheidungsalternativen nach Cronbach & Gleser (1965)

Dabei hat es sich als nützlich erwiesen, zwischen institutionellen und individuellen Entscheidungen zu differenzieren. Unter institutionellen Entscheidungen sind solche Auftragssituationen zu verstehen, bei denen sich der Auftrag oft wiederholt; ein Diagnostiker trifft eine große Zahl formal identischer Entscheidungen; damit ist z. B. eine Teststrategie mehrfach anwendbar. Dies ist bei individuellen Auftragssituationen anders, da die Auftragsstellung i.d.R. nur einmal in dieser Art vorkommt und bestmöglich zu erfüllen ist.

Cronbach & Gleser (1965) behandeln Entscheidungsstrategien bei Selektions-, Plazierungs- und Klassifikationsproblemen, die Tack (1976) unter dem Oberbegriff „Identifikationsprobleme" zusammenfaßt. Diesen Entscheidungsalternativen werden neuerdings Veränderungsalternativen gegenübergestellt, indem ein Strategiekontinuum zugrunde gelegt wird, das über die Pole Selektion und Modifikation verfügt (Pawlik, 1976; s.a. Michel & Mai, 1968; Tack, 1976; Schwarzer, 1979; Wewetzer (Ed.), 1979; Jäger & Mattenklott, 1981). Ein relativ differenziertes, speziell für pädagogische Situationen entwickeltes Klassifikationsschema hat Krapp (1979) vorgeschlagen.

Im Rahmen untersuchungsbezogener diagnostischer Entscheidungen, deren Ergebnisse jeweils Datenerhebungsstrategien (z.B. Testungsstrategien) sind, wird eine Makro- und Mikroebene der Informationseinheiten unterschieden. Von Makrostrategien spricht Hornke (1982) dann, wenn den Probanden geschlossene Itemmengen vorgelegt werden, also ganze Tests, Subtests oder Testbatterien. Unter Mikrostrategien werden hingegen Testkonzepte verstanden, bei denen nur ein Item oder eine kleine Itemmenge Informationen für den weiteren Test- bzw. Diagnoseverlauf liefert. Hier werden dem Probanden lediglich einzelne Items vorgegeben, so daß sich die insgesamte bearbeitete Itemmenge vermittels spezifizierter Entscheidungsregeln dem Fähigkeits-, Einstellungs- oder Kenntnisniveau des Probanden anpaßt (vgl. Hornke, 1977; 1982).

Anwendungsfelder der Diagnostik

Die Prozeßdiagnostik eröffnet neue bzw. erweiterte Zielvorstellungen und Lösungsschemata u.a. für die Wirtschaftspsychologie sowie für den pädagogischen, klinischen, berufs- und eignungsdiagnostischen Bereich. Ein wichtiger Aspekt liegt in der Konzeption von Lerntests begründet, um Informationen über individuelle Unterschiede im Lernverhalten abzuleiten. Guthke (1972) hat ein Lerntestkonzept eingeführt, dessen Grundmuster in vier Phasen abläuft: Instruktion – Vortest – Pädagogisierungs- bzw. Lernphase – Nachtest. Damit werden Hilfen, Lernen und Übung integrale Bestandteile des Testablaufes. Diagnostisch wichtig ist hier nicht so sehr die Überprüfung von Resultaten vorangegangenen Lernens, als vielmehr das aktuelle Problemlösungsverhalten; d.h. Lerntests sollen Lernprozesse simulieren, die die Grundlage für die Entwicklung geistiger Fähigkeiten bilden; damit ermöglichen sie zugleich Einblick in die „Zone der nächsten Entwicklung" (vgl. Guthke, 1977: 94ff.). Das Lerntestkonzept zielt darauf ab, durch Zwischenschaltung einer standardisierten Pädagogisierungsphase Lernaktivitäten zu stimulieren, um daraus zusätzliche Informationen über individuelle Lernvoraussetzungen, Lösungsprozesse und den Lernerfolg zu erhalten (Kormann, 1979: 86). Abb. 3 soll das Ablaufschema beim Lerntest veranschaulichen, hierbei ist besonders auf die Variationsmöglichkeiten der Lernphase hinzuweisen.

Im Zusammenhang mit der Konzeption von Lerntests rücken Fragen einer angemessenen Erfassung individueller Lerneffekte, -verläufe und -prozesse – im Sinne der Veränderungsmessung (vgl. Kap. 4.10.) – immer stärker in den Vordergrund. Damit wird auch das Konstrukt der Lernfähigkeit mit begrifflichen und methodischen Schwierigkeiten konfrontiert (vgl. Flammer, 1975), die einer Lösung zugeführt werden müssen (vgl. Rost, 1979; Echterhoff, 1978; Oswald & Roth, 1978; s.a. Guthke, 1978; Kormann, 1979).

Die zunehmende Beschäftigung der Psychologie mit der Wechselwirkung von Person und Situation bzw. Umwelt, beruht auf der Erkenntnis, wie wenig die Trait-Konzepte der Persönlichkeitspsychologie befriedigen. Die Kritik an den traditionellen Eigenschaftskonzepten

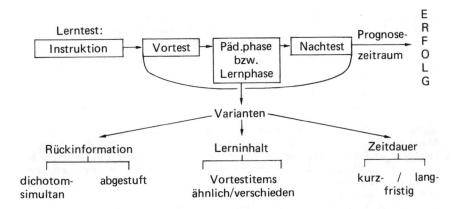

Abb. 3 Ablaufschema beim Lerntest mit Varianten (aus Kormann, 1979).

(und der damit verbundenen Person- bzw. Eigenschaftsdiagnostik) bewirkte eine stärkere Beachtung des Interaktionismus (vgl. z.B. Endler & Magnusson, 1976); mit dessen Hilfe werden im Rahmen der Interaktionsdiagnostik Person-Person-Interaktionen untersucht (z.B. Analyse von Gruppenprozessen, Mutter-Kind-Interaktionen) und Person-Umwelt-Interaktionen (z.B. die Fragestellungen; wie nutzen Personen ihre Umwelt, welche Effekte hat die Umweltnutzung auf die Entwicklung?).

Zum anderen ist ein Anwachsen umweltzentrierter Forschung und der Ökologie bzw. Ökologischen Psychologie festzustellen; diese befassen sich mit der Struktur, Dynamik und Wirksamkeit von Umwelten und analysieren deren Sozialisationseinflüsse auf den Menschen (vgl. Ittelson et al, 1977; Russel & Ward 1982). Daraus ergab sich ein weiterer Aspekt der Diagnostik: die Umweltdiagnostik.

Moos (1973) hat folgende sechs Dimensionskategorien der Umwelt vorgeschlagen und ihre meßtechnisch-empirische Erfassung gefordert:

– Ökologische Dimensionen: Klimatische und geographische Merkmale, Architektur, Städteplanung, Wohnumgebung, Wohnsituation, Wohnungseinrichtung, Verkehrslärm, Industrieabgase, physikalische Umgebungsmerkmale;
– Behavior Settings (Faktoren die das molare Verhalten formen und bestimmen): Freizeit- und Bildungsmöglichkeiten (wie Schule, Spiel und Sport, Gaststätten; Kirche);
– Dimensionen der Organisationsstruktur: Führungsstab von Organisationen, Kontrollsystem, Belegschaft (Betrieb, Krankenhaus), Größe, Aufbau, Bevölkerungsdichte;
– Merkmale von Bewohnern eines Wohnviertels: Analyse von Alter, Geschlecht, Bildungsgrad, Einkommen, sozialer Schicht, ethnischer Herkunft;
– Psychosoziales Klima: Art und Intensität persönlicher Beziehungen; Klima in Gruppen, Institutionen; Zusammenhalt von Gruppen (z.B. Familie) versus Vereinzelung;
– Funktionale Eigenschaften der Umgebung: Verstärkungskonsequenzen bzw. Verstärkerqualitäten für bestimmte Verhaltensweisen in einer Situation (im Sinne der Theorie des sozialen Lernens).

Die sechs Dimensionen schließen sich gegenseitig nicht aus und überlappen sich; außerdem bestehen zwischen ihnen zahlreiche Verbindungen sowie entsprechende Rückkopplungen. Jede o. a. Kategorie kann einen wichtigen – z. T. sogar entscheidenden – Einfluß auf menschliches Verhalten haben. Dabei wird unterstellt, daß individuelle Dispositionen den Boden bereiten, auf den dann diese sechs Variablen auftreffen.

Die einzelnen Dimensionen der Umwelt werden individuell verschieden definiert; dabei stellen sich auch Fragen nach der Situationsspezifität und den intraindividuellen Schwankungen der Perzeption.

Innerhalb des Mensch-Umwelt-Bezuges ergibt sich damit die Notwendigkeit, zwischen der subjektiven Wahrnehmung bzw. Interpretation einer Situation und der „objektiven" Situation zu unterscheiden und beide getrennt zu erfassen.

Demzufolge wäre es angebracht, z. B. im Rahmen einer umfassenden Lernforschung folgende Bereiche zu berücksichtigen:

- die Schülermerkmale (als kognitive und affektive Eingangsgrößen);
- die objektiven Umweltdaten: (a) der Schule wie Lernmittelausstattung, Bauweise der Schule, Etat der Schule, Sitzordnung usw. (b) der Wohnung/des Hauses und Wohnumgebung wie Anzahl der Räume, Anzahl der Stockwerke, Rechtsverhältnis zur Wohnung, Verkehrslärm usw.
- subjektiv perzipierte Umwelten, in denen Lern- und Erziehungsprozesse stattfinden: (a) spezifische Schul- und Klassenumwelt bzw. Unterricht (z. B. perzipierter Unterrichtsverlauf, Leistungsdruck); (b) häusliche Lernumwelt: Wohnung, Wohnumgebung, Familienklima, soziale Schicht, Bildungsstand und Erziehungsstil der Eltern, Freizeitgewohnheiten usw. (vgl. Trudewind, 1975; Marjoribanks, 1973; Schwarzer, 1979).
- das interpersonale Netz, in dem eine Person lebt: Verhaltensweisen, Einstellungen und Weltbilder der Bezugspersonen (vgl. Fend, 1980).

Erste Ansätze für ein derartiges Konzept der Lernforschung sind bereits vorhanden (vgl. Fend, 1977; 1980; Götte, 1979; Wolf, 1980). Erste Ergebnisse legen die Vermutung nahe, daß es sinnvoll und aussichtsreich erscheint, bei schlechten schulischen Leistungen nicht nur intellektuelle Fördermaßnahmen einzuleiten, sondern auch bestimmte individuelle Persönlichkeitseigenschaften des Schülers sowie seine häusliche Umwelt zu berücksichtigen und in das Interventionsprogramm mit einzubeziehen (vgl. Kühn, 1981).

Analoges gilt beispielsweise für die Angstforschung (vgl. Endler et al., 1962; Endler & Okada, 1975; Schulte & Thomas, 1976), die Erforschung anderer theoretischer Konstrukte (z. B. Aggression, Kreativität) und die Konsumforschung (vgl. Russell & Ward, 1982; s. a. Kassarjian, 1982).

Auf dem Hintergrund dieses erweiterten diagnostischen Ansatzes erscheint allerdings nicht nur eine differenzierte Untersuchung der Umwelt angebracht, sondern die simultane, aufeinander bezogene Erfassung der Persönlichkeit und der Umwelt im Hinblick auf das Verhalten, einschließlich der dringend notwendigen Analyse wechselseitiger Beeinflussungsprozesse.

Es genügt nicht, Personen durch Meßwerte zu beschreiben, sondern ihre Verhaltensmöglichkeiten sollten auf der Grundlage einer Persönlichkeitstheorie abgeschätzt werden, die die differentiellen Aspekte des Mensch – Umwelt – Verhältnisses berücksichtigt. Außerdem sollte die derzeit übliche Bestimmung des Verhaltens durch Testwerte von einer aufgegliederten Verhaltensanalyse abgelöst werden, die in einer direkteren Weise Rückschlüsse auf entferntere Auswirkungen („distale Reaktionseffekte") erlaubt (Wolf, 1981: 247).

4.3.2. Erhebungstechnologie

4.3.2.1. Geforderte Gütekriterien eines Tests

Die Hauptgütekriterien eines Tests wurden bereits (in Kap. 4.1.2.1.) beschrieben; die Beziehungen zwischen ihnen soll Abb. 4 verdeutlichen.

Ein Test ist **objektiv**, wenn mehrere Testanwender bei denselben Personen dieselben Testwerte ermitteln (interpersonelle Übereinstimmung). Im Rahmen einer Quantifizierung der Objektivität berechnet man die Beurteilungsübereinstimmung (Konkordanz) zwischen mehreren Untersuchern. Wenn alle Beurteiler völlig übereinstimmen, ist die Objektivität perfekt. Neben der Durchführungs-, Auswertungs- und Interpretationsobjektivität plädieren einige Autoren zusätzlich für die Objektivität der diagnostischen Konsequenzen (Dieterich, 1973: 170) bzw. der Förde-

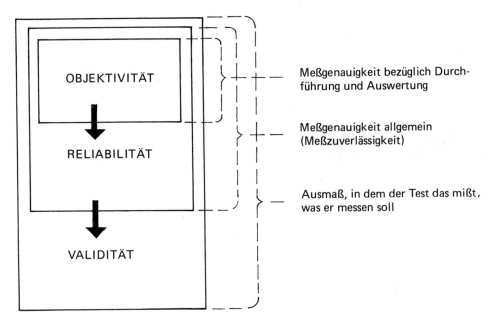

Abb. 4 Die Beziehungen zwischen den drei Hauptgütekriterien

rungsansätze (Bundschuh, 1980: 61). Demnach sollten Testmanual bzw. Testhandbuch auch Hinweise über Maßnahmen enthalten, die aufgrund einer bestimmten Diagnose einzuleiten sind.

In der klassischen Testtheorie finden sich keine rationalen Entscheidungskriterien über die **Zuverlässigkeit** von Tests. Allgemein sollen Reliabilitätskoeffizienten mindestens den Wert $r_{tt} = 0,85$ annehmen (vgl. Hofstätter, 1957: 292).

Diese Feststellung stellt keine Konvention dar, ihr liegt vielmehr ein statistischer Zusammenhang zwischen der Streuung der Testresultate und dem Zuverlässigkeitskoeffizient zugrunde. Allerdings ändern sich die Anforderungen etwas, je nach der vom Untersuchungsziel gebotenen Differenzierungsfähigkeit des Verfahrens (Hennig 1975: 266). Wird eine genaue individuelle Rangordnung angestrebt, sollte die Reliabilität nicht unter 0,95 liegen (Meili & Steingrüber, 1978: 301); nach Lienert (1969: 309) sind für die Konsistenz-Reliabilität Werte von $r \geq 0.9$ und für die Retest- und Paralleltest-Reliabilität Werte von $r \geq 0,8$ notwendig (s.a. Bundschuh, 1980: 67; Schelten, 1980: 111, 116; Wieczerkowski & Quintanilla, 1978: 296). Meist genügt es, die geprüften Personen in eine kleinere Anzahl von Gruppen (zehn oder sogar nur fünf) einzuteilen; in diesem Fall ist ein r-Wert von 0,80 ausreichend (Meili & Steingrüber, 1978: 301). Kennwerte um $r \geq 0,5$ befriedigen, wenn die durchschnittliche Ausprägung eines Merkmals in Personengruppen interessiert (vgl. Lienert, 1969: 309; Wieczerkowski & Quintanilla, 1978: 296).

Zu exakten Ergebnissen führen insbesondere Halbierungskoeffizient und Koeffiziente der Konsistenzanalyse; sie lassen situative Einflüsse und die Inkonstanz des Merkmals unberücksichtigt und messen im wesentlichen das, was ein Reliabilitätskoeffizient messen soll, nämlich die Qualität des Tests selber.

Hohe **Validität** kann nur eintreten bei hoher Objektivität und hoher Reliabilität. Eindeutige Kriterien für die Gültigkeit eines Tests existieren allerdings nicht.

Vom Blickpunkt der statistischen Vorhersage erscheinen Validitätskoeffizienten von $r_{tc} \geq 0,7$ wünschenswert; in der Praxis ist man jedoch schon mit Koeffizienten um 0,6 zufrieden (Lienert, 1969: 310). Nach allen publizierten Resultaten übersteigt die (kriterienbezogene) Gültigkeit kaum den Koeffizienten 0,6; man begnügt sich sehr oft mit einem solchen zwischen 0,3 und 0,4 (Meili & Steingrüber, 1978: 318).

Für ein logisch gültiges Verfahren kann nach Lienert (1969: 313) der Gültigkeitskoeffizient gleich dem Zuverlässigkeitskoeffizienten gesetzt werden, um Vergleiche zu ermöglichen. Über verschiedene Anforderungen an die Höhe von Validitätskoeffizienten gibt die Tab. 2 exemplarisch Auskunft (nach Grubitzsch, 1978: 99).

Autor	Testzweck	Geforderte Validität (r_{tK})
Lienert (1969)	– Urteil über Probanden hängt nur vom Testergebnis ab (individuelle Eignungsbeurteilung)	$> 0,7$
	– Test plus Zusatzinformationen	$\geq 0,5$
Hennig (1975)	– hohe Gültigkeit	$> 0,6$
	– mittlere Gültigkeit	$0,6 > r_{tK} < 0,4$
	– geringe Gültigkeit	$> 0,40$
	– für Auslesezwecke gelegentlich ausreichend	$0,30$
Belser (1974)	– Auslesetest bei Anwendung durch Lehrer	$> 0,50$
	– Gruppenintelligenztest in Einzelanwendung	$\hat{=} 0,80$
	– Schulleistungstest und Zensuren	$\hat{=} 0,60$
Rüdiger (1966: 39)	– Intelligenztest	$> 0,40$

Tab. 2   Übericht über die Anforderungen verschiedener Autoren an die Höhe von Validitätskoeffizienten

Offensichtlich kann man nicht von „der" Validität eines Tests für einen bestimmten Bereich sprechen. Die Variation der Koeffizienten ist groß, je nachdem, mit welchen (Außen-) Kriterien der Test korreliert wird. Die Gültigkeit eines Tests ist auch häufig nur für eine Gruppe gleichstrukturierter Probanden gegeben. Ein Test für verschiedene Personengruppen ist möglicherweise unterschiedlich valide; daher berechnet man für bestimmte Untergruppen (z. B. Unterschicht versus Mittelschicht, Neger versus Weiße) getrennt die Validitätskoeffizienten (= differentielle Validität; vgl. Westmeyer, 1972: 58; s. a. Leichner, 1979; Weiss & Davison, 1981).

Soll ein Test angewendet werden, gilt es zunächst einmal, die Zugehörigkeit der Vp zu einer spezifischen Gruppe festzustellen und erst auf dieser Basis die entsprechenden Gültigkeitskoeffizienten bei der Auswertung und Interpretation von Tests heranzuziehen (sequentielle Strategie); auf diesem Wege meint man Fairneß in der Testanwendung praktizieren zu können (s. Grubitzsch, 1981: 1101).

Unter **Testfairneß** versteht man die Forderung, daß die Testwerte für Probanden bzw. Probandengruppen (differentiell) valide sind und zu keiner ungerechtfertigten Diskriminierung gegenüber anderen Gruppen führen. Ein Test ist demzufolge hinsichtlich einer ausgewählten Gruppierungsvariablen „unfair", wenn die auf Grund der Testwerte vorgenommenen Kategorienzuweisungen Personen mit bestimmten Ausprägungen auf der Gruppierungsvariablen (etwa ein spezielles Geschlecht, verschiedene Sozialschichten etc.) systematisch bevorzugen oder benachteiligen (Wottawa, 1980: 150).

Differenzierte Fairneß-Konzepte werden – hauptsächlich auf dem Boden der rassischen Unterschiede – seit geraumer Zeit in den USA diskutiert (vgl. Thorndike, 1971). Infolge zunehmender Verwendung psychologischer Tests für praktische Entscheidungen mit Selektionscharakter und einer gestiegenen Sensibilität für die damit verbundenen gesellschafts- und bildungspolitischen Probleme sind diese Fairneß-Modelle auch im deutschsprachigen Raum vorgestellt und weiterentwickelt worden (vgl. Möbus, 1978; Wottawa, 1980).

„Der Begriff ‚Validierung eines Tests‘ ist eine Quelle vieler Mißverständnisse. Man validiert nicht einen Test, sondern eine Interpretation von Daten, die man durch eine bestimmte Prozedur erhalten hat" (Cronbach, 1971: 447). Die Interpretation, wie auch ihre Validität, sind aber wiederum davon abhängig, welche Ziele mit der Anwendung verfolgt werden.

Aus dem oben Gesagten ergibt sich, daß alle psychologischen und pädagogischen Meßinstrumente theoretisch und empirisch auf ihre Reliabilität und Validität (einschließlich Testfairneß) hin untersucht werden müssen.

Ein weiteres, wichtiges Kriterium ist die **Nützlichkeit**; man bedenkt hierbei Aspekte der Utilität von Testinformationen, zumal das Testergebnis für den Diagnostiker eine Entscheidungshilfe darstellen soll. Mit der Utilität stellt man explizit die Frage nach dem Ziel und der beabsichtigten Funktion des Tests sowie seiner Tauglichkeit als Mittel bei der Verfolgung dieses Zweckes.

Diesem Kriterium kommt neuerdings vor allem im Zusammenhang mit der entscheidungsorientierten Sichtweise große Bedeutung zu. Cronbach & Gleser (1965; s. a. Michel & Mai, 1968) haben, um Kosten-Nutzen-Überlegungen für die Zwecke der Diagnostik nutzbar zu machen, eine parametrische Entscheidungstheorie entwickelt, welche den Wert eines Tests abschätzen kann. Demnach ist von Interesse, welchen Beitrag ein Test zum Entscheidungsprozeß leistet und der Nutzen, der aus dieser Entscheidung resultiert. Ein Test ist nützlich, wenn seine Entwicklung und Anwendung geringe Kosten verursacht, aber relevante Entscheidungen zu treffen erlaubt.

Die Nutzenfunktion enthält als Parameter (n. Cronbach & Gleser, 1965: 24):

U = Nützlichkeit einer Strategie, Nutzen der Entscheidung
N = Anzahl der Personen, über die eine Entscheidung getroffen werden soll
X = Informationswert (Verteilung der X-Werte in der getesteten Population)
t = Treatment bzw. Behandlung
Y = Ergebnis, Kriteriumswert
e_y = Wert des Ergebnisses, Wert des Ausgangs, Auszahlung, „payoff"
C_x = Kosten der Informationserhebung

$$U = N \sum_x p_x \sum_t p(t|x) \sum_y p(y|xt)e_y - N \sum_x p_x C_x$$

p_x ist die angenommene Verteilung der X-Werte
$p(t/x)$ sind die Inhalte der Strategiematrix
$p(y/xt)$ sind die Inhalte der Validitätsmatrix

Die Strategie, die den höchsten U-Wert erzielt, ist vorzuziehen. Eine Payoff-Funktion gibt an, welcher Nutzen von einer Person mit Testwert X bei der Behandlung zu erwarten ist. Jede Behandlung kann ihre eigene Payoff-Funktion haben, die Funktionsformen können sehr verschieden sein. Abb. 5 zeigt mögliche Payoff-Funktionen bei unterschiedlichen Behandlungen und univariater Testinformation.

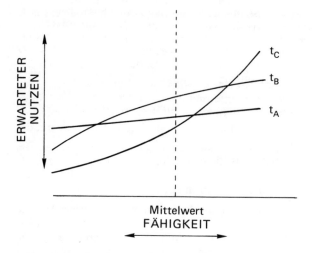

Abb. 5 Auszahlungsfunktionen verschiedener Behandlungen bei univariater Testinformation (nach Cronbach & Gleser, 1965: 25)

Nach der Abbildung würde eine sehr fähige Person am besten der Behandlung C zugeordnet, ein Proband mit sehr niedrigem Score der Behandlung A.

Zielsetzung bei der Konstruktion diagnostischer Verfahren und bei ihrer Gütekontrolle muß daher der Nutzen sein, den diese diagnostische Information (1) für die Auswahl einer geeigneten Behandlung des Probanden und/oder (2) für die Beurteilung der Effektivität der danach realisierten Behandlung bringt (Pawlik, 1976: 34).

Im Rahmen der Erörterung von Kriterien für die Festlegung von kritischen Werten in Entscheidungsregeln haben bereits Taylor & Russell (1939) einen selektiven Eignungsquotienten zur Bestauslese vorgeschlagen. Hierbei werden verschiedene Selektionsverhältnisse, Validitäten und Zufallschancen zugrunde gelegt. Aus den von Taylor & Russel erstellten Tabellen läßt sich somit beispielsweise ablesen, daß bei gleicher Zufallschance (0,60) bei einem Selektionsmaß von 0,10 bereits eine Testvalidität von 0,15 ein Erfolgsmaß von 0,70 liefert, während eine derartige Effektivität bei einem Selektionsmaß von 0,80 erst durch eine Testvalidität von 0,65 erreicht wird (Drenth, 1969: 249). Die Taylor-Russell-Tafeln sind inzwischen für mehrere Bedingungen modifiziert oder ergänzt worden (vgl. z. B. Abrahams et al., 1971; s. a. Janke, 1982).

Um Fehlbewertungen von Validitätskoeffizienten vorzubeugen, haben nach Taylor & Russell (1939) insbesondere Cronbach & Gleser (1965) auf den „Nutzwert" eines Tests für bestimmte Entscheidungen hingewiesen (s. a. Dunette & Borman, 1979). Dieser ergibt sich jedoch nicht aus der Höhe von Validitätskoeffizienten. Bei der Bewertung eines Tests ist es vielmehr erforderlich, sämtliche für den diagnostischen Entscheidungsprozeß bedeutsamen Aspekte, wie Art der diagnostischen Fragestellung bzw. Typ der zu treffenden Entscheidung, Bedeutung der Untersuchung für den Probanden und die jeweilige Institution, angemessene Untersuchungsstrategie, gegebene Rahmenbedingungen der Diagnoseverfahren, Art und Umfang der bereits vor der Untersuchung vorliegenden Informationen über die Probanden, festgelegte Selektionsquoten, Zeitaufwand und Kosten der Untersuchung etc. zu berücksichtigen. Unter diesen Gesichtspunkten kann ein Test trotz eines niedrigen Validitätskoeffizienten durchaus wertvolle Entscheidungen ermöglichen (Michel & Conrad, 1982: 64 f). Damit gewinnen auch solche Daten und Tests an Wert, die zwar eine vergleichsweise niedrige Validität aufweisen, aber zugleich für die verschiedensten Fragestellungen eingesetzt werden können.

Will man daher den Nutzen einer Testvariablen für praktische Entscheidungen beurteilen, sollte man in diesem Zusammenhang den Aspekt der „inkrementellen Validität" beachten. „Der praktische Nutzwert eines Tests geht nicht primär aus seiner isoliert bestimmten Korrelation mit dem Kriterium hervor, sondern aus der Erhöhung der Gesamtvalidität, die der spezielle Test nach seiner Einbeziehung in ein bestehendes Prognoseinstrument erbringt" (Michel & Conrad, 1982: 65).

Die **Ökonomie** eines Tests läßt sich wie folgt charakterisieren: Mit einem Minimum an Aufwand (Zeit und Geld) soll ein Maximum an verwertbarer Information zur diagnostischen und prognostischen Treffsicherheit gewonnen werden.

Der Test soll preisgünstig, in kurzer Zeit durchführbar, einfach zu handhaben, als Gruppentest einsetzbar, schnell und bequem auswertbar sein sowie möglichst wenig Material verbrauchen (s. Lienert, 1969).

Konventionelle Tests sind antwortunabhängige Verfahren mit starrem Testverlauf, festgefügten Itemmengen und Testskores als Informationseinheit. Konventionelles Testen ist weniger effizient, u. a. ergeben sich folgende Probleme: hoher Aufwand an Personal und Material mit viel Routinetätigkeiten, fehlende Nutzung der Testdaten für Sekundäranalysen, Erhebung von zuviel und für die Fragestellung nicht relevanter Information, Motivationsbeeinträchtigung durch zu leichte oder zu schwierige Items sowie durch zu lange Tests, Testschutzmangel bei Paper-pencil-Verfahren (vgl. Klapproth, 1981).

Demgegenüber scheint eine flexible Strategie der Informationserhebung und die Entwicklung antwortabhängiger Verfahren günstiger, mit deren Hilfe Testitems oder Skalen zusammengestellt werden. In diesem Fall ergeben sich Entscheidungspunkte nach jedem getesteten Item; die gegebene Probanden-Antwort entscheidet also über den weiteren Testverlauf (vgl. Hornke, 1977; 1982 sowie Kap. 4.2.2.5.). Hierdurch läßt sich der Testaufwand – und damit die Belastung des Probanden – reduzieren.

Stehen weder Selektion noch Klassifikation im Vordergrund einer diagnostischen Frage, wie dies bei sequentiellen Tests der Fall ist, sondern das differenzierte Messen einer latenten Eigenschaft, so sind adaptive Tests angebracht. Bei adaptiven Tests ist die Itemvorgabe auf den Probanden hin „maßgeschneidert". Durch diese „individuelle" Testprozedur des „tailored testing" (Lord, 1970; 1971) ergeben sich Verkürzungen der Testlänge – ohne Präzisions- und Informationsverlust – von ca. 50% bis 80% der Items (vgl. Heinrich, 1980; Hornke, 1982). Zur Durchführung des „maßgeschneiderten Testens" wird allerdings ein großer Pool homogener Testaufgaben benötigt (vgl. Zimmer, 1977; Buchtala, 1977). Außerdem ist ein Automatisierungssystem (Computer mit Bildschirmterminal) erforderlich. Sequentiell und adaptiv antwortabhängige Verfahren sind mit ihren investigatorischen Entscheidungen auf Itemebene Mikrostrategien, die sich von konventionellen Tests unterscheiden.

Das Interesse an kürzeren Testverfahren ist in letzter Zeit deutlich gewachsen. Unter Berücksichtigung ökonomischer Aspekte und der Einsicht, daß nicht alle Entscheidungen gleich viel Information benötigen, spricht vieles für computerunterstütztes Testen, im Rahmen individualisierter Datenerhebungstechniken.

Computerunterstützte Testdiagnostik (vgl. Bürli, 1975) vollzieht sich einmal nach den Prinzipien der klassischen Testtheorie (vgl. Elwood, 1973) und vor allem auf der Basis logistischer Meßmodelle, auf die auch der Ansatz des „tailored testing" zurückgeht (vgl. Green, 1970; Wood, 1973). Obgleich bei einer automatisierten Testdurchführung affektive Auswirkungen möglich sind (s. aber Klapproth, 1981), ist diese Methode der herkömmlichen überlegen (vgl. Plessen, 1977).

Zur Interpretation von Testwerten dient die **Normierung**. Ein bestimmtes Testergebnis ist nur in bezug auf ein vergleichbares Datenmaterial anderer Individuen interpretierbar. Durch empirisch gewonnene Normen (Eichung) wird es möglich, einem individuellen Testresultat einen bestimmten Rangplatz zuzuweisen und seine relative Stellung zur Bezugsgruppe zu erkennen. Für jeden Test müssen daher Normdaten zur ökonomischen Vergleichbarkeit von Testwerten vorliegen. Dabei stehen gewisse Normskalen zur Verfügung; die gebräuchlichsten sind: Prozentrangnormen(Percentile), Standardnormen, Äquivalentnormen, Standardnormen-Äquivalente für die Vergleichbarkeit von nicht normal verteilten Rohwerten (vgl. Michel, 1964; Michel & Conrad, 1982).

Ein anderes Kriterium ist die **Vergleichbarkeit** eines Tests. Zu einem Test sollen verfügbar sein: eine oder mehrere Paralleltestformen und /oder validitätsähnliche Tests, so daß Ergebnisse aus diesem Test mit den Ergebnissen aus anderen Tests verglichen werden können.

4.3.2.2. Probleme bei der Testanwendung

Der Aspekt der Praktikabilität: Was sollte bei der Auswahl von Tests beachtet werden?

Zum Fragenbereich Praktikabilität von Testverfahren soll eine „Checkliste" (s. Ingenkamp, 1976: 25 sowie Grubitzsch & Rexilius, 1978; Bundschuh, 1980) die Beurteilung angebotener Tests erleichtern:

- Gibt bereits der Prospekt sachliche Informationen über wichtige Kriterien des Tests?
- Informiert der Autor über den theoretischen Hintergrund und die Zielsetzung des Verfahrens?
- Gibt das Beiheft (Testhandbuch) gezielte und erschöpfende Auskünfte über Durchführung, Auswertung und Interpretation?
- Lassen sich aus den Testergebnissen Prognosen ableiten?
- Wird nachgewiesen, daß sich der Test in Situationen bewährt hat, die mit künftigen Anwendungen vergleichbar sind?
- Welche Theorie steht hinter dem Test, hilft sie bei der Interpretation der Testdaten?
- Werden in einer (auch für den Nichtpsychologen) verständlichen Weise Informationen über die wichtigsten Phasen der Testkonstruktion und ihre Ergebnisse mitgeteilt?
- Mißt der Test zuverlässig? Wird der Standardmeßfehler angegeben und möglichst im Normenband verarbeitet?
- Ist die Gültigkeit des Verfahrens für den angegebenen Zweck nachgewiesen?
- Wie steht es um die Testfairneß?
- Ist der Test im Vergleich zu anderen im Zeitbedarf und im Preis ökonomisch?
- Besteht sequentielle Entscheidungsmöglichkeit? (Enthält der Test die Möglichkeit, daß jederzeit der Abbruch der Testung erfolgen kann, wenn der erfragte Informationsumfang bereits ausreichend für das Untersuchungsziel ist?)
- Bedarf es zur Testdurchführung Vorbereitung oder Training?
- Können die wichtigsten Testbestandteile zum Studium in Einzelexemplaren erworben oder muß gleich ein Satz von Testheften gekauft werden?
- Gibt der Test diagnostische Hinweise (z. B. über Behandlungsarten)?
- Welche Konsequenzen hat die Untersuchung bzw. Diagnose für den Probanden?
- Ermöglicht der Test Vergleiche zu anderen Subgruppen?
- Werden Hilfen zur (psychologischen oder pädagogischen) Verwertung der Ergebnisse und zum Einsatz von Behandlungsarten oder Fördermaßnahmen angeboten?
- Liegen Parallelformen vor, die evtl. eine Veränderungsmessung (z. B. Lernzuwachs) ermöglichen?
- Ist der Test aufgabenanalysiert worden?
- Genügt das Verfahren den wichtigsten meß- bzw. testtheoretischen (Qualitäts-) Kriterien?
- Wie ist der Test (für meine speziellen Zwecke) einsetzbar?
- Ist der Test leicht zu handhaben?

- Ist der Test auch durch Nichtpsychologen anwendbar?
- Gibt es zu diesem Test noch weitere Literatur (Zeitschriftenaufsätze, Abhandlungen in Testhandbüchern usw.)?
- Welche Bezugsquellen für Tests gibt es (Verlage, Testzentrale[4])?
- Inwieweit ergibt sich durch die Testung eine Verletzung der Privatsphäre und der Mißbrauch persönlicher Daten?

Forschungsartefakte im (test-) diagnostischen Prozeß

Die Instrumente der empirischen Sozialforschung können nicht als problemlos funktionierende Techniken angesehen und einfach angewendet werden. Vielmehr treffen in der Erhebungssituation (z. B. Labor-Experiment, Befragungsprozeß, Testsituation) der untersuchende und der untersuchte Mensch aufeinander. Die Erhebungssituation ist damit zusätzlich durch Metainteraktion gekennzeichnet und beeinflußt, indem sowohl der Untersucher als auch der Untersuchte sich Gedanken über diese Situation machen und ihr einen bestimmten Sinn geben (vgl. Kriz, 1981). Im Rahmen einer derart komplexen Interaktion können sich Probleme und Störeinflüsse ergeben und Fehler verursacht werden: Durch den Versuchsleiter, die Versuchsperson und/oder die Aufgabe bzw. Erhebungssituation, wobei sich diese Komponenten je nach Erhebungsinstrument oder Fragestellung unterschiedlich auswirken.

Alle fehlerhaften (d. h. nicht validen) Forschungsergebnisse, die durch unterschiedliche Störfaktoren im Forschungsprozeß bedingt sind, bezeichnet man als **Forschungsartefakte** (vgl. Lück & Bungard, 1978; s. a. Rosnow, 1981).

Erwartungseffekte, die durch den Versuchsleiter bzw. Diagnostiker produziert werden, hat zuerst Rosenthal (1963; 1966) experimentell untersucht und nachgewiesen (s. a. Kap. 3.2.5.1.).

Danach tendieren Versuchsleiter, bewußt oder unbewußt dazu, während der (Experimental-) Untersuchung Bedingungen zu schaffen, die das Entstehen erwarteter Ergebnisse begünstigen: Die Erwartungen des Versuchsleiters sind es also, die den Ausgang bzw. die Ergebnisse mitdeterminieren, seine eigene Hypothese wird zu einer sich selbst bestätigenden Prophezeiung (vgl. Rosenthal, 1976; 1969; s. a. Silverman, 1977).

So verändern Versuchsleiter den Text der (Test-) Instruktion, betonen bestimmte Passagen oder stellen sie durch Wiederholungen heraus, drücken ihre Erwartungen durch Mimik und Gestik aus und benützen teilweise verbale Konditionierungstechniken (vgl. z. B. Bungard & Lück, 1974; Gniech, 1976). Daraus leitet die Versuchsperson Informationen darüber ab, was von ihr als angemessenste und wünschenswerteste Reaktion erwartet wird.

Als weitere Störeinflüsse können bestimmte Merkmale des Versuchsleiters wirken, beispielsweise äußerlich wahrnehmbare biosoziale Merkmale: Geschlecht, Alter, Rasse; außerdem können psychosoziale Eigenschaften eine bedeutende Rolle spielen wie Angst, Bedürfnis nach sozialer Anerkennung, Feindseligkeit, Autoritarismus, Intelligenz, Dominanz, Status und Herzlichkeit (vgl. Rosenthal, 1976; Gniech, 1976).

Nachdem die Versuchsleiter-Erwartungseffekte eine Zeitlang überschätzt worden waren, traten sie aufgrund profunder Kritik (vgl. Barber & Silver, 1968; Elashoff & Snow, 1972; Kent et al., 1974; Barber, 1976) in den Hintergrund. Inzwischen werden spezielle Maßnahmen eingesetzt, um die Versuchsleitereinflüsse zu minimieren: Kontrolle des Versuchsleiterverhaltens, Standardinstruktionen, Verwendung von automatischen technischen Hilfsmitteln, Verringerung der Improvisation, Training von Versuchsleitern, Doppelblindversuche, Verwendung von Erwartungskontroll-

[4] Anschrift Testzentrale: 7000 Stuttgart 50, Daimlerstr. 40.

gruppen, Reduzierung der Versuchsleiter-Versuchsperson-Interaktionen (vgl. Carlsmith et al., 1976; Rosnow, 1981).

In den Mittelpunkt des Interesses rücken statt dessen immer mehr die Kognitionen, Motivationen und vor allem die individuellen Hypothesen der Versuchsperson, die u. a. auch für die tatsächliche Auswirkung von Versuchsleitereffekten verantwortlich sind (Bungard, 1980: 13; s. a. Bay, 1981). Die Kognitionen einer Versuchsperson bestimmen einmal ihre Vorerfahrungen mit Experimenten und Tests sowie ihre diesbezüglichen Einstellungen; zum anderen wird die Versuchsperson bemüht sein, vor und während der Untersuchung irgendwelche Hinweise wahrzunehmen, die einen Rückschluß auf die vermeintliche Hypothese der Studie ermöglichen. Zu diesen Aufforderungscharakteristiken („demand characteristics"; vgl. Kap. 3.2.5.2.) der Erhebungssituation gehören beispielsweise Einzelheiten der Instruktion, die Versuchsanordnung, eventuelle Gerüchte, die Aktivitäten des Versuchsleiters, Gegenstände im Laborraum usw. Die Gesamtheit dieser Kognitionen bestimmt die Vermutungen und Erwartungen der Versuchsperson bezüglich des Sinns und Zwecks der Untersuchung (vgl. Mertens, 1975).

Untersuchungen zur Aufforderungscharakteristik (vgl. Orne, 1962, 1969) zeigen u. a. zwei besondere Verhaltensweisen von Versuchspersonen: zum einen eine überraschende Bereitschaft, alles das zu tun, was der Versuchsleiter sagt (Instruktionskonformität); diese gehorsame, kooperationsbereite, „gute" Versuchsperson reagiert auf den sozialen Druck (des Versuchsleiters und der Erhebungssituation) mit Anpassung. Zum anderen die antikonformistische, „negativistische" Versuchsperson, die Trotz und Oppositionsverhalten zeigt, z. B. durch die Weigerung, an der (weiteren) Erhebung teilzunehmen bzw. in der (teilweisen) Nichtbeantwortung von Fragen und in Falschantworten – dies insbesondere dann, wenn sie sich massiv zu einer Aktivität gezwungen fühlt oder aber durch den Versuchsleiter getäuscht sieht (vgl. Gniech, 1976; Rosnow, 1981).

Konformes oder kooperierendes Verhalten verbinden Versuchspersonen meist mit dem Wunsch, der Wissenschaft einen Dienst zu erweisen; ferner erfolgt es aus Gründen der Selbstdarstellung, d. h. aus Besorgnis um die Bewertung durch den Versuchsleiter („evalution apprehension"). Bekanntlich haben viele Personen ein spezielles Bedürfnis nach sozialer Anerkennung und versuchen dieses zu befriedigen, indem sie das von der jeweiligen Bezugsgruppe bzw. Versuchsleiter erwünschte Verhalten zeigen (s. Gniech, 1976). Diese Beurteilungserwartung (vgl. Rosenberg, 1965; 1969) kann als Sonderfall der Testangst angesehen werden.

Die Testsituation mit ihrer speziellen, asymmetrischen Regelung des Informationsaustausches zwischen Untersucher und Untersuchtem kann auf seiten des Probanden wegen der einseitigen Abhängigkeit zu Angstreaktionen führen (vgl. Spitznagel, 1982). Die Testangst ist eine häufig untersuchte Störvariable, zumal allgemein ein Zusammenhang zwischen (Test-) Angst und (Test-) Leistung unterstellt wird (vgl. Rexilius, 1978, 139)[5]. Mit der Testangst muß man zudem bei Probanden rechnen, die befürchten, gewisse Leistungsdefizite würden nun sichtbar, oder die sich scheuen, über gewisse Konflikte Auskunft zu geben.

Als weitere Störeinflüsse bei einer Testung können Teilnahmemotive der Versuchsperson gelten wie: Interesse, Honorar, Vermeidung unangenehmer Alternativen, sozialer Druck (vgl. Rosnow & Rosenthal, 1970; Gniech, 1976). Ferner können

---

[5] Vgl. ferner Sarason (Ed.), 1980. (Test-) Angstfragebogen finden sich in Wehner & Durchholz, 1980.

verhaltensdeterminierende Motive wie Argwohn und Freiheitswünsche bei Einengung und Zwang zu Widerstandsverhalten führen.

Speziell aus der Fragebogen- und Testforschung ist bekannt, daß von Versuchspersonen teilweise ganz bestimmte Antwortmuster bevorzugt werden, die sich verfälschend auf die intendierte Dimension eines Tests auswirken können. Derartige Fehlverhaltensweisen – sog. Antwortstile bzw. response sets – werden definiert als Tendenz, in einer bestimmten Richtung zu reagieren, und zwar unabhängig vom Inhalt einer Frage oder Testaufgabe (vgl. Esser, 1974: 127).

Antwortstile treten in vielfältiger Weise auf. Tendiert die Versuchsperson eher dazu, eine Ja-Antwort zu geben, so spricht man von Zustimmungstendenz bzw. Ja-Sage-Tendenz (acquiescence response set) und im umgekehrten Falle von Ablehnungstendenz bzw. Nein-Sage-Tendenz (nay-saying-response set); in beiden Fällen tragen die Testpersonen zur Erzeugung von Forschungsartefakten bei.

Verwendet man beispielsweise zur Messung der Ängstlichkeit Fragebogen, bei denen fast durchweg alle Items einseitig formuliert sind, Bejahung demzufolge als Indiz für Angst, Verneinung als Indiz für keine Angst verrechnet wird,[6] so kommt ein großer Teil der Testpersonen zu hohen Angst-Werten, zumal bestimmte Befragte eine überproportionale Neigung zur stereotypen, nicht inhaltsbezogenen Zustimmung zu diesen Items aufweisen.[7] Von einigen Autoren wird diese Reaktionseinstellung als Persönlichkeitszug angesehen, so z. B. von Köckeis-Stangl (1977), die Zustimmungstendenz als eine defensive, resignative Strategie interpretiert, welche vor allem von Leuten mit geringer Interaktionskompetenz verwendet wird; andere widersprechen dieser Ansicht, zumal die Ja-Sage-Tendenz von Test zu Test stark variieren kann. Außerdem konnte bisher nur ein geringer Bezug der Zustimmungstendenz zu nicht testrelevantem Verhalten nachgewiesen werden (Vgl. Lück, 1976). Cronbach (1946; 1950) und Edwards (1953; 1957) vertreten die Ansicht, daß Reaktionen auf verbale Stimuli hinsichtlich ihrer Bejahungswahrscheinlichkeit u. a. vom Grad der sozialen Erwünschtheit der Bejahung abhängen (vgl. S. 415 f.; s. a. Amelang & Borkenau, 1981; Schmolck, 1981).

Weitere formale Antwortstile – neben Raten und zufälliger Beantwortung – sind Fehler der zentralen Tendenz: die Versuchsperson vergibt nur Urteile um die Skalenmitte herum sowie die Tendenz zu extremen Urteilen (Probanden wählen bei mehrstufigen Antwortskalen nur die extremen Urteilsprägungen).

Diese Antwortstile lassen sich über die Konstruktion von Testverfahren (z. B. Entwicklung ausbalancierter Skalen, Reduktion der Stimulusambiguität) ausschalten oder durch entsprechende Korrekturmaßnahmen nach der Testdurchführung korrigieren (z. B. durch Normierung der Urteile in Perzentile oder z-Werte).

Um Lügen als inhaltlichen response set zu kontrollieren, ist man dazu übergegangen, sog. „Offenheitsskalen" oder Lügentests zu entwickeln (z. B. im MMQ, MMPI und FPI; Lügenskalen finden sich in Wehner & Durchholz, 1980).

Je deutlicher im vorgelegten Fragebogen Bezug auf soziale Normen- und Wertsysteme genommen wird, desto eher werden die Reaktionen der Testpersonen von diesem Effekt überlagert (Kriz, 1981: 69). So läßt sich eine Neigung zur Ergebnisverfälschung feststellen im Sinne der bevorzugten Wahl sozial anerkannter und wünschenswerter Eigenschaften, Einstellungen und Verhaltensweisen (**social desir-**

---

[6] Vgl. z. B. die Angsttests „TASC", „GASC", „MAS"; s. Wehner & Durchholz, 1980.

[7] Vgl. z. B. die California-F-Skala (Adorno et al., 1950; s. a. Adorno, 1973); ein erheblicher Teil der Befragten kam deshalb zu hohen „Faschismus"-Werten, weil die Items in einer Richtung formuliert waren (vgl. Esser, 1974).

ability response set = SD).[8] Mit der Tendenz des Probanden zum „guten Eindruck" bzw. „möglichst vorteilhafter Selbstpräsentation" (Köckeis-Stangl, 1980) kämpfen Sozialwissenschaftler bei Labor- wie bei Felduntersuchungen (vgl. Bungard & Lück, 1974). Nahm man zunächst ein allgemeines, gruppen-unspezifisches Konstrukt „**soziale Erwünschtheit**" an (vgl. z. B. Edwards, 1957; 1967), so wird statt dessen inzwischen von einem differenzierten SD-Konzept ausgegangen (vgl. z. B. Hoeth, 1980; Mummendey, 1981), zumal Verhaltensbewertungen variieren in Abhängigkeit von Alter, Geschlecht, sozialer Schicht. Zudem kommt es zu Wechselwirkungen bezüglich SD zwischen diesen Merkmalen. Außerdem ist neben der Persönlichkeit der Versuchspersonen die jeweilige Situation und das Thema relevant. Da die Reaktionstendenz der sozialen Erwünschtheit die Meßintention der Tests beeinflußt, die Fehlervarianz also erhöht, ist man bemüht, dieses Konstrukt (bzw. Fehlerquelle) zu kontrollieren. Zur Kontrolle sozialer Erwünschtheits-Tendenzen werden gewisse Techniken vorgeschlagen, die sich allerdings als keineswegs unproblematisch erweisen (vgl. Mummendey, 1981):

– Kontrolle durch Itemkonstruktion: nur solche Items verwenden, die möglichst wenig transparent hinsichtlich des zu messenden Merkmals sind.
– Kontrolle durch Antwortkombination: Anwendung der Forced-Choice-Technik.
– Kontrolle durch spezielle Kontrollskalen (vgl. Edwards, 1953; Crowne & Marlowe, 1960): zumeist statistische Post-hoc-Kontrolle (s. a. Amelang & Borkenau, 1981).
– Kontrolle durch Instruktion: z. B. durch die Aufforderung, ganz besonders ehrlich zu antworten und sich nicht von sozialen Normen leiten zu lassen.

Bei der sozialpsychologischen Einstellungsmessung erfolgen experimentelle SD-Kontrollen durch Manipulation der gesamten Rahmensituation der Messung. Das als **Bogus-Pipeline (BPL-)-Paradigma** bezeichnete Verfahren wurde von Jones & Mitarbeitern entwickelt (Jones & Sigall, 1971; Sigall & Page 1971) und gilt als eine verfälschungsimmunisierte Methode (vgl. Stroebe, 1980). Diese Untersuchungssituation minimiert die Reaktionstendenzen der Versuchspersonen durch Ablenkung, Täuschung und den Zwang zu verstärkter Konzentration bei angeblich exakter physiologischer Einstellungsmessung. Hierzu wird die Person an eine spezielle Apparatur (Elektromyograph) angeschlossen und empirisch davon überzeugt, daß man mit diesem Gerät Ausmaß und Richtung ihrer Einstellungen messen könne, und es nun lediglich darum gehe zu untersuchen, wie gut die Person ihre eigenen, objektiv meßbaren Einstellungen selbst kenne und schätzen könne. Mit Hilfe des BPL-Verfahrens gelangt man zu einer relativ verzerrungsfreien Erfassung von Einstellungen bzw. bewertenden Urteilen (vgl. Brackwede, 1980); die Versuchspersonen produzieren signifikant weniger Antworten im Sinne sozialer Erwünschtheit (vgl. Mummendey & Bolten, 1981).

---

[8] Social-Desirability-Effekte können nach Anwendung besonderer SD-Kontrollskalen aus empirischen Zusammenhängen herauspartialisiert werden (vgl. Edwards, 1953; Crowne & Marlowe, 1960). Einige Persönlichkeitsfragebogen (z. B. MMPI und 16 PF) enthalten spezielle Skalen, welche eine solche Korrektur zulassen. – Deutschsprachige SD-Fragebogen: MC-GG–Skala von Grabitz-Gniech, s. Dickenberger et al., 1978); Subskala 9 („Offenheit") des FPI von Fahrenberg et al.; weitere Skalen in Wehner & Durchholz, 1980.

4.4. Entwicklung von Skalen

von Klaus Heidenreich

4.4.1. Grundlagen

4.4.1.1. Begriffserklärung und Einteilung der Skalierungstechniken

Als Skalierung bezeichnet man die Zuordnung von Zahlen zu Objekten oder Eigenschaften (vgl. Coombs et al., 1975: 45); in diesem Sinne kann der Vorgang der Messung im Prinzip mit dem Begriff „Skalierung" gleichgesetzt werden (vgl. van der Ven, 1980: 306). Im praktischen Sprachgebrauch des Sozialwissenschaftlers jedoch meint Skalierung eher die technischen Vorbereitungen der Messung, d. h. die Konstruktion einer Skala zur Messung von Objekteigenschaften, wobei es sich um physikalische oder soziale Objekte handeln kann (vgl. Ahrens, 1978: 101).[1]

Skalen können einmal nach dem Meßniveau eingeteilt werden. Hierbei ist für wissenschaftliche wie für praktische Belange z. B. eine Skala mit metrischen Eigenschaften nützlicher als eine Rangskala.

Skalierungsverfahren lassen sich aber auch nach ihrer Meßfunktion klassifizieren, also danach, worüber die Items bzw. Indikatoren Auskunft geben sollen. Torgerson (1958: 46) erwähnt drei mögliche Mengen von (psychologischen) Objekten: Personen, Reize, Reaktionen und unterscheidet demnach drei Arten des Vorgehens bei der Skalierung: der Personen-bezogene, der Reiz-bezogene und der Reaktions-bezogene Aspekt (vgl. Tab. 1).

Skalierungstechniken	Beispiele
Personen-orientierte bzw. Subjekt-zentrierte Skalierung	Fähigkeitstests, Technik der summierten Einschätzungen bzw. Likert-Skala
Reiz-zentrierte bzw. Indikator-orientierte Skalierung	Technik des Paarvergleichs, Technik der nachträglich bestimmten Abstände, Technik der gleich erscheinenden Abstände
Reaktions-orientierte bzw. Urteiler-Indikator-Skalierung	Skalogrammanalyse bzw. Guttman-Skala, Entfaltungstechnik bzw. Unfolding, Rasch-Modell, Modelle nach Lazarsfeld

Tab. 1 Skalierungstechniken nach Torgerson

Bei der Personen-orientierten Skalierung interessieren den Forscher nur die Eigenschaften und Verhaltensweisen der urteilenden Person selbst; so werden bei diesem Ansatz den Versuchspersonen, nicht aber den Items Skalenwerte zugeordnet.

Bei der Indikator-orientierten Skalierung beurteilen Versuchspersonen den Ausprägungsgrad einer Eigenschaft bei einem oder mehreren Objekten bzw. Reizen.

---

[1] Diese Begriffsverwendung wird nicht einheitlich geteilt; vgl. hierzu Gutjahr (1971), Scheuch & Zehnpfennig (1974), Ahrens (1980), van der Ven (1980), Henning & Six (1980, Petermann (1980); s. a. Kap. 4.1.1. und 4.7.).

Hierbei werden lediglich den Items bei der Skalenkonstruktion Punktwerte zugeordnet; dieses Skalierungsmodell ist eine bloße Umkehrung des Subjekt-zentrierten
Ansatzes.

Geben Meßwerte primär Auskunft über die Wechselbeziehung zwischen Versuchspersonen und Indikatoren, spricht man von Reaktions-orientierter Skalierung.
Dieser Ansatz versucht, sowohl Items als auch Versuchspersonen zu skalieren; er
erweist sich als der komplexeste Ansatz.

Im Rahmen seiner Datentheorie hat Coombs eine Systematik der Skalierungsdaten
vorgeschlagen: Jedes Verhalten zwischen zwei Elementen der für ein Gegenstands-
gebiet charakteristischen Ausgangsmengen „Subjekte" und „Situationen" und deren Produktmengen kann in Form von Relationen der Ordnung oder der Nähe
erfaßt werden. Damit postuliert Coombs (1964: 30) zwei Typen von Relationen: die
„Größer als"-Relation und die „Beinahe gleich"-Relation. Datenmatrizen enthalten die empirisch bestimmten Näherelationen (Ähnlichkeit etc.) oder Dominanzre-
lationen (Ordnungsrelation etc.); es werden somit Nähe- von Dominanzmatrizen
unterschieden. Diese zweidimensionale Vierfelderklassifikation ist in Form von
Quadranten in Abb. 1 dargestellt.

| | Relation | |
	Dominanz	Nähe
Elemente aus zwei Mengen	Einzelreize (zum Beispiel Skalogramm-analyse nach Guttman) II	Bevorzugungswahlen (zum Beispiel Unfolding-Technik nach Coombs) I
Daten-menge	III	IV
Elemente aus einer Menge	Paarvergleiche (zum Beispiel Law of com-parative judgement nach Thurstone)	Ähnlichkeiten (zum Beispiel Multidimen-sionale Skalierung nach Kruskal)

Abb. 1 Vierfelderklassifikation von Daten und Skalierungsverfahren (nach Coombs et al.,
1975: 49; Ahrens, 1978: 108)

Die vertikale Einteilung des Schemas korrespondiert mit dem Typ des Modells. Die
Unfolding-Technik ist charakterisiert durch eine Ordnungsrelation zwischen Abständen oder Intervallen (Quadrant I). Quadrant IV enthält metrische und nonmetrische MDS-Verfahren. Typisch für eindimensionale Skalierungsverfahren sind
Datenmatrizen in den Quadranten II und III (s. Kap. 4.4., 4.7., 4.8.).

Die horizontale Einteilung des Schemas bezieht sich auf die Art der Beobachtungen. Die Beobachtung kann einmal eine Relation zwischen psychologischen Objekten sein, die aus zwei verschiedenen Mengen stammen (z.B. Personen und Reize
oder Personen und Situationen innerhalb einer einzigen Person). Zum anderen
kann es sich um eine Relation zwischen psychologischen Objekten aus derselben
Menge (z.B. Personen, Reize oder Situationen) handeln (van der Ven, 1980: 110f.).

Hinsichtlich der zugrunde liegenden Testmodelle lassen sich Skalierungsverfahren
einteilen in:

- deterministische Ansätze (= die Modellrelationen der klassischen Testtheorie) und
- probabilistische Ansätze (= Modellrelationen, die von vornherein nur die Wahrscheinlichkeit betrachten, mit der eine Person eine Frage in bestimmter Weise beantwortet).

Ein zusätzliches Unterscheidungsmerkmal für Skalierungsverfahren ist die Dimensionalität (Ein- bzw. Mehrdimensionalität) der zu skalierenden Merkmale; d.h. es ist zu klären, ob eine eindimensionale Skala resultiert oder ob – bei komplexen Reizobjekten mit mehreren Eigenschaften – eine multidimensionale Skalierung (bzw. Ähnlichkeitsskalierung) vorgenommen wird. Die verschiedenen Typen der Modelle können zunächst folgendermaßen dargestellt werden:

Skalenmodelle	deterministisch (D)	probabilistisch (P)
eindimensional (E)	ED-Modelle	EP-Modelle
multidimensional (M)	MD-Modelle	MP-Modelle

Zieht man als oberstes Klassifikationskriterium die Dimensionalität des Skalierungsverfahrens heran, so kann man unterscheiden zwischen:

- eindimensionalen Ansätzen (eindimensionale deterministische und probabilistische Skalierungsverfahren) – vgl. Abb. 2 – sowie
- mehrdimensionalen Ansätzen (mehrdimensionale deterministische und probabilistische Skalierungsmodelle) – vgl. Abb. 3.

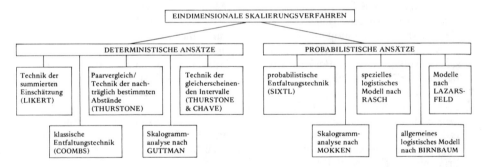

Abb. 2 Übersicht über eindimensionale Skalierungsverfahren (nach Petermann, 1980: 22)

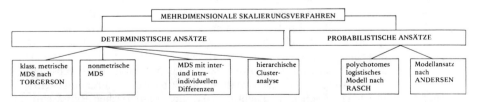

Abb. 3 Übersicht über mehrdimensionale Skalierungsverfahren (modifiziert aus Petermann, 1980: 24)

Eine weitere Klassifikationsmöglichkeit ergibt sich durch die Gegenüberstellung konventioneller Skalierungsmethoden und differentieller Skalierung (vgl. hierzu Kap. 4.7.).

Konventionelle Meßverfahren sind durch folgende Merkmale gekennzeichnet: Ausgehend von den Annahmen der klassischen Testtheorie stellen sie Indexmessungsverfahren dar, ohne explizite Einschränkung ihrer Gültigkeit auf bestimmte Stichproben bzw. Populationen; die Itemanalyse wird nach Schwierigkeits- und Trennschärfeindizes vorgenommen (vgl. Six & Henning, 1980; Henning & Six, 1980).

Insbesondere bei Skalierungsverfahren zur Erfassung sozialer Einstellungen, Vorurteile usw. unterteilt man die einzelnen Techniken nach den Intentionen der Meßtheorie bzw. der Meßarten in: Indexmessungs-Verfahren und Methoden der Repräsentationsmessung (vgl. Dawes, 1977). Diese Unterscheidung soll im folgenden zugrunde gelegt werden.

4.4.1.2. Indexmessung versus Repräsentationsmessung

Indexmessung liegt dann vor, wenn eine bestimmte Regel zur Zuordnung von Skalenwerten gegeben ist, die sich aus der Struktur des empirischen Gegenstandsbereichs begründen lassen. Bei vielen Meßverfahren besteht die einzige Begründung in der Meßvorschrift selbst, d. h. der Art und Weise, wie den einzelnen Objekten Zahlen zugeordnet werden. So bedeutet Indexmessung generell: Zuordnung von Zahlen zu Ausprägungen einer Eigenschaft von Objekten derart, daß der Skalenwert sich als Funktionswert von k Indikatorvariablen errechnet (Kromrey, 1980: 119). Wird die Indexhypothese auf eine bloße Definition reduziert, erhält man Messung per Definition bzw. per fiat. Bei Indexmessungsverfahren (z. B. Ratingskalen, Likert-Skala, Eindrucksdifferential, nicht-reaktiven Meßverfahren) besteht keine wechselseitige Korrespondenz (kein Homomorphismus; vgl. Kap. 4.1.1.) zwischen dem Gegenstand der Messung und der Skala im Sinne eines Repräsentationsverhältnisses; vielmehr besteht eine einseitige Korrespondenz zwischen Objekten und numerischen Größen (Zahlen). Bei einer Messung per fiat bzw. Indexmessung werden den Beobachtungsdaten Zahlen zugeordnet, ohne zu berücksichtigen, ob die Relationen im Zahlenbereich den Relationen im empirischen Relativ entsprechen. Eine derartige Messung basiert nicht auf einem expliziten Meßmodell. Das bedeutet jedoch nicht, daß aus meßtheoretischen Gründen auf Verfahren der Skalierung und Indexbildung insgesamt verzichtet werden kann. Die Legitimation für die Techniken der Indexmessung ist ihre Nützlichkeit; sie führt durchaus zu brauchbaren Ergebnissen (Dawes, 1977).

Meßmodelle der Repräsentationsmessung (z. B. Guttman-Skala, Unfolding, Rasch-Modell) basieren auf dem meßtheoretischen Ansatz von Suppes & Zinnes (1963); sie entsprechen damit dem Repräsentationstheorem, dem Eindeutigkeitstheorem und dem Bedeutsamkeitstheorem; ihr wichtigstes Merkmal ist die Verknüpfung eines empirischen Relativs mit einem numerischen (vgl. Kap. 4.1.1.). Die Repräsentationsmessung schließt somit eine wechselseitige Korrespondenz (Homomorphismus) ein: zwischen einer Eigenschaft der gemessenen Objekte einerseits und einer Eigenschaft der Meßskala andererseits. Das bedeutet: eine Eigenschaft der Skala bildet eine wesentliche Eigenschaft der Meßobjekte ab – und umgekehrt, wobei die Konsistenz zwischen Beobachtung und ihrer numerischen Repräsentation gefordert wird. Einstellungsskalen als Verfahren der Repräsentationsmessung bedingen also eine wechselseitige Korrespondenz zwischen dem Einstellungsobjekt und der numerischen Skala. Die Zahlen „repräsentieren" die Einstellung im mathe-matischen Sinne, so daß auch arithmetische Prozesse sinnvoll angewandt werden können. Repräsentationsmessung führt zur Vorhersage des Verhaltens eines wohl definierten empirischen relationalen Systems, sie ermöglicht Prognosen über eine bestimmte Eigenschaft des Meßobjekts; ihre Vorhersagen sind präzise.

4.4.2. Die Konstruktion von Skalen

4.4.2.1. Indexmessungs-Verfahren

Überblick über einzelne Ratingverfahren

Neben Rangordnungsverfahren und Indexkonstruktionen sind vor allem Schätz-bzw. Ratingskalen als Instrumente der Indexmessung von großer Bedeutung.

Wenn ein Lehrer Zensuren austeilt, so ist das „rating". Zur Charakterisierung der Leistung eines Schülers steht ihm eine Skala von 6 Graden zur Verfügung. Die einzelnen Grade sind numerisch bezeichnet (1 bis 6), sie haben außerdem noch Namen (sehr gut, gut usw.), an die bestimmte Vorstellungen des Leistungsniveaus assoziiert sind (Sixtl, 1967: 139).

Ratingverfahren sind subjektive Schätzskalen, bei denen die Meßwerte durch Ur-teile der Probanden zustandekommen. Die beurteilende Person hat ihre Einschät-zung über den Ausprägungsgrad von Eigenschaften, Merkmalen, Eigenheiten eines Menschen, Gegenstandes oder Ereignisses auf einer vorbereiteten Skala durch An-kreuzen zu markieren. Die Zahl der Urteilsstufen kann unterschiedlich sein. Nicht selten bestehen Ratingskalen nur aus einer Frage bzw. Aussage. Solche „Ein-Item-Skalen" sind naturgemäß äußerst ökonomische und komplizierteren Skalen keines-wegs immer unterlegene Techniken, obgleich man im Grunde lediglich eine Ordi-nal- bzw. Ranginformation erhält. Ratingskalen sind zudem universell verwend-bar. Nach der äußeren Form lassen sich numerische, verbale und grafische Skalen unterscheiden (vgl. hierzu Guilford, 1954; Tent, 1970; Hennig, 1975; Fittkau, 1978; Kerlinger, 1979).

Beispiele für Schätzskalen:

Numerische Schätzskala

(a) Beurteilung der Sympathie eines Politikers
unsympathisch   1   2   3   4   5   sympathisch

(b) „Beurteilen Sie bitte Ihre gegenwärtige Arbeit nach den vorgegebenen Merkmalen".
Meine Arbeit ist:

	zunehmende Stärke →						
interessant	1	2	3	4	5	6	7
geistig anstrengend	1	2	3	4	5	6	7
körperlich anstregend	1	2	3	4	5	6	7
schmutzig	1	2	3	4	5	6	7

Verbale Schätzskala

„Wie fühlen Sie sich?"
Meine Gesundheit ist:
- ☐ ganz ausgezeichnet
- ☐ zufriedenstellend
- ☐ läßt zu wünschen übrig
- ☐ sehr schlecht

Grafische Schätzskala

(a) „In welchem Maß geben Deine Eltern Dir Anregungen zur Freizeitgestaltung?"
schwach ├───────────────────────────────┤ stark

(b) „Geht der Lehrende methodisch-systematisch vor?"

sehr stark   ziemlich stark   etwas   kaum   überhaupt nicht

Die Auskunftsperson bringt an der Stelle der Linie ein Zeichen an, die ihrer Einschätzung des Sachverhalts entspricht. Zur Auswertung einer solchen Skala wird ein Maßstab verwendet, der eine Umformung der grafisch festgelegten Urteile in Zahlenwerte erlaubt; so müssen z. B. alle Angaben auf der Skalenlinie ausgemessen werden.

Grafisch-numerische Schätzskala: Stapel-Skala

Diese bipolare Skala ist gut geeignet, die Wertschätzung oder Ablehnung von Ereignissen, Personen, Markenartikeln, Firmen usw. durch differenzierende Intensitätsstufen auszudrücken (vgl. Crespi, 1961).

Fragetext	**Vorlage**
„Und nun eine Frage zur Entwicklungshilfe an unterentwickelte Länder. Was halten Sie von der Entwicklungshilfe, die unser Land zahlt? Bitte zeigen Sie mir Ihre Meinung mit Hilfe dieser Skala: Wenn Sie dafür sind, nehmen Sie ein weißes Quadrat, und zwar ein um so höheres, je mehr Sie dafür sind. Wenn Sie dagegen sind, nehmen Sie ein schwarzes Quadrat, und zwar ein um so tieferes, je mehr Sie dagegen sind."	$+$ ☐ $(+5)$ ☐ $(+4)$ ☐ $(+3)$ ☐ $(+2)$ ☐ $(+1)$ ■ (-1) ■ (-2) ■ (-3) ■ (-4) $-$ ■ (-5)

Abb. 4   Stapel-Skala (nach Wettschureck, 1977: 52)

Thermometer-Skala

Bei der Thermometer-Skala muß der Befragte den Ausprägungsgrad seiner Einstellung durch eine frei gezogene Linie einzeichnen. Die Länge dieser Linie wird dann gemessen, sie gilt als Intensität der Einstellung (vgl. Neuberger, 1974).

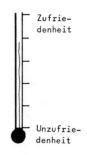

Ähnlich ist es, wenn ein „Meterstab" unter die Fragevorgabe gezeichnet wird, auf dem der Befragte die „Lage" seiner Einstellung zu markieren hat.

Gesichter-Skala

Die Gesichter-Skala verfolgt ebenfalls den Zweck, zu einem quantitativen Ausdruck der Richtung und Stärke einer Einstellung zu kommen. Man legt den Befragten verschiedene (meist sieben) Schemazeichnungen von Gesichtern vor, in denen der dargestellte Gesichtsausdruck von „sehr glücklich, heiter" bis „sehr niedergeschlagen, traurig" abgestuft ist, z. B.:

Wie zufrieden sind Sie mit Ihrer Wohnsituation?

Diese Skala erfordert keine umfangreiche Instruktion und findet bei Befragten aller Ausbildungs- und Altersstufen Anklang (vgl. Butzin & Anderson, 1973; Lewin, 1979).

Leiter-Skala bzw. Leiter-Rating

Fragetext	Vorlage
Vergleichen Sie einmal Ihr jetziges Lebensgefühl bzw. Ihre Einstellung zum Leben mit dieser Leiter. Die oberste Sprosse („10") der Zehn-Stufen-Leiter stellt das bestmögliche Leben dar. Je weiter Sie nach unten gehen, desto weniger gut bzw. schlechter geht es Ihnen; somit kennzeichnet die unterste Sprosse („1") das schlechteste Lebensgefühl. Denken Sie jetzt an Ihr eigenes Leben. Auf welcher Sprosse der Leiter sehen Sie sich nun persönlich hinsichtlich Ihres eigenen Lebensgefühls?	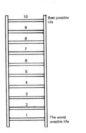

Abb. 5   Leiter-Skala (modifiziert aus Lewin, 1979: 162)

Diese „Lokalisierung des Selbst im Jetzt" stellt einen zusätzlichen Bezugspunkt für die weitere Skalierung dar. Man könnte z. B. weitere Fragen folgender Art stellen: „Wo auf dieser Skala standen Sie vor zwei Jahren?" oder „Wo auf dieser Skala werden Sie in fünf Jahren stehen?" usw. (vgl. Tent, 1970). Mit Hilfe der Leiter-Skala (als Schätzskala mit Selbstverankerung) kann man auch andere Meinungsgegenstände erfassen wie z. B. Beruf, Einkommen, Wohnort, Gesundheit, Lebenszufriedenheit, Zukunftserwartungen.

Wie man aus den o. a. Beispielen ersieht, können Antwortkategorien auf verschiedene Art präsentiert und formuliert werden: numerisch, verbal, numerisch-verbal usw. Praktische Erfahrungen bestätigen das Konzept, bei Ratingskalen numerische **und** sprachlich gegliederte Antwortkategorien einzusetzen, zumal rein numerische Skalen viel zu abstrakt und differenziert sind, um für wenig vorgebildete Probanden geeignet zu sein (vgl. Rohrmann, 1978). Außerdem ist damit zu rechnen, daß bloß numerisch verankerte Skalen weniger reliabel sind als solche mit inhaltlich-verbaler Definition der Kategorien (vgl. Tent, 1970: 869).

Bei Ratingskalen empfiehlt es sich, eine mäßige Stufenzahl zu verwenden, wobei fünfstufige Antwortkategorien u. U. die beste Lösung darstellen (vgl. Rohrmann, 1978). Skalen mit relativ vielen Antwortkategorien (z. B. 8er oder 9er Skala) überfordern die Befragten hinsichtlich ihres Differenzierungsvermögens; sie werden von

Probanden der „außer-akademischen" Bevölkerung wenig akzeptiert. Dagegen sind vielstufige Antwortskalen für Studenten überwiegend problemlos (vgl. Rohrmann, 1978).

In vielen Untersuchungen werden Schätzskalen als Meßinstrumente wegen ihrer scheinbar leichten Handhabung verwendet, jedoch nur bei sorgfältiger Konstruktion und geschickter Anwendung können Urteilsfehler und -verzerrungen, mangelnde Validität und Reliabilität vermieden werden. Auf jeden Fall sollten die Ergebnisse von Schätzverfahren empirischen Kontrollen und angemessenen statistischen Analysen unterzogen werden.

Rangordnungsverfahren und verwandte Techniken

Bei Rangordnungsverfahren (i. w. S.) müssen die Versuchspersonen eine Anzahl von Objekten nach einem bestimmten Kriterium ordnen, d. h. in eine Rangreihe bringen. Die so erhaltenen Relativurteile lassen sich immer auf die einfache Grundaussage zurückführen: Objekt A dominiert über Objekt B. Alle Relativurteile basieren letztlich auf der Rangordnung der Vergleichsreize.

Paarvergleich

Die Vorgehensweise besteht darin, jeden Reiz mit jedem anderen paarweise zu vergleichen, wobei Gleichheitsurteile nicht zulässig sind. Die Personen haben zu entscheiden, welcher der beiden Stimuli (z. B. einzelne Worte, Aussagen) das fragliche Merkmal in höherem Maße besitzt, d. h. ob Reiz i über Reiz j dominiert. Jede Person vergleicht dabei alle möglichen Paare von n Stimuli [$n(n-1)/2$]; bei sieben Stimuli beispielsweise beträgt die Zahl solcher Vergleiche 21, bei 20 Stimuli steigt sie auf 190.

Beispiel: Soll eine Person sieben Produkte (z. B. Fruchtsäfte) hinsichtlich ihres Wohlgeschmacks vergleichen, so muß sie dabei jeweils entscheiden, welches von zwei Produkten ihr besser schmeckt. Wir unterstellen, daß ihr dies in Form einer konsistenten Rangordnung gelingt (vgl. Tab. 2, a).

	1. A	2. B	3. C	4. D	5. E	6. F	7. G		1. A	2. B	3. C	4. D	5. E	6. F	7. G
1. Produkt A	–	1	1	1	1	1	1	Produkt A	–	1	1	1	1	1	1
2. Produkt B	0	–	1	1	1	1	1	Produkt B	0	–	1	0	1	1	1
3. Produkt C	0	0	–	1	1	1	1	Produkt C	0	0	–	1	1	1	1
4. Produkt D	0	0	0	–	1	1	1	Produkt D	0	1	0	–	1	1	1
5. Produkt E	0	0	0	0	–	1	1	Produkt E	0	0	0	0	–	1	1
6. Produkt F	0	0	0	0	0	–	1	Produkt F	0	0	0	0	0	–	1
7. Produkt G	0	0	0	0	0	0	–	Produkt G	0	0	0	0	0	0	–
Spaltensumme	0	1	2	3	4	5	6	Spaltensumme	0	2	2	2	4	5	6

Tab. 2 Individuelle Paarvergleichsmatrix (a) mit konsistenten Urteilen (links) und (b) mit Urteilsinkonsistenzen (rechts)

Die Spalte bezeichnet jeweils das Produkt (Objekt), das vom Urteiler für „geschmacklich besser" als das Zeilenobjekt erachtet wird. Ist das Spaltenobjekt „besser", so steht eine 1 in dem entsprechenden Feld, im umgekehrten Falle eine 0. Man bildet nun die Spaltensummen, wobei die Summe der Gewichte maximal $n-1$ werden kann.

Restriktionen ergeben sich in der praktischen Anwendung insofern, als Befragte häufig nicht in der Lage sind, bei einer größeren Zahl zu vergleichender Objekte konsistente Rangordnungen herzustellen. So ergeben sich nicht-transitive Rangordnungen bzw. zirkuläre Triaden; die Urteilsverkettungen sind in sich widersprüchlich (vgl. Tab. 2, b). Kommen in einer Paarvergleichsmatrix gleiche Spaltensummen vor, so enthält die Matrix mindestens eine zirkuläre Triade. Die genaue Zahl der inkonsistenten Urteile läßt sich berechnen (vgl. Klapprott, 1975: 137f.; Sixtl, 1982: 162ff.).

Unterstellt man eine Beurteiler-Stichprobe von N = 40, so können die Ergebnisse des o. a. Paarvergleichs in einer Tabelle zusammengefaßt werden (vgl. Tab. 3).

	1	2	3	4	5	6	7	
Produkt A 1		34	17	7	23	3	19	
Produkt B 2	6		5	4	6	3	10	
Produkt C 3	23	35		14	35	7	22	
Produkt D 4	33	36	26		34	14	32	
Produkt E 5	17	34	5	6		2	22	
Produkt F 6	37	37	33	26	38		33	
Produkt G 7	21	30	18	8	18	7		
B-Werte	137	206	104	65	154	36	138	840
p̄-Werte	.561	.807	.443	.304	.621	.200	.564	3,5
z-Werte	0,15	0,87	−0,14	−0,51	0,31	−0,84	0.16	0,00
Skalenwerte	0,99	1,71	0,70	0,33	1,15	0,00	1,00	

Tab. 3 Matrix der Paarvergleiche von 40 Personen (modifiziert aus Klapprott, 1975)

Nach Bildung der Spaltensummen errechnet man die Wahrscheinlichkeit dafür, daß das Spaltenobjekt einem aus allen sieben Objekten gebildeten fiktiven Durchschnittsreiz vorgezogen würde nach der Formel:

$$p = \frac{B + N/2}{n \cdot N}$$

B = Summe der Bevorzugungen in der jeweiligen Spalte
n = Zahl der beurteilten Objekte
N = Zahl der Urteiler
N/2 = halbierte Anzahl von Urteilern

Die p-Werte werden nun mit Hilfe der Normalverteilungstabelle in z-Werte umgewandelt; diese sind zu interpretieren als die relative Lage der beurteilten Objekte (Reize) auf dem psychologischen Kontinuum. Folglich geben auch die Skalenwerte nur Auskunft über die relative Position zueinander.

Eine Ermittlung des Abstandes zwischen den einzelnen Objekten (Reizen) ist unter Zuhilfenahme des „Gesetzes der vergleichenden Urteile" („law of comparative judgements") möglich (Thurstone, 1927; vgl. Sixtl, 1982).

Rangordnungsverfahren

Bei dieser Technik werden die Stimuli (Objekte, Aussagen) nicht paarweise und nacheinander, sondern alle auf einmal dargeboten und vom Beurteiler in eine Rangordnung gebracht. Dadurch vermeidet man die beim Paarvergleich mögliche Entstehung von zirkulären Triaden. Der Reiz mit der stärksten Merkmalsausprägung erhält den Rang 1; insgesamt werden bei n Objekten n Ränge vergeben.

Die Rangreihen bzw. Rangwerte, die man von N verschiedenen Personen erhält, werden in einer Rangfrequenzmatrix zusammengefaßt; diese gibt an, wie oft jede Aussage einen bestimmten Rangplatz erhalten hat. Daraus kann der mittlere Rang jeder Aussage berechnet werden; damit hat man die Aussagen nach den Entscheidungen der Mitglieder der Beurteilerstichprobe geordnet.

Außerdem empfiehlt es sich, die Übereinstimmungen zwischen den Beurteilern durch die Berechnung der mittleren Rangkorrelation festzustellen (ausführliche Beschreibung bei Sixtl, 1982: 173 ff.). Angebracht erscheint zudem die Verrechnung mehrerer Rangfolgen in einer Paarvergleichsmatrix (vgl. Klapprott, 1975).

Q-Sort-Verfahren

Dieses Verfahren wird im allgemeinen angewandt, um Vergleiche zwischen verschiedenen Antworten bzw. Reaktionen einer Personen zu ermöglichen. Hierbei verzichtet man auf eine vollständige Rangierung der Vergleichsobjekte und läßt zu, daß mehrere Objekte der gleichen Rangklasse zugeordnet werden. Dabei unterscheidet der Urteiler nicht mehr zwischen den Objekten innerhalb einer Klasse.

Man legt der Versuchsperson eine Reihe von Objekten vor z. B. verbale Äußerungen (Aussagen über Erziehungspraktiken usw.), Bilder, Namen, die auf Karten geschrieben sind. Diese Karten soll die Person dergestalt in mehrere Stapel sortieren, daß diese ein Kontinuum bilden, das z. B. von „vollkommen zutreffend" bis „völlig unzutreffend" reicht. Ferner legt der Versuchsleiter vorher fest, wie groß die Anzahl der Karten sein soll, die die Person dem jeweiligen Stapel zuordnen darf.

stärkste	Anzahl der Karten, Quoten										geringste
	2	4	8	12	14	20	14	12	8	4	2	
Zustimmung	10	9	8	7	6	5	4	3	2	1	0	Zustimmung
			Skalenwerte (Rangwerte)									

Abb. 6   Beispiel für eine Q-Sort-Skala, Q-Verteilung mit 100 Stimuli bzw. Items

Die o. a. Q-Ordnung (vgl. Abb. 6) setzt sich aus 11 Stapeln zusammen, denen Werte von 0 bis 10 zugewiesen werden. Eine Q-Ordnung hat meistens die Form einer forcierten Normal- oder Quasinormalverteilung; daneben sind auch Rechteckverteilungen möglich (d. h. jeder Stapel enthält die gleiche Anzahl von Karten).

Nach Kerlinger (1979: 911) sollte ein Q-Sort nicht weniger als 60 und nicht mehr als 140 Kärtchen (Merkmale) umfassen, als Faustregel kann ein Bereich zwischen 60 und 90 Karten gelten.

Die Q-Technik wird mehr dazu benutzt, um verschiedene Antworten einer Person zu vergleichen als Antworten mehrerer Personen.

Hervorzuheben ist, daß bei diesem Verfahren verschiedene Antworten bzw. Reaktionen einer Person verglichen werden, statt wie sonst bei Tests üblich, mehrerer Personen (= normative Meßwerte); Urteilswerte der Q-Technik nennt man ipsativ.

Das Q-Verfahren ist auch anzuwenden bei quantitativen Vergleichen zwischen zwei oder mehr Beurteilern. Darüber hinaus bietet sich die Q-Technik an zur Messung von Veränderungen bei Produkt-Images sowie der Effektivität einer psychotherapeutischen Behandlung, eines Lehrertrainings, einer Werbekampagne; ebenso kann sie bei innerbetrieblichen Beurteilungssystemen eingesetzt werden (vgl. Nunnally, 1967: 544ff.; Herbig, 1976: 67f.; Klapprott, 1975: 146ff.; Kerlinger, 1979: 908ff.); für die Anwendung des Q-Sort für heuristische Zwecke plädiert Kerlinger (1979).

Die Q-Sort-Technik erlaubt es, viele Items (z. B. 100) zu verwenden; bei Objektzahlen über 50 wird das Rangordnungsverfahren hingegen wertlos, weil der Urteiler die Objektreihe nicht mehr übersehen kann; ein Paarvergleich mit 50 Stimuli ist praktisch nicht mehr durchführbar, da 4950 Vergleichsoperationen erforderlich wären.

Methode der konstanten Summen (constant-sum scale)

Bei dieser Technik soll die Versuchsperson 100 Punkte je Reizpaar in Abhängigkeit von dem Verhältnis der beiden Reizgrößen austeilen, z. B. 80 : 20, wenn der eine Reiz viermal größer erscheint als der andere, oder 50 : 50, wenn beide als gleich groß wahrgenommen werden.

Die Methode kann auch angewandt werden, um eine konstante Summe zwischen drei und mehr Stimuli zu teilen. Werden z. B. drei Produkte (D, E, F) gleichzeitig präsentiert, so kann sich folgende Verteilung ergeben: D = 20, E = 30, F = 50; man erhält dann die Verhältnisse D/E = 0,67, D/F = 0,40 und E/F = 0,60 sowie die umgekehrten Verhältnisse E/D = 1,5, F/D = 2,5 und F/E = 1,67. Die n Stimuli können aber ebenfalls paarweise vorgegeben werden; für drei Produkte (A, B, C) könnte dies folgendermaßen aussehen: (1) A = 60, B = 40; (2) B = 70, C = 30; (3) A = 90, C = 10.

Die Paarvergleichs-Version der constant-sum scale erlaubt auch die Umformung in eine Intervallskala. Die Transformation ergibt sich algebraisch aus:

$$S_i = \sum_1^c S_{ic} \left/ \left[\frac{n(n-1)}{2} \right] \right.$$

S_i = Intervallskalenwert des Objektes i
S_{ic} = Score des Objektes i beim Vergleich c
n = Anzahl der Objekte, die verglichen werden

Bei Anwendung dieser Gleichung auf das o. a. Beispiel der Produkte A, B, C ergeben sich folgende Intervallskalenwerte: Produkt A = 50, B = 36⅔, C = 13⅓ (vgl. Hughes, 1971).

Die constant-sum scale ist ein relatives Maß und weniger anfällig gegenüber individuellen Antwortstilen; sie ermöglicht die Messung von psychologischen Distanzen zwischen Stimuli und liefert mehr Information als die Rangordnungs- und Paarvergleichs-Technik (vgl. Hughes, 1971; s. a. Torgerson, 1958: 104ff; Sixtl, 1982: 84ff.; sowie Coombs, 1964: 371; Guilford, 1954; Sydow & Petzold, 1982).

Allerdings ist fraglich, ob diese direkte, auf Verhältnisurteilen basierende Methode metrisches Meßniveau erreicht. In manchen Fällen gewinnt man den Eindruck, daß die Urteile der Personen dem Skalenniveau des Reaktionsschemas nicht entsprechen, sondern nur eine Ordinalskala von Wahrnehmungsunterschieden konstituieren (Sixtl, 1982: 88).

Einstellungsskalen als Techniken der Indexmessung

Skalierungsverfahren dienen vor allem der Einstellungsmessung.[2] Bei der Konstruktion von Einstellungsskalen faßt man die „Einstellung" zu einem bestimmten Gegenstand als Kontinuum auf. Es wird angenommen, daß jedes Individuum je nach persönlicher Lerngeschichte auf diesem Kontinuum, das von extrem positiv über neutral nach extrem negativ reicht, einen bestimmten Platz einnimmt. Diesen Platz zu bestimmen, ist der Zweck einer Einstellungsskala. Daraus ergibt sich, daß an eine Skala bezüglich der Gütekriterien (Objektivität, Reliabilität usw.) ähnliche Anforderungen gestellt werden, wie sie als Grundlage von Tests hinreichend bekannt sind (vgl. Kap. 4.1.2.1. und 4.3.2.1.). Den einschlägigen Techniken ist gemeinsam, daß die einzelnen Positionen des Kontinuums durch bestimmte Sätze bzw. Aussagen („statements") charakterisiert sind, denen man zustimmen oder die man ablehnen kann. Bei manchen Skalen kann auch der Grad der Zustimmung bzw. Ablehnung angegeben werden, doch sind die Antwortmöglichkeiten in der Regel vorgegeben, was eine leichtere Meßbarkeit bedingt (Methode der geschlossenen Fragestellung). Eine offene Fragestellung, bei der die Vp frei antworten kann, bietet zwar oft stärkere Einblicke, dagegen ist die Gewichtung der Antworten erheblich schwieriger.

Eine Einstellungsskala besteht aus einer Sammlung von Einstellungs-Statements (Items), die beantwortet werden müssen. Für die Formulierung von Einstellungs-Statements hat Edwards (1957) informelle Kriterien zusammengestellt:

Vermeiden Sie Statements,
(1) die sich auf die Vergangenheit und nicht auf die Gegenwart beziehen;
(2) die Tatsachen darstellen, oder so interpretiert werden könnten, als stellten sie Tatsachen dar;
(3) die mehrdeutig interpretiert werden können;
(4) die irrelevant sind in bezug auf den psychologischen Gegenstand, um den es geht;
(5) die wahrscheinlich von fast allen oder von niemand bejaht werden.
(6) Halten Sie die Sprache der Statements einfach, klar und direkt.
(7) Selegieren Sie Statements, von denen man annimmt, daß sie den ganzen Bereich affektiver Interessen einschließen.
(8) Statements sollen kurz sein und nur in Ausnahmefällen 20 Wörter überschreiten.
(9) Jedes Statement sollte nur einen vollständigen Gedanken enthalten.
(10) Vermeiden Sie Wörter wie „alle", „immer", „niemand", „niemals".
(11) Wörter wie „nur", „gerade", „kaum" sollten vorsichtig und nur in Ausnahmefällen verwendet werden.
(12) Wenn möglich, sollten Statements die Form einfacher Sätze und nicht die von Satzgefügen oder von Satzverbindungen haben.
(13) Vermeiden Sie die Verwendung von Wörtern, die möglicherweise nicht verstanden werden (z. B. Fremdwörter).
(14) Vermeiden Sie die Verwendung doppelter Verneinungen.

---

[2] Unter dem theoretischen Konstrukt „Einstellung" wird allgemein die gefühlsmäßige, gedankliche und handlungsmäßige Disposition gegenüber bestimmten Aspekten der Umwelt verstanden (vgl. z. B. Stroebe, 1980). Entsprechend läßt sich ein (Produkt-)Image als die Gesamtheit der Einstellungen definieren, die z. B. einem Produkt gegenüber bestehen (vgl. v. Rosenstiel & Ewald 1979; s. a. Kassarjian, 1982).

Likert (1932: 44) gibt folgenden allgemeinen Hinweis für die Auswahl geeigneter Statements zur Konstruktion einer Einstellungsskala: „Jedes Item sollte so beschaffen sein, daß Personen mit unterschiedlichen Standpunkten gegenüber dem jeweiligen Einstellungsobjekt unterschiedlich auf das Item reagieren."

Verfahren der summierten Schätzwerte (bzw. Einschätzungen)

Diese Methode des Personen-orientierten Messens ist von Likert (1932) zur Einstellungsmessung angewandt worden. Die Konstruktion der Skala beginnt mit der Sammlung von (ca. 80 bis 120) Aussagen über den Einstellungsgegenstand. Die Statements sollen entweder klar positiv oder klar negativ formuliert sein. Es wird angestrebt, gleiche Anteile positiv und negativ formulierter Aussagen in die Probeskala aufzunehmen, die ein Vielfaches der benötigten Items (übliches Verhältnis 4 : 1) enthalten sollte.

Jedem Item werden meist fünf Antwortkategorien zugeordnet, die verbal umschrieben sind (z. B.: stimme stark zu; stimme zu; unentschieden; lehne ab; lehne stark ab). Jede Antwort eines Probanden wird durch einen Zahlenwert gekennzeichnet. Bei positiven Aussagen wird eine starke Zustimmung mit 5 Punkten, bei negativen mit 1 Punkt bewertet. Zur Veranschaulichung mögen zwei Items dienen, die die Einstellung zur Werbung charakterisieren:

„Die Werbung gibt nur nützliche Informationen über die Beschaffenheit eines Produkts"

stimme stark zu	stimme zu	unent-schieden	lehne ab	lehne stark ab
(5)	(4)	(3)	(2)	(1)

„Die Werbung will mich verführen, neue Sachen zu kaufen, die ich gar nicht brauche"

simme stark zu	stimme zu	unent-schieden	lehne ab	lehne stark ab
(1)	(2)	(3)	(4)	(5)

Die Formulierung der Antwortkategorien wird je nach dem Inhalt und der sprachlichen Form der Items unterschiedlich sein (vgl. z. B. Denz, 1976):

(a) Mein Beruf soll mir Ansehen und Respekt meiner Umgebung sichern (Berufsprestige)

> sehr wichtig   = 5
> ziemlich wichtig = 4
> wichtig   = 3
> weniger wichtig = 2
> unwichtig   = 1

(b) Ich kann meinen Eltern nichts recht machen (Spannungen mit den Eltern)
> zutreffend zu 100% = 5
> zutreffend zu 75% = 4
> zutreffend zu 50% = 3
> zutreffend zu 25% = 2
> zutreffend zu   0% = 1

Die Gesamtpunktzahl eines Probanden ergibt sich durch Addition der einzelnen Punktwerte. Bei einer Skala mit 100 Items könnte jemand den Gesamtwert „100" erzielen, indem er bei allen negativen Aussagen vollkommen zustimmt und alle positiven Statements vollkommen ablehnt. Ein Gesamtpunktwert von „500" würde hier den maximalen Wert für Befragte mit extrem positiven Einstellungen darstellen.

In einer Voruntersuchung (Verwendung einer Probandenstichprobe aus der endgültigen Population) werden die Items der Probeskala Versuchspersonen vorgelegt, die gemäß ihrer eigenen Einstellung auf diese Aussagen reagieren. Mit Hilfe einer Itemanalyse werden alle Items eliminiert, die nicht Likerts Kriterium der inneren Konsistenz entsprechen. Dieses Kriterium besagt: Je positiver die Einstellung einer Person ist, desto wahrscheinlicher wird sie positiven Items zustimmen und negative Items ablehnen. Der Zusammenhang von Einstellungspunktwert einer Person und Wahrscheinlichkeit ihrer Zustimmung ist in Abb. 7 wiedergegeben.

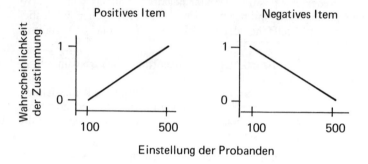

Abb. 7 Itemcharakteristikkurven für positive und negative Likert-Items (nach Stroebe, 1980: 157)

Daraus folgt, daß ein Item dem Kriterium der inneren Konsistenz entspricht, wenn der Itemwert signifikant mit dem Einstellungspunktwert korreliert. Die innere Konsistenz kann man durch die Berechnung der Korrelation zwischen den Itemwerten und dem Gesamteinstellungswert der Probanden prüfen. Dabei werden die Items nach der Höhe dieser Korrelationskoeffizienten ausgewählt.

Häufig werden im Rahmen einer Itemanalyse die diskriminierendsten Items auf folgende Weise ermittelt (vgl. Edwards, 1957): Nach Errechnung der Gesamtpunktzahl für jeden Probanden werden aus der gesamten Gruppe der Versuchspersonen jeweils diejenigen 25% mit den höchsten und diejenigen 25% mit den niedrigsten Einstellungspunkten zusammengefaßt. Sie bilden die Vergleichsgruppen, die „obere Gruppe" und die „untere Gruppe". Danach berechnet man für jedes Item die mittlere Zustimmung dieser beiden Gruppen. Die Differenz zwischen den durchschnittlichen Punktwerten der Extremgruppen wird als Maß für die Diskriminationsfähigkeit der Items verwendet. Genügen die Items nicht der Normalverteilungs-Bedingung, muß auf parameterfreie Testverfahren wie U-Test, allgemeiner Wilcoxon-Test usw. zurückgegriffen werden. Ist das zu testende Item normalverteilt, so kann der t-Test für Mittelwertdifferenzen angewendet werden.

Beispiel für die Berechnung des t-Wertes (modifiziert nach Mayntz et al., 1972):

Tabelle zur Signifikanzberechnung für ein Item

		"Untere Gruppe"		
Antwortkategorien (Intensität)	x Der Antwort zugeordnete Zahl	f Zahl der Befragten in den Antwort-kategorien	$f \cdot x$	$f \cdot x^2$
Stimme stark zu	5	2	10	50
Stimme zu	4	4	16	64
Unentschieden	3	6	18	54
Lehne ab	2	20	40	80
Lehne stark ab	1	8	8	8
		40 n_u	92 $\sum f \cdot x_u$	256 $\sum f \cdot x_u^2$

		"Obere Gruppe"		
Antwortkategorien	x Der Antwort zugeordnete Zahl	f Zahl der Befragten in den Antwort-kategorien	$f \cdot x$	$f \cdot x^2$
Stimme stark zu	5	20	100	500
Stimme zu	4	6	24	96
Unentschieden	3	4	12	36
Lehne ab	2	4	8	16
Lehne stark ab	1	6	6	6
		40 n_0	150 $\sum f \cdot x_0$	654 $\sum f \cdot x_0^2$

Die allgemeine Gleichung für das arithmetische Mittel lautet: $\bar{x} = \dfrac{\sum f \cdot x}{n}$.

Die Mittel für die untere Gruppe ($\bar{x}_u$) und die obere Gruppe ($\bar{x}_o$) sind sodann

$$\bar{x}_u = \frac{92}{40} = 2,3 \quad \bar{x}_o = \frac{150}{40} = 3,75$$

Nun muß festgestellt werden, ob diese Differenz 2,3 zu 3,75 noch zufällig sein könnte, oder ob sie signifikant ist.

Die Formel für den hier einzusetzenden t-Test lautet (Voraussetzung beide Gruppen sind gleich groß):

$$t = \frac{\bar{x}_o - \bar{x}_u}{\sqrt{\dfrac{s_o^2 + s_u^2}{n(n-1)}}}$$

$s_o^2, s_u^2 =$ Summe der quadrierten Abweichungen vom Mittelwert in der oberen
und unteren Gruppe
$n \quad =$ Zahl der Gruppenmitglieder

Es kann weiter bestimmt werden

$$s_o^2 = \sum f \cdot x_o^2 - \frac{(\sum f \cdot x_o)^2}{n} \quad s_o^2 = 654 - \frac{150^2}{40} = 91,5$$

$$s_u^2 = \sum f \cdot x_u^2 - \frac{(\sum f \cdot x_u)^2}{n} \quad s_u^2 = 256 - \frac{92^2}{40} = 44,4$$

In obige Gleichung eingesetzt, ergibt sich

$$t = \frac{3,75 - 2,3}{\sqrt{\dfrac{91,5 + 44,4}{40 \cdot (40 - 1)}}} = 4,91$$

Dieser Rechengang wird für alle Statements der Probeskala durchgeführt. Jedem Item wird so ein bestimmter t-Wert zugewiesen. Anschließend werden die Items hinsichtlich ihrer Unterscheidungsfähigkeit in eine Rangreihe gebracht und diejenigen mit den höchsten t-Werten für die endgültige Skala ausgesucht. Aus der t-Tafel kann für unser Beispiel ein Wert von $t = 2,0$ entnommen werden. Der t-Wert darf allerdings eine untere Grenze nicht unterschreiten; diese wird bestimmt durch die Zahl der Freiheitsgrade und durch das Sicherheitsniveau (95%; $\alpha = 0,05$).

Allgemein geht man davon aus, daß ein t-Wert $\geq 1,75$ ein Item als ausreichend diskriminierend ausweist, vorausgesetzt, daß sich beide Extremgruppen aus mindestens jeweils 25 Probanden zusammensetzen (Edwards, 1957: 153); andernfalls sollte ein t-Wert $\geq 2,0$ angestrebt werden (vgl. Mayntz et al., 1972: 58). Nach der Selektion – mit Hilfe der Korrelationsanalyse oder Signifikanztests – ist die Finalskala gebildet. In der Anwendung werden die ausgesuchten „guten" Items (ca. 20 bis 26) zusammen mit den entsprechenden Antwortkategorien den Probanden vorgegeben. Die Einstellungspunkte lassen sich durch Summierung der Antwortkategorien errechnen; der Summenwert ist um so höher, je positiver die Einstellung des Befragten ist. Als individuelles Maß für die Einstellung kann der Mittelwert der Einstufungen aller Items der endgültigen Skala verwendet werden. Eine genauere Interpretation ist möglich, wenn man eine Untersuchung an einer Eichstichprobe durchführt, eine Häufigkeitsverteilung der Ergebnisse anlegt und für die Interpretation einzelner Ergebnisse z-Werte oder Prozentränge angibt. Dadurch kann die Einstellung einer Vp relativ in bezug auf statistischen Durchschnitt angegeben werden.

Dem Likert-Verfahren liegt die Hypothese zugrunde, daß die Trennschärfeberechnung ein approximativer Eindimensionalitätstest ist; d. h. Items, die signifikant differenzieren, liegen auf einer Meßdimension (Denz, 1976: 103). Zur Überprüfung der Itembatterie auf Eindimensionalität ist neben dem t-Test auch eine Faktorenanalyse durchzuführen. Hierbei werden die Items eliminiert, die nicht zum ersten Faktor gehören.

Likert hat seiner Technik kein eigentliches Skalierungsmodell zugrunde gelegt. Spätere Versuche, seine Technik als auf dem sog. „single common factor model" beruhend zu interpretieren, sind nachträgliche Konstruktionen (vgl. Stosberg, 1972).

Likert (1932) hat seine Methode mit empirischen Argumenten begründet. Eine meßtheoretische Begründung der Likert-Skalierung bzw. einer direkten Skalierungsmethode gibt Gigerenzer (1981: 319 f.). Die Vorteile des Verfahrens der summierten Schätzwerte sind u. a. (vgl. Scheuch & Zehnpfennig, 1974: 114): der relativ hohe Grad von Zuverlässigkeit selbst bei wenigen Items; die Reliabilität von Likert-Skalen wird mit 0,85 bis 0,94 angegeben (s. Edwards, 1957); der verhältnismäßig geringe Arbeitsaufwand bei der Konstruktion und die Möglichkeit indirekten Messens. Zum Skalenniveau sei bemerkt, daß dieses Verfahren zwar Anspruch auf Intervallskalenniveau erhebt (vgl. Mayntz et al., 1972: 58), aber i. d. R. nur Ordinalskalenniveau erreicht (vgl. Henning, 1975: 324).

Verfahren der gleicherscheinenden Intervalle

Diese Technik des Indikator-orientierten Messens wurde von Thurstone (1928) bzw. Thurstone und Chave (1929) entwickelt. Die Erstellung der Skala beginnt mit der Formulierung nicht-monotoner Items zum untersuchten Thema; es müssen Statements mit positivem, negativem und neutralem (!) Inhalt gesammelt werden. Die Zahl der Statements soll erheblich höher sein als die später tatsächlich verwendeten, um eine Auswahl zu ermöglichen (ca. 200). Man muß darauf achten, daß diese Aussagen das gesamte Einstellungsspektrum abdecken, und daß vom extrem positiven bis zum extrem negativen Pol jeder Teil des Einstellungskontinuums mit Items vertreten ist.

Danach werden die Statements einzeln auf Kärtchen geschrieben und (ca. 30 bis 50) Experten vorgelegt. Diese Sachverständigen sollen repräsentativ für die möglichen Meinungen in dem Personenkreis sein, an dem die endgültige Skala angewandt wird. Die Eichpersonen müssen zunächst alle Items durchlesen. Anschließend wird jedes Statement von ihnen beurteilt, in welchem Ausmaß (positiv, neutral, negativ) das jeweilige Item die zu messende Einstellung kennzeichnet. Die Einstellungen der Sachverständigen dürfen keinen Einfluß auf die Urteile ausüben. „Wenn man die Skala als gültig betrachten soll, dürfen die Skalenwerte der Items nicht von den Meinungen der Personen beeinflußt werden, die bei ihrer Konstruktion helfen" (Thurstone, 1928: 228).

Es erscheint angebracht, die Statements zuerst in drei grobe Kategorien (positiv, neutral, negativ) zu sortieren (vgl. Edwards & Kilpatrick, 1948). In einem zweiten Arbeitsgang sind die Items in elf (oder neun) Feinkategorien zu sortieren. (Umsortierungen sind zulässig.) Hierzu werden den Beurteilern elf (bzw. neun) Karten vorgelegt, die von links nach rechts geordnet mit den Buchstaben A bis K versehen sind. Man ordnet nun jedes Item einer der vorgegebenen Kategorien zu, die ein Kontinuum von sehr negativ (A) über neutral (F) bis sehr positiv (K) bilden.

Man ermittelt den Median (der Reaktionsverteilung) als Skalenwert einer Aussage. Zur Bestimmung der Streuung wird die interquartile Differenz Q herangezogen; sie spiegelt die Übereinstimmung zwischen den Beurteilern wider; d. h. vieldeutige Aussagen sollen über das Kriterium der Streuung eliminiert werden.

Die Berechnung beider Maße soll nachfolgend (nach Sixtl, 1967: 149 ff.) näher erläutert werden.

Man fertigt für jedes Statement ein Reaktionsschema an, in das folgende Daten eingehen:
Zeile 1: Die Kategorien von A bis K (extrem positiv bis extrem negativ)
Zeile 2: Die Anzahl, wie oft das Statement von den Beurteilern in die betreffende Kategorie
eingereiht wurde
Zeile 3: Die Werte von Zeile 2 in % ausgedrückt
Zeile 4: Die Prozentwerte kumuliert

Kategorie	A	B	C	D	E	F	G	H	I	J	K
Anzahl	0	0	0	2	8	6	26	44	56	44	14
Prozent	.00	.00	.00	.01	.04	.03	.13	.22	.28	.22	.07
kumuliert	.00	.00	.00	.01	.05	.08	.21	.43	.71	.93	1.00

Bei diesem Beispiel wurden 11 Kategorien und 200 Beurteiler willkürlich angenommen. Der
Median, die Stelle, bis zu der 50% aller Beurteilungen liegen, liegt im Bereich „I" (vgl. Zeile 4).
„I" ist die 9. Kategorie, die untere Grenze der Kategorie, in der der Median liegt, ist daher g
= 8,5.

Der Skalenwert der Aussage (= Median) ergibt sich aus der Formel:

$$R_x = g + \left(\frac{0,50 - \sum p_u}{p_i} \right) \cdot i$$

Dabei ist:

R_x = Median (Skalenwert der Aussage x)
g = Untergrenze des Intervalls, in dem der Median liegt
$\sum p_u$ = Summe der Anteile unter dem Intervall, in dem der Median liegt
p_i = Anteil innerhalb des Intervalls, in dem der Median liegt
i = Intervallbreite (meist i = 1 gesetzt)

Im vorliegenden Falle: $g = 8,5$; $\sum p_u = 0,43$; $p_i = 0,28$; $i = 1$; daher:

$$R_x = 8,5 + \left(\frac{0,50 - 0,43}{0,28} \right) \cdot 1 = 8,75$$

Der Skalenwert der Aussage beträgt also 8,75.

Als Maß für die Streuung verwendet man die interquartile Spannweite Q, die sich auf die
mittleren 50% der Urteile erstreckt, d. h. 25% der Fälle über und unter dem Median. Dazu
bestimmt man die Stelle der Skala, bis zu der 25% der Beurteilungen liegen (25. Centil) nach
der Formel:

$$C_{25} = g + \left(\frac{0,25 - \sum p_u}{p_i} \right) \cdot i$$

dabei ist: g = die untere Grenze der Kategorie, in die das 25. Centil fällt
$\sum p_u$ = kumulierter (Prozent-)Anteil von Urteilen unterhalb der Kategorie, in
die das 25. Centil fällt
p_i = (Prozent-)Anteil innerhalb der Kategorie des 25. Centils

Z. B.: $g = 7,5$; $\sum p_u = 0,21$; $p_i = 0,22$; $i = 1$;

daher:

$$C_{25} = 7,5 + \left(\frac{0,25 - 0,21}{0,22} \right) \cdot 1 = 7,68$$

Entsprechend bestimmt man das 75. Centil:

$$C_{75} = g + \left(\frac{0,75 - \sum p_u}{p_i}\right) \cdot i$$

im vorliegenden Falle: $g = 9,5$; $\sum p_u = 0,71$; $p_i = 0,22$; $i = 1$;

daher:

$$C_{75} = 9,5 + \left(\frac{0,75 - 0,71}{0,22}\right) \cdot 1 = 9,68$$

Der Interquartilbereich Q errechnet sich aus: $Q = C_{75} - C_{25}$

in unserem Falle: $Q = 9,68 - 7,68 = 2$

Auf diese Weise berechnet man für alle Statements Median und Interquartildifferenz.

Aussagen mit zwei- oder mehrgipfeliger Verteilung und bei denen die Expertenurteile stark streuen (Interquartilabstand $Q > 3,0$; vgl. Krasemann, 1966: 263) werden als mehrdeutig ausgeschieden; häufig werden jedoch Items mit einem $Q > 2,3$ eliminiert (vgl. Shaw & Wright, 1967).

Die Items der endgültigen Skala haben weitere Forderungen zu erfüllen: Die Items bzw. ihre Medianwerte müssen sich mit annähernd gleichen Abständen über das psychologische Kontinuum verteilen; die Interquartildifferenzen der verwendeten Items müssen so gering wie möglich sein.

Die Itemselektion ist mit Hilfe der graphischen Methode (nach Sixtl, 1967) durchzuführen. Man trägt dabei jedes Statement als Punkt in ein Koordinatensystem ein, in dem der Skalenwert bzw. Median auf der Abszisse (Einstellungskontinuum) und der Interquartilbereich Q auf der Ordinate abgetragen wird.

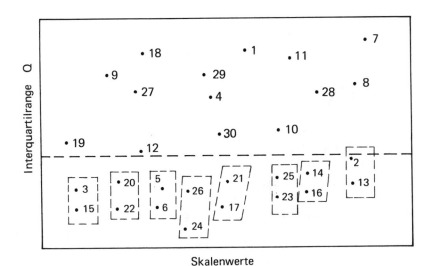

Abb. 8 Diagramm zur Selektion ungeeigneter Aussagen (nach Sixtl, 1967)

Sodann legt man eine Linie parallel zur Abszissenachse an, die man so lange nach unten verschiebt, bis unterhalb der Linie nur noch so viele Statements übrigbleiben, als man in der Skala verwenden will. Es sind Items, die eindeutig sind (niedriger Interquartilbereich) und das psychologische Kontinuum in etwa gleichabständig überspannen. Bei genügend großer Zahl geeigneter Items können zusätzlich noch Parallelskalen konstruiert werden. Dazu faßt man Items mit annähernd gleichen Skalenwerten zu Paaren zusammen, verteilt dann die Paarlinge per Los auf die beiden Parallelskalen und vergleicht (korreliert) die Ergebnisse der beiden Skalen.

Üblicherweise wird nach der ersten Selektion der Items die verkleinerte Skala einer Versuchsgruppe vorgelegt. Auf der Basis der klassischen Testtheorie sollte dann eine zweite Itemselektion durchgeführt werden; hierbei sind zunächst Schwierigkeitsgrad und Trennschärfe der Items zu bestimmen; entscheidend für diese Itemanalyse ist die parabolische Beziehung zwischen beiden Maßen (s. Lienert, 1969). Lienert (1969) empfiehlt darüber hinaus weitere Selektionstechniken wie die Errechnung spezieller Selektionskennwerte und Iteminterkorrelationen. Zur Überprüfung der Dimensionalität der Skala sollte außerdem eine Faktorenanalyse durchgeführt werden.

Bei der Anwendung der Endskala (bestehend aus etwa 20 bis 30 Items) werden den Probanden die Aussagen zur Zustimmung oder Ablehnung vorgelegt. Die Punktwerte für die Probanden errechnen sich als Durchschnitt (Median oder arithmetisches Mittel) der akzeptierten Aussagen.

Mit Thurstone/Chave-Skalen erzielt man Reliabilitätskoeffizienten (Paralleltest- und Testhalbierungsmethode) von 0,85 und mehr.

Der Zusammenhang zwischen der Einstellung von Personen und der Wahrscheinlichkeit ihrer Zustimmung zu Thurstone-Items mit unterschiedlichen Skalenwerten ist in Abb. 9 dargestellt. Es ergibt sich eine umgekehrt U-förmige Beziehung nichtmonotoner Art (vgl. Fishbein & Ajzen, 1975; Stroebe, 1980).

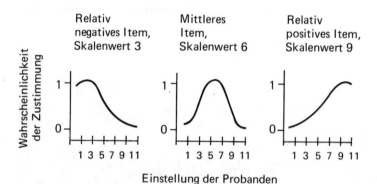

Abb. 9 Itemcharakteristikkurven für Thurstone-Items mit unterschiedlichen Skalenwerten (nach Stroebe, 1980: 148)

Semantisches Differential

Dieses Verfahren ist als Semantisches Differential (SD) von Osgood (1952) entwickelt und von Hofstätter (1955) als Polaritätenprofil bezeichnet worden. Das semantische Differential bzw. Eindrucksdifferential (Ertel, 1965) besteht aus einer Anzahl mehrstufiger (meist sieben) grafischer Schätzskalen mit gegensätzlichen

Eigenschaftswörtern (oder Hauptwörtern) an jedem Ende. Auf diesen bipolaren Skalen werden Begriffe eingestuft; dabei sind die sieben Abstufungen (bzw. Antwortkategorien) entweder verbal oder numerisch (von 1 bis 7) gefaßt.

Die Versuchspersonen müssen Begriffe bzw. Konzepte einstufen und dabei Richtung und Intensität ihrer Zuordnung bestimmen.

(B)	1. freundlich	:	:	:	:	:	:		unfreundlich
(A)	2. eckig	:	:	:	:	:	:		rund
(A)*	3. passiv	:	:	:	:	:	:		aktiv
(B)*	4. häßlich	:	:	:	:	:	:		schön
(M)*	5. weich	:	:	:	:	:	:		robust
(A)	6. schnell	:	:	:	:	:	:		langsam
(B)	7. gut	:	:	:	:	:	:		schlecht
(M)*	8. schwach	:	:	:	:	:	:		stark
(A)*	9. langweilig	:	:	:	:	:	:		spannend
(M)	10. gründlich	:	:	:	:	:	:		oberflächlich
(M)	11. schwer	:	:	:	:	:	:		leicht
(B)*	12. dunkel	:	:	:	:	:	:		hell

Abb. 10 Form und Aufbau des semantischen Differentials (nach Kerlinger, 1979)

Die Buchstaben vor jedem Adjektivpaar kennzeichnen die drei grundlegenden Dimensionen. Die Sternchen informieren über Skalen, bei denen die entsprechenden Adjektivpaare umgepolt werden. Zur Vermeidung bestimmter Antwortstile wird i. d. R. pro Dimension eine nach Zufall gebildete Hälfte der Skalen dimensional umgepolt (vgl. Kerlinger, 1979: 891).

Bei der Auswertung wird jedes Gegensatzpaar als ein Kontinuum betrachtet, das in sieben Abschnitte untergliedert ist. Die Rohwerte der einzelnen Skalen entsprechen damit Ziffern zwischen 1 und 7 (vgl. Abb.).

gut   7 : 6 : 5 : 4 : 3 : 2 : 1   schlecht

Die Einstufungen werden dann summiert und ergeben den Gesamtwert (für ein bestimmtes Konzept bzw. Einstellung).

Das Eindrucksdifferential diente zunächst zur Erforschung der Dimensionen des semantischen Raumes. Um die semantische Bedeutung von Objekten zu messen, geht Osgood von der Annahme aus, ein Wort (z. B. Einsamkeit, weiblich, männlich) ruft bei Personen bestimmte Assoziationen hervor; diese Vorstellungen umschreiben den Inhalt bzw. die Bedeutung eines sprachlichen Zeichens und sind quantitativ erfaßbar. Das SD erfaßt den Bedeutungsgehalt unterschiedlichster Sachverhalte (z. B. von Schiffen, Siegellack, einer Partei, der Schule, den Vereinten Nationen).

Umfassende Arbeiten mit dem Eindrucksdifferential in verschiedenen Kulturen ergaben, daß den Urteilen der Befragten drei unabhängige Dimensionen zugrunde-liegen: Bewertung (evaluation), Macht (potency), Aktivität (activity). Diese drei Grundfaktoren haben Osgood et al. (1957) für die Bedeutung von Begriffen mit Hilfe der Faktorenanalyse nachgewiesen.

Im Rahmen der Einstellungsmessung mit Hilfe der SD-Technik verwendet man häufig Adjektivpaare mit hoher Ladung auf dem Bewertungsfaktor (vgl. Osgood et al., 1957). Heise (1970: 248) kommt nach Durchsicht vieler Einstellungsskalen zu dem Schluß, daß traditionelle Skalen in der Tat alle drei Faktoren enthalten. Dem-zufolge sollte man bei der Anwendung des SD gleichfalls Adjektivskalen aller drei Dimensionen berücksichtigen.

Hinsichtlich des Skalenniveaus semantischer Differentiale wird angenommen, daß die Pro-banden in der Lage sind, die Reize auf einer intervallgleichen subjektiven Skala zu repräsentie-ren (Fuchs, 1975: 80). Studien über die metrischen Eigenschaften des SD ergeben, daß man von der Intervall-Charakteristik ausgehen kann (vgl. Osgood et al., 1957: 146 ff.; Diehl & Schäfer, 1975; Prester & Etzel, 1980).

Eine weitere metrische Annahme ist die der Linearität der durch ein gegensätzliches Merkmal-paar verankerten Skalen; d. h., daß die Merkmalpaare echte Gegensätze im semantischen Raum darstellen; diese Polaritätsannahme gilt im wesentlichen als bestätigt. Die bipolare Verankerung der Skalen erscheint theoretisch wie praktisch wohlbegründet (Fuchs & Schäfer, 1972).

Konstruktion des semantischen Differentials: In der Praxis verwendet man häufig einen generellen Skalensatz (vgl. Hofstätter, 1955; s. a. Flade, 1978) bzw. mehr oder weniger intuitiv zusammengestellte Adjektivpaare. Demgegenüber steht die Forde-rung nach konzept- und beurteilerspezifischen Skalensätzen für die Arbeit mit dem SD (vgl. Osgood et al., 1957; Heise, 1970; Bergler, 1975; Bauer, 1980); unter Berück-sichtigung der Standards psychologischer Messung und spezifischer inhaltlicher und formaler Probleme dieser Technik ist jeweils ein für die zu untersuchende Kon-zeptklasse und Beurteilungspopulation ein angemessenes, spezielles Instrument zu konstruieren (vgl. Schäfer & Fuchs, 1975: 136).

Das Problem interindividueller Unterschiede in der Bedeutung von Eigenschaftsbe-zeichnungen kann dadurch gelöst werden, daß man ein Rating der Adjektive auf einer Skala vornehmen läßt, die zwischen den Polen ,,bedeutungsklar" und ,,bedeu-tungsunklar" liegt (vgl. Klapprott, 1972). Bei der Finalversion des SD sind Merk-male zu verwenden, die für dieses spezifische Objekt und die gegebene Beurteiler-stichprobe als relevant erlebt werden.

Versuchspersonen der Voruntersuchung erhalten eine größere Anzahl einzelner Merkmale, teilweise schon einen Satz polarer Adjektivskalen. Die Befragungsper-sonen haben nun entweder die vorgelegten Merkmale (ca. 50 bis 80) hinsichtlich ihrer Eignung zur Beurteilung der betreffenden Reizklasse nach dem Ratingverfah-ren einzustufen, oder sie werden aufgefordert, diese Merkmale oder Adjektivskalen hinsichtlich deren Bedeutung für eine bestimmte Konzeptklasse in eine Rangord-nung zu bringen. Man wählt dann für die Hauptuntersuchung die geeignetsten Merkmale aus (vgl. hierzu Schäfer & Fuchs, 1975).

Damit große Verzerrungen der Messung vermieden werden, ist besonders auf die Gewinnung echter Polaritäten zu achten. Eine faktorielle Bestimmung der Polaritä-ten auf der Basis von Interkorrelationen unipolarer Skalen aufgrund von Konzept-Ratings auf diesen Skalen stellt eine Möglichkeit dar (vgl. Schäfer & Fuchs, 1975: 128).

Zum anderen ist es möglich, die Technik der singulären Assoziation anzuwenden. Hierbei werden die als relevant ausgewählten Merkmale in einem zweiten Erhebungsschritt erneut Versuchspersonen vorgelegt mit der Aufforderung, zu den Eigenschaftswörtern jeweils mit einem Wort das Gegenteil auszudrücken. Dieser Form der freien Assoziation steht das alternative Verfahren der kontrollierten Assoziation von gegensätzlichen Merkmalen gegenüber.

Wie bei psychometrischen Testverfahren müssen auch semantische Differentiale in jedem Einzelfall einer Itemanalyse unterworfen werden. Soll z. B. das SD dazu dienen, Personen bezüglich ihrer Bewertung bestimmter Schlüsselbegriffe voneinander zu differenzieren, so ist eine Trennschärfeanalyse durchzuführen (vgl. Lienert, 1969: 93 ff.). Weitere Hinweise zur Bestimmung der Differenzierungsfähigkeit der Merkmale finden sich bei Schäfer & Fuchs (1975).

Viele Befunde legen nahe, mit mindestens drei (Adjektiv-)Skalen pro Dimension zu arbeiten (vgl. Schäfer & Fuchs, 1975: 136). Heise (1970: 239) hält mindestens vier Skalen pro Dimension für angemessen.

Die Datenanalyse beim semantischen Differential: Eine einfache Methode der Auswertung und Darstellung der Ergebnisse besteht im Zeichnen eines Profils, dessen Skalenwerte die Mittelwerte aus den individuellen Skalenwerten sind.

Außer dem Mittelwert eines Profils ist die Standardabweichung (Profilstreuung) zu berechnen; zudem ermittelt man die Rangordnung der Profilwerte. Im Rahmen der Profilanalyse werden folgende (Ähnlichkeits-)Maße benutzt: Rangkorrelationen, Produkt-Moment-Korrelationen und Distanzmaße.

Zur Bestimmung der Bedeutungsähnlichkeit von Vorstellungen schlagen Osgood & Suci (1952; s. a. Cronbach & Gleser, 1953) das Distanzmaß $D = \sqrt{\sum d_{ij}^2}$ vor, das sowohl die Profilvariationen als auch die Unterschiede der Mittelwerte der Profile berücksichtigt; dabei drückt D die lineare Distanz zwischen zwei Begriffen i und j aus und d_{ij} beschreibt den Abstand zwischen den Werten (bzw. Faktor-Scores), die die Konzepte i und j auf der Skala l (bzw. dem Skalenfaktor l) einnehmen. (Zur Berechnung von D vgl. z. B. Kerlinger, 1979; Diehl & Schäfer, 1975; Heise, 1970). Je kleiner D zwischen zwei Begriffen ist, desto mehr gleichen sich die Bedeutungen dieser Begriffe; je größer D hingegen ist, desto mehr unterscheiden sich die Bedeutungen der zwei Begriffe. Die größtmögliche Distanz für das siebenstufige SD beträgt $\sqrt{36\,n}$ (n = Zahl der Skalen). Cattell hat den Ähnlichkeitskoeffizienten r_p entwickelt; dieses Distanzmaß weist gewisse Vorteile gegenüber D auf (vgl. Diehl & Schäfer, 1975: 190 ff.).

Zur Feststellung wesentlicher Differenzen schlagen Osgood et al. (1957) Signifikanztests vor: t-Test sowie nonparametrische Tests.

Ein wichtiges Verfahren der Analyse von SD-Daten ist die Faktorenanalyse. Prester & Etzel (1980) bezweifeln, daß eine Q-Faktorenanalyse dem theoretischen Konzept, das mit dem semantischen Differential verbunden ist, gerecht wird. Statt dessen schlagen sie vor, nach vorausgegangener R-Faktorenanalyse (vgl. Osgood et al., 1957) auf clusteranalytische Verfahren zurückzugreifen (s. a. Oppermann, 1975; Koch et al., 1980)

Gütekriterien des Eindrucksdifferentials: Die Reliabilitätskoeffizienten bei der Retest-Methode liegen zwischen 0,87 und 0,93 mit einem Mittel von 0,91 (Osgood et al., 1970: 229); andere berichten von einer Durchschnitts-Test-Retest-Reliabilität von 0,97 (Shaw & Wright, 1967: 30).

Geht man bei der Reliabilitätsermittlung von Gruppenmittelwerten aus, erhält man zweifellos sehr zufriedenstellende Resultate (Fuchs, 1975: 84). Zuverlässigere Ergebnisse erhält man meist mit der Faktor-Score-Reliabilität. Die Korrelationen von Test und Retest Faktor-Scores liegen zwischen 0,87 und 0,97 mit einem Mittel von 0,91 (Heise, 1970: 245).

Bei der Kriteriumsvalidität versucht man über einen empirisch nachgewiesenen Zusammenhang zwischen den SD-Daten und beispielsweise traditionellen Einstellungsskalen die Gültigkeit nachzuweisen; sie kann durchaus als zufriedenstellend angesehen werden. Die interne Validität ist durch die Verwertung der Ergebnisse vorliegender Faktorenanalysen gewährleistet (Schäfer, 1975: 118). Die Validität des SD kann damit als recht gesichert gelten (vgl. Heise, 1970: 246f., 250; Fuchs, 1975: 99f.).

Wegen seiner guten Praktikabilität und vielfältigen Anwendungsmöglichkeiten ist das SD zu einem häufig verwendeten Verfahren geworden (vgl. Bauer, 1981; Bergler, 1975; Snider & Osgood, 1972; s. a. Koch et al., 1980; vgl. aber Brandt, 1972; 1978).

Eine Modifikation erfuhr das SD durch Gardner et al. (1972) als Stereotyp-Differential sowie durch Triandis (1964, s. a. 1975) als Verhaltensdifferential.

Die klassischen Techniken der Einstellungsmessung (Likert-Skala, Thurstone/Chave-Skala, SD von Osgood) sowie die Guttman-Skala erzielen hohe Reliabilitäten und zufriedenstellende Maße für die Übereinstimmungsvalidität (vgl. Osgood et al., 1970; Heise, 1970; Fishbein & Ajzen, 1975; Stroebe, 1980).

4.4.2.2. Techniken der Repräsentationsmessung

In Anlehnung an Dawes (1977) kann man vier Klassen von Repräsentationsmessung unterscheiden:

- Größentechniken: Direkte Schätzverfahren, Thurstones Technik des Vergleichsurteils (Comparative Judgement Scale), Halbierungstechniken;
- Proximitätstechniken: Metrische und non-metrische Techniken;
- Entfaltungstechniken: Eindimensionale und mehrdimensionale Techniken;
- Ineinandergreifende Techniken: Bogardus-Skala, Guttman-Skala;
- Probabilistische Techniken: Modelle von Rasch und Lazarsfeld sowie die Skalenanalyse von Mokken.

Sämtliche Methoden bedingen eine wechselseitige Korrespondenz zwischen Objekten mit bestimmten Eigenschaften und numerischen Größen. Es wird eine Konsistenz zwischen Beobachtung bzw. Messung und ihrer numerischen Repräsentation gefordert.

Skala der sozialen Distanz (Bogardus-Skala)

Dieses von Bogardus (1924; 1925) entwickelte Verfahren hat eine lange Tradition im Bereich der Soziologie und Sozialpsychologie und wird immer noch benutzt. Mit dieser Skala lassen sich Einstellungen gegenüber anderen Nationen oder Rassen messen und vergleichen. Bogardus legt seiner Skala sieben Statements zugrunde, die eine unterschiedliche soziale Distanz bzw. Nähe beschreiben und mit unterschiedlichen Nationalitäten (z. B. Engländer, Türken) kombiniert werden.

Nachfolgend die (gekürzte) Fassung der sozialen Distanz-Skala (Bogardus, 1925, 1959; s. a. Gorden, 1977: 31 ff.):

Instruktion: Im folgenden sind verschiedene Grade persönlicher Beziehungen zu Angehörigen bestimmter Gruppen dargestellt. Bitte lesen Sie diese Beschreibung durch!

(1) Würde ich durch Heirat in engere Verwandtschaft aufnehmen.
(2) Würde ich in meinem Verein als Freunde aufnehmen.
(3) Würde ich als Nachbar in meiner Straße zulassen.
(4) Würde ich in meinem Beruf in unserem Land zulassen.
(5) Würde ich die Staatsbürgerschaft unseres Landes geben.
(6) Würde ich nur als Besucher unseres Landes zulassen.
(7) Würde ich aus unserem Land ausschließen.

Betrachten Sie nun die unten aufgeführten Gruppen von Völkern. Welche Zahl entspricht Ihrer Ansicht nach am meisten dem Grad der oben erwähnten „Nähe", die Sie den Mitgliedern einer Gruppe zugestehen würden? Machen Sie bitte ein Kreuz unter diese Zahl! Beurteilen Sie jede Gruppe als ganze. Urteilen Sie nicht aufgrund der sympathischsten oder unsympathischsten Person, die Sie kennengelernt haben.

Gruppe	1	2	3	4	5	6	7
Dänen							
Bulgaren							
Chinesen							
Russen							
Jugoslawen							
Engländer							
Türken							

...

Die einzelnen Statements (von 1 bis 7) führen also schrittweise von einem Extrem, d. h. einer engen Beziehung zu einer bestimmten Gruppe, zum anderen Extrem. Der höchste Grad der Beziehung, die das Individuum mit der bestimmten Nationalität eingehen würde, zeigt dann die Wertigkeit seiner Einstellung zu dieser Gruppe.

Durch die sieben dichotomen Items versuchte Bogardus die soziale Distanz zwischen einer Person und einem Einstellungsobjekt zu erfassen. Obwohl die Items eine Ausprägung der Präferenz messen, handelt es sich um monotone Items.[3]

Auswertung: Berechnung des Mittelwertes pro Gruppe; Rangordnung der Gruppen nach den Mittelwerten (= Ausmaß der sozialen Distanz). Je höher dieser Wert ist, desto größer ist die soziale Distanz, d. h. desto geringer ist die Kontaktbereitschaft und desto stärker sind die negativen Vorurteile bzw. Einstellungen.

Testkriterien: Die Split-half-Reliabilität der Bogardus-Skala beträgt $r \geq 0,90$ (nach Newcomb, 1950); die Items der Skala sind inhaltlich valide. Betrachtet man die Bogardus-Skala als Methode zur Messung der generellen sozialen Distanz eines Individuums und zur Messung seiner Rangordnung verschiedener Gruppen, dann

---

[3] Dies ist genau besehen allerdings erst der Fall, wenn man das Wort „only" bzw. „nur" in Kategorie bzw. Item Nr. 6 herausläßt (vgl. Jansen, 1981: 35).

kann man sagen, daß sowohl Reliabilität als auch Validität zufriedenstellend sind (Newcomb, 1950: 167).[4]

Mit Hilfe einer modifizierten Bogardus-Skala läßt sich beispielsweise auch die soziale Distanz zu Produkten bestimmen; Nähe, d. h. eine sehr positive Einstellung und subjektive Kaufbereitschaft beschreibt z. B. das Item „Dieses Produkt werde ich ganz sicher das nächste Mal kaufen", große Distanz, also eine stark negative Einstellung und fehlende Kaufbereitschaft charakterisiert z. B. das Item „Dieses Produkt werde ich unter keinen Umständen kaufen" (vgl. Axelrod, 1968; s. a. Hughes, 1971).

Im Gegensatz zur ursprünglichen Antwort-Formulierung der sozialen Distanz-Skala (ja-nein-Modus), kann auch eine fünfstufige Antwortskala von „ja, ganz sicher" (1) bis „nein, sicher nicht" (5) vorgegeben werden (vgl. Abele & Giesche, 1981). Eine Skala der sozialen Distanz mit Intervallniveau wurde von Triandis & Triandis (1960) entwickelt. Eine Erweiterung dieser Arbeit führte zur Konzeption des Verhaltensdifferentials (Triandis, 1964), einem allgemeinen Instrument zur Messung der Verhaltensintentionen von Versuchspersonen in bezug auf beliebige Personen oder Kategorien von Personen (s. a. Triandis, 1975: 83 ff.).

Die Bogardus-Skala wurde von Guttman zu einem allgemeinen Skalierungsmodell ausgebaut.

Skalogramm-Analyse (Guttman-Skala)

Die von Guttman (1944; 1950) entwickelte Skalogramm-Analyse dient zur Prüfung der Eindimensionalität einer Skala. Bei dieser Methode reaktions-orientierten Messens wird z. B. die Information verwertet, ob eine Person eine Aufgabe löst bzw. einer Frage zustimmt.[5]

Nehmen wir an, sechs Schüler haben fünf unterschiedlich schwierige Mathematikaufgaben zu lösen. Nach Guttman besteht die Itemhomogenität darin, daß ein Schüler, der eine Aufgabe von bestimmtem Schwierigkeitsgrad zu lösen imstande ist, auch alle leichteren Aufgaben bewältigt; hingegen ein Schüler, der die gleiche Aufgabe nicht löst, auch alle schwierigeren nicht bewältigt. Die mathematischen Fähigkeiten eines Schülers sind demnach umso größer, je mehr Aufgaben er zu lösen imstande ist.

Wenn man also in der Datenmatrix die Items nach ihrer Schwierigkeit und die Personen nach ihrer Fähigkeit ordnet, erhält man eine perfekte kumulative Skala bzw. Guttman-Skala (vgl. Tab. 4).

Versuchs-personen	Antwort-schemata	Item-Schwierigkeit							Punktwerte der Vpn
		niedrig	1	2	3	4	5	groß	
1	A		0	0	0	0	0		0
2	B		1	0	0	0	0		1
3	C		1	1	0	0	0		2
4	D		1	1	1	0	0		3
5	E		1	1	1	1	0		4
6	F		1	1	1	1	1		5

Tab. 4 Antwortmuster einer perfekten Guttman-Skala

---

[4] Die Bogardus-Skala sollte jedoch nicht dazu verwendet werden, um Einstellungen zur eigenen Gruppe zu messen.

[5] Das Repräsentationsproblem besteht darin, ob den Individuen und den Aufgaben Zahlen so zugeordnet werden können, daß jedes Individuum genau dann eine Aufgabe löst, wenn die ihm zugeordnete Zahl größer als die der Aufgabe ist (s. Gigerenzer, 1981: 168 ff.).

In einem solchen Fall nehmen alle Personen, die eine gegebene Aufgabe richtig beantwortet haben, höhere Ränge ein als Personen, die die gleiche Aufgabe nicht gelöst haben. Aus dem Rang bzw. dem Skalenpunkt einer Person kann man auf ihr Antwortmuster schließen. Zudem wird die Struktur der Matrix deutlich: bei völliger Homogenität der Items stehen links von der Hauptdiagonalen (Separierenden) nur richtige Lösungen bzw. Zustimmungen (Einsen), rechts nur falsche Beantwortungen bzw. Ablehnungen (Nullen). Hierbei liefert die Guttman-Skalierung Ranginformation hinsichtlich der Item- und Personenparameter. Die Meßwerte sind stichprobenunabhängig, d. h. sie hängen nicht von der in die Itemstichprobe aufgenommenen Itemauswahl ab.

In der Skalogramm-Analyse wird von einem deterministischen Zusammenhang zwischen latenter Variable und Reaktionsverhalten ausgegangen. Zusätzlich nimmt Guttman das Konzept monoton steigender Itemcharakteristiken auf: Ein ideales Item teilt die Skala in eindeutige Klassen; damit liegt der Verlauf der Itemcharakteristiken (ICC) fest. Abb. 11 zeigt den Zusammenhang zwischen der Fähigkeit von Personen und der Lösungswahrscheinlichkeit der Aufgaben von unterschiedlichem Schwierigkeitsgrad.

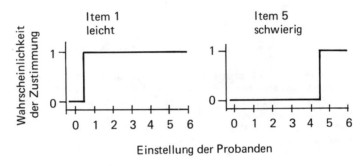

Abb. 11   Die Itemcharakteristikkurven für Guttman-Items von unterschiedlichem Schwierigkeitsgrad (nach Stroebe, 1980: 158)

Die aufgrund des Personenparameters vorhergesagte Reaktionswahrscheinlichkeit kann, da es sich um ein deterministisches Modell handelt, nur die Werte $P = 0$ und $P = 1$ annehmen. Die Funktion hat somit stufenförmige Gestalt. Unterscheiden sich Items hinsichtlich ihrer Schwierigkeit, so drückt sich dies in einer Verschiebung der Sprungstelle aus. Eine Treppenfunktion als ICC bedeutet, daß das Antwortverhalten einer Person vollständig durch die latente Variable und die Itemschwierigkeit bedingt ist. Wenn alle Items einer Skala derartige ICC besitzen, bilden sie eine „perfekte Skala" im Sinne Guttmans. Jede einzelne Abweichung bedeutet einen Verstoß gegen den postulierten Verlauf der ICC und somit einen (Reproduktions-) Fehler.

Häufig wird die Guttman-Technik zur Einstellungsmessung herangezogen. Dabei geht man von der Voraussetzung aus, daß Einstellungen graduell abstufbar sind und daß Items für die zu messende Einstellung so gewählt werden können, daß sie eine hierarchische Anordnung bilden. Die Sammlung der Statements erfolgt nach den bereits erwähnten Gesichtspunkten (vgl. hierzu Kap. 4.4.2.1.). Aufgrund von Intuition und Erfahrung wird eine kleine Zahl von Items aus der möglichen großen Zahl aller Items ausgewählt, die ein Bedeutungskollektiv repräsentieren. Die gesammelten Statements werden einer Versuchsgruppe vorgelegt. Die Vpn haben zu entscheiden, ob die ihnen vorgelegten Aussagen „stimmen" oder „nicht stimmen". Anschließend wird eine Matrix mit den Antworten der Personen (als Zeilen) und den Items (als Spalten) erstellt. Im Normalfall sind die Items jedoch sehr selten völlig homogen. Ein derartiges („realistisches") Skalogramm könnte folgendermaßen aussehen (nach Sixtl, 1967: 402):

Vpn	Items 1	2	3	4	Summe
1	0	0	0	0	0
2	1	0	0	0	1
3	0	1	0	0	1
4	1	1	0	0	2
5	1	0	1	0	2
6	1	1	0	0	2
7	1	0	0	1	2
8	1	1	1	0	3
9	1	0	1	1	3
10	1	1	1	1	4
Σ	8	5	4	3	

Tab. 5 Empirisches System (Items und Personen nach Randsummen geordnet).

Hier ergeben sich Inkonsistenzen, also Abweichungen vom idealen Antwortschema, die als Reproduktionsfehler bezeichnet werden. Im Falle der Versuchsperson 3 (0-1-0-0 statt 1-0-0-0) finden wir bei den Items 1 ind 2 je eine falsche Angabe und damit zusammen zwei Reproduktionsfehler. Wenn man nun die Reproduktionsfehler pro Item und pro Person neuerlich in einer Matrix notiert, erhält man als Spaltensumme die Verteilung der gesamten Reproduktionsfehler auf die einzelnen Items (vgl. Goodenough, 1944; zit. nach Edwards, 1957; Stosberg, 1972).

Vpn	Items 1	2	3	4	Σ
1	0	0	0	0	0
2	0	0	0	0	0
3	1	1	0	0	2
4	0	0	0	0	0
5	0	1	1	0	2
6	0	0	0	0	0
7	0	1	0	1	2
8	0	0	0	0	0
9	0	1	0	1	2
10	0	0	0	0	0
e_k	1	4	1	2	8 (= e_{tot})

e_k = Anzahl der Reproduktionsfehler bei einem bestimmten Item

e_{tot} = Anzahl der gesamten Reproduktionsfehler

(Items mit hohem e_k werden ausgeschieden.)

Tab. 6 Matrix der Reproduktionsfehler (nach Sixtl, 1967)

Meist wird neben e_k jedoch das **Ausmaß der Reproduzierbarkeit der Antworten** zu Item k angegeben. Dieses beträgt:

$$v_k = 1 - \frac{e_k}{N} \quad \text{(wobei N = Anzahl der Probanden).}$$

Im vorliegenden Fall ist v_k etwa für Item 2 $v_2 = 0{,}60$ ($v_2 = 1 - \frac{4}{10}$), was sehr niedrig ist und zum Ausscheiden des Items anregt. Für die anderen Items erhält man folgende Werte: $v_1 = 0{,}90$; $v_3 = 0{,}90$; $v_4 = 0{,}80$.

Ein Maß für die Güte der Skala (bzw. für den Grad der Abweichung in den Beobachtungsdaten vom Modell) ergibt sich durch Errechnung des **Koeffizienten der Reproduzierbarkeit** in Hinblick auf alle Items (v_{tot}):

$$v_{tot} = 1 - \frac{e_{tot}}{N \cdot n}$$ (wobei N = Anzahl der Befragten, n = Zahl der Items). Im vorliegenden Fall ist $v_{tot} = 1 - \dfrac{8}{10 \cdot 4} = 0{,}80$.

Als Mindestwert für den Reproduktionskoeffizienten hat sich als Konvention $\geq 0{,}90$ durchgesetzt (vgl. Guttman, 1966: 89; Gorden, 1977; Faverge, 1980; Stroebe, 1980), so daß das Reaktionsmuster zu 90% reproduzierbar sein muß; es werden also 10% Fehler toleriert.[6] Liegt nun der Wert von v_{tot} unter den o. a. Bedingungen (wie in unserem Beispiel), so lassen sich zwei Fälle unterscheiden: (a) Treten unter den unzulässigen Antwortmustern einige mit großer Häufigkeit auf, so liegen sog. Nicht-Skalen-Typen vor; ihre Existenz weist darauf hin, daß durch die Items mehr als ein Faktor repräsentiert wird. (b) Liegen irreguläre Reaktionsverläufe zu den einzelnen Summenwerten mit gleichmäßiger oder zufallsbestimmter Häufigkeit vor, heben sich keine Nicht-Skalen-Typen heraus, liegt nach Guttman eine Quasi-Skala vor, die durch nur partielle Reproduzierbarkeit charakterisiert ist ($v_{tot} \geq 0{,}60$; vgl. Gorden, 1977).

Neben dem Bemühen in der Praxis, ungeeignet erscheinende Items einfach zu eliminieren, fehlt es nicht an Versuchen, kumulative Skalen mit verschiedenen Techniken zu verbessern (vgl. Süllwold, 1969; Gorden, 1977; vgl. aber Guttman, zit. nach Scheuch & Zehnpfennig, 1974: 119).

Zur Prüfung der Skalierbarkeit sollte zusätzlich die minimale marginale Reproduzierbarkeit errechnet werden. Dazu werden die Werte der bei den einzelnen Items am häufigsten gewählten Antwortkategorien addiert und durch die Zahl der zu skalierenden Items dividiert. Erst die Differenz zwischen diesen beiden Werten, die möglichst groß sein sollte, gibt Auskunft über die Skalierbarkeit einer Reihe von Items (Stosberg, 1980: 115). Sülwold (1969: 506) empfiehlt im Hinblick auf die Brauchbarkeit des Koeffizienten der Reproduzierbarkeit, solche Items zu eliminieren, auf die weniger als 20% oder mehr als 80% der Befragten zustimmend bzw. ablehnend reagieren.

Da bei hoher Reproduzierbarkeit der Aussagenbatterie auch eine hohe Test-Retest-Zuverlässigkeit unterstellt werden kann, ist anzunehmen, daß Eindimensionalität vorliegt und die Reaktionen der Befragten eine Skala bilden.

Zur Schätzung der Zuverlässigkeit bedient man sich eines Koeffizienten von Guttman (1966: 302ff; s.a. Sixtl, 1967: 404; Schreiber, 1975: 332):

---

[6] Ausgedehnte Simulationen mit zufallsgenerierten Daten haben gezeigt, daß der Reproduzierbarkeitskoeffizient ziemlich hoch sein kann und die Minimalwerte selbst unter der Bedingung zufälliger Antwortverteilung niemals Null erreichen kann (vgl. Mokken, 1971; Dawes, 1977; Dawes & Moore, 1980).

$$r'_{tt} \geq \frac{m}{m-1} \left(V_{tot} - \frac{1}{m} \right), \text{ wobei:}$$

r'_{tt} = Vorhersage der Test-Retest-Zuverlässigkeit
m = Anzahl der Antwortalternativen
v_{tot} = Koeffizient der Reproduzierbarkeit

Für unser Beispiel ergibt sich:

$$r'_{tt} \geq \frac{2}{2-1} \left(0,80 - \frac{1}{2} \right); \ r'_{tt} \geq 0,60.$$

Mit der Überprüfung des Beobachtungsmaterials auf seine „Skalierbarkeit" ist im allgemeinen die Skalogramm-Analyse abgeschlossen. Das individuelle Maß der Intensität der Einstellung kann durch die Summe der bejahten Feststellungen oder durch den Skalenwert der extremsten bejahten Feststellung angegeben werden.

Zur Skalogramm-Analyse sind inzwischen andere Kriterien für die Homogenität entwickelt worden. Loevinger gibt einen Homogenitätsindex (H_t) an, der genauer arbeitet als der Koeffizient der Reproduzierbarkeit. Die Abhängigkeit vom Schwierigkeitsgrad der Items wird dabei eliminiert. Lienert (1969) sieht diesen Index als Maß für die funktionale Reliabilität an.

Als Schätzungsformel für H_t gibt Loevinger folgenden Ausdruck an:

$$H_t = \frac{N(\sum x^2 - \sum x) + \sum N_i^2 - (\sum x)^2}{2N(\sum iN_i - \sum x) + \sum N_i^2 - (\sum x)^2}$$

Die benötigten Summenwerte ergeben sich relativ leicht aus dem Skalogramm; die Symbole bedeuten:

N = Anzahl der Probanden
x = Rohwert eines Probanden
i = Rangplatz, den ein Item aufgrund seines Zustimmungsgrades erhält (das am positivsten beurteilte i = 1 usw. bis i = n)
N_i = Anzahl der Probanden, die das Item mit dem Rangplatz i positiv beantworten

Pbn		Item n				x	x^2
	j	1	2	3	4		
	1	0	0	0	0	0	0
	2	1	0	0	0	1	1
	3	0	1	0	0	1	1
	4	1	1	0	0	2	4
N	5	1	0	1	0	2	4
	6	1	1	0	0	2	4
	7	1	0	0	1	2	4
	8	1	1	1	0	3	9
	9	1	0	1	1	3	9
	10	1	1	1	1	4	16
N_i		8	5	4	3	20	52
i		1	2	3	4		
$i \cdot N_i$		8	10	12	12	$42 = \sum i \cdot N_i$	
N_i^2		64	25	16	9	$114 = \sum N_i^2$	

Daher:

$$H_t = \frac{10 \cdot (52 - 20) + 114 - (20)^2}{2 \cdot 10 \cdot (42 - 20) + 114 - (20)^2};$$

$$H_t = 0,22$$

Im angeführten Beispiel ist H_t mit .22 sehr niedrig. Im Falle völliger Homogenität wäre $H_t = 1,00$.

Tab. 7 Skalogramm aus Tab. 5 und die zur Berechnung des Homogenitätsindex H notwendigen Zwischenergebnisse (nach Sixtl, 1967)

Neben dem Homogenitätsindex von Loevinger (1948) schlägt Fricke (1974) noch zwei weitere schwierigkeitsunabhängige Reproduzierbarkeitsmaße vor, die gleichfalls zwischen 0 und 1 variieren können: den Index von Jackson sowie den Green-Index, für den sogar ein Signifikanztest existiert (vgl. White & Saltz, 1967; zu neueren Ansätzen s. Cliff, 1977; s. a. Heinrich, 1980: 71 ff.; Torgerson, 1958: 302 ff.).

Ferner erlaubt das Modell von Guttman zu einzelnen Fragen nicht ausschließlich dichotome Antworten, sondern drei oder mehr Antwortmöglichkeiten. Dabei geht man von der Annahme aus, daß die Antwortmodalitäten geordnet sind und benotet sie mit aufeinanderfolgenden ganzen Zahlen. Der größte Zahlenwert innerhalb der Gewichtung wird der günstigsten Antwortkategorie zugeordnet.

Bei vier Fragen mit jeweils vier Antwortmöglichkeiten kann man die Antwortkategorien mit den Zahlen 1, 2, 3, 4 kodieren. Auch für diese Art von Beobachtungen kann man eine Skala konstruieren, die eine Erweiterung der hier behandelten Guttman-Skala darstellt. Es gibt jetzt drei Separierende (Diagonale) zwischen den von verschiedenen Zahlen besetzten Bereichen. Dies würde im Idealfall folgendermaßen aussehen:

Probanden	Items			
	1	2	3	4
1	0	0	0	0
2	1	0	0	0
3	1	1	0	0
4	1	1	1	0
5	1	1	1	1
6	2	1	1	1
7	2	2	1	1
8	2	2	2	1
9	2	2	2	2
10	3	2	2	2
11	3	3	2	2
12	3	3	3	2
13	3	3	3	3

Tab. 8   Ideales Skalogramm mit 13 Probanden und vier Items mit jeweils vier Antwortkategorien

Reproduktionsfehler stellen einen Modellverstoß dar. Streng genommen muß man das Skalenmodell in diesem Fall verwerfen und ein neues Modell finden, das mit den Beobachtungen korrespondiert. Andererseits kann man die Fehler auch als zufällige Abweichungen betrachten, wobei unterstellt wird, daß ein probabilistisches Modell vorliegt. Eine solche probabilistische Variante des Guttman-Modells schlägt van der Ven (1980: 42 ff.) vor; außerdem kann das „Latent-distance-Modell" als probabilistische Formulierung der Guttman-Skala interpretiert werden (s. Denz, 1982). Eine Übersicht über multidimensionale Varianten der Guttman-Skala findet sich bei van der Ven (1980: 228 ff.).

Edwards & Kilpatrick (1948) entwickelten die Diskriminationstechnik; dieses Verfahren kombiniert Elemente der Technik der gleicherscheinenden Intervalle (Thurstone/Chave) und der Technik der summierten Einschätzungen (Likert) mit dem Ziel, eine Skala zu erhalten, die den Anforderungen der Skalogramm-Analyse entspricht (vgl. hierzu Edwards, 1957: 216 ff.; Schreiber, 1975: 324 ff.).

Skalenanalyse nach Mokken

Das Skalierungsverfahren nach Mokken (1971) stellt eine probabilistische und zudem verteilungsfreie Version des Guttman-Modells dar. Wird im Rahmen der deterministischen Betrachtungsweise von Guttman die Antwort einer Person auf ein

Item vollständig durch ihren Skalenwert und die Itemschwierigkeit bestimmt, so erfolgt bei Mokken die Antwort einer Person nur mit einer gewissen Wahrscheinlichkeit, die wiederum abhängig ist von den beiden Bedingungsgrößen: Skalenwert der Person Θ und Itemschwierigkeit b; d. h. die Antwort ist über eine Wahrscheinlichkeitsfunktion mit Θ und b als Parameter zu verknüpfen.

Die itemcharakteristischen Kurven (ICC) müssen nach Mokken zwei Merkmale aufweisen:

– Monotone Homogenität: Die Personenwerte Θ müssen in einer monotonen Beziehung zum Antwortverhalten stehen; daraus folgt: Je höher der Personenwert Θ, desto größer ist die Wahrscheinlichkeit einer richtigen bzw. positiven Antwort.
– Doppelte Monotonie und Holomorphie (vgl. Rasch, 1960: 169): Die Itemkennwerte b müssen in einer monotonen Beziehung zum Antwortverhalten stehen; d. h. je größer die Itemschwierigkeit b, desto geringer ist die Wahrscheinlichkeit einer positiven bzw. richtigen Antwort. Die Verlaufskurven dürfen sich also nicht überschneiden, sie sind parallel.

Dieser Sachverhalt wird in Abb. 12 verdeutlicht.

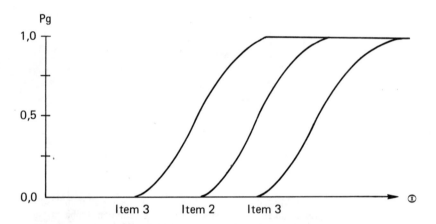

Abb. 12   Itemcharakteristikkurven im holomorphen Modell (doppelt monotone ICC)

Alle ICC verlaufen bezogen auf die Personenkennwerte Θ und die Itemschwierigkeiten b monoton.

Es ergibt sich nach den o. a. Annahmen folgende Formulierung der Modellgleichung: $P_g = f(\Theta, b)$. P_g ist die Wahrscheinlichkeit für eine bejahende bzw. richtige Antwort bei Item g; f sei eine monotone Funktion bezüglich Θ und b.

Als Skalierbarkeitskoeffizient, der Auskunft über die Güte einer Skala gibt, wird der Homogenitätskoeffizient H von Loevinger gewählt. Um die Skalierbarkeit einer Itemmenge abschätzen zu können, werden drei H-Koeffizienten sowie deren Signifikanzen errechnet (vgl. Lippert et al., 1978; Wakenhut, 1980):

– H bezieht sich auf die aus k Items bestehende Itemmenge (als Maß für die Qualität der resultierenden Skala).

- H_g für ein einzelnes Item der Skala; hieraus läßt sich der Beitrag des Items g an der Homogenität der Gesamtskala ermitteln (als Maß für die Homogenität des Items g bezogen auf die restlichen $k - 1$ Items).
- H_{gh} für jedes einzelne Itempaar (als Maß für die Beziehungen zwischen sämtlichen möglichen Itempaaren).

Die Beurteilung des Grades der Skalierbarkeit stützt sich auf Erfahrungswerte; Mokken (1971) schlägt für die erzielten H-Werte folgende Klassifikation vor: (a) gute Skala: $H \geq 0,50$, (b) Skala mittlerer Güte: H-Werte zwischen 0,40 und 0,50, (c) schwache Skala: H-Werte zwischen 0,30 und 0,40; H-Werte $< 0,30$ werden generell vernachlässigt. Zur Beurteilung der Holomorphie zieht Mokken aus der ursprünglichen Datenmatrix abgeleitete Matrizen mit relativen Häufigkeiten heran.

Eine Zusammenstellung und grafische Veranschaulichung der wichtigsten Axiome der Skalenanalyse nach Mokken findet sich bei Henning (1974, 1976), Lippert et al. (1978), Wakenhut (1980), Anwendungsbeispiele bei Henning und Six (1977) sowie im Kapitel 4.7.4.2.

4.5. Nicht-reaktive Meßverfahren

von Franz Petermann & Herbert Noack

4.5.1. Gewinnung von empirischen Daten: Klassifikation der Zugangswege

4.5.1.1. Indirekte Meßverfahren als Bezugsrahmen nicht-reaktiver Meßverfahren

Nach einer lang andauernden Phase der intensiv betriebenen Quantifizierung in den Sozialwissenschaften werden seit kurzem wieder Feldstudien stärker berücksichtigt (vgl. Gerdes, 1979).Diese Tendenz räumt den hier zu behandelnden nicht-reaktiven Meßverfahren eine gewisse Verbreitungschance ein. Sie gehören der Klasse der indirekten Meßverfahren an, die sich von den direkten abheben (vgl. Selltiz et al., 1972). Die Intention der **direkten Meßverfahren**, z. B. Formen der schriftlichen Befragung und des Interviews, ist für die Versuchspersonen leicht zu durchschauen. Dieser Tatbestand bedingt, daß sehr häufig Antworten nach dem Prinzip der sozialen Erwünschtheit gegeben werden, d. h. Versuchspersonen rücken sich bewußt in ein besonders günstiges Licht (vgl. Preiser, 1979).

Die **indirekten Meßverfahren** umfassen physiologische, getarnte, projektive und nicht-reaktive Meßverfahren, wobei die nicht-reaktiven Verfahren in die Analyse physikalischer Spuren, die nicht-reaktive Verhaltensbeobachtung und die Inhaltsanalyse von vorliegenden Dokumenten gegliedert werden können. Zur Strukturierung der weiteren Diskussion gibt Abb. 1 einen Überblick über direkte und indirekte Meßverfahren.

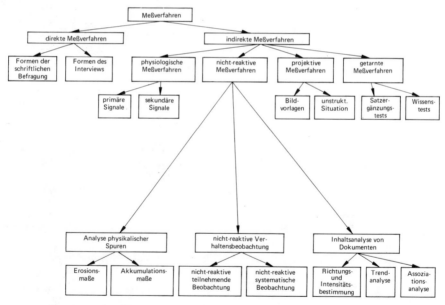

Abb. 1 Übersicht über direkte und indirekte Meßverfahren unter besonderer Berücksichtigung der indirekten

Auf die vier Gruppen der indirekten Meßverfahren soll kurz zur Abgrenzung des Themenbereiches eingegangen werden:

(1) **Physiologische Meßverfahren**: Diese Meßverfahren werden vorwiegend im klinisch-psychologischen Bereich zur Aufdeckung von emotionalen Zuständen, Reaktionen auf Belastungen u. ä. eingesetzt (vgl. Mayer & Petermann, 1977). Physiologische Meßverfahren kann man in primäre und sekundäre gliedern, wobei primäre sich durch eine unmittelbare Messung direkt vom Körper ableiten lassen und in die beiden Hauptgruppen der elektromagnetischen Signale (Hautpotentiale, Herztöne) und der mechanischen Signale (Druck, Strömung) unterteilt werden können. Sekundäre Maße können aus den primären gewonnen werden (z. B. Herzfrequenz = Herzschlag pro Minute).

Die Fortschritte in der Registriertechnik (vgl. Kabellose Signalübertragung) und die zunehmend leichtere Bedienung der Meßgeräte eröffnen für physiologische Verfahren neue Möglichkeiten. So ist es denkbar, daß die Datenregistrierung von der Versuchsperson selbständig durchgeführt wird (Burns-Cox et al., 1975; vgl. die selbstgesteuerte Blutdruckmessung bei Langzeitpatienten wie Hypertonikern).

(2) **Getarnte Meßverfahren**: Wesentlich bei diesen Verfahren ist, daß die Versuchsperson nicht erkennt, wie die Antwort auf eine Frage eingeordnet wird. Sie wird aber Vermutungen darüber anstellen und sich auch dementsprechend verhalten. Zu diesen Verfahren zählen z. B. die objektiven Persönlichkeitstests (Persönlichkeitsfragebogen), Wissenstests und Tests der Wahrnehmung, des Gedächtnisses und der Urteilskraft.

(3) **Projektive Meßverfahren**: Diese Verfahren gehen davon aus, daß eine Versuchsperson in einer völlig offenen und unstrukturierten Situation diese so interpretieren und gestalten wird, daß Rückschlüsse auf ihre Persönlichkeit möglich sind. Das Vorgehen läßt sich auf Überlegungen der Psychoanalyse zurückführen. Die Versuchsperson steht bei diesen Verfahren oft unter einem Deutungszwang, der Streßreaktionen auslösen kann. Die mangelhafte Objektivität, Zuverlässigkeit und die nicht abschätzbare Aussagekraft ist hier zu kritisieren.

(4) **Nicht-reaktive Meßverfahren**: Da unter Abschnitt 3 die einzelnen nicht-reaktiven Verfahren detailliert dargestellt werden, soll nur eine allgemeine Definition gegeben werden. Die Definition geht auf Campbell (1957: 298) zurück, der bei der Einschätzung der reaktiven Messung davon ausgeht, daß diese die zu untersuchenden Phänomene modifiziert und genau den Sachverhalt verändert, den man zu messen beabsichtigt. Er unterstellt weiter, daß der Meßvorgang dann höchstwahrscheinlich reaktiv ist, wenn er keinen gewohnten Teil der Umgebung ausmacht.

In der wissenschaftlichen Diskussion nehmen direkte Verfahren deshalb einen zentralen Stellenwert ein, da sie anscheinend objektiver als indirekt sind; der Forscher verdeutlicht sich hierbei meist nicht, in welcher Weise die scheinbar objektiven Daten zustandegekommen sind. Aus diesem Grund wollen wir an vielen Stellen die festgeschriebene Forschungstradition kritisch unter die Lupe nehmen und aufgrund der kritischen Gegenüberstellung von nicht-reaktiven und reaktiven Meßverfahren Einschätzungen abgeben. Zur Verdeutlichung sei darauf hingewiesen, daß zu den reaktiven Meßverfahren die direkten und die meisten indirekten Meßverfahren (physiologische, getarnte und projektive) zählen.

4.5.1.2. Interaktion zwischen Forscher und Versuchsperson

Laborexperimentelle bzw. experimentelle Forschung ist dadurch gekennzeichnet, daß der Versuchsleiter auf die Bedingungen, denen sich die Versuchspersonen zu unterziehen haben, einwirkt. Die Tatsache des Einwirkens begründet die Reaktivität eines Vorgehens. Es besteht kaum Zweifel darüber, daß diese Reaktivität die Aussagekraft von erzielten Ergebnissen entscheidend reduziert, da jede, die Einwirkung begleitende Störgröße eine zu testende Alternativhypothese repräsentiert. Im Rahmen des experimentellen Vorgehens lassen sich dabei zumindest die folgenden sechs Störbereiche unterscheiden (vgl. Gniech, 1980):

(1) Aufforderungscharakter der Testsituation, gegeben durch die Instruktion, gewählte Versuchsanordnung, Typ der Versuchsdurchführung (Einzel- oder Gruppenversuch), Geschlecht des Versuchsleiters, persönliches Interesse am Untersuchungsgegenstand, u. ä.

(2) Art der Teilnahmemotivation; so zeichnet sich z. B. eine freiwillige Versuchsperson durch bestimmte Persönlichkeitseigenschaften, eine stärkere Motivation, eine flexiblere Einstellung und eine größere Bereitschaft aus, auf eine persuasive Kommunikation einzugehen (vgl. Gniech, 1980).

(3) Subjektive Einstellung zur Psychologie oder den Sozialwissenschaften bzw. zum Experimentieren, bestimmt durch frühere Erfahrungen als Versuchsperson, die sich im Ausmaß der Kooperationsbereitschaft mit dem Versuchsleiter niederschlägt.

(4) Bewertungsangst (evaluation apprehension); besondere Anstrengungen, sich intellektuell, im Sinne sozialer Erwünschtheit oder generell von der besten Seite zu zeigen (vgl. Esser, 1977). Zugesicherte Anonymität befreit nicht von diesen reaktiven Fehlern (Esser, 1975).

(5) Psychologische Reaktanz als Gegenmaßnahme auf bedrohte Freiräume (vgl. Brehm, 1972); oppositionelles Verhalten der Versuchsperson aufgrund der subjektiv empfundenen Einschränkung der Handlungsfreiheit als Folge der antizipierten Erwartungen des Versuchsleiters.

Eine Möglichkeit, die Fehlerquellen zu kontrollieren, stellt die „Abschirmtechnik" dar, die in experimentellen Settings ein Vakuum herstellen möchte. Die Folge dieser Strategie ist, daß zwar einige allgemeine Störeffekte des experimentellen Arbeitens reduziert, die oben erwähnten spezifischen Einflüsse auf die Versuchsperson damit aber eher verstärkt werden.

Beim Einsatz von nicht-reaktiven Meßverfahren ist sich die Versuchsperson ihrer Rolle als „Datenlieferant" nicht bewußt und die beschriebenen Fehlerquellen treten nicht in dem genannten Ausmaß auf. Fehlerquellen können allerdings durch die Erwartungen des Versuchsleiters hinsichtlich der Reaktionen der Versuchsperson auftreten.

4.5.1.3. Reaktive vs. nicht-reaktive Datengewinnung

Durch die Diskussion der theoretischen Schlüsse, die von der Datengewinnung bis zur Dateninterpretation notwendig sind, kann man zu einer Abschätzung des Stellenwertes nicht-reaktiver Verfahren gelangen.

(1) **Reaktive Meßverfahren**: Diese Verfahren wirken direkt auf die Versuchsperson (aufgrund des Arrangements von seiten des Versuchsleiters und durch die Erhebungstechnik selbst); dies geschieht im Normalfall durch eine manipulierte Situation, die eine Reaktion hervorruft. In dieser künstlichen Situation gibt die Versuchsperson nach impliziten Regeln „Auskünfte" über sich. Alle Informationen aus Fragebögen und Interviews sind letztlich Selbsteinschätzungen, wobei die Regeln, nach denen der Meßvorgang abläuft, im Verborgenen bleiben; sie sind daher oftmals subjektiver als dies auf den ersten Blick zu vermuten ist (Atteslander & Kneubühler, 1975).

(2) **Nicht-reaktive Meßverfahren**: Die wichtigste und vorgeschaltete Aufgabe beim
Einsatz nicht-reaktiver Meßverfahren besteht in der Auswahl weniger Situationen
aus der Vielfalt der möglichen Situationen, die Informationen über die Versuchsperson bieten können. Auf diese Alltagsbedingungen reagiert die Versuchsperson
ohne das Bewußtsein, Daten zu liefern, die für eine wissenschaftliche Untersuchung
nützlich sein können. Als Problem beim Einsatz dieser Meßverfahren ergibt sich die
Frage, mit welchen Intentionen, aufgrund welcher Regeln und Gewohnheiten eine
Versuchsperson eine festgestellte Reaktion gezeigt hat. Die Fehlerhaftigkeit dieser
Verfahren liegt weniger im Bereich der Datensammlung als in den unzureichend
abgesicherten Schlüssen des Forschers auf die den registrierten Daten zugrundeliegenden Faktoren. Die geringen Möglichkeiten bei nicht-reaktiven Meßverfahren,
Bedingungen zu manipulieren, hat teilweise negative Auswirkungen auf die interne

(1) | Theoriegeleitete Konstruktion bzw. Auswahl einer manipulierten Situation

(2) | Konfrontation der Versuchsperson mit der künstlichen Untersuchungssituation

(3) | (a) Wahrnehmung der künstlichen Situation gemäß subjektiver Wahrnehmungsmu-
    ster
    (b) Verarbeitung des Wahrgenommenen
    (c) Reaktion gemäß subjektiver Reaktionsmuster (Gewohnheiten)

(4) | Interpretation der Daten im Sinne des untersuchten Gegenstandes

(5) | Schluß von der künstlichen Situation auf beliebige natürliche Situationen

Abb. 2 Theoretische Schlußebenen bei reaktiven Meßverfahren

(1) | Auswahl von natürlichen Situationen, die über eine Versuchsperson Informationen
    liefern können

(3) | (a) Wahrnehmung der natürlichen Situation gemäß subjektiver Wahrnehmungsmu-
    ster
    (b) Verarbeitung des Wahrgenommenen
    (c) Reaktion gemäß subjektiver Reaktionsmuster (Gewohnheiten)

(4) | Interpretation der Daten im Sinne des untersuchten Gegenstandes

(5) | Schluß von der ausgewählten natürlichen Situation auf beliebige natürliche Situatio-
    nen

Abb. 3 Theoretische Schlußebenen bei nicht-reaktiven Meßverfahren

Validität. Die externe Validität wird jedoch günstig beeinflußt, da man von einer natürlichen Situation auf beliebige natürliche Situationen schließen kann (vgl. Campbell & Stanley, 1970). Abb. 2 und 3 stellen nochmals reaktive und nicht-reaktive Meßverfahren gegenüber.

Die Überbewertung der reaktiven und speziell der direkten Meßverfahren in der psychologischen und sozialwissenschaftlichen Forschung ist ein Ausdruck dafür, daß Forscher zu wenig differenziert das Bild der Versuchsperson wahrnehmen ud davon ausgehen, daß diese als willen- und bewußtseinslose Wesen dic Intentionen des Versuchsleiters nicht erkennen und sich als „Reaktionsgeneratoren" beliebig oft mißbrauchen lassen. Es dürfte nicht zu diskutieren sein, ob die nicht-reaktiven Meßverfahren eine Bedeutung haben, sondern vielmehr wie man diese Informationen innerhalb einer bestehenden Theorie ausschöpfen kann.

Die Problemlage der nicht-reaktiven Meßverfahren kann durch die folgenden 6 Punkte skizziert werden, die vertieft werden sollen:

(1) Nicht-reaktive Meßverfahren appellieren an den Forscher, in unkonventioneller Weise lebensnahe Indikatoren für die Beantwortung wissenschaftlicher Fragestellungen zu nutzen, denn soziale Ereignisse sind kulturell verankert und weisen neben dem aktuellen Verhalten Bezüge zu Vergangenem und Zukünftigem (persönlichen Zielen) auf. Diese Verfahren müssen im Kontext der Diskussion des experimentellen Arbeitens in den Sozialwissenschaften gesehen werden (vgl. u. a. Gergen, 1978; McGuire, 1973).
(2) Da der Versuchsleiter auf die Versuchsperson nicht einwirkt, können Verzerrungen bei der Datengewinnung nur durch die unrealistische Erwartungshaltung des Versuchsleiters auftreten.
(3) Die Aussagekraft von nicht-reaktiven Meßverfahren ist vielfach deshalb unklar, weil theoretische Überlegungen fehlen, wie diese Verfahren in ein Rahmenkonzept zu integrieren sind. Es bleibt offen, ob und in welcher Weise verschiedene Verfahren kombiniert werden können.
(4) Die in Abb. 3 vorgestellten logischen Schlüsse von einem indirekten Datum auf ein theorienahes, interpretierbares Faktum müssen stärker abgesichert werden.
(5) Einzelergebnisse, die durch nicht-reaktive Meßverfahren gewonnen werden, müssen durch Wiederholungsstudien und den Vergleich der erzielten Ergebnisse (= Kreuzvalidierung) überprüft werden.
(6) Die möglichen und realen Anwendungsbereiche von nicht-reaktiven Meßverfahren werden kaum vergleichend diskutiert; Fortschritte in einem Bereich werden nicht auf andere übertragen. Der bisherige Einsatz von nicht-reaktiven Meßverfahren scheint eher der Intuition des Forschers als expliziten Regeln des Forschungsprozesses zu folgen.

4.5.2. Allgemeine Bemerkungen zur Aussagekraft nicht-reaktiver Meßverfahren

Nicht-reaktive Meßverfahren gehören bislang anscheinend in das Kuriositätenkabinett der empirischen Sozialforschung. Die folgenden Ausführungen möchten die Frage beantworten, aufgrund welcher Schritte dieser Bannkreis zu durchbrechen ist. Im Zentrum der Betrachtungen steht die Aussagekraft von nicht-reaktiven Meßverfahren; sie zählen zwar zu den indirekten Meßverfahren, dennoch können viele Gegenstände von ihnen unmittelbarer erfaßt werden als z. B. durch eine Befragung. So bringt die Verhaltensbeobachtung an ausgewählten Orten eine validere und unmittelbarere Erfassung des Gegenstandes „Selbstsicherheit im Umgang mit dem anderen Geschlecht" als die Frage danach. Demnach wäre die implizite Annahme, direkte Meßverfahren seien per definitionem auch unmittelbarer, voreilig.

Die Frage, ob ein Meßverfahren vorliegt und welche Aussagekraft es besitzt, kann anhand der Bedingungen des Meßvorganges (Standardisierung) und der Messung selbst beantwortet werden. Unter einer begründeten Messung versteht man die Abbildung der Realität (empirisches Relativ) in ein Zahlensystem (numerisches Relativ), wobei nur solche Beziehungen im Zahlensystem abgebildet werden dürfen, die auch in der Realität eine theoretische Begründung haben (= der sogenannte „Homomorphismus"; Suppes & Zinnes, 1963; Kreppner, 1975). Die Metrik der Messung und damit die möglichen Auswertungsschritte werden bestimmt durch die Zulässigkeit von Transformationen der Daten, ohne daß dabei inhaltliche Relationen verändert werden bzw. neue, nicht theoretisch abgeleitete hinzukommen. Die Tatsache, daß nicht-reaktive Meßverfahren meist nur ordinale Informationen liefern, liegt in dem sozialwissenschaftlichen Gegenstandsfeld begründet und beinhaltet, daß auch bei reaktiven Meßverfahren kaum mehr als ordinale Aussagen gemacht werden können (Hilke, 1980).

Die Bedingungen des Meßvorganges faßt man im allgemeinen unter dem Begriff „Standardisierung" zusammen. Das Ausmaß der Standardisierung ergibt sich aus der Anzahl und Präzision der expliziten Bedingungen, unter denen eine Messung erfolgt. Für nicht-reaktive Meßverfahren bedeutet dies, daß die Situation, in der Daten gewonnen werden, spezifisch angegeben und die Störbedingungen, z. B. von seiten des Versuchsleiters, ausgeschaltet bzw. berücksichtigt werden. Die Standardisierung bezieht sich damit im wesentlichen auf den Aspekt der Objektivität, vor allem auf die Durchführungsobjektivität (vgl. Lienert, 1969) und dürfte bei reaktiven und nicht-reaktiven Meßverfahren ein vergleichbares Problem darstellen.

4.5.3. Katalog nicht-reaktiver Meßverfahren

In den jahrzehntelangen Bemühungen um die Quantifizierung sozialwissenschaftlicher Inhalte wurden vielfältige nicht-reaktive Meßverfahren entwickelt. Das Buch von Webb et al. (1975) ist eine wahre Fundgrube origineller und interessanter Quantifizierungsmöglichkeiten, die den Blick für mögliche Operationalisierungen sozialwissenschaftlicher Inhalte weiten. Als Meßverfahren haben sie sich explizit mit folgenden Problemen auseinanderzusetzen:

(1) **Bestimmung der Stichprobe**: Ein Forschungsobjekt ist meist aus ökonomischen Gründen nicht vollständig und lückenlos zu erfassen; als Ausweg bietet sich die Untersuchung einer Stichprobe an. Der gebräuchliche Begriff der Stichprobe bezieht sich auf die Auswahl von Personen, aber auch soziale Kollektive (Organisationen, Gruppen etc.) und Gegenstände (Besitz, kulturelle Produkte etc.) stellen Objekte sozialwissenschaftlicher Aussagen dar (Opp, 1976; Objektstichprobe). Untersucht man z. B. eine Personenstichprobe häufiger, ergeben sich Probleme bei der Auswahl der Untersuchungszeitpunkte (Zeitstichprobe). Prinzipiell ist es möglich, den Stichprobenbegriff auch auf Merkmale zu erweitern (Variablenstichprobe); dies ist bislang nicht üblich und soll auch hier nicht weiter verfolgt werden.

(2) **Bestimmung der Analyseeinheit**: Zur Quantifizierung ist es notwendig, die Objektstichprobe in Einheiten zu unterteilen, die im Anschluß daran nach Kategorien geordnet werden können. Je nach präferierter Abstraktionsebene können die Einheiten der Objektstichprobe feingliedrig oder grob ausfallen (Handlung einer Per-

son vs. Anzahl der Museumsbesucher; Aufgabenlösung einer Gruppe vs. Etat einer Stiftung; Artikel einer Zeitung vs. Seitenzahl von Büchern). Die Analyseeinheit bei der Zeitstichprobe wird entscheidend durch die Abstände zwischen den wiederholten Messungen bestimmt (Petermann, 1978).

(3) **Bildung eines Kategorienschemas**: Die Forschungsfrage legt die relevanten Aspekte der Analyseeinheiten fest. Für diese Aspekte wird ein Kategorienschema ausgearbeitet, das hinsichtlich seiner Aussagekraft empirisch abgesichert werden muß.

4.5.3.1. Analyse physikalischer Spuren

Menschliches Verhalten hinterläßt in vielen Fällen physikalische Spuren, nämlich selektive Abnutzungen und systematische Ablagerungen. Da diese Spuren nicht zufällig anfallen, sondern mit den Lebensgewohnheiten und dem gestalteten Lebensraum eng in Zusammenhang stehen, eignen sie sich als Datenmaterial für sozialwissenschaftliche Fragestellungen. Durch die Aufdeckung der Systematik in physikalischen Spuren ist ein Rückschluß auf die Einwirkenden möglich.

In der Literatur wird zwischen Abnutzung (Erosion) und Ablagerung (Akkomodation) unterschieden. Erosionsmaße sind aufgrund der vermeintlichen inhaltlichen Begrenzung kaum gebräuchlich. Melton (1936) ermittelte die Bedingungen des Interesses an Ausstellungsstücken aufgrund der Abnutzung der Teppichbodenfliesen im Bereich dieser Gegenstände. Akkomodationsmaße wurden häufiger verwandt; so untersuchte Kinsey et al. (1953) Wandschmierereien in Toiletten. Er fand bedeutsame Unterschiede bei Damen- und Herrentoiletten, die zudem bei ethnologisch verschiedenen Gruppen variierten.

In der folgenden Tab. 1 werden beispielhaft einige Operationalisierungen genannt, die Beispiele stammen aus Webb et al. (1975).

Die bisher dargestellten physikalischen Spuren entstanden ohne die Einwirkung des Forschers. Aus forschungsökonomischen Gründen und Gründen der Erweiterung

Tab. 1 Erosionsmaße (E) und Akkomodationsmaße (A)

Fragestellung	Messung
Popularität eines Ausstellungsgegenstandes	Abnutzung der Teppichbodenfliesen im Umfeld (E)
Leserate eines Buches	Abnutzung der Ecken des Buches (E)
Leserate eines Buches	Ablagerung von Staub auf dem Buch (A)
Interessensrichtung der Leser eines Buches	Fingerabdrücke und Unterstreichungen (A)
Nahrungsaufnahme bei stationären Patienten	Gewicht der Abfall- und Speisetabletts (A)
Popularität von Sendern	Sendereinstellung von Autoradios ermittelt in Servicestationen (A)
Geschlechtsunterschiede im Sozialverhalten (Vorbeugen gegenüber Autodiebstahl)	verschlossene vs. offene Autotüren (A)
Leserschaft einer Anzeige	Fingerabdrücke auf einer Seite (A)
Alkoholverbrauch	Anzahl der Schnapsflaschen im Hausmüll (A)

der inhaltlichen Aussage kann der Forscher auch unauffällig die gewohnte Umgebung manipulieren. So verklebte Politz (1958) Zeitschriftenseiten, um das selektive Aufschlagen von Textstellen zu untersuchen. Andere Möglichkeiten bieten tastempfindliches Papier, Lichtschranken an Türen, präparierte Bodenfliesen usw.

Zur methodischen Bewertung der Analyse physikalischer Spuren sind die folgenden Punkte zu beachten:

(1) **Bestimmung der Stichprobe**: Um Probleme bei der Bestimmung der Stichprobe zu erläutern, soll folgendes Beispiel eingeführt werden. Ein Archäologe wählt aus der Menge aller Fundstücke einer Epoche eine repräsentative Stichprobe für eine weitere Analyse aus (Objektstichprobe), um auf die Fundstücke insgesamt (Objektbereich) zu schließen. Möchte der Archäologe eine Aussage über die Lebensgewohnheiten in der ausgewählten Epoche treffen, können sich Schwierigkeiten ergeben: so ist es fraglich, ob alle Bevölkerungsschichten die Möglichkeit hatten, Fundstücke zu hinterlassen. Vor diesem Problem stehen nahezu alle Analysen physikalischer Spuren, da die Repräsentativität der „Spurenverursacher" selten angenommen werden kann, Informationen über deren Zusammensetzung aber nur selten zugänglich sind. Ein weiteres Stichprobenproblem ergibt sich bei der Bestimmung der Zeiträume, in denen Spuren anfallen. Es müssen Annahmen über die zwischenzeitliche Ereignisdichte getroffen werden, die Konsequenzen für die Wahl des Zeitintervalls zwischen wiederholten Messungen haben (Nasenabdrücke als Maß der Attraktivität von Ausstellungsgegenständen vs. Abnutzung von Steinfliesen an Gedenkstätten).

(2) **Bestimmung der Analyseeinheit**: Viele Spuren liegen bereits in Einheiten vor, die auch theoretisch relevant sind, z. B. Abfallstücke von Teppichfliesen. Größere Mengen von Spuren bzw. eine Focussierung auf bestimmte Aspekte einer Spur bedingt eine Zusammenfassung bzw. Aufgliederung der empirisch vorliegenden Einheiten, die die relevanten Aspekte unverfälscht abbildet.

(3) **Bildung eines Kategorienschemas**: Bei vielen Untersuchungen physikalischer Spuren interessiert nur eine Dimension, z. B. Gewicht oder Anzahl von Ablagerungen bzw. Abnutzungen; dennoch kann die Notwendigkeit bestehen, mengenmäßige Kategorien zu bilden, um das Skalenniveau der gefundenen Daten nicht zu überschätzen. Am Beispiel einer Untersuchung des Hausmülls kann man sich verdeutlichen, daß auch qualitative Kategorien bei der Spurenanalyse ihren Sinn haben: so kann man grob zwischen Luxus- und Gebrauchsgütern unterscheiden oder weiter differenzieren.

4.5.3.2. Nicht-reaktive Verhaltensbeobachtung

Jeder stellt im Alltag Beobachtungen an, wählt aus einem kontinuierlichen „Ereignisfluß" (von Cranach & Frenz, 1969) nach subjektiven Kriterien Einheiten aus und interpretiert sie. Eine wissenschaftliche Beobachtung muß jeden Schritt ihres Handelns begründen und systematisieren, um Vergleichbarkeit, Reliabilität und Objektivität zu sichern. Eine freie Beobachtung dient nur der Hypothesenbildung, die dann durch objektivere Methoden abgetestet werden.

In der Literatur unterscheidet man teilnehmende Beobachtung, bei der der Beobachter im sozialen Feld der Beobachteten agiert, und nicht-teilnehmende Beobachtung, bei der zwischen Beobachter und Beobachtetem technische Medien stehen (Einwegscheiben, Videoaufzeichnungen usw.). Ob eine Beobachtung nicht-reaktiv ist, hängt weniger von dieser Einteilung ab, als von den realisierten Bedingungen und dem relevanten Beobachtungsaspekt.

Beispielhaft wird die systematische teilnehmende Beobachtung in einer Freizeitheimstudie von Friedrichs & Lüdtke(1973) verwandt. Die Beobachter wurden nach einem Beobachtertraining als Praktikant oder Erziehungshelfer in den Freizeitheimen 6 Wochen lang beschäftigt. Während dieser Zeit erfaßten sie folgende Variablen durch ein Beobachtungsschema: Räumlichkeiten, Kapazität, Öffnungszeiten, Personal, Finanzierung, Ausstattung, Besucher und Programm, Interaktionsstil des Heimleiters, Autoritäts- und Rollenstruktur des Heims usw. Die ersten Variablen konnten mit Sicherheit nicht-reaktiv erfaßt werden, da sich der relevante Aspekt kaum durch die Anwesenheit des Beobachters verändert; ein Interaktionsstil kann jedoch leicht gewechselt werden. Allerdings kann auch die nicht-teilnehmende Beobachtung reaktive Effekte auslösen (z. B. eine Videokamera oder eine Einwegscheibe).

In Tab. 2 sind einige Beobachtungsbeispiele aufgeführt, die aus Webb et al. (1975; Autoaufkleberbeispiel: Bungard & Lück, 1974) entnommen wurden.

Tab. 2   Teilnehmende (T) und nicht-teilnehmende (nT) nicht reaktive Verhaltensbeobachtung

Fragestellung	Messung
Schichtunterschiede	Kleidung (T)
Gruppenbildungen in gemischtrassigen Schulklassen	Sitzordnung (T)
interpersonelle Distanz	körperlicher Abstand zwischen Gesprächspartnern (T)
soziale Schicht und Parteipräferenz	Autoaufkleber (Werbeplaketten von Parteien) und Automarken (nT)

Unter methodischen Gesichtspunkten sind bei der Anwendung nicht-reaktiver Verhaltensbeobachtung folgende Aspekte zu diskutieren:

(1) **Bestimmung der Stichprobe**: Meist sind die beobachteten Objekte Personen, es ist also eine Personenstichprobe zu ziehen. Die Forderung der Nicht-Reaktivität beinhaltet, daß auf die Zusammensetzung der Stichprobe von seiten des Forschers nicht eingewirkt werden kann. Dies hat zur Folge, daß repräsentative Stichproben schwer gebildet werden können. So bilden Straßenpassanten oder Wochenmarktbesucher keineswegs eine repräsentative Auswahl, wohl aber eine breite Mischung verschiedenster Bevölkerungsgruppen.

Neben der Personenstichprobe muß die Beobachtungszeit und die Beobachtungsdauer, also die Zeitstichprobe, bestimmt werden. Man unterscheidet vor allem zwei Methoden: Time-sampling und event-sampling. Beim „time-sampling" (Zufallsauswahl von Zeitabschnitten) wird der Anfang und die Dauer von Beobachtungszeiten zufällig festgelegt. Diesem Verfahren wird häufig eine mangelnde Validität vorgeworfen, besonders bei sehr kurzen Sequenzen, da Handlungen willkürlich abgetrennt und unterteilt werden. Beim „event-sampling" (Ereignisstichprobe) wird jeweils dann beobachtet, wenn ein Ereignis eintritt. Bei einer großen Anzahl von Ereignissen gibt es auch hier die Möglichkeit, zufällig auszuwählen. Es kann durch diese Technik zwar nicht mehr auf alle Verhaltensweisen geschlossen werden, doch sind wahrscheinlich alle relevanten Verhaltensweisen erfaßt. Probleme bei diesem Vorgehen ergeben sich bei der Definition der Ereignisse, die der Beobachtung zugrunde gelegt werden sollen.

(2) **Bestimmung der Analyseeinheit:** Die Analyseeinheit muß sich auf Verhaltensaspekte beziehen, die in der Fragestellung definiert sind. Als mögliche Bestimmungsstücke kann man in Anlehnung an Friedrichs & Lüdtke (1973) nennen: räumliche Ausdehnung, beteiligte Personen, Kommunikationsmuster und -kanäle, vorausgegangene und nachfolgende Situationen, Dauer, Ziele usw.

(3) **Bildung eines Kategorienschemas:** Die häufig anzutreffende große Variabilität von Verhaltensbewertungen macht besonders bei komplexen Verhaltenseinheiten ein Beobachtertraining notwendig. Dort sind die Kategorien operational exakt voneinander abzugrenzen.

4.5.3.3. Inhaltsanalyse von Dokumenten[1]

Aufzeichnungen gehören in unserer Zeit zum täglichen Leben, sie bilden nicht nur Realität ab, sondern stellen selbst Realität dar. Ihrem Inhalt kann man sich auf sehr unterschiedliche Art nähern; man kann Inhalte nach subjektiven Regeln interpretieren oder wissenschaftlich analysieren, wobei verschiedene nachfolgend darzustellende Verfahren gewählt werden können. Beispiele für Inhaltsanalysen sind: Ladurie & Dumont (1971) untersuchten französische Militärarchive von 1819–1826, die auch Informationen über psychische und soziale Merkmale der Rekruten enthielten. Renouvin (1970) wertete die Archive der französischen Pressezensurbehörden zur Zeit des ersten Weltkrieges aus, die die Aufgabe hatten, die „Stimmung im Volke" zu beurteilen. Wick-Kmoch (1975) analysierte die Darstellung der deutsch-polnischen Beziehungen in der westdeutschen Tagespresse.

Tab. 3 enthält einige Beispiele für Inhaltsanalysen, die aus Lisch & Kriz (1978) entnommen wurden. Nach der Fragestellung unterscheidet man grob drei Arten der Inhaltsanalyse. Sollen Richtung und Intensität von Einstellungsäußerungen im

Tab. 3 Beispiele für Inhaltsanalysen unter Angabe der Auswertungsprozedur. Erläuterung: (1) Richtungs- und Intensitätsbestimmung; (2) Trendanalyse; (3) Analyse von Assoziationsstrukturen

Fragestellung	Messung
Ziele der Gewerkschaftspresse	prozentuale Häufigkeits- und Raumverteilung der verschiedenen Sparten (1)
Reaktion der Presse auf sensationelle oder negative Meldungen	Häufigkeitsauszählung von Schlüsselkategorien und deren Bewertung (1)
Bild von Unternehmern und Managern in Zeitungen und Zeitschriften	Häufigkeitsauszählungen und Intensitätsbewertungen und Einstellungsäußerungen (1)
Entwicklung der Wahlpropaganda einer Partei	Vergleich von Einschätzungen über den Zeitverlauf (2)
Zusammenhang zwischen Inhaltskategorien bei verschiedenen Autoren	Kontingenz- und Bedeutungsfeldanalyse (3)

---

[1] Vgl. auch Kap. 2.3.

Text untersucht werden, müssen die Analyseeinheiten danach bewertet werden, zu welcher Einstellungskategorie sie gehören und welche Wertung (positive, neutrale oder negative) sie haben. Bei einem Gesamtbild des Textes werden diese Bewertungen aufsummiert (Häufigkeitsverteilung). Interessiert die Veränderung der Einstellungsäußerungen über die Zeit, wird in einer Trendanalyse die Zeitdimension miteinbezogen. Die Frage, ob verschiedene Einstellungsobjekte (SPD, Gewerkschaft, Bürgerinitiativen) im Text in Zusammenhang stehen, beantworten die verschiedenen Formen der Analyse von Assoziationsstrukturen, z. B. durch eine Kontingenz- und Bedeutungsfeldanalyse (zum Vorgehen Lisch & Kriz, 1978; Bessler, 1970).

Zur methodischen Bewertung der Inhaltsnalyse von Dokumenten sind die folgenden Punkte zu beachten:

(1) **Bestimmung der Stichprobe:** Die Objekte der Inhaltsanalyse sind Dokumente, aus denen eine Stichprobe gezogen werden muß. Die übliche repräsentative Auswahl bringt in vielen Fällen Nachteile mit sich, da sie z. B. aufgrund von Vorüberlegungen relevante, richtungsweisende Informationen untergewichtet. Eine Möglichkeit, valide Inhalte in der Analyse zu erfassen, bietet das „clustering-sampling", in dem mehrere zusammengehörige Teile ausgewählt werden. Bei Tageszeitungen, die eine ausgeprägte Wochenperiodik haben (z. B. in der Montagsausgabe Sportnachrichten oder in der Donnerstagsausgabe die Rubrik „Rund um das Auto"), bietet sich eine gestufte Auswahl an. Bei einer gestuften Auswahl stellt man z. B. eine künstliche Woche derart zusammen, daß man eine bestimmte Anzahl von Ausgaben jedes Wochentages untersucht, die im Untersuchungszeitraum erschienen sind (verschiedene Montagsausgaben, Dienstagsausgaben usw.). Grundlegend für die Ziehung der Objektstichprobe ist die Definition der Gesamtzahl aller Elemente. So muß man sich z. B. bei der Analyse von Zeitungen entscheiden, ob man aus der Anzahl verschiedenartiger Blätter eine Stichprobe zieht oder eine Gewichtung nach Auflage, Verkaufszahl oder Leserschaft vornehmen will. Sollen fortlaufend produzierte Dokumente (z. B. Verkaufsstatistiken) untersucht werden, muß ebenfalls eine Zeitstichprobe bestimmt werden, über die sich die Betrachtung erstrecken soll.

(2) **Wahl der Analyseeinheit:** Die Frage nach den inhaltlichen Einheiten kann sehr unterschiedlich beantwortet werden; sie bezieh sich auf Drucktyp, Wort, Thema, syntaktische Einheit, Aussage, Abschnitt, Titel, Schlußsatz usw. Je größer die gewählte Einheit ist, desto schwieriger wird es, eindeutige Kategorien zu finden. Der Einsatz der EDV bei der Inhaltsanalyse hat die Einheit „Wort" besonders bei den Linguisten in den Vordergrund treten lassen. An der Erfassung komplexerer Einheiten wird noch gearbeitet.

(3) **Bildung eines Kategorienschemas:** Die Komplexität von Texten hat zu immensen Problemen bei der Auswahl und der exakten Definition von Kategorien geführt und aus diesem grund diskutierte man schon früh standardisierte Kategoriensysteme. Sie finden jedoch aus zwei Gründen kaum Verwendung: Erstens beziehen sie sich selten auf die Bedeutungsdimension, die durch die Forschungsfrage definiert ist; zweitens sind sie kaum auf die verschiedenartigen Dokumente bezogen, und zudem ändert sich der Sprachinhalt und Sprachgebrauch über die Zeit.

Bei der konkreten Kategorienbildung kann man verschiedene Wege einschlagen: Man kann Kategorien sehr einfach durch einen Oberbegriff bilden, der jedoch oft nicht eindeutig und differenziert genug ist. Eine andere Möglichkeit stellt die Aufzählung aller Elemente dar, die allerdings nur bei einer geringen Anzahl von möglichen Elementen praktikabel ist. Im Rahmen einer inhaltlichen Beschreibung von

Kategorien, die die dritte Form der Kategorienbildung repräsentiert, hat es sich als günstig erwiesen, markante Elemente und Zweifelsfälle zu nennen.

4.5.4. Anwendungsfelder nicht-reaktiver Meßverfahren

4.5.4.1. Experimentelle Verwendung nicht-reaktiver Meßverfahren

Die experimentelle Verwendung nicht-reaktiver Meßverfahren erstreckt sich auf Feldexperimente, in denen das Verhalten von Personen untersucht werden kann. In Feldexperimenten wird der verzerrende Einfluß des Forschers dadurch gering gehalten, daß in einer natürlichen Situation (z. B. auf einer belebten Straße, in einer U-Bahnstation) eine unabhängige Variable (z. B. die Kleidung einer hilfsbedürftigen Person) in begrenztem Umfang manipuliert wird (Bickman & Henchy, 1972; Koch, 1976; Lück, 1977). Zur unauffälligen Realisierung der manipulierten Variable wurden verschiedene nicht-reaktive Meßverfahren entwickelt. Zwei häufig genannte, die Verwähltechnik und die Technik der verlorenen Briefe, sollen ausgeführt werden.

(1) **Verwähltechnik (wrong-number-technique):** Ein Anrufer, der durch bestimmte Merkmale (Tonfall, Sprechweise, Sprachkode) gekennzeichnet ist, verwählt sich bewußt und bittet den Angerufenen um Hilfe. Er teilt dem Angerufenen mit, daß er soeben sein letztes Kleingeld vertelefoniert habe, er besitze nur noch Scheine, und mit einer Wagenpanne festsitze. Aufgrund dieser Notlage bittet der Anrufer den Angerufenen eine Werkstatt zu benachrichtigen, die ihm weiterhelfen könne (Gaertner & Bickman, 1971).

(2) **Technik der verlorenen Briefe (lost-letter-technique):** Diese Technik basiert auf der Analyse der Reaktionen auf verlorene und bereits frankierte Briefe. Die Briefe beinhalten z. B. ein klar für den Finder erkennbares Metallstück in der Größe einer Geldmünze. Die manipulierte Variable könnte etwa der Ort, an dem die Briefe „ausgestreut" wurden oder die Adresse des Briefes (z. B. verschiedene Parteibüros) darstellen. Aus der unterschiedlichen Häufigkeit der abgeschickten Briefe lassen sich Rückschlüsse auf das Verhalten des Finders vornehmen.

Weiterhin beschäftigen sich nicht-reaktive Feldexperimente mit der Erforschung des konformen Verhaltens. Besonders häufig wurde in diesem Zusammenhang das Verhalten im Straßenverkehr analysiert. Mögliche Fragestellungen waren hierbei: das Überqueren eines Fußgängerüberganges bei einer roten Ampel in Abhängigkeit vom Aussehen (wahrgenommenen Status) der sich regelwidrig verhaltenden Modellperson (Lefkowitz et al., 1953); Hupen bei Autofahrern, die nicht sofort auf eine grüne Ampel reagieren, wobei dies mit dem Autotyp (Luxuswagen; einfacher, vergammelter PKW) in Beziehung gebracht wird (Doob & Gross, 1968; Harris, 1976). In einer zusammenfassenden Literaturbetrachtung teilen Bungard & Lück (1974: 115) mit, daß in folgenden Bereichen nicht-reaktive Feldexperimente angewandt werden: Markt- und Werbeforschung, prosoziales Verhalten, Einstellungs- und Verurteilsforschung, Erforschung des kollektiven bzw. konformen Verhaltens (vgl. auch Patry, 1981).

Obwohl die Künstlichkeit von Laborbedingungen und die Absichten der nicht-reaktiven Datengewinnung schwer zu vereinbaren sind, versucht man dennoch eine Kombination, um reaktive Effekte zu vermeiden. Ein mögliches Vorgehen besteht darin, die Versuchsperson über die Datenerhebungssituation hinwegzutäuschen (Gniech, 1980). So führte z. B. Markus (1978) Versuchspersonen in einen Warteraum, in dem sie eine Uniform für das folgende Experiment anziehen sollten. Die Versuchspersonen wurden durch einen Einwegspiegel beobachtet, um den Einfluß der bloßen Anwesenheit einer ebenfalls im Warteraum befindlichen Person auf die Lösung verschieden komplexer Aufgaben zu untersuchen. Weitere Einsatzgebiete nicht-reaktiver Meßverfahren in Laborexperimenten befinden sich in Bungard & Lück (1974).

4.5.4.2. Archivmaterialien, biographische und historische Dokumente

Tagtäglich werden unzählige Dokumente erstellt und in Archiven abgespeichert. Diese heute noch viel zu wenig genutzten Informationsquellen haben den Vorteil, daß zum Zeitpunkt ihrer Niederschrift nicht an eine sozialwissenschaftliche Analyse gedacht wurde.

Eine Analyse von Dokumenten ist besonders dann angemessen, wenn

- es sich um die Beschreibung seltener und extremer Phänomene handelt (z. B. Selbstmörderbriefe, Tagebuch aus einem KZ),
- nicht beobachtbare Aspekte (subjektive Entscheidungen, Trauerreaktionen) erfaßt werden sollen,
- andere Meßverfahren einen unvergleichlich größeren Aufwand bedeuten und die zu bearbeitende Stichprobe einschränken würden oder
- für eine Fragestellung keine andere Datenquelle zur Verfügung steht.

Bei der Analyse von Dokumenteninhalten ist zu beachten, daß sie Verzerrungen der dargestellten Realität beinhalten können. So mag es Einflüsse geben, die vom Verwendungszweck und der Verbreitung des Dokuments abhängig sind: In einer Public-Relations-Anzeige könnte die rationelle Fertigungsweise hervorgehoben werden, die in einer Wirtschaftsprognose aufgrund der Umweltbelastung keine Erwähnung findet. Will man auf die Realität anhand von Dokumenteninhalten schließen, sollte bei der Analyse auf diese potentiellen Verzerrungstendenzen geachtet werden. In Tab. 4 werden Dokumente angegeben, die in sozialwissenschaftlichen Analysen verwandt wurden bzw. werden können.

Wie eine Durchsicht von Zeitschriftenbänden zeigte, wurden öffentliche Dokumente besonders häufig analysiert. So untersuchte Lincoln (1978) Determinanten der Streikhäufigkeit und Streit (1977) analysierte den Grad der Informiertheit von Experten hinsichtlich Prognosen über den Bestand und Bedarf von Akademikern. Lantz et al. (1975) beschäftigte sich anhand einer Inhaltsanalyse von Zeitschriften der Jahrgänge 1741 bis 1865 mit der Veränderung der amerikanischen Familie von der vorindustriellen zur industriellen Zeit. Die Autoren untergliederten die Titel der Zeitschriftenbeiträge in die Kategorien: „Beziehung zwischen Mann und Frau", „romantische Liebe", „Heiratsmotivation" und „Sanktionen auf voreheliche und außereheliche Beziehungen",

Die folgenden drei Autoren legten öffentliche und interne Dokumente ihren Untersuchungen zugrunde. Abrahamson et al. (1977) analysierte die interne Struktur von Post, Eisenbahnunternehmen, Banken etc., um die wirtschaftliche Struktur einer Region zu erfassen. Cohen & Kluegel (1978) verglichen die Urteile von Jugendgerichten in Denver und Memphis anhand von Gerichtsakten, um Determinanten für deren Entscheidungen zu erhalten. Sie erfaßten den Zusammenhang von soziologischen Variablen, der Art der Straffälligkeit und die Höhe der Strafe. Benninghaus (1978) beschäftigte sich mit der Arbeitssituation und Arbeitszufriedenheit als Determinanten für Fehlzeiten. Er setzte die vom Arbeitgeber erfaßten Fehlzeiten mit

Tab. 4 Mögliche und realisierte Objekte von Dokumentenanalysen, gegliedert nach potentiellen Verzerrungstendenzen ihres Inhalts

Verbreitung Ver- wendungs- zweck des Doku- ments	öffentlich	intern	privat
Information	Statistiken, Jahrbücher (Abrahamson et al., 1977; Lincoln, 1978), Zeitungen, Nachrichtensendungen	Firmenakten über Fehlzeiten (Benninghaus, 1978); Unternehmenshierarchien (Abrahamson et. al., 1977)	private Adressen-verzeich-nisse; Kalender-notizen
Einstufung	Gerichtsurteile (Cohen et al., 1978); Diplomarbeiten	Gerichtsakten (Cohen et al., 1978); Arbeitsplatzbe-schreibungen (Benning-haus, 1978)	
Selbstdarstellung	Autobiographien; Partei-programme; P-R-Anzeigen	Tätigkeitsberichte; Bewer-bungen	Tagebücher (Lever, 1978); Briefe
Vorhersagen	Akademikerbedarfspro-gnosen (Streit, 1977); Wirtschaftsprognosen	Investitionspläne; Bedarfs-prognosen	Familien-planung
Unterhaltung	Familienzeitschriften (Lantz et al., 1975)	Clubprogramme	Urlaubs-aufzeich-nungen

den vorhandenen Arbeitsplatzbeschreibungen, die nach Tätigkeitsmerkmalen kategorisiert wurden, in Beziehung und führte zusätzlich eine Befragung durch. Gerade interne Dokumente bieten einen vielversprechenden Ansatzpunkt für betriebswirtschaftliche und soziologische Fragestellungen.

In der Vergangenheit waren persönliche Dokumente besonders in der entwicklungs- und persönlichkeitspsychologischen Lebenslaufforschung von Bedeutung (Thomae & Petermann, 1983). Eine andere Nutzung persönlicher Dokumente zeigt Lever (1980) auf. Der Autor erfaßte die Komplexität von Kinderspielen neben einem Interview und einer Beobachtung auch durch die Analyse von Tagebüchern. Man sollte aber nicht übersehen, daß die Beschaffung und Verwendung von persönlichen Dokumenten in vielen Fällen ethische Probleme mit sich bringt.

In den genannten Studien reichen die Einsatzfelder der Dokumentenanalyse von der historischen Analyse (vgl. Albrecht, 1975), der Analyse von umfassend dokumentierten Entscheidungen bzw. Ereignissen bis zur Analyse einfacher aufgezeichneter Beobachtungen.

4.5.4.3. Erfassung von Umwelten

Die Erfassung von Umwelten ist in den vergangenen 10 bis 15 Jahren mit einer starken Abkehrung von reaktiven Meßverfahren verbunden gewesen und zukünftig dürfte diesem Anwendungssektor, obwohl schon Autoren vor dem allzu unreflektierten Einsatz von nicht-reaktiven Meßverfahren warnten (Stapf, 1976: 35), ein zentrale Bedeutung zukommen.

Im Rahmen einer sehr ausführlichen Befragung eines repräsentativen Teils der bundesdeutschen Bevölkerung registrierten Pappi & Pappi (1978) im Rahmen einer teilnehmenden Beobachtung die Wohnzimmereinrichtungen. Während die befragten Personen den Fragebogen ausfüllten, wurden anhand einer Checkliste die vorhandenen Stilelemente ihrer Einrichtung registriert. Durch eine Multidimensionale Skalierung bestimmte man Einrichtungsstile, d. h. das gemeinsame Auftreten von Einrichtungsgegenständen mit bestimmten Stilelementen (z. B. Ledersofa und Klavier). Zur Überprüfung der Validität der ermittelten Stile wurde die Wohnzimmereinrichtung vom Interviewer einer von sieben vorgegebenen Stilkategorien zugeordnet.

Die Sozialwissenschafen beschäftigten sich in vielen Fällen mit der Erfassung und Kategorisierung der materiellen Erscheinungsformen der Umwelt. Für psychologische und soziologische Fragestellungen sind nicht in erster Linie materielle Umwelten, wie die Einrichtung einer Wohnung, interessant, sondern in welcher Weise sich Personen in unterschiedlichen Umwelten verhalten (Gleichmann, 1976). In diesem Zusammenhang können Studien über die Lebensbedingungenin Vororten, Slums u. ä. aus den USA angeführt werden (vgl. Ittelson et al., 1977); andere Autoren führen in sehr eng umgrenzten Situationen teilnehmende Verhaltensbeobachtungen durch (in Schulklassen, Strafanstalten, Gerichtssälen oder Jugendfreizeitheimen; vgl. Friedrichs & Lüdtke, 1973).

4.5.4.4. Erfassung von Sozialverhaltensweisen

Die starke Fixierung der Sozialpsychologie auf die Erforschung von Einstellungen und gleichzeitige Beschränkung auf die ökonomische Fragebogentechnik trug dazu bei, daß Verhaltensweisen selten ausführlich erforscht wurden. Es liegen im Vergleich zu den unüberschaubaren Einstellungsuntersuchungen nur wenige Studien zur Verhaltensbeobachtung vor. Eben diese Lücke versuchen indirekte und in vielen Bereichen auch nicht-reaktive Meßverfahren zu schließen (vgl. Petermann, 1979).

In vielen Bereichen, wie z. B. der Erforschung des prosozialen Verhaltens, aber auch des konformen, abweichenden oder aggressiven, spielen nicht-reaktive Meßverfahren eine wichtige Rolle. Die Untersuchungen basieren auf nicht-reaktiven Feldexperimenten, die in 4.5.4.1. dargestellt wurden. So wurde die Verwähltechnik bei Studien zur Hilfeleistung in Notsituationen (Autopanne, Herzattacke, Alkoholabusus u. ä.) herangezogen. In einer Studie über Vertrauen und Argwohn untersuchten Tevault et al. (1971) das Verschließen des Autos in der Nähe von liberalen und konservativen Kirchen. Neben der Tatsache des Verschließens wurde das Alter des Autos erfaßt, um die Alternativhypothese zu überprüfen, ob die Besucher der einen Kirche ältere Autos fahren und diese aufgrund des geringeren Diebstahlrisikos nicht verschließen. Melbin (1978) beschäftigte sich mit sozialen Verhaltensweisen zu unterschiedlichen Tages-und Nachtzeiten. Hilfreiches Verhalten erfaßte er mit der Technik der verlorenen Schlüsse (lost-key-technique; vgl. zum Vorgehen die lost-letter-technique in 4.5.4.1.). Soziale Kompetenz erhob Melbin durch eine Verhaltensbeobachtung in einem Supermarkt, wobei er Gespräche und emotionale Äußerungen zwischen Kunden und Kassierern registrierte. Es zeigte sich, daß positive soziale Verhaltensweisen zu späten Nachtstunden häufiger auftraten als in den Tagesstunden. Turner et al. (1975) untersuchten in einem Feldexperiment, ob frustrierte Autofahrer häufiger huppen, wenn in dem Fahrzeug vor ihnen deutlich sichtbar ein Gewehr lag. Sie konnten einen Anstieg des aggressiven Verhaltens feststellen, der auch unter Laborbedingungen gefunden wurde.

Abschließend soll noch auf einige Anwendungsbereiche verwiesen werden, in denen Sozialverhalten durch nicht-reaktive Meßverfahren erfaßt wird: unterschiedliches Reagieren von Kunden auf einen beobachteten Ladendiebstahl (Mertesdorf, 1977), Auswirkungen von Vorurteilen (Kidder & Campbell, 1970), Zerstörung von Gegenständen als Ausdruck aggressiven Verhaltens, Hupen als Form des aggressiven Verhaltens im Straßenverkehr (Harris, 1976).

4.5.4.5. Wiederholte Messung und intensive Beschäftigung mit dem Einzelfall

In dem folgenden Anwendungsgebiet liegen noch wenige Erfahrungen mit nicht-reaktiven Meßverfahren vor, obwohl diese bei der wiederholten Betrachtung von Einzelfällen vorteilhaft eingesetzt werden können. Zwar wurde der Einsatz von Inhaltsanalyse bei der Betrachtung von historischen Dokumenten aus verschiedenen Zeitabschnitten durchgeführt (vgl. Abschnitt 4.5.4.2.) und damit die Möglichkeit eröffnet, den Lebenslauf am Einzelfall (z. B. aufgrund von Tagebuchaufzeichnungen) zu betrachten. Nicht-reaktive Meßverfahren können neben der Aufbereitung von retrospektiven Daten (Archivdaten, persönliche Dokumente; vgl. Simonton, 1976) vor allem bei prospektiven Studien (Längsschnittstudien) mit mehreren Meßwiederholungen eingesetzt werden. Nicht-reaktive Meßverfahren eignen sich vor allem deshalb für wiederholte Messungen, da die Versuchspersonen nicht als Bewerter am Meßprozeß beteiligt sind, d. h. es werden Maße gewonnen, die keine voneinander abhängigen Meßfehleranteile aufweisen und somit die Grundprobleme der Veränderungsmessung nicht auftreten können (vgl. Petermann, 1978).

Es dürfte in Zukunft innerhalb der Sozialwissenschaften von großer Bedeutung sein, detailliert einzelne Untersuchungseinheiten (Personen, Gruppen, Organisationen; vgl. das Stichwort Einzelfallanalyse in diesem Band) zu analysieren. Zur Verdeutlichung sollen dafür einige Beispiele vorgestellt werden:

(1) Thompson & Linscheid (1976) zeichneten Verhaltenstherapiesitzungen mit einem sechsjährigen Kind unbemerkt mit einer Videokamera auf und analysierten die Erwachsenen-Kind-Interaktion innerhalb von 30-Sekunden-Sequenzen. Mit diesem Vorgehen konnten diagnostische Hinweise gewonnen und der Therapiefortschritt überprüft werden. Weiterhin wurden der Mutter des Kindes die Aufzeichnungen vorgeführt, um damit zu bewirken, daß die Mutter das im Film gezeigte Verhalten imitierte.

(2) Veränderung von Meinungsbekundungen bei Politikern; z. B. bestimmt anhand von Inhaltsanalysen von öffentlichen Reden vor und nach Parteitagen, in verschiedenen Phasen vor und nach Wahlen oder über mehrere Jahre oder Jahrzehnte verteilt.

(3) Veränderung von Konsumgewohnheiten in einer Unterschichtfamilie; z. B. bestimmt anhand der Menge und der Art der Lebensmittel pro Woche, dem Autokauf über mehrere Jahre bzw. Jahrzehnte, Sparleistungen oder der Wahl der Urlaubsorte.

(4) Arbeitszufriedenheit; z. B. festgestellt anhand der Fehlzeiten über mehrere Jahre ohne akuten Krankheitsgrund, Beteiligung an innerbetrieblichen Weiterbildungsmaßnahmen oder dem Ausmaß des gewerkschaftlichen Engagements.

4.5.5. Aussagekraft nicht-reaktiver Meßverfahren

4.5.5.1. Präzision und Objektivität

Viele der bekannten Störvariablen des empirischen Arbeitens fallen bei dem Einsatz von nicht-reaktiven Meßverfahren nicht ins Gewicht: (1) Störeffekte aus der Interaktion zwischen Forscher und Versuchsperson (vgl. 4.5.1.2.) und (2) Störeffekte aus der Rolle der Versuchsperson selbst. Unter der Rolle der Versuchsperson wird das in der experimentellen Situation geforderte bewußte Reagieren verstanden. Die Einsicht, Versuchsperson zu sein, führt zu einer Reihe von Verzerrungen, wie Lern- und Gedächtniseffekte, Soziale Erwünschtheit von Antworten u. ä. Wird das Verhalten der Versuchsperson durch nicht-reaktive Meßverfahren erfaßt, treten die Effekte unter (2) nicht auf.

Prinzipiell können sich jedoch andere Störfaktoren bei nicht-reaktiven Meßverfahren einstellen, die die Präzision des Meßinstrumentes und damit die Objektivität des Meßvorganges einschränken. Zur Illustration ein vielleicht überzogenes Beispiel:

Als Maß für die Beliebtheit eines Schaufensters kann man die Anzahl der Nasenabdrücke auf der Fensterscheibe ansehen. Folgende Störfaktoren könnten das Ergebnis beeinflussen:

(a) **Stichprobe**: Es ist anzunehmen, daß Personen, die ihren Nasenabdruck hinterlassen, nicht einen repräsentativen Querschnitt derjenigen bilden, die sich für das Schaufenster interessieren. Es könnte sogar sein, daß die Mehrzahl der Schaufensterinteressenten für den Nasenabdruck überhaupt kein Verständnis zeigen und diesen Vorgang als verhaltensauffällig bezeichnen.
(b) **Eigenschaften des Schaufensters**: Größe, Dicke des Glases, Entfernung bis zu den ausgestellten Objekten, Vorhandensein von Gucklöchern, Größe der Preisbeschriftung usw.
(c) **Sonstige Störfaktoren**: Lage des Schaufensters, Wetter, Mehrfachnasenabdrücke, Jahreszeit oder die Tatsache, daß ein Bettler vor dem Schaufenster saß, dem man nicht zu nahe kommen wollte usw.

In klassischen Experimenten und unter der Verwendung von reaktiven Meßverfahren kann man die Störfaktoren ausschalten, abschirmen u. ä. Weiterhin ist es möglich, die Versuchspersonen gezielt auszuwählen. Nicht-reaktive Meßverfahren lassen ein solches Vorgehen nur bedingt zu, da man die Nicht-Reaktivität bei der Datenerhebung nicht durchbrechen darf. Es ist demnach kaum mit Hilfe einer nachträglich durchgeführten Befragung möglich, Deutungen bzw. Einschätzungen der „unwissenden Versuchsperson" zu erhalten. Nicht-reaktive Meßverfahren erfassen aus diesem Grund einen Gegenstand oft nur sehr unpräzise. Als Ausweg aus dieser Situation bietet sich der Einsatz mehrerer nicht-reaktiver Meßverfahren an, deren Meßbereich theoretisch vergleichbar und empirisch überprüfbar sein muß. Die so gewonnenen objektiven Maße sollten nicht einfach additiv verknüpft, sondern multivariat auf ihre Dimensionalität hin überprüft und ausgewertet werden. Durch ein solches Vorgehen können nicht-reaktive Meßverfahren präziser einen Gegenstand erfassen und stehen reaktiven hinsichtlich ihrer Objektivität nicht nach.

4.5.5.2. Reliabilität

In der Literatur finden sich bislang keine Überlegungen zur Reliabilität von nicht-reaktiven Meßverfahren. Eine Reliabilitätsberechnung macht es generell erforderlich, Einheiten zu bestimmen, die einer Korrelationsrechnung zugrundegelegt werden können. Korrelationsrechnungen können hinsichtlich unterschiedlicher Meßzeitpunkte (= Retest-Reliabilität) oder unabhängiger Beurteilergruppen, die einen Gegenstand einschätzen (= Paralleltest-Reliabilität), durchgeführt werden. Man kann davon ausgehen, daß zwischenzeitliche Einflüsse bei nicht-reaktiven Meßverfahren eine erheblich geringere Bedeutung besitzen als bei reaktiven und Retest-Reliabilitäten im Normalfall hoch ausfallen. So treten bei der Analyse von physikalischen Spuren oder der Inhaltsanalyse von schriftlichen Dokumenten zu verschiedenen Zeitpunkten keine Verzerrungen auf, die durch eine vorhergehende Messung verursacht sind. Außer verfahrensspezifischen Meßfehlern (z. B. Verzerrungen bei Inhaltsanalysen durch unscharfe Kategorienbildung) sind keine den Meßvorgang belastenden Effekte zu beobachten, da auch bei wiederholten Messungen die Meßfehler voneinander unabhängig sind.

Betrachtet man die möglichen Fehlerquellen bei den dargestellten nicht-reaktiven Meßverfahren, kommt man zu folgendem Bild:

(1) **Analyse physikalischer Spuren**: Bei den normalerweise vorliegenden spezifischen und eng umgrenzten Meßbereichen treten keine Reliabilitätsprobleme auf; die Meßtechnik läßt sich zudem noch präzisieren, wenn der apparative Aufwand vergrößert werden kann.

(2) **Nicht-reaktive Verhaltensbeobachtung**: Bei der nicht-reaktiven Verhaltensbeobachtung hängt die Zuverlässigkeit von der Qualität des Beobachtungssystems und der Ausbildung des Beobachters ab. Vor allem die Ausbildung und die Distanz zum Feld, in dem die Daten erhoben werden, repräsentieren Kriterien für die Zuverlässigkeit dieser Daten. Ein solches Vorgehen bildet die Grundlagen dafür, daß die Befunde von anderen Autoren repliziert werden können.

(3) **Inhaltsanalyse von Dokumenten**: Für die Bestimmung der Zuverlässigkeit von Inhaltsanalysen spielt das Kategoriensystem und die Unabhängigkeit der Kategorien eine entscheidende Rolle (Lisch & Kriz, 1978).

Die Reliabilität der vorgestellten nicht-reaktiven Meßverfahren steigt mit ihrer Standardisierung und präzisen Ausdifferenzierung, was aber häufig negative Auswirkungen auf die Validität hat. So ist z. B. ein starres, hoch-strukturiertes Kategoriensystem nicht mehr flexibel genug, die spezifische Eigenart eines Textes im Rahmen einer Inhaltsanalyse zu erfassen.

4.5.5.3. Validität

Unter der Validität eines Meßverfahrens versteht man das Ausmaß, in dem es den zu erfassenden Meßbereich abdeckt. An die Validität sind eine Reihe von Bedingungen geknüpft. Diese Bedingungen zielen auf zwei Intentionen ab:

(1) die detaillierte und spezifische Erfassung von **Forschungs**gegenständen (= interne Validität; innere Stimmigkeit eines Ergebnisses) und

(2) die feldnahe und komplexe Erfassung von **Alltags**gegenständen (= externe Validität; Generalisierung auf Alltagsbedingungen).

Es ist oft zu beobachten, daß diese Intentionen sich nur schwer gleichzeitig realisieren lassen. Nicht-reaktive Meßverfahren streben Aussagen über Alltagsbedingungen an, sie realisieren die Forderung nach externer Validität. Auf die Aussagekraft der verschiedenen nicht-reaktiven Meßverfahren soll detailliert eingegangen werden.

Im Rahmen der Analyse physikalischer Spuren, die in eng umgrenzten, spezifischen Situationen anfallen, treten Probleme bei der Einordnung der gesammelten Daten in einem umfassenden Kontext auf. Für diese Meßverfahren stellt sich die Frage nach ihrem Bedeutungsgehalt. Der Bedeutungsgehalt kann schrittweise durch empirische Studien abgedeckt werden. Es können Korrelationen zu anderen Variablen bestimmt werden, wobei der Versuch unternommen werden kann, diese in verschiedenen Studien zu replizieren. Dieses als Kreuzvalidierung bezeichnete Vorgehen wird leider zu wenig in Angriff genommen, hierin unterscheiden sich nicht-reaktive und reaktive Meßverfahren kaum.

Eine andere Problemlage ergibt sich aus dem Einsatz der nicht-reaktiven Verhaltensbeobachtung, die es zuläßt, komplexe Verhaltensweisen zu registrieren und zu kategorisieren. Zur Validierung dieser Aussagen wird es verstärkt notwendig sein, Verhaltensabläufe zu unterteilen und sie auf ihre Bedeutung hin zu untersuchen. In diesem Kontext trägt die schrittweise Analyse von Teilaspekten der erhobenen Information zur Erhöhung der Aussagekraft bei. Abb. 4 gibt eine Übersicht über die unterschiedlichen Validierungsschritte bei spezifischen und komplexen Verfahren.

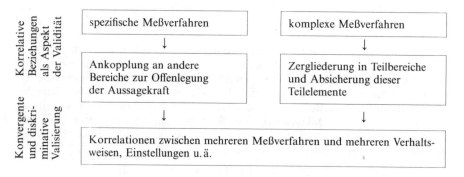

Abb. 4 Übersicht über notwendige Validierungsschritte bei nicht-reaktiven Meßverfahren

Eine sehr aufwendige Validierungsarbeit ergibt sich, wenn man konsequent die von Campbell & Fiske (1959) vorgeschlagenen Multi-Trait-Multi-Method-Ansätze heranzieht. Unter diesen Ansätzen versteht man die Verknüpfung von mehreren Meßverfahren, z. B. nicht-reaktive Verhaltensbeobachtung und Inhaltsanalyse von Dokumenten, mit mehreren Themenbereichen, z. B. Vorurteile gegenüber Gastarbeitern und aggressives Verhalten in Wahlkundgebungen. Bei der Auswahl der Meßverfahren muß darauf geachtet werden, daß möglichst nur nicht-reaktive Meßverfahren miteinander verglichen werden. Ein direkter Vergleich von reaktiven und nicht-reaktiven Meßverfahren verlangt Annahmen hinsichtlich der unterschiedlichen Wirkungsweise der Ansätze. Weiterhin ist zu vermuten, daß die Verfahren unterschiedliche Informationsquellen „anzapfen" (Bungard & Lück, 1974).

Das Validierungskonzept von Campbell & Fiske (1959; Abb. 4) läßt es zu, daß nicht nur Übereinstimmungen (konvergente Validität), sondern auch Nicht-Übereinstimmungen (diskriminative Validität) vorhergesagt und überprüft werden. Dieser Ansatz, der in jüngster Zeit auch von der Analysenmethodik her weiterentwickelt wurde (Hubert & Baker, 1978), scheint erfolgversprechend bei der Erschließung des Aussagebereiches nicht-reaktiver Meßverfahren. Der Multi-Trait-Multi-Method-

Ansatz bietet sich bereits dann an, wenn durch eine Kombination mehrerer nicht-reaktiver Meßverfahren ihre Aussagekraft abgesichert und erhöht werden soll. Im einfachsten Fall einer Multi-Trait-Multi-Method-Studie strebt man eine Übereinstimmung bei verschiedenen nicht-reaktiven Meßverfahren hinsichtlich eines Merkmals an. Man sollte sich jedoch bei diesem Vorgehen davor hüten, durch die bloße Erhöhung des Erhebungsaufwandes, d. h. durch das Hinzufügen irgendwelcher Verfahren, methodische Probleme zu lösen. Jedes nicht-reaktive Meßverfahren besitzt einen bestimmten, ihm eigenen Aussagebereich. Die Kombination nicht-reaktiver Meßverfahren macht Regeln erforderlich, wie sich eine einheitliche Aussage erzielen läßt. Solche Regeln (Integrationsregeln) sind für die einzelnen Fragestellungen unterschiedlich und liegen heute noch nicht vor. Hier fehlt es anscheinend an Mut, neue ungewöhnliche Wege bei der Datenerhebung und -integration zu beschreiten.

4.5.6. Perspektiven nicht-reaktiver Meßverfahren

4.5.6.1. Nicht-reaktive Informationen aus Massenmedien

Die immer größer werdende Informationsmenge, die aus den Massenmedien auf den einzelnen einströmen, verkörpert eine unerschöpfliche Quelle von Ereignissen, die als Spiegel aktueller Bedürfnisse, Wünsche u. ä. angesehen werden können. Informationen aus den Medien können, inhaltsanalytisch ausgewertet, Hinweise auf aktuelle Trends geben. Hierbei kann es sich um politische, soziale und wirtschaftliche Fragestellungen handeln. Für die Aufbereitung dieser Daten sind die Überlegungen zur Inhaltsanalyse in 4.5.3.3. zu beachten. Ein interessanter Hinweis könnte in diesem Zusammenhang schon die Verbreitung der Massenmedien sein (z. B. Auflagenhöhe von Zeitungen, Einschaltquoten bestimmter Sendungen; vgl. auch Albrecht, 1975).

4.5.6.2. Technische Medien bei der Datengewinnung

Die Entwicklung der technischen Registrierverfahren zur Analyse von physikalischen Spuren wird zukünftig die Präzision dieser nicht-reaktiven Meßverfahren verbessern (Lichtschranken, Druckmessung u. ä.). Die Verwendung von Aufzeichnungsgeräten macht es aufgrund der Fortentwicklung der Elektronik (kompaktere Registriertechnik, Mikroprozessoren) möglich, direkt am Ort der Datenerhebung komplexe Analysen durchzuführen (vgl. Mayer & Petermann, 1977). Auf diese Weise lassen sich feldnah umfassende, vielparametrige Informationen erheben und anschließend, ohne mechanische Auszählarbeiten, statistisch analysieren.

4.5.6.3. Ethische Probleme

Bedenkt man die eben ausgeführten Möglichkeiten, dann erscheint die Angst nicht ganz abwegig, daß uns eine für Versuchspersonen nicht erkennbare Überwachung bevorsteht, die in bestimmten Fällen zu einer erheblichen Verletzung der Intimsphäre führen kann. Zunächst kann man bei nicht-reaktiven Meßverfahren aufgrund der Tatsache, daß kein Kontakt zwischen Versuchsleiter und Versuchsperson besteht und die Versuchsperson nicht vom Versuchsleiter beeinflußt werden kann, unterstellen, daß weniger ethische Probleme als bei reaktiven Verfahren auftreten. Von einigen Autoren (Schuler, 1980) wird jedoch die Tatsache, daß es der Versuchsperson nicht bewußt wird, als solche an einer Studie teilzunehmen, als Verletzung ethischer Normen angesehen. Sie geben zu bedenken, daß zwischen Versuchsperson und Versuchsleiter kein Kontrakt geschlossen werden kann, mit dem die Versuchsperson ihre Einwilligung gibt, die durch ihr Verhalten hervorgerufenen Fakten wissenschaftlich zu verwerten. Weiterhin kann die Versuchsperson sich nicht einer nicht-reaktiven Datengewinnung entziehen und kann diesen Prozeß auch nicht abbrechen. Die angeführten ethischen Probleme sollten aber nur dann gegen den Einsatz von nicht-reaktiven Meßverfahren sprechen, wenn eine reale Verletzung der Intimsphäre zu befürchten ist.

4.6. Projektive Verfahren[1]

von Silke Axhausen

Die sogenannten projektiven Verfahren – die bekanntesten sind der Rorschach-Test und der Thematische Apperzeptionstest von Murray – sind viel verwendete Testverfahren nicht nur in der Psychologie, sondern allgemein in den Sozialwissenschaften. Sie gehören zu den umstrittensten Testmethoden der Psychologie. Es wird bezweifelt, daß die – relativ einheitlich darunter zusammengefaßten Techniken – überhaupt einen einheitlichen Theoriezusammenhang besäßen (Hörmann, 1964), wie auch, daß sie Testmethoden seien, da sie nicht wirklich messen würden (Hehl, 1979).

4.6.1. Grundkonzept und Problematik projektiver Verfahren

Projektive Verfahren sind Verfahren der Persönlichkeitsdiagnostik. Sie gehen davon aus, daß die Persönlichkeitsstruktur eines Menschen aus Äußerungen wie Erzählungen, Assoziationen, Zeichnungen o. ä. zu erschließen ist. Persönliche Äußerungen dieser Art werden als nach außen gekehrte Wesensmerkmale der Person verstanden.

Projektion bedeutet dabei im weiten Sinn, daß Wertvorstellungen und Wünsche genauso wie Motive, Bedürfnisse oder Triebimpulse auf Situationen, Menschen und Objekte außerhalb der eigenen Person übertragen werden. Ein Vorgang, vergleichbar dem im Alltag bemerkten: „Das ist typisch, daß du gleich auf diesen Verdacht kommen mußt. Das läßt tief blicken."

Projektion wird in diesem Zusammenhang also zumeist nicht in dem engen Verständnis Freuds gebraucht: als Abwehrmechanismus, der eigene aggressive Regungen, die vom Ich nicht akzeptiert werden können, auf andere Personen überträgt. Murstein & Pryer (1959) z. B. definieren sie so: „Von Projektion soll dann gesprochen werden, wenn ein Individuum Verhalten manifestiert, welches auf emotionale Werte oder Bedürfnisse des Individuums hinweist." Übersetzung nach Hörmann 1964: 77). Ähnlich auch Frank: Projektive Verfahren sind „Methoden, welche die Persönlichkeit dadurch untersuchen, daß sie die Vp einer Situation gegenüberstellen, auf welche die Vp entsprechend der Bedeutung reagiert, die diese Situation für sie besitzt... Das Wesen eines projektiven Verfahrens liegt darin, daß es etwas hervorruft, was – auf verschiedene Art – Ausdruck des Persönlichkeitsprozesses der Vp ist." (Frank, 1948: 46 f). Zu Recht wird aber darauf hingewiesen, daß die eigentliche Schwierigkeit dieser „projektiven Hypothese" nicht nur darin besteht, daß die so definierte Projektion fast mit dem Ausdruck der Persönlichkeit zusammenfällt, sondern auch in der notwendigen Klärung der Frage, wie denn die Gesetzmäßigkeiten zwischen Reaktion und darin projizierter Eigenschaft, zwischen Ausdruck und dem, was er ausdrückt, zu fassen seien (Hörmann, 1954; 1964). Dieses Problem ist allerdings auch bei den sogenannten objektiven Meßverfahren gegeben. Verwiesen sei nur auf die Diskussion bezüglich des Intelligenzkonstrukts. (Nicht zufällig kursiert dazu die mehr oder weniger ernst gemeinte Auffassung, daß Intelligenz sei, was Psychologen als solche messen; vgl. auch Fischer, 1974, der auf die Zirkularität des Intelligenzkonstrukts hinweist.)

An der von Murstein & Pryer gegebenen Einteilung möglicher Projektionsformen wird deutlich, welche Schwierigkeiten es bereitet, den Zusammenhang von Projek-

---

[1] Literaturempfehlungen: Brickenkamp (Ed.), 1975; Groffmann & Michel (Ed.): Persönlichkeitsdiagnostik. Bd. 3, 1982; Hiltmann, 1977; Hörmann, 1964; 1982.

tion und Projiziertem präzise zu bestimmen. Die Autoren sprechen neben der „klassischen" Projektion im Freudschen Sinn von einer „attributiven" Projektion, in der eigene Eigenschaften Fremden „beigefügt" werden, von einer „autistischen", bei der die Situation nach den eigenen Bedürfnissen gedeutet wird, und von einer „rationalisierten" Projektion, bei der das Hauptgewicht der Deutung auf der Rechtfertigung eigenen Verhaltens liegt. Die Definition dieser verschiedenen Projektionsarten deutet schon auf die Schwierigkeit hin, präzise überprüfbare Aussagen zu treffen. Im gleichen Sinn verweist Hörmann auf die vielen möglichen Identifikationsarten: „Wenn jemand ein Tiger sein möchte, weil der so schön beißen kann – heißt das, daß die Vp aggressiv ist und aggressiv sein will, oder daß sie nicht aggressiv ist, aber aggressiv sein möchte, oder daß sie nicht aggressiv ist und auch bewußt nicht aggressiv sein möchte, ihre unbewußten Wünsche nach Aggressiv-Sein aber hier projiziert, oder daß sie aggressiv ist, aber bewußt nicht aggressiv sein möchte und deshalb hier ihr Aggressiv-Sein-Wollen projiziert?" (Hörmann, 1964: 94.) Gegen diese Schwierigkeit der exakten Deutung der Projektion steht aber der große Vorteil dieser Verfahren, die Persönlichkeit nicht in vorgegebenen Teilkategorien zu beurteilen, sondern die Persönlichkeitsdiagnose in einer Weise zu erstellen, in der sich die Versuchsperson frei äußern kann. Projektive Verfahren[2] zeichnen sich also nicht nur durch die Grundvorstellung aus, daß die wahre Persönlichkeit eines Menschen aus seinen Manifestationen zu deuten sei, sondern auch durch die Art und Weise, wie sie diese Manifestation, diese Äußerung der Person, provozieren. Projektive Verfahren prüfen keine vorgegebenen Merkmale ab, sondern geben einen möglichst uneindeutigen Stimulus. So soll sich in der Interpretation des Stimulus, der selbst möglichst wenig Festlegungen enthält, die Persönlichkeit des Probanden gerade unverfälscht durch Vorstellungen darüber, was von ihm erwartet wird, ausdrücken (Murray, 1943; Hiltmann, 1966). Die zu ergänzende Fabel, der zu deutende Klecks oder das Bild, zu dem eine Geschichte zu erzählen ist, haben gerade in ihrer jeweiligen Mehrdeutigkeit freien Aufforderungscharakter. Das betont die Bezeichnung „Entfaltungstest". Während ein Leistungstest auf Fähigkeiten abzielt, die vorher festgelegt sind, gibt ein projektives Verfahren der Vp selbst die Möglichkeit, sich auszudrücken, ihre Persönlichkeit in den Dimensionen mitzuteilen, die sie selbst unbewußt wählt. Anders als beim Leistungstest werden daher bewußte Verfälschungen eher vermieden. (Ein Testmerkmal, das z. B. auch in der Marktforschung nützlich ist; s. 4.6.3.1.) (Klopfer, 1970; kritisch: Hörmann 1954; 1964).

Gegen dieses Verfahren des mehrdeutigen Stimulus wendet Hörmann ein, daß im Test nur ein vorherbestimmter Reiz aussagekräftig sei. Dieser Vorwurf geht aber insofern an der Sache vorbei, als es in projektiven Verfahren gar nicht darum geht, festgelegte Korrelationen von Stimulus – Organismus und Response zu belegen.

Nach Ansicht der Vertreter projektiver Verfahren werden und können um so mehr Persönlichkeitseigenschaften projiziert werden, je uneindeutiger der Stimulus ist. Eine eindeutige Frage läßt der Persönlichkeit keinen Freiraum, ergibt also gerade bei präziser Messung keine andere Auskunft als die Höhe einer vorgegebenen Meßkategorie. Ein uneindeutiger Anfang einer Zeichnung z. B. erfaßt mit ziemlicher Wahrscheinlichkeit für die Person charakteristische Aussagen, weil sie durch den Zeichnungsanfang auf jeden Fall nicht bewirkt sein können.

Damit scheint als drittes Charakteristikum projektiver Verfahren die notwendige Uneinheitlichkeit des Testmaterials auf und damit erneut die Schwierigkeit seiner

---

[2] Die Tests können bezogen werden über die Testzentrale 7000 Stuttgart 50, Daimlerstr. 40.

präzisen und objektiv überprüfbaren Interpretation. Während aber einerseits die interindividuelle Vergleichbarkeit wesentlich eingeschränkt ist, wird auf der anderen Seite der unterschiedlichen Bedeutung, die ähnliche Testergebnisse für verschiedene Personen haben können, Rechnung getragen.

Ferner besteht bei der Auswertung das schon genannte Problem, wie die Projektion, die im Prinzip eine Phantasieleistung ist, Rückschlüsse auf Persönlichkeitsmerkmale im realen Verhalten erlaubt. Weil hierzu keine klaren theoretischen Grundaussagen über den Zusammenhang Äußerung – Wesensmerkmal vorliegen, herrschen in der Testanwendung große Unklarheiten über die Deutung. Ob die Projektion umittelbar auf eine vorherrschende oder auf eine erwünschte Eigenschaft schließen läßt, ob ein Bedürfnis sich in der Phantasie Befriedigung verschafft, oder ob die Projektion Ausdruck dessen ist, was im realen Verhalten nach Befriedigung strebt, oder ob das projizierte Merkmal ein abgelehntes darstellt, wäre erst nachzuweisen.

Rosenzweig gibt mögliche „Ebenen" an, die bei der Deutung klar zu unterscheiden wären, nämlich die Ebene der bewußten Meinung (opinion behavior), die Ebene der unbewußten Haltung (implicit behavior) und das alltägliche Verhalten (overt behavior), das ja keineswegs mit den Meinungsstandards übereinstimmen muß.

Schließlich bedeutet es eine Schwierigkeit, daß gerade Versuche, die Interpretation des so gewonnenen Testmaterials möglichst kontrolliert zu vollziehen, um spekulative Momente auszuschließen, zu ungemein komplizierten Auswertungsanweisungen anwachsen, so daß „der technische Aufwand, Verrechnungssysteme, Formeln und Auswertungsformulare aller Art bei manchen Entfaltungstests in geradezu groteskem Mißverhältnis zu Umfang und Treffsicherheit der diagnostischen Aussagen steht" (Hiltmann, 1966: 37). Dagegen ist aber auf die positiven Stellungnahmen klinischer Praktiker hinzuweisen, die speziell den Rorschach-Test oder den Thematischen-Apperzeptions-Test für eine wertvolle Hilfe der Therapie ansehen.

Die genannten theoretischen Probleme kulminieren in der mangelhaften empirischen Überprüfung projektiver Verfahren. Auf diesen grundsätzlichen Einwand, der seit dem Aufkommen projektiven Verfahren vorgebracht wird, wird hier nicht näher eingegangen. (Vgl. dazu Hörmann, 1961 und 1964, der einen ausführlichen Überblick der kritischen Einwände bietet.) Erinnert sei nur daran, daß sich auch manche empirischen Überprüfungen widersprechen – dieselben Befunde werden bestätigt und widerlegt (Hörmann, 1964).

Die theoretischen Probleme, die unserer Meinung nach die mangelnde Meßgenauigkeit zur Konsequenz haben, sind folgende:

(1) Das Testmaterial: Wenn einerseits der Aufforderungscharakter betont, andererseits dessen Unbestimmtheit Grundlage der Methode ist, dann erhebt sich die Frage nach der exakten Bestimmung des Stimulus.
(2) Die Testsituation: Inwieweit der Versuchsleiter bei den Anweisungen suggestiv einwirkt, ist umstritten. Allerdings führen Vertreter projektiver Verfahren dagegen an, daß gerade dieses Verhältnis v. a. in therapeutischen Situationen besondere Beachtung findet und deswegen sowohl bei der Testsituation als auch bei der späteren Bewältigung der Ergebnisse besser unter Kontrolle wäre (Vogel & Vogel, 1977).
(3) Die Projektion: Das Hauptproblem besteht in der theoretischen Unschärfe, in der dieser Grundgedanke gefaßt ist.
(4) Die Auswertung: Neben dem Problem der Eindeutigkeit, das aus 3 resultiert, fällt die mangelnde Vergleichbarkeit auf. Praktiker weisen zudem auf den hohen

Schwierigkeitsgrad und Zeitaufwand der Handhabung bei vielen projektiven Tests hin.

Gegenwärtig findet – was die grundsätzliche Auseinandersetzung über die Exaktheit projektiver Methoden angeht – eine Annäherung der Standpunkte statt[3]: So erkennen viele Verfechter projektiver Verfahren die Notwendigkeit ihrer Fortentwicklung nach modernen Teststandards an (das stellt Molish auch schon 1972 fest). Umgekehrt konzedieren manche Gegner, daß eine Reihe von Verfahren inzwischen solider überprüft sind.

Nicht zuletzt ist die Disproportionalität dieser Auseinandersetzung bemerkenswert, in der sich beide Seiten hauptsächlich auf Fragen der Testanwendung und -überprüfung beziehen, in der aber der eigentliche Hintergrund des Konflikts in verschiedenen Grundaussagen über die Persönlichkeit besteht.

4.6.2. Zugrunde liegende Persönlichkeitstheorien

Aufgrund dieser Gemeinsamkeit projektiver Diagnosemethoden, die „projektive Hypothese" zugrundezulegen, also eine sehr grundsätzliche Annahme über die Art und Weise, wie sich eine tieferliegende Persönlichkeitsstruktur zeigt, ist es nicht verwunderlich, daß sie in der Erstellung und Bearbeitung des Testmaterials von den unterschiedlichsten Persönlichkeitsmodellen ausgehen. Da die projektiven Verfahren aufgrund ihres diagnostischen Ansatzes zusammengefaßt werden, der sie hauptsächlich in der Ablehnung vorgegebener quantitativer Teilaspekte als Testkriterien eint, herrscht eine - für eine als „Schule" betrachtete psychologische Richtung erstaunliche – Vielfalt an Persönlichkeitsbildern, die nur bezüglich eines Merkmals relativ einheitlich ist: Allen Modellen ist gemeinsam, daß es gilt, aus persönlichen Äußerungen Rückschlüsse auf **tiefere** Schichten menschlicher Psyche zu ziehen.

Aufgrund dieser Gemeinsamkeit lasen sich von der Theorie Kochs, die an Jung orientiert mit symbolhaften, geistesgeschichtlichen Deutungen arbeitet, über Rorschach, der sich als exakten Wahrnehmungsdiagnostiker verstand, bis hin zu Wartegg, dem nicht nur am exakten Messen lag, sondern der in seiner „Schichtdiagnostik" physiologische Hintergründe der Persönlichkeit aufdecken und darin zugleich eine Synthese von Pawlow und Freud entwickeln wollte, die verschiedensten Ansätze nebeneinander finden.

Die drei genannten Ansätze zeigen in ihrem Selbstverständnis charakteristische Grundtheoreme projektiver Persönlichkeitstheorie:

Karl Koch, der den Baumtest entwickelt hat („Zeichne einen Obstbaum"), beginnt seine Darstellung mit einer ausführlichen Symbolgeschichte des Baumes, die er nach der folgenden Zusammenfassung mit einer Jungschen Interpretation des Märchens vom Geist in der Flasche schließt:

„Der Baum ist, wie wir bisher gesehen haben, immer Gleichnis für etwas, also Symbol – der Zeugung, der Fruchtbarkeit vor allem. Er ist Sitz der Seelen und Sitz der Götter, wie etwa der Driaden (Baumgötter) der Griechen, die je einen Baum zugehörig hatten. Die Sinndeutung

---

[3] Zwar auf ganz anderem Hintergrund beruhend, nämlich auf mehr soziologischen, v.a. interaktionistischen Grundlagen könnte man aber dennoch die heutige „Selbstkonzeptforschung" in den Sozialwissenschaften als Wiederaufgreifen eines „projektiven Moments" verstehen (Zur Selbstkonzeptforschung vgl. Filipp, 1975).

des Symbols mag einen Wandel durchgemacht haben. An sich ist das Symbol schon Sprache, eine urtümliche gewaltige Sprache in der Mythologie, da und dort im Brauchtum der Völker bald rein und bald bis zum Aberglauben verkümmert noch vorhanden. Immer bleibt der Baum das Symbol des Menschlichen (und der Menschengestalt), sogar der menschlichen Selbstwerdung, ein Symbol des Kosmischen durch seine Kreuzgestalt, ein Zeichen des Göttlichen zugleich." (Koch, 1957: 18.)

Koch ist sich dessen bewußt, daß sein Ansatz der „nüchternen Sprache einer Testpsychologie" „unzugehörig" empfunden wird, setzt dem aber sein Verständnis des Menschen gegenüber:

„Wer sein psychologisches Denken mit dem Lesen einer Häufigkeitskurve beschließen will, wird naturgemäß mit dem Denken in Gleichnissen, in Gegensätzen, mit dem Denken in kosmischen und seelischen Räumen nicht viel anfangen können..." (a.a.O.: 21).

Hintergrund des gar nicht so selten angewendeten Baumtests ist also die Jungsche Theorie der Archetypen. Diese „Bilder aus dem Unbewußten", die immer in verschiedenen Formen wiederkehren sollen, seien Ursymbole, und darin die feststehenden überindividuellen Strukturen der individuell erfahrenen Situation. Weil der Baum zu den ältesten Symbolen der Menschheitsgeschichte überhaupt gehört, sei er idealer Projektionsträger. Wie der „Obstbaum" gezeichnet wird, soll Aufschluß über das Unbewußte geben.

Koch setzt seinen Test übrigens auch als entwicklungsdiagnostisches und berufsberatendes Instrument ein, was bei projektiven Verfahren nicht selten ist. Insofern sie Standards eines Persönlichkeitsmodells erstellen, geben sie oft Maßstäbe für den normalen Entwicklungsverlauf des Menschen, insofern auch für Voraussagen ab.

Während der Autor des Baumtests ganz bewußt die Einwände der Testtheorie provoziert, stellt sich der Rorschach-Test, der ja letztendlich derselben Kritik ausgesetzt ist, ursprünglich als fast naturwissenschaftlich anmutendes, „wahrnehmungsdiagnostisches Experiment" vor.

„Die Deutungen der Zufallsbilder fallen vielmehr unter den Begriff der Wahrnehmung und Auffassung... Kann man somit die Wahrnehmung auch bezeichnen als assoziative **Angleichung vorhandener Engramme** (Erinnerungsbilder) **an rezente Empfindungskomplexe**, so läßt sich **die Deutung der Zufallsformen bezeichnen als eine Wahrnehmung, bei der die Angleichungsarbeit zwischen Empfindungskomplex und Engramm so groß ist, daß sie intrapsychisch eben als Angleichungsarbeit wahrgenommen wird.** Diese intrapsychische Wahrnehmung der unvollkommenen Gleichheit zwischen Empfindungskomplex und Engramm gibt der Wahrnehmung den Charakter der Deutung... Zusammengefaßt ergibt sich, daß **die Unterschiede zwischen Wahrnehmung und Deutung nur individueller und gradueller, nicht aber genereller und prinzipieller Natur sind, daß somit die Deutung nur ein Sonderfall der Wahrnehmung sein kann.** An der Berechtigung, den Formdeuteversuch eine Prüfung der Wahrnehmung zu nennen, ist demnach nicht zu zweifeln." (Rorschach, 1948: 17; orig. Herv.)

Rorschach vertritt also, daß Wahrnehmung immer die Angleichung von Erfahrungsbildern an kürzliche Empfindungen sei, daß also die Deutung nur ein Sonderfall dessen sei, daß der Mensch immer projiziere. Deshalb meint er, aus der Art und Weise der Deutung Rückschlüsse auf den Typ ziehen zu können, die dessen normales Erleben charakterisieren.

Unterscheidet sich Rorschach so schon von Ansätzen wie dem Kochs dadurch, daß er ganz exakte Kriterien der Interpretation anstrebt, so bietet Wartegg mit seinem Zeichentest insofern noch eine weitere Variante eines Persönlichkeitsmodells, als er sogar auf seine physiologische Verankerung Wert legt: Die Darstellung der Schichten menschlicher Persönlichkeit sei dann „lebensfremd",

„wenn es nicht gelingt, den Vorgang der Schichtung auf physiologischer Basis und an Hand festumrissener Kriterien als kortikale Steuerung der allem seelischen Geschehen und somit auch der Persönlichkeitsbildung zugrundeliegenden sensomotorischen Prozesse aufzuhellen. Jedes psychodiagnostische Experiment, das den Anspruch erhebt zu strukturellen Bedingungskonstanten vorzudringen, wird deshalb – unter Vermeidung rein spekulativer Aspekte – die kortikal faßbare Spannweite von Antrieb und Empfindung wie deren aus Umwelteinflüssen resultierende Modifikationen zu berücksichtigen haben." (Wartegg, 1955: 520.)

Wartegg legt also sowohl Wert auf Meßgenauigkeit, als er auch eine natürlich-deterministische Auffassung vom Menschen vertritt, die er drittens als „synthetischen Ausgleich" von psychoanalytischen, psychiatrischen und behavioristischen Auffassungen auf der einen, sensorisch-physiologisch verankerter Reflexlehre Pawlows auf der anderen Seite verstanden wissen will. Sein Verständnis der Persönlichkeit besteht darin, daß sie sich nach der Reizverarbeitung differenziert. Dementsprechend folgert er, aus deren Äußerung im Fertigstellen von systematisch angeordneten Anfangszeichen in acht Kästen auf dem Testbogen auf den Aufbau der Persönlichkeit rückschließen zu können:

„Die Graphoskopie reicht ontogenetisch eine Schicht tiefer als die Schriftdeutung, und sie hat zugleich als experimentelle Methode – über physiognomische oder symbolistische Bilddeutung hinausgreifend – maßmethodische Exaktheit von vornherein zum Ziel. Letztere wird freilich nur durch begrenzte Blickrichtung auf physiologische Gesetzmäßigkeiten der Reizverarbeitung, durch deren graphische Objektivation und zahlenmäßige Abschätzung erreicht. Stufenweise schreitet die Auswertung von den im Schichtprofil quantitativ faßbaren, reflexiblen Reizreaktionen und Sinnansätzen zu Differenzierungen des Qualitätenprofils und über zeitliche Maßstäbe der Bildabfolge wie Vergleichsbefunde des Bildgefüges zu der charakterologisch strukturellen Projektion der Darstellungs- und Sinnakzente fort." (a.a.O.: 526.)

Diese drei Ansätze mögen genügen, um die Vielfalt der persönlichkeitstheoretischen Ansätze projektiver Verfahren anzudeuten.

Diesen drei Grundtypen projektiver Persönlichkeitsannahmen ist vielleicht weniger ihre Uneinheitlichkeit vorzuwerfen als ihre mangelnde theoretische Ausarbeitung. Es fällt auf, daß kaum theoretische Grundlagen der Tests vorliegen, daß vielmehr diese nur aus der Art und Weise der Testkonstruktion zu ermitteln sind. Vielleicht ist dies eine der Grundlagen für den Vorwurf spekulativen Vorgehens.

Es läßt sich also nur wiederholen, daß projektive Verfahren durch ihre **testmethodische Differenz** zu den anderen Ansätzen vereint werden. Deswegen ist kein einheitliches zugrunde liegendes Persönlichkeitsverständnis festzustellen, sondern nur die Tendenz, eher gestalts- und tiefenpsychologisch orientiert zu sein. Auf die genauere Auseinandersetzung mit ihren persönlichkeitstheoretischen Grundannahmen scheinen – unabhängig von der Testkonstruktion – Anhänger projektiver Verfahren wenig Wert zu legen.

4.6.3. Übersicht über die geläufigeren projektiven Verfahren

Angesichts ihrer testmethodischen Gemeinsamkeit, durch einen möglichst uneindeutigen Stimulus im Test freie Äußerungen der Persönlichkeit hervorzurufen, erscheint es sinnvoll, die Vielzahl der Verfahren nach der Testform zu gruppieren. In welcher Weise die Projektion bewirkt wird, sei es im Deuten von Tintenklecksen, im Erfinden einer Geschichte zu einem Bild, im Fertigstellen von angefangenen Zeichen oder im Zeichnen eines Baumes – je nachdem, welche Äußerungsformen gewählt werden, ergeben sich Gruppen von projektiven Verfahren, die zusätzlich da-

Tab. 1 Überblick über die geläufigeren projektiven Verfahren

Art des Verfahrens	Thematisch	Athematisch	Autor	Besonderheiten in der Anwendung
(1) Wortassoziations- und verbale Ergänzungsverfahren	Rosenzweig-Picture-Frustration-Test		Rosenzweig	Auch in Demoskopie und Marktforschung
	Fabelergänzungstest		Düss	Kinderanalyse
	Wartegg-Erzähl-Test		Wartegg	
		Wortassoziation	Jung	
		verbale Erzählung		
		Aufzähl-Test	Busemann	
(2) Formdeuteverfahren		Rorschach-Test	Rorschach	
		Behn-Rohrschach-Test	Zulliger	
		Fuchs-Rohrschach-Test	Drey-Fuchs	
		Dia-Z-Test	Zulliger	Gruppenverfahren
		Tafeln-Z-Test	Zulliger	
		Deutungs- oder Auffassungs-Test	Wartegg-Vetter	
		Holtzman-Inkblot-Technique	Holtzman	
(3) Thematische Apperzeptionsverfahren	Thematic-Apperception-Test (TAT)		Murray	Auch in der Marktforschung
	Children's-Apperception-Test		Bellak & Bellak	Speziell für Kinder
	Four-Picture-Test		van Lennep	
	Familien-Beziehungs-Test		Howells & Likkorish	Untersucht speziell Familiensituation
(4) Spielerische Gestaltungsverfahren	Sceno-Test		v. Staabs	Für all diese Verfahren gilt, daß sie hauptsächlich für Kinder gedacht sind; Übergänge zur Therapie
	Welt-Test		Bühler	
	Dorf-Test		Arthus	
		Mosaik-Test	Lowenfeld	
		Sieben-Quadrate-Test	Hector	
(5) Zeichnerische Gestaltungsverfahren		Wartegg-Zeichen-Test	Wartegg	Auch in Gruppen
		Wartegg-Biedma-Test	Biedma, D'Alfonso	Auch in Gruppen
		Myokinetische Psychodiagnostik	Mira y Lopez	
	Draw-a-Person		Machover	Besonders für Kinder
	Familie in Tieren		Brem-Gräser	
	House-Tree-Person-Test		Buck	
	Baum-Test		Koch	
(6) Farbwahl- und Farbgestaltung		Farbpyramidentest	Heiß & Hiltmann (nach Pfister)	
		Lüscher-Test	Lüscher	
(7) Bildwahlverfahren	Szondi-Test		Szondi	
	Gruppen-Szondi		Friedemann	

nach unterschieden werden können, ob sie eine thematische oder abstrakte (= athematische) Vorgabe geben.[4]

4.6.3.1. Wortassoziations- und verbale Ergänzungsverfahren

Diese Methoden gehen sowohl auf Untersuchungen der Gedächtnisleistung (Ebbinghaus) als auch auf das in der Psychoanalyse benutzte „freie Assoziieren" zurück. Die Vorstellung ist, daß sogenannte Reizworte Konflikte und damit emotional bedeutsame Bereiche ansprechen.

Die sogenannte Wort-Assoziations-Methode, die Jung begründete, läßt eine Serie von Worten vorlesen und verlangt jeweils eine Wortassoziation. Bei der Wiederholung soll der Proband dann dieselben Assoziationen wie beim ersten Mal wiedergeben. Gebräuchlicher sind die verbalen Ergänzungsmethoden. Dabei werden mehr oder weniger strukturierte Satzanfänge geboten, die der Proband zu vollenden hat. Düss benützt unvollendete Fabeln von Tieren und Menschen. Die angedeuteten Situationen sollen dabei Stadien der Entwicklung des Unbewußten (nach der Freudschen Theorie), z. B. der oralen Phase, entsprechen. Diese Methode ist speziell für die Kinderanalyse gedacht.

Der Aufzähl-Test läßt den Probanden zehn Minuten lang alle sichtbaren Gegenstände, die ihm einfallen, aufzählen. Daraus sind Rückschlüsse auf die Gliederung der individuellen Erlebniswelt möglich.

Der Rosenzweig-Picture-Frustration-Test schließlich bietet zu ergänzende Bilder im Stil von Comics, deren leere Sprechblasen die Vp ausfüllen soll. Die Bilder stellen Situationen vor, in denen eine Person eine Frustration erlebt. Die Projektion des Probanden, der sich in die Situation des Frustrierten hineinversetzt, läßt – wenn er so projiziert – speziell auf seine Frustrationsreaktion schließen. Dieses Testverfahren, auch Ballontest genannt, wurde sowohl für Erwachsene als auch für Kinder ausgearbeitet.

Abgewandelte Formen der Wortergänzungsverfahren bzw. des Rosenzweig-Picture-Frustration-Test finden Verwendung in Demoskopie, Werbungs- und Marktforschung. Salcher hebt dabei hervor, daß projektive Verfahren dazu dienen, „unangenehme Fragen so zu stellen, daß es für die Testperson möglich wird, sie zu beantworten, ohne daß sie bloßgestellt oder in Konflikte gestürzt wird und … dazu, Inhalte dem Bewußtsein zugänglich zu machen, die von dem Befragten sonst nicht hätten erinnert werden können (Inhalte des ‚Vorbewußten')" (Salcher, 1978: 65). So beseitigt schon eine einfache Frage in der dritten Person Antwortbarrieren, da die Vp normalerweise ihre Meinung in dieser unpersönlichen Form ausspricht, ohne

---

[4] Andere Klassifikationen schlagen vor: Lindzey, der nach der Reaktionsart des Probanden fünf Gruppen unterscheidet: Assoziationstechniken, Konstruktionsverfahren, Ergänzungsverfahren, Auswahl- bzw. Ordnungstechniken und expressive Verfahren (Lindzey, 1959: 158 ff.); Brickenkamp teilt die Verfahren in drei Gruppen ein, in Formdeuteverfahren, verbal-thematische Verfahren und zeichnerische und Gestaltungsverfahren (Brickenkamp, 1975).
Eine frühe Übersicht über Klassifikationen bietet Sargent (1945: 257 ff; vgl. a. Vogel & Vogel, 1977: 429).
Angaben bezüglich empirischer Überprüfungen von projektiven Verfahren befinden sich sehr übersichtlich bei Hiltmann (1966) und vor allem bei Brickenkamp (1975). Die aktuellste Übersicht enthält Groffmann & Michel (1982), die genau zwischen den Anwendungsbereichen differenzieren, für die es positive oder negative Berichte gibt.

sich damit zu exponieren. Der Rosenzweig-Picture-Frustration-Test ist besonders geeignet, „soziale Barrieren, Spannungen und Stereotypen" zu ermitteln, da die Meinung einer zweiten Person eine wichtige Rolle spielt. Salcher weist dabei auf eine Studie zur kalorienbewußten Ernährung hin:

Abb. 1   Beispiele eines Ballon-Tests (Comic-strip-Test) (aus Salcher, 1978: 70)

Noelle berichtet beispielhaft von der Verwendung Rosenzweig-ähnlicher Verfahren, um einen „Anhaltspunkt zur psychologischen Charakterisierung der Befragten" zu gewinnen, z. B. Aggressivität bei einer Studie über die Einstellung zur Bundeswehr (Noelle, 1963: 77).

Abb. 2 (aus Noelle, 1963: 77). „ Beispiel eines Tests ähnlich dem **Rosenzweig P-F-Test, Picture Frustration'.** Frage: ‚Sehen Sie sich bitte dieses Bild an. Da kommt ein Mann gerade in ein Abteil der Eisenbahn und stößt dabei dem anderen hier an den Kopf und macht ihn auch noch schmutzig. Leider steht nicht dabei, was der mit der Beule und dem schmutzigen Hemd jetzt zu dem anderen sagt. – Was könnte er wohl sagen? Könnten Sie seine Worte ergänzen?' – Bei der Auswertung dieses Tests wurden die Antworten kategorisiert in aggressive und zurückhaltende Äußerungen. (…) Die Reaktion gibt in diesem Fall einen Anhaltspunkt zur psychologischen Charakterisierung der Befragten."

Genauso können aber auch direkt Einstellungen, besonders nicht gern offen geäußerte, erfragt werden, z. B. Vorurteile gegen das Brillentragen (a.a.O.: 76).

Abb. 3 (aus Noelle, 1963: 76). „Bildblatt, **Satzergänzungstest. Fragetext**: ‚Sehen Sie hier – da unterhalten sich gerade zwei Frauen. Die eine ist eben im Satz unterbrochen worden. Was meinen Sie, wie könnte dieser Satz zu Ende gehen?'. – Dieses Bildblatt wurde nur Frauen vorgelegt, Männer bekamen ein Bildblatt zu sehen, auf dem sich zwei Männer unterhalten. Aus einer Motivstudie über die Vorurteile gegen das Brillentragen."

Ähnlich auch eine Studie, in der zwei vergleichbare repräsentative Querschnittsgruppen junger Männer zwischen 14 und 19 Jahren das Bild eines jungen Mannes, einmal mit, einmal ohne Zigarette vorgelegt bekamen. Allerdings wurde in diesem Fall mit vorgegebenen Charaktereigenschaften, die jeweils zugeordnet werden sollten, gearbeitet. Als Abwandlung projektiver Verfahren könnte die Studie aber insofern noch gelten, als sie auf Identifikationsprozessen beruht.

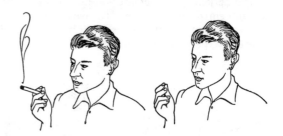

Abb. 4 (aus Noelle, 1963: 278)

Hierzu vergleichbar in der Marktforschung die Frage nach dem typischen Verwender, die sogenannte „Produkt-Personifizierung" (Salcher 1978: 71), für die es auch geeichte Bildvorlagen gibt.

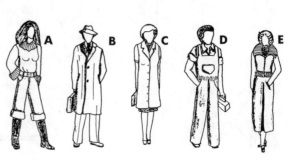

Abb. 5 Geeichte Bildvorlagen
(aus Salcher, 1978: 72)

In der Marktforschung wird der Vorteil projektiver Verfahren bzw. ihrer Abwandlungen darin gesehen, daß die jeweilige Zielsetzung für die Versuchsperson relativ
undurchschaubar bleibt (Rosenstiel, 1979: 45). Demgegenüber gibt es natürlich
Schwierigkeiten bei der Kodierung. Angewendet werden Satzergänzungstests (Leute, die das Auto x fahren, sind ....), Assoziationsverfahren zu bestimmten Produkten oder Werbungen und Formen der Sprechblasenergänzung. Insgesamt sind projektive Verfahren (nach Rosenstiel, 1979) am sinnvollsten in der Imageforschung
einzusetzen.

4.6.3.2. Formdeuteverfahren

Die Formdeuteverfahren gehen auf die von Rorschach und seinen Vorgängern
entwickelte Technik zurück, „Zufallsformen" „deuten" zu lassen. Dies ist eines der
ältesten projektiven Verfahren. Das Testmaterial besteht aus 10 Bildvorlagen mit
(fast) symmetrischen Klecksgebilden (inkblots), die durch Zusammenklappen einer
feuchten Vorlage entstanden sind. Die Kleckse haben selbstverständlich keine Bedeutung, sind aber nach bestimmten Kriterien zusammengestellt und nicht zufällig.
Fünf Tafeln, Nr. 1, 4, 5, 6 und 7 sind schwarz-weiß, die Tafeln Nr. 2 und 3 enthalten
auch Rot, die Tafeln Nr. 8–10 sind mehrfarbig. Dem Probanden werden die Tafeln,
die er auch drehen darf, in der vorgegebenen Reihenfolge und Richtung gereicht mit
der Frage: Was könnte das sein? Alle Antworten, die Zeit, die er braucht und
sonstige Auffälligkeiten werden protokolliert, auch die Lage, in der die Klecksbil-
der jeweils gedeutet worden sind. Manche Verwender der Rorschach-Technik führen eine Nachbefragung durch.

IV   V

Die Auswertungstechnik des Rorschach-Tests ist äußerst kompliziert und wird hier
nur ihrem Grundprinzip nach vorgestellt. Es wird nach drei Kriterien vorgegangen:

(1) Nach der Art der Erfassung der Bilder, d.h. ob Deutungen des Flecks als Gan-
    zem (G) oder von Teilen vorgenommen werden (D), wie groß die Teile sind, und
    ob z.B. auch neben den schwarzen Klecksen die (umgekehrten) weißen Zwi-
    schenräume interpretiert werden.
(2) Nach der Qualität der Erfassung. Gemeint ist dabei, wie Formen (F), Bewegun-
    gen (B) und Farben (Fb) gesehen werden, wobei nach gut (F +) oder schlecht
    (F −) oder mehr oder weniger gut gesehenen Formen (F ±) unterschieden wird
    und auch verschiedene Kombinationen dieser Kriterien gewertet werden (Farb-
    Form- oder Form-Farberfassung usf.)

(3) Nach dem Inhalt des Erfaßten. Die Antworten werden vor allem nach Mensch, Tier oder jeweils Teilen von beiden, nach geographischen Angaben, Landschaften, Pflanzen oder unbelebten Objekten gruppiert.

Anhand dieser Angaben werden sowohl die Einzelaussagen quantifiziert, als auch manche Verhältnisse ebenfalls quantitativ berechnet (z. B. Verhältnis der $[F + + \frac{1}{2}F +] \cdot 100$ zur Summe aller F).

Besonderheiten wie „Schock"reaktionen, d. h. eine deutlich geringere Produktivität z. B. bei Farb- oder Bewegungstafeln, sowie das totale „Versagen" bei bestimmten Tafeln gehen ebenfalls noch in die Interpretation ein.

Insgesamt ergibt sich dann bei der Deutung nach Rorschachs Vorgaben ein deutliches Persönlichkeitsbild (vgl. dazu Bohm, 1972, ein grundlegendes Lehrbuch für Rorschach-Diagnostik).

Neben möglicher Verwendung des Tests bezüglich der Intelligenz (vgl. zu dieser Auseinandersetzung rückblickend Michel, 1981) und seiner schul- und entwicklungspsychologischen Anwendung ist beim Rorschach-Test die neuropsychiatrische Klinik das Hauptanwendungsgebiet.

Die unzähligen Modifikationen der Rorschach-Tests werden hier nicht weiter erwähnt (vgl. Überblick, S. 477). Einzig die Holtzman-Inkblot-Technik ist noch aufgrund ihrer Veränderungen (Beschränkung der Reaktion auf ein pro Tafel), die darauf zielen, eine solide meßtheoretische und empirische Begründung der Auswertung zu erreichen (Fischer & Spada, 1973), bedeutsam.

4.6.3.3. Thematische Apperzeptionsverfahren

Thematische Apperzeptionsverfahren lassen eine uneindeutige Bildvorlage, die aber meist eine soziale Situation vorstellt, deuten. Im bekanntesten dieser Tests, im Thematischen Apperzeptionstest von Murray (1943), soll der Proband zu dem vorgelegten Bild eine Geschichte erzählen. Während der Rorschach-Test stark auf die Persönlichkeitsstruktur abzielt, legt der TAT seinen Schwerpunkt vielleicht etwas mehr auf das „Hier und jetzt" und auf die Lebenssituation (Stern, 1955; Semeonoff, 1976). Die Methode beruht auf der Annahme, daß sich die Versuchsperson mit der Hauptfigur einer Geschichte identifiziert. Murray selbst bestimmt den Zweck des Tests in seiner Handanweisung folgendermaßen:

„Der TAT ist eine Methode, dem geschulten Auswerter einige der dominanten Triebe, Emotionen, Einstellungen, Komplexe und Konflikte einer Persönlichkeit zu offenbaren. Sein besonderer Wert beruht auf der Fähigkeit, die zugrundeliegenden gehemmten Tendenzen zu enthüllen, die die Vp oder der Patient nicht mitteilen will oder – weil sie ihm unbewußt sind – nicht mitteilen kann." (S. 1, Übersetzung nach Kornadt, 1964.)

Er verweist besonders darauf, daß der Proband beim Geschichtenerzählen sich selbst „und die Notwendigkeit, sich gegen die fragenden Eingriffe des Testers zu verteidigen, vergißt und, bevor er es merkt, hat er Dinge über einen erfundenen Charakter gesagt, die auf ihn zutreffen, Dinge, die er gezögert hätte, in Antwort auf eine direkte Frage zu gestehen." (a.a.O., eigene Übersetzung.)

Das Testmaterial enthält insgesamt 31 schwarzweiße Bilder. Davon werden 2×10 dem Probanden vorgelegt. Die Auswahl erfolgt nach Alter und Geschlecht. Der Test wird in zwei Sitzungen von jeweils ca. einer Stunde mit mindestens einem Tag Zwischenraum durchgeführt. Die Auswahl der Bilder erfolgte nach ihrer Ergiebigkeit. Die zweite Serie ist „dramatischer".

Die Testauswertung muß zunächst feststellen, mit welcher Figur sich der Proband identifiziert hat. Danach wird die Geschichte nach den den Figuren zugeschriebenen Bedürfnissen (needs) und Umweltanforderungen (presses) Satz für Satz durchgesehen. Und zwar nach den Kategorien:

- der Held (The hero);
- Motive, Neigungen und Gefühle (Motives, trends and feelings of the heroes);
- Kräfte aus der Umgebung des Helden (Forces of the hero's environment);
- Ergebnisse (Outcomes, gemeint ist der Kräfte**vergleich** zwischen Held und Umwelt, z. B. handelt er oder ist er Opfer);
- Themen (Themas);
- Interessen und Gefühle (Interests and sentiments) (Murray, 1943).

Die festgestellten Bedürfnisse und äußeren Einflüsse werden nach der Stärke ihres Auftretens quantifiziert. Dann wird für jedes Merkmal die Gesamtstärke errechnet. Murray selbst weist hierbei ausdrücklich darauf hin, daß die Deutung des Tests eher als „Arbeitshypothese" denn als bewiesenes Faktum zu begreifen sei.

Die Auswertungsmethoden und auch der Test selbst sind auf verschiedenste Weise fortentwickelt worden (vgl. dazu Revers, 1973; Bellak, 1971). Am bekanntesten ist der für Kinder entwickelte Kinder-Apperzeptionstest (CAT), dessen Tafeln Tiere in den verschiedensten (menschlichen) Situationen zeigen. Ansonsten ist noch der Four-Picture-Test (FPT) zu nennen, der über vier gleichzeitig auf einem Dia gezeigten Bilder eine Geschichte mit einem Helden erzählen läßt, die er nach vier Kategorien (1) Zusammensein mit einer anderen Person, (2) Persönliches Alleinsein, (3) Soziales Alleinsein und (4) Zusammensein mit anderen in einer Gruppe interpretiert, sowie der Familien-Beziehungs-Test (FBT). Dieser soll speziell die Familiensituation erfassen.

Neben der hauptsächlich klinischen Anwendung der Thematischen Apperzeptionsverfahren sei noch auf ihre Verwendung in der Marktforschung hingewiesen. Auf einem Foto wird eine individuelle Produktbeziehung gezeigt und analog zum TAT um eine Geschichte gebeten (Salcher, 1978; Rosenstiel, 1979).

4.6.3.4. Spielerische Gestaltungsverfahren

Die meisten spielerischen Gestaltungsverfahren sind für die Kinderdiagnostik gedacht. Ähnlich wie bei den thematischen Verfahren sollen sie einen Zugang zu der persönlichen Problematik, den aktuell bedeutsamen Konflikten des Probanden ermöglichen. Von besonderem Vorteil ist das Verfahren, weil es nicht auf Verbalisierung setzt. So können im Spiel Wünsche und Bedürfnisse ausgedrückt werden, über die das Kind nicht spricht, sei es aus Unwillen oder Unvermögen.

Der Ursprung des Spiels als diagnostisches Instrument ist bei Freud zu finden. Melanie Klein hat es systematisch für die Analyse fortentwickelt. Neben der Erforschung der persönlichen Problematik wird es auch entwicklungspsychologisch genutzt, sowohl in der Forschung als auch in der Diagnostik. Die Besonderheit der spielerischen Gestaltungsverfahren liegt darin, daß als Testmaterial bedeutungsvolle Gegenstände des alltäglichen Umfeldes geboten werden, also strukturierte Reize, so daß sich daran der Stil der „Weltbewältigung" des Kindes ausdrückt. Daraus wiederum lassen sich entwicklungspsychologische Rückschlüsse auf das typische Weltbild in den verschiedenen kindlichen Altersstufen ziehen.

Die bekanntesten thematischen spielerischen Verfahren sind der Sceno-Test, der Welt-Test und der Dorf-Test.

Beim Sceno-Test (von Staabs) besteht das Spielmaterial aus einer Reihe von biegsamen Puppen, die die Personen der kindlichen Umwelt repräsentieren sollen, weiter aus Tieren, Bäumen, Beeten, Blumen, Hausrat und alltäglichen Gebrauchsgegenständen, Fahrzeugen, Bausteinen und drei Symbolfiguren, einem Engel, einem Schneemann und einem Heinzelmann.

Das Kind bekommt den Kasten mit den Figuren und die Innenseite des Testkastendeckels als Spielfläche mit der Aufforderung „etwas aufzubauen". Der Verlauf der Gestaltung wird protokolliert, am Schluß die Szene fotografiert oder abgezeichnet.

Der Welttest wurde ursprünglich von Margaret Lowenfeld als Therapieform entwickelt. Ihr lag daran, eine Kinder-Therapie zu konzipieren, die einen möglichst unmittelbaren Zugang zur kindlichen Erlebniswelt schafft ohne Dazwischentreten der erwachsenen Deutung und damit des Übertragungsverhältnisses. Bei ihrer Methode deutet nur das Kind das, was es aufbaut. Deshalb hat sie selbst auch kein standardisiertes Material entwickelt, sondern ständig die Bestandteile variiert: Das Material enthält Menschen, Tiere, Häuser, Bäume, Fahrzeuge und Tiere; Märchenfiguren, Figuren exotischer Völker; es dürfen eigene Bestandteile aus Papier und Plastilin, Bauklötze etc. hinzugefügt werden. Spielfläche ist ein Sandkasten. Charlotte Bühler hat das Material standardisiert (später auch zum Picture-World-Test weiterentwickelt) und die Figuren auf 160 begrenzt.

Ausgewertet wird nach den wesentlichen inhaltlichen und formalen Kriterien des Bauens, ergänzt durch die Verhaltensweisen und Kommentare des Kindes. Der Test wird sowohl in der Therapie verwendet – auch um deren Fortschritte zu registrieren – als auch in der Erziehungsberatung bei Entwicklungs- und Verhaltensstörungen.

Weniger auf menschliche Beziehungsformen und mehr auf raumsymbolische Prinzipien stellt der Dorf-Test von Arthus ab. Er bietet als Material Häuser, eine Kirche, ein Schloß, eine Fabrik, ein Rathaus, eine Schule, einen Bahnhof, 30 Bäume, Mauern, Tore, Blumen, eine Brücke und ein variables Teil sowie unbewegliche menschliche Figuren. Der Proband soll alles verwenden und „ein Ganzes" gestalten. Die Grundhaltung, aus der heraus er die Umwelt gestaltet, ob er zum Beispiel einen eckigen oder runden Grundriß wählt, ist wesentlicher Auswertungsgesichtspunkt.

Als athematische Verfahren sind der Mosaik-Test und der Sieben-Quadrate-Test zu nennen.

Der Mosaik-Test gibt 456 Holz- oder Plastikteilchen in fünf Formen (Quadrat, Rhombus, verschiedene Dreiecke) und sechs Farben vor und fordert dazu auf, ein Brett mit diesen Teilen zu belegen. Interpretiert wird nach ähnlich formalen Kriterien wie beim Dorf-Test.

Ähnlich auch der Sieben-Quadrate-Test von Hector, der sieben schwarze Quadrate in verschiedenen Größen aus harter Pappe auf einen weißen Untergrund legen läßt.

Zusammenfassend ist bei den Spiel-Tests hervorzuheben, daß ihrer Anwendung bei Erwachsenen die ihnen fremd erscheinende Aufforderung zu kindlichem Tun entgegensteht, eine Besonderheit, die sie aber gerade für die Anwendung bei Kindern prädestiniert. Sie werden häufig zugleich als diagnostisches und therapeutisches Mittel benützt.

4.6.3.5. Zeichnerische Gestaltungsverfahren

Auch bei den zeichnerischen Verfahren sind die thematischen und die athematischen zu unterscheiden. Der bekannteste athematische ist der Wartegg-Zeichen-Test (WZT).

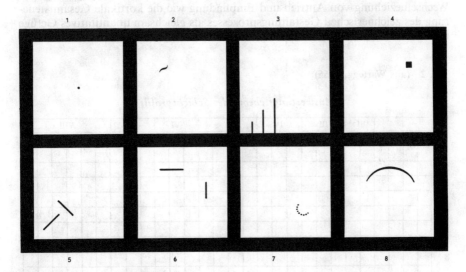

Abb. 6   (aus Wartegg, 1955)

Der Wartegg-Zeichen-Test bietet als Testmaterial einen Vordruck mit acht quadratischen Feldern, die zweireihig auf einem Din-A 5-Blatt quer angeordnet sind. In jedem Feld sind Zeichen, die die Versuchsperson vollenden soll. Wartegg hat diese Anfangszeichen nach der „archetypischen Funktion", die er ihnen zuschreibt, ausgewählt. Während der Proband zeichnet, sollen die pro Quadrat benötigte Zeit und die Inhalte der Zeichnungen notiert werden sowie alle anderen Äußerungen. Hinterher wird der Proband nach seien Vorstellungen zu den Bildern befragt.

Auch der Wartegg-Test arbeitet mit einem äußerst komplizierten, mehrfach modifizierten Auswertungssystem. Es beruht darauf, daß Wartegg Stufen und Grade sowie Arten der Auffassung unterscheidet, und aus diesen Formen des zeichnerischen Ausdrucks auf die Persönlichkeitsstruktur zurückschließt. Auf seine physiologischen Vorstellungen wurde bereits hingewiesen.

Als erstes erstellt Wartegg ein „Schichtprofil". Er geht von einer „ontogenetischen Grundreihe" aus, in der die Fortentwicklung vom bloßen Kritzeln zum thematischen Bild aufgezeigt ist. Darin sieht er seine Annahme objektiviert, daß ein zunehmender „Funktionsausgleich" von Antrieb und Empfindung und „– bei kortikaler Steuerung der bedingten Reflexe –" sinnhafte Bewältigung der Reizgrundlagen erfolgt:

Die „Schichten" I–IV, die mit Pawlows erstem Signalsystem vergleichbar sein sollen, bestehen aus: „Überdeckung, Vernachlässigung, Einbeziehung, diffuser Beachtung, tonischer Verhaftung und fixierender Beachtung" (Wartegg, 1955: 529).

Als zweites Signalsystem sieht Wartegg dann „Sinnausgliederung" und als die „eigentlich optisch-geistige Funktion des humanen Kortex" die „Sinnerfüllung" (a.a.O.: 530). Diese Merkmale werden alle pro Quadrat in das Schichtprofil eingetragen. Zusätzlich die verschiedenen „Normallösungen" (die er vorgibt) und die davon abweichenden „Originallösungen". Es läßt sich dann eine Punktzahl pro Schichtgruppe ermitteln. „Das so gewonnene Schichtprofil läßt die physiologische Wechselbeziehung von Antrieb und Empfindung wie die kortikale Gesamtsteuerung des zeichnerischen Gestaltungsprozesses als gleichsam quantitatives Gefüge maßmethodisch exakt hervortreten." (a.a.O.: 531.)

Tab. 2   (aus Wartegg, 1955)

Auswertungsschema des Schichtprofils

	I				II		III			IV			V				VI			VII			VIII					
	Rü	üb	kr	gs	ub	le	eg	eb	zg	gh	as	tö	Zn	Rn	Rp	gt	Rv	sy	fg	di	id	is	N+	N−	Np	O+	O−	Op
1																												
2																												
3																												
4																												
5																												
6																												
7																												
8																												

Zutreffende Schichtmerkmale ankreuzen!
Punkte addieren!

Während also das „Schichtprofil" Stufen und Grade der Auffassung registrieren soll, zielt das „Qualitätenprofil" auf die Erforschung von Arten der Auffassung. Wartegg gibt hier eine Tabelle verschiedener „Formmerkmale" (z.B. bei Bild 1: „klein, mittenhaft, verlagert"), „Ausdrucksqualitäten" (z.B. „zart – derb") und „Sinnakzente" (z.B. „statisch – dynamisch") an, die wiederum in das „Qualitätenprofil" für jedes Bild einzeln einzutragen sind.

Tab. 3 (aus Wartegg, 1955)

Auswertungsschema des Qualitätenprofils

1		2		3		4		5		6		7		8	
+	−	+	−	+	−	+	−	+	−	+	−	+	−	+	−
kln	vgr	geb	ger	ger	geb	kln	vgr	ger	geb	ger	geb	kln	vgr	geb	ger
mit	vlg	off	ges	stei	fall	dkl	hell	vbnd	gtr	vbnd	gtr	bgr	vbr	agrd	abgs
konz	vstr	weit	eng	weit	eng	eck	rund	lgs	quer	ggl	ugl	ggl	ugl	ges	off
zrt	drb	vbr	bgr	ggl	ugl	bgr	vbr	rafw	labw	mit	vlg	zrt	drb	zrt	drb
stra	asw	lock	fest	stet	wchs	schw	lcht	dchz	awch	rml	flä	lock	fest	berg	bdro
org	mech	org	mech	uafl	übst	berg	bdro	fest	lock	mech	org	org	mech	org	mech
sta	dyn	dyn	sta	mech	org	sta	dyn	mech	org	sta	dyn	schm	abst	sta	dyn
phys	abst	phys	abst	sta	dyn	sach	phan	dyn	sta	abst	phys	phys	dyn	phys	abst

Zutreffende Qualitäten unterstreichen!
Plus- (+) und Minus-(−)Punkte addieren!

Neben quantitativen Werten, die man so erhält, geht die eigentliche Interpretation nach dem „Symbolgehalt" vor, der in den Anfangszeichen als Archetypus enthalten sein soll (z. B. Bild 1: „Anfang, Mitte, Augenblick, Geworfensein"). Zusätzlich deutet Wartegg noch die gewählte Bildabfolge und das „Bildgefüge". Schließlich die Darstellung und Sinngebung des Bildganzen: Das sind die Darstellungsmittel (z. B. Strichstärke) bzw. die Sinnmotive (z. B. Sachlösungen, Formlösungen, bzw. affektive Inhalte, sensitive Inhalte usf.).

Wartegg erstellt dann aus den Darstellungs- und Sinnakzenten eine „charakterologische Projektion", die wiederum quantitative Werte sowie ein Profil enthält, das sich an Charakterkategorien von Lersch orientiert (vgl. Wartegg, 1955).

Verwendung findet der Wartegg-Zeichen-Test hauptsächlich in der psychiatrischen und Neurosendiagnostik sowie in der Erziehungsberatung.

Einen ganz anderen Ansatz verfolgt die Myokinetische Psychodiagnostik (MKP) von Mira y Lopez. Sie richtet sich auf graphomotorische Ausdrucksphänomene und wil darin die Veränderung der muskulären Spannungsverhältnisse feststellen. Daraus sollen sich dann charakterologische Merkmale ergeben.

Thematische zeichnerische Verfahren sind Draw-a-Person, Familie in Tieren, House-Tree-Person-Test und der schon erwähnte Baumtest. Diese Verfahren finden alle viel Verwendung in der Erziehungsberatung.

4.6.3.6. Farbwahl- und Farbgestaltungsverfahren

Diese Tests beruhen auf der Annahme, daß die individuelle Beziehung zu Farben Rückschlüsse auf die Persönlichkeit, v. a. auf die Affektivität zuläßt.

Der Farbpyramidentest von Heiß und Hiltmann (nach Pfister) zielt besonders auf den Zusammenhang von Farbwahl- und gestaltung und Affektivität (Houben, 1964). Er legt also nicht nur Wert auf die Beziehung zu einzelnen Farben, sondern auch auf die Farbkombination.

Dem Probanden werden viele, gleich große Farbblättchen in 24 Farbtönen gegeben, die er auf der Vorlage, die 15 quadratische Felder in Pyramidenform enthält, möglichst „schön" anordnen soll. Dies wird zweimal wiederholt. Anschließend wird genauso mit einer „häßlichen" Farbpyramide verfahren. Alle sechs gestalteten Pyramiden werden protokolliert.

Die Auswertung geht einerseits nach Anzahl der gewählten Blättchen pro Pyramide und nach der Art des Farbarrangements, andererseits nach dem Bedeutungsgehalt der Farben und Farbsyndrome und der Wahlflexibilität vor.

Der Farbwahltest von Lüscher baut auf eine psychologische Farbenlehre auf, die der Farbwahl Persönlichkeitsvariablen zuordnet.

4.6.3.7. Bildwahlverfahren

Als projektives Bildwahlverfahren gilt eigentlich nur der Szondi-Test, der selbst innerhalb der projektiven Verfahren außerordentlich umstritten ist (Heinelt, 1964). Die „schicksalspsychologische Denkungsart", die dem Test zugrunde liegt, konstruiert einen Zusammenhang zwischen Verhaltensstrukturen und erbbiologischen Gegebenheiten. Klopfer & Taulbee sehen diesen Test 1976 als „essentially moribund in this country" an.

4.7. Skalierung qualitativer Daten und latenter Strukturen

von Hans J. Henning

4.7.1. Positionen, Modelle, Daten

4.7.1.1. Positionen

Skalierungsmethoden werden heute nicht mehr nur als ein Mittel zur Datenreduktion angesehen. Die Begriffe „Skalierungsmodell" und „Meßmodell" werden inzwischen als Synonyme verwendet. Die Meßmodelle der Psychologie stellen nach Clauss (1976: 492) „spezielle Modelle über das Verhalten dar", sie weisen Eigenschaften auf, die zur Theorienbildung geeignet erscheinen. Skalier- und Meßverfahren sind in ihrer Anwendung nur dann berechtigt, wenn sich ihre formalen Eigenschaften mit psychologischen Gesetzmäßigkeiten entweder direkt in Verbindung bringen lassen oder sie aber durch die Art ihrer Skalierresultate (quantitativ-numerischer oder qualitativ-struktureller Form) die Voraussetzungen schaffen, bestimmte Hypothesen einer empirischen Überprüfung zugänglich zu machen. Unter dieser Perspektive ist **Skalierung** als ein **integrativer Bestandteil** der **psychologischen Theorienbildung** aufzufassen. Eine weitere Problematisierung methodologischer Art der Meß- und Skalierprobleme in den Sozialwissenschaften findet sich bei Henning (1979: 289ff.).

Die **statistische Analyse** sozialwissenschaftlicher Problemstellung setzt die Annahme adäquater Modellvorstellungen in Form bestimmter Skalierverfahren, Testmodelle oder multivariater Grundgleichungen voraus. Diese Modellvorstellungen sollen das inhaltlich-theoretische Wissen über bestimmte Gegenstandsbereiche präzisieren und formalisieren, um dann als Folge davon ggf. Erklärungen und Schätzungen für die Struktur und Variation der Beobachtungsdaten abgeben zu können. Die folgenden grundlegenden Faktoren (vgl. Andersen: 1980a) müssen bei der Wahl eines Modells aufeinander abgestimmt werden:

– die Form der verfügbaren Daten
– die Art der wissenschaftlichen Problemstellung
– die Einfachheit des mathematischen (Test- oder Meß-) Modells.

Als Konsequenz meß-, test- und datentheoretischer Überlegungen, die hier nicht weiter expliziert werden müssen, wird vorausgesetzt, daß alle Informationen und/oder Beobachtungen über einen Gegenstandsbereich nach Möglichkeit in Form reeller Zahlen abgebildet werden sollten, mindestens aber als **qualitative Daten** (vgl. dazu Bentler: 1980a; 1980b) dargestellt werden können. Qualitative Daten sind z. B. das Ergebnis einer quantitativen Repräsentation bestimmter qualitativer Aussagen, die bei Zustimmung oder Feststellen ihres Auftretens mit (1), bei Ablehnung oder Nicht-Auftreten mit (0) kodiert werden können. Die Stouffer-Toby-Daten (vgl. Abschnitt 4.7.1.3.) stellen das in diesem Beitrag behandelte Beispiel für qualitative Daten dar.

Weiter ist davon auszugehen, daß sich viele Problemstellungen in den Sozialwissenschaften über die Betrachtung numerisch konzipierter Variablen ausdrücken und auch weitestgehend beantworten lassen. Dies ist z. B. dann der Fall, wenn sich diese Variablen über Parameter des jeweilig gewählten Modells darstellen lassen und die resultierenden reell-wertigen Parameterschätzungen über statistische Modelltests mit den Beobachtungsdaten konfrontiert werden. Einige Beispiele verdeutlichen diesen Gedanken:

Problem:

– Stabilisieren sich die Indikatoren bestimmter Angstformen nach der Durchführung bestimmter Therapien?
– Verbessern sich Schüler in einem Leistungstest bei unterschiedlichen Lernmethoden?

Antwort:

– Die Variable „Angstmeßwert" muß bezüglich des Parameters „Varianz" eine Verringerung aufweisen.
– Die Differenz der Mittelwertsparameter angenommener Verteilungen der Leistungsvariablen muß statistisch signifikant ausfallen.

– Ist eine Einstellungsskala homogen und eindimensional, d. h. erfassen alle Fragen dasselbe Einstellungskonzept?
– Steigen die Löhne über einen bestimmten Zeitraum konstant an?

– Ist die soziale Rangordnung der Generation der Kinder unabhängig von der Generation ihrer Eltern?

– Die Item-Charakteristik-Kurven für die einzelnen Fragen müssen bezüglich ihrer Parameter Strukturgleichheit aufweisen.
– Ja, wenn die Daten mit Hilfe eines Steigungsparameters eines linearen Regressionsmodells reproduzierbar sind.
– Das Ausmaß der Ab- bzw. Unabhängigkeit kann über den Interaktionsparameter des Log-Linearen Modells erfaßt werden.

Um präzise Aussagen über diese Variablen abgeben zu können, **kann** man sich der Sprache der Mathematik und Wahrscheinlichkeitstheorie bedienen. Die Lösungen der verschiedenen Probleme sind möglich, wenn die Parameter bestimmter probabilistischer Modelle „alternative" Werte aufweisen, die mit der Entscheidung für oder gegen eine Lösung der Problemstellung korrespondieren. Dies heißt aber, daß die **Parameter** der ausgewählten Modelle auch nach Möglichkeit die bedeutendsten Aspekte einer Problemstellung aufgreifen und reflektieren sollten – also Modellfunktion für die in dem Problem angesprochenen Phänomene aufweisen sollen. Aufgabe des mathematischen Modells ist es nun, die Parameterwerte, die unbekannt sind, zu **schätzen**. Dazu benötigt man einerseits bestimmte Modellannahmen, die sich in den formalen Modellgleichungen niederschlagen und andererseits natürlich die Stichprobendaten, auf die die Modellgleichungen angewandt werden. Häufig ergeben sich durch die Form vorliegender Daten und die Verfügbarkeit bestimmter Modelle Konflikte derart, daß für bestimmte Daten entweder nur höchst komplizierte und i. d. R. unlösbare Modelle entwickelt werden müßten, oder aber, daß einfache Modelle zwar eine Antwort auf die Problemstellung erlauben würden, das Modell die vorliegenden empirischen Daten aber nicht hinreichend gut erklären, d. h. reproduzieren kann. Dann liegt eine mangelnde **Anpassungsgüte** der Daten an das Modell vor. Dies führt zum Problem des **Zufallsfehlers**.

So gut ein Modell auch gewählt sein kann, es wird nie die gesamte Variation in den empirischen Daten aufklären können. Ziel der Skalierung ist es, Modelle zu konstruieren, die die Grundstruktur in den Daten aufdecken und nachweisen können. Abweichungen von diesen Grundstrukturen – die unsystematische Varianz – lassen sich mit Hilfe probabilistischer Annahmen „auffangen" und dann in ihrem Ausmaß bewerten. Damit sind die Grundelemente eines klassischen statistischen Modells genannt:

– die Beobachtungen, repräsentiert in den Daten;
– die Parameter und strukturellen Variablen eines Modells (auch Skaliermodells),
– die probabilistische Konstruktion des Modells, das die „Zufalls"-Variation in den Daten erfassen soll.

Es darf nicht unterschlagen werden, daß jedes Modell nur eine **vereinfachte Form der Beschreibung** wahrgenommener oder vermuteter sozialwissenschaftlicher Phänomene sein kann und daß diese Vereinfachungen, die als Modellrestriktionen eingeführt werden, notwendig sind, um die Modellgleichungen handhabbar und numerisch lösbar zu gestalten. Gleichzeitig sollen diese Modelle immer mit dem theoretischen Wissen, das sich zu einem inhaltlichen Gegenstandsbereich angesammelt hat, korrespondieren (vgl. dazu Gigerenzer, 1981: 60 f.). Um es zu verdeutlichen: Hier wird nicht die Position vertreten, daß sich die Modelle und Methoden unter das Primat der Theorie zu stellen haben, sondern daß die Modelle selbst integrativer Bestandteil der Theorienbildung sein müssen.

4.7.1.2. Modelle – ein Überblick

Historisch bedingt lassen sich die Skalierungsmodelle (vgl. dazu Abb. 1) auf drei verschiedenartige Ursprünge zurückführen.

Die „hierarchischen" Modelle entwickelten sich aus dem deterministischen Grundmodell von Guttman, der Skalogrammanalyse. Mit diesen Modelltypen werden bestimmte erwartete („wahre", a priori) Antwortmuster oder -hierarchien daraufhin untersucht, ob sie relativ gut

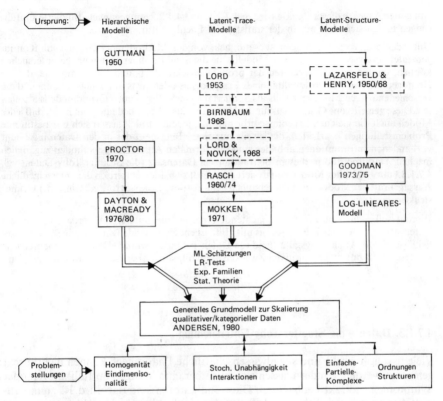

Abb. 1 Historische Entwicklung von Skaliermodellen
(Die hervorgehobenen Modelle werden in diesem Beitrag näher besprochen.)

die Abfolge der tatsächlich beobachteten Antwortmuster reproduzieren können, wenn man zur Reproduktion nur die Modelleigenschaften des jeweiligen Modells gelten läßt und aus ihnen die Datenerklärung vornimmt.

Bei der Gruppe der „Latent-Trace"-Modelle werden der manifeste, d.h. der beobachtbare Bereich und der latente, d.h. der theoretisch angenommene Bereich der zu untersuchenden und zu skalierenden Variablen mit Hilfe bestimmter Funktionen verbunden (vgl. dazu Abb. 4). Diese Funktionen werden Item-Charakteristik-Kurven genannt. Je nach Art und Präzisierung dieser Funktionen lassen sich in dieser Gruppe dann verschiedene Skaliermodelle differenzieren. Die Gruppe der „Latenten-Struktur"-Modelle legt als Hauptcharakteristikum zugrunde, daß sich die Personen in der zu untersuchenden Population in sogenannte „latente Klassen" gruppieren lassen, wobei diese „latenten Klassen" möglichst viel Variabilität der Beobachtungsdaten erklären und aufdecken sollen.

Lange Zeit wurden alle Skaliermodelle relativ isoliert voneinander dargestellt und behandelt. Durch die Beiträge von Andersen (1980a; 1980b) ist es gelungen, den hier vorgestellten Modellen (vgl. Abb. 1) einen gemeinsamen formal-theoretischen Rahmen zu setzen. Dies setzt jedoch voraus, daß man folgende Verfahren und Erkenntnisse berücksichtigt und zueinander in Beziehung setzt:

– Maximum-Likelihood-Verfahren zur Schätzung der Modellparameter;
– Likelihood-Ratio-Tests zur Überprüfung der Anpassungsgüte eines Modells an die Daten;
– Eigenschaften der Exponentialfamilien von Wahrscheinlichkeitsverteilungen;
– Fortschritte in der statistischen Theorie des linearen Modells.

Auf einige Aspekte dieser Punkte wird in 4.7.2.1. und 4.7.2.2. eingegangen, fundierte Einführungen finden sich aber nur in der statistischen Fachliteratur.

Unter den o. a. Voraussetzungen ist es möglich, von den Methoden der Gruppe von Kontingenztafel-Analysen (Log-Lineares Modell), die die Struktur einer Datenmenge untersuchen können, bis hin zu den Verfahren der probabilistischen Test- und Skaliermodelle, die die Homogenität und Dimensionalität eines Fragebogens oder Tests untersuchen können, diese verschiedenartigen Modelle jeweils als Sonderfälle eines allgemeinen Grundmodells abzuleiten. Diese **gemeinsame** Grundstruktur der Verfahren aus Abb. 1 bedeutet nun nicht, daß jedes Modell auch die gleichen Ergebnisse erbringt. Mit jedem Modell lassen sich nur bestimmte Problemstellungen bearbeiten, die jeweils nur einen Teilaspekt der in den Daten insgesamt vorhandenen Informationen abbilden und den formalen Auswertungsmethoden zugänglich machen. Dadurch daß in diesem Beitrag nur **ein** Datensatz (die Stouffer-Toby-Daten, vgl. 4.7.1.3.) mit Hilfe **aller** Modelle analysiert wird, läßt sich auch empirisch die unterschiedliche Aussagekraft der Modelle recht anschaulich demonstrieren, die sie trotz gemeinsamer Grundstruktur besitzen.

Hiermit soll nicht eine oft zu beobachtende Arbeitsweise unterstützt werden, bei der ein Datensatz solange analysiert wird, bis mit Hilfe irgendeiner Modellvariante eine brauchbare Erklärung und Anpassungsgüte für diese Daten gefunden wurde. Derartige atheoretische Analysen sind nur zu explorativen Zwecken sinnvoll, sonst aber i. d. R. strikt abzulehnen.

4.7.1.3. Daten – die Stouffer-Toby-Untersuchung

Viele psychologische und sozialwissenschaftliche Phänomene können nicht direkt gemessen werden, sondern lassen sich nur über eine Menge von Indikatoren oder Symptomen indirekt beobachten. Diese Indikatoren sind dabei i. d. R. „**qualitativer**" Art. Stouffer & Toby (1951) benutzten vier qualitative Variablen (Items) um Personen nach ihrer Tendenz zu klassifizieren, in Situationen mit Rollenkonflikten „universalistisch" oder „partikularistisch" zu handeln. Diese Untersuchung ist in der Literatur oft sekundär mit unterschiedlichsten und alternativen Verfahren analysiert worden, so daß sich über die hier benutzten Modelle hinaus weitere Vergleichsmöglichkeiten bieten (vgl. z. B. Goodman, 1978: 277f.).

Zunächst die Items:

Item 1: Man fährt mit einem guten Freund im Pkw durch eine verkehrsberuhigte Zone (Geschwindigkeitsbegrenzung 30 km/h) mit ca. 60 km/h. Bei einem Unfall wird ein Fußgänger gestreift und leicht verletzt. Es gibt keine Zeugen. Der Rechtsanwalt sagt Dir, eine Aussage unter Eid, daß die Geschwindigkeit nur ca. 30 km/h betrug, würde den Freund vor einer erheblichen Bestrafung bewahren. Was würdest Du tun?

Aussagen, daß Ihr 30 km/h gefahren seid? $(-)$
Diese Aussage nicht beeiden! $(+)$

Item 2: Als Arzt einer Versicherung untersuchst Du einen guten Freund, der eine Höherversicherung erreichen will. Zwar ist er in guter Verfassung, Du findest aber zwei Dinge, die sich äußerst schwer diagnostizieren lassen. Würdest Du Deine Zweifel zugunsten Deines Freundes trotz Deiner Verpflichtungen gegenüber der Versicherungsgesellschaft verschweigen?

Ja $(-)$
Nein $(+)$

Item 3: Du bist New-Yorker Theaterkritiker. Ein enger Freund hat seine gesamten Ersparnisse in ein neues Broadway-Stück investiert. Du bist ernsthaft der Meinung, das Stück sei schlecht. Würdest Du Deine Kritik zurückhalten, trotz der Verpflichtungen gegenüber Deinen Lesern?

Ja $(-)$
Nein $(+)$

Item 4: Du kommst aus einer Geheimsitzung Deines Konzerns. Ein enger Freund von Dir wäre ruiniert, wenn er sich nicht vom Markt zurückziehen kann, bevor die Konzernentscheidung bekannt wird. Zufällig bist Du bei ihm zum Abendessen eingeladen. Würdest Du ihm einen entsprechenden Tip geben?

Ja $(-)$
Nein $(+)$

Diese Items können mit $(-)$ oder $(+)$ beantwortet werden, die für die weitere Analyse mit 0 bzw. 1 numerisch kodiert werden. Die vier Items führen zu verschiedenen möglichen Antwortmustern. Es können entweder alle 4, 3, 2, 1, oder keines der Items mit $(+)$ beantwortet werden. Darüber hinaus können bei 3, 2 oder 1 positiven Beantwortungen noch die unterschiedlichen Reihenfolgen, in denen diese $(+)$ Antwort plaziert ist, unterschieden werden. Insgesamt ergeben sich 16 verschiedene Antwortmuster, die generell möglich sind, die aber nicht alle auch empirisch auftreten müssen und von denen nur ganz bestimmte und wenige Antwortmuster eine Struktur formen, die durch ein Skaliermodell analysiert und bewertet werden kann. Die Häufigkeiten auf die Antwortmuster, so wie sie in der Originaluntersuchung von 216 Personen erzielt wurden, finden sich in Abb. 2, S. 497.

Grundfrage der Originaluntersuchung war es, festzustellen, ob die Antworten auf diese Fragen die Existenz einer eindimensionalen Skala rechtfertigen, entlang derer die Personen nach ihrem Ausmaß, paritkularistische Lösungen anzustreben, geordnet werden können. Diese Frage wurde mit Hilfe der Guttmanschen Skalogrammanalyse und dem „Latent-Distance"-Modell von Lazarsfeld beantwortet. Allerdings mußten nach diesen Ergebnissen fünf verschiedene „latente" Klassen unterschieden werden, in die sich die Mehrzahl der Personen gruppieren ließ. **Eine** eindimensionale Skala (d. h. eine bestimmte Struktur von Antwortmustern), die für alle Personen galt, ließ sich nicht nachweisen.

Dieses Ergebnis kann mit den Ergebnissen, die in den Abschnitten 4.7.5.1. bis 4.7.5.7. vorgestellt sind, verglichen werden.

4.7.2. Grundaspekte statistischer Theorie

4.7.2.1. Maximum Likelihood Methoden

Die folgenden Abschnitte erläutern einige Grundaspekte der statistischen Theorie, soweit sie für die Skalierung von elementarer und unmittelbarer Bedeutung sind.

Wir erwarten, daß sich die erhobenen Daten durch wahrscheinlichkeitstheoretische Modelle mehr oder weniger gut beschreiben lassen und durch die in den Modellen verankerten Eigenschaften und Gesetzmäßigkeiten relativ gut reproduziert werden können, sofern die Modellparameter bekannt sind. Zwar läßt sich i. d. R. begründen, durch welchen Modelltyp die Daten am besten beschreibbar sind (also z. B. durch ein Modell mit einer Normal-, Multinomial- oder Binomialverteilung), aber wir wissen nicht, um welche konkrete Verteilung eines jeweiligen Modelltyps es sich dabei handelt, solange die Verteilungs- und damit Modellparameter noch nicht geschätzt sind. Über die konkrete Verteilungsform bestehen lediglich Hypothesen.

Die Familie denkbarer Verteilungen zu einem bestimmten Modelltyp (vgl. 4.7.2.2.) ist durch einen oder aber auch mehrere Parameter pro Verteilung definiert und charakterisiert. Für jeden Wert, den diese Parameter annehmen können, wird eine andere Verteilung aus der Familie dieses Modelltyps konkretisiert. Die Werte der Parameter erhält man, indem sie aus den empirischen Daten heraus geschätzt werden. Eine mögliche und häufig angewandte Schätzmethode soll hier nun skizziert werden.

In der Statistik wird so vorgegangen, daß der Verteilungsparameter Θ als Funktion von Stichprobendaten (X_i) konzipiert wird. Die Stichprobendaten werden als Größen einer Zufallsvariablen interpretiert, so daß dann eine **Schätzstatistik** T konstruiert werden kann:

$$T = t(X_1, X_2, \ldots, X_n)$$

Diese Statistik T wird als (minimal) **hinreichend** bezeichnet, wenn sie **alle** Informationen enthält, die die Stichprobendaten über den unbekannten und zu schätzenden Parameter Θ liefern können. Schätzmethoden geben nun an, welche Stichprobeninformationen herangezogen werden müssen, um den Parameter hinreichend gut schätzen zu können. Die **Maximum-Likelihood-Schätzmethode** (vgl. z. B. Andersen, 1980a) kennt folgendes Vorgehen:

Man sucht für eine Likelihood-Funktion

$$L(\Theta) = f(X_1, X_2, \ldots, X_n | \Theta)$$

über den Schätzer T den Wert Θ, für den die gegebenen Daten die größte „Mutmaßlichkeit" (Likelihood) besitzen. Für den Begriff „Likelihood" läßt sich auch der bekanntere Begriff der „Wahrscheinlichkeitsdichte" verwenden.

In der Nullhypothese wird nun geprüft, ob ein geschätzter Wert $\hat{\Theta}$ einem hypothetisch angenommenen Wert Θ_0 entspricht ($H_0 : \Theta = \Theta_0$). Für diese Hypothese wird ein **Likelihood – Quotient** definiert:

$$\lambda = \frac{f(X_1, \ldots, X_n | \Theta_0)}{f(X_1, \ldots, X_n | \hat{\Theta})}$$

In diesem Likelihood-Quotienten werden die Mutmaßlichkeiten derselben Stichprobendaten in Relation gesetzt, die sie allerdings bei unterschiedlichen Verteilungsparametern erzielen. Liegt λ nahe 1, dann gilt die aufgestellte Nullhypothese. Weicht λ von 1 ab, dann ist Θ der Schätzer für einen alternativen Θ-Wert einer anderen Hypothese. Diese Entscheidung setzt natürlich wie bei jedem anderen statistischen Test kritische Werte voraus, so daß man hier vom **Likelihood-Ratio-Test** spricht. Die besonderen Eigenschaften dieses LR-Tests werden im Ergebnisteil (Abschnitt 4.7.5.3. und 4.7.5.7.) demonstriert.

4.7.2.2. Exponentialfamilien

Es sei X eine Zufallsvariable und $f(x) = P(X = x)$ die Wahrscheinlichkeitsfunktion dieser Variablen. Wenn diese Verteilung durch einen Parameter Θ gekennzeichnet ist, dann entsteht für jedes $\Theta \geq 0$ eine spezifische Form dieser Wahrscheinlichkeitsfunktion. Die Menge dieser Funktionen wird **parametrische Familie** $f(x; \Theta)$ genannt. Die parametrische Familie der Binomial-Verteilung (hier Sonderfall der Bernoulli-Verteilung) schreibt sich dann:

$$f(x; p) = p^x (1 - p)^{1 - x} \quad \text{für} \quad 0 \leq p \leq 1$$

Jeder Wert von p zwischen 0 und 1 konstituiert eine bestimmte Form dieser Verteilung. Diese einparametrige Familie von Verteilungen läßt sich **alternativ und allgemein** in exponentieller Schreibweise folgendermaßen ausdrücken:

$$f(x; p) = a(p) b(x) \exp[c(p) d(x)]$$

Mit dieser Schreibweise ist die **Exponentialfamilie** der Bernoulli/Binomialverteilungen definiert (vgl. Mood, Graybill & Boes, 1974: 312f.). Durch geeignete Wahl der Funktionen $a(\cdot)$, $b(\cdot)$, $c(\cdot)$ und $d(\cdot)$ läßt sich die Funktion konkretisieren:

$$f(x; p) = (1 - p) \, \exp\left[x \ln\left(\frac{p}{1 - p}\right) \right] \quad \text{(vgl. Andersen, 1980a: 22)}$$

Diese Darstellungsweise gilt natürlich auch für alle zwei- und mehrparametrigen Funktionen (z. B. die Normalverteilung, die Multinomialverteilung, usw.). Der Nachweis, daß eine bestimmte Verteilung zu einer Exponentialfamilie gehört, ist für die statistische Analyse von erheblicher Bedeutung. Für diese Familien gilt nämlich, daß die Schätzstatistiken T für jeden zu schätzenden Parameter der Verteilung als „minimal hinreichend" anzusehen sind. Ein weiterer Vorteil liegt darin begründet, daß sich die Schätzgleichungen unter der M-L-Methode und dem LR-Test in ihrer Struktur derart vereinfachen, daß sie auf diese Weise oftmals erst praktisch durchführbar werden. Wenn die T-Statistiken „minimal" hinreichend sind, dann enthalten sie die gesamten Informationen, die in den ursprünglichen Stichprobendaten vorhanden **und** die notwendig sind um die Parameter zu bestimmen. Dies bedeutet aber, daß sich die folgenden statistischen Analysen lediglich auf die Menge der Parameter-Werte und auf ihre Verteilungen zu stützen brauchen, da sich in diesen Parametern alle notwendigen Stichprobeninformationen aggregieren. Alle Beweise dieser statistischen Grundlagen finden sich z. B. in Andersen (1980a: 20f.).

In den folgenden Abschnitten wird an den entsprechenden Stellen nur noch ggf. auf einige wesentliche Eigenschaften der hier skizzierten statistischen Grundlagen hingewiesen, soweit sie für ein bestimmtes Skaliermodell von charakteristischer Bedeutung sind. Keinesfalls sollte unterschätzt werden, daß ohne die o. a. statistische Theorie die Vereinheitlichung moderner Skalierverfahren und Strukturanalysen nicht möglich gewesen wäre.

4.7.3. Elemente der Skalierungstheorie

4.7.3.1. Funktion der Skalierung

Ziel einer Skalierung ist es, für komplexe und umfangreiche Beobachtungsmatrizen (einfaches Beispiel in Abb. 2) ein einfacheres System oder eine simple Struktur zu finden, durch die sich die Beobachtungen/Daten beschreiben und ggf. reproduzieren lassen. Eine Struktur läßt sich jedoch nur dann finden, wenn man sich begründet überlegt, **wie** die Beobachtungen zustande gekommen sind (vgl. dazu Ven, 1980; 21). Dazu versucht man latente Verhaltensgesetzmäßigkeiten aufzuspüren, die die vorliegende Struktur, die in den Daten steckt, verantwortet haben könnten. Dabei ist es durchaus möglich, daß man für dieselbe Beobachtungsmatrix verschiedene, d. h. alternativ geltende Strukturen finden kann. Dies liegt u. a. an der Art und Weise, wie man die vorgefundenen Beobachtungen interpretiert, d. h. wie man sie durch die Interpretationen zu Daten umwandelt (vgl. Coombs, 1964). Diese Interpretation **und** weitere Annahmen über bestimmte Verhaltensgesetzmäßigkeiten (Strukturen), die mit dem bestehenden theoretischem Wissen über den zu untersuchenden Gegenstandsbereich korrespondieren müssen (vgl. dazu Gigerenzer, 1981; 60f., 168f.), stellen in ihrer kristallisierten und **formalisierten Form** ein bestimmtes Skalierungsmodell dar.

Durch Anwendung der Skaliermodelle auf die Beobachtungsmatrix, d.h. durch Auffinden oder Validieren einer Struktur, können als Folge dann den Objekten (Items) und Subjekten (Personen) Skalen- oder Meßwerte zugewiesen werden. Mit dem Nachweis einer bestimmten Struktur und der Errechnung von Skalenwerten ist i.d.R. noch nicht das Ziel einer empirischen Studie erreicht. Häufig liefern diese Informationen erst die Grundlage zur Anwendung weiterer statistischer Analysemethoden, wenn z.B. Unterschiede zwischen bestimmten Stichprobengruppen auf Signifikanz geprüft werden sollen, Behandlungseffekte nachgewiesen oder sozialpolitische und -ökonomische Maßnahmen über einen längeren Zeitraum hin evaluiert werden sollen. Ohne nähere Ausführung soll hier festgestellt werden, daß der Skalierung ein Großteil substantieller Theoriebildung vorausgeht.

Damit kommt der Skalierung neben ihrer „technischen" Funktion, Meßwerte zu ermitteln, die weitaus wichtigere und integrative Funktion zu, die Verbindung zwischen den Beobachtungen/Daten einerseits und den Elementen substantieller Theorie andererseits herzustellen.

Diese Funktion sei hier kurz erläutert:

Ein Forscher hat eine Anzahl von Items eines Intelligenztests (Entwicklungs- oder Einstellungstests) vor sich. Er kann nun eine Theorie entwickeln, mit der z.B. die Anordnung und Reihenfolge der Items bezüglich ihres Schwierigkeitsgrades, d.h. der für die Lösung benötigten Denkoperationen, bestimmt werden kann. Diese Anordnung der Items kann aufgrund der theoretischen Vorannahmen strikt linear ausfallen oder aber auch andere spezielle Formen hierarchischer Anordnungen annehmen (vgl. dazu Henning, 1981). Hierbei ist zu berücksichtigen, daß eine Person zur Lösung eines Items alle (lineare Ordnung) oder bestimmte (partielle Ordnung) Items benutzen können muß, die dem betreffenden Item in der hierarchischen Anordnung vorgeordnet sind. Es wird also einem bestimmten Niveau bisheriger Denkoperationen eine weitere Denkoperation (Entwicklungssequenz- bzw. Einstellungsausprägung) hinzugefügt. Diese Theorie würde dann zwar etwas über die Reihenfolge der Items aussagen, nicht aber über die Struktur einer Beobachtungsmatrix, die vor dem Hintergrund dieser Theorie gewonnen wurde. Erst eine Skalentheorie kommt mit Hilfe eines Modells dazu, diese Lücke zu schließen, und bei vorgegebener Reihenfolge oder Hierarchie der Items Annahmen über die Struktur der Daten in der Beobachtungsmatrix zu postulieren. Wird eine lineare Struktur z.B. mit dem deterministischen Skaliermodell von Guttman (Skalogrammanalyse) überprüft, dann weiß man, daß die psychologische Theorie nicht mehr (aber auch nicht weniger) leisten kann, als eine strikte Reihenfolge der Items, eine Denksequenz (Entwicklungs-, Verhaltens- oder Einstellungssequenz) in bestimmten Gegenstandsbereichen vorherzusagen.

4.7.3.2. Integration von Beobachtung und theoretischer Annahme

In diesem Abschnitt wird für die Stouffer-Toby-Items und Daten (vgl. 4.7.1.3. und Abb. 2) gezeigt, wie sich bestimmte Theorievarianten mit bestimmten Strukturen der Beobachtungsmatrix verbinden lassen. Jede Theorievariante führt zu einer alternativen Struktur für die Daten in der Beobachtungsmatrix. Die folgenden Theorievarianten sind in der hier vorgestellten Form ausgesprochen rudimentär und fiktiv. Es wird jedoch kaum Mühe bereiten, diese Varianten mit denkbaren Aussagen von Entwicklungssequenz-Theorien, Intelligenz-Theorien oder anderen Theorieelementen der Soziologie und Sozialpsychologie in Verbindung zu bringen. Der theoretische Hintergrund der Stouffer-Toby-Items wird z.B. darin gesehen, daß man für das Lösen von Rollenkonflikten zwei alternative Verhaltenstendenzen annehmen kann – universalistische und partikularistische – und man annimmt, daß sich in der Population der Befragten zwei „latente" Klassen von Personen finden lassen, die auch diesen Verhaltenstendenzen folgen. Aufgabe der Skalierung wird es sein, diese Vermutungen zu stützen oder in Frage zu stellen.

Beobachtete Antwortmuster bzw. -Vektoren (u_h)					Theorievarianten (erwartete, a priori, oder „wahre" Antwortvektoren (v_t))				
h	Item 1 2 3 4			n_b	I	II	III	IV	V
1	1 1 1 1			42	x	x	x	x	x
2	1 1 1 0			23	x	x	x	x	x
3	1 1 0 1			6			x	x	x
4	1 1 0 0			25	x	x	x	x	x
5	1 0 1 1			6				x	
6	1 0 1 0			24		x		x	x
7	1 0 0 1			7			x		
8	1 0 0 0			38	x	x	x	x	x
9	0 1 1 1			1					
10	0 1 1 0			4					
11	0 1 0 1			1					
12	0 1 0 0			6				x	
13	0 0 1 1			2					
14	0 0 1 0			9					
15	0 0 0 1			2			x		
16	0 0 0 0			20	x	x	x		

Abb. 2 Stouffer-Toby-Daten: Beobachtete Anwortvektoren u_h von h = 1 ... 16 mit den entsprechenden Häufigkeiten n. Die erwarteten Antwortmuster bestimmter Strukturmatrizen für die fünf Theorievarianten sind durch „x" markiert.

Die folgenden fünf Theorievarianten sind mit den Strukturen in Abb. 2 zu vergleichen:

Theorievariante I: Die Inhalte der Items bauen derart aufeinander auf, daß ein schwierigeres Item immer nur dann gelöst werden kann, wenn auch alle unmittelbar vorherigen, leichteren Items gelöst wurden. Dies soll für **alle** Personen der Population gelten, die Items sollen die Rangfolge 1, 2 und 4 aufweisen. Dies impliziert eine **Strukturmatrix** wie sie durch die Antwortmuster Nr. 1, 2, 4, 8 und 16 gegeben wäre. Die Überprüfung dieser Struktur kann mit dem Guttman-Modell, Dayton & Macready-Modell oder Proctor-Modell erfolgen (S. 504).

Theorievariante II: Die Inhalte der Items 2 und 3 können zwar unabhängig voneinander gelöst werden, setzen jedoch jeweils das Lösungsvermögen für Item 1 voraus. Item 4 kann aber nur dann gelöst werden, wenn die Kenntnisse von Item 2 und 3 gleichzeitig vorhanden sind. Dies soll für **alle** Personen der Population gelten, was eine Strukturmatrix durch die Antwortmuster 1, 2, 4, 6, 8 und 16 impliziert. Die Überprüfung kann mit dem Dayton & Maready-Modell oder dem Log-linearem-Modell (S. 510) erfolgen.

Diese Theorievariante kann aber noch eine **alternative** Entstehungsursache verkörpern, wenn man annimmt, daß in der Population zwei latente Klassen von Personen mit unterschiedlichem Lösungsverhalten existent sind. Die eine Klasse löst die Items in der Reihenfolge 1, 2, 3 und 4, die andere Klasse in der Reihenfolge 1, 3, 2 und 4 (vgl. dazu Abschnitt 4.7.3.3.).

Theorievariante III: Die Inhalte der Items sind so gestaltet, daß es eine latente Klasse von Personen gibt, die erst Item 4 lösen muß, um dann auch 1, 2 und 3 lösen zu können. Für eine andere latente Klasse von Personen wird angenommen, daß Item 4 erst dann gelöst werden kann, wenn auch schon 1, 2 und 3 vorher gelöst wurden. Dies führt zu einer Strukturmatrix mit den Antwortmustern 1, 2, 3, 4, 7, 8, 15 und 16 (vgl. auch Abb. 3c).

Theorievariante IV: Hier wird angenommen, daß Item 2 **oder** 3 erst dann gelöst werden können, wenn auch schon Item 1 gelöst wurde, dann aber (im Gegensatz zur Variante II) das Item 4 über die Schritte der Items 1, 2 und 4, **oder** 1, 3 und 4, **oder** 1, 2, 3 und 4 gelöst werden kann. Die Beobachtungsmuster sind 1, 2, 3, 4, 5, 6, 8 und 16 (vgl. Abb. 3d).

Theorievariante V: Unter dieser Variante wird angenommen, daß es in der Population fünf latente Klassen von Personen gibt, die die vier Items jeweils in „ihrer" Klasse als hierarchische Anordnung wahrnehmen (1, 2, 3, 4), (1, 2, 4, 3), (1, 3, 2, 4), (2, 1, 3, 4) bzw. (2, 1, 4, 3). Die Strukturmatrix dieser Annahmen findet sich in Abb. 3c. Die Beobachtungsmuster sind 1, 2, 3, 4, 6, 8, 12 und 16.

Im vorliegenden Beitrag werden alle fünf Theorievarianten daraufhin untersucht, inwieweit sie die vorgefundenen Beobachtungsdaten beschreiben und reproduzieren können. Eine weitere Veranschaulichung dieser Theorievarianten und der mit ihnen korrespondierenden „Skalenformen" wird im folgenden Abschnitt 4.7.3.3. und in Abb. 2 vorgenommen.

4.7.3.3. Skalenformen

Die eindeutige Zuordnung bzw. Anordnung von Itemantworten zu einer bestimmten Strukturmatrix kann als **Skala** bezeichnet werden. Die vier Items o.a. Untersuchung bilden z.B. eine **uniforme** (Guttman-)**Skala**, wenn sich alle Personen durch eines der fünf in Abbildung 3a angegebenen hierarchisch angeordneten Antwortmuster klassifizieren, d.h. skalieren lassen. Goodman (1975; 1978: 383) führte das Konzept der **„intrinsisch skalierbaren Personen"** ein. Das ist diejenige Menge von Personen, die sich beispielsweise durch derartige Strukturmatrizen skalieren (beschreiben) lassen. Nun kann man aber annehmen, daß es weitere Mengen oder Klassen von Personen geben kann, für die eine andere und alternative Reihenfolge der Items ebenso zu einer eindeutigen Zuordnung führt. Für diese weitere Klasse von Personen läßt sich dann ebenfalls eine uniforme Skala aufstellen, die sich lediglich aus der vertauschten Reihenfolge zweier Items ergeben kann und somit in die ursprüngliche Skala zurückgeführt werden könnte (vgl. ebenfalls Abb. 3a).

| Item: | Item: | Item: |
1 2 3 4	1 3 2 4	1 2 3 4
(1 1 1 1)	(1 1 1 1)	(1 1 1 1)
(1 1 1 0)	(1 1 1 0)	(1 1 1 0)
(1 1 0 0)	(1 1 0 0)	(1 0 1 0)
(1 0 0 0)	(1 0 0 0)	(1 0 0 0)
(0 0 0 0)	(0 0 0 0)	(0 0 0 0)

Abb. 3a Beispiele uniformer Skalen bei 4 dichotomen Items (vgl. auch Theorievariante I, 4.7.3.2.)

Treten nun in einer Population beide „latenten" Klassen von Personen gemeinsam auf, dann ergeben sich unter den beobachteten Antwortmustern komplexere Strukturen. Die Verschränkung zweier unterschiedlicher, aber in sich uniformer Skalen führt zu einer gemeinsamen **Biform-Skala** (vgl. dazu auch Dayton & Macready, 1980: 350), wie sie in Abb. 3b wiedergegeben ist. Diese Skalenform korrespondiert mit der Theorievariante II.

Bei n-dichotomen Items ergeben sich für eine uniforme Skala (n + 1) verschiedene Antwortmuster. Eine Biform-Skala kann zwischen (n + 2) und 2n verschiedene Antwortmuster aufweisen (vgl. Abb. 3b, 3c). Dies hängt u.a. davon ab, welche latenten Klassen in der Population angenommen werden müssen. Abb. 3c legt z.B. für die zweite latente Klasse die Itemfolge 4, 1, 2 und 3 zugrunde.

Das Konzept der intrinsisch skalierbaren Klassen von Personen kann auf **Multiform-Skalen** ausgeweitet werden, von denen zwei Beispiele in den Abb. 3d und 3e gegeben sind. Diese Abbildungen lassen erkennen, daß in der **Triform-Skala** die drei uniformen Skalen (1234), (1243) und (1342) kombiniert wurden, in der **Quinqueform-Skala** die fünf uniformen Skalen der Itemfolgen (1234), (1243), (1324), (2134) und (2143). Diese Reihenfolgen lassen sich rekonstruieren, wenn man in den Abbildungen den jeweiligen Verzweigungen folgt.

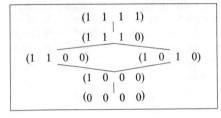

Abb. 3b Biform-Skala zur Theorievariante II

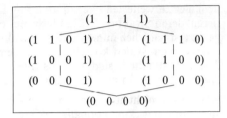

Abb. 3c Biform Skala zur Theorievariante III

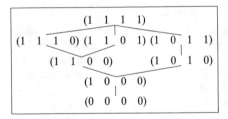

Abb. 3d Triform-Skala zur Theorievariante IV

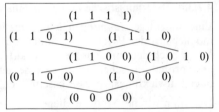

Abb. 3e Quinqueform-Skala zur Theorievariante V

Mit dieser Konzeption von Multiform-Skalen und latent skalierbaren Klassen von Personen erfährt das traditionelle Verständnis von „eindimensionaler Skala" eine strukturelle Erweiterung, ohne daß die hier eingeführten Formen der multidimensionalen Skalierung zuzurechnen sind. In seiner strengen Form läßt sich „Eindimensionalität" nur über die Guttman-Skalogrammanalyse überprüfen. Da dieser deterministische Ansatz in der empirischen Psychologie oft wenig befriedigende Ergebnisse zuließ, wurde der Einsatz probabilistischer Modelle (vgl. Abschnitt 4.7.3.4.) propagiert. Mit diesen Modellansätzen (z. B. Mokken-Skalierung, Rasch-Modell) wurden Skalen ebenfalls auf Eindimensionalität überprüft und als solche etikettiert, wenn neben den „wahren" Antwormustern der Guttman-Skala nicht zuviele weitere Antwortmuster auftraten und auch nicht über ein bestimmtes vorab festgesetztes Wahrscheinlichkeitsniveau von der Struktur einer Eindimensionalität abweichen. Die weiteren Beispiele werden zeigen, daß die Stouffer-Toby-Items z. B. nach dem Mokken-Modell durchaus als eindimensionale Skala angesehen werden können. Derselbe Datensatz kann aber auch mit Hilfe des Latent-Class-Modells als Biform-Skala abgebildet werden.

Hierin zeigt sich m.E., daß das traditionelle Verständnis von „Eindimensionalität"
modifiziert und relativiert werden muß (vgl. dazu Henning, 1981; Weisberg. 1976:
756f.). Während herkömmlicherweise Eindimensionalität mit linearen, hierarchischen oder uniformen Skalen oder Beobachtungsmustern gleichgesetzt wird, kann
die Erweiterung dieses Begriffs genau an dem hier vorgestellten Konzept der
„Strukturmatrix" erfolgen. Konkret bedeutet dies, daß „Dimensionalität" durch
„Struktur" ersetzt wird. Dies hat den Vorteil, daß sich über die Strukturmatrix
einfach-lineare bis hin zu komplex-verzweigten Beobachtungsmustern den verschiedenartigen Skaliermodellen zur Überprüfung „anbieten" lassen. Es entspricht
dem hier „erweiterten" Verständnis von Eindimensionalität, alle Skalen zu akzeptieren, deren Struktur auf ein uniformes oder multiformes Resultat weist. Vorausgesetzt ist natürlich immer, daß die Strukturmatrizen, die mit den uniformen- oder
multiformen Skalen korrespondieren, eine **alternative** Darstellung substantieller
Theoriebestandteile sind, d. h. als Interpretation und Transformation inhaltlicher
Aussagen in Form numerischer Codes anzusehen sind.

Es wird also nicht nur danach gefragt, ob ein bestimmtes Konstrukt, das durch eine
Itemsammlung „operationalisiert" wurde, in seiner Konzeption ein- oder mehrdi-
mensional zu interpretieren wäre, sondern vielmehr geht es darum, festzustellen, ob
eine bestimmte, aus substantiellen Überlegungen heraus abgeleitete Struktur in den
Beobachtungsdaten wiederzufinden ist. Erst damit können die theoretischen Überlegungen zu einem bestimmten Konstrukt Unterstützung oder Zweifel erfahren.

4.7.3.4. Deterministische und probabilistische Modelle

Eine eindeutige Trennung in deterministische und probabilistische Modelle ist nicht
möglich. In der Psychologie finden sich vorwiegend statische Modelle, die ihrer
Natur nach deterministischen Charakter haben. Angebrachter wären jedoch Modelle probabilistischer Natur, bzw. sequentielle Modelle, wenn z. B. Veränderungs-
oder Entwicklungsprozesse beschrieben werden sollen.

Deterministische Modelle dienen ausschließlich dazu, das Auftreten bzw. das
Nicht-Auftreten bestimmter Ereignisse abzubilden. Sie können als Sonderfall eines
probabilistischen Modells angesehen werden, das diesen Ereignissen nur Werte von
0 oder 1 zuweist.

In probabilistischen Modellen wird die Wahrscheinlichkeit des Auftretens eines
Ereignisses als Funktion einer Zufallsvariablen betrachtet. Das Modell spezifiziert
dann entweder die Wahrscheinlichkeit bestimmter Reaktionen, oder aber die Verteilung von Werten, innerhalb derer die Reaktionen variieren können. In vielen
Fällen liefern die als probabilistisch bezeichneten Modelle nur eine deterministische
Aussage über das Auftreten eines bestimmten Ereignisses, das davon abhängig ist,
welche festgesetzten kritischen Werte bestimmte relevante Variablen in dem Unter-
suchungszusammenhang annehmen. Die Werte dieser Variablen werden über Zufallsstichproben aus Populationen gewonnen, für die bestimmte Wahrscheinlichkeitsverteilungen angenommen wurden.

Andere Typen von probabilistischen Modellen beschreiben z. B. das Antwortverhalten auf
dichotome Items unter der deterministischen Annahme, daß eine richtige Antwort nur dann
zustandekommen kann, wenn die Fähigkeit der Person, auf das Item zu antworten, größer ist
als die „Schwierigkeit" dieses Items (Dominanzdaten) **und** wenn zusätzlich angenommen
wird, daß die „Fähigkeit" eine Zufallsvariable mit Wahrscheinlichkeitsverteilung darstellt.

In diesem Sinne ist eine klare Trennung in deterministische und probabilistische
Modelle nicht möglich, und man kann davon ausgehen, daß viele Modelle in unter-

schiedlichen Ausmaßen beide dieser Aspekte integrieren werden (vgl. dazu Bezembinder & Roskam, 1979; 124f.).

Man wird zunächst immer versuchen, eine Beobachtungsmatrix und ihre Struktur durch ein eindimensionales und deterministisches Modell abzubilden – also z. B. mit Hilfe einer Guttman-Skalogrammanalyse über einen uniformen Skalentyp (vgl. 4.7.3.3.). Die Daten entsprechen dann genau dem Modell. Liegen jedoch Diskrepanzen zwischen der Datenstruktur und den Modellannahmen vor, dann kann dies mehrere Konsequenzen haben:

(1) Die Hypothese traf nicht zu, das Modell wird verworfen. Diese Schlußfolgerung ist natürlich sehr weitreichend, und man wird die Ablehnung eines Modells nicht auf die Basis nur eines (möglicherweise zufällig) abweichenden Datensatzes stützen wollen.

(2) Man zieht zur weiteren Analyse eine andere Modellklasse heran – also z. B. Netzwerkmodelle, System- oder Graphentheoretische Modelle; Cluster-Analysen (vgl. Ven, 1980: 318).

(3) Man variiert das ursprüngliche Modell, indem statt uniformer Strukturen Multiform-Skalen zur Erklärung der Daten herangezogen werden.

(4) Die Abweichungen von der deterministischen Modellstruktur werden als zufällige Fehler interpretiert, den Reaktionen werden Wahrscheinlichkeiten zugesprochen und man wählt eine „probabilistische" Modellvariante.

(5) Für eine komplexe Beobachtungsstruktur (vgl. Punkt 3) wird ein probabilistischer Modellansatz gewählt.

(6) Man wählt ein multidimensionales Skalierungsmodell (vgl. Steffens, 4.8. in diesem Buch) zur Analyse der Beobachtungsmatrix.

Skalieren bedeutet im deterministischen Modell herauszufinden, ob sich die Items (oder Reize), so wie sie in der Beobachtungsmatrix vorliegen, entsprechend den Modellvorstellungen verhalten. Ist dies der Fall, dann sind die Items skalierbar und bilden eine Skala.

Skalieren bedeutet im probabilistischen Modell, die Parmeter zugrundegelegter Wahrscheinlichkeitsverteilungen (z. B. Itemcharakteristische Funktion, vgl. S. 508) zu schätzen und inferenzstatistisch zu prüfen (vgl. Abschnitt 4.7.2.). Die Gültigkeit eines probabilistischen Modells wird dann beispielsweise dadurch überprüft, daß diese Parameterschätzungen in unterschiedlichen Teilstichproben gewonnen und verglichen werden. Beim Vergleich dieser Werte dürfen keine signifikanten Unterschiede auftreten.

4.7.4. Theorie latenter Strukturmodelle

4.7.4.1. Grundannahmen

Die Theorie latenter Strukturmodelle – also probabilistischer Skaliermodelle – zur Messung und Skalierung nicht direkt beobachtbarer Phänomene und Systeme ist zuletzt vor allem in den Arbeiten von Mokken (1971: 73–114), Goodman (1974b; 1978: 403f.), Andersen (1980a: 235–295; 1980b), Davison (1980: 130f.), Dayton & Macready (1980: 344f.) und Jöreskog & Wold (1982) weitergeführt und integriert worden. Wir wollen in diesem Abschnitt unter Auslassung der mathematischen Beweisführung (vgl. dazu o. a. Literatur) die **Grundlagen** der latenten Strukturmodelle **demonstrieren**. Hauptanliegen ist es zu zeigen, daß sich alle Formen latenter

Modelle, von denen hier wiederum nur eine Auswahl besprochen wird, aus einem allgemeinen Grundmodell ableiten lassen, das in 4.7.4.2. (Gl. 5) vorgestellt wird.

Allgemein gelten folgende Prinzipien. Die Wahrscheinlichkeit für das Auftreten eines beobachteten Antwortmusters, das hier mit $P(u_h)$ bezeichnet wird, hängt in den folgenden Modellen von der Annahme der Existenz einer nicht beobachtbaren, d. h. latenten Variablen ab, die hier mit θ bezeichnet wird. Diese Variable kann einen (einparametrig) oder mehrere (mehrparametrig) Werte annehmen, sie kann als diskrete- oder kontinuierliche Zufallsvariable konzipiert sein. Die Werte dieser Variablen werden Parameter(werte) genannt, die sich unter Zugrundelegung bestimmter Modellannahmen (Restriktionen) und unter Anwendung bestimmter Schätzmethoden aus den Häufigkeiten, n_h, der beobachteten Antwortmuster u_h bestimmen lassen. Bei den Schätzmethoden handelt es sich i. d. R. um Maximum-Likelihood Verfahren, wie sie in 4.7.2.1. skizziert wurden.

Unter dem Begriff „Soft modelling" stellten zuletzt Wold (1979) und Wold & Bertholet (1981) datenorientierte und verteilungsfreie Analyseverfahren vor, die auf einer „partiellen Least-Square" (PLS) Methode zur Schätzung der latenten Variablen basieren. Dieses Verfahren ist auch auf Multidimensionale Kontingenztafeln anwendbar, für die in dieser Arbeit das Log-Lineare Modell in Verbindung mit ML-Methoden herangezogen wird. Der PLS-Ansatz scheint für die Gegenstandsbereiche der Sozialwissenschaften vor allem dann das geeignetere Verfahren zu sein, wenn es sich um „kausale Vorhersageanalysen", „komplex zu erforschende Probleme" und „Mangel an theoretischem Vorwissen" handelt.

Die latente Variable θ kann inhaltlich z. B. als eine individuelle Charakteristik für bestimmte Fähigkeiten oder Eigenschaften (Intelligenz, Einstellungen, Persönlichkeitsvariablen) oder auch als gruppen- bzw. klassenspezifische Charakteristik für die Personen einer latenten Klasse, also Personen mit identischem Antwortverhalten, interpretiert werden. Man erwartet, daß über die Varianz der latenten Variablen ein Teil bis hin zur gesamten Struktur der Beobachtungsmatrix erklärt werden kann und somit die Variabilität der beobachtbaren, manifesten Variablen (Antwortmuster) aufgedeckt wird.

Der Schlüssel für die Lösung der Parameterschätzprobleme liegt in dem Grundpostulat der **lokalen stochastischen Unabhängigkeit.** Dieses Postulat besagt, daß für gegebene und fixierte Werte der latenten Variablen, das Antwortverhalten der Personen auf die vorgelegten Items **zufällig** im Sinne statistischer Unabhängigkeit ist. Dies bedeutet, daß sich für Personen mit gleichen θ-Werten die Antwortwahrscheinlichkeit für einen bestimmten Antwortvektor $P(u_h)$ aus dem Produkt der Einzelwahrscheinlichkeiten der Items ergeben muß, die den Antwortvektor u_h konstituieren. Wenn dieser Sachverhalt präzisiert und formalisiert wird, dann ergibt sich das im folgenden dargestellte Grundmodell.

4.7.4.2. Die Modelle

a) Das Grundmodell

Wenn wir die Wahrscheinlichkeit, ein bestimmtes Item positiv zu beantworten, mit p und dem entsprechenden Itemindex bezeichnen (für die 4 Items unseres Beispiels also p_1, p_2, p_3 und p_4), wenn wir für θ gegebene Werte annehmen, dann ergeben sich die Antwortwahrscheinlichkeiten als $p_1(\theta)$ verkürzt: p_1, usw. ... Das Grundpostulat der lokalen Unabhängigkeit schreibt sich dann:

(1) $\qquad P(u_h)(\theta) = P_{abcd}(\theta) = p_1 p_2 p_3 p_4$

Um jedoch die konkreten Wahrscheinlichkeiten der beobachteten Antwortvektoren u_h berechnen zu können, muß man für die latente Variable eine Wahrscheinlichkeitsverteilung ihrer Werte in der Population der Befragten annehmen, $\gamma(\theta)$. Wird die latente Variable als **kontinuierliche** Variable definiert (wie z.B. im Rasch-Modell) dann erhalten wir aus (1):

(2) $\qquad P(u_h) = \int p_1 p_2 p_3 p_4 \, \beta(\theta) \, d(\theta)$

Wird θ als **diskrete** Variable definiert, ergibt sich:

(3) $\qquad P(u_h) = \sum_{t=1}^{s} p_{1t} p_{2t} p_{3t} p_{4t} \theta_t$

wobei θ_t: Symbol der diskreten Wahrscheinlichkeitsfunktion mit den $t = 1 \ldots s$ Massepunkten.

Das Integral aus (2) wird hier durch das Summenzeichen ersetzt, die t Massepunkte repräsentieren die **latenten Klassen.** (3) ist eine Schreibweise des Latenten-Klassen-Modells. Wir werden hier vorwiegend diskrete Modelle vorstellen und (3) daher noch in allgemeiner Form schreiben, die uns über (4) zum Grundmodell in Gleichung (5) führt.

(4) $\qquad P(u_h) = \sum_{t=1}^{s} [P(u_h|v_t) \, \theta_t]$

Diese bedingten Wahrscheinlichkeiten $P(u_h|v_t)$ verbinden die beobachteten Antwortmuster u_h mit den **a priori** bzw. theoretisch erwarteten Antwortmustern v_t (vgl. dazu Abb. 2). Nach Dayton & Macready (1980: 344) nennen wir sie „**rekrutierende Wahrscheinlichkeiten**", da diese Verbindung beobachteter mit theoretischen Antwortmustern durch entsprechende Spezifizierung die verschiedenen Modelltypen rekrutiert, die sich aus dem **Grundmodell** in (3), alternativ (4), alternativ (5) ableiten lassen.

(5) $\qquad P(u_h) = \sum_{t=1}^{s} [\prod_{i=1}^{n} (\alpha_{ijt}) \, \theta_t]$

In Gl. (5) ist die rekrutierende Wahrscheinlichkeit als Produktsumme $\prod$ der einzelnen Antwortwahrscheinlichkeiten (vgl. Gl. (4)) geschrieben, wobei durch den Index j eine Kennzeichnung der Antwortalternativen angegeben ist. Bei den qualitativen Daten unseres Beispiels mit dichotomer Beantwortung kann j also die Werte $j = 0$ und $j = 1$ annehmen; allerdings gilt (5) auch für polytome Beantwortungen. Index i bezeichnet die Itemnummern, Index t die latenten Klassen.

Aufgabe der folgenden Skaliermodelle ist es nun, die durch α_{ijt} und θ_t spezifizierte Zahl von Parametern zu schätzen, um so dann die zu erwartenden Häufigkeiten für die Antwortvektoren u_h unter Annahme der Modellgültigkeit zu bestimmen. Der Modelltest vergleicht dann die errechneten Werte mit den tatsächlich vorgefundenen Werten und ein Signifikanztest entscheidet über die Möglichkeit der Modellannahme und damit der Skalierung der Beobachtungen, die sich bei Modellgültigkeit als Daten interpretieren lassen. Nur das Rasch- und das Mokken-Modell verfügen über eine andere Art der Modellprüfung (vgl. aber weiter unten).

Die **Zahl der zu schätzenden Parameter** spielt noch eine wichtige Rolle. So kann nicht jede Spezifizierung eines probabilitischen Modells auch zu Parametern führen, die sich eindeutig schätzen lassen. Als Minimalforderung gilt, daß die Gesamtzahl der zu schätzenden Parameter nicht die Zahl der unabhängig machbaren Beobachtungen überschreiten darf. Im Falle dichotomer Daten sind dies $(2^n - 1)$ Parameter.

b) Das deterministische Modell der **Skalogrammanalyse von Guttman** (s. Kap. 4.4.2.2.) kann als Spezialfall der Formel (5) dargestellt werden. Die Antwortmuster 1, 2, 4, 8 und 16 (vgl. Abb. 2) stellen die Vektoren v_t $(t = 1 \dots 5)$ dar, ihre Auftretenswahrscheinlichkeiten korrespondieren mit den Werten der latenten Variablen θ_1 bis θ_5. Die Wahrscheinlichkeit eines beobachteten Antwortmusters u_h bestimmt sich nach (5), wenn $P(u_h/v_t) = \alpha_{1jt}\alpha_{2jt}\alpha_{3jt}\alpha_{4jt}$ für $j = 0, 1; t = 1 \dots 5$ (vgl. auch Dayton & Macready, 1980: 344).

c) Von **Proctor** (1970) stammt die erste explizite Konstruktion eines **probabilistischen Modells der Skalogrammanalyse**. Neben den erwarteten **a priori** Antwortmustern einer Uniform-Skala wird es in der empirischen Praxis immer Antworten geben, die sich nicht in die strikte Linearität Guttmanscher Skalen einordnen lassen (z. B. Antwortvektor Nr. 6 [1010] mit 24 Nennungen). Man nimmt nun an, daß dieser Antwortvektor aufgrund von Fehlklassifizierungen oder Antwortfehlern zustande gekommen ist. Dieser Vorgang wird durch einen Parameter β, die Wahrscheinlichkeit einer falschen Antwort auf ein Item, erfaßt. Aus (5) erhalten wir dann folgendes Modell:

$$(6) \qquad P(u_h) = \sum_{t=1}^{s} [\beta^{x_{th}}(1-\beta)^{n-x_{th}}\theta_t]$$

wobei: x_{th} – der Exponent des Parameters β; er gibt die Zahl der Itemantworten, die geändert werden müßten, um ein bestimmtes Antwortmuster u_h in die jeweiligen „wahren" Antwortmuster v_t zu modifizieren.

Beispiel: $P(1010) = \beta^2(1-\beta)^2\theta_1 + \beta(1-\beta)^3\theta_3 + \beta^2(1-\beta)^2\theta_3 + \dots$
$\qquad\qquad + \beta(1-\beta)^3\theta_4 + \beta^2(1-\beta)^2\theta_5$.

Die „wahren" Muster sind (1111), (1110), (1100), (1000) und (0000). Es müssen jeweils 2, 1, 2, 1 bzw. 2 Itemantworten „invertiert" werden, um das Muster (1010) zu rekonstruieren.

Dieses Modell von Proctor verwendet die folgenden zusätzlichen Annahmen: Die Fehlerwahrscheinlichkeit β ist für jedes Item gleich groß. Die Häufigkeiten der Antwortmuster u_h ergeben sich aus einer Multinomial-Verteilung, die durch (6) gegeben ist. Es sind $(s + 1)$ Parameter zu schätzen, im einzelnen $\theta_1, \theta_2, \dots, \theta_s$ und β.

Die Schätzung der Parameter erfolgt über ML-Methoden. Der Chi-Quadrat Modelltest prüft die Anpassungsgüte der Daten an das Modell mit $df = 2^n - n - 2$ Freiheitsgraden (oder: $2^n - s - 1$).

Eine Verallgemeinerung dieses Modells mit unterschiedlichen Fehlerparametern für jedes Item und zusätzlichen Rateparametern ist von Dayton & Macready (1976a) vorgenommen worden.

d) Das **probabilistische Validierungsmodell** für **a priori**-Hierarchien schließt den Ansatz von Proctor (1970) als Sonderfall ein. Es wurde von **Dayton & Macready** (1976a; 1980) und Price, Dayton & Macready (1980) entwickelt. Ein Anwendungsfall und ein Modellvergleich finden sich bei Henning (1981). Das Modell lautet:

$$(7) \qquad P(u_h) = \sum_{t=1}^{s} [\beta_R^{x_{th}}(1-\beta_R)^{m_t - x_{th}} \beta_V^{y_{th}}(1-\beta_V)^{n - m_t - y_{th}} \theta_t]$$

wobei: β_R – Rateparameter: Wahrscheinlichkeit, daß jmd. eine richtige Antwort auf ein Item gibt, die bezogen auf v_t – einen „wahren" Antwortvektor – eigentlich hätte falsch sein müssen.

$\quad \beta_V$ – Vergessensparameter: Wahrscheinlichkeit, daß jmd. auf ein Item eine falsche Antwort gibt, die bezogen auf v_t eigentlich hätte richtig sein müssen.

$\quad$ n $\quad$ Zahl der Items

$\quad m_t \quad$ Zahl der mit 0 codierten Antworten in v_t

$\quad x_{th} \quad$ Zahl der mit 1 (richtig) codierten Antworten,
$\qquad$ wenn in v_t eine 0 erwartet worden wäre.

$\quad y_{th} \quad$ Zahl der mit 0 (falsch) codierten Antworten in u_h,
$\qquad$ wenn in v_t eine 1 erwartet worden wäre.

Beispiel: $\qquad$ Es sei $u_h = (1010)$ und
$\qquad\qquad v_1 = (0000)$, dann: $\beta_R^2(1-\beta_R)^2 \beta_V^0(1-\beta_V)^0$
$\qquad\qquad v_2 = (1000)$, dann: $\beta_R^1(1-\beta_R)^2 \beta_V^0(1-\beta_V)^1$
$\qquad\qquad v_3 = (1100)$, dann: $\beta_R^1(1-\beta_R)^1 \beta_V^1(1-\beta_V)^1$
$\qquad\qquad v_4 = (1110)$, dann: $\beta_R^0(1-\beta_R)^1 \beta_V^1(1-\beta_V)^2$
$\qquad\qquad v_5 = (1111)$, dann: $\beta_R^0(1-\beta_R)^0 \beta_V^2(1-\beta_V)^2$

Die Komplexität des Modells in (7) und des Beispiels ist zu verstehen, wenn man berücksichtigt, daß hier lediglich die rekrutierende Wahrscheinlichkeit spezifiziert wird, die wir in Formel (5) mit α_{ijt} bezeichnet haben. Die Spezifizierung nimmt nur an, daß der Parameter θ_t die Wahrscheinlichkeit repräsentiert, daß in der Population das t Antwortmuster erreicht wird. Dies entspricht dem Anteil der Personen in der Population, die das t. Antwortmuster in einer vorgegebenen **a-priori-Hierarchie** erreichen. Beispiele für mögliche Formen solcher Hierarchien sind durch die Skalenformen in Abb. 3 gegeben.

Weiterhin wird in diesem Modell berücksichtigt, daß es bestimmte Wahrscheinlichkeiten β_R und β_V gibt, die repräsentieren, daß eine Person einen Antwortvektor liefert, der mit der **a-priori**-Hierarchie (Skalenform) nicht verträglich ist.

Nun hängt es wieder von der Zahl der Antwortvektoren u_h und v_t ab, **welche** und **wieviele** Parameter des Modells eindeutig geschätzt werden können. Beschränkt man sich nur auf zwei „wahre" Antwortmuster (z. B. $v_1 = (0000)$ und $v_2 = (1111)$), dann kann man bei 2^n (hier = 16) Antwortmustern auch für jedes Item einen separaten β_{Ri}- und β_{Vi}-Parameter schätzen, da nur noch 2 Parameterwerte für die latente Variable hinzukommen. Dayton & Macready (1976: 4) nennen diese Modellvariante „Concept-Attainment-Model" (Case A). Für Skalierungsaufgaben gehen wir jedoch i.d.R. von größeren Skalenformen aus, so daß sich die Zahl der latenten Parameterwerte erhöht, bei nach wie vor 2^n beobachtbaren Antwortmustern. Durch einige Restriktionen muß daher die Zahl der Parameter eingeschränkt werden. Daher wird für alle Items angenommen $\beta_{Ri} = \beta_R$ und $\beta_{Vi} = \beta_V$ (Case B). Für $\beta_R = \beta_V = \beta$ erhalten wir das Modell von Proctor (Case C).

Des weiteren gelten folgende Annahmen:

– β_R und β_V seien lokal stochastisch unabhängig.
– θ_t, β_R und β_V sind nur im Intervall $[0, 1]$ bedeutsam interpretierbar.
– die Summe aller θ_t-Werte ergibt 1.

Ein wesentlicher Vorteil des Validierungsmodells und des hier verwendeten **Likelihood-Ratio-Modelltests** liegt darin, daß für eine festgelegte Menge von Antwortvektoren u_h ein direkter Vergleich für mehrere Skalenformen mit unterschiedlicher Anzahl von Antwortvektoren v_t durchgeführt werden kann. Dieser Modellvergleich ist über die Differenz der für die verschiedenen Skalenformen errechneten L-R-Statistiken möglich. Bezeichnet LR_1 die Likelihood für ein Modell (Skalenform) I und LR_2 für ein Modell (Skalenform) II, dann ist mit LR_{12} die Differenz der Likelihoodwerte dieser Modelle gemeint, die als solche auf Signifikanz geprüft wird.

Es ist dann:

$$LR_{12} = LR_2 - LR_1 \quad (\text{mit } df_{12} = df_2 - df_1)$$

Die Anzahl der Freiheitsgrade für o. a. Modellfall (Case B) beträgt

$$df = 2^n - s - 2 \, .$$

Das empirische Beispiel in Abschnitt 4.7.5.3. wird die vielfältigen Anwendungsmöglichkeiten dieses Validierungsmodells von Dayton & Macready näher exemplifizieren.

e) **Goodman's „Quasi-Independence"-Modell:** Dieses Skaliermodell (vgl. Davison, 1980) stellt eine besondere Variante der „Maximum-Likelihood-Structure-Analysis" (MLLSA) von Goodman (1974a; 1978) dar. Die Einsatzmöglichkeiten dieses MLLSA-Modells in der Psychologie werden u. a. von Langeheine (1982) demonstriert.

Goodman (1975; 1978) modifizierte dieses Skaliermodell weiter. Für Skalenformen nach Abb. 3 definierte er neben den latenten Klassen von Personen noch eine weitere Klasse von Personen, die sich nicht skalieren läßt – die „intrinsisch unskalierbare Klasse". Er teilte die Personen also in zwei Gruppen. Diejenigen, deren Antwortmuster mit der **a-priori**-Struktur (v_t) konform sind und diejenigen, die die Items „strukturlos", also quasi unabhängig und zufällig beantworten.

Dieser Grundgedanke erfordert es, daß wir das Grundmodell in (4) erweitern müssen, um das Goodman-Modell in vergleichbarer Terminologie vorstellen zu können:

$$(8) \qquad P(u_h) = \sum_{t=1}^{s} I_{ht}\theta_t + \theta_0 \prod_{i=1}^{n} \alpha_{ijt}$$

wobei: I_{ht} – ein Indikator, der 1 ist, wenn $(u_h = v_t)$
der 0 ist, wenn $(u_h \neq v_t)$
der Index „0" bezeichnet die „unskalierbare" $t = 0$. Klasse.

Wie in Gleichung (5) handelt es sich bei $\alpha_{ijt} = \theta_{ij0}$ um bedingte Wahrscheinlichkeiten für eine Antwort auf ein Item i, in der Antwortkategorie $j = (0, 1)$, unter der Bedingung, daß die Person zur 0. Klasse gehört. Bezogen auf das durchgängige Beispiel konkretisiert sich Gleichung (8) dann zu:

Beispiel: $P(0000) = \theta_1 + \theta_0\theta_{100}\theta_{200}\theta_{300}\theta_{400}$
$P(0001) = \theta_2 + \theta_0\theta_{100}\theta_{200}\theta_{300}\theta_{410}$
$P(\ldots) = \ldots\ldots \text{usw.} \ldots\ldots$
$P(1111) = \theta_5 + \theta_0\theta_{110}\theta_{210}\theta_{310}\theta_{410}$
$P(u_h \neq v_t) = \theta_0\theta_{1j0}\theta_{2j0}\theta_{3j0}\theta_{4j0}$

Aus den **unabhängigen** Parametern θ_0, θ_{110}, θ_{210}, θ_{310} und θ_{410}, die in diesem Modell zu schätzen sind, können die übrigen Populationswahrscheinlichkeiten θ_t bestimmt werden (vgl. Goodman, 1975; 1978: 366). Die Zahl der Freiheitsgrade für die Modelltest der Anpassungsgüte (Chi-Quadrat) beträgt $df = 2^n - s - (n + 1)$, bei dichotomen Items.

Ebenso wie das Modell von Dayton & Macready kann auch hier eine beliebige **a-priori-Struktur** von Antwortmustern untersucht werden, so wie sie z. B. in Abb. 3 dargestellt sind. Dayton & Macready (1980: 347) weisen jedoch einige kritische Punkte dieses Modells (QIM) auf. Es existiert kein Test, der die Notwendigkeit der intrinsisch unskalierbaren Klasse nachweist; ist die 0. Klasse leer, dann reduziert sich das Modell zu einem deterministischen Ansatz; die skalierbaren Klassen lassen nur „fehlerfreie" Daten zu.

Aus diesen Gründen kombinieren Dayton & Macready (1980: 347f.) die bisherigen Modelle und überwinden so die genannten Nachteile, indem sie ein noch komplexeres Modell vorstellen und empirisch prüfen.

f) **Rasch-Skalierung:** Mit dem **Rasch-Modell** kann geprüft werden, ob sich eine Menge von Items als homogen und uniform im probabilistischen Sinne charakterisieren läßt, d. h. ob die Antwortwahrscheinlichkeiten der einzelnen Items alle durch die gleiche Gesetzmäßigkeit (Modell) generiert werden können. Ist dies der Fall, dann lassen sich für jedes Item und jede Person entsprechende Parameter (Kennwerte) schätzen. Das besondere des Rasch-Modells ist es, daß sich die Werte der einen Parametergruppe (also z. B. für die Items) durch ML-Schätzungen unabhängig von der Verteilung und den Werten der anderen Parametergruppe (also denen der Personen) bestimmen lassen. Dieses Prinzip der **Stichprobenunabhängigkeit** ist im Vergleich zu anderen Skalierverfahren von elementarer Besonderheit. Ein Modelltest, z. B. der Bedingte L-R-Test von Andersen (1973), prüft dann die Anpassungsgüte der Daten an die Modellvoraussetzungen. Das besondere dieser Modelltests, die theoretisch nicht-parametrisch sind, liegt darin, daß beliebige Teilstichproben gebildet werden können, deren Parameterwerte bei Modellgültigkeit dann in jeder Teilklasse im Rahmen der Signifikanzgrenzen gleich sein müssen.

Das Rasch-Modell (vgl. Kap. 4.1.2.3.) kann als probabilistische Version der Skalenanalyse von Guttman interpretiert werden. Statt jedoch latente Klassen – wie in allen bisher besprochenen Modellen – anzunehmen, wird der Parameter θ als kontinuierliche Variable definiert. Zur Darstellung der Modellgleichung müssen wir daher auf das Grundmodell in Gl. (2) zurückgreifen. Da die Gesetzmäßigkeiten für alle Items gleich sind, genügt es, die rekrutierende Wahrscheinlichkeit für eine beliebige Antwortwahrscheinlichkeit $p_i(\theta)$ zu strukturieren:

$$(9) \qquad p_i(\theta) = \frac{\exp(\theta - \beta_i)}{1 + \exp(\theta - \beta_i)}$$

Mit (9) ist die Wahrscheinlichkeit dafür gegeben, daß für fixiertes θ das Item i positiv beantwortet wird. Die Exponentialfunktion in (9) ist die „Trace-Linie" des Rasch-Modells, die die manifesten Antworthäufigkeiten mit den Ausprägungen der latenten Variablen verbindet.

Mit θ ist der Personenparameter charakterisiert, mit β_i wird die Schwierigkeit des jeweiligen Items charakterisiert.

Für das Rasch-Modell gilt natürlich auch das Postulat der **lokalen stochastischen Unabhängigkeit** (vgl. 4.7.4.1.). Diese Annahme widerspricht aber vielen Fragestellungen und Konzepten der Psychologie (als Beispiele seien die Aggressionsforschung und die Lernpsychologie genannt). Hier kann es von substantieller Bedeutung sein, die Antwortwahrscheinlichkeit auf ein Item davon abhängig zu machen, was vorher an Items bereits beantwortet wurde, d. h. inhaltlich, was bereits an Motivation, Zustand oder Lernerfolg durch die Auseinandersetzung mit bestimmten Items auf- oder abgebaut worden ist. Kempf (1974) hat zu diesem Zweck ein **dynamisches Modell** zur Messung sozialer Verhaltensdispositionen entwickelt, in dem o. a. Postulat durch die explizite Annahme **lokaler serieller Abhängigkeit** ersetzt wurde. Eine verständliche und zugleich kritische Würdigung des Grundmodells von Rasch und des dynamischen Modells von Kempf findet sich bei Hilke (1980: 319f., 383f.).

Trotz der nennenswerten theoretischen Bedeutung des dynamischen Testmodells ergeben sich in der Praxis Probleme, da die notwendige Einführung weiterer Modellrestriktionen eine Korrespondenz zwischen inhaltlicher Theoriebildung und formaler Modellkonstruktion zusätzlich erschwert. Hierin ist der Grund zu sehen, daß eine konkrete Besprechung dieses Modells an dieser Stelle ausgesetzt bleibt. Kempf (1980) selbst spricht sich gegen die routinemäßige Anwendung von „Latent-Trait-Modellen" aus und gibt derzeit der Begriffs- und Theorieentwicklung in der Psychologie den Vorrang.

Itemcharakteristische Funktion (Trace-Linien): Von Lazarsfeld (1950) stammt die Überlegung, die Beobachtungen selbst und die zu „beobachtende" Eigenschaft voneinander zu trennen und als **manifeste Verhaltensweisen** einerseits und als **latentes Kontinuum** (Konstrukt oder Variable) andererseits zu bezeichnen.

Die beiden Ebenen werden über eine Wahrscheinlichkeitsfunktion miteinander verknüpft (vgl. Abb. 4). Für jedes Item wird eine getrennte Funktion angenommen, die die Art des Zusammenhangs zwischen den Beobachtungen und dem latenten Kontinuum charakterisiert. Abb. 4 zeigt einige exemplarische Itemcharakteristikfunktionen. Diese Funktionen sind hier monoton steigend; sie können aber auch als eingipflige Funktionen (wie im Fall des probabilistischen Unfolding-Modells von Coombs, vgl. Ven, 1980: 350; Coombs & Avrunin, 1980: 182ff.) konzipiert werden. Im Falle der steigenden Monotonie wird bei wachsenden Ausprägungsgraden die als latent definierten Eigenschaften einer Person die Wahrscheinlichkeit steigen, auf ein bestimmtes Item auch eine positive Antwort geben zu können.

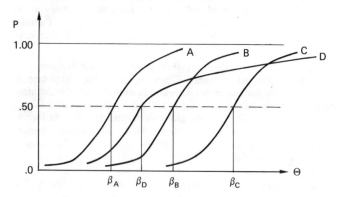

Abb. 4   Itemcharakteristische Funktionen

Grundsätzlich gilt für alle Modelle, die auf dem Konzept der latenten Eigenschaften und den Trace-Linien aufbauen, die Annahme **lokaler stochastischer Unabhängigkeit** der Antworten der Personen auf die vorgelegten Items; d. h., die Reaktion auf Item A ist für alle Personen mit gleichem Ausprägungsgrad θ stochastisch unabhängig von der Reaktion dieser Personen auf ein Item B, usw. Dieses Postulat zusammen mit einigen weiteren Annahmen, die sich aber von Modell zu Modell unterscheiden, ermöglicht es, daß die Parameter der itemcharakteristischen Funktionen geschätzt werden können und daraus Meß- bzw. Skalenwerte für die einzelnen Personen und Items bestimmt werden können. Die Unterschiede zwischen bestimmten probabilistischen Modellen liegen primär darin, wie die Itemcharakteristischen Funktionen (ICC) spezifiziert werden:

Das Guttman-Modell kann als Sonderfall betrachtet werden, in dem die ICC nicht probabilistisch konzipiert sind, sondern als senkrecht ansteigende „Treppenfunktion" nur Wahrscheinlichkeitswerte von 0 oder 1 zulassen.

Lazarsfeld & Henry (1968) haben die ICCs als Polynome n. Grades definiert, mit denen zwar Funktionen für fast alle Anwendungsfälle modelliert werden können, die aber aufgrund der hohen Anzahl zu schätzender Parameter (n + 1/pro Item) zu einer Beeinträchtigung in der praktischen Anwendung dieses Modells führen.

Lord & Novick (1968) definierten die Verteilungsfunktion der Normal-Verteilung als ICC für das „Normal-Ogive-Modell". Für diesen Ansatz sind pro Item zwei Parameter zu schätzen.

Birnbaum (in: Lord & Novick, 1968) wählte Exponentialfunktionen mit zwei Parametern für sein probabilistisches Testmodell.

Das bekannteste „Latent-Trait-Modell" ist das Rasch-Modell (vgl. Fischer, 1974) geworden, in dem die ICCs als logistische Funktionen konzipiert wurden. Gleichzeitig wurde die Restriktion eingeführt, daß die Trennschärfeparameter, die sich durch unterschiedliche Steigungen der ICCs optisch darstellen lassen, für alle Items gleich sind. Diese Festlegung führt dazu, daß die ICCs parallel verlaufen müssen, d. h. sie dürfen sich nicht überschneiden. In Abb. 4 trifft dies zwar für die Items A, B und C zu, nicht aber für die ICC des Items D, die sich mit den ICCs von B und C schneiden. Dieses Prinzip der Nichtüberschneidung der ICCs wird **spezifische Objektivität** genannt, wodurch ermöglicht wird, Personen- oder Itemkennwerte untereinander zu vergleichen und zwar unabhängig von der jeweiligen Item- bzw. Personenstichprobe (Andersen, 1980: 245f.).

Ein weitaus praktikableres Modell stammt von Mokken (1971). In diesem Modell wird die Form der ICCs nicht näher spezifiziert. Es wird nur verlangt, daß die ICCs bezüglich θ monoton wachsen und bezüglich β monoton fallen (doppelte Monotonie) und sich nicht überschneiden dürfen (Holomorphie-Prinzip).

g) **Skalenanalyse nach Mokken:** Während das Rasch-Modell in Bereichen der Psychologie anwendbar ist, die über genügend theoretisches Vorwissen und gut definierbare Variablen verfügen (z. B. Bereich der Leistungsmessung), ist das Verfahren von Mokken (1971) eher dort einzusetzen, wo erst mit exploratorischen Methoden die Grundlagen für exaktere Hypothesen geschaffen werden müssen. Neuere Arbeiten mit Anwendungsbeispielen finden sich bei Henning & Six (1980), Lippert, Schneider & Wakenhut (1978), Schuur & Stokman (1979) und Schuur (1980).

Kernstücke des Modells sind die genannten Prinzipien der doppelten Monotonie und der Holomorphie:

(10) $p_i(\theta) = f_{monoton}(\theta, \beta)$

Die Form der ICC wird nicht spezifiziert, d. h. das Modell von Mokken ist weitestgehend von Restriktionen befreit. Da keine Modellparameter zu schätzen sind, kann man das Modell (genannt SCAMMO) als „non-parametrisch" bezeichnen. Anhand der empirischen Ergebnisse in Abschnitt 4.7.5.6. werden die besonderen Eigenschaften und Anforderungen an SCAMMO exemplarisch erläutert.

Mit Hilfe des SCAMMO-Modells kann entschieden werden, ob sich eine bestimmte Menge von Items, die o. a. Anforderungen entspricht, zu einer Skala (oder mehreren Skalen) zusammenfassen läßt. Diese Entscheidung basiert auf der Signifikanz und auf der Größe eines Homogenitätskoeffizienten (nach Loevinger, 1948), der für die gesamte Skala, für ein Itempaar und für jedes einzelne Item berechnet werden kann. Der Koeffizient H wird als Funktion des manifesten, d. h. beobachtbaren Parameters β für die Antwortwahrscheinlichkeiten auf die Items definiert. Als Prüfverteilung wird die Multinomialverteilung zugrundegelegt.

Das Rasch-Modell und das Mokken-Modell sind nicht ohne Widerspruch geblieben. Goldstein (1980) kritisiert, daß sich die lokale Unabhängigkeit empirisch kaum bestätigen läßt und folgert daraus, daß die Parameterschätzungen für „leichte" und „schwere" Items mit einem erheblichen Schätzfehler versehen sind. Dies ist bereits früher von Wakenhut (1974: 95f.) festgestellt worden.

Jansen (1981; 1982) kritisiert am Mokken-Modell, daß sich der Homogenitätskoeffizient bei extremen Itemschwierigkeiten nicht als Skalierbarkeitskoeffizient verwenden läßt und demonstriert dies an einer Simulationsstudie im Vergleich mit dem Rasch-Modell recht eindrucksvoll.

Beide Kritiken belegen eigentlich nur das, was für alle Methoden und Modelle in der Anwendung gilt. Unter bestimmten äußeren und extremen Bedingungen lassen sich die Resultate nur mit größter Vorsicht interpretieren, z. B. dann, wenn für Teilstichproben nur extrem einseitige oder schiefe Populationsverteilungen angenommen werden müssen (z. B.: „ceiling-Effekte"). Hieraus läßt sich m. E. aber kaum ein Nachteil für die jeweiligen Modelle ableiten, die in ihrer theoretisch-logischen Konzeption einwandfrei sind. Mit der Entscheidung für bestimmte Schätzmethoden, Modelltests oder Koeffizienten, die bestimmte Modelleigenschaften abbilden oder überprüfen sollen, sind jedoch immer nur gute oder weniger gute Approximationen der Datenrealität an die Modellrealität zu erreichen, so daß es hierbei zwangsläufig zu systematischen Schätzfehlern kommen kann [Molenaar (i. Druck) stellt eine Erweiterung der Mokken-Skalierung auf drei und mehr geordnete Antwortkategorien vor und diskutiert die Probleme bei niedrigen Erwartungswerten für die Häufigkeiten.]

h) **Multiple Kontingenztafeln (Log-Lineares Modell):** Die Stouffer-Toby Daten aus Abb. 2 lassen sich alternativ in Form einer 4-fachen Kontingenztafel (Abb. 5) darstellen:

Item A	1	1	0	0	
Item B	1	0	1	0	
Item C	Item D				Σ
1	1	42	6	1	2	51
1	0	23	24	4	9	60
0	1	6	7	1	2	16
0	0	25	38	6	20	89
	Σ	96	75	12	33	216

Abb. 5   4-fach-Kontingenztafel für die Daten aus Abb. 2

Mit dieser Darstellungsweise der Ergebnisse in Form einer Kontingenztafel ergibt sich eine weitere neue Klasse von Analysemodellen für die vorliegenden **qualitativen Daten.** Durch eine bestimmte Form der Parametrisierung (vgl. Gl. (12) – genannt Log-Lineares Modell) lassen sich relativ elegant Modelle (Hypothesen) identifizieren, die die Variation in den Zellhäufigkeiten der Kontingenztafel möglichst einfach erklären sollen. Diese Modelle (Hypothesen) können neben vielen anderen Abhängigkeiten der beteiligten Variablen vor allem auch bestimmte Strukturen in den Daten der Kontingenztafel aufdecken, die mit den Strukturen der Beobachtungsmatrix identisch sind, die über die Theorievarianten in 4.7.3.2. vorgestellt wurden. In diesem Sinn sind die Daten in Kontingenztafelform der Skalierungstheorie im allgemeinen zugänglich, wenn mit „angepaßten" Modellen die Strukturen bestimmter Skalenformen evaluiert werden können oder für scheinbar „unskalierbare" Items dennoch plausible Abhängigkeitsmuster nachgewiesen werden können, die sich mit den anderen Methoden nicht aufdecken ließen.

Einführungen in das Log-Lineare Modell finden sich u. a. bei Küchler (1979), Knoke & Burke (1980) und Langeheine (1980a). Psychologische Anwendungen (Reanalysen publizierter Daten) sind bei Langeheine (1980b) vorgestellt. Originalarbeiten finden sich u.a. bei Goodman (1970; 1971; 1972; 1973; 1978), Andersen (1980), Fienberg (1977), Upton (1978) und Gokhale & Kullback (1978).

Sonderfall einer 2 × 2 Kontingenztafel: In Anlehnung an Formel (3) läßt sich die Grundform des Log-Linearen Modells ableiten. Die Antwortwahrscheinlichkeit eines Antwortmusters $p(u_h)$ entspricht dabei dem Erwartungswert einer Zellhäufigkeit in der Kontingenztafel. Für den **Sonderfall einer 2 × 2-Kontingenztafel** wird der folgende multiplikative Ansatz gewählt.

(11) $$p(u_h) = E[X_{ij}] = \mu_{ij} = \gamma_{ij}^{12} \gamma_i^1 \gamma_j^2 \gamma^0$$

Durch Logarithmierung von (11) ergibt sich ein linearer (additiver) Modellansatz in einer Parametrisierung, die dem varianzanalytischen Modell ähnelt:

(12) $$H_0 : \mu_{ij}^* = \ln \mu_{ij} = \theta_{ij}^{12} + \theta_i^1 + \theta_j^2 + \theta^0$$

Mit diesen Parametern kann die Struktur (der Effekt) widergespiegelt werden, den einzelne Items (z. B. θ_i^1 oder θ_j^2) oder Itemkombinationen (θ_{ij}^{12}) auf die zu erwartenden Zellhäufigkeiten ausüben. Entsprechend werden „Haupteffekte" bzw. „Interaktionseffekte" über M-L-Verfahren bestimmt. Der Parameter θ^0 entspricht einer Konstanten, dem geometrischen Mittelwert aller Zellhäufigkeiten $\bar{\mu}_{ij}^*$.

Am Beispiel der 2 × 2-Tafel demonstrieren wir, welche **Hypothesen** (= Modelle) hierfür gebildet werden können, durch welche Randverteilungen (RV) der Erwartungswerte die Häufigkeiten in den Zellen reproduziert werden können:

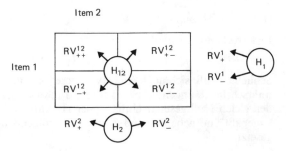

Abb. 6 Hypothesen im Log-Linearen Modell für eine 2 × 2-Kontingenztafel (I = 2; J = 2)

In einer Art trivialen und artifiziellen Hypothese H_0 (Modellgleichung 12) wird angenommen, daß die beobachteten Häufigkeiten durch sich selbst reproduziert (d. h. angepaßt) werden können. Die Modellgleichung (12) bleibt vollständig erhalten, es wird kein Parameter durch Nullsetzung ausgeschlossen. Daher erhält die Hypothese auch den Index „0" zur Kennzeichnung. Man nennt den Ansatz dieser Hypothese **„saturiertes Modell"**, da die erwarteten Häufigkeiten immer exakt den beobachteten Häufigkeiten entsprechen. Dieses Modell bietet jedoch nicht die

Möglichkeit, Strukturen und Abhängigkeiten zu erkennen und zu skalieren, da K-Zellen auch jeweils durch K-Parameter repräsentiert werden. Eine Schätzung der Modellgüte ist von daher nicht möglich, die Anzahl der Freiheitsgrade ist Null.

Mit dem saturierten Modell besteht jedoch die Möglichkeit, Aussagen über die Größe aller vorhandenen Effekte zu gewinnen, um im Anschluß an diese Informationen spezielle Hypothesen für die folgenden nicht-saturierten Modelle zu entwickeln, in denen nicht signifikante Parameter dann a priori gleich Null gesetzt werden müssen.

In der **Hierarchie** folgt nun die **Hypothese** H_{12}. Es gilt die Modellgleichung (12a):

(12a) H_{12}: $\mu_{ij}^* = \theta_i^1 + \theta_j^2 + \theta^0$, wobei: $(\theta_{ij}^{12} = 0)$ und $(df = (I - 1)(J - 1))$

Wie in Abb. 6 veranschaulicht, wird die Randverteilung der Werte RV^{12} in allen Zellen als gleich groß angenommen, so daß der Parameter θ_{ij}^{12} gleich Null gesetzt werden muß. Unter dieser Hypothese H_{12} (Index „12" zeigt an, daß der Interaktionsparameter Null gesetzt wurde) wird angenommen, daß die Zellhäufigkeiten nur durch die Randverteilungen RV^1 und RV^2 reproduziert (d.h. angepaßt) werden können. Da der Interaktionsparameter gleich Null ist, entspricht dieser Hypothese die Annahme der **Unabhängigkeit der beiden Items 1 und 2**. Abhängigkeiten oder Strukturen zwischen bestimmten Items können also nur über signifikante Interaktionsparameter nachgewiesen werden (vgl. dazu weiter den Ergebnisteil 4.7.5.7.).

Es folgen nun die beiden gleichrangigen Hypothesen H_1 und H_2, in denen jeweils eine der beiden Randverteilungen (vgl. Abb. 6) in ihren Werten als gleich angenommen wird, d.h. der entsprechende Parameter Null gesetzt wird, und man sich vorstellen muß, daß die Zellhäufigkeiten nur noch aus der jeweils anderen verbleibenden Randverteilung reproduziert werden. Mit dem Index „1" in H_1 wird nicht nur indiziert, daß der Parameter θ_i^1 gleich Null gesetzt wird, sondern auch alle in der Hierarchie folgenden Parameter, die mit dieser Variablen 1 interagieren, also hier θ_{ij}^{12}. Entsprechendes gilt für H_2.

(12b) H_1: $\mu_{ij}^* = \theta_j^2 + \theta^0$ $(df = J(I - 1))$

Entsprechend gilt für H_2:

(12c) H_2: $\mu_{ij}^* = \theta_i^1 + \theta^0$ $(df = I(J - 1))$

Schließlich läßt sich noch eine Hypothese formulieren, in der **alle Zellen** als **gleichwahrscheinlich** angenommen werden, d.h. alle Parameter(ausgenommen θ^0) werden gleich Null gesetzt. Unter dieser Hypothese werden **keine** Randverteilungen angepaßt und neben θ_i^1 und θ_j^2 auch alle folgenden interagierenden Größen Null gesetzt.

(12d) $H_{1,2}$: $\mu_{ij}^* = \theta^0$ $(df = IJ - 1)$

Unter jeder Hypothese der Modellgleichungen (12 bis 12d) können die zum Modell gehörenden Erwartungswerte berechnet werden und mit den tatsächlich beobachteten Häufigkeiten über eine Chi-Quadrat- oder L-R-Statistik (vgl. dazu auch Abschnitt 4.7.2.1.) verglichen werden. Die LR-Statistiken bieten darüber hinaus den Vorteil, daß je zwei Hypothesen miteinander verglichen werden können. Goodman (1972; 1978: 78f.) und Langeheine (1979: 384; 1980a: 73f.) haben Vorschläge unterbreitet, „partielle Determinationskoeffizienten", „PRE-Koeffizienten" und „praktische Signifikanzmaße" zu bestimmen, um damit die relativen Anteile aufgeklärter Varianz errechnen zu können. Im Prinzip erreicht man dies, indem man den LR-Wert der interessierenden Hypothese von dem LR-Wert der Vergleichshypothese (z. B. der Unabhängigkeit der Variablen (H_{12}) oder der Gleichwahrscheinlichkeit der Häufigkeiten ($H_{1,2}$) subtrahiert und zum LR-Wert der Vergleichhypothese in Beziehung setzt. Gl. (13) formalisiert diesen Sachverhalt:

$$(13) \qquad R^2_{H_1} = Eta^2_{H_1} = \frac{LR\,H_{1,2} - LR\,H_1}{LR\,H_{1,2}}$$

Im Ergebnisteil (4.7.5.7.) werden wir die Verwendungsweise von (13) weiter erläutern.

Die 4-fach-Kontingenztafel: Für die uns vorliegenden Daten in Abb. 5 muß die Grundgleichung (11) bzw. (12) entsprechend erweitert werden:

$$(14) \qquad \mu^*_{ijlt} = \theta^{1234}_{ijlt} + \qquad\qquad \text{(Interaktion 4. Ordnung)}$$
$$\theta^{123}_{ijl} + \theta^{124}_{ijt} + \theta^{134}_{ilt} + \theta^{234}_{jlt} + \qquad \text{(Interakt. 3. Ordnung)}$$
$$\theta^{12}_{ij} + \theta^{13}_{il} + \theta^{14}_{it} + \theta^{23}_{jl} + \theta^{24}_{jt} + \theta^{34}_{lt} + \quad \text{(2. Ordnung)}$$
$$\theta^1_i + \theta^2_j + \theta^3_l + \theta^4_t + \qquad\qquad \text{(Haupteffekte)}$$
$$\theta^0$$

Aus dieser Modellgleichung lassen sich allein 15 Hypothesen ableiten, aus denen sich weitere zusammengesetzte Hypothesen zur Modellprüfung konstruieren lassen. Die Elementarhypothese H_{12} setzt z. B. alle Interaktionen 4. und 3. Ordnung gleich Null; zusätzlich wird die Interaktion θ^{12}_{ij} gleich Null gesetzt. Die verbleibenden Parameter bilden die Modellgleichung mit den entsprechenden Randverteilungen aus denen die Häufigkeiten unserer $2 \times 2 \times 2 \times 2$-Tafel reproduziert (angepaßt) werden sollen. Wir werden hier aus Platzgründen keine weiteren Hypothesen darstellen und verweisen auf den Ergebnisteil (4.7.5.7.).

Für den mathematisch-statistisch interessierten Leser dürfte folgender Hinweis noch von Interesse sein. Die Daten in einer Kontingenztafel lassen sich über drei **alternative** Stichprobenmodelle (Poisson-, Multinomial-, Produkt-Multinomial-Modell) (vgl. Abb. 7) gewinnen. Unter allen drei Modellen gelangt man zu den gleichen geschätzten Erwartungswerten in den Zellen und zu gleichen „Goodness-of-Fit-Statistiken" (ein Beweis findet sich bei Fienberg, 1977: 131–134). Der Grund liegt darin, daß das Log-Lineare Modell unter allen drei Stichprobenmodellen eine Exponential-Familie (vgl. 4.7.2.2.) bildet, deren kanonische Parameter die beispielsweise in den Gl. (12) oder (14) angegebenen θ-Parameter sind (vgl. Andersen, 1980: 166). Die entsprechenden minimal-hinreichenden Statistiken dieser Parameter sind die Zellhäufigkeiten oder ihre Randverteilungen (x_{ij}, $x_{.j}$, $x_{i.}$ und $x_{..}$).

Die methodologischen Konsequenzen aus dieser mathematisch-statistisch äußerst bedeutsamen Eigenschaft des Log-Linearen Modells werden für den in der Praxis forschenden Sozialwissenschaftler im folgenden Abschnitt erläutert. Sie liegen vor allem darin, daß sich ein breites Spektrum denkbar Datengewinnungsstrategien für das Log-Lineare Modell entwickeln läßt.

Datengewinnung für Kontingenztafeln: Die Beantwortung der 4-Stouffer-Toby-Items und ihre Reorganisation zu einer 4-fachen Kontingenztafel (vgl. Abb. 5) stellt eine Möglichkeit der Datengewinnung für Kontingenztafeln dar. Während die 4 Items hier quasi als „gleichberechtigte" Variablen anzusehen sind, ist es darüber hinaus auch möglich, die beteiligten Variablen als abhängige und unabhängige Größen zu interpretieren, oder aufgrund anderer und theoretisch-inhaltlicher Gegebenheiten diese Variablen zeitreihenanalytisch (vgl. Henning & Petermann,

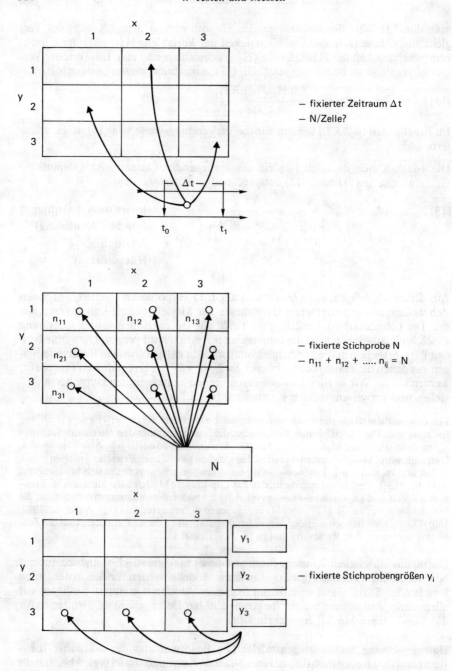

Abb. 7a–c Sampling-Modelle für multivariate Kontingenztafeln und das Log-Lineare Modell; a Poisson-Modell; b Multinomial-Modell; c Produkt-Multinomial-Modell

1982), pfadanalytisch oder kausalanalytisch anzuordnen. Grundsätzlich lassen sich alle Kontingenztafeln mit dem Log-Linearen Modell auswerten, die auf ein Poisson-Sampling-Modell, Multinomiales Sampling-Modell oder Produkt-Multinomiales-Sampling-Modell zurückzuführen sind und deren Beobachtungen nach diesen Stichproben-Modellen erhoben wurden. Anhand der Abbildung 7 werden diese drei Stichproben-Modelle erläutert.

Im **Poisson-Modell** (Abb. 7a) wird für die Beobachtungen ein bestimmter Zeitraum t fixiert. Es wird dann festgestellt, wieviele Ereignisse pro Zelle in diesem Zeitraum auftraten. Diese Häufigkeiten gehen dann in die einzelnen Zellen ein. Es ist also vor Beginn der Beobachtungsserie nicht bekannt, wie groß das N der Stichprobe sein wird. Besonders für quasi-experimentelle Forschungssituationen, freie Beobachtungen und Evaluationsstudien kann dieses Modell ein denkbarer Versuchsplan sein.

Im **Multinomial-Modell** (Abb. 7b) ist die Stichprobengröße N a priori festgelegt und die Mitglieder der Stichprobe werden entsprechend ihrer Merkmale nach den Variablen der Kontingenztafel „kreuz-klassifiziert". Mit diesem Modell ist der gebräuchlichste Versuchsplan für Kontingenztafeln beschrieben.

Im **Produkt-Multinomial Modell** (Abb. 7c) ist die Stichprobengröße entweder für jede Kategorie der Zeilen- oder Spaltenvariablen festgelegt, und die Mitglieder der Stichprobe werden dann auf die Zellen der Zeile (Spalte) „verteilt".

Mit diesen drei Modellen läßt sich eine Vielzahl von sozialwissenschaftlichen Fragestellungen über das Log-Lineare Modell und die Kontigenztafeln bearbeiten. Der besondere Vorteil liegt darin, daß man „nur" auf qualitative Daten (d. h. hier: Häufigkeiten) zurückgreifen muß und dennoch relativ anspruchsvolle Hypothesen über die Struktur dieser Daten überprüfen kann. Aus Platzgründen lassen sich hier keine weiteren prototypischen Fragestellungen diskutieren, man sollte aber beachten, daß sich nicht alle Daten, die in Kontingenztafelform vorliegen, auf eines der drei vorgestellten Stichproben-Modelle zurückführen lassen. Für den Praktiker ist es daher unabdingbar, wenigstens diese Voraussetzung zu prüfen und festzustellen, ob eines der drei Stichproben-Modelle vorliegt, denn für diese drei Fälle sind die mathematisch-statistischen Ableitungen vorgelegt und bewiesen.

4.7.5. Praxis der Skalierung

Die in 4.7.4.2. vorgestellten Modelle zur Skalierung und Strukturanalyse von qualitativen Daten sind auf die Stouffer-Toby-Items und die in der Originaluntersuchung erzielten 216 Antwortmuster (vgl. dazu Abb. 2) angewandt worden. Die Ergebnisse werden dargestellt und kommentiert. Da es sich in der vorliegenden Untersuchung nur um 4 Items handelt, können die einzelnen Schritte der praktischen Durchführung und die Anwendung der Schätzprozeduren relativ ausführlich behandelt werden. Auf diese Weise läßt sich die rein theoretisch-formale Darstellung o. a. Modelle veranschaulichen.

Wenngleich die Modelle dazu geeignet sind, komplexe und differenzierte Strukturmatrizen für die Beobachtungsdaten anzunehmen und zu überprüfen, so impliziert dies doch auch immer, daß zunächst simple und eindimensionale Grundstrukturen den Ausgangspunkt der empirischen Analyse darstellen. Von daher sind diese Verfahren klar von der multidimensionalen Skalierung (vgl. Kap. 4.8.) zu trennen. Insbesondere können mit o. a. Modellen vor allem die folgenden Eigenschaften von Daten und Skalen überprüft bzw. bestimmt werden:

- die Eindimensionalität (alle Modelle)
- die Homogenität und Holomorphie (Mokken, Rasch)
- die Schätzung von Personen- und Itemkennwerten (Rasch)

- die Unabhängigkeit und/oder strukturelle Abhängigkeit von Items, die Größe ihrer Interaktionen (Log-Lineares Modell)
- die multiple Dimensionalität (Mokken)
- die ordinale Struktur der Items, Fehler und Ratewahrscheinlichkeiten der Items (Proctor,
  Dayton & Macready)
- Anzahl und Umfang latenter Klassen in den Personenpopulations; Anteil der instrinsisch
  unskalierbaren Personen (Goodman's QIM)
- Analyse von Sequenzen und Hierarchien (Dayton & Macready)
- usw.

Die Prüfung dieser scheinbar nur „formalen" Eigenschaften der Items, Personen und Skalen
ist nicht als methodische Übung anzusehen, sondern gewinnt erst in Verbindung mit inhaltlichen und theoretischen Strukturmerkmalen des psychologischen Gegenstandsbereiches ihre
empirische Bedeutsamkeit. Dieser überaus wichtige Aspekt wurde in Abschnitt 4.7.3.1., wenn
auch mit rudimentären Theorieansätzen, behandelt. Es sei hier nochmals auf die Arbeiten von
Gigerenzer (1981) verwiesen.

4.7.5.1. Deterministische Eindimensionalität

Mit der Skalogrammanalyse von Guttman wird die als artifiziell zu versehende
deterministische Eindimensionalität eines Datensatzes überprüft. Nur die „wahren" Antwortmuster sind modellverträglich. Bereits ein Blick auf die Resultate in
Abb. 2 zeigt, daß es unter den beobachteten Antwortmustern auch solche gibt, die
nicht mit einer deterministischen Struktur einer Guttman-Skala zu vereinbaren
sind. Das Ausmaß dieser Abweichungen von der Modellkonzeption wird durch die
folgenden empirischen Ergebnisse belegt:

Item Nr.	+ Antworten	p-Schwierigkeit		
4	67	.31	REP	= .84
2	108	.50	REP_{min}	= .62
3	111	.52	S	= .57
1	171	.79		

In der Praxis werden Reproduktionskoeffizienten über .90 oder Skalierbarkeitskoeffizienten
über .60 als Untergrenzen für eine minimal akzeptable Skala verlangt. Der hohe REP_{min} Wert
und der damit verbundene geringe Zuwachs von .62 auf .84 indizieren zusätzlich, daß sich die
Stouffer-Toby-Items nicht als lineare Hierarchie bzw. ordinale Folge der Iteminhalte darstellen lassen und somit keine eindimensionale Guttman-Skala abbilden. Eine ausgezeichnete
Diskussion o. a. Skalierbarkeitskoeffizienten und ihrer Interpretationen findet sich bei Mokken (1971: 48–68).

4.7.5.2. Probabilistische Eindimensionalität

Mit der Skalenanalyse von Proctor (vgl. S. 504) kann überprüft werden, ob eine
nicht-deterministische Struktur von Items noch unter probabilistischen Voraussetzungen als eindimensionale Skala interpretiert werden kann. In Abb. 2 (Abschnitt
4.7.3.2.) sind unter der Theorievariante I diejenigen Antwortmuster gekennzeichnet, die bereits in der Guttman-Skalierung überprüft wurden. Nach dem Modell

von Proctor ergeben sich für diese fünf „wahren" oder „a priori" Antwortmuster die folgenden Ergebnisse:

Antwortmuster:	Beob.n	Erwt.n	Chi^2	θ_t
0000	20	21.16	.06	.12
1000	38	44.17	.86	.35
1100	25	22.29	.33	.09
1110	23	27.87	.85	.17
1111	42	33.37	2,23	.27
1010	24	12.14	11.60	
....	..	....	......	

LR-Chi^2 = 27.16 (df = 10; Chi$^2_{5\%}$ = 18.31); Itemfehlerwahrsch. β = .15

Der signifikante LR-Wert bedeutet, daß sich die Häufigkeitsverteilung auf die beobachteten Antwortmuster, nicht durch die Annahme o. a. a-priori-Muster erklären läßt. So deutet auch dieses Verfahren nicht auf eine eindimensionale Skala hin. In der Tabelle sind zunächst nur die fünf a priori-Antwortmuster mit ihren beobachteten und erwarteten Häufigkeiten (n) aufgelistet. Der Schätzalgorithmus des Proctor-Modells bestimmt jedoch für alle 16 Muster die Erwartungswerte und schließlich die Chi^2-Werte für jedes Antwortmuster. Aus diesen Werten wird dann der Likelihood-Ratio-Wert (LR) für die Anpassungsgüte des Modells summiert. Von allen „nicht-a-priori"-Mustern ist in der Tabelle nur noch dasjenige mit dem größten Abweichungs-Chi-Quadrat aufgeführt. Verglichen mit den Kriteriumswerten für das 5 % Signifikanzniveau kann keine Modellgültigkeit festgestellt werden. Eine Interpretation der θ_t-Werte, die angeben, wie groß der Anteil des jeweiligen a-priori-Antwortmusters in der Population der Befragten ist, erübrigt sich damit. Der β-Wert bedeutet, daß bei Modellgültigkeit, für jedes Item ein Antwortfehler von 15 % in Rechnung gestellt werden müßte. Hierin wäre dann die Ursache für das Auffinden von Antwortmustern zu suchen, die nicht zum jeweiligen Modellansatz gehören.

Das Verfahren von Proctor kann auf jede a-priori-Menge von „wahren" Antwortmustern angewandt werden. In einer folgenden Analyse werden daher die Antwortmuster einer Biform-Skala (vgl. Abb. 3b) analysiert, die aus der Theorievariante II (vgl. Abschnitt 4.7.3.2.) entwickelt wurden:

Antwortmuster	Beob.n	Erwt.n	Chi^2	θ_t
0000	20	21.65	.12	.13
1000	38	38.84	.01	.24
1100	25	24.78	.00	.13
1010	24	25.79	.12	.14
1110	23	23.78	.03	.11
1111	42	36.90	.71	.25
0111	1	4.70	2.91	
....	..	....	.....	

LR-Chi^2 = 9.30 (df = 9) (Chi$^2_{5\%}$ = 16.92); Itemfehlerwahrscheinlichkeit β = .11; p = .42.

Mit den a-priori-Mustern der **Biform-Skala** wird ein nicht-signifikantes Ergebnis erzielt, d.h., die Daten können durch die gewählten Muster ausreichend reproduziert und damit erklärt werden. Die Anpassungsgüte beträgt p = .42. Für das Antwortmuster θ_2 wird ein Populationsanteil von 24% geschätzt, dennoch muß für die einzelnen Items immer noch ein Antwortfehler von 11% in Rechnung gestellt werden.

Entsprechend können nun die Skalen-Formen der Abb. 3c–e bewertet werden. Es ergeben sich dabei die folgenden zusammengefaßten statistischen Ergebnisse:

- Abb. 3c: Biform-Skala: LR-Chi^2 = 34.18 (df = 7): signifikante Modellabweichung.
- Abb. 3d: Triform-Skala: LR-Chi^2 = 9.85 (df = 7): Anpassungsgüte p = .20 β = .12;
- Abb. 3e: Quinqueform-Skala: LR-Chi^2 = 9.30 (df = 7): Anpassungsgüte p = .22 β = .11.

Unter dem Proctor-Modell stellt die Biform-Skala aus Abb. 3b das sparsamste der hier untersuchten Skalenmodelle dar, d.h. bei relativ geringster Parameterzahl wird die relativ größte Anpassungsgüte erzielt. Die Biform-Skala interpretiert die Daten somit adäquat.

4.7.5.3. Komplexe und probabilistische Verhaltenshierarchien

Die Stouffer-Toby-Daten werden in diesem Abschnitt mit dem Modell von Dayton & Macready (vgl. S. 504) analysiert. Es unterscheidet sich vom vorherigen Proctor-Modell durch eine Differenzierung des Fehlerparameters in einen Rateparameter β_R und einen Vergessensparameter β_V. Die Ergebnisse für die **Uni-Form-Skala** (Abb. 3a) – also den „wahren" Antwortmustern der Guttman-Skala – und für die **Biform-Skala** der Abb. 3b lauten:

Antwortmuster	Beob.	Uni-Form Erw.	Chi^2	θ_t	Bi-Form Erw.n	Chi^2	θ_t
0000	20	18.50	.12	.25	21.78	.15	.20
1000	38	41.54	.30	.40	36.67	.05	.27
1100	25	22.70	.23	.08	24.30	.02	.12
1010	24	(14.03	7.09)	—	24.22	.00	.12
1110	23	23.84	.03	.10	24.14	.05	.09
1111	42	41.42	.01	.17	40.22	.08	.20

LR-Chi^2 = 17.94 (df = 9) p < .05   7.18 (df = 8) p = .52
Rateparameter: β_R = .25 β_R = .16
Vergessensparamter: β_V = .02 β_V = .05

Die Ergebnisse für die anderen Skalenformen lauten:

Abb. 3c: Ergebnis nicht interpretierbar, da negative θ_t-Werte geschätzt wurden.
Abb. 3d: LR-Chi^2 = 7.82 (df = 7) p = .35, d.h. Modellanpassung;
Abb. 3e: LR-Chi^2 = 7.06 (df = 6) p = .31, d.h. Modellanpassung.

Von den untersuchten Modellen (Skalenformen) erweist sich wiederum die Biform-Skala (Abb. 3b) als diejenige latente Struktur mit der besten Modellanpassung. Der

Vergessensparameter β_v kann mit einer Größe von 5% vernachlässigt werden, während der Rateparameter β_R mit 16% indiziert, daß in dieser Größenordnung Antworten gegeben werden, die mit der gewählten a-priori-Antwortstruktur unverträglich sind. Hohe Parameterwerte würden z. B. bedeuten, daß nicht genügend Antwortvektoren für die a priori-Hierarchie gewählt wurden. Je nach Art der Items und ihrer inhaltlichen Bedeutung kann in bestimmten Situationen auch erwartet werden, daß der eine oder der andere Parameter den Wert Null annehmen muß.

Wird für denselben Datensatz mit unterschiedlichen Modellen eine Modellanpassung erreicht, dann kann die **Differenz zwischen den einzelnen Modellen** ebenfalls auf Signifikanz geprüft werden und man erhält so Hinweise darauf, welches der Modelle die Datenstruktur am adäquatesten repräsentiert. Wir vergleichen zunächst die Biform in Abb. 3b mit der Skalenform in Abb. 3e:

$$7.18 - 7.06 = 0.12 \ (df = 8 - 6 = 2). \quad Chi^2_{5\%} \ (df = 2) = 5.99$$

Beim Vergleich von Abb. 3b mit Abb. 3d ergibt sich ein negativer Chi-Quadrat-Differenz-Wert. So können wir bei beiden Vergleichen nicht signifikante Differenzen zwischen den Modellen feststellen, was bedeutet, daß alle drei Modellanpassungen zunächst gleich gut ausfallen. Wir entscheiden uns aber in jedem Fall für das „sparsamste" Modell mit der niedrigsten Parameterzahl, also die Biform-Skala der Abb. 3b.

4.7.5.4. Latente Klassen und intrinsisch unskalierbare Personen

Mit dem „Quasi-Independence"-Modell von Goodman (vgl. S. 506) wurden die Stouffer-Toby-Daten bereits zu einem früheren Zeitpunkt reanalysiert (vgl. dazu Goodman, 1975; 1978). Auf neuere und geeignete Rechenprogramme für dieses Modell verweist Langeheine (1982).

Die Hauptcharakteristik dieser Ergebnisse ist darin zu sehen, daß es neben dem Anteil θ_t für die einzelnen latenten Klassen der intrinsisch skalierbaren Personen auch eine Schätzung des Anteils derjenigen Personen gibt, die unter einer jeweiligen Hypothese einer Skalenform (vgl. Abb. 3) als „intrinsisch" nicht skalierbar (θ_0) bezeichnet werden müssen.

Wir beginnen mit einer **Ausgangshypothese H_0**, die die Annahme der Unabhängigkeit der Items postuliert. Dies bedeutet in diesem Modell, daß alle Personen unskalierbar sind. Formal läßt sich dies folgendermaßen ausdrücken:

$\theta_0 = 1$ und $\theta_t = 0$
(für t = 1 … 5; d.h.: $\theta_1 = 1111$, $\theta_2 = 1110$, $\theta_3 = 1100$, usw.

Der Modelltest ergibt für diese Hypothese: LR-Chi² = 81.08 (df = 16 − 0 − (4 + 1) = 11).

Dieses signifikante Ergebnis bedeutet, daß Daten und Hypothese nicht übereinstimmen und ein bestimmter Anteil der Personen in der Population als skalierbar bezeichnet werden muß. In einer **Hypothese H_2** werden nur die Antwortmuster (1111) und (0000) als die bedeutsamen Skalentypen a priori ausgewählt. θ_0 beträgt .78, d. h. 78% aller Personen in der Population sind nicht skalierbar, d. h. sie produzieren andere Antwortmuster als die beiden ausgewählten. Der Modelltest erzielt eine Anpassungsgüte von p = .985 (vgl. folgende Tabelle).

In der **Hypothese H_{3a}** testen wir die Antwortmuster der uniformen Guttman-Skala. Die Hypothese besagt, daß von den 16 Mustern alle außer den 5 ausgewählten

Mustern (1111, 1110, 1100, 1000, 0000) zur Menge der unskalierbaren Muster gehören, und daß die 4 Items in dieser Teilmenge „quasi-unabhängig" voneinander sind (vgl. Abb. 2 und Abb. 3a). Zunächst werden die bedingten Wahrscheinlichkeiten einer positiven Antwort (j = 1) auf die Items (i = 1, ..., 4) unter der Bedingung, daß die Personen zur unskalierbaren Klasse t = 0 gehören, geschätzt.

$$\theta_{ijt}: \quad \theta_{110} = .77 \quad \theta_{210} = .38 \quad \theta_{310} = .44 \quad \theta_{410} = .19$$

Hinzu kommt die Schätzung der Wahrscheinlichkeit θ_0, daß eine Person zur unskalierbaren Klasse gehört:

$$\theta_0 = .68$$

Erst aus diesen Schätzungen der unabhängigen Parameter ergeben sich die Populationsanteile der einzelnen latenten Klassen (Berechnung vgl. Gl. (8)).

$$\theta_1 = .18 \quad \theta_2 = .03 \quad \theta_3 = .03 \quad \theta_4 = .03 \quad \theta_5 = .05$$

wobei:

$$\sum_{t=0}^{s} \theta_t = 1$$

Der Modelltest für die Teilmenge U der unskalierbaren Muster ergibt:

Antwortmuster	Beob.n	Erw.n
1111	42	–
1110	23	–
1101	6	4.72
1100	25	–
1011	6	5.99
1010	24	24.74
1001	7	7.56
1000	38	–
0111	1	1.14
0110	4	4.73
0101	1	1.44
0100	6	5.97
0011	2	1.83
0010	9	7.57
0001	2	2.31
0000	20	–

LR-Chi^2 = .99; df″ 16 − 5 − (4 + 1) = 6; Anapssungsgüte p = .985

Für diese Hypothese ergibt sich also eine gleich gute Modellanpassung wie für die Hypothese H_2.

Der relativ hohe Anteil von 68 % nicht skalierbarer Personen in der Population muß auffallen, da auf die 11 Muster der Teilmenge U lediglich (68/216) 31 % aller Beobachtungsfälle entfallen. Goodman (1975; 1978: 374) betont in diesem Zusammenhang, daß in den Häufigkeiten der 5 skalierbaren Muster die Personen der unskalierbaren Klasse mit vertreten sind, so daß sich eine Überschätzung der „wahren" Anteile in der Population ergibt. In Goodmans Modell werden die „bereinigten" Schätzungen für die Wahrscheinlichkeiten θ_t (t = 1 ... 5) aus der Differenz $(1 - \theta_0)$ bestimmt.

Die **weiteren Hypothesen,** die mit diesem Modell bewertet wurden, sind in ihren Ergebnissen zusammenfassend in der folgenden Tabelle dargestellt. Dabei bezieht sich H_{3b} auf die Biform-Skala der Abb. 3b und Hypothese H_{3e} auf die Quinqeform-Skala der Abb. 3e.

Hypothese	Anzahl der Skalentypen	Anteil der nicht skal. Pers. θ_0	df	LR-Chi^2	p
H_0	0	1.00	11	81.08	< .01
H_2	2	.78	9	2.28	.985
H_{3a}	5	.68	6	.99	.985
H_{3b}	6	.68	5	.11	> .99
H_{3e}	8	.59	3	.03	> .99

Die Modellanpassung wird „trivialerweise" um so besser, je mehr Skalentypen zur Reproduktion der Daten herangezogen werden und je weniger Muster zur Teilmenge U der nicht skalierbaren Skalentypen gehören.

Man wird sich demnach für diejenige Hypothese entscheiden, die mit möglichst wenig Mustern (Parametern) die Häufigkeitsverteilung der Daten „erklären" kann. Dies sind H_2 mit 78 % unskalierbaren Personen oder H_{3a} (die Guttman-Muster) mit 68 % unskalierbaren Personen in der Population. Ein Vergleich der entsprechenden Likelihood-Ratio-Chi-Quadrat-Statistiken führt zu folgendem Ergebnis:

$$H_2 - H_{3a}: 2.28 - .99 = 1.29 \ (df = 9 - 6 = 3)$$

Diese Chi-Quadrat-Differenz (1.29) prüft die Nullhypothese, ob die drei zusätzlichen Muster (1110, 1100, 1000) unter H_{3a} **keinen** statistisch bedeutsamen Beitrag zur Anpassungsgüte dieser Hypothese beitragen. Das nicht-signifikante Ergebnis bestätigt diese Annahme, d. h. die Parameterschätzungen $\theta_2 = .03$; $\theta_3 = .03$; $\theta_4 = .03$ unterscheiden sich in statistisch-signifikanter Weise nicht von Null. Dieses Ergebnis spricht für die Hypothese H_2, der geringere Anteil unskalierbarer Personen jedoch für die Hypothese H_{3a}. Entscheiden wir uns für H_{3a}, so ist zwar die uniforme Skala statistisch bestätigt, dennoch handelt es sich nicht um eine Guttman-Skala. Für eine Guttman-Skala hätte $\theta_0 = 0$ sein müssen und davon sind wir mit 68 % immer noch weit entfernt.

Das hier vorgestellte Modell von Goodman ist ein Spezialfall des Modells von Proctor (vgl. 4.7.5.2.). Im Modell von Proctor existiert keine eigene „intrinsisch unskalierbare" Klasse, und die Antworten dieser Personen gehen über die Itemfehlerwahrscheinlichkeit in die Schätzungen der θ_t-Werte ein. Dies führt zu beträchtlichen Unterschieden in der Schätzung der θ_t-Werte, wie ein Vergleich zeigt.

4.7.5.5. Latente Eindimensionalität, Personen- und Itemkennwerte

Mit dem Rasch-Modell kann ebenfalls eine Prüfung der Eindimensionalität vorgenommen werden. Es werden jedoch keine latenten Klassen von Personen angenommen, sondern ein latentes **Kontinuum** der Variablen θ postuliert. Die Ergebnisse in diesem Abschnitt sind mit einem Item-Analyse-Programm (vgl. Anhang) erzielt worden. Von den 216 Personen werden jedoch alle diejenigen aus rechentechnischen Gründen von der weiteren Analyse ausgeschlossen, die alle oder keines der Items beantwortet haben. Die verbleibenden Personen sind in dem hier durchgeführten Rechengang nach dem Mittelwert der Summenscores ($\overline{X} = 1.88$) in zwei Gruppen aufgeteilt worden:

Gruppe I mit N = 55 Personen (Summenscores der Pbn = 1)
Gruppe II mit N = 99 Personen (Summenscores der Pbn = 2 oder 3)
Für jede Gruppe werden getrennt die Personen- und Itemparameter des Rasch-Modells berechnet (vgl. folgende Tabelle):

	Item	Gruppe I	Gruppe II
95% Konfidenzintervall	1	$.10 \leq .17 \leq .30$	$.12 \leq .21 \leq .39$
der Item-Parameter-	2	$.74 \leq 1.51 \leq 3.07$	$.70 \leq 1.06 \leq 1.60$
Schätzungen	3	$.56 \leq 1.06 \leq 2.01$	$.70 \leq 1.06 \leq 1.60$
	4	$1.35 \leq 3.65 \leq 9.89$	$2.65 \leq 4.17 \leq 6.56$
		Summenscore:	
95% Konfidenzintervall	1	$0.03 \leq 0.30 \leq 3.47$	$0.03 \leq 0.32 \leq 3.42$
der Personen-	2	$0.12 \leq 1.06 \leq 9.17$	$0.12 \leq 1.01 \leq 8.88$
Parameter-	3	$0.33 \leq 3.15 \leq 29.89$	$0.30 \leq 3.11 \leq 32.49$
Schätzungen			

Der **Modelltest** besteht nun darin, die Itemparameter der beiden Gruppen miteinander zu vergleichen. Aufgrund der Modellanforderungen muß es z. B. gleichgültig sein, wie man die Stichprobe aufteilt. Zwischen den Teilstichproben sollten die Schätzungen statistisch gesehen nicht signifikant voneinander abweichen. Dem Vergleich liegt hier das 5% Niveau zugrunde:

Item	z-Wert	p
1	$-.56$	.58
2	.85	.60
3	.02	.98
4	$-.24$	.81

Die p-Werte beziehen sich auf die Chi-Quadrat-Verteilung der Z^2-Werte mit df = 1; Chi^2 = 1.104, df = 3, p = .78

Keine z-Wert-Differenz liegt unter dem p = .05 Wert, so daß die Items als modellverträglich angesehen werden können. Der Gesamttest-Chi-Quadrat-Wert ist ebenfalls nicht signifikant. Aus diesem Grunde kann eine erneute Parameterschätzung an der Gesamtstichprobe mit N = 154 Personen (Personen mit Extremwerten 0 und 4 bleiben ausgeschlossen) erfolgen:

Die **Schwierigkeitsparameter** β_i (vgl. Gl. (9)) lauten (95% Konfidenzintervall):

β_1: $.12 \leq .19 \leq .28$
β_2: $.83 \leq 1.17 \leq 1.66$
β_3: $.76 \leq 1.08 \leq 1.53$
β_4: $.79 \leq 4.24 \leq 6.42$

Die **Personenparameter** für die einzelnen Rohwertgruppen lauten (95%):

Rohwert 1:	.03	≤	.31	≤	3.50	$\ln \theta_1$ −1.19
Rohwert 2:	.11	≤	1.03	≤	9,27	$\ln \theta_2$ 0.03
Rohwert 3:	.30	≤	3.19	≤	33.46	$\ln \theta_3$ 1.16

Die **Itemcharakteristik-Kurven** haben für die 4 analysierten Items folgendes Aussehen (Abb. 8):

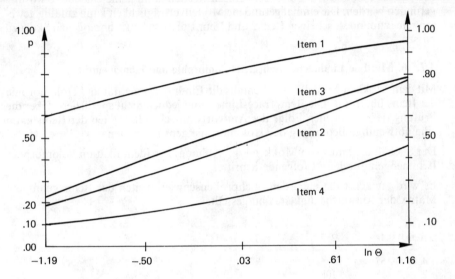

Abb. 8 ICCs für die Stouffer-Toby-Items.

Auf der Ordinate sind die Lösungswahrscheinlichkeiten (manifeste Variablen) abgetragen, auf der Abszisse die natürlichen Logarithmen der Personenparameter (das Kontinuum der latenten Variablen).

Zusammenfassend muß zur Rasch-Skalierung der vorliegenden Daten bemerkt werden, daß zwar für die Itemparameter brauchbare Schätzungen erzielt werden konnten und auch alle Items im Sinne des Modells als homogen bezeichnet werden müssen, die Schätzungen für die Personenparameter jedoch unakzeptabel sind, da zwischen allen drei Rohwertgruppen Überschneidungen im 95% Konfidenzbereich auftreten, so daß keinerlei Differenzierung möglich ist. Bei ausreichenden Stichprobengrößen über N = 300 und größerer Itemzahl und damit Rohwertgruppen ließen sich jedoch auch bei den vorliegenden Inhalten brauchbare Schätzungen erzielen. Es ist aber generell zu beobachten, daß die Präzision der Schätzungen in den Extrem-Rohwertgruppen unbefriedigend ausfällt (vgl. Wakenhut, 1974; Lippert et al. 1977).

Eine andere **Teilgruppenbildung nach dem Median** der Summenscores führt bei denselben Daten zu einem erheblich anderen Bild. Im Modelltest – also dem Vergleich der Itemparameterschätzungen für die beiden Teilstichproben – weichen Item 2 und dann Item 1 signifikant von den Modellannahmen ab und müssen eliminiert werden. Auf eine Darstellung dieser Zahlenergebnisse ist hier jedoch verzichtet.

Gerade in diesem Resultat zeigt sich nochmals, daß das modellverträgliche Ergebnis mit der Teilgruppentrennung über den Mittelwert nicht als stabil bezeichnet werden kann. Bevor ein Datensatz nach dem Rasch-Modell als eindimensional und homogen charakterisiert werden kann, ist eine Kreuzvalidierung der Resultate an einer weiteren Stichprobe notwendig und sollte auf jeden Fall der Modelltest von Andersen (1973) durchgeführt werden, der es erlaubt, auch mehr als zwei Teilstichproben gleichzeitig zu berücksichtigen. Für die Stouffer-Toby-Daten läßt sich ein vorläufiges Fazit ziehen: Nach dem Rasch-Modell kann keine eindeutige Lösung gefunden werden. Die einmal gefundene Modellverträglichkeit kann zufällig gewesen sein, zumindest scheinen Item 2 und Item 1 nicht zu einer homogenen Skala zu passen.

4.7.5.6. Multiple Eindimensionalität, Holomorphie und Homogenität

Mit dem Mokken-Modell wird ebenfalls die Eindimensionalität und Holomorphie der Items überprüft. Die Item-Trace-Linien sind jedoch nicht spezifiziert. Über die Prüfung der monotonen Folge der Antwortwahrscheinlichkeiten der Items kann eine notwendige Bedingung der Holomorphie geprüft werden.

Der Suchalgorithmus von Mokken (vgl. Anhang) zur Identifikation holomorpher Itemmengen durchläuft folgende Schritte:

Es wird zunächst die nach den Stichprobenschwierigkeiten der Items geordnete Matrix der **Antworthäufigkeiten** aufgestellt.

Item	4	2	3	1
4	67			
2	50	108		
3	51	70	111	
1	61	96	95	171

In der Folge werden für die einzelnen Itempaare die Homogenitätskoeffizienten und ihre z-Werte berechnet, aus denen zu erkennen ist, ob die H-Werte von Null signifikant verschieden sind. Kriterien sind ein Signifikanzniveau $p = .05$ und ein H-Wert von .30 als Untergrenze. Diesen Wert müssen Items mindestens aufweisen, um in die gesuchte holomorphe Skala aufgenommen zu werden.

Die **Matrix der H-Koeffizienten** und z-Werte (in Klammern) lautet:

Item	4	2	3	1
4	–			
2	.49	–		
	(4.84)			
3	.51	.28	–	
	(4.87)	(3.94)		
1	.57	.47	¨31	–
	(2.88)	(3.51)	(2.38)	

Das Itempaar mit dem höchsten (und signifikantem) H-Wert bildet den Grundstock der gesuchten Skala: Hier Itempaar 1 und 4. Sukzessive werden die Items mit den nächst höheren (und signifikanten) H-Koeffizienten zum ersten Itempaar hinzugefügt. Der Abbruch erfolgt dann, wenn ein Item einen H-Wert unter .30 aufweist oder die bisher zusammengestellte Skala einen Gesamt-H-Wert unter .30 aufweist. Das **Endresultat** dieser Prozedur führt zu folgender Skala:

Item	Item-H-Koeffizient	z-Wert
4	.51	7.39
2	.38	7.11
3	.35	6.54
1	.43	5.06
Gesamt-H:	.41	9.27

Nach den in der Literatur publizierten Kriterien kann diese Skala (also alle 4 Items) als ein holomorpher Itemsatz interpretiert werden, der die Charakteristik „eindimensional" im probabilistischen Sinne tragen kann. Die Holomorphie wird an den beiden folgenden Matrizen überprüft:

Matrix der **positiven Antwortwahrscheinlichkeiten** auf die Itempaare:

Item	4	2	3	1
4	–	.23	.24	.28
2	.23	–	.32	.44
3	.24	.32	–	.44
1	.28	.44	.44	–

Matrix der **negativen Antwortwahrscheinlichkeiten** auf die Itempaare:

Item	4	2	3	1
4	–	.42	.41	.18
3	.42	–	.31	.15
2	.41	.31	–	.13
1	.18	.15	.13	–

Die Antwortwahrscheinlichkeiten dürfen in beiden Matrizen sowohl zeilenweise als auch spaltenweise nur steigende bzw. fallende Tendenz in der Größe ihrer Werte aufweisen. Dieses ist die notwendige Bedingung für die Holomorphie der analysierten Itemmenge. Für beide Matrizen trifft dies im Beispiel der Daten zu. Wäre an dieser Stelle eine Abweichung von dieser Tendenz registriert worden, so hätte man das Item eliminieren müssen und mit dem reduzierten Datensatz ggf. einen neuen Programmlauf durchführen müssen. Verschärfungen der Auswahlkriterien (p = .01; H = .40) führten dazu, daß Item 2 eliminiert werden mußte. Diese Ergebnisse sind hier nicht mehr im Detail aufgeführt.

Vorläufiges Fazit: Die Items sind nach der Überprüfung mit dem Mokken-Modell als holomorphe Skala zu interpretieren, d. h. als eindimensional einzustufen. Item 2 zeigt die stärkste Tendenz von den Modellforderungen abzuweichen.

4.7.5.7. Strukturelle Dependenzen und Dimensionalität

Mit Hilfe des Log-Linearen Modells (vgl. S. 510) wird die multiple Kontingenztafel für die Stouffer-Toby-Daten analysiert, die in Abb. 5 aufgestellt wurde. Wie in der Mehrzahl der bisherigen Analysen könnte man auch hier wieder eine a-priori-Struktur oder -Menge von Antwortmustern auf ihre Adäquatheit zur Erklärung der vorgefundenen Daten prüfen. In diesem Abschnitt wird jedoch eine alternative Vorgehensweise gewählt, die den vielfältigen Einsatz des Log-Linearen Modellansatzes unterstreicht. Es werden sukzessive einige bestimmte Hypothesen überprüft, um so auf **exploratorische** Weise eine mögliche Struktur für die Items zu bestimmen.

Wir prüfen zunächst die **Hypothese** $H_{1,2,3,4}$ unter der angenommen wird, daß alle latenten Parameter den Wert Null annehmen, ausgenommen θ_0, also die **Gleichwahrscheinlichkeit** aller Zellhäufigkeiten impliziert ist.

Die erwarteten Häufigkeiten sind $\mu^*_{ijlt} = 216/16 = 13.5$. Die LR-Prüfstatistik bestimmt sich aus:

$$\text{LR-Chi}^2 = 2 \sum_{j=i=l=t=1}^{I, J, L, T} n_{ijlt} \ln \left(\frac{n_{ijlt}}{\mu^*_{ijlt}} \right) = 191{,}54 \, (\text{df} = 15) \, p < .001$$

Erwartungsgemäß lassen sich die Daten durch diese Hypothese nicht beschreiben (reproduzieren).

Es folgt die Prüfung der **Hypothese** $H_{12,13,14,23,24,34}$, die annimmt, daß alle Interaktionsparameter den Wert Null annehmen und die Items 1, 2, 3, 4 wechselseitig **unabhängig** sind. Die Modellgleichung besteht nur aus den Haupteffekten und θ_0 (vgl. Gl. (14)), d. h. die erwarteten Häufigkeiten der Kontingenztafel werden nur aus den vier Randverteilungen o. a. Variablen reproduziert. Diese Werte sind in Klammern in folgender Tabelle wiedergegeben.

Item 1			$i = 1$	$i = 1$	$i = 0$	$i = 0$
Item 3	Item 4	Item 2	$j = 1$	$j = 0$	$j = 1$	$j = 0$
$1 = 1$	$t = 1$		37.41	9.22	2.59	1.79
			(13.63)	(13.63)	(3.59)	(3.59)
$1 = 1$	$t = 0$		25.47	20.03	4.53	9.97
			(30.31)	(30.31)	(7.98)	(7.98)
$1 = 0$	$t = 1$		9.35	5.02	0.65	0.97
			(12.89)	(12.89)	(3.39)	(3.39)
$1 = 0$	$t = 0$		23.77	40.73	4.23	20.27
			(28.67)	(28.67)	(7.54)	(7.54)

Abb. 9   Erwartete Häufigkeiten für die Hypothese H_{13} und die Hypothese $H_{12,13,14,33,24,34}$ (Werte in Klammern). Die beobachteten Häufigkeiten finden sich in Abb. 5.

Der Modelltest für $H_{12,13,14,23,24,34}$ ergibt:

$$LR\text{-}Chi^2 = 81.08 \ (df = (IJLT - 1) - (I - 1) - (J - 1) - (L - 1) -$$
$$(T - 1)$$
$$= IJLT - I - J - L - T + 3$$
$$= 11)$$

$p < .001$

Auch für diese Hypothese gilt, daß sich die Daten nicht durch die vier Randverteilungen anpassen (reproduzieren) lassen.

Die folgende **Hypothese** H_0 bezieht sich auf das **saturierte Modell**, in dem die erwarteten Häufigkeiten den beobachteten entsprechen, ein Modelltest nicht vorgenommen werden kann, wohl aber die Größen aller Parameter (folgende Tabelle) bestimmt werden können.

Variablen/ -kombinationen	Effektgröße	Std. Fehler	Std.-Werte (approx. z-Werte)
θ_0	2.01	–	–
Haupteffekte:			
θ_1	.79	.13	6.17
θ_2	–.13	.13	–1.01
θ_3	.00	.13	.02
θ_4	–.68	.13	–5.29
Interaktionen 2. Art			
θ_{12}	.30	.13	2.30
θ_{13}	.15	.13	1.19
θ_{14}	.19	.13	1.50
θ_{23}	.18	.13	1.40
θ_{24}	.18	.15	1.40
θ_{34}	.22	.13	1.72
Interaktionen 3. Art			
θ_{123}	.13	.13	1.01
θ_{124}	.10	.13	.79
θ_{134}	.07	.13	.55
θ_{234}	.08	.13	.65
Interaktionen 4. Art			
θ_{1234}	.13	.13	1.03

Die Effektgrößen der Haupteffekte sind jeweils die Differenz zwischen dem Effekt der jeweiligen 1. Antwortkategorie des Items und θ_0. Die Größen der Interaktionen 2. Art und höherer Art bestimmen sich analog dem varianzanalytischen Grundmodell.

Das saturierte Modell bietet nun mit seinen Parameterschätzungen die Möglichkeit, Hypothesen für nicht-saturierte Modelle zu konzipieren, sofern nicht a priori schon festgelegt ist, welche Hypothese geprüft werden soll. Immerhin gibt es für die hier vorliegende 4-fach-Kontingenztafel 166 verschiedene Möglichkeiten, hierarchische Hypothesen aufzustellen.

Es kann nun die Strategie eingeschlagen werden, nur diejenigen latenten Parameter (d. h. Variablen/-kombinationen) in der zu untersuchenden Hypothese zu berück-

sichtigen, deren Effektwerte deutlich groß ausfallen. Die „signifikanten" Standard-
werte (approximative z-Werte) bedeuten nämlich, daß die entsprechenden latenten
Parameter wesentlich sein können, wenn die Daten aus ihnen reproduziert werden
sollen. Die berechneten z-Werte dürfen jedoch nicht absolut interpretiert werden,
da mit den Daten simultan mehrere Signifikanztests durchgeführt werden, so daß
das Fehlerrisiko entschieden größer ausfallen kann, als z. B. das 5% Niveau bei
einem z-Wert von 1.96.

Zur Konstruktion überprüfbarer Hypothesen schlägt Langeheine (1980: 84–87) einige Strategien vor, die primär zum Ziel haben, eine Hypothese zu finden, die

– mit möglichst wenig Parametern auskommt
– zu einem nicht signifikanten Modelltest führt
– einen genügend hohen Anteil erklärbarer Varianz beinhaltet.

Dabei kann man mit sehr restriktiven Modellen beginnen und dann zusätzliche Parameter
einführen. Alternativ kann man mit einer Hypothese mit vielen Parametern beginnen und
schrittweise diejenigen mit niedrigen Effektgrößen eleminieren. Auf dem 5%-Signifikanzni-
veau sind die Effekte 1, 4 und 12 zu berücksichtigen.

Wir prüfen zunächst die **Hypothese** $H_{12,13,23,24,34}$ die unter der Hierarchie-Bedingung in der
Goodmanschen Version des Log-Linearen Modells neben θ_0 die Effekte θ_1, θ_4 und θ_{14} berücksichtigt, alle anderen Effekte werden gleich Null gesetzt:

$$H_{12,13,23,24,34}: \text{LR-Chi}^2 = 71{,}89 \ (df = 12) \ p < .001$$

d. h. keine Modellanpassung.

Die **Hypothese** $H_{13,23,24,34}$ weist θ_1, θ_2, θ_4, θ_{12} und θ_{14} auf:
$$H_{13,23,24,34}: \text{LR-Chi}^2 = 59.12 \ (df = 10) \ p < .001$$

d. h. keine Modellanpassung.

Aufgrund der vorherigen Analysen (z. B. Guttman-Skalogramm oder Mokken-
Modell) ist die Itemfolge mit (4-2-3-1) festgestellt worden, wobei Item 2 und 3
nahezu identische Schwierigkeitskoeffizienten aufweisen. Alternativ läßt sich somit
auch Folge (4-3-2-1) festschreiben. In den folgenden Hypothesen wird untersucht,
ob die Daten über die Abhängigkeiten zwischen den Itempaaren (4-2) (2-3) (3-1)
bzw. (4-3) (3-2) (2-1) reproduziert werden können. Während die Interaktionsparameter diese Abhängigkeiten repräsentieren, werden alle anderen Interaktionen
Null gesetzt (vgl. Hypothesen):

$$H_{12,14,34}: \text{LR-Chi}^2 = 35.19 \ (df = 8) \ p < .001$$
$$H_{13,14,24}: \text{LR-Chi}^2 = 27.79 \ (df = 8) \ p = .001$$

In beiden Fällen keine Modellanpassung.

Im nächsten Schritt prüfen wir beide **Hypothesen** gemeinsam, indem alle Abhängigkeiten in die Hypothese $H_{14,23}$ eingehen. Diese Hypothese entspricht der Datenstruktur der Theorievariante aus Abb. 2b, bzw. Abb. 3b – der **Biform-Skala**.

$$H_{14,23}: \text{LR-Chi}^2 = 15.07 \ (df = 7) \ p = .04$$

Auch dieser Modelltest fällt noch signifikant aus, so daß keine Modellanpassung
registriert werden kann.

Die folgende **Hypothese** nimmt an, daß zwischen Item 2 und Item 3 zusätzlich eine
Abhängigkeit besteht (erklärbar durch die gleich großen Itemschwierigkeiten). Damit wird folgende Struktur überprüft (s. Abb.: 9a):

$$H_{14}: \text{LR-Chi}^2 = 10.13 \ (df = 6) \ p = .12$$

Mit dieser Hypothese ist zum ersten Mal eine Modellanpassung erzielt.

Probiert man nun alle **Hypothesen mit je fünf** der sechs möglichen **Interaktionen** 2. Art durch, dann ergibt nur eine Hypothese eine bessere Modellanpassung:

$$H_{13}: \text{LR-Chi}^2 = 8.25 \ (df = 6) \ p = .22$$

Diese Hypothese berücksichtigt die Interaktion zwischen Item 1 und 4 zugunsten der Interaktion zwischen Item 1 und 3. Die damit gefundene Datenstruktur läßt sich folgendermaßen skizzieren (s. Abb.: 9b):

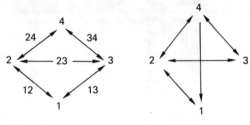

Abb.: 9a   **Abb.: 9b**

Die Erwartungswerte für diese Hypothese finden sich in Abbildung 9. Die Schätzungen der Effekte fallen folgendermaßen aus:

Variablen	Effekt	Std. Fehler	Std. Wert
θ^0	2.01	–	–
θ^1	.84	.14	6.20
θ^2	–.04	.14	–.31
θ^3	.17	.14	1.25
θ^4	–.66	.14	–4.88
θ^{12}	.26	.14	1.89
θ^{14}	.24	.14	1.74
θ^{23}	.20	.14	1.43
θ^{24}	.29	.14	2.14
θ^{34}	.33	.14	2.42

Dieses Ergebnis impliziert, daß sich die Daten möglicherweise durch **nicht-hierarchische Modelle**, z. B.

$$\mu^*_{ijlt} = \theta^0 + \theta^1_i + \theta^4_t + \theta^{24}_{jt} + \theta^{34}_{lt}$$

noch besser reproduzieren lassen. Für Analysen dieser Art wird auf den Ansatz von Grizzle et al. (1969) verwiesen (vgl. auch Langeheine, 1980: 88f.).

Wir akzeptieren dieses Resultat als ein mögliches Endergebnis der Analysen mit dem Log-Linearen-Modell, da es die relativ „sparsamste" Hypothese ist. Naturgemäß ergeben Hypothesen mit mehr Parametern bessere Modellanpassungen. So gilt z. B. für H_{1234} – also diejenige die nur die Interaktion 4. Art ausschließt

$$H_{1234}: \text{LR-Chi}^2 = 1.04 \ (df = 1) \ p = .31$$

In der folgenden Übersicht stellen wir alle überprüften Hypothesen zusammen: Dabei wird für jede interessierende Hypothese der entsprechende Wert der relativen aufgeklärten Varianz (vgl. Gl. (13) bestimmt. Einmal wird die Hypothese der Unabhängigkeit der Items $H_{12,13,14,23,24,34}$ und einmal die Hypothese der Gleichwahrscheinlichkeit der Zellen $H_{1,2,3,4}$ als Vergleichshypothese zugrundegelegt (s. Eta_{II}^2 bzw. Eta_I^2).

Hypothese	Angepaßte Randverteilungen	LR-Chi^2	df	p	Eta_I^2 (Gleich)	Eta_{II}^2 (Unabhgk)
H_0	(1234) sat. Modell	–	–	–	–	–
$H_{1,2,3,4}$	keine (N)	191.54	15	<.001	–	–
$H_{12,13,14,23,24,34}$	(1) (2) (3) (4)	81.08	11	<.001	–	.58
$H_{12,13,23,24,34}$	(14)	71.89	12	<.001	.65	.11
$H_{13,23,24,34}$	(12) (14)	59.12	10	<.001	.69	.27
$H_{12,14,34}$	(13) (23) (24)	35.19	8	<.001	.82	.57
$H_{13,14,24}$	(12) (23) (34)	27.79	8	.001	.86	.66
$H_{14,23}$	(12) (13) (24) (34)	15.07	7	.04	.92	.81
H_{14}	(12) (13) (23) (24) (34)	10.13	6	.12	.95	.88
H_{13}	(12) (14) (23) (24) (34)	8.25	6	.22	.96	.90
H_{1234}	(123) (124) (134) (234)	1.04	1	.31	.99	.98

Aufgrund der Hierarchie der Hypothesenformulierung sind nur die jeweils minimal anzupassenden Verteilungen angegeben: (14) heißt., daß neben der Verteilung (14) auch noch (1) und (4) mit angepaßt werden.

Für die Hypothese H_{13} gilt also, daß im Vergleich zur Annahme der Unabhängigkeit zwischen den Items, 90 % mehr an Variation in den Daten erklärt werden kann, wenn man sich der durch H_{13} implizierten Datenstruktur (vgl. o. a. Skizze) bedient. Gemessen an der noch -signifikanten Hypothese $H_{14,23}$ beträgt dieser Zuwachs an erklärter Varianz immer noch 45 %.

$$Eta^2 = \frac{15.07 - 8.25}{15.07} = .45$$

Mit dieser Ergebnisdarstellung konnte nur ein Eindruck in die Flexibilität gegeben werden, die mit Hilfe des Log-Linearen Modells bei der Auswertung qualitativer Daten erzielt werden kann.

Mit Hilfe des Log-Linearen Modells kann für qualitative Daten die Frage beantwortet werden, welcher Art der latente strukturelle Zusammenhang zwischen den untersuchten Variablen ist, wie groß die einzelnen Effekte der beteiligten Variablen sind, wie gut die Modellanpassung ausfällt und wie hoch der relative erklärte Varianzanteil ist.

4.7.5.8. Zusammenfassung der Ergebnisse

Im Abschnitt 4.7.5. wurden die Stouffer-Toby-Items und Daten (vgl. Abb. 2) mit Hilfe von sieben verschiedenen Skalierverfahren analysiert und interpretiert. Da jedes Modell andere Eigenschaften aufweist, die über die Modelle hinweg nur teilweise identisch sind, sind die Ergebnisse naturgemäß nicht direkt vergleichbar, bzw. teilweise scheinen sie sogar widersprüchlich zu sein. Zunächst stellen wir hier die wichtigsten Interpretationen und Resultate der einzelnen Verfahren nochmals zusammen:

– Die Stouffer-Toby-Items (ST-Items) stellen **keine** eindimensionale und hierarchische (deterministische) Guttman-Skala dar (vgl. 4.7.5.1.).
– Die ST-Items lassen sich auch nach einem probabilistischen Skaliermodell von Proctor **nicht als uniforme Skala** interpretieren (vgl. 4.7.5.2.).

- Die ST-Items sind als **Biform-Skala** (vgl. Abb. 3b und Theorievariante II, Abb. 2) rekonstruierbar. Dieses Ergebnis wird durch die Resultate in 4.7.5.2. und 4.7.5.3. (Dayton-Macready-Modell) bestätigt.
- Nach Goodmans Modell (vgl. 4.7.5.4.) lassen sich die Daten durch die fünf a-priori-Muster der Guttman-Skala rekonstruieren, wenn man gleichzeitig in Rechnung stellt, daß 68 % der Personen instrinsisch unskalierbar sind.
- Nach dem Rasch-Modell (vgl. 4.7.5.5.) lassen sich die ST-Items als **Rasch-Skala** interpretieren, d. h. man kann ein eindimensionales Kontinuum für die latente Variable zugrunde legen. Auf die Instabilität dieser Lösung muß aber an dieser Stelle nochmals verwiesen werden.
- Auch nach dem Mokken-Modell (vgl. 4.7.5.6.) scheinen die ST-Items zunächst eine **homogene Skala** zu bilden, jedenfalls soweit man sich an den üblichen Kriterien und Skalierbarkeitskoeffizienten orientiert. Werden jedoch sowohl für das Rasch- als auch das Mokken-Modell die Signifikanzgrenzen für die Selektionsmechanismen verschärft (1 %-Niveau, H = .40), dann muß in beiden Fällen **Item 2** (und ggf. Item 1) **eliminiert** werden. Dies bedeutet, daß nicht alle Items eine eindimensionale und homogene Skala bilden können. Für den Nachweis **multipler Skalen** liegen jedoch zuwenig weitere Items vor. Gerade zu diesem Zweck stellt jedoch das Mokken-Modell eine lohnenswerte Einsatzmöglichkeit dar.
- Mit Hilfe des Log-Linearen Modells (vgl. 4.7.5.7.) und der hier gewählten exploratorischen Anwendungsweise konnte mit der Hypothese H_{13} (vgl. S. 526f.) eine relativ **komplexe Abhängigkeitsstruktur** der Items nachgewiesen werden, die noch über die Strukturiertheit der Biform-Skala hinausgeht.

Für die hier untersuchten Daten der ST-Items gilt, daß die beiden Latent-Trace-Modelle (Rasch; Mokken), die eine kontinuierliche latente Variable θ zugrunde legen, am robustesten erscheinen, indem die vier ST-Items zunächst als eindimensional skalierbar erscheinen. Es kann hier nicht entschieden werden, inwieweit sich diese Eigenschaft generalisieren läßt. Die erkennbaren Abweichungen von der Eindimensionalität (Item-Eliminierung und niedrige Homogenitätskoeffizienten) können aber nicht näher konkretisiert werden. Dieses leisten die Latent-Structure-Modelle, die eine diskrete latente Variable θ zugrunde legen. Danach kann für den vorliegenden Datensatz angenommen werden, daß es mindestens zwei Teilgruppen von Personen in der Population gibt, die jede für sich eine andere Beantwortungsstruktur für die vier ST-Items aufweisen. Dies führt dann zur Rekonstruktion einer Biform-Skala oder noch komplexerer Formen für die Datenstruktur.

Für alle Skaliermodelle gilt, daß sie auf ordinale und kategoriale Daten – d. h. **qualitative Daten** – anwendbar sind und daß Skalierung nicht nur das Bestimmen von Meßwerten für einzelne Personen und/oder Items bedeutet, sondern nach dem hier konzipiertem Verständnis darin besteht, für Datenmatrizen konfirmatorisch oder exploratorisch Strukturen aufzudecken, mit denen über ein formales Modell die Beobachtungen möglichst gut reproduziert werden können. Die so aufgedeckten Strukturen haben ihren integrativen Bestand in der psychologischen Theorienbildung.

Anhang

In diesem Anhang sind die Programme aufgeführt, mit denen die empirischen Analysen durchgeführt wurden. Die Literaturhinweise beziehen sich entweder direkt auf die Quellenprogramme, Handbücher oder sind Hinweise auf einen möglichen Bezug der Programme.

Modell/Ergebnisse in Abschnitt	Programmname	Autor/Literatur
1 4.7.5.1.	SPSS-Guttman	N.H.Nie & C.H.Hull (vgl. dazu Beutel, P., Küffner, H. & Schubö, W. (1980)
2 4.7.5.2. 3 4.7.5.3.	MOD-5	Dayton & Macready (1976b)
4 4.7.5.5.	RIA	F.Jungebloed (in: Wakenhut, 1974)
5 4.7.5.6.	SCAMMO	J.E.Holl (Algo-Version) P.Schneider (Fortran-Version) (vgl. Mokken, 1971)
6 4.7.5.7.	ECTA LOG-LIN	Goodman (vgl. dazu: Langeheine, 1980a) (Bezug: Zuma-Mannheim)

4.8. Multidimensionale Skalierung

von Karl Steffens

4.8.1. Grundlegung

Wenn man, wie Coombs (1964) in seiner Datentheorie, davon ausgeht, daß sich Urteile von Personen über Objekte durch Relationen zwischen Punkten in einem ein- oder mehrdimensionalen Raum darstellen lassen, dann kann die Aufgabe von Skalierverfahren dadurch umschrieben werden, daß diese Punkte in einem entsprechenden metrischen Raum lokalisiert werden sollen. Multidimensionale Skalierverfahren versuchen dieses Problem unter der Voraussetzung einer grundsätzlichen mehrdimensionalen Abbildbarkeit des Urteilsverhaltens zu lösen. Die Untersuchung der Bedingungen, unter denen eine solche (numerische) Repräsentation möglich ist, ist nicht die Aufgabe von MDS-Verfahren, sondern betrifft ihre meßtheoretischen Grundlagen.

Der vorliegende Beitrag ist als Einführung in das Gebiet der Multidimensionalen Skalierung (MDS im folgenden) intendiert. Im ersten Teil sollen anhand eines Beispiels die wichtigsten Grundbegriffe der MDS erläutert werden, während im zweiten Teil der Versuch eines systematischen Überblicks über Modelle und Verfahren der MDS gemacht wird; dieser wird datentheoretische, skaliertechnische und meßtheoretische Gesichtspunkte berücksichtigen.

4.8.1.1. Ein Beispiel: MDS von Ähnlichkeitsurteilen

Inhaltliche Fragestellung

Schäfer hat für die Beurteilung von Völkern ein Semantisches Differential (SD) konstruiert und damit folgende 10 Völker beurteilen lassen (Schäfer, 1973; 1975a, b; zur Konstruktion des SD vgl. Schäfer & Fuchs, 1975; Schäfer, 1981):

Engländer
Chinesen
Tschechen
Italiener
Ostdeutsche
Polen
Amerikaner
Franzosen
Westdeutsche
Russen.

Das dabei verwendete SD setzte sich zusammen aus den Skalen:

unterdrückt – frei
verschlossen – aufgeschlossen
bäuerlich – städtisch
altmodisch – modern
unselbständig – selbständig
temperamentvoll – ruhig
laut – still
ungenau – genau
schmuddelig – sauber
faul – fleißig.

Auf der Basis eines von Orlik (1967) vorgeschlagenen Verfahrens, bei dem die Kreuzprodukte der über die Beurteiler gemittelten Skalen faktorisiert werden, gelangt Schäfer zu der Auffassung, daß der Beurteilung der Völker im wesentlichen zwei Beurteilungsdimensionen zugrunde liegen, die der „Sozialer und ökonomischer Entwicklungsstand" und „Temperament" nennt. Die Konfiguration der 10 Völker im entsprechenden zweidimensionalen Raum ist in Abb. 1 wiedergegeben.

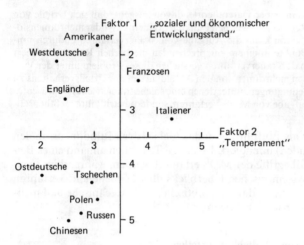

Abb. 1 Konfiguration von 10 Völkern im zweidimensionalen Raum nach Schäfer (1975 b: 236)

Die Betrachtung der Konfiguration legt die Vermutung nahe, daß die erste Dimension auch im Sinne einer Kapitalismus-Kommunismus-Dimension interpretiert werden könnte, eine Vermutung, die im übrigen auch durch Schäfers weitere Datenanalyse gestützt wird (Schäfer 1975 c: 322 ff.). Andere Arbeiten zur Beurteilung von Völkern bzw. Nationen kommen zu ähnlichen Ergebnissen (vgl. z. B. Wish et al., 1970; 1972).

Um diese Frage weiterzuverfolgen und um zu untersuchen, ob sich eine ähnliche Konfiguration auch mit Hilfe einer MDS ergeben würde, wurde eine kleine Gruppe von Pädagogikstudenten (N = 29) gebeten, die 10 Völker paarweise im Hinblick auf ihre Ähnlichkeit zu beurteilen und sie anschließend auf dem Schäferschen SD einzuschätzen, das um die folgenden Skalen erweitert worden war:

kapitalistisch – kommunistisch
sozial – individuell
unterentwickelt – hochentwickelt.

Ein direkter Vergleich zwischen den Schäferschen und unseren Ergebnissen ist allerdings nicht unproblematisch. Zum einen kann sich seit der Erhebung von Schäfer (Sommer 1972) die Einstellung zu einigen oder allen aufgeführten Völkern verändert haben; zum anderen bestehen möglicherweise Unterschiede zwischen einer studentischen und einer für die Bevölkerung der BRD repräsentativen Stichprobe. Vor allem aber basiert die Interpretation der Urteilsdimensionen bei Schäfer auf (Faktoren-)Analysen der Kovariation zwischen den Beurteilungsskalen (Bedeutungskomponenten); Grundlage der Interpretation sind dort die Ladungen der für die Beurteilung von Völkern relevanten Skalen bei einer größeren Zahl von Völkerkonzepten. Es kann also nicht als gesichert gelten, daß in Ähnlichkeitsvergleichen eines Teils der dort verwendeten Urteilsobjekte dieselben Urteilsgesichtspunkte gleichermaßen wirksam sind (vgl. Schäfer, 1981). Allerdings wird der Beitrag, den Skalen (Bedeutungskomponenten) für die Interpretation der MDS-Lösung liefern können, später aufgegriffen werden.

In Tab. 1 sind die über die studentischen Beurteiler gemittelten paarweisen Ähnlichkeitseinschätzungen p_{ij} für die 10 Völker wiedergegeben; dabei bedeutet 1 minimale und 10 maximale Ähnlichkeit.

Tab. 1 Gemittelte Ähnlichkeitsschätzungen p_{ij}

2	2.8276								
3	3.7241	3.4828							
4	3.7241	2.4828	3.9310						
5	3.7931	3.3793	7.4138	2.9655					
6	4.2069	3.1379	7.4138	4.0000	7.4828				
7	6.2759	2.5517	3.1379	4.5862	3.5862	4.4828			
8	5.1724	2.2069	3.8621	7.6897	3.7241	4.5862	5.0690		
9	6.6207	2.8621	4.5517	4.5517	7.3103	5.4828	6.3448	6.2759	
10	3.3103	5.2414	7.0000	3.2069	6.6897	6.6207	3.3103	4.0000	3.6552

Die **Ähnlichkeitsmatrix** in Tab. 1 wird auch **Proximitäts-** oder **Nähematrix** genannt; Proximitätsdaten können sowohl Ähnlichkeits- als auch Unähnlichkeitsmaße (z. B. Distanzen) sein.

Zur MDS der Ähnlichkeitsurteile wurde das Programm MINISSA von Roskam & Lingoes (1970) verwendet. Als Ergebnis der MDS erhalten wir die in Abb. 2 wiedergegebene Darstellung der 10 Völker als Punkte im zweidimensionalen Raum. Diese **Konfiguration** bezeichnet man auch als Lösung der MDS; die Werte x_{il} der einzelnen Punkte i (Völker) auf den Koordinaten (Dimensionen) l sind in Tab. 2 aufgeführt.

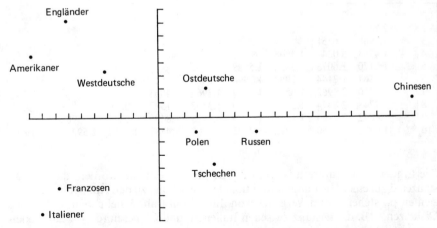

Abb. 2 Konfiguration der 10 Völker im zweidimensionalen Raum als Lösung der MDS (MINISSA)

Tab. 2   Koordinaten x_{il} der Ergebniskonfiguration (MINISSA).

	1	2
1	-.7200	.7369
2	1.9816	.1459
3	.4309	-.3728
4	-.9134	-.7291
5	.3755	.2069
6	.2867	-.1118
7	-.9979	.4618
8	-.7828	-.5363
9	-.4239	.3538
10	.7634	-.1554

Bevor wir uns der Interpretation dieser Ergebniskonfiguration zuwenden, sollen zwei technische Punkte angesprochen werden. Der eine bezieht sich auf die Frage, wie das verwendete Programm zu der hier wiedergegebenen Lösung gekommen ist, der andere darauf, inwiefern sich diese zweidimensionale Lösung von ein- bzw. höherdimensionalen Lösungen unterscheidet.

Ablauf der MDS:

Zwischen je zwei Punkten i und j der Ergebniskonfiguration läßt sich die (Euklidische) Distanz d_{ij} berechnen, und zwar über

$$(1) \qquad d_{ij} = \sqrt{\sum_{l} (x_{il} - x_{jl})^2} .$$

Die Distanzen zwischen den 10 Völkern sind in Tab. 3 zusammengestellt.

Tab. 3   Distanzen zwischen den 10 Völkern (zweidimensionale MINISSA-Lösung).

	1	2	3	4	5	6	7	8	9
2	2.7655								
3	1.5988	1.6351							
4	1.4788	3.0244	1.3908						
5	1.2170	1.6073	.5824	1.5929					
6	1.3167	1.7144	.2982	1.3496	.3308				
7	.3910	2.9962	1.6547	1.1939	1.3968	1.4068			
8	1.2748	2.8474	1.2247	.2329	1.3763	1.1507	1.0210		
9	.4842	2.4145	1.1219	1.1885	.8128	.8495	.5840	.9598	
10	1.7311	1.2550	.3972	1.7722	.5308	.4787	1.8663	1.5925	1.2919

Die Ergebniskonfiguration ist vom Programm so bestimmt worden, daß die Distanzen d_{ij} in einer bestimmten funktionalen Beziehung zu den Ähnlichkeitskoeffizienten p_{ij} stehen. Beim Vergleich von Tab. 1 mit Tab. 3 sieht man, daß große Distanzen, z.B. die Distanz zwischen Italienern und Chinesen ($d_{4,2} = 3.02$), kleinen Ähnlichkeitskoeffizienten ($p_{4,2} = 2.48$) entsprechen und umgekehrt. Offensichtlich versucht das Programm, eine Konfiguration zu ermitteln, bei der die

Rangordnung der daraus berechneten Distanzen möglichst gut mit der umgekehrten Rangordnung der Ähnlichkeitskoeffizienten übereinstimmt, so daß sich die Distanzen als **monoton fallende** Funktion der Ähnlichkeiten darstellen lassen.

Es ist sinnvoll, den Grad der Übereinstimmung zwischen Distanzen und entsprechenden Ähnlichkeitskoeffizienten numerisch zu bestimmen. Da die Distanzen ihrerseits auch eine Funktion der Ergebniskonfiguration sind, wird damit auch eine Aussage gemacht über die Güte der Anpassung dieser Konfiguration an die Daten.

Als **Anpassungsfunktion** (objective function, loss function) wird in der Regel eine Funktion der Form

$$(2) \qquad L = \frac{\sum_{ij} (d_{ij} - \delta_{ij})^2}{\sum_{ij} d_{ij}^2}$$

verwendet, wobei die δ_{ij} sogenannte **Disparitäten** bzw. Pseudodistanzen darstellen. Es handelt sich dabei um Distanzen, die so transformiert wurden, daß ihre Rangreihe mit der umgekehrten Rangreihe der Ähnlichkeiten vollständig übereinstimmt.

Kruskal (1964a, b), der als einer der ersten in seinem Computerprogramm M-D-SCAL zur MDS von Proximitäten eine Anpassungsfunktion der obigen Form verwendet hat, berechnet seine Disparitäten $\hat{d}_{ij}$ über die monotone Regression der d_{ij} auf die p_{ij}. Ersetzt man die δ_{ij} in (2) durch die $\hat{d}_{ij}$, so ergibt L den **Stress** S; dieses Maß läßt sich auch als Fehlervarianz interpretieren (Lingoes & Roskam, 1973).

Nun wird L aber nicht nur berechnet, um die Güte der Anpassung der Ergebniskonfiguration an die Ähnlichkeitsdaten zu bestimmen; L kommt vielmehr eine wesentliche Rolle bei der Ermittlung dieser Konfiguration zu. Das Programm geht nämlich zuerst einmal von einer – in der Regel programmintern erzeugten – **Ausgangskonfiguration** aus, die in den meisten Fällen noch nicht optimal an die Ähnlichkeiten angepaßt ist, und versucht dann, die durch L definierte Anpassungsfunktion schrittweise, d. h. iterativ zu minimieren. Dies wird erreicht durch eine schrittweise Veränderung der Konfiguration. Die Minimierung von L über die Veränderung der Konfiguration erfolgt in der Regel mit Hilfe eines Verfahrens, das **Gradientenmethode** genannt wird (method of steepest descend). Zur Veranschaulichung dieses Verfahrens verwendet Kruskal folgendes Bild (Kruskal & Wish 1978: 27f.):

„Man stelle sich eine hügelige Landschaft vor; die Höhe der verschiedenen Berge und Täler soll den verschiedenen Stress-Werten (als Funktion der verschiedenen Konfigurationen) entsprechen. Ein Fallschirmspringer, dem die Augen verbunden werden, hat die Aufgabe, die größte Vertiefung ausfindig zu machen. Das versucht er dadurch zu erreichen, daß er sich nach seiner Landung jeweils schrittweise in die Richtung begibt, die das größte Gefälle aufweist. Wenn er auf diese Weise auf der Sohle eines der Täler angekommen ist, hat er vielleicht den tiefsten Punkt des gesamten Gebietes erreicht. Es kann aber sein, daß in der mittelbaren und weiteren Umgebung seines Tales noch tiefere Täler liegen. In diesem Fall befindet er sich zwar auf einem tiefen, aber eben nicht auf dem tiefsten Punkt."

Zurückbezogen auf das Problem der Minimierung von L bedeutet das: In der Regel wird zwar eine Konfiguration berechnet, die L minimiert, aber möglicherweise handelt es sich dabei um ein **lokales** und nicht um das **globale** Minimum.

In unserem Beispiel beträgt der Stress für die zweidimensionale Lösung S = .0624. Da die Stichprobenverteilung von S nicht bekannt ist, ist es nicht möglich, inferenzstatistisch zu überprüfen, ob das verwendete MDS-Modell den Daten angemessen

ist oder nicht. Man hat daher in den letzten Jahren versucht, die Stichprobenverteilungen von Stress-Werten in sogenannten **Monte-Carlo-Studien** empirisch zu approximieren. Dabei wird eine große Anzahl von Ähnlichkeitsmatrizen nach Zufall
erzeugt und mit Hilfe von MDS-Verfahren analysiert; auf diese Weise erhält man
für jede Kombination von Reizen und Lösungsdimensionen eine Verteilung von
Stress-Werten.

Wagenaar & Padmos (1971) haben die in eigenen Monte-Carlo-Studien ermittelten
kritischen Stress-Werte für verschiedene Reize (n = 7 bis 12) und Dimensionen
(r = 1 bis 5) veröffentlicht, die jeweils die 5% der kleinsten Stress-Werte von den
übrigen 95% der Verteilung trennen (vgl. Tab. 4). Ist der Stress-Wert der eigenen
MDS-Lösung kleiner als der entsprechende kritische Stress-Wert, dann wird davon
ausgegangen, daß das verwendete Modell den Daten angemessen ist; dies ist in
unserem Beispiel der Fall.

Tab. 4   Kritische Stress-Werte für n = 10 nach Wagenaar & Padmos (1971: 109)

r	r	2	3	4	5
Stress	.34	.15	.07	.03	——

Wenngleich es sicherlich zu begrüßen ist, daß man versucht, die Anpassungsgüte von MDS-
Modellen in einer der inferenzstatistischen Überprüfung analogen Weise zu beurteilen, so
dürfte der hier eingeschlagene Weg doch nicht unproblematisch sein; darauf wird noch einzugehen sein.

Dimensionalität der Lösung

Als zweites, oben aufgeführtes Problem interessiert die Frage, in wie vielen Dimensionen die Ergebniskonfiguration dargestellt werden soll. Da mit abnehmender
Dimensionalität die Güte der Anpassung abnimmt, gilt die Lösung als optimal, die
bei möglichst geringer Dimensionalität über einen noch akzeptablen Stress-Wert
verfügt.

Die meisten Programme zur MDS bieten dem Benutzer die Möglichkeit, in einem
Lauf für dieselben Daten Lösungen mit unterschiedlicher Dimensionalität zu berechnen. Es ist dann Aufgabe des Benutzers, sich anhand der betreffenden Anpassungsgüte, die in der Regel als Stress-Wert ausgedruckt wird, für eine Lösung zu
entscheiden. In unserem Fall hat das Programm Lösungen für 6, 5, 4, 3, 2 und 1
Dimension berechnet; die entsprechenden Stress-Werte sind in Tab. 4 aufgeführt
und in Abb. 3 graphisch dargestellt.

Tab. 5   Stress-Werte für verschiedene MINISSA-Lösungen.

1	Stress
6	.0000
5	.0064
4	.0085
3	.0398
2	.0624
1	.1628

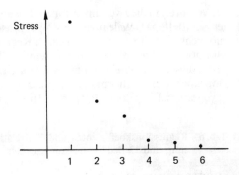

Abb. 3 Stress-Werte für verschiedene MINISSA-Lösungen.

Der Stress-Wert für die eindimensionale Lösung ist wesentlich höher als für die übrigen Lösungen; andererseits sind die Stress-Werte für die höherdimensionalen Lösungen nicht mehr wesentlich kleiner als der für die zweidimensionale Lösung, so daß die Wahl dieser Lösung gerechtfertigt erscheint.

Interpretation der Lösung

Indem ein Forscher aufgrund einer MDS-Lösung Aussagen darüber macht, wie die befragten Personen bestimmte Aspekte ihrer Umwelt seiner Ansicht nach sehen, interpretiert er diese Lösung. Es ist nun sinnvoll, ihm dafür Interpretationshilfen zur Verfügung zu stellen. Neben der Trennung von dimensionaler und konfiguraler Interpretation zählt hierzu vor allem eine Vorgehensweise, die sich als hypothesengeleitete Interpretation bezeichnen läßt.

Dimensionale Interpretation: Der Terminus „Multidimensionale Skalierung" legt nahe, daß es bei der MDS von Ähnlichkeitsurteilen in erster Linie darum geht, die Werte der beurteilten Objekte auf den Skalen zu bestimmen, die in Form der Dimensionen der Lösung als das eigentliche Ergebnis der MDS betrachtet werden. Die Interpretationsleistung besteht dann darin, für jede Skala aufgrund der Skalenwerte der beurteilten Objekte festzulegen, welche der Bedeutungskomponenten dieser Objekte durch die jeweilige Skala erfaßt wird.

Betrachten wir zu diesem Zweck unsere zweidimensionale MINISSA-Lösung, so könnten wir die erste Dimension als „Ost-West-Dimension", im geographischen wie im politischen Sinne, interpretieren, wobei zunächst nicht auszumachen ist, ob hier der von Schäfer (1975b) angesprochene Aspekt des sozialen und ökonomischen Entwicklungsstandes oder die eingangs von uns angenommene Differenzierung im Hinblick auf die Bedeutungsträger „Kapitalismus-Kommunismus" stärker zum Tragen kommen. Die zweite Dimension ließe sich in Anlehnung an Schäfer als „Temperament-Dimension" interpretieren.

Nun haben die befragten Pädagogik-Studenten ja nicht nur die 10 Völker paarweise auf ihre Ähnlichkeit beurteilt; sie haben diese außerdem hinsichtlich der Skalen des erweiterten Semantischen Differentials von Schäfer, d.h. hinsichtlich einer Reihe von Bedeutungskomponenten eingeschätzt. Wir können daher überprüfen, ob sich unsere Interpretation mit der Analyse der verwendeten Bedeutungskomponenten zur Deckung bringen läßt, wir können also hypothesengeleitet vorgehen. Dabei gehen wir von den einzelnen Bedeutungskomponenten aus und versuchen, diese so als Vektoren in die zweidimensionale Lösung einzulagern, daß die (über die Beurteiler gemittelten) Urteile über die Völker hinsichtlich dieser Bedeutungskomponente- möglichst gut – im Sinne der linearen Regression – mit den Projektionen der Konfigurationspunkte auf den entsprechenden Bedeutungsvektor übereinstimmen. Der Grad dieser Übereinstimmung wird durch die in Tab. 6 wiedergegebenen Regressionskoeffizienten (normalized regression coefficients bzw. direction cosines) erfaßt (Programm PROFIT – Property fitting – von Chang & Carroll 1968).

Tab. 6 Regressionskoeffizienten und Korrelationen für zweidimensionale MINISSA-Lösung und 13 Bedeutungskomponenten.

VECTOR	DIMENSION 1	2		
1	.9824	–.1869	.8337	UNTERDRUECKT – FREI
2	–.5847	–.8113	.8470	LAUT – LEISE
3	.4889	.8724	.7881	SAUBER – SCHMUDDELIG
4	.8280	–.5608	.9438	SOZIAL – INDIVIDUEL
5	–.5667	.8239	.8959	STAEDTISCH – BAEUERLICH
6	.3324	.9431	.8792	RUHIG – TEMPERAMENTVOLL
7	.9982	.0607	.8580	UNSELBSTAENDIG – SELBSTAENDIG
8	–.9967	–.0817	.5926	MODERN – ALTMODISCH
9	–.6485	–.7612	.9276	FAUL – FLEISSIG
10	–.4860	.8739	.6683	HOCHENTWICKELT – UNTERENT-WICKELT
11	–.5909	–.8067	.7999	AUFGESCHLOSSEN – VERSCHLOSSEN
12	–.3623	–.9321	.7840	UNGENAU – GENAU
13	–.7537	.6572	.9049	KAPITALISTISCH –KOMMUNISTISCH

Wir entnehmen Tab. 6, daß – entgegen unseren Erwartungen – die erste Dimension am besten mit den Bedeutungskomponenten 7 (unselbständig – selbständig), 8 (modern – altmodisch) und 1 (unterdrückt – frei) übereinstimmt; erst dann folgen die Bedeutungskomponenten 4 (sozial – individuell) und 13 (kapitalistisch – kommunistisch). Aufgrund dieser Einsicht wäre es also nicht gerechtfertigt, die erste MDS-Skala als (eindeutige) Kapitalismus-Kommunismus-Dimension aufzufassen.

Dagegen scheint die Interpretation der zweiten MDS-Skala als Temperament-Dimension angemessen; diese stimmt am besten mit der Bedeutungskomponente 6 (ruhig – temperamentvoll) überein.

Die hier demonstrierte Vorgehensweise ist, trotz ihrer Vorzüge gegenüber einer „freien" Interpretation, in einem Punkt noch problematisch: Die Skalen bzw. Dimensionen einer MDS-Lösung sind nicht eindeutig bestimmt. Die aus der Konfiguration berechneten Distanzen sind gegenüber der Rotation der Dimensionen invariant; mit der Rotation ändert sich daher nicht die Anpassungsgüte der Konfiguration, wohl aber die Interpretation dieser Dimensionen. Es ist daher sinnvoll, zu überprüfen, welche Bedeutungskomponenten unabhängig von den jeweiligen Dimensionen bei der Beurteilung der Völker eine Rolle spielen, bzw. ob die anfangs postulierte Differenzierung nach kapitalistisch – kommunistisch für die Beurteilung als wesentlich angesehen werden kann.

Diese Frage läßt sich anhand der in Tab. 6 wiedergegebenen Korrelationskoeffizienten beantworten; es handelt sich dabei jeweils um die Korrelation einer Bedeutungskomponente mit der Konfiguration, genauer: um die Korrelation der mittleren Einschätzungen der Völker auf einer Bedeutungskomponente mit den Projektionen der Konfiguration auf den entsprechenden Bedeutungsvektor.

Die drei höchsten Korrelationskoeffizienten liegen alle über .90; es handelt sich dabei um die Korrelation zwischen der Konfiguration und den Bedeutungskomponenten 4 (sozial – individuell, r = .94), 9 (faul – fleißig, r = .93) und 13 (kapitalistisch – kommunistisch, r = .91). Zusammen mit den Bedeutungskomponenten 5 (städtisch – bäuerlich, r = .90) und 6 (ruhig – temperamentvoll, r = .88) ergeben sich somit die fünf für die Beurteilung der 10 Völker wichtigsten Bedeutungskomponenten; die entsprechenden Vektoren sind in die zweidimensionale MINISSA-Konfiguration in Abb. 4 eingezeichnet.

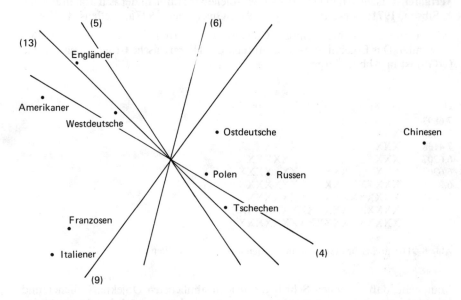

Abb. 4 Zweidimensionale MINISSA-Konfiguration mit den fünf wichtigsten Bedeutungskomponenten.

In Tab. 7 sind die Kosinuswerte der Winkel zwischen je zwei Vektoren wiedergegeben; diese können wie Korrelationskoeffizienten interpretiert werden, d. h. als Maße des Zusammenhangs zwischen je zwei Bedeutungskomponenten.

Tab. 7 Kosinuswerte der Winkel zwischen den Bedeutungsvektoren 4, 5, 6, 9, 13.

	4	5	6	9
5	−.9313			
6	−.2537	.5887		
9	−.1101	−.2596	−.9335	
13	−.9926	.9686	.3694	−.0115

Aus Abb. 4 wird ersichtlich, daß sich die wichtigsten Bedeutungsvektoren in zwei Gruppen zusammenfassen lassen. Wir können daher davon ausgehen, daß die Beurteilung der 10 Völker im wesentlichen unter zwei voneinander relativ unabhängigen Gesichtspunkten erfolgte, wobei der erste Gesichtspunkt durch die Bedeutungskomponenten sozial – individuell, städtisch – bäuerlich und kapitalistisch – kommunistisch repräsentiert wird und der zweite durch die Bedeutungskomponenten faul – fleißig und ruhig – temperamentvoll.

Konfigurale Interpretation: Bci dcr konfiguralen Interpretation orientiert man sich in erster Linie an der relativen Lage der Punkte im mehrdimensionalen Raum, die die beurteilten Reize repräsentieren. Dabei wird zum Beispiel die Frage untersucht, ob es deutlich voneinander unterscheidbare Gruppen von Punkten gibt. Solche Gruppen lassen sich mit Hilfe sogenannter **Gruppierungs-** bzw. **clusteranalytischer Verfahren** feststellen (ein Überblick über solche Verfahren findet sich u. a. in Jardine & Sibson, 1971; Bock, 1974; Vogel, 1975; Gigerenzer, 1977a; Steffens, 1977b).

Wir haben hier eine hierarchische Clusteranalyse (HICLUS) von Johnson (1967) verwendet. Das Ergebnis dieses Verfahrens, das **Hierarchische Gruppierungsschema** (HGS) ist in Abb. 5 dargestellt.

H	4 8 7 1 9 2 3 5 6 10
7.6897	XXX . . . .
7.4828	XXX . . . . . XXX .
7.4138	XXX . . . . XXXXX .
6.6207	XXX XXXXXXX
6.6207	XXX . XXX . XXXXXXX
6.2759	XXX XXXXX . XXXXXXX
3.7241	XXXXXXXXX . XXXXXXX
3.1379	XXXXXXXXX XXXXXXXXX
2.2069	XXXXXXXXXXXXXXXXXXX

Abb. 5　Hierarchisches Gruppierungsschema für die 10 Völker

Man sieht, daß im ersten Schritt die beiden ähnlichsten Objekte, Italiener und Franzosen, zu einem Cluster zusammengefaßt werden. Im nächsten Schritt bilden Ostdeutsche und Polen ein neues Cluster, das durch Tschechen (Schritt 3) und Russen (Schritt 4) erweitert wird, bevor ein neues Cluster aus Westdeutschen und Engländern (Schritt 5) entsteht, in das noch die Amerikaner (Schritt 6) aufgenommen werden. Wie aus den unter H aufgeführten Homogenitätswerten zu entnehmen ist, sollten die drei Cluster der Stufe 6 nicht weiter zusammengefaßt werden, da dies die Homogenität der Cluster drastisch reduzieren würde.

Die mit Hilfe des HICLUS-Verfahrens ermittelten drei Völker-Gruppen sind in Abb. 6 in die zweidimensionale MINISSA-Lösung eingezeichnet worden.

Es macht keine Schwierigkeiten, die HICLUS-Gruppen inhaltlich zu beschreiben. Bei der Gruppe 1 handelt es sich um Völker, die zu den (sozialistischen) Ostblockstaaten bzw. zu den Staaten des Warschauer Pakts gehören. Die Völker der Gruppe 2 sowie die der Gruppe 3 sind durch ihre demokratische Staatsform und ihre kapitalistische Wirtschaftsordnung gekennzeichnet; im Gegensatz zu den Mitgliedern der Gruppe 3 könnte man die der Gruppe 2 als Nato-Kernstaaten charakterisieren. Die Chinesen nehmen bei der Beurteilung offensichtlich eine Außenseiterstellung ein.

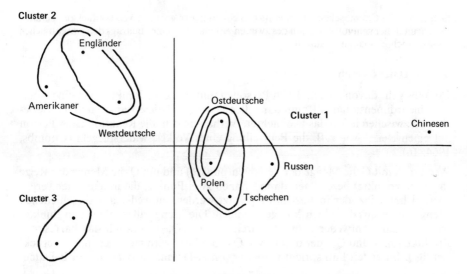

Abb. 6 Zweidimensionale MINISSA-Lösung mit HICLUS-Gruppen

Wenn man abschließend die Ergebnisse der dimensionalen und konfiguralen Interpretation unserer zweidimensionalen MDS-Lösung mit den eingangs dargestellten Ergebnissen von Schäfer (1975b) vergleicht, so zeigen sich trotz der Gemeinsamkeiten (zweidimensionale und vergleichbare Konfiguration) doch auch Unterschiede. Was die dimensionale Interpretation betrifft, wurde bei uns deutlich, daß die Bedeutungskomponente kapitalistisch – kommunistisch eine wesentliche Rolle bei der Beurteilung der 10 Völker spielt. Auch im Hinblick auf die konfigurale Interpretation ergeben sich Differenzen, deren augenfälligsten die Zweiteilung der fünf westlichen Völker sowie die Isolierung der Chinesen sind.

4.8.2. Überblick über Modelle und Verfahren der MDS

Gemessen an der Gesamtzahl der Veröffentlichungen zur MDS ist die Anzahl von (Lehr-) Büchern und Einführungstexten zu diesem Thema relativ klein; zu nennen wären etwa Torgerson (1958), Coombs (1964), Sixtl (1967), Roskam (1968), Coombs et al. (1970 bzw. 1975), Green & Carmone (1970), Green & Rao (1972), Romney et al. (1972), Shepard et al. (1972), Green & Wind (1973), Ahrens (1974), Kühn (1976), Lingoes (1977), Kruskal & Wish (1978), Hartmann (1979), van der Ven (1980), Lantermann & Feger (1980), Borg (1981), De Leeuw & Heiser (1981) und Gigerenzer (1981: Kap. 9). Daneben sind von Shepart (1972), Cliff (1973), Scheuch & Zehnpfennig (1974), Subkoviak (1975), Steffens (1976, 1977a), Gigerenzer (1977b), Krause (1977), Hagendorf (1978), Carroll & Arabie (1980), Feger & Wieczorek (1980) und Schönemann & Borg (1981a) Übersichtsreferate zur MDS publiziert worden.

Eine Übersicht über das Gebiet der MDS sollte den Leser nicht nur über eine Vielzahl von Fakten informieren, sie sollte ihm auch helfen, dieses Gebiet zu strukturieren. Eine solche Strukturierung kann durch eine Taxonomie von Modellen und Verfahren der MDS erreicht werden.

Coombs (1964) hat im Rahmen seiner Datentheorie eine Klassifikation von Daten und Skalierverfahren entworfen, die die meisten der oben aufgeführten Autoren explizit oder implizit übernommen haben, wenn zum Teil auch in reduzierter oder anderweitig modifizierter Form. Offenbar hat aber, wie Henning (1977) bemerkt, die verschiedentlich vorgenommenen Vereinfachtungen der Coombschen Klassifikation nicht immer zu größerer Verständlichkeit geführt. Es scheint daher sinnvoll, zu Begin des zweiten Abschnitts meines Beitrags den Coombsschen Ansatz noch einmal zu erläutern.

4.8.2.1. Datentheoretischer Aspekt

Coombs geht davon aus, daß sich Personen und Reize als Punkte so in einem ein- oder mehrdimensionalen Raum darstellen lassen, daß diese Punkte und die Beziehungen zwischen ihnen das beobachtete Verhalten, d. h. die Reaktion einer Person auf einen Reiz – wie z. B. die Beurteilung eines Volkes, widerspiegeln (Coombs, 1964: 16).

Wenn man mit C die Menge der Personen(punkte) und mit Q die Menge der Reize (bzw. Reizpunkte) bezeichnet, dann können zwei Punkte, die miteinander verglichen, d. h. zueinander in Beziehung gesetzt werden, entweder aus verschiedenen Mengen oder aus derselben Menge kommen. Die Menge aller möglichen Punktepaare ist dann entweder definiert durch $A = C \times Q$, d. h. durch das kartesische Produkt von C und Q, oder durch $B = Q \times Q$ ($C \times C$ wird nicht gesondert berücksichtigt). Im ersten Fall spricht Coombs von A-Daten, im zweiten von B-Daten.

Der zweite Gesichtspunkt des Coombsschen Klassifikationssystems bezieht sich auf die Relation, in der zwei Punkte zueinander stehen können. Zum einen besteht die Möglichkeit, den Abstand zwischen zwei Punkten zu betrachten; in diesem Fall geht es um die **Näherelation** (proximity relation). Urteile darüber, ob zwei Reize gleich sind oder nicht, oder Urteile über den Grad der Ähnlichkeit zweier Reize sowie Angaben über die Häufigkeit, mit der zwei Reize verwechselt werden, können die Grundlage abgeben für die Repräsentation dieser Reize durch Paare von Punkten und einer auf diesen definierten Näherelation.

Zum andern lassen sich zwei Punkte auch hinsichtlich ihrer relativen Position miteinander vergleichen. Man kann also fragen, ob Punkt i auf einem Kontinuum oberhalb oder unterhalb von Punkt j liegt, ob mithin i j dominiert oder j i. Durch diese **Ordnungsrelation** lassen sich Reaktionen der Form „Person a löst eine Aufgabe x" (a dominiert x) oder „Person a löst Aufgabe x nicht" (x dominiert a) oder auch „Gewicht y ist schwerer als Gewicht z" (y dominiert z) repräsentieren.

Der dritte Gesichtspunkt, den Coombs in seinem Klassifikationsschema berücksichtigt, ist der, daß sich Nähe- und Ordnungsrelation nicht nur zwischen jeweils zwei Punkten, sondern auch zwischen je zwei Punktepaaren definieren lassen. Ich will das an einem Beispiel verdeutlichen.

Nehmen wir an, wir unterhielten uns mit zwei Personen a und b über ihr Verhältnis zu den verschiedenen politischen Parteien unseres Landes. Wir würden bald feststellen, daß a und b unterschiedliche Präferenzen hinsichtlich der Parteien haben. So könte sich zeigen, daß a der SPD nahesteht, während b mit der CDU sympathisiert. Vielleicht kommen wir sogar zu dem Eindruck, daß a die SPD den anderen Parteien im stärkeren Maße vorzieht als b die CDU. Im Sinne der Coombsschen Datentheorie würden wir dann a und b durch deren **Idealpunkte** darstellen, d. h. durch deren Punkte maximaler Präferenz im Hinblick auf die Parteien. Auch die Parteien würden wir durch Punkte darstellen, und zwar so, daß der Abstand Idealpunkt a – SPD kleiner wäre als der Abstand Idealpunkt b – CDU. Abb. 7 soll das für den eindimensionalen Fall verdeutlichen.

Hier handelt es sich um eine Dominanz- bzw. Ordnungsrelation zwischen Punktepaaren, wobei die beiden Punkte jedes Paares aus verschiedenen Mengen (Personen

Abb. 7 Parteipräferenzen zweier Personen a und b im eindimensionalen Fall (fiktives Beispiel).

und Reize) stammen und über eine Näherelation miteinander verbunden sind. Solche Daten wären QIa Daten in der Coombsschen Terminologie.

Entsprechendes gilt für Punktepaare, deren Punkte derselben Menge entnommen sind, wie das im Einführungsbeispiel des ersten Abschnitts der Fall war. Hier werden die Völker durch Punkte dargestellt, und die Distanzen zwischen je zwei Völkern (Näherelation auf Punktepaaren) lassen sich hinsichtlich ihrer Größe in eine Rangreihe bringen (Ordnungsrelationen auf Paaren von Punktepaaren). Coombs bezeichnet diese Daten als QIVa Daten.

Aus dem ersten und letzten Klassifikationsgesichtspunkt (Punkte aus zwei Mengen / einer Menge und Punkte / Punktepaare) läßt sich ein Vierfelderschema konstruieren, der sogenannte Datenquader. Jeder der resultierenden vier Quadranten läßt sich noch einmal im Hinblick darauf unterteilen, ob es sich bei der Relation auf den Punktepaaren bzw. Paaren von Punktepaaren um eine Dominanz- bzw. Ordnungsrelation (QIa, QIIa, QIIa, QIVa) oder um eine Näherelation (QIB, QIIb, QIIb, QIVb) handelt (vgl. Abb. 8).

	Punkte	Punktepaare
aus zwei Mengen	QIIa Einzelreizdaten (single stimulus) <div align="right">QIIb</div>	QIa Präferenzdaten (preferential choice) <div align="right">QIb</div>
aus einer Menge	QIIIa Reizvergleichsdaten (stimulus comparison) <div align="right">QIIIb</div>	QIVa Ähnlichkeitsdaten (similarities) <div align="right">QIVb</div>

Abb. 8 Der COOMBSsche Datenquader.

Coombs hat später dieses dreifache Klassifikationsschema auf das in Abb. 9 wiedergegebene zweifache reduziert (Coombs et al., 1970; 1975).

	Dominanzmatrix	Nähematrix
	Ordnungsrelation zwischen	
	Punkten	Punktepaare
zwei Mengen	Quadrant II Einzelreizdaten	Quadrant I Präferenzdaten
eine Menge	Quadrant III Reizvergleichsdaten	Quadrant IV Ähnlichkeitsdaten

Abb. 9 Vereinfachter Coombsscher Datenquader nach Coombs, Dawes & Tversky (1970, 1975).

Offensichtlich werden in diesem Schema nur noch a-Daten berücksichtigt (also QIa, QIIa, QIIIa, QIVa; vgl. auch van der Ven 1980: 132), eine Vorgehensweise, die sich sicher gut begründen läßt. Durch den Zusatz „Ordnungsrelation zwischen Punkten / Punktepaaren" zu der Überschrift „Dominanzmatrix / Nähematrix" bei Coombs et al. kann dieser Sachverhalt deutlicher herausgestellt werden: Wenn von einer Nähematrix gesprochen wird, ist damit klar, daß nicht die Näherelation zwischen je zwei Punkten gemeint ist (also QIIIb in der alten Coombsschen Terminologie), sondern die Ordnungs- bzw. Dominanzrelation zwischen je zwei Punktepaaren (QIVa).

In der nachfolgenden Übersicht werden die Modelle und Verfahren der MDS entsprechend den Quadraten des vereinfachten Coombsschen Datenquaders klassifiziert; ich werde dabei allerdings nur **Ähnlichkeitsdaten** (similarities, QIV) und **Präferenzdaten** (preferential choice, QI) berücksichtigen, da MDS-Modelle bislang fast ausnahmslos für diese beiden Bereiche entwickelt worden sind.

In den Taxonomien von MDS-Modellen und Verfahren anderer Autoren (z. B. Shepard, 1972; Carroll & Arabie, 1980) werden als wesentliche Klassifikationsmerkmale die Begriffe **Datenmodus** (mode) und **N-fache Anordnung** (N-was array) verwendet. Ein Datenmodus wird als eine bestimte Klasse von Einheiten definiert; als Datenmodi bzw. Klassen können Personen, Reize, Meßzeitpunkte, experimentelle Bedingungen usw. fungieren. Eine N-fache Anordnung ist als das Kartesische Produkt von N Modi definiert; dabei kann derselbe Modus mehrfach auftreten. So lassen sich Coombs B-Daten ($= Q \times Q$) als einmodale zweifache Datenanordnung (Reize × Reize) charakterisieren, während $A = C \times Q$ eine zweimodale zweifache Datenanordnung (Personen × Reize) darstellt.

4.8.2.2. MDS von Ähnlichkeitsdaten

Ein typisches Beispiel für Ähnlichkeits- bzw. QIV-Daten stellt die Ähnlichkeitsmatrix unseres Einführungsbeispiels (vgl. Tab. 1) dar; es handelt sich dabei um eine einmodale zweifache Datenanordnung (one-mode two-way). Außerdem wird davon ausgegangen, daß die Matrix symmetrisch ist, d. h. es soll gelten: $s_{ij} = s_{ji}$, so daß in der Regel nur eine Hälfte der Matrix, die untere Dreiecksmatrix, veröffentlicht wird.

Symmetrische Nähe- bzw. Proximitätsmatrizen, die also nicht nur Ähnlichkeits- sondern auch Unähnlichkeitsmaße wie z. B. Distanzen enthalten können, waren der Ausgangspunkt für die Entwicklung metrischer und nichtmetrischer multidimensionaler Skalierverfahren. Die ersten Ansätze zur multidimensionalen Ähnlichkeitsskalierung gehen auf die Arbeiten von Richardson (1938), Klingberg (1941) und Attneave (1950) zurück. Anknüpfend an die Arbeit von Richardson hat Torgerson (1952) ein metrisches MDS-Modell entwickelt, bei dem zunächst die Ähnlichkeitsurteile auf einem eindimensionalen Distanzenkontinuum skaliert werden. Diese relativen Distanzen werden dann durch Addition einer Konstanten in absolute Distanzen umgewandelt, aufgrund derer die beurteilten Reize nach einem Theorem von Young & Householder (1938) in einen Raum mit Euklidischer Metrik eingebettet werden können.

Zur Schätzung der additiven Konstanten hat Torgerson (1952, 1958) verschiedene Methoden vorgeschlagen. Messick & Abelson (1956) haben im Anschluß an eigene Arbeiten zur MDS (Abelson, 1954; Messick, 1954) ein iteratives Verfahren zur Bestimmung der additiven Konstanten entwickelt; neuere Lösungen zu diesem Problem stammen von Lüer & Fillbrandt (1969), Cooper (1972) und Saito (1978).

Mit seinen Arbeiten zur nichtmetrischen MDS leitete Shepard (1962a, b) eine Entwicklung ein, die in kurzer Zeit zu einer Vielfalt von Modellen und Verfahren zur nichtmetrischen MDS führten, die also zur Konstruktion einer metrischen Konfiguration lediglich auf die ordinale Information in den Daten, d. h. auf die Rangfolge der Ähnlichkeitsmaße zurückgreifen (Kruskal, 1964a, b; Lingoes, 1966a, b; McGee, 1966; 1967; Young & Torgerson, 1967; Guttman, 1968; Roskam, 1968; 1974; Johnson, 1973; Möbus, 1976). Unterschiede ergaben sich dabei vor allem hinsichtlich der zu minimierenden Verlustfunktion und der darin verwendeten Disparitäten (Pseudodistanzen). Während die Disparitäten $\hat{d}_{ij}$ in Kruskals Stressmaß aus der monotonen Regression der Distanzen auf die Proximitäten gewonnen werden (s. dazu auch Kruskal & Carroll, 1969; Spaeth & Guthery, 1969; Kruskal, 1971b; De Leeuw, 1977), stellen Guttmans Rangbilder d^*_{ij} (rank images) permutierte Distanzen dar. Unter dem Rangbild d^*_{ij} der Distanz d_{ij} versteht Guttman diejenige Distanz, die den gleichen Rangplatz hat wie die zu d_{ij} gehörende Proximität p_{ij}. Wie Young (1975) gezeigt hat, handelt es sich bei beiden Transformationen um die Spezialfälle aus einer einparametrigen Schar von Transformationen, die dem kleinsten und größten Wert dieses Parameters entsprechen.

Die Entwicklung nichtmetrischer MDS-Modelle fand ihren Niederschlag in der Konstruktion zahlreicher Computerprogramme. Zu den heute im Gebrauch befindlichen zählen die Programme M-D-SCAL (Kruskal, 1971a), TORSCA (Young & Torgerson, 1967) sowie KYST (für Kruskal-Young-Shepart-Torgerson; Kruskal et al., 1973) als Synthese dieser beiden. Während es sich dabei um Programme handelt, die einen weiten Bereich von Skalieraufgaben bewältigen können, haben Guttman und Lingoes in ihrer Smallest-Space-Analysis-(SSA) Serie eine ganze Reihe sehr spezifischer Programme entworfen (Überblick in Guttman, 1967; Lingoes, 1968; 1972; 1973). Schließlich ist die Michigan-Israel-Netherlands-Integrates-(MINI) Serie von Roskam zu nennen, die neben eigenen Programmen modifizierte SSA Programme enthält, darunter das im Einführungsbeispiel verwendete Programm MINISSA (zur MINI Serie s. Roskam, 1977). Die wesentlichen Arbeiten der letzten drei Autoren sind im übrigen in einem von Lingoes (1977a) herausgegebenen Reader wiederabgedruckt bzw. erstmals veröffentlicht.

Wie bereits im Einführungsbeispiel angedeutet, gibt es bei der MDS von Ähnlichkeitsurteilen eine Reihe von Problemen, auf die hier anhand der relevanten Literatur eingegangen werden soll. Dabei lassen sich vier Themenbereiche unterscheiden, die ich (1) **Interne Validität von MDS-Lösungen**, (2) **Externe Validität von MDS-Lösungen** und (3) **Meßtheoretische Grundlagen von MDS-Verfahren** nennen möchte. Abschließend soll auf (4) **Neuere Entwicklungen bei der MDS von Ähnlichkeitsurteilen** eingegangen werden.

Interne Validität von MDS-Lösungen

Ich bezeichne eine MDS-Lösung dann als intern valide, wenn sie eine Struktur aufweist, die nicht als zufällig oder suboptimal angesehen werden muß. Suboptimal sind solche Strukturen, die aufgrund eines lokalen Minimums bei der Minimierung der in Frage stehenden Verlustfunktion zu ungewöhnlich hohen oder als degenerierte Lösung zu ungewöhnlich niedrigen Stress- (oder vergleichbaren) Werten führen.

Die Frage, welche Stresswerte Zufälligkeit einer MDS-Lösung bzw. der Rangordnung der ihr zugrunde liegenden Proximitäten indizieren, versucht man bislang mit Hilfe von **Monte-Carlo-Studien** zu beantworten, in denen vom Computer erzeugte Zufallszahlen multidimensional skaliert werden.

Die ersten Monte-Carlo-Studien im Bereich der MDS beschäftigen sich mit dem Problem, wie gut nichtmetrische MDS-Verfahren in der Lage sind, vorgegebene („wahre") Konfigurationen aus den Rangplätzen ihrer Distanzen (Shepard, 1966) bzw. ihrer mit Fehlern (in der Regel nach dem Fehlermodell von Ramsay, 1969) versehenen Distanzen zu rekonstruieren (Young, 1970; Sherman, 1972; Cohen & Jones, 1976) bzw. wie stark die Lösungskonfiguration durch die ordinalen Ausgangsdaten (Rangplätze) metrisch determiniert ist. Dabei zeigte sich u. a., daß die metrische Determination (Quadrat der Korrelation zwischen den Distanzen der „wahren" und denen der berechneten Konfiguration) mit zunehmender Anzahl der Punkte in der Konfiguration (= Anzahl der beurteilten Objekte) steigt – dasselbe gilt allerdings auch für den Stress – und mit steigendem Fehleranteil abnimmt. Das bedeutet, daß bei einer geringen Anzahl zu skalierender Reize (n < 10) der berechnete Stresswert zu niedrig ausfällt, die Anpassungsgüte also überschätzt wird (vgl. auch Shepard, 1974).

Um anhand eines Stresswertes entscheiden zu können, ob die entsprechende Konfiguration als Zufallsergebnis zu betrachten ist oder nicht, müßte man die Stichprobenverteilung der Stresswerte unter der Nullhypothese (bzw. unter der „nullsten" Hypothese, vgl. Cliff, 1973: 484) kennen. Dies ist jedoch nicht der Fall; man versucht daher, solche Stichprobenverteilungen in Monte-Carlo-Studien zu approximieren, indem man Stress-Werte für Proximitätsmatrizen mit zufälliger Rangordnung der Ähnlichkeits/Unähnlichkeitsmaße berechnet. Entsprechende Tabellen und/oder Graphiken haben Stenson & Knoll, 1969; Klahr, 1969; Wagenaar & Padmos, 1971; Spence & Ogilvie, 1973 für Kruskals erste Stressformel (STRESS-FORM 1) sowie Levine (1978) für seine zweite Stressformel veröffentlicht, in der im Nenner $\sum d_{ij}$ durch $\sum (d_{ij} - \bar{d})^2$ ersetzt wird, wobei $\bar{d}$ der Mittelwert der Distanzen d_{ij} ist.

Sieht man einmal von den allgemeinen Problemen solcher Modelltests ab, wie etwa das der fraglichen Teststärke (vgl. Schönemann & Borg, 1981b), so irritiert bei der oben skizzierten Vorgehensweise vor allem der Umstand, daß offenbar nicht klar ist, ob die Strukturiertheit der Daten oder die Anpassung des verwendeten Modells an diese Daten oder gar beides überprüft wird.

Da die metrische Determiniertheit einer Konfiguration in der „wahren" bzw. „angemessenen" Dimensionalität am größten ist (Sherman, 1972; Isaac & Poor, 1974), ist es wichtig, diese zu kennen. Einige Autoren haben daher die aus Zufallskonfigurationen (d. h. bekannten Konfigurationen) berechneten und mit verschieden großen Fehlern versehenen Distanzen MDS-analysiert und die resultierenden Stresswerte für verschiedene Kombinationen von Punkten, Dimensionen und Fehlerniveau tabelliert bzw. graphisch dargestellt (Wagenaar & Padmos, 1971; Spence & Graef, 1974; Isaac & Poor, 1974). Hat man für seine eigenen Daten verschiedene Lösungen (in verschiedenen Dimensionen) berechnet, dann kann man deren Stresswerte als Profil mit diesen graphisch dargestellten Stressprofilen vergleichen und so eine Aussage machen über die mutmaßliche „wahre" Dimensionalität seiner Lösung und deren Fehleranteil. Kruskal & Wish (1978) haben diese Vorgehensweise in ihrer Einführung zur MDS demonstriert.

Schließlich ist zu fragen, ob die verschiedenen MDS-Programme – etwa im Hinblick auf ihre Anfälligkeit für lokale Minima – vergleichbar sind oder nicht. So haben Lingoes & Roskam (1973) Kruskals M-D-SCAL mit ihrer MINISSA verglichen und sind dabei zu dem Schluß gekommen, daß der MINISSA-Algorithmus dem M-D-SCAL-Algorithmus in einer Reihe von Punkten überlegen ist. Spence

(1972) hat in seiner Monte-Carlo-Studie Kruskals M-D-SCAL, Guttman & Lingoes SSA-I (entspricht der MINISSA) und Young & Togersons TORSCA mit dem Ergebnis untersucht, daß die Unterschiede zwischen den Verfahren von geringer praktischer Bedeutung seien, wenngleich sich suboptimale Lösungen vor allem bei dem Programm M-D-SCAL ergeben hätten. Arabie (1973) hat zu dieser Arbeit kritisch Stellung genommen und damit eine zum Teil polemische Diskussion zur Frage der Bedeutsamkeit der Ausgangskonfiguration von MDS-Verfahren für Monte-Carlo-Studien ausgelöst (Spence, 1974; Clark, 1976; Arabie, 1978a; Spence & Young, 1978; Arabie, 1978b).

Externe Validität von MDS-Lösungen:

Eine MDS-Lösung soll dann als extern valide bezeichnet werden, wenn ihre Interpretation genügend abgesichert ist und davon ausgegangen werden kann, daß das durch die MDS implizierte Modell der Urteilsstruktur der untersuchten Person angemessen ist.

Der interpretative Aspekt. Die bei der dimensionalen Interpretation vorgenommene Einlagerung von Bedeutungskomponenten als Vektoren oder Richtungen in den metrischen Raum der Ergebniskonfiguration geht auf die Arbeiten von Miller et al. (1964) und Carroll & Chang (1964) zurück. Lingoes (1977b) hat ein ähnliches Verfahren vorgestellt, das auf einem nichtmetrischen regressionsanalytischen Ansatz basiert und Guttmans Prinzip der Rangbilder verwendet. Ramseys (1980) Modell erlaubt die gemeinsame Analyse von Ähnlichkeitsurteilen und Bedeutungskomponenten (Ratings). Die Praktikabilität einer solchen Vorgehensweise, bei der die Interpretation einer MDS-Lösung durch die Verwendung von Bedeutungsvektoren bzw. Bedeutungsrichtungen gestützt wird und damit hypothesengeleitet erfolgen kann, ist in einer Reihe von Arbeiten demonstriert worden (Green et al., 1969; Rosenberg & Sedlak, 1972 – vgl. dazu aber auch die Kritik von Gigerenzer, 1978 – und Kruskal & Wish, 1978).

Für die konfigurale Interpretation einer MDS-Lösung kann neben der Ermittlung von Clustern oder Unterräumen in der Konfiguration (Lingoes, 1977c) auch die Identifikation bestimmter einfacher Strukturen von Bedeutung sein, wie etwa Guttmans Simplex-, Circumplex- und Radexstruktur (Guttman, 1967; Degerman, 1972; Borg, 1976; 1977a; 1978; Lingoes & Borg, 1977a).

MDS als Modell des Urteilsverhaltens. Wie von mehreren Autoren betont wird, impliziert die MDS von Ähnlichkeitsurteilen ein „mathematisch strukturiertes psychologisches Modell" (Gigerenzer, 1978: 110) bzw. eine solche Theorie über das Urteilsverhalten der untersuchten Personen (Tversky, 1967; Beals et al., 1968; Tversky & Krantz, 1970; Ahrens, 1972; 1974; 1976; Kühn, 1976; Gigerenzer, 1977; 1981). Dabei wird davon ausgegangen, daß das Urteil über die Ähnlichkeit zweier Objekte durch die Verknüpfung von Urteilsaspekten auf m voneinander unabhängigen Dimensionen erfolgt. Als Verknüpfungsregel wird im allgemeinen eine der Minkowski-Metriken unterstellt, aufgrund derer die Distanz zwischen zwei Punkten definiert wird durch

(3) $\qquad d_{ij} = [\sum_{l} (x_{il} - x_{jl})^r]^{\frac{1}{r}}$.

Für r = 2 ergibt sich die im Einführungsbeispiel verwendete Euklidische Distanz (bzw. Euklidische Metrik). Diese wird den meisten MDS-Analysen zugrunde gelegt, vermutlich nicht zuletzt deshalb, weil bei anderen Metriken die Gefahr lokaler

Minima wesentlich größer zu werden scheint (Arabie & Boorman, 1973; Shepard, 1974; Lissitz & Robinson, 1977; Ramsay, 1977 a). Als Alternative zur Euklidischen Metrik wird gelegentlich die City-Block-Metrik (r = 1; Attneave, 1950) oder die Dominanzmetrik (r = ∞) verwendet.

Die Frage nach der Angemessenheit eines Modells für das beobachtete Urteilsverhalten zielt also in diesem Zusammenhang auf die angesetzte Metrik.

Shepard (1964) und Micko & Fischer (1970) sowie Fischer & Micko (1972) haben das Problem diskutiert, welcher Zusammenhang zwischen der optimalen Metrik und der Aufmerksamkeitszuwendung auf die Bedeutungskomponenten der zu beurteilenden Objekte besteht. Empirische Arbeiten liegen zur Abhängigkeit der Metrik von der Urteilsschwierigkeit (Wender, 1971 a) sowie zur optimalen Metrik für die MDS von Holtzman-Tintenkleckstafeln bei Normalen und Hirnorganikern vor (Ahrens, 1972). Wenn man einmal davon absieht, daß sich in den beiden empirischen Arbeiten die verschiedenen Stresswerte, anhand derer die optimale Metrik bestimmt werden soll, kaum voneinander unterscheiden (bei Wender, 1971 a: 180, liegen die Stress-Werte für drei zweidimensionale Lösungen und Metrikparameter zwischen 1.1 und 2 im Bereich von .07 bis .11) und Stresswertdifferenzen einer inferenzstatistischen Überprüfung bislang nicht zugänglich sind, so muß als gravierender Einwand gelten, daß ein optimaler Metrikparameter empirisch nicht eindeutig bestimmbar ist (Bortz, 1974; Wolfrum, 1976 a, b).

Schließlich ist in diesem Kontext auch die Arbeit von Lissitz & Robinson (1977) von Interesse, die aus einer vorgegebenen Konfiguration für unterschiedliche Metrikparameter Distanzen berechnen und diese miteinander korrelieren; dabei ergibt sich für die Distanzen unter r = 1 und r = 20 (letztere stellt eine gute Approximation der Dominanzmetrik dar) eine Rangkorrelation von .87, während die Distanzen unter r = 1 und r = 2 mit .98 korrelieren. Diese Ergebnisse stützen Shepards (1974) Ansicht, daß die Euklidische Metrik auch in den Fällen angemessen sei, in denen die „wahre" Metrik deutlich nichteuklidisch ist. Lew (1978) hat hiergegen allerdings theoretische Einwände geltend gemacht.

Meßtheoretische Grundlagen von MDS-Verfahren.

Die ersten Arbeiten zur meßtheoretischen Fundierung der nichtmetrischen MDS wurden von Beals & Krantz (1967), Beals, Krantz & Tversky (1968) und Tversky & Krantz (1970) vorgelegt. Darin wurden die Bedingungen genannt, unter denen sich Unähnlichkeitsurteile in einem metrischen und/oder mehrdimensionalen Raum darstellen lassen. Die Repräsentation durch ein m-dimensionales geometrisches Modell setzt voraus, daß das Unähnlichkeitsurteil in m voneinander unabhängige Komponenten zerlegbar ist und dadurch zustande kommt, daß die auf jeder der m Dimensionen wahrgenommenen Unterschiede zwischen je zwei Reizen (intradimensionale Subtraktivität) über alle Dimensionen aufaddiert werden (interdimensionale Additivität). Die Überprüfung dieer beiden Annahmen geschieht in Experimenten, in denen die zu vergleichenden Reize systematisch hinsichtlich mehrerer Dimensionen variiert werden, d.h. im Rahmen mehrfaktorieller Versuchsanordnungen, bei denen die „subjektiven" Dimensionen (z.B. Breite und Länge oder Fläche und Form von Rechtecken) – im Gegensatz zur MDS – vorgegeben werden. (Hier zeigt sich auch die starke Ähnlichkeit zum conjoint measurement – Krantz, 1964; Luce & Tukey, 1964 – in dessen Termini MDS-Modelle auch beschrieben werden können – Tversky, 1967; Young, 1972.)

Die Ergebnisse entsprechender empirischer Arbeiten sind nicht eindeutig. Während

Tversky & Krantz (1969) bei der Beurteilung von schematischen Gesichtern und Wiener-Ehrlich (1978) bei der Beurteilung von Farben die Annahme der interdimesionalen Additivität bestätigen konnten, mußten Wender (1971 b), Wender & Flade (1973), Krantz & Tversky (1975) und Wiener-Ehrlich (1978) beim Vergleich von Rechtecken zahlreiche Verstöße gegen die Annahmen von interdimensionaler Additivität und intradimensionaler Subtraktivität feststellen. Schönemann (1977) hat allerdings darauf hingewiesen, daß eine nichtlineare Transformation der bei Krantz & Tversky (1975) verwendeten subjektiven Dimensionen zu einer deutlichen Reduzierung der Verstöße führen müßte.

Zu Schwierigkeiten führt der Ansatz von Beals, Krantz & Tversky in – für die Anwendung von MDS-Verfahren nicht gerade untypischen – Situationen, in denen die den zu skalierenden Ähnlichkeitsurteilen zugrunde liegenden subjektiven Dimensionen nicht oder nur teilweise bekannt sind. Beals, Krantz & Tversky (1969: 14) argumentieren, daß „die Bestätigung der metrischen und dimensionalen Annahmen in den Bereichen, in denen die Dimensionen bekannt sind, die Verwendung von Computerprogrammen zur Ermittlung unbekannter Dimensionen in einem gewissen Maße rechtfertigen". Orth (1980) schlägt dagegen ein (bisland nur eindimensionales) Meßmodell vor, dessen Axiome direkt anhand der zu skalierenden Unähnlichkeitsmatrix überprüft werden können und somit keine Dimensionen als bekannt voraussetzen.

Tversky (1977) hat aus theoretischen und praktischen Gründen die metrischen und dimensionalen Annahmen, die der geometrischen Repräsentation von Ähnlichkeitsurteilen zugrunde liegen, grundsätzlich in Frage gestellt. Vor allem wegen der mangelnden Symmetrie von Ähnlichkeitsurteilen können diese seiner Ansicht nach besser durch einen Vergleich (qualitativer) Attribute (features) als durch die Berechnung metrischer Distanzen beschrieben werden. So wird in dem von ihm auf mengentheoretischer Basis entwickelten Feature-Matching-Modell (bzw. Kontrast-Modell als dessen Spezialfall) die Ähnlichkeit zwischen zwei Objekten als eine (lineare) Kombination von Maßen ihrer gemeinsamen und nicht-gemeinsamen Attribute dargestellt.

Tverskys Einwände gegen eine geometrische Repräsentation von Ähnlichkeitsurteilen sind von Krumhansl (1978) aufgegriffen worden; die Autorin zeigt, daß ihr Distanz-Dichte-Modell diesen Einwänden Rechnung tragen kann. In dem von Krumhansl skizzierten Modell wird die Ähnlichkeit zweier Reize als Funktion der Distanz zwischen den beiden entsprechenden Punkten im metrischen mehrdimensionalen Raum und der Dichte anderer Reizpunkte in ihrer Umgebung aufgefaßt. Im Gegensatz zu Tverskys Feature-Matching-Modell handelt es sich bei Krumhansls Distanz-Dichte-Modell allerdings nicht um ein axiomatisiertes Meßmodell.

Neuere Entwicklungen bei der MDS von Ähnlichkeitsurteilen.

Zu den wesentlichen Neuerungen auf dem Gebiet der MDS von Ähnlichkeitsurteilen gehört zweifelsohne die Entwicklung von Modellen und Verfahren, die individuelle Differenzen berücksichtigen (im folgenden Indiff MDS). Im Gegensatz zur konventionellen MDS gehen die Indiff-MDS-Verfahren von einer zweimodalen, dreifachen Datenordnung aus, d.h., für jedes Individuum wird eine eigene Proximitätsmatrix eingegeben.

Tucker & Messick (1963) haben mit ihrer „Points-of-view"-Analyse als erste ein metrisches Verfahren zur Skalierung solcher Daten vorgestellt, das allerdings nicht unkritisiert geblieben ist (Ross, 1966; Cliff, 1968) und heute kaum mehr eingesetzt wird.

Ende der sechziger Jahre wurden fast gleichzeitig drei Ansätze zur Indiff MDS veröffentlicht (Bloxom, 1968; Horan, 1969; Carroll & Chang, 1970), für die Schönemann (1972) eine algebraische, d.h. nicht-iterative und Krane (1978) eine Least-Squares-Lösung vorgelegt hat, und von denen die dritte in Form des INDSCAL–Verfahrens (**IN**dividual **D**ifferences **SCAL**ing) – auch im deutschsprachigen Bereich (vgl. z.B. Bortz, 1975; Möbus, 1975; Schmidt, 1979) – den größten Bekanntheitsgrad erlangt hat.

Tucker (1972) hat als Spezialfall seiner dreimodalen Faktorenanalyse (Three-mode factor analysis, TMFA, Tucker, 1966) ein relativ allgemeines Indiff-MDS-Modell vorgestellt (Three-way MDS, TWMDS), unter das Carroll & Changs (1972) IDIOSCAL (**I**ndividual **D**ifferences **I**n **O**rientation **SCAL**ing), eine Verallgemeinerung ihres INDSCAL-Verfahrens, und Harshmans (1970; 1972a, b) PARAFAC (**PA**-**RA**llel **FAC**tor analysis) als Spezialfälle subsumiert werden können. (Sowohl Tukkers TMFA als auch Harshmans PARAFAC sind allerdings Komponenten- und keine, wie der Name nahelegen könnte, faktorenanalytischen Modelle; d.h. sie unterscheiden nicht zwischen kommunaler und Einzelrestvarianz.) Alle Modelle gehen von einem allen Individuen gemeinsamen Reizraum (group stimulus space) aus, dessen Dimensionen von diesen unterschiedlich gewichtet werden können, was dann zu individuellen Reizräumen führt, die zum Teil schiefwinklig (Tuckers TWMDS) oder orthogonal (IDIOSCAL) rotiert werden können. Ein Vergleich zweier oder mehrerer dieser Verfahren findet sich u.a. bei Carroll & Wish (1974), Kruskal (1976), MacCallum (1976a, b) und Rösler (1979).

Weitere metrische Ansätze zur Indiff-MDS sind von Schulz (1971; 1974; 1975; 1980; Schulz & Pittner, 1978), Borg & Lingoes (Borg, 1977b; Borg & Lingoes, 1977; Lingoes & Borg, 1977b) und Tzeng & Landis (1978) entwickelt worden. Während das Verfahren von Schulz gewisse Ähnlichkeiten mit Carroll & Changs INDSCAL aufweist, haben Tzeng & Landis wesentliche Teile der Points-of-view-Analyse von Tucker & Messick und der dreimodalen Faktorenanalyse Tuckers in ihren Algorhythmus inkorporiert. Lingoes & Borg stellen ein Modell vor, das aus individuellen MDS-Konfigurationen einen Gruppenraum konstruiert und diesen über verschiedenen Transformationen mit den einzelnen Konfigurationen in Beziehung setzt.

Bereits McGee (1968) hat über ein Verfahren zur nichtmetrischen Indiff MDS berichtet, dem aber, vermutlich wegen zu großer Schwierigkeiten bei der Entwicklung eines effizienten Computerprogramms (McGee, persönliche Mitteilung), der Erfolg versagt geblieben ist. In neuerer Zeit haben Takane, Young & De Leeuw (1977; Young et al., 1978) ein MDS-Verfahren zur Analyse individueller Differenzen veröffentlicht, das Daten auf Nominal-, Ordinal-, Intervall- und Ratioskalenniveau akzeptiert, also sowohl nichtmetrisch als auch metrisch skaliert. Darüber hinaus können die Daten unvollständig sein (d.h. sie können missing data enthalten), symmetrisch oder nichtsymmetrisch, konditional oder nichtkonditional und auch Meßwiederholungen darstellen; im übrigen kann auch eine konventionelle MDS durchgeführt werden. ALSCAL (**A**lternating **L**east **S**quares algorithm for individual differences **SCAL**ing) arbeitet auf der Grundlage eines alternierenden Least-squares-Ansatzes und hat optimale Skalierungseigenschaften (s. dazu auch Young et al., 1980). Die Anpassung des Modells erfolgt direkt an die Daten und nicht, wie bei den INDSCAL-IDIOSCAL-PARAFAC-TWMDS-Verfahren, an die aus den Daten berechneten Skalarprodukte.

Während die Autoren aufgrund eigener Untersuchungen der Ansicht sind, daß

ALSCAL relativ robust gegen Meßfehler ist, in Monte-Carlo-Studien vorgegebene Konfigurationen gut rekonstruieren kann und bei empirischen Daten zu Ergebnissen führt, die denen weniger allgemeiner Programme vergleichbar sind (Takane et al., 1977), haben andere Untersuchungen gezeigt, daß das Programm zwar bei niedrigem Fehlerniveau und nicht zu kleiner Stichprobengröße (N > 20) bis zu 60% missing data problemlos akzeptiert (MacCallum, 1979), andererseits aber – wie die konventionellen MDS-Verfahren im übrigen auch – mit schlechter werdender Anpassung auf zunehmendes Fehlerniveau reagiert (MacCallum & Cornelius, 1977) und bei der Skalierung von Daten auf Nominalskalenniveau zu lokalen Minima neigt (Young & Null, 1978). Schließlich hat MacCallum (1977) die Warnung der ALSCAL-Autoren unterstrichen, die ALSCAL- (und INDSCAL-)Gewichte verschiedener Personen nicht miteinander zu vergleichen, wenn konditionale Daten skaliert werden sollen (INDSCAL ist schon aufgrund seines Normierungsverfahrens implizit konditional). Nur die ALSCAL-Gewichte, und auch diese nur bei nichtkonditionalen Daten, können daher als Indikatoren für die Bedeutung interpretiert werden, die die Personen den Dimensionen des Gruppenreizraumes beimessen, und nur in diesem Fall ist es statthaft, diese Gewichte miteinander zu vergleichen und zu externen Variablen in Beziehung zu setzen.

Andere Entwicklungen im Bereich der MDS von Ähnlichkeitsurteilen gehen im wesentlichen in zwei Richtungen, die ich zum einen **Erweiterung** und zum andern **Präzisierung** von MDS-Modellen und Verfahren nennen möchte. Die aus der Faktorenanalyse bekannt Unterscheidung von explorativen und konfirmatorischen Verfahren zielt auf denselben Sachverhalt.

Die Erweiterung von MDS-Modellen bezieht sich vor allem auf Bemühungen, die Struktur von Ähnlichkeitsdaten durch andere als geometrische Modelle mit Minkowski-Metrik darzustellen. Hierher gehören Ansätze zur MDS in Riemannschen Räumen (z. B. Pieszko, 1975; Lindman & Caelli, 1978), Holmans (1978) vollständig nichtmetrische MDS, bei der die (maximal zweidimensionale) Konfiguration nur bis auf die Rangplätze der Projektionen der Reizpunkte auf die einzelnen Dimensionen festgelegt ist, sowie Verfahren, die Ähnlichkeiten als Baumstrukturen repräsentieren, auf denen verschiedene Metriken definiert werden könen (Borman & Olivier, 1973; für einen Vergleich dieser mit der Minkowski-Metrik s. Holman, 1972). Neben Johnsons HICLUS (Johnson, 1967; Hartigan, 1967) sind in diesem Zusammenhang das ADDTREE-Modell (**ADD**itive **TREE**) von Sattath & Tversky (1977) sowie Shepart & Arabies ADCLUS Modell (**AD**ditive **CLUS**tering, Shepard & Arabie, 1979; Arabie & Carroll, 1980) zu nennen. Alle drei Modelle können als Spezialfälle des Kontrast-(bzw. Feature Matching) Modells von Tversky (1977) aufgefaßt werden.

Darüber hinaus sind Mischmodelle (hybrid models) entwickelt worden, die die Ähnlichkeiten sowohl als diskrete (Baumstrukturen) als auch als kontinuierliche (Konfiguration im Euklidischen Raum) Strukturen repräsentieren (Degerman, 1970; Carroll, 1976; Carroll & Pruzansky, 1980).

Die Präzisierung von MDS-Modellen wird vor allem von jenen Autoren angestrebt, die bestimmte Verteilungsannahmen bezüglich der zu skalierenden Urteile machen, so etwa Ramsay (1977; 1978; 1980), der die Parameter seines Modells mit Hilfe von Maximum-Likelihood-Schätzungen bestimmt, und Zinnes & Wolf (1977), die ein zweidimensionales Thurstone-Modell für „Gleich-Ungleich"-Urteile vorstellen. Solche Modelle gehen zwar von stärkeren Annahmen aus, haben aber den Vorteil, daß statistisch überprüft werden kann, ob sie den zu analysierenden Daten angemessen sind oder nicht.

Außerdem können Modelle dadurch präzisiert werden, daß für bestimmte Parameter (z. B. für bestimmte Koordinatenwerte der Konfiguration) im vorhinein feste Werte angegeben oder daß Parameter einem oder mehreren unbekannten Parametern gleichgesetzt werden. Zu solchen Modellen mit Parameterspezifikation (constrained models) gehören die MDS-Modelle von Bentler & Weeks (1978) und Bloxom (1978) sowie das CMDA Modell (Constrained/confirmatory **M**onotone **D**istance **A**nalysis) von Lingoes & Borg (1978; Borg & Lingoes, 1980) und das CANDELINC-Modell (**CAN**onical **DE**composition with **LIN**ear Constraints) von Carroll, Pruzansky & Kruskal (1980). Modelle mit Parameterspezifikation werden sinnvollerweise vor allem dann eingesetzt, wenn man bereits über Hypothesen hinsichtlich der Struktur der zu skalierenden Ähnlichkeitsdaten verfügt.

4.8.2.3. MDS von Präferenzdaten

Bei Präferenzurteilen geben die befragten Personen an, welchen von zwei Reizen j und k sie dem anderen vorziehen. In der Coombsschen Datentheorie wird der jeweilige Beurteiler durch einen Idealpunkt i dargestellt, der den Punkt seiner maximalen Präferenz angibt. Zieht Person i den Reiz j dem Reiz k vor, so wird dieses Präferenzurteil im geometrischen Modell dadurch repräsentiert, daß die Distanz d_{ij} kleiner sein muß als die Distanz d_{ik}.

Wenn eine Person alle Reize paarweise beurteilt, läßt sich aus diesen $n(n - 1)/2$ Paarvergleichen eine Rangordnung der n Reize im Hinblick auf die Präferenz der untersuchten Person erstellen, die sogenannte I-Skala (individual scale) bzw. die Präferenzordnung. Präferenzdaten von N Personen können somit zum einen als $N \times n$ Matrix (I-Skalen bzw. Präferenzordnungen von N Personen inbezug auf n Reize), d. h. als zweimodale zweifache Datenordnung, oder in Form von N $n \times n$ Präferenzmatrize (Paarvergleichsmatrizen), d. h. als zweimodale dreifache Datenanordnung dargestellt werden, wobei die erste Form häufiger Anwendung findet.

Im allgemeinen unterscheidet man bei den Modellen für die MDS von Präferenzdaten zwischen **Unfolding**modellen und **Vektor**modellen. In beiden Fällen werden die beurteilten Reize als Punkte im mehrdimensionalen Raum dargestellt. Während aber im Unfoldingmodell die Personen als (Ideal-)Punkte in diesen Raum eingebettet werden und die Distanzen zwischen diesen und den Reizpunkten interessieren, werden die Personen im Vektormodell als Vektoren in den mehrdimensionalen Raum eingelagert und die Projektionen der Reizpunkte auf diese untersucht.

Es läßt sich zeigen, daß das Vektormodell als Spezialfall des Unfoldingmodells aufgefaßt werden kann (Carroll, 1972; 1980). Bewegt man nämlich im Unfoldingmodell einen Idealpunkt gradlinig vom Ursprung weg, dann nähert sich die Rangordnung der Distanzen zwischen diesem Idealpunkt und den Reizpunkten der Rangordnung der Projektionen der Reizpunkte auf die Gerade, entlang deren der Idealpunkt bewegt wurde.

Ein weiterer Aspekt, der Unfoldingmodell und Vektormodell unterscheidet, ist der der Präferenzfunktion, d. h. des funktionalen Zusammenhangs zwischen dem Ausprägungsgrad einer Bedeutungskomponente und dem Grad der geäußerten Präferenz. Während das Vektormodell eine monoton steigende Präferenzfunktion impliziert, geht das Unfoldingmodell von einer eingipfligen Präferenzfunktion (single-peaked preference function; ausführliche Darstellung bei Coombs & Avrunin, 1977a, b; 1980) aus, die bis zum Idealpunkt ansteigt und dann wieder abfällt.

Bechtel et al. (1971) haben diesen Sachverhalt anhand zweier Beispiele erläutert. Wenn die Bewerberinnen für den Miss-Amerika-Titel hinsichtlich Schönheit und Talent beurteilt werden sollen, dann lassen sich die Präferenzordnungen der einzelnen Beurteiler im Hinblick auf die Kandidatinnen am besten durch ein Vektormodell darstellen; den Titel bekomt die Schönste und Talentierteste. Geht es aber um ein Modell, das den Präferenzen für Tassen Kaffee mit unterschiedlichen Mengen von Zucker Rechnung tragen soll, dann ist sicher das Unfoldingmodell das geeignetere, weil vermutlich jeder eine bestimmte Menge Zucker als besonders angenehm empfindet (d. h. also über einen entsprechenden Idealpunkt verfügt) und sowohl größere als auch kleiere Mengen weniger schätzt.

Unfolding- und Vektormodell sind u. a. in den Arbeiten von Coombs & Kao (1960), Ross & Cliff (1964), Green & Carmone (1969), Bechtel et al. (1971), Coombs (1974), Steffens & Angleitner (1975), Davidson (1976) sowie in den Übersichtsreferaten von Carroll (1972; 1980) und in den Büchern von Coombs (1964: Kap. 7/8), Delbeke (1968; vgl. dazu aber die harsche Kritik von Carroll, 1970) und Bechtel (1976) zur MDS von Präferenzdaten verglichen worden. Beziehungen dieser Modelle zu denen für die MDS von Ähnlichkeitsurteilen haben u. a. Wender & Hegner (1974) und Ramsey (1980) hergestellt.

Neben der Unterscheidung von Unfolding- und Vektormodellen ist die von **interner** und **externer** Analyse bei der MDS von Präferenzurteilen für die nachfolgende Übersicht von Bedeutung. Bei einer internen Analyse wird die Konfiguration der Reizpunkte und die der Personenpunkte (bzw. Vektoren) aus denselben Daten bestimmt, während bei einer externen Analyse die Stimuluskonfiguration (z. B. als Ergebnis einer vorausgegangenen MDS von Ähnlichkeitsdaten) vorgegeben wird und die Personen aufgrund der Präferenzdaten als Punkte oder Vektoren in den Stimulusraum eingebettet werden.

Das Unfoldingmodell.

Die ersten Ansätze zu einem mehrdimensionalen Unfoldingmodell stammen von Bennet & Hays (1960) bzw. Hays & Bennet (1961), die in ihren Arbeiten das eindimensionale Unfoldingmodell von Coombs (1950) verallgemeinerten. Es handelt sich dabei um ein vollständig nichtmetrisches Modell, d. h., nicht nur wird von ordinalen Daten ausgegangen, man erhält auch als Ergebnis nur die Rangordnungen der Projektionen der Punktekonfiguration auf die Dimensionen (Achsen).

McElwain & Keats (1961) sind der Frage nach möglichen geometrischen Lösungen für die Präferenzordnungen von vier Reizen nachgegangen. Allgemeine Lösungen des nichtmetrischen multidimesionalen Unfoldingmodells sind von Davidson (1972; 1973) untersucht worden, während Schönemann (1970; s. a. Gold, 1973) für das metrische Pendant eine algebraische Lösung vorgeschlagen hat.

Die meisten der in Abschnitt 4.8.2.2. genannten Programme zur MDS von Ähnlichkeitsdaten bieten auch die Möglichkeit, metrisches oder nichtmetrisches multidimensionales Unfolding durchzuführen, so z. B. die Programme M-D-SCAL (Kruskal, 1968), KYST (Kruskal et al., 1973), SSAR-2 aus der Guttman-Lingoes-Serie (Lingoes, 1972) und ALSCAL (Takane et al., 1977). Schönemann und seine Mitarbeiter haben über ein metrisches Verfahren zum multidimensionalen Unfolding berichtet, das nicht von den Präferenzordnungen (I-Skalen) der Personen ausgeht, sondern von ihren Präferenzmatrizen (Schönemann & Wang, 1972; Wang, Schönemann & Rusk, 1975).

Besondere Erwähnung verdient in diesem Zusammenhang ein von Zinnes & Griggs (1974) entwickeltes probabilistisches multidimensionales Unfoldingmodell, dessen Parameter Maximum-Likelihood-Schätzungen darstellen, so daß die Angemessenheit des Modells mit Hilfe entsprechender Likelihood-Ratio-Tests überprüft werden kann. Auf die Vorzüge einer solchen Modellbildung bin ich in dem Abschnitt zur Präzisierung von MDS-Modellen (S. 553) bereits eingegangen.

Neben den bislang genannten internen Analysen bei der MDS von Präferenzdaten auf der Basis des Unfoldingmodells existiert auch eine Reihe von Modellen und Verfahren zur externen Analyse. Carroll & Chang (Chang & Carroll, 1972; Carroll, 1973) haben in ihrem PREFMAP Programm (**PREF**erence **MAP**ing) eine Hierarchie von vier Modellen implementiert; Modell IV ist das Vektormodell, Modell III das einfache Unfoldingmodell, Modell II ein Unfoldingmodell, bei denen die Dimensionen individuell gewichtet werden können, und Modell I erlaubt jedem Individuum eine eigene (orthogonale) Rotation der Dimensionen mit anschließender individueller Gewichtung. Über einen Signifikanztest kann (in der metrischen Version) überprüft werden, ob das Modell einer Stufe mehr Varianz erklärt als das weniger allgemeine Modell einer niedrigeren Stufe (Modell I ist das allgemeinste Modell). In der neueren Version (PREFMAP 2) sind auch Vorkehrungen für die Durchführung einer internen Analyse getroffen.

Davison (1976) hat das PREFMAP-Modell dahingehend modifiziert, daß die individuelle Gewichtung der Distanzfunktion auf den nichtnegativen Bereich beschränkt werden kann. Ein vergleichbares Modell haben Srinivasan & Shocker (1973a) mit ihrem LINMAP-Modell (**LIN**ear programming techniques for **M**ultidimensional **A**nalysis of **P**references) vorgestellt.

Das Vektormodell.

Die Entwicklung des Vektormodells zur MDS von Präferenzurteilen wird Slater (1960) und Tucker (1960, 1968) zugeschrieben. Das MDPREF (**M**ulti **D**imensional **PREF**erences) Modell von Carroll & Chang (Chang & Carroll, 1969) knüpft an diese Entwicklung an, führt aber über die Eckart-Young-Zerlegung (Eckart & Young, 1936) der Datenmatrix (I-Skalen bzw. Präferenzordnungen) zu einer exakten Least Squares Lösung.

Bechtel et al. (1971) haben dieses Modell dadurch erweitert, daß zusätzlich Parameter für mangelnde Skalierbarkeit (group unscalability parameters) geschätzt werden. Srinivasan & Shocker (1973; 1973b) haben das Vektormodell im Rahmen ihrer Arbeit zum Composite Criterion Model diskutiert und selbst ein Vektormodell vorgestellt, bei dem die Personenparameter auf den positiven Bereich beschränkt werden können.

Die Verfahren, denen das Vektormodell zugrunde liegt, stellen im Prinzip faktorenanalytische Vorgehensweisen, d. h. interne Analysen dar. Aus denselben Präferenzdaten werden also sowohl die Stimuluskonfiguration als auch die Personenvektoren bestimmt, so daß sich eine externe Analyse erübrigt. Man könnte sich natürlich Situationen vorstellen, in denen eine externe Analyse von Präferenzdaten auf der Basis des Vektormodells wünschenswert wäre, etwa dann, wenn die Stimuluskonfiguration bereits als Ergebnis einer MDS von Ähnlichkeitsurteilen über bestimmte Reize vorliegt und Präferenzurteile über diese Reize an diese angepaßt werden sollen. In diesem Fall könnte man z.B. auf Carroll & Changs PREFMAP-Programm zurückgreifen, das das Vektormodell als einfachsten Fall (Modell IV) enthält und die erforderliche Anpassung durchführen kann.

Andere Modelle.

Während Unfolding- und Vektormodelle Präferenzdaten in metrischen mehrdimensionalen Raum repräsentieren, bildet das PRETREE-(**PRE**ference TREE) Modell von Tversky & Sattath (1979), das einen Sonderfall des Tverskyschen EBA-(**E**limination **B**y **A**spects) Modells für Wahlverhalten (choice) darstellt (Tversky, 1972a, b), die Struktur dieser Daten in Form von Baumstrukturen ab.

4.8.2.4. Schlußbemerkung

Die MDS-Verfahren haben – vor allem in den Vereinigten Staaten – umfangreiche Forschungsaktivitäten ausgelöst, die sich zum einen auf die Weiterentwicklung solcher Verfahren und zum anderen auf deren Anwendung in der Praxis bezogen. Im deutschsprachigen Bereich scheinen MDS-Verfahren mit einer gewissen Reserviertheit rezipiert worden zu sein, was möglicherweise eher dem Umstand zuzuschreiben ist, daß diese Verfahren hier erst später und dann nicht in dem Maße zugänglich waren wie jenseits des großen Teiches, und weniger darauf zurückgeführt werden kann, daß man diesen Verfahren gegenüber, vor allem in ihrer Funktion als Datenreduktionstechniken, hier eine kritischere Einstellung gewonen hätte. Für diese Vermutung spricht, daß hier die Popularität der Faktorenanalyse in eben dieser Funktion als Reduktionstechnik immer noch ungebrochen ist.

Mittlerweile hat auch in den Staaten die anfängliche MDS-Euphorie einer abständigeren Haltung Platz gemacht, und man scheint sich in etwas stärkerem Maße wieder den Problemen zuzuwenden, die gelöst werden müssen, wenn man MDS-Verfahren nicht nur als Datenreduktionstechniken verwenden will.

Zu diesen Problemen gehören im wesentlichen die meßtheoretische Fundierung von MDS-Modellen, die Präzisierung ihrer modellbildenden Funktion für inhaltliche Fragestellungen in den Sozialwissenschaften sowie die Überprüfbarkeit der Angemessenheit von MDS-Modellen im Hinblick auf empirische Daten, die erst ein hypothesentestendes Vorgehen möglich macht.

Die Literatur der letzten Jahre zeigt, daß man, erfreulicherweise auch im deutschsprachigen Bereich, begonnen hat, diese Probleme in Angriff zu nehmen. Dabei scheint, zumindest was die Frage von Modelltests anbelangt, eine Lösung für metrische MDS-Modelle eher in Sicht zu sein als für nichtmetrische (vgl. Schönemann & Borg, 1981a).

4.9. Graphische Analysetechniken für multivariate Daten

von Karl Daumenlang

4.9.1. Einleitung

Der Vorteil graphischer Darstellungen gegenüber der reinen Auflistung von Werten in Tabellenform ist seit langem bekannt und wird intensiv genutzt: Der Knick in einer Lauflinie ist unmittelbar zu ersehen. Aussagen über die Schiefe einer Verteilung lassen sich nach einem Blick auf die Darstellung tun. Der beschleunigte Anstieg der Eigenwerte von Faktoren ist nach dem Scree-Test leichter aus dem Graph zu entnehmen als aus der Tabelle. Diese Beispiele lassen sich beliebig vermehren. Sie zeigen, daß graphische Darstellungen zur Beschreibung, Analyse und Interpretation von Daten eingesetzt werden. Diese Möglichkeiten beruhen darauf, daß einmal Eigenschaften des Datenmaterials homomorph in einem Graph abgebildet werden können, und zum anderen, daß wir in unserer Wahrnehmung die Dinge nicht isoliert wahrnehmen, sondern sie in einen Zusammenhang bringen und ihnen damit eine Struktur unterlegen. Am zufriedenstellendsten ist die Sachlage immer dann, wenn mathematische Struktur und Prinzipien unserer Wahrnehmung einander entsprechen.

Graphische Analysetechniken für multivariate Daten sind jedoch im Vergleich zu den üblichen graphischen Darstellungen bei uni- und bivariaten Daten durch folgende Besonderheit ausgezeichnet: Allgemein können multivariate statistische Methoden als Techniken aufgefaßt werden, die einen mehrdimensionalen Raum untersuchen, in dem jedes Individuum (Datum) durch einen Punkt dargestellt ist. Die Achsen des p-dimensionalen Raumes entsprechen den p Merkmalen, auf denen jedes Individuum eingeschätzt worden ist. Wollte man nun derartige multidimensionale Daten graphisch darstellen, so müßte der dreidimensionale Raum zu einem p-dimensionalen Raum ausgeweitet werden. Dies ist mathematisch kein Problem, für uns aber nicht mehr einsehbar und nachvollziehbar. Deshalb zielen die graphischen Analysetechniken, die in diesem Kapitel vorgestellt werden, darauf ab, die ursprüngliche mehrdimensionale Struktur in eine neue, vorzugsweise zweidimensionale Struktur überzuführen. Die bestimmende Charakteristik der ursprünglichen Struktur soll dabei weitgehend erhalten bleiben, und durch die zweidimensionale Darstellung wird sie uns auch wahrnehmungsmäßig zugänglich.

Nach Cliff (1973: 497) wurden diese Techniken von den sog. „Repräsentierern" entwickelt: Shepard (1962a, b), Kruskal (1964a, b), Torgerson (1965), Lingoes (1966), Guttman (1968) u. a. Sie verfolgen das Ziel einer „bestangepaßten Datenbeschreibung unter weitgehender Vernachlässigung bestimmter Modellannahmen und ihrer erklärungstheoretischen Implikationen" (Ahrens, 1974, Zit. nach Kühn, 1976: 163). Demgegenüber untersuchen die „Axiomatiker" die „testbaren Bedingungen, die notwendig und/oder hinreichend für allgemeine Klassen von metrischen oder dimensionalen Modellen sind" (Kühn, 1976: 163). Diese meßtheoretische Ausrichtung bestimmen u. a. Beals et al. (1968), Adams et al. (1970), Krantz et al. (1971). Ihre Bemühungen sollen hier nicht weiter betrachtet werden.

Die Gruppe der Repräsentierer verfolgt mit ihren graphischen Analysetechniken eine besondere Zielstellung: Mit ihrer Hilfe sollen nicht Ergebnisse dargestellt werden, sie dienen nicht der Illustration eines Befundes, sondern sie sind vorzugsweise nützlich für das, was Gnanadesikan (1973) als „informelle Schlußfolgerungen" bezeichnet hat: Durch ihre Anwendung soll der Autor ein „Gefühl", ein „Gespür" für seine Daten bekommen, er soll Einblick (auch im wörtlichen Sinn!) nehmen und damit Besonderheiten und Eigenschaften seines Datenmaterials erkennen, die er ursprünglich nicht erwartet hatte, „we have not yet thought of, regard as unlikely or think impossible" (Tukey, 1974: 526).

Die Methodengruppe der multivariaten Analyseverfahren steckt, insbesondere in meßtheoretischer Hinsicht, noch sehr in den Anfängen, zudem werden ständig neue graphische Verfahren entwickelt. Die folgende Darstellung informiert deshalb nicht abschließend über dieses Gebiet. Sie hat sich vielmehr das Ziel gesetzt, auf diese in Deutschland teilweise noch wenig bekannten und genutzten Techniken des Problemfindens und Problemlösens aufmerksam zu machen[1]. Als Indiz für die in letzter Zeit zunehmende Beachtung derartiger Verfahren mag dienen, daß der erste Übersichtsartikel über „Graphical Data Analysis" erst 1981 in Annual Review of Psychology erschienen ist (Wainer & Thissen, 1981). Unter graphischen Methoden werden dabei alle Formen von „visuellem Output" verstanden und nicht nur Graphen an sich (vgl. Everitt, 1978). Die Analysetechniken sind an den Einsatz von Rechnern gebunden. In der Regel werden aber nur numerische Ergebnisse benötigt, für die der Programmieraufwand relativ gering ist. Steht ein Mikrofilm-Plotter zur Verfügung, so gibt er den Darstellungen natürlich einen viel professionelleren Touch.

4.9.2. Graphische Analysetechniken für multivariate Daten

4.9.2.1. Die Hauptkomponentenanalyse

Die Hauptkomponentenanalyse ist die gängigste Methode, mit der eine niedrigdimensionale Darstellung von multivariaten Daten vorgenommen wird. Das Verfahren ist dadurch zu kennzeichnen, daß die im Ursprungsraum gegebene Menge von Punkten P_i in eine Menge von Punkten Q_i so transformiert wird, daß beide Punktemengen die gleiche geometrische Konfiguration darstellen, die Anzahl der zugrundeliegenden orthogonalen Achsen jedoch verringert ist. Gower (1967) empfiehlt, die erste Hauptkomponente als eine Linie aufzufassen, auf der die n p-dimensionalen Beobachtungswerte projiziert werden. Die Summe der Abweichungsquadrate soll dabei minimiert werden. Diese erste Annäherung ist jedoch noch sehr grob. Das Ergebnis wird verbessert, wenn die Projektion der Punkte P_i in eine Ebene hinein erfolgt, welche durch die erste und die zweite Hauptkomponente bestimmt ist. Diese beiden ersten Hauptkomponenten klären bereits einen großen Teil der Gesamtvarianz auf. Bei Bedarf kann noch die dritte Hauptkomponente hinzugezogen werden, wodurch sich eine dreidimensionale Darstellung ergibt. Bei diesen niedrigdimensionalen Darstellungen ist die relative Lage der projizierten Punkte Q_i eine Annäherung an die relative Position der Punkte P_i, und Distanz zwischen den Punkten Q_i und Q_j ist eine Annäherung an die euklidische Distanz zwischen den ursprünglichen Punkten P_i und P_j. Ausgeklammert bleibt in diesem Zusammenhang die Frage, welche inhaltliche Bedeutung den gewonnenen Hauptkomponenten zukommt.

Fishers (1936) Auswertung der Meßdaten von Blättern der Schwertlilie ist das klassische Beispiel der Hauptkomponentenanalyse. Von 50 Pflanzen dreier Lilienarten lagen je vier Meßwerte vor. Nach der Hauptkomponentenanalyse klärten die ersten beiden Komponenten bereits 96% der Gesamtvarianz auf, womit eine gute Anpassung vorliegt.

---

[1] Ich danke Herrn G. K. Johann für wertvolle Hinweise und Mitarbeit (Bergemann et al., 1981; Daumenlang & Johann, 1981).

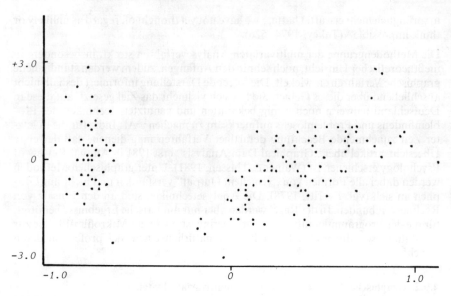

Abb. 1

In Abb. 1 ist eine deutliche Clusterbildung, jedoch nur mit zwei Clustern, zu erkennen. Obwohl diese Analyse nicht vermochte, die erwarteten drei Cluster zu liefern, wird der Wert des Verfahrens darin gesehen, daß die wahrgenommene Clusterbildung überhaupt Anlaß gab, spezielle Clusteranalysen zu rechnen.

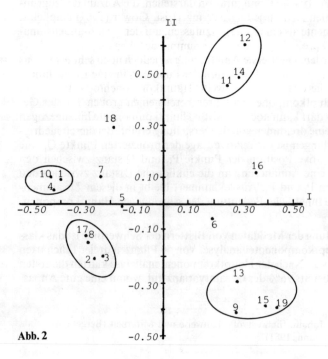

Abb. 2

Für die Durchführung der Hauptkomponentenanalyse stehen Statistikprogramme zur Verfügung, z. B. im Programmpaket SPSS. Die im Programm FACTOR vorgesehenen graphischen Darstellungen berücksichtigen jedoch nur die Variablen mit ihren Faktorenwerten (vgl. FACTOR TYP = PA 1). Die Faktorenwerte für jede Person, so daß sie als Punkt im mehrdimensionalen Raum dargestellt werden kann, liefert FACSCOR. Aufgrund dieser Werte können die graphischen Darstellungen dann entweder von Hand gezeichnet oder durch einen Plotter ausgedruckt werden.

Abb. 2 zeigt eine solche zweidimensionale Darstellung, die deutlich die Clusterbildung der Daten und deren relative Position zueinander wiedergibt, die nach Gnanadesikan (1973) den Forscher zu „informellen Schlußfolgerungen" veranlassen soll.

In diesem Zusammenhang ist natürlich von Interesse, welcher Anteil der Gesamtvarianz durch die ersten beiden Hauptkomponenten (Faktoren) aufgeklärt ist bzw. wie groß der ungeklärte Rest ist. Dieser Anteil wird in der üblichen Weise über das Verhältnis Eigenwert des Faktors zu Anzahl der Faktoren geschätzt oder aus dem Ausdruck des Rechners direkt entnommen.

Everitt (1978) empfiehlt, die Hauptkomponentenanalyse auch zum Ermitteln von Ausreißerdaten einzusetzen, weil diese das Gesamtergebnis weit stärker beeinflussen würden, als es bei univariaten Datensätzen der Fall sei. Die erste Art von Ausreißern bläht die Varianzen bzw. Kovarianzen in unangemessener Weise auf.

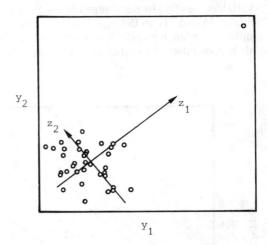

Abb. 3

Sie sind im Ausdruck der beiden ersten Hauptkomponenten per Augenschein zu identifizieren (vgl. Abb. 3). Die zweite Art von Ausreißern bewirkt, daß die Menge der Hauptkomponenten durch bedeutungslose Komponenten erweitert wird. Diese Art ist im Ausdruck für die letzten beiden Hauptkomponenten zu identifizieren (vgl. Abb. 4).

Bemerkenswert ist, daß die zweite Art von Ausreißern noch nicht erkannt werden kann, wenn der Ausdruck für die ersten beiden Hauptkomponenten vorliegt. Es sind deshalb immer beide Ausdrucke genau zu inspizieren. Nachdem die Ausreißer entfernt worden sind, empfiehlt es sich, das Programm mit dem bereinigten Datensatz nochmals laufen zu lassen. Dies dient der Kontrolle, ob der erwartete Effekt auch eingetreten ist.

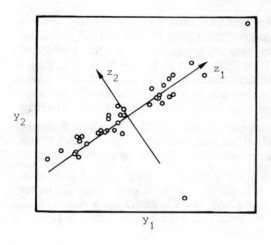

Abb. 4

Devlin et al. (1975) und Gnanadesikan (1977) verwenden sog. „influence function contours" (vgl. Abb. 5). Die Indizes der Linien geben an, welchen Einfluß ein Datum in bestimmten Gebieten auf den Grad des Zusammenhanges zwischen zwei Variablen besitzt. In dem angeführten Beispiel würde jeder einzelne der beiden Punkte 16 und 23 den Betrag des Koeffizienten um 0,025 verändern. Würden beide entfernt werden, bliebe der Koeffizient unverändert. Der nach bloßem Augenschein als bedeutendster Ausreißer angesprochene Punkt 42 hat dagegen kaum Einfluß.

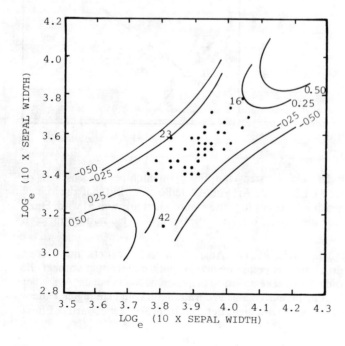

Abb. 5

Zur weiteren Diskussion von Ausreißerdaten vgl. Gnanadesikan & Kettenring (1972). Über die Hauptkomponentenanalyse informieren: Bortz (1979), Pawlik (1978), Revenstorf (1976), Überla (1971).

4.9.2.2. Die Hauptkoordinatenanalyse

Die Hauptkoordinatenanalyse (principal co-ordinates analysis) wurde von Gower (1966) entwickelt. Sie ist in mancher Hinsicht mit der Hauptkomponentenanalyse vergleichbar. Der entscheidende Unterschied zwischen beiden Verfahren liegt darin, daß die Distanzen zwischen den ursprüngliche Punkten P_i nicht euklidisch sein müssen. Die Hauptkoordinatenanalyse kann deshalb direkt auf Distanz- oder Ähnlichkeitsmatrizen angewendet werden. Sie liefert alleine auf der Basis nichteuklidischer Distanzen ein relativ gutes Abbild des tatsächlichen Sachverhalts, denn die Koordinaten der projizierten Punkte Q_i stehen in linearer Beziehung zu den Werten von P_i.

Das Programm für die Hauptkoordinatenanalyse ist im GENSTAT-Paket enthalten: GENSTAT Secretary, Rothamsted Experimental Station, Harpenden, Herts AL5 2JQ.

Die Anwendungsmöglichkeiten der Hauptkoordinatenanalyse illustrieren die folgenden Beispiele:

Dem ersten Beispiel liegt als Distanzmatrix eine Entfernungstabelle zwischen 48 englischen Städten zugrunde, wie sie in jedem Autoatlas zu finden ist. Die dort enthaltenen Entfernungsangaben sind Straßenkilometer, die sicherlich nicht die euklidischen Distanzen zwischen den Städten wiedergeben.

Trotz dieser Einschränkung liefert der Ausdruck des Rechners eine Verteilung der 48 englischen Städte, die weitgehend mit der tatsächlichen Verteilung übereinstimmt, wie sie die Landkarte zeigt. Plymouth, Dorchester und Barnstaple sind schlecht plaziert, doch liegt dies an der geographischen Besonderheit des englischen Südwestens. Allgemein ist aber die Lösung der beiden ersten Hauptkomponenten mit 94,6% sehr gut. Dieses Beispiel belegt die Leistungsfähigkeit der Methode, die alleine auf der Grundlage einer Distanzmatrix einen „visuellen Output" zu erzeugen vermag, der weitgehend den tatsächlichen Gegebenheiten entspricht.

Das zweite Beispiel geht von einer Ähnlichkeitsmatrix aus (vgl. Everitt, 1978). Als Sachverhalt liegt ihr die Diagnose der Schizophrenie bei 100 Patienten einer psychiatrischen Abteilung zugrunde. Jeder Patient wurde nach acht verschiedenen Kriterien beurteilt (Ziff. 1–8). Zusätzlich lagen zwei rechnergestützte Diagnosen (9, 10) und die Diagnose der Anstalt (11) vor.

Die Interrelationen zwischen den 11 Variablen wurden über Cohens Kappa berechnet und in einer Interkorrelationsmatrix zusammengefaßt. Diese Matrix wertete die Hauptkoordinatenanalyse aus. Den Ausdruck für die zweidimensionale Lösung zeigt Abb. 7.

Obwohl die Güte der Anpassung dieser Lösung mit 40% relativ gering ist, liefert der Ausdruck bereits sehr brauchbare Hinweise zur Formulierung gezielter Fragen:

– Die beiden Verfahren, die am weitesten voneinander entfernt liegen, sind die beiden computergestützten Diagnoseverfahren 9 und 10.
– Das computergestützte Diagnoseverfahren 10 wird von keinem anderen Verfahren bestätigt.
– Das Kriterium 2 hebt sich ebenfalls sehr deutlich von den übrigen Verfahren ab.

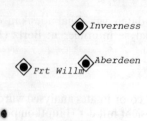

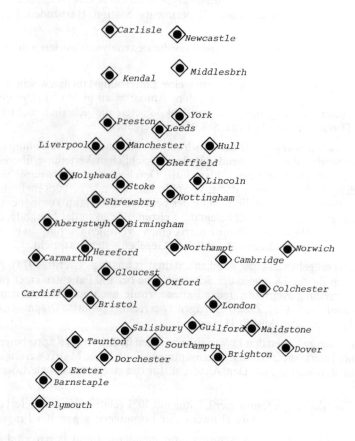

Abb. 6

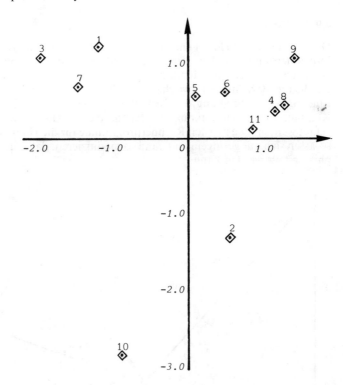

Abb. 7

Diese Befunde lassen sich natürlich auch aus der Interkorrelationsmatrix entnehmen bzw. sind durch die Daten der Matrix dargestellt. Das Lesen der Matrix setzt aber einen Fachmann voraus, wobei nicht abgesichert ist, daß er auch alles Bedeutsame erkennt. Bei der graphischen Lösung hingegen erfaßt selbst ein Laie die Interrelationen zwischen den Variablen mit einem Blick, er kann eine Struktur erkennen und vermag die Punkte zu benennen, die aus dem Rahmen fallen.

Aber auch die Anlage von Tabellen kann so geschehen, daß sie nicht nur der reinen Auflistung von Daten dienen, sondern es ermöglichen, Strukturen erkennen zu lassen. Dazu empfiehlt Ehrenberg (1977) bereits auf die Gestaltung der Urlisten zum Eintrag der Rohdaten größte Aufmerksamkeit zu verwenden – ein Prinzip, das Otto Heller schon wesentlich früher vertrat: (1) Daten so weit wie möglich runden; (2) Zeilen und Spalten nicht beliebig, sondern nach Eigenschaften des Datenmaterials anordnen; (3) übersichtlich und räumlich gut gegliedert darstellen; (4) Platz für Kennwerte lassen (Zwischensummen, Mittelwerte u. dgl.). Chakrapani & Ehrenberg (1976) wandten diese Prinzipien auf Interkorrelationsmatrizen und Matrizen von Faktorenlösungen an, um deren Struktur besser herauszuarbeiten (vgl. auch McGill, 1978; Ramsay, 1980; Taguri et al., 1976).

Weitere Hinweise zur Hauptkoordinatenanalyse finden sich in Hills (1969) und Blackith & Reyment (1971).

4.9.2.3. Biplot

Diese von Gabriel (1971) entwickelte Technik erlaubt, die Beziehungen zwischen Individuen und zwischen Variablen simultan in einer Graphik darzustellen. Die Beziehungen zwischen Individuen werden durch Maße interindividueller Distanzen erfaßt, die Beziehungen zwischen Variablen durch Kovarianz und Korrelation. Eine kurze Beschreibung der Technik gibt Everitt (1978: 28ff.). Biplot kann als Kombination der Hauptkomponentenanalyse und Hauptkoordinatenanalyse aufgefaßt werden. Die meisten Rechnerprogramme für die Hauptkomponentenanalyse lassen sich mit geringem Aufwand so modifizieren, daß eine entsprechende Graphik erstellt werden kann.

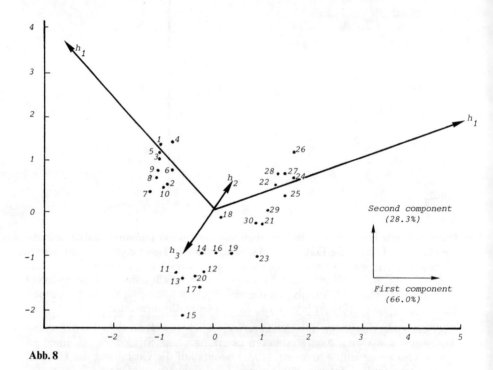

Abb. 8

Abb. 8 zeigt die Anwendung dieser Technik auf eine konstruierte Stichprobe von 30 Vpn. Die Zahlen in der Graphik kennzeichnen jedes der 30 Individuen. Aus der Abbildung ist zu entnehmen, daß die Vpn deutlich drei Cluster bilden. Die Vpn 15, 23, 18 und 26 liegen jeweils am Rande, was Anlaß gibt, ihre Daten gesondert zu betrachten. Die Länge der Pfeile (Vektoren) entspricht der Varianz der vier Variablen. Jeweils zwei besitzen vergleichbare Varianz. Der Winkel, den die Vektoren einschließen, kennzeichnet den Grad ihres Zusammenhanges. Die beiden Variablen h_2 und h_3 sind gegenläufig und deuten eine Korrelation um −.95 an. Winkel um 90° zwischen Variablen kennzeichnen weitgehende Unabhängigkeit.

4.9.2.4. Nichtmetrische multidimensionale Skalierung

Diese Methodengruppe stellt eine Weiterentwicklung der klassischen numerischen multidimensionalen Skalierung dar. Diese war von Torgerson (1952) entwickelt worden, setzte intervallskalierte Ausgangsdaten voraus und beruhte auf der Euklidischen Metrik. Die nichtmetrische multidimensionale Skalierungsmethode (NMDS) kann bei einigen ihrer Modelle auf die Annahme von intervallskalierten Ausgangsdaten und die Euklidische Metrik verzichten (wenn auch die Euklidische Metrik nach wie vor die gebräuchlichste Metrik ist, auf die kein Programm verzichtet!). In diesem Falle stützt sich die Auswertungsprozedur lediglich auf den ordinalen Aspekt der Werte, d. h. auf Rangreihen. Erste Entwürfe für diese Technik stammen von Shepard (1962a, b). Diese Methode wurde von Kruskal (1964a, b) weiterentwickelt (M-D-SCAL). Guttman & Lingoes (1967) und Tucker (1972) legten ebenfalls Auswertungstechniken vor. Die Vorteile der NMDS sind ausführlich bei Ahrens (1974: 167ff.) und Kühn (1976: 83f.) dargestellt.

Ohne auf technische Details einzugehen, sei die Auswertungsprozedur kurz beschrieben (vgl. Everitt, 1978):

1. Schritt: Aus den Werten (s_{ij}) einer (Un-)Ähnlichkeitsmatrix wird eine Rangreihe gebildet. Wegen der Symmetrie der Matrix besteht die Rangreihe aus $n(n-1)/2$ Gliedern.
2. Schritt: Es wird die Konfiguration von n-Gegenständen durch n Punkte in einem niedrigdimensionalen Raum durch die Punkte Q_i dargestellt. Die Distanz zwischen zwei Punkten Q_i und Q_j wird mit d_{ij} bezeichnet.
3. Schritt: Diese Distanzen d_{ij} werden ebenfalls in eine Rangreihe gebracht.
4. Schritt: Die Ähnlichkeiten s_{ij} werden mit den Distanzen d_{ij} in der Art verglichen, daß große Distanzen einer geringen Ähnlichkeit entsprechen, und umgekehrt.
5. Schritt: Die Ähnlichkeit beider Rangreihen (goodness of fit) wird verglichen. Als Maß der Ähnlichkeit dient z. B. das Maß „Stress" von Kruskal (1964a).
6. Schritt: Die im niedrigdimensionalen Raum zu konstruierende Konfiguration Q_i wird so lange geändert, bis optimale Passung erzielt worden ist (Kruskals Minima-Prinzip).

Als Rechnerprogramme stehen zur Verfügung: M-D-SCALE von Kruskal. Guttman & Lingoes (Lingoes, 1972) entwickelten eine Reihe von Programmen, die unter dem Namen „smallest space analysis" (SSA) laufen. Weiterhin steht das Programmpaket MDS (X) zur Verfügung: Multidimensional Scaling Programs, Edinburgh Version, Version SV 1.0. Kontaktadresse: Zentralarchiv für empirische Sozialforschung der Universität Köln. Das Programm ist u. a. auch in den Hochschulrechenzentren Mannheim und Kaiserslautern auf der Siemens-Anlage installiert.

Obwohl zur multidimensionalen Skalierung eine umfangreiche internationale Literatur vorliegt, sind diese Techniken im deutschsprachigen Raum fast ausschließlich auf Urteils- und Entscheidungsprozesse beschränkt (vgl. Ahrens, 1974, Kühn, 1976). Das folgende Beispiel ist diesem Bereich entnommen:

Als Ausgangsmaterial dienten die 36 Signale des Morsealphabets (vgl. Kruskal, 1971). Den Vpn, die die Morsezeichen nicht kannten, wurden jeweils zwei Signale mit einem zeitlichen Abstand von 1,4 Sekunden vorgegeben. Die Signale präsentierte ein Signalgeber. Die Vpn hatten lediglich zu beurteilen, ob die Signale gleich oder verschieden seien. Jedes Signalpaar hörten ca. 150 Vpn, und der Prozentsatz der „gleich"-Urteile diente als Maß der Ähnlichkeit.

Tab. 1

	A	B	C	D	E	F	G	H	I	J	K	L	M	N	O	P	Q	R	S	T	U	V	W	X	Y	Z	1	2	3	4	5	6	7	8	9	Ø	
A	92	04	06	13	03	14	10	13	46	05	22	03	25	34	06	06	09	35	23	06	37	13	17	12	07	03	02	07	05	05	08	06	05	06	02	03	A
B	05	84	37	31	05	28	17	21	05	19	34	40	06	10	12	22	25	16	18	02	18	34	08	84	30	42	12	17	14	40	32	74	43	17	04	04	B
C	04	38	87	17	04	29	13	07	11	19	24	35	14	03	09	51	34	24	14	06	06	11	14	32	82	38	13	15	31	14	10	30	28	24	18	12	C
D	08	62	17	88	07	23	40	36	09	13	81	56	08	07	09	27	09	45	29	06	17	20	27	40	15	33	03	09	06	11	09	19	08	10	05	06	D
E	06	13	14	06	97	02	04	04	17	01	05	06	04	04	05	01	05	10	07	67	03	03	02	05	06	05	04	03	05	03	05	02	04	02	03	03	E
F	04	51	33	19	02	90	10	29	05	33	16	50	07	06	10	42	12	35	14	02	21	27	25	19	27	13	08	16	47	25	26	24	21	05	05	05	F
G	09	18	27	38	01	14	90	06	05	22	33	16	14	13	82	52	23	21	05	03	15	14	32	21	23	39	15	14	05	10	04	10	17	23	20	11	G
H	03	45	23	25	09	32	08	87	10	10	09	29	05	08	08	14	08	17	37	04	36	59	09	33	14	11	03	09	15	43	70	35	17	04	03	03	H
I	64	07	07	13	10	08	06	12	93	03	05	16	13	30	07	03	05	19	35	16	10	05	08	02	05	07	02	05	08	09	06	08	05	02	04	05	I
J	07	09	38	09	02	24	18	05	04	85	22	31	08	03	21	63	47	11	02	07	09	09	22	32	28	67	66	33	15	07	11	28	29	26	23	J
K	05	24	38	73	01	17	25	11	05	27	91	33	10	12	31	14	31	22	02	02	23	17	33	63	16	18	05	09	17	08	08	18	14	13	05	06	K
L	02	69	43	45	10	24	12	26	09	30	27	86	06	02	09	37	36	28	12	05	16	19	20	31	25	59	12	13	17	15	26	29	36	16	07	03	L
M	24	12	05	14	07	17	29	08	08	11	23	08	96	62	11	11	10	15	20	07	09	13	04	21	09	18	08	05	07	06	06	05	07	11	07	10	M
N	31	04	13	30	08	12	10	16	13	03	16	08	59	93	05	09	05	28	12	10	16	04	12	04	06	11	05	02	03	04	04	06	02	02	10	02	N
O	07	07	20	06	05	09	76	07	02	39	26	10	04	08	86	37	35	10	03	04	11	14	25	35	27	27	19	17	07	07	06	18	14	11	20	12	O
P	05	22	33	12	05	36	22	12	03	78	14	46	05	06	21	83	43	23	09	04	12	19	19	19	41	30	34	44	24	11	15	17	24	23	25	13	P
Q	08	20	38	11	04	15	10	05	02	27	23	26	07	06	22	51	91	11	02	03	06	14	12	37	50	63	34	32	17	12	09	27	40	58	37	24	Q
R	13	14	16	23	05	34	26	15	07	12	21	37	14	12	12	29	08	87	16	02	23	23	62	14	12	13	07	10	13	04	07	12	07	09	01	02	R
S	17	24	05	30	11	26	05	59	16	03	13	10	05	17	06	06	03	18	96	09	56	24	12	10	06	07	08	02	02	15	28	09	05	05	05	02	S
T	13	10	01	05	46	03	06	06	14	06	14	07	06	05	06	11	04	04	07	96	08	05	04	02	02	06	05	05	03	03	03	08	07	06	14	06	T
U	14	29	12	32	04	32	11	34	21	07	44	32	11	13	06	20	12	40	51	06	93	57	34	17	09	11	06	06	16	34	10	09	09	07	04	03	U
V	05	17	24	16	09	29	06	39	05	11	26	43	04	01	09	17	10	17	11	06	32	92	17	57	35	10	10	14	28	79	44	36	25	10	01	05	V
W	09	21	30	22	09	36	25	15	04	25	29	18	15	06	26	20	25	61	12	04	19	20	86	22	25	22	10	22	19	16	05	09	11	06	03	07	W
X	07	64	45	19	03	28	11	06	01	35	50	42	10	08	24	32	61	10	12	03	12	17	21	91	48	26	12	20	24	27	16	57	29	16	17	06	X
Y	09	23	62	15	04	26	22	09	01	30	12	14	05	06	14	30	52	05	07	04	06	13	21	44	86	23	26	44	40	15	11	26	22	33	23	16	Y
Z	03	46	45	18	02	22	17	10	07	23	21	51	11	02	15	59	72	14	04	03	09	11	12	36	42	87	16	21	27	09	10	25	66	47	15	15	Z
1	02	05	10	03	03	05	13	04	02	29	05	14	09	07	14	30	28	09	04	02	03	12	14	17	19	22	84	63	13	08	10	08	19	32	57	55	1
2	07	14	22	05	04	20	13	03	25	26	09	14	02	03	17	37	28	06	05	03	06	10	11	17	30	13	62	89	54	20	05	14	20	21	16	11	2
3	03	08	21	05	04	32	06	12	02	23	06	13	05	02	05	37	19	09	07	06	04	16	06	22	25	12	18	64	86	31	23	41	16	17	08	10	3
4	06	19	19	12	06	25	14	16	07	21	13	19	03	03	02	17	29	11	09	03	17	55	08	37	24	03	05	26	44	89	42	44	32	10	03	03	4
5	08	45	15	14	02	45	04	67	07	14	04	41	02	00	04	13	07	09	27	02	14	45	07	45	10	10	14	10	30	69	90	42	24	10	06	05	5
6	07	80	30	17	04	23	04	14	02	11	11	27	06	02	07	16	30	11	14	03	12	30	09	58	28	35	50	14	26	24	17	86	69	14	05	14	6
7	06	33	22	14	05	25	06	04	06	24	13	32	07	06	07	36	39	12	06	02	03	13	09	30	30	50	22	29	18	15	12	61	85	70	20	13	7
8	03	23	40	06	03	15	15	06	02	33	10	14	03	06	14	12	45	02	06	04	06	07	05	24	35	50	42	29	16	16	09	30	60	89	61	26	8
9	03	14	23	03	01	06	14	05	02	30	06	07	16	11	10	31	32	05	06	07	06	03	08	11	21	24	57	39	09	12	04	11	42	56	91	78	9
Ø	09	03	11	02	05	07	14	04	05	30	08	03	02	03	25	21	29	02	03	04	05	03	02	12	15	20	50	26	09	11	05	22	17	52	81	94	Ø

Die Werte in der 36 × 36-Tabelle lassen bei Betrachtung noch keine Struktur erkennen. Die Analyse ergab für den durch zwei Dimensionen aufgespannten Raum die in Abbildung 9 dargestellte Konfiguration.

Deren Struktur sollte der Leser zunächst zu ermitteln versuchen, bevor er Abb. 10 betrachtet.

In Abb. 10 bezieht sich die vertikale Achse auf die Länge der Signale. Die gebogenen waagrechten Linien trennen die Segmente, die 1, 2, 3, 4 oder 5 Komponenten (Punkte oder Striche) umfassen. Innerhalb eines jeden Segments ist eine waagrechte Orientierung zu erkennen, die durch den Anteil der Punkte und Striche bei jedem Signal bestimmt ist.

Weitere Beispiele in Shepard (1973).

Die NMDS ist jedoch nicht nur auf dem Gebiet wahrgenommener Ähnlichkeiten einsetzbar. Sie kann auch auf Korrelationsmatrizen angewendet und damit zur

Abb. 9

Analyse von Testdaten herangezogen werden. Das folgende Beispiel bezieht sich auf die LPS-Daten von 100 Schülern der 4. Jahrgangsstufe (vgl. Bergemann et al., 1981, Daumenlang & Johann, 1981). Die Interkorrelationsmatrix der Subtests des LPS wurde nach dem Prinzip der „smallest-space-analysis" von Guttman und Lingoes ausgewertet: Programm MINISSA aus dem Programmpaket MDS (X). Das Ergebnis für die zweidimensionale Lösung zeigt Abb. 11.

Die Zahlen kennzeichnen den Ort der Subtests. Diese Verteilung und die inhaltliche Bestimmung der Subtests gestatten, den Raum in drei Segmente einzuteilen. Das erste Segment umfaßt sprachliche Leistungen, das zweite sowohl Tests mit Wahrnehmungsleistungen (4, 8, 9, 10, 11) als auch sog. Reasoningtests (3, 7). Letztere liegen jedoch deutlich am Rande. Segment 3 umschließt die Tests 6, 14, 15, denen eine motivationale Komponente zugesprochen werden kann.

Zusätzlich zu dieser Analyse kann die NMDS zur Überprüfung von Faktorenlösungen eingesetzt werden. Zu diesem Zweck wurde die Interkorrelationsmatrix der LPS-Daten um die Faktoren der Faktorenanalyse erweitert, indem die Ladungen der Subtests auf die Faktoren als Korrelationskoeffizienten betrachtet wurden (vgl. Schlesinger & Guttman, 1969). Das Ergebnis dieser Analyse zeigt Abb. 12.

Nach diesem Befund ordnen sich die ersten drei Faktoren gut in die entsprechenden Segmente ein. Für ihre Unabhängigkeit sprechen die in etwa gleichen Abstände

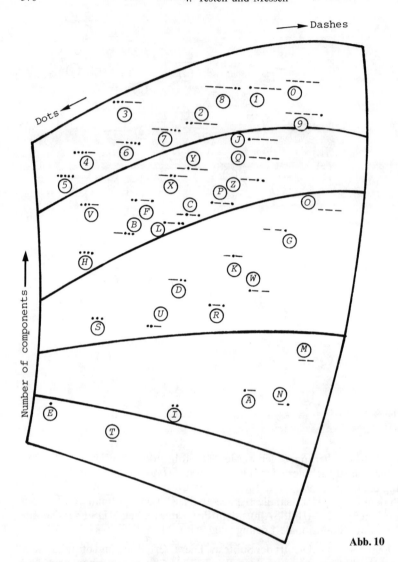

Abb. 10

zwischen ihnen und ihre ringförmige Anordnung um den Ursprung der Dimensionen. Die Faktoren 4 und 5 liegen auf bzw. an den Grenzen zwischen den Segmenten. Nachdem ihr Eigenwert kleiner als eins ist, werden sie gewöhnlich nicht mehr berücksichtigt. Ihre spezifische Lage könnte jedoch zur Formulierung neuer Hypothesen Anlaß geben. In diesem Zusammenhang sei auf Schlesinger & Guttman (1969) verwiesen, die bemängeln, daß die Relation zwischen Faktoren bisher selten als Träger von relevanten Informationen gesehen worden sei. Allgemein lassen diese Befunde erwarten, daß die NMDS, besonders auch unter meßtheoretischen Gesichtspunkten, eine gute Ergänzung bzw. eine echte Alternative zur Faktorenanalyse werden könnte.

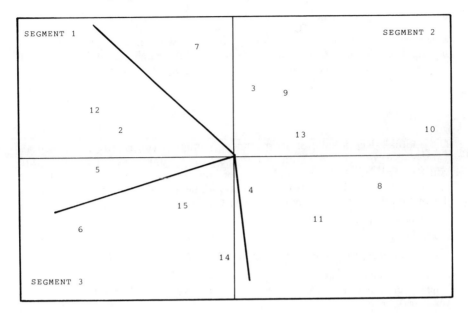

Abb. 11

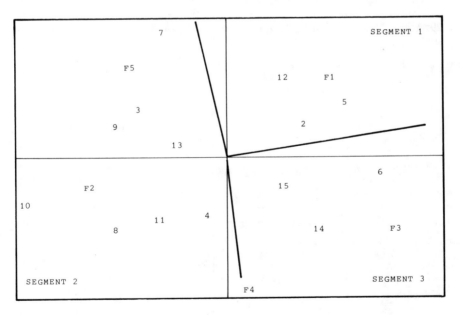

Abb. 12

4.9.2.5. Non-linear mapping

Diese Methode ist von Sammon (1969) entwickelt worden. Die Verknüpfung der niedrigdimensionalen Repräsentation Q_i mit dem ursprünglichen p-dimensionalen Raum P_i wird bei dieser Methode über folgende Beziehung geschätzt:

$$E = \frac{1}{\sum d^{ij}{}_{i < ji < j}} \; \sum \frac{(d^{ij} - d^{ij})^2}{d^{ij}}$$

Die optimale Repräsentation ist bei einem Minimum von E erreicht. E wird als „mapping-error" bezeichnet und erfüllt die gleiche Funktion wie das Stress-Maß von Kruskal. Bei dieser Methode ist allerdings zu beachten, daß die Distanzen euklidischer Art sind, und zwar sowohl im p-dimensionalen Raum (P_i) als auch in der niedrigdimensionalen Repräsentation Q_i.

Die Adaptation des ursprünglich von Sammon entwickelten Programms erfolgte durch Howarth (1973).

Ein alternatives Programm entwickelten Chang & Lee (1973).

Diese Methode kann einmal eingesetzt werden, um Clusterbildungen zu ermitteln. Eine weitere und sehr interessante Einsatzmöglichkeit besteht aber darin, den Kurvencharakter von Datenkonfigurationen in einem mehrdimensionalen Raum zu erfassen.

Everitt (1978: 33f.) gibt ein Beispiel, wonach in einem fünfdimensionalen Raum durch die folgenden Gleichungen 30 Punkte erzeugt worden sind: $X = \cos(Z)$, $Y = \sin(Z)$, $U = 0,5 \cos(2Z)$, $V = 0,5 \sin(2Z)$, $Z = 1/\sqrt{2} \cdot t$. t variierte von 0 bis 29. Abb. 13 läßt deutlich die Struktur dieser Punkte in der zweidimensionalen Darstellung erkennen.

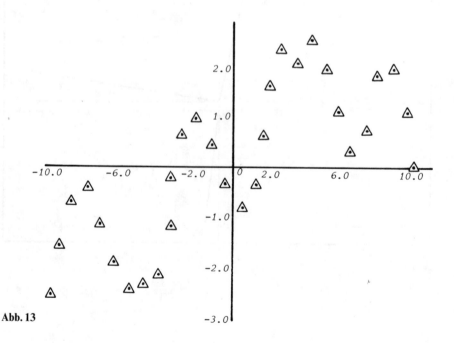

Abb. 13

4.9.2.6. Prüfverfahren

Bei den bisherigen Techniken wurden bereits Verfahren genannt, um die Güte der Anpassung der zweidimensionalen Repräsentation an die Struktur des multivariaten Datensatzes abzuschätzen. Diese Verfahren seien zusammen mit anderen, noch nicht erwähnten, hier nochmals aufgeführt:

(1) das Maß Stress (S) von Kruskal (1964a),
(2) mapping-error (E) von Sammon (1969),
(3) die sog. Cophenetic Korrelation für den Vergleich zweier Mengen von Distanzen: Sokal & Rholf (1962), Kruskal & Carroll (1969).
(4) das Maß „delta" von Hartigan (1967),
(5) der „minimum-spanning-tree" nach den Programmen von Ross (1969a, b).

Nachdem diese Methode speziell für zweidimensionale Darstellungen entwickelt wurde, sei sie kurz beschrieben: In der Graphik kennzeichnen geradlinige Verbindungen die Punkte mit geringster Distanz bzw. größter Ähnlichkeit. In der Regel liegen die Punkte mit der größten Ähnlichkeit nahe beieinander.

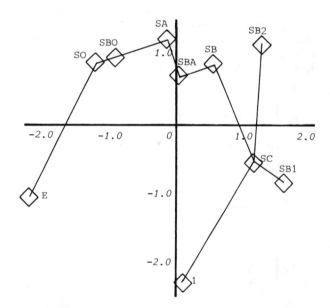

Abb. 14

Die Äste des Baumes (spanning-tree) verbinden also die ähnlichsten und damit im allgemeinen auch nächsten Punkte. Da aber die zweidimensionale Darstellung multivariater Daten nur eine Annäherung an die tatsächliche Verteilung ist, können im niedrigdimensionalen Raum auch einmal zwei Punkte mit geringer Ähnlichkeit eng benachbart sein. Abb. 14 zeigt, daß wegen der räumlichen Nähe die beiden Punkte SB und SB2 als sehr ähnlich beurteilt würden, während der Punkt SC relativ unähnlich ist, weil er weiter entfernt liegt. Der Ausdruck des minimum-spanning-trees zeigt jedoch, daß sowohl SB als auch SB2 zu dem entfernteren Punkt SC jeweils größere Ähnlichkeit aufweisen als untereinander. Diese Methode ist damit eine notwendige Ergänzung, um auf graphischem Wege die Angemessenheit der auf graphischen Darstellungen basierenden Aussagen und Hypothesen abzuschätzen.

4.9.2.7. Informativere Graphen

Bei den bisherigen zweidimensionalen Darstellungen ist als Mangel zu bezeichnen, daß in den Punktwolken ein einzelnes Datum nur nachträglich und dann relativ schwierig zu identifizieren ist (vgl. Abb. 1). Einen gewissen Informationsgewinn bedeutet es, wenn anstelle der Punkte, oder ihnen zugeordnet, Zahlen im Ausdruck erscheinen (vgl. Abb. 2). Trotzdem sind in der Wahrnehmung derartige Darstellungen den Punktwolken nicht wesentlich überlegen, auch wenn sie einer anschließenden Analyse besser zugänglich sind. Gower (1967) versuchte den Informationsgehalt von zweidimensionalen Darstellungen dadurch zu erhöhen, daß er die Ausprägung jedes Datums (Punktes) auf einer dritten Variablen durch Pfeile in Ost-West-Richtung darstellte, für die vierte Variable waren die Vektoren in Nord-Süd-Richtung orientiert. Alternativ dazu kann die Ausprägung auf einer dritten Variablen durch unterschiedlichen Fettdruck dargestellt werden (Everitt, 1978). Welche Möglichkeiten sich eröffnen, wenn Punktwolken graphisch dadurch aufgewertet werden, daß die zweidimensionale Darstellung eine dritte (und weitere) Variablen berücksichtigt, zeigt ein Beispiel von Bickel et al., (1975): Sie untersuchten an der Universität von Californien den Zusammenhang zwischen der Zulassungsrate und dem Anteil der Bewerbung weiblicher Studenten in den verschiedenen Abteilungen. Würde jede Abteilung durch einen Punkt in der Graphik veranschaulicht, ergäbe sich zunächst kein Zusammenhang. Stellt man jedoch die relative Größe jeder Abteilung durch ein Quadrat dar (vgl. Abb. 15), so ergibt sich deutlich eine negative Korrelation, bedingt durch die großen Abteilungen.

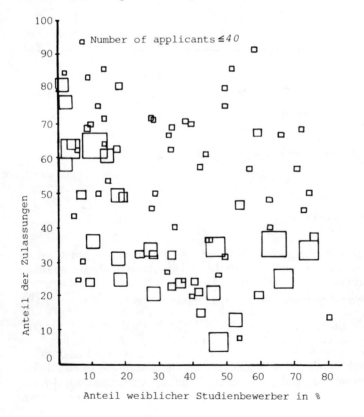

Abb. 15

Weitere graphische Darstellungsmöglichkeiten bestehen darin, daß eine 4. und 5. Variable als „Wetterfahne" angehängt wird: Länge und Richtung des Vektors symbolisieren die Ausprägungen (vgl. Bruntz u. a., 1974). Bachi (1978) verwendete verschiedene Farben und kam zu ästhetisch sehr ansprechenden Darstellungen, die sich jedoch nur für kleine Auflagen eignen. Allgemein zeigen diese Arbeiten den Vorteil und die Notwendigkeit, die Ausprägung auf mehr als zwei Dimensionen bei der graphischen Analyse von Daten zu berücksichtigen. Die naheliegende Lösung, perspektivische Darstellungen für drei Dimensionen zu wählen, hat sich im allgemeinen nicht bewährt (Tufte, 1978).

4.9.3. Graphische Darstellungen bei Clusteranalysen

Die Technik der Clusteranalyse hat in letzter Zeit zunehmend Beachtung gefunden (vgl. Steinhausen & Langer, 1977, Eckes & Rossbach, 1980). Clusterbildungen wurden bei den bisherigen Techniken wiederholt angesprochen, so bei der Hauptkomponentenanalyse oder bei der „Non-linear mapping"-Methode. Die folgenden graphischen Darstellungen sind den sog. hierarchischen Techniken auf der Grundlage von Distanz- und Ähnlichkeitsmatrizen zuzuordnen. Diese lassen deutlich den Verlauf der Clusterbildung erkennen. Es sind dabei zwei Arten zu unterscheiden: Agglomerative Verfahren beschreiben die Fusion von Clustern zu immer umfangreicheren Clustern, und divisive Techniken stellen die sukzessive Aufspaltung von umfangreichen Clustern dar. Beide Arten verwenden das sog. Dendrogramm, um die Fusionen bzw. Partitionen zu veranschaulichen (vgl. Abb. 16).

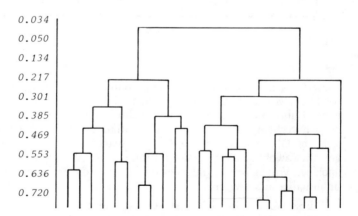

Abb. 16

Das gebräuchlichste Programm ist CLUSTAN 1C von D. Wishart (1978).

In Abb. 16 sind auf der X-Achse die Variablen dargestellt, auf der Y-Achse die entsprechenden Fusionskoeffizienten eingetragen. Es kann nachvollzogen werden, welche Variablen bei variierenden Homogenitätsforderungen zu Clustern bzw. welche Cluster zu einem Cluster höherer Ordnung zusammengefaßt worden sind.

Weitere Aufschlüsse über die Struktur des Datensatzes können erhalten werden, wenn die NMDS-Methode auf die dem Dendrogramm zugrundeliegende Korrelationsmatrix angewendet wird (vgl. Everitt, 1978: 49f.). Abb. 17 zeigt die zweidimensionale Lösung.

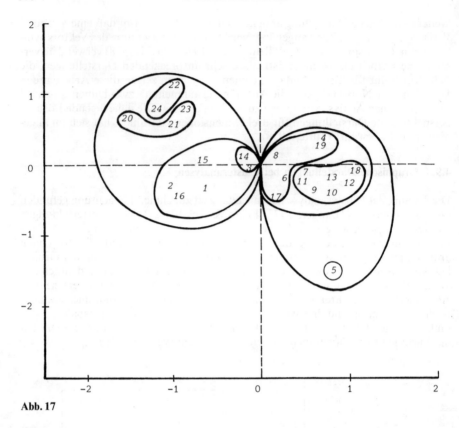

Abb. 17

Diese Darstellung besitzt den Vorzug, daß die inhaltliche Seite stärker beachtet wird, d. h. welche Variablen die einzelnen Cluster bilden bzw. welche Cluster sich zu neuen Clustern zusammenschließen, während das Dendrogramm durch die Länge der senkrechten Linien vor allem die Variation der Fusionskoeffizienten berücksichtigen läßt. Bergemann u. a. (1981) schlagen die in Tab. 2 dargestellte Lösung vor, die sowohl den Verlauf der Fusion wie im Dendrogramm deutlich macht als auch den Vorzug besitzt, auf jeder Fusionsstufe die Zusammensetzung der Cluster unmittelbar aufzuzeigen.

Auf diese Weise ist es leichter, die Cluster auf den verschiedenen Partitionsstufen inhaltlich zu definieren und neu hinzukommende Subtests oder Cluster nicht nur als Nummern zu sehen. So kann nachvollzogen werden, wie sich die Bedeutung eines Clusters im Verlauf der Fusion etabliert (agglomerative Methode) bzw. wie sich eine globale Bedeutung bei der divisiven Methode differenziert und spezifiziert. Um die Variation der Fusionskoeffizienten wie im Dendrogramm stärker zu berücksichtigen, kann der Abstand zwischen den Zeilen entsprechend variiert werden.

Clusterbildungen können auch in der Weise vorgenommen werden, daß die Elemente der Matrizen je nach ihrem Wert durch Symbole unterschiedlichen graphischen Charakters dargestellt werden. Das Programm SHADE, von Ling (1973) entwickelt, variiert die Reihenfolge der ursprünglichen Matrix so lange, bis Personen (Variable), die zum gleichen Cluster gehören, in benachbarten Reihen bzw.

Tab. 2

Partitionsstufe	Clusterhierarchie	Fusionskoeffizient
	4. Jahrgangsstufe (10; 5 Jahre)	
P 18	(1, 3, 6, 9, 10, 11, 12, 13, 14, 15, Mf, Mz, Re, Br, Gr, Us, Bz, Ko)	2.538
P 17	(1, 3, 6, 9, 10, 12, 13, 15, Mf, Mz, Br, Gr, Bz, Ko) (11, 14, Re, Us)	2.300
P 16	(1, 3, 6, 10, 12, 15, Mf, Bz) (9, 13, Mz, Br, Gr, Ko) (11, 14, Rr, Us)	2.178
P 15	(1, 3, 10) (6, 12, 15, Mf, Bz) (9, 13, Mz, Br, Gr, Ko) (11, 14, Re, Us)	2.071
P 14	(1, 3, 10) (6, 12, 15, Mf, Bz) (9, Gr) (13, Mz, Br, Ko) (11, 14, Re, Us)	1.912
P 13	(1, 3, 10) (6, 12, 15, Mf, BZ) (9, Gr) (13, Mz, Br, Ko) (14, Re, Us) (11)	1.833

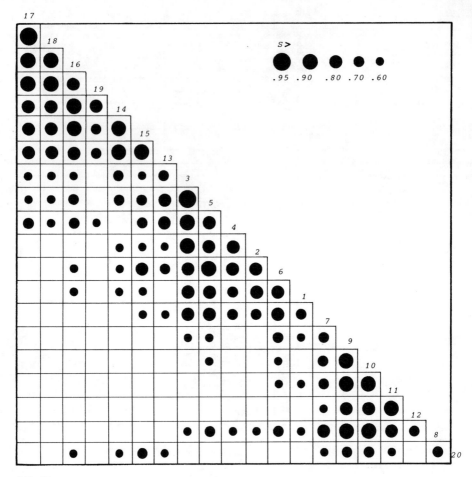

Abb. 18

Spalten angeordnet sind (vgl. Abb. 18). Die Clusterbildungen sind dann unmittelbar aus dem Ausdruck zu entnehmen.

Eine weitere Möglichkeit der Darstellung kann in Form der „Taxometric maps" erfolgen. Sie wurden von verschiedenen Autoren entwickelt (DeLey, 1962; Moss, 1967). In dieser Technik sind die einzelnen Cluster durch Kreise dargestellt, deren Radius der Distanz entspricht, welche zwischen den beiden entferntesten Punkten (Variablen, Personen) des Clusters besteht. Einzelne Variable werden durch Punkte symbolisiert. Die Länge der Verbindungslinien zwischen den Clustern zeigt die Distanz zwischen ihnen an.

Muß aus Darstellungsgründen die Entfernung zwischen zwei Clustern größer gewählt werden, so wird der Teil der Verbindungslinie gestrichelt, der das Distanzmaß übersteigt. Muß die Entfernung gestaucht werden, so erhält die Verbindungslinie einen v-förmigen Knick (vgl. Abb. 19).

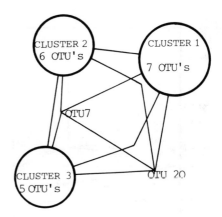

Abb. 19

Der mögliche Vorteil der „Taxometric maps" gegenüber der in der Abb. 18 dargestellten Matrizenform kann durch den Vergleich der Lage der Variablen 7 und 20
demonstriert werden. Variable 20 ist in etwa gleich weit von allen 3 Clustern entfernt, während Variable 7 deutlich zwischen den Clustern 2 und 3 liegt.

Das Programm TAXMAP (vgl. Carmichael & Sneath, 1969) druckte die notwendigen Informationen zum Zeichnen aus. Nach den in Carmichael und Sneath gegebenen Hinweisen sollten, nach der Auffassung von Everitt (1978), aber auch die zur
Verfügung stehenden Programme entsprechend modifiziert werden können.

4.9.4. Andrews Plott

Andrews (1972) stellt eine Methode vor, welche die visuelle Repräsentation von
mehrdimensionalen Daten dadurch vornimmt, daß jedes Datum durch eine gesonderte Funktion dargestellt wird. Durch diese Methode lassen sich leicht Clusterbildungen erkennen und Ausreißer in multivariaten Datensätzen identifizieren. Andrews Methode basiert auf folgender einfacher Überlegung: Jedes p-dimensionale
Datum $(x = x_1, \ldots, x_p)$ definiert eine Funktion

$$f_x(t) = \frac{x_1}{\sqrt{2}} + x_2 \cdot \sin(t) + x_3 \cdot \cos(t) + x_4 \cdot \sin(2t) + \ldots$$

Diese Funktion wird im Bereich $-\pi \leqslant t \leqslant +\pi$ ausgedruckt. Auf diese Weise wird
die zu untersuchende Menge von Daten durch eine Menge von Linien (Funktionen)
auf dem Ausdruck dargestellt. In diesen Darstellungen bleiben die euklidischen
Distanzen erhalten: Punkte, die im p-dimensionalen Raum eng benachbart sind,
werden durch Linien dargestellt, die für alle Werte von t eng benachbart bleiben. Die
im ursprünglichen Raum entfernteren Punkte werden durch Linien repräsentiert,
die zumindest für einige Werte von t weit auseinander liegen.

Diese Methode setzt voraus, daß ein Mikrofilm-Plotter zur Verfügung steht.

In Abb. 20 sind die Meßwerte der Zähne von Affen und Menschen dargestellt. Die
Lauflinien belegen, daß Menschen und Affen zwei gut getrennte Gruppen (Cluster)
bilden. In der Gruppe der Affen weichen die Schimpansen stark von der Gruppe der

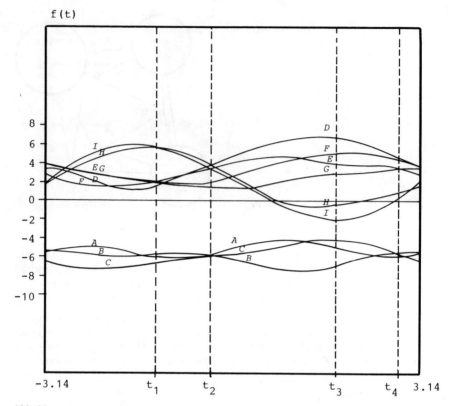

Abb. 20

Gorillas und Orang-Utans ab. In den Punkten t_2 und t_4 hat die Gruppe der Menschen annähernd gleiche Werte, während derartiges für die Gruppe der Affen bei keinem Wert von t festzustellen ist. Im Gegensatz zur Gruppe der Menschen bildet somit die Gruppe der Affen keine homogene Gruppe. Lediglich in t_1 haben Gorillas und Orang-Utans untereinander und die Schimpansen untereinander vergleichbare Werte. Der Punkt t_3 markiert die Stelle der größten Streuung zwischen allen Mittelwerten der verschiedenen Gruppen.

Zur Entwicklung weiterer Annahmen kann es sehr nützlich sein, die Werte der Funktionen bei derartig speziellen t-Werten zu analysieren. Nach Andrews ist $f_x(t_o)$ proportional der Länge der Projektion des Vektors x auf den Vektor $f_1(t_o)$.

$$f_1(t_0) = \left(\frac{1}{\sqrt{2}}, \sin(t_0), \cos(t_0), \sin(2t_0), \cos(2t_0), \ldots \right)$$

Diese Projektion in den eindimensionalen Bereich kann Zusammenhänge aufzeigen, die eben nur in diesem Teilbereich sichtbar werden.

Für den Fall, daß durch zu viele Punkte bzw. Funktionen die Darstellung unübersichtlich wird, werden entweder nur jeweils 10 Werte aufgenommen oder nur die Werte ausgewählt, deren Zusammenhang analysiert werden soll. Durch diese Aufteilung des Gesamtdatensatzes in überlappende Teile läßt sich eine ziemlich gute Vorstellung von der Struktur und den Besonderheiten des Datensatzes gewinnen.

4.9.5. Chernoffs Faces

Abschließend soll noch eine Technik vorgestellt werden, die auf den ersten Blick hin eher belustigend als ernstzunehmend wirkt: Die „Faces" von Chernoff (1973). Das Prinzip dieser Technik besteht darin, daß die p Dimensionen eines Datums den p Merkmalen eines Gesichts zugeordnet werden. Entsprechend der Ausprägung des Datums auf der jeweiligen Dimension ändert sich das Merkmal wie Haaransatz, Kinnlinie, Augengröße, Mund, Abstand zwischen den Augen, Augenstellung, Mundstellung usw. Eine Stichprobe von Beobachtungsdaten wird somit durch ein Kollektiv verschiedener Gesichter repräsentiert, die bei Fragen der Clusterbildung, Ausreißern, Diskriminanzanalyse und Zeitreihenanalyse herangezogen werden können.

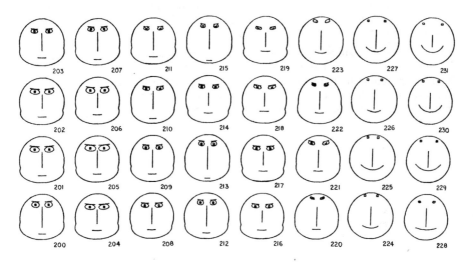

Abb. 21

Für diese Technik ist ebenfalls ein Mikrofilm-Plotter Voraussetzung. Ein entsprechendes Programm wurde von Frith entwickelt.

Abb. 21 zeigt ein Beispiel von Chernoff, das sich allerdings auf Fossilien bezieht. Deutlich sind Clusterbildungen wahrzunehmen, doch erkennt jeder Betrachter, daß sie hauptsächlich durch die Augengröße determiniert sind. Diesem Einwand, daß bestimmte Merkmale des Gesichts hervortreten (vgl. die ältere Ausdruckspsychologie), kann dadurch begegnet werden, daß die Zuordnung der Dimensionen zu Merkmalen systematisch variiert und die Zuordnung gewählt wird, die der untersuchten Fragestellung am besten entspricht (Jacob et al., 1976). So wird das Ausmaß depressiver Einstellung z. B. nicht angemessen durch ein lächelndes Gesicht wiedergegeben. Jacob et al. (1976) und Wainer (1979a) bestätigen die Brauchbarkeit des Verfahrens. Variationen des Ansatzes von Chernoff liegen vor, so hat Wakimoto (1977) die Körpersilhouette gewählt, Wainer (1979b) die Zeichnung eines

Hasen. Die Anwendung auf psychologische Daten steht noch aus, ist jedoch durch
den Verfasser in Vorbereitung.

4.9.6. Zusammenfassung und Ausblick

Graphische Techniken können und beabsichtigen nicht, statistische Techniken
gleich welcher Art zu ersetzen, sondern graphische und statistische Techniken sind
als komplementär zu verstehen: „Die graphischen Techniken sind mit dem Detektiv
zu vergleichen, der nach Indizien sucht, um das Geheimnis der Daten zu lüften. Die
formalen numerischen Verfahren der Inferenzstatistik sind dem Richter vergleichbar, der diese Indizien abwägt und festlegt, wieviel Vertrauen sie verdienen" (Tukey, 1970, nach Everitt, 1978: 4). Den graphischen Techniken kommt damit primär
eine heuristische Funktion zu, indem sie den Forscher rasch die wichtigsten Informationen gewinnen lassen, woraufhin Fragestellungen präzisiert und adäquate statistische Verfahren ausgewählt werden.

Optimale Analysen erfordern ein entsprechend flexibles Medium zur Repräsentation der Daten. Eine Möglichkeit ist der Film (Feinberg, 1973), wie es Biderman
(1971) in seiner „Kinostatistics" vorschlägt.

Eine rechnergestützte Möglichkeit entwickelten Friedman et al., (1979) mit PRIM-
9: Auf dem Bildschirm kann ein Skattergram für zwei beliebige Dimensionen des
Datensatzes eingestellt und anschließend um eine beliebige dritte Dimension rotiert
werden. Den nächsten Schritt zur Holographie unternahm bereits Dutton mit „Ma-
nifested Destiny". Über derartige dynamische Verfahren informiert Posten (1977).

4.10. Die Messung von Veränderungen

von Franz Petermann

4.10.1. Fragestellungen und Ziele der Veränderungsmessung

Der Problem- und Themenkatalog der Psychologie und der Sozialwissenschaften weist oftmals nicht alle Fragestellungen eindeutig aus, die sich mit Veränderungsmessung beschäfigen bzw. deren präzise Beantwortung eine Veränderungsmessung nötig machen würde. Man stellt vielfach fest, daß Fragen nach der Einstellungsänderung von Rezipienten (Petermann, 1980), dem veränderten Konsumentenverhalten (Meffert & Steffenhagen, 1977), der Diffusion und Übernahme von Ideen (Kaas, 1973), Lern- und Sozialisationsprozessen (Renn, 1973; Goldstein, 1979) nur selten mit Hilfe explizit formulierter Modelle über die erwartete Veränderung bearbeitet werden.

Veränderungsmessung wird als Anliegen formuliert, Bedingungs- und Zustandsänderungen in Abhängigkeit von Wirkfaktoren zu beleuchten (vgl. Sprung & Sprung, 1977); alle Ansätze zur Veränderungsmessung untersuchen hierzu mehrmals ein und dieselbe Stichprobe mit ein und demselben Erhebungsverfahren. Neben dem Begriff „Veränderungsmessung" finden sich in der Literatur u. a. folgende synonym gebrauchte Begriffe: Prozeßanalyse, Längsschnittbetrachtung, Panelstudie, Längsschnittanalyse, Mehrzeitpunktstudie, Entwicklungsanalyse, Wiederholungsmessung.

Die Ansätze zur Veränderungsmessung beinhalten eine Reihe von Grundproblemen, von denen die gravierendsten im folgenden behandelt werden sollen. Konkrete statistische Auswertungsverfahren für Fragestellungen der Veränderungsmessung werden ausgeklammert, da diese in verschiedenen Kapiteln dieses Handbuchs bereits ausführlich bearbeitet wurden (vgl. Längsschnittanalyse, Panelstudie usw.).

Die Vielzahl der Inhalte, die Veränderungsaussagen notwendig machen, begründet sich aus der Bandbreite der Ziele, die mit Hilfe der Veränderungsmessung angestrebt werden können. Als Ziele lassen sich zumindest aufführen (vgl. auch Tab. 1):

Tab. 1 Zusammenstellung möglicher Ziele der Veränderungsmessung

(a) Entwicklungsanalyse (Betrachtung von Trends im Entwicklungsverlauf; Feststellung von periodischen Verläufen)
(b) Wirkungsanalyse (Destillation von Ursachen des Entwicklungsverlaufes)
(c) Profilanalyse (Differenzierung von gruppen- bzw. individuumspezifischen Verläufen)
(d) Effizienzanalyse (Vergleiche zwischen verschiedenen Maßnahmen)
(e) Bedeutungsanalyse (Feststellung der subjektiven Bedeutsamkeit einer Veränderung)

(a) **Entwicklungsanalyse.** Unter diesen Punkt fallen alle Trendbetrachtungen (Trendanalysen), die eine Entwicklung **beschreiben** (z. B. Beschreibung der Preisvariation von Produkten). Bei der Feststellung von periodischen Verläufen aufgrund wiederkehrender Konstellationen ist es beschränkt möglich, Entwicklungsvorhersagen aus einem Zyklus abzulesen. Solche Prognosen, die ohne die Identifikation von Wirkfaktoren (aufgrund der Vorgabe von Treatments) erstellt werden, können nur beschreibenden Charakter besitzen.

(b) **Wirkungsanalyse.** Möchte man jedoch differenzierter die Ursachen des Entwicklungsverlaufes herausfinden (z. B. die Wirkung einer Werbemaßnahme auf das Kaufverhalten), dann müssen für einen zeitlich abgegrenzten Bereich Angaben über das Ausmaß der Wirkung aufgestellt und geprüft werden (Kenny, 1979).

(c) **Profilanalyse.** In vielen Fällen ist eine differentielle Verlaufsaussage notwendig, die Entwicklungsverläufe bei verschiedenen Personengruppen über längere Zeiträume gegenüberstellt und aus deren Unterschiedlichkeit Schlüsse zieht. So bringt z. B. die Betrachtung eines häufig auftretenden Verlaufsprofils wichtige Hinweise für die Einführung von Werbemaßnahmen bzw. die Veränderung (marktgerechtere Gestaltung) eines Produktes.

(d) **Effizienzanalyse.** Die Effizienzanalyse bezieht sich auf den Vergleich der Wirksamkeit verschiedener Treatments i. S. einer Kosten-Nutzen-Betrachtung. Beispiele für Effizienzanalysen bilden Gegenüberstellungen der Wirksamkeit von Interventionen im klinisch-psychologischen Bereich (Vergleich mehrerer Trainingsprogramme; Petermann & Petermann, 1978) oder die Werbewirksamkeit unterschiedlicher Kampagnen.

(e) **Bedeutungsanalyse.** Der ermittelte Veränderungsbetrag braucht im konkreten Einzelfall noch nicht für die subjektive Bedeutsamkeit einer Veränderung zu stehen. In der Regel dürfte eine zahlenmäßig gleiche Veränderung in einem Extrembereich der Meßwertverteilung gewichtiger wahrgenommen werden als solche im Mittelbereich (vgl. auch Abschnitt 4.10.4.). Für die Veränderungsmessung bedeutet dies, daß neben dem rein quantitativen Wert (Punktwert auf einer Skala) auch die subjektive Einschätzung bei vielen psychologischen Fragestellungen zu berücksichtigen ist. Diese qualitative Information ist wertvoll, auch wenn sie nicht unmittelbar in einen Zahlenwert umsetzbar ist; sie beinhaltet wichtige Hinweise, die für die Interpretation der Ergebnisse von Belang sind (vgl. Guthke, 1980).

4.10.2. Stabilitäts- und Variabilitätskonzepte

Die Übersicht über mögliche Ziele der Veränderungsmessung zeigt, daß die Beschäftigung mit Variabilität sehr Verschiedenartiges bedeuten kann. Eine Zusammenstellung der bisherigen Forschungsergebnisse läßt den Verdacht aufkommen, daß man bislang auch kaum bemüht war, die Bedeutungsvielfalt des Veränderungsbegriffes zu systematisieren (vgl. Petermann, 1978). Die wenigen Bemühungen (z. B. aus der Entwicklungspsychologie; Baltes et al., 1977; Wohlwill, 1977) wurden leider unzureichend aufgegriffen. Einen ersten Schritt, zumindest die Dimensionalität des Begriffspaares „Stabilität – Variabilität" aufzudecken, ergibt sich aus einer Arbeit von Wohlwill (1977), die in stark modifizierter Weise den Ausführungen zugrundegelegt wird (vgl. auch Abb. 1).

Zur Strukturierung des Begriffspaares „Stabilität – Variabilität" sollen fünf mögliche Unterscheidungsebenen kurz diskutiert werden:

(1) *Invarianz vs. Trend*

Möchte man eine Aussage über die Konjunkturlage treffen, so kann die Tatsache, daß weder ein Konjunkturanstieg noch eine Rezession zu beobachten ist, als Invarianz interpretiert werden. Liegt jedoch ein **konstanter** Trend (z. B. eine konstante Wachstumsrate) vor, würde dies auch bei keiner Trendänderung (z. B. Schwankung der Wachstumsrate) eine Frage nach der Variabilität beinhalten.

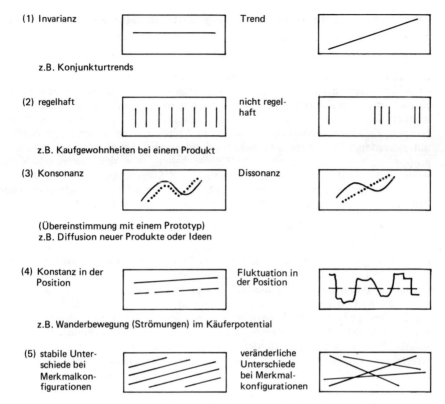

Abb. 1 Formen der Stabilität und Variabilität (teilweise an die Begrifflichkeit von Wohlwill, 1977, angelehnt)

(2) *Regelhaft vs. nicht-regelhaft*

Betrachtet man sich die Kaufgewohnheiten hinsichtlich eines bestimmten Produktes oder einer Marke genauer, so wird man an der Auftretenshäufigkeit eines Kaufes in einer Zeitspanne interessiert sein. Ein stabiles Kaufverhalten liegt vor, wenn das Produkt bzw. die Marke in regelmäßigen zeitlichen Abständen erworben wird; von Variabilität würde man sprechen, wenn dies nicht der Fall ist.

(3) *Konsonanz vs. Dissonanz (Übereinstimmung mit einem Prototyp)*

Wendet man sich in der Marketing-Forschung der Diffusion neuer Produkte oder Ideen zu (Meffert & Steffenhagen, 1977), dann wird man aufgrund der Erfahrung oder empirischer Erkenntnisse von einem prototypischen Verbreitungsprozeß (Diffusion) sprechen können. Es wäre z. B. denkbar, daß man bei der Verbreitung neuer Produkte und Ideen von einem „wellenförmigen Verlauf" (vgl. Abb. 1) ausgehen muß, der durch Rückschläge (= symbolisiert durch die Wellenform) gekennzeichnet ist. Produkte und Ideen, die diesem wellenförmigen Verlauf in ihrer „Verbreitung" folgen, würden eine stabile Diffusion und solche, die davon abweichen, eine hohe Variabilität aufweisen (z. B. der aufgeführte langsame, aber kontinuierliche Verlauf).

(4) *Konstanz vs. Fluktuation*

Ist man eher an dem Kaufverhalten einzelner Käufergruppen interessiert (z. B. bei einer Zigarettenmarke; vgl. die in Abb. 1 durchgezogene Linie), so würde man von einem konstanten Kaufverhalten dann sprechen, wenn sich der Konsum der ausgewählten Käufergruppe nicht von den durchschnittlichen Käufergewohnheiten (im Beispiel: Zigarettenverbrauch insgesamt; in Abb. 1 unterbrochen eingezeichnet) unterscheiden würde. Eine minimale Markentreue bei der ausgewählten Käufergruppe führt zu Fluktuationen im Kaufverhalten, was sich durch erhebliche Schwankungen, d. h. einer Wanderbewegung im Käuferpotential der Marke, ausdrückt. Mit anderen Worten: Die Abweichung von einer Durchschnittskurve über den zeitlichen Verlauf wäre in diesem Falle ein Hinweis auf Variabilität.

(5) *Stabile vs. veränderliche Unterschiede bei Merkmalskonfigurationen*

Möchte man das Käuferbild bzw. die Käufereigenschaften bei einer Gruppe genauer untersuchen, dann müssen hierzu einzelne Merkmale und ihre Beziehung zueinander (= Merkmalkonfiguration) betrachtet werden. Die entsprechende Fragestellung aus dem Bereich der Veränderungsmessung würde sich demnach mit der Stabilität bzw. der Umstrukturierung des Käuferbildes/Käufereigenschaften beschäftigen. Bleiben die Unterschiede zwischen den Käufereigenschaften (z. B. erfaßt durch ein Semantisches Differential) gleich, dann spricht man von Stabilität, auch wenn sich das Niveau insgesamt verändert; eine totale Umstrukturierung, d. h. die unsystematische Veränderung der Merkmale, wäre ein Ausdruck für Variabilität.

4.10.3. Grundprobleme der Versuchsplanung und Datenanalyse

Als Grundprobleme der Versuchsplanung können Stichprobenprobleme und die Wahl eines angemessenen Zeitintervalles zwischen wiederholten Messungen sowie als Probleme der Datenanalyse der Regressionseffekt und die adäquate Wahl eines Veränderungsindizes angesehen werden.

4.10.3.1. Stichprobenprobleme

Die wiederholte Erfassung einer Stichprobe mit einem Meßverfahren führt zu Problemen bei der Gewinnung und Beobachtung der Stichprobe. Eine besonders große Schwierigkeit ergibt sich aus der Kontrolle von Stichprobenausfällen (Drop-outs) über die Meßfolge. Man sollte bei allen Fragestellungen der Veränderungsmessung unterstellen, daß einseitige Stichprobenausfälle (positive oder negative Selektion: vgl. Abb. 2) die Ergebnisse determinieren können. So ist es bei einer Studie zur Einstellungsänderung gegenüber Produkten leicht möglich, daß gerade die „Konsumverweigerer" bei der Endmessung herausfallen, nachdem sie das Ziel der Befragung (die Erforschung des Marktes) erkannt haben. Die so erzielten Ergebnisse spiegeln einen hinsichtlich des Produktes positiven Einstellungswandel (= positive Selektion) wider, der allerdings keinen realen Hintergrund besitzt. Genauso ist es unklar, ob zwischen der 1. und 2. Befragung ein neues Produkt den Markt so umstrukturiert hat, daß Produktwechsler sich gegenüber einer Befragung verschließen oder bestimmte Fragen verweigern, da sie nach dem Produktwechsel von einer veränderten Grundposition ausgehen. Diese Stichprobenselektion führt auf-

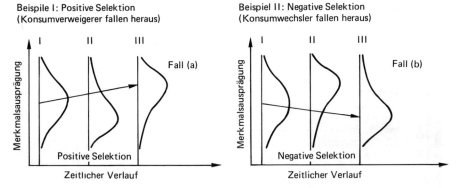

Abb. 2 Stichprobenausfälle (Drop-outs) auf einer systematisch auftretenden positiven und negativen Selektion
I: Ausgangsverteilung; II: Verteilung der Drop-outs; III: Endverteilung

grund der Drop-outs zu einem verzerrten Bild, das nicht der realen Interessenlage entspricht.

Nur eine Dokumentation – eine Kontrolle ist wohl in den wenigsten Fällen möglich – der zwischenzeitlich auftretenden Faktoren einer positiven und negativen Stichprobenselektion kann Aufschlüsse über die Hintergründe von Drop-outs geben. Die dokumentierten Informationen müssen bei der Interpretation der Ergebnisse als alternative Erklärungen Beachtung finden.

4.10.3.2. Wahl des Zeitintervalles zwischen wiederholten Messungen

Abb. 3 demonstriert an drei Beispielen des Verlaufes einer Einstellungsänderung, welche Effekte die Wahl des Zeitintervalles bei wiederholten Messungen zur Folge hat. Die Beispiele verdeutlichen die Verzerrungen aufgrund einer unterschiedlichen Lokalisierung der Meßzeitpunkte auf der Zeitachse. Die graphisch in Abb. 3 illustrierten Probleme ergeben sich aus der Tatsache, daß ein psychologischer Prozeß, wenn er erfaßt werden soll, in **Untereinheiten**, in **Phasen** zerlegt werden muß, die eine charakteristische Lage im Verlauf angeben. Die Wahl der Meßzeitpunkte und auch ihre Anzahl muß sich nach der Komplexität der erwarteten Veränderung richten. In Abb. 3 würden in Fall (2) – Plateau – zwei Messungen ausreichen und in Fall (3) – oszillierender Prozeß – wäre bei der starken situationalen Fluktuation eine große Anzahl notwendig, die für eine Interpretation der **mittleren Veränderung** zugrundegelegt werden soll.

In der Regel muß man bei großangelegten Längsschnittbetrachtungen mit 2 oder 3 Meßzeitpunkten auskommen. Für die Analyse von Einstellungsänderungen bedeutet dies, daß es bei möglicherweise auftretenden Bumerangeffekten oder sich erst nach längeren Zeitabständen durchschlagenden Sleepereffekten ungünstig wäre, ein zu kurzes Zeitintervall nach dem Treatment zu wählen. Einstellungsfluktuationen lassen sich allerdings nur durch eine erheblich größere Anzahl von Meßwiederholungen auffinden, wobei hierbei die bekannten Testungseffekte (Erinnerungs-, Sättigungseffekte usw.) auftreten, die aus dem wiederholten Einsatz von Meßverfahren resultieren.

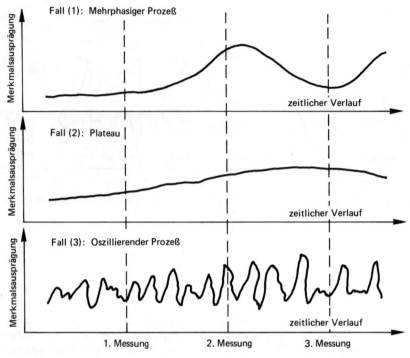

Abb. 3   Quantelung unterschiedlicher Prozesse durch die Wahl des Meßintervalles

4.10.3.3. Regressionseffekt

Unter dem statistischen Regressionseffekt versteht man die meßfehlerbedingte Wanderbewegung der Personen über eine Meßfolge. Lord (1963) nennt diese Variabilität ohne fundamentale Veränderung daher auch „dynamisches Equilibrium" Die Ursachen des Regressionseffektes liegen in den Annahmen über die Beschaffenheit von Meßfehlern begründet (vgl. klass. Testtheorie; Petermann, 1978: Kap. 3). Der Regressionseffekt kann zwar in experimentellen Studien unter Zuhilfenahme einer Kontrollgruppe global abgeschätzt werden; vom organisatorischen Aufwand her dürften bei vielen komplexen Fragestellungen mit vielen Wiederholungen oder bei Feldstudien solche Versuchspläne irreal sein.

Zur Verdeutlichung der Auswirkungen des Regressionseffektes dient Abb. 4 (vgl. auch Furby, 1973; Vagt, 1976). In dieser Abbildung ist der Zusammenhang zwischen zwei Messungen in einem Koordinatensystem durch eine Ellipse angedeutet. Die Breite der Ellipse demonstriert, daß wenig reliable Einzelmessungen und ein geringer Zusammenhang zwischen den beiden Messungen vorliegen. Dieser Zustand führt zu erheblichen Vorhersagefehlern im Rahmen einer Prädiktion von der Anfangs- auf die Endmessung; die Abweichungen der vorhergesagten von den gemessenen Werten wurden in die Abbildung eingezeichnet (geschwungene Klammer: a und b). Liegt eine sehr hohe Korrelation zwischen Anfangs- und Endmessung vor, dann ist die Regressionslinie mit der 45°-Achse des Koordinatensystems nahezu identisch und der Regressionseffekt verschwindet.

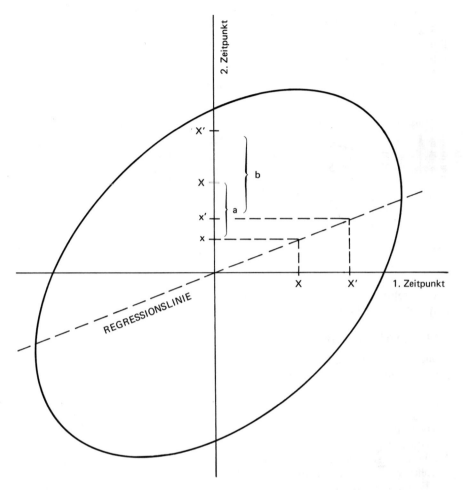

Abb. 4 Auswirkung des Regressionseffektes bei der Vorhersage einer Veränderung (X = gemessene Werte; x = vorhergesagte Werte)

Eine andere Darstellungsweise der Folgen des statistischen Regressionseffektes wurde in Abb. 5 gewählt. Im ersten Teil der Abbildung wird die eingangs erwähnte Wanderbewegung verdeutlicht, die sich auf die Tatsache bezieht, daß Personen der beiden Extremgruppen in die Mitte der Meßwertverteilung wandern. Diese Wanderbewegung ist durch die Über- bzw. Unterschätzung des wahren Wertes in der ersten Messung zu erklären. Als dem Regressionseffekt gegenläufig – nur so bleibt die Verteilung der Meßwerte über die Meßfolge konstant – ist ein sogenannter „Fächereffekt" zu beobachten, der Meßwerte, je nach ihrer Begünstigung durch die Meßfehler, in die Extremen der Meßwertverteilung schiebt. Die Wanderbewegung, als Folge der meßfehlerbedingten Messungen, wird noch unüberschaubarer durch überlagernde Effekte (vgl. Testungseffekte aufgrund der Beschaffenheit des eingesetzten Meßverfahrens). Spezielle Probleme treten bei der Aufdeckung des Regressionseffektes bei mehreren Meßzeitpunkten auf. Eine solche Diskussion erfordert,

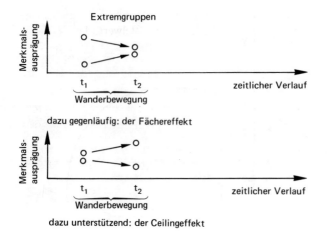

Abb. 5 Regressionseffekt: gegenläufige und unterstützende Effekte

wie Nesselroade et al. (1980) demonstrieren, eine Betrachtung der Autokorrelationen über die Meßfolge.

4.10.3.4. Wahl von Veränderungsindizes

Üblicherweise erstreckt sich Veränderungsmessung auf die Berechnung eines Differenzbetrages aus zwei Messungen. Dieses einfache Differenzmaß führt zu Fehleinschätzungen bei Personen, die hohe und niedrige Werte in der Erstmessung aufweisen (vgl. Regressionseffekt). Eine Differenzwertbildung ist auch nicht statthaft, wenn als Folge des Treatments Anfangs- und Endmessung unterschiedliche Meßwertverteilungen aufweisen. Die Verzerrung der Differenzwerte aufgrund unterschiedlicher Streuungen läßt sich durch eine gemeinsame Standardisierung aller Meßwerte beseitigen. Das ungelöste Problem bei der Heranziehung von Differenzwerten ergibt sich aus den Auswirkungen des Regressionseffektes. Demzufolge war die Diskussion um den Regressionseffekt seit Mitte der fünfziger Jahre mit der Suche nach wahren Veränderungsbeträgen verbunden. Seit den zusammenfassenden Überlegungen von Lord (1963), die die Arbeiten von Cascio & Kortinos (1977), Cronbach & Furby (1970), Kessler (1977), O'Connor (1972; 1977), Rennert (1977) und Linn & Slinde (1977) in jüngster Zeit vertieften, wurde eine Vielzahl von alternativen Indizes dem einfachen Differenzwert gegenübergestellt. Es handelt sich dabei um Korrelations-, Regressions-, Residualmaße und die Einbeziehung von Drittvariablen in die Veränderungsaussage.

Die Korrelationsmaße beziehen sich auf die Korrelation zwischen Anfangswert und dem Veränderungsbetrag. Der Nachteil des Vorgehens besteht darin, daß der Meßfehler bei Anfangs- und Endwert nicht beseitigt wird und die Messungen über die Meßfehler voneinander abhängig sind.

Das einfachste Regressionsmaß läßt sich aus der Differenz der geschätzten zu den beobachteten Werten der Endmessung bilden (= Kovarianzanalyse). Die Schätzung der Endmessung erfolgt dabei aufgrund der Anfangsmessung. Durch dieses Vorgehen werden die allgemeinen Trends, d. h. das allen Personen Gemeinsame, beseitigt; zurückbleibt die von Meßfehlern befreite, individuumspezifische Veränderung. Das Vorgehen der Kovarianzanalyse ist nur durchführbar, wenn die Korrelation zwischen beiden Messungen hoch und die Gruppenmittelwerte der Kontroll- und Experimentalgruppe vergleichbar sind. Lord (1963) schlug zur Optimierung des Regressionsmaßes vor, Anfangs- und Endmessung durch Partialkorrelationen zu korrigieren und die bereinigten Werte der Berechnung zugrunde zu legen.

Residualmaße, die ebenfalls auf dem Regressionsansatz basieren, gehen davon aus, daß der durch die Regressionsgleichung präzise vorhergesagte Anteil der Veränderung gar nicht so aufschlußreich ist. Interessant erscheint vielmehr der nicht-vorhergesagte Anteil der Veränderung, der in Abb. 6 durch das Ausmaß des Abweichens von der Regressionslinie graphisch veranschaulicht wird. Die Residualmaße repräsentieren damit das aufgrund der Kenntnis der Anfangsmessung nicht-vorhergesagte Verhalten einer Person.

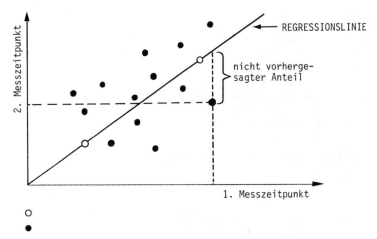

Abb. 6 Graphische Verdeutlichung der Gewinnung eines Residualmaßes
  o = richtig vorhergesagtes Verhalten einer Person
  ● = falsch vorhergesagtes Verhalten einer Person

Regressions- und Residualmaße führen nur dann zu exakten Veränderungsaussagen, wenn ein Einfluß von Drittvariablen auf die Veränderung ausgeschaltet werden kann. Dies dürfte bei den komplexen Fragestellungen der Sozialwissenschaften nie der Fall sein. Auf diesem Hintergrund wird von Cronbach & Furby (1970) die Einbeziehung von Drittvariablen gefordert. Solche Drittvariablen sind Bestandteil der Vorhersagegleichung, die der Berechnung des Veränderungsbetrages zugrundegelegt wird. Die Überlegungen von Cronbach & Furby sind dann kaum realisierbar, wenn man unzureichende theoretische Hinweise oder Kriterien für die Auswahl von Drittvariablen zur Hand hat. Es dürfte generell schwierig sein, die zentralen Variablen zu bestimmen, die einen Prozeß am nachhaltigsten beeinflussen.

4.10.4. Meßbedeutungsproblem und Ergebnisinterpretation

Das Meßbedeutungsproblem repräsentiert eine weitere Hauptschwierigkeit im Rahmen der Veränderungsmessung, die darin besteht, daß quantitativ (physikalisch) gleiche Veränderungsbeträge noch kein psychologisches (subjektives) Äquivalent besitzen müssen. Auf diesen Tatbestand wies Bereiter hin und forderte, Veränderung als unabhängiges, hypothetisches Konstrukt aufzufassen, das nicht notwendigerweise eine Beziehung von Anfangs- und Endwerten verkörpert.

Bereiters Überlegungen kann man am Beispiel einer Aufklärungskampagne zur Gefährlichkeit des Rauchens verdeutlichen. In einer solchen Studie würde man feststellen, daß das Rauchen durchschnittlich um eine bestimmte Anzahl von Zigaretten pro Tag bei den Versuchspersonen abgenommen hat. Nach Bereiter gilt es in diesem Fall, zu prüfen, ob die zahlenmäßig gleiche Veränderung auch psychologisch äquivalent ist. Es ist zu vermuten, daß die Verminderung für die einzelnen Konsumenten unterschiedlich schwer ist, je nach den im einzelnen wirkenden Randfaktoren (z. B. Veränderung des Arbeitsplatzes; neue Kollegen, die alle Nichtraucher sind; neue, rein zufällig gewonnene Informationen über Lungen- und Kehlkopfkrebs). Diese Randfaktoren und die durch sie ausgelösten Prozesse finden im objektiven Veränderungsmaß keinen Niederschlag, obwohl es sich um Prozesse handelt, die für die Prognose des Erfolges der Maßnahme von unterschiedlicher Bedeutung sind. Für Bereiter (1963) sind gerade diese Randfaktoren und deren Erfassung im Einzelfall von zentraler Bedeutung, um im Rahmen der Veränderungsmessung die wirklich relevanten Faktoren aufzudecken. Auf diesem Hintergrund muß man Bereiters Forderung einordnen, mit Hilfe von Skalen (Befragungen) das subjektiv von der Versuchsperson einzuschätzende Ausmaß der Veränderung zu bestimmen. Allerdings bleibt bei diesen Unternehmungen vollkommen unklar, auf welcher Dimension sich diese subjektiven Veränderungen befinden.

4.10.5. Perspektiven der Veränderungsmessung

Die Perspektiven der Veränderungsmessung lassen sich an den Entscheidungsebenen festmachen, die für die Planung und Durchführung einer Studie zur Veränderungsmessung erforderlich sind. In diesem Kontext kann man zumindest vier verschiedene Ebenen unterscheiden, die in Abb. 7 zusammengefaßt sind:

(1) *Festlegung der Stichprobe*

Die dargestellten Überlegungen von Bereiter (1963) deuten an, daß eine Reihe von Problemen der Veränderungsmessung durch einen intensiven Ansatz, d. h. die Beschäftigung mit dem Subjekt als der zentralen Untersuchungseinheit, gelöst werden können (Petermann & Hehl, 1979). Veränderungsmessung sollte sich mit sozialen und subjektiven Bezügen bei Einzelfällen auseinandersetzen. Eine solche Analyse, die sich über lange Zeiträume und viele Meßzeitpunkte erstreckt, dokumentiert und quantifiziert die Veränderungen am Einzelfall (vgl. das Stichwort „Einzelfallanalyse" in diesem Band). Eine Perspektive der Veränderung besteht demnach in der Reduktion der Personen- und der Erhöhung der Zeitstichprobe. Für die statistische Auswertung dieser Daten wurden verschiedene Zeitreihenmodelle entwickelt (vgl. Dahme, 1977; Frederikson & Rotondo, 1979). Abb. 7 demonstriert Einzelfallansätze als eine notwendige Datenerhebungsstrategie neben Feldstudien, die als Panelstudien geplant und durchgeführt werden. Als Verbindungsglied zwischen diesen beiden Ansätzen empfehlen Robinson & Foster (1979) sogenannte „Klein-N-Studien", die einen Umfang von 5–20 Personen und 4–8 Meßwiederholungen aufweisen.

(2) *Art der Datensammlung*

Veränderungsaussagen können sich auf zeitlich engumgrenzte Zeitbereiche beziehen, die durch eine prospektive Datensammlung problemlos organisatorisch zu

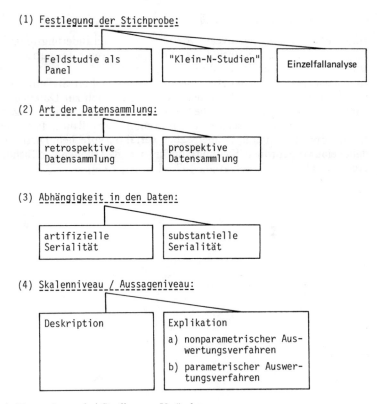

Abb. 7 Entscheidungsebenen bei Studien zur Veränderungsmessung

bewältigen sind. Zielt man auf einen weiten Zeitbereich (Lebenslauf, größere Entwicklungsabschnitte), impliziert dies die Einbeziehung von retrospektiven Daten (und Archivmaterial). Obwohl in der bisherigen Diskussion zur Veränderungsmessung retrospektive Daten als unwissenschaftlich und nicht weiter objektivierbar zurückgewiesen wurden, wäre es notwendig, im Rahmen einer umfassenden Problemdiskussion diesen Standpunkt zu überdenken.

(3) *Abhängigkeit in den Daten*

In den bisherigen Überlegungen werden Abhängigkeiten innerhalb einer Meßfolge als meßfehlerbedingt (= artifiziell) angesehen. In Abschnitt 4.10.3. wurde dieser Aspekt unter dem Stichwort „(statistischer) Regressionseffekt" diskutiert. Der statistische Regressionseffekt basiert auf einer artifiziellen Abhängigkeit der Daten. Neben diesem Effekt liegen jedoch auch substantielle Abhängigkeiten in den Daten vor, die als „natürlicher Regressionseffekt" bezeichnet werden. Dieser Effekt basiert auf realen Veränderungen, die sich in den Extremgruppen der Meßwertverteilung unterschiedlich niederschlagen (vgl. Petermann, 1978). Die Analyse von Prozessen muß in der Zukunft zwischen einem Meßfehleranteil und einem Anteil der wahren Veränderung trennen, um artifizielle und substantielle Veränderung zu unterscheiden.

(4) *Skalenniveau/Aussageniveau*

Hinsichtlich des Aussageniveaus von Studien zur Veränderungsmessung wurde bereits unter (2) auf die Notwendigkeit von qualitativen Informationen hingewiesen, auch wenn diese nur der Deskription dienen. Qualitative Informationen besitzen zumindest im Rahmen der Hypothesengenerierung ihren Stellenwert. Das explikative, hypothesentestende Vorgehen bietet bekanntlich zur Datenauswertung nonparametrische und parametrische Verfahren an, wobei davon auszugehen ist, daß in Zukunft im sozialwissenschaftlichen Forschungsprozeß die anfallenden Daten eher für den Einsatz von nonparametrischen Verfahren sprechen. Diese Ansätze sollten daher eine vorgeordnete Stellung einnehmen (vgl. Arbeiten von Bishop et al., 1975; Ghosh et al., 1973; Koch et al., 1977; Lienert, 1979).

4.11. Methoden der Vorhersage

von Gernot D. Kleiter

Nach der Darstellung einiger elementarer wissenschaftstheoretischer Aspekte behandelt der Beitrag die wesentlichen systemtheoretischen und wahrscheinlichkeitstheoretischen Grundbegriffe, die für eine geeignete Formulierung eines Vorhersageproblemes notwendig sind. Ein Schwerpunkt liegt auf der Darstellung von Prädiktivverteilungen im Rahmen der Bayes-Statistik. Es werden die Methoden zur Vorhersage in allgemeinen linearen Modellen erläutert. Weiter wird auf die Logik der Vohersage in Zeitreihen, insbesondere den Box-Jenkins-Modellen, eingegangen.

In vielen Kulturen und zu fast allen Zeiten pflegten die Mächtigen einer Gesellschaft Experten zur Vorhersage zukünftiger Geschehnisse zu verpflichten. So gab es im alten Israel beamtete kultische Propheten und charismatisch begabte Privatleute. „Für das 9. Jh. v. Chr. belegt die Erzählung vom Gottesurteil auf dem Karmel (1 Kön. 18), daß Isbel 450 Profeten des Baal von Tyros um sich hat." (Koch, 1978: 21) Alexander der Große machte mit seinem Heer einen leichtsinnigen sechswöchigen Abstecher in die libysche Wüste nur um einen Spruch des Amun-Orakels von Siwa einzuholen (331 v. Chr.). Der Lyderkönig Krösus allerdings machte sich einen Spaß, die verschiedenen Orakel zu testen (6. Jh. v. Chr., Herodot, 1971: 19ff.). Aber auch der Mann von der Straße suchte mehr oder weniger professionelle Vorhersager auf oder versuchte gewisse Vorhersageregeln selbst zu lernen und anzuwenden. Dazu gehörte beispielsweise die Mantik, die Lehre von den Zeichen und Vorzeichen, die im ganzen Altertum und im Mittelalter verbreitet war. Man erstellte Wetterprognosen, traf Vorhersagen über Tod und Gesundheit usw. Häufig wurden auch diverse „Zufallsverfahren" wie Lose verwendet (Harmening, 1979).

Besorgte Analytiker unserer gegenwärtigen Situation weisen eindringlich auf die Notwendigkeit hin, unsere Entscheidungen, unsere Pläne und steuernden Maßnahmen durch die Erstellung rationaler Vorhersagen möglichst gut vorzubereiten. Der Club of Rome ruft nach dem Prinzip des „antizipatorischen Lernens". „Antizipation ist die Fähigkeit, sich mit der Zukunft auseinanderzusetzen, zukünftige Ereignisse vorauszusehen und die mittel- und langfristigen Konsequenzen gegenwärtiger Entscheidungen und Handlungen auszuwerten." (Peccei, 1979: 52; vgl. auch Meadows et al., 1973; Kaiser, 1980 u. a.)

Eine Kulturgeschichte der Vorhersage wurde meines Wissens noch nicht geschrieben. Die Vorläufer und die Anfänge der Wissenschaften würden einen wichtigen Platz darin einnehmen – aber nur die Anfänge, nicht auch die Wissenschaften der Neu- und Jetztzeit? Sind nicht die Vorhersagen ein ganz entscheidender Antrieb wissenschaftlicher Aktivitäten, und zwar in einem solchen Ausmaß, daß die „Vorhersagbarkeit" zum ausschlaggebenden Kriterium der Wissenschaftlichkeit überhaupt gemacht wurde, zur differentia specifica zwischen Wissenschaft und Pseudowissenschaft? Die Gesellschaft für Wissenschaftsgeschichte widmete diesem Fragenkreis ein eigenes Treffen (Krafft, 1979).

Vorläufige Charakterisierung: Eine Vorhersage kann als eine Relation zwischen zwei Dingen aufgefaßt werden: (a) Der Gegenstand der Vorhersage ist ein Einzelfaktum (eine Gruppe von Einzelfakten); (b) eine Vorhersage wird relativ zu einem Wissenskorpus getroffen; das Einzelfaktum liegt außerhalb dieses Korpus. Ein Vorhersageproblem liegt vor, wenn aufgrund einer gegebenen Menge von Beobachtungen und einer zugehörigen mehr oder weniger gut bewährten Gruppe theoretischer Beziehungen Aussagen über einzelne nicht in der gegebenen Menge enthaltene Beobachtungen getroffen werden sollen. Von einer Prognose spricht man, wenn das zeitliche Moment der Zukunft besonders hervorgehoben wir

4.11.1. Grundbegriffe

4.11.1.1. Einige wissenschaftstheoretische Aspekte von Vorhersagen

Der Form nach ist eine wissenschaftliche Vorhersage ein Argument. Isolierte Äußerungen über zukünftige Ereignisse ohne jeden Begründungs- oder Rechtfertigungskontext sind keine wissenschaftlichen Vorhersagen. Ein Argument besteht aus einer Folge von Aussagen (Prämissen), einem Argumentationsschritt und einer Konklusion. Bei einer Voraussage setzen sich die Prämissen aus zwei Stücken zusammen: den Antezedensdaten und den Gesetzesaussagen; die Konklusion bildet das vorhergesagte Einzelereignis.

$$\frac{A_1, ..., A_n \qquad \text{Antezedensdaten}}{G_1, ..., G_m \qquad \text{Gesetzesaussagen}}$$
$$E \qquad \text{Einzelaussage (Vorhersage)}$$

Dieses Schema wird Hempel-Oppenheimsches Erklärungsschema genannt. Die These der **strukturellen Identität** besagt, daß Voraussagen und Erklärungen dieselbe logische Struktur haben. Sie unterscheiden sich nur aufgrund pragmatischer Gesichtspunkte. Ein solcher pragmatischer Gesichtspunkt ist: Was ist gegeben? – Was ist gesucht? Bei einer Erklärung ist das Einzelereignis bekannt, meist werden auch die Antezedensdaten als bekannt vorausgesetzt und es sind die Gesetzesaussagen gesucht, die das Einzelereignis „erklären". Bei einer Vorhersage soll aufgrund der Antezedensdaten und der Gesetzesaussagen ein Einzelereignis „vorhergesagt" werden (Küttner, 1979; Westmeyer, 1972). Stegmüller (1974: 199f.) hat für das Erklärungsschema einige Einteilungskriterien vorgeschlagen, die nun etwas frei und speziell für Vorhersagen diskutiert werden.

Wahrheitswertverteilung

Antezedensdaten – Fehlermodell und Reliabilität: Bei den meisten Vorhersagen wird davon ausgegangen, daß die Stichprobendaten „wahr" sind. Da man in den Sozialwissenschaften jedoch vielfach mit erheblichen Meß- und Beobachtungsfehlern rechnen muß, ist es günstig, wenn die Vorhersagemethode explizit die mangelnde Zuverlässigkeit der Ausgangsdaten berücksichtigt. Berücksichtigt die Vorhersage die möglicherweise nicht perfekte Reliabilität der Ausgangsdaten? Liegt eine Vorhersage mit oder ohne Fehlermodell für die Antezedensdaten vor?

Gesetzesaussagen – Ableitungsmonismus oder Ableitungspluralismus: Sehr häufig werden mehr oder weniger gut bewährte statistische Hypothesen für Vorhersagen herangezogen. Eine Vorhersage kann auch dann gut sein, d. h. der Wahrheit nahe kommen, wenn eine falsche Hypothese zu ihrer Gewinnung verwendet wurde. Es treten zwei Fälle auf:

a) Die Voraussagemethode geht nur von einer einzigen Hypothese aus; ihre Bewährung wird für den Zweck der Vorhersage nicht in Frage gestellt; die Hypothese gilt durch irgendein induktives Verfahren als akzeptiert.

b) Die Voraussage berücksichtigt eine Klasse von Hypothesen (z. B. einen statistischen Hypothesenraum); bei der Vorhersage werden alle diese Hypothesen gemäß dem Grad ihrer Bewährung gewichtet. Je geringer die Bewährung einer Hypothese, um so geringer ihr Einfluß auf die Vorhersage.

Berücksichtigt die Vorhersage nur eine fest akzeptierte Gesetzesaussage, die als wahr vorausgesetzt wird (Ableitungsmonismus), oder werden auch die möglichen

Konkurrenten gemäß ihres Bewährungsgrades berücksichtigt (Ableitungspluralismus)?

Vorhergesagtes Einzelereignis – Punktvorhersage oder Bereichsvorhersage: Eine Vorhersage kann sich auf ein einziges Ereignis, einen einzigen Meßwert etc. beschränken. Vielfach sind jedoch Bereichs- und Intervallvorhersagen zweckmäßig. Betrachtet man die Menge aller möglichen Vorhersagen im Rahmen einer Klasse von Modellen, und wird jedem Element daraus eine Wahrscheinlichkeit zugeordnet, so ermöglicht dies wahrscheinlichkeitsgewichtete Vorhersagen. Handelt es sich um eine Punktvorhersage oder eine Bereichsvorhersage? Ist die Sicherheit der Vorhersage angegeben?

Vorkommen von Gesetzen: Die meisten Vorhersagen in den Sozial- und Wirtschaftswissenschaften werden aufgrund statistischer Gesetzmäßigkeiten getroffen. Teilweise sind der Allgemeinheitsgrad und der Grad der Bewährung so gering, daß man nur von Vorhersagen aufgrund von Hypothesen sprechen kann. Armstrong & Grohman (1972) und Armstrong (1978b) unterscheiden z. B. kausale Vorhersagen (Expertenurteile und ökonometrische Modelle) und naive Vorhersagen (Laienurteile und einfache Extrapolationsmethoden). Stegmüller (1974: 196) unterscheidet u. a. Kausalgesetze und Informationsgesetze. Zahlreiche andere Unterscheidungsmöglichkeiten sind denkbar. Welcher Art sind die Gesetzesaussagen, mit deren Hilfe die Vorhersage gewonnen wird?

Der logische Charakter der meisten Vorhersageargumente ist induktiver und nicht deduktiver Natur.

Für das folgende notieren wir mit „A < B" die zeitliche Relation „A liegt vor B". A, G und E bezeichnen zusammenfassend die Antezedensdaten, die Gesetzesaussagen und das Einzelereignis, a, g und e die zugehörigen realen Sachverhalte und Ereignisse.

Gegenständliche Zeitverhältnisse: Eine gegenständliche Prognose liegt vor, wenn a < e. Dies ist z. B. bei Zeitreihen mit Ablaufsgesetzen oder bei mittel- und langfristigen Prognosen der Fall. Häufig ist auch a = e, etwa dann, wenn mit einem Zustandsgesetz gearbeitet wird, das einen (noch) unbekannten, aber bereits existenten Zustand diagnostiziert. Liegt eine Echtzeitprognose vor oder hat die Vorhersage diagnostischen Charakter?

Pragmatische Zeitverhältnisse: t sei der Zeitpunkt, zu dem die Vorhersage getroffen wird; typisch ist die Beziehung a < t < e.

Pragmatische Relation des Gegebenseins: Es wurde bereits darauf hingewiesen, daß bei einem Vorhersageproblem A und G gegeben sind und E gesucht wird.

Gute Vorhersagen strahlen eine eigenartige Faszination aus. Sie haben eine hohe **epistemische Utility**: Ebenso wie die Parole „l'art pour l'art" für künstlerische Werke einen Wert um ihrer selbst willen postuliert, ebenso scheinen die großen Vorhersagen einen Wert an sich zu besitzen. Die eher handwerklichen Vorhersagen des Alltags rücken den Wert von Handlungen und Konsequenzen in den Vordergrund. Sie heben die **pragmatische Utility** von Prognosen hervor. Unter dem Handlungsaspekt führen gute Vorhersagen zu einem **Entscheidungsvorteil**. Vorhersagen werden jeweils vor Entscheidungen gestellt oder eingeholt. Vorhersageanalysen gehören in die Phase der Entscheidungsvorbereitung. Die Auswahl von Handlungen und Maßnahmen wird durch Vorhersagen wesentlich beeinflußt. So **kann** man z. B.

das Hauptziel aller Wissenschaften überhaupt in der Vorbereitung und Gestaltung einer „besseren Zukunft" sehen. Das bedeutet, daß Antizipation, Planung und Zukunftsgestaltung zu einem Kriterium der Rechtfertigung wissenschaftlicher Aktivitäten gemacht werden (vgl. die Konferenzdokumentation Harloff, 1978).

Im **Bewährungszusammenhang** werden Vorhersagen zur Prüfung und zum Testen von Hypothesen und Theorien eingesetzt. Die Vorhersage der Existenz des Planeten Neptun durch den französischen Astronomen Leverrier (1811–1877) zählt zu den berühmtesten Prognosen der Wissenschaftsgeschichte. Der gleiche Astronom hatte jedoch auch die Existenz eines Planeten Vulkan behauptet, den es nicht gibt. Die Beobachtungen allerdings, die Leverrier zu dieser Vorhersage führten, wurden ein wichtiger Punkt in Einsteins Relativitätstheorie.

In der experimentellen Psychologie wird die Bezeichnung „prediction" praktisch ausnahmslos im Zusammenhang mit der Prüfung von Modellen verwendet.

Gute Theorien machen Aussagen, die über den bisherigen Erfahrungsschatz weit hinausgehen. Der Überhang betraf in der Wissenschaftsgeschichte häufig Dinge, die bisher technisch nicht beobachtbar waren. Einstein leitete 1911 aus dem Äquivalenzprinzip eine Ablenkung der Lichtstrahlen im Schwerefeld der Sonne ab (das Ausmaß war allerdings nicht richtig). Erst 1919 eröffnete eine Sonnenfinsternis die kritische Beobachtungsmöglichkeit; Eddington unternahm eine Expedition nach Afrika und konnte Einsteins Voraussagen überzeugend bestätigen.

4.11.1.2. Systemtheorie und Vorhersage

Die meisten Vorhersagen in den Sozial- und Wirtschaftswissenschaften gehen von einem Hilfsmerkmal aus und gelangen aufgrund einer Regel auf ein Zielmerkmal: Merkmal X → Regel → Merkmal Y. Für X werden auch die Bezeichnungen Prädiktor, Quellenvariable, unabhängige Variable, exogene Variable, Ursache, Wenn-Komponente und Input-Menge verwendet; für Y werden auch die Bezeichnungen Kriterium, Zielmerkmal, abhängige Variable, endogene Variable, Folge, Dann-Komponente und Output-Menge verwendet. Die Figur „X-Regel-Y" ist mit der elementaren Struktur eines allgemeinen Systems identisch. Die allgemeine Systemtheorie eignet sich in hervorragender Weise, die Grundbegriffe für Vorhersageanalysen zu erarbeiten.

Black-Box-Vorhersagen: Das einfachste allgemeine System ist durch die drei Bestimmungsstücke (a) Inputmenge X, (b) Outputmenge Y und (c) Input-Output-Relation $S \subset X \times Y$ charakterisiert. Ein Vorhersageproblem kann darin bestehen, mit Hilfe von $x \in X$ und S ein Element der Outputmenge $y \in Y$ vorherzusagen (vgl. Abb. 1).

Zustandsvermittelte Vorhersagen: Systeme reagieren häufig auf den gleichen Input verschieden. Wir können dafür den „Zustand" des Systems verantwortlich machen. Die Darstellung eines Systems kann statt mit Hilfe der Input-Output-Relation auch

Input   Relation   Output

Abb. 1 Black-Box-Modell

mit Hilfe des Systemzustandes und der Systemparametrisierung erfolgen. Dazu stelle man sich vor, daß die Input-Output-Relation S so zerlegt wird, daß eine Menge von Funktionen entsteht, f_1, f_2, usw.; jeder Funktion entspricht anschaulich eine Parameterlinie. Die Schar der Parameterlinien überdeckt die Relation S. Jeder Funktion wird nun ein Index θ aus einer Indexmenge Θ zugeordnet. Θ heißt Zustandsmenge; häufig werden Zustandsgrößen behandelt. Wenn $y = f_\theta(x)$ gilt, so sagen wir, daß das System im Zustand θ auf den Input x als Antwort den Output y abgibt. Wir führen weiter die Outputfunktion ψ ein; sie hat den Vorbereich X und den Nachbereich Y, $\psi : (x, \theta) \to y$ und zwar so, daß $y = f_\theta(x)$. Die Outputfunktion gibt an, wie sich das System in welchem Zustand verhält. Das System kann nun mit Hilfe der Zustandsmenge Θ und der Outputfunktion ψ dargestellt werden: $\langle X, Y, \Theta, \psi \rangle$ (vgl. Abb. 2).

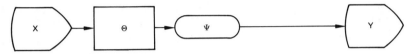

Abb. 2   Darstellung eines allgemeinen Systems durch die Zustandsparameter Θ und durch die Output-Funktion ψ

Ein Vorhersageproblem kann nun darin bestehen, mit Hilfe von x, θ, und ψ das Element y vorherzusagen. Wenn ich weiß, in welchem Zustand sich ein System befindet, und wenn ich den Wert der Eingangsgröße kenne, so kann ich mit Hilfe der Outputfunktion den Wert der Ausgangsgröße bestimmen.

Fehlermodell: Unsicherheit am Ausgang: Meist kann die Ausgangsgröße nicht perfekt vorhergesagt werden. Die konzipierten Modelle sind bestenfalls vereinfachte Bilder der Realität. Die unberücksichtigten und unkontrollierten Einflußgrößen werden zu einer einzigen Fehlergröße E zusammengefaßt. Zur Einbettung dieser Fehlergröße in das bereits vorliegende System benötigt man

(a)   eine Klasse von Wahrscheinlichkeitsgesetzen, wobei jedes Element dieser Klasse eine Fehlerverteilung für E unter einem gegebenen Zustand des Systems und einem gegebenen Eingang spezifiziert:

$$P = \{p(e|\theta, x) : e \in E, \theta \in \Theta, x \in X\};$$

(b)   eine Angabe darüber, in welcher Weise die Fehlergröße zur Ausgangsgröße hinzutritt; häufig wird hierfür eine einfache additive Verknüpfung verwendet.

Die Outputfunktion wird nun auf den drei Größen Eingang, Zustand und Fehler definiert: $\psi : (x, \theta, e) \to y$. Die entsprechende Gleichung wird als Strukturgleichung bezeichnet. Durch die Berücksichtigung einer Fehlergröße auf der Ausgangsseite erhalten wir ein stochastisches System mit Ausgangsunsicherheit $\langle X, Y, E, \Theta, \psi, P \rangle$, wobei wir den Teil $\Gamma = \langle \Theta, \psi, P \rangle$ als datengenerierendes Modell bezeichnen; es erfaßt den Parameterraum, die Strukturgleichung und die Familie der betrachteten Wahrscheinlichkeitsgesetze. Die Wahrscheinlichkeitsverteilung $p(y|\theta, x)$ heißt Modellwahrscheinlichkeit; sie resultiert meist unmittelbar aus $p(e|\theta, x)$ und ψ. Eine Einführung in einige hier verwendete Begriffe gibt Pichler (1975).

4.11.1.3. Bayes-Ansatz

Unsicherheit über Zustandsparameter: Priori-Verteilung: Der Zustand, in dem sich ein System befindet, ist nicht direkt beobachtbar. Hieraus resultiert weitere Unsicherheit, die die Vorhersagbarkeit des Systems einschränkt. Unser Wissen über den wahren Zustand des Systems ist unvollständig. Der Bayes-Ansatz geht davon aus, daß das unvollständige Wissen über den wahren Zustand des Systems mit Hilfe einer Wahrscheinlichkeitsverteilung $p(\theta)$ zum Ausdruck gebracht werden kann. Bei der Behandlung von Vorhersagen bietet der Bayes-Ansatz im Vergleich zu anderen Möglichkeiten durch die Einfachheit und Einheitlichkeit der Überlegungen wesentliche Vorteile. Grundsätzliche Information zum Bayes-Ansatz geben z. B. Phillips (1973), Novick & Jackson (1974), Box & Tiao (1973), Lindley (1965; 1972), Zellner (1971) oder Kleiter (1981); spezielle Information zu Vorhersagen im Bayes-Ansatz geben Guttman (1970), Aitchison & Dunsmore (1975), Zellner (1971) oder Kleiter (1981).

Prädiktivwahrscheinlichkeit – Unsicherheit über den nächsten Fall: Eine Vorhersage ist eine Aussage über die Outputmenge Y (Stichprobenraum) aufgrund des als bekannt vorausgesetzten Eingangswertes x.

Die Prädiktivverteilung $p(y|x)$ ordnet jedem Element $y \in Y$ eine Wahrscheinlichkeit(sdichte) zu. Die Prädiktivverteilung wird aus der Posteriori-Verteilung und der Modellwahrscheinlichkeit gewonnen. Es ist nämlich

$$p(y|x) = \int_{\theta \in \Theta} p(y|\theta, x)p(\theta|x)\,d\theta$$

(Theorem für totale Wahrscheinlichkeiten).

Da die Inputgröße keine Auskunft über den Zustand des Systems gibt, ist $p(\theta|x) = p(\theta)$, so daß

$$p(y|x) = \int_{\theta \in \Theta} p(y|\theta, x)p(\theta)\,d\theta.$$

Die Prädiktivverteilung ist ein gewichteter Durchschnitt der Modellwahrscheinlichkeiten; die Zustandswahrscheinlichkeiten stellen die Gewichte dar. Noch deutlicher sieht man dies, wenn man statt des Integrals das in vieler Hinsicht analoge Summenzeichen verwendet:

Prädiktiv- wahrscheinlichkeit für y gegeben x	$= \sum$ über alle Zustände	Outputwahr- scheinlichkeit für y · unter dem Zustand θ und dem Input x	Wahrscheinlich- keit für den Zustand θ

$$= \sum \text{Modellwahrscheinlichkeit} \cdot \text{Gewichtung}.$$

Lernen aus der Erfahrung – Posteriori-Verteilung: Wenn nicht nur ein Input, sondern eine Stichprobe mit n (x, y)-Paaren vorliegt,

$$z = \{(x_i, y_i) : i = 1, \ldots, n\},$$

so erhöht sich die Vorhersagbarkeit. Wir lernen aus der Erfahrung. Eine Bedingung dafür ist, daß die Daten informativ sind: $p(y|x) \neq p(y)$; y darf nicht stochastisch unabhängig von x sein. Entsprechend soll auch die Gesamtheit aller vorliegenden Antezedensdaten informativ sein:

$$p(y_{n+1}|x_{n+1}, z) \neq p(y_{n+1}|x_{n+1}).$$

Natürlich lernen wir aufgrund der Daten nicht nur über y_{n+1}, sondern auch über den wahren Zustand des Systems θ. Die priori-Verteilung $p(\theta)$ wird im Licht der Erfahrung revidiert; aufgrund der Daten gelangt man zur posteriori-Verteilung

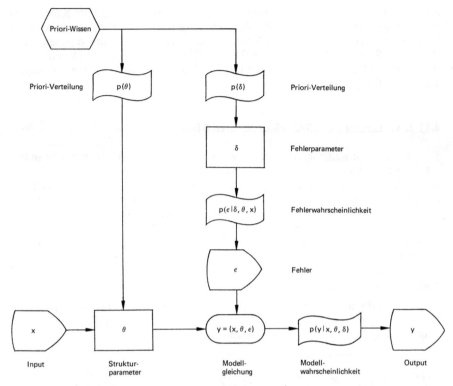

Abb. 3 Stochastisches System mit Fehlermodell und Parameterunsicherheit

$p(\theta|z)$. Der Übergang von der priori-Verteilung zur posteriori-Verteilung geschieht mit Hilfe des Bayes-Theorems:

$$p(\theta|z) \propto p(\theta)p(z|\theta).$$

Die Gleichartigkeit von Bewährung und Vorhersagbarkeit: Während die Prädiktivverteilung ohne den Datensatz z

$$p(y|x) = \int_{\theta \in \Theta} p(y|\theta, x)p(\theta)d\theta$$

lautet, erhalten wir unter Berücksichtigung der Daten nun

$$p(y_{n+1}|x_{n+1}) = \int_{\theta \in \Theta} p(y_{n+1}|\theta, x_{n+1})p(\theta|z)d\theta.$$

Die Struktur beider Ausdrücke ist natürlich völlig gleich. Es wurden nun vier Wahrscheinlichkeitsverteilungen eingeführt, die wegen ihrer grundsätzlichen Bedeutung nochmals eigens zusammengestellt werden:

Bewährung:	Vorhersage:
Priori-Verteilung $p(\theta)$	(Priori-)Prädiktivverteilung $p(y_1|x_1)$
Posteriori-Verteilung	(Posteriori-)Prädiktivverteilung
$p(\theta|z) \propto p(\theta)p(z|\theta)$	$p(y_{n+1}|x_{n+1}) = \int_{\theta \in \Theta} p(y_{n+1}|\theta, x_{n+1})p(\theta|z)d\theta$
(Bayes-Theorem)	(Theorem für totale Wahrscheinlichkeiten)

Zwischen Bewährung und Vorhersagbarkeit besteht eine unmittelbare Korrespondenz; sie werden durch zwei bedingte Verteilungen des gleichen Wahrscheinlich-
keitskörpers definiert. Eine Einführung in die Prädiktivverteilungen geben Thatcher, 1964; Roberts, 1965; Geisser, 1971; oder Kleiter, 1981. Eine Standardquelle ist
Aitchison & Dunsmore, 1975. Einen Überblick in gedrängter Form geben Aitchison & Sculthorpe, 1965.

4.11.2. Vorhersagen in allgemeinen linearen Modellen

Lineare Modelle stellen eine große Problemklasse in der Statistik dar. Wir unterscheiden hier zwei Arten: (a) Allgemeine lineare Modelle und (b) lineare Zeitreihenmodelle. In der Formulierung der allgemeinen Modelle kommen keine zeitlichen Relationen vor. Es ist jedoch durchaus möglich, daß durch die Einführung
einer zeitlichen Interpretation ein allgemeines Modell so spezialisiert wird, daß es
für eine zeitliche Vorhersage verwendet werden kann. Wir behandeln in diesem
Abschnitt einige allgemeine Modelle und wenden uns im nächsten Abschnitt den
Zeitreihen zu.

Einfache lineare Regression

Das Merkmal y soll mit dem Merkmal x vorhergesagt werden. Die Beziehung zwischen x und dem Erwartungswert von y sei linear: $E(y) = \alpha + \beta x$. Für eine einzelne
Beobachtung lautet die Strukturgleichung

$$y_i = \alpha + \beta x_i + \varepsilon_i,$$

wobei ε_i eine Fehlergröße ist, die unabhängig normalverteilt ist mit dem Mittelwert
null und der Varianz σ^2, $\varepsilon_i \sim N(0, \sigma^2)$. Die Modellverteilung für den datengenerierenden Prozeß lautet daher

$$p(y|x, \alpha, \beta) \sim N(\alpha + \beta x, \sigma^2).$$

Wir gehen davon aus, daß wir über die drei Parameter nur ein vages Vorwissen
haben und bringen dies durch die nichtinformative Priori-Verteilung

$$p(\alpha, \beta, \sigma) \propto \sigma^{-1}$$

zum Ausdruck. Abb. 4 faßt die Situation systematisch zusammen. Es werden die
Daten z erhoben, die aus n Beobachtungspaaren bestehen,

$$z = \{(x_i, y_i) : i = 1, \ldots, n\} = \{(x_1, y_1), \ldots, (x_n, y_n)\}$$

und mit denen die beschreibenden Statistiken

(1) $\bar{x} = \dfrac{1}{n}\sum x_i,$ (4) $s_y^2 = \dfrac{1}{n}\sum (y_i - \bar{y})^2,$

(2) $\bar{y} = \dfrac{1}{n}\sum y_i,$ (5) $\text{cov} = \dfrac{1}{n}\sum (x_i - \bar{x})(y_i - \bar{y}),$

(3) $s_x^2 = \dfrac{1}{n}\sum (x_i - \bar{x})^2,$ (6) $r = \dfrac{\text{cov}}{s_x s_y},$

(7) $s_f^2 = \dfrac{1}{n}\sum [y_i - (a + bx_i)]^2 = s_y^2 (1 - r^2),$

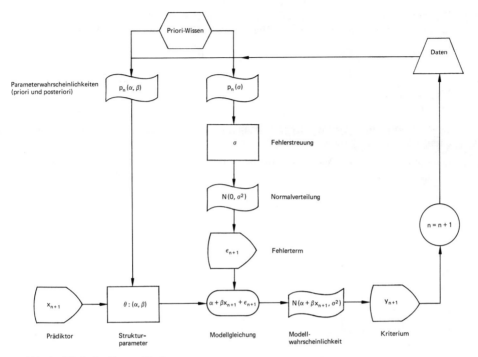

Abb. 4   Einfache lineare Vorhersage

(8) $a^* = \bar{y}$ und $a = \bar{y} - b\bar{x}$,

(9) $b = \dfrac{\text{cov}}{s_x^2}$

berechnet werden.

Man beobachtet den nächsten $(n + 1)$-ten Fall; er hat den Prädiktorwert x_{n+1}. Was läßt sich über seinen Kriteriumswert sagen? Die Prädiktivverteilung für y_{n+1} folgt der t-Verteilung[1]

$$y_{n+1} \sim t\left\{n - 2,\, a + bx_{n+1},\, s_f^2\left[n + 1 + \frac{(x_{n+1} - \bar{x})^2}{s_x^2}\right]\right\}.$$

---

[1] Anmerkung zur Notation der t-Verteilung: Zur Kennzeichnung einer t-Verteilung werden drei Größen verwendet:
Die Zahl der Freiheitsgrade v, der Mittelwert ξ und der Skalierungsfaktor κ. Wenn eine Zufallsvariable t-verteilt ist, schreiben wir kurz

$y \sim t(v, \xi, \kappa)$.

Den t-Wert auf einer standardisierten t-Verteilung erhält man durch die Transformation

$$t = \frac{y - \xi}{\sqrt{\dfrac{\kappa}{v}}}.$$

In vielen Statistikbüchern wird nur die standardisierte t-Verteilung behandelt. Unsere Notation folgt Novick & Jackson (1974) und ist ausführlich in Kleiter (1981: 260) dargestellt.

Wenn m weitere Fälle beobachtet werden, die alle den gleichen Prädiktorwert x_0 haben, so erhält man für den Mittelwert dieser Beobachtungen die Prädiktivverteilung

$$\bar{y}_2 \sim t \left\{ n - 2, \, a + bx_0, \, ns_f^2 \left[\frac{1}{m} + \frac{1}{n} + \frac{(x_0 - \bar{x}_1)^2}{ns_x^2} \right] \right\}.$$

Man sieht, daß die Prädiktivverteilung für den $(n + 1)$-ten Fall ein Sonderfall mit $m = 1$ ist.

Es ist interessant, die Prädiktivverteilung mit zwei anderen Verteilungen zu vergleichen, nämlich

(a) mit der Posteriori-Verteilung für den Mittelwert der abhängigen Variable y an der Stelle x_{n+1}; diese Verteilung ist

$$\mu_{y|x_{n+1}} \sim t \left\{ n - 2, \, a + bx_{n+1}, \, s_f^2 \left[1 + \frac{(x_{n+1} - \bar{x})^2}{s_x^2} \right] \right\},$$

(b) mit der Prädiktivverteilung für y_{n+1} ohne die Kenntnis von x_{n+1}; diese ist

$$x_{n+1} \sim t\,[n - 1, \, \bar{x}, \, (n + 1)s_y^2]\,.$$

Dies ist gleichsam eine Prädiktivverteilung ohne Input.

Die Abb. 5 zeigt an einem Beispiel Vertrauensbänder der verschiedenen Verteilungen.

Ein Vergleich der verschiedenen Verteilungen zeigt:

(1) Die Varianz der Prädiktivverteilung für den $(n + 1)$-ten Fall ist wesentlich größer als die Varianz der Posteriori-Verteilung für den entsprechenden Parameter.

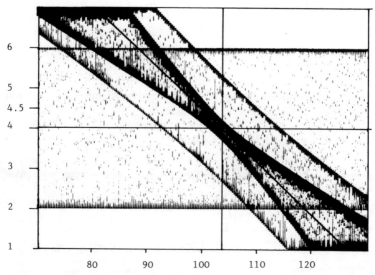

Abb. 5 Beispiel für eine einfache lineare Regression mit negativem Vorzeichen; 95%-Vertrauensbänder für (a) Prädikativverteilung von y_{n+1} (äußeres geneigtes Band), (b) Posterioriverteilung für den Mittelwert von y bei gegebenem x (inneres geneigtes Band) und (c) Prädikativverteilung unter Annahme einer Nullkorrelation (breites horizontales Band).

Dies bedeutet für die Praxis: Wenn man auf der Parameterebene eine Hypothese mit einer bestimmten Wahrscheinlichkeit abgesichert hat, so darf man keineswegs damit rechnen, daß die gleiche Sicherheit auch für die Einzelvorhersagen gilt. Die Vorhersagbarkeit ist um ein vielfaches geringer als die Bewährung.

(2) Die Prädiktivverteilung für m weitere Fälle geht mit wachsendem m in die Posteriori-Verteilung für $\mu_{y|x}$ über. Daran wird die Gleichartigkeit von Bewährung und Vorhersagbarkeit besonders transparent. Der Parameter ist ja nichts anderes als ein Kennwert aller restlichen, noch nicht beobachteten Fälle. Prädiktivverteilung und Posteriori-Verteilung fallen daher für m → ∞ zusammen.

(3) Die Vorhersagbarkeit ist nicht an allen x-Stellen gleich. In der Nähe von mittleren x-Werten sind die Aussagen sicherer als bei extremen x-Werten. Dies bedeutet für die Praxis, daß extreme Vorhersagen mit besonderer Vorsicht zu behandeln sind. Die exotischen Vorhersagen sind am wenigsten gesichert; die eher trivialen Durchschnittsvorhersagen lassen sich am besten absichern. Natürlich sind die ausgefallenen, die seltenen Vorhersagen die interessanten. Die Vorhersagbarkeit und der Interessenwert einer Prognose sind gegenläufig.

(4) Die Vorhersagbarkeit des Merkmals y durch das Merkmal x hängt direkt von der Korrelation r zwischen beiden Variablen ab. Je höher die Korrelation, um so höher die Sicherheit vergleichbarer Prognosen. Die Varianz der Prädiktivverteilung hängt von der Korrelation ab, da $s_{\hat{t}}^2 = s_y^2(1 - r^2)$.

Multiple Vorhersage

Man kann die Vorhersagbarkeit in einem einfachen linearen System verbessern, indem man die Fehlervarianz σ^2 verringert. Dies ist jedoch in den Sozial- und Verhaltenswissenschaften nur selten ein gangbarer Weg. Eine andere Möglichkeit, die Vorhersagbarkeit zu erhöhen, liegt in der Beiziehung weiterer Prädiktoren. Die Erweiterung des einfachen Regressionsmodelles auf ein multiples lineares System ändert an den grundlegenden Überlegungen nichts. Wir betrachten die d-dimensionale Inputvariable $\mathbf{x}' = (x_1, \ldots, x_d)$ und die Outputvariable y. Die Beziehung zwischen den Prädiktorvariablen und der Kriteriumsvariable wird mit der Linearkombination

$$y = \beta_1 x_1 + \beta_2 x_2 + \ldots + \beta_d x_d$$

ausgedrückt. Die β-Werte stellen die Regressionskoeffizienten dar. Abb. 6 stellt die wichtigen Modellkomponenten und Beziehungen schematisch dar. Als Priori-Verteilung wählen wir die nicht-informative Verteilung

$$p(\beta, \sigma) \propto \sigma^{-1}.$$

Es wird eine Stichprobe mit n Individuen beobachtet. Die Daten werden in einer Rohdatenmatrix festgehalten:

$$\mathbf{X} = \begin{pmatrix} 1 & x_{12} & \ldots & x_{1d} \\ \ldots & \ldots & \ldots & \ldots \\ 1 & x_{n2} & \ldots & x_{nd} \end{pmatrix}.$$

Die erste Spalte wird als „Träger" für den Parameter β_1 geführt. Für die weiteren Berechnungen werden u.a. folgende Statistiken benötigt:

(1) $\mathbf{X}'\mathbf{X}$, die Matrix der Summen der Quadrate und Kreuzprodukte, sums of squares and cross products, SSCP-Matrix,

(2) $(\mathbf{X}'\mathbf{X})^{-1}$, die inverse SSCP-Matrix,

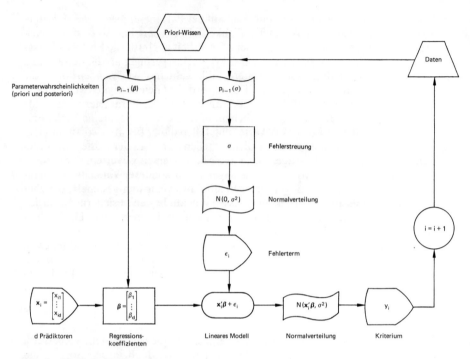

Abb. 6 Multiple Vorhersage

(3) $\hat{\boldsymbol{\beta}} = (\mathbf{X}'\mathbf{X})^{-1}\mathbf{X}'\mathbf{y}$, die Punktschätzungen für die Koeffizienten und

(4) $S_f^2 = \sum(y_i - \hat{y}_i)^2 = \sum(y_i - \mathbf{x}_i\hat{\boldsymbol{\beta}})^2$, die Summe der Abweichungsquadrate für den Fehlerterm, error sum of squares.

Beim $(n + 1)$-ten Fall werden die Prädiktorwerte

$$\mathbf{x}'_{n+1} = (1, x_{n+1,2}, \ldots, x_{n+1,d})$$

beobachtet. Als Punktschätzungen für y_{n+1} erhält man

$$\hat{y}_{n+1} = \mathbf{x}'_{n+1}\hat{\boldsymbol{\beta}}.$$

Die Posteriori-Verteilung für die Regressionskoeffizienten ist eine d-dimensionale t-Verteilung; die Randverteilungen für die einzelnen Koeffizienten sind t-Verteilungen:

$$\beta_j \sim t(n - d, \beta_j, S_f^2 m^{jj}), \text{ wobei } m^{jj} \text{ das } (j, j)\text{-te (Diagonal-)Element}$$
$$\text{von } (\mathbf{X}'\mathbf{X})^{-1} \text{ ist.}$$

Wir fügen den Prädiktorvektor als letzte Zeile unten an die Rohdatenmatrix $\mathbf{X}$ an und schreiben nach diesem „Updating" der Rohdatenmatrix

$$\begin{bmatrix} \mathbf{X} \\ \hline \mathbf{x}'_{n+1} \end{bmatrix} = \begin{pmatrix} 1, & x_{1,2}, & \ldots, & x_{1,d} \\ \ldots & \ldots & \ldots & \ldots \\ 1, & x_{n,2}, & \ldots, & x_{n,d} \\ 1, & x_{n+1,2}, & \ldots, & x_{n+1,d} \end{pmatrix}.$$

Damit bilden wir die auf den Stand der laufenden Ereignisse gebrachte SSCP-Matrix

$$M = \left[\begin{array}{c} X \\ \hline x'_{n+1} \end{array}\right]' \left[\begin{array}{c} X \\ \hline x'_{n+1} \end{array}\right];$$

schließlich benötigen wir den skalaren Wert

$$h = \frac{n-d}{S_f^2}(1 - X'M^{-1}X).$$

Als Prädiktivverteilung für den Wert der Kriteriumsvariable erhält man die t-Verteilung

$$y_{n+1} \sim t[n-d, \hat{y}_{n+1}, (n-d)h^{-1}]$$

(Zellner, 1971: 72ff.; Zellner & Chetty, 1965; Chew, 1966; Aitchison & Dunsmore, 1975: 24; Guttman, 1970: 136).

Prädiktive Klassifikation

Bis jetzt war die „Richtung" der Vorhersage vom Input zum Output: Bei gegebenem Input war die Wahrscheinlichkeitsverteilung für den Output gesucht. Es gibt zahlreiche Vorhersageprobleme, bei denen die „Richtung" umgekehrt ist: Es wird der Input gesucht, der zu einem vorliegenden Output führte. Dies sind gleichsam inverse Vorhersageprobleme. Zu diesen zählt besonders die große Klasse der diagnostischen Klassifikationsprobleme mit der typischen Frage: Es wird ein Symptom beobachtet – welche Krankheit produzierte das Symptom?

Die statistische Behandlung der inversen Vorhersage geht auf Fisher (1936; 1937; Travers, 1939) zurück; er führt die Technik der Diskriminanzanalyse ein. Einen wesentlichen Beitrag leistete die statistische Entscheidungstheorie (Wald, 1950). Gute Darstellungen findet man z.B. bei Anderson (1958), Rao (1973) oder Bock (1975).

Wir betrachten eine Population von Individuen und eine Menge von Kategorien der Art, daß jedes Individuum genau einer der Kategorien zufällt. In der Population gehören meist nicht gleich viele Individuen zu einer Kategorie. Die entsprechenden Besetzungen werden Basisraten genannt. An jedem Individuum sind d Merkmale beobachtbar. Es wird eine Gesamtstichprobe mit N Individuen untersucht. Die N Fälle sind bereits klassifiziert. Den Beobachtungen wird als Modell ein datengenerierender Prozeß zugrundegelegt, der durch einen Satz von Strukturparametern charakterisiert ist und die Modellwahrscheinlichkeiten bestimmt.

Ein prädiktives Klassifikationsproblem liegt vor, wenn folgende drei Bestimmungsstücke gegeben sind:

(1) Ein probabilistisches Klassifikationsmodell mit einer entsprechenden Kennzeichnung der Basisraten und des datengenerierenden Prozesses,
(2) ein für das Modell informativer Datensatz Z von N Individuen,
(3) ein Merkmalsvektor y eines weiteren Individuums, nicht jedoch seine Kategorienzugehörigkeit und wenn
(4) eine probabilistische Bewertung der Kategorienzugehörigkeit für eine beliebige Kategorie u dieses Individuums gesucht wird.

In der Regel ist das Problem gelöst, wenn die **diagnostische Verteilung**

$$p(u|y, Z) = \frac{p(u)p(y|u, Z)}{\sum p(u)p(y|u, Z)} \propto \frac{\text{Basisrate}}{\text{von u}} \cdot \frac{\text{Prädiktivwahr-}}{\text{scheinlichkeit in u}}$$

bestimmt wurde.

Abb. 7 zeigt ein Schema der prädiktiven Klassifikation.

Unter der üblichen Annahme unabhängig-normalverteilter Fehlerkomponenten bereitet die Berechnung der diagnostischen Verteilung keine Schwierigkeiten. Es werden die Wahrscheinlichkeitsdichten der multivariaten t-Verteilung benötigt. Eine ausführliche Darstellung findet man bei Aitchison & Dunsmore (1975: Kap. 11); weitere Quellen sind Dunsmore (1966) und Geisser (1964).

Weitere Problemtypen

Ein in vieler Hinsicht ähnliches Problem liegt bei der **Eichung** (calibration) vor. Zur Messung eines Merkmals X gibt es zwei Tests: einen „guten" aber aufwendigen und einen weniger guten, dafür aber ökonomischen Test. An einer Stichprobe mit n Individuen wurden beide Tests durchgeführt. Es wird ein weiteres Individuum untersucht, es kann jedoch nur der ökonomische Kurztest durchgeführt werden. Hier erreicht der Proband den Punktwert y_{n+1}; was läßt sich über den Punktwert x_{n+1} dieses Individuums im aufwendigen Test sagen? Auch hier gilt es, die geeignete Wahrscheinlichkeitsverteilung zu finden (vgl. Aitchison & Dunsmore, 1975: Kap. 10; Dunsmore, 1968; Williams, 1969). Von besonderem Interesse im klinischen Bereich ist das Problem der optimalen Behandlungszuweisung (treatment allocation) (Aitchison & Dunsmore, 1975: Kap. 12; Aitchison, 1970).

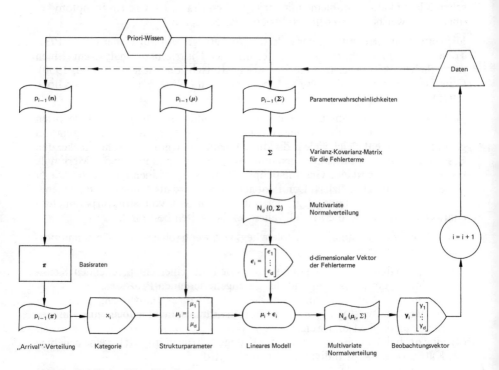

Abb. 7 Prädiktive Klassifikation

4.11.3. Vorhersagen in Zeitreihen

Wenn man von einer „Vorhersage" spricht, so meint man häufig überhaupt nur eine „Vorhersage im Rahmen einer Zeitreihe". Darin kommt die Überzeugung zum Ausdruck, daß echte Vorhersagen an ein System mit einer Zeitdimension gebunden sind und auf Trends, explosiven Entwicklungen, Zyklen, Saisonschwankungen und feinen oszillatorischen Veränderungen beruhen. Vorhersagen sind wie Aussagen über die in der Zukunft liegenden Positionen eines Objektes, das sich auf einer Bahn bewegt, die nicht genau bekannt ist. Obwohl diese Auffassung sicher zu eng ist, gehören Vorhersagen in Zeitreihen zu den wichtigsten und interessantesten Vorhersageproblemen. Wir gehen zunächst ausführlich auf die Box-Jenkins-Philosophie ein. Zum Studium der Grundlagen von Vorhersagen in autoregressiven und/oder Moving-Average-Modellen wird auf Box & Jenkins (1976: Kap. 5), Granger & Newbold (1976), Zellner (1971: Kap. VIII), O. D. Anderson (1976: Kap. 10), T. W. Anderson (1971) und Mohr (1976) verwiesen. Eine kurze Einführung gibt Chatfield (1975: Kap. 5). Abb. 8 stellt ein Schema für einen ARIMA-Prozeß dar. Wir betrachten ein System, das sich zum Zeitpunkt t im Zustand w_t befindet. Dieser Zustand hängt ab von

(1) einem Zufallsfehler ε_t; die Fehlerwerte sind unabhängig normalverteilt mit dem Mittelwert null und der Varianz σ^2;
(2) von p vergangenen Zuständen $w_{t-1}, \ldots, w_{t-p}$, die linear mit den autoregressiven Gewichten $\phi_1, \ldots, \phi_p$ zusammengefaßt werden;
(3) von q vergangenen Fehlerwerten $\varepsilon_{t-1}, \ldots, \varepsilon_{t-q}$, die linear mit den Moving-Average-Gewichten $\theta_1, \ldots, \theta_q$ zusammengefaßt werden.

Aus dem Zustand w_t geht der Output y_t hervor, indem w_t ein Trend oder ein Zyklus „übergestülpt" wird; dies geschieht durch einen inversen Stationaritätsfilter.

Man kann sich vorstellen, daß y_t auf ein Band geschrieben wird. Das Band wird durch ein Zahnrad bewegt, das durch eine Uhr angesteuert wird. Ähnlich wird auch der Fehlerwert auf ein Band geschrieben. Von dem Zeitreihenband werden die zurückliegenden $y_{t-1}, \ldots, y_{t-p}$ Werte gelesen, durch einen Stationaritätsfilter geschickt und wieder mit den autoregressiven Parametern kombiniert. Von dem Zufallsband werden die zurückliegenden Fehlerwerte gelesen und mit den Moving-Average-Parametern verarbeitet. Im Stationaritätsfilter geschieht die Differenzenbildung.

Man unterscheidet mehrere Subklassen von Modellen:

(1) Weißes Rauschen: Der Prozeß wird nur durch den Zufallsgenerator erzeugt; alle autoregressiven und Moving-Average-Parameter sind null und der Prozeß ist stationär.
(2) Autoregressiver Prozeß der Ordnung p, kurz AR (p): Die Reihe der y_t wird nur durch den Zufallsgenerator und durch p autoregressive Parameter bestimmt. Alle Moving-Average-Parameter sind null und der Prozeß ist stationär.
(3) Moving-Average-Prozeß der Ordnung q, kurz MA (q): Der Prozeß wird durch einen Satz von q Moving-Average-Parametern generiert und ist stationär.
4) ARMA (p, q)-Modell: Dies ist ein kombinierter AR (p)-Prozeß und ein MA (q)-Prozeß. Er ist stationär.
(5) Integrierter autoregressiver Moving-Average-Prozeß, kurz ARIMA (p, d, q): Die Output-Werte des Prozesses sind nicht stationär. Sie werden durch d-fache Differenzenbildung jedoch stationär.

Die Technik der Differenzenbildung geht übrigens auf Gosset („Student", 1914) und den deutschsprachigen O. Anderson (1914) zurück. Eine ganze Reihe der frühen Arbeiten über Zeitreihen sind ausgesprochen lesenswert, etwa Anderson (1927; 1929a, b), Yule (1921; 1926; 1927), Stumpff (1927; 1937) und selbstverständlich die klassische Arbeit von Wold (1938).

Ein Satz von autoregressiven Parametern wird als Faktor bezeichnet. Ein Box-Jenkins-Modell kann mehrere autoregressive Faktoren haben. Ähnlich bildet die Gruppe von Moving-Average-Parametern einen Faktor, und ein Modell kann mehrere solche Faktoren besitzen.

Ein allgemeines ARIMA-Modell hat I AR-Faktoren, J Differenzenfaktoren und K MA-Faktoren.

Für ARIMA-Modelle ist typisch, daß die (p, d, q)-Struktur fixiert ist; die Zahl der zurückliegenden Terme, von denen der laufende Prozeß abhängig ist, ist fest und keinen Zufallsschwankungen unterworfen (Sengupta & Yeo, 1977: 9).

Das Ziel einer Vorhersage ist, vernünftige Aussagen über die nächsten Output-Werte aufgrund der beobachteten Reihe zu gewinnen. Wir bezeichnen mit

n   den Vorhersagezeitpunkt „jetzt", er fällt meist mit dem Zeitpunkt der letzten Beobachtung zusammen, mit
h   den Horizont einer Vorhersage, die lead time, die Zahl der in die Zukunft projizierten Schritte und mit
I_n den Informationsstand zum Zeitpunkt n. Dazu gehören bisher beobachtete Daten, Wissen über Prozeßeigenschaften oder Wissen über wahre Parameterwerte usw. n + h ist der Zeitpunkt „jetzt plus h Schritte". Das Vorhersageproblem besteht darin, für die Beobachtung zum Zeitpunkt n + h aufgrund des Informationsstandes zum Zeitpunkt n vernünftige Wahrscheinlichkeitsaussagen zutreffen; dies geschieht mit Hilfe einer Vorhersageverteilung

$$p(y_{n+h}|I_n).$$

Wenn I_n nur die Daten und eine sehr allgemeine Charakterisierung der Modellklasse enthält, ist dies eine Prädiktivverteilung. Wenn I_n darüber hinaus Parameterschätzungen enthält, die als gegebenes Wissen behandelt werden, liegt eine estimative Vorhersageverteilung vor. Häufig begnügt man sich mit Punktvorhersagen:

$f_{n,h}$ ist die Punktvorhersage zum Zeitpunkt n mit dem Horizont h.

Vorhersagen bei bekanntem Prozeß

Wir nehmen zunächst an, daß das datengenerierende Modell und seine Parameter bekannt sind. Das vereinfacht die Überlegungen, und der dadurch entstehende Fehler ist bei langen Zeitreihen klein. Angenommen, die beobachtete Zeitreihe $y_1, ..., y_n$ wurde von einem ARMA (p, q)-Prozeß mit bekannten Parameterwerten erzeugt. Für den datengenerierenden Prozeß

$$y_t - \phi_1 y_{t-1} - ... - \phi_p y_{t-p} = \varepsilon_t - \theta_1 \varepsilon_{t-1} - ... - \varepsilon_q \theta_{t-q}$$

können wir dann schreiben

$$y_t = \sum_{j=1}^{p} \phi_j y_{t-j} - \sum_{j=0}^{q} \theta_j \varepsilon_{t-j}, \quad \theta_0 = -1.$$

Die einfachste Methode, eine **Punktschätzung** für den Zeitpunkt n + h zu gewinnen, besteht einfach darin, in diese Differenzengleichung die bekannten Parameterwerte einzusetzen:

$$f_{n,h} = \sum_{j=1}^{p} \phi_j f_{n,h-j} - \sum_{j=0}^{q} \theta_j \varepsilon_{n+h-j}, \quad \theta_0 = -1,$$

wobei

$f_{n,k} = y_{n+k}$, $k \leq 0$, d. h. für die Vergangenheit werden die Daten eingesetzt,

$\varepsilon_{n+k} = 0$, $k > 0$, d. h. die Vorhersagen werden so gelegt, daß sie nicht mit einem „freiwilligen" Fehler behaftet sind.

Für einen AR(2)-Prozeß der Art

$$y_t = \phi_1 y_{t-1} + \phi_2 y_{t-2} + \varepsilon_t$$

führt dies beispielsweise zu den sukzessiven Punktvorhersagen

$$f_{n,1} = \phi_1 y_t + \phi_2 y_{t-1}$$
$$f_{n,2} = \phi_1 f_{n,1} + \phi_2 y_t$$
$$\ldots \quad \ldots \quad \ldots$$
$$f_{n,h} = \phi_1 f_{n,h-1} + \phi_2 f_{n,h-2}.$$

Bei den Vorhersagen, die auf diese Weise gewonnen werden, handelt es sich um Vorhersagen mit dem kleinsten quadratischen Fehler (z. B. Wold, 1938: 102/3 für AR-Prozesse).

Bei den integrierten ARIMA(p, d, q)-Modellen wird die gleiche Methode auf die Reihe der w_t angewandt. Zur Extrapolation muß die Operation der Differenzenbildung umgekehrt werden. Die y-Vorhersagen erhält man, indem man zunächst wie eben besprochen w-Vorhersagen berechnet und sie dann durch den inversen Stationaritätsfilter schickt. Das Rechenverfahren wird etwas umständlicher, an der grundsätzlichen Logik ändert sich nicht.

Konfidenzintervall. Es wurde angenommen, daß die Fehlerterme unabhängig normalverteilt sind, $\varepsilon_t \sim N(0, \sigma^2)$. Daher folgt die estimative Vorhersageverteilung einer Normalverteilung:

$$p(y_{n+h}|y_1, \ldots, y_n; \text{Modelltyp; Parameterwerte}) \sim N(f_{n,h}, \sigma^2 \sum_{j=0}^{h-1} \psi_j^2), \psi_0 = 1.$$

ψ_j sind Vorhersagegewichte. Man erhält sie durch aufeinanderfolgendes Lösen folgender Gleichungen (für einen ARMA(p, q)-Prozeß):

$$\psi_0 = 1$$
$$\psi_1 = \phi_1 \psi_0 - \theta_1$$
$$\psi_2 = \phi_1 \psi_1 + \phi_2 - \theta_2$$
$$\ldots$$
$$\psi_j = \phi_1 \psi_{j-1} + \ldots + \phi_p \psi_{j-p} - \theta_j, \quad j = p, p+1, \ldots, h.$$

Die eben errechneten Gewichte werden rekursiv immer wieder eingesetzt. Für einen ARMA(p, q)-Prozeß benötigt man am Anfang $p - 1$ Gleichungen, für die nachfol-

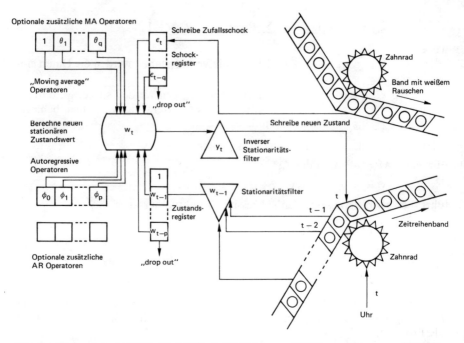

Abb. 8 Allgemeines ARIMA-Modell für I AR-Faktoren, J Differenzfaktoren und K MA-Faktoren:

$$\prod_{i=1}^{I} \phi_i(B) \prod_{j=1}^{J} (1 - B^{s_j})^{d_j} y_t = \theta_0 + \prod_{k=1}^{K} \theta_k(B)\varepsilon_t \,.$$

Ein einfaches Einfaktormodell ist

$$\phi(B)(1 - B^s)^d y_t = \theta(B)\varepsilon_t \,.$$

genden Gewichte wird immer mit der letzten der eben angeschriebenen Gleichungen gearbeitet.

Bei einem AR(2)-Prozeß braucht man zum Start

$$\psi_0 = 1$$
$$\psi_1 = \phi_1 \psi_0$$

ab nun wird nur mehr in $\phi_j = \phi_1 \psi_{j-1} + \phi_2 \psi_{j-2}$ eingesetzt:

$$\psi_2 = \phi_1 \psi_1 + \phi_2 \psi_0$$
$$\psi_3 = \phi_1 \psi_2 + \phi_2 \psi_1 \qquad \text{usw.}$$

Estimative Vorhersagen

In der Praxis ist der datengenerierende Prozeß nicht bekannt. Die einfachste Methode, auch in diesem Fall zu einer Vorhersage zu gelangen, besteht in der estimativen Schätzung. Dabei wird zunächst das unbekannte Modell identifiziert und es werden seine Parameter geschätzt. Das Modell und die Parameter werden dann als „wahr" behandelt und einfach in die Differenzengleichung eingesetzt.

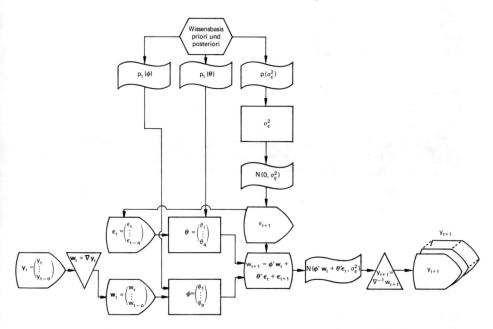

Abb. 9 Vorhersage in einem ARIMA-Modell

Eine leichte Verbesserung in der Genauigkeit der Konfidenzintervalle erhält man, wenn man statt wie oben mit einer Normalverteilung nun mit der t-Verteilung

$$y_{n+h} \sim t(n - p - q, f_{n,h}, S^2 \sum_{j=0}^{h-1} c_j^2), \quad c_0 = 1,$$

wobei $S^2 = \sum_{t=-(Q-1)}^{n} [a_t]^2,$

arbeitet. Dabei wird berücksichtigt, daß die Fehlervarianz σ^2 nicht bekannt ist.

c_j sind die geschätzten Vorhersagegewichte: $c_0 = 1, c_1 = \hat{\phi}_1 c_0 - \hat{\theta}_1$, usw. in Analogie zur Bestimmung der ψ_j.

S^2 ist die Summe der bedingten Fehlerquadrate; ein einzelner Fehlerwert a_t wird aufgrund der Modellgleichung und der beobachteten Daten iterativ berechnet. Dazu wird die ganze beobachtete Zeitreihe abwechselnd rückwärts und vorwärts bearbeitet. Alle Fehlerwerte, die über die Zeitreihe hinausragen ($t \leq 0, t > n$), werden null gesetzt; dies macht sich immer erst auf der anderen Seite der Reihe bemerkbar; wenn die Serie lang ist, ist der Effekt klein. Q ist die maximale Rückwärtsordnung und hängt von p, q und d des ARIMA (p, d, q)-Modelles ab; für d = 0 kann Q z. B. gleich p + q gesetzt werden. Schon nach wenigen Iterationsschritten (meist einem!) kann S^2 mit einer sehr hohen Genauigkeit geschätzt werden.

Die t-Verteilung stellt keine Prädiktivverteilung dar, da insbesondere der Modelltyp und die Parameterschätzungen als gegeben behandelt werden.

Die Gewinnung echter Prädiktivverteilungen, die mit einem geringen Aufwand berechenbar sind, steht für ARIMA-Modelle noch aus. Nützliche Ergebnisse, die man zur Ableitung von Prädiktivverteilungen benötigt, sind die Likelihood-Funktion (Newbold, 1974; Box & Jenkins, 1976: 269ff.; Mohr, 1976: 158ff.) und Posteriori-Verteilungen (Box & Jenkins, 1976: 250ff.; Newbold, 1973).

Beispiel: Der AR(p)-Prozeß

Vorhersagen in einem AR(p)-Modell weisen zahlreiche Analogien zur multiplen Vorhersage auf.

$w_1, \ldots, w_n$ seien die Beobachtungen einer mittelwertsstandardisierten Zeitreihe; z seien p weitere Beobachtungen aufgrund derer die eigentlichen Vorhersagen getroffen werden sollen. Für die Modellgleichung schreiben wir ausführlich

$$\phi_1 w_1 + \phi_2 w_2 + \ldots + \phi_p w_p = w_{p+1}$$
$$\phi_1 w_2 + \phi_2 w_3 + \ldots + \phi_p w_{p+1} = w_{p+2}$$
$$\ldots \qquad \ldots \qquad \ldots \qquad \ldots \qquad \ldots$$
$$\phi_1 w_{n-p} + \phi_2 w_{n-p+1} + \ldots + \phi_p w_{n-1} = w_n$$

oder in Matrixform kurz $\mathbf{W}\phi = \mathbf{w}$. Zu beachten ist, daß die Matrix $\mathbf{W}$ nur $n - p$ Zeilen hat. Ganz in Übereinstimmung mit den Ergebnissen bei der multiplen Regression sind nun

$\mathbf{W}'\mathbf{W}$ eine $(n - p) \times (n - p)$-Matrix der Quadrat- und Produktsummen, $\hat{\phi} = (\mathbf{W}'\mathbf{W})^{-1}\mathbf{W}'\mathbf{w}$ die Punktschätzungen für die Autoregressionskoeffizienten,

$$s_f^2 = \frac{1}{n - p} \sum_{p+1}^{n} (w_i - \hat{w}_i)^2 \quad \text{und} \quad S_f^2 = (n - p)s_f^2 \quad \text{die Varianz}$$

der Residuen bzw. deren Quadratsumme und

$$\hat{w}_i = \hat{\phi}_1 w_{i-p} + \ldots + \hat{\phi}_p w_{i-1}.$$

Die Posteriori-Verteilung für die autoregressiven Parameter ist eine p-dimensionale t-Verteilung; die Randverteilungen für die einzelnen Koeffizienten sind t-Verteilungen und analog zur multiplen Regression

$$\phi_j \sim t(n - 2p, \hat{\phi}_j, S_f^2 m^{jj}), \quad \text{wobei } m^{jj} \text{ das (j,j)-te (Diagonal-)Element}$$
$$\text{von } (\mathbf{W}'\mathbf{W})^{-1} \text{ ist.}$$

Die $n - 2p$ Freiheitsgrade ergeben sich aus der Länge der Zeitreihe, der Zahl der Zeilen von $\mathbf{W}$ und der Zahl der autoregressiven Parameter. Ohne Verlust an Allgemeinheit legen wir nun den zeitlichen Ursprung an die letzte Position des Präditorvektors, so daß $z' = (z_{-p+1}, \ldots, z_0)$. Wir fügen z' als letzte Zeile der Matrix $\mathbf{W}$ an und berechnen so die Matrix

$$\mathbf{M} = \left(\frac{\mathbf{W}}{z'}\right)' \left(\frac{\mathbf{W}}{z'}\right),$$

deren inverse $\mathbf{M}^{-1}$, sowie den skalaren Wert

$$g = \frac{n - 2p}{S_f^2} (1 - \mathbf{W}'\mathbf{M}^{-1}\mathbf{W}).$$

Nun ist die Prädiktivverteilung eine t-Verteilung:

$$z_1 \sim t[n - 2p, \hat{z}_{0,1}, (n - 2p)g^{-1}) \quad \text{mit} \quad \hat{z}_{0,1} = \hat{\phi}_1 z_{-p+1} + \ldots + \hat{\phi}_p z_0.$$

Für einen Horizont der Länge h wird die Fehlervarianz s_f^2 durch

$$v^2 = s_f^2 \sum_{j=0}^{h-1} c_j^2, \quad c_0 = 1 \quad \text{bzw.} \quad S_f^2 \text{ durch } (n - 2p)v^2$$

ersetzt. Die Prädiktivverteilung lautet dann allgemein

$$z_h \sim t[n - 2p, \hat{f}_{0,h}, (n - 2p)g^{-1}].$$

$\hat{f}_{0,h}$ erhält man mit den Schätzwerten für die Parameter und den letzten Daten und/oder Vorhersagen durch Einsetzen in die Modellgleichung.

Einige Eigenschaften von ARIMA-Vorhersagen

(1) Die Regression zur Mitte: Für einen stationären Prozeß gilt, daß die Punktvorhersagen mit wachsendem Horizont immer mehr zum Mittelwert des Prozesses streben. Bei einem AR(1)-Prozeß schrumpfen die Abweichungen vom Mittel z. B. exponentiell gegen null.

(2) Mit wachsendem Horizont nimmt die Vorhersageunsicherheit zunächst schnell und dann immer langsamer zu. Bei einem AR(1)-Prozeß z. B. nähert sich die Vorhersagevarianz asymptotisch dem Wert $\hat{\sigma}^2(1 - \phi^{2h})/(1 - \phi^2)$ (Box & Jenkins, 1976: 151).

(3) Nach der Identifikation und Schätzung des Modells bzw. nach der Fixierung der Posteriori-Verteilung hängen die Vorhersagen nur mehr von den Prädiktorwerten ab. Ihre Zahl muß mindestens p + q betragen; bei Differenzenfaktoren sind mehr Werte erforderlich. Bei einem stationären Prozeß sind die Vorhersagen weiter vom Vorhersagezeitpunkt unabhängig.

Aus einer Reihe psychologischer Untersuchungen kann man schließen, daß intuitive Urteile diese Eigenschaften nicht berücksichtigen. Tatsächliche Untersuchungen über intuitive Urteile bei Zeitreihen sind nur wenige bekannt (Hogarth, 1980: 24).

Eine gewisse Gefahr bei den ARIMA-Modellen liegt in ihrer fast unbeschränkten Verwendbarkeit. Wie vor Jahren bei der Faktorenanalyse, ermöglichen Computerprogramme das induktivistische Datenschaufeln. Wünschenswert sind deduktive, hypothesengeleitete Prozeßmodelle, die zu bestimmten (Klassen) von ARIMA-Modellen führen und dabei von Struktureigenschaften des untersuchten Gegenstandssystems ausgehen.

Außer den ARIMA-Modellen gibt es zahlreiche andere Methoden zur Vorhersage in Zeitreihen. Dazu gehören z. B. die exponentielle Glättung mit vielen Varianten, Verfahren zur Zerlegung in Komponenten wie Trend, Saisonkomponente, Zyklus und Fehler und Methoden, die auf der Spektralanalyse beruhen. Eine Einführung in diese Techniken findet man z. B. bei Makridakis & Wheelwright (1976), Lewandowski (1974), Armstrong (1978), Newbold & Granger (1977), Kreuz (1979). Ein interessanter und vielleicht zu wenig beachteter Ansatz stammt von Sengupta & Yeo (1977).

4.11.4. Ausblick

Auf zahlreiche Vorhersageprobleme kann hier nicht eingegangen werden, so z. B. nicht auf einfache und komplexe qualitative Vorhersagen. (Einfache Vorhersagen in binären Ereignisfolgen werden in Kleiter, 1981, dargestellt.) Weitere Bereiche werden mit Literaturangaben kurz genannt.

Multivariate Modelle, insbesondere Vorhersagen durch simultane Gleichungssysteme (Richard, 1973; Morales, 1971; Zellner, 1971); multivariate Zeitreihen und Transfer-Functions (Box & Jenkins, 1976). Spektralanalyse (Wiener, 1949; Jenkins & Watts, 1968; Leiner, 1978). Spezielle Prädiktivverteilungen (Watanabe, 1979; Amaral & Dunsmore, 1979; Bancroft &

Dunsmore, 1976; 1978; Dunsmore, 1976; 1978; Kabe, 1967; Aitchison, 1966). Vorhersagen zum Zweck der Planung, Regulation, Kontrolle, Optimierung (Ansoff, 1977; Ansoff et al., 1970; Jeckovich, 1971; Moskowitz & Miller, 1975; Blaas & Henseler, 1978; Stöppler, 1979; Dunsmore, 1969). Vergleich verschiedener Prognosemethoden und Fallstudien (Lorek et al., 1976; Mabert, 1976; Geurts & Ibrahim, 1975; McDonald, 1973; Armstrong & Grohman, 1972; Groff, 1973; Chatfield & Prothero, 1973; Liebling et al., 1976; Bhattacharyya, 1980; Cottrell, 1941; Cowles, 1933). Bewertung und Vorhersagegüte, Kombination von Vorhersagen (Granger & Newbold, 1973; 1977); einen wichtigen Gesichtspunkt zur Bewertung liefern unserer Meinung nach Scoring Rules, die zur Bewertung von subjektiven Wahrscheinlichkeitsverteilungen entwickelt wurden (Stael von Holstein, 1970).

Allgemeine Diskussionen und Darstellungen sind Knapp (1978) Hogarth & Makridakis (1981), Lewandowski (1974; 1980), Armstrong (1978a) oder Makridakis & Wheelwright (1978). Von Interesse für den psychologischen Bereich sind weiter Merz (1966) und Jäger (1966). Für den inhaltsorientierten Bereich der Psychologie und Pädagogik heben wir besonders Krapp (1979) hervor.

Auf den sehr interessanten Problemkreis von Vorhersagen innerhalb von qualitativen Strukturen, insbesondere innerhalb von syntaktischen Strukturen (Gold, 1967; Solomonoff, 1959, 1964a, b; Feldman, 1967; Feldman et al., 1969; Biermann und Feldman, 1972; Levelt, 1974; Horning, 1969), kann hier wegen Raummangel leider nicht eingegangen werden.

Einige Leser werden vielleicht die Behandlung der alten Kontroverse „klinische versus statistische Vorhersage" vermissen; dazu gibt es aber bereits genug Darstellungen (Sarbin, 1941; 1942; Meehl, 1954; Kelly & Fiske, 1951; Sawyer, 1966; Ebert, 1976; Westmeyer, 1979; Dawes, 1980). Schmerzlich ist der Verzicht auf die Behandlung von Urteilsmethoden für langfristige Vorhersagen (Sarin, 1978; 1979); eine allgemeine Einführung mit weiterführenden Literaturangaben findet man bei Hogarth (1980) & Shweder (1980).

5. Analyse ökonomischer Systeme

5.1. Inhaltliche und formale Kriterien der Analyse ökonomischer Systeme

von Reinhard Hujer & Helmut Knepel

Die Entwicklung von Methoden zur Analyse ökonomischer Systeme ist vor dem Hintergrund eines theoretischen und eines pragmatischen Wissenschaftsziels zu sehen: Unter dem Aspekt des theoretischen Wissenschaftsziels sind Verfahren zu entwickeln, die zur Konstruktion empirisch fundierter Theoriesysteme und zum Test theoretischer Hypothesen geeignet sind. Das pragmatische Wissenschaftsziel bezieht sich auf die Ableitung von Prognosen für Variablen gesellschaftspolitisch wichtiger Problemfelder und auf die Wirkungsanalyse politischer Maßnahmen, um somit eine rationale Grundlage und empirische Begründung politischer Entscheidungen zu ermöglichen.

Zur Einlösung dieses Anspruchs wissenschaftlichen Arbeitens im ökonomischen Bereich können die Methoden der empirischen Wirtschaftsforschung herangezogen werden (Hujer & Cremer, 1978), die dazu dienen,

(1) ökonomische Hypothesen zu operationalisieren, empirisch zu prüfen und zu revidieren;
(2) die methodischen Grundlagen zur Prüfung der Wirksamkeit wirtschaftspolitischer Instrumente zu entwickeln bzw. zu verbessern.

Ihr Ziel kann mit der dem Programm der „Econometric Society" entnommenen Formel als „Theory with measurement" prägnant umschrieben werden.

5.1.1. Informationsbedarf von Wirtschaftspolitik und -theorie

Ausgangspunkt jeder empirischen Untersuchung ist ein bestimmter, von Wirtschaftspolitik und -theorie artikulierter Informationsbedarf, der von den aktuellen gesellschaftlichen Rahmenbedingungen entscheidend abhängt: Nach einer langen Phase der Orientierung der empirischen Forschung an Problemen der Diagnose und Prognose von Konjunktur- und Wachstumsprozessen sind heute auch Fragen der Funktionsweise des Arbeitsmarkts und Probleme des strukturellen Wandels in den Blickpunkt wissenschaftlichen Interesses gerückt.

Nach dem 1967 verabschiedeten „Gesetz zur Förderung der Stabilität und des Wachstums der Wirtschaft" ist die Wirtschaftspolitik verpflichtet, die gesamtwirtschaftlichen Zielsetzungen

– Stabilität des Preisniveaus,
– hoher Beschäftigungsstand,
– außenwirtschaftliches Gleichgewicht,
– stetiges und angemessenes Wirtschaftswachstum

zu verfolgen. Ergänzt wird dieser Zielkatalog noch durch das Ziel einer gerechten Einkommens- und Vermögensverteilung. Rationale Wirtschaftspolitik bedeutet also, daß wirtschaftspolitische Maßnahmen so zu gestalten sind, daß dieses Zielbündel realisiert werden kann. Voraussetzung dafür ist jedoch, daß

– die Zielsetzungen operationalisiert sind,
– Konsens über die zu setzenden Zielwerte besteht,
– der Instrumentenkatalog ausreicht, um wirksam in den Wirtschaftsprozeß eingreifen zu können,
– Modelle, Modellansätze und theoretische Vorstellungen von der Funktionsweise

des ökonomischen Systems existieren, die es gestatten, die Auswirkungen einzelner Maßnahmen auf die Zielsetzungen zu analysieren.

Die Aufgabe der empirischen Wirtschaftsforschung besteht demnach darin, daß Verfahren zur Operationalisierung und Messung von Variablen im Rahmen der Konstruktion von Modellen zur Verfügung gestellt werden, die eine wirksame Steuerung des ökonomischen Systemes erlauben.

Am Beispiel des Arbeitsmarktes kann dies verdeutlicht werden. Voraussetzung für eine wirksame Beschäftigungspolitik ist, daß das Ziel der Vollbeschäftigung operationalisiert wird. Wissenschaftler und Wirtschaftspolitiker sind sich inzwischen darüber einig, daß als alleiniger Indikator für das Ziel „Vollbeschäftigung" die Arbeitslosenquote nicht geeignet ist. Vielmehr sind Indikatorensysteme des Arbeitsmarkt- und Beschäftigungssystems zu erstellen, die eine detaillierte Deskription verschiedener Zieldimensionen des Arbeitsmarktes erlauben (Noll, 1978). Neben eine Betrachtung des Niveaus der Arbeitslosigkeit muß darüber hinaus eine Strukturanalyse der Arbeitslosigkeit treten, denn der Typ der Arbeitslosigkeit hat sich gewandelt; von Arbeitslosigkeit sind nicht alle gesellschaftlichen Gruppen gleichermaßen betroffen, vielmehr sind die Arbeitsmarktchancen und -risiken ungleich verteilt (Schmidtberg, 1981).

Ist ein operationales Zielsystem vorhanden, müssen Hypothesen darüber entwickkelt werden, wie bestimmte wirtschaftspolitische Maßnahmen auf einzelne Zielsetzungen wirken. Die Ziele müssen also in Modelle und Theoriensysteme, die zur Beschreibung von Arbeitsmarktprozessen dienen, integriert werden, um Ziel-Mittel-Beziehungen quantifizieren zu können.

Voraussetzung für rationale Wirtschaftspolitik und für die Konstruktion empirischer Modelle ist die Existenz einer ausreichenden Datenbasis. Im folgenden wird deshalb ein kurzer Überblick über die Problematik der Operationalisierung und Messung ökonomischer Phänomene gegeben.

5.1.2. Probleme der Operationalisierung und Messung

Abstrakt gesehen unterscheidet sich die Gewinnung von Daten über ökonomische Phänomene nicht vom Prozeß der wissenschaftlichen Informationsgewinnung in anderen Wissenschaftsbereichen (vgl. z.B. Mayntz et al., 1969; Friedrichs, 1973; Menges & Skala, 1973).

Ausgangspunkt ist ein theoretisches Konstrukt, das als Element der Wissenschaftssprache aufzufassen ist und in der Formulierung von theoretischen Hypothesen erfolgt. Theoretische Konstrukte haben keine unmittelbaren empirischen Korrelate. Es ist jedoch von ihnen zu fordern, daß sie sich auf empirische Phänomene beziehen. Erst durch den Prozeß der Operationalisierung erfahren sie eine inhaltliche Präzisierung, die sie der Messung zugänglich macht: Theoretische Konstrukte werden dann in sog. „Indikatoren" abgebildet. Die zweite Stufe des Informationsgewinnungsprozesses besteht aus der Erhebung und Messung; sie kann als Phase der Quantifizierung bezeichnet werden. Unter Erhebung versteht man die systematische Kenntnisnahme und Sammlung der Realisationen eines Phänomens, denen durch die Messung Zahlenwerte zugeordnet werden (Menges & Skala, 1973). Durch die Messung wird also eine empirische Struktur in eine numerische transformiert.

Diese idealtypische und verkürzte Beschreibung sozialwissenschaftlicher Informationsgewinnung, bei der die beiden Probleme der Operationalisierung und Quantifizierung zu lösen sind, entspricht im ökonomischen Bereich jedoch nicht der Forschungspraxis. So zählt insbesondere die Quantifizierung in der Regel nicht zur Aufgabe des inhaltlich arbeitenden Forschers, da – anders als in Soziologie und Psychologie – meist keine Primärerhebungen durchgeführt werden, sondern auf eine Vielzahl von sekundärstatistischen Datenquellen zurückgegriffen werden kann. Statistische Daten werden in der BRD von amtlichen und nichtamtlichen Institutionen zur Verfügung gestellt. Die wichtigsten Datenproduzenten sind:

(1) Amtliche Statistik
   – Statistisches Bundesamt
   – Deutsche Bundesbank
   – Bundesanstalt für Arbeit
   – Ministerien
(2) Nichtamtliche Statistik
   – Wirtschaftsforschungsinstitute
   – Meinungsforschungsinstitute
   – Wirtschaftsverbände
   – Sachverständigenrat zur Begutachtung der gesamtwirtschaftlichen Entwicklung (SVR).

Im ökonomischen Bereich besteht also eine deutliche Trennung von Datenproduktion und -verwendung. Unmittelbare Konsequenz dieser Trennung ist eine unzureichende Berücksichtigung der Problematik von Datenfehlern bei der Auswertung veröffentlichter Daten.

Auch der Operationalisierung von theoretischen Konstrukten wird im Rahmen ökonomischer Fragestellungen häufig keine zentrale Bedeutung zugemessen, da ökonomische Theorieansätze weitgehend direkt in operationalisierten Begriffen formuliert sind und damit eine hohe Übereinstimmung von Theorie- und Statistikbegriffen postuliert wird. Für die Analyse makroökonomischer Prozesse wird beispielsweise das Schema der Volkswirtschaftlichen Gesamtrechnung als Maßsystem für ökonomische Zusammenhänge verwendet, obwohl insbesondere wichtige soziale Dimensionen der ökonomischen Entwicklung unzureichend berücksichtigt werden, z. B. Abbildung des gesellschaftlichen Wohlstands im Indikator „Bruttosozialprodukt".

Dem Problem der Operationalisierung kommt im Rahmen der Analyse ökonometrischer Systeme insbesondere dann erhöhte Bedeutung zu, wenn theoretische Konstrukte verwendet werden, die sich auf nicht direkt beobachtbare Sachverhalte beziehen. Für solche Begriffe müssen Meßkonzepte entwickelt werden, wie sie im folgenden Abschnitt über datenorientierte Analyse ökonomischer Systeme diskutiert werden.

In allen Phasen der Operationalisierung und Messung können Fehler auftreten. Der Operationalisierungsfehler wird als „Adäquationsfehler" bezeichnet: Er ist als „Abweichung zwischen der begrifflich umschriebenen wahren Elementgesamtheit und der operational definierten Zielgesamtheit" definiert (Esenwein-Rothe, 1977). Der systematische Erhebungsfehler, der auch „Coverage-Fehler" genannt wird, bezieht sich dagegen auf die Abweichung zwischen der zu erfassenden Zielgesamtheit und der effektiv erfaßten Realgesamtheit. Der Stichprobenfehler schließlich, der bei der Messung selbst auftritt, ist ein zufälliger Fehler, der im Gegensatz zu den systematischen Fehlerkomponenten geschätzt werden kann.

5.1.3. Daten- und theorieorientierte Modellanalyse

Voraussetzung für die Analyse ökonomischer Systeme ist eine an Qualität und Quantität ausreichende Datenbasis. Datensammlung ist jedoch nicht Selbstzweck, sondern Grundlage der Modellformulierung und Theorieentwicklung über die Funktionsweise des ökonomischen Systems.

Nach der Vorgehensweise bei der Analyse lassen sich die Ansätze zur Analyse ökonomischer Systeme in datenorientierte und theorieorientierte Ansätze unterscheiden. Theorieorientierte Ansätze finden vor allem dann Verwendung, wenn man über eine ausgefeilte Theorie eines Gegenstandsbereichs verfügt. Gerade in interdisziplinären Bereichen aber, z. B. bei der Analyse sozioökonomischer Probleme, verfügt man jedoch häufig nicht über theoretische Ansätze, die eine unmittelbare Umsetzung in empirisch fundierte Hypothesensysteme gestatten. Unter diesem Aspekt sind Verfahren anzuwenden, die Aussagen über die Entwicklung ökonomischer Beziehungen ohne differenzierte Kausalmodelle gestatten. Datenorientierte Analyse ist also explorativ und damit der Suche nach theoretischen Hypothesen verpflichtet. Auch datenorientierte Ansätze sind damit jedoch nicht theorielos: Bei der Sammlung von Daten und der Auswahl von Variablen sowie der Entscheidung über bestimmte Analysemethoden gehen stets auch theoretische A-priori-Vorstellungen ein, die das Ergebnis der Analyse präjudizieren. Die Analyse ist jedoch eher interpretativ. Bei theorieorientierter Analyse dagegen werden explizit theoretische Hypothesen formuliert und so gefaßt, daß sie an den vorhandenen Daten empirisch überprüft werden können. Ergebnis einer solchen Vorgehensweise ist die Falsifikation oder vorläufige Bestätigung des gewählten Ansatzes.

Beide Vorgehensweisen unterscheiden sich hauptsächlich durch den Informationsgehalt der Aussagen, die mit Hilfe eines Analyseansatzes abgeleitet werden können: Je höher der theoretische A-priori-Input und je höher der Grad der Falsifizierbarkeit, desto höher ist der Informationsgehalt. Insofern ist die theorieorientierte Modellanalyse der datenorientierten Analyse sicherlich vorzuziehen. Häufig existieren jedoch für Problembereiche, insbesondere im Bereich der Sozialökonomie, keine angemessenen theoretischen Ansätze und somit auch keine statistischen Kausalmodelle. Datenorientierte Ansätze, Partialmodelle mit begrenzter Reichweite, intuitive Verfahren sowie deskriptive Methoden sind somit in weiten Bereichen der angewandten Wirtschaftsforschung eher die Regel als die Ausnahme.

Die in den folgenden Kapiteln getroffene Unterscheidung orientiert sich an dem Begriffspaar „daten- und theorieorientiert". Wegen der Fülle der Ansätze ist eine Beschränkung jedoch unvermeidlich. Ein wesentliches Selektionskriterium ist die Auswahl von Methoden, die zur Analyse von Arbeitsmarktprozessen geeignet sind. Vor allem die Beispiele beziehen sich auf diesen aktuellen Problembereich.

5.2. Datenorientierte Analyse ökonomischer Systeme

von Helmut Knepel

Die Entwicklung der empirischen Wirtschaftsforschung war in der Vergangenheit gekennzeichnet durch eine Verfeinerung von Analysemethoden und Schätzverfahren und durch die Konstruktion immer größerer und komplexerer empirischer Modelle. In der Praxis der wirtschaftspolitischen Politikberatung sind jedoch gerade sehr große ökonomische Modelle auf Zurückhaltung gestoßen. Gründe dafür sind (Cremer, 1980):

(1) Die Prognoseleistung der Modelle ist hinter den Erwartungen zurückgeblieben. Insbesondere im Vergleich zu einfachen datenorientierten Verfahren konnten keine deutlichen Verbesserungen erzielt werden.
(2) Bei der Konstruktion von Prognosemodellen ist man auf Zeitreihen angewiesen. Für wichtige gesellschaftliche Teilbereiche ist die Datenlage jedoch so schlecht (z. B. im System der sozialen Sicherung), daß sie nicht adäquat in solche Modelle integriert werden können.
(3) Ökonometrische Modelle sind theorieorientiert. Eine Konsequenz daraus ist, daß in Gegenstandsbereichen, für die keine angemessene Theorie existiert, somit auch keine Modelle konstruiert werden können.

Diese Kritik an gesamtwirtschaftlichen Modellen hat nicht nur in der Praxis der empirischen Wirtschaftsforschung, sondern auch in der Wissenschaft dazu geführt, daß in jüngster Zeit Ansätze entwickelt worden sind, die geringere Anforderungen an theoretische Vorkenntnisse und schwächere stochastische Annahmen bezüglich der Variablen des Modells erfordern.

Unter datenorientierten Analyseverfahren verstehen wir alle Ansätze, bei denen vorhandene empirische Informationen ausgewertet werden, ohne daß ausgefeilte Theorien vorliegen. Zwar werden auch im Rahmen datenorientierter Ansätze A-priori-Vorstellungen von der Funktionsweise des ökonomischen Systems verwendet; da diese jedoch nur implizit aus einem bestimmten Verfahren rekonstruiert werden können, sind sie nicht empirisch prüfbar. Während bei theorie- und modellorientierten Ansätzen ein Teilziel immer das Testen von theoretischen Hypothesen ist, diese Ansätze also der Suche nach einer wahren Erklärung verpflichtet sind, sind datenorientierte Verfahren an einer pragmatischen Zielsetzung orientiert. Da bei datenorientierten Ansätzen die vielfältigen Interdependenzen gesamtwirtschaftlicher Größen nicht berücksichtigt werden können, sind solche Verfahren vor allem zur Deskription geeignet. Sie werden deshalb vorwiegend im Rahmen kurzfristiger Diagnose und Prognose eingesetzt.

Das Spektrum datenorientierter Ansätze zur Analyse ökonomischer Systeme ist so groß, daß eine Beschränkung auf einige Teilbereiche erforderlich ist. Sie geschieht – wie bereits erwähnt – in der Weise, daß wir uns auf einige Analyseverfahren konzentrieren, die vor allem zur Analyse von Arbeitsmarktprozessen geeignet sind. Doch auch hier ist eine Auswahl erforderlich. So werden die Methoden der Zeitreihenanalyse und univariate Prognoseverfahren nicht behandelt. Hierfür soll lediglich auf Spezialliteratur verwiesen werden: z. B. König & Wolters, 1972; Hujer & Cremer, 1978; Leiner, 1978; Mertens, 1978; Frerichs & Kübler, 1980.

Im ersten Hauptabschnitt wird zunächst die Ableitung von Indikatoren und ihre Zusammenfassung zu Indikatorensystemen erläutert. Anhand eines Ableitungsschemas für Indikatoren desArbeitsmarktes wird die Problematik von Einzelindikatoren thematisiert. Darauf aufbauend werden einige Ansätze vorgestellt, die zur Messung nicht direkt beobachtbarer Phänomene herangezogen werden können.

Der zweite Hauptabschnitt ist einer Darstellung der wichtigsten multivariaten, datenorientierten Ansätze zur Analyse ökonomischer Probleme gewidmet. Der Schwerpunkt wird dabei jedoch nicht auf eine Herleitung der Methoden gelegt, sondern auf eine Demonstration der Anwendungsmöglichkeiten.

5.2.1. Ökonomische Indikatoren und Indikatorsysteme

Ökonomische Indikatoren dienen in erster Linie der Deskription ökonomischer Phänomene. Darüber hinaus stellen sie eine wesentliche Grundlage für die Erstellung von Prognosen und für die Konstruktion komplexer Modelle dar. Indikatoren, die als Bestandteile von Modellen Verwendung finden, werden im technischen Sinne auch als „Variablen" bezeichnet.

Im Prozeß der wissenschaftlichen Informationsgewinnung stellen Indikatoren die Operationalisierung eines theoretischen Konstrukts dar (vgl. 5.1.2.). Sie informieren – in der Regel als Zeitreihen – über die Entwicklung eines ökonomischen Problembereichs. Probleme bei der Operationalisierung entstehen vor allem dann, wenn theoretische Konstrukte verwendet werden, die sich auf nicht direkt beobachtbare Sachverhalte beziehen. Beispiele für solche Problembereiche sind Begriffe wie Wohlstand, Konjunktur, Arbeitsangebot und Kapazitätsauslastung. Solche Begriffe lassen sich nicht durch einen einzigen Indikator beschreiben; vielmehr sind mittels dimensionaler Analyse Indikatorensysteme oder mit Hilfe von Meßmodellen zusammengefaßte Indikatoren zu konstruieren.

5.2.1.1. Dimensionale Analyse zur Konstruktion von Indikatorsystemen

Bei der dimensionalen Analyse (Zetterberg, 1967) werden theoretische Konstrukte schrittweise auf beobachtbare Begriffe zurückgeführt, indem das Konstrukt in „Komponenten" oder „Dimensionen" aufgespalten wird. Sind die beobachtbaren Dimensionen eines Begriffs festgelegt, so können anschließend Indikatoren für die Dimensionen benannt werden. Die Operationalisierung solcher Begriffe ist ein mehrstufiger Konkretisierungs- und Ableitungsprozeß, der in Abb. 1 verdeutlicht wird (Knepel, 1981).

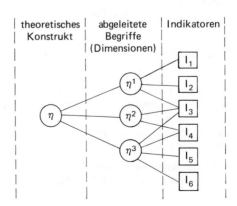

Abb. 1 Dimensionale Analyse

Das Ergebnis der dimensionalen Analyse besteht darin, daß ein komplexer Begriff durch eine Reihe von Einzelindikatoren repräsentiert wird, die in einer bestimmten, aber nicht numerisch spezifizierten Weise mit dem Konstrukt verbunden sind. Man erhält somit ein System von Einzelindikatoren. Die Problematik der Ableitung von Indikatoren wird im folgenden am Beispiel eines Systems von Arbeitsmarktindikatoren erläutert.

Als Grundlage für die Ableitung von Indikatoren zur Beschreibung von Arbeitsmarktprozessen kann das in Abb. 2 dargestellt Schema herangezogen werden. Arbeitsmarktungleichgewichte entstehen aus dem regional, sektoral und berufsspezifisch differenzierten Angebot und der Nachfrage nach Arbeitskräften. Ungleichgewichtige Entwicklungen auf dem Arbeitsmarkt betreffen als „Unterbeschäftigung" alle diejenigen Personen, die nicht ihrem Wunsch entsprechend in einem Beschäftigungsverhältnis stehen. Dies ist der quantitative Aspekt der Unterbeschäftigung. Die qualitative Dimension der Unterbeschäftigung bezieht sich auf die Arbeitsbedingungen derer, die nach wie vor arbeiten. Entsprechend der Terminologie des „Arbeitsförderungsgesetzes" (AFG) kann dieser Aspekt als „unterwertige Beschäftigung" bezeichnet werden.

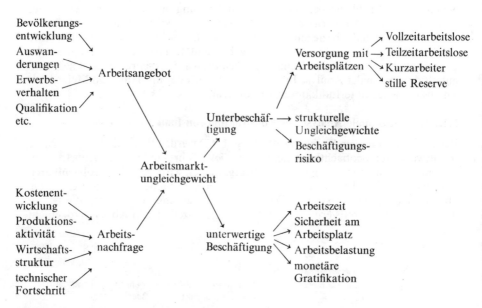

Abb. 2   Ein Ableitungsschema für Arbeitsmarktindikatoren

Unterbeschäftigung ist in erster Linie ein Problem der Versorgung mit Arbeitsplätzen. Der Bestand an registrierten Arbeitslosen, der die Grundlage zur Ermittlung des Indikators Arbeitslosenquote darstellt, repräsentiert nur einen Teilaspekt dieses Problembereichs. Vielmehr sind mindestens vier verschiedene Arbeitslosigkeitstypen zu unterscheiden (Noll, 1978):

– **Offene Arbeitslosigkeit:** Hierunter werden alle Erwerbslosen verstanden, die sich aktiv um einen neuen Arbeitsplatz bemühen und dem Arbeitsamt zur Vermittlung zur Verfügung stehen.

- **Verdeckte Arbeitslosigkeit:** Hierzu zählen die nicht oder nicht mehr registrierten Erwerbslosen, die zwar arbeiten wollen, eine weitere Suche nach einem Arbeitsplatz jedoch als aussichtslos erachten.
- **Partielle Arbeitslosigkeit:** Partiell arbeitslos sind solche Erwerbstätige, die zwar Arbeit haben, deren Erwerbstätigkeit jedoch hinter dem von ihnen selbst gewünschten Umfang zurückbleibt.
- **Latente Arbeitslosigkeit:** Hierzu zählen solche Personen, die gerne erwerbstätig wären, aber unter den gegebenen infrastrukturellen Gegebenheiten (z. B. fehlende Kinderbetreuungsmöglichkeiten) nicht dazu in der Lage sind.

Die in der politischen und öffentlichen Diskussion häufig benutzte Zahl der registrierten Arbeitslosen, die monatlich von der Bundesanstalt für Arbeit ermittelt wird, berücksichtigt nur die offene Arbeitslosigkeit. Als alleiniger Indikator für die Beurteilung der Arbeitsmarktlage ist diese Maßzahl demnach unzureichend. Selbst die offene Arbeitslosigkeit wird nicht ausreichend repräsentiert (Esenwein – Rothe, 1977). Nach dem traditionellen Konzept der Arbeitsverwaltung zur Messung der Arbeitslosigkeit sind nämlich „arbeitslos" nur diejenigen Personen, die (Egle, 1979)

- in der Bundesrepublik Deutschland oder Berlin (West) wohnen und nicht älter als 65 Jahre sind,
- sich beim Arbeitsamt melden, um in ein Arbeitsverhältnis als Arbeitnehmer oder in Heimarbeit vermittelt zu werden,
- nicht oder nur geringfügig (weniger als 20 Stunden/Woche) als Arbeitnehmer beschäftigt sind,
- die gewünschte Erwerbstätigkeit nicht auf einen bestimmten Betrieb, eine Beschäftigungsdauer bis zu 3 Monaten sowie eine Arbeitszeit von weniger als 20 Stunden/Woche beschränken und für eine Arbeitsaufnahme sofort zur Verfügung stehen, also insbesondere nicht arbeitsunfähig krank sind.

Die Frage, inwieweit eine durch dieses Meßkonzept verursachte Unterschätzung der offenen Arbeitslosigkeit durch eine Überschätzung ausgeglichen wird, die daher rührt, daß ein Teil der Arbeitslosen nicht mehr an einer Arbeitsaufnahme, sondern lediglich an einer Ausschöpfung der Leistungsansprüche interessiert ist, und ein weiterer Teil, sog. Problemgruppen, für neu zu besetzende Stellen nicht mehr geeignet ist, kann empirisch nicht beantwortet werden (Egle, 1979).

Als Indikator für partielle Arbeitslosigkeit ist die Zahl der Kurzarbeiter geeignet. Am schwierigsten sind die Probleme der Messung verdeckter und latenter Arbeitslosigkeit zu lösen. Ein Meßkonzept zur Messung der verdeckten Arbeitslosigkeit oder „stillen Reserve" auf dem Arbeitsmarkt, wird im nächsten Abschnitt bei der Diskussion komplexer Indikatoren erörtert.

5.2.1.2. Meßmodelle zur Zusammenfassung von Indikatoren

Zusammengesetzte Indikatoren sind erforderlich, um Maßzahlen zu konstruieren, die über die Entwicklung ökonomischer Ziel- und Instrumentgrößen zusammenfassend informieren und um theoretische Begriffe zu beschreiben, die einer unmittelbaren Messung nicht zugänglich sind. Im einzelnen werden drei Ansätze dargestellt:

- Verhältniszahlen
- konstruierte Maßzahlen
- Indizes

Die **Verhältniszahlen** können unterteilt werden in Gliederungszahlen, Beziehungszahlen und Meßzahlen (Flaskämper, 1928; Werner, 1975). Unter einer Gliederungszahl versteht man den Anteil einer Teilmenge j an einer Gesamtheit:

$$GL_j = \frac{x_j}{\sum\limits_{j=1}^{n} x_j}$$

Multipliziert man GL mit 100, erhält man einen Prozentsatz.

Beispiel: Die Erwerbsquote gibt den Anteil der Erwerbstätigen an der erwerbsfähigen Wohnbevölkerung an. Die Frauenerwerbsquote im Jahr 1978 betrug 37,7%.

Beziehungszahlen stellen einen Vergleich zwischen zwei verschiedenen Größen her:

$$BZ = \frac{x}{y}.$$

Beispiel: Als Indikator für die Anspannung auf dem Arbeitsmarkt kann das Verhältnis von Arbeitslosen zu offenen Stellen verwendet werden. Im Jahr 1978 betrug es für die BRD 4.04%.

Bei **Meßzahlen** werden zwei Ausprägungen des selben Indikators an verschiedenen Beobachtungspunkten miteinander verglichen. In der Regel erfolgt ein zeitlicher Vergleich:

$$MZ_t = \frac{x_t}{x_{t0}}.$$

Der wichtigste Anwendungsfall sind zeitliche Veränderungsraten.

Beispiel: Der Vergleich des Arbeitslosenbestandes im Jahre 1978 gegenüber 1977 zeigt, daß innerhalb eines Jahres die Arbeitslosigkeit um 3,6% gesunken ist. In Abb. 3 sind die möglichen Verhältniszahlen nochmals zusammengefaßt.

Verhältniszahl	Art der Zuordnung	Formel	Beispiel
Gliederungszahl	Menge und Teilmenge	$GZ_j = x_j / \sum\limits_{i=1}^{n} x_i$	Erwerbsquote Arbeitslosenquote
Beziehungszahl	verschiedenartige Mengen	$BZ = x/y$	Anspannungsgrad Dauer der Arbeitslosigkeit
Meßzahl	gleichartige Mengen	$MZ_t = x_t / x_{t0}$	Veränderungsrate

Abb.3 Verhältniszahlen

Bei **konstruierten Maßzahlen** wird mit Hilfe eines definitorischen Meßkonzepts ein theoretisches Konstrukt erschlossen, das sich einer direkten Beobachtung entzieht. Beispiele aus dem ökonomischen Bereich sind: Messung der Kapazitätsauslastung, Messung der ,Stillen Reserve". Im folgenden wird beispielhaft der Ansatz des Instituts für Arbeitsmarkt und Berufsforschung (IAB) zur Messung der „Stillen Reserve" erläutert.

Die „Stille Reserve" wird vom IAB als derjenige Teil des Erwerbspersonenpotentials aufgefaßt, der weder erwerbsfähig noch bei den Arbeitsämtern als arbeitslos gemeldet ist. Das Erwerbspersonenpotential ist das gesamte Arbeitsangebot auf dem Arbeitsmarkt. Es umfaßt also auch diejenigen Personen, die auf eine Registrierung als Arbeitslose verzichten, weil sie die Suche nach einem Arbeitsplatz als aussichtslos erachten (verdeckte Arbeitslosigkeit). Das Erwerbspersonenpotential einer bestimmten Altersgruppe ist nach oben begrenzt durch die jeweilige Wohnbevölkerung, d. h. die Erwerbsfähigen, nach unten durch die tatsächlichen Erwerbspersonen, die definiert sind als Summe aus Erwerbstätigen und registrierten Arbeitslosen. Formelmäßig läßt sich die „Stille Reserve" nach diesem Konzept durch

$$SR_t = EP_t^{Pot} - EP_t = EP_t^{Pot} - (ET_t + AL_t)$$

SR	Stille Reserve
EP	Erwerbspersonen
EP^{Pot}	Erwerbspersonenpotential
ET	Erwerbstätige
AL_t	Arbeitslose
t	Zeitindex

ermitteln. Das Erwerbspersonenpotential ist unbekannt, kann jedoch durch die Formel

$$EP_t^{Pot} = EQ_t^{Pot} \cdot WB_t$$

EQ^{Pot}	Potentialerwerbsquote
WB	Wohnbevölkerung

beschrieben werden. Es setzt sich demnach aus einer demographischen Komponente (WB) und einer Verhaltenskomponente (EQ^{Pot}) zusammen. Da die Wohnbevölkerung in der Vergangenheit bekannt und für eine Prognose relativ zuverlässig vorausgeschätzt werden kann, reduziert sich das Problem auf eine Bestimmung der

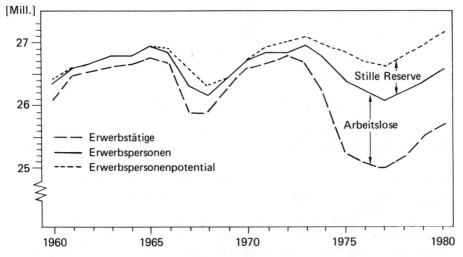

Abb. 4 Wohnbevölkerung, Erwerbspersonenpotential, Stille Reserve, Arbeitslose und Erwerbstätige

Potentialerwerbsquote EQ^{Pot}. Der Grundgedanke bei dem IAB-Ansatz ist nun, daß in Zeiten der Vollbeschäftigung alle, die eine Arbeit suchen, auch Arbeit finden, das Erwerbspersonenpotential mit der Anzahl der tatsächlichen Erwerbspersonen also identisch ist. Dies bedeutet auch, daß in Volbeschäftigungsjahren die Potentialerwerbsquote mit der tatsächlichen Erwerbsquote übereinstimmt und somit keine „Stille Reserve" existiert. Als Vollbeschäftigungsjahr hat das IAB 1970 gewählt. Die Potentialquote dieses Jahres wird nun für die übrigen Jahre als konstant angenommen bzw. bei verschiedenen Altersgruppen trendmäßige und institutionelle Änderungen berücksichtigt. Danach ergibt sich der in Abb. 4 dargstellte Verlauf der „Stillen Reserve".

Als letzter Ansatz wird die Konstruktion von **Indizes** erläutert. Bei einem Index werden mehrere Indikatoren zu einer gewichteten Maßzahl zusammengefaßt. Allgemein ist ein Index als Verbindung von extensionalen und intensionalen Komponenten darstellbar. Extensionale Größen geben den Umfang einer zu beobachtenden Erscheinung an (Quantität), intensionale Größen messen dagegen eine Eigenschaft (Qualität). Bei Gütern beispielsweise ist die Menge extensionales, der Preis intensionales Merkmal. Der algebraische Ansatz lautet (Werner, 1975):

$$I = Q \cdot p$$

mit

$$I = \begin{bmatrix} i_1 \\ i_2 \\ i_3 \\ \vdots \\ i_t \\ \vdots \\ i_T \end{bmatrix} \quad ; \quad Q = \begin{bmatrix} q_{11} & q_{12} & \cdots & q_{1m} \\ q_{21} & q_{22} & \cdots & q_{2m} \\ \vdots & & & \vdots \\ q_{t1} & q_{t2} & \cdots & q_{tm} \\ \vdots & & & \vdots \\ q_{T1} & q_{T2} & \cdots & q_{Tm} \end{bmatrix} \quad ; \quad p = \begin{bmatrix} p_1 \\ p_2 \\ \vdots \\ p_m \end{bmatrix}$$

i_t　Wert des Index zum Zeitpunkt t
q_{tj}　j-ter Indikator zum Zeitpunkt t
p_j　Gewicht des j-ten Indikators
T　Anzahl von Beobachtungswerten
m　Anzahl von Indikatoren

Für den t-ten Indexwert gilt also:

$$i_t = q_{t1}p_1 + q_{t2}p_2 + \ldots + q_{tm}p_m \quad \text{oder} \quad i_t = \sum_{j=1}^{m} q_{tj}p_j$$

Voraussetzung für die Indexbildung ist, daß alle q_{tj} standardisiert und mindestens intervallskaliert sind, und daß eine additive Kombination der Indikatoren auch theoretisch sinnvoll ist.

Je nachdem, in welcher Weise die Gewichte des Vektors **p** ermittelt werden, kann in normative oder analytische Indizes unterschieden werden. Bei normativen Indizes erfolgt die Gewichtung subjektiv. Subjektiv gewichtete Indizes erfüllen eher deskriptive Aufgaben als beschreibende, normative Vorstellungen vergleichende Instrumente. Die subjektive Komponente analytischer Indizes ist dagegen geringer, da die Bestimmung der Gewichte ausgehend von den empirischen Zusammenhängen zwischen den Indikatoren vorgenommen wird. Beispiele für Indizes lassen sich im ökonomischen Bereich unschwer finden: Die theoretischen Konstrukte „Lebenshaltungskosten privater Haushalte", „Konjunktur", „Konsumklima", „Lebensstandard" werden durch entsprechende Preisindizes, Konjunkturindizes, Konsumklimaindizes und Wohlfahrtsindizes operationalisiert.

Beispielhaft wird die Konstruktion von Konjunkturindizes herausgegriffen, die in der empirischen Wirtschaftsforschung eine lange Tradition haben (Poser, 1977). Konjunkturindikatoren sollen folgende Aufgaben erfüllen (Hujer & Cremer, 1978):

- Möglichst erschöpfende Beschreibung der Konjunkturbewegung;
- Kurzfristige Approximation an einen aktuell nicht verfügbaren „Leitindikator";
- Längerfristige historische Deskription;
- Möglichst aktuelle Diagnose;
- Echte, wenn auch kurzfristige Prognose.

Aus den vielfältigen Ansätzen zur Konstruktion von Konjunkturindikatoren (Rothschild, 1969; Tichy, 1976; Hujer & Cremer, 1978) betrachten wir im folgenden den Gesamtindikator des Sachverständigenrats zur Begutachtung der gesamtwirtschaftlichen Entwicklung (SVR), der nach der „Signalwertmethode" konstruiert und als normativ gewichteter Index einzuordnen ist.

Unter den Aspekten
- konjunkturtheoretische Begründbarkeit,
- gesamtwirtschaftliche Bedeutung,
- hohe konjunkturelle Schwankungsintensität,
- rasche Verfügbarkeit

wurden 12 Datenreihen ausgewählt, für die Normwerte sowie obere und untere Toleranzgrenzen festgelegt wurden, die als Schwellenwerte zu Gefährdungsbereichen der Einzelreihen aufgefaßt werden können. Jeder Reihe wurde nun ein Wert zugeordnet und zwar nach folgendem Schema:

unterhalb der unteren Toleranzgrenze – 1
zwischen unterer Toleranzgrenze und Normwert – 2
zwischen Normwert und oberer Toleranzgrenze – 3
oberhalb der oberen Toleranzgrenze – 4

Die Indikatoren, Toleranz- und Normwerte gehen aus Abb. 5 hervor.

Das arithmetische Mittel der bewerteten Einzelreihen stellt den Wert des Gesamtindikators für einen bestimmten Monat dar.

Die Konstruktion des Indikators ist heftig kritisiert worden, insbesondere

- sei der Gesamtindikator nicht in der Lage, die Intensität der konjunkturellen Bewegung adäquat anzuzeigen,
- versage er, wenn zwischen Einzelreihen ein Zielkonflikt vorliege,
- spiegele die Auswahl der Reihen das konjunkturelle Geschehen nur unvollkommen wider.

Als Reaktion darauf wurden einige alternative normative Indizes vorgeschlagen (Pütz & Simmert, 1972; Neubauer, 1975) und ein „Komponentenanalytischer Indikator" (Sturm, 1971), der als analytischer Index gekennzeichnet werden kann.

Ausgehend von der Auswahl der Einzelindikatoren des SVR wurde für die Indikatoren zunächst eine „optimale" Lead-Lag-Struktur ermittelt, d. h. die Einzelreihen wurden sukzessive zeitlich gegeneinander verschoben und die Korrelationsmatrix ermittelt. Ausgewählt wurde die Lead-Lag-Struktur der Zeitreihen, bei der die

Einzelreihen	Obere Toleranz- grenze	Norm- wert	Untere Toleranz- grenze
1. Auftragseingang aus dem Inland, Verbrauchsgüterindustrien	10,0	6,0	4,0
2. Auftragseingang aus dem Inland, Investitionsgüterindustrien	14,0	11,3	8,0
3. Auftragseingang, Maschinenbau	17,0	12,3	10,0
4. Beurteilung der Fertigwarenlager in der Verarbeitenden Industrie	−3,0	0	5,0
5. Beurteilung der Fertigwarenlager in den Investitionsgüterindustrien	−3,0	0	3,0
6. Lohnsumme je geleistete Arbeiterstunde, Industrie insgesamt (ohne Energie und Bau)	10,0	9,2	8,5
7. Industrielle Nettoproduktion, Verarbeitende Industrie	9,0	7,0	6,0
8. Industrielle Nettoproduktion, Investitionsgüterindustrien	8,0	7,2	6,0
9. Geldvolumen	7,5	7,0	6,5
10. Kurzfristige Kredite der Kreditinstitute an inländische Unternehmen und Privatpersonen	8,0	7,4	7,0
11. Zahl der Arbeitslosen	−4,0	0	3,0
12. Tariflohn- und Gehaltsniveau je Stunde (Gesamtwirtschaft)	7,0	6,7	6,0
Bewertungsschema (Punkte)	4 3	2	1

Abb. 5 Einzelreihen des Gesamtindikators des SVR (aus Ketterer, 1974: 192)

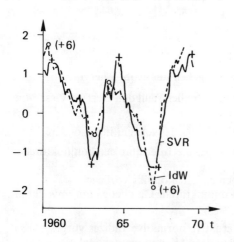

+ Umkehrpunkt SVR-Indikator
o Umkehrpunkt IdW-Indikator
( )zeitlicher Verlauf in Monaten

Abb. 6 SVR-Indikator und Komponentenanalytischer Indikator (IdW-Indikator) (aus Hujer & Cremer, 1978: 133)

Summe der quadrierten Korrelationskoeffizienten am größten ist. Die Zusammenfassung der Daten, d. h. die Gewichtung, wurde mit Hilfe einer Hauptkomponentenanalyse vorgenommen, wobei die erste Hauptkomponente, die 71% des Varianzanteils der Indikatoren erklärt, als Konjunkturindikator verwendet wurde. Abb. 6 zeigt den Komponentenindikator und den SVR-Gesamtindikator.

Der Vergleich zeigt, daß der Komponentenindikator die Intensität der Konjunkturbewegung besser widerspiegelt und – wegen der Berücksichtigung der Lead-Lag-Struktur – dem SVR-Indikator zeitlich vorläuft.

5.2.2. Datenorientierte sozioökonomische Modelle

Bisher wurde diskutiert, wie Indikatoren abgeleitet und konstruiert werden können. Im folgenden gehen wir einen Schritt weiter: Es werden Verfahren behandelt, mit denen die Beziehungen zwischen verschiedenen Indikatoren modellhaft dargestellt werden können. Anders als bei ökonometrischen Modellen ist Ausgangspunkt der Modellformulierung jedoch nicht eine explizite Theorie des Gegenstandsbereichs. Vielmehr dienen die hier zu behandelnden Ansätze dem Aufspüren von Zusammenhängen zwischen einzelnen Indikatoren, um somit Hinweise für theoretische Hypothesen über die Funktionsweise des zu analysierenden Systems zu gewinnen. Es handelt sich also um explorative Ansätze, die der Entdeckung von theoretischen Hypothesen dienen.

Im einzelnen werden folgende Ansätze näher betrachtet:

– Regressionsmodelle
– Faktorenmodelle
– „weiche" Modelle

5.2.2.1. Regressionsmodelle

Die Regressionsanalyse ist ein Verfahren, das zur Messung von Zusammenhängen zwischen Indikatoren herangezogen werden kann. Voraussetzung ist, daß die Indikatoren metrisch skaliert sind. Die Indikatoren werden bei der Regressionsanalyse in abhängige und unabhängige Variablen aufgeteilt. Untersucht wird der Einfluß einer oder mehrerer unabhängiger Variablen auf eine abhängige Variable. Im Unterschied zur Korrelationsanalyse ist die Wirkungsrichtung nicht umkehrbar. Die Beziehung zwischen den Indikatoren beruht auf der Vermutung einer Ursache-Wirkungs-Beziehung, sie ist asymmetrisch. Die typischen Anwendungsmöglichkeiten der Regressionsanalyse im Rahmen der Datenanalyse sind:

– **Ursachenanalyse:** Es wird gefragt, wie stark der Einfluß der unabhängigen Variable(n) auf die abhängige Variable ist.
– **Wirkungsanalyse:** Untersucht wird, wie die abhängige Variable sich verändert, wenn die unabhängige(n) Variable(n) verändert wird (werden).

Die Regressionsanalyse ist auch ein Schätzverfahren für ökonometrische Modellgleichungen, die im folgenden Abschnitt über die modellorientierte Analyse ökonomischer Systeme behandelt werden. Dort werden jedoch strenge stochastische Annahmen über die Variablen der Modelle getroffen, um die dem Regressionsansatz zugrundeliegenden theoretischen Hypothesen testen zu können. Im Rahmen der datenorientierten Analyse dagegen geht es um das weniger anspruchsvolle Unterfangen, Zusammenhänge zwischen Indikatoren quantitativ zu beschreiben, um Abhängigkeitsbeziehungen zwischen Indikatoren aufzudecken. Das Ergebnis sind deskriptive Modelle und keine Erklärungen empirischer Regelmäßigkeiten durch quantitative Theorien.

Der Grundansatz der Regressionsanalyse für den hier ausschließlich betrachteten multiplen linearen Ansatz lautet:

$$y = b_0 + b_1 x_1 + \ldots + b_k x_k + e$$

y   abhängige Variable, Regressand
b_0 Konstante
b_i Regressionskoeffizienten ($i = 1, \ldots, k$)
x_i unabhängige Variablen, Regressoren ($i = 1, \ldots, k$)
e   Regressionsrest

Graphisch läßt sich dieser Ansatz wie in Abb. 7 darstellen:

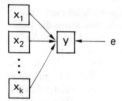

Abb. 7   Regressionsanalyse

Die Regressionskoeffizienten beschreiben den Einfluß der Variablen x_i auf die abhängige Variable y. Sie geben an, wie sich y verändert, wenn die x_i um eine Einheit geändert werden. Die Konstante b_0 ist der anatome Anteil von y, der selbst dann existiert, wenn alle Einflüsse durch die Variablen x_i verschwinden. Der Regressionsrest e ist erforderlich, da niemals die gesamte Varianz von y vollständig durch die Regressoren beschrieben werden kann.

Anhand empirischer Beobachtungen für die Variablen der Regressionsgleichung müssen die Koeffizienten geschätzt werden. Das gebräuchlichste Verfahren ist die Methode der kleinsten Quadrate, bei der die Koeffizienten so bestimmt werden, daß die Summe der quadrierten Regressionsreste, also die Fehlervarianz, minimiert wird. Auf Einzelheiten der Regressionsanalyse braucht hier nicht näher eingegangen zu werden, sie werden im folgenden Abschnitt bei der Darstellung der ökonometrischen Techniken zur Konstruktion von Modellen näher erläutert. Im übrigen sei auf die entsprechende Lehrbuchliteratur verwiesen z. B. Schönfeld, 1969; Schneeweiß, 1978; Hujer & Cremer, 1978; Marinell, 1977; Gaensslen & Schubö, 1976; Schuchard-Ficher et al., 1980.

Als Beispiel für die Anwendung der Regressionsanalyse zur datenorientierten Analyse ökonomischer Systeme wird eine Untersuchung herangezogen, in der die quantitativen Effekte eines wirtschaftspolitischen Programms ermittelt werden. Im Rahmen der Erfolgskontrolle wirtschaftspolitischer Maßnahmen ist die Frage wichtig, ob ein bestimmtes Programm auch den gewünschten Effekt hervorgerufen hat. Betrachtet wird eine Studie von Schmid, in der die Wirksamkeit von Lohnkostenzuschüssen zur Reduzierung der Arbeitslosigkeit bzw. zur Erhöhung der Beschäftigung analysiert wird (Schmid, 1977).

Nachdem sich von September 1974 bis Dezember 1974 in der Bundesrepublik Deutschland die Zahl der Arbeitslosen von 557000 auf 946000 Personen fast verdoppelt hatte, beschloß die Bundesregierung im Rahmen eines Konjunkturprogramms am 12.12.1974 Lohnkostenzuschüsse an Betriebe zu gewähren, die ihren Standort in Arbeitsamtsbezirken mit überdurchschnittlich hohen Arbeitslosigkeitsquoten hatten. Die Lohnkostensubvention bezog sich auf die Einstellung von vorher langfristig Arbeitslosen (länger als drei Monate) und war beschränkt auf einen Zeitraum von einem halben Jahr. Die Subvention wurde darüber hinaus nur gewährt, wenn in dem betreffenden Betrieb die Gesamtbeschäftigung auch tatsächlich anstieg und nicht andere Beschäftigte entlassen wurden. Insgesamt wurden Zuschüsse für 78 940 Personen in 44 berechtigten Arbeitsamtsbezirken gezahlt. Ziel der Untersuchung ist nun festzustellen, ob die Lohnkostenzuschüsse tatsächlich zu einer entsprechenden Reduktion der Arbeitslosigkeit bzw. einem Anstieg der Beschäftigung geführt haben.

Die empirische Untersuchung von Schmid basiert auf Daten von 142 Arbeitsamtsbezirken, hauptsächlich für die Jahre 1974 und 1975. Ein erster Ansatz könnte darin bestehen, den Zusammenhang zwischen der Beschäftigungsänderung zwischen 1974 und 1975 – der Zeitraum, in dem die Subvention gezahlt wurde – und einem Lohnsubventionsindikator zu bestimmen. Dies führt zu einer einfachen linearen Regression:

$$\Delta L/L = b_0 + b_1 IWCS + e$$

$\Delta L/L$ Wachstumsrate der Beschäftigung von September 1974 bis September 1975

IWCS   Lohnzuschußindikator: Anteil der von der Lohnsubvention betroffenen Arbeitnehmer, bezogen auf die Zahl derer, die theoretisch hätten betroffen sein können.

Da die Beschäftigungsänderung jedoch nicht ausschließlich auf die Lohnsubvention zurückgeführt werden kann, sondern auch andere, strukturelle Einflüsse eine Beschäftigungsänderung verursachen, wurde ein multipler Ansatz gewählt:

$$\Delta L/L = b_0 + b_1 IWCS + b_2 La + b_3 LA + b_4 LP + b_5 AL + b_6 EB + b_7 AMD + e$$

La   Anteil der ausländischen Beschäftigten (Juni 1974)
LA   Anteil der im Agrarbereich einschließlich Forst- und Fischwirtschaft Beschäftigten (Volkszählung 1970)
LP   Anteil der Beschäftigten im produzierenden Gewerbe (Arbeitsstättenzählung 1970)
AL   Arbeitslosenquote Mai 1975
EB   Anteil der Erwerbsbevölkerung (Volkszählung 1970)
AMD   Arbeitsmarktdichte (Bevölkerung pro km², gewichtet nach der Zahl der Kommunen) – Volkszählung 1970

Die bei Konstanz aller anderen Einflußfaktoren durch die Lohnsubvention geschaffenen Arbeitsplätze können dann durch

$$\Delta L_i = \hat{b}_1 IWCS_i \cdot L_{i, sept\,74}$$

für einen Arbeitsamtsbezirk i bestimmt werden. Da mit einer Erhöhung der Beschäftigung auch eine Reduzierung der Arbeitslosigkeit einhergehen muß, ermittelt Schmid mit einem ähnlichen Ansatz die auf die Lohnkostensubvention zurückgehende Reduktion der Arbeitslosen. Beide Größen stimmen nicht exakt überein. Deshalb verwendet er als Schätzung für den Gesamteffekt den Mittelwert aus der Erhöhung der Beschäftigung und der Reduktion der Arbeitslosen. Das Ergebnis der Analyse ist letztlich, daß von 78 940 subventionierten Arbeitsplätzen 19 615 als neu geschaffen anzusehen sind.

Die beispielhaft vorgestellte Untersuchung ist sicherlich an vielen Punkten kritisierbar (Hübler, 1980). Beispielweise werden Subventionseffekte zwischen den Arbeitsamtsbezirken nicht erfaßt: Es wird also von der Annahme ausgegangen, daß zusätzlich beschäftigte Argeitnehmer vorher in dem Bezirk auch arbeitslos waren. Die Untersuchung demonstriert jedoch die Anwendungsmöglichkeit der Regressionsanalyse im Rahmen der Wirkungsanalyse ökonomischer Systeme.

5.2.2.2. Faktorenanalyse

Während bei der Regressionsanalyse die Ermittlung von Zusammenhängen zwischen Indikatoren im Vordergrund des Interesses steht, ist die Faktorenanalyse ein Verfahren zur Klassifikation und Zusammenfassung von Indikatoren. Bei sozialwissenschaftlichen Problemen hat man häufig eine Fülle von Indikatoren, die zur Beschreibung und Analyse herangezogen werden können. Diese Indikatoren sind jedoch in der Regel keine unabhängigen Beschreibungsdimensionen, sondern weisen untereinander häufig hohe Korrelationen auf. Eine Schwierigkeit liegt nun darin, aus der Vielzahl möglicher Variablen diejenigen auszuwählen, die möglichst viel von der in dem Datensatz enthaltenen Information repräsentieren und unabhängig voneinander sind.

Ein Verfahren, daß einen gegebenen Datensatz auf eine geringe Zahl von Beschreibungsdimensionen, sog. „Faktoren", reduziert, ist die Faktorenanalyse. Die Verdichtung eines Variablensatzes auf eine geringe Zahl von Einflußgrößen ist auch im Rahmen der Regressionsanalyse nützlich. Hat man nämlich viele unabhängige Variablen in einem Regressionsmodell, die hoch miteinander korrelieren (Multikollinearität), so können hohe Schätzfehler auftreten. Verwendet man statt dessen eine geringe Zahl von Variablen, die unabhängig voneinander sind, kann das Multikollinearitätsproblem gelöst werden.

Der faktorenanalytische Grundansatz besagt, daß die Variation aller k Indikatoren eines Datensatzes durch eine geringere Zahl von m Faktoren beschrieben werden kann:

$$y_1 = a_{11} F_1 + \ldots + a_{1m} F_m + e_1$$
$$\vdots \qquad \vdots \qquad \vdots$$
$$y_e = a_{k1} F_1 + \ldots + a_{km} F_m + e_k$$

Graphisch ist dieser Ansatz für vier Indikatoren und zwei Faktoren in Abb. 8 veranschaulicht.

Unbekannt sind sowohl die Faktoren als auch die Koeffizienten a_{ij}, die Faktorladungen genannt werden.

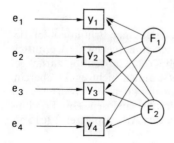

Abb. 8   Ein Faktorenmodell mit 2 Faktoren

Im Gegensatz zum Regressionsmodell sind im Faktorenmodell sehr viel mehr unbekannte Größen zu schätzen. Deshalb sind für die Schätzung eine Reihe von Annahmen erforderlich, denn als empirische Information stehen – wie bei der Regressionsanalyse – lediglich die Kovarianzen oder Korrelationen der Indikatoren zur Verfügung. Je nachdem, auf welche Weise diese Annahmen getroffen werden, kann in exploratorische oder konfirmatorische Faktorenanalyse unterschieden werden.

Bei der **exploratorischen Analyse** (Überla, 1970; Cooley & Lohnes, 1971; Marinell, 1977; Gaensslen & Schubö, 1976; Schuchard-Ficher, 1980) wird beispielsweise angenommen, daß die Faktoren untereinander unkorreliert und standardisiert sind. Zur Schätzung wird meist die Hauptkomponentenmethode herangezogen. Bei diesem Schätzverfahren werden die Faktoren so bestimmt, daß der erste Faktor ein Maximum der Varianz der Indikatoren erklärt, der zweite ein Maximum der Restvarianz usw. Die Fehlervarianz erhält man, indem man sich für eine bestimmte Zahl von Faktoren entscheidet. Diese Annahmen reichen aus, um die Ladungskoeffizienten bis auf eine orthogonale Transformation zu bestimmen. Es bleibt also eine gewisse Unbestimmtheit bestehen, die dazu ausgenutzt wird, um durch sog. ,,Rotation'' des durch die Faktoren aufgespannten Koordinatensystems inhaltlich gut interpretierbare Faktoren zu erhalten. Die Interpretation der Faktoren, ihre inhaltliche Identifikation, erfolgt anhand der Faktorladungen, wobei insbesondere solche Variablen zur Interpretation herangezogen werden, die (absolut) hoch auf einen Faktor laden.

Bei der **konfirmatorischen Analyse** (Jörseskog, 1969) dagegen wird die Anzahl der Unbekannten a priori so weit eingeschränkt, daß alle Parameter geschätzt werden können, die Parameter des Modells also identifizierbar sind. Die konfirmatorische Faktorenanalyse ist jedoch als modellorientiertes, hypothesentestendes Verfahren einzustufen. Im Rahmen der datenorientierten Analyse ist die exploratorische Faktorenanalyse deshalb von größerer Bedeutung.

Die mit der Schätzung von Faktorenmodellen verbundene Unbestimmtheit und die damit verbundene Subjektivität bei der Interpretation der Ergebnisse hat dazu geführt, daß bei der Analyse ökonomischer Systeme Faktoranalysen lange Zeit verpönt waren. Inzwischen ist diese Zurückhaltung jedoch aufgegeben worden, so daß inzwischen die Faktorenanalyse in der Konjunktur- und Regionalforschung sowie auch bei der Analyse verkehrs- und arbeitsmarktpolitischer Fragestellungen zu einer wichtigen Forschungsmethode geworden ist.

Die wichtigsten Anwendungsmöglichkeiten der Faktorenanalyse im Rahmen der Analyse ökonomischer Systeme sind

– Datenreduktion
– Index-Konstruktion
– Klassifikation

Die **Datenreduktion** ist der häufigste Anwendungsfall: Eine Vielzahl von Indikatoren oder Merkmalen wird auf eine geringere Zahl von Faktoren zurückgeführt, die ohne wesentlichen Informationsverlust in ,,verdichteter Form'' das Ausgangsmaterial repräsentieren. Man gewinnt also unabhängige Beschreibungsdimensionen der Merkmalsträger. Kann eine solche Reduktion schon zu einer besseren Überschaubarkeit der Untersuchungs-Objekte (z. B. Gemeinden) führen, so liefert erst eine Interpretation der Faktoren (nach Rotation zur Einfachstruktur) Hinweise auf die inhaltliche Bedeutung der Beschreibungsdimensionen. Voraussetzung der **Indexkonstruktion** ist die Interpretation oder Identifikation der Faktoren. Ist dieses Problem gelöst, können die Faktoren als komplexe Indikatoren für den durch sie repräsentierten Sachverhalt aufgefaßt werden. Der Vorteil gegenüber der üblichen Indexkonstruktion besteht darin, daß die Gewichtung der in den Index eingehenden Variablen nicht willkürlich ist, sondern analytisch aus den Daten bestimmt wird. Diese Vorgehensweise ist jedoch nicht völlig unproblematisch, da auch negative Gewichte auftreten können und da die Ergebnisse sehr stark von den einbezogenen Indikatoren abhängen. Als Beispiel wurde bereits die Konstruktion eines Konjunkturindikators herangezogen (Sturm, 1971).

Zur **Klassifikation** von Merkmalsträgern kann die Faktorenanalyse herangezogen werden, wenn Faktorwerte berechnet wurden. Die Faktorwerte, also die Merkmalsausprägungen der komplexen Indikatoren in bezug auf die Merkmalsträger, z.B. Regionen, erlauben Aufschluß darüber, welche Beschreibungsdimension für einen Merkmalsträger von besonderer Wichtigkeit ist. Die Größe der Faktorwerte kann so unmittelbar zur Typisierung und Klassifizierung herangezogen werden. Diese eher subjektive Klassifikation unterscheidet sich nicht von herkömmlichen Typisierungsverfahren, z.B. in der Regionalpolitik, wo Schwellenwerte für bestimmte Merkmale, hier Faktoren, festgelegt werden müssen. Begnügt man sich nicht mit der subjektiven Klassifizierung der Objekte, kann eine Clusteranalyse (Steinhausen & Langer, 1977; Späth, 1977) auf der Grundlage der Faktoren durchgeführt werden, um simultan die Information aller Faktoren für die Typisierung auszuwerten.

Als Beispiel für die Anwendung der Faktorenanalyse im Rahmen der Arbeitsmarktforschung kann eine Untersuchung von Cramer, Ermann und Zeit-Wolfrum (Egle, 1979) herangezogen werden, in der auf der Basis von Querschnittsdaten für Arbeitsamtsbezirke die Problemstruktur der Arbeitslosigkeit analysiert wird. Bei der Untersuchung werden 48 Indikatoren berücksichtigt, die inhaltlich den folgenden 8 Gruppen zuzuordnen sind (Egle, 1979):

(1) Komponenten der Arbeitslosigkeit 1977
(2) Nachfragekomponenten 1977 (offene Stellen)
(3) Entwicklung der Arbeitslosigkeit 1970–1977
(4) Strukturen der Arbeitslosigkeit 1977
(5) Leistungsbezug der Arbeitslosen 1977
(6) Beschäftigungsstrukturen 1976
(7) Bevölkerungsstrukturen 1970
(8) Arbeitsmarktpolitische Aktivitäten der Arbeitsämter 1977

Bei der Analyse wird in drei Schritten vorgegangen:

(1) Durch Berechnung einer Hauptkomponentenanalyse wurde die Anzahl der zu extrahierenden Faktoren festgelegt.
(2) Die Extraktion der Faktoren wurde mit Hilfe der Hauptachsenmethode vorgenommen.
(3) Die endgültige Festlegung der Faktoren und die Berechnung von Faktorwerten erfolgte nach einer Varimax-Rotation.

Die Interpretation der Faktoren wird anhand der Faktorladungen vorgenommen, wobei für die Interpretation solche Ladungen ausschlaggebend sind, deren Werte dem Betrag nach größer als 0,5 sind. Die Ergebnisse der Analyse sollen im folgenden anhand der Interpretation des ersten und dritten Faktors aufgezeigt werden. Insgesamt wurden 9 Faktoren extrahiert.

Der **Faktor 1** ist gekennzeichnet durch einen hohen Dienstleistungsanteil, hohe Erwerbsbeteiligung, einen hohen Anteil an Akademikern und ein günstiges Verhältnis von Arbeitslosen zu offenen Stellen. Aufgrund der Ladungsstruktur wird der Faktor als Indikator für den Entwicklungsstand des tertiären Sektors angesehen. Ordnet man die Arbeitsamtsbezirke nach der Höhe der Faktorwerte des ersten Faktors, so erhält man an der Spitze der Rangfolge: Berlin, Hamburg, München, Düsseldorf, Hannover, Nürnberg, Köln, Frankfurt und Wuppertal. Niedrige Faktorwerte weisen die Arbeitsamtsbezirke Passau, Deggendorf, Saarlouis, Coesfeld und Trier auf. „Faktor 1 beleuchtet somit auf der einen Seite die Großstadtbezirke mit ausgeprägter 'white-collar'-Struktur und auf der anderen Seite die 'blue-collar'-Landgebiete mit einseitiger Wirtschaftsstruktur" (Egle, 1979: 150).

Faktor 3 weist einen hohen Anteil der Beschäftigten in der Eisen- und Stahlindustrie auf, einen niedrigen Frauenanteil an den Erwerbstätigen und ist durch eine hohe Zunahme der Arbeitslosigkeit ausgezeichnet. Der Faktor steht für einen hohen Anteil monostruktureller Schrumpfungsbranchen. Hohe Faktorwerte finden sich bei den Arbeitsamtsbezirken Duisburg, Oberhausen, Bochum, Dortmund, Saarbrücken und Neunkirchen. Am anderen Ende der Rangfolge stehen Berlin, Reutlingen, Korbach, Marburg und Hof.

Die Ergebnisse der Faktoranalyse werden in einem weiteren Arbeitsschritt dazu verwendet, die regionalen Unterschiede der Arbeitslosen- und Offene-Stellen-Quoten regressionsanalytisch zu erklären. Statt der 48 Indikatoren des Datensatzes oder einer Auswahl daraus, werden die 9 extrahierten Faktoren in die Regressionsanalyse einbezogen, die über 90% der Varianz des Datensatzes repräsentieren und bei deren Berücksichtigung im Regressionsansatz überdies keine Multikollinearitätsprobleme auftauchen.

5.2.2.3. Weiche Modelle mit unbeobachtbaren Variablen

Bei dem zuletzt beschriebenen Ansatz werden die faktoranalytischen komplexen Indices als Regressoren in einem Regressionsansatz verwendet. In Abb. 9 wird diese Vorgehensweise graphisch verdeutlicht.

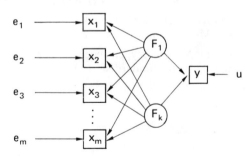

Abb. 9 Kombinationen von Faktoren- und Regressionsanalysen

Die Faktoren können als unbeobachtbare Variablen aufgefaßt werden, die mit Hilfe des Faktorenmodells auf beobachtbare Indikatoren zurückgeführt und damit gemessen werden. Das Modell der Faktorenanalyse kann damit als Meßmodell für unbeobachtbare Variablen dienen, die als strukturelle Elemente in einem Regressionsansatz Verwendung finden, das als Strukturmodell bezeichnet werden kann.

Eine Erweiterung dieses Ansatzes wird erforderlich, wenn auch die abhängige Variable y als unbeobachtbar aufgefaßt wird und ebenfalls indirekt faktoranalytisch gemessen werden muß. Ergebnis ist ein Modellansatz mit unbeobachtbaren Variablen. Statt jedoch – wie bisher beschrieben – sukzessive vorzugehen, zuerst die unbeobachtbaren Variablen zu messen und diese dann erst in ein Strukturmodell als Variablen einzubeziehen, sind spezielle Schätzansätze für Modelle mit unbeobachtbaren Variablen entwickelt worden, in denen die Lösung des Meßmodells nicht unabhängig von den Beziehungen der unbeobachtbaren oder latenten Variablen untereinander erfolgt (Knepel, 1981). Der bekannteste Ansatz ist das LISREL-Verfahren (Lineal-Structural-Relationships by the Method of Maximum Likelihood) von Karl G. Jöreskog (Jöreskog, 1977; Jöreskog & Sörbom, 1978). Voraussetzung für die Anwendung dieses Schätzverfahrens ist jedoch, daß alle Indikatoren multinormalverteilt sind und große Stichproben vorliegen. Diese Voraussetzungen sind jedoch häufig bei sozioökonomischen Anwendungen nicht gegeben.

Ein anderer Ansatz ist der **PLS-Ansatz** (Partial-Least-Squares) von Herman Wold (Wold, 1979), der mit schwächeren stochastischen Annahmen arbeitet und eher als datenorientiertes Verfahren bezeichnet werden kann. Der Begriff „Weiche Modelle" bezieht sich zum einen auf die relativ schwachen stochastischen Annahmen dieses Ansatzes und zum anderen auf die unbeobachtbaren Variablen, die auch als „weiche" Variablen bezeichnet werden können.

Grundlegend für den PLS-Ansatz ist die Unterscheidung von zwei Variablentypen:

- **Latente Variablen** (Softvariablen)

$$\Lambda_j = 1, \ldots, J$$

werden graphisch durch Kreise gekennzeichnet und stehen für die theoretischen Konstrukte des Modells. Sie sind nur indirekt meßbar.

- **Beobachtungsvariablen** (Indikatoren)

$$x_{jkn} k = 1, \ldots, k_j; \quad n = 1, \ldots, N$$

K_j – Anzahl der Variablen in Block j
N – Anzahl der Beobachtungswerte

werden durch Rechtecke gekennzeichnet und blockweise den latenten Variablen des Modells zugeordnet. Sie sind direkt meßbar.

Für beide Variablentypen gehen wir zur Vereinfachung der Darstellung davon aus, daß es sich um standardisierte Variablen (Mittelwert = 0, Varianz = 1) handelt.

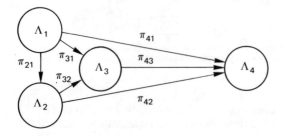

Abb. 10   Innere Relationen eines Modells mit vier Softvariablen

Die latenten Variablen sind die aus theoretischen Überlegungen abgeleiteten, konzeptuellen Elemente des Modells. Zwischen ihnen wird ein kausaler Zusammenhang postuliert. Die Beziehungen zwischen den latenten Variablen werden als **„innere Relationen"** bezeichnet. Für ein rekursives Modell gilt:

$$\Lambda_j = \sum_{i=1}^{j-1} \pi_{ji}\Lambda_i + \varepsilon_j$$

Ein Modell mit vier latenten Variablen ist in Abb. 10 dargestellt.

Durch **„äußeren Relationen"** werden die Indikatoren zu den Softvariablen in Beziehung gesetzt. Dabei gibt es die Möglichkeit, zwischen einer „einwärts" oder einer „auswärts" gerichteten Relation zu wählen (vgl. Abb. 11). „Einwärts" bedeutet, daß zwischen den K_j Indikatoren eines Blocks und der Softvariablen eine multiple Regression angenommen wird:

$$\Lambda_j = \sum_{k=1}^{K_j} \alpha_{jk}x_{jk} + \delta_j$$

Bei der Auswärtsrelation werden K_j verschiedene Einfachregressionen berechnet:

$$x_{jk} = \alpha_{jk}\Lambda_j + \delta_{jk}$$
$$k = 1, \ldots, K_j$$

Entsprechend der Richtung der äußeren Relation spricht Wold auch von „Einwärtsindikatoren" (inward indicators) und „Auswärtsindikatoren" (outward indicators) oder auch von „Generatoren" (generators) und „Indikatoren" (indicators).

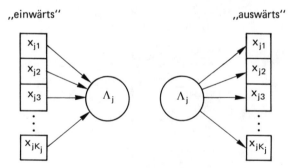

Abb. 11 Äußere Relationen

Bekannt sind im Modell die Werte der Indikatoren, geschätzt werden müssen die Parameter des Modells (π, α). Die Bestimmung dieser Parameter ist unmittelbar nicht möglich, da die latenten Variablen nicht bekannt sind. Beim PLS-Ansatz wird nun so vorgegangen, daß auch für die latenten Variablen Schätzwerte ermittelt werden. Die latenten Variablen werden als standardisierte Linearkombinationen der Beobachtungsvariablen des zugehörigen Blockes explizit definiert:

$$\text{est}\,\Lambda_j = L_j = f_j \sum_{k=1}^{K_j} w_{jk}x_{jk}$$

f_j Standardisierungsfaktor.

In einem iterativen Verfahren geht es bei dem PLS-Ansatz nun zunächst darum, die Gewichte w_{jk} zu ermitteln (Knepel, 1980). Wenn diese geschätzt sind, können

Schätzwerte für die latenten Variablen bestimmt werden. Die Berechnung der äußeren und inneren Relationen bereitet dann entsprechend den angegebenen Formeln keine Schwierigkeiten.

Als Beispiel kann ein sozioökonomisches Modell des Arbeitsmarktes herangezogen werden (Cremer & Knepel, 1980; Knepel, 1981). Ausgangspunkt dieses Modells ist das Indikatorschema in Abb. 3. Den dort genannten Problembereichen

- Arbeitsangebot
- Arbeitsnachfrage
- Unterbeschäftigung
- Unterwertige Beschäftigung,

die als unbeobachtbare Variablen aufgefaßt werden, werden die in Abb. 2 hergeleiteten Indikatoren zugeordnet und die quantitativen Beziehungen zwischen den Problembereichen geschätzt, wobei Unterbeschäftigung und unterwertige Beschäftigung als „Beschäftigungsrisiko" und „Qualität der Arbeitsbedingungen" inhaltlich uminterpretiert werden. Unter Berücksichtigung der „Produktionsaktivität" als Ursache der Arbeitsnachfrage ergibt sich das in Abb. 12 dargestellte Modell. (Die Bezeichnungen der Variablen gehen aus Abb. 13 hervor.)

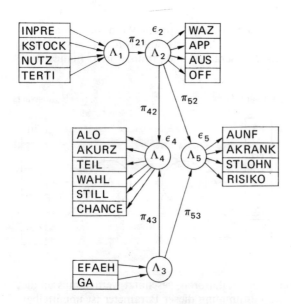

Abb. 12   Ein sozioökonomisches Indikatorenmodell des Arbeitsmarktes

Ohne auf einzelne Ergebnisse einzugehen, läßt sich sagen, daß wegen des umfassenden sozio-ökonomischen Modellansatzes und des explorativen Charakters mit Hilfe einer solchen Analyse theoretisch interessante Aussagen abgeleitet werden können. Der praktische Wert einer derartigen Modellformulierung besteht darin, daß die quantifizierten Zusammenhänge zur Simulation und Prognose verwendet werden können. Dieser Zielsetzung sind insbesondere auch die im folgenden Abschnitt zu behandelnden Modellansätze verpflichtet, deren Konstruktion jeweils ein expliziter theoretischer Ansatz zugrunde liegt.

Index Problemfeld		Indikator	Bezeichnung im Modell
Λ_1	Produktions-aktivität (PROD. AKT)	Index der industriellen Nettoproduktion Kapitalstock Ausnutzungsgrad des Sachanlagevermögens Anteil des tertiären Sektors am Bruttoinlandsprodukt	INPRE KSTOCK NUTZ TERTI
Λ_2	Entstehung von Erwerbspersonen (ARBANGEB)	Deutsche Wohnbevölkerung zwischen 15 und 65 Jahren Ausländische Arbeitnehmer	EFAEH GA
Λ_3	Nachfrage nach Arbeitsleistung (ARBNACHF)	Durchschnittlich bezahlte Wochenarbeitszeit Arbeitsplatzpotential Offene Berufsausbildungsstellen Offene Stellen	WAZ APP AUS OFF
Λ_4	Beschäftigungs-möglichkeiten (AMRISIKO)	Zahl der Arbeitslosen Zahl der Kurzarbeiter Zahl der Teilzeitarbeitsuchenden Lehrstellenandrangziffer Stille Reserve Zugänge an offenen Stellen/Zahl der Erwerbstätigen	ALO AKURZ TEIL LEHR STILL CHANCE
Λ_5	Qualität der Arbeitsbedingungen (QUALITÄT)	Angezeigte Arbeitsunfälle je 1000 Vollarbeiter Zahl der angezeigten Berufskrank-heiten je 1000 Vollarbeiter Index des durchschnittlichen Bruttostundenlohns Zugänge an Arbeitslosen/Zahl der Erwerbstätigen	AUNF AKRANK STLOHN RISIKO

Abb. 13 Problemfelder und Indikatoren des Sozialindikatorensystems

5.3. Modelle zur Prozeß- und Strukturanalyse

von Reinhard Hujer

Die wirtschaftspolitische Diskussion konzentrierte sich bis Ende der sechziger Jahre in der Bundesrepublik Deutschland weitgehend auf die Beziehungen zwischen Konjunktur und Wachstum, d. h. auf den Prozeß der ökonomischen Entwicklung in kurz- und langfristiger Perspektive. Die Modelle, die auf dieser Grundlage, insbesondere in keynesianischer Tradition entwickelt wurden, erwiesen sich als aussagekräftig, und die vor diesem theoretischen Hintergrund durchgeführten wirtschaftspolitischen Maßnahmen – zusammengefaßt im Konzept der Globalsteuerung – trugen wirksam zur Vermeidung krisenhafter Entwicklungen bei (z. B. Rezession 1966/67). In der Folgezeit wurde jedoch immer deutlicher, daß eine Wirtschaftspolitik auf der Grundlage der Analyse von Wachstums- und Konjunkturprozessen, also einer makroökonomischen, globalen Perspektive, unzureichend ist, denn den verstärkt auftretenden Problemen des strukturellen Wandels, wie Sättigungstendenzen auf einzelnen Märkten, zunehmende weltwirtschaftliche Arbeitsteilung, Probleme auf den Rohstoffmärkten, abnehmende Bedeutung des sekundären Sektors, konnte weder theoretisch noch politisch ausreichend begegnet werden (Kommission für wirtschaftlichen und sozialen Wandel, 1977; Bombach, Gahlen, Ott, 1977). Dies führte nun in jüngster Zeit zu einer konzeptionellen Neuorientierung in Wirtschaftstheorie und -politik mit dem Ziel der Analyse der Verknüpfungen zwischen Wachstums-, Konjunktur- und Strukturproblemen in der ökonomischen Entwicklung (Krupp, 1979; Kommission für wirtschaftlichen und sozialen Wandel, 1977). Auch in der praktischen Wirtschaftspolitik wird diese geänderte Sichtweise zunehmend berücksichtigt – dokumentiert beispielsweise durch die von der Bundesregierung beabsichtigte regelmäßige Strukturberichterstattung (Jahreswirtschaftsbericht der Bundesregierung, 1977).

Infolge der zunehmenden Komplexität des ökonomischen Beziehungsnetzes im Rahmen der Prozeß- und Strukturanalyse gewinnt die Forderung der Politiker an Bedeutung, das Risiko von Fehlentscheidungen durch fundierte Prognosen und Alternativrechnungen zu verringern. Dabei kommt noch hinzu, daß mit wachsender Komplexität des ökonomischen Systems die ,,time-lags" zwischen dem Einsatz und der gewünschten Wirkung von Maßnahmen wachsen und der Finanzierungsspielraum für die Anwendung von Instrumenten der Konjunktur-, Wachstums- und Strukturpolitik geringer geworden ist.

5.3.1. Ökonometrische Modellbildung

Im Rahmen der Konjunktur- und Wachstumspolitik werden häufig zur Vorbereitung praktischer Maßnahmenvorschläge Tendenzbefragungen, Expertenprognosen, Indikatoren und iterative System-Prognosen auf der Grundlage der Kreislaufrechnung sowie einfache Trendextrapolationsverfahren verwendet (Frerichs & Kübler, 1980: 13ff.). Der Nachteil dieser Ansätze besteht darin, daß die Zusammenhänge zwischen den ökonomischen Größen, z. B. zwischen einer Ziel- und einer Instrumentvariablen nicht erklärt werden. Demgegenüber hat sich die Ökonometrie die Aufgabe gestellt, komplexe theoretische Hypothesen über die Verknüpfungen zwischen ökonomischen Variablen empirisch zu spezifizieren, zu überprüfen und sie zu Prognosen und Simulationsexperimenten zu verwenden.

Will man den Prozeß der ökonometrischen Modellbildung nachzeichnen, so lassen sich folgende wichtige Arbeitsphasen unterscheiden:

- Entwicklung von theoretischen Hypothesen
- Auswahl statistischer Daten
- Schätzung des Modells
- Selektionskriterien für alternative Schätzansätze

Ausgangspunkt und Grundlage jeder ökonometrischen Analyse ist die **Entwicklung oder Übernahme von theoretischen Hypothesen**, die in Gleichungen formuliert werden. Ein Modell der mathematischen Wirtschaftstheorie besteht im allgemeinen aus Reaktionsgleichungen und definitorischen Identitäten bzw. Gleichgewichtsbedingungen (Frohn, 1980: 6ff.). Die Reaktionsgleichungen beschreiben die Beeinflussung einer abhängigen Variablen durch eine Gruppe anderer Variablen, und zwar in Form von

- Verhaltensgleichungen, z. B. Konsumfunktion, Investitionsfunktion, Nachfragefunktion, Angebotsfunktion;
- technologischen Gleichungen, z. B. Produktionsfunktion, d. h. das Produktionsvolumen in Abhängigkeit von den eingesetzten Mengen der Faktoren Arbeit und Kapital bzw. vom technischen Fortschritt;
- institutionelle Gleichungen, z. B. Funktion für indirekte Steuern.

Im Gegensatz zu Reaktionsgleichungen, die empirisch geschätzt werden müssen, sind sowohl definitorische Identitäten und Gleichgewichtsbedingungen lediglich Festlegungen und können daher empirisch nicht getestet werden. In definitorischen Identitäten werden Variablen als Summen anderer Größen definiert, z. B. das Volkseinkommen als Summe des Konsums, der Investitionen und des Außenhandelssaldos; in Gleichgewichtsbedingungen erfolgt die Gleichsetzung entsprechender Größen, beispielsweise die Angebots- und Nachfragemenge in einem Marktmodell.

Wählt man Arbeitsmarkt als Beispiel für ein ökonomisches System aus, so sind Gleichungen zur Erfassung

- des Arbeitsangebots
- der Arbeitsnachfrage
- der Arbeitslosigkeit
- des Lohnes

zu entwickeln (Abb. 1).

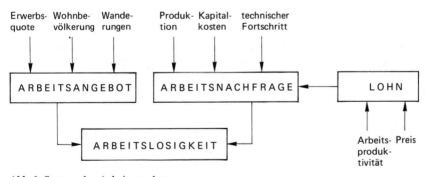

Abb. 1 System des Arbeitsmarktes

Für die ökonometrische Analyse ist vor allem die Spezifikation der Reaktionsgleichungen des Modells wichtig, da diese empirisch getestet werden können. Aus dem Spektrum der mathematischen Wirtschaftstheorie soll hier das Beispiel der Bestimmung von makroökonomischen Arbeitsnachfragefunktionen behandelt werden. Als theoretische Grundlage zur Ableitung von Faktornachfragefunktionen (Arbeit und Kapital) wird eine Produktionsfunktion (Cobb-Douglas- oder CES-Funktion) gewählt, die die Abhängigkeit des Produktionsvolumens von den Einsatzmengen der Faktoren Arbeit und Kapital sowie vom technischen Fortschritt beschreibt. Unterstellt man zusätzlich ein bestimmtes unternehmerisches Verhalten, wie beispielsweise – dem neoklassischen Denkansatz folgend – Gewinnmaximierung oder Kostenminimierung, so ist eine Gewinn- bzw. Kostenfunktion unter der Nebenbedingung der Gültigkeit der Produktionsfunktion zu optimieren (Riefers, 1969; Pauly, 1978; Lüdeke & Pusse, 1977). Verwendet man nun die Gleichungen der 1. Ableitungen und löst nach den Faktornachfragemengen auf so erhält man beispielsweise für den Faktor Arbeit in logarithmierter Form:

(1) $\text{LnLE}_t = b_1 + b_2 \ln \text{YWSA}_t + b_3 \ln Y_t + b_4 \ln \text{LE}_{t-1}$

Dabei bedeutet:

LE_t = Anzahl der abhängig Beschäftigten zum Zeitpunkt t
b_1, b_2, b_3, b_4 = Parameter
YWSA_t = Reale durchschnittliche Brutto-Lohn- und -Gehalts-
                          summe je abhängig Beschäftigten zum Zeitpunkt t
                          (Lohnkosten)
Y_t = Beitrag zum Bruttoinlandsprodukt in Preisen von 1970
                          zum Zeitpunkt t

Kombiniert man die Verhaltenshypothese mit der Produktionsfunktion, d. h. setzt man die partiellen 1. Ableitungen nach den Produktionsfaktoren wieder in die Produktionsfunktion ein, so berücksichtigt man die wechselseitige Beeinflussung der Faktorpreise in der Gleichung für die jeweilige Nachfragefunktion. Für die Arbeitsnachfrage erhält man dann folgenden theoretischen Ansatz:

(2) $\text{LnLE}_t = b_1 + b_2 \ln \dfrac{\text{UC}_t}{\text{YWSA}_t} + b_3 \ln Y_t + b_4 \ln \text{LE}_{t-1} + b_5 \text{TIME}$

Dabei bedeuten:

UC   = Kapitalkosten
TIME = Zeit

In Modifikation der bereits skizzierten Ansätze wird in der sog. „Brechling"-Funktion (Brechling, 1965; Ball & St. Cyr, 1966; Riefers, 1969) berücksichtigt, daß die kurzfristige Entscheidung über die Arbeitsnachfrage auch vom Verhältnis zwischen Beschäftigtenzahl und durchschnittlicher Stundenzahl pro Beschäftigtem abhängt. Es ergibt sich dann folgender theoretischer Ansatz:

(3) $\text{LnLE}_t = b_1 + b_2 \ln Y_t + b_3 \ln \text{LE}_{t-1} + b_4 \text{TIME}$

Soll die Interdependenz zwischen Nachfrage und anderen zu erklärenden Variablen, z. B. Kapital, berücksichtigt werden, so sind Mehrgleichungsmodelle theoretisch zu entwickeln, durch die beispielsweise die Faktornachfragefunktion für Arbeit und Kapital sowie das Produktionsvolumen jeweils simultan erklärt werden (Nadiri & Rosen, 1969; Briscoe & Peel, 1975).

Nach der theoretischen Spezifikation werden Überlegungen zur Plausibilität der Vorzeichen der Parameter und deren Größenordnung angestellt, um inhaltliche Testkriterien für die ökonometrischen Schätzungen zu erhalten. In einem weiteren Schritt sind die Variablen des Modells zu operationalisieren und **statistische Daten** zur Messung auszuwählen. Grundsätzlich ist die Verwendung von Querschnittsdaten oder Zeitreihendaten möglich. Die Entscheidung hängt von der zu behandelnden Fragestellung ab: Sollen makroökonomische Entwicklungsprozesse untersucht werden, z. B. Konjunktur- und Wachstumsprobleme, so sind Längsschnittinformationen zu verwenden; steht die Struktur im Vordergrund, so bieten sich Querschnittsdaten zur Analyse an. Eine Kombination ist freilich durch Fortschreibung von Querschnitten möglich – wie sie heute auch in Mikrosimulationsmodellen erfolgt. Als wichtigste Datenquellen dienen für ökonometrische Analysen das System der Volkswirtschaftlichen Gesamtrechnung sowie die Veröffentlichungen der wichtigsten wirtschaftswissenschaftlichen Forschungsinstitute in der Bundesrepublik (z. B. DIW, IFO, RWI, HWWA) sowie der Deutschen Bundesbank. Diese sind jedoch oft genug fehlerbehaftet: Ein logischer Fehler tritt dann auf, wenn die empirische Datenreihe nur unzureichend mit dem theoretischen Konstrukt in zeitlicher, räumlicher und sachlicher Abgrenzung übereinstimmt (Adäquationsproblem); ein statistischer Fehler geht dann in das Modell ein, wenn beispielsweise Meß-, Beobachtungs- und Rechenfehler bei der Datenaufbereitung auftreten (Rinne, 1976: 43ff.).

Ist eine geeignete Datenbasis gefunden, so kann eine **Schätzung des Modells** (Eingleichungs- oder Mehrgleichungssystem) durchgeführt werden. Eine der am häufigsten verwendeten Schätzverfahren ist die gewöhnliche Methode der kleinsten Quadrate (OLS-Methode). Soll das Eingleichungsmodell

$$y_t = b_1 + b_2 x_{2t} + b_3 x_{3t} + \ldots + b_n x_{nt} + u_t,$$

wobei u_t = Störvariable (Zufallsvariable)

numerisch spezifiziert, d. h. Schätzwerte für $b_1, b_2, \ldots$ gefunden werden, so gilt nach der OLS-Methode, daß die Summe der quadrierten Abweichungen zwischen den Beobachtungswerten y_t und den Funktionswerten $\hat{y}_t$ minimal ist. In Matrixschreibweise lautet der Schätzansatz:

(4) $\mathbf{y} = \mathbf{Xb} + \mathbf{u}$

$$\text{mit}\quad \mathbf{y} = \begin{pmatrix} y_1 \\ y_2 \\ \vdots \\ y_T \end{pmatrix} \quad \mathbf{X} = \begin{pmatrix} 1 & x_{21} & \cdots & \cdots & x_{n1} \\ \vdots & \vdots & & & \vdots \\ \vdots & \vdots & & & \vdots \\ 1 & x_{2T} & \cdots & \cdots & x_{nT} \end{pmatrix}$$

$$\mathbf{b} = \begin{pmatrix} b_1 \\ b_2 \\ \vdots \\ b_n \end{pmatrix} \quad \mathbf{u} = \begin{pmatrix} u_1 \\ u_2 \\ \vdots \\ u_T \end{pmatrix}$$

Die Schätzwerte $\hat{b}$ erhält man durch Lösung des Minimierungsproblems

(5) $S = \mathbf{u}'\mathbf{u} = (\mathbf{y} - \mathbf{Xb})'(\mathbf{y} - \mathbf{Xb}) \overset{!}{=} \text{Min}$

Durch Bildung der partiellen Ableitungen erhält man die Bestimmungsgleichungen für $\hat{b}$:

(6) $\hat{b} = (\mathbf{X}'\mathbf{X})^{-1}\mathbf{X}'\mathbf{y}$

Soll die OLS-Methode zu guten Schätzungen für $\hat{b}$ führen, sind folgende wichtige Annahmen zu treffen (Schneeweiß, 1974; Rinne, 1976; Hujer & Cremer, 1978; Bamberg & Schittko, 1979; Frohn, 1980):

- Der Erwartungswert der Störvariablen ist in jeder Periode t gleich Null:

$$E(u) = 0$$

- Die Varianz der Störvariablen s_t^2 ist in jeder Periode gleich (Homoskedastizität):

$$s_t^2 = s^2 \quad \text{für alle t}$$

- Die Störvariablen weisen keine intertemporale Korrelation auf (keine Autokorrelation), d. h. die Kovarianzen s_{tt^*} mit $t \neq t^*$ sind Null:

$$s_{tt^*} = 0 \quad \text{für alle} \quad t \neq t^*$$

- Zwischen den Beobachtungen der erklärenden Variablen besteht keine lineare Abhängigkeit, d. h. der Rang der Matrix X soll n sein (keine Multikollinearität):

$$rg(X) = n \quad \text{mit} \quad n \leq T$$

- Die Störvariablen u sind normalverteilt. Diese Annahme wird für die Anwendung von Intervallschätzungen und Tests benötigt.

Verwendet man die OLS-Methode nun zur Schätzung der oben skizzierten Gleichungen (1) bzw. (3) der Arbeitsnachfragefunktion, so ergeben sich folgende empirische Ergebnisse für das Warenproduzierende Gewerbe der Bundesrepublik Deutschland im Zeitraum 1960–1979 (Jahresdaten):

(1a) $\ln LE_t = 2,84 - 0,6 \ln YWSA_t + 0,665 \ln Y_t + 0,59 \ln LE_{t-1}$

(3a) $\ln LE_t = -1,28 + 0,57 \ln Y_t + 0,29 \ln LE_{t-1} - 0,026 \, TIME$

Die Koeffizienten der logarithmierten exogenen Variablen (Y_t, $YWSA_t$, LE_{t-1}) sind als Elastizitäten zu interpretieren, d. h. nach Gleichung (1a) bewirkt eine relative Änderung der Beträge zum Bruttoinlandsprodukt Y_t um eine Einheit bei Konstanz der übrigen Inputs eine relative Änderung der Beschäftigtenzahl kurzfristig um 0,665 Einheiten in gleicher Richtung; im Gleichungsansatz (3a) beträgt der entsprechende Wert 0,57 Einheiten. Eine negative Wirkung auf die Beschäftigtenzahl geht von den Lohnkosten gemäß Gleichung (1a) aus: Die Beschäftigungselastizität beträgt $-0,6$. Sollen Mehrgleichungsmodelle (interdependente Modelle) geschätzt werden, so sind entweder Einzelgleichungs-Schätzverfahren (Zweistufige Methode der kleinsten Quadrate) oder Systemschätzverfahren (Dreistufige Methode der kleinsten Quadrate, Maximum-Likelihood-Methode bei voller Information) anzuwenden, da das OLS-Verfahren verzerrte Schätzwerte für die Parameter liefert (Bamberg & Schittko, 1979: 146ff.; Frohn, 1980: 211ff.).

Sind die Schätzwerte alternativer Ansätze ermittelt, so stellt sich die Frage nach **Auswahl** geeigneter Gleichungen. Folgende Kriterien sind dabei zu beachten:

- Die Parameter sind in bezug auf ökonomische Plausibilität (Vorzeichen und Größenordnung) zu überprüfen.
- Es ist die Erklärungsgüte (Anpassung) des Schätzansatzes mit Hilfe des korrigierten Bestimmtheitsmaßes

$$\bar{R}^2 = R^2 - \frac{n-1}{T-n}(1 - R^2)$$

zu testen.
- Es ist zu analysieren, ob die einzelnen erklärenden Variablen einen statistisch gesicherten Einfluß haben, d. h. ob b_i signifikant von Null verschieden ist. Die Hypothese $b_i = 0$ wird angenommen, wenn das Prüfmaß t

$$|t| < t_{1-\alpha/2; v} \quad \text{mit} \quad t = \frac{\hat{b}_i}{s_{b_i}}, \quad \text{wobei}$$

s_{b_i} = geschätzte Standardabweichung von $\hat{b}_i$
α = Irrtumswahrscheinlichkeit
v = T − n = Zahl der Freiheitsgrade

Für $\alpha = 0,05$ und $v = 19 - 4 = 15$ Freiheitsgraden beträgt beispielsweise $t_{1-\alpha/2; v}$ = 2,131, d. h. die für die einzelnen Koeffizienten errechneten t-Werte dürfen in Absolutbeträgen 2,131 nicht überschreiten.

− Die Annahme verschwindender Autokorrelation wird mit Hilfe des Durbin-Watson-Tests (Prüfgröße DW) bzw. mit Hilfe des Durbin-Tests (bei verzögerten Variablen in den Gleichungen mit Hilfe der Prüfgröße D) beurteilt (Frerichs & Kübler, 1980: 80ff.).

Vervollständigt man unter diesem Aspekt beispielsweise Gleichung (1a), so erhält man folgende zusätzliche Informationen:

(1b) $\text{LnLE}_t = 2,84 - 0,6 \ln \text{YWSA}_t + 0,665 \ln Y_t + 0,59 \ln \text{LE}_{t-1}$
        (t = 5,5) (t = −4,6)   (t = 4,14)   (t = 5,9)

$\bar{R}^2 = 0,89$, d. h. die Gleichung erklärt die Gesamtvarianz zu 89%.
D = 1,695, d. h. die Testvariable liegt innerhalb des Annahmebereichs für verschwindende Autokorrelation (−1,96; +1,96).

Ist das ökonometrische Modell im Hinblick auf die ökonomische Plausibilität und in bezug auf die statistische Anpassungsgüte getestet, so sind die Anwendungsmöglichkeiten zur Prognose und zur Politiksimulation kritisch zu beleuchten.

5.3.2. Anwendung ökonometrischer Modelle zur Prognose und Politiksimulation

Ökonometrische Modelle werden auf makroökonomischer Ebene seit den Ansätzen von Tinbergen für die Niederlande und die USA Ende der dreißiger Jahre (Tinbergen, 1939) in sehr differenzierter Form entwickelt, so daß eine zusammenfassende, vergleichende Würdigung der verschiedensten Modellstrukturen nicht leicht fällt (beispielsweise Nerlove, 1966; König, 1971). Für die Konstruktion ökonometrischer Modelle erlangte insbesondere das im Jahre 1955 entwickelte „Klein-Goldberger-Modell" zentrale Bedeutung (Klein & Goldberger, 1955); von diesem Modell gingen wichtige Impulse insbesondere für die Entwicklung der ökonometrischen Modelle für die USA aus, beispielsweise für das Wharton-EFU-Modell (Evans & Klein, 1968), für das Brookings-Modell (Duesenberry et al., 1969; Fromm & Klein, 1975) oder für das DRI-Modell (Eckstein et al., 1974; Data Resources, 1976).

In der Bundesrepublik wurde mit dem ökonometrischen Modellbau Anfang der sechziger Jahre begonnen (Menges, 1959; König & Timmermann, 1962; Hansen 1966); aufbauend auf diesen ersten Ansätzen wurden ab Ende der sechziger Jahre detaillierte Modellansätze mit dem Ziel der Prognose und Politiksimulation entwickelt. (Frerichs & Kübler, 1980: 182ff.; Bamberg & Schittko, 1979: 112ff.)

Zu nennen sind vor allem die verschiedenen aggregierten Versionen aus der Bonner Modellfamilie. Wichtige Entwicklungsstufen sind hierbei die Versionen 5, die auch im Rahmen eines Weltmodells (Projekt „Link") verwendet wurden (Krelle, 1974; Waelbroeck, 1976), die Modellvariante 10 mit expliziter Berücksichtigung des Geld- und Kreditsektors (Conrad & Kohnert, 1979) sowie als Ergänzungsmodul das Arbeitsmarktmodell von Schloenbach (Schloenbach, 1972). Schließlich wurde ein disaggregiertes Prognosemodell mit ca. 1700 Gleichungen konzipiert (Frerichs, 1975; Kübler, 1977) und durch ein Arbeitsmarktmodell erweitert (Jäger, 1980). Ebenfalls auf der Grundlage von Jahresdaten wurde im Rahmen der Modellbauaktivitäten im Sfb 3 in Frankfurt/M. ein sektorial disaggregiertes Modell mit dem Ziel einer Verknüpfung zwischen makroökonometrischen und mikroanalytischen Ansätzen geschätzt (Hujer, Bauer, Knepel, 1982).

Als Vierteljahresmodell ist ausgehend von dem Lüdeke-Modell (Lüdeke, 1969) das F & T-Modell entwickelt worden (Lüdeke et al., 1981); es umfaßt in der Version 1978 insgesamt 79 Verhaltensgleichungen und 64 Definitionsgleichungen. Weitere Modelle auf der Basis von Vierteljahresdaten sind das SYSIFO-Modell (Hansen & Westphal, 1983), das Modell der Deutschen Bundesbank (Deutsche Bundesbank, 1978; Deutsche Bundesbank, 1982), das Modell des RWI (Rau, 1979) und das Modell der Wirtschaftsforschungsinstitute (Zwiener, 1980).

Bislang haben die ökonometrischen Modelle in der wirtschaftspolitischen Beratung der Bundesrepublik keine zentrale Bedeutung erlangt; es werden eher intuitive Verfahren angewendet. Das Vertrauen der Wirtschaftspolitiker in ökonometrische Verfahren wird erst wachsen, wenn ausreichende und vielfältige Erfahrungen mit der Eignung zur Prognose und Politiksimulation vorliegen. Ausgangspunkt für die Prognoseerstellung ist in der Regel ein ökonometrisches Mehrgleichungsmodell, das folgendermaßen formuliert werden kann:

$$\mathbf{G}\mathbf{y}(t) = \mathbf{B}\mathbf{x}(t) + \mathbf{u}(t)$$

$\mathbf{y}$	Vektor der endogenen Variablen
$\mathbf{x}$	Vektor der exogenen Variablen
$\mathbf{u}$	Störvariablenvektor
$\mathbf{G}, \mathbf{B}$	Koeffizientenmatrizen

Ist das Modell linear, kann es zur Prognoseerstellung nach den endogenen Variablen aufgelöst werden (reduzierte Form):

$$\begin{aligned} \mathbf{y}(t) &= \mathbf{G}^{-1}\mathbf{B}\mathbf{x}(t) + \mathbf{v}(t) \\ &= \mathbf{M}\mathbf{x}(t) \quad\quad + \mathbf{v}(t) \end{aligned}$$

Sind die Werte von $\mathbf{x}$ bekannt, können die Prognosewerte für die endogenen Variablen ermittelt werden.

Im Hinblick auf die Prognoseleistung ökonometrischer Modelle sind sowohl die Qualität der Ex-post-Prognosen als auch die Eignung der Ex-ante-Prognosen zu testen. Unter Ex-post-Prognose ist dabei die Prognose der endogenen Variablen auf der Grundlage des mit Daten von $t = 1, 2, \ldots, T$ geschätzten Modells bis zum gegenwärtigen Zeitpunkt T_G ($T < T_G$) zu verstehen, wobei für die exogenen Variablen die tatsächlichen Werte eingesetzt werden. Demgegenüber beziehen sich Ex-ante-Prognosen auf den Zeitraum $T_G + 1, T_G + 2, \ldots$ Ein gravierendes Problem entsteht bei der Prognose, insbesondere jedoch bei der Ex-ante-Prognose dadurch, daß zwischen dem Ende des Schätzzeitraums T und dem Beginn der Prognoseperiode T_G oft mehrere Jahre liegen, d.h. die Prognosen aus einer mit nicht mehr aktuellen Daten geschätzten Modellstruktur abgeleitet werden müssen. Unter dieser Fragestellung finden bei der Anwendung ökonometrischer Modelle immer stärker Verfahren des „Fine-tuning" Eingang. Ökonometrische Modelle werden dabei aufgrund feststellbarer aktueller Entwicklungen durch Modifikationen der Koeffizienten oder auch der Variablen korrigiert. Die bislang vorliegenden empirischen Ergebnisse lassen auf eine merkliche Verbesserung der Prognoseergebnisse schließen (Evans et al., 1972; Hujer et al., 1979; Blazejczak, 1979). In Verbindung mit dem Einsatz zusätzlicher empirischer Ergebnisse, z.B. Berücksichtigung antizipatorischer Daten bei Kurzfristprognosen (Fair, 1971; Adams & Klein, 1972) oder der Entwicklung disaggregierter Modelle (Frerichs & Kübler, 1977) wird die Prognoseeignung ökonometrischer Modelle weiter verbessert (Frerichs & Kübler, 1980: 239ff.).

Die Wirtschaftspolitiker benötigen jedoch nicht nur Prognosen über die ökonomische Entwicklung unter der Annahme des zukünftigen Verlaufs der exogenen Größen, sondern sie fordern auch Informationen über alternativen Instrumenteneinsatz. Bei Zugrundelegung bestimmter wirtschaftspolitischer Instrumente $\mathbf{x}_0$ (T_G + i) sowie bestmöglicher Schätzungen für die sonstigen exogenen Variablen $\tilde{\boldsymbol{\xi}}_0$ (T_G + i) und die Störvariablen $\hat{\mathbf{v}}$ (T_G + i) sind Normalprognosen für die Zielvariablen $\tilde{\mathbf{y}}^P$ (T_G + i) sowie die sonstigen endogenen Variablen $\tilde{\boldsymbol{\eta}}^P$ (T_G + i) aus der geschätzten reduzierten Form des Systems abzuleiten (Frerichs & Kübler, 1980: 143):

$$\begin{pmatrix} \tilde{\mathbf{y}}^P(T_G + i) \\ \tilde{\boldsymbol{\eta}}^P(T_G + i) \end{pmatrix} = \hat{\mathbf{M}} \begin{pmatrix} \tilde{\mathbf{x}}_0(T_G + i) \\ \tilde{\boldsymbol{\xi}}_0(T_G + i) \end{pmatrix} + \hat{\mathbf{v}}(T_G + i); \quad i = 1, 2, \ldots$$

Sollen nun die Wirkungen alternativer wirtschaftspolitischer Maßnahmen $\tilde{\mathbf{x}}_s$ (T_G + 1), $\tilde{\mathbf{x}}_s$ (T_G + 2), ... abgeschätzt werden, so verwendet man

$$\begin{pmatrix} \tilde{\mathbf{y}}_s(T_G + i) \\ \tilde{\boldsymbol{\eta}}_s(T_G + i) \end{pmatrix} = \hat{\mathbf{M}} \begin{pmatrix} \tilde{\mathbf{x}}_s(T_G + i) \\ \tilde{\boldsymbol{\xi}}_0(T_G + i) \end{pmatrix} + \hat{\mathbf{v}}(T_G + i);$$

und vergleicht die Ergebnisse mit den Normalprognosen, um die geeignete wirtschaftspolitische Alternative auszuwählen. Es ist bei der Simulation zweckmäßig, zunächst zu prüfen, wie ein einzelnes wirtschaftspolitisches Instrument, z. B. Ausgaben des Staates für Güter und Dienste, bei isoliertem Einsatz wirkt. In der zu dieser Fragestellung verwendeten **Multiplikatoranalyse** wird geprüft, um wieviel Einheiten sich der aus dem geschätzten System berechnete Wert der i-ten endogenen Variablen in der Periode t ändert, wenn der für diese Periode vorgegebene Wert der j-ten exogenen Variablen um 1 Einheit geändert wird:

$$\hat{m}_{ij} = \frac{\partial \hat{y}_{it}}{\partial x_{jt}}$$

In den letzten Jahren wurden mannigfaltige Erfahrungen mit Politiksimulationen gemacht (Fromm & Klein, 1973; Christ, 1975; Helberger, 1976). Bei einem Vergleich zweier Bonner Modellversionen im Hinblick auf die erwartete Multiplikatorwirkung der Staatsausgaben sind doch sehr unterschiedliche Ergebnisse festzustellen (Tab. 1), so daß mit Frerichs & Kübler festgestellt werden kann (Frerichs & Kübler, 1980: 282): „Angesichts einer derartigen Spannbreite von Ergebnissen sind die anhaltende Skepsis und weitgehend abwartende Haltung der Praktiker, die ökonometrische Modelle als Entscheidungshilfe verwenden könnten, verständlich und nicht ganz unberechtigt."

Tab. 1 Multiplikatoreffekte einer laufenden Erhöhung der Ausgaben des Staates für Güter und Dienste bzw. Investitionsausgaben des Staates von 10 Mrd. DM auf das reale Sozialprodukt (aus Frerichs & Kübler, 1980)

Modell	Simulations-periode	Auswirkungen in den Jahren												
		1	2	3	4	5	6	7	8	9	10	11	12	13
Bonner Modell 5,5	68–80	7,0	7,8	9,0	10,2	9,5	7,6	4,8	−0,5	−4,5	−7,5	−6,4	−5,1	−2,5
Bonner Disaggregier-tes Modell	68–80	2,0	2,4	2,5	2,5	2,5	2,3	2,3	2,2	2,1	1,9	1,8	1,7	1,7

Unter diesem Aspekt sind auch die noch komplexeren Modelle der **optimalen Wirtschaftspolitik** zu beurteilen. Ausgehend von „Fixed-Targets"-Ansätzen (Tinbergen, 1955; Tinbergen, 1956) bzw. „Flexible-Targets"-Modellen (Theil, 1961; Theil, 1966) werden Zielfunktionen unter der Nebenbedingung des ökonometrischen Modells formuliert. Die Präferenzen des Entscheidungsträgers bezüglich der Erwartungswerte der Zielvariablen $\tilde{y}(t)$ werden im allgemeinen durch eine quadratische Nutzenfunktion beschrieben:

$$U_t = U(E(\tilde{y}(t))) = g' E(\tilde{y}(t)) + E(\tilde{y}(t)') Q E(\tilde{y}(t))$$

wobei der Vektor **g** und Matrix **Q** die als bekannt vorausgesetzten Parameter darstellen. Die Nebenbedingung, die durch z. B. ein lineares interdependentes ökonometrisches Modell gegeben ist, lautet unter Verwendung der Partitionen der Matrix der reduzierten Koeffizienten **M** für die Zielvariablen des Modells:

$$\tilde{y}(t) = M_{11} \tilde{x}(t) + M_{12} \xi(t) + v(t)$$

Dieses Optimierungsproblem ist durch Bildung der partiellen Ableitungen von U_t nach den Instrumentvariablen $\tilde{x}(t)$ zu lösen und die optimalen Werte für die Instrumentvariablen $\tilde{x}^*(t)$ zu errechnen. Sind zusätzlich Restriktionen (Ober- oder Untergrenzen) für die Instrumentvariablen zu berücksichtigen, so sind Programmierungsansätze (lineare oder quadratische) anzuwenden (Intriligator, 1978; Frerichs & Kübler, 1980). Für die Bundesrepublik hat Galler eine ausgefeilte, interessante empirische Studie zur Berechnung optimaler wirtschaftspolitischer Strategien auf der Grundlage des Bonner Modells (5. Version) vorgelegt (Galler, 1976), dennoch ist eine Verwendung dieser Ansätze für praktische Wirtschaftspolitik derzeit noch nicht relevant.

5.3.3. Input-Output-Analyse

Während das methodische Instrumentarium der Prozeßanalyse sehr ausgebaut ist und mannigfaltige Erfahrungen – auch unter empirischem Aspekt – vorliegen, haben Methoden zur Strukturanalyse eine vergleichsweise kürzere Tradition, da die entsprechenden wirtschaftlichen Strukturprobleme in der Vergangenheit weniger gravierend erschienen. Die Bedeutung des strukturellen Wandels rückt jedoch heute immer mehr in den Blickpunkt des politischen und wissenschaftlichen Interesses – die Berichte der Kommission für wirtschaftlichen und sozialen Wandel sowie die Analysen der wirtschaftswissenschaftlichen Forschungsinstitute DIW, IFO, RWI, IfW und HWWA im Rahmen der Strukturberichterstattung sprechen dabei für sich. Im Zuge dieser Entwicklung hat der Einsatz der Input-Output-Analyse eine zentrale Bedeutung erlangt: Die Aufstellung von Input-Output-Tabellen wird forciert und das methodische Analyse-Instrumentarium verfeinert, um die interindustrielle Verflechtung zwischen den Wirtschaftssektoren zu erfassen und Informationen über die Absatz- und Kostenstrukturen der einzelnen Branchen zu erhalten (Leontief, 1960; Chenery & Clark, 1959; Schumann, 1968; Stäglin, 1980).

Grundlage von Input-Output-Modellen sind **Input-Output-Tabellen**, in denen die Waren- und Dienstleistungsströme zwischen den einzelnen Wirtschaftssektoren verbucht sind. Die verschiedensten Ansätze der Input-Output-Rechnung hat Stäglin in einem zusammenfassenden Artikel übersichtlich und sehr informativ dargestellt (Stäglin, 1980). Zur Erläuterung des Grundkonzepts einer Input-Output-Tabelle soll die DIW-Tabelle von 1974 verwendet werden, die auf der Basis einer institutionellen Gliederung 14 Sektoren unterscheidet (Tab. 2).

Tab. 2 Input-Output-Tabelle für das Jahr 1974 (Angaben in Mio. DM)

an / von	Lieferungen von Vorleistungen an Sektor:														Endnachfrage	Summe
	1	2	3	4	5	6	7	8	9	10	11	12	13	14	15	
1 Landwirt	278.	71.	467.	36.	100.	80.	2556.	28075.	45.	182.	31.	2414.	1028.	78.	14699.	50140.
2 En/B. Bau	1381.	20108.	7070.	8254.	2473.	1694.	1811.	1298.	457.	886.	1593.	4228.	3303.	110.	24384.	79050.
3 Chemie	4170.	4472.	61112.	4027.	13547.	9584.	12253.	4099.	20455.	2246.	6214.	4912.	9648.	584.	89400.	246723.
4 Eisen-NE	963.	1956.	2598.	26646.	21830.	14563.	706.	122.	4376.	167.	783.	909.	794.	54.	36806.	113273.
5 St. Ma. Fz	2541.	2419.	1684.	3190.	36734.	2230.	718.	403.	3675.	1755.	2931.	2971.	5754.	251.	152852.	219908.
6 Elektro	241.	2296.	4372.	2957.	14672.	25094.	2754.	1487.	3663.	1232.	1958.	3633.	4855.	400.	83824.	153438.
7 Holz-Text	227.	1094.	7837.	978.	3756.	4675.	31488.	3362.	4025.	2086.	1719.	9131.	5930.	633.	79998.	156939.
8 Nahrung	4908.	112.	2577.	294.	967.	670.	730.	33764.	160.	691.	173.	18146.	1676.	579.	85241.	150688.
9 Bau	405.	499.	311.	160.	475.	162.	200.	151.	3598.	891.	734.	7935.	5511.	49.	104268.	125399.
10 Handel	1256.	943.	7097.	3013.	5869.	4274.	4854.	4193.	2900.	13780.	1216.	2838.	8203.	374.	107036.	167846.
11 Verkehr	810.	1988.	9495.	3957.	3435.	3093.	3603.	3090.	2835.	13001.	15246.	4466.	5744.	244.	30804.	101811.
12 So. Dienst	2419.	2498.	12110.	3781.	7451.	5729.	5108.	5229.	1358.	8156.	4179.	35578.	28788.	2365.	143949.	268698.
13 Staat	600.	322.	503.	255.	507.	402.	452.	797.	476.	946.	696.	4044.	8950.	84.	203206.	222240.
14 PrO., PrH.	0.	0.	0.	0.	0.	0.	0.	0.	0.	0.	0.	0.	11780.	0.	12650.	24430.
15 Importe	3021.	4222.	46300.	12495.	15672.	15398.	18656.	14798.	3996.	7237.	5678.	3483.	6676.	225.	82998.	240855.
16 Abschreib.	5950.	9190.	12160.	6420.	9320.	5390.	7100.	5150.	4600.	7200.	11740.	24130.	6270.	1130.	0.	115750.
17 In. Ste. St.	1745.	4578.	23231.	4183.	6023.	6858.	9152.	18956.	8101.	26396.	4536.	14181.	540.	100.	0.	128580.
18 In. Ste. Au.	0.	7.		83.											0.	90.
19 – Subvent	−2065.	−585.	−51.	−46.	−153.	−38.	−42.	−586.	−1.	−2236.	−7056.	−1141.	0.	0.		−14000.
20 Löhne	4560.	13400.	40760.	24320.	66160.	43860.	38320.	17280.	41930.	50750.	38640.	42030.	106790.	17170.	700.	546670.
21 Gewinne	16930.	9460.	7090.	8270.	11070.	9720.	16520.	9020.	18750.	32480.	10800.	84760.	0.	0.	−14960.	219910.
22 Summe	50140.	79050.	246723.	113273.	219908.	153438.	156939.	150688.	125399.	167846.	101811.	268698.	222240.	24430.	1237855.	3318438.

Die Tabelle besteht aus 22 Zeilen und 16 Spalten und läßt sich in 4 Quadranten untergliedern:

- Der 1. Quadrant (Zeile 1–14 und Spalte 1–14) spiegelt die Vorleistungsverflechtung der Produktionsvektoren wider, d. h. verzeichnet die Lieferung von Vorleistungen (sekundäre Inputs) des Produktionssektors i an den Produktionssektor j $(x_{i,j})$.
- Der 2. Quadrant (Zeile 1–14 undSpalte 15) gibt die Lieferungen der Produktionssektoren an dic Endnachfrage (privater, staatlicher Konsum, Anlage-, Vorratsinvestitionen, Exporte) an (N_j).
- Der 3. Quadrant (Zeile 15–21 und Spalte 1–14) enthält die Werte der primären Inputs (Importe, Abschreibungen, indirekte Steuern minus Subventionen, Löhne und Gewinne).
- Der 4. Quadrant (Zeile 15–21 und Spalte 15) erfaßt die Lieferungen von primären Inputs an die Endnachfrage.

Die Zeilensumme der Zeile i gibt den Wert der Bruttoproduktion des Sektors i an (X_i).

Soll die Input-Output-Tabelle zu analytischen Zwecken Verwendung finden, so ist die Formulierung eines Modells nötig. Das einfachste **Input-Output-Modell** ist das statische offene Leontief-System (Hujer & Cremer, 1978: 160ff.; Frerichs & Kübler, 1980: 209ff.), in dem sich alle Variablen auf den gleichen Zeitpunkt beziehen und die Endnachfrage bzw. die primären Inputs als exogen behandelt werden. Als Grundlage des Produktionsmodells wählte Leontief die lineare-homogene Inputfunktion

$$x_{i,j} = a_{i,j}X_j; \quad i,j = 1, 2, \ldots, 12$$

mit $a_{i,j}$ = Inputkoeffizient für Vorleistungsgüter der Art i an den Sektor j

Die Bruttoproduktion für jeden Sektor erhält man dann aufgrund folgender Beziehungen:

$$X_1 = a_{1,1}X_1 + a_{1,2}X_2 + \ldots + a_{1,12}X_{12} + N_1$$
$$X_2 = a_{2,1}X_1 + a_{2,2}X_2 + \ldots + a_{2,12}X_{12} + N_2$$
$$\vdots \qquad \vdots \qquad \vdots \qquad\qquad \vdots \qquad \vdots$$

In Matrixschreibweise:

$$X = AX + N,$$

wobei A = Matrix der Inputkoeffizienten
X = Vektor der Bruttoproduktionswerte
N = Vektor der Endnachfrage

Will man Wirkungsanalysen mit Hilfe des Input-Output-Modells durchführen, d. h. fragt man nach dem sektoralen Produktionsvolumen in Abhängigkeit von einer Variation der Endnachfrage, so ist obiger Ausdruck nach X aufzulösen:

$$X = (I - A)^{-1}N$$

$(I - A)^{-1}$ ist die Leontief-Inverse; die Elemente dieser Matrix geben an, um wieviel Einheiten sich die Bruttoproduktion von Sektor i ändert, wenn sich die Endnachfrage nach Gütern des Sektor j um **eine** Einheit verändert (Tab. 3).

Tab. 3 Ausgewählte Elemente der Leontief-Inversen für das Jahr 1974

Sektor	1	2	3	...	11	12
1	1,03396	0,00583	0,01204	...	0,00471	0,03562
2	0,05031	1,36422	0,05732	...	0,03677	0,03472
3	0,12296	0,12180	1,36014	...	0,10990	0,05760
⋮	⋮	⋮	⋮	...	⋮	⋮
11	0,03812	0,05800	0,08142	...	1,19276	0,03713
12	0,07659	0,07139	0,10028	...	0,07274	1,17243

Die sektoralen Beschäftigungswirkungen, d. h. die Zahl der Erwerbstätigen L in Abhängigkeit von einer Variation der Endnachfrage lassen sich aufgrund der Beziehung

$$L = H(I - A)^{-1} N$$

abschätzen. Dabei ist $H = \text{diag}(h)$ die Diagonalmatrix der sog. Arbeitskoeffizienten

$$h_j = \frac{\text{Arbeitsvolumen } L_j}{\text{Bruttoproduktion } X_j};$$

$L = (L_1, L_2, ..., L_{12})'$ der Arbeitsnachfragevektor

$H(I - A)^{-1}$ der Beschäftigungsmatrixmultiplikator (Tab. 4)

Tab. 4 Ausgewählte Elemente des Beschäftigungsmatrixmultiplikators

Sektor	1	2	3	...	11	12
1	0,08892	0,00050	0,00103	...	0,00405	0,00306
2	0,00115	0,03137	0,00154	...	0,00084	0,00079
3	0,00147	0,00146	0,01632	...	0,00131	0,00069
⋮	⋮	⋮	⋮	...	⋮	⋮
11	0,00186	0,00284	0,00398	...	0,05844	0,00181
12	0,00421	0,00392	0,00551	...	0,00400	0,06448

Prognosen für das Jahr t erhält man

– für das Produktionsvolumen aus

$$X_t^P = (I - A_{74})^{-1} N_t^P$$

– für die sektorale Beschäftigung aus

$$L_t^P = H_{74}(I - A_{74})^{-1} N_t^P$$

Mit diesem Modell lassen sich jedoch neben Prognosen auch **Simulationen** der direkten und indirekten Auswirkungen sektoraler Endnachfrageänderungen durchführen, und zwar wiederum im Hinblick auf die

– Produktion: $\Delta X = (I - A)^{-1} \Delta N$
– Beschäftigung: $\Delta L = H(I - A)^{-1} \Delta N$

(Schumann, 1975; Stäglin, 1976; Stäglin, 1979; Stäglin, 1980).

Das statische offene Leontief-Modell geht jedoch von der Annahme konstanter Inputkoeffizienten sowie exogener Endnachfragekomponenten aus; deshalb eignet es sich auch nur für kurzfristige Prognosen. In den letzten Jahren sind jedoch eine Reihe leistungsfähiger Verfahren entwickelt worden, die diese Restriktionen auflösen (Hujer & Cremer, 1978: 163ff.).

5.3.4. Modellverknüpfung in der empirischen Wirtschaftsforschung

Haben sich die Forschungsbemühungen in der Vergangenheit vor allem auf die jeweilige Verbesserung von methodischen Ansätzen gerichtet, so konzentriert sich das wissenschaftliche Interesse vor dem Hintergrund der Interdependenzen von Prozeß- und Strukturanalyse immer stärker auf eine Verknüpfung zwischen den unterschiedlichen Modellstrukturen, wie beispielsweise die Verbindung von Makro- und Input-Output-Modellen, die Beziehung zwischen Makro- und Gruppen- bzw. Mikrosimulationsmodellen.

Unter dieser Fragestellung ist insbesondere die Entwicklung ökonometrischer Input-Output-Prognosemodelle zu nennen, z. B. für die USA das Wharton-Long-Term-Modell (Preston, 1975) oder das Hudson-Jorgenson Modell (Hudson & Jorgenson, 1974); für die Bundesrepublik das Bonner ,,Disaggregierte Prognosesystem" und das ,,Prognosesystem 22" (Frerichs & Kübler, 1977). Im allgemeinen liegen drei alternative Konzepte beim Modellaufbau zugrunde (Frerichs & Kübler, 1977: 279ff.):

– Exogenität vs. Endogenität der Endnachfrage
– Kopplung vs. volle Integration gesamtwirtschaftlicher und sektoraler Größen
– Konstanz vs. Veränderlichkeit der Input-Output-Strukturen.

Im Bonner ,,Disaggregierten Modell" werden z. B. die sektorale private Konsumnachfrage, die Konsum- und Investitionsnachfrage des Staates, die Anlageinvestitionen der privaten Wirtschaftssektoren, die Vorratsinvestitionsnachfrage sowie die Exportnachfrage erklärt. Im Hinblick auf die Verknüpfung sind gekoppelte Modelle dadurch gekennzeichnet, daß mit Hilfe eines Makromodells die gesamtwirtschaftlichen Aggregate erklärt und prognostiziert werden und daran ein Input-Output-Modell gekoppelt wird. Die Rückwirkungen der sektoralen Struktur werden damit nicht erfaßt. Demgegenüber erfolgt im vollintegrierten Modell (,,Bonner Disaggregiertes Modell") die Erklärung und Prognose gesamtwirtschaftlicher und sektoraler Größen simultan; es werden damit Inkonsistenzen im Modellaufbau vermieden. Beim Entwurf dieser Modelle ergeben sich jedoch Probleme im Hinblick auf die Aktualität der verfügbaren Input-Output-Daten. Schließlich soll durch variable Input-Koeffizienten der technische Fortschritt sowie sonstige Veränderungen in der Produkt- und Prozeßmischung der Sektoren berücksichtigt werden, z. B. im Rahmen von einfachen Koeffizientenanpassungsverfahren oder auch durch Verhaltensgleichungen (Frerichs & Kübler, 1977: 284ff.).

Mit Hilfe der ökonometrischen Input-Output-Modelle kann die Frage nach den Entwicklungslinien sektoraler Wirtschaftsstruktur analysiert werden, es ist jedoch nur in unzureichendem Maße möglich, Aussagen für Haushalte, Personen, Personengruppen und Firmen abzuleiten. Gerade im Bereich der Sozialpolitik ist diese disaggregierte Ebene von besonderer Bedeutung, um beispielsweise die Verteilungswirkungen (in bezug auf Einkommen und Vermögen) bestimmter wirtschafts- und sozialpolitischer Maßnahmen abzuschätzen. Unter diesem Aspekt erscheint es sinnvoll, Verknüpfungen zwischen makroanalytischen Modellen und Modellen auf Gruppen- oder Mikroebene durchzuführen. Im Rahmen der Forschungsarbeiten

des SPES-Projekts wurden bereits empirische Analysen aufgrund einer Verbindung
von makroanalytischen Modellen und dem von Krupp auf Gruppenbasis entwik-
kelten Einkommensverteilungsmodell (Krupp, 1968) durchgeführt (Krupp, 1973;
Brennecke, 1975; Merz, 1978). In der Untersuchung von Merz wird versucht, die
Auswirkungen fiskalpolitischer Maßnahmen der Jahre 1972 bis 1975, z. B. Steuer-
rechtsänderungen, vorgezogene Rentenerhöhung, usw. auf die Einkommensverteilung zu quantifizieren. Als makroanalytisches Modell wurde dabei das Bonner
Krelle-Modell (Version 5), für die Erklärung der Einkommensverteilung das
Frankfurter Krupp-Modell (disaggregiertes Haushaltsmodell) verwendet. Mit Hilfe eines Verknüpfungsmoduls (Brennecke, 1975) wurden in jeder Simulationsperio-
de Daten aus dem Haushaltsmodell in das Makromodell bzw. aus dem Makromodell in das Haushaltsmodell übertragen (Abb. 2) und Simulationen für 1972 bis
1980 aufgrund eines Iteraktionsprozesses durchgeführt (Abb. 3).

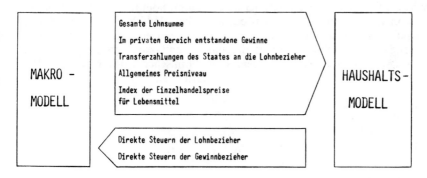

Abb. 2 Verknüpfung von Makro- und Gruppensimulationsmodell (aus Merz, 1978)

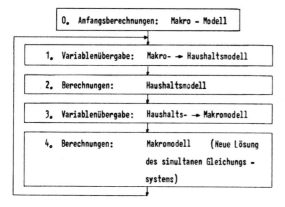

Abb. 3 Abfolge eines Lösungsschrittes in einer Periode bei interdependenter verknüpfter
Simulation (aus Merz, 1978)

Eine Verknüpfung von ökonometrischen Kreislaufmodellen (Makromodellen) und
Mikrosimulationsmodellen ist bislang noch nicht gelungen, doch erste Überlegungen liegen bereits vor (Galler, 1980). Bei dieser Entwicklung muß beachtet werden,

daß der Aufbau von Mikrosimulationsmodellen in der Bundesrepublik in Anlehnung an Modelle in den USA (Orcutt et al., 1961; 1976) erst jüngster Zeit forciert wird. Hauptanwendungsgebiete sind derzeit Ansätze zur Erfassung der demographischen Entwicklung (Hecheltjen, 1974; Galler & Steger, 1978) und Modellteile, die sich vor allem mit dem Sektor der privaten Haushalte (Haushaltsstruktur, Umfang und Art der Erwerbstätigkeit, Determinanten des Arbeitseinkommens...) beschäftigen. Der Fortschritt in der Entwicklung der Mikrosimulationsmodelle hängt vor allem vom Vorliegen von Großstichproben auf Individualbasis (Alter, Geschlecht, Umfang und Art der Erwerbstätigkeit, Vermögensbesitz,...) ab, die in Form von sog. „Mikrodatenfiles" beim Modellbau Verwendung finden. Die Schwierigkeit besteht dabei darin, daß diese Mikrodatenbasis aus verschiedenen Informationsquellen im Rahmen von „Merge-Prozessen" zusammengefügt werden müssen (Okner, 1972, Okner, 1974; Kortmann, 1978).

Zusammenfassend läßt sich festhalten: Gerade durch Verknüpfung sozioökonomischer Modelle ist ein Weg gezeigt, der dahin führen könnte, daß Prognosen und Simulationen mit Hilfe komplexer Modelle stärker als bislang in ökonomischen Entscheidungsprozessen verwendet werden und damit eine ständige Rückkopplung zwischen praktisch-empirischen Ergebnissen und ökonomischem Modellbau möglich wird. Möglichkeiten und Grenzen ökonomischer Modellbildung im Hinblick auf den Problembezug werden dann schärfer sichtbar.

6. Anwendung empirischer Forschungsergebnisse

6.1. Zum Problem der Anwendung empirischer Forschungsergebnisse[1]

von Hans Werbik & Hans J. Kaiser

Vorbemerkung

Die Frage der Anwendung von Forschungsergebnissen der empirisch arbeitenden Sozialwissenschaften auf die alltägliche Lebenspraxis als „Problem" zu bezeichnen, mag Widerspruch provozieren. Ist nicht die Anwendung sozialwissenschaftlicher Erkenntnisse längst zu einer gut funktionierenden, theoretisch wie praktisch ausreichend fundierten Routine geworden, vergleichbar der Lösung technischer Probleme auf der Grundlage gesicherten naturwissenschaftlichen Wissens? Wäre es nicht so, wie ließe sich die zunehmende Professionalisierung „angewandter" Sozialwissenschaften gerade in den letzten Jahren legitimieren?

Die Selbstverständlichkeit einer fast „mechanisierten" Anwendungsroutine zu problematisieren, halten wir vor dem Hintergrund des gegenwärtigen Entwicklungsstandes der Sozialwissenschaften für einen Fortschritt in einer Diskussion, in der nicht nur ideologische Gesichtspunkte dominieren (man vergleiche die Beiträge, die unter dem Stichwort der „Praxisrelevanz" von Forschung erschienen sind!), sondern auch übermäßig vereinfachende Vorstellungen über den Prozeß der Anwendung sozialwissenschaftlicher Forschungsergebnisse verbreitet und akzeptiert worden sind.

Solchen vereinfachenden Vorstellungen wollen wir uns im folgenden zuwenden und aufzeigen, daß sie für ein Verständnis der Aufgabenstruktur und des Prozesses der Anwendung sozialwissenschaftlicher Erkenntnis hinderlich sind. Eine der Vorstellungen ist die, daß die Ergebnisse sozialwissenschaftlicher Forschung auf einen praktischen Problemzusammenhang unmittelbar übertragen werden können, ähnlich wie dies für das Gebiet der Technik gültig erscheint. Wir werden uns daher vorrangig mit dem Technologie-Begriff, seinen Implikationen und Konsequenzen, beschäftigen und seine Angemessenheit für die spezifischen Verhältnisse im Bereich der Sozialwissenschaften hinterfragen.

6.1.1. Bedeutungen von „Anwendung"

Um die Probleme explizieren zu können, die bei dem Versuch der Anwendung von empirischen Forschungsergebnissen auftreten, muß zunächst dargelegt werden, was im sozialwissenschaftlichen Zusammenhang überhaupt unter „Anwendung" verstanden werden kann.

In Anlehnung an Badura (1976) lassen sich etwa die folgenden Verwendungsweisen des Wortes „Anwendung" unterscheiden:

(1) **Anwendung im Sinne von Information bzw. Aufklärung.** Sozialwissenschaftliche Erkenntnisse können dazu verwendet werden, bestimmte Klienten (Privatpersonen, Institutionen, Regierungen, Öffentlichkeit) über bestimmte Sachverhalte und deren Zusammenhänge untereinander zu informieren. Dazu gehört auch die „Früherkennung" der ersten Anzeichen von möglicherweise als gefährlich oder günstig eingeschätzten Entwicklungen innerhalb eines gesellschaftlichen Systems oder Subsystems.

(2) **Anwendung als Intervention.** Unter Intervention wird ein planmäßiger Eingriff in ein System verstanden, um bestimmte als erwünscht beurteilte Zustände oder Vorgänge herbeizuführen oder zu erhalten oder bestimmte als unerwünscht

---

[1] Für wertvolle Anregung und Kritik möchten wir unserer Kollegin Frau Dipl.-Psych. Dr. E. Billmann-Mahecha herzlich danken.

beurteile Zustände oder Vorgänge zu beseitigen oder zu vermeiden. Die Herbeiführung oder Wiederherstellung gewünschter Zustände oder Vorgänge kann als **Korrektur** bezeichnet werden. Die **Prävention** dagegen zielt darauf ab, unerwünschte Zustände oder Vorgänge von vornherein zu vermeiden.

(3) **Anwendung im Dienste einer Konsensbildung.** Sozialwissenschaftliche Erkenntnisse können auch dazu verwendet werden, bei der Lösung eines Konfliktes zwischen streitenden Parteien behilflich zu sein, einen für alle Beteiligten annehmbaren Kompromiß zu finden oder aber doch zumindest eine Regelung, welche den Beteiligten das Leben mit ihren Konflikten erleichtert.

(4) **Anwendung im Rahmen von Legitimationsversuchen.** Sehr häufig werden sozialwissenschaftliche Erkenntnisse dazu benützt, politische Entscheidungen, die bereits gefällt worden sind, vor der Öffentlichkeit zu rechtfertigen und gegenüber Einwänden abzusichern. Hier geht es vor allem darum, eine Argumentationsstrategie zu finden, welche die politische Durchsetzbarkeit einer bereits getroffenen Entscheidung erhöht.

Offenkundig ist die Rolle des Wissenschaftlers zu diesen vier Anwendungsbezügen unterschiedlich zu sehen.

Unter (1) besteht seine fachliche Kompetenz vor allem in der Fähigkeit, rascher als andere wesentliche Daten zu beschaffen oder aus ihnen die „richtigen" Schlüsse zu ziehen, wobei er sich in der Bewertung dessen, was für wesentlich und was für unwesentlich gehalten wird, an den Werturteilen seiner Klienten orientiert (im Detail mag es auch zu unterschiedlichen Bewertungen kommen).

Im Fall (2) tritt der Wissenschaftler als **Sozialtechniker** auf, der sich mit den Werturteilen seiner Auftraggeber identifiziert und seine Aufgabe darin sieht, die geeigneten Maßnahmen für vorgegebene Ziele zu finden.

Im Fall (3) nimmt der Wissenschaftler relativ zu den Interessen der Konfliktparteien eine neutrale Position ein und ist bemüht, gemeinsam mit den Betroffenen Vorschläge zu finden, die für alle Beteiligten annehmbar sind.

Im Fall (4) ordnet sich der Wissenschaftler einer bestehenden Machtkonstellation unter und sieht seine Aufgabe darin, die Macht seiner Auftraggeber zu festigen, wobei er (im Gegensatz zu Fall 1–3) durchaus in Kauf nimmt, die Übereinstimmung mit Fachkollegen zu verlieren, die keinen bestimmten Interessen verpflichtet sind.

Die Kritik an Zustand und Funktion der Sozialwissenschaften hat sich vor allem des Falles (4) von Anwendungsorientierung angenommen. Als Antwort auf die dominierende Stellung von Wissenschaft im Rahmen von Legitimationsversuchen politischer Macht ist im letzten Jahrzehnt eine Art Gegenbewegung entstanden, die sozialwissenschaftliche Erkenntnisse dazu benützen will, nun die Ansprüche machtloser und unterprivilegierter Gruppen zu legitimieren (Holzkamp, 1972).

In der Regel ist es fast immer möglich, durch geeignete Auswahl oder Bewertung von Daten zu einem Ergebnis zu kommen, das bestimmten Interessen besser entspricht als anderen. Daher ist es gar nicht möglich, Partikularinteressen durch Wissenschaft zu legitimieren. Es geht wohl darum, in einer breiteren und unzureichend informierten Öffentlichkeit den **Anschein** von Legitimation zu erwecken. Man sollte daher hier eher von einer **Rhetorikfunktion** sprechen, die der Wissenschaft zugewiesen wird (Badura, 1976).

6.1.2. Das technologische Verständnis von Anwendung

Die Frage der Anwendung und der Anwendbarkeit wissenschaftlicher Erkenntnisse wird gewöhnlich als Teil eines globaleren Problems des Verhältnisses von „Theorie" und „Praxis" zueinander behandelt (s. z. B. Bromme, 1977). Man kann darum auch auf die Diskussion des Problems der „Anwendung von Theorien" Bezug nehmen, wenn man die Anwendung wissenschaftlicher Erkenntnisse untersuchen will. Während früher, beispielsweise in den ökonomischen Wissenschaften, das so formulierte Anwendungsproblem eher im wissenschaftslogischen Sinne aufgefaßt wurde („Eine Theorie ist dann anwendbar, wenn sie in die Erklärung oder Prognose eines Ereignisses eingehen kann", Bromme, 1977: 8; s. auch Schneider, 1967), ist in jüngerer Zeit ein anderer Aspekt in den Vordergrund gestellt worden. Man interessiert sich nun eher dafür, in welcher Weise wissenschaftliche Theorien oder einzelne theoretische Sätze für ein effektives, problemlösendes Handeln bedeutsam werden könnten. Es hat sich durchgesetzt, hierbei – gegenüber dem wissenschaftslogischen Aspekt – vom „technologischen" Aspekt des Anwendungsproblems zu sprechen (Bromme, 1977; Braun, 1978; Westmeyer, 1978).

Für Irle (1978 a) ist jede **empirische** Forschung zugleich eine Anwendung von Theorien. Anwendung im Sinne der Überprüfung des Erklärungs- und Prognosewertes von Theorien nennt er „theorie-orientierte Forschung" und unterscheidet davon die „problem-orientierte Forschung" (Versuch der Aufhellung problematischer Sachverhalte mit Hilfe bereits etablierter Theorien) und die „technologisch-orientierte Forschung". Letztere versteht er analog dem genannten zweiten Aspekt des Anwendungsproblems als Erprobung von Techniken zur Veränderung von (problematischen sozialen) Sachverhalten (S. 476). Als Technologie versteht er die methodologische Wissenschaft der Praxis. Die Wissenschaft von der (sozialen) Praxis mit einem Wort zu bezeichnen, das gewöhnlich auf den Bereich der Anwendung naturwissenschaftlicher (vor allem mechanischer oder chemischer) Theorien bezogen wird, ist eine Unsitte, die auf der Vernachlässigung einer fundamentalen begrifflichen Unterscheidung beruht, die bereits im Altertum getroffen und offensichtlich fast in Vergessenheit geraten ist: Aristoteles hat zwischen „Poesis" und „Praxis" unterschieden und meinte mit dem einen das Hervorbringen bzw. die Herstellung von Dingen, mit dem anderen aber das Handeln, die Auseinandersetzung mit der Welt (Politeia, 1. Buch). Die Vernachlässigung der Unterscheidung von „Poesis" und „Praxis" führt dann dazu, daß die Verbindung des Begriffs der (sozialen) „Praxis" mit dem Herstellungsaspekt der „Poesis" nicht mehr als kategorialer Irrtum empfunden wird. Eher noch als beim Wissenschaftler dürfte beim (wissenschaftlich interessierten) Laien die Verbindung von „sozialer Praxis" mit „Technologie" Unbehagen hervorrufen. Dies scheint auch Irle (1978 a) zu vermuten, geht er doch auf das den Leser möglicherweise Störende seiner Wortwahl apologetisch ein (S. 475). Aus seiner Argumentation ist abzulesen, daß er (implizit) von einer Strukturgleichheit sozialwissenschaftlicher und physikalischer Theorien ausgeht, werden doch offensichtlich „Simulations-Prüfstände" (z. B. in der Raumfahrt zur Überprüfung der technischen Anwendungsfähigkeit physikalischer Theorien) als Beispiele gelungener Prüfungsprozeduren technologie-relevanter Theorien zumindest in Anlehnung auch dem Sozialwissenschaftler empfohlen (S. 481 f.).

In der Psychologie (als Beispiel einer empirisch arbeitenden Sozialwissenschaft) wird die Verwertung wissenschaftlicher Erkenntnisse für praktisches soziales Handeln längst und **überwiegend** nach dem Muster von auf Physik (insbesondere Mechanik) bezogenen Technologien konzeptuell vertreten, wobei zu bemerken ist, daß dabei das Verständnis der Psychologen von „der" Naturwissenschaft Physik maßgeblich ist, nicht jedoch das Selbstverständnis der Physik. Die Akzeptierung von Technologie-Konzeptionen ist dabei unabhängig von dem Maß an Komplexität, mit der die Beziehungen zwischen dem Bereich der wissenschaftlichen Theorien und dem Bereich des (wissenschaftlich angeleiteten) praktischen Handelns in den jeweiligen „Denkmodellen" konstruiert werden (vgl. z. B. Herrmann, 1979; Westmeyer, 1978).

Nach dem „technologischen Denkmodell" werden Handlungsentscheidungen auf empirische Allgemeinaussagen gegründet, die als Gesetzesaussagen **Kausalwissen** repräsentieren. Wir wollen untersuchen, inwieweit ein so verstandener Anwendungsbegriff den Gegenständen der Sozialwissenschaften überhaupt adäquat ist. Am klarsten ist dies möglich, wenn wir uns dabei auf eine als „Intervention" verstandene Anwendung beziehen.

Interventionsprojekte gehen in der Regel von der Voraussetzung aus, daß menschliches Verhalten (Verhalten von Individuen, Gruppen oder gesellschaftlichen Subsystemen) in analoger Weise wie Naturvorgänge durch Maßnahmen gezielt beeinflußt werden kann. Dabei wird vorausgesetzt, daß es möglich ist, allgemeingültige Gesetzmäßigkeiten menschlichen Verhaltens aufzustellen. Unter einer Gesetzmäßigkeit wird eine Aussage verstanden, in der behauptet wird: unter bestimmten Bedingungen tritt ein bestimmtes Verhalten auf. Die Gesetzmäßigkeit kann **streng allgemein** („deterministisch") formuliert sein oder aber eine **Wahrscheinlichkeitsaussage** darstellen. (Z. B.: unter bestimmten angebbaren Bedingungen ist die Auftretenswahrscheinlichkeit eines bestimmten Verhaltens gleich einem bestimmten Wert). Der Prozeß der Anwendung eines solchen, in Form einer streng allgemeinen Wenn-Dann-Aussage oder einer bedingten Wahrscheinlichkeitsaussage dargestellten Wissens bestehe nun eben darin, daß dieses Wissen in eine **Technologie** transformiert wird.

Nach Bunge (1967) kann der Begriff „Technologie" wie folgt definiert werden:

Eine Menge von Kenntnissen (ein Wissensbestand) ist eine Technologie genau dann,

(1) wenn sie mit den Erkenntnissen der Wissenschaft vereinbar und mit Hilfe der wissenschaftlichen Methode überprüfbar ist, und
(2) wenn sie dazu verwendet werden kann, Objekte oder Prozesse natürlicher oder sozialer Art zum Zwecke der Erreichung als wertvoll erachteter praktischer Ziele zu kontrollieren, zu verändern oder herzustellen.

Einige Autoren nehmen sogar an, daß Erklärung, Prognose **und** Technologie drei verschiedene Anwendungen derselben Ableitungsstruktur darstellen:

Eine wissenschaftliche Erklärung (eines Ergebnisses) wird dann darin gesehen, daß das fragliche Ereignis als Spezialfall einer allgemeingültigen Gesetzmäßigkeit aufgefaßt werden kann („Subsumptions-Theorie der Erklärung" nach Hempel & Oppenheim, 1953). Für die Erklärung des Ereignisses ist dann erforderlich:

Es müssen bestimmte Bedingungen angegeben werden, die vor oder gleichzeitig mit der zu erklärenden Tatsache (Explanandum) feststellbar waren. Diese Bedingungen werden Anfangsbedingungen oder **Antecedensbedingungen** genannt. Außerdem müssen allgemeingültige **Gesetzmäßigkeiten** genannt werden können, in denen die Antecedensbedingungen mit Konsequenzen verknüpft werden. Die Verknüpfung kann streng allgemein („wenn A, dann B") oder statistisch („die Wahrscheinlichkeit von B unter der Bedingung A ist w") formuliert sein. Beide sind empirische Allgemeinaussagen, welche einen **Verlauf** oder eine **Sukzession** von Zuständen innerhalb eines diskreten Systems von endlich vielen Zuständen beschreiben (Stegmüller, 1969). Eine **deterministische** Gesetzmäßigkeit kann man dadurch charakterisieren, daß ein Zustand S_1, in dem sich ein System Σ zum Zeitpunkt t befindet, zum Zeitpunkt t + 1 in einen Zustand S_2 übergeht. Sofern auf einen Zustand S_1 mehrere Zustände S_2, S_3 ... S_n mit angebbaren Wahrscheinlichkeiten folgen können, wird von einer **probabilistischen** Gesetzmäßigkeit gesprochen. Falls deterministische Gesetzmäßigkeiten angenommen werden können, besteht die Erklärung darin, denjenigen Satz, welcher das zu erklärende Phänomen beschreibt, aus den Sätzen über Antecedensbedingungen und aus den Gesetzen logisch abzuleiten. Falls Gesetzmäßigkeiten statistischer Natur sind, kann kein einzelnes Ereignis erklärt werden, sondern es wird für die gegebene Situation abgeleitet, daß die Auftretenswahrscheinlichkeit des Ereignisses A den Wert w habe.

Schematisch kann die formale Struktur der Erklärung im deterministischen Fall und im statistischen Fall wie folgt dargestellt werden:

	deterministisch	statistisch
Antecedensbedingung	A_1	A_1
Gesetzmäßigkeit	$A_1 \rightarrow B$	$p(B/A_1) = w$
Explanandum	B	$p(B) = w$

Da die Erklärung eines Sachverhalts gemäß diesem Schema auf einer logischen Ableitung beruht, für welche ein Gesetz benötigt wird, wird dieses Schema das **deduktiv-nomologische** Schema der Erklärung genannt.

Nun haben bereits Hempel und Oppenheim die Auffassung vertreten, daß Erklärung und Prognose in bezug auf ihre logische Struktur gleichartig sind. Der Unterschied zwischen Erklärung und Prognose ist kein logischer, sondern ein pragmatischer:

Bei der Erklärung ist das zu erklärende Ereignis (Explanandum) gegeben, und es werden eine Anfangsbedingung und ein Gesetz gesucht, aus deren Konjunktion das zu erklärende Ereignis logisch abgeleitet werden kann. Bei der Prognose ist eine Anfangsbedingung gegeben, und es wird ein Gesetz gesucht, mit dessen Hilfe ein zukünftiges Ereignis deduziert werden kann. Die strukturelle Gleichartigkeit von Erklärung und Prognose ergibt sich nur dann, wenn die Erklärung dem deduktivnomologischen Schema entspricht. Es ist zumindest fraglich, ob alle Arten von Erklärungen (wie z. B. die rationale Erklärung, die psychologische Erklärung oder die historische Erklärung) diesem Schema entsprechen (vgl. dazu Stegmüller, 1969).

Prim & Tilmann (1973) glauben nun zeigen zu können, daß auch die Technologie in bezug auf ihre logische Struktur mit der Erklärung oder Prognose gleichartig ist. Bei der Technologie ist ein künftiges Ereignis als Ziel gegeben, und es werden eine Anfangsbedingung (hier: eine Maßnahme) und ein Gesetz gesucht, mit dessen Hilfe eine logische Ableitung des Ziel-Ereignisses möglich ist. Indem jedoch eine **Zielsetzung** erfolgt (der Sachverhalt B wird als „Ziel" betrachtet), wird die Gesetzesaussage A → B in eine praktische **Regel** transformiert, welche als ein genereller Aufforderungssatz formuliert werden kann („insofern B als Ziel angenommen ist, stellte A her, damit B eintritt!").

Aber auch dann, wenn eine Technologie nicht als Aussagensystem, sondern als Regelsystem aufgefaßt wird, erscheint die Transformation von Gesetzesaussagen in Regeln als weitgehend unproblematisch, wenn über die Zielsetzung Klarheit besteht. Die Frage der Zielsetzung wird üblicherweise als Entscheidungsproblem (ein Problem individueller Entscheidung oder ein politisches Problem) angesehen und aus der wissenschaftlichen Erörterung ausgeklammert.

6.1.3. Implizite Voraussetzungen der technologischen Auffassung

Die unzweifelhaft großen Erfolge naturwissenschaftlichen Denkens und die technischen Leistungen des Menschen haben wissenschaftlich-technische Formen der Problembewältigung zu einem Vorbild bei der rationalen Lösung von Problemen und Aufgaben gemacht. Auch wurden vom Aufstieg der Naturwissenschaften und der Technik die Auffassungen vom Menschen beeinflußt. Es ist erwähnenswert, daß die theoretischen Vorstellungen, die seit dem 18. Jh. über den Menschen entwickelt wurden, mit dem jeweils erreichten Stand der Technik in Zusammenhang stehen. So wurden die Interpretationen des Menschen als eines mechanischen Systems, welche in der Reflexeologie Pawlows sowie im klassischen Behaviorismus dominierten, allmählich durch Interpretationen als eines dem Computer analoges kybernetisches System abgelöst (Deutsch, 1970).

Die naturwissenschaftlich-technischen Entwicklungen haben jedoch auch Auswirkungen gehabt, die nicht mehr als erwünscht angesehen werden, und die technischen Möglichkeiten des Menschen werden zunehmend kritisch beurteilt. Da bleibt es nicht aus, daß die Orientierung des Selbstbildes des Menschen an technischen Vorstellungen ebenfalls hinterfragt wird. Zumindest ist zu fordern, daß die Voraussetzungen der Übertragung technischer Vorstellungen auf den Menschen mitbedacht werden. Im folgenden sollen einige der impliziten Voraussetzungen der „technologischen Auffassung" untersucht werden.

(a) *Konsensbildung unter Fachleuten.* Analog zu Projekten, in denen es darum geht, Techniken zur Kontrolle von Naturvorgängen und ihrer gezielten Beeinflussung zu entwickeln, beruht die technologische Auslegung von Sozialwissenschaft auf einer bestimmten (von Seel, 1981, „bevormundend" genannten) Kommunikationsstruktur: In einer nicht abgeschlossenen Gruppe von Personen, welche „Fachleute" genannt werden, tauschen diese untereinander Aussagen über Personen oder Personengruppen aus, welche nicht zu der Gruppe der Fachleute gehören, wobei diese „Laien" keine Möglichkeit haben, auf die Kommunikation unter den Experten direkten Einfluß zu nehmen. Regulatives Prinzip dieses Austausches von Botschaften unter Fachleuten ist das Bemühen, solche Aussagen zu finden, die potentiell für alle Fachleute annehmbar sind. Bei der Betrachtung von Naturvorgängen ist dies in der Tat die einzige Möglichkeit, Wissenschaft zu treiben. Insofern aber menschliches Verhalten betrachtet werden soll, kann dem Prinzip der Konsensbildung unter Fachleuten durchaus auch das **Prinzip der Konsensbildung mit den „Erfahrenen"** (d. h. mit den im Leben Erfahrenen) entgegengehalten werden. Als „wahr" oder „annehmbar" muß ja nicht notwendigerweise gelten, worauf Fachleute untereinander sich geeinigt haben, es wäre ja auch ebensogut möglich, daß als „wahr" oder „annehmbar" das gelten könnte, worauf sich ein Fachmann mit den

„Erfahrenen", über die er berichtet, geeinigt hat. Denn die Zuordnung von Menschen zu den Kategorien der „Fachleute" und „Laien" kann, sofern vom menschlichen Verhalten die Rede ist, nur durch kollektive Festsetzungen getroffen werden. Im Bereich der Psychologie muß die Möglichkeit der Zuordnung durch **Hilfskonstruktionen** abgesichert werden, indem z. B. ein Experiment absichtlich so angelegt wird, daß die „Naivität" der Versuchspersonen gewahrt bleibt.

Die Bevorzugung des ersten regulativen Prinzips im Rahmen der sozialwissenschaftlichen Methodologie kann man einfach damit erklären, daß sich die Sozialwissenschaften ursprünglich nach dem Vorbild der Naturwissenschaften, insbesondere der Physik, entwickelt haben.

(b) *Gesetzmäßigkeiten menschlichen Verhaltens.* Wenn auch Vertreter des technologischen Verständnisses angewandter Sozialwissenschaften Unterschiede zwischen Naturgesetzen und Regelmäßigkeiten menschlichen Verhaltens akzeptieren würden, so müßten sie doch die Voraussetzung machen, daß dieser Unterschied praktisch vernachlässigbar ist. Die Zweckmäßigkeit einer solchen Voraussetzung ist allerdings zu bezweifeln.

Der Unterschied zwischen Regelmäßigkeiten menschlichen Verhaltens und Naturgesetzen ist nicht in ihrer logischen Struktur zu suchen, sondern ist vielmehr darin zu sehen: Naturgesetze gelten unabhängig vom Willen menschlicher Subjekte, während Regelmäßigkeiten menschlichen Verhaltens weitgehend vom Willen derjenigen Menschen, über die etwas ausgesagt wird, abhängig sind. Stabilität und Regelmäßigkeit menschlichen Verhaltens kann dadurch zustande kommen, daß diese Menschen freiwillig bestimmte Normen befolgen oder sich von Gewohnheiten leiten lassen, ohne daß dies quasi „automatisch" stabiles Verhalten zur Folge hätte. Prinzipiell ist fast jeder Mensch in der Lage, Normen, die er zuvor befolgt hat, zu mißachten und von eingelebten Gewohnheiten und Traditionen Abstand zu nehmen. Diese Fähigkeit des Menschen, sich prinzipiell auch anders verhalten zu können, wird gerade dann zu einem Problem, wenn man sich daran macht, eine Sozialtechnologie, die sich auf bestimmte Regelmäßigkeiten des Verhaltens stützt, praktisch anzuwenden. Die von dem Anwendungsversuch betroffenen Menschen können versuchen, zu antizipieren, was durch die eingeleiteten Maßnahmen bezweckt wird und sich dementsprechend **anders** verhalten. Dadurch werden die Folgen der gesetzten Maßnahmen prinzipiell unvorhersagbar.

Eine weitere Schwierigkeit ist darin zu sehen, daß die meisten Gesetzmäßigkeiten nicht uneingeschränkt und universell gelten, sondern bestimmte Rahmenbedingungen zur Voraussetzung haben, die in den meisten Anwendungssituationen nicht erfüllt sind. Die Gesetzmäßigkeit gilt streng nur unter „idealen" Voraussetzungen. Bei den meisten technischen Anwendungen physikalischer Gesetze wird so vorgegangen, daß solche Rahmenbedingungen **hergestellt** werden, welche den vom Gesetz geforderten „idealen" Bedingungen weitgehend entsprechen. Sollen hingegen „Gesetzmäßigkeiten" menschlichen Verhaltens im Rahmen einer Sozialtechnologie praktisch angewandt werden, so ist es in der Regel unmöglich, die Voraussetzungen für die Anwendung der betreffenden „Gesetzmäßigkeit" herzustellen (Westmeyer, 1978).

Wundt (1910) hat einen der wenigen Fälle psychologischer Gesetzmäßigkeiten beschrieben, bei denen man argumentieren kann, es handle sich hier um eine gleichsam „naturgesetzliche" Beziehung, welche nicht vom Willen der Menschen abhängig ist. Wundt stellt die „Abhängigkeit des Gefühlstones von der Empfindungsintensität" in der folgenden Kurve dar:

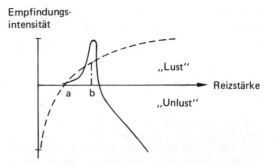

Abb. 1 Abhängigkeit des Gefühlstones von der Empfindungsintensität (nach: Wundt, 1910: 323)

Hierin bedeuten die gestrichelte Linie die Empfindungsstärke, die durchgehende Linie die Gefühlskurve, deren Ausprägungen in der Dimension „Lust-Unlust" dargestellt wird.

Entsprechend dem Weber-Fechnerschen Gesetz wächst die Empfindungsstärke bei logarithmischem Anwachsen der Reizintensität linear. Die Gefühlskurve beginnt bei der Empfindungsschwelle a, erreicht die höchste Ausprägung in der Dimension „Lust" bei b, einem **mäßigen Wert der Empfindungsstärke**, sinkt dann bei steigender Empfindungsstärke ab und gerät bei weiter steigender Empfindungsstärke in den negativen Bereich der Gefühlsdimension „Lust-Unlust". Die „Annehmlichkeit" von Reizen ist also offenbar bei einer mittleren Empfindungsintensität am größten. Will jemand nun diese ganz einfache Gesetzmäßigkeit für eine sozialtechnische Fragestellung, wie ein bestimmtes Kaufhaus bezüglich Beleuchtungsverhältnissen und Lautsprechermusik **optimal** zu gestalten wäre, praktisch anwenden, so wird offenkundig, daß eine Fülle von Divergenzen besteht zwischen den Laboratoriumssituationen, in denen die Gesetzmäßigkeit bestätigt werden konnte, und den lebensweltlichen Situationen, in denen mehr oder weniger kauflustige Kunden sich in einem Kaufhaus bewegen. Während in der Laboratoriumssituation, die man zur Prüfung der oben angeführten Gesetzmäßigkeit gestaltet, tunlichst nur **eine** Reizquelle verwendet wird, die nur bezüglich **einer** Dimension planmäßig variiert wird, man ferner eine Versuchsperson, die aus einem gewissen wissenschaftlichen Interesse an dem Versuch teilnimmt, auffordert, die Reizquelle zu beachten und die einzelnen Reize, die in zufälliger Reihenfolge dargeboten werden, bezüglich ihrer „Annehmlichkeit" oder „Wohlgefälligkeit" zu beurteilen, hat man es in der lebensweltlichen Situation mit Personen zu tun, deren Aufmerksamkeit auf die Warentische gerichtet ist, oder die sich bemühen, sich im Gedränge zurechtzufinden. Die Beleuchtung ist eher funktional als ästhetisch. Die Lautsprechermusik wird etwas lauter sein müssen als der (variable) Geräuschpegel.

Gehen wir noch zu einem zweiten Beispiel über, bei dem ebenfalls eine scheinbare psychologische „Gesetzmäßigkeit" eine Rolle spielt, bei dem die intendierten wissenschaftlichen Erkenntnisse aber, sollten sie „angewendet werden", zumindest für einige Gruppen in unserer Gesellschaft schwerwiegende Folgen haben könnten.

Im Zuge der Verkehrsplanung werden (gerade in jüngster Zeit) Erweiterungen bestehender Verkehrsflughäfen in Angriff genommen, bzw. neue Flughäfen sollen gebaut werden. Die Bedürfnisse und Bedingungen des Flugverkehrs konfligieren aber mit den Bedürfnissen der im Flughafenbereich wohnenden Menschen: Man gesteht ihnen zu, daß sie ein Recht auf eine ruhige Wohnumwelt haben und vor „übermäßigem" und sogar „schädigendem" Fluglärm geschützt werden müssen. Können Sozial- und Verhaltenswissenschaftler verschiedener Disziplinen die damit aufgeworfenen Fragen nach der „Definition" schädigenden Lärms und den bestmöglichen Maßnahmen gegen Lärmbelästigung so beantworten, daß gesetzliche Normen festgelegt und Durchführungsverordnungen erlassen werden können? Das Problem ist durch physikalische, physiologische, psychologische, medizinische und soziale Aspekte gekennzeichnet. Die uns interessierenden Fragen könnten gelöst werden, wenn es gelingt, die verschiedenen Aspekte in eindeutige und überprüfbare empirische Zusammenhänge zu bringen.

Physikalisch gesehen erzeugen Flugzeuge Geräusche, die durch Luftschwingungen entstehen, welche hinsichtlich ihrer Frequenz und Amplitude gemessen werden können. Die physikalische Sichtweise ist aber für die physiologischen und psychologischen Aspekte unseres Problems ohne Belang (Jansen, 1961: 163). Zur Beurteilung des Lärmphänomens interessiert nicht der physikalisch bestimmbare Schalldruck (die Schwingungsamplitude), sondern die durch den Schall ausgelöste Sinnesempfindung, und hier wiederum die schalldruckabhängige (subjektive) **Lautheit**. Wie das schon zitierte Weber-Fechnersche Gesetz aussagt, entspricht eine Vervielfachung des Schalldrucks einer linearen Zunahme der subjektiv empfundenen Lautstärke, also der Lautheit. Zwischen physikalischer Lautstärke und subjektiv empfundener Lautstärke (Lautheit) besteht also eine monotone Beziehung, die in Laborexperimenten vielfach abgesichert ist (Kohnen & Krüger, 1980). Bereits dieser einfache und verläßlich erscheinende empirische Befund muß jedoch sogleich in seiner Bedeutung eingeschränkt werden.

Kohnen & Krüger (1980) konnten nachweisen, daß zwischen physikalischer Lautstärke und erlebter Lautheit beispielsweise **unter Medikamenteneinfluß** (Tranquilizer, Stimulizer) **keine** monotone Beziehung mehr gefunden werden kann. Es ist auch nicht möglich, zu beurteilen, ob Leistungsschwankungen Effekte der eingenommenen Medikamente oder der Geräusche sind, oder ob die Medikamente erst über die Veränderung der Geräuschwahrnehmung „wirken" (Kohnen & Krüger, 1980: 441) usw.

Kompliziert wird das Problem der Lärmbelästigung nun noch dadurch, daß sich der Begriff Lärm auf eine erlebte Lautheit bezieht, die hinsichtlich der Qualität „Lästigkeit" oder „Störung" subjektiv **bewertet** wird. „Lärm" ist demnach ausschließlich als eine **psychologische Variable** anzusehen (Sader, 1966). Es ist zu erwarten, daß unterschiedliche Personen denselben Lärm jeweils unterschiedlich lästig oder störend beurteilen, und diese Urteilsdifferenz wiederum durch unterschiedliche Faktoren bedingt ist. „Wenn ich den Lärm einer Person zuschreibe, so reagiere ich anders, als wenn ich den Lärm als sachproduziert betrachte." (Boesch, 1978: 196). Damit nicht genug. Bei Entscheidungen für Maßnahmen zum Schutze gegen Fluglärm muß über die Bestimmung des subjektiven Gestörtheitsgefühls durch starke Geräusche auch auf Wissen über die **Wirkungen** von „Lärm" zurückgegriffen werden, die sich sowohl im psychologischen als auch im somatischen Bereich finden lassen dürften.

Wenn überhaupt die Chance bestehen soll, Forschungsergebnisse in diesem Zusammenhang „anzuwenden", dann am ehesten hinsichtlich bestimmter Teilbefunde und bei exakt bestimmter praktischer Anforderung. Dies zeigt sehr deutlich die umfangreiche Studie zur Wirkung von Fluglärm als „Stressor", die Irle & Rohrmann 1974 vorlegten (zur Frage der Anwendbarkeit der Ergebnisse aus dieser Studie s. auch Irle, 1978). Für Praktiker allgemein und politische Entscheidungsträger im besonderen ist es sehr schwierig, die häufig widersprüchlichen oder nicht eindeutigen Befunde relativ zu ihren praktischen Zielen zu bewerten.

Aus den empirischen Ergebnissen der Fluglärmuntersuchung von Irle (1978) läßt sich nicht herleiten, was als „zumutbarer" oder „unzumutbarer" Lärm bezeichnet werden soll. Es konnten keine eindeutigen „kritischen Grenzen" gefunden werden, von denen ab Fluglärm psychisch oder somatisch schädigend wirkt. Es war unmöglich, bestimmte physiologische Reaktionen auf Fluglärm als einziger Ursache zurückzuführen. Außerdem äußert Irle (1978b) die Erwartung, daß sowohl die Lärmbelästigung (die Seite der „Stimuli") als auch die Reaktionen der betroffenen Personen darauf sich im Zeitverlauf ständig ändern werden. Irle & Rohrmann (1974: 526) zeigen die Uneindeutigkeit der Relation Lärm-Lärmwirkungen im folgenden Statement auf: „Sogar bei extremer Betroffenheit durch Fluglärm gibt es geringe Anteile dieser Betroffenen, die minimale Reaktionen zeigen; sogar bei minimaler Betroffenheit durch Fluglärm gibt es geringe Anteile dieser Betroffenen, die maximale Reaktionen zeigen." (Zit. nach Sauer et al., 1980: 120).

Es wundert deshalb nicht, wenn Gerichte bei der Beurteilung der Zumutbarkeit von Lärm (beispielsweise im Fall von Lärm, der durch eine Kegelbahn verursacht wurde, vgl. Entscheidungen des Bundesverwaltungsgerichtes, Bd. 31, Nr. 3) **dezisionistisch** festlegen, wann von einer „erheblichen" und damit nicht statthaften Lärmbelästigung gesprochen werden soll (im Falle des Kegelbahnlärms wurden 30 db festgelegt, die zur Nachtzeit und gemessen im Nebenhaus nicht überschritten werden dürfen).

Es sei noch auf eine weitere Schwierigkeit aufmerksam gemacht. Sofern eine Gesetzmäßigkeit oder Regelmäßigkeit menschlichen Verhaltens nicht streng-allgemein, sondern probabilistisch formuliert ist, ist notwendig zu begründen, daß nicht nur in der Laboratoriumssituation, sondern auch in der Anwendungssituation das menschliche Verhalten letztlich als **Zufallsvariable** betrachtet werden kann. Die Betrachtung des Verhaltens einer Person als „Zufallsvariable" impliziert die Annahme, das Verhalten der Person sei durch einen Zufallsgenerator herbeigeführt worden oder könne zumindest so betrachtet werden, als ob es von einem Zufallsgenerator herbeigeführt worden wäre (Lorenzen, 1974). Zufallsgeneratoren sind Geräte, die die folgenden Eigenschaften haben:

„(1) Eindeutigkeit: Jede Benutzung des Gerätes (jeder ‚Versuch') ergibt als Resultat genau eine von endlich vielen Aussageformen $E_1, \ldots E_m$ (‚Elementarereignisse').

(2) Ununterscheidbarkeit: Mit keinem Kausalwissen läßt sich ein Grund angeben, der eines der Resultate $E_1, \ldots E_m$ vor einem anderen auszeichnet.

(3) Wiederholbarkeit: Nach jedem Versuch ist das Gerät wieder im selben Zustand wie vor dem Versuch." (Lorenzen, 1974: 210.)

Bei der Betrachtung von Naturvorgängen ist es durchaus sinnvoll, Zustandsveränderungen, für die keine auslösenden Bedingungen (Ursachefaktoren) gefunden werden können, als „zufällig" anzusehen. Es besteht daher auch kein Einwand, wenn gesagt wird: Alle Naturgesetze sind entweder deterministisch oder probabilistisch (Stegmüller, 1969).

Menschen können jedoch, wenn sie auf bestimmte Umstände nicht gleichförmig reagieren, in den meisten Fällen Gründe für ihr Verhalten angeben, wenn sie danach gefragt werden. Daher folgt aus der Unmöglichkeit, eine streng-allgemeine Gesetzmäßigkeit über menschliches Verhalten aufzustellen, keineswegs, daß die Aufstellung einer probabilistischen Gesetzmäßigkeit zulässig ist.
Es kann z. B. durchaus vorkommen, daß für eine gegebene Klasse von Situationen

(a) deterministische Gesetzmäßigkeiten nicht aufstellbar sind,

(b) die Aufstellung einer probabilistischen Gesetzmäßigkeit nur unter **Laboratoriumsbedingungen** sinnvoll ist, nicht jedoch unter **Anwendungsbedingungen**. Dies ist vor allem dann der Fall, wenn unter Laboratoriumsbedingungen eine probabilistische Gesetzmäßigkeit nur dadurch aufgestellt werden kann, daß die Versuchspersonen weitgehend der Orientierungsgrundlagen für ihr **Handeln** beraubt wurden, und daher zu Recht ihr Verhalten als „zufällig" betrachtet werden kann.

Beispielsweise wurde vor einiger Zeit unter dem Stichwort „Diffusion von Verantwortung" eine anscheinend bedeutsame und mit den Alltagserfahrungen der Menschen verträgliche Erkenntnis über das soziale Verhalten von Menschen (nämlich in Situationen der Hilfeleistung) mitgeteilt. Darley & Latané (1968) hatten in sorgsam konstruierten und durchgeführten Experimenten nachgewiesen, daß die Bereitschaft zur Hilfeleistung in Notfällen mit der Anzahl der Zeugen abnahm. Je mehr weitere Zeugen die Versuchspersonen in ihrer Nähe wähnten, desto seltener wurde tatsächliche Hilfeleistung, bzw. desto länger zögerten die Vpn mit ihrem helfenden Eingreifen.

Die Laborsituation war jedoch extrem „künstlich" und verschieden von alltäglichen Lebensumständen. Der beobachtete Notfall war selbstverständlich simuliert; er wurde den Vpn, die sich einzeln in Kabinen aufhielten, nur durch eine auf die akustische Dimension beschränkte Kommunikationsanlage bekannt; auch die Anwesenheit anderer Menschen (weiterer Vpn) wurde über die Kommunikationsanlage lediglich vorgetäuscht usw. Es nimmt nicht wunder, daß die gefundenen Ergebnisse, d. h. die angebliche „Gesetzmäßigkeit" des Sozialverhaltens nur im Rahmen der geschilderten Versuchsanordnung replizierbar war. Der Versuch, den Effekt der „Diffusion von Verantwortung" regelmäßig auch in lebensnahen Zusammenhängen durch sog. „Feldexperimente" nachzuweisen, gelang nicht (Piliavin et al., 1977).

Insofern das technologische Verständnis von der „Anwendung" von Gesetzmäßigkeiten menschlichen Verhaltens ausgeht (oder ausgehen muß) und dabei die Unterschiede zu Gesetzmäßigkeiten in der Natur vernachlässigt, vernachlässigt es auch zwangsläufig die Dimension des Planvollen, den Aspekt der sinnhaften und willentlichen Orientierung, die menschlichem Verhalten als **Handeln** auch innewohnt.

(c) *Operationale Bestimmung von Zielen.* Die Anwendung sozialwissenschaftlicher Erkenntnisse im Sinne einer Technologie setzt voraus, daß alle Arten von Zielvorstellungen in der Weise präzisiert werden können, daß ein bestimmter beobachtbarer Sachverhalt als Ziel angegeben werden kann, dessen Eintreten oder Nicht-Eintreten logisch unabhängig von der Beschreibung der Maßnahmen festgestellt werden kann. Diese Voraussetzung ist im **kybernetischen Modell** erfüllt. Hier ist ein bestimmter Zustand eines Systems als Sollzustand festgelegt, ferner existiert ein „Meßfühler", mit dessen Hilfe eine Diskrepanz des gegenwärtigen Zustandes (Ist-Zustand) vom Sollzustand festgestellt werden kann. Besteht eine wesentliche Diskrepanz, so wird eine bestimmte Operation eingeleitet, als deren physikalische Wirkung die Diskrepanz zwischen Ist-Zustand und Soll-Zustand aufgehoben wird.

Nicht jegliche Zielsetzung, die sich auf das Verhalten von Menschen bezieht, ist in dieser Weise durch Angabe eines bestimmten erreichbaren Sachverhaltes eindeutig beschreibbar bzw. präzisierbar. Hat man beispielsweise die Zielvorstellung, den „Lebensstandard" der Bevölkerung einer bestimmten Region zu heben, steht man vor dem Problem, aufgrund welcher Kriterien oder Indikatoren man den „Lebensstandard" der Bevölkerung beurteilen soll, und wie zu verfahren ist, wenn verschiedene Indikatoren für sich allein betrachtet zu verschiedenen Beurteilungen führen.

(d) *Erfolgskontrolle.* Aus der Definition des Terminus „Technologie" bei Bunge (1967) geht hervor, daß der Effekt einer Intervention mit wissenschaftlichen Methoden prüfbar sein soll. Günstigenfalls soll der Nachweis gelingen, daß der erzielte Effekt kausal auf die getroffenen Maßnahmen zurückzuführen ist. Daher kommt als Methode der Erfolgskontrolle vorrangig der Pretest-Posttest-Kontrollgruppenplan (Campbell & Stanley, 1963) in Frage. Dieser Versuchsplan enthält folgende Vorschriften:

Es wird zur Festsetzung der Zielerreichung eine Kriteriumsvariable festgelegt, die **experimentell unabhängig** bei jeder Person wenigstens zweimal hintereinander gemessen werden kann. Systematische Abhängigkeiten der beiden Messungen voneinander sollen ausgeschlossen werden können. Eine Grundgesamtheit von Personen, die untereinander als äquivalent beurteilt werden können, wird nach dem Zufallsprinzip in zwei Gruppen eingeteilt. In der **Versuchsgruppe** folgt nach der ersten Messung der Kriteriumsvariablen die Setzung der Maßnahme, deren Effektivität beurteilt werden soll. Daraufhin wird die Kriteriumsvariable nochmals gemessen. In der Kontrollgruppe wird die Kriteriumsvariable zweimal hintereinander gemessen, ohne daß dazwischen die Maßnahme gesetzt worden war.

Offensichtlich bestehen bei der Anwendung einer solchen, logisch sicher einwandfreien Methode im Zusammenhang einer Evaluation von Sozialtechnologien beträchtliche Schwierigkeiten. Es ist meist nicht möglich, eine zufällig ausgewählte Menge von Personen als Kontrollgruppe von den Maßnahmen auszunehmen. Handelt es sich bei der Maßnahme um den Erlaß eines Gesetzes, einer Verwaltungsvorschrift oder um eine wirtschaftspolitische Maßnahme, so wäre es schon aufgrund unserer Rechtsordnung und insbesondere der darin enthaltenen rechtsstaatlichen Prinzipien strikt verboten, in obiger Weise eine Erfolgskontrolle ins Auge zu fassen. Aber auch in Bereichen, die nicht durch zwingende Rechtsvorschriften geregelt sind, wie z. B. im Bereich der Erwachsenenbildung oder der Psychotherapie, ist die Zuteilung von Personen zu Kontrollgruppen ethisch bedenklich und praktisch unmöglich. Im Bereich der Psychotherapieforschung[2], in der es darum geht, den Erfolg psychotherapeutischer Maßnahmen zu beurteilen, behilft man sich mit sog. „Wartekontrollgruppen" (vgl. Hartig, 1975): Eine zufällige Auswahl von Patienten, die sich zur Therapie angemeldet haben, wird sofort zur Behandlung zugelassen; die übrigen Patienten müssen solange auf ihre Behandlung warten, bis die Kriteriumsvariable zweimal hintereinander gemessen werden konnte. (Abgesehen davon, daß auch die Einrichtung von Wartekontrollgruppen nicht in allen Fällen ethisch unbedenklich ist, besteht in der Psychotherapieforschung ganz besonders das bereits genannte Äquivalenzproblem: Warum überhaupt und aufgrund welcher Kriterien soll es gerechtfertigt sein, die Mitglieder der Kontrollgruppe den Mitgliedern der experimentellen Gruppe als „äquivalent" zu bezeichnen?)

In der Regel wird man sich damit begnügen müssen, zur Untersuchung der Effektivität einer Sozialtechnik die Kriteriumsvariable bei der Grundgesamtheit aller Personen, welche diesem Maßnahmenkatalog unterworfen werden sollen, zweimal, jeweils vor und nach der Setzung der Maßnahmen, zu messen.

Dabei bleibt das Problem bestehen, daß weder ein genereller Effekt der Tatsache, daß eine zweimalige Messung stattfand, noch wesentliche Verletzungen der Annahme der experimentellen Unabhängigkeit der beiden Messungen voneinander ausgeschlossen werden können. Die Veränderungen sind mit denjenigen Veränderungen, welche tatsächlich durch die Maßnahmen hervorgerufen wurden, untrennbar konfundiert. Die Annahme der experimentellen Unabhängigkeit läßt sich bei einfachen Zählungen, die nach einem stark normierten Schema erfolgen (demographische oder wirtschaftsstatistische Erhebungen) sicherlich eher aufrechterhalten als bei Befragungen, bei welchen die befragten Personen sich unter Umständen an ihre früheren Antworten erinnern können und daher ihre zweiten Antworten nicht unabhängig von den ersten Antworten abgeben, was vor allem auch dann von Belang ist, wenn die Befragung soziale Wertsysteme tangiert. Außerdem können Effekte zwischenzeitlicher Ereignisse von den Effekten der Maßnahme auf die Kriteriumsvariable nicht getrennt werden.

Wir wollen nun der Frage nachgehen, welche Chancen der technologischen Auffassung für eine Fundierung, Beratung oder Anleitung praktischen Handelns durch sozialwissenschaftliche Erkenntnisse vor dem Hintergrund der vorausgegangenen Argumentation eingeräumt werden können, und welche anderen Auffassungen sich möglicherweise als Alternative zu technologischen anbieten könnten.

---

[2] Es wird hier vorausgesetzt, daß es möglich ist, Psychotherapie als Sozialtechnologie aufzufassen. Die Zulässigkeit dieser Voraussetzung wird an späterer Stelle erörtert.

6.1.4. Grenzen technologischer Vorstellungen bei der Lösung des Anwendungsproblems

Wir haben gesehen, daß sich in den Sozialwissenschaften, bedingt durch ihre Geschichte und die in ihnen vorherrschenden Denktraditionen, ein Ideal empirischen Forschens herausgebildet hat, das sich an der Physik – und speziell der klassischen Mechanik – orientiert und dadurch bestimmte Formen der Erklärung und einen bestimmten Gesetzesbegriff bevorzugt. Die Interpretation von „Anwendung der Forschungsergebnisse" im Sinne von Technologien entspricht diesen Orientierungen. Die bislang aufgezeigten Probleme als nomologisch sich begreifender Sozialwissenschaften lassen Zweifel an diesem Selbstverständnis gerechtfertigt erscheinen.

In der Psychologie beispielsweise sind Überlegungen angestellt worden, ob bestimmte Theorien, z. B. Handlungs- und Entscheidungstheorien, als nomologische oder als nicht-nomologische **ausgelegt** werden sollen, und als was Theorien aufzufassen sind, gegen deren nomologische Auslegung sowohl theoretische als auch methodische Gründe ins Feld geführt werden können.

Werbik (1981) hat versucht, den eigenen Entwurf einer Theorie sozialen Handelns (Werbik, 1976a, b; 1978) einer kritischen Prüfung im Sinne der genannten Auslegungsfrage zu unterziehen. Die nomologische Auslegung seiner Handlungstheorie hat die Konsequenz, daß eine Reihe von Annahmen anerkannt werden müßten, deren problematischste die folgende ist:

Die empirische Realisation des theoretischen „Modells" der rationalen Handlungsvorbereitung setzt voraus, daß solche mentalen Dispositionen wie Selbstaufforderungen und Vorsätze und die Resultate der handlungsvorbereitenden Schritte unabhängig voneinander (von einem Beobachter) festgestellt und beurteilt werden können. Kriterien für die Beurteilung der mentalen Dispositionen bzw. der Resultate der handlungsvorbereitenden Schritte sind aber die Selbstauskünfte der handelnden Person, und dies nur dann, wenn die Selbstauskünfte „wahrhaftig" sind. Wahrhaftig werden die Selbstauskünfte jedoch nur dann sein, wenn zwischen handelnder Person und Beobachter ein besonderes Vertrauensverhältnis besteht. Besteht ein solches Vertrauensverhältnis, das der handelnden Person keine Gründe gibt, „verzerrte" Selbstauskünfte zu geben, kann der „neutrale" Beobachter nicht mehr nur Beobachter sein; er wird vielmehr Teil eines sozialen Systems, innerhalb dessen Vertrauen nicht „operational" herstellbar ist und dessen Beurteilung hinsichtlich der realisierten Vertrauensbeziehung nur aufgrund allgemeiner Lebenserfahrung möglich ist. Daß in der Beziehung zwischen Beobachter und Akteur mögliche Verständigungsschwierigkeiten (z. B. durch Sprachgebrauchsvereinbarungen) immer erfolgreich gelöst werden müssen, und daß die Forderung sprachlicher Darstellung mentaler Dispositionen keineswegs immer erfüllt werden kann, sei nur am Rande erwähnt. Werbik (1981) kommt daher zu dem Schluß, daß Handlungstheorien, wie die von ihm konzipierte, die Bedingungen nicht erfüllen können, die an nomologische Theorien zu stellen wären. Eine nomologische Auslegung erscheint ihm aber auch nicht als dem Gegenstandsbereich angemessen. Eine deduktiv-nomologische Konzeption menschlichen Handelns würde die Tatsache nicht berücksichtigen, daß die Regeln, nach denen ein Mensch handelt, von diesem erst geschaffen oder gefunden oder geändert werden können. Dieser schöpferische Prozeß der Herausbildung und Wandlung von „Handlungs"- oder „Lebensorientierungen" werden von einem deduktiv-nomologischen Erklärungsansatz nicht erfaßt bzw. sind von diesem nicht darstellbar.

Es versteht sich nahezu von selbst, daß Theorien, deren Auslegung als nomologische unangemessen zu sein scheint, oder die die Bedingungen, welche an nomologische Theorien zu stellen sind, nicht erfüllen können, auch nicht zur Formulierung von Technologien geeignet sind. Solche Theorien könnten eher als eine Art idealtypisches Schema aufgefaßt werden, mit dessen Hilfe z. B. (einzel)fallspezifisch Handlungs-Rekonstruktionen bzw. Handlungserklärungen heuristisch angeleitet werden. Eine Erklärung oder eine Prognose kann nicht unter Verwendung eines mechanischen, generellen Verfahrens erstellt werden; vielmehr wird eine Erklärung (oder eine Prognose) dadurch gewonnen, daß aus einem Fundus von Erklärungsmöglichkeiten und -mustern, die durch Abwandlungen des idealtypischen Schemas erzeugt werden, eine Möglichkeit ausgewählt wird. Dies soll nun nicht bedeuten, daß technologische Vorstellungen der Anwendung (nomologischer) Theorien in **allen** Fällen der Auseinandersetzung mit den Problemen sozialen Lebens probleminadäquat oder theoretisch bedenklich wären.

Um eine differenziertere Beurteilung der technologischen Auffassung anstellen zu können, müssen wir zu den anfänglich zitierten Kontexten und Bedeutungsmöglichkeiten von „Anwendung" zurückkommen und die dort angedeuteten, jeweils besonderen Bedingungen und Implikationen in unsere Überlegungen einbeziehen.

In bezug auf den Versuch, politisches Handeln mit Hilfe wissenschaftlicher Wissensbestände zu **legitimieren**, haben wir die Unmöglichkeit, „Theorie" und „Praxis" technologisch aufeinander zu beziehen, bereits festgestellt. Technologisches Denken scheitert an der Tatsache, daß die „Wirksamkeit" bestimmter rhetorischer Figuren oder Argumentationsstrategien nicht unabhängig ist von den Kenntnissen, die die zu Überzeugenden bereits erworben haben. Außerdem läßt sich die Angemessenheit eines vorgeblich wissenschaftlichen Arguments relativ zur politischen Argumentation nicht eindeutig feststellen. So kommt es, daß für nahezu jegliche politische Auffassung sich irgendwelche stützenden Forschungsergebnisse finden lassen; im politischen Bereich scheinen nicht Wissensbestände, sondern primär Wertüberzeugungen handlungsanleitend zu sein.

Soll wissenschaftliches Wissen im Dienst von **Aufklärung** und **Information** stehen, so kann dieses Wissen ebenfalls nicht im technologischen Sinne verwendet werden. Das liegt daran, daß es dem jeweils Informierten letztlich freigestellt ist, wie der die ihm vermittelte Information verwenden will. Diese Freiheit kennzeichnet wesentlich den sozialen Austauschprozeß, der mit Worten wie „Aufklärung" oder „Informierung" bezeichnet wird.

Mit Anwendung, die als **Intervention** verstanden wird, scheinen, wie schon angedeutet, technologische Vorstellungen im besonderen Maße verbunden zu werden. Technologische Eingriffe zum Zwecke der Korrektur oder der Prävention sind unter den Voraussetzungen möglich, die sich aus den geschilderten Implikationen und Konsequenzen technologischen Denkens überhaupt ergeben.

Sofern mit einer Intervention eine „Korrektur", also die Herbeiführung oder Wiederherstellung erwünschter Zustände intendiert ist, kann eine Technologie dann formuliert werden, wenn im Einzelfall als gegeben gelten kann, daß

- ein Reden **über** Betroffene statt **mit** ihnen (der methodologische Beschluß des Fachleutekonsenses) akzeptabel ist,
- die Unterschiede zwischen Regelmäßigkeiten menschlichen Verhaltens und Gesetzmäßigkeiten im Sinne von Naturgesetzen vernachlässigt werden können,
- die angestrebten Zielzustände operational bestimmt werden können,
- die Festsetzung der Zielerreichung demnach unzweifelhaft möglich ist.

Obwohl es im Bereich der Sozialwissenschaften selten vorkommen wird, daß die genannten Voraussetzungen gegeben sind, könnte man dann **kontrafaktisch** ihre Geltung unterstellen, wenn mit den Betroffenen der Intervention zuvor vereinbart wurde, daß sie sich der Intervention unterwerfen und gegen sie keinen Widerstand leisten.

In letzter Zeit sind seitens der Psychotherapieforschung Therapiemodelle vorgeschlagen worden, in denen der Prozeß der Psychotherapie als Prozeß technologischer Anwendung psychologischen Wissens durch den Psychotherapeuten konzipiert worden ist (vgl. Westmeyer, 1978). Nach diesem Modell versucht der Therapeut, mit Hilfe geeigneter Maßnahmen oder „Treatments" vorher festgelegte Therapieziele zu erreichen, wobei er wissenschaftliches Wissen über die Relation zwischen Mittel (Treatment) und Ziel (Therapieziel) zur Grundlage seines Handlungskalküls macht. Seine Handlungen gelten dabei dann als gut bzw. ausreichend begründet, wenn sich dieses Wissen als nomologisches Wissen (das beispielsweise experimentell überprüft wurde) ausweisen läßt. Daß sich der Gesamtprozeß der Psychotherapie jedoch nur kontrafaktisch als Technologie konzipieren läßt, zeigt die Tatsache, daß auch in diesem Modell das „Funktionieren" der Intervention von der bereitwilligen Mitarbeit des Klienten abhängt. Darum wird der Prozeß der Zielformulierung als ein Dialog- und Konsensbildungsprozeß beschrieben; während der Therapie bleibt ein System von Abmachungen oder „Verträgen" wirksam usw. Immerhin kann man sagen, daß sich (vor allem) verhaltenstherapeutische Interventionen noch recht problemlos als Technologien auffassen lassen.

Soll eine Intervention präventiven Charakter haben, kann eine Technologie nur dann begründet werden, wenn auf die folgende empirisch bestätigte Gesetzmäßigkeit hingewiesen werden kann: Eine Maßnahme oder ein Maßnahmekatalog ist **notwendig** für die Erreichung des Vermeidungszieles (Ausbleiben des unerwünschten Zustandes oder Ereignisses).

Im Bereich des sozialen Lebens gibt es aber äußerst selten solche eindeutigen Beziehungen zwischen Mittel und Ziel. Eine eindeutige Beziehung zwischen sozialer Maßnahme und erwünschtem Maßnahmeeffekt ist beispielsweise nur dann gegeben, wenn aus Gründen medizinischer Prävention Impfaktionen durchgeführt werden. Die Impfung schafft Bedingungen, unter denen Krankheitserreger zugrunde gehen bzw. sich nicht entwickeln können. Die Impfung ist eine hinreichende Maßnahme für die Schaffung eines erregerfeindlichen Milieus und damit für die Steigerung der Abwehrkräfte von Bevölkerungsgruppen gegen einen Krankheitserreger.

Im Bereich des sozialen Lebens finden wir jedoch kaum kausale Zusammenhänge, sondern hauptsächlich korrelative Beziehungen, die nicht als kausal interpretiert werden können. Aus solchen korrelativen Beziehungen können daher präventive Maßnahmen nicht abgeleitet werden. Ein Beispiel dafür liefert die im Alltag (in der Presse) häufig geäußerte Ansicht, zwischen bestimmten Wohnumwelten (Slums, Hochhäusern, Schlafstädten) und der Delinquenzrate der dort lebenden Bevölkerung bestünde eine Beziehung, die so interpretiert werden könne, als sei die Wohnumwelt eine kausale Bedingung für (relativ erhöhte) Delinquenz. Ähnliches ist auch zu erfahren bezüglich der Beziehung zwischen der Wohnumwelt und psychischen Störungen.

Offensichtlich werden hier tatsächlich gefundene korrelative Beziehungen zwischen (physischen) Lebensbedingungen und „pathologischen" Verhaltensformen (vgl. z. B. Timms, 1971) überinterpretiert. Nähere Analysen zeigen oft, in welch erstaunlichem Maße die genannten Beziehungen Ergebnis von **Handlungsentscheidungen** der betroffenen Menschen sind und keineswegs in das Muster notwendiger (Ursache-Wirkungs-)Beziehungen gepreßt werden können. In diesem Sinne merken Ittelson et al. (1977) folgendes kritisch zu den zahlreichen Stadt- und Wohnumweltuntersuchungen an: „... Und deshalb hat sich der Forscher im allgemeinen auf korrelative Untersuchungen vorhandenen Materials verlassen. Sie führten eher zu assoziativen als zu kausalen Beziehungen..." (S. 326) ... „Ähnlich vermuten schwedische Forscher in einer Untersuchung über Verbrechen und Städte, daß nicht die städtische Umwelt an sich Einfluß auf Gesetzesübertretungen habe, sondern Sozialfaktoren, die Begleiterscheinungen der Umsiedlung in die Stadt sind..." (S. 326) „... Auch hier erfahren wir aus Zahlen nicht unbedingt die ganze Wahrheit. Srole weist darauf hin, daß viele Menschen ihre Krankheiten von anderen Orten in die Stadt bringen. Die meisten von uns haben den Gemeindetypus, den sie im Erwachsenenalter bewohnen, selbst gewählt. In seiner Mid-Manhattan-Studie ermittelte Srole, daß eine große Anzahl der „funktionsgestörten" Menschen vor kleineren Städten Reißaus genommen hatte. Für sie bedeutete die Metropole ein Versteck, dessen Toleranz gegenüber Abweichungen die Pathologie entweder stabilisierte oder linderte. Nach dieser Auffassung ist die Stadt ein Ventil für bestimmte Verhaltensweisen, die in nur unwesentlicher oder gar keiner Verbindung zu den städtischen Streßfaktoren stehen." (S. 327).

Bei der Planung einer Intervention, gleichgültig ob korrektiven oder präventiven Charakters, muß sorgfältig geprüft werden, ob die Bedingungen für die Realisierung technologischer Maßnahmen überhaupt gegeben sind. Wer die oben zitierte Unterscheidung zwischen Poesis und Praxis nicht berücksichtigt, übersieht leicht, daß soziale Verhältnisse sich nicht wie Gegenstände aus einem Material heraus „herstellen" lassen. Im Geltungsbereich der Sozialwissenschaften ist eher damit zu rechnen, daß die Ergebnisse von Maßnahmen nur unter Mitwirkung der Betroffenen zustande kommen, der „Erfolg" der Maßnahmen also an einen Konsens zwischen Sozialwissenschaftler (Politiker, Praktiker) und den Betroffenen gebunden ist. Oder, anders ausgedrückt: Die Realisierung der intendierten Effekte kann von Betroffenen „aktiv" verhindert werden. Dies ist vor allem dann festzustellen, wenn die intendierten Veränderungen von den Betroffenen vorausgesehen werden könnten (Problem der „wechselseitigen Voraussicht von Akteuren", Gäfgen, 1974). Die technologische Planung einer sozialen Maßnahme kann gerade wegen ihres Technologiecharakters Widerstände der Betroffenen wecken, die sich gegen die durch das technologische Denkmodell implizierte Einschränkung ihrer Handlungs-„freiheit" zur Wehr setzen; wir hätten es dann mit einem Problem zu tun, das in der Literatur unter dem Stichwort „Reaktanz" behandelt wird (Brehm, 1966; zum Umgang mit diesem Problem in der Psychotherapie s. Brehm, 1980).

Unter diesen Gesichtspunkten scheint es zumindest unökonomisch zu sein, von einer technologischen Auffassung von Anwendung ausgehend eine Wirkungsforschung zu betreiben, in der soziale Maßnahmen einseitig als Ursache interpretiert werden und darüber eine Forschung über die Bildung von **Konsens** zwischen Akteuren zu vernachlässigen.

Abschließend wollen wir darum überlegen, wie eine nicht-technologische Auffassung im Rahmen eines sozialwissenschaftlichen Forschungsansatzes formuliert werden könnte.

Bereits 1976 hat Nacken in einer empirischen Arbeit dargestellt, daß wissenschaftliche Praxisberatung keineswegs nur als technologisches Problem aufgefaßt werden muß, sondern in erster Linie ein normatives Problem darstellt. Wissenschaftliche Praxisberatung unter dem Aspekt der Konsensbildung kann als eine Such- und Sinnbildungsaufgabe bezeichnet werden, die sich von der (technologischen) Intervention vor allem dadurch unterscheidet, daß kein Resultat **hergestellt** wird, sondern ein für alle Beteiligten akzeptables **Beratungsergebnis** aufgesucht werden soll. Im Gegensatz zur Anwendung technologischen Wissens ist hierbei nicht prognostizierbar, um welches Ergebnis es sich handeln wird. Diese besondere Such- und Sinnbildungsaufgabe erfordert besondere Dialogprinzipien oder -strategien, die denen der Konsensbildung unter Fachleuten verschieden sind. Seel (1981) und Kaiser & Seel (1981) haben entsprechende Prinzipien und Regeln vorgelegt. Das dort entfaltete Konzept hat zur Konsequenz, daß zwischen den Bereichen der wissenschaftlichen Wisssensbildung und der „Anwendung" des Wissens nicht mehr streng unterschieden werden kann. Die sonst als „Betroffene" bezeichnete Gruppe von Menschen wird hier in den wissenschaftlichen Wissensbildungsprozeß direkt einbezogen und an der Formulierung der wissenschaftlichen Aussagen beteiligt.

Das methodische Instrument ist nicht das den Naturwissenschaften entlehnte Experiment, sondern der Dialog oder die **Beratung**. In der Beratung wird nicht von einem gesetzmäßigen Verhalten ausgegangen, sondern von einem regelgeleiteten, zielgerichteten und „argumentationszugänglichen" **Handeln**. Zweck der Beratung ist nicht die Verhaltensanalyse, sondern die Handlungsdeutung usw. Innerhalb des Beratungsprozesses kann jedoch technisches Wissen eine Rolle spielen, etwa als Argument für oder gegen bestimmte Erwartungen über die Folgen des Handelns oder aber zur Festlegung der Grenzen von Handlungsspielräumen, innerhalb derer eine Einigung möglich ist, ähnlich wie der Spielraum für Konsensbildungsprozesse durch Rechtsnormen begrenzt ist.

Die Aufgabe der Anwendung wissenschaftlicher Erkenntnisse allein technologisch zu verstehen hieße also, die vielfältigen Möglichkeiten der Zusammenarbeit zwischen wissenschaftlichem und nicht-wissenschaftlichem Lebensbereich ohne Not zu beschränken. Eine fruchtbare Zusammenarbeit erfordert auch, neue Selbstverständnisse der Sozialwissenschaften hervorzubringen und zu prüfen.

Literaturverzeichnis

Abele, A., & Giesche, S.: Kognitionen über Straftäter bei Justizvollzugsbeamten. Zeitschrift für Sozialpsychologie, 1981, 12, 144–161.

Abelson, R. P.: A technique and a model for multidimensional attitude scaling. Public Opinion Quaterly, 1954, 18, 405–418.

Abelson, R. P.: Simulation of behavior. In Lindzey, G. & Aronson, E. (Eds.), The handbook of social psychology, Vol. 2. Reading, Mass.: Addison-Wesley, 1968, 274–356.

Abrahams, N. M., Alf, E. F., & Wolfe, J. H.: Taylor-Russel tables for dichotomous criterion variables. Journal of Applied Psychology, 1971, 55, 449–457.

Abrahamson, M., & DuBick, M. A.: Patterns of urban dominance: The U.S. in 1980. American Sociological Review, 1977, 42, 756–768.

Abt, L. E., & Bellak, L. (Eds.): Projective psychology. Clinical approaches to the total personality. New York: Grove Press Reprint, 1979.

Ackoff, R. L., Gupta, S. R., & Minas, J. S.: Scientific method – optimizing applied research decisions. New York: Wiley, 1962.

Adams, E. W., Fagot, R. W., & Robinsosn, R. E.: On the empirical status of fundamental measurement. Journal of Mathematical Psychology, 1970, 7, 379–410.

Adams, F. G., & Klein, L. R.: Anticipation variables in macro-econometric models. In Strümpel, B., Morgan, J. N., & Zahn, E. (Eds.) Human behavior economic affairs. Amsterdam: Elsevier, 1972, 289 ff.

Adelmann, L., Stewart, T. R., & Hammond, K. R.: A case history of the application of social judgement theory to policy formulation. Policy Science, 1975, 6, 137–159.

Adina, R.: Die Stellung des Akademikers in Gesellschaft und Beruf. Zürich: Regio, 1951.

Adorno, Th. W., Frenkel-Brunswik, E., Levinson, D. J., & Sanford, R. N.: The authoritarian personality. New York:. Harper, 1950.

Adorno, Th., W.: Zur gegenwärtigen Stellung der empirischen Sozialforschung in Deutschland. In Institut zur Förderung öffentlicher Angelegenheiten (Ed.), Empirische Sozialforschung, Frankfurt: Europäische Verlagsanstalt, 1952, 27–39.

Adorno, Th., W.: Soziologie und empirische Sozialforschung. In Adorno, Th., W. (Ed.) Soziologische Exkurse. Frankfurt: Europäische Verlagsanstalt, 1956 b, 106–114.

Adorno, Th., W.: Empirische Sozialforschung. In Handwörterbuch der Sozialwissenschaften, Bd. 9, Stuttgart: Vandenhoeck & Ruprecht, 1965.

Adorno, Th., W.: Studien zum autoritären Charakter. Frankfurt: Suhrkamp, 1973.

Ahrens, H. J.: Zur Verwendung des Metrik-Parameters multidimensionaler Skalierungen bei der Analyse von Wahrnehmungsstrukturen. Zeitschrift für experimentelle und angewandte Psychologie, 1972, 19, 173–195.

Ahrens, H. J.: Multidimensionale Skalierung. Weinheim: Beltz, 1974.

Ahrens, H. J.: Multidimensionale Skalierung: Ein Hilfsmittel zum Theorietesten? Zeitschrift für Sozialpsychologie, 1976, 7, 286–291.

Ahrens, H. J.: Meßskalen und Skalierung. In Klauer, K. J. (Ed.) Handbuch der Pädagogischen Diagnostik. Bd. 1. Düsseldorf: Schwann, 1978, 99–124.

Ahrens, H. J.: Skalierung. In Asanger, R., & Wenninger, G. (Eds.) Handwörterbuch der Psychologie. Weinheim: Beltz, 1980, 422–429.

Aitchison, J.: Expected-cover and linear-utility tolerance intervals. Journal of the Royal Statistical Society, 1966, B, 28, 57–62.

Aitchison, J.: Statistical problems of treatment allocation. Journal of Royal Statistical Society, 1970, A, 133, 206–238.

Aitchison, J., & Sculthorpe, D.: Some problems of statistical prediction. Biometrika, 1965, 52, 469–483.

Aitchison, J., & Dunsmore, I. R.: Statistical prediction analysis. Cambridge: Cambridge University Press, 1975.

Albert, H.: Ethik und Metaethik. Das Dilemma der analytischen Moralphilosophie. In Archiv für Philosophie, 1961. Zitiert nach dem Abdruck in Albert, H., & Topitzsch, (Ed.) Werturteilstreit. Darmstadt: Wissenschaftliche Buchgesellschaft, 1971, 472–517.

Albert, H. (Ed.): Theorie und Realität. Tübingen: Mohr, 1964, 87–103.

Albert, H.: Ökonomischer Essentialismus: Der moderne Methodenstreit und die Grenzen des Methodenpluralismus. In Albert, H. Marktsoziologie und Entscheidungslogik. Neuwied/Berlin: Luchterhand, 1967.

Albert, H.: Transzendentaler Realismus und rationale Heuristik. Der kritische Rationalismus und das Problem der Methode. Beiträge zur Philosophie und Methodologie der Erfahrungswissenschaften, 1980, 5.

Albrecht, G.: Nationalsozialistische Filmpolitik. Stuttgart: Enke, 1969.

Albrecht, G.: Nicht-reaktive Messung und Anwendung historischer Methoden. In Koolwijk, J. van, & Wieken-Mayser, M. (Eds.) Techniken der empirischen Sozialforschung. Bd. 2, München: Oldenbourg, 1957.

Alemann, H. v., & Ortlieb, P.: Die Einzelfallstudie. In Koolwijk, J. v., & Wieken-Mayser, M. (Eds.) Techniken der Sozialforschung. Bd. 2, München: Oldenbourg, 1975.

Allen, M., & Yen, W. M.: Introduction to measurement theory. Belmont, California: Wadsworth, Inc. 1979.

Allersbeck, K. R.: Meßniveau und Analyseverfahren. Das Problem „strittiger Intervallskalen". Zeitschrift für Soziologie, 1978, 7, 199–214.

Allport, G. W.: Personality: a psychological interpretation. New York: Holt, 1937.

Amaral, M. A., & Dunsmore, I. R.: Optimal estimates of predictive distributions. Report 207, University of Sheffield, Department of Probability and Statistics 1979.

Amelang, M., & Borkenau, P.: Untersuchungen zur Validität von Kontroll-Skalen für Soziale Erwünschtheit und Akquieszenz. Diagnostica, 1981, 27, 295–312.

American Psychological Association (APA): Ethical principles in the conduct of research with human participants. American Psychologist, 1973, 28, 79–80.

Anastasi, A.: Psychological testing. New York: Mac Millan, 1976^4 u. 1982^5.

Andersen, E. B.: A goodness of fit test for the Rasch model. Psychometrica, 1973, 38, 123–140.

Andersen, E. B.: Das mehrkategorielle logistische Testmodell. In Kempf, W. F. (Ed.) Probabilistische Modelle in der Sozialpsychologie. Bern: Huber, 1974, 57–80.

Andersen, E. B.: Discrete statistical models with social science applications. Amsterdam: North-Holland, 1980a.

Andersen, E. B.: Latent structure analysis. Research Report No 64, København, 1980b.

Anderson, N. H.: Integration theory and attitude change. Psychological Review, 1971, 78, 171–206.

Anderson, N. H.: Functional measurement and psychological judgement. Psychological Review, 1970, 77, 153–170.

Anderson, O.: Nochmals über „The elimination of spurious correlation due to position in time or space". Biometrica, 1914, 10, 269–279.

Anderson, O.: Über ein neues Verfahren bei der Anwendung der „Variate-Difference" Methode. Biometrica, 1923, 15, 134–149.

Anderson, O.: On the logic of the decomposition of statistical series into seperate components. Journal of the Royal Statistical Society, 1927, 90, 548–569.

Anderson, O.: Die Korrelationsrechnung in der Konjunkturforschung. Ein Beitrag zur Analyse von Zeitreihen. Berlin: Schroeder, 1929.

Anderson, O.: Zur Problematik der empirisch-statistischen Konjunkturforschung. Kritische Betrachtungen der Harvard-Methoden. Veröffentlichungen der Frankfurter Gesellschaft für Konjunkturforschung. Berlin: Schroeder, 1929b, 1–3.

Anderson, O. D.: Time series analysis and forecastings: the Box-Jenkins approach. London: Butterworth, 1976.

Anderson, T. W.: An introduction to multivariate statistical analysis. New York: Wiley, 1958.

Anderson, T. W.: The statistical analysis of time series. New York: Wiley, 1971.

Andrews, D. F.: Plots of high dimensional data. Biometrics, 1972, 28, 125–135.

Andrews, T. G.: Methods of psychology. New York: Wiley, 1948.

Anger, H.: Die Panel-Befragung. In Graumann, C. F. (Ed.) Handbuch der Psychologie, Bd. 7, 1. Halbb., Göttingen: Hogrefe, 1969, 605–617.

Ansoff, H. I.: The state of practice in planning systems. Sloan Management Review, 1977, 18, 1–24.

Ansoff, H. I., et al: Does planning pay? The effect of planning on success of acquisitions in American firms. Long Range Planning, 1970, 3, 2, 2–7.

Arabie, P.: Concerning Monte Carlo evaluations of nonmetric multidimensional scaling algorithms. Psychometrika, 1973, 38, 607–608.

Arabie, P.: Random versus rational strategies for initial configurations in nonmetric multidimensional scaling. Psychometrika 1978a, 43, 111–113.

Arabie, P.: The difference between „several" and „single": a reply to Spence and Young. Psychometrika, 1978b, 43, 119.

Arabie, P., & Boorman, S.: Multidimensional scaling of measures of distance between partitions. Journal of Mathematical Psychology, 1973, 10, 148–203.

Arabie, P., & Caroll, J. D.: MAPLUS: a mathematical programming approach to fitting the ADCLUS model. Psychometrika, 1980, 45, 211–235.

Arbeitsgruppe Bielefelder Soziologen (Eds.): Alltagswissen, Interaktion und gesellschaftliche Wirklichkeit. 2 Bde., Reinbek: Rowohlt, 1973.

Arbeitsgruppe Bielefelder Soziologen (Ed.): Kommunikative Sozialforschung. München, 1976.

Argyris, Ch.: Single-loop and double-loop models in research on decision making. Administrative Science Quarterly, 1176, 363–375.

Armstrong, J. S.: Long-range forecasting. From crystal ball to computer. New York: Wiley, 1978a.

Armstrong, J. S.: Forecasting with econometric methods: folklore versus fact. Journal of Business, 1978, 54, 4, 549–564.

Armstrong, J. S., & Grohman, M.: A comparative study of methods for long-range market forecasting. Management Science, 1972, 19, 2, 211–222.

Aronson, E., & Carlsmith, J. M.: Experimentation in social psychology. In Lindsey, G., & Aronson, E. (Eds.) The handbook of social psychology, Vol. 2. Reading, Mass.: Addison-Wesley, 1968, 1–79.

Asch, S. E.: Studies of independence and submission to group pressure: I. A minority of one against an unanimous majority. Psychological Monographs, 1956, 70 (Whole No. 417).

Aschenbrenner, K. M.: Komplexes Wahlverhalten als Problem der Informationsverarbeitung. Bern: Huber, 1979, 411–424.

Asendorpf, J., & Wallbott, H. G.: Maße der Beobachterübereinstimmung: ein systematischer Vergleich. Zeitschrift für Sozialpsychologie, 1979, 10, 243–252.

Athanasiades, J. C.: The distortion of upward communication in hierarchical organisations. Academy of Management Journal, 1973, 16, 207–226.

Atteslander, B.: Methoden der empirischen Sozialforschung. Berlin: De Gruyter, 1969, 1971[1] und 1975[4].

Atteslander, P.: Vom Holzschnitt zum Holzhammer? In Ellwein, T. Politikfeldanalysen 1979, Opladen: Westdeutscher Verlag, 1980.

Atteslander, P., & Kneubühler, H.-U.: Verzerrungen im Interview. Zu einer Fehlertheorie der Befragung. Opladen: Westdeutscher Verlag, 1975.

Attneave, F.: Dimensions of similarity. American Journal of Psychology, 1950, 63, 516–556.

Avison, W. R.: Auxiliary theory and multitrait-multimethod validation: a review of two approaches. Applied Psychological Measurement, 1178, 2, 433–449.

Axelrod, J. N.: Attitude measures that predict purchase. Journal of Advertising Research, 1968, 8, 3–18.

Ayllon, T., & Azrin, N. H.: The measurement and reinforcement of behavior of psychotics. Journal of Experimental Analysis of Behavior, 1965, 8, 357–383.

Bachi, R.: Graphical statistical methodology in the automatic era. Graphic Presentation of stat. Inf.: Presented at 136th Ann. Am. Stat. Assoc., Soc. Stat. Sect. Sess. Graphical Meth. Stat. Data, Boston, 1976. Technical Report, 43, 4–6. Washington DC: Census Bureau, 1978a.

Bachi, R.: Proposal for the development of selected graphical methods. In Bachi, R. Graphical statistical methodology in the automatic era. Graphic Presentation of stat. Inf.: Presented at 136th Ann. Am. Assoc., Soc. Stat. Sect. Sess. Graphical Meth. Stat. Data, Boston, 1976. Technical Report, 43, Washington DC: Census Bureau, 1978a. pp. 23–68, 1978b.

Badura, B. (Ed.): Angewandte Sozialforschung, Seminar 1976, Frankfurt: Suhrkamp, 1976.
Baer, D. M.: Perhaps it would be better not to know everything. Journal of Applied Behavior Analysis, 1977, 10, 167–172.
Baer, D. M., Wolf, M. M., & Risley, T. R.: Some current dimensions of applied behavior analysis. Journal of Applied Behavior Analysis, 1968, 1, 91–97.
Bakan, D.: A generalization of Sidman's result on group and individual functions, and a criterion. Psychological Bulletin, 1954, 51, 63–64.
Bakan, D.: The test of significance in psychological research. Psychological Bulletin, 1966, 66, 423–437.
Bakan, D.: On method: toward a reconstruction of psychological investigation. San Francisco: Jossey-Bass, 1967.
Bales, R. F.: Interaction process analysis. A method for the study of small groups. Cambridge, Mass.: Addison-Wesley, 1950.
Bales, R. F.: Personality and interpersonal behavior. New York: Holt, Rinehart & Winston, 1970[2].
Bales, R. F., & Cohen, S. P.: SYMLOG. Ein System zur mehrstufigen Beobachtung von Gruppen. Stuttgart: Klett-Cotta, 1982.
Ball, R. A., & St. Cyr, E. B. A.: Short term employment functions in British manufactoring industry. Review of Economic Studies, 1966, 33, 199: 207.
Baltes, P. B.: Längsschnitt- und Querschnittsequenzen zur Erfassung von Alters- und Generationseffekten. Philosophische Dissertation, Saarbrücken, 1967.
Baltes, P. B.: The logical status of age as an experimental variable: comments on some methodological issues. In Schaie, K. W. (Ed.) Theory and methods of research on aging. Morgantown, West-Virginia: o. V., 1968.
Baltes, P. B.: Longitudinal and cross-sectional sequences in the study of age and generation effects. Human Development, 1968, 11, 145–171 (b).
Baltes, P. B., Cornelius, S. W., & Nesselroade, J. R.: Cohort effects in development psychology. In Nesselroade, J. R., & Baltes, P. B. (Ed.) Longitudinal research in the study of behavior and development New York: Academic Press, 1979.
Baltes, P. B., & Coulet, L. R.: Exploration of development by manipulation and simulation of age differences in behavior. Human Development, 1971, 14, 149–170.
Baltes, P. B., Reese, H. W., & Nesselroade, J. R.: Life-span development psychology: introduction to research methods. Montery, California: Brooks/Cole, 1977.
Bamberg, G., & Baur, F.: Statistik. München: Oldenbourg, 1980,1982 und 1984[3].
Bamberg, G., & Schittko, U.K.: Einführung in die Ökonometrie. Stuttgart: Fischer, 1979.
Bancroft, G. A., & Dunsmore, I. R.: Predictive distributions in life tests under cometing causes of failure. Biometrika, 1976, 63, 1, 195–217.
Bancroft, G. A., & Dunsmore, I. R.: Predictive sequential life testing. Biometrika, 1978, 65, 3 609–613.
Barber, T. X.: Pitfalls in research: nine investigator and experimenter effects. In Travers, R. M. W. (Ed.) Handbook of research on teaching. Chicago: Rand McNally, 1972.
Barber, T. X., & Silver, M. J.: Fact, fiction, and the experimenter bias effect. Psychological Bulletin Monograph Supplement, 1968, 70, 1–29.
Barber, T. X.: Pitfalls in human research – ten pivotal points. New York: Pergamon Press, 1976.
Barcus, F. E.: Communications content: analysis of the research 1900–1958: a content analysis of content analysis. Philosophische Dissertation, University of Illinois, 1959.
Barker, R.G.: Ecological psychology. Stanford: Stanford University Press, 1968.
Barlow, D.H., & Herson, M.: Single-case experimental designs. Archives of General Psychiatry, 173, 23, 319–325.
Barlow, D.H., & Hayes, S.C.: Alternating treatments design: one strategy for comparing the effects to two treatments in a single subject. Journal of Applied Behavior Analysis, 1979, 12, 199–210.
Barnette, W.: The non-respondent problem in questionaire research. Journal of Applied Sociology, 1950.
Baron, R.A., & Ransberger, V.M.: Ambient temperature and the occurence of collective vio-

lence: the „long, hot summer" revisited. Journal of Personel and Social Psychology, 1978, 36, 351–360.

Bartenwerfer, H., & Raatz, U.: Methoden der Psychologie. Bern: Huber, 1979.

Bartölke, K. et al (Ed.): Arbeitsqualität in Organisation. Wiesbaden: Gabler, 1978.

Barton, A. H., & Lazarsfeld, P. F.: Some functions of qualitative analysis in social research. In Frankfurter Beiträge zur Soziologie. Bd. 1. Frankfurt: Europäische Verlagsanstalt, 1955, 321–361.

Bastian, J.: Die soziometrische Methode. Bern: Huber, 1967.

Bauer, F.: Zur Konzeptspezifität des Semantischen Differentials. Zeitschrift für experimentelle und angewandte Psychologie, 1980, 27, 163–167.

Bauer, F.: Sequenzeffekte in der umweltpsychologischen Forschung. Freiburg (Breisgau): Hochschulverlag, 1981.

Baum, A., & Valius, S.: Architecture and social behavior: psychological studies in social density. Hillsdall, N. J.: Erlbaum, 1977.

Baumann, U.: Differentielle Therapiestudien und Indikation. In Baumann, U. (Ed.) Indikation zur Psychotherapie. Perspektiven für Praxis und Forschung. München: Urban & Schwarzenberg, 1981.

Baumann, U., Sodemann, U., & Tobien, H.: Direkte versus indirekte Veränderungsdiagnostik. Zeitschrift für Differentielle und Diagnostische Psychologie, 1981, 1, 201–216.

Baumgärtel, F.: Das Bild der Erziehung und ihre Träger – eine vergleichende semantische Analyse. In Witte, E. H. (Ed.) Beiträge zur Sozialpsychologie. Weinheim: Beltz, 1980, 183–195.

Bay, R. H.: Zur Psychologie der Versuchsperson. Meisenheim: Hain, 1981.

Beals, R., & Krantz, D. H.: Metrics and geodesics induced by order relation. Mathematische Zeitschrift, 1967, 101, 285–298.

Beals, R., Krantz, D. H., & Tversky, A.: Foundations of multidimensional scaling. Psychological Review, 1968, 75, 127–142.

Bechtel, G. G.: Multidimensional preference spaces. The Hague: Mouton, 1976.

Bechtel, G. G., Tucker, L. R., & Chang, W. C.: A scaler product model for the multidimensional scaling choice. Psychometrika, 1971, 36, 369–388.

Beck, P., & Pompl, J.: Die absatzwirtschaftliche Bedeutung von Panel-Untersuchungen, Teil I.: Organisation und Methode, Teil II: Auswertung und Anwendung in der Praxis. In Jahrbuch der Absatz- und Verbrauchsforschung, Kallmunz, 1960, 197–217 und 281–304.

Becker, H. S.: Ethical problems in the publication of field studies. In Vidich. A., Bensman, J., & Stein, M. (Eds.) Reflections on community studies. New York: Wiley, 1964.

Becker, R.: Eine Anleitung zur Auswertung der „Interaction Process analysis" nach Bales. Gruppendynamik, 1977, 2, 108–199.

Behnke, H., Remmert, R., Steiner, H.-G., & Tietz, H. (Eds.): Das Fischer Lexikon Mathematik I und II. Frankfurt: Fischer 1964.

Behrens, K. Ch.: Handbuch der Marktforschung. Bd. I. und II. Wiesbaden: Betriebswirtschaftlicher Verlag, 1974 und 1976.

Bell, R. Q.: Convergence: an accelerated longitudinal approach. Child Development, 1953, 24, 145–152.

Bell, R. Q.: An experimental test of the accelerated longitudinal approach. Child Development, 1954, 25, 281–286.

Bellak, L.: The thematic apperception and the children's apperception test in clinical use. New York: Grune & Stratton, 1975.

Bellebaum, A.: Soziologische Grundbegriffe. Stuttgart: Kohlhammer, 1972.

Belser, H.: Wie beurteilt man Schultests? In Ingenkamp, K. (Ed.) Tests in der Schulpraxis. Weinheim: Beltz, 1974[4], 135–145.

Belser, H.: Testentwicklung. Weinheim: Beltz, 1975.

Belser, H.: Wörterbuch zur Klinischen Psychologie. Bd. 1. München: Deutscher Taschenbuchverlag, 1981.

Bennet, J. F., & Hays, W. L.: Multidimensional unfolding: determining the dimensionality of ranked preference data. Psychometrika, 1960, 25, 27–43.

Benninghaus, H.: Deskriptive Statistik. Stuttgart: Teubner, 1974.

Benninghaus, H.: Arbeitssituation und Arbeitszufriedenheit: Reaktionen von Industriearbeitern auf Merkmale ihrer Tätigkeit. Kölner Zeitschrift für Soziologie und Sozialpsychologie, 1978, 30, 514–547.

Bense, M.: Theorie der Texte. Köln,: Kiepenhauer & Witsch, 1962.

Bentler, P. M.: The study of cognitive development through modeling with qualitative data. In Kluwe, R. H., & Spada, H. (Eds.) Developmental models of thinking. New York: Academic Press, 1980a.

Bentler, P. M.: Multivariate analysis with latent variables: causal modeling. Annual Review of Psychology, 1980b, 31, 419–465.

Bentler, P. M., & Weeks, D. G.: Restricted multidimensional scaling models. Journal of Mathematical Psychology, 1978, 17, 138–151.

Bereiter, C.: Using tests to measure change. Personel and Guidance Journal, 1962, 41, 6–11.

Bereiter, C.: Some persisting dilemmas in the measuring of change. In Harris, C. W. (Ed.) Problems in measuring change. Madison, Wisc.: The University of Wisconsin Press, 1963, 3–20.

Berekhoven, L.: Internationales Marketing. Wiesbaden: Betriebswirtschaftlicher Verlag, 1978.

Berelson, B.: Content analysis in communication research. New York: Wiley, 1952.

Berelson, B., & Lazarsfeld, P. F.: Die Bedeutungsanalyse von Kommunikationsmaterialien. In König, R. (Ed.) Praktische Sozialforschung. Dortmund: Ardey, 1952, 142–168.

Berg, I. A. (Ed.): Response set in personality assessment. Chicago: Aldine, 1967.

Bergemann, N., Daumenlang, K., & Johann, G. K.: Clusteranalytische Befunde zur Intelligenzdifferenzierung. Psychologische Beiträge, 1981, 3.

Berger, H.: Untersuchungsmethoden und soziale Wirklichkeit. Frankfurt: Suhrkamp, 1974.

Berger, H., & Jetzschmann, H.: Der soziologische Forschungsprozeß. Berlin, Ost: Dietz: 1973.

Berger, P. K., & Sullivan, J. E.: Introductional set, interview context, and the incidence of ,,don't know" responses. Journal of Applied Psychology, 1970, 54, 414–416.

Bergler, R.: Einführung. In Bergler, R. (Ed.) Das Eindrucksdifferential. Bern: Huber, 1975, 11–31.

Berk, R. A., & Adams, J. M.: Kontaktaufnahme zu devianten Gruppen. In Gerdes, K. (Ed.) Explorative Sozialforschung. Stuttgart: Enke, 1979, 94–109.

Bernard, C.: Introduction á l étude de la médicine experimentelle. New York: Cover, 1957, (Orig. 1865).

Bernfeld, S. (Ed.): Vom Gemeinschaftsleben der Jugend. In Quellenschriften zur seelischen Entwicklung. Bd. 2. Wien: Internationaler psychoanalytischer Verlag, 1922.

Bernstein, B.: Soziale Struktur, Sozialisation und Sprachverhalten. Aufsätze 1958–1970. Amsterdam: Contact-Press. 1970.

Bertalanffy, L. V.: General system theory. New York: Braziller, 1968.

Besozzi, C., & Zehnpfennig, H.: Methodologische Probleme der Indexbildung. In Koolwijk, J. v., & Wieken-Mayser, M. (Eds.): Techniken der empirischen Sozialforschung. Bd. 5. München: Oldenbourg, 1976, 9–55.

Bessler, H.: Aussagenanalyse. Die Messung von Einstellungen im Text der Aussagen von Massenmedien. Bielefeld: Bertelsmann, 1970.

Bessler, H.: Aussagenanalyse. Düsseldorf: Bertelsmann, 1970.

Beutel, F. K.: Die experimentelle Rechtswissenschaft. Möglichkeiten eines neuen Zweiges der Sozialwissenschaften. Berlin: Duncker & Humblot, 1975.

Beutel, P., Küffner, H., & Schubö, W.: Statistik-Programm-System für die Sozialwissenschaften nach Nie, N. H., & Hull, C. H. Stuttgart: Fischer, 1980[3].

Bezembinder, T. G. G., & Rosnam,. E. E. C. I.: Theories and models. In Michon, I. A., Ebkam, L. F. W. de Klerk (Eds.) Handbook of psychonomics. Amsterdam: North-Holland, 1979, 99–185.

Bhattacharyya, M. N.: Comparison of box-jenkins and bonn monetary model prediction performance, Berlin: Springer, 1980.

Bibl, W., & Lühmann, R.: Einige neue Entwicklungen in der Theorie kriteriumsorientierter Tests. Lernzielorientierter Unterricht, 1981, 2, 28–39.

Bickel, P. J., Hammel, E. A., & ÓConnel, J. W.: Sex bias in graduate admissions. Data from Berkeley. Science, 1975, 187, 398–404.

Bickman, L., & Henchy, T. (Eds.): Beyond the laboratory: Field research in social psychology. New York: McGraw-Hill, 1972.

Biderman, A. D.: Kinostatics for social indicators. Educational Broadcasting Review, 1971, 5, 13–19.

Bidlingmaier, J.: Marketing, Bd. 1. und 2., Wiesbaden: Westdeutscher Verlag, 1982[9].

Bierhoff, H. W.: Hilfreiches Verhalten. Darmstadt: Steinkopff, 1980.

Bierhoff, H. W.: Impression formation and repeated measures: the design as a stimulus. European Journal of Social Psychology, 1981, 11, 173–187.

Biermann, A. W., & Feldman, J. A.: A survey of results in grammatical inference. In Watanabe, S. (Ed.) Frontiers of pattern recognition. New York: Academic Press, 1972, 31–54.

Birnbaum, A.: Some latent trait models and their use in inferring on examinees ability. In Lord, F. M., & Novick, M. R. Statistical theories of mental test scores. Reading, Mass.: Addison-Wesley, 1968, 397–549.

Bischof, N.: Kybernetik in Biologie und Psychologie. In Moser, S., & Schmidt, S. J. (Eds.) Information und Kommunikation. München: Oldenbourg, 1968.

Bishop, J. M. M., Fiemberg, S. E., & Holland, P. W.: Discrete multivariate analysis. Theory and practice. Cambridge: M.I.T. Press, 1965.

Bjerstedt, A.: Definition of sociometry, New York: Wiley, 1958.

Blaas, W., & Heneler, P.: Theorie und Technik der Planung. Wien: Orac, 1978.

Blackith, R. E., & Reyment, R. A.: Multivariate morphometrics. London: Academic Press, 1971.

Blake, W. M., Hammond, K. R., & Meyer, G. D.: An alternative approach to labor management relations. Administration Science Quarterly, 1973, 18, 311–327.

Blalock, H. M.: The measurement problem: a gap between the languages of theory and research. In Blalock, H. M., & Blalock, A. B. (Eds.) Methodology in social research. New York: McGraw-Hill, 1968, 5–27.

Blalock, H. M. (Ed.): Causal models in the social sciences. Chicago: Aldine, 1971.

Blankertz, H., & Gruschka, A.: Handungsforschung: Rückfall in die Empiriefeindlichkeit oder neue Erfahrungsdimension? Zum Beitrag von Haeberlin, U. Zeitschrift für Pädagogik, 1975, 677–686.

Blazejczak, J.: Feineinstellung ökonometrischer Modelle. DIW-Vierteljahreshefte, 1179, 4, 416–423.

Blinkert, B.: Methodische Realitätskonstruktionen oder soziale Tatbestände? Eine empirische Untersuchung über die Instrumentenabhängigkeit von Befragungsdaten. Soziale Welt, 1978, 29, 358–372.

Bloxom, B.: Individual differences in multidimensional scaling. Research Bulletin, 1968, 68–45.

Bloxom, B.: Constrained multidimensional scaling in N spaces. Psychometrika, 1978, 43, 397–408.

Blumer, H.: Methodologische Prinzipien empirischer Wissenschaft. In Gerdes, K. (Ed.) Explorative Sozialforschung. Stuttgart: Enke, 1979, 41–62.

Bock, H. H.: Automatische Klassifikation. Göttingen: Vandenhoeck & Ruprecht, 1974.

Bock, R. D.: Multivariate statistical methods in behavioral research. New York: Wiley, 1975.

Boesch, E. E.: Diskussionsbemerkungen. In Gaumann, C. F. (Ed.) Ökologische Perspektiven in der Psychologie. Bern: Huber, 1978, S. 196.

Bogardus, E. S.: Measuring social distance. Sociology and Social Research, 1924, 8, 339–344.

Bogardus, E. S.: Measuring social distance. Journal of Applied Sociology, 1925, 9, 299–308.

Bogardus, E. S.: Social distance. Yellow Springs, Ohio: Antioch Press, 1959.

Bogdan, R. J.: Hume and the problem of local induction. In Bogdan, R. J. (Ed.) Local induction. Dordrecht: Reidel, 1976, 73–92.

Bogdan, R. J., & Taylor, S. J.: Introduction to qualitative research methods. New York: Wiley, 1975.

Boguslaw, N. et al: On the work of Jacob L. Moreno. Sociometry, 1975, 38, 148–161.

Bohm, E.: Lehrbuch der Rorschach-Psychodiagnostik für Psychologen, Ärzte und Pädagogen. Bern: Huber, 1972[5].

Bohnen, A.: Zur Kritik des modernen Empirismus. Beobachtungssprache, Beobachtungstatsachen und Theorien.In Albert, H. (Ed.) Theorie und Realität, 1969. Tübingen: Mohr Siebeck, 1972[2].

Bombach, G., Gahlen, B., & Ott, A. E. (Eds.): Probleme des Strukturwandels und der Strukturpolitik. Tübingen: Mohr, 1977.

Bonjean, C. M. et al: Continuities in measurement 1959–1963. Social Forces, 1965, 43, 532–535.

Boorman, S. A., & Olivier, D. C.: Metrics on spaces of finite trees. Journal of Mathematical Psychology, 1973, 10, 26–59.

Borg, I.: Facetten- und Radextheorie in der multidimensionalen Skalierung. Zeitschrift für Sozialpsychologie, 1976, 7, 231–247.

Borg, I.: Some basic concepts of facet theory. In Lingoes, J. C. (Ed.) Geometric representations of relational data. Ann Arbor, Mich.: Mathesis Press, 1977, 65–102.

Borg, I.: Geometric representation of individual differences. In Lingoes, J. C. (Ed.) Geometric representations of relational data. Ann Arbor, Mich.: Mathesis Press, 1977, 609–655.

Borg, I.: Ein Vergleich verschiedener Studien zur Lebensqualität. Zeitschrift für Sozialpsychologie, 1978, 9, 152–164.

Borg, I. (Ed.): Multidimensional data representation: when and why. Ann Arbor, Mich.: Mathesis Press, 1981.

Borg, I., & Lingoes, J. C.: Ein direkter Transformationsansatz der multidimensionalen Analyse dreimodaler Datenmatrizen: Theorie und Anwendung. Zeitschrift für Sozialpsychologie, 1977, 8, 98–114.

Borg, I., & Lingoes, J. C.: A model and algorithm for multidimensional scaling with external constraints on the distances. Psychometrika, 1980, 45, 25–38.

Bortz, J.: Kritische Bemerkungen über den Einsatz nicht euklidischer Metriken im Rahmen der multidimensionalen Skalierung. Archiv für Psychologie, 1974, 126, 196–212.

Bortz, J.: Das INDSCAL-Verfahren als Methode zur Differenzierung kognitiver Strukturen. Zeitschrift für experimentelle und angewandte Psychologie, 1975, 22, 33–46.

Bortz, J.: Lehrbuch der Statistik. Für Sozialwissenschaftler. Berlin: Springer, 1977 und 1979[2].

Bouchard, T. H.: Field research methods. In Dunette, M. (Ed.) Handbook of industrial and organizational psychology. Chicago: Rand McNally, 1976, 363–413.

Box, G. E. P., & Tiao, G. C.: Bayesian inference in statistical analysis. New York: Wiley, 1973.

Box, G. E. P., & Jenkins, G. M.: Time series analysis: forecasting and control. San Francisco: Holden-Day, 1970 und 1976[2].

Brackwede, D.: Das Bogus-Pipeline-Paradigma: Eine Übersicht über bisherige experimentelle Ergebnisse. Zeitschrift für Sozialpsychologie, 1980, 11, 50–59.

Braithwaite, R. B.: Scientific explanation, a study of the function of theory, probability and law in science. Cambridge: Cambridge University Press, 1953 und 1968[2].

Brandt, L. W.: Questions concerning some assumptions underlying the Semantic Differential. Psychologische Beiträge, 1972, 14, 61–67.

Brandt, L. W.: Messung eines Maßstabes: Empirische Untersuchung des Semantischen Differentials (SD). Probleme und Ergebnisse der Psychologie, 1978, 66, 71–74.

Brandt, R. M.: Studying behavior in natural settings. New York: Holt, Rinehart & Winston, 1972.

Braun, G. E.: Rezension zu: Speer, F. Zur Wissenschaftstheorie der Wirtschaftsplanung. Bonn, 1974. Zeitschrift für Allgemeine Wissenschaftstheorie, 1978, 9, 423–425.

Brechling, F. P. R.: The relationship between output and employment in British manufacturing industries. Review of Economic Studies, 1965, 32, 187–216.

Bredenkamp, J.: Experiment und Feldexperiment. In Graumann, C. F. (Ed.) Handbuch der Psychologie. Bd. 7: Sozialpsychologie, 1. Halbband: Theorien und Methoden. Göttingen: Hogrefe, 1969, 332–374.

Bredenkamp, J.: Über die Anwendung von Signifikanztests bei theorietestenden Experimenten. Psychologische Beiträge, 1969, 11, 275–285.

Bredenkamp, J.: Der Signifikanztest in der psychologischen Forschung. Frankfurt: Akademische Verlagsgesellschaft, 1972.

Bredenkamp, J.: Theorie und Planung psychologischer Experimente. Darmstadt: Steinkopff, 1980.

Bredenkamp, J., & Wippich, W.: Lern- und Gedächtnispsychologie. 2 Bde. Stuttgart: Kohlhammer, 1977.

Brehm, J.W.: A theory of psychological reactance. New York: Academic Press, 1966.

Brehm, J.W.: Responses to loss of freedom. A theory of psychological reactance. Morristown: General Learning Press, 1972.

Brehm, Sh.S.: Anwendung der Sozialpsychologie in der klinischen Praxis. Bern: Huber, 1980.

Brehmer, B.: Social judgement theory and the analysis of interpersonal conflict. Psychological Bulletin, 1976, 83, 985–1003.

Brennecke, R.: Die Konstruktion von sozio-ökonomischen Großsystemen. Verknüpfung von Modellen zur Analyse wirtschaftlicher Prozesse. Frankfurt: Campus, 1975.

Brickenkamp, R.: Handbuch psychologischer und pädagogischer Tests. Göttingen: Hogrefe, 1975.

Brickenkamp, R.: Testdiagnostik. In Herrman, T., Hofstätter, P.R., Huber, H.P., & Weinert, F.E. (Eds.) Handbuch psychologischer Grundbegriffe. München: Kösel, 1977, 482–494.

Brickenkamp, R.: The development of psychological tests in german-speaking countries. The German Journal of Psychology, 1981, 5, 133–148.

Briscoe, G., & Peel, D.A.: The specification of the short-run employment function: an empirical investigation of the demand for labor in the UK manufactoring sector 1955–1972. Oxford Bulletin of Economics and Statistics, 1975, 37, 115–142.

Brodgen, H.E.: The Rasch-model, the law of comparative judgement and additive conjoint measurement. Psychometrika, 1977, 42, 631–634.

Bromme, R.: Das Theorie-Praxis-Problem als Aufgabe der Allgemeinen Psychologie. In Bergold, J., & Jaeggi, E. (Eds.) Verhaltenstherapaie-Theorie. Sonderheft I der Mitteilungen der DGVT, 1977.

Bronfenbrenner, U.: Toward an experimental ecology of human development. American Psychologist, 1977, 32, 513–531.

Bronfenbrenner, U.: Die Ökologie der menschlichen Entwicklung. Natürliche und geplante Experimente. Stuttgart: Klett-Cotta, 1981.

Brown, C.W., & Ghiselly, E.E.: Scientific method in psychology. New York: McGraw-Hill, 1955.

Browning, R.M.: A same-subject design for simultaneous comparison of three reinforcement contingencies. Behavior Research and Therapy, 1967, 5, 237–243.

Browning, R.M., & Stover, D.O.: Behavior modification in child treatment: an experimental and clinical approach. Chicago: Aldine-Alderthon, 1971.

Brunswik, E.: Systematic and representative design of psychological experiments with results in physical and social perception. Berkeley: University California Press, 1947.

Brunswik, E.: „Ratiomorphic" models of perception and thinking. Acta Psychologica, 1955, 11, 108f.

Bruntz, S.M., Cleveland, W.S., Kleiner, B., & Warner, J.L.: The dependance of ambient ozone on solar radiation, wind, temperature, and mixing height. Symp. Atmos. Difus. Air Pollut. Santa Barbara, Calif.: American Meterologican Society, 1974, 9–13.

Buchtala, W.: Entwicklung eines Testinstrumentes für individualisierte Testung durch adaptive Parameterschätzung. In Tack, W.H. (Ed.) Bericht über den 30. Kongreß der Deutschen Gesellschaft für Psychologie in Regensburg 1976. Bd. 2. Göttingen: Hogrefe, 1977, 45–47.

Buchwald, A.: Politische und soziale Einstellungen im Inhalt von Tageszeitungen. Diplomarbeit. Erlangen-Nürnberg, 1970.

Budd, R.W. et al: Content analysis of communications. New York: Macmillan, 1967.

Bülow, M., & Ottersbach, H.-G.: Aktionsforschung. Hochschuldidaktische Stichworte. Internationales Zentrum für Hochschuldidaktik der Universität Hamburg (Eds.) Hamburg, 1977.

Bundschuh, K.: Einführung in die sonderpädagogische Diagnostik. München: Reinhardt, 1980.

Bungard, W.: Zur Validität der Forschung über soziale Deprivation. Gruppendynamik, 1977, 8, 170–184.

Bungard, W.: Experimentelle Forschung in der Sozialpsychologie. In Heig-Eevrs, A., & Streek, U. (Eds.) Psychologie des XX. Jahrhunderts. Bd. 8: Lewin und die Folgen. Zürich: Kindler, 1979, 128–135.

Bungard, W.: Die „gute" Versuchsperson denkt nicht. Artefakte in der Sozialpsychologie. München: Urban & Schwarzenberg, 1980.

Bungard, W.: Einführung in die Thematik. In Bungard, W. (Ed.) Die „gute" Versuchsperson denkt nicht, Artefakte in der Sozialpsychologie. München: Urban & Schwarzenberg, 1980, 11–30.

Bungard, W., & Bay, R. H.: Feldexperimente in der Sozialpsychologie. In Patry, J.-L. (Ed.) Feldforschung. Methoden und Probleme sozialwissenschaftlicher Forschung unter natürlichen Bedingungen. Bern: Huber, 1982, 183–205.

Bungard, W., & Lück, H. E.: Forschungsartefakte und nichtreaktive Meßverfahren. Stuttgart: Teuber, 1974.

Bungard, W., & Lück, H. E.: Nichtreaktive Meßverfahren. In Patry, J.-L. (Ed.) Feldforschung. Methoden und Probleme sozialwissenschaftlicher Forschung unter natürlichen Bedingungen. Bern: Huber, 1982, 317–340.

Bunge, M.: Scientific research. Vol. I u. II. Berlin: Springer, 1967[2].

Bureau of Applied Social Research: Das qualitative Interview. In König, R. Das Interview. Formen-Technik-Auswertung. Köln: Kiepenheuer & Witsch, 1976[10].

Bürli, A.: Computer-unterstützte und verzweigte Testdurchführung. Schweizer Zeitschrift für Psychologie, 1975, 34, 115–128.

Burns-Cox, C. J., Russel-Rees, J., & Wilson, R. S. E.: Pilot study of home measurements of blood pressure by hypertension patients. British Medical Journal, 1975, 3, 80.

Busemann, A.: Stil und Charakter. Meisenheim: Hain, 1948.

Business International (Ed.): 75 management checklists for foreign operations. New York: o. V., 1966.

Buss, A. R.: A general development model for interindividual differences, intraindividual differences and intraindividual changes. Development Psychology, 1974, 10, 70–78.

Buss, A. R.: Toward a unified framework for psychometric concepts in the multivariate developmental situation: intraindividual change and inter- and intraindividual differences. In Nesselroade, J. R., & Baltes, P. B. (Eds.) Longitudinal research in the study of behavior and development. New York: Academic Press, 1979.

Butzin, C. A., & Anderson, N. H.: Functional measurement of children's judgement. Child Development, 1973, 44, 529–537.

Campbell, D. T.: Factors relevant to the validity of experiments in social settings. Psychological Bulletin, 1957, 54, 297–312.

Campbell, D. T.: From description to experimentation: interpreting trends as quasi-experiments. In Harris, C. W. (Eds.) Problems in measuring change. Madison, Wis.: University of Wisconsin Press, 1963.

Campbell, D. T.: Administrative experimentation, institutional records, and non reactive measures. In Stanley, J. (Ed.) Improving experimental design and statistical analysis. Seventh Annual Phi Delta Kappa Symposium on Educational Research. Chicago: Rand McNally, 1976, 257–291.

Campbell, D. T.: Reforms as experiments. American Psychologist, 1969, 24, 409–429.

Campbell, D. T., & Fiske, D. W.: Convergent and discriminant validation by the multitrait-multimethod matrix. Psychological Bulletin, 1959, 56, 81–105.

Campbell, D. T., & Stanley, J. C.: Experimental and quasi-experimental designs for research. Chicago: Rand McNally, 1966.

Campbell, D. T., & Stanley, J. C.: Experimental and quasi-experimental designs for research on teaching. In Gage, N. L. (Ed.) Handbook of research on teaching. Chicago: Rand McNally, 1963, 171–246. Deutsch: Schwarz, E.: Experimentelle und quasi-experimentelle Anordnungen in der Unterrichtsforschung. In Ingekamp, K., & Parey, E.(Eds.) Handbuch der Unterrichtsforschung, Bd. 1. Weinheim: Beltz, 1970.

Campbell, N. R.: An account of the principles of measurement and calculation. London: Longmanns Green, 1928.

Cantril, H., Herzog, H., & Gaudet, G.: Invasion from Mars. Princeton: Princeton University Press, 1940.

Cantril, H., Rugg, D.: Die Formulierung von Fragen. In König, R. (Ed.) Das Interview. Formen-Technik-Auswertung. Köln: Kiepenheuer & Witsch, 1976[10].

Cappel, W.: Das Kind in der Schulklasse. Weinheim: Beltz, 1973.

Carlsmith, J. M., Ellsworth, P. C., & Aronson, E.: Methods of research in social psychology. Reading, Mass.: Addison-Wesley, 176.

Carmichael, J. W., & Sneath, P. N. A.: Taxometric maps. Systematic Zoology, 1969, 18, 402–415.

Carmines, E. G., & Zeller, R. A.: Reliability and validity assessment. Quantitative Applications in the Social Sciences, 1980, 17, 70 ff.

Carnap, R.: Symbolische Logik. Wien: Springer, 1961.

Carnap, R.: Studies in semantics. Cambridge, Mass.: Harvard University Press, 1968.

Carnap, R.: Einführung in die Philosophie der Naturwissenschaft. München: Nymphenburger Verlagshandlung, 1976.

Carnap, R., & Stegmüller, W.: Induktive Logik und Wahrscheinlichkeit. Wien: Springer, 1971.

Carroll, J. D.: Book review: Delbeke. Construction of preference spaces. Psychometrika, 1970, 35, 278–281.

Carroll, J. D.: Individual differences and multidimensional scaling. In Shephard, R. N. et al. (Eds.) Multidimensional scaling. New York: Seminar Press, 1972, 105–155.

Carroll, J. D.: Models and algorithm for multidimensional scaling, conjoint measurement and related techniques. Murray Hill, N. J.: Bell Telephone Laboratories, 1973.

Carroll, J. D.: Spatial, non-spatial and hybrid models for scaling. Psychometrika 1976, 41, 439–463.

Carroll, J. D.: Models and methods for multidimensional analysis of preferential choice (and other dominance) data. In Lantermann, E. D., & Feger, H. (Eds.) Similarity and choice. Bern: Huber, 1980, 234–289.

Carroll, J. D., & Arabie, P.: Multidimensional scaling. Anual Review of Psychology, 1980, 31, 607–649.

Carroll, J. D. & Chang, J. J. A.: A general index of nonlinear correlation and its application to the interpretation of multidimensional scaling solution. American Psychologist, 1964, 19, 540.

Carroll, J. D., & Chang, J. J.: Analysis of individual differences in multidimensional via an N-way generisation of 'Eckart-Young' decomposition. Psychometrika, 1970, 35, 283–320.

Carroll, J. D., & Chang, J. J.: IDIOSCAL (Individual Differences In Orientation SCALing): a generalization of INDSCAL allowing IDIOsyncratic reference systems as well as an analytic approximation to INDSCAL. Paper presented at meetings of the Psychometric Society. Princeton, N. J., 1972.

Carroll, J. D., & Pruzansky, S.: Discrete and hybrid scaling models. In Lantermann, E. D., & Feger, H. (Eds.) Similarity and choice. Bern: Huber, 1980, 108–139.

Carroll, J. D., Pruzansky, S., & Kruskal, J. B.: CANDELINC: a general approach to multidimensional analysis for many-way arrays with constraints on parameters. Psychometrika, 1980, 45, 3–24.

Carroll, J. D., & Wish, M.: Models and methods for three-way multidimensional scaling. In Krantz, D. H. et al. (Eds.) Contemporary developments in mathematical psychology. San Francisco: Freeman, 1974, 57–105.

Cartwright, D., & Harary, F.: Structural balance: a generalization of Heiders theory. Psychological Review, 1965, 63, 312–324.

Carcer, R. P.: Special problems in measuring change with psychometric devices. In evaluative research: strategies and methods. Washington: American Institutes for Research, 1970, 48–66.

Cascio, W. F., & Kortinos, W. M.: A practical method for identifying significant change scores. Educational and Psychological Measurement, 1977, 37, 889–895.

Casparius, C.: Eine theoretische Analyse von „Pygmalioneffekten" und „sich selbst erfüllende Voraussagen". Zeitschrift für Sozialpsychologie, 1980, 11, 124–130.

Cattell, R. B.: The data box: its ordering of total resources in terms of possible relation systems. In Cattell, R. B. (Ed.) Handbook of multivariate experimental psychology. Chicago: Rand McNally, 1966.

Cattell, R. B.: Patterns of change: measurement in relation to state dimension, trait change, liability and process concepts. In Cattell, R. B. (Ed.) Handbook of multivariate experimental psychology. Chicago: Rand McNally, 1966.

Cattell, R. B.: Erfassung von Veränderungen mit der P-Technik und der inkrementellen R-Technik. In Petermann, F. (Ed.) Methodische Grundlagen klinischer Psychologie. Weinheim: Beltz, 1977.

Cattell, R. B.: Die Datenbox: Wie sie die Gesamtheit des vorhandenen Potentials in mögliche Relationssystemen ordnet. In Cattell, R. B. (Ed.) Handbuch der multivariaten experimentellen Psychologie. Frankfurt: Verlag für Psychologie, 1980.

Chakrapani, Tt. K., & Ehrenberg, A. S. C.: Factor analysis or BGA? Unpublised manuscript multivar. Study Group of Royal Statistical Society, 1976.

Chang, C. L., & Lee, R. C. T.: A heuristic relaxation method for non-linear mapping in cluster analysis. IEEE Trans. on Systems, Man and Cybernetics, 1973, SMC-2, 197–200.

Chang, J. J., & Carroll, J. D.: How to use PROFIT, a computer program for property fitting by optimizing nonlinear correlation. Muray Hill, N.J.: Bell Telephone Laboratories, 1968.

Chang, J. J., & Carroll, J. D.: How to use MDPREF, a computer program for multidimensional analysis of preference data. Murray Hill, N.J.: Bell Telephone Laboratories, 1969.

Chang, J. J., & Carroll, J. D.: How to use PREFMAP and PREFMAP 2. Murray Hill, N.J.: Bell Laboratories, 1972.

Chapanis, A.: The relevance of laboratory studies to practical situations. Ergonomics, 1967, 10, 557–577.

Chapin, F. S.: The advantages of experimental sociology in the study of family group patterns. Social Forces, 1932/33, 11, 200–207.

Chapin, F. S.: Das Experiment in der soziologischen Forschung. In König, R. (Ed.) Beobachtung und Experiment in der Sozialforschung. Köln: Kiepenheuer & Witsch, 1975[8], 221–258.

Chassan, J. B.: Stochastic models of the single case as the basic of clinical research designs. Behavioral Science, 1961, 6, 42–50.

Chassan, J. B.: Statistical inference and the single case in clinical design. In Davidson, P. O., & Costello, C. G. (Eds.) N = 1. Experimental studies of single cases. New York: Van Nostrand, 1969.

Chatfield, C.: The analysis of time series: theory and practice. London: Chapman & Hall, 1975.

Chatfield, C., & Prothero, D. L.: Box-Jenkins seasonal forecasting: problems in a case-study. Journal of the Royal Statistical Society, 1973 A, 3, 295–315.

Chenery, H. B., & Clark, P. G.: Interindustry economics. New York: Wiley, 1959.

Chernoff, H.: Using faces to represent points in k-dimensional space graphically. Journal of the American Statistical Association, 1973, 68, 361–368.

Cherns, A. B., Clark, P. A., & Jenkins, W. J.: Action research and the future of social sciences. London: Methun, 1972.

Chew, V.: Confidence, prediction, and tolerance regions for the multivariate normal distributions. Journal of the American Statistical Association, 1966, 61, 605–617-.

Chochran, W. G.: (Übersetzer: Böing, W.) Stichprobenverfahren. Berlin: De Gruyter, 1972.

Chomsky, N.: Reflexionen über die Sprache. Frankfurt: Suhrkamp, 1977.

Christ, C. F.: Judging the performance of econometric models of the U.S. economy. International Economic Review, 1957, 16, 54 ff.

Christie, R., & Jahoda, M. (Eds.): Studies in the scope and method of "The authoritarian personality". New York: Free Press, 1954.

Christie, R., Havel, J., & Seidenberg, B.: Is the F scale irreversible? Journal of Abnorm and Social Psychology, 1958, 56, 143–149.

Cicourel, A. v.: Methode und Messung in der Soziologie. Frankfurt: Suhrkamp, 1970 und 1975.

Clark, A. K.: Re-evaluation of Monte Carlo studies in nonmetric multidimensional scaling. Psychometrika, 176, 41, 401–403.

Clark, A. W.: Experimenting with organizational change. London: Plenum Press, 1976.

Clark, P. A.: Action research and organizational change. London: Plenum Press, 1972.

Clauss, G. (Ed.): Wörterbuch der Psychologie. Köln: Pahl-Rugenstein, 1976.

Cliff, N.: The 'idealized individual' interpretation of individual differences in multidimensional scaling. Psychometrika, 1968, 33, 225–232.

Cliff, N.: Scaling. Annual Review of Psychology, 1973, 24, 473–506.

Cliff, N.: A theory of consistency of ordering generalizable to tailored testing. Psychometrika, 1977, 42, 375–399.

Cochran, W. S.: Stichprobenverfahren. Berlin: De Gruyter, 1972.

Cohen, J.: Psychologie psychologisch betrachtet. Freiburg: Alber, 1963[2].

Cohen, J.: A coefficient of agreement for nominal scales. Educational and Psychological Measurement, 1960, 20, 37–46.

Cohen, J.: Weighted Kappa: nominal scale agreement with provision for scaled disagreement or partial credit. Psychological Bulletin, 1968, 70, 213–220.

Cohen, J.: Statistical power analysis for the behavioral sciences. New York: Academic Pres, 1977[2].

Cohen, L., & Kluegel, J. R.: Determinants of juvenile court dispositions: ascriptive and achieved factors in two metropolitan courts. American Sociological Reciew, 1978, 43, 162–176.

Cohen, H. S., & Jones, L. E.: The effect of random error and subsampling of dimensions on recovery of configurations by non-metric multidimensional scaling. Psychometrika, 1974, 1, 69–90.

Coleman, J. S.: Introduction to mathematical sociology. London: Glencoe, 1964.

Conant, J. B.: Moderne Naturwissenschaft und der Mensch. Garden City, N. Y.: Doubleday, 1953.

Conrad, K., & Kohnert, P.: Economic activity, interest rate and the exchange rate in the Bonn forecasting system No. 10. Schriftenreihe des Instituts für Gesellschafts- und Wirtschaftswissenschaften der Universität Bonn, 1979.

Cook, T. D. et al.: Demand characteristics and three conceptions of the frequently deceived subject. Journal of Personality and Social Psychology, 1970, 14, 185–194.

Cook, T. D., & Campbell, D. T.: The design and conduct of quasi-experiments and true experiments in field setting. In Dunette, D. (Ed.) Handbook of industrial and organizational psychology. Chicago: Rand McNally, 1976, 223–326.

Cook, T. D., & Campbell, D. T.: Quasi-experimentation. Design & analysis issues for field setting. Chicago: Rand McNally, 1979.

Cooley, W. W., & Lohnes, P. R.: Multivariate data analysis. New York: Wiley, 1971.

Coombs, C. H.: Psychological scaling without a unit of measurement. Psychological Review, 1950, 57, 148–158.

Coombs, C. H.: A theory of data. New York: Wiley, 1964.

Coombs, C. H., Dawes, R. M., & Tversky, A.: Mathematische Psychologie. Eine Einführung. Weinheim: Beltz, 1975.

Coombs, C. H.: A note on the relation between the vector model and the unfolding model for preference. Psychometrika, 1975, 40, 115–116.

Coombs, C. H., & Avrunin, G. S.: Single-peaked functions and the theory of preference. Psychological Review, 1977a, 84, 216–230.

Coombs, C. H., & Avrunin, G. S.: A theorem on single-peaked preference functions in one dimension. Journal of Mathematical Psychology, 1977b, 16, 216–266.

Coombs, C. H., & Avrunin, G. S.: Single-peaked functions and the theory of preference. In Lantermann, E. O., & Feger, H. (Eds.) Similarity and choice. Bern: Huber, 1980, 182–207.

Coombs, C. H., Dawes, R. M., & Tversky, A.: Mathematical psychology: an elementary introduction. Englewood Cliffs, N. J.: Prentice Hall, 1970.

Coombs, C. H., Dawes, R. M., & Twersky, A.: Mathematische Psychologie. Übersetzt von Wendt, D. et al. Weinheim: Beltz, 1975.

Coombs, C. H., & Kao, R. C.: On a connection between factor analysis and multidimensional unfolding. Psychometrika, 1960, 25, 219–231.

Cooper, L. G.: A new solution to the additive constant problem in metric multidimensional scaling. Psychometrika, 1972, 37, 311–323.

Costner, H. L.: Theory, deduction, and rules of correspondence. American Journal of Sociology, 1969, 75, 245–263.

Cottrell, jr., L. S.: The case-study method in prediction. Sociometry, 1941, 4, 358–370.

Cowles, A.: Can stock market forecasters forecast? Econometrica, 1933, 1, 3, 309–324.

Cox, D. R.: The use of a concomitant variable in selecting an experimental design. Biometrika, 1957, 44, 150–158.

Cox, D.R., & Miller, H.D.: The theory of stochastic processes. London: Chapman & Hall, 1965.

Cox, R., & Vargas, J.S.: Ein Vergleich von Itemauswahltechniken für normbezogene und kriterienbezogene Tests. In Strittmatter, P. (Ed.) Lernzielorientierte Leistungsmessung. Weinheim: Beltz, 1973.

Cramer, E.M., & Appelbaum, M.I.: Nonorthogonal analysis of variance – once again. Psychological Bulletin, 1980, 87, 51–57.

Cranach, M.v., & Frenz, H.-G.: Systematische Beobachtung. In Graumann, C.F. (Ed.) Sozialpsychologie. Handbuch der Psychologie, Bd. 7, 1. Halbband. Göttingen: Hogrefe, 1969, 269–331.

Crano, W.D., & Brewer, M.B.: Einführung in die sozialpsychologische Forschung. Köln: Kiepenheuer & Witsch, 1975.

Cremer, R.: Integration sozialer Indikatoren in ökonometrische Modelle. Göttingen: Vandenhoeck & Ruprecht, 1980.

Cremer, R., & Knepel, H.: Ein Indikatorenmodell für sozioökonomische Problembereiche des Arbeitsmarktes. Mitteilung aus der Arbeitsmarkt- und Berufsforschung, 1980, 13, 125–136.

Crepsi, I.: Use of a scaling technique in surveys. Journal of Marketing, 1961, 25, 69–72.

Cronbach, L.J.: Response sets and test validity. Eductional and Psychological Measurement, 1946, 6, 475–494.

Cronbach, L.J.: Further evidence on response sets and test design. Educational and Psychological Measurement, 1950, 10, 3–31.

Cronbach, L.J.: The two disciplines of scientific psychology. American Psychologist, 1957, 12, 671–684.

Cronbach, L.J.: Essentials of psychological testing. New York: Harper & Row, 1970[3].

Cronbach, L.J.: Test validation. In Thorndike, R.L. (Ed.) Educational measurement. Washington, D.C.: American Council on Education, 1971.

Cronbach, L.J.: Beyond the two disciplines of scientific psychology. American Psychologist, 1975, 30, 116–127.

Cronbach, L.J., & Furby, L.: How we should measure "change" – or should we? Psychological Bulletin, 1970, 74, 68–80.

Cronbach, L.J., & Gleser, G.C.: Assessing similarity between profiles. Psychological Bulletin, 1953, 50, 456–473.

Cronbach, L.J., & Gleser, G.C.: Psychological tests and personnel decisions. Urbana: University of Illinois Press, 1957 und 1965[2].

Cronbach, L.J., & Meehl, P.E.: Construct validity in psychological tests. Psychological Bulletin, 1955, 52, 4, 281–302.

Cronbach, L.J., Rajaratnam, N., & Gleser, G.C.: Theory of generalizability: liberalisation of reliability theory. British Journal of Statistical Psychology, 1963, 16, 137–163.

Cronbach, L.J., Gleser, G.C., Nanda, H., & Rajaratnam, N.: The dependability of behavioral measurement: theory of generalizability for scores and profiles. New York: Wiley, 1972.

Crowne, D.P., & Marlowe, D.: A new scale of social desirability independent of psychopathology. Journal of Consulting Psychology, 1960, 24, 349–354.

Crott, H.: Social interaction and group processes. Stuttgart: Kohlhammer, 1979.

Cube, F., & Gunzenhäuser, R.: Über die Entropie von Gruppen. Quickborn: Quickborner Team, 1967[2].

Dahme, B.: Zeitreihenanalyse und psychotherapeutischer Prozess. In Petermann, F. (Ed.) Methodische Grundlagen Klinischer Psychologie. Weinheim: Beltz, 1977.

Dahme, 'B.: Statistische Analyse kurzer Zeitreihen in der klinischen Effektprüfung. In Petermann,, F., & Hehl, F.-J. (Eds.) Einzelfallanalyse. München: Urban & Schwarzenberg, 1979.

Dalton, M.: Preconceptions and methods in men who manage. In Hammond, P. (Ed.) Sociologists at work. New York: Basic Books, 1964.

Dana, J.M., & Dana, R.H.: Experimenter bias or task bias? Perceptual and Motor Skills, 1969, 29, 8.

Danneberg, E.: Gruppenbildung in einer Mädchenklasse. Gruppendynamik, 1970, 2, 155.

Darley, J.M., & Latanè, .: Bystander intervention in emergencies: diffusion of responsibility. Journal of Personal and Social Psychology, 1968, 8, 377–383.

Data Resources: The data resources national economic information system. Amsterdam: North-Holland, 1976.

Daumenlang, K., & Johann, G. K.: Nichtmetrische multidimensionale Skalierung und Faktorenanalyse der LSP. Manuskript, zur Veröffentlichung vorgesehen, 1981.

Davidson, J. A.: A geometrical analysis of the unfolding model: nondegenerate solutions. Psychometrika, 1972, 37, 193–216.

Davidson, J. A.: A geometrical analysis of the unfolding model: general solutions. Psychometrika, 1973, 38, 305–336.

Davison, M. L.: Fitting and testing Carroll's weighted unfolding model for preferences. Psychometrika, 1976a, 41, 233–247.

Davison, M. L.: External analysis of preference models. Psychometrika, 1976b, 41, 557–558.

Davison, M. L.: A psychological scaling for testing order hypotheses. British Journal of Mathematical & Statistical Psychology, 1980, 33, 123–141.

Dawes, R. M.: Grundlagen der Einstellungsmessung. Weinheim: Beltz, 1977.

Dawes, R. M.: You can't systematize human judgment: dyslexia. In Shweder, R. A. (Ed.) Fallible judgment in behavioral research. New Directions for Methodology of Social and Behavioral Science, 1980, 4, 67–78. San Francisco: Jossey-Bass.

Dawes, R. M., & Moore, M.: Die Guttman-Skalierung orthodoxer und randomisierter Reaktionen. In Petermann, F. (Ed.) Einstellungsmessung. Einstellungsforschung. Göttingen: Hogrefe, 1980, 117–133.

Dawkins, R.: Das egoistische Gen. Berlin: Springer, 1978.

Dayton, C. M., & Macready, G. B.: A probabilistic model for validation of behavioral hierarchies. Psychometrika, 1976a, 41, 189–204.

Dayton, C. M., & Macready, G. B.: Computer programs for probabilistic models. Measurement & Statistic – Research Report – College of Education. University of Maryland. June 1976b.

Dayton, C. M., & Macready, G. B.: A scaling model with response errors and intendically unscalable respondent. Psychometrika, 1980, 45, 343–356.

Dean, J., Eichhorn, R., & Dean, L.: Establishing field relations. In McCall, G. J., & Simmons, J. L. (Eds.) Issues in participant observation: a text and a reader. Reading, Mass.: Addison-Wesley, 1969, 68–70.

Deetjen, G.: Industriellenprofile in Massenmedien. Ein neuer Ansatz zur Aussagenanalyse. Hamburg: Bredow, 1977.

Degerman, R.: Multidimensional analysis of complex structure: mixtures of class and quantitative variation. Psychometrika, 1970, 35, 475–491.

Degerman, R. L.: The geometric representation of some simple structures. In Shepard, R. N. (Ed.) Multidimensional scaling. New York: Seminar Press, 1972, 193–211.

De Groot, A. D.: Methodology, foundation of inference and research in the behavioral sciences. Mouton: The Hague, 1969.

Deichsel, A.: Hamburger kommunikationssoziologisches Wörterbuch (HKW). Hamburg (Seminar für Sozialwissenschaften der Universität Hamburg) 1973.

Deichsel, A.: Elektronische Inhaltsanalyse: Zur quantitativen Beobachtung sprachlichen Handelns. Philosophische Dissertation, Hamburg, 1973.

Deichsel, A.: Elektronische Inhaltsanalyse: Zur quantitativen Beobachtung sprachlichen Handelns. Berlin: Spiess, 1975.

Delbeke, L.: Construction of preference spaces. Louvain, Belgium: Publications of the University of Louvain, 1968.

De Leeuw, J.: Correctness of Krukal's algorithms for monotone regression with ties. Psychometrika, 1977, 42, 141–144.

De Leeuw, J., & Heiser, W.: Theory of multidimensional scaling. In Krishnaiah, P. R., & Kanal, L. (Eds.) Handbook of statistics. New York: North Holland, 1981.

De Ley, J.: Comparative biochemistry and enzymology in bacterial classification. Symposium of the Society for General Microbiology, 1962, 12, 164–195.

Denz, H.: Trennschärfebestimmung von Items und Likert-Skalierung. In Holm, K. (Ed.) Die Befragung. Bd. 4. München: Franke, 1976, 96–108.

Denz, H.: Analyse latenter Strukturen. München: Franke, 1982.

Deutsch, K. W.: Politische Kybernetik. Modelle und Perspektiven. Freiburg: Rombach, 1970.

Deutsche Bundesbank: Aufbau und Ergebnisse des ökonometrischen Modells der Deutschen Bundesbank. Monatsberichte der Deutschen Bundesbank, 1975, Mai, 28 ff.

Deutsche Bundesbank: Weiterentwicklung des ökonometrischen Modells der Deutschen Bundesbank. Monatsberichte der Deutschen Bundesbank, 1978, April, 22 f.

Devlin, S., Gnanadesikan, R., & Kettenring, J.: Robust estimation and outlier detection with correlation coefficients. Biometrika, 1975, 62, 531–545.

De Vries Reilingh, H. D.: Soziographie. In König, R. (Ed.) Handbuch der empirischen Sozialforschung. Bd. 4. Stuttgart: Enke, 1973.

Dichtl, E.: Faktorenanalyse und Clusteranalyse als Instrument der Absatzforschung. Betriebswirtschaftliches Institut der Friedrich-Alexander-Universität Erlangen-Nürnberg. Arbeitspapiere 3, 1975.

Dickenberger, D., Holtz, S., & Gniech, G.: Bedürfnis nach sozialer Anerkennung: Validierung der „Marlowe-Crone Social Desirability Scale" über ein Konzept individuell relevanter Gruppen. Diagnostica, 1978, 24, 24–38.

Dickstein, L. S., & Kephart, J. L.: Effect of explicit examinar expectancy upon WAIS performance. Psychological Reports, 1972, 30, 207–212.

Diehl, B., & Schäfer, B.: Techniken der Datenanalyse beim Eindrucksdifferential. In Bergler, R. (Ed.) Das Eindrucksdifferential. Bern: Huber, 1975, 157–211.

Diemer, A.: Was heißt Wissenschaft? Meisenheim: Hain, 1964.

Diemer, A. (Ed.): Der Wissenschaftsbegriff. Meisenheim: Hain, 1970.

Dierkes, M.: Die Analyse von Zeitreihen und Longitudinalstudien. In Koolwijk, J. v., & Wieken-Mayser, M. Techniken der empirischen Sozialforschung. Bd. 7, Datenanalyse. München: Oldenbourg, 1977, 111–169.

Diesing, P.: Patterns of discovery in the social sciences. Chicago: Aldine, 1971.

Dieterich, R.: Psychodiagnostik. Grundlagen und Probleme. München: Reinhardt, 1973.

Dingler, H.: Das Experiment. Sein Wesen und seine Geschichte. München: Reinhardt, 1928.

Dipboye, R. L., & Flanagan, M. F.: Research settings in industrial and organizational psychology: are findings in the field more generalizable than in laboratory? American Psychologist, 1979, 34, 141–150.

Di Vesta, F. J., & Dick, W.: The test-retest reliability of children's rating on the semantic differential. Educational Psychological Measurement, 1966, 26, 605–616.

Dörner, D.: Die kognitive Organisation beim Problemlösen. Bern: Huber, 1974.

Dörner, D.: Problemlösen als Informationsverarbeitung. Stuttgart: Kohlhammer, 1976.

Dörner, D., Kreuzig, H. W., Reither, F., & Staeudel, Th. (Eds.): Lohausen: Vom Umgang mit Komplexität. Bericht der Universität Bamberg, 1980.

Doetsch, G.: Anleitung zum praktischen Gebrauch der Laplace-Transformation und der Z-Transformation. München: Oldenbourg, 1967.

Dollard, J., & Mowrer, O. H.: A method of measuring tension in written documents. Journal of Abnormal and Social Psychology, 1947, 42, 3–32.

Dollase, R.: Struktur und Status. Weinheim: Beltz, 1976.

Dollase, R.: Soziometrie als Interventions- und Meßinstrument. Gruppendynamik, 1975, 2, 82–92.

Dollase, R.: Soziometrische Techniken. Weinheim: Beltz, 1973.

Dollase, R.: Soziometrische Techniken im Sport. Gruppendynamik, 1979, 1, 19–23.

Doob, A. N., & Gross, A. E.: Status of frustrator as an inhibitor of hornhonking responses. Journal of Social Psychology, 1968, 76, 213–218.

Dorsch, F. (Ed.): Psychologisches Wörterbuch. Bern: Huber, 1982[10].

Douglas, J. D.: Investigative social research. (Individual and team field research.) Beverly Hills: Sage Publications, 1976.

Downey, H. K., Chacho, Th. J., & McElroy, J. C.: Attribution of the „Causes" of performance: a constructive, quasi-longitudinal replication of the staw (1975) study. Original Behavior and Human Performance, 1979, 24, 287–299.

Drenth, P. J. D.: Der psychologische Test. München: Barth, 1969.

Dröge, F. W.: Publizistik und Vorurteil. Münster: Regensberg, 1967.

Duesenberry, J. S., et al. (Eds.): The brookings model: some further results. Amsterdam: North-Holland Publishing, 1969.

Dukes, W.F.: N = 1. Psychological Bulletin, 1965, 64, 74–79.

Duncker, K.: Zur Psychologie des produktiven Denkens. Berlin: Springer, 1935.

Dunette, M.D., & Borman, W.C.: Personel selection and classification systems. Annual Review of Psychology, 1979, 30, 477–525.

Dunsmore, I.R.: A Bayesian approach to classification. Journal of the Royal Statistical Society, 1966, 28, 568–577.

Dunsmore, I.R.: Regulation and optimation. Journal of the Royal Statistical Society, 1969 B, 31, 160–170.

Dunsmore, I.R.: A Bayesian approach to calibration. Journal of the Royal Statistical Society, 1968 B, 30, 396–405.

Dunsmore, I.R.: Asymptotic prediction analysis. Biometrika, 1976, 63, 3, 627–630.

Dunsmore, I.R.: Some approximations for tolerance factors for the two parameter exponential distribution. Technometrics, 1978, 20, 317–318.

Durhem, P.: La Théorie Physique – Son Objet, Sa Structure. Paris: o.V., 1914.

Durkheim, E.: Les règles de la méthode sociologue. Paris: Presses Universitaires de France, 1895.

Ebbesen, Ee.B., & Konečni, V.J.: On the external validity of decision – making research: what do we know about decisions in the real word? In Wallsten, T.S. (Ed.) Cognitive processes in choice and decisison behavior. Hillsdale, N.J.: Erlbaum, 1980, 21–45.

Ebbinghaus, H.: Über das Gedächtnis. Darmstadt: Wissenschaftliche Buchgesellschaft, 1971.

Eberlein, G.: Über das Gedächtnis. Darmstadt: Wissenschaftliche Buchgesellschaft, 1971.

Ebert, R.J.: A comparison of human and statistical forecasting. AIIE Transactitons, 1976, 8, 120–127.

Echterhoff, W.: Lern- und Veränderungsmessung. In Klauer, K.J. (Ed.) Handbuch der Pädagogischen Diagnostik. Bd. 1 Düsseldorf: Schwann, 1978, 157–175.

Eckart, C., & Young, G.: The approximation of one matrix by another of lower rank. Psychometrika, 1936, 1, 211–218.

Eckensberger, L.H.: Methodological issues of cross-cultural research in developmental psychology-methodological issues. New York: Academic Press, 1973.

Eckes, T., & Rossbach, H.: Clusteranalysen. Stuttgart: Kohlhammer, 1980.

Eckstein, D.: Eine gruppendynamische Übung unter Benutzung eines Fragebogens zur Prozeßanalyse. Gruppendynamik, 1973, 1, 98–109.

Eckstein, O., Green, E.W., & Sinai, A.: The data resources model: uses, structure and analysis of the U.S. economy. International Economic Review, 1974, 15, 595 ff.

Edgington, E.S.: Statistical inference from N = 1 experiments. Journal of Psychology, 1967, 65, 195–199.

Edgington, E.S.: Approximate randomization tests. Journal of Psychology, 1969, 72, 143–149.

Edgington, E.S.: N = 1. Hypothesis testing. The Canadian Psychologist, 1972, 2, 121–134.

Edgington, E.S.: Randomozation tests for one-subject operant designs. Journal of Psychology, 1975, 90, 57–68.

Edwards, A.L., & Kilpatrick, F.P.: Scale analysis and the measurement of social attitudes. Psychometrika, 1948, 13, 99–144.

Edwards, A.L.: The relationship between the judged desirability of a trait and the probability that the trait will be endorsed. Journal of Applied Psychology, 1953, 37, 90–93.

Edwards, A.L.: Techniques of attitude scale construction. New York: Appleton-Crofts, 1957.

Edwards, A.L.: The social desirability variable in personality assessment and research. New York: Dryden, 1957.

Edwards, A.L.: The social desirability variable: a broad statement. In Berg, I.A. (Ed.) Response set in personality assessment. Chicago: Aldine, 1967, 32–47.

Edwards, A.L.: The measurement of personality traits by scales and interviews. New York: Holt, Rinehart & Winston, 1970.

Egle, F.: Ansätze für eine systematische Beobachtung und Analyse der Arbeitslosigkeit. Beiträge zur Arbeitsmarkt- und Berufsforschung, 1979, 36.

Ehrenberg, A.S.C.: Rudiments of numeracy. Journal of the Royal Statistical Society, 1977 A, 140, 277–297.

Eichner, K., & Schmidt, P.: Aktionsforschung – Eine neue Methode? Soziale Welt, 1974, 25, 145–168.

Eigen, M., & Winkler, R.: Das Spiel. Naturgesetze steuern den Zufall. München: Piper, 1975.

Eigler, G., & Straka, G. A.: Mastery learning – Lernerfolg für jeden? München: Urban & Schwarzenberg, 1978.

Einhorn, H. J.: Overconfidence in judgment. In Shweder, R. A. (Ed.) Fallible judgment in behavioral research. New Directions of Social and Behavioral Science, No. 4, San Francisco: Jossey-Bass, 1980, 1–16.

Einstein, zit. nach Lewin, K.: Feldtheorie in den Sozialwissenschaften. Ausgewählte theoretische Schriften. Bern: Huber, 1963.

Eisele, U., Dornette, W., & Fritsch, G.: Arbeitsmodell zur funktionalen Diagnostik kindlicher Entwicklungsstörungen. In Tack, W. H. (Ed.) Bericht über den 30. Kongreß der Deutschen Gesellschaft für Psychologie in Regensburg 1976. Bd. 2. Göttingen: Hogrefe, 1977, 30–32.

Elashof, J. D., & Snow, R. E.: Pygmalion auf dem Prüfstand. München: Kösel, 1972.

Elbing, E.: Das Soziogramm der Schulklasse. München: Reinhardt, 1975[5].

Ellsworth, P. C.: From abstract ideas to concrete instances. American Psychologist, 1977, 32, 604–615.

Elwood, D.: Reliability of automated intelligence testing using a three – month test – retest intervall. International Review of Applied Ppsychology, 1973, 22, 157–163.

Emrick, J. A.: An evaluation model for mastery learning. Journal of Educational Measurement, 1971, 1, 312–326.

Endler, N. S., Hunt, J. M. V., & Rosenstein, A. J.: An S-R inventory of anxiousness. Psychological Monograph: General and Applied, 1962, 76, 1–33.

Endler, N. S., & Magnusson, D. (Eds.): Interactional psychology and personality. New York: Wiley, 1976.

Endler, N. S., & Okada, M.: A multidimensional measure of trait anxiety: the S-R inventory of general trait anxiousness. Journal of Consulting and Clinical Psychology, 1975, 43, 319–329.

Engelmayer, O.: Das Soziogramm in der modernen Schule. München: Ehrenwirt, 1964.

Erdos, P. L.: Professional mail surveys. New York: Wiley, 1970.

Ericson, K. A., & Simon, H. A.: Verbal reports as data. Psychological Review, 1980, 87, 215–251.

Ernst, G. W., & Newell, A.: GPS: a case study in generality and problem solving. New York: Academic Press, 1969.

Ertel, S.: Die Standardisierung eines Eindrucksdifferentials. Zeitschrift für experimentelle und angewandte Psychologie, 1965, 12, 22–58.

Ertel, S.: Erkenntnis und Dogmatismus. Psychologische Rundschau, 1972, 23, 241–269.

Esenwein-Rothe, I.: Die Arbeitsmarktstatistik im Lichte der Fehlertheorie. Allgemeines Statistisches Archiv, 1977, 61, 2.

Eser, A., & Schumann, K. F. (Eds.): Forschung im Konflikt mit Recht und Ethik. Stuttgart: Enke, 1976.

Esser, H.: Der Befragte. In Koolwijk, J. v., & Wieken-Mayser, M. (Eds.) Techniken der empirischen Sozialforschung. Bd. 4. München: Oldenbourg, 1974, 107–145.

Esser, H.: Soziale Regelmäßigkeiten des Befragtenverhaltens. Meisenheim: Hain, 1975.

Esser, H.: Zum Problem der Reaktivität bei Forschungskontakten. Kölner Zeitschrift für Soziologie und Sozialpsychologie, 1975, 27, 257–272.

Esser, H.: Response Set – Methodische Problematik und soziologische Interpretation. Zeitschrift für Soziologie, 1977, 6, 253–263.

Essler, W. K.: Wissenschaftstheorie III. Wahrscheinlichkeit und Induktion. Freiburg: Alber, 1973.

Esso Standard Oil Company (Ed.): Action research program for organization improvement. Ann Arbor. Mich., 1960.

Evan, W. (Ed.): Organizational experiments: laboratory and field research. New York: Harper & Row, 1971.

Evans, M. K., & Klein, L. R.: The Wharton econometric forecasting model. Studies in Quantitative Economics, 1968, 2.

Evans, M.K., Haitovsky, Y., & Treyz, G.I.: An analysis of the forecasting properties of the U.S. econometric models. In Hickman, B.G. (Ed.) Econometric Models of Cyclical Behavior. New York: Columbia University Press, 1972, 949–1139.

Everitt, B.S.: Graphical techniques for multivariate data. London: Heinemann Educatioal Books, 1978.

Fachbereich Sozialpädagogik an der Pädagogischen Hochschule Berlin: Überlegungen zur Handlungsforschung in der Sozialpädagogik. In Haag, F. et al. Aktionsforschung. München: Juventa, 1975[2], 56–75.

Fahrenberg, J.: Aufgaben und Methoden der psychologischen Verlaufsanalyse (Zeitreihenanalyse). In Groffmann, K.J., & Wewetzer, K.H. (Eds.) Person als Prozeß. Bern: Huber, 1968.

Fahrenberg, J., Selg, H., & Hampel, R.: Das Freiburger Persönlichkeitsinventar. Göttingen: Hogrefe, 1978[3].

Fair, R.C.: A short-run forecasting model of the United States economy. Lexington: D.C. Heath & Co., 1971.

Fairweather, G.W.: Methods for experimental social innovation. New York: Wiley, 1967.

Falmagne, J.C.: On a class of probabilistic conjoint measurement models: some diagnostic properties. Journal of Mathematical Psychology, 1979, 19, 73–88.

Färber, B., & Zimmer, A.: Statistischer und entscheidungsorientierter Vergleich der Testmodelle von Rasch und Birnbaum. Diagnostica, 1980, 26, 10–20.

Faverge, J.-M.: Mathematisch-statistische Methoden in der Psychologie. Bern: Huber, 1980.

Feger, H., & Wieczorek, R.: Multidimensionale Skalierung in der Einstellungsmessung. In Petermann, F. (Ed.) Einstellungsmessung. Einstellungsforschung. Göttingen: Hogrefe, 1980, 153–174.

Feinberg, B.M.: Approaches to kinostatistics. 16mm sound/color, 15 min., BSSR, 1973.

Feldman. J.: First thoughts on grammatical inference. Memo. Stanford University, Computer Science Department, Artificial Intelligence, 1967, 11.

Feldman. J.A., Gips, J., Horning, J.J., & Reder, S.: Grammatical complexity and inference. Memo. Stanford University, Computer Science Department, Artificial Intelligence, 1969, 125.

Fend, H.: Schulklima. Soziale Einflußprozesse in der Schule. Weinheim: Beltz, 1977.

Fend, H.: Theorie der Schule. München: Urban & Schwarzenberg, 1980.

Ferber, R., & Hirsch, W.Z.: Social experimentation and economic policy: a survey. Journal of Economic Literature, 1978, 16, 1379–1414.

Festinger, L.: Laboratory experiments. In Festinger, L., & Katz, D. (Eds.) Research methods in the behavioral sciences. New York: Holt, Rinehart & Winston, 1953, 136–172.

Festinger, L.: A theory of cognitive dissonance. Stanford: Row, 1957.

Feyerabend, P.K.: Erkenntnis für freie Menschen. Frankfurt: Suhrkamp, 1979.

Fieguth, G.: Die Entwicklung eines kategoriellen Beobachtungsschemas. In Mees, U., & Selg, H. (Eds.) Verhaltensbeobachtung und Verhaltensmodifikation. Stuttgart: Klett, 1977, 33–42.

Fieguth, G.: Beobachtertraining. In Mees, U., & Selg, H. (Eds.) Verhaltensbeobachtung und Verhaltensmodifikation. Stuttgart: Klett, 1977, 78–87.

Fienberg, S.E.: The analysis of cross-classified categorical data. Cambridge, Mass.: MIT-Press, 1977.

Fienberg, S.E., & Mason, W.M.: Identification and estimation of age-period-cohort models in the analysis of discrete archival data. In Shuessler, K. (Ed.) Sociological methodology. San Francisco: Jossey-Bass, 1979.

Filipp, S.-H.: Korrelate des internen Selbstmodells: Situation, Persönlichkeit und elterlicher Erziehungsstil. Dissertation, Trier, 1975.

Fillenbaum, S.: Prior deception and subsequent experimental performance: the ,,Faithful'' subject. Journal of Personality and Social Psychology, 1966, 4, 532–537.

Fischer, H.: Gruppenstruktur und Gruppenleistung. Bern: Huber, 1962.

Fischer, G.H.: Einführung in die Theorie psychologischer Tests. Grundlagen und Anwendungen. Bern: Huber, 1974.

Fischer, G.H.: Probabilistic test models and their applications: a review. German Journal of Psychology, 1978, 2, 298–319.

Fischer, W., & Micko, H. C.: More about metrics of subjective spaces and attention distribution. Journal of Mathematical Psychology, 1972, 9, 36–54.

Fischer, G. H., & Spada, H.: Die psychometrischen Grundlagen des Rorschachtests und der Holtzman Inkblot Technique. Bern: Huber, 1973.

Fischoff, B.: Hindsight non-equal foresight: the effect of outcome knowledge on judgment under uncertainty. Journal of Experimental Psychology: Human Perception and Performance, 1975, 1, 288–299.

Fischoff, B. et al.: Acceptable risk. New York: University Press, 1982.

Fishbein, M., & Ajzen, I.: Attitudes toward object as predictors of single and multiple behavioral criteria. Psychological Reciew, 1974, 81, 59–74.

Fishbein, M., & Ajzen, I.: Belief, attitude, intention and behavior: an introduction to theory and research. Reading, Mass.: Addison-Wesley, 1975.

Fisher, R. A.: The design of experiments. London: Oliver & Boyd, 1935.

Fisher, R. A.: The use of multiple measurements in taxonomic problems. Annals of Eugenics, 1936, 7, 179–188.

Fisher, R. A.: The statistical utilization of multiple measurements. Annals of Eugenics, 1937–1938, 8, 376–386.

Fittkau, B.: Ratingskalen in der pädagogischen Beurteilung. In Klauer, K. J. (Ed.) Handbuch der pädagogischen Diagnostik. Bd. 3. Düsseldorf: Schwann, 1978, 727–747.

Flade, A.: Die Beurteilung umweltpsychologischer Konzepte mit einem konzeptspezifischen und einem universellen Semantischen Differential. Zeitschrift für experimentelle und angewandte Psychologie, 1978, 25, 367–387.

Flammer, A.: Individuelle Unterschiede im Lernen. Weinheim: Beltz, 1975.

Flaskämper, P.: Theorie der Indexzahlen. Beitrag zur Logik des statistischen Vergleichs. Berlin: De Gruyter, 1928.

Fleiss, J. L.: Measuring nominal scales agreement among many raters. Psychological Bulletin, 1971, 76, 378–382.

Floppa, K.: Lernen, Gedächtnis, Verhalten. Köln: Kiepenheuer & Witsch, 1965.

Ford, N. M.: The advance letter in mail surveys. Journal of Marketing Research, 1967, 4, 202–204.

Forward, J. R., Cauter, R., & Kirsch, N.: Role-enactment and deception methodologies: alternative paradigms? American Psychologists, 1976, 31, 595–604.

Foster, G. M., Colson, E., Scudder, T., & Kemper, R. V. (Eds.): Long-term field research in social anthropology. New York: Academic Press, 1979.

Frank, L. K.: Projective methods. Springfield III: Thomas, 1948.

Franke, H.: Organisationspsychologie als wissenschaftliche Disziplin. In Mayer, A. (Ed.) Organisationspsychologie. Stuttgart: Poeschl, 1976, 332–349.

Frederiksen, N., & Melville, S. D.: Differential predictability in the use of test scores. Educational and Psychological Measurement, 1954, 14, 647–656.

Frederiksen, C. H., & Rotondo, J.: Time series models and the study of longitudinal change. In Nesselroade, J. R., & Baltes, P. B. (Eds.) Longitudinal research in the study of behavior and development. New York: Academic Press, 1979.

Freedle, R. O. (Ed.): New directions in discourse processing. Hillsdale, N.J.: Ablex, 1979.

Freeman, L. C.: A set of measurement of centrality based on betweeness. Sociometry, 1977, 40, 35–40.

Freilich, M.: Field work: an introduction. In Freilich, M. (Ed.) Marginal natives at work. Anthropologists in the field. New York: Wiley, 1977, 1–37.

Freire, P.: Pädagogik der Unterdrückten. Stuttgart: Kohlhammer, 1971.

Freire, P.: Erziehung als Praxis der Freiheit. Reinbek: Rowohlt, 1977.

Freiwald, H. et al.: Das Deutschlandproblem in Schulbüchern der Bundesrepublik. Düsseldorf: Bertelsmann, 1973.

French, J. R. P.: Experiments in field settings In Festinger, L., & Katz, D. (Eds.) Research methods in the behavioral sciences. New York: Holt, Rinehart & Winston, 1953, 98–135.

Frerichs, W.: Ein disaggregiertes Prognosemodell für die BRD, 1. Die Staatssektoren, Meisenheim: Hain, 1975.

Frerichs, W., & Kübler, K.: Input-output-Prognosemodelle für die Bundesrepublik Deutschland. Zeitschrift für die gesamte Staatswissenschaft, 1977, 133, 276–286.

Frerichs, W., & Kübler, K.: Gesamtwirtschaftliche Prognoseverfahren. München: Vahlen, 1980.

Frey, S., & Frenz, W.G.: Experiment und Quasi Experiment im Feld. In Patry. J.-L. (Ed.) Feldforschung. Methoden und Probleme sozialwissenschaftlicher Forschung unter natürlichen Bedingungen. Bern: Huber, 1982.

Freyer, H.: Theorie des objektiven Geistes. Leipzig: Teubner, 1928.

Fricke, R.: Kriteriumsorientierte Leistungsmessung. Stuttgart: Kohlhammer, 1974.

Fricke, R.: Gütekriterien von Tests. In Klauer, K.J. (Ed.) Handbuch der Pädagogischen Diagnostik. Bd. 1 Düsseldorf: Schwann, 178, 215–224.

Fricke, W.: Autonomie-orientierte Organisationsentwicklung als gemeinsamer Lernprozeß von Wissenschaftlern und Arbeitern. In Bartölke, K. et al. (Eds.) Arbeitsqualität in Organisationen. Wiesbaden: Gabler, 1978, 277–287.

Fried, S.B., Gumper, R.D.C., & Allen, J.C.: Ten years of psychology – is there a growing commitment to field research? American Psychologist, 1973, 28, 155–156.

Friedman, J., Tukey, J.W., & Tukey, P.A.: Approaches to analysis of data that higher-dimensional manifolds. Proc. 2nd IRIA Symp. Data Anal. Informatics, Versailles, 1979.

Friedman, N.: The social nature of psychological research: the psychological experiment as a social interaction. New York: Basic Books, 1967.

Friedrich, W., & Henning, W.: Der sozialwissenschaftliche Forschungsprozeß. Berlin: Deutscher Verlag der Wissenschaften, 1975.

Friedrichs, J.: Methoden empirischer Sozialforschung. Reinbek: Rowohlt, 1973.

Friedrichs, J., & Lüdtke, H.: Teilnehmende Beobachtung. Weinheim: Beltz, 1973[2] und 1977[3].

Friedrichs, J.: Methoden empirischer Sozialforschung. Opladen: Westdeutscher Verlag, 1981[9].

Frohmann, M.A., Sashkin, M., & Kavanagh, M.J.: Action research as applied to organization development. Organization and Administrative Sciences, 1976, 129–161.

Frohn, J.: Grundausbildung in Ökonometrie. Berlin: De Gruyter, 1980.

Fromkin, H.L., & Streufert, S.: Laboratory experimentation. In Dunette, M.D. (Ed.) Handbook of industrial and organizational psychology. Chicago: Rand NcNally, 1976, 415–416.

Fromm, G., & Klein, L.R.: A comparison of eleven econometric models of the United States. American Economic Review, Papers and Proceedings, May 1973, 385ff.

Fromm, G., & Klein, L.R. (Eds.): The brookings model: perspective and recent development. Amsterdam: North Holland, 1975.

Früh, W.: Inhaltsanalyse. Theorie und Praxis. München: Ölschläger, 1981.

Fuchs, A., & Schäfer, B.: Kriterien und Techniken der Merkmalsselektion bei der Konstruktion eines Eindrucksdifferentials. Archiv für Psychologie, 1972, 124, 282–302.

Fuchs, A.: Das Eindrucksdifferential als Instrument zur Erfassung emotionaler Bedeutungsprozesse. In Bergler, R. (Ed.) Das Eindrucksdifferential. Bern: Huber, 1975, 69–100.

Fuchs, W.: Empirische Sozialforschung als politische Aktion. Sozial Welt, 1970/71, 21/22, 1–17.

Furby, L.: Interpreting regression toward the mean in development research. Developmental Psychology, 1973, 8, 172–179.

Gabriel, K.R.: The biplot graphic display of matrices with applications to principal components analysis. Biometrika, 1971, 58, 453–467.

Gadenne, V.: Die Gültigkeit psychologischer Untersuchungen. Stuttgart, Kohlhammer, 1976.

Gaebler, M.: Konstruktion von Einstellungsskalen für 4- und 5jährige Kinder. Diagnostica, 1979, 25, 125–141.

Gäfgen, G.: Theorie der wirtschaftlichen Entscheidung. Tübingen: Mohr, 1974.

Gaensslen, H., & Schubö, W.: Einfache und komplexe statistische Analyse. München: Reinhardt, 1976[2].

Gaertner, S., & Bickman, L.: Effects of race on the elicitation of helping behavior: the wrong number technique. Journal of Personality and Social Psychology, 1971, 20, 218–222.

Galler, H.: Optimale Wirtschaftspolitik. Frankfurt: Campus, 1976.

696 Literaturverzeichnis

Galler, H.: Zur Verknüpfung mikroanalytischer Simulationsmodelle mit ökonometrischen Kreislaufmodellen. In Schmidt, H., & Schips, b. (Eds.) Verknüpfung sozio-ökonomischer Modelle. Frankfurt: Campus, 1980, 430 ff.

Galler, H., & Steger, A.: Mikroanalytische Bevölkerungssimulation als Grundlage Sozialpolitischer Entscheidungen – Erste Ergebnisse. In Krupp, H. J., & Glatzer, W. (Eds.) Umverteilung im Sozialstaat. Frankfurt: Campus, 1978, 237 ff.

Gallhofer, I. N., & Sarris, W. E.: The strategy of foreign policy decision makers. Journal of Conflict Resolution, 1979, 23, 425–445.

Galtung, J.: Theory and method of social research. Oslo: Columbia Unversity Press, 1967.

Gardner, R. D., Kirby, D. M., Gorospe, F. H., & Villamin, A. C.: Ethnic stereotypes: an assessment technique, the stereotype differential. Journal of Social Psychology, 1972, 87, 259–267.

Geissner, S.: Posterior odds for multivariate normal classification. Journal of the Royal Statistical Society, 1964, B, 26, 69–76.

Geissner, S.: The inferential use of predictive distributions. In Godambe, V. P., & Sprott, D. A. (Eds.) Foundations of Statistical Inference. Toronto: Holt, 1971.

Gentile, J. R., Roden, A. H., & Klein, R. D.: An analysis of variance model for the intrasubject replication design. Journal of Applied Behavior Analysis, 1972, 5, 193, 198.

George, A. L.: Quantitative und qualitative approaches to content analysis. In Pool, I. de S. (Ed.) Trends in content analysis. Urbana: University of III Press, 1959, 7–32.

Gerbner, G. et al.: The analysis of communication content. New York: Wiley, 1969.

Gerdes, K. (Ed.): Explorative Sozialforschung. Stuttgart: Enke, 1979.

Gergen, K. J.: Social psychology as history. Journal of Personality and Social Psychology, 1973, 26, 309–320.

Gergen, K. J.: Experimentation in social psychology: a reappraisal. European Journal of Social Psychology, 1978, 8, 507–527.

Geurts, M. D., & Ibrahim, I. B.: Comparing the Box-Jenkins approach with the exponentially smoothed forecasting model application to Hawaii tourists. Journal of Marketing Research, 1975, XII, 182–188.

Ghosh, M., Grizzle, J. E., & Sen, P. K.: Nonparametric methods in longitudinal studies. Journal of American Statistical Association, 1973, 68, 29–36.

Gigerenzer, G.: Mathematische Methoden zur Klassifikation von Personen. In Strube, G. (Ed.) Psychologie des XX. Jahrhunderts. Bd. 5: Binet und die Folgen. Zürich: Kindler, 1977a, 738–759.

Gigerenzer, G.: Nichtmetrische Dimensionsanalyse. In Strube, G. (Ed.) Psychologie des XX. Jahrhunderts. Bd. 5: Binet und die Folgen. Zürich: Kindler, 1977b, 713–737.

Gigerenzer, G.: Nonmetrische multidimensionale Skalierung als Modell des Urteilsverhalten. Dissertation, München, 1977c.

Gigerenzer, G.: Artefakte in der dimensionsanalytischen Erfassung von Urteilstrukturen. Zeitschrift für Sozialpsychologie, 1978, 9, 110–116.

Gigerenzer, G.: Messung und Modellbildung in der Psychologie. München: Reinhardt, 1981.

Glaser, W. R.: Statistische Entscheidungsprozeduren über Hypothesen in den Sozialwissenschaften. In Albert, H., & Stapf, K. H. (Eds.) Theorie und Erfahrung. Beiträge zur Grundlagenproblematik in den Sozialwissenschaften. Stuttgart: Klett, 1979.

Glaser, B. G., & Strauss, A. L.: Discovery of substantive theory: a basic strategy underlying qualitative research. American Behavioral Scientist, 1965, 8, 6, 5–12.

Glaser, B. G., & Strauss, A. L.: The discovery of grounded theory. Strategies for qualitative research. Chicago: Aldine, 1967.

Glaser, B. G., Strauss, A. L.: Die Entdeckung begründeter Theorie. In Gerdes, K. (Ed.) Explorative Sozialforschung. Stuttgart: Enke. 1978, 63–67.

Glaser, R.: Instructional technology and the measurement of learning outcomes. American Psychologist, 1963, 18, 519–521.

Glaser, R., & Nitko, A. J.: Measurement in learning and instruction. In Thorndike, R. L. (Ed.) Educational measurement. Washington, D. C.: American Council on Education, 1971.

Glass, G. V., Willson, V. L., & Gottman, J. M.: Design and analysis of time-series. Boulder: University of Chicago Press, 1975.

Gleichmann, P. R.: Wandel der Wohnverhältnisse, Verhäuslichung der Vitalfunktion, Verstädterung und siedlungsräumliche Gestaltungsmacht. Zeitschrift für Soziologie, 1976, 5, 319–329.

Glenn, N. D.: Cohort analyst's futile quest: statistical attempts to seperate age, period and cohort effects. American Sociological Review, 1976, 41, 900–904.

Glock, Ch. Y.: Some applications of the Panel Method to the study of change (1951). In Lazarsfeld, P. F., & Rosenberg, M. (Eds.) The language of social research. Glencoe: Free Press of Glencoe, 1955, 242–250.

Glotz, P., & Langenbuchner, W. R.: Der mißachtete Leser. Köln: Kiepenheuer & Witsch, 1969.

Gnanadesikan, R.: Graphical methods for informal inference in multivariate data analysis. Proceedings of the 39th session. Bulletin of the International Statistical Institute, 1973, 195–206.

Gnanadesikan, R.: Methods for statistical data analysis of multivariate observation. New York: Wiley, 1977.

Gnanadesikan, R., & Kettenring, J. R.: Robust estimates, residuals and outliner detection with multiresponse data. Biometrics, 1972, 28, 81–124.

Gniech, G.: Störeffekte in psychologischen Experimenten. Stuttgart: Kohlhammer, 1976.

Gniech, G.: Experimenteller Bias dargestellt am Beispiel der Einstellungsforschung. In Petermann, F. (Ed.) Einstellungsmessung – Einstellungsforschung. Göttingen: Hogrefe, 1980.

Gniech, G.: Störeffekte bei psychologischen Untersuchungen im Feld. In Patry, J.-L. (Ed.) Feldforschung. Methoden und Probleme sozialwissenschaftlicher Forschung unter natürlichen Bedingungen. Bern: Huber, 1982, 259–275.

Görres, A.: Kennt die Psychologie den Menschen? München: Piper, 1978.

Gösslbauer, J. P., & Müller, S. B.: Entwicklung eines situationsbezogenen Fragebogens zur Diagnose von Lern- und Leistungsstörungen bei Studenten. Psychologie und Praxis, 1980, 24, 89–101.

Gösslbauer, J. P.: Psychologische Diagnostik. Grundlagen und Probleme. Heidelberg: Quelle & Meyer, 1982.

Götte, R.: Meßinstrumente zur Erfassung der häuslichen Lernumwelt von Kindern. Zeitschrift für Empirische Pädagogik. 1979, 2, 95–120.

Gokhale, D. V., & Kullback, S.: The information in contingency tables. Statistics: Vol. 23. New York: Dekker, 1978.

Gold, E. M.: Language identification in the limit. Information and Control, 1967, 10, 447–474.

Gold, E. M.: Metric unfolding: data requirement for unique solution and clarification of Schönemann's algorithm. Psychometrika, 1973, 38, 555–569.

Goldstein, H.: The design and analysis of longitudinal studies: their role in the measurement of change. London: Academic Press, 1979.

Goldstein, H.: Dimensionality, bias, independence and measurement scale problems in latent trait test score models. British Journal of Mathematical and Statistical Psychology, 1980, 33, 234–246.

Goodenough, W. H.: A technique for scale analysis. Educational and Psychological Measurement, 1944, 4, 179–190.

Goodman, L. A.: The multivariate analysis of qualitative data: interactions among multiple classifications. Journal of the American Statistical Association, 1970, 65, 226–256.

Goodman, L. A.: The analysis of multidimensional contingency tables. Technometrics, 1971, 13, 33–61.

Goodman, L. A.: A general model for the analysis of surveys. The American Journal of Sociology, 1972, 77.

Goodman, L. A.: Causal analysis of data from Panel studies and other kinds of surveys. The American Journal of Sociology, 1973, 78, 1135–1191.

Goodman, L. A.: The analysis of systems of qualitative variables are unobservable. The American Journal of Sociology, 1974a, 79.

Goodman, L. A.: Exploratory latent structure. Analysis using both identificable models. Biometrika, 1974b, 61, 218–231.

Goodman, L. A.: A new model for scaling patterns. Journal of the American Statistical Association, 1975, 70, 755–768.

Goodman, L. A.: Analyzing qualitative categorial data. Log linear models and latent structure analysis. London: Addison-Wesley, 1978.

Gorden, R. L.: Interviewing: strategy, techniques and tactics. Homewood, Dorsey Press, 1977[4].

Gorden, R. L.: Unidimensional scaling of social variables. New York: Free Press, 1977.

Gottinger, H.-W.: Toward fuzzy reasoning in the behavioral sciences. In Leinfellner, W., & Köhler, E. Developments in the methodology of social sciences. Dordrecht-Holland: Reidel, 1974.

Gottman, J. M.: N-of- one and N-of-two research in psychotherapy. Psychological Bulletin, 1973, 80, 93–105.

Gottman, J., Markman, H. J., & Notarius, C.: The topography of marital conflict: a sequential analysis of verbal and nonverbal behavior. Journal of Marriage and Family, 1977, 39, 461–477.

Gottman, J. M., & Glass, G. V.: Analysis of interrupted time-series experiments. In Kratochwill, T. R. (Ed.) Single subject research. Strategies for evaluating change. New York: Academic Press, 1978.

Gottman, J. M., & Markman, H. J.: Experimental design in psychotherapy research. In Garfield, S. L., & Bergin, A. E. (Eds.) Handbook of psychotherapy and behavior change. An empirical analysis. New York: Wiley, 1978.

Gottman, J. M., & Notarius, C.: Sequential analysis of observational data using Markov Chains. In Kratochwill, T. R. (Ed.) Single subject research. Strategies for evaluating change. New York: Academic Press, 1978.

Gottschalk, L. A. (Ed.): Comparative linguistic analysis of two psychotherapeutic interviews. New York: o. V., 1961.

Gottschalk, L. A., & Gleser, G. C.: An analysis of the verbal content of notes. British Journal of Medical Psychology, 1960, 33, 195–204.

Gove, W. R., & Geerken, M. R.: Response bias in surveys of mental health: empirical investigation. American Journal of Sociology, 1977, 82, 1289–1317.

Gower, J. C.: Some distance properties of latent root and vector methods used in multivariate analysis. Biometrika, 1966, 53, 325–338.

Gower, J. C.: Multivariate analysis and multidimensional geometry. The Statistican, 1967, 17, 13–25.

Grabicke, K., Schätzle, T., & Schöler, M.: Die kriterienbezogene Messung als Mittel der Marktpsychologie. In Hartmann, K. D., & Doeppler, K. (Eds.) Fortschritte der Marktpsychologie. Bd. 1. Frankfurt: Fachbuchhandlung für Psychologie, 1977, 145–167.

Granger, C. W. J., & Newbold, P.: Some comments on the evaluation of economic forecasts. Applied Economics, 1973, 5, 35–47.

Granger, C. W. J., & Newbold, P.: Forecasting economic time series. New York: Academic Press, 1977.

Graumann, C. F. (Ed.): Ökologische Perspektiven in der Psychologie. Bern: Huber, 1978.

Gray, L. N.,& Williams, J. Sh.: Goodman and kruskal's taub. Multiple and Partial Analogs, Sociological Methods & Research, 1981, 10, 50–62.

Green. B.: Comments on tailored testing. In Holtzman, W. H. (Ed.) Computerassisted instruction, testing and guidance. New York: Harper & Row, 1970, 184–197.

Green, P. E., & Carmone, F. J.: Multidimensional scaling: an introduction and comparison of nonmetric unfolding techniques. Journal of Marketing Research, 1969, 6, 330–341.

Green, P. E., & Carmone, F. J.: Multidimensional scaling and related techniques in marketing analysis. Boston, Mass.: Ally & Bacon, 1970.

Green, O. E., Maheshwari, A., & Rao, V. R.: Dimensional interpretation and configurational invariance in multidimensional scaling: an empirical study. Multivariate Behavioral Research, 1969, 4, 159–180.

Green, P. E., & Rao, V. R.: Applied multidimensional scaling. Hinsdale: Dryden Press, 1972.

Green, P. E., & Wind, Y.: Multiattribute decisions in marketing: a measurement approach. Hinsdale, III: Dryden Press, 1973.

Greeno, J. G.: Natures of problem-solving abilities. In Estes, W. (Ed.) Handbook of learning and cognitive processes. Vol. 5. New York: Wiley, 1978.

Greenwald, A.G.: Within-subjects design: to use or not to use? Psychological Bulletin, 1976, 83, 314–320.

Greenwood, E.: Experimental sociology. A study in method. New York: Columbia University Press, 1945.

Greif, S.: Messung als Interaktion zwischen Person und Messinstrument. In Seiler, B. (Ed.) Kognitive Strukturiertheit. Theorien, Analysen, Befunde. Stuttgart: Kohlhammer, 1973, 63–69.

Greiffenhagen, M., & Greiffenhagen, S.: Wie demokratisch ist Frau Noelle-Neumann? Der Spiegel, 1978, 41, 81–85.

Grizzle, J.E., Starmer, C.F., & Koch, G.G.: Analysis of categorial data by linear models. Biometrics, 1969, 25, 489–504.

Groeben, N., & Westmeyer, H.: Kriterien psychologischer Forschung. München: Juventa, 1975.

Groff, G.K.: Empirical comparison of models for short range forecasting. Management Science, 1973, 21, 1, 22–31.

Groffmann, K.J., & Michel, L. (Eds.): Grundlagen Psychologischer Diagnostik. In Psychologische Diagnostik, Bd. 1, Göttingen: Hogrefe, 1982.

Groffmann, K.J., Michel L. (Eds.): Persönlichkeitsdiagnostik. In Graumann, G.-F. et al. (Eds.) Psychologische Diagnostik der Enzyklopädie der Psychologie, Bd. 3, Göttingen: Hogrefe, 1982.

Gross, A.L.: Prediction in furture samples studies in terms of gain from selection. Psychometrika, 1973, 38, 151–172.

Grubitzsch, S.: Konstruktion psychologischer Tests. In Grubitzsch, S., & Rexilius, G. Testtheorie – Testpraxis. Reinbek: Rowohlt, 1978, 75–111.

Grubitzsch, S.: Testpsychologie. In Grubitzsch, S., & Rexilius, S. (Eds.) Handbuch psychologischer Grundbegriffe. Reinbek: Rowohlt, 1981, 1091–1109.

Grubitzsch, S., & Rexilius, G.: Testtheorie – Testpraxis. Reinbek: Rowohlt, 1978.

Grude, D.: Ein lehrzielorientierter Bayesscher Test. Zeitschrift für erziehungswissenschaftliche Forschung, 1976, 10, 112–124.

Grünzig, H.-J.: Zur Operationalisierung psychoanalytischer Angstthemen mit Hilfe der computerunterstützten Inhaltsanalyse. In Mochmann, E. (Ed.) Computerstrategien für die Kommunikationsanalyse. Frankfurt: Campus, 1980, 113–130.

Gruschka, A. (Ed.): Ein Schulversuch wird überprüft – Das Evaluationsdesign für Kollegstufe NW als Konzept handlungsorientierter Begleitforschung. Kornberg, 1976.

Gstettner, P.: Handlungsforschung unter dem Anspruch diskursiver Verständigung – Analyse einiger Kommunikationsprobleme. Zeitschrift für Pädagogik, 1976, 321–333.

Guetzkow, H. (Ed.): Simulation in social science. Englewood Cliffs, N.J.: Prentice-Hall, 1962.

Guetzkow, H., Kolter, P., & Schultz, R.L.: Simulation in social and administrative science. Englewood Cliffs, N.J.: Prentice-Hall, 1972.

Guilford, J.P.: Psychometric methods. New York: Mc Graw-Hill. 1954[2].

Guion, R.M.: On trinitarian doctrines of validity. Professional Psychology, 1980, 11, 385–398.

Guire, K.E., & Kowalski, C.J.: Mathematical description and representation of developmental change functions on the intra- and interindividual levels. In Nesselroade, J.R., & Baltes, P.B. (Eds.) Longitudinal research in the study of behavior and development. New York: Academic Press, 1979.

Gulliksen, H.: Theorie of mental tests. New York: Wiley, 1950.

Guthke, J.: Zur Diagnostik der intellektuellen Lernfähigkeit. Berlin: Deutscher Verlag der Wissenschaften, 1972. Stuttgart: Klett, 1977.

Guthke, J.: Ist Intelligenz meßbar? Berlin: Deutscher Verlag der Wissenschaften, 1978.

Guthke, J.: Tasks and problems of measurement of change with regard to psychodiagnostics of intraindividual variability. Paper to the XXII. International Congress of Psychology, Leipzig, 1980.

Gutjahr, W.: Die Messung psychischer Eigenschaften. Berlin: Deutscher Verlag der Wissenschaften, 1971.

Guttman, I.: Statistical tolerance regions: classical and bayesian. London: Griffin, 1970.

Guttman, L.: The basis of scalogramm analysis. In Stouffer, S. A. et al. (Eds.) Measurement and prediction. Princeton: University Press, 1950 und New York: Wiley, 1966, 60–90.

Guttman, L.: A basis for scaling qualitative data. American Sociological Review, 1944, 9, 139–150.

Guttman, L.: Problems of reliability. In Stouffer, S. A. et al. (Eds.) Measurement and prediction. Princeton: Princeton University Press. 1950 und New York: Wiley, 1966², 277–311.

Guttman, L.: The development of nonmetric space analysis: a letter to John Ross. Multivariate Bahavioral Research, 1967, 2, 71–82.

Guttman, L.: A general nonmetric technique for finding the smallest coordinate space for a configuration of points. Psychometrika, 1968, 33, 469–506.

Guttman, L., & Lingoes, J. C.: Non-metric factor analysis: a rank reducing alternative to linear factor analysis. Multivariate Behavioral Research, 1967, 2, 485–505.

Haag, F., Krüger, H., Schwärzel, W., & Wildt, J. (Eds.): Aktionsforschung. München: Juventa, 1975².

Hacker, W.: Allgemeine Arbeits- und Ingenieurpsychologie. Berlin: Deutscher Verlag der Wissenschaften, 1973.

Hacking, I.: Spekulation, Berechnung und die Erschaffung von Phänomenen. In Duerr, H. P. (Ed.) Versuchungen. Aufsätze zur Philosophie Paul Feyerabends. Bd. 2. Frankfurt: Suhrkamp, 1981, 126–158.

Hagen, W., Thomae, H., & Ronge, A.: 10 Jahre Nachkriegskinder. München: Barth, 1962.

Hagendorf, H.: Modelle und Verfahren der mehrdimensionalen Skalierung. Zeitschrift für Psychologie, 1978, 186, 477–508.

Hahn, E.: Historischer Materialismus und marxistische Soziologie. Berlin Ost: Dietz, 1968.

Hallinan, M.: An analysis of intransitivity in sociometric data. Sociometry, 1975, 38, 195–203.

Hambleton, R. D., & Novick, M. R.: Toward an integration of theory and method for criterion-referenced tests. Journal of Educational Measurement, 1973, 10, 159–170.

Hambleton, R. D., Swaminathan, H., Algina, J., & Coulson, D. E.: Criterion-referenced testing and measurement: a review of technical issues and developments. Review of Educational Research, 1978, 48, 1–47.

Hammann, P.: Entscheidungsanalyse im Marketing. Berlin: Duncker & Humblot, 1975.

Hansen, G.: Ein ökonometrisches Modell für die Bundesrepublik 1961–1964. Göttingen: Vandenhoeck & Ruprecht, 1967.

Hansen, G., & Westphal, U.: Ein ökonomisches Konjunkturmodell für die BRD. Arbeitsbericht, Dezember, 1974.

Hansen, G., & Westphal, U.: SYSIFO – Ein ökonometrisches Konjunkturmodell für die Bundesrepublik Deutschland. Frankfurt: Haag & Herchen, 1983.

Hansen, M. H., Hurwitz, W. N., & Madow, W. G.: Sample survey methods and theory. Vol. I und Vol. II. New York: Wiley, 1966.

Hansmann, K. W.: Entscheidungsmodelle zur Standortplanung der Industrieunternehmen. Wiesbaden: Gabler, 1974.

Harbordt, S.: Computersimulation in den Sozialwissenschaften. Bd. 1 und 2. Reinbek: Rowohlt, 1974.

Harloff, H. J. (Ed.): Konferenzdokumentation: Bedingungen des Lebens in der Zukunft und die Folgen für die Erziehung. TUB-Dokumentation. Berlin, 1978.

Harmening, D.: Superstitio. Überlieferungs- und theoriegeschichtliche Untersuchungen zur kirchlich-theologischen Aberglaubensliteratur des Mittelalters. Berlin: Schmidt, 1979.

Harré, R., & Secord, P.: The explanation of social behavior. Oxford: Blackwell, 1972.

Harris, C. W. (Ed.): Problems in measuring change. Madison, Wisc.: The University of Wisconsin Press, 1963.

Harris, M. B.: Instigators and inhibitors of aggression in a field experiment. Journal of Social Psychology, 1976, 98, 27–38.

Harshman, R. A.: Foundations of the PARAFAC procedure: models and conditions for an explanatory multi-model factor analysis. Working Papers in Phonetics No. 16. Los Angeles, Calif.: University of California, 1970.

Harshman, R. A.: Determination and proof of minimum uniqueness condition for PARA-

FAC 1. Working Papers in Phonetics No. 22. Los Angeles, Calif.: University of California, 1972b.

Harshman, R. A.: PARAFAC 2: mathematical and technical notes. Papers in Phonetic No. 22. Los Angeles, Calif.: University of California, 1972a.

Hartig, M.: Probleme und Methoden der Psychotherapieforschung. München: Urban & Schwarzenberg, 1975.

Hartigan, J. A.: Representation of similarity matrices by trees. Journal of the American Statistical Association, 1967, 62, 1140–1158.

Hartmann, D. P.: Forcing square pegs into round holes: some comments on "An analysis-of-variance model for the intrasubject replication design". Journal of Applied Behavior Analysis, 1974, 7, 635–638.

Hartmann, D. P. et al.: Interrupted time-series analysis and its application to behavioral data. Journal of Applied Behavior Analysis, 1980, 13, 543–559.

Hartmann, W.: Geometrische Modelle zur Analyse empirischer Daten. Berlin: Akademie Verlag, 1979.

Hartung, J., Elpelt, B., & Klösener, K.-H.: Statistik. Lehr- und Handbuch der angewandten Statistik. München: Oldenbourg, 1982 und 1984[2].

Hartwig, F., & Dearing, B. E.: Exploratory data analysis. Beverly Hills: Sage, 1979.

Hatchett, S., & Schuman, H.: The effect of race-of-interviewer on white respondents. Public Opinion Quarterly, 1975–1976, 39, 523–528.

Hays, W. L., & Bennet, J. F.: Multidimensional unfolding: determining configuration from complete order of preference data. Psychometrika, 1961, 26, 221–238.

Hecheltjen, P.: Bevölkerungsentwicklung und Erwerbstätigkeit. Opladen: Westdeutscher Verlag, 1974.

Heckhausen, H.: Motivation und Handeln. Heidelberg: Springer, 1980.

Hehl, F.-J.: Testpsychologische Methoden. In Hahn, P. (Ed.) Die Psychologie des 20. Jahrhunderts, Bd. 9: Ergebnisse für die Medizin. Zürich: Kindler, 1977.

Hehl, F.-J., & Petermann, F.: Ein probalistisches Testmodell in der Therapieforschung des Einzelfalls. In Petermann, F., & Hehl, F.-J. Einzelfallanalyse. München: Urban & Schwarzenberg, 1979.

Heider, F.: The psychology of interpersonal relations. New York: Wiley, 1967.

Heinelt, G.: Bildwahlverfahren. In Heiß, R. (Ed.) Psychologische Diagnostik. Göttingen: Hogrefe, 1964.

Heinrich, P. B.: Strukturelles Testen – Methodik der Strukturüberprüfung hierarchischer Testsysteme zur Diagnose von Lerndefiziten. Alsbach: Leuchtturmverlag, 1980.

Heinrich, P. B.: Zur Überprüfung der Itemhierarchie eines strukturellen Testverfahrens. In Michaelis, W. (Ed.) Bericht über den 32. Kongreß der Deutschen Gesellschaft für Psychologie in Zürich 1980. Bd. 2. Göttingen: Hogrefe, 1981, 480–483.

Heinze, Th., Müller, E., Stickelmann, B., & Zinnecker, J.: Handlungsforschung im pädagogischen Feld. München: Juventa, 1975.

Heise, D. R.: The semantic differential and attitude research. In Summers, G. F. (Ed.) Attitude measurement. Chicago: Rand McNally, 1970, 235–253.

Heisenberg, W.: Der Teil und das Ganze. München: Deutscher Taschenbuch Verlag, 1969.

Heiß, R. (Ed.): Psychologische Diagnostik. In Gottschaldt, K. et al. (Eds.) Handbuch der Psychologie. Bd. 6. Göttingen: Hogrefe, 1964.

Helberger, Ch.: Multiplikationen für die Bundesrepublik Deutschland. In Jahrbücher für Nationalökonomie und Statistik. Bd. 190.

Heller, K.: Zur Problematik der Leistungsbeurteilung in der Schule. Psychologie in Erziehung und Unterricht, 1974, 21, 105–124.

Hempel, C. G.: Aspects of scientific explanation and other essays in the philosophy of science. New York: Free Press, 1965.

Hempel, C. G., & Oppenheim, P.: Studies in the logic of explanation. Philosophy of Science, 1948, 15, 135–175.

Hempel, C. G., & Oppenheim, P.: The logic of explanation. In Feigl, H., & Brodbeck, M. (Eds.) Readings in the philosophy of science. New York: 1953.

Henning, H. J.: Skalenanalyse und Rasch-Modell. Philosophische Dissertation, 1974.

Henning, H.J.: Die Technik der Mokken-Skalenanalyse. Psychologische Beiträge, 1976, 18, 410–430.

Henning, H.J.: Skalen- und Datentheorie. In Dawes, R. M. Grundlagen der Einstellungsmessung. Weinheim: Beltz, 1977, 152–163.

Henning, H.J.: Methodologische und methodische Aspekte in einer Politischen Psychologie. In Moser, H. (Ed.) Politische Psychologie. Politik im Spiegel der Sozialwissenschaften. Weinheim: Beltz, 1979, 289–314.

Henning, H.J.: Suche und Validierung kognitiver Strukturen, Entwicklungssequenzen und Lern-/Verhaltenshierarchien mithilfe probabilistischer Modelle. Zeitschrift für Psychologie, 1981, 4.

Henning, H.J.: Qualitative Forschungsmethoden in der Psychologie. Bern: Huber, 1982.

Henning, H.J., & Six, B.: Konstruktion einer Machiavellismus-Skala. Zeitschrift für Sozialpsychologie, 1977, 8, 185–198.

Henning, H.J., & Muthig, K.: Grundlagen konstruktiver Versuchsplanung. München: Kösel, 1979.

Henning, H.J., & Petermann, F.: Einzelfalldiagnose mithilfe qualitativer Strukturanalyse. Psychologisches Institut der Universität Bonn, 1980.

Henning, H.J., & Six, B.: Konventionelle Merkmalserfassung vs. Differentielle Skalierung. Teil 2. Zeitschrift für Differentielle und Diagnostische Psychologie, 1980, 1, 149–168.

Henning, H.J., &Six, B.: Konventionelle Merkmalserfassung vs. Differentielle Skalierung, Teil 2. Zeitschrift für Differentielle und Diagnostische Psychologie, 1980, 2, 149–168.

Henning, H.J., & Petermann, F.: Zur methodologische der Vorhersagenanalyse (DEL-Analyse) bei Einzelfalldaten. In Bommert, H., & Petermann, F. (Eds.) Diagnostik und Praxiskontrolle in der Klinischen Psychologie. München: DGVT/GwG. Steinhauer & Rau. 1982, 74–81.

Henning, H.J., & Petermann, F.: Einzelfalldiagnose mithilfe qualitativer Strukturanalysen. Zeitschrift für Differentielle und Diagnostische Psychologie, im Druck.

Henning, W.: Gütekriterien als Präzisionsbedingungen sozialwissenschaftlicher Forschungsmethoden. In Friedrich, W., & Henning, W. (Eds.) Der sozialwissenschaftliche Forschungsprozeß. Berlin: Deutscher Verlag der Wissenschaften, 1975, 253–276.

Henning, W.: Schätzskalen. In Friedrich, W., & Henning, W. (Eds.) Der sozialwissenschaftliche Forschungsprozeß. Berlin: Deutscher Verlag der Wissenschaften, 1957, 345–367.

Herbertz, R.: Studien zum Methodenproblem und seiner Geschichte. Köln: DuMont, 1910.

Herbig, M.: Ein lernzielorientiertes Zensierungsmodell. Zeitschrift für erziehungswissenschaftliche Forschung, 1974, 8, 129–142.

Herbig, M.: Zur Vortest-Nachtest-Validierung lehrzielorientierter Tests. Zeitschrift für erziehungswissenschaftliche Forschung, 1975, 9, 112.126.

Herbig, M.: Praxis lehrzielorientierter Tests. Düsseldorf: Schwann, 1976.

Herbig, M.: Aufgabenanalyse, Testanalyse und Normierung bei lehrzielorientierter Messung. In Klauer, K.J. (Ed.) Handbuch der Pädagogischen Diagnostik. Bd. 1. Düsseldorf: Schwann, 1978, 301–316.

Herbig, M., & Erven, P.: Sequentielle Prüfpläne in der pädagogischen Diagnostik. Unterrichtswissenschaft, 1975, 1, 31–49.

Herkner, W.: Inhaltsanalyse. In Koolwijk, J., & Wieken-Mayser, M. Techniken der empirischen Sozialforschung. Bd. 3.: Erhebungsmethoden: Beobachtung und Analyse von Kommunikation. München: Oldenbourg, 1974, 158–191.

Hermanns, A.: Das Experiment in der empirischen Marketingforschung. Marktforschung, 1979, 2, 53–61.

Herodot: Historien. Stuttgart: Kröner, 1971.

Herrmann, Th.: Die Psychologie und ihre Forschungsprogramme. Göttingen: Hogrefe, 1976.

Herrmann, Th.: Psychologie als Problem. Stuttgart: Klett, 1979.

Hersen, M., & Barlow, D. H.: Single case experimental designs, strategies for studying behavior change. New York: Pergamon Press, 1976.

Heyde, E.J.: Entwertung der Kausalität? Für und wider den Positivismus. Stuttgart: Kohlhammer, 1957.

Higbee, K.L., & Wells, M.G.: Some research trends in social psychology during the 1960s. American Psychologist, 1972, 27, 963–966.

Hilke, R.: Grundlagen normorientierter und kriteriumorientierter Tests. Bern: Huber, 1980.

Hills, M.: On looking at large correlation matrices. Biometrika, 1969, 56, 149–153.

Hiltmann, H.: Wortassoziation und verbale Ergänzungsverfahren. In Heiß, R. (Ed.) Psychologische Diagnostik. Göttingen: Hogrefe, 1964.

Hiltmann, H.: Kompendium der psychodiagnostischen Tests. Bern: Huber, 1966[2] und 1977[3].

Hoag, W.J., & Allerbeck, K.R.: Interviewer- und Situationseffekte in Umfragen: Eine loglineare Analyse. Zeitschrift für Soziologie, 1981, 10, 413–426.

Hoeben, W.: Zur Integration von kritischrationalistischer Methodologie und interpretativen Theorien in der Soziologie. In Hondrich, K.O., & Matthes, J. (Eds.) Theorienvergleich in den Sozialwissenschaften. Darmstadt: Luchterhand, 1978, 158–177.

Höhn, E.: Spielerische Gestaltungsverfahren. In Heiß, R. (Ed.) Psychologische Diagnostik. Göttingen: Hogrefe, 1964.

Höhn, E., & Seidel, G.: Soziometrie. In Graumann, C.F. (Ed.) Sozialpsychologie. I. Halbband d. 7. Bd. d. Handbuches für Psychologie. Göttingen: Hogrefe, 1969.

Höhn, E., & Seidel, G.: Das Soziogramm. Die Erfassung von Gruppenstrukturen. Göttingen: Hogrefe, 1976.

Hörmann, H.: Beiträge zur allgemeinen Theorie der projektiven Methoden. Zeitschrift für experimentelle und angewandte Psychologie, 1954, 2.

Hörmann, H.: Zur Validierung von Persönlichkeitstests, insbesondere von projektiven Verfahren. Psychologische Rundschau, 1961, 12.

Hörmann, H.: Theoretische Grundlagen der projektiven Tests. In Heiß, R. (Ed.) Psychologische Diagnostik. Göttingen: Hogrefe, 1964.

Hörmann, H.: Theoretische Grundlagen der projektiven Verfahren. In Groffmann, K.J., & Michel, L. (Eds.) Grundlagen Psychologischer Diagnostik. Serie: Psychologische Diagnostik. Bd. 1. Göttingen: Hogrefe, 1982.

Hoeth, F.: Graphentheoretische Konzepte als Hilfsmittel bei der Analyse von Gruppenstrukturen und Kommunikationsprozessen. Gruppendynamik, 1975, 5, 349–356.

Hoeth, F.: Antworttendenzen und ihre methodische Bedeutung für Befragungsverfahren. In Hartmann, K.D., & Köppler, K.F. (Eds.) Fortschritte der Marktpsychologie. Bd. 2. Frankfurt: Fachbuchhandlung für Psychologie, 1980, 187–215.

Hoffmann-Riem, Ch.: Die Sozialforschung einer interpretativen Soziologie. Der Datengewinn. Kölner Zeitschrift für Soziologie und Sozialpsychologie, 1980, 339–372.

Hofmann, M: Zu einigen meßtheoretischen Problemen der pädagogisch-psychologischen Diagnostik. Probleme und Ergebnisse der Psychologie, 1978, 66, 49–69.

Hofstadter, D.R., & Dennet, D.C.: The mind's I, fantasies and reflections on self and soul. Brighton: The Harvester Press, 1981.

Hofstätter, P.R.: Über Ähnlichkeit. Psyche, 1955, 9, 54–80.

Hofstätter, P.R.: Psychologie. Fischer Lexikon. Frankfurt: Fischer, 1957.

Hofstätter, P.R.: Zum Begriff der Intelligenz. Psychologische Rundschau, 1966, 17, 4, 229–248.

Hofstätter, P.R.: Gruppendynamik. Kritik der Massenpsychologie. Reinbek: Rowohlt, 1973.

Hofstätter, P.R., & Wendt, D.: Quantitative Methoden der Psychologie. Bd. 1. Frankfurt: Barth, 1974[4].

Hogarth, R.M.: Judgment and choice. The psychology of decision. New York: Wiley, 1980.

Hogarth, R.M., & Makridakis, S.: Forecasting and planning: an evaluation. Management Science, 1981, 27, 2, 115–138.

Hogatt, A.C.: On economic experiments in economics. In Sauermann, H. (Ed.) Contributions to experimental economics. Vol. III. Tübingen: Mohr, 1972, 6–27.

Holm, K. (Ed.): Die Befragung. Bd. 1. München: Francke, 1975.

Holman, E.W.: The relation between hierarchical and Euclidian models for psychological distances. Psychometrika, 1972, 37, 417–423.

Holman, E.W.: Completely nonmetric multidimensional scaling. Journal of Mathematical Psychology, 1978, 18, 39–51.

Holsti, O.R.: Content analysis. In Lindzey, G., & Aronson, E. (Eds.) Handbook of social psychology. Bd. 2. Reading: Addison-Wesley, 1968[2], 596–693.

Holsti, O.R.: Content analysis for the social and humanities. Reading: Addison-Wesley, 1969.

Holtzmann, W. H.: Statistische Modelle zur Untersuchung von Veränderungen im Einzelfall. In Petermann, F. (Ed.) Methodische Grundlagen Klinischer Psychologie. Weinheim: Beltz, 1977.

Holzkamp, K.: Kritische Psychologie. Frankfurt: Fischer, 1972.

Honig, W. K., & Staddon, J. E. R.: Handbook of operant behavior. Englewood Cliffs, N. J.: Prentice-Hall, 1977.

Hopf, C., & Weingarten, E. (Eds.): Qualitative Soziologie. Stuttgart: Klett-Cotta, 1979.

Hoppe, S., Schmidt-Schönbein, C., & Seiler, T. B.: Entwicklungssequenzen. Bern: Huber, 1977.

Hornigk, P. W. V.: Österreich über alles, wenn es nur will. Erstausgabe anonym, 1684. Nach der Erstausgabe in Normalorthografie übertragen und mit der Ausgabe von 1753 kollationiert von Otruba, G. Österreich Reihe, Bd. 249/251. Wien: Bergland, 1964.

Horning, J. J.: A study of grammatical inference. Stanford University. Computer Science Department, Artificial Intelligence, 1969, 139.

Hornke, L. F.: Antwortabhängige Testverfahren: Ein neuartiger Ansatz psychologischen Testens. Diagnostika, 1977, 23, 1–14.

Hornke, L.: Testdiagnostische Untersuchungsstrategien. In Groffmann, K. J., & Michel, L. (Eds.) Psychologische Diagnostik. Bd. 1.: Grundlagen psychologischer Diagnostik. Göttingen: Hogrefe, 1982, 130–172.

Houben, A. M. J.: Farbwahl- und Farbgestaltungsverfahren. In Heiß, R. (Ed.) Psychologische Diagnostik. Göttingen: Hogrefe, 1964.

Howarth, R. J.: Preliminary assessment of a non-linear mapping algorithm in a geological context. Mathematical Geology, 1973, 5, 39–57.

Hron, A.: Aktionsforschung – Zur Entwicklung eines Paradigmas. In Hron, A., Kompe, H. Otto, K. K., & Wächter, H. (Eds.) Aktionsforschung in der Ökonomie. Frankfurt: Campus, 1979, 14–48.

Hron, A., Kompe, H., Otto, K.-P., & Wächter, H. (Eds.): Aktionsforschung in der Ökonomie. Frankfurt: Campus, 1979.

Huber, H. P.: Psychometrische Einzelfalldiagnostik. Weinheim: Beltz, 1973.

Huber, H. P.: Single-case analysis. Behavior Analysis and Modification, 1977, 2, 1–5.

Huber, H. P.: Kontrollierte Fallstudie. In Pongratz, L. J. (Ed.) Handbuch der Psychologie. Bd. 8.: Klinische Psychologie, 2. Halbband. Göttingen: Hogrefe, 1978.

Huber, O.: Ist der Mensch meßbar? – Der Beitrag der modernen Meßtheorie. In Rüdiger, D., & Perrez, M. (Eds.) Anthropologische Aspekte der Psychologie. Salzburg: Müller, 1979.

Huber, O.: Entscheiden als Problemlösen. Eine Annäherung. Bern: Huber, 1982.

Hubert, L. A., & Baker, F. B.: Analyzing the multitrait-multimethod matrix. Multivariate Behavioral Research, 1978, 13, 163–169.

Hubert, L. J., & Levin: Inference models for categorial clustering. Psychological Bulletin, 1977, 84, 878–887.

Hudson, E. A., & Jorgenson, D. W. U. S.: Energy policy and economic growth, 1975–2000. The Bell Journal of Economics and Management Science, 1974, 5, 461 ff.

Hübler, O.: Quantitative Methoden zur Erfassung von Beschäftigungswirkungen arbeitsmarktpolitischer Maßnahmen. Berlin: Duncker & Humblot, 1980.

Hübner, K.: Albert Einstein – Versuch einer geistesgeschichtlichen Einordnung. Scheidewege, 1980, 10 (2), 223 ff.

Hübner, K.: Kritik der wissenschaftlichen Vernunft. Freiburg: Alber, 1978 und 1979[2].

Hüttner, M.: Haushaltspanel. In Tietz, B. (Ed.) Handwörterbuch der Absatzwirtschaft. Stuttgart: Poeschl, 1974, 797–804.

Hughes, E. C.: Introduction: the place of field work in social science. In Junker, B. H. (Ed.) Fieldwork: an introduction to the social sciences. Chicago: University of Chicago Press, 1960, 5–15.

Hughes, G. D.: Attitude measurement for marketing strategies. Glenview, III.: Scott, Foreman, 1971.

Hujer, R., & Cremer, R.: Methoden der empirischen Wirtschaftsforschung. München: Vahlen, 1978.

Hujer, R., Cremer, R., & Knepel, H.: Feinabstimmung ökonomischer Prognosemodelle. Jahrbücher für Nationalökonomie und Statistik, 1979, 194, 41–70.

Hujer, R., Bauer, G., & Knepel, H.: Structure and performance of an annual macroeconometric model for the FRG. Vierteljahreshefte zur Wirtschaftsforschung. 1982, 3, 249–319.

Hummel, H. J., & Ziegler, R. (Eds.): Korrelation und Kausalität. Bde. 1, 2, 3. Stuttgart: Enke, 1976.

Hyman, H.: Secondary analysis of sample surveys. New York: Wiley, 1972.

Ingenkamp, K.: Testinformation. Hinweise zur Auswahl von Tests. Weinheim: Beltz, 1976.

Ingenkamp, K.: Was sollte bei der Auswahl von Schultests beachtet werden? In Birkel, P., & Ingenkamp, K. Hilfen zur Auswahl von Schultests. Mainz: Hase & Koehler, 1976, 7–26.

Insel, P. M., & Moos, R. H.: Psychological environment. Expanding the scope of human ecology. American Psychologist, 1974, 29, 179–188.

Intriligator, M. D.: Econometric models, techniques and applications. Amsterdam: North Holland Publishing, 1978.

Irle, M.: Lehrbuch der Sozialpsychologie. Göttingen: Hogrefe, 1975.

Irle, M. (Ed.): Kursus der Sozialpsychologie. Teil III:. Angewandte sozialpsychologische Forschung und ethische Probleme der Anwendung. Kapitel: Einleitung. Neuwied: Luchterhand, 1978 a.

Irle, M.: Fluglärm als sozialer Stressor. In Irle, M. (Ed.) Kursus der Sozialpsychologie. Neuwied: Luchterhand, 1978 b, 541–581.

Irle, M.: Das Instrument der „Täuschung" in der Verhaltens- und Sozialwissenschaftlichen Forschung. Zeitschrift für Sozialpsychologie, 1979, 10, 305–330.

Irle, M., & Rohrmann, B.: Fluglärmwirkungen. DFG-Forschungsbericht. Bonn-Bad Godesberg (DFG), 1974.

Isaac, P. D., & Poor, D. S.: On the determination of appropriate dimensionality in data with error. Psychometrika, 1974, 33, 91–109.

Ischi, N.: Die Erhebung interaktiven Eltern-Kind-Verhaltens durch systematische Beobachtung. In Schneewind, K. A., & Lukesch, H. (Eds.) Familiäre Sozialisation. Stuttgart: Klett-Cotta, 1978, 44–62.

Ischi, N.: Methodologische Probleme systematischer Verhaltensbeobachtung im Feld. In Patry, J.-L. (Eds.) Feldforschung. Methoden und Probleme sozialwissenschaftlicher Forschung unter natürlichen Bedingungen. Bern: Huber, 1982, 277–316.

Ittelson, W. H., Prohansky, H. M., Rivlin, L. G., & Winkel, G. H.: Einführung in die Umweltpsychologie. Stuttgart: Klett-Cotta, 1977.

Jackson, D. J.: A reformulation of Schaie's model of developmental change. Vortragsmanuskript. Gerontological Society, Luisville, October, 1975.

Jacob, R. J. K., Egeth, H. E., & Bevan, W.: The face as a data display. Human Factors, 1976, 18, 189–200.

Jägeler, F. J.: Experten zensieren den Standort. Manager Magazin, 1980, 1.

Jäger, A. O.: Prognose und Bewährung in der Eignungsdiagnostik. In Holzkamp, K., Jäger, A. O., & Merz, F. (Eds.) Prognose und Bewährung in der psychologischen Diagnostik. Göttingen: Hogrefe, 1966.

Jäger, R. S., & Mattenklott, A.: Diagnostische Urteilsbildung in der Pädagogik. In Jäger, R. S., Ingenkamp, K., & Stark, G. (Eds.) Tests und Trends 1981. Jahrbuch der Pädagogischen Diagnostik. Weinheim: Beltz, 1981, 13–34.

Jäger, W.: Die Struktur des Arbeitsmarktes in der Bundesrepublik Deutschland. Ein nach Berufsgruppen und Wirtschaftssektoren disaggregiertes Prognosemodell. Düsseldorf: Mannhold, 1980.

Jahoda, M.: The impact of unemployment in the 1930's and the 1970's. Bulletin of the British Psychological Society, 1979, 32, 309–314.

Jahoda, M.: Some comments on the role of social psychology in forecasting. In Fiddle, S. (Ed.) Uncertainty, behavioral and social dimension. New York: Praeger, 1980, 59–68.

Janke, W.: Klassenzuordnung. In Groffmann, K. J., & Michel, L. (Eds.) Psychologische Diagnostik. Bd. 1: Grundlagen Psychologischer Diagnostik. Göttingen: Hogrefe, 182.

Jansen, G.: Lärm im Arbeitsraum. In Mayer, A., & Herwig, B. (Eds.) Handbuch der Psychologie. Bd. 9: Betriebspsychologie. Göttingen: Hogrefe, 1961.

Jansen, P. G. W.: Spezifisch objektive Messung im Falle monotoner Einstellungsitems. Zeitschrift für Sozialpsychologie, 1981 a, 12, 24–41.

Jansen, P. G. W.: Spezifisch objektive Messung im Falle nicht-monotoner Einstellungsitems. Zeitschrift für Sozialpsychologie, 1981, 12, 169–185 (b).

Jansen, P. G. W.: Measuring homogenity by means of Loevingers coefficient H. A critical discussion. Psychologische Beiträge, 1982, 24.

Jardine, N., & Sibson, R.: Mathematical taxonomy. New York: Wiley, 1971.

Jaritz, G.: Daily life in the middle ages – iconography of medieval art and the use of EDP. Historical Social Research, 1982, 21, 43–55.

Jeckovich, S.: Technological forecasting as a guide for management planning. Long Range Planning, 1971, 4, 1, 29–34.

Jenkins, G. W., & Watts, D. G.: Spectral analysis and its application. San Francisco: Holden-Day, 1968.

Joe, G. W., & Woodward, J. A.: Some developments in multivariate generalizability theory. Psychometrika, 1976, 41, 205–217.

Johnson, R. M.: Pairwise nonmetric multidimensional scaling. Psychometrika, 1973, 38, 11–19.

Johnson, S. C.: Hierarchical clustering schemas. Psychometrika, 1967, 32, 241–254.

Johnson, W.: Studies in language behavior. 1. A programm of research. Psychological monographs, 1944, 56.

Jones, B. D. et al.: Bureaucratic response to citizen-initiated contacts: environmental enforcement in Detroit. In American Political Science Review, 1977, 71, 148–165.

Jones, , E. E., & Sigall, H.: The bogus pipeline: a new paradigma for measuring affect and attitude. Psychological Bulletin, 1971, 76, 349–364.

Jones, R. R., Vaught, R. S., & Reid, J. B.: Time-series analysis as a substitute for a single-subject analysis of variance designs. In Patterson, G. R. et al. (Eds.) Behavior change. Chicago: Aldine-Atherton, 1975.

Jones, R. R., Vaught, R. S., & Weinrott, M.: Visual versus statistical inference in operant research. Paper presented in a symposium entitled "Use of statistics in N = 1 research", at the American Psychological Association. Chicago, 1975.

Jones, R. R., Vaught, R. S., & Weinrott, M.: Time-series analysis in operant research. Journal of applied Behavior Analysis, 1977, 10, 151–166.

Jöreskog, K. G.: A general approach to confirmatory maximum Likelihood factor analysis. Psychometrika, 1969, 34, 183.

Jöreskog, K. G.: Structural equation models in the social sciences. Specification, estimation and testing. In Krishnaiah, P. R. (Ed.) Applications of statistics. Amsterdam. North Holland Publishing, 1977, 265–287.

Jöreskog, K. G., & Sörbom, D.: LISREL Four: analysis of linear structural relationships by the method of maximum likelihood. Chicago: National Education Resources, 1978.

Jöreskog, K. G., & Sörbom, D.: LISREL V. Analysis of linear structural relationship by maximum likelihood and least squares methods. Research Report 81–8, University of Uppsala, Departure of Statistics, Sweden, 1981.

Jöreskog, K. G., & Wold, H. (Eds.): Systems under indirect observation, I–II. Amsterdam: North-Holland Publishing, 1982.

Jung, J.: The experimenter's dilemma. New York: Harper & Row, 1971.

Junker, B. H.: Field work: an introduction to the social sciences. Chicago: University of Chicago Press, 1960.

Kaas, K. P.: Diffusion und Marketing. Stuttgart: Poeschl, 1973.

Kabe, D. G.: On multivariate prediction interval for sample mean and covariance based on partial observations. Journal of the American Statistical Association, 1967, 62, 634–637.

Kahnemann, D., Slovic, P., & Tversky, A.: Judgment under uncertainty: heuristics and biases. Cambridge: Cambridge University Press, 1982.

Kaiser, H. J., & Seel, H.-J. (Eds.): Wissenschaft als Dialog. Methodische Prinzipien der Beratungsforschung. Weinheim: Beltz, 1981.

Kaiser, R. (Ed.): Global 2000. Der Bericht an den Präsidenten. Frankfurt: Zweitausendeins-Verlag, 1980.

Kalleberg, A. L., & Kluegel, J. R.: Analysis of the multitrait and an alternative. Journal of Applied Psychology, 1975, 60, 1–9.

Kaminsky, G. (Ed.): Umweltpsychologie. Stuttgart: Klett, 1976.

Kaminsky, G., & Bellows, S.: Feldforschung in der ökologischen Psychologie. In Patry, J.-L. (Ed.) Feldforschung. Bern: Huber, 1982, 87–116.

Kaneff, S.: Picture language machines. London: Academic Press, 1970.

Kanig, G.: Zu Problemen der Anwendung und Prüfung der logistischen Funktion (Rasch-Modell). In Eckensberger, L. H. (Ed.) Bericht über den 31. Kongreß der Deutschen Gesellschaft für Psychologie in Mannheim 1978. Bd. 2. Göttingen: Hogrefe, 1979, 318–320.

Kanig, G.: Abbildungseigenschaften von testtheoretischen Modellen: Probabilistische und deterministische Modelle. In Michaelis, W. (Ed.) Bericht über den 32. Kongreß der Deutschen Gesellschaft für Psychologie in Zürich 1980. Bd. 2. Göttingen: Hogrefe, 1981, 476–480.

Kant, E.: Kritik der reinen Vernunft. Zit. nach Messer, A. Preußische Akademie der Wissenschaften. Berlin: Knaur Nachf., 2. Auflage, o. J.

Kappler, E.: Die Aufhebung der Berater-Klienten-Beziehung in der Aktionsforschung. In Wunderer, R. (Ed.) Humane Personal- und Organisationsentwicklung. Berlin: Duncker & Humblot, 1979, 41–62.

Kappler, E.: Aktionsforschung. In Grochla, A. (Ed.) Handwörterbuch der Organisation. Stuttgart: Poeschl, 1980^2, 52–64.

Karl, F.: Aktionsforschung – Gesellschaftstheoretische Defizite und politische Illusion. Das Argument, 1977, 67–78.

Kassarjian, H. H.: Consumer Psychology. Annual Review of Psychology, 1982, 33, 619–649.

Katona, G.: Toward a macropsychology. American Psychologist, 1979, 39, 118–126.

Katz, D.: Die Andeutung der Ergebnisse: Probleme und Gefahren. In König, R. (Ed.) Das Interview. Formen-Technik-Auswertung. Köln: Kiepenheuer & Witsch, 1972.

Katz, R.: The influence of group conflict on leadership effectiveness. Organizational Behavior and Human Performance. 1977, 20, 265–286.

Kaufmann, F.: Methodenlehre der Sozialwissenschaften. Wien: Springer, 1936.

Kaupen, W.: Die Hüter von Recht und Ordnung. Neuwied: Luchterhand, 1969.

Kazdin, A. E.: Statistical analysis for single-case experimental design. Strategies for studying behavior change. New York: Pergamon Press, 1976.

Kazdin, A. E., & Wilson, G. T.: Criteria for evaluating psychotherapy. Archives of General Psychiatry, 1978, 35, 407–416.

Kellerer, H.: Statistik im modernen Wirtschafts- und Sozialleben. Reinbek: Rowohlt, Bd. 103, 1972^{14}.

Kellerer, H.: Theorie und Technik des Stichprobenverfahrens. Einzelschriften der Deutschen Statistischen Gesellschaft Nr. 5.

Kelly, E. L., & Fiske, D. W.: The prediction of performance in clinical psychology. New York: Greenwood, 1951.

Kemeny, J. G., Snell, J. L., & Thompson, G. L.: Introduction to finite mathematics 2. Englewood Cliffs: Prentice Hall, 1966.

Kempf, W. F.: Dynamische Modelle zur Messung sozialer Verhaltensdispositionen. In Kempf, W. F. (Ed.) Probabilistische Modelle in der Sozialpsychologie. Bern: Huber, 1974, 13–55.

Kempf, W. F.: Latent trait models in educational testing – some metatheoretical considerations. Statistische Diskussionsbeiträge, Nr. 60/S. Fakultät für Wirtschaftswissenschaften u. Statistik. Universität Konstanz, Juni 1980.

Kempf, W. F.: Zur Grundlagenkrise der Testpsychologie. In Aschenbach, G., & Kempf, W. F. (Eds.) Konstruktive Beiträge zum methodischen Fundament der Psychologie. Bern: Huber, 1981.

Kendall, M. G.: Rank-correlation methods. London: Griffin, 1962.

Kendall, P. L., & Wolf, K. M.: The two purposes of deviant case analysis. In Lazarsfeld, P. F., & Rosenberg, M. (Eds.) The language of social research. Glencoe, Ill.: Free Press, 1955, 167–170.

Kenney, D. A., & Rubin, D. C.: Estimating chance reproducibility in Guttman scaling. Social Science Research, 1977, 6, 188–196.

Kenney, D. A.: Correlation and causality. New York: Wiley, 1979.

Kepplinger, H. M. (Ed.) Angepaßte Außenseiter. Was Journalisten denken und wie sie arbeiten. München: Alber, 1979.

Kerlinger, F.: Foundations of behavioral research. New York: Holt, Rinehart & Winston, 1973².

Kerlinger, F.N.: Grundlagen der Sozialwissenschaften, Bd. 2. Weinheim: Beltz, 1979.

Kent, R.N., O'Leary, K.D., Diament, C., & Dietz, A.: Expectation biases in observational evaluation of therapeutic change. Journal of Consulting and Clinical Psychology, 1974, 42, 774–780.

Kershaw, D.N.: The New Jersey negative income tax experiment. A summary of the design, operations, and results of the first large-scale social science experiment. In Lyons, G.M. (Ed.) Social research and public policies. Hannover: Dartmouth College Public Affairs Center, 1975, 87–116.

Kesselmann, H.J., & Leventhal, L.: Concerning the statistical procedures enumerated by Gentile et al.: Another perspective. Journal of Applied Behavior Analysis, 1974, 7, 643–645.

Kessler, R.C.: The use of change scores as criteria in longitudinal survey research. Quality and Quantity, 1977, 11, 43–66.

Ketterer, K.H.: Die Beschreibung des Konjunkturverlaufs mit Hilfe von Indikatorensystemen – Der Versuch des Sachvestständigenrates. In Biervert, B. et al. (Eds.) Konsum und Qualität des Lebens. Opladen: Westdeutscher Verlag, 1974, 177–197.

Kidder, L.H., & Campbell, D.T.: The indirect testing of social attitudes. In Summers, G. (Ed.) Attitude measurement. Chicago. Rand McNally, 1970.

Kiesler, D.J.: Some myths of psychotherapy research and the search for a paradigm. Psychological Bulletin, 1966, 65, 110–136.

Kiesler, D.J.: Experimental designs in psychotherapy research. In Bergin, A.E., & Garfield (Eds.) Handbook of psychotherapy and behavior change: an empirical analysis. New York: Wiley, 1971.

Kinsey, A.C. et al.: Sexual behavior in the human male. Philadelphia: Saunders, 1953.

Kirchner, F.Th., Kissel, E., Petermann, R., & Böttger, P.: Interne und externe Validität empirischer Untersuchungen in der Psychotherapieforschung. In Petermann, F. (Ed.) Psychotherapieforschung. Weinheim: Beltz, 1977.

Kirk, R.E.: Experimental design: procedures for the behavioral sciences. Belmont: Brooks/Cole, 1968.

Kirsch, W., & Gabele, E.: Aktionsforschung und Echtzeitforschung. In Bierfelder, W. (Ed.) Handwörterbuch des öffentlichen Dienstes: Das Personalwesen. Berlin: Schmidt, 1976, 9–30.

Kirscht, J.P., & Dillehay, R.L.: Dimensions of authoritarianism: a review of research and theory. Lexington: University of Kentucky Press, 1967.

Kiss, G.: Marxismus als Soziologie. Reinbek: Rowohlt, 1971.

Klahr, D.: A Monte Carlo investigation of the statistical significance of Kruskal's nonmetric scaling procedure. Psychometrika, 1969, 34, 319–330.

Klapproth, H.E.: Kritik und Weiterentwicklung der Testtheorie-Realisierungsmöglichkeiten moderner Psychodiagnostik. Psychologie und Praxis, 1981, 25, 139–150.

Klapproth, J.: Erwünschtheit und Bedeutung von 338 alltagspsychologischen Eigenschaftsbegriffen. Psychologische Beiträge, 1972, 14, 496–520.

Klapproth, J.: Einführung in die psychologische Methodik. Stuttgart: Kohlhammer, 1975.

Klauer, K.J.: Zur Theorie und Praxis des binomialen Modells lehrzielorientierter Tests. In Klauer, K.-J. et al (Eds.) Lehrzielorientierte Tests. Düsseldorf. Schwann, 1972, 161–195.

Klauer, K.J.: Zur Theorie und Praxis des binomialen Modells lehrzielorientierter Tests. Düsseldorf: Schwann, 1977.

Klauer, K.J.: Konventionalität. In Klauer, K.J. (Ed.) Handbuch der Pädagogischen Diagnostik. Düsseldorf: Schwann, 1978, 225–255.

Klauer, K.J. (Ed.): Handbuch der Pädagogischen Diagnostik. 4 Bände. Düsseldorf: Schwann, 1978.

Klauer, K.J.: Ein kriteriumsorientiertes Zensierungsmodell. Zeitschrift für Entwicklungspsychologie und Pädagogische Psychologie, 1982, 14, 65–79.

Klauer, K.J. et al. (Eds.): Lehrzielorientierte Tests. Düsseldorf: Schwann, 1972.

Klausmeier, H.J., & Ripple, R.E.: Moderne Unterrichtspsychologie. Bd. 4: Forschungsmethoden und Meßverfahren. München: Reinhardt, 1975.

Klein, L. R., & Goldberger, A. S.: An econometric model of the United States 1929–1952, Amsterdam: North Holland Publishing, 1955.

Kleiter, G. D.: Krise der Signifikanztests in der Psychologie. Jahrbuch für Psychologie, Psychotherapie und medizinische Anthropologie, 1969, 17, 144–163.

Kleiter, G. D.: Bayes-Statistik. Grundlagen und Anwendungen. Berlin: De Gruyter, 1981.

Klingberg, F. L.: Studies in the measurement of the relations between sovereign states. Psychometrika, 1941, 6, 335–352.

Klingemann, H.-D. (Ed.): Forschungsfelder computerunterstützter Inhaltsanalyse. Arbeitsbericht der ad-hoc-Gruppe Forschungsfelder computerunterstützter Inhaltsanalyse. Vorgelegt auf dem 19. Deutschen Soziologentag in Berlin. April 1979, ZUMA, Mannheim 1979.

Klir, G. J.: An approach to general systems theory. New York: Van Nostrand, 1969.

Klix, F.: Information und Verhalten. Bern: Huber, 1871.

Klix, F., & Krause, B.: Zur Definition des Begriffes „Struktur, seiner Eigenschaften und Darstellungsmöglichkeiten in der Experimentalpsychologie". Zeitschrift für Psychologie, 1969.

Klopfer, W. G.: The theoretical foundation of projective methods. In Rorschach Proceedings. Beiheft zur Schweizerischen Zeitschrift für Psychologie und ihre Anwendungen Nr. 53. Bern: Huber, 1970.

Klopfer, W. G., & Earl Taulbee, S.: Projektive Tests. Annual Review of Psychology, 1976, 27.

Klotz, I. M.: The N-Ray affair. Scientific American, 1980, 242, 122–131.

Klüver, J., & Krüger, H.: Aktionsforschung und soziologische Theorie. In Haag, F. et al. (Eds.) Aktionsforschung. München: Juventa, 1975², 76–99.

Knapp, H. G.: Logik der Prognose. Semantische Grundlegung technologischer und sozialwissenschaftlicher Vorhersagen. München: Alber, 1978.

Knepel, H.: Sozioökonomische Modellbildung mit unbeobachtbaren Variablen. Dissertation. Darmstadt, 1980.

Knepel, H.: Sozioökonomische Indiakatormodelle zur Arbeitsmarktanalyse. Frankfurt: Campus, 1981 a.

Knepel, H.: Modelle mit unbeobachtbaren Variablen – Der PLS-Ansatz. Statistische Hefte, 1981 b, 22, 248–279.

Kob, J.: Der Kommunikationsmythos und die Massenpublizistik. Zeitschrift für Markt-, Meinungs- und Zukunftsforschung. Tübingen, 1979, 22, 1–4, 4973–4984.

Koch, G. G., Landis, J. R., Freeman, J. L., & Lehnen, R. G.: A general methodology for the analysis of experiments with repeated measurement of categorial data. Biometrics, 1977, 33, 133–158.

Koch, J.-J. (Ed.): Altruismus und Aggression. Das Feldexperiment in der Sozialpsychologie. Bd. 1. Weinheim: Beltz, 1976.

Koch, K.: Der Baumtest. Bern: Huber, 1957³.

Koch, K.: Die Profeten. Stuttgart: Kohlhammer, 1978.

Koch, U.: Bürgerliche und sozialistische Forschungsmethoden? Zur Rezeption empirischer Sozialforschung in der DDR. Frankfurt: Campus, 1976.

Koch, U., Balck, F., & Demoulin, G.: Die Struktur des semantischen Raumes in Abhängigkeit von Geschlecht, Alter und sozialer Schicht. In Witte, E. H. (Ed.) Beiträge zur Sozialpsychologie. Weinheim: Beltz, 1980, 196–211.

Köckeis-Stangl, E.: Ja-sagen als Defensivstrategie bei geringer Interaktionskompetenz. Österreichische Zeitschrift für Soziologie, 1977, 2, H 5, 69–87.

Köckeis-Stangl, E.: Methoden der Sozialforschung. In Hurrelmann, K., & Ulrich, D. (Eds.) Handbuch der Sozialisationsforschung. Weinheim: Beltz, 1980, 321–370.

Koeck, R., & Strube, G.: Beobachtung und Befragung. In Strube, G. (Ed.) Die Psychologie des 20. Jahrhunderts. Bd. 5: Binet und die Folgen. Zürich: Kindler, 1977, 151–212.

König, H.: Makroökonomische Modelle: Ansätze, Ziele, Probleme. Schweizerische Zeitschrift für Nationalökonomie und Statistik, 1971, 107, 546 ff.

König, H., & Wolters, J.: Einführung in die Spektralanalyse ökonomischer Zeitreihen, Meisenheim: Hain, 1972.

König, H., & Timmermann, V.: Ein ökonometrisches Modell für die Bundesrepublik Deutschland 1950–1960. Zeitschrift für die gesamte Staatswissenschaft, 1962, 118, 598 ff.

König, R.: Einleitung: Praktische Sozialforschung. In König, R. (Ed.) Das Interview. Formen-Technik-Auswertung. Köln: Kiepenheuer & Witsch, 1972[7].

König, R.: Beobachtung und Experiment in der Sozialforschung. In König, R. (Ed.) Beobachtung und Experiment in der Sozialforschung. Köln: Kiepenheuer & Witsch, 1975[8], 17–47.

Kohli, M.: „Offenes" und „geschlossenes" Interview: Neue Argumente zu einer alten Kontroverse. Soziale Welt, 1978, 29, 1–25.

Kohnen, R., & Krüger, H.-P.: Wirkungen von Psychopharmaka auf das Lärmerleben. Zeitschrift für experimentelle und angewandte Psychologie, 1980, 27, 3, 428–444.

Kommission für wirtschaftlichen und sozialen Wandel: Wirtschaftlicher und sozialer Wandel in der Bundesrepublik Deutschland (Gutachten der Kommission). Göttingen: Schwartz,1977.

Kompe, H.: Kritischer Rationalismus versus Aktionsforschung: Eine wissenschaftliche Einschätzung. In Hron, A., Kompe, H., Otto, K.-P., & Wächter, H. (Eds.) Aktionsforschung in der Ökonomie. Frankfurt: Campus, 1979, 49–75.

Koolwijk, J.: Techniken der empirischen Sozialforschung. Bd. 2. München: Oldenbourg, 1975.

Kopp, M., & Schmid, M.: Individuelles Handeln und strukturelle Selektion. Eine Rekonstruktion des Erklärungsprogramms von Merton, R.K. Kölner Zeitschrift für Soziologie und Sozialpsychologie, 1981, 33, 257–272.

Kops, M.: Auswahlverfahren in der Inhaltsanalyse. Meisenheim: Hain, 1977.

Kormann, A.: Lerntests-Versuch einer kritischen Bestandsaufnahme. In Eckensberger, L.H. (Ed.) Bericht über den 31.Kongreß der Deutschen Gesellschaft für Psychologie in Mannheim 1978. Göttingen: Hogrefe, 1979, 85–95.

Kormann, A.: Veränderungsmessung. In Schiefele, H., & Krapp, A. (Eds.) Handlexikon zur Pädagogischen Psychologie. München: Ehrenwirth, 1981, 391–394.

Kornadt, H.-J.: Thematische Apperzeptionsverfahren. In Heiß, R. (Ed.) Psychologische Diagnostik. Göttingen: Hogrefe, 1964.

Kortmann, K.: Die Generierung einer geschlossenen Mikrodatenbasis für die Bundesrepublik Deutschland. In Krupp, H.J., & Glatzer, W. (Eds.) Umverteilung im Sozialstaat. Frankfurt: Campus, 193ff.

Korzybsky, A.: Science and sanity. An introduction to non-Aristotelian systems and general semantics. Gokeville: International non-Aristotelian Publishing, 1950.

Koslow, B.A., & Uschakwo, I.A.: Handbuch zur Berechnung der Zuverlässigkeit für Ingenieure. [Deutsch von Reinschke, K. (Ed.)] München: Hanser, 1979.

Kosslyn, S.M., Holyyoak, K.J., & Huffman, C.S.: A processing approach to the dual coding hypothesis. Journal of Experimental Psychology: Human Learning and Memory, 1976, 2, 223–233.

Kosslyn, S.M.: Image and mind. Cambridge Mass.: Harvard University Press, 1980.

Kowalski, C.J., & Guire,K.E.: Longitudinal data analysis. Growth, 1974, 38, 131–169.

Kracauer, S.: The challenge of qualitative content analysis. Public Opinion Quarterly, 1952, 16, 631–642.

Krafft, F. (Ed.): Prognose und Wissenschaft. Richtige Vorhersage als Merkmal von Wissenschaft und als Ausweis von Wissenschaftlichkeit. Berichte zur Wissenschaftsgeschichte, 1979, 2, 1/2.

Krane, W.R.: Least squares estimation of individual differences in multidimensional scaling. British Journal of Mathematical and Statistical Psychology, 1978, 31, 193–208.

Krantz, D.H.: Conjoint measurement: the Luce-Tuckey axiomatization and some extensions. Journal of Mathematical Psychology, 1964, 1, 248–277.

Krantz, D.H., Atkinson, R.C., Luce, R.D., & Suppes, P. (Eds.): Contemporary developments in mathematical psychology. San Francisco: Freeman, 1974.

Krantz, D.H., Luce, R.D., Suppes, P., & Tversky, A.: Foundations of measurement. Additive and polynomial representations. New York: Academic Press, 1971.

Krantz, D.H., & Tversky, A.: Similarity of rectangles: a analysis of subjective dimensions. Journal of Mathematical Psychology, 1975, 12, 4–34.

Krapp, A.: Zur Abhängigkeit der pädagogisch-psychologischen Diagnostik von Handlungs- und Entscheidungssituationen. In Mandl, H., & Krapp, A. (Eds.) Schuleingangsdiagnose. Göttingen: Hogrefe, 1978, 43–65.

Krapp, A.: Diagnose und Entscheidung. Zur theoretischen Begründung und Differenzierung der pädagogisch-psychologischen Prognose. Weinheim: Beltz, 1979.

Krasemann, I.: Skalierungsverfahren. In Stoljarow, V. (Ed.) Zur Technik und Methodologie einiger quantifizierender Methoden der soziologischen Forschung. Berin-Ost: Dietz, 1966, 221–376.

Kratochwill, R. R. et al.: A further consideration in the application of an analysis of variance model for the intrasubject replication design. Journal of Applied Behavior Analysis, 1974, 7, 629–633.

Kratochwill, T. R.: Single subject research. Strategies for evaluating change. New York: Academic Press, 1978.

Kratochwill, T. R., & Brody,G. H.: Single subject design: a perspective on the controversy over statistical inference and implications for research and training in behavior modification. Behavior Modification, 1979, 2, 291–307.

Krause, B.: Skalierungsmodelle in der Psychodiagnostik. Zeitschrift für Psychologie, 1977, 185, 257–287.

Krause, M.V.: Studien zur Operationalisierung der Optimumbeziehung zwischen Interaktionsstruktur und Leistung bei experimentellen Fertigungsgruppen. Dissertation, Salzburg, 1970.

Krelle, W.: Erfahrungen mit einem ökonometrischen Prognosemodell für die Bundesrepublik Deutschland. Meisenheim: Hain,1974.

Kreppner, K.: Zur Problematik des Messens in den Sozialwissenschaften. Stuttgart: Klett, 1975.

Kreutz, H.: Soziologie der empirischen Sozialforschung. Theoretische Analyse von Befragungstechniken und Ansätze zur Entwicklung neuer Verfahren. Stuttgart: Enke, 1972.

Kreuz, W.: Dynamische Absatzprognoseverfahren. Methoden der exponentiellen Glättung mit exogen orientierter Parameteranpassung. Frankfurt: Deutsch, 1979.

Krippendorff, K.: Models of message.: three prototypes. In Gerbner, G. et al. The analysis of communication content. New York: Wiley, 1969, 69–106.

Krippendorff, K.: Content analysis. An introduction to its methodology. Beverly Hills: Sage, 1980.

Kriz, J.: Statistik in den Sozialwissenschaften. Reinbek: Rowohlt, 1973.

Kriz, J.: Methodenkritik empirischer Sozialforschung. Stuttgart: Teubner, 1981.

Kröcher, H.: Erkenntnistheorie als biologische Anthropologie? Beitrag zur Festschrift für Ivo Kohler, 1980.

Krohne, H.W.: Theorien zur Angst. Stuttgart: Kohlhammer, 1976.

Komrev, H.: Empirische Sozialforschung. Opladen: Leske, 1980.

*Krüger, H.P.:*Soziometrie in der Schule. Weinheim: Beltz, 1976.

Krüger, H.P.: Nähe und Distanz in sozialen Beziehungen und ihre quantitative Erfassung. Gruppendynamik, 1976, 3, 203–218.

Krumhansl, C.L.: Concerning the applicability of geometric models to similarity data: the interrelationship between similarity and spatial density. Psychological Review, 1978, 85, 445–463.

Krupp, H.J.: Theorie der personellen Einkommensverteilung. Berlin: Duncker & Humblot, 1968.

Krupp, H.J.: Verteilungswirkungen der Steuerfinanzierung des sozialen Alterssicherungssystems. In Külp, B., & Stützel, W. (Eds.) Beiträge zu einer Theorie der Sozialpolitik. Berlin: Duncker & Humblot, 1973, 253ff.

Krupp, H.J.: Konjunkturpolitik und Strukturwandel als Problem empirischer Wirtschaftsforschung. DIW-Vierteljahresheft, 1979, 2, 116ff.

Kruse, L., & Kumpf, M. (Eds.): Psychologische Grundlagenforschung: Ethik und Recht. Bern: Huber, 1981.

Kruskal, J.B.: Multidimensional scaling by optimizing goodness of fit to a nonmetric hypothesis. Psychometrika, 1964a, 29, 1–27.

Kruskal, J.B.: Nonmetric multidimensional scaling: a numerical method. Psychometrika, 1964b, 29, 115–129.

Kruskal, J.B.: Multidimensional scaling in archeology: time is not only dimension. In Hodson, F. R. (Eds.) Mathematics in the archeological and historical sciences. Edinburgh: University Press, 1971.

Kruskal, J. B.: Version 5 MS of M-D-SCAL, a more portable equivalent of version 5 M. Murray Hills, N. J.: Bell Telephone Laboratories, 1971 a.

Kruskal, J. B.: Monotone regression: continuity and differentiabilities. Psychometrika, 1971 b, 36, 57–62.

Kruskal, J. B.: More factors than subjects, tests and treatments: an indominancy for canonical decomposition and individual differences scaling. Psychometrika, 1976, 41, 281–293.

Kruskal, J. B., & Carroll, J. D.: Geometric models and badness-of-fit functions. In Krishnaia, P. R. (Ed.) Multivariate analysis. New York: Academic Press, 1969, 639–671.

Kruskal, J. B., & Wish, M.: Multidimensional scaling. Beverly Hills, Calif.: Sage Publications, 1978.

Kruskal, J. B., Young, F. W., & Seery, J. B.: How to use KYST, a very flexible program to do multidimensional scaling and unfolding. Murray Hill, N. J.: Bell Telephone Laboratories, 1973.

Kübler, U.: Ein disaggregiertes Prognosemodell für die BRD. 2. Die Unternehmenssektoren, Meisenheim: Hain, 1977.

Küchler, M.: Multivariate Analyseverfahren. Studienssskripte zur Soziologie. Bd. 35. Stuttgart: Teubner, 1979.

Küffner, H.: Fehlorientierte Tests: Konzept und Bewährungskontrolle. Weinheim: Beltz, 1981.

Kühn, R.: Zur Aufklärung von Schulleistungen mit Hilfe von Intelligenz- und Persönlichkeitsdimensionen sowie Faktoren der häuslichen Umwelt. In Michaelis, W. (Ed.) Bericht über den 32. Kongreß der Deutschen Gesellschaft für Psychologie in Zürich 1980. Bd. 2. Göttingen: Hogrefe, 1981, 619–621.

Kühn, W.: Einführung in die multidimensionale Skalierung. München: Reinhardt, 1976.

Küttner, M.: Gesetzüberprüfung und Strukturgleichheitsthese. In Alber, A., & Stapf, K. H. (Eds.) Theorie und Erfahrung. Stuttgart: Klett, 1979, 83–93.

Kuhl, J.: Meß- und prozeßtheoretische Analysen einiger Person- und Situationsparameter der Leistungsmotivation. Bonn: Bouvier, 1977.

Kuhlen, R. G.: Social change: a neglected factor in psychological studies of the life-span. School and Society, 1940, 52, 14–16.

Kuhlen, R. G.: Age and intelligence: the significance of cultural change in longitudinal vs. cross-sectional findings. Vita Human, 1963, 6, 113–124.

Kulhavy, E.: Internationales Marketing. Linz: Trauner, 1981.

Kun, A., & Weiner, B.: Necessary versus sufficient causal schemata for success and failure. Journal of Research in Personality, 1973, 7, 197–207.

Kunin, T.: The construction of a new type of attitude measure. Personnel Psychology, 1955, 8, 65–77.

Kutschera, F. v.: Wissenschaftstheorie I. Grundzüge der Allgemeinen Methodologie der empirischen Wissenschaften. München: Fink, 1972.

Kuttner, H. G.: Zur Relevanz text- und inhaltsanalytischer Verfahrensweisen für die empirische Forschung. Frankfurt: Lang, 1981.

Labouvie, E. W.: Experimental sequential strategies for the exploration of ontogenetic and socio-historical changes. Human Development, 1978, 21, 161–169.

Ladurie, E. I., & DuMont, P.: Quantitative and carthographical exploitation of french military archives, 1819–1826. Daedalus, 1971, 100, 397–441.

Langeheine, R.: Multivariate Analyse nominal-skalierter Daten via Goodman's Modell: Sehr wohl eine Alternative. Zeitschrift für Soziologie, 1979, 8, 380–390.

Langeheine, R.: Log-Lineare Modelle zur multivariaten Analyse qualitativer Daten. München: Oldenbourg, 1980.

Langeheine, R.: Multivariate Hypothesentester bei qualitativen Daten. Zeitschrift für Sozialpsychologie, 1980 b, 11, 140–151.

Langeheine, R.: Kausalanalyse qualitativer Daten mit manifesten und latenten Variablen. Zeitschrift für Sozialpsychologie, 1982, 13, 163–176.

Langeheine, R.: Log-Lineare Modelle. In Koolwijk, J. v., & Wieken-Mayser, M. (Eds.) Techniken der empirischen Sozialforschung. Bd. 8.: Kausalanalyse. München: Oldenbourg, 1983.

Langer, I., & Schulz, Thun, F. v.: Messung komplexer Merkmale in Psychologie und Pädagogik – Ratingverfahren. München: Reinhardt., 1974.

Lansing, J., & Morgan, J.: Economic survey methods. Ann Arbor: University of Michigan, Institute for Survey Research, 1971.

Lansky, M., & Scharmann, Th. (Eds.): Programmierter Gruppenunterricht. Hannover: Paderborn, 1976.

Lantermann, E.D., & Feger, H. (Eds.): Similarity and choice. Bern: Huber, 1980.

Lantz, H., Schulz, M., & O'Hara, M.: The changing american family from the preindustrial period: a final report. American Sociological Review, 1975, 40, 21–36.

La Pierre, R.: T Attitudes versus action. Social Forces, 1934, 14, 230–237.

Larsen, K.: Dogmatism and sociometric status as determinants of interaction in a small group. Psychological Report, 1971, 29, 449–450.

Lasswell, H.D. et al (Eds.): Language of politics: studies in quantitative semantics. New York: M.I.T. Press, 1949.

Lasswell, H.D. et al.: The comparative study of symbols. Stanford: Stanford University Press, 1952.

Lasswell, H.D., & Leites, N.: Language of politics. Cambridge: M.I.T. Press, 1966[3].

Lauterbach, W., & Sarris, V.: Beiträge zur psychologischen Bezugsforschung. Bern: Huber, 1980.

Lazarsfeld, P.F.: The controversy over detailed interviews – an offer for negotiations. Public Opinion Quarterly, 1944, 8, 38–60.

Lazarsfeld, P.F.: The people look at radio. Chapel Hill: University of N.C. Press, 1946.

Lazarsfeld, P.F.: The logical and mathematical foundations of latent structure analysis. In Stouffer, S. et al. (Eds.) Studies on social psychology in World War II. Princeton, N.J.: Princeton University Press, 1950.

Lazarsfeld, P.F.: The interpretation and computation of some latent structures. In Stouffer, S. et al. (Eds.) Measurement and prediction. Princeton: University Press, 1950, 4, 413–472.

Lazarsfeld, P.F.: Problems in methodology. In Merton, R.K., Broom, L., & Cotrell, L.S. (Eds.) Sociology today. Problems and prospects. New York: Basic Books, 1959, 39–78.

Lazarsfeld, P.F.: The use of panel in social research. In Berelson, B., & Janowitz, M. (Eds.) Reader in public opinion and communication. Glencoe/III.: Free Press, 1966, 645–653.

Lazarsfeld, P.F., & Fiske, M.: The "Panel" as a new tool for reasuring opinion. Public Opinion Quarterly, 1938, 2, 596–612.

Lazarsfeld, P.F., & Stanton, F.N. (Eds.): Communications research, 1948–1949. New York: Wiley, 1949.

Lazarsfeld, P.F., & Henry, N.W.: Latent structure analysis. Boston: Houghton-Mifflin, 1968.

Lazarsfeld, P.F., Rosenberg, M., & Thielens, W.: Die Panel-Befragung. In König, R. (Ed.) Handbuch der empirischen Sozialforschung. Bd. 1.: Das Interview. Formen, Technik und Auswertung. Köln: Kiepenheuer & Witsch, 1969, 253–268.

Lazarus, A.A., & Davison, C.G.: Clinical innovation in research and practice. In Bergin, A.E., & Garflied, S.L. (Eds.) Handbook of psychotherapy and behavior change: an empirical analysis. New York: Wiley, 1971.

Lefkowitz, M., Blake, R.R., & Monton, J.S.: Status factors in pedestrian violation of traffic signals. Journal of Abnormal and Social Psychology, 1953, 51, 704–706.

Leichner, R.: Psychologische Diagnostik. Weinheim: Beltz, 1979.

Leiner, B.: Spektralanalyse ökonomischer Zeitreihen. Einführung in Theorie und Praxis moderner Zeitreihenanalyse. Wiesbaden: Gabler, 1978[2].

Leinfellner, E., & Leinfellner, W.: Ontologie. Systemtheorie und Systematik. Berlin: Duncker & Humblot, 1978.

Leinfellner, E., Leinfellner, W., Berghel, H., & Hübner, A. (Eds.): Wittgenstein und sein Einfluß auf die gegenwärtige Philosophie. Akten des zweiten internationalen Wittgenstein Symposiums 29. August bis 4. September 1977. Kirchberg/Wechsel (Österreich). Wien: Hoelder-Pichler-Tempsky, 1978.

Leinfellner, W., & Köhler, E.: Developments in the methodology of social science. Dordrecht-Holland: Reidel, 1974.

Leistikow, J.: Voraussetzungen, Methode und Ergebnisse einer Interaktionsanalyse in der klientenzentrierten Kinderpsychotherapie. In Petermann, F. (Ed.) Methodische Grundlagen Klinischer Psychologie. Weinheim: Beltz, 1977.

Leitenberg, H.: The use of single-methodology in psychological research. Journal of Abnormal Psychology, 1973, 82, 87–101.

Lenz, J.: Soziometrisches Modell zur quantitativen Untersuchung von kleinen Arbeitsgruppen. Karlsruhe: Heizmann, 1981.

Leontief, W.: The structure of the american economy 1919–1939. New York: Oxford University Press, 1960[2].

Levelt, W.J.M.: Formal grammars in linguistics and psycholinguistics. I, II, III. Mouton: The Hague, 1974.

Levenson, B.: Panel-Studies. In Sills, D.L. International encyklopedia of social sciences. Bd. 11. New York: Macmillan, 1968, 371–379.

Lever, J.: Sex differences in the complexity of children's play and games. American Sociological Review, 1978, 43, 471–483.

Levine, D.M.: A Monte Carlo study of Kruskal's variance based measure of stress. Psychometrika, 1978, 43, 307–315.

Levin, J.R., Marascuillo, L.A., & Hubert, L.J.: N = nonparametric randomization tests. In Kratochwill, T.R. (Ed.) Single subject research. Strategies for evaluating change. New York: Academic Press, 1978.

Lew, J.S.: Some counterexamples in multidimensional scaling. Journal of Mathematical Psychology, 1978, 17, 247–254.

Lewandowski, R.: Prognose- und Informationssysteme und ihre Anwendungen. Berlin: De Gruyter, Bd. 1, 1974, Bd. 2, 1980.

Lewin, K.: Action research and minority problems. Journal of Social Issues, 1946, 34–46.

Lewin, K.: Field theory in social science. New York: Harper, 1951.

Lewin, K.: Feldtheorie in den Sozialwissenschaften. Bern: Huber, 1963.

Lewin, M.: Understanding psychological research. New York: Wiley, 1979.

Liebling, H.I., Bidwell, P.T., & Hall, K.E.: The recent performance of anticipation surveys and econometric model projections of investment spending in the United States. Journal of Business, 1976, 49, 4, 451–477.

Liebow, E.: Eine Felderfahrung im Rückblick. In Gerdes, K. (Ed.) Explorative Sozialforschung. Stuttgart: Enke, 1979, 16–28.

Lienert, G.A.: Testaufbau und Testanalyse. Weinheim: Beltz, 1969[3].

Lienert, G.A.: Verteilungsfreie Methoden in der Biostatistik. Bd. 1 und 2. Meisenheim: Hain, 1973 und 1978[2].

Lienert, G.A., & Limbourg, M.: Beurteilung der Wirkung von Behandlungsintervention in Zeitreihen-Untersuchungsplänen. Zeitschrift für Klinische Psychologie und Psychotherapie, 1977, 25, 21–28.

Light, R.J.: Measures of response agreement for qualitative data: some generalizations and alternatives. Psychological Bulletin, 1971, 76, 365–377.

Likert, R.A.: A technique for the measurement of attitudes. Archives of Psychology, 1932, 140, 44–53.

Lincoln, J.R.: Community structure and industrial conflict: an analysis of srike activity in SMSAs. American Sociological Review, 1978, 43, 199–220.

Lindley, D.V.: Introduction to probability and statistics from a Bayesian viewpoint. Bd. 1 und 2. Cambridge: Cambridge University Press, 1965.

Lindley, D.V.: Bayesian statistics, a review. Society for industrial and applied mathematics (SIAM). National Science Foundation. Philadelphia, 1972.

Lindman, H., & Caelli, T.: Constant curvature Riemannian scaling. Journal of Mathematical Psychology, 1978, 17, 89–109.

Lindner, C.: Kritik des symbolischen Interaktionismus. Soziale Welt, 1979, 30, 410–421.

Lindner, K.: Ein zweiseitig orientiertes binomiales Testmodell. Lehrzielorientierter Unterricht, 1979, 3, 17–29.

Lindner, K.: Parameterwahl bei kriteriumsorientierten Zensierungsmodellen. Lernzielorientierter Unterricht, 1980, 2, 25–37.

Lindner, K.: Die Überprüfbarkeit des Konkordanzmaßes „Ü". Zeitschrift für Empirische Pädagogik, 1980, 4, 45–58.

Lindner, T. A., & Hofstede, G. H.: Messung sozialer Distanz. Gruppendynamik, 1970, 4, 335.

Lindworsky, J.: Experimentelle Psychologie. München: Kösel & Pustet, 1931[5].

Lindzey, G.: On the classification of projective techniques. Psychological Bulletin, 1959, 56.

Lindzey, G., & Byrne, D.: Measurement of social choice and interpersonal attractiveness. In Lindzey, G., & Aronson, E. (Eds.) The Handbook of Social Psychology, 1969, 2, 453.

Ling, R. F.: A computer generated aid for cluster analysis. Communications of the ACM, 1973, 16, 355–361.

Lingoes, J. C.: An IBM 7090 program for Guttman-Lingoes smallest-space analysis. Behavioral science, 1966, 11, 322–323, 407.

Lingoes, J. C.: New Computer developments in pattern analysis and nonmetric techniques. In Uses of Computers in Psychological Research. The 1964 IBM Symposium of Statistics. Paris: Gauthier-Villars, 1966a, 1–22.

Lingoes, J. C.: Recent computational advances in nonmetric methodology for the behavioral sciences. In Proceedings of the International Symposium: Mathematical and Computational Methods in Social Sciences. Rome: International Computation Centre, 1966b, 1–38.

Lingoes, J. C.: The rationale of the Guttman-Lingoes nonmetric series: a letter to Doctor Philip Runkel. Multivariate Behavioral Research, 1968, 4, 495–508.

Lingoes, J. C.: A general survey of the Guttman-Lingoes non-metric program series. In Shepard, R. N., Romney, A. K., & Nerlove, S. B. (Eds.) Multidimensional Scaling. New York: Seminar Press, 1972, 1, 49–68.

Lingoes, J. C.: The Guttman-Lingoes nonmetric program series. Ann Arbor, Mich.: Mathesis Press, 1973.

Lingoes, J. C. (Ed.): Geometric representations of relational data. Ann Arbor, Mich.: Mathesis Press, 1977a.

Lingoes, J. C.: Identifying directions in the space for interpretation. In Lingoes, J.C. (Ed.) Geometric representations of relational data. Ann Arbor: Mathesis Press, 1977, 103–113.

Lingoes, J. C.: Identifying regions in the space for interpretation. In Lingoes, J.C. (Ed.) Geometric representations of relational data. Ann Arbor: Mathesis Press, 1977, 115–126.

Lingoes, J. C., & Borg, I.: Identifying spatial manifolds for interpretation. In Lingoes, J.C. Geometric representations of relational data. Ann Arbor, Mich.: Mathesis Press, 1977a, 127–148.

Lingoes, J. C., & Borg, I.: Optimale Lösungen für Dimensions- und Vektorgewichte in PINDIS. Zeitschrift für Sozialpsychologie, 1977b, 8, 210–217.

Lingoes, J. C., & Borg, I.: CMDA-U: confirmatory monotone distance analysis – unconditional. Journal of Marketing Research, 1978, 15, 610–611.

Lingoes, J. C., & Roskam, E. E.: A mathematical and empirical analysis of two multidimensional scaling algorithms. Psychometrika Monograph Supplement 1973.

Linn, R. L., & Sinde, J. A.: The determination of the significance of change between pre- and posttesting periods. Review of Educational Research, 1977, 47, 121–150.

Lippert, A., Schneider, P., & Wakenhut, R.: Zur Stabilität probabilistischer Skalierungs-Verfahren. Psychologische Beiträge, 1977, 19, 588–599.

Lippert, E., Schneider, P., & Wakenhut, R.: Die Skalierungsverfahren von Mokken und Rasch bei der Überprüfung und Revision von Einstellungsskalen. Diagnostica, 1978, 24, 252–274.

Lisch, R., & Kriz, J.: Grundlagen und Modelle der Inhaltsanalyse. Hamburg: Rowohlt, 1978.

Lissitz, R. W., & Robinson, E. J.: An examination of some factors related to using different Minkowski models in non-metric multidimensional scaling. Multivariate Behavioral Research, 1977, 12, 69–73.

Lochner, R.: Das Soziogramm in der Schulklasse. Zeitschrift für pädagogische Psychologie, experimentelle Pädagogik und jugendkundliche Forschung, 1927, 4/5, 177–205.

Loevinger, J.: The technic of Homogeneous tests. Compared with some aspects of „scale analysis" and factor analysis. Psychological Bulletin, 1948, 45, 507–530.

Lompscher, H. J.: Theoretische und experimentelle Untersuchungen zur Entwicklung geistiger Fähigkeiten. Berlin: Volk & Wissen, 1972.

Lord, F. M.: The relation of test score to the trait underlying test. Educational and Psychological Measurement, 1953, 13.

Lord, F. M.: Elementary models for measuring change. In Harris, C. W. (Ed.) Problems in measuring change. Madison: The University of Wisconsin Press, 1963.

Lord, F. M., & Novick, M. R.: Statistical theories of mental test scores. Reading, Mass.: Addison-Wesley, 1968.

Lord, F. M.: Some test theory for tailored testing. In Holtzman, W. H. (Ed.) Computer-assisted instruction, testing and guidance. New York: Harper & Row, 1970, 139–183.

Lord, F. M.: Robbings-Monro procedure for tailored testing. Educational and Psychological Measurement, 1971, 31, 3–31.

Lorek, K. S., McDonald, C. L., & Path, D. H.: A comparative examination of management forecasts and Box-Jenkins forecasts of earning. The Accounting Review, 1976, 51, 2, 321–330.

Lorenz, K.: Gestaltwahrnehmung als Quelle wissenschaftlicher Erkenntnis (1959). In Lorenz, K. Über menschliches und tierisches Verhalten. Bd. 2. München: Piper, 10/1973, 255 ff.

Lorenz, K.: Die Rückseite des Spiegels. München: Piper, 1973².

Lorenzen, P.: Konstruktive Wissenschaftstheorie. Frankfurt: Suhrkamp, 1974.

Lorenzen, P.: Grundlagen der praktischen Philosophie. In Lorenzen, P. Konstruktive Wissenschaftstheorie. Frankfurt: Suhrkamp, 1974, 22–46.

Lorenzen, P., & Schwemmer, V.: Konstruktive Logik, Ethik und Wissenschaftstheorie. Mannheim: Bibliographisches Institut, 1975².

Luce, R., & Tuckey, J. W.: Simultaneous conjoint measurement: a new type of fundamental measurement. Journal of Mathematical Psychology, 1964, 1, 1–27.

Luchins, A. S.: Mechanization in problem solving. – The effect of Einstellung. Psychological Monograph, 1942, 6, 154.

Lück, H. E.: Testen und Messen von Eigenschaften und Einstellungen. In Koolwijk, J. v., & Wieken-Mayser, M. (Eds.) Techniken der empirischen Sozialforschung. Bd.: Testen und Messen. München: Oldenbourg, 1976, 77–102.

Lück, H. E. (Ed.): Mitleid – Vertrauen – Verantwortung. Stuttgart: Klett, 1977.

Lück, H. E., & Bungard, W.: Artefakte und die Höflichkeit im sozialwissenschaftlichen Forschungsbetrieb. Gruppendynamik, 1978, 9, 2–10.

Lück, H. E., & Manz, W.: Die Technik der verlorenen Briefe – ein neues Instrument verhaltensbezogener Einstellungsmessung? Zeitschrift für Soziologie, 1973, 2, 352–365.

Lück, H. E., & Schuch, A.: Feldexperimente im Bereich des prosozialen Verhaltens. In Patry, J.-L. (Ed.) Feldforschung. Methoden und Probleme sozialwissenschaftlicher Forschung unter natürlichen Bedingungen. Bern: Huber, 1982, 117–130.

Lüdecke, D.: Ein ökonomisches Vierteljahresmodell für die Bundesrepublik Deutschland. Tübingen: Mohr, 1969.

Lüdecke, D., & Pusse, L.: Potentielle Arbeitsproduktivität und potentieller Arbeitseinsatz. Mitteilungen aus der Arbeitsmarkt- und Berufsforschung. 1977, 2, 319–337.

Lüer, G.: Gesetzmäßige Denkabläufe beim Problemlösen. Weinheim: Beltz, 1973.

Lüer, G., & Fillbrandt, H.: Ein Verfahren zur Bestimmung der additiven Konstante in der multidimensionalen Skalierung. Archiv für die gesamte Psychologie, 1969, 121, 202–204.

Lühmann, R.: Ein lehrzielorientiertes Zensierungsmodell. Lernzielorientierter Unterricht, 1980, 3, 17–28.

Lukesch, H., & Zecha, G.: Neue Handlungsforschung? Programm und Praxis gesellschaftskritischer Sozialforschung. Soziale Welt, 1978, 29, 26–43.

Lumsden, J.: Test-Theorie. Annual Review, 1976, 27, 251–280.

Lykken, D. T.: Statistical significance in psychological research. Psychological Bulletin, 1968, 70, 151–157.

Mabert, V. A.: Statistical versus scales force. Executive opinion short range forecasts: a time analysis case study. Decision science, 1976, 7, 310–318.

MacCallum, R. C.: Effects on INDSCAL of non-orthogonal perceptions of object space dimensions. Psychometrika, 1976a, 41, 177–188.

MacCallum, R. C.: Transformation of a three-mode multidimensional scaling to INDSCAL form. Psychomtrika, 1976b, 41, 385–400.

MacCallum, R. C.: Effects of conditionality on INDSCAL and ALSCAL weights. Psychometrika, 1977, 42, 297–305.

MacCallum, R. C.: Recovery of structure in incomplete data by ALSCAL. Psychometrika, 1979, 44, 69–74.

MacCallum, R. C., & Cornelius, E. T.: A Monte Carlo investigation of recovery by ALSCAL. Psychometrika, 1977, 42, 401–427.

Maccoby, E. E., & Maccoby, N.: Das Interview: ein Werkzeug der Sozialforschung. In König, R. (Ed.) Das Interview. Formen-Technik-Auswertung. Köln: Kiepenheuer & Witsch, 1972[7].

Mach, E.: Erkenntnis und Irrtum. Leipzig: Barth, 1906[2].

Magnus, U.: Aussagenanalyse. Eine Untersuchung des 1. Fernsehprogramms. Hamburg: Hans Bredow-Institut, 1966.

Magnusson, D.: Testtheorie. Wien: Deuticke, 1969.

Majoribanks, K.: Umwelt, soziale Schicht und Intelligenz. In Graumann, C. F., & Heckhausen, H. (Eds.) Pädagogische Psychologie. Bd. 1: Entwicklung und Sozialisation. Frankfurt: Fischer, 1973, 190–200.

Makridakis, S., & Wheelwright, S. C.: Forecasting, methods and applications. New York: Wiley, 1978.

Maletzke, G.: Psychologie der Massenmedien. Hamburg: Hans Bredow-Institut, 1963.

Mann, H. B.: Nonparametric tests against trend. Econometrica, 1945, 13, 245–259.

Mannheim, K.: Ideologie und Utopie. Frankfurt: Schulte- Buhnke, 1952[3].

Manniche, E., & Hayes, D. P.: Respondent anonymity and data matching. Public Opinion Quarterly, 1957, 21, 384–388.

Marceil, J. C.: Implicit dimensions of idiography and nomothesis: a reformulation. American Psychologist, 1977, 32, 1046–1055.

Marinell, G.: Multivariate Verfahren. München: Oldenbourg, 1977.

Markus, H.: The effect of mere presence on social facilitation: an unobstrusive test. Journal of Experimental and Social Psychology, 1978, 14, 388–397.

Masling, J.: Role-related behavior of the subject and psychologist and its effects upon psychological data. In Levine, d. L. (Ed.) Nebraska Symposium on motivation. Lincoln, Nebraska: Press, 1966, XIV, 67–103.

Mason, K. O., Mason, W. M., Winsborough, H. H., & Poole, W. K.: Some methodological issues in cohort analysis of archival data. American Sociological Review, 1973, 38, 242–258.

Massarik, F. et al.: Sociometric choice and organizational effectiveness. Sociometry, 1953, 16, 211–238.

Mattessich, R.: Instrumental reasoning and systems methodology. An empistemology of the applied and social sciences. Dordrecht: Reidel, 1978.

Mayer, H., & Petermann, F.: Physiologische Methoden in der Klinischen Psychologie. In Petermann, F., & Schmock, C. (Eds.) Grundlagentexte der Klinischen Psychologie. Bd. 1. Bern: Huber, 1977.

Mayer, R. E.: Denken und Problemlösen. Eine Einführung in menschliches Denken und Lernen. Berlin: Springer, 1979.

Mayntz, R., Holm, K., & Hübner, P.: Einführung in die Methoden der empirischen Soziologie. Opladen: Westdeutscher Verlag, 1969, 1970, 1972[3] und 1978[5].

McCall, G. J., & Simmons, J. L. (Eds.): Issues in participant observation: test and a reader. Reading, Mass.: Addison-Wesley, 1969.

McCall, R. B., & Appelbaum, M. I.: Systematische Fehler bei der Analyse von Designs mit wiederholten Messungen: Einige alternative Ansätze. In Petermann, F. (Ed.) Methodische Grundlagen Klinischer Psychologie. Weinheim: Beltz, 1977.

McDonald, C. L.: An empirical examination of the reliability of published predictions of future earnings. The Accounting Review, 1973, 48, 3, 502–510.

McGee, V.: The multidimensional analysis of 'elastic' distance. Multivariate Behavioral Research, 1966, 19, 181–196.

McGee, V.: A reply to some criticism of elastic multidimensional scaling. British Journal of Mathematical and Statistical Psychology, 1967, 20, 243–247.

McGee, V. E.: Multidimensional scaling of N sets of similarity measures: a nonmetric individual differences approach. Multivariate Behavioral Research, 1968, 3, 233–248.

McGill, R.: Printing tables to expose structure. Presented at Annual Meeting of Statistical Association, San Diego, 1978.

McElwain, D. W., & Keats, J. A.: Multidimensional unfolding: some geometrical solutions. Psychometrika, 1961, 26, 325–332.

McGrath, J. E.: The influence of positive interpersonal relations on adjustment and effectiveness in rifle teams. Journal of Abnormal and Social Psychology, 1962, 65, 365–375.

McGuigan, F. J.: Einführung in die Experimentelle Psychologie. Frankfurt: Fachbuchhandlung für Psychologie, 1979.

McGuire, W. J.: Theory oriented research in natural settings: The best of both worlds for social psychology. In Evans, R. J., & Rozelle, R. M. (Eds.) Social psychology in life. Boston: Aclyn & Bacon, 1973, 5–42.

McGuire, W. J.: The Yin and Yang of progress in social psychology: seven koan. Journal of Personality and Social Psychology, 1973, 26, 446–556.

Mead, G. H.: Geist, Identität und Gesellschaft. Frankfurt: Suhrkamp, 1975[2].

Meadows, D., Meadows, D., Zahn, E., & Milling, P.: Die Grenzen des Wachstums. Bericht des Club of Rome zur Lage der Menschheit. Hamburg: Rowohlt, 1973.

Medley, D. M., & Mitzel, H. E.: Measuring classroom behavior by systematic observation. In Gage, N. L. (Ed.) Handbook of research on teaching. Chicago: Rand McNally, 1963, 247–328.

Meehl, P. E.: Clinical versus statistical prediction. A theoretical analysis and review of the evidence. Minneapolis: University of Minnesota Press, 1954.

Mees, U.: Methodologische Probleme der Verhaltensbeobachtung in der natürlichen Umgebung: I. Zuverlässigkeit und Generalisierbarkeit von Beobachtungsdaten. In Mees, U., & Selg, H. (Eds.) Verhaltensbeobachtung und Verhaltensmodifikation. Stuttgart: Klett, 1977, 43–65.

Mees, U.: Methodologische Probleme der Verhaltensbeobachtung in der natürlichen Umgebung: II. Beobachter und Beobachtete als mögliche Fehlerquellen von Beobachtungsdaten. In Mees, U., & Selg, H. (Eds.) Verhaltensbeobachtung und Verhaltensmodifikation. Stuttgart: Klett, 1977, 66–67.

Mees, U., & Selg, H. (Eds.): Verhaltensbeobachtung und Verhaltensmodifikation. Stuttgart: Klett, 1977.

Meffert, H., & Steffenhagen, H.: Marketing–Prognosemodelle. Quantitative Grundlagen des Marketing. Stuttgart: Poeschel, 1977.

Meili, R.: Lehrbuch der psychologischen Diagnostik. Bern: Huber, 1961.

Meili, R., & Steingrüber, H.-J.: Lehrbuch der psychologischen Diagnostik. Bern: Huber, 1978.

Melbin, M.: Night as frontier. American Sociological Review, 1978, 43, 3–22.

Mellenbergh, G. J., Kelderman, H., Stijlen, J. G., & Zondag, E.: Linear models for the analysis and construction of instruments in a facet design. Psychological Bulletin, 1979, 86, 766–776.

Mellenbergh, G. J., & Vijn, P.: The Rasch model as a loglinear model. Applied Psychological Measurement, 1981, 5, 369–376.

Melton, A. W.: Distribution of attention in galleries in a museum of science and industry. Museums News, 1936, 13, 3, 5–8.

Menges, G.: Ein ökonometrisches Modell der Bundesrepublik Deutschland. Ifo-Studien, 1959, 5, 1 ff.

Menges, G., Skala, H. J.: Grundriß der Statistik. Teil 2: Daten. Opladen; Westdeutscher Verlag, 1973.

Merkens, H.: Überlegungen zum Reliabilitätsproblem bei lehrzielorientierten Tests. Zeitschrift für erziehungswissenschaftliche Forschung, 1973, 7, 240–242.

Merkens, H., & Seiler, H.: Interaktionsanalyse. Stuttgart: Kohlhammer, 1978.

Merkens, H., & Seiler, H.: Phänomenologie der Wahrnehmung. Berlin: De Gruyter, 1966.

Mertens, P. (Ed.): Prognoserechnung. Würzburg: Physica, 1978.

Mertens, W.: Sozialpsychologie des Experiments – Das Experiment als soziale Interaktion. Hamburg: Hoffman & Campe, 1975.

Mertens, W., & Fuchs, F.: Krise der Sozialpsychologie? München: Ehrenwirt, 1978.

Mertesdorf, F.: Was tun Zeugen von Ladendiebstählen? Eine feldexperimentelle Studie. In Lück, H. E. (Ed.) Mitleid – Vertrauen – Verantwortung. Stuttgart: Klett, 1977.

Mertn, A.: Validitätsuntersuchungen zum soziometrischen Test. Zeitschrift für experimentelle und angewandte Psychologie, 1960, 7, 631–641.

Merton, R. K.: Social theory and social structure. Glencoe, III.: Free Press, 1957.

Merton, R. K.: Social theory and social structure. New York: Free Press, 1968.

Merton, R. K.: Continuities in the theory of reference groups and social structure. In Merton, R. K. Social structure. New York: Free Press, 1968.

Merton, R. K., & Rossi, A. S.: Contribution to the theory of reference group behavior. In Merton, R. K. Social theory and social structure. New York: Free Press, 1968.

Merton, R. K., & Kendall, P. L.: Das fokussierte Interview. In Hopf, Ch., & Weingarten, E. (Eds.) Qualitative Sozialforschung. Stuttgart: Klett-Cotta, 1979.

Merz, F.: Prognose und Bewährung. Grundlegende Probleme. In Holzkamp, K., Jäger, A. O., & Merz, F. (Eds.) Prognose und Bewährung in der psychologischen Diagnostik. Göttingen: Hogrefe, 1966.

Merz, J.: Auswirkungen fiskalpolitischer Maßnahmen der Bundesregierung 1972 bis 1975 auf die Einkommensverteilung. In Krupp, H. J., & Glatzer, W. (Eds.) Umverteilung im Sozialstaat. Frankfurt. Campus, 1978, 277 ff.

Messick, S. J.: The perception of attitude relationship: a multidimensional approach to the structuring of social attitudes. Ph. D. Thesis. Princeton, N. J.: Princeton University, 1954.

Messick, S. J., & Abelson, R. P.: The additive constant problem in multidimensional scaling. Psychometrika, 1956, 21, 1–15.

Meyer, P. W.: Verhaltensbeobachtung und Stimmungsanalyse. Ein Beitrag zu den Methoden der Marktforschung. In Vershofen et al (Eds.) Der Mensch im Markt. Berlin: Duncker & Humblot, 1960, 375–385.

Meyer, P. W.: Aufgabe und Methode des GfK-Haushaltspanels. Jahrbuch der Absatz- und Verbraucherforschung, 1961, 7, 3, 210–214.

Meyer, P. W.: Methodische Probleme der Panelforschung. In Behrens, K. Ch. (Ed.) Handbuch der Marktforschung, Bd. 1. Wiesbaden: Gabler, 1974, 433–440.

Michael, J.: Statistical inference for individual organism research: some reactions to a suggestion by Gentile, Roden and Klein. Journal of Applied Behavior Analysis, 1974, 7, 627–628.

Michael, J.: Statistical inference for individual organism research: mixed blessing or cure? Journal of Applied Behavior Analysis, 1974, 7, 647–653.

Michel, L.: Allgemeine Grundlagen psychometrischer Tests. In Heiß, R. (Ed.) Handbuch der Psychologie. Bd. 6: Psychologische Diagnostik. Göttingen: Hogrefe, 1964, 19–70.

Michel, L., & Mai, N.: Entscheidungstheorie und Probleme der Diagnostik bei Cronbach und Gleser. Diagnostika, 1968, 14, 99–120.

Michel, L., & Iseler, A.: Beziehungen zwischen klinischen und psychometrischen Methoden der diagnostischen Urteilsbildung. In Groffmann, K. J., & Wewetzer, K.-H. (Eds.) Person als Prozeß. Bern: Huber, 1968. 115–156.

Michel, L. (Ed.): Psychologische Diagnostik. Meisenheim: Hain, 1981.

Michel, L.: Zuverlässigkeit und Gültigkeit von quantitativen Intelligenz-Diagnosen aus dem Rorschach-Test. In Wewetzer, K.-H. (Ed.) Experiment – Test – Befragung. Darmstadt: Wissenschaftliche Buchgesellschaft, 1981.

Michel, L., & Conrad, W.: Theorie psychometrischer Tests. In Groffmann, K. J., & Michel, L. (Eds.) Psychologische Diagnostik. Bd. 1: Grundlagen psychologischer Diagnostik. Göttingen: Hogrefe, 1982, 1–129.

Michelson, W. (Ed.): Behavioral research methods in environmental design. Stroudsburg, Penns.: Dowden, Hutchinson & Ross, 1975.

Micko, H. C., & Fischer, W.: The metric of multidimensional psychological spaces as a function of the differential attention to subjective attributes. Journal of Mathematical Psychology, 1970, 7, 118–143.

Micko, H. C.: Eine Verallgemeinerung des Meßmodells von Rasch mit einer Anwendung auf die Psychophysik der Reaktion. Psychologische Beiträge, 1970, 12, 54.

Miles, C. C.: Influence of speed and age on intelligence-scores of adult. Journal of General Psychology, 1934, 10, 208–210.

Milgram, S.: The lost-letter technique. Psychology Today, 1969, 3, 30–33,66–68.

Milgram, S., Mann, L., & Harter, S.: The lost letter technique: a tool of social research. Public Opinion Quarterly, 1965, 29, 437–438.

Mill, J. S.: A system of logic: ratiocinative and inductive. New York: Harper, 1846.

Miller, A. G. (Ed.): The social psychological research. New York: Free Press, 1972.

Miller, K. M., & Biggs, J. B.: Attitude change through undirected group discussion. Journal of Educational Psychology, 1958, 49, 224–228.

Miller, J. E., Shepard, R. N., & Chang, J. J.: An analytical approach to the interpretation of multidimensional scaling solutions. American Psychologist, 1964, 19, 579–580.

Miller, J. G.: Living systems. New York: McGraw-Hill, 1978.

Mischel, W.: Toward a cognitive social learning reconceptualization of personality. Psychological Review, 1973, 80, 252–283.

Mittenecker, E.: Eine neue quantitative Methode in der Sprachenanalyse und ihre Anwendung bei Schizophrenen. Monatsschrift für Psychiatrie und Neurologie, 1951, 121.

Mochmann, E.: Automatisierte Textverarbeitung. In Koolwijk, J., & Wieken-Mayser, M. Techniken der empirischen Sozialforschung. München: Oldenbourg, 1974, 193–201.

Mochmann, E. (Ed.): Computerstrategien für die Kommunikationsanalyse. Frankfurt: Campus, 1980.

Möbus, C.: Bemerkungen zur Skalierung interindividueller Urteilsdifferenzen: Simulation des INDSCAL-Modells von Carroll und Chang mit der ‚Points of View' Analyse von Tucker und Messik. Archiv für Psychologie, 1975, 127, 189–209.

Möbus, C.: Nonmetric multidimensional scaling without disparities and derivatives: a rank correlation-orientated approach through L_1-approxiamtion. Archiv für Psychologie, 1976, 128, 240–266.

Möbus, C.: Zur Fairness psychologischer Intelligenztests: Ein unlösbares Trilemma zwischen den Zielen von Gruppen, Individuen und Institutionen? Diagnostica, 1978, 24, 191:234.

Möckel, W.: Neue Methoden der Panel-Untersuchung. Jahrbuch der Absatz- und Verbrauchsforschung. 3. Jg., 1957, 4, 319–326.

Mohler, P.: Abitur 1917–1971. Frankfurt: Lang, 1978.

Mohr, W.: Univariate autoregressive Moving-Average-Prozesse und die Anwendung der Box-Jenkins-Technik in der Zeitreihenanalyse. Würzburg: Physica, 1976.

Mokken, R. J.: A theory and procedure of scale analysis. Paris: Mouton, 1971.

Molenaar, I. W.: Mokken scaling revisited. Applied Psychological Measurement, im Druck.

Moles, A.: Industrielle Soziometrie. Quickborn: Schnelle, 1964 und 1965.

Molish, H. B.: Projective methodologies. Annual Review of Psychology, 1972, 23.

Menge, P.: Measuring proximity in human organization. Social Psychology Quarterly, 1980, 43, 110–115.

Mood, A. M., Graybill, F. A., & Boess, D. C.: Introduction to the theory of statistics. Tokio: McGraw Hill, 1974[3].

Moosburger, H., & Müller, H.: Ein klassisches latent-additives Testmodell. In Michaelis, W. (Ed.) Bericht über den 32. Kongreß der Deutschen Gesellschaft für Psychologie in Zürich 1980. Bd. 2. Göttingen: Hogrefe, 1981. 483–486.

Morales, J. A.: Bayesian full information structural analysis. Berlin: Springer, 1971.

Moreno, J. L.: Who shall survive? New York: Nervous and Mental disease publishing, 1934.

Moreno, J. L.: Die Grundlagen der Soziometrie. Opladen: Westdeutscher Verlag, 1954, 1967 und 1974.

Moreno, J. L.: Sociometry and the science of man. New York: Bexton House, 1956.

Morgan, W. R.: Bales' role theory: an attribution theory interpretation. Sociometry, 1975, 38, 429–445.

Moser, H.: Aktionsforschung als kritische Theorie der Sozialwissenschaften. München: Kösel, 1975.

Moser, H.: Anspruch und Selbstverständnis der Aktionsforschung. Zeitschrift für Pädagogik, 1976, 687–693.

Moser, H.: Praxis der Aktionsforschung. München: Kösel, 1977a.

Moser, H.: Methoden der Aktionsforschung. München. Kösel, 1977b.

Moser, H., & Ornauer, H. (Eds.): Internationale Aspekte der Aktionsforschung. München, Kösel, 1978.

Mosowitz, H., & Miller, J.G.: Information and decision systems for production planning. Management Science, 1975, 22, 3, 359–370.

Moos, R.H.: Conceptualizations of human environment. American Psychologist, 1973, 28, 652–665.

Moss, W.N.: Some new analytic and graphic approaches to numerical taxonomy, with an example from the Dermanyssidae (Acari). Syst. Zool., 1967, 16, 177–207.

Mouton, J. et al.: The validity of sociometric response. Sociometry, 1955, 18, 33–36.

Muchinsky, P.M.: Some changes in the characteristics of articles published in the Journal of Applied Psychology over the past 20 years. Journal of Applied Psychology, 1979, 64, 455–459.

Mühlfeld, C., Windolf, P., Lampert, N., & Krüger, H.: Auswertungsprobleme offener Interviews. Soziale Welt, 1981, 32, 325–352.

Mummendy, H.D., & Bolton, H.-G.: Die Veränderung von Social-Desirability-Antworten bei erwarteter Wahrheitskontrolle (Bogus-Pipeline-Paradigma). Zeitschrift für Differentielle und Diagnostische Psychologie, 1981, 2, 151–156.

Mummendy, H.D.: Soziale Erwünschtheit, das Problem psychologischer Forschung. In Michaelis, W. (Ed.) Bericht über den 32. Kongreß der Deutschen Gesellschaft für Psychologie in Zürich 1980. Bd. 2. Göttingen: Hogrefe, 1981, 499–507.

Munch, W.: Datensammlung in den Sozialwissenschaften. Stuttgart: Kohlhammer, 1971.

Munzert, R.: Ein neues experimentelles Paradigma zur Untersuchung sozialpsychologischer und handlungstheoretischer Fragestellungen. Unveröffentlichtes Manuskript. Vorgetragen am 32. Kongreß der deutschen Gesellschaft für Psychologie in Zürich, 1980.

Murphy, G., & Likert, R.: Public opinion and the individual. New York: Harper, 1937.

Murray, H.A.: Thematic apperception test. Manual. Cambridge: Harvard University Press, 1943.

Murstein, B.I., & Pryer, R.S.: The concept of projection: a review. Psychological Bulletin, 1959, 56, 353–377.

Myers, G.E. et al.: Soziometrisches Feedback und interpersonale Sensitivität in T-Gruppen. Gruppendynamik, 1970, 4, 357–361.

Nacken, W.: Evaluation als Mittel der Politikberatung. Analyse eines Modellprogramms zur Rückgliederung türkischer Gastarbeiter. Nürnberg: Verlag der Nürnberger Forschungsvereinigung, 1976.

Nadiri, M.I., & Rosen, S.: Inter-related factor demand functions. American Economic Review, 1969, 59, 457–471.

Namenwirth, J.Z.: Wheels of time and the interdependence of value change in America. Journal of Interdisciplinary History, 1973, 3, 649–683.

Nehnevajsa, J.: Soziometrische Analysen von Gruppen. Kölner Zeitschrift für Soziologie und Sozialpsychologie, 1955, 7, 119–157, 187–302.

Nehnevajsa, J.: Analyse von Panel-Befragungen. In König, R. (Ed.) Handbuch der empirischen Sozialforschung. Bd. 1. Stuttgart: Enke, 1967.

Nehnevajsa, J.: Soziometrie. In König, R. (Ed.) Handbuch der empirischen Sozialforschung. Bd. 1. Stuttgart: Enke, 1973, 273–294.

Neisser, U.: Cognition and reality: principles and implications of cognitive psychology. San Francisco: Freeman, 1976.

Nerlove, M.: A tabular of macro-economic models. International Economic Review, 1966, 7, 127ff.

Nesselroade, J.R., Stigler, S.M., & Baltes, P.B.: Regression toward the mean and the study of change. Psychological Bulletin, 1980, 88, 622–637.

Neubauer, W.: Zur Aggregation von Konjunkturindikatoren. Allgemeines Statistisches Archiv, 1975, 3, 177–204.

Neuberger, O.: Messung der Arbeitsunzufriedenheit. Stuttgart: Kohlhammer, 1974.

Newbold, P.: Bayesian estimation of Box-Jenkins transfer function-noise model. Journal of the Royal Statistical Society, 1973, B, 35.

Newbold, P.: The exact Likelihood function for a mixed autoregressive-moving average process. Biometrika, 1974, 61, 3, 423–336.

Newcomb, T.M.: Social psychology. New York: Holt, Rinehart & Winston, 1950.

Newell, A., & Simon , H. A.: Human problem solving. New Jersey: Prentice Hall, 1972.

Nie, N. H. et al.: SPSS-statistical package for the social science. 2. A. New York: McGraw-Hill, 1975.

Nigsch, O.: Zur sozialen Funktion von Soziogrammen in T Gruppen. Diskussionsbeitrag. Gruppendynamik,1976, 6, 470–471.

Nisbett, R., & Ross, L.: Human inference: strategies and shortcomings of social judgement. Englewood Cliffs: Prentice-Hall, 1980.

Nisbett, R. E., & Wilson, T. D.: Telling more than we can know: verbal reports on mental processes. Psychological Review, 1977, 84, 231–259.

Noelle, E.: Umfragen in der Massengesellschaft. Einführung in die Methoden der Demoskopie. Reinbek: Rowohlt, 1963.

Noelle, E.: Wie demokratisch sind unsere Studenten? Frankfurter Allgemeine Zeitung v. 2. Oktober 1978.

Noll, H.-H.: Soziale Indikatoren für Arbeitsmarkt- und Beschäftigungsbedingungen. In Zapf, W. (Ed.) Lebensbedingungen in der Bundesrepublik. Frankfurt: Campus, 1978[2].

Novick, M. R., & Jackson,. P. H.: Statistical methods for educational and psychological research. New York: McGraw-Hill, 1974.

Nowak, S.: Wertvorstellungen der Polen. Spektrum der Wissenschaft, 1981, 9, 29–38.

Nowak, S.: Correlational, definitional and inferential indicators in social research and theory. The Polish Sociological Bulletin, 1964, 1, 31–46.

Nowotny, H., & Knorr, K. D.: Die Feldforschung. In Koolwijk, J. v., & Wieken-Mayser. (Eds.) Techniken der empirischen Sozialforschung. Bd. 2: Untersuchungsformen. München: Oldenbourg, 1975, 82–112.

Nuckols, R. C.: Personal interviewing versus mail panel survey. Journal of Marketing Research, 1964, 1, 11–16.

Nunnally, J. C.: Psychometric theory. New York: McGraw-Hill, 1967.

Nunnally, J. C.: Introduction to psychological measurement. New York: McGraw-Hill, 1970.

Nunnally, J. C., & Durham, R. L.: Validity, reliability, and special problems (or measurement) in evaluation research. In Struening, E. L., & Guttentag, M. (Eds.) Handbook of evaluation research. Beverly Hills: Sage, 1975, 289–352.

Oberhettinger, F., & Badii, L.: Tables of Laplace transforms. Berlin: Springer, 1973.

O'Connor, E. F.: Extending classical test theory to the measurement of change. Review of Educational Research, 1972, 42, 73–90.

O'Connor, J. F.: A logarithmic technique for decomposing change. Sociological Methods and Research, 1977, 6, 91–102.

Öttl, M., & Kleiter, G. D.: Individual goals, plans, and future time perspectives. In Rüdiger, D., & Perrez, M. (Eds.) Anthropologische Aspekte der Psychologie. Festschrift für Wilhelm Josef Revers. Salzburg: Müller, 1979, 41–50.

Odgen, C., & Richards, A.: Die Bedeutung der Bedeutung. Eine Untersuchung über den Einfluß der Sprache auf das Denken und über die Wissenschaft des Symbolismus. Frankfurt: Suhrkamp, 1974.

Okner, B. A.: Constructing a new data case from existing microdata sets: the 1966, MERGE mile. Annuals of Economic and Social Measurement, 1972, 1, 325ff.

Okner, B. A.: Data matching and merging: an overview. Annuals of Economic and Social Measurement, 1974, 3, 347ff.

Opp, K.-D.: Methodologie der Sozialwissenschaften. Reinbek: Rowohlt, 1970.

Opp, K.-D.: Dogmatische Tendenzen in der marxistischen Soziologie. Soziale Welt, 1972, 23, 374–382.

Opp, K.-D.: Theoretische Begriffe, Beobachtungsbegriffe und Kausalanalyse. Soziale Welt, 1976a, 27, 139–143.

Opp, K.-D.: Methodologie der Sozialwissenschaften. Einführung in Probleme ihrer Theorienbildung. Reinbek: Rowohlt, 1976[2].

Oppermann, R.: Über die Normierung von Ähnlichkeitsindices bei mehrdimensionaler Skalierung. In Bergler, R. (Eds.) Das Eindrucksdifferential. Bern: Huber, 1975, 213–222.

Orcutt, G. H., Caldwell, St., & Wertheimer, R.: Policy exploration through microanalytic simulation. Washington: The Urban Institute, 1961.

Orcutt, G. H., Greenberger, M., Kerbel, J., & Rivlin, A. M.: Microanalysis of socio-economic systems: a simulation study. New York: Harper, 1961.

Orlik, P.: Eine Technik zur erwartungstreuen Skalierung psychologischer Merkmalsräume aufgrund des Polaritätsprofils. Zeitschrift für experimentelle und angewandte Psychologie, 1967, 14, 616–650.

Orlik, P.: Sozialpsychologische Feldforschung. In Heigl-Evers, A., & Streek, U. (Eds.) Die Psychologie des 20. Jahrhunderts. Bd. 8: Lewin und die Folgen. Zürich: Kindler, 1979, 110–116.

Orne, M. T.: On the social psychology of the psychological experiment. With particular reference to demand characteristics and their implications. American Psychologist, 1962, 17, 776–783.

Orne, M. T.: Demand characteristics and the concept of quasi-controls. In Rosenthal, R., & Rosnow, R. L. (Eds.) Artifact in behavioral research. New York: Academic Press, 1969, 143–179.

Orne, M. T., & Evans, F. J.: Social control in the psychological experiment. Journal of Personal and Social Psychology, 1965, 1, 189–200.

Orth, B.: Einführung in die Theorie des Messens. Stuttgart: Kohlhammer, 1974.

Orth, B.: On the foundation of multidimensional scaling: an alternative to the Beals, Krantz & Tversky approach. In Lantermann, E. D., & Feger, H. (Eds.) Similarity and choice. Bern: Huber, 1980, 54–69.

Oser, F.: Entwicklungspsychologie und Feldforschung. In Patry, J.L. (Ed.) Feldforschung. Methoden und Probleme sozialwissenschaftlicher Forschung unter natürlichen Bedingungen. Bern: Huber, 1982, 131–152.

Osgood, C. E.: The nature and measurement of meaning. Psychological Bulletin, 1952, 49, 197–237.

Osgood, C. E., & Suci, G. J.: A measure of relation determined by both difference and profile information. Psychological Bulletin, 1952, 49, 251–262.

Osgood, C. E., Suci, G. J., & Tannenbaum, P. H.: The measurement of meaning. Urbana: University of Illinois Press, 1957.

Osgood, C. E., Suci, G. J., & Tannenbaum, P. H.: Attitude measurement. In Summers, G. F- (Ed.) Attitude measurement. Chicago: Rand McNally, 1970, 227–234.

Osgood, Ch.: The representational model and relevant research methods. In Sole Pool, I. de (Ed.) Trend in content analysis. Paderborn: Urbana, 1959, 33–88.

Osgood, Ch., & Anderson, L.: Certain relations between experienced contingencies, associative structure, and contingencies in encoded messages. American Journal of Psychology, 1957, 70, 411–420.

Osgood, Ch., Saporta, S., & Nunnally, J. C.: Evaluative assertion analysis. Litera, 1956, 3, 47–102.

Oswald, W. D.: Grundkurs Soziogramm. Paderborn: Urbana, 1977.

Oswald, W. D., & Roth, E.: Der Zahlenverbindungstest (ZVT). Göttingen: Hogrefe, 1978.

Otto, K.-P., & Wächter, H.: Aktionsforschung in der Betriebswirtschaftslehre? In Hron, A., Kompe, H., Otto, K.-P., & Wächter, H. (Eds.) Aktionsforschung in der Ökonomie. Frankfurt: Campus, 1979, 76–98.

Overall, J. E., Spiegel, D. K., & Cohen, J.: Equivalence of orthogonal and nonorthogonal analysis of variance. Psychological Bulletin, 1975, 82, 182–186.

Overall, J. E., Dennis, M. L., & Hornick, Ch. W.: Comparison of two strategies for analysis of variance in nonorthogonal designs. Psychological Bulletin, 1981, 90, 367–375.

Pagès, R.: Das Experiment in der Soziologie. In König, R. (Ed.) Handbuch der empirischen Sozialforschung. Bd. 3a. Stuttgart: Enke, 1974, 273–342.

Pappi, F. U., & Pappi, I.: Sozialer Status und Konsumstil: Eine Fallstudie zur Wohnzimmereinrichtung. Kölner Zeitschrift für Soziologie und Sozialpsychologie, 1978, 30, 87–115.

Parker, E. B., & Greenberg, B. S.: Newspaper content on the assassination weekend. In Greenberg, B.S., & Parker, E. B. (Eds.) The Kenndy assassination and the American Public. Stanford,: Stanford Universtiy Pres, 1965.

Parsons, T., & Shils, E. S. (Eds.): Towards a general theory of action. Cambridge, Mass.: Harvard University Press, 1967.

Parsons, T.: The structure of social action. New York: Free Press, 1968.

Parsonson, B. S., & Baer, D. M.: The analysis and presentation of graphic data. In Kratochwill, T. R. (Ed.) Single subject research. Strategies for evaluating change. New York: Academic Press, 1978.

Patry, J.-L.: Feldforschung in den Sozialwissenschaften. Zeitschrift für Klinische Psychologie
und Psychotherapie, 1979, 27, 17–335.

Patry, J.-L. (Ed.): Laborforschung/Feldforschung. Bern: Huber, 1981.

Patry, J.-L.: Laborforschung – Feldforschung. In Patry, J.-L. (Ed.) Feldforschung. Methoden und Probleme sozialwissenschaftlicher Forschung unter natürlichen Bedingungen.
Bern: Huber, 1982.

Patry, J.-L. (Ed.): Feldforschung. Methoden und Probleme sozialwissenschaftlicher Forschung unter natürlichen Bedingungen. Bern: Huber, 1982.

Paul, G. L.: Behavior modification research: design and tactics. In Franks, C. M. (Ed.) Behavior therapy: appraisal and status. New York: McGraw-Hill, 1969.

Pauli, R.: Einführung in die experimentelle Psychologie. Leipzig: Quelle & Meyer, 1927.

Pauly, P.: Theorie und Empirie des Arbeitsmarktes: Eine ökonomische Analyse für die BRD
1960–1974. Frankfurt: Lang, 1978.

Pawlik, K.: Modell- und Praxisdimensionen psychologischer Diagnostik. In Pawlik, K. (Ed.)
Diagnose der Diagnostik. Stuttgart: Klett, 1976, 13–43.

Pawlik, K.: Ökologische Validität: Ein Beispiel aus der Kulturvergleichsforschung. In Kaminski, G. (Ed.) Umweltpsychologie. Stuttgart: Klett, 1976, 59–72.

Pawlik, K.: Dimensionen des Verhaltens. Bern: Huber, 1978.

Pawlik, K.: Umwelt und Persönlichkeit: Zum Verhältnis von Ökologischer und Differentieller
Psychologie. In Graumann, C. F. (Ed.) Ökologische Perspektiven in der Psychologie. Bern:
Huber, 1978, 112–134.

Pawlow, J. P.: Die höchste Nerventätigkeit von Tieren. München: Bergmann, 1926.

Peccei, A. (Ed.): Das menschliche Dilemma. Zukunft und Lernen. Wien: Molden, 1979.

Pelto, P.: Anthropological research (The structure of inquiry) NewYork:Harper & Row, 1970.

Perrez, M., & Patry, J.L.: Nomologisches Wissen, technologisches Wissen, Tatsachenwissen –
drei Ziele sozialwissenschaftlicher Forschung. In Patry, J.-L. (Ed.): Feldforschung. Methoden und Probleme sozialwissenschaftlicher Forschung unter natürlichen Bedingungen.
Bern: Huber, 1982, 45–66.

Petermann, F. (Ed.): Methodische Grundlagen Klinischer Psychologie. Weinheim, Basel:
Beltz, 1977.

Petermann, F.: Veränderungsmessung. Stuttgart: Kohlhammer, 1978.

Petermann, F.: Einstellung und Verhalten – eine methodenkritische Einordnung einer sozialpsychologischen Fragestellung. In Hormuth, S. (Ed.) Sozialpsychologie der Einstellungsänderung. Kronberg: Hain, 1979.

Petermann, F.: Praktische Probleme bei der Planung und Durchführung von Therapiever-
laufsstudien. In Petermann, F., & Hehl, F.-J. (Eds.) Einzelfallanalyse. München: Urban &
Schwarzenberg, 1979.

Petermann, F.: Außerklinische Anwendungsfelder der Einzelfallanalyse. In Petermann, F., &
Hehl, F.-J. (Eds.) Einzelfallanalyse, München: Urban & Schwarzenberg, 1979.

Petermann, F.: Erfassung und quantitative Beschreibung von Einstellungsänderungen. In
Petermann, F. (Ed.) Einstellungsmessung – Einstellungsforschung. Göttingen: Hogrefe,
1980, 195–215.

Petermann, F.: Einstellungsmessung und Einstellungsforschung: Grundlagen, Ansätze und
Probleme. In Petermann, F. (Ed.) Einstellungsmessung – Einstellungsforschung. Göttingen: Hogrefe, 1980, 9–36.

Petermann, F.: Zwischen zwei Stühlen: Das Konzept der „Kontrollierten Praxis". Vortrag auf
dem 1. Kongreß für Klinische Psychologie und Psychotherapie. Berlin, 1980.

Petermann, F.: Therapiegeleitete Erfassung aggressiven Verhaltens bei Kindern. In Michaelis,
W. (Ed.) Bericht über den 32. Kongreß der Deutschen Gesellschaft für Psychologie in
Zürich 1980. Bd. 2. Göttingen: Hogrefe, 1981, 532–535.

Petermann, F.: Kontrollelemente im Prozeß psychologischer Behandlung. In Mockel, M., &
Feldhege, F.J. (Eds.) Handbuch der Angewandten Psychologie. Bd. 2. München: Deutscher Industrieverlag, 1981.

Petermann, F.: Identifikation und Effektanalyse von kritischen Lebensereignissen. In Filipp, S.H. (Ed.) Kritische Lebensereignisse und ihre Bewältigung. München: Urban & Schwarzenberg, 1981.

Petermann, F., & Petermann, U.: Training mit aggressiven Kindern. München: Urban & Schwarzenberg, 1978.

Petermann, F., & Hehl, F.-J.: Einzelfallanalyse. München: Urban & Schwarzenberg, 1979.

Petermann, F., & Hehl, F.-J.: Einzelfallanalyse – ein Überblick. In Petermann, F., & Hehl, F.-J. (Eds.) Einzelfallanalyse. München: Urban & Schwarzenberg, 1979.

Petermann, U., & Petermann, F.: Der EAS – ein Verfahren zur situationsspezifischen Erfassung aggressiven Verhaltens bei Kindern. Diagnostica, 1980, 26, 361–377.

Petillon, H.: Soziale Beziehungen in der Schulklasse. Weinheim: Beltz, 1980.

Petzold, D.: Direkte Skalierungsmethoden. Probleme und Ergebnisse der Psychologie, 1980, 66, 29–47.

Petzold, H.: Lewin und Moreno. Gruppendynamik, 1978, 9, 208–211.

Petzold, H.: Moreno – nicht Lewin - die Begründer der Aktionsforschung. Gruppendynamik, 1980, 2, 142–167.

Pfabigan, E.: Soziometrie für die Erziehungspraxis und Gruppenkontakttest. München: Jugend & Volk, 1968.

Pfanzagl, J.: Theory of measurement. Würzburg: Physica, 1968.

Pfungst, O.: Das Pferd des Herrn von Osten. Leipzig: Barth, 1907.

Phillips, D.L.: Knowledge from what? Theories and methods in social research. Chicago: Rand McNally, 1971.

Phillips, D.L.: Abandoning method; sociological studies in methodology. San Francisco: Jossey-Bass, 1973.

Phillips, D.L.: Bayesian statistics for social scientists. London: Nelson, 1973.

Phillips, D., & Clancy, K.: Response biases in fieldstudies of mental illness. American Social Review, 1970, 35, 503–515.

Phillips, D.L., & Clancy, K.J.: Some effects of „Social Desirability" in survey studies. American Journal of Sociology, 1972, 77, 921–940.

Pichler, F.: Mathematische Systemtheorie. Dynamische Konstruktionen. Berlin: De Gruyter, 1975.

Pieszko, H.: Multidimensional scaling in riemannian space. Journal of Mathematical Psychology, 1975, 12, 499–477.

Piliavin, I.M., Rodin, J., & Piliavin, J.A.: Barmherzige Samariter in der U-Bahn. Feldexperimente zur Hilfeleistung in Notsituationen. In Koch, J.-J. (Ed.) Altruismus und Aggression. Weinheim: Beltz, 1977.

Plessen, U.: Computer-unterstütztes Testen. In Tack, W.H. (Ed.) Bericht über den 30. Kongreß der Deutschen Gesellschaft für Psychologie in Regensburg 1976. Bd. 2. Göttingen: Hogrefe, 1977, 33–35.

Poincaré, H.: Science et methode. Paris: Flamarion, 1908.

Politz Media Studies: The readers of „The Saturday Evening Post". Philadelphia: Curtis Publishing, 1958.

Pool, I. de S. (Ed.): Trends in content analysis. Paderborn: Urbana, 1959.

Popham, W.J.: Angemessene Indizes für kriteriumsbezogene Testitems. In Strittmatter, P. (Ed.) Lernzielorientierte Leistungsmessung. Weinheim: Beltz, 1173, 137–149.

Popham, W.J.: Criterion-referenced measurement. Englewood Cliffs: Educational Technology Publications, 1978.

Popper, K.R.: Sketch of an evolutionary epistemology. Zit. nach Kröcher, H.

Popper, K.R.: Das Elend des Historizismus. Tübingen: Mohr, 1965.

Popper, K.R.: Conjectural knowledge: my solution of the problem of induction. Revue Internationale de Philosophie, 1971, 1–2, 167–197.

Popper, K.R.: Naturgesetze und theoretische Systeme. In Albert, H. (Ed.) Theorie und Realität. Ausgewählte Aufsätze zur Wissenschaftslehre der Sozialwissenschaften. Tübingen: Mohr, 1972², 43–58.

Popper, K.R.: Replies to my critics. In Schilpp, P.A. (Ed.) The philosophy of Karl Popper. The library of living philosophers, 1974, Vol. 2, La Selle, Open Court Publishing, 1974, 961–1197.

Popper, K. R.: Logik der Forschung. Tübingen: Mohr, 1976[6].

Poser, G.: Konjunkturindikatoren. In Pfohl, H.-C., & Rürup, B. Wirtschaftliche Meßprobleme. Köln: Hanstein, 1977.

Posten, H. O.: Supplement to a bibliography on audiovisual materials for statistical education. American Statistics, 1977, 31, 163–165.

Preiser, S.: Personenwahrnehmung und Beurteilung. Darmstadt: Wissenschaftliche Buchgesellschaft, 1979.

Prester, H. G., & Etzel, G.: Analyse der Ähnlichkeitsbeziehung zwischen Eigenschaftswörtern mit dem Semantischen Differential. Archiv für Psychologie, 1980, 133, 1–22.

Preston, R. S.: The Wharton long term model: input-output within the context of a macro forecasting model. International Economic Review, 1975, 16, 33 ff.

Price, L. C., Dayton, C. M., & Macready, G. B.: Discovery algorithmus for hierarchical relations. Psychometrika, 1980, 45, 449–465.

Prigogine, I.: Vom Stein zum Werden. München: Piper, 1979.

Prigogine, I., & Stengers, I.: Dialog mit der Natur. Neue Wege wissenschaftlichen Denkens. München: Piper, 1981.

Prim, R., & Tilman, H.: Grundlagen einer kritisch-rationalen Sozialwissenschaft. Heidelberg: Quelle & Meyer, 1973.

Proctor, C. H.: A probabilistic formulation and statistical analysis of Guttman Scaling. Psychometrika, 1970, 35, 73–78.

Prohansky, H. M., Ittelson, W. H., & Rivlin, L. G. (Eds.): Environmental psychology: man and his physical setting. New York: Holt, Rinehart & Winston, 1970.

Prohansky, H. M.: Methodology in environmental psychology: problems and issues. Human Factors, 1972, 14, 451–460.

Pulver, U., Lang, A., & Schmid, F. W. (Eds.): Ist Psychodiagnostik verantwortbar? Bern: Huber, 1978.

Pütz, H., & Simmert, D. B.: Ansätze zur Weiterentwicklung des Gesamtindikators zur Konjunkturdiagnose: der WSI-Konjunkturindikator. Wirtschaftliches Studium, 1972, 6, 270–275.

Quale, T. U.: A Norwegian strategy for democratization of industry. Human Relations, 1976, 29, 453–469.

Raatz, U.: Neuere Ansätze zur Theorie der Reliabilität. In Fischer, G. H. (Ed.) Psychologische Testtheorie. Bern: Huber, 1968, 159–175.

Raatz, U., & Klein-Braley, C.: Glossar der Testterminologie. Lernzielorientierter Unterricht, 1981, 3, 17–36.

Ramsay, J. O.: Some statistical considerations in multidimensional scaling. Psychometrika, 1969, 34, 167–182.

Ramsay, J. O.: Confidence regions for multidimensional scaling analysis. Psychometrika, 1978, 43, 145–160.

Ramsay, J. O.: Inside-out displays and more. Presented at the Symposium of Multivariate Data, Psychometric of Social Meetings, Iowa City, 1980.

Ramsay, J. O.: The joint analysis of direct ratings, pairwise preferences and dissimilarities. Psychometrika, 1980, 45, 149–156.

Rao, C. R.: Linear statistical inference and its applications. New York: Wiley, 1973[2].

Rapoport, A.: A system-theoric view of content analysis. In Gerbner, G. et al. The analysis of communication content. New York: Wiley, 1969, 17–37.

Rapoport, A.: Mathematische Methoden in den Sozialwissenschaften. Würzburg: Physica, 1980.

Rapoport, R. N.: Drei Probleme der Aktionsforschung. Gruppendynamik, 1972, 44–61.

Rasch, G.: Probabilistic models for some intelligence and attainment tests. Copenhagen: Nielson & Lydiche, 1960.

Rasch, G.: Probabilistic models for some intelligence and attainment tests. Chicago: University of Chicago Press, 1980.

Rathmayr, B.: Forschung für die Praxis. Das Problem der Verständigung zwischen den Wissenschaftlern und Praktikern in Projekten pädagogischer Handlungsforschung. Innsbruck: o. V., 1975.

Ratjaratnam, N., Cronbach, L.J., & Gleser, G.C.: Generalizability of stratified parallel tests. Psychometrika, 1965, 30, 39–56.

Rau, R.: Das RWI – Konjunkturmodell, Version 1978. 2–3, RWI-Papiere Nr. 9, Essen 1979.

Rauchfleisch, U.: Testpsychologie. Göttingen: Vandenhoeck & Ruprecht, 1980.

Rechenberg, I.: Evolutionsstrategie. Optimierung technischer Systeme nach Prinzipien der biologischen Evolution. Stuttgart: Fromann, 1973.

Rehorn, J.: Das Consumer Panel als Instrument der Absatzforschung. Dissertation, Mainz, 1965.

Reichenbach, H.: Experience and prediction. Chicago: University of Chicago Press, 1938.

Remmers, H.H.: Rating methods in research on teaching. In Gage, N.L. (Ed.) Handbook of research on teaching. Chicago: Rand McNally, 1963.

Renckstorf, K. et al.: Nachrichtensendungen im Fernsehen. 2 Bde. Berlin: Spiess, 1980.

Rendtel, F.: Zur Schülerpresse in der Bundesrepublik. Hannover. Schroedel, 1971.

Renn, O.: Man technology and risk, a study on intuitive risk assessment and attitudes towards nuclear energy. Spezielle Berichte der Kernforschungsanlage. Jülich, Nr. 15, 1981, Jülich, Postfach 1913.

Renn, H.: Die Messung von Sozialisierungswirkungen. München: Oldenbourg, 1973.

Renner, M.: Der Wartegg-Zeichentest im Dienste der Erziehungsberatung. München: Reinhardt, 1953.

Rennert, M.: Einige Bemerkungen von Differenzwerten bei der Veränderungsmessung. Psychologische Beiträge, 1977, 19, 100–109.

Renouvin, P.: Die öffentliche Meinung in Frankreich während des Krieges 1914–1918. Vierteljahreshefte für Zeitgeschichte, 1970, 18, 239–273.

Renyi, A.: Wahrscheinlichkeitsrechnung. Berlin: Deutscher Verlag der Wissenschaften, 1937.

Rescher, N.: Methodological pragmatism, a systems-theoretic approach to the theory of knowledge. Oxford: Blackwell, 1977.

Rettenmeier, J., & Wilfer, R.F.: Möglichkeiten und Grenzen der Realisierung konfliktlösenden Handelns durch Aktionsforschung. Spardorf: Goch, 1980.

Revenstorf, D.: Lehrbuch der Faktorenanalyse. Stuttgart: Kohlhammer, 1976.

Revenstorf, D.: Zeitreihenanalyse für klinische Daten. Methodik und Anwendungn. Weinheim: Beltz, 1979.

Revenstorf, D.: Faktorenanalyse. Stuttgart: Kohlhammer, 1980.

Revenstorf, D.: Neue Methoden der Prozeß- und Evaluationsforschung in der Psychotherapie. Eine kritische Diskussion. In Brengelmann, J.C. (Ed.) Entwicklung der Verhaltenstherapie in der Praxis. München: Röttger, 1980.

Revenstorf, D., & Vogel, B.: Zur Analyse qualitativer Verlaufsdaten – ein Überblick. In Petermann, F., & Hehl, F.-J. (Eds.) Einzelfallanalyse. München: Urban & Schwarzenberg, 1979.

Revers, W.J.: Ideologische Horizonte der Psychologie. München: Pustet, 1962.

Revers, W.J.: Der Thematische Apperzeptionstest (TAT). Handbuch zur Verwendung des TAT in der psychologischen Persönlichkeitsdiagnostik. Bern: Huber, 1973[3].

Revusky, S.H.: Some statistical treatments compatible with individual organism methodology. Journal of the Experimental Analysis of Behavior, 1967, 19, 319–330.

Rexilius, G.: Grenzen der Testerei. In Grubitzsch, S., & Rexilius, G. Testtheorie – Testpraxis. Reinbek: Rowohlt, 1978, 112–167.

Rey, E.-R.: Allgemeine Probleme psychologischer Tests. In Strube, G. (Ed.) Die Psychologie des 20. Jahrhunderts. Bd. 5: Binet und die Folgen. Zürich: Kindler, 1977, 65–101.

Rice, S.A.: Quantitative methods in politics. New York: Crofts, 1928.

Richard, J.-F.: Posterior and predictive densities for simultaneous equation models. Berlin: Springer, 1973.

Richardson, M.W.: Multidimensional psychophysics. Psychological Bulletin, 1938, 35, 659–660.

Richardson, St., Dohrenwend, B.S., & Klein, D.: Interviewing: its forms and functions. New York: Basic Books, 1965.

Richter, H.-J.: Die Strategie schriftlicher Massenbefragungen. Bad Harzburg: Verlag für Wissenschaft, Wirtschaft und Technik, 1970.

Riecken, H. W., & Boruch, R. F. (Eds.): Social experimentation: a method for planning and evaluating social intervention. New York: Academic Press, 1974.

Rieckmann, H., & Sievers, B.: Lernende Organisationen – Organisiertes Lernen. In Bartölke, K. et al. (Eds.) Arbeitsqualität in Organisationen. Wiesbaden: Gabler, 1978, 259–276.

Riedl, R.: Biologie der Erkenntnis. Berlin: Parey, 1979.

Riefers, R.: Kurzfristige Beschäftigungsfunktionen – ein Literaturüberblick. Mitteilungen aus der Arbeitsmarkt- und Berufsforschung, 1969, 9, 698–712.

Rieken, W. H.: A program for research on experiments in social psychology. In Washburne, N. F. (Ed.) Decision, values and groups. New York: Pergamon Press, 1962, 25–41.

Riley, M. W.: Age strata in social systems. In Binstock, R., & Shanas, E. (Eds.) Handbook of aging and the social sciences. New York: Van Nostrand Reinhold, 1978.

Rinne, H.: Ökonometrie. Stuttgart: Kohlhammer, 1976.

Ritsert, J.: Inhaltsanalyse und Ideologiekritik. Frankfurt: Fischer, 1972.

Rivlin, A. M., & Timpane, P. M. (Eds.): Ethical and legal issues of social experimentation. Washington, D. C.: Brookings Institution, 1975.

Roberts, H. V.: Probabilistic prediction. Journal of the American Statistical Association, 1965, 60, 50–62.

Robinson, J. A., Hermann, C. F., & Hermann, M. G.: Search under crisis in political gaming and simulation. In Pruitt, D. G., & Snyder, R. C. (Eds.) Theory and research on the causes of war. Englewood Cliffs, N. J.: Prentice Hall, 1969.

Robinson, R. A., & Agisim, P.: Making mail surveys more reliable. Journal of Marketing, 1950/51, 15, 415–424.

Robinson, , P. W., & Forster, D. F.: Experimental psychology: a small-N approach. New York: Harper & Row, 1979.

Roethlisberger, F. J., & Dickson, W. J.: Management and the worker. Cambridge: Harvard University Press, 1939.

Rogers, C. R.: Entwicklung der Persönlichkeit. Stuttgart: Klett, 1979.

Rohrmann, B.: Empirische Studien zur Entwicklung von Antwortskalen für die sozialwissenschaftliche Forschung. Zeitschrift für Sozialpsychologie, 1978, 9, 222–245.

Rollet, B.: Kriterienorientierte Prozeßdiagnostik im Behandlungskontext. In Pawlik, K. (Ed.) Diagnose in der Diagnostik. Stuttgart: Klett, 1976.

Rollet, B.: Norm – versus kriterienorientierte Diagnostik. In Petermann, F., & Hehl, F.-J. (Eds.) Einzelfallanalyse. München: Urban & Schwarzenberg, 1979.

Romney, A. K., Sheapard, R. N., & Nerlove, S. B. (Eds.): Multidimensional scaling. Vol. 2: Applications. New York: Seminar Press, 1972.

Rorschach, H.: Psychodiagnostik. Methodik und Ergebnisse eines wahrnehmungsdiagnostischen Experiments (Deutenlassen von Zufallsformen) Bern: Huber, 1948[6].

Rosen, N. A.: Demand characteristics in a field experiment. Journal of Applied Psychology, 1970, 54, 163–168.

Rosenberg, M. J.: When dissonance fails: on eliminating evaluation apprehension from attitude measurement. Journal of Personality and Social Psychology, 1965, 1, 28, 42.

Rosenberg, M. J.: The conditions and consequences of evaluation apprehension. In Rosenthal, R., & Rosnow, R. L. (Eds.) Artifact in behavioral research. New York: Academic Press, 1969, 279–349.

Rosenberg, S., & Sedlack, A.: Structural representations of perceived personality trait relationship. In Romney, A. K., Shepard, R. N., & Nerlove, S. B. (Eds.) Multidimensional scaling. Vol. 2: Applications. New York: Seminar Press, 1972, 133–162.

Rosenstiel, L. v., & Ewald, G.: Marktpsychologie. Bd. 1 und 2. Stuttgart: Kohlhammer, 1979.

Rosenthal, R.: On the social psychological of the experiment: the experiment hypothesis as unintended derterminant of experimental results. American Scientist, 1963, 51, 268–283.

Rosenthal, R.: The effect of the experimenter on the results of psychological research. In Maher, B. A. (Ed.) Progress in experimental personality research. Vol. 1. New York: Academic Press, 1964, 79–114.

Rosenthal, R.: Experimenter effects in behavioral research. New York: Meredith, 1966, New York: Irvington, 1976[2].

Rosenthal, R.: Interpersonal expectations: effects of experimenter's hypothesis. In Rosenthal,

R., & Rosnow, R.L. (Eds.) Artifact in behavioral research. New York: Academic Press, 1969, 181–277.

Rosenthal, R.: The Pygmalion effect lives. Psychology Today, 1973, 7, 56–63.

Rosenthal, R., & Rosnow, R.L. (Eds.): Artifact in behavioral research. New York: Academic Press, 1969.

Rosenzweig, S.: Levels of behavior in psychodiagnosis with special reference to the picture-frustration study. American Journal of Orthpsychiatry 20.

Roshal, J.J.G.: The type-token ratio as a measure of changes in behavior variability during psychotherapy. In Snyder, W.U. (Eds.) Group report of a program of research in psychotherapy. Pennsylvania: Univervity Park, 1953.

Roskam, E.E.: Metric analysis of ordinal data in psychology. Vorschooten: VAM, 1968.

Roskam, E.E.: A general system for nonmetric data analysis. University of Nijmegen, Department of Psychology, 1971.

Roskam, E.E.: A survey of the Michigan-Netherlands-Integrated series. In Lingoes, J.C. (Ed.) Geometric representations of relational data. Ann Arbor: Mathesis Press, 1977, 313–347.

Roskam, E.E., & Lingoes, J.C.: MINISA-I– a FORTRAN IV (G) program for the smallest space analysis of square symmetric matrices. Behavioral Science, 1970, 15, 204–205.

Rosnow, R.L., & Rosenthal, R.: Volteer effects in behavioral research. New Directions in Psychology, 1970, 211–269.

Rosnow, R.L.: Paradigms in transition. New York: Oxford University Press, 1981.

Rösler, F.: Identifying interindividual judgement differences: INDSCAL or threemode factor analysis? Multivariate Behavioral Research, 1979, 14, 145–167.

Rothschild, K.W.: Wirtschaftsprognose. Berlin: Springer, 1969.

Ross, J.A.: Remark on Tucker and Messick's 'points of view' analysis. Psychometrika, 1966, 31, 27–31.

Ross, G.J.S.: Minimum spanning trees. Algorithm AS 13. Applied Statistics, 1969a, 18, 103–104.

Ross, G.J.S.: Printing the minimum spaning tree. Algorithm AS 14, Applied Statistics, 1969b, 18, 105–106.

Ross, L.: The intiutive psychologist and his shortcomings. In Berkewitz, L. Advances in experimental social psychology. Vol. 10. New York: Academic Press, 1977.

Ross, J., & Cliff, N.: A generalization of the interpoint distance model. Psychometrika, 1964, 29, 167–176.

Rössner, L.: Das Autosoziogramm. München: Reinhardt, 1968.

Rost, J.: Diagnostik des Lernzuwachses. Arbeitsbericht 26. Kiel: IPN, 1957.

Rost, J.: Lernerfolgsprognosen aufgrund von Lerntests. In Eckenberger, L.H. (Ed.) Bericht über den 31. Kongreß der Deutschen Gesellschaft für Psychologie in Mannheim 1978. Bd. 2 Göttingen: Hogrefe, 1979, 96–98.

Rost, J., & Spada, H.: Probabilistische Testtheorie. In Klauer, J. (Ed.) Handbuch der Pädagogischen Diagnostik. Bd. 1. Düsseldorf: Schwann, 1978, 59–97.

Roth, E. et al.: Entwicklung von Meßmethoden zur Erfassung der Zusammenhänge zwischen Struktur einer Kommunikation und Einstellungsstruktur beim Rezipienten. In: Kommunikationspolitische und kommunikationswissenschaftliche Forschungsprojekte der Bundesregierung (1974–1978). Bonn, 1978, 299–307.

Roth, E., Oswald, W.D., & Daumenlang, K.: Intelligenz, Stuttgart: Kohlhammer, 1980.

Rothacker, E.: Logik und Systematik der Geisteswissenschaften. Bonn: Bouvier, 1947.

Rozeboom, W.W.: Scaling theory and the nature of measurement. Synthese, 1966, 16, 170–223.

Rozeboom, W.W.: Domain validity – why care? Journal of Educational and Psychological Measurement, 1978, 38, 81–88.

Rudinger, G.: Die Bedeutung von Längs- und Querschnittuntersuchungen für die Messung intra- und interindividueller Differenzen. Bericht 1/1975 aus dem psychologischen Institut der Universität Bonn.

Rüdiger, D.: Prozeßdiagnose als neueres Konzept der Lernfähigkeitsdiagnose. In Mandl, H., & Krappe, A. (Eds.) Schuleingangsdiagnose. Göttingen: Hogrefe, 1978, 66–83.

Rüdiger, D.: Der prozeßdiagnostische Ansatz mit einem Beispiel curricularer Prozeßdiagnose im Erstleseunterricht. In Bolscho, D., & Schwarzer, Ch. (Eds.) Beurteilen in der Grundschule. München: Urban & Schwarzenberg, 1979, 162–184.

Rüdiger, D.: Prozeßdiagnostik. In Schiefele, H., & Krapp, A. (Eds.) Handlexikon zur pädagogischen Psychologie. München: Ehrenwirt, 1981, 289–293.

Rüppel, M.: BAYES-Statistik. Eine Alternative zur klassischen Statistik. Arichiv für Psychologie, 1977, 129, 175–186.

Rütter, T.: Formen der Testaufgabe. München: Beck, 1973.

Rugg, D., & Cantril, H.: The wording of questions. In Cantril, H. (Ed.) Gauing public opinion. Princeton: Princeton University Press, 1944.

Russell, J. A., & Word, L. M.: Environmental psychology. American Review of Psychology, 1982, 33, 651–688.

Sader, M.: Lautheit und Lärm. Göttingen: Hogrefe, 1966.

Sader, M.: Psychologische Anmerkungen zur Theorie der Gruppendynamik. Gruppendynamik, 1972, 1, 111–122.

Sader, M.: Psychologie der Gruppe. München: Juventa, 1976.

Sahner, H.: Veröffentlichte empirische Sozialforschung: Eine Kumulation von Artefakten? Eine Analyse von Periodika. Zeitschrift für Soziologie, 1979, 8, 267–278.

Saito, T.: The problem of the additive constant and eigenvalues in multidimensional scaling. Psychometrika, 1978, 43, 193–201.

Salcher, E. F.: Psychologische Marktforschung. Berlin: De Gruyter, 1978.

Sales, St.: Threat as a factor in authoritarianism: an analysis of archival data. Journal of Personality and Social Psychology, 1975, 28, 44–57.

Sammon, J. W.: A non-linear mapping for data structure analysis. IEEE Trans. computers, 1969, C 18, 401–409.

Sand, H. & Hörner, W.: Praktische Beispiele erfolgreicher Marktforschung vom Schreibtisch aus. Kissing: Weka, 1981.

Sarason, I. G. (Ed.): Text anxiety: theory, research and applications. Hillsdale, N. J. Lawrence Erlbaum Associates, 1980.

Sarbin, T. R.: Clinical psychology – art or science. Psychometrika, 1941, 6, 390–391.

Sarbin, T. R.: A contribution to the study of actuarial and individual methods of prediction. American Journal of Sociology, 1942, 48, 593–602.

Sargent, H.: Projektive methods. Their origins, theory and applications in personality research. Psychological Bulletin, 1945, 42.

Sarin, R. K.: A Bayesian approach for long term forecasting. Krannert Graduate School of Management. Institute for Research in Behavioral, Economic and Management Sciences, Paper No. 673, 1978.

Sarin, R. K.: An approach for long term forecasting with an application to solar electric energy. Management Science, 1979, 25(6), 543–554.

Sarris, V.: Psychophysik der Eindrucksbildung: Zur Überwindung eines skalenmethodologischen Dilemmas. In Witte, E. H. (Ed.) Beiträge zur Sozialpsychologie. Weinheim: Beltz, 1980, 157–179.

Sattath, S., & Tversky, A.: Additive similarity trees. Psychometrika, 1977, 42, 319–345.

Sauer, C., Kumpf, M., & Volkmann, H.: Kognitive Moderatoren der Wirkung von Lärm. Zeitschrift für experimentelle und angewandte Psychologie, 1980, 27, 1, 120–134.

Sauermann, H., & Selten, R.: Zur Entwicklung der experimentellen Wirtschaftsforschung. In Sauermann, H. (Ed.) Beiträge zur experimentellen Wirtschaftsforschung. Tübingen: Mohr, 1967, 1–8.

Sawyer, J.: Measurement and prediction, clinical and statistical. Psychological Bulletin, 1966, 66, 178–200.

Sbandi, P., & Vogel, A.: Das dreidimensionale Gruppenmodell von R. F. Bales. Gruppendynamik, 1973, 3, 181–185.

Schachter, S., & Singer, J. E.: Cognitive, social and physiological determinants of emotional state. Psychological Review, 1962, 69, 379–399.

Schäfer, B.: Die Messung der ‚Berurteilung von Völkern‘ mit Hilfe eines Eindrucksdifferentials. Archiv für Psychologie, 1973, 125, 29–38.

Schäfer, B.: Konstruktion des Umfrage-Instrumentariums. In Schweitzer, C.C., & Feger, H. (Eds.) Das deutsch-polnische Konfliktverhältnis seit dem zweiten Weltkrieg. Boppard: Bold, 1975, 187–223.

Schäfer, B.: Durchführung der Erhebung, Fragenkatalog und Grundauszählung. In Schweitzer, C.C., & Feger, H. (Eds.) Das deutsch-polnische Konfliktverhältnis seit dem 2. Weltkrieg. Boppard: Bold, 1975, 224–248.

Schäfer, B.: Klassifikation vorurteilsvoller versus xenophiler Personen. In Schweitzer, C.C., & Feger, H. (Eds.) Das deutsch-polnische Konfliktverhältnis seit dem 2. Weltkrieg. Boppard: Bold, 1975, 314–346.

Schäfer, B.: Das Eindrucksdifferential als Instrument zur Einstellungsmessung. In Bergler, R. (Ed.) Das Eindrucksdifferential. Bern.: Huber, 1975, 101–118.

Schäfer, B.: Das Semantische Differential. In Bredenkamp, J., & Feger, H. (Eds.) Handbuch der Psychologie. Bd. 13: Allgemeine psychologische Methodenlehre. Göttingen: Hogrefe, 1980.

Schäfer, B., & Fuchs, A.: Kriterien und Techniken der Merkmalsselektion bei der Konstruktion eines Eindrucksdifferentials. In Bergler, R. (Ed.) Das Eindrucksdifferential. Bern: Huber, 1975, 119–137.

Schaff, A.: Sprache und Erkenntnis. Wien: Europa, 1964.

Schaie, K.W.: A general model for the study of development problems. Psychological Bulletin, 1965, 64, 92–107.

Schaie, K.W.: A reinterpretation of age related changes in cognitive structures and functioning. In Goulet, L.R., & Baltes, P.B. Life-span developmental psychology. New York: Academic Press, 1970.

Schaie, K.W.: Limitation on the generalizability of the growth curves of intelligence: a reanalysis of some data of the Harvard Growth-Study. Human Development, 1972, 15, 141–152.

Schaie, K.W., & Baltes, P.B.: On sequential strategies in developmental research. Description or explanation? Human Development, 1975, 18, 384–390.

Schallenberger, E.H. (Ed.): Studien zur Methodenproblematik wissenschaftlicher Schulbucharbeit. Kaselaun: Henn, 1976.

Schank, R., & Abelson, R.P.: Scripts, plans, goals and understanding: an inquiry into human knowledge structures. Hillsdale, N.J.: Erlbaum, 1977.

Schätzle, Th., & Grabicke, K.: Panel-Untersuchungen und ihre mögliche Anwendungsproblematik. Eine Erhebungsmethode zur Erforschung des Ablaufs tatsächlicher Kaufentscheidungsprozesse. In Meffert, H., Steffenhagen, H., & Freter, H.W. (Eds.) Konsumentenverhalten und Information. Wiesbaden: Gabler, 1979, 291–310.

Schatzmann, L., & Strauss, A.L.: Strategien für den Eintritt in ein Feld. In Gerdes, K. (Ed.) Explorative Sozialforschung. Stuttgart: Enke, 1979, 77–93.

Scheiblechner, H.: The separation of individual and system-influences on behavior in social contests. Acta Psychologica, 1971, 35, 442–460.

Scheiblechner, H.: Das Lernen und Lösen komplexer Denkaufgaben. Zeitschrift für experimentelle und angewandte Psychologie, 1972, 11, 476–506.

Scheiblechner, H.: Personality and system influences on behavior in groups: frequency models. Acta Psychologica, 1972, 36, 322–336.

Scheiblechner, H.: Die Sozialstruktur großer Gruppen. In Kempf, W.F. (Ed.) Probabilistische Modelle in der Sozialpsychologie. Bern: Huber, 1974, 141–163.

Scheiblechner, H.: Specifically objective stochastic latency mechanisms. Journal of Mathematical Psychology, 1979, 19, 18–38.

Scheiblechner, H.H.: Tests und Testtheorie. In Asanger, R., & Wenninger, G. (Eds.) Handwörterbuch der Psychologie. Weinheim: Beltz, 1980, 500–511.

Schelten, A.: Grundlagen der Testbeurteilung und Testherstellung. Heidelberg: Quelle & Meyer, 1980.

Scheuch, E.K.: Das Interview in der Sozialforschung. In König, R. (Ed.) Handbuch der empirischen Sozialforschung. Bd. 1. Stuttgart: Enke, 1973[3].

Scheuch, E.K., & Zehnpfennig, H.: Skalierverfahren in der Sozialforschung. In König, R. (Ed.) Handbuch der empirischen Sozialforschung. Bd. 3a. Stuttgart: Enke, 1974[3], 97–203.

Schlesinger, I. M., & Guttmann, L.: Smaller space analysis of intelligence and achievement tests. Psychological Bulletin, 1969, 71, 95–100.

Schloenbach, K.: Ökonometrische ANALYSE der Lohn- und Arbeitsmarktentwicklung in der Bundesrepublik Deutschland 1957–1968. Meisenheim: Hain, 1972.

Schmid, G.: Wage-cost subsidy program in Germany 1974/75. Berlin: De Gruyter, 1977.

Schmid, M.: Struktur und Selektion. Emile Durkheim und Max Weber als Theoretiker struktureller Selektion. Zeitschrift für Soziologie, 1981, 10, 17–37.

Schmid, M.: Theorie des sozialen Wandels. Opladen: Westdeutscher Verlag, 1982.

Schmidt, B.J.: Zur Zuverlässigkeit und Invarianz der multidimensionalen Skalierung. Zeitschrift für Psychologie, 1979, 183, 340–360.

Schmidtberg, U.: Chancenverteilungen auf dem Arbeitsmarkt. Frankfurt: Campus, 1981.

Schmidt-Brasse, U., & Neuberger, O.: Vorgesetztenverhalten, Absentismus und Zufriedenheit. Zeitschrift für Experimentelle und Angewandte Psychologie, 1973, 4, 663–683.

Schmitt, N., Coyle, B.C., & Saan, B.B.: A review and critique of analysis of multitrait-multimethod matrices. Multivariate Behavior Research, 1977, 12, 447–478.

Schmitt, N.: Path analysis of multitrait-multimethod matrices. Applied Psychological Measurement, 1978, 2, 157–173.

Schmitt, N.: Rasch analysis of the central interest measure. Applied Psychological Measurement, 1981, 5, 3–10.

Schmolk, P.: Zwei allgemeine Faktoren des Antwortverhaltens bei Selbstbeschreibungsverhaltens: social desirability and acquiescence – neu interpretiert. In Michaelis, W. (Ed.) Bericht über den 32. Kongreß der Deutschen Gesellschaft für Psychologie in Zürich 1980. Bd. 2. Göttingen: Hogrefe, 1981, 507–510.

Schneeweiß, H.: Ökonometrie. Würzburg: Physica, 1978³.

Schneewind, K.: Methodisches Denken in der Psychologie. Bern: Huber, 1969.

Schneewind, K. A., & Lukesch, H. (Eds.): Familiäre Sozialisation: Probleme, Ergebnisse, Perspektiven. Stuttgart: Klett, 1978.

Schneider, H. K.: Methoden und Methodenfragen der Volkswirtschaftstheorie. In Ehrlicher, W. et al. (Eds.) Kompendium der Volkswirtschaftslehre, Bd. 1. Göttingen: Vandenhoeck & Ruprecht, 1967.

Scholz, B.: Therapieplanung des Einzelfalls – Voraussetzungen, Methoden, Anwendungen. In Petermann, F., & Hehl, F.-J. (Eds.) Einzelfallanalyse. München: Urban & Schwarzenberg, 1979.

Schönemann, P.H.: On metric multidimensional unfolding. Psychometrika, 1970, 35, 349–366.

Schönemann, P.H.: An algebraic solution for a class of subjective metrics models. Psychometrika, 1972, 37, 441–451.

Schönemann, P.H.: Similarity of rectangles. Journal of Mathematical Psychology, 1977, 16, 161–165.

Schönemann, P. H., & Borg, I.: Grundlagen der mehrdimensionalen metrischen Skaliermethoden. In Feger, H. & Bredenkamp, J. (Eds.) Handbuch der Psychologie. Bd. 13. Göttingen: Hogrefe, 1981a.

Schönemann, P. H., & Borg, I.: Measurement, scaling and factor analysis. In Borg, I. (Ed.) Multidimensional data representation: when and why. Ann Arbor, Mich.: Mathesis Press, 1981b.

Schönemann, P. H., & Wang, M. M.: An individual difference model for the multidimensional analysis of preference data. Psychometrika, 1972, 37, 275–309.

Schönfeld, P.: Methoden der Ökonometrie. Bd. 1: Lineare Regressionsmodelle. Berlin: Vahlen, 1969.

Schott, F.: Anwendungsmöglichkeiten einer Matrix aus zweidimensionalen Aufgabenklassen in der psychologischen Therapie. Psychologische Praxis, 1973a, 17, 125–136.

Schott, F.: Verhaltensmodifikation durch Unterricht, Erziehung und Therapie. In Belscher, W., Hoffmann, U., Schott, F., & Schulze, C. Verhaltenstherapie in Erziehung und Unterricht. Stuttgart: Kohlhammer, 1973b.

Schreiber, D.: Skalierungsprobleme. In Friedrich, W., & Henning, W. (Eds.) Der sozialwissenschaftliche Forschungsprozeß. Berlin: Deutscher Verlag der Wissenschaften, 1975, 277–334.

Schuchard-Fisher, C. et al.: Multivariate Analysemethoden. Berlin: Springer, 1980.

Schuler, H.: Ethische Probleme psychologischer Forschung. Göttingen: Hogrefe, 1980.

Schuler, H.: Ethische Probleme der Feldforschung. In Patry, J.-L. (Ed.) Feldforschung. Methoden und Probleme sozialwissenschaftlicher Forschung unter natürlichen Bedingungen. Bern: Huber, 1982, 341–364.

Schulman, R. S., Haden, R. L.: A test theory model for ordinal measurements. Psychometrika, 1975, 40, 455–472.

Schulte, B., & Thomas, B.: Verhaltensanalyse und Therapieplanung bei einer Patientin mit multiplen Ängsten. In Schulte, D. (Ed.) Diagnostik in der Verhaltenstherapie. München: Urban & Schwarzenberg, 1976, 105–127.

Schulz, Th., & Lessing, E.: Hick's law in a random group design. Berichte aus dem Psychologischen Institut der Universität Bonn, 1976, 5.

Schulz, Th., Muthig, K. P., & Koeppler, K.: Theorie, Experiment und Versuchsplanung in der Psychologie. Stuttgart: Kohlhammer, 1981.

Schulz, U.: Über zwei Modelle der multidimensionalen Skalierung unter Berücksichtigung individueller Differenzen. Dissertation. Marburg: Philipps Universität, 1971.

Schulz, U.: Ein euklidisches Modell der multidimensionalen Skalierung unter Berücksichtigung individueller Differenzen. In Eckensberger, L. H., & Eckensberger, U. S. (Eds.) Bericht über den 28. Kongreß der Deutschen Gesellschaft für Psychologie in Saarbrücken 1972. Bd. 2. Göttingen: Hogrefe, 1974, 75–89.

Schulz, U.: Zu einem Dekompositionsmodell der multidimensionalen Skalierung mit individueller Gleichung der Dimensionen. Psychologische Beiträge, 1975, 17, 167–187.

Schulz, U.: An alternative procedure for the analysis of similarity data and its comparison to the IDIOSCAL- and INDSCAL-procedure. In Lantermann, E. D., & Feger, H. (Eds.) Similarity and choice. Bern: Huber, 1980, 140–149.

Schulz, U., & Pittner, P. M.: Zur multidimensionalen Skalierung individueller Differenzen. Psychologische Beiträge, 1978, 20, 294–315.

Schulz, W.: Kausalität und Experiment in den Sozialwissenschaften. Mainz: Hase & Koehler, 1970.

Schulze, G.: Rangkorrelation bei soziologischen Normaldaten – Ein Ansatz zur Überwindung der Schwächen von Tau und Gamma. Zeitschrift für Soziologie, 1978, 7, 267–272.

Schuman, H.: Artifacts are in the mind of the beholder. Paper read at the thematic session on ,,Fact or Artifact? Are Surveys Worth Anything?" Annual meeting of the American Sociological Associatic New York City 1980.

Schuman, H., & Converse, J.: The effect of black and white interviewers on black responses. Public Opinion Quarterly, 1971, 35, 44–68.

Schuman, H., & Presser, St.: The open and closed question. American Sociological Review, 1979, 44, 692–712.

Schumann, J.: Input-Output-Analyse. Berlin: Springer, 1968.

Schumann, J.: Möglichkeiten und Bedeutung einer teilweise endogenen Erklärung des privaten Konsums und der privaten Investitionen im statischen offenen Input-Output Modell. Jahrbücher für Nationalökonomie und Statistik, 1975, 189, 378–410.

Schuur, W. H. v.: Perception and evaluation of political problems with an application of multiple scaling. Bulletin, 1979, 35. Rijksuniversiteit Groningen, Sociologisch Institut.

Schuur, W. H. v., & Stokman, F. N.: A one-dimensional stochastic unfolding model with application to party preferences in the Netherlands. Bulletin, 1979, 32. Rijksuniversiteit Groningen. Sociologisch Institut.

Schwartz, R. H., & Flanigan, P. J.: Evaluation of examinar bias in intelligence testing. American Journal of Mental Deficiency, 1971, 76, 262–265.

Schwartz, H., & Jacobs, J.: Qualitative sociology. A method to the madness. New York: Free Press, 1979.

Schwarz, G. (Ed.): Gruppendynamik für die Schule. Pädagogik der Gegenwart, 1974, 114.

Schwarz, H.: Stichprobenverfahren. München: Oldenbourg, 1975.

Schwarzer, C.: Einführung in die Pädagogische Diagnostik. München: Kösel, 1979.

Schwarzer, C., & Schwarzer, R.: Praxis der Schülerbeurteilung. München: Kösel, 1977.

Schwenzer, J. E.: Organisatorische und praktische Probleme bei Panel-Untersuchungen. In

Behrens, K. Ch. (Ed.) Handbuch der Marktforschung. Bd. 1. Wiesbaden: Betriebswirtschaftlicher Verlag, 1974, 441–449.

Scott, D., & Suppes, P.: Foundational aspects of theories of measurement. Journal of Symbolic Logic, 1958, 23, 113–128.

Scott, R. W.: Field methods in the study of organizations. In March, J. G. (Ed.) Handbook of organizations. Chicago: Rand McNally, 1965, 261–304.

Seel, H.-J.: Wissenschaft und soziale Praxis. Weinheim: Beltz, 1981.

Sehringer, W.: Zeichnerische Gestaltungsverfahren. In Heiß, R. (Ed.) Psychologische Diagnostik. Göttingen: Hogrefe, 1964.

Seidl, H.: Erschließung von Auslandsmärkten. Berlin: De Gruyter, 1977.

Seiffge-Krenke, I.: Handbuch Psychologieunterricht. 2 Bde. Düsseldorf: Schwann, 1981.

Selg, H., & Bauer, W.: Forschungsmethoden der Psychologie. Stuttgart: Kohlhammer, 1971.

Selltiz, C., Jahada, M., Deutsch, M., & Cook, S. W.: Untersuchungsmethoden der Sozialforschaung. Teil 2. Neuwied: Luchterhand, 1972.

Selz, O.: Über die Gesetze des geordneten Denkverlaufs. Stuttgart: Spemann, 1913.

Semeonoff, B.: Projective techniques. London: Wiley, 1976.

Sengupta, S. S., & Yeo, G.-K.: Embedded invariants. A contribution to forecasting. Göttingen: Vandenhoeck & Ruprecht, 1977.

Shapere, D.: Scientific theories and their domains. In Suppe, F. (Ed.) The structure of scientific theories. Urbana: University of Illinois Press, 1977.

Shapiro, M. B.: The single case in fundamental clinical psychological research. British Journal of Medical Psychology, 1961, 34, 255–262.

Shapiro, M. B.: The single case in clinical-psychological research. Journal of General Psychology, 1966, 74, 2–23.

Shapiro, M. B.: Experimental method in the psychological description of individual psychiatric patient. In Davidson, P. O., & Costello, C. G. (Eds.) N = 1. Experimental studies of single case. New York: Van Nostrand, 1969.

Shaw, M. E., & Wright, J. M.: Scales for the measurement of attitudes. New York: McGraw-Hill, 1967.

Shepard, R. N.: The analysis of proximities: multidimensional scaling with an unknown distance function I. Psychometrika, 1962a, 27, 126–140.

Shepard, R. N.: The analysis of proximities: multidimensional scaling with an unknown distance function II. Psychometrika, 1962b, 27, 219–246.

Shepard, R. N.: Attention and the metric structure of the stimulus space. Journal of Mathematical Psychology, 1964, 1, 54–87.

Shepard, R. N.: Metric structure in ordinal data. Journal of Mathematical Psychology, 1966, 3, 287–315.

Shepard, R. N.: A taxonomy of some principal types of data and multidimensional methods for their analysis. In Shepard, R. N., Romney, A. K., & Nerlove, S. B. (Eds.) Multidimensional scaling. New York: Seminar Press, 1972, 23–47.

Shepard, R. N.: Introduction to Vol. 1. In Shepard, R. N., Romney, A. K., & Nerlove, S. B. (Eds.) Multidimensional scaling. Vol. 1. New York: Seminar Press, 1973.

Shepard, R. N.: Representation of structure in similarity data: problems and prospects. Psychometrika, 1974, 39, 373–421.

Shepard, R. N., Romney, A. K., & Nerlove, S. B. (Eds.): Multidimensional scaling. Vol. 1: Theory. New York: Seminar Press, 1972.

Shepard, R. N., & Arabie, P.: Additive clustering: representation of similarities as combinations of discrete overlapping properties. Psychological Review, 1979, 30, 87–123.

Sherif, M.: The psychology of social norms. New York: Harper, 1936.

Sherif, M., & Sherif, C. W.: Groups in harmony and tension. New York: Harper, 1953.

Sieber, S. D.: The integration of fieldwork and survey methods. American Journal of Sociology, 1973, 78, 1335–1359.

Sherman, C. R.: Nonmetric multidimensional scaling: a Monte Carlo study of the basic parameters. Psychometrika, 1972, 37, 323–355.

Shine, L. C., & Bower, M.: A one-way of variance for single-subject designs. Educational and Psychological Measurement, 1971, 31, 105–113.

Shweder, R. A. (Ed.): Fallible judgement in behavioral research. New directions for methodology of social and behavioral science. San Francisco: Jossey-Bass, 1980.

Sidman, M.: Tactics of scientific research. New York: Basis Books, 1960.

Sidowsky, J. B. (Ed.): Experimental methods and instrumentation in psychology. New York: McGraw-Hill, 1966.

Siegel, S.: Nicht parametrische statistische Methoden. Frankfurt: Fachbuchhandlung für Psychologie, 1976.

Siegel, S., & Fouraker, L. E.: Bargaining and group decision making in bilateral monopoly. New York: McGraw-Hill, 1960.

Sievers, B.: Organisationsreform der Schule als Aktionsforschung. Schul- und Unterrichtsorganisation, 1976, 4, 10–15.

Sigall, H., & Page, R.: Current stereotypes: a little fading, al little faking. Journal of Personality and Social Psychology, 1971, 18, 247 255.

Silbermann, A.: Bildschirm und Wirklichkeit. Berlin: Ullstein, 1966.

Silbermann, A.: Systematische Inhaltsanalyse. In König, R. (Ed.) Handbuch der empirischen Sozialforschung. Bd. 1. Stuttgart: Enke, 1974³, 253–340, 570 ff.

Silverman, I.: The human subject in the psychological laboratory. New York: Pergamon Press, 1977.

Simon, H.: Prediction and hindsight as confirmatory evidence. Philosophy of Science, 1955, 22, 227–230.

Simon, H.: Information-processing theory of human problem solving. In Estes, W. K. (Ed.) Handbook of learning and cognitive processes. Vol. 5. New York: Wiley, 1978.

Simon, H.: Information processing models of cognition. Annual Review of Psychology, 1979, 30, 363–396.

Simon, H., & Newell, A.: The use and limitation of models. In Marx, M. H. (Ed.) Theories in contemporary psychology. New York: Wiley, 1963.

Simon, H., Newell, A., & Shaw, J. C.: The process of creative thinking. In Simon, H. A. Models of thought. New Haven: Yale University Press, 1979, 144–174.

Simons, H., & Möbus, C.: Untersuchungen zur Fairneß von Intelligenztests. Zeitschrift für Entwicklungspsychologie und Pädagogische Psychologie, 1976, 8, 1–12.

Simons, H., & Möbus, C.: Testfairneß. In Klauer, K. J. (Ed.) Handbuch der Pädagogischen Diagnostik. Bd. 1. Düsseldorf: Schwann, 1978, 187–197.

Simonton, D. K.: Biographical determinants of achieved eminence: a multivariate approach to the Cox data. Journal of Personality and Social Psychology, 1976, 33, 218–226.

Sittenfeld, H.: Das GFM-Haushaltspanel. GFM-Miteilungen, 1955, 1, 3–7.

Six, B., & Henning, H. J.: Konventionelle Merkmalserfassung vs. Differentielle Skalierung. Teil 1. Zeitschrift für Differentielle und Diagnostische Psychologie, 1980, 1, 71–82.

Sixtl, F.: Die statistischen Grundlagen für einen vollautomatischen Prüfer. Zeitschrift für Entwicklungspsychologie und Pädagogische Psychologie, 1974, 6, 28–38.

Sixtl, F.: Skalierungsverfahren: Grundzüge und ausgewählte Methoden sozialwissenschaftlichen Messens. In Holm, K. (Ed.) Die Befragung. Bd. 4. München: Francke, 1976, 9–95.

Sixtl, F.: Sequentielles Testen in der Pädagogischen Diagnostik. Bd. 1. Düsseldorf: Schwann, 1978, 137–144.

Sixtl, F.: Meßmethoden der Psychologie. Weinheim: Beltz, 1967 und 1982².

Skinner, B. F.: Science and human behavior. New York: Mc Millan, 1953.

Slater, P.: The analysis of personal preferences. The British Journal of Statistical Psychology, 1960, 13, 119–135.

Sletto, R. R.: Pretesting of questionaires. American Sociological Review, 1940, 5, 193–200.

Slovic, P., Fischoff, B., & Lichtenstein, S.: Cognitive processes and societal risk taking. In Jungermann, H., & Zeeuw, G. de (Eds.) Decision making and change in human affairs. Dordrecht: Reidel, 1977, 7–36.

Slovic, P., & Lichtenstein, S.: Comparison of Bayesian and regression approaches to study of information processing in judgement. Organizational Behavior and Human Performance, 1971, 6, 649–744.

Smith, B. L., Laswell, H. D., Casey, R. D. (Eds.): Propaganda, communication and public opinion. Princeton: Princeton University Press, 1946.

Smith, Ch. P., & Feld, Sh.: How to learn the method of content analysis for n achievement, n affiliation and n power. In Atkinson, J. W. (Ed.) Motives in fantasy, action and society. Princeton: Princeton University Press, 1958, 685 ff.

Snider, J. G., & Osgood, C. E. (Eds.): Semantic differential technique: a sourcebook. Chicago: Aldine, 1972^2.

Sobol, M. G.: Panel mortality and Panel bias. Journal of the American Statistical Association, 1959, 54, 52–68.

Sokal, R. R., & Rholf, F. J.: The comparison of dendrograms by objective methods. Taxon, 1962, 11, 33–40.

Solomon, R. L.: An extension of controlgroup design. Psychological Bulletin, 1949, 46, 137–150.

Solomon, H.: Numerical taxonomy. In Hodson, F. R., Kendall, D. G., & Taútu, P. Mathematics in the archeological and historical sciences. Proceedings of the anglo-romanian conference. Edinburgh: University Press, 1971.

Solomonoff, R.: A new method for discovering the grammars of phrase structure languages. Information Processing, 1959, 285–290.

Solomonoff, R.: A formal theory of inductive inference. Information and Control, 1964, 1, 7, 1–22. 1964, 2, 7, 224–254.

Sorgatz, H.: Meßtheoretische Grundlagen der Einzelfallanalyse. In Petermann, F., & Hehl, F.-J. (Eds.) Einzelfallanalyse. München: Urban & Schwarzenberg, 1979.

Spada, H.: Modelle des Denkens und Lernens. Ihre Theorie empirische Untersuchung und Anwendung in der Unterrichtsforschung. Bern: Huber, 1976.

Späth, H.: Cluster-Analyse – Algorithmen zur Objektklassifizierung und Datenreduktion. München: Oldenbourg, 1977.

Spaeth, H. J., & Guthery, S. B.: The use and utility of the monotone criterion in multidimensional scaling. Multivariate Behavioral Research, 1969, 4, 501–515.

Spence, I.: A Monte Carlo evaluation of three nonmetric multidimensional scaling algorithm. Psychometrika, 1972, 37, 461–486.

Spence, I.: On random rankings studies in nonmetric scaling. Psychometrika, 1974, 39, 267–268.

Spence, I., & Graef, J.: The determination of the underlying dimensionality of an empirically obtainend matrix of proximities. Multivariate Behavioral Research, 1974, 9, 331–341.

Spence, I., & Ogilvie, J. C.: A table for expected stress values for random rankings in nonmetric multidimensional scaling. Multivariate Behavioral Research, 1973, 8, 511–517.

Spence, I., & Young, F. M.: Monte Carlo studies in nonmetric scaling. Psychometrika, 1978, 43, 115–117.

Spiegel-Rösing, J. S.: Wissenschaftsentwicklung und Wissenschaftssteuerung. Frankfurt: Athenäum, 1973.

Spiegelberger, C. (Ed.): Anxiety: current trends in theory and research. New York: Academic Press, 1972.

Spinner, H. F.: Modelle und Experimente. In Grochla, E. (Ed.) Handwörterbuch der Organisation. Stuttgart: Poeschel, 1969, 1000–1010.

Spitznagel, A. F.: Die diagnostische Situation. In Groffmann, K. J., & Michel, L. (Eds.) Psychologische Diagnostik. Bd. 1: Grundlagen psychologischer Diagnostik. Göttingen: Hogrefe, 1982.

Spitznagel, A., & Vogel, H.: Formdeuteverfahren. In Heiß, R. (Ed.) Psychologische Diagnostik. Göttingen: Hogrefe, 1964.

Sprung, L., & Sprung, H.: Methodik der Veränderungsmessung. Zu einigen Problemen, Verfahren und Entwicklungstendenzen prozessorientierter Untersuchungsplanungen. In Lompscher, J. (Ed.) Psychologie der Lerntätigkeit. Berlin: Deutscher Verlag der Wissenschaften, 1977.

Srinivas, M. N., Shah, A. M., & Ramaswanny, E. A. (Eds.): The field worker and the field. Dehli: Oxford University Press, 1979.

Srinivasan, V., & Shocker, A. D.: Linear programming techniques for multidimensional analysis of preferences. Psychometrika, 1973 a, 38, 337–369.

Srinivasan, V., & Shocker, A. D.: Estimating the weights for multiple attributes in a composite criterion using pairwise judgements. Psychometrika, 1973b, 38, 473–493.

Stachowiak, H.: Allgemeine Modelltheorie. Wien: Springer, 1973.

Stadtler, K.: Die Auswirkungen unterschiedlicher Rating-Skalen und das Urteilsverhalten von Befragten. München: Infratest, 1980.

Stael von Holstein, C. A.: Assessment and evaluation of subjective probability distributions. The economic research institute at the Stockholm School of Economics. Stockholm, 1970.

Stafford, J. E.: Influence of preliminary contact on mail returns. Journal of Marketing Research, 1966, 3, 410–411.

Stäglin, R.: Zum Einsatz der Input-Output-Technik bei Arbeitsmarktanalysen. Ein Überblick für die Bundesrepublik Deutschland. Mitteilungen aus der Arbeitsmarkt- und Berufsforschung, 1979, 2, 178–185.

Stäglin, R.: Zur Input-Output-Rechnung in der Bundesrepublik Deutschland. In Frohn, J., & Stäglin, R. (Eds.) Empirische Wirtschaftsforschung. Berlin: De Gruyter, 1980, 95–130.

Stäglin, R. et al.: Multiplikatorwirkungen des Konjunkturprogramms von 1975. Beiträge zur Strukturforschung, 1976, 45.

Stahr, G.: Auslandsmarketing. Bd. 1: Marktanalyse. Stuttgart: Kohlhammer, 1979.

Stapf, K. H.: Praktische Erfahrungen mit dem Meßmodell von Rasch bei der Konstruktion von erziehungsspezifischen Einstellungsskalen. Psychologische Beiträge, 1979, 12, 105–114.

Stapf, K. H.: Bemerkungen zur Gegenstands- und Methodendiskussion in der Umweltpsychologie. In Kaminski, G. (Ed.) Umweltpsychologie. Perspektiven – Probleme – Praxis. Stuttgart: Klett, 1976, 26–39.

Stapf, K. H.: Ökopsychologie und Systemwirtschaft. In Graumann, C. F. (Ed.) Ökologische Perspektiven in der Psychologie. Bern: Huber, 1978, 251–273.

Statistisches Bundesamt (Ed.): Stichproben in der amtlichen Statistik. Stuttgart: Kohlhammer, 1960.

Steffens, K.: Probleme der Multidimensionalen Skalierung. In Heller, K. (Ed.) Handbuch der Bildungsberatung. Bd. 3: Methoden der Bildungsberatung und Bildungsforschung. Stuttgart: Klett, 1976, 1073–1094.

Steffens, K.: Multidimensionale Skalierverfahren. In Dawes, R. M. Grundlagen der Einstellungsmessung. Übersetzt und bearbeitet von Six, B., & Henning, H. J. Weinheim: Beltz, 1977a, 177–193.

Steffens, K.: Gruppierungsanalyse. Dissertation. Bonn: Rheinische Friedrich-Wilhelms-Universität, 1977b.

Steffens, K., & Angleitner, A.: Preferences of sexual practices and extraversion: an individual differences approach. Paper presented at the Annual Meeting of the Society of Multivariate Experimental Psychology at Vevey/Switzerland, 1975.

Stegmüller, W.: Das Problem der Induktion. Humes Herausforderung und moderne Antworten. In Lenk, H. (Ed.) Neue Aspekte der Wisenschaftstheorie. Braunschweig: Vieweg, 1971, 13–74.

Stegmüller, W.: Wissenschaftliche Erklärung und Begründung. Probleme und Resultate der Wissenschaftstheorie und Analytischen Philosophie. Bd. 1. Berlin: Springer, 1969 und 1974².

Stegmüller, W.: Probleme und Resultate der Wissenschaftstheorie und Analytischen Philosophie. Bd. 4. Berlin: Springer, 1973.

Stegmüller, W.: Teleologie. In Speck, J. (Ed.) Handbuch wissenschaftstheoretischer Begriffe. Göttingen: Vandenhoeck, 1980, 632–636.

Steinhausen, D., & Langer, K.: Clusteranalyse. Berlin: De Gruyter, 1977.

Steinmann, H. et al.: Vorüberlegungen zur Basis und Programmatik einer Betriebswirtschaftslehre in praktischer Absicht. Betriebswirtschaftliches Institut der Universität Erlangen–Nürnberg. Arbeitspapier Nr. 30, Nürnberg, 1975.

Stelzl, I.: Was bringt das Rasch-Modell für die Praxis? Psychologische Beiträge, 1972, 14.

Stelzl, I.: Versagt die klassische Testtheorie bei kriterienorientierten Tests? Zeitschrift für Entwicklungspsychologie und Pädagogische Psychologie, 1976, 8, 106–116.

Stenger, H.: Stichprobentheorie. Würzburg: Physica, 1971.

Stenson, H.H., & Knoll, R.L.: Goodness of fit for random rankings in Kruskal's nonmetric scaling procedure. Psychological Bulletin, 1969, 71, 122–126.

Stern, E. (Ed.): Die Tests in der Klinischen Psychologie. Zürich: Rascher, 1955.

Stern, E.: Der Thematic Apperception Test von Murray und verwandte projektive Methoden. In Stern, E. (Ed.) Die Tests in der Klinischen Psychologie. Zürich: Rascher, 1955.

Stern, W.: Differentielle Psychologie in ihren methodischen Grundlagen. Leipzig: Barth, 1921.

Stevens, S.S.: Mathematics measurement and psychophysics. In Stevens, S.S. (Ed.) Handbook of experimental psychology. New York: Wiley, 1951, 1–9.

Stevens, S.S.: Measurement, psychophysics and utility. In Curchman, C.W., & Ratoosh (Eds.) Measurement: definitions and theories. New York: Wiley, 1959.

Stöppler, S. (Ed.): Dynamische ökonomische Systeme. Analyse und Steuerung. Wiesbaden: Gabler, 1979.

Stone, Ph. et al.: The general inquirer. A computer approach to content analysis. Cambridge: M.I.T. Press, 1966.

Stosberg, M.: Analyse der Massenkommunikation: Einstellungsmessung. Düsseldorf: Bertelsmann, 1972.

Stosberg, M.: Klassische Ansätze in der Einstellungsmessung. In Petermann, F. (Ed.) Einstellungsmessung – Einstellungsforschung. Göttingen: Hogrefe, 1980, 99–116.

Stouffer, S.A., & Toby, J.: Role conflict and personality. American Journal of Sociology, 1961, 56, 395–406.

Strauss, E.: Vom Sinn der Sinne. Berlin: Springer, 1956.

Streit, M.: Experteninformiertheit und ihre Auswirkungen auf die Bedarfsprognose von hochschulqualifizierten Arbeitskräften. Kölner Zeitschrift für Soziologie und Sozialpsychologie, 1977, 29, 530–542.

Streufert, S. et al.: A tactial game for the analysis of complex decisison making in individuals and groups. Psychological Reports, 1965, 17, 723–729.

Schrittmatter, P. (Ed.): Lernzielorientierte Leistungsmesung. Weinheim: Beltz, 1973.

Stroebe, W.: Das Experiment in der Sozialpsychologie. In Stroebe, W. (Ed.) Sozialpsychologie. Bd. 1: Interpersonale Wahrnehmung und soziale Einstellungen. Darmstadt: Wissenschaftliche Buchgesellschaft, 1978, 3–49.

Stroebe, W.: Grundlagen der Sozialpsychologie. Bd. 1. Stuttgart: Klett-Cotta, 1980.

Student: The elimination of spurious correlation due to position in time or space. Biometrika, 1914, 10, 179.

Stumpff, K.: Analyse periodischer Vorgänge. Ein Abriß der Periodographie mit besonderer Berücksichtigung moderner Methoden. Berlin: Borntraeger, 1927.

Stumpff, K.: Grundlagen und Methoden der Periodenforschung. Berlin: Springer, 1937.

Sturm, M.: Ein Gesamtindikator zur Konjunkturdiagnose: Alternativvorschlag zum Sachverständigenratsindikator. Berichte des Deutschen Industrie-Institutes, 1971, 5, 9.

Subkoviak, M.J.: The use of multidimensional scaling in educational research. Review of Educational Research, 1975, 45, 387–423.

Sudman, S.: On the accuracy of recording of consumer panels. Journal of Marketing Research, 1964, 5, 1, 14–20. 1964, 8, 2, 69–83.

Sudman, S., & Bradburn, N.M.: Response effects in surveys. Chicago: Aldine, 1974.

Süllwold, F.: Theorie und Methodik der Einstellungsmessung. In Graumann, C.F. (Ed.) Sozialpsychologie. 1. Halbband: Theorien und Methoden. Göttingen: Hogrefe, 1969, 475–514.

Sullivan, J.L., & Feldman, St.: Multiple indicators. An introduction. Beverly Hills: Sage, 1979.

Sundberg, N.D.: Assessment of persons. Englewood Ciffs: Prentice Hall, 1977.

Suppes, P., & Zinnes, J.L.: Basic measurement theory. In Luce, R.D., Bush, R.R., & Galanter, E. (Eds.) Handbook of mathematical psychology. Bd. 1. New York: Wiley, 1963, 1–76.

Suppes, M.: Meṣsung. In Speck, J. (Ed.) Handbuch wissenschaftstheoretischer Begriffe. Bd. 2. Göttingen: Vandenhoeck & Ruprecht, 1980, 415–423.

Swingle, P.G.: Social psychology in natural settings. A reader in field experimentation. Chicago: Aldine, 1973.

Sydow, H., & Petzold, P.: Mathematische Psychologie. Berlin: Springer, 1982.

Szeplabi, M.: Das Gesellschaftsbild der Gewerkschaften. Stuttgart: Enke, 1973.

Tack, W. H.: Mathematische Modelle in der Sozialpsychologie. In Graumann, C. F. (Ed.) Handbuch der Psychologie. Bd. 7. 1. Halbbd.: Sozialpsychologie. Göttingen: Hogrefe, 1969.

Tack, W. H.: Diagnostik als Entscheidungshilfe. In Pawlick, K. (Ed.) Diagnose der Diagnostik. Stuttgart: Klett, 1976, 103–130.

Tack, W. H.: Probleme des Messens im Bereich des Psychischen. In Stube, G. (Ed.) Die Psychologie des 20. Jahrhunderts. Bd. 5: Binet und die Folgen. Zürich: Kindler, 1977.

Tack, W. H.: Zur Theorie psychomotorischer Verfahren. Formalisierung der Erfassung von Situationsabhängigkeit und Veränderung. Zeitschrift für Differentielle und Diagnostische Psychologie, 1980, 2, 87–106.

Tack, W. H.: Einzelfallstudien in der Psychotherapieforschung. In Wittling, W. (Ed.) Handbuch der Klinischen Psychologie. Bd. 6: Klinische Psychologie in Forschung und Praxis. Hamburg: Hoffmann & Campe, 1980.

Taguri, M., Hiramatsu, M., Kittaka, T., & Wakimoto, K.: Graphical representation of correlation analysis of ordered data by linked vector patterns. Journal of Japanesian Statistical Society, 1976, 6, 17–25.

Takane, Y., Young, F. W., & De Leeuw, J.: Nonmetric individual differences scaling: an alternating least squares method with optimal scaling features. Psychometrika, 1977, 42, 7–67.

Taylor, H. C., & Russel, J. T.: The relationship of validity coefficients to the practical effectiveness of tests in selection, discussion and tables. Journal of Applied Psychology, 1939, 23, 565–578.

Tent, L.: Schätzverfahren in der Unterrichtsforschung. In Suhrkamp, K. (Ed.) Handbuch der Unterrichtsforschung. Bd. 1: Theoretische und methodologische Grundlegung. Weinheim: Beltz, 1970, 852–999.

Teveault, R. K., Farbes, G. B., & Gromoll, H. F.: Trustfulness and suspiciousness as a function of liberal or conservative church membership: a field experiment. Journal of Psychology, 1971, 79, 163–164.

Thaller, M.: Zur Formalisierbarkeit hermeneutischen Verstehens in der Historie. Im Druck.

Thatcher, A. R.: Relationships between Bayesian confidence limits for predictions. Journal of the Royal Statistical Society, 1964, B, 26, 176–192.

The Foundation for Research on Human Behavior: An action research program for organization improvement. Ann Arbor, Mich.: Mathesis Press, 1960.

The Hixon Symposion: Cerebral mechanismus in behavior. New York: o. V., 1951.

Theil, H.: Economic forecasts and policy. Amsterdam: North Holland Publishing, 1961.

Theil, H.: Applied economic forecasting. Amsterdam: North Holland Publishing, 1966.

Thomae, H., & Petermann, F.: Biographische Methode und Einzelfallanalyse. In Bredenkamp, J., & Feger, H. (Eds.) Handbuch der Psychologie. Bd. 13. Göttingen: Hogrefe, 1980.

Thomae, H., & Petermann, F.: Biographische Methode und Einzelfallanalyse. In Feger, H., & Bredenkamp, J. (Eds.) Enzyklopädie der Psychologie. Forschungsmethoden der Psychologie. Bd. 2: Datenerhebung. Göttingen: Hogrefe, 1983.

Thompson, C. W., Layton, J. F., & Simons, L. S.: Naturalistic studies of aggressive behavior: aggressive stimuli, victim visibility and horn-honking. Journal of Personality and Social Psychology, 1975, 31, 1098–1107.

Thompson, R. J., & Linscheid, T. R.: Adult-child interaction analysis: methodology and case application. Child Psychiatry and Human Development, 1967, 7, 31–42.

Thoreson, C. E., & Elashoff, J. D.: An analysis-of-variance model for intrasubject replication design. Some addition comments. Journal of Applied Behavior Analysis, 1974, 7, 639–641.

Thorndike, R. L.: Concepts of cultural fairness. Journal of Educational Measurement, 1971, 8, 63–70.

Thorsrud, E.: Strategy for research and social change in industry. Social Science Information, 1970, 9, 65–90.

Thurstone, L. L.: A law of comparative judgement. Psychological Review, 1927, 34, 273–286.

Thurstone, L. L.: Attitudes can be measured. American Journal of Sociology, 1928, 33, 529–554.

Thurstone, L. L., & Chave, E. L.: The measurement of attitude. Chicago: University of Chicago Press, 1929.

Tichy, G. J.: Konjunkturschwankungen. Berlin: Springer, 1976.

Tiemann, R.: Algorithmisierte Inhaltsanalyse. Philosophische Dissertation, Hamburg, 1973.

Timaeus, E.: Experiment und Psychologie. Zur Sozialpsychologie psychologischen Experimentierens. Göttingen: Hogrefe, 1974.

Timaeus, E.: Untersuchungen im Laboratorium. In Koolwijk, J., & Wieken-Mayser, M. (Eds.) Techniken der empirischen Sozialforschung. Bd. 2: Untersuchungsformen. München: Oldenbourg, 1975, 195–229.

Timms, D. W. G.: The urban mosaic. Cambridge: Harvard University Press, 1971.

Tinbergen, J.: Business cycles in the United States of America, 1919–1932. Genf: o. V., 1939.

Tinbergen, J.: On the theory of economic policy. Amsterdam: North Holland Publishing, 1955².

Tinbergen, J.: Economic policy: principles and design. Amsterdam: North Holland Pulblishing, 1956.

Torgerson, W. S.: Multidimensional scaling 1. Theory and method. Psychometrika, 1952, 17, 401–419.

Torgerson, W. S.: Theory and methods of scaling. New York: Wiley, 1958.

Torgerson, W. S.: Multidimensional scaling of similarity. Psychometrika, 1965, 30, 379–393.

Topitsch, E. (Ed.): Logik der Sozialwissenschaften. Köln: Kiepenheuer & Witsch, 1965.

Trankel, A.: Der Realtitätsgehalt von Zeugenaussagen. Göttingen: Vandenhoeck und Ruprecht, 1971.

Trautner, H. M.: Lehrbuch der Entwicklungspsychologie. Göttingen: Hogrefe, 1978.

Travers, R. M. W.: The use of a discriminant function in the treatment of psychological group differences. Psychometrika, 1939, 4, 1, 25–32.

Traxe, W.: Einführung in die Methodik der Psychologie. Bern: Huber, 1964.

Traxe, W.: Grundlagen und Methoden der Psychologie. Bern: Huber, 1974².

Triandis, H. C.: Exploratory factor of the behavioral component of social attitudes. Journal of Abnormal and Social Psychology, 1964, 68, 420–430.

Triandis, H. C.: Einstellungen und Einstellungsänderungen. Weinheim: Beltz, 1975.

Triandis, H. C., & Triandis, L. M.: Race, social class, religion and nationality as determinants of social distance. Journal of Abnormal and Social Psychology, 1960, 61, 110–118.

Triandis, H. C., & Triandis, L. M.: Some studies of social distance. In Steiner, I. D., & Fishbein, M. (Eds.) Recent studies in social psychology. New York: Holt, Rinhart, Winston, 1965, 207–217.

Trudewind, C.: Häusliche Umwelt und Motiventwicklung. Göttingen: Hogrefe, 1975.

Tucker, L. R.: Intra-individual and inter-individual multidimensionality. In Gulliksen, H., & Mesik, S. (Eds.) Psychological scaling: theory and applications. New York: Wiley, 1960, 155–167.

Tucker, L. R.: Some mathematical notes on three-mode factor analysis. Psychometrika, 1966, 31, 279–311.

Tucker, L. R.: Comments on 'confounding of sources of variation in factor-analytic techniques'. Psychological Bulletin, 1968, 70, 345–354.

Tucker, L. R.: Relations between multidimensional scaling and three-mode factor analysis. Psychometrika, 1972, 37, 3–27.

Tucker, L. R., & Messik, S.: An individual differences model for multidimensional scaling. Psychometrika, 1963, 28, 333–367.

Tufte, E. R.: Data graphics. First Gen. Conf. Soc. Graphics, Leesburg, Va., 1978.

Tuky, J. W.: Exploratory data analysis (limited preliminary edition) Reading: Wesley, 1970.

Tuky, J. W.: Mathematical and the picturing of data. Proceedings of International Congress of Mathematics. Vancouver, 1974.

Tunnel, G. B.: Three dimensions of naturalness: an expanded definition of field research. Psychological Bulletin, 1977, 84, 426–437.

Tunner, W.: Das Dilemma experimenteller Therapie-Erfolgsstudien. Vortrag auf dem 8. Kongreß der EABT. Wien, 1978.

Turner, C. W., Layton, J. F., & Simons, L. S.: Naturalistic studies of aggressive behavior. Aggressive stimuli, victim visibility and horn honking. Journal of Personality and Social Psychology, 1975, 31, 1098–1107.

Tyler, R. W.: Basic principles of curriculum and introduction. Chicago: The University of Chicago Press, 1950.

Tyler, R. W.: Curriculum und Unterricht. Studien zur Lehrforschung. Bd. 4. Düsseldorf: Schwann, 1973.

Tversky, A.: A genral theory of polynomial conjoint measurement. Journal of Mathematical Psychology, 1967, 4, 1–20.

Tversky, A.: Choice by elimination. Journal of Mathematical Psychology, 1972a, 9, 341–367.

Tversky, A.: Elimination by aspects: a theory of choice. Psychological Review, 1972b, 79, 281–299.

Tversky, A.: Features of similarity. Psychological Review, 1977, 84, 327–352.

Tversky, A., & Kahneman, D.: Judgement under uncertainty: heuristics and biases. Science, 1974, 185, 1124–1131.

Tversky, A., & Krantz, D. II.: Similarity of schematic faces: a test of interdimensional additivity. Perception and Psychophysics, 1969, 5, 124–128.

Tversky, A., & Krantz, D. H.: The dimensional representation and the metric structure of similarity data. Journal of Mathematical Psychology, 1970, 7, 572–596.

Tversky, A., & Sattath, S.: Preference trees. Psychological Review, 1979, 86, 524–573.

Tzeng, O. C. S., & Landis, D.: Three-mode multidimensional scaling with points of view solutions. Multivariate Behavioral Research, 1978, 13, 181–213.

Überla, K.: Faktorenanalyse. Berlin: Springer, 1971.

Ulmann, G.: Kreativität. Weinheim: Beltz, 1968.

Ulman, J. D., & Sulzer-Azaroff, B.: Multielement baseline design in educational research. In Ramp, E., & Semb, G. E. (Eds.) Behavioral analysis: areas of research and application. Englewood Cliffs, N.J.: Prentice Hall, 1975.

Upton, G. J. G.: The analysis of cross tabulated data. Chicester: Wiley, 1978.

Urry, V. W.: Tailored testing: a successful application of latent trait theory. Journal of Educational Measurement, 1977, 14, 181–196.

Vagt, G.: Korrektur von Regressions – Effekten in Behandlung – Experimenten. Zeitschrift für Experimentelle und Angewandte Psychologie, 1976, 23, 284–296.

Van der Ven, A.: Einführung in die Skalierung. Bern: Huber, 1980.

Van't Hof, M. A., Roede, M. J., & Kowalski, C. J.: A mixed longitudinal data analysis model. Human Biology, 1977, 49, 165–179.

Vogel, F.: Probleme und Verfahren der numerischen Klassifikation. Göttingen: Vandenhoeck & Ruprecht, 1975.

Vogel, H., & Vogel, I.: Projektive Verfahren und ihre Anwendung. In Strube, G. (Ed.) Psychologie des 20. Jahrhunderts. Bd. 5: Binet und die Folgen. Zürich: Kindler, 1977.

Vollenweider, P.: Stichprobentheorie in Publizistik und Kommunikationsforschung. Bern: Haupt, 1975.

Vygotskij, L. S.: Denken und Sprechen. Ed. v. Helm, J. Frankfurt: Fischer, 1977.

Waselbroeck, J. L.: The models of project LINK. Amsterdam: North Holland Publihsing, 1976.

Wagenaar, W. A., & Padmos, P.: Quantitative interpretation of stress in Kruskal's multidimensional scaling technique. British Journal of Mathematical and Statistical Psychology, 1971, 24, 101–110.

Wagner, F.: Weg und Abweg der Naturwissenschaft. München: Beck, 1975.

Wagner, M.: Die Deutsche Verwaltungssprache der Gegenwart. Düsseldorf: o. V., 1972[2].

Wagner, W.: „Fuzzy Sets" als formales Modell kognitiver Strukturen – Ein Überblick. Archiv für Psychologie, 1980, 133, 85–115.

Wainer, H.: About faces in factor analysis. BSSR Technical Report, 1979a, 547–791.

Wainer, H.: The wabbit: an alternative icon for multivariate data display. BSSR Technical Report, 1979b, 547–792.

Wainer, H., & Thissen, D.: On the robustness of a class of naive estimators. Journal of Applied Psychological Measurement, 1979, 4, 543–551.

Wainer, H., & Thissen, D.: Graphical data analysis. Annual Review of Psychology, 1981, 32, 191–241.

Waisanen, F. B.: A note on the response to a mailed questionaire. Public Opinion Quarterly, 1954, 18, 210–212.

Wakenhut, R.: Messung gesellschaftlich-politischer Einstellungen. Bern: Huber, 1974.

Wakenhut, R.: Über die Einbeziehung von Situationen in psychologische Messungen. Beiträge zur interaktionistischen Persönlichkeitsforschung. Bern: Lang, 1978.

Wakenhut, R.: Probabilistische Modelle in der Einstellungsmessung. In Petermann, F. (Ed.) Einstellungsmessung – Einstellungsforschung. Göttingen: Hogrefe, 1980, 134–152.

Wald, A.: Statistical decision functions. New York: Wiley, 1950.

Walter, P.: Meß- und testtheoretische Grundlagen psychologischen Testens. In Grubitzsch, S., & Rexilius, G. (Eds.) Testtheorie – Testpraxis. Reinbek: Rowohlt, 1978, 52–74.

Wang, M. M., Schönemann, P. H., & Rusk, J. G.: A conjugate gradient algorithm for the multidimensional analysis of preference data. Multivariate Behavioral Research, 1975, 10, 45–79.

Wartegg, E.: Der Zeichentest (WZT). Einführung in die graphoskopische Schichtdiagnostik. In Stern, E. (Ed.) Die Tests in der Klinischen Psychologie. Zürich: Rascher, 1955.

Watanabe, S.: Frontiers of pattern recognition. New York: Academic Press, 1972.

Watanabe, H.: Bayesian applications for agricultural prediction. University of California, Riverside, Department of Statistics. Technical Report, 1979, 55.

Wax, R. H.: Observation: II. Participiant observation. In Sills, D. L. (Ed.) International encyclopedia of the social sciences. Vol. 11. New York: MacMillan & The Free Press, Collier-MacMillan, 1968, 238–241.

Wax, R. H.: Das erste und unangenehmste Stadium der Feldforschung. In Gerdes, K. (Ed.) Explorative Sozialforschung. Stuttgart: Enke, 1979, 68–74.

Webb, E. J., Campbell, D. T., Schwartz, R. D., & Sechrest, L.: Unobstrusive Measures: nonreactive research in the social sciences. Chicago: Rand McNally, 1966.

Weber, A.: Einführung in die Soziologie. München: Oldenbourg, 1955.

Weber, S. J., & Cook, T. D.: Subject effects in laboratory research: an examination of subject roles, demand characteristics and valid inference. Psychological Bulletin, 1972, 77, 273–295.

Wechsler, D.: The measurement of adult intelligence. Baltimore: Wood, 1939.

Wegener-Spöhring, G.: Vorurteilsstrukturen im Vorschulalter – eine empirische Untersuchung. Zeitschrift für Pädagogik, 1975, 21, 535–545.

Wehner, E. G., & Durchholz, E.: Persönlichkeits- und Einstellungstests. Stuttgart: Kohlhammer, 1980.

Weick, K. E.: Systematic observatitonal methods. In Lindzey, G., & Aronson, E. (Eds.) The handbook of social psychology. Vol. 2. Reading: Addison-Wesley, 1968[2], 357–451.

Weick, K. E.: Laboratory experimentation with organizations. In March, J. G. (Ed.) Handbook of organizations. Chicago: Rand McNally, 1965, 194–260.

Weidmann, A.: Die Feldbeobachtung. In Koolwijk, J. v., & Wieken-Mayser, M. (Eds.) Techniken der empirischen Sozialforschung. Bd. 3. München: Oldenbourg, 1974.

Weingartner, P.: Wissenschaftstheorie I. Einführung in die Hauptprobleme. Stuttgart: Fromann, 1971.

Weingartner, P. (Ed.): Wissenschaftstheorie. Frankfurt: Fischer Athenäum, 1972.

Weisberg, H. F.: Dimensioland: an excursion into spaces. American Journal of Political Science, 1976, 181, 743–776.

Weise, G.: Psychologische Leistungstests. Bd. 1. Göttingen: Hogrefe, 1975.

Weiss, D. J., & Davison, M. L.: Test theory and methods. Annual Review of Psychology, 1981, 32, 629–658.

Weiss, R. L.: Operante Methoden in der psychologischen Diagnostik. In Schulte, D. (Ed.) Diagnostik in der Verhaltenstherapie. München: Urban & Schwarzenberg, 1974.

Welford, A. T.: Methode longitudinale et transversale dans les recherches sur le vieillissement. In Colloques Internationaux du Centre de la Recherche Scientifique (Ed.) Le vieillissement des fonctions psychologiques et psycho-physiologiques. Paris, R.S., 1961, 31–44.

Wendeler, J.: Eine Aufgabenanalyse anhand des Testmodells von Rasch. Archiv für die gesamte Pschologie, 1968, 120, 218–230.

Wender, K.: Die Metrik der multidimensionalen Skalierung als Funktion der Urteilsschwierigkeit. Zeitschrift für experimentelle angewandte Psychologie, 1971a, 18, 166–187.

Wender, K.: A test of independence of dimensions in multidimensional scaling. Perception and Psychophysics, 1971b, 10, 30–32.

Wender, K. F., Colonius, H., & Schulze, H. H.: Modelle des menschlichen Gedächtnisses. Stuttgart: Kohlhammer, 1980.

Wender, K. F., & Flade, A.: A test of the assumptions of multidimensional scaling by separating sensitivity and response bias. Psychologische Forschung, 1973, 36, 249–256.

Wender, K. F., & Hegner, K.: Ähnlichkeitsskalierungen und Präferenzbeurteilungen. In Ekkensberger, L. H., & Eckensberger, U. S. (Eds.) Bericht über den 28. Kongreß der Deutschen Gesellschaft für Psychologie in Saarbrücken 1972. Bd. 2. Göttingen: Hogrefe, 1974, 51–64.

Werbik, H.: Theorie der Gewalt. München: Fink, 1974.

Werbik, H.: Grundlagen einer Theorie sozialen Handelns. Bd. 1: Aufbau der handlungstheoretischen Terminologie. Zeitschrift für Sozialpsychologie, 1976a, 7, 248–261.

Werbik, H.: Grundlagen einer Theorie sozialen Handelns. Bd. 2: Regeln für die Entwicklung empirischer Hypothesen. Zeitschrift für Sozialpsychologie, 1976b, 7, 310–326.

Werbik, H.: Handlungstheorien. Stuttgart: Kohlhammer, 1978.

Werbik, H.: Über die nomologische Auslegung von Handlungstheorien. In Lenk, H. (Ed.) Handlungstheorien – interdisziplinär. Bd. 3. München: Fink, 1981.

Werner, J.: Varianzanalytische Maße zur Reliabilitätsbestimmung von Ratings. Zeitschrift für experimentelle und angewandte Psychologie, 1976, 23, 489–500.

Werner, R.: Soziale Indikatoren und politische Planung. Reinbek: Rowohlt, 1975.

Wersig, G.: Inhaltsanalyse. Einführung in ihre Systematik und Literatur. Berlin: Spiess, 1968.

Westmeyer, H.: Logik der Diagnostik. Stuttgart: Kohlhammer, 1972.

Westmeyer, H.: Kritik der psychologischen Unvernunft. Stuttgart: Kohlhammer, 173.

Westmeyer, H.: Verhaltenstherapie: Anwendung von Verhaltenstheorien oder kontrollierter Praxis? Vortrag aus dem 29. Kogreß der Deutschen Gesellschaft für Psychologie in Salzburg, 1974.

Westmeyer, H.: Wissenschaftstheoretische Grundlagen klinischer Psychologie. In Baumann, U. et al. (Eds.) Klinische Psychologie. Trends und Forschung. Bern: Huber, 1978.

Westmeyer, H.: Wissenschaftstheoretische Grundlagen der Einzelfallanalyse. In Petermann, P., & Hehl, F.-J. (Eds.) Einzelfallanalyse. München: Urban & Schwarzenberg, 1979.

Westmeyer, H.: Die rationelle Rekonstruktion einiger Aspekte psychologischer Praxis. In Albert, H., & Stapf, K. H. (Eds.) Theorie und Erfahrung. Beiträge zur Grundlagenproblematik in den Sozialwissenschaften. Stuttgart: Klett, 1979.

Westmeyer, H.: Klinische und statistische Vorhersage in der psychologischen Diagnostik. Berichte zur Wissenschaftsgeschichte, 1979, 2, 87–99.

Westmeyer, H.: Wissenschaftstheoretische Aspekte der Feldforschung. In Patry, J.-L. (Ed.) Feldforschung. Methoden und Probleme sozialwissenschaftlicher Forschung unter natürlichen Bedingungen. Bern: Huber, 1982, 67–84.

Wettschureck, G.: Meßtechnisches Praktikum für Marktforscher. Hamburg: Sample, 1977.

Wewetzer, K.-H. (Ed.): Psychologische Diagnostik. Darmstadt: Wissenschaftliche Buchgesellschaft, 1979.

Wewetzer, K.-H. (Ed.): Experiment – Test – Befragung. Darmstadt:. Wissenschaftliche Buchgesellschaft, 1981.

Weymann, A.: Zur Konzeption von politischer Bildung in der Erwachsenenbildung. Eine inhaltliche Studie. Zeitschrift für Soziologie, 1973, 2, 182–203.

Weymann, A.: Bedeutungsfeldanalyse. Versuch eines neuen Verfahrens der Inhaltsanalyse am Beispiel Didaktik der Erwachsenenbildung. Kölner Zeitschrift für Soziologie und Sozialpsychologie, 1973, 25, 761–776.

White, B. W., & Saltz, E.: The measurement of reproducibility. In Jackson, D. N., & Messick, S. (Eds.) Problems in human assessment. New York: McGraw-Hill, 1967.

White, O. R.: A manual for the calculation and use of the median slope – a technique of progress estimation and prediction in the single case. Regional resource center for handicapped children. Oregon: University of Oregon, 1972.

White, O. R.: The „split-middle" : a „Quickie" method of trend estimation. Experimental education unit, child development and mental retardation center. University of Washington, 1974.

White, R. K.: Black boy: a value-analysis. Journal of Abnormal and Social Psychology, 1947, 42, 6, 440–461.

Whorf, B. L.: Language, thought and reality. Sprache, Denken, Wirklichkeit. In Krausser, P. (Ed.) Beitrag zur Metalinguistik und Sprachenphilosophie. Reinbek: Rowohlt, 1976.

Whyte, W. F., & Hamilton, E.: Action research for management. Homewood/III.: o. V., 1964.

Wieczerkowski, W., & Quintanilla, S. A. R.: Aufgabenanalyse, Testanalyse und Normierung auf der Basis der klassischen Testtheorie. In Klauer, K. J. (Ed.) Handbuch der Pädagogischen Diagnostik. Bd. 1. Düsseldorf: Schwann, 1978, 281–300.

Wieczerkowski, W., & Schümann, M.: Klassische Testtheorie. In Klauer, K. J. (Ed.) Handbuch der Pädagogischen Diagnostik. Bd. 1. Düsseldorf: Schwann, 1978, 41–58.

Wieken, K.: Die schriftliche Befragung. In Koolwijk, J. v., & Wieken-Mayser, M. (Eds.) Techniken der empirischen Sozialforschung. Bd. 4. München: Oldenbourg, 1974.

Wiener, N.: Extrapolation, interpolation and smoothing of stationary time series. New York: Wiley, 1949.

Wiggins, J. A.: Hypothesis validity laboratory methods. In Blalock, H. M. & Blalock, A. B. (Eds.) Methodology in social research. New York: McGraw-Hill, 1971, 390–427.

Wiggins, J. A.: Personality and prediction: principles of personality assessment. Reading, Mass.: Addison-Wesley, 1973.

Willems, E. P.: Behavioral ecology and experimental analysis: courtship is not enough. In Nesselroade, J. R., & Reese, H. W. (Eds.) Life-span development psychology. Methodological issues. New York: Academic Press, 173, 197–218.

Willems, E. P.: Toward an explicit rationale for naturalistic research methods. Human Development, 1967, 10, 138–154.

Wilson, Th. P.: Theorien der Interaktion und Modelle soziologischer Erklärung. In Arbeitsgruppe Bielefelder Soziologen (Eds.) Alltagswissen, Interaktion und gesellschaftliche Wirklichkeit. Bd. 1. Reinbek: Rowohlt, 1973, 54–79.

Wick-Kmoch, A.: Konflikt und Integration in der Darstellung deutsch-polnischer Beziehungen durch die westdeutsche Tagespresse. Philosophische Dissertation, Bonn, 1975.

Wickler, W., & Seibt, U.: Das Prinzip Eigennutz, Ursachen und Konsequenzen sozialen Verhaltens. Hamburg: Hoffmann & Campe, 1977.

Willems, E. P., & Raush, H. L. (Eds.): Naturalistic viewpoints in psychological research. New York: Holt, Rinehart & Winston, 1969.

Williams, F. J.: A note on regression methods in calibration. Technometrics, 1969, 11, 1, 189–192.

Winer, B. J.: Statistical principles in experimental design. New York: McGraw-Hill, 1962 und 1971[2].

Wish, M., Deutsch, M., & Biener, I.: Differences in conceptual structures of nations: an exploratory study. Journal of Personality and Social Psychology, 1970, 16, 361–373.

Wish, M., Deutsch, M., & Biener, I.: Differences in perceived similarities of nations. In Romney, A. K., Shepard, R. N., & Nerlove, S. B. (Eds.) Multidimensional scaling. New York: Seminar Press, 1971, 289–313.

Wishart, D.: Clustan 1 C – user manual. Scotland: University of St. Andrew, 1978.

Witrjol, S., & Thompson, J.: An experimental comparison of the stability of social acceptability scores obtained with the partial rank order and the pairs comparison scales. Journal of Educational Psychology, 1953, 44, 20–30.

Witte, W.: Zur Struktur von Bezugssystemen. Bericht über den 20. Kongreß der Deutschen Gesellschaft für Psychologie Berlin 1955, Göttingen: Hogrefe, 1956.

Wohlgenannt, R.: Was ist Wissenschaft? Braunschweig: Vieweg, 1969.

Wohlwill, J. F.: Methodology and research strategy in the study of developmental change. In Goulet, L. R., & Baltes, P. B. (Eds.) Life-span developmental psychology – research and theory. New York: Academic Press, 1970.

Wohlwill, J. F.: Strategien entwicklungspsychologischer Forschung. Stuttgart: Klett-Cotta, 1977.

Wold, H.: A study in the analysis of stationary time series. Uppsala: Almquist & Wiisells, 1938.

Wold, H.: Model construction and evaluation when theoretical knowledge is scare. Cahier 79.06, Departure of Econometrics, University of Geneva, 1979.

Wold, H., & Bertholet, J. L.: The PlS (partial least square) approach to multidimensional contingency tables. International meeting, Institute of Statistics and Social research „C. GINR", University of Rome, 1981.

Wolf, B.: Zum Einfluß der häuslichen Lernumwelt. Der Chicagoer Ansatz. In Rost, D.H. (Ed.) Entwicklungspsychologie für die Grundschule. Bad Heilbrunn: Klinkhardt, 1980, 172–186.

Wolf, B.: Lernumwelt. In Schiefele, H., & Krapp, A. (Eds.) Handlexikon zur Pädagogischen Psychologie. München: Ehrenwirth, 1981, 245–247.

Wolfrum, C.: Zur Bestimmung eines optimalen Metrikkoeffizienten r mit dem Skalierungsverfahren von Kruskal. Zeitschrift für experimentelle und angewandte Psychologie, 1976a, 23, 339–350.

Wolfrum, C.: Zum Auftreten quasiäquivalenter Lösungen bei einer Verallgemeinerung des Skalierungsverfahrens von Kruskal auf metrische Räume mit Minkowski-Metrik. Archiv für Psychologie, 1976b, 128, 96–111.

Wolfrum, C.: Ergebnisse in der Testtheorie für Originaldaten. In Eckensberger, L.H. (Ed.) Bericht über den 31. Kongreß der Deutschen Gesellschaft für Psychologie in Mannheim 1978. Bd. 2. Göttingen: Hogrefe, 1979, 311–313.

Wolins, L.: Research mistakes in the social and behavioral sciences. Iowa State University Press Ames, USA, 1982.

Wolz, D.: Die Presse und die lokalen Mächte. Düsseldorf: o.V., 1979.

Wood, R.: Respond-contingent testing. Review of Educational Research, 1973, 43, 529–550.

Woodworth, R.S.: Experimental psychology. New York: Holt & Co., 1938.

Wottawa, H.: Psychologische Methodenlehre. München: Juventa, 1977.

Wottawa, H.: Grundlagen und Probleme von Dimensionen, Meisenheim: Hain, 1979.

Wottawa, H.: Grundriß der Testtheorie. München: Juventa, 1980.

Wottawa, H., & Amelang, M.: Einige Probleme der „Testfairness" und ihre Implikationen für Hochschulzulassungsverfahren. Diagnostika, 1980, 26, 199–221.

Wright, B.D.: Solving measurement problems with the Rasch model. Journal of Educational Measurement, 1977, 14, 97–116.

Wright, G.H.v.: Erklären und Verstehen. Frankfurt: Fischer, 1974.

Wundt, W.: Grundzüge der physiologischen Psychologie. Bd. 2. Leipzig: Engelmann, 1910.

Wundt, W.: Grundriß der Psychologie. Leipzig: Kröner, 1913[11].

Yates, A.J.: Theory and practice in behavior therapy. New York: Wiley, 1975.

Yates, A.J.: Research methods in behavior modification: a comparative evaluation. In Hersen, M., Eisler, R.M., & Miller, P.M. (Eds.) Progress in behavior modification. Vol. 2. New York: Academic Press, 1976.

Young, F.W.: Nonmetric multidimensional scaling: recovery of metric information. Psychometrika, 1970, 35, 455–473.

Young, F.W.: A model for polynomial conjoint analysis algorithm. In Shepard, R.N., Romney, A.K., & Nerlove, S.B. (Eds.) Multidimensional scaling. New York: Seminar Press, 1972, 69–104.

Young, F.W.: Methods for describing ordinal data with cardinal models. Journal of Mathematical Psychology, 1975, 12, 416–436.

Young, F.W., De Leeuw, J., & Takane, Y.: Quantifying qualitative data. In Lantermann, E.D., & Feger, H. (Eds.) Similarity and choice. Bern: Huber, 1980, 150–179.

Young, F.W., & Null, C.H.: Multidimensional scaling of data: the recovery of metric information with ALSCAL. Psychometrika, 1978, 43, 367–379.

Young, F.W., Takane, Y., & Lewyckyj, R.: Three notes on ALSCAL. Psychometrika, 1978, 43, 433–435.

Young, F.W., & Togerson, W.S.: TORSCA: a FORTRAN IV program for the Shepard-Kruskal multidimensional scaling analysis. Behavioral Science, 1967, 12, 498f.

Young, G., & Householder, A.S.: Discussion of a set points in terms of their mutual distances. Psychometrika, 1938, 3, 19–22.

Yule, G.U.: On the time-correlation problem. With special reference to the variate difference correlation method. Journal of the Statistical Society, 1921, 84, 497–526.

Yule, U.: Why do we sometimes get nonsense-correlations between timeseries? A study in sampling and the nature of time series. Journal of the Royal Statistical Society, 1926, 34, 1ff.

Yule, U.: On a method of investigating periodicities in disturbed series, with special reference to Wolfer's sunspot numbers. Journal of the Royal Statistical Society, 1927, 226, A, 267–298.

Zadek, L. A., Fu, K.-S. Tanaka, K., & Shimura, M.: Fuzzy sets and their applications to cognitive and decision progress. New York: Acedemic Press, 1975.

Zangenmeister, C.: Nutzwertanalyse in der Systemtechnik. München: Zangenmeister, Hallmann & Partner, 1971.

Zecha, G., & Lukesch, H.: Die Methodologie der Aktionsforschung. Analyse, Kritik und Konsequenzen. In Party, J.-L. (Ed.) Feldforschung. Methoden und Probleme sozialwissenschaftlicher Forschung unter natürlichen Bedingungen. Bern: Huber, 1982, 367–387.

Zeisel, H.: Say it with figures. New York: Harper & Row, 1968[5].

Zelditch, M. Jr.: Some methodological problems of field studies. The American Journal of Sociology, 1962, 67, 566–576.

Zelditch, M. Jr., & Hopkins, T. K.: Laboratory experiments with organizations. In Etzivui, A. (Ed.) Complex organizations. New York: Holt, Rinehart & Winston, 1961, 464–478.

Zellner, A., & Chetty, V. K.: Prediction and decision problems in regression models from the Bayesian point of view. Journal of the American Statistical Association, 1965, 60, 608–616.

Zellner, A.: An introduction to Bayesian inference in econometrics. New York: Wiley, 1971.

Zetterberg, H.: Theorie, Forschung und Praxis in der Soziologie. In König, R. (Ed.) Handbuch der empirischen Sozialforschung. Stuttgart: Enke, 1967, 65–105.

Zimmer, A.: Entwicklung eines Itempools für computerunterstützte Diagnostik. In Tack, W. H. (Ed.) Bericht über den 30. Kongreß der Deutschen Gesellschaft für Psychologie in Regensburg 1976. Bd. 2. Göttingen: Hogrefe, 1977, 47–48.

Zimmermann, E.: Das Experiment in den Sozialwissenschaften. Stuttgart: Teubner, 1972.

Zimmermann, W.: Zu einigen theoretischen und methodisch-metrischen Problemen der Persönlichkeitsdiagnostik sozialer Eigenschaften im Schulalter. Zeitschrift für Psychologie, 1979, 187, 82–105.

Zinnes, J. L., & Griggs, R. A.: Probabilistic, multidimensional unfolding analysis. Psychometrika, 1974, 39, 327–350.

Zinnes, J. L., & Wolff, R. P.: Single and multidimensional same-difference judgements. Journal of Mathematical Psychology, 1977, 16, 30–50.

Zubin, J.: Symposium on statistic for the clinian. Journal of Clinical Psychology, 1950, 6, 1–6.

Zwiener, R. Weiterentwicklung des kurzfristigen ökonometrischen Modells der Wirtschaftsinstitute. DIW-Vierteljahresheft, 1980, 3/4, 281–296.

Personenverzeichnis

Sachregister

Oldenbourg · Wirtschafts- und Sozialwissenschaften · Steuer · Recht

Sozialwissenschaft

Methoden

Roth
Sozialwissenschaftliche Methoden
Lehr- und Handbuch für Forschung und Praxis.
Herausgegeben von Professor Dr. Erwin Roth unter Mit-
arbeit von Dr. Klaus Heidenreich.

Soziologie

Eberle · Maindok
Einführung in die
Soziologische Theorie
Von Dr. Friedrich Eberle und Dr. Herlinde Maindok.

Mikl · Horke
Organisierte Arbeit
Einführung in die Arbeitssoziologie
Von Dr. Gertraude Mikl-Horke, Univ.-Professorin für
Soziologie.

Politologie

Albrecht
Internationale Politik
Einführung in das System internationaler Herrschaft.
Von Dr. Ulrich Albrecht, Professor für Politische Wissen-
schaften.

Oldenbourg · Wirtschafts- und Sozialwissenschaften · Steuer · Recht

---

Mathematik
für Wirtschafts- und Sozialwissenschaften

Bader · Fröhlich

Einführung in die Mathematik für Volks- und Betriebswirte

Von Professor Dr. Heinrich Bader und Professor Dr. Siegbert Fröhlich.

Bosch

Mathematik für Wirtschaftswissenschaftler

Eine Einführung
Von Dr. Karl Bosch, Professor für angewandte Mathematik.

Hackl · Katzenbeisser · Panny

Mathematik

Von o. Professor Dr. Peter Hackl, Dr. Walter Katzenbeisser und Dr. Wolfgang Panny.

Hamerle · Kemény

Einführung in die Mathematik für Sozialwissenschaftler

insbesondere Pädagogen, Soziologen, Psychologen, Politologen.
Von Professor Dr. Alfred Hamerle und Dr. Peter Kemény.

Hauptmann

Mathematik für Betriebs- und Volkswirte

Von Dr. Harry Hauptmann, Professor für Mathematische Methoden der Wirtschaftswissenschaften und Statistik.

Horst

Mathematik für Ökonomen: Lineare Algebra
mit linearer Planungsrechnung

Von Dr. Reiner Horst, Professor für Mathematisierung der Wirtschaftswissenschaften.

Huang · Schulz

Einführung in die Mathematik für Wirtschaftswissenschaftler

Von David S. Huang, Ph. D., Professor für Wirtschaftswissenschaften an der Southern Methodist University, Dallas (Texas, USA) und Dr. Wilfried Schulz, Professor für Volkswirtschaftslehre.

Marinell

Mathematik für Sozial- und Wirtschaftswissenschaftler

Von Dr. Gerhard Marinell, o. Professor für Mathematik und Statistik.

Oberhofer

Lineare Algebra für Wirtschaftswissenschaftler

Von Dr. Walter Oberhofer, o. Professor für Ökonometrie.

Zehfuß

Wirtschaftsmathematik in Beispielen

Von Prof. Dr. Horst Zehfuß.

Oldenbourg · Wirtschafts- und Sozialwissenschaften · Steuer · Recht

Fremdsprachen
für Wirtschafts- und Sozialwissenschaften

Gallagher
German-English Translation. Texts on Politics and Economics.
Deutsch-englische Übersetzungsübungen. Lehrbuch mit Texten über Politik und Wirtschaft.
Von John D. Gallagher, Lehrbeauftragter für Wirtschaftsenglisch.

Schäfer
Wirtschaftsenglisch
Lehr- und Übungsbuch
Von Professor Dr. Wilhelm Schäfer.

Gallagher
Cours de Traduction allemand-français. Textes politiques et économiques.
Deutsch-französische Übersetzungsübungen. Lehrbuch mit Texten über Politik und Wirtschaft.
Von John D. Gallagher, Lehrbeauftragter für Wirtschaftsfranzösisch.

Allgemeine Volkswirtschaftslehre

Cezanne · Franke
Volkswirtschaftslehre
Eine Einführung
Von Professor Dr. Wolfgang Cezanne und Professor Dr. Jürgen Franke.

Ertel
Volkswirtschaftslehre
Eine Einführung am Beispiel der Bundesrepublik Deutschland
Von Dr. Rainer Ertel.

Haslinger
Volkswirtschaftliche Gesamtrechnung
Von Professor Dr. Dr. Franz Haslinger.

Allgemeine Betriebswirtschaftslehre

Bestmann
Kompendium der Betriebswirtschaftslehre
Herausgegeben von Professor Dr. Uwe Bestmann unter Mitarbeit von Prof. Dr. Ebert, Prof. Dr. Grimm-Curtius, Prof. Dr. Pfeiffer, Prof. Dr. Preißler, Prof. Dr. Wanner, Prof. Dr. Wenzel und Prof. Dr. Wiese.

Brede
Betriebswirtschaftslehre für Juristen
Von Dr. Helmut Brede, o. Professor der Betriebswirtschaftslehre.

Hanssmann
Quantitative Betriebswirtschaftslehre
Lehrbuch der modellgestützten Unternehmensplanung.
Von Dr. Friedrich Hanssmann, o. Professor der Betriebswirtschaftslehre.

Hummel
Betriebswirtschaftslehre
Gründung und Führung kleiner und mittlerer Unternehmen
Von Dipl.-Kfm. Dipl.-Hdl. Thomas Hummel.

Schierenbeck
Grundzüge der Betriebswirtschaftslehre
Von Dr. Henner Schierenbeck, o. Professor der Betriebswirtschaftslehre.

Schierenbeck
Übungsbuch zu Grundzüge der Betriebswirtschaftslehre
Von Dr. Henner Schierenbeck, o. Professor der Betriebswirtschaftslehre.

Schneider
Allgemeine Betriebswirtschaftslehre
Von Dr. Dieter Schneider, o. Professor der Betriebswirtschaftslehre.

Wirtschaftslexika von Rang!

Kyrer
Wirtschafts- und EDV-Lexikon

Von Dr. Alfred Kyrer, o. Professor für Wirtschaftswissenschaften.
ISBN 3-486-29911-5
Kompakt, kurz, präzise: In etwa 4000 Stichwörtern wird das Wissen aus Wirtschaftspraxis und -theorie unter Einschluß der EDV für jeden verständlich dargestellt.

Heinrich / Roithmayr
Wirtschaftsinformatik-Lexikon

Von Dr. L.J. Heinrich, o. Professor und Leiter des Instituts f. Wirtschaftsinformatik, und Dr. Friedrich Roithmayr, Betriebsleiter des Rechenzentrums der Universität Linz.
ISBN 3-486-20045-3

Das Lexikon erschließt die gesamte Wirtschaftsinformatik in einzelnen lexikalischen Begriffen. Dabei ist es anwendungsbezogen, ohne Details der Hardware: Zum „Führerscheinerwerb" in anwendungsorientierter Informatik in Wirtschaft und Betrieb geeignet, ohne „Meisterbriefvoraussetzung" für das elektronische Innenleben von Rechenanlagen.

Woll
Wirtschaftslexikon

Herausgegeben von Dr. Artur Woll, o. Professor der Wirtschaftswissenschaften unter Mitarbeit von Dr. Gerald Vogl, sowie von Diplom-Volksw. Martin M. Weigert, und von über einhundert z. Tl. international führenden Fachvertretern.
ISBN 3-486-29691-4
Der Name „Woll" sagt bereits alles über dieses Lexikon!